Wolfgang Pehnt
Deutsche Architektur seit 1900

Wolfgang Pehnt

Deutsche Architektur seit 1900

Wüstenrot Stiftung, Ludwigsburg
Deutsche Verlags-Anstalt, München

Abbildung auf der Umschlagvorderseite: Studentenwohnheim Panzerwiese von bogevischs buero, München, 2005, Fassadenausschnitt (Foto: Florian Holzherr, München)
Abbildungen auf der Umschlagrückseite (von oben nach unten): Stadttheater Cottbus von Bernhard Sehring, 1907–08 (Foto: Staatstheater Cottbus); Katholische Pfarrkirche Heilig Kreuz in Gelsenkirchen von Josef Franke, 1927–29 (Foto: Ulrich Deimel, Petra Wittmar, Essen); Sternwelle über dem Tanzbrunnen der Bundesgartenschau in Köln von Frei Otto, 1957 (Foto: Wolfgang Pehnt, Köln); Montage eines Wandelements, um 1965; Restaurant Teepott in Rostock-Warnemünde von Hans Fleischhauer, Erich Kaufmann, Carl-Heinz Pastor und Ulrich Müther, 1967–68 (Foto: Wolfgang Pehnt, Köln); Olympiastadion Berlin, 1934–36, von Werner March, umgebaut von Volkwin Marg gmp Architekten, 2000–04 (Foto: Heiner Leiska, Hamburg)
Abbildung Seite 2 (Frontispiz): Rudolf Schwarz. St. Fronleichnam. Aachen-Rothe Erde, 1929–30, Treppenaufgang zur Orgelempore (Foto: Ulrich Deimel, Petra Wittmar, Essen)

Bibliografische Information Der Deutschen Bibliothek
Die Deutsche Bibliothek verzeichnet diese Publikation in der Deutschen Nationalbibliografie; detaillierte bibliografische Daten sind im Internet über http://dnb.ddb.de abrufbar.

© 2005 Wüstenrot Stiftung, Ludwigsburg, und
Deutsche Verlags-Anstalt GmbH, München
Alle Rechte vorbehalten

Bildredaktion: Leonhard Richter
Typographische Gestaltung und Satz: Die Herstellung, Stuttgart
Reproduktionen: O.A.D.F., Altdorf
Druck und Bindung: Westermann Druck, Zwickau
Printed in Germany
ISBN 3-421-03438-9

Inhalt

Vorwort der Wüstenrot Stiftung *7*
Vorwort des Autors *9*

1900 bis 1918 Ein Jahrhundert beginnt *13*
Darmstädter Tempelkunst *22*
Fortschritt auf neuen Bahnen *29*
Villa und Landhaus *38*
Wege der Reform *48*
Zyklopenstil *58*
Modernisierung der Städte *65*
Veredelung der Arbeit *78*

1918 bis 1933 Mangel an Obdach *91*
Wenn Hoffnungen bauen *99*
Bis in die Wolken hinauf *110*
Bauhaus und andere *120*
Wir lernen Esperanto *128*
Befreites Wohnen *140*
Weltstadt Berlin *157*
Variationen der Moderne *169*
Architektur in der Krise *181*

1933 bis 1945 Aufruf der Kulturschaffenden *195*
Germanische Tektonik *203*
NS-Moderne *216*
Festung Europa *225*
Architekten im Exil *233*

1945 bis 1970 Keine Stunde Null *247*
Umgang mit Ruinen *256*
Strategien des Wiederaufbaus *266*
Blick nach draußen *279*
Reise nach Moskau *287*
Happy Fifties *298*
Wettstreit der Systeme *310*
Das Seiende und das Wesende *321*
Bauen für die große Zahl *330*
Gerüste des Lebens *347*
Starke Signale *356*

1970 bis 1989	Der Mensch braucht eine andere Stadt *371*
	Technische Gestalt *381*
	Rückkehr in die Städte *388*
	Postmoderne Spiele *404*
	Hochhaus-City *419*
1989 bis heute	Wieder vereinigt *431*
	Hauptstadt der Deutschen *444*
	Import und Export *458*
	Einfach oder schwierig *470*
	S, M, L, XL *483*
	Ökologisch bauen *494*
	Was bleibt und was sich ändert *503*
Anhang	Zeittafel *517*
	Kurzbiografien deutscher Architekten und Planer *525*
	Literatur in Auswahl *543*
	Register
	Namen *571*
	Orte und Bauten *580*
	Bildnachweis *589*

Vorwort der Wüstenrot Stiftung

Deutsche Architektur seit 1900 – ein ehrgeiziger Titel für ein Buch, auch wenn es in beachtlichem Format und mit spürbarem Gewicht daherkommt. Verfasser und Herausgeber sollten sich bewußt sein, daß eine solche Titelformulierung vielfältige Ansprüche an das inhaltliche Spektrum sowie große Erwartungen an die fachliche Tiefe und die Qualität der zwangsläufig begrenzten Auswahl weckt. Erwartungen, die aus der subjektiven Sicht einzelner Leser wohl immer nur teilweise erfüllt werden können, denn welche Zusammenstellung könnte jemals mit den Einschätzungen aller an Architektur Interessierten übereinstimmen?

Es gibt dennoch gute Gründe für das ambitionierte Vorhaben, in nur einem Band einen umfassenden Überblick zur deutschen Architektur des 20. Jahrhunderts geben zu wollen und die damit verbundene fachliche Herausforderung anzunehmen. Die zentralen Aspekte dieser Herausforderung liegen offen zu Tage. Die deutsche Architektur seit 1900 ist gezeichnet von tiefen Brüchen und erbitterten, teils paradigmatischen Auseinandersetzungen. Immer wieder wurden dabei neue, auch soziale Entwicklungen aufgegriffen, im nationalen Dialog konstruktiv weiterentwickelt und international von herausragenden Protagonisten, wie beispielsweise Walter Gropius, Ludwig Mies van der Rohe oder Erich Mendelsohn, mit wichtigen und vielbeachteten Impulsen versehen. Daneben zeigte sich immer wieder erstaunliches Beharrungsvermögen. Traditionen wurden hartnäckig verteidigt, und wichtigen gesellschaftlichen Aufbruchstimmungen wurde gestalterische Ausdruckskraft in Deutschland nur sehr zögernd zugestanden, während deutsche Architekten die Entwicklung der Baukultur auch vieler anderer Länder mitgestalteten.

Die verschiedenen Elemente und Phasen in der Geschichte der deutschen Architektur des 20. Jahrhunderts sind weitgehend bekannt. Sie stellen die Inhalte zahlreicher Publikationen, die einzelne Entwicklungsphasen beschreiben oder verschiedene Etappen aufarbeiten, die in umfangreichen Monographien die Leistungen einzelner Architekten oder Architekturschulen behandeln oder die einen Überblick zur Bandbreite der Lösungen für spezifische Bauaufgaben geben. Was bisher fehlte, ist eine fachlich fundierte, ansprechend aufbereitete und allgemein verständliche Betrachtung der zumindest wichtigsten und einflußreichsten Inhalte und Konzepte aus einer das Ganze umfassenden Perspektive, mit der dafür erforderlichen konsequenten Konzentration und dem Mut zu rigider Selektion.

Die Wüstenrot Stiftung schätzt sich glücklich, daß ein ausgewiesener Kenner der deutschen Architektur sich dieser Aufgabe gestellt und sie mit großer Bravour gemeistert hat. Wolfgang Pehnt ist einer der bekanntesten Architekturkritiker und Bauhistoriker; er hat mit seiner wissenschaftlichen Arbeit über Jahrzehnte hinweg den fachlichen und den öffentlichen Dialog über die Baukultur in Deutschland mit signifikanten Impulsen geprägt. Seine nun vorliegende Darstellung der deutschen Architektur seit 1900 ist für Fachleute wie für Architekturfreunde eine Bereicherung und Chance zugleich für eine fundierte Auseinandersetzung mit der historischen Entwicklung und dem aktuellen Stand der Baukultur in Deutschland.

Die Wüstenrot Stiftung freut sich, mit diesem Buch die Reihe ihrer bisherigen Publikationen zur Baugeschichte und Baukultur fortsetzen zu können. Hierzu gehören beispielsweise die *Geschichte des Wohnens* von 5000 v. Chr. bis heute in fünf Bänden, die als Standardwerk geschätzte Veröffentlichung *Der Wohngrundriß*, die aus einem interdisziplinären Forschungsprojekt hervorgegangene Publikation *Villa und Eigenheim – Suburbaner Städtebau in Deutschland* oder die bereits aus drei Bänden bestehende Reihe über die Revitalisierung hochkarätiger Baudenkmale der Moderne.

Mit diesen und weiteren Veröffentlichungen wie den ausführlichen Dokumentationen ihres alle zwei Jahre zu wechselnden Themen ausgelobten Gestaltungspreises versucht die Wüstenrot Stiftung ihrerseits, der öffentlichen Diskussion über Architektur, Städtebau und Baukultur in Deutschland belebende Impulse zu geben. Die umfassende Darstellung der deutschen Architektur seit 1900 aus einer kompetenten, unabhängigen Perspektive, wie sie von Wolfgang Pehnt erarbeitet wurde, schließt eine nicht nur von der Wüstenrot Stiftung wahrgenommene Lücke im Spektrum der Veröffentlichungen zu diesem Thema.

Die Wüstenrot Stiftung dankt dem Autor für die gute und vertrauensvolle Zusammenarbeit, für seine Sorgfalt im Detail, für die Bereitschaft, sein immenses Wissen über deutsche Architektur zu teilen. Wolfgang Pehnt hat einen fachlich überzeugenden Überblick geschaffen und dafür eine anregende und leicht lesbare Vermittlungsweise gefunden.

Ebenfalls zu danken ist den weiteren Partnern der Wüstenrot Stiftung bei diesem Buchprojekt, allen voran der Deutschen Verlags-Anstalt für ihr Engagement und ihr Interesse an der Veröffentlichung, aber ebenso auch allen anderen, die an der Herstellung dieses Buches beteiligt waren.

Wolfgang Pehnts nun vorliegendes *Opus magnum* ist für jeden, dem Architektur als baukultureller Ausdruck einer Gesellschaft mehr bedeutet als das Planen und Erstellen von Gebäuden ein unentbehrlicher Wegweiser zur deutschen Architektur seit 1900. Die Wüstenrot Stiftung hofft, daß das Buch in diesem Sinne für viele Leser ein Gewinn und ein anregendes Leseerlebnis sein wird.

Georg Adlbert
Stefan Krämer

Vorwort des Autors

Als Jacob Grimm 1854 die Vorrede zum ersten Band des *Deutschen Wörterbuchs* schrieb, äußerte er die Hoffnung, das Werk werde zum »hausbedarf« zählen. »Warum sollte sich nicht der vater ein paar wörter ausheben und sie abends mit den knaben durchgehen?« Von den Töchtern war nicht die Rede. Aber: »die mutter würde gern zuhören.«[1] Ich habe diese Stelle des berühmten Germanisten mit Respekt und Rührung gelesen. Vor solchen Trugschlüssen waren also auch die Großen unserer Geistesgeschichte nicht gefeit. Denn zum Hausbedarf ist das Sisyphos-Unternehmen der Brüder Grimm nicht geworden. Das lag nicht nur an den hundert Jahren, die das Opus benötigte, bis die letzten Bearbeiter es mit dem Eintrag »Zypressenzweig« abschließen konnten. Vermutlich sind auch die »Knaben« bei all den Ableitungen aus dem Althochdeutschen und den vielen Belegstellen doch etwas ungeduldig geworden.

Daß der Vater des Hauses seinen Lieben eine Geschichte der deutschen Architektur vorlesen würde, ist bei diesem Thema und bei den Lebensgewohnheiten im digitalen Zeitalter schon gar nicht anzunehmen. Immerhin wünsche ich mir, es könnten auch Leser zu diesem Buch greifen, die das Interesse nicht des vorinformierten Kenners motiviert, sondern des für alle Kulturerscheinungen offenen Bürgers. Von »Baukultur« war in den Jahren, in denen ich an diesem Buch schrieb, oft die Rede. Dazu gehört auch zu wissen, welche Vorstellungen und Leistungen Architekten und Planer entwickelt haben, wo sie gescheitert sind und wo sie Erfolg hatten, welche Kräfte sie behindert oder gefördert haben, was auf dem langen Wege zum heutigen Zustand an Können, Qualitäten und Ideen verlorengegangen ist. Worüber es sich zu trauern lohnt und wo man das Trauern besser sein läßt, um sich Gegenwart und Zukunft zuzuwenden und zu erkunden, wo neue, vielleicht bisher unerkannte Chancen liegen könnten.

Über die deutsche Architektur seit der vorletzten Jahrhundertwende ist unendlich viel gearbeitet worden. Vor dreißig, vierzig Jahren dürstete man noch nach Informationen über Architekten, Epochen, Bauaufgaben, architekturpolitische Ereignisse. Heute liegt eine schier unabsehbare Fülle von Buchpublikationen, Zeitschriftenaufsätzen, Katalogen, Habilitationsschriften, Dissertationen, Magisterarbeiten vor. So mag es wieder einmal Zeit sein, eine Atempause einzulegen, ein paar Schritte zurückzutreten und den Mut zur Zusammenfassung aufzubringen.

In dieses Buch sind eigene Forschungen aus mehreren Jahrzehnten eingegangen. Aber sein erster Zweck liegt nicht in der Erschließung und Auswertung neuer Quellen, sondern in Auswahl, Aufarbeitung und Darstellung des Materials. Das Problem ist also in erster Linie ein Problem des Erzählens. Was lasse ich weg, damit der Stoff noch überschaubar und lesbar bleibt, was hebe ich hervor, wo stelle ich Verbindungen her, damit die Fakten einen Zusammenhang erhalten? Das Verfahren läuft ebenso auf Konstruktion wie Rekonstruktion hinaus. Erzähler sind nicht nur Berichterstatter, sondern auch Erfinder.

Im Fach Architekturgeschichte haben mich immer die Autoren fasziniert, die zu schildern verstanden. Von Karl Scheffler stammt die Bemerkung, er habe sich vorgenommen, über Architektur so interessant zu schreiben wie andere über Gemälde oder Theaterstücke. Er selbst beherrschte sein Metier: Auswahl, Charakteristik, Urteilsfreude, Konzentration, das sprechende Zitat. Von seiner Art gab es in der ersten Hälfte des 20. Jahrhunderts erstaunlich viele: Adolf Behne, Walter Curt Behrendt, Cornelius Gurlitt, Werner Hegemann, Paul Westheim. Julius Posener, »fast so alt wie das (20.) Jahrhundert«, war ein Nachfahre dieser Generation. Auch Architekten konnten präzise und wunderbar farbig formulieren: Otto Bartning, Theodor Fischer, Adolf Loos, Erich Mendelsohn, Rudolf Schwarz, Bruno Taut, Heinrich Tessenow, um nur einige deutschsprachige bauende Wortkünstler zu nennen. Mir will scheinen, als seien auch heute so unterschiedliche Temperamente wie Günter Behnisch, Rem Koolhaas, Axel Schultes oder Oswald

[1] Jacob Grimm. In: Jacob und Wilhelm Grimm. Deutsches Wörterbuch. Erster Band. Leipzig, 1854. Spalte XIII.

Mathias Ungers ihren Kritikern in der Meisterschaft des Wortes überlegen, was ja niemand von einem Architekten verlangen kann. Es wäre, als forderte man von uns Schreibern, auch bauen zu können.

Mögliche Vorwürfe gegen dieses Buch liegen auf der Hand. Die Subjektivität des Autors mischt sich ein und verändert das Material: seine Neugier, wie es gewesen ist; seine Faszination von Geschichte und Geschichten; sein Interesse am Zusammenspiel zwischen dem kreativen Individuum und dessen Prägung durch Zeit und Umwelt; und auch seine Skepsis über die Fähigkeit des Homo sapiens sapiens, sich die Welt, in der er lebt, auf Dauer klüger, lebenswerter und haushälterischer einzurichten. Daß die Deutschen dazu begabter wären als andere Völker, dafür gibt es ohnehin keinerlei Anzeichen.

Ein Vorwurf unter allen anderen ist der Absicht dieses Buches eingebaut. Wer es riskiert, mehr als ein Jahrhundert Planen und Bauen in einem Staat von anfangs (1900) sechsundfünfzig und heute achtzig Millionen Menschen auf knapp sechshundert Buchseiten zu konzentrieren, muß unendlich viele Namen, Sachen, Ereignisse, Entwicklungen auslassen. Der Mut zur Lücke, zu ganzen Fehlstrecken ist die Voraussetzung, wenn man ein Buch zu diesem Thema für die begrenzte Lese- und Lebenszeit seiner Adressaten schreiben will. Gefaßt sehe ich jeder Klage über fehlende Bauten, Architekten, Programme entgegen. Auch mir fiele es nicht schwer, eine Architekturgeschichte über denselben Zeitraum zu schreiben, in der die Hälfte der hier angeführten Architektennamen durch andere, ebenso wichtige ersetzt wäre. Jedem Kritiker könnte ich mit Hunderten von Namen und Projekten aushelfen, die ich selbst gern zwischen diesen Buchdeckeln vertreten wüßte.

So, wie dieses Buch gedacht ist, als eine Erzählung für viele Leser, ist es nicht möglich, zu einzelnen Fakten und Beobachtungen weitere Literatur nachzuweisen. Damit der Umfang des Bandes konsumierbar bleibt, geben die Anmerkungen nur unmittelbar zitierte Quellen an. Natürlich weiß ich, daß ich der Arbeit einer großen Zahl von Kollegen verpflichtet bin. Mein Dank müßte so lang sein wie das Literaturverzeichnis am Ende des Buches. Ich nenne nur einige wenige, denen gegenüber die Dankesschuld besonders groß ist: Gerd Albers, Holger Brülls, Werner Durth, Hartmut Frank, Jonas Geist, Simone Hain, Kristiana Hartmann, Ulrich Höhns, Norbert Huse, Gert Kähler, Heinrich Klotz, Vittorio Magnago Lampugnani, Barbara Miller-Lane, Winfried Nerdinger, Dietrich Neumann, Fritz Neumeyer, Joachim Petsch, Julius Posener, Wolfgang Schäche, Matthias Schirren, Romana Schneider, Manfred Speidel, Rainer Stommer, Anna Teut, Thomas Topfstedt, Wolfgang Voigt, Helmut Weihsmann. Ich breche ab, denn je mehr Namen ich nenne, desto peinlicher werden die Unterlassungen gegenüber allen, die ich nicht erwähnen konnte.

Eigene Vorarbeiten, die ich herangezogen habe, waren neben einzelnen Aufsätzen die Bücher *Neue Deutsche Architektur* (Stuttgart, 1970), *Die Architektur des Expressionismus* (Stuttgart, 1973; Ostfildern, 1998), das Kapitel *Architektur* in dem von Erich Steingräber herausgegebenen Band *Deutsche Kunst der 20er und 30er Jahre* (München, 1979) und die monographischen Arbeiten zu Karljosef Schattner (Stuttgart, 1988; Ostfildern, 1999), Rudolf Schwarz (Ostfildern, 1997) und Gottfried Böhm (Basel, 1999). Manchmal habe ich mir erlaubt, eigene Formulierungen zu übernehmen, wenn ich Sachverhalte auch heute nicht anders formulieren konnte.

Daß dieses Buch seinen Weg auf den Buchmarkt fand, in einer angemessenen Ausstattung und zu einem vertretbaren Verkaufspreis, verdanke ich dem Engagement der Wüstenrot Stiftung, vor allem Georg Adlbert, Geschäftsführer der Stiftung, und Stefan Krämer, dem Betreuer des Projekts.

In der Deutschen Verlags-Anstalt, München war Carla Freudenreich eine behutsame Lektorin meines Textes. Bei der Beschaffung des Bildmaterials erfüllte Leonhard Richter mit detektivischem Spürsinn alle Wünsche. Layout und Herstellung lagen bei Ulla Schaub, Stuttgart. Sie machte das Buch zu ihrer Sache und hatte unerschöpfliche Geduld mit dem Autor.

Ich widme das Buch meinen Kindern Annette und Martin und meinen Kindeskindern Antonia, Iona, Jule, Lea und Malte. Es handelt von der gebauten Welt, in der sie leben.

Wolfgang Pehnt

1900 bis 1918

Ein Jahrhundert beginnt

Straßenszene am Ring. Köln, um 1900.

Das neue, das 20. Jahrhundert wurde von den deutschen Architekten und ihrem Publikum ohne größeres Pathos begrüßt. Die Königliche Technische Hochschule in Berlin-Charlottenburg ernannte bei ihrer Jahrhundertfeier am 9. Januar Prinz Heinrich von Preußen, den Bruder des Kaisers, zum Doktor-Ingenieur ehrenhalber und ließ eine Botschaft verlesen, die Wilhelm II. den Rektoren der drei preußischen Technischen Hochschulen Charlottenburg, Aachen und Hannover hatte zukommen lassen. Die Schulen standen dem Monarchen nahe, weil er die technische Modernisierung des Landes, seine Wirtschaftskraft und Exportfähigkeit zu fördern suchte. 1899 hatte er den Hochschulen das Promotionsrecht verliehen. Sein eigener Bruder war einer der ersten, die davon profitierten.

In seiner Botschaft berief sich der Kaiser auf die Gestaltungskraft der Technik, »welche die Massen lenken, die Gebirge durchdringen, die Erdtheile aneinander nähern, die Meere durchfurchen und einem machtvollen Bruchtheil des Volkes Arbeit und Brot geben werde«. Den Schülern sollten ihre sozialen Pflichten gegenüber den Arbeitern klargemacht werden. Schließlich hatte sich Wilhelm II. als »Sozialkaiser« verstanden und in den ersten Jahren seiner Amtszeit bei der Arbeiterklasse Popularität gesucht. Eine eigene politische Vertretung der Arbeiterschaft war dagegen in der paternalistischen Gesellschaft, die der Monarch im Sinne hatte, nicht erwünscht. Die Sozialdemokratie betrachtete Seine Majestät als vorübergehende Erscheinung: »Sie wird sich austoben.«[1]

Treue zum Kaiserhaus beseelte nicht minder den Berliner Architektenverein, der am Jahreswechsel als Preisaufgabe zum alljährlichen Schinkel-Fest einen »Entwurf zu einem prinzlichen Palais in Berlin« ausschrieb. In einer Stadt, die sich rüstete, eine europäische Metropole zu werden und von allen Wachstumsschmerzen einer werdenden Weltstadt heimgesucht wurde, war es eine weltfremde Aufgabe. Weltfremd war die Aufgabe auch für ein Land, dessen Entwicklungsdynamik ungeahnte Probleme aufgab. Das Deutsche Reich, das erst 1871 nationale Einheit erlangt hatte, war in stürmischem Wachstum begriffen, das auch die Architekten herausforderte. 1871 hatte die Bevölkerung noch 41 Millionen Menschen betragen, 1900 war sie auf 56 Millionen angewachsen. Zu diesem Anstieg der Zahlen kamen Wanderungsbewegungen, die eine neue räumliche Verteilung der Gewichte bewirkten: vom Land in die Stadt, vom ländlichen Osten in den verstädterten Westen, aus den ostelbischen Provinzen nach Berlin, Sachsen und vor allem ins Ruhrrevier, das sich zu einer hochverdichteten Industrielandschaft entwickelte und dafür mit Wohnungselend und Landzerstörung bezahlte. 1871 hatten noch zwei Drittel der Deutschen in Dörfern und Kleinstgemeinden gewohnt. 1900 war es weniger als die Hälfte![2] Jeder dieser Vorgänge bedeutete bauen, bauen, bauen.

Einweihung des Rathauses in Hannover 1913. Kaiser Wilhelm II. wird von Stadtdirektor Heinrich Tramm begrüßt.

Auch die Fachpresse zeigte sich unbeeindruckt vom Wechsel des Jahrhunderts und den Sorgen der Zukunft. Das *Centralblatt der Bauverwaltung* veröffentlichte in der ersten Nummer seines Jahrgangs 1900 zwar *Eine Zukunftsbetrachtung*, aber sie handelte von *Schienenstoß und Achsenzahl der Güterwagen*. Ein zweiter Aufsatz über *Die Hafenanlage bei Swakopmund in Südwestafrica* verhieß ebenfalls keine zukunftsweisenden Perspektiven, da sich die Modernisierung von Südwestafrika wenige Jahre später, nach dem Ende des Ersten Weltkrieges und dem Verlust der Kolonien, nicht mehr als ein Problem der Deutschen erweisen sollte.

In der *Zeitschrift für Architektur und Ingenieurwesen* hielt man ein neobarockes Bankhaus in Dresden

[1] Die Jahrhundertfeier der Kgl. Technischen Hochschule in Charlottenburg am 9. Januar. In: Deutsche Bauzeitung 34 (1900) 1. S. 26 f.

[2] Die Zahlen nach: Albert Gut. Der Wohnungsbau in Deutschland nach dem Weltkriege. München, 1928.

Emanuel von Seidl. Wohnhaus Seidl am Bavariaring. München, 1898–1909.

[3] Das Haus Emanuel Seidl in München. In: Deutsche Bauzeitung 34 (1900) 1. S. 1 f.

[4] Vereinigung Berliner Architekten. In: Deutsche Bauzeitung 34 (1900) 5. S. 30 ff.

[5] Hermann Muthesius. Architektonische Zeitbetrachtungen. Ein Umblick an der Jahrhundertwende. In: Centralblatt der Bauverwaltung 20 (1900) 21. S. 125 ff.

[6] Walter Curt Behrendt. [Rezension des Buches Um 1800 von Paul Mebes.] In: Neudeutsche Bauzeitung 4 (1908) 4. S. 181.

für würdig, das Jahrhundert zu eröffnen, und gab sich Betrachtungen über das englische Ingenieurwesen des 18. und 19. Jahrhunderts hin. Die *Deutsche Bauzeitung* machte mit einem Artikel über ein malerisches Haus Emanuel von Seidls in München auf, der sich über drei Nummern hinzog. Das Haus, mit Ziertürmchen und einem Volutengiebel »in reicher Phantasie« geschmückt, verbinde die entlegensten Zeiten mit der nächsten Vergangenheit. Der Autor vermerkte mit Genugtuung, daß Zweck und Bedürfnis dieser »Romanze aus Stein und Mörtel« nicht widersprächen.[3]

Neuer Stil oder gar kein Stil?

In der Vereinigung Berliner Architekten wurden am 4. Januar 1900 beherztere Worte in der Stilfrage laut. Die Zuhörer ließen sich von ihrem Mitglied Bruno Möhring Reisebilder aus Holland, Belgien und Deutschland zeigen. Möhring knüpfte daran »hoffnungsvolle eigene Ausführungen« und ermahnte sein Publikum, in der Moderne nicht einen Kunstprozeß zu sehen, den man mit allen Mitteln bekämpfen müsse. Möhring verwies auf Beispiele aus den Schwesterkünsten, auf Richard Wagner, Arnold Böcklin, Gerhart Hauptmann. »Und in der Architektur sollte ein Fortschritt auf neuen Bahnen unmöglich sein?« Ein neuer Stil müsse sich aus den neuen Materialien und der gesunden, konstruktiven Form entwickeln.[4] Auf allen Gebieten der Zivilisation und Kultur seien tiefgreifende Veränderungen eingetreten. Nur die Baukunst traue sich nicht unter dem Schutzmantel der Archäologie und Kunsthistorie hervor und wage es nicht, das Recht auf den eigenen Ausdruck zu beanspruchen.

Kritiker, die aufs Grundsätzliche zielten, sahen aber in diesem Ruf nach dem Stil – oder einem neuen Stil – bereits eine gefährliche Versuchung zum Rückzug. »Warum alle diese Versuche mißlingen? Weil sie ein Wesentliches durch ein Unwesentliches bilden wollen«, schrieb Hermann Muthesius, damals als Architekturbeobachter und Diplomat in London tätig. Das Wort Stil, das im 19. Jahrhundert so viele Federn in Bewegung gehalten hatte, mache vergessen, daß Stil nur die äußere Schale bedeute. Der eigentliche Wert der Architektur bleibe von der Stilfrage gänzlich unberührt.[5] In der reformfreudigen Minderheit der Architektenschaft begann sich – über die Position eines Möhring hinaus – die Einsicht zu verbreiten, es komme nicht darauf an, die historischen Stile durch einen neuen Stil zu ersetzen. Es gehe vielmehr um Ehrlichkeit, Sachlichkeit, Gediegenheit. Ein Kunstwerk werde nur dann Stil besitzen, wenn es seiner Bestimmung und seinem Material gemäß entwickelt werde.

Das war die eine mögliche Schlußfolgerung. Die andere wurde von weniger wagemutigen Architekten gezogen. Wenn die historischen Stile an Bedeutung verloren, warum konnte man sich ihrer nicht gelassen bedienen, ohne sie wichtig zu nehmen? »Ein gebildeter und taktvoller Eklektizismus, der sich in den angedeuteten Bahnen mit Würde bewegt, tut uns not und wird der Entwicklung einer bürgerlichen Architektur förderlich sein. Denn er schafft dem Architekten der Praxis die Möglichkeit, seine Kraft der notwendigen Arbeit neuer Grundrißorganisationen zuzuwenden und gibt ihm jenen unbedingt erforderlichen Grad von Freiheit, der ihn befähigt, eine sinnvolle und zweckmäßige Architektur zu bilden«, schrieb der Architekturschriftsteller Walter Curt Behrendt.[6]

Wer auf dieser Seite der Stildebatte dialektisch argumentierte, verteidigte den »taktvollen Eklektizismus« mit entwicklungsgeschichtlichen Erfahrungen. Ohne die Anknüpfung an Traditionen werde sich

Bruno Möhring. Ausstellungshalle und Ehrenhof der deutschen Abteilung auf der Weltausstellung. St. Louis, 1904.

nimmermehr eine gesunde und stetige Entwicklung einstellen. Denn auf jeden revolutionären Bruch mit der Vergangenheit erfolge in der Regel die Korrektur, der Widerruf. »Eine alles mit sich fortreißende Bewegung, die aus dem Eklektizismus heraus uns wieder zur Stileinheit führt, werde daraus schwerlich entstehen, weil auf die Willkür von X eben die Willkür von Y folgen werde.«[7] Das ist eine Skepsis, die auch heute nichts an Aktualität verloren hat.

Wilhelm II. als Bauherr

Stil wird nicht von einzelnen Personen gemacht. Dennoch nahm Wilhelm II., der sein Amt 1888 angetreten hatte und sich anfangs mit einer Politik des sozialen Ausgleichs zu profilieren suchte, dann als »Industrie-« und »Flottenkaiser«, den denkbar größten Einfluß auf das kulturelle Klima des Reiches. Der Mangel an Augenmaß, das Glitzernde, Parvenuhafte, Narzißtische, Neurotische, die Neigung zur Maskerade auch in den Vergnügungen des Hofes sind von vielen Zeitgenossen kritisch bemerkt worden. Politisch machten seine schneidigen Reden und unbesonnenen Alleingänge die deutsche Außenpolitik zunehmend unberechenbar. Die Innenpolitik gleichermaßen: August Bebel meinte, jede Rede des Kaisers brächte der Sozialdemokratie hunderttausend Stimmen. Nietzsche formulierte in der Hellsicht seines Hasses, er würde dem jungen deutschen Kaiser nicht einmal die Ehre zugestehen, sein Kutscher zu sein.[8] Anzunehmen ist, daß umgekehrt auch Wilhelm II. nicht Nietzsche als Kutscher eingestellt hätte.

Wilhelm II. glaubte als Schutzherr der Künste zu handeln, als großer Künstlerfreund, wie die Medici. Als Anwalt einer Kunst, die das Volk zum Idealen, zu Schönheit und Harmonie erziehen sollte, provozierte er die sozial engagierten wie die dem Neuen aufgeschlossenen Künstler zu gemeinsamer Opposition. Auch in Baufragen mischte sich der geltungssüchtige Herrscher ein. Dabei war es gleichgültig, ob das Reich, der Staat Preußen oder die Stadt Berlin zuständig waren, ob es um repräsentative sakrale und profane Bauten ging oder um das Kreisständehaus in Teltow oder das Postamt in Uelzen. »Einer ist Schiedsrichter

[7] Adelbert Matthaei. Deutsche Baukunst. IV. Im 19. Jahrhundert und in der Gegenwart. Leipzig, 1914. Zit. nach 2. Auflage: Leipzig, 1920. S. 96.

[8] Friedrich Nietzsche. Warum ich so weise bin. 1888. In: Friedrich Nietzsche. Kritische Studienausgabe, hg. v. Giorgio Colli, Mazzino Montinari. München, 1988. Bd. 6. S. 268.

Julius Carl Raschdorff. Dom. Berlin, 1893–1905.

[9] Walter Rathenau. Der Kaiser. 1919. Zit. nach: Peer Zietz. Franz Heinrich Schwechten. Ein Architekt zwischen Historismus und Moderne. Stuttgart, 1999. S. 35.

[10] Paul Seidel. Der Kaiser und die Kunst. Berlin, 1907.

Ernst von Ihne. Kaiser-Friedrich-Museum (heute: Bode-Museum). Berlin, 1898–1904.

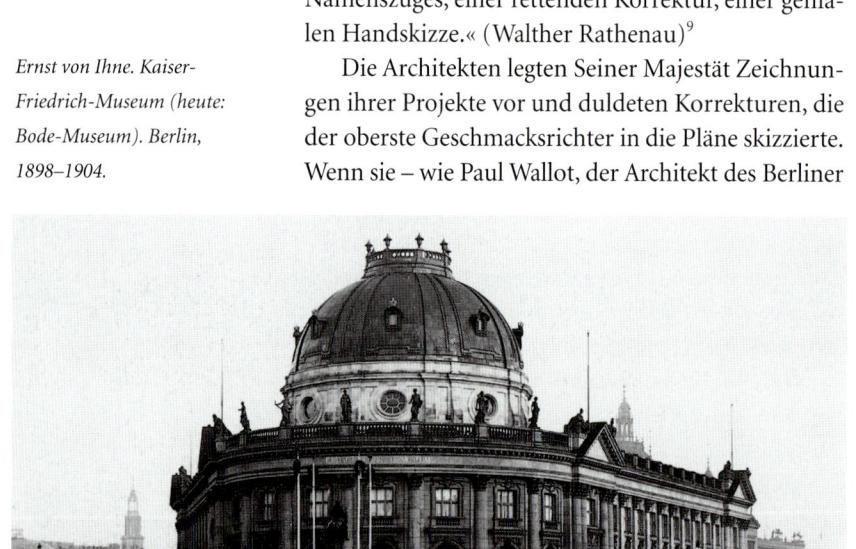

über alles ... Banknoten und Briefmarken, Theaterszenen und Lichteffekte, Straßennamen und Denkmäler, Bauten und Gärten, Kirchen und Ausstellungen, Tornister und Federbüsche, Kriegsschiffe und Flugzeuge, Eisenbahnwagen und Unterführungen, Fahnen und Vereinsabzeichen: alles bedarf eines Namenszuges, einer rettenden Korrektur, einer genialen Handskizze.« (Walther Rathenau)[9]

Die Architekten legten Seiner Majestät Zeichnungen ihrer Projekte vor und duldeten Korrekturen, die der oberste Geschmacksrichter in die Pläne skizzierte. Wenn sie – wie Paul Wallot, der Architekt des Berliner Reichstagsgebäudes – ihre Pläne vor dem Allerhöchsten Rotstift zu retten versuchten, riskierten sie den bleibenden Unmut des Monarchen. Sogar die berufsschädigende Veröffentlichung der kaiserlichen Korrekturen in einem großformatigen Prachtband mußten sie ertragen.[10] Übrigens konnten die Eingriffe sich auch gegen Schwulst und Pathos wenden. Aber das Reichstagsgebäude oder später das Leipziger Völkerschlachtdenkmal verabscheute Wilhelm nicht wegen ihrer Großspurigkeit, sondern weil sie die Vertretung oder den Aufbruch des Volkes feierten, also ein demokratisches Moment enthielten.

In der Mitte der Hauptstadt, am Lustgarten, bildete Julius Raschdorffs Dom (1893–1905) mit seiner detailüberladenen, schlecht proportionierten Kuppel das markige Staats- und Religionsverständnis des wilhelminischen Kaiserreichs ab. Als Nachbar des Schlosses und Grablege der Hohenzollern war das Bauwerk zur Hauptkirche des deutschen Protestantismus bestimmt. Mit dieser Zweckbestimmung ging der römische Aplomb des von Türmen umstandenen Zentralbaus schlecht zusammen. Vom Kaiserhaus inspiriert war auch das übrige Kirchenbauprogramm für die Hauptstadt, dessen Protektorat die Kaiserin Auguste Viktoria übernommen hatte. Um des optischen Effekts willen wurden die Sakralbauten auf die Schnittstellen größerer Blickachsen plaziert.

Die so hervorgehobenen Bauten – allein in den ersten zwanzig Jahren der Regierungszeit 66 Stück in und um Berlin – waren protestantische Kirchen. Katholiken hatten sich mit Gotteshäusern zu begnügen, die in die Straßenfronten eingebaut wurden. Ein ansehnlicher Teil der staatlichen Aufträge ging an den Geheimen Oberhofbaurat Ernst von Ihne, der das Wohlwollen des Kaisers hatte. Mit dem Neuen Marstall (1898–1900), dem Kaiser-Friedrich-Museum (heute Bode-Museum, 1898–1904) und der Staatsbibliothek (1903–14) stellte er den modernisierten, imperialen Barock von 1900 neben die Barockbauten der preußischen Könige.

Vom Umfang her ist das Bauvolumen, das der Stadtbaurat von Berlin, Ludwig Hoffmann, ausführen konnte, noch imposanter. Hoffmann war im Jahre 1896 Stadtbaurat der Hauptstadt geworden und blieb es fast drei Jahrzehnte lang. Es waren Zeiten, in denen die Stadtbauräte der Großstädte nicht nur Entwicklungsprozesse zu steuern hatten, wie ihre Nachfolger im späteren 20. Jahrhundert, sondern selbst bauen

konnten, sollten und mußten: Verwaltungsgebäude, Schulen, Badeanstalten, Markthallen, Schlachthöfe, Feuerwehr- und Polizeistationen, Krankenhäuser und, wenn sie Glück hatten, auch Museen. Im Falle Berlins stammen über dreihundert Gebäude und Ensembles aus dem mit bis zu hundert Mitarbeitern besetzten Büro Hoffmanns. Hoffmann war für dieses Amt eine ideal geeignete Person. Er sei ein »Resumist«, »ein Ordner, ein Gruppierer, ein Organisator«, beschrieb ihn der Kritiker Karl Scheffler. »Es wurde überall wertvolle Übergangsarbeit geleistet«, urteilte Max Osborn.[11]

Der Status des Stadtbaurats oder -dezernenten als des ersten Architekten seiner Stadt erlaubte es Hoffmann und zahlreichen seiner Kollegen im Reich, bis in die zwanziger Jahre hinein umfangreiche Œuvres mit vielen Spielarten öffentlicher Bauaufgaben zu entwickeln und darüber zu bedeutenden Architekten zu werden. So Gustav Oelsner in Altona, Max Berg in Breslau, Hans Jacob Erlwein in Dresden, Ernst May in Frankfurt am Main, Fritz Schumacher in Hamburg, Hugo Licht und nach ihm Hubert Ritter in Leipzig. Die Herren Baubeamten wußten ihre Domänen zu verteidigen. Ein Beispiel war das Leipziger Neue Rathaus (1896–1905). Licht, der amtierende Stadtbaurat, hatte sich gegen einen offenen Wettbewerb gestemmt, sich dann aber, als er nicht zu verhindern war, vom Amt beurlauben lassen, um den ersten Preis davonzutragen.[12]

Für die unterschiedlichen Situationen wurde anfangs die ganze verfügbare Stilpalette verlangt. Freilich mußte sie den neuen Größenordnungen angeglichen werden. Hoffmann in Berlin erledigte das mit bewundernswerter Geschmeidigkeit, von der mittelalterlich-malerischen Baugruppe des Märkischen Museums (1901–07), einer Gebäudecollage in brandenburgischer Ziegelgotik, bis zu barocken »Gartenstädten für Kranke«, den großen Pavillonanlagen für Krankenhäuser in Wedding und Buch. Hoffmann genoß die ihm abverlangte Vielseitigkeit. Die zahlreichen Bauten einer großen Weltstadt könne man nicht in die Uniform eines einzigen Stils zwängen. Auch in diese kommunale Zuständigkeit regierte der Kaiser hinein. Halb belustigt, halb mit kaum verhohlenem Stolz berichtete Hoffmann seinem Freund Alfred Messel, wie »S.M.« (Seine Majestät) während einer dreistündigen Eisenbahnfahrt mit ihm diniert habe und die wichtigsten Vorschläge gerettet worden seien. Die Sache sei sehr nett und ganz formlos gewesen.[13]

Als weniger nett dürften die Berliner Architekten Reinhardt & Süßenguth die kaiserliche Intervention bei ihrem Entwurf für das Empfangsgebäude des Hamburger Hauptbahnhofs (1901–06) empfunden haben. Das Land Preußen war an der Neuordnung des Hamburgischen Eisenbahnwesens beteiligt. So

Ludwig Hoffmann. Märkisches Museum. Berlin, 1901–07.

[11] Karl Scheffler. Die Architektur der Großstadt. Berlin, 1913. S. 148. – Max Osborn. Berlins Aufstieg zur Weltstadt. Berlin, 1929. Neu: Berlin 1870–1929. Der Aufstieg zur Weltstadt. Berlin, 1994. S. 164.

[12] Jürgen Paul. Das »Neue Rathaus« – eine Bauaufgabe des 19. Jahrhunderts. In: Ekkehard Mai, Jürgen Paul, Stephan Waetzoldt. Das Rathaus im Kaiserreich. Berlin, 1982. S. 58.

[13] Ludwig Hoffmann an Alfred Messel, 20. 8. 1902. In: Bauwelt 93 (2002) 28. S. 11.

Heinrich Reinhardt, Georg Süßenguth mit Eisenbahndirektion Altona. Hauptbahnhof. Hamburg, 1901–06. Wettbewerbsentwurf. Ausgeführter Entwurf.

Ein Jahrhundert beginnt

Hugo Licht. Neues Rathaus. Leipzig, 1896–1905.

strich der Preußenherrscher den knorpeligen Jugendstil des Wettbewerbsentwurfs durch und legte den Architekten Renaissancemotive nahe. Glücklicherweise dominieren die höchst eindrucksvolle Stahl-Glas-Halle, die mit Dreigelenk-Bindern die tiefliegenden Gleise überspannt, und die entsprechenden Querhallen nach den Korrekturen des Kaisers sogar mehr als vorher.

Historische Stile wurden nicht ohne ikonographischen Sinn eingesetzt. Eine bindende Zuordnung von gewählter Stilart und bezweckter Botschaft läßt sich nicht in jedem Fall ableiten. Regionale Beziehungen spielten hinein, konnten, aber mußten nicht berücksichtigt werden. In der Barockstadt Dresden lag es nahe, neubarock zu bauen, wie es Paul Wallot beim Ständehaus (1901–06) oder Edmund Waldow und Heinrich Tscharmann bei ihrem riesigen Ministerialgebäude am Elbufer (1899–1904) taten. Nicht selten mußten original barocke Bauwerke den pseudobarocken Prachtbauten weichen.

In geschichtsträchtigen Städten wählten die Architekten gern Vorbilder aus der Blütezeit der Gemeinden, Spätgotik und Renaissance, als werde in neuzeitlichen Kommunen tatsächlich noch über Wirtschaftspolitik und Handelsbündnisse entschieden. Neue Rathäuser spielten mit hohem Turm, mächtigem Dach, stolzem Schmuckgiebel und hohen Saalfenstern städtische Repräsentation, obwohl ihr Hauptzweck die Unterbringung zahlreicher Dienststellen vom Kataster- bis zum Einwohnermeldeamt war. Martin Haller und seine Kollegen wählten eine hanseatisch-spröde Spielart der flämischen Renaissance für das neue Hamburger Rathaus (1880–97), Hugo Licht in Leipzig entschied sich für eine behaglich-malerische Variante des deutschen Bürgerbarocks mit Einsprengseln von Renaissance und Jugendstil. Einen erhaltenen Rundturm der mittelalterlichen Pleißenburg bezog Licht ein; wie ein »überernährter Fabrikschornstein«, fanden Kritiker.[14] Viel von seinem Charme verdankt der Bau der schwierigen städtebaulichen Lage. Gebaute Bilder dieser Art dienten der Traditionsbildung und Identifikation der Bürger mit der Stadt, die sich unter den dramatisch geänderten Bedingungen des Industriezeitalters jeder Verständlichkeit, jeder Lesbarkeit zu entziehen drohte.

Bürgerschaftliche Symbole waren in der kaiserzeitlichen Großstadt der Konkurrenz vieler anderer Institutionen ausgesetzt, öffentlicher wie privater. Im Wettbewerb um die eindrucksvollste Repräsentanz legten auch die Kommunen zu. Ausgerechnet im niedersächsisch-spröden Hannover führten die Ratsherren einen Bürgerpalast von wilder Phantasmagorie auf (1895–1913). Ein gewaltiges Kuppelmassiv statt des üblichen Turms war als Hinweis auf den Sitz des kommunalen Parlaments gedacht. Möglich, daß Bauherr oder Architekten[15] die – freilich anders geartete – Vierkantkuppel des Berliner Reichstagsgebäudes als Inbegriff einer Bürgervertretung im Kopf hatten.[16] In seiner trotzdem feudalen Allüre und seinem Stilmix imponierte das Rathaus sogar Seiner Majestät. Der Kaiser konnte sein überlebensgroßes Ebenbild und das seines Großvaters Wilhelm I. in der Kuppelhalle bewundern.

Huldigungsgesten gegenüber dem Monarchen gehörten zur Ikonografie wilhelminischer Rathäuser. Sie waren nicht nur devote Ehrentribute, sondern bezogen sich auf die Bildprogramme Freier Reichsstädte, in denen Darstellungen von Kurfürsten und Kaiser den reichsunmittelbaren Status der Städte bekundet hatten. Eindruck auf den Kaiser dürfte der Hinweis des Hannoveraner Stadtdirektors gemacht haben, die Stadt habe die gesamte Bausumme von zehn Millionen Reichsmark (es waren wohl eher dreizehn) bar bezahlt. Das neue Haus werde noch

[14] Hans Cürlis, H. Stephany. Die künstlerischen und wirtschaftlichen Irrwege unserer Baukunst. München, 1916. S. 42.

[15] Hermann Eggert, Architekt u. a. des Frankfurter Hauptbahnhofs, wurde 1909 von Gustav Halmhuber beim weiteren Innenausbau abgelöst.

[16] Charlotte Kranz-Michaelis. Rathäuser im deutschen Kaiserreich. 1871–1918. München, 1976. S. 44.

Hermann Eggert. Neues Rathaus. Hannover, 1895–1913.

späteren Geschlechtern von einer Epoche künden, in der die deutschen Städte unter preußischer Vorherrschaft eine wirtschaftliche Blütezeit erlebt hätten. Anschließend ließ der Hannoversche Männergesangverein in der Kuppelhalle die Himmel des Ewigen Ehre rühmen.[17]

Wie die Kaiser am Rheine

Für repräsentative öffentliche Aufgaben erwies sich die Neuromanik als ein bevorzugter Stil nicht nur im Deutschen Reich. Mit ihm konnte man besonders eindrucksvoll die Muskeln spielen lassen. Auch in den USA gab es Beispiele – und das Vorbild eines großen Baumeisters, des Bostoner Architekten Henry Hobson Richardson (1838–86). Ein Band mit hundert Lichtdrucken, der um die Jahrhundertwende das deutsche Publikum mit Neubauten in Nordamerika bekannt machte,[18] zeigte nicht etwa, wie man heute erwarten würde, die nüchternen Skelettbauten Chicagos, sondern viele Bauwerke in der Richardson-Nachfolge. Mit ungeschlachtem Mauerwerk, wulstigen Rundbogenportalen, Altanen und Zwerggalerien überboten sie das Beispiel des Meisters.

Richardson hatte seinerseits europäische, vorzugsweise romanische Baudenkmäler in Frankreich und Nordspanien studiert. Die skandinavische Nationalromantik hat mit diesem Stil und seiner ausgeprägten Materialästhetik gearbeitet und ihn zur nationalen Identitätsfindung verwendet.[19] Tief eingeschluchtete Mauerwerksöffnungen, Bi- und Triforien als Fenster, gedrungene Türme, Holzgebälk in den Repräsentationsräumen, die Sagenwelt als Themenlieferant für Wandbilder finden sich in Helsinki oder Stockholm wie in Berlin-Charlottenburg. Vorzugsweise wurden rauhe Felsbossen aus lokalen Steinarten gewählt. Granit genoß Vorrang. In seinem wunderlichen, aber einflußreichen Buch *Rembrandt als Erzieher* (1890) hatte Julius Langbehn den unverwüstlichen Granit als schlechthin nordischen und germanischen Stein identifiziert.

In Deutschland konnten die Romaniker sich auf die großen rheinischen Kaiserdome in Speyer, Worms und Mainz, auf die Pfalzen in Goslar und Gelnhausen, auf die Wartburg bei Eisenach oder Burg Dankwarderode in Braunschweig berufen und damit auf ein Stück Reichsideologie. Der Kaiser höchstpersönlich sammelte Fotografien romanischer Bauwerke und Abgüsse ihrer Details, um sie seinen bevorzugten Architekten zur Verfügung zu stellen.[20] Franz Schwechten war der wahrscheinlich begabteste Architekt, dessen sich der Kaiser bediente. Den Lieblingsstil

[17] Wolfgang Steinweg. Das Rathaus in Hannover. Hannover, 1988. S. 66, 101 f.

[18] Graef, Paul (Hg., Schriftleitung der Blätter für Architektur und Kunsthandwerk). Vorwort von Karl Hinckeldeyn. Neubauten in Nordamerika. Berlin, o.J. (1899–1902).

[19] Barbara Miller Lane. National Romanticism and Modern Architecture in Germany and the Scandinavian Countries. Cambridge, GB, 2000.

[20] Paul Seidel. Der Kaiser und die Kunst. Berlin, 1907. S. 38.

seines Herrn hat er oft gewählt, beispielsweise für das Romanische Viertel um seine Berliner Kaiser-Wilhelm-Gedächtniskirche (1891–95). Die vieltürmige Kirche in der Mitte dieses Forums griff auf rheinisch-staufische Romanik zurück, vor allem auf die Marienkirche in Gelnhausen. Ihre Bauzier verquickte die Geschichte der regierenden Hohenzollern mit dem Schicksal der sagenumwobenen Hohenstaufen. Nicht nur hier wurde Kaiser Wilhelm I., der Reichsgründer wider Willen, mit Friedrich Barbarossa in Verbindung gebracht, Kaiser Weißbart mit Kaiser Rotbart, das gründerzeitliche Reichskonstrukt mit dem mittelalterlichen Imperium, die neue Kaiserzeit mit der alten.

Anders als die Gotik bot die Romanik einen vorzeigbaren nationalen Stammbaum. Beim französischen Erbfeind ließen sich zwar nicht minder eindrucksvolle romanische Baudenkmäler finden als in Andernach, Köln oder Maria Laach. Aber die Entstehungsgeschichte der Gotik war zu eindeutig mit den französischen Kronlanden verbunden. Auch patriotische deutsche Kunsthistoriker konnten diesen Makel nicht fortinterpretieren. Gegen das romanische Vorbild sprach dagegen eigentlich nur sein Name. »Germanisch« oder »altdeutsch« solle man diesen Baustil aus der Glanzzeit des salisch-staufischen Kaiserreichs nennen, fand der Oberhofmeister des Kaisers Freiherr von Mirbach. »Eigenartig und großartig« habe er sich bei germanischen Volksstämmen herausgebildet, »und in deutschen Gauen seine lieblichste und vollendetste Blüte erreicht«.[21]

Dieser wehrhafte Reichsstil wurde vor allem an den gefährdeten Grenzen des Reiches als symbolische

Hohkönigsburg. Elsaß. 1899–1908 von Bodo Ebhardt restauriert.

Jürgen Kröger. Hauptbahnhof. Metz, 1906–08.

[21] Ernst Freiherr von Mirbach. Die drei ersten Kirchen der Kaiserin für Berlin. Berlin, 1902. S. 290 f.

Franz Schwechten. Kaiserliches Schloß. Posen, 1903–11.

Grenzbefestigung eingesetzt. Im Rheinland, wo der Fluß zu verteidigen war, der nicht Deutschlands Grenze, sondern Deutschlands Strom darstellen sollte, lag Romanik ohnehin nahe. Regierungsgebäude, Polizeipräsidien, Gerichtsbauten, Postämter, Bahnhöfe, Brückenköpfe in Aachen, Bonn, Koblenz, Köln und Trier künden davon. In den »Reichslanden« Elsaß-Lothringen, die von 1871 bis zum Ersten Weltkrieg zum Reich gehörten, ließ Wilhelm II. in einem Akt fingierter Denkmalpflege von 1899 bis 1908 die Ruine der Hohkönigsburg ausbauen, einer ehemaligen Stauferburg hoch über der oberrheinischen Ebene. Architekt Bodo Ebhardt durfte zu Studienzwecken weite Reisen durch Europa unternehmen, unter anderem in die Staufer-Landschaften Apulien und Sizilien.

Oft hielt der Kaiser sich in Metz auf, der Hauptstadt des vorübergehend deutsch gewordenen Ostlothringens. Der Metzer Hauptbahnhof gab sich als Kaiserpfalz mit Schalterhalle (1906–08). Gegenüber komplettierte die fünfseitige Hauptpost (1904–11) das neostaufische Forum, vergleichbar dem Romanischen Viertel in Berlin. Architekt beider Bauten war Jürgen Kröger, ein Schüler des Neugotikers Johannes Otzen. Das steinerne Gewicht dieser Manifestationen nationaler Macht scheint zu sagen: Wer hier gebaut hat, der bleibt auf Dauer. Davon hat sich die Geschichte freilich nicht beeindrucken lassen.

Im Osten des Reiches fehlten, von den Ordensburgen des Deutschen Ritterordens abgesehen, »lebendige Marksteine der Geschichte des alten Reiches«.[22] So mußten sie neu erfunden werden. In Posen, Hauptstadt des 1815 an Preußen gefallenen Warthegaus, bildete Schwechtens machtvolles Residenzschloß (1903–11), ein Komplex mit sechshundert Zimmern, das Hauptstück eines Kaiserforums in schwerer Romanik, mit Belfried und Warmwasserheizung. »Gründe politischer Natur geboten in der Provinz Posen die Betonung des preußischen Königtums.«[23] Die Innenausstattung mobilisierte das ganze Arsenal imperialer Zitate, von römischen Caesaren-Büsten über Mosaiken wie aus Theoderichs Ostgotenreich, über Wandgliederungen der Aachener Pfalzkapelle Karls des Großen bis zum Thron wie in der Palastkapelle von Palermo. Es nimmt nicht wunder, daß diese Trutzburg dreißig Jahre später Hitlers Interesse auf sich zog. Er ließ sich das pseudoromanische Schloß in eine »Führerresidenz« umbauen.

[22] Georg Voß. Die Kaiserpfalz in Posen. Die Schloßkapelle. Posen, 1913. S. 7. Vgl. Janucz Pazder, Evelyn Zimmermann (Hg.). Das Kaiserschloß in Posen. Kat. Stiftung Preußische Schlösser und Gärten Berlin-Brandenburg, Kulturzentrum Zamek. Potsdam, Posen, 2003.

[23] Paul Seidel. Der Kaiser und die Kunst. Berlin, 1907. S. 38.

Ein Jahrhundert beginnt

Darmstädter Tempelkunst

Einweihung der Ausstellung Ein Dokument Deutscher Kunst. *Darmstadt, 1901.*

Preußen war Hegemonialmacht im föderalen Reichsverband. Aber die drei anderen Königreiche, die drei Freien Hansestädte, die sechs Großherzogtümer und ein Dutzend weiterer Herzog- und Fürstentümer hatten eigene Traditionen und entwickelten eigene Reformwege. Mehr als jedes kulturelle Ereignis in Berlin zog die erste Ausstellung der Darmstädter Künstlerkolonie die Aufmerksamkeit auf sich. Eröffnet wurde sie am 15. Mai 1901, zeitgenössischen Berichten zufolge an einem wunderschönen Tag. Der großherzogliche Hof von Hessen-Darmstadt und das Darmstädter Volk vereinten sich auf der Mathildenhöhe in herrlichem Sonnenschein. Das Jahrhundert war jung, der Horizont offen. Das Publikum schien von einer »Stimmung freudigen Staunens« erfaßt. »Namentlich die Frauen waren hingerissen«, teilte Alfred Lichtwark seinen Hamburger Freunden mit.[24]

Bei ihrem ersten öffentlichen Auftritt rief die Darmstädter Künstlerkolonie fast jede denkbare Reaktion zwischen atemloser Begeisterung und kritischem Spott hervor. Anders als die Damen, von denen Lichtwark berichtete, hielten sich die Kenner der kunstgewerblichen Szene zurück oder äußerten Ablehnung. Oft fand man den Titel der Ausstellung *Ein Dokument Deutscher Kunst* anmaßend, zumal ein Österreicher das Unternehmen dominierte, der Architekt und Künstler Joseph Maria Olbrich. Henry van de Velde oder Gustave Serrurier-Bovy, selbst Protagonisten des Neuen Stils, stießen sich an Darmstädter Übertreibungen. Van de Velde versprach, zwei Jahre lang kein Ornament mehr zu machen. Daran hielt er sich allerdings nicht.

Am angreifbarsten war die Künstlerkolonie in ihrer Haltung gegenüber den sozialen Bedürfnissen der Epoche. So konzentrierte sich die Kritik auf die hohen Preise der Erzeugnisse, die sie für Minderbegüterte unerschwinglich machten. In der Tat überschritt es die Grenze zur Arroganz, wenn die Künstler erwiderten, hier sollten ja auch keine modernen Dutzendhäuser für Alltagsmenschen errichtet werden. Hier gehe es um Wohnungen für »verfeinerte Menschen«, deren »vergeistigtem Wesen und vornehmer Haltung« Genüge getan werden müsse, so Peter Behrens, der in Darmstadt über dem Bau des eigenen Hauses zum Architekten wurde.[25]

Trotz aller Vorbehalte war auch unter Fachleuten der Eindruck verbreitet, etwas Neuem begegnet zu sein. Auf was bezog sich dieses Kompliment? Der Stil der gezeigten Dinge und Bauten war es nicht. »Denn für uns ist nicht viel Neues da«, stellte Lichtwark fest.[26] Jeder einschlägig Interessierte konnte die lichten und farbenfrohen Interieurs, die Linearität, Flächenhaftigkeit und Körperlichkeit der Gegenstände, die pflanzenhafte oder bereits geometrisierende Ornamentik aus populären wie professionellen Zeitschriften kennen. Produkten von Art Nouveau und Jugendstil begegnete man seit der Mitte der neunziger Jahre in privaten Galerien, in den Salons der Mäzene und bald auch in den Läden der Kaufhäuser – nicht nur in Brüssel, Paris, München, Berlin, Glasgow oder Barcelona, sondern sogar schon in Darmstadt. Art Nouveau und Jugendstil waren Schöpfungen nicht des soeben beginnenden, sondern bereits des abgelaufenen Jahrhunderts.

[24] Alfred Lichtwark. Briefe an die Kommission für die Verwaltung der Kunsthalle. Hg. v. Gustav Pauli. Hamburg, 1923. Bd. 1. S. 448.

[25] Hauptkatalog. Die Ausstellung der Künstler-Kolonie Darmstadt 1901. Darmstadt, 1901. S. 54, 78, 76.

[26] Alfred Lichtwark. Briefe an die Kommission für die Verwaltung der Kunsthalle. Hg. v. Gustav Pauli. Hamburg, 1923. Bd. 1. S. 448.

Fix und fertig zum Bewohnen

Was die Darmstädter Unternehmung des Jahres 1901 als Novität erscheinen ließ, war das Medium, in dem die Produkte der kunstgewerblichen Reform auftraten. Als Veranstaltung in der Geschichte des Ausstellungswesens war Darmstadt etwas Besonderes. »Das war ein unbezahlbarer Einfall, statt des üblichen Kunstjahrmarkts ... einmal die Vorführung von Kunstwerken auf Grundlage ihrer praktischen Verwendung im Leben zu veranstalten. Fertig eingerichtete Häuser statt bilderbepflasteter Wände und kunstgewerblicher Rumpelkammern: das hatte uns noch Niemand geboten«, schrieb ein Kritiker.[27] Den Betrachtern stellte das *Dokument Deutscher Kunst* ein nahes, erreichbares Wohnglück vor Augen, nicht in der Fiktion einer befristeten Ausstellung, sondern in dauerhaften Realisierungen für konkrete Bauherren.

Als Inszenierung von Lebenswirklichkeit standen die vier Darmstädter Ausstellungen zwischen 1901 und 1914 in der Tradition nicht von Kunst- und Gewerbeschauen, sondern von Weltausstellungen. Schon bei der allerersten 1851 im Londoner Hyde Park gab es ein zweistöckiges Arbeiterhaus für vier Familien zu besichtigen. Französische Bauunternehmer stellten 1867 in Paris ein Billighaus mit hohlen Backsteinwänden aus, die das ganze Jahr über gleichmäßige Temperaturen sichern sollten. In Wien waren 1873 transportable Arbeiterwohnhäuser aus Eisen und Blech zu sehen. 1889 wurden auf der Pariser Expo zwei Miethäuser errichtet, das eine als abschreckendes Beispiel mit Abtritten und Fäkaliengrube, das andere als Exempel moderner Hygiene mit Wasserklosetts und Kanalsystem. Wenn die Häuser auf der Darmstädter Mathildenhöhe trotz vieler Vorgänger als unerhörte Neuerung im Ausstellungswesen empfunden wurden, so hing dieser Eindruck mit dem Kunstanspruch des Unternehmens zusammen. Es waren Bauwerke, die mehr als nur ein pädagogisches Programm vertraten. Es waren Inszenierungen von Lebenswelten auf künstlerischem Niveau. Das Praktische und das Schöne gingen zusammen.

Initiator der Darmstädter Unternehmung war Großherzog Ernst Ludwig von Hessen-Darmstadt, »ein Freier unter Freien, ein Persönlicher unter Persönlichen, ein Geber und Nehmer von Anregung«.[28] Dem jungen Fürsten, der mit den von ihm berufenen Künstlern gleichen Alters war, ist von Zeitgenossen wie späteren Chronisten gern uneigennütziges Mäzenatentum bescheinigt worden. Zwar steht sein Engagement für die neue Kunst außer Frage. Aber zugleich setzte der Großherzog als tüchtiger Manager seines Landes auf Prestigegewinn, Gewerbeförderung und vermehrte Steuereinnahmen. Die Gründung der Künstlerkolonie war eine wirtschaftspolitische Entwicklungsmaßnahme.

Die Investitionen, die der »Herr des Bodens und des Baues«[29] selbst tätigte, hielten sich in engen Grenzen. Die sieben Künstler der ersten Stunde erhielten Dreijahresverträge mit gestaffelten Jahresbezügen als Grundabsicherung. Da sie jung waren – nur drei von ihnen, Behrens, Christiansen und Olbrich, älter als dreißig! – und am Beginn ihrer Karrieren standen, belasteten die »nicht pensionsfähigen« Gehälter die Staatskasse kaum. Das Ateliergebäude, das Ernst-Ludwig-Haus, in »prävalirender Lage auf dem höchsten

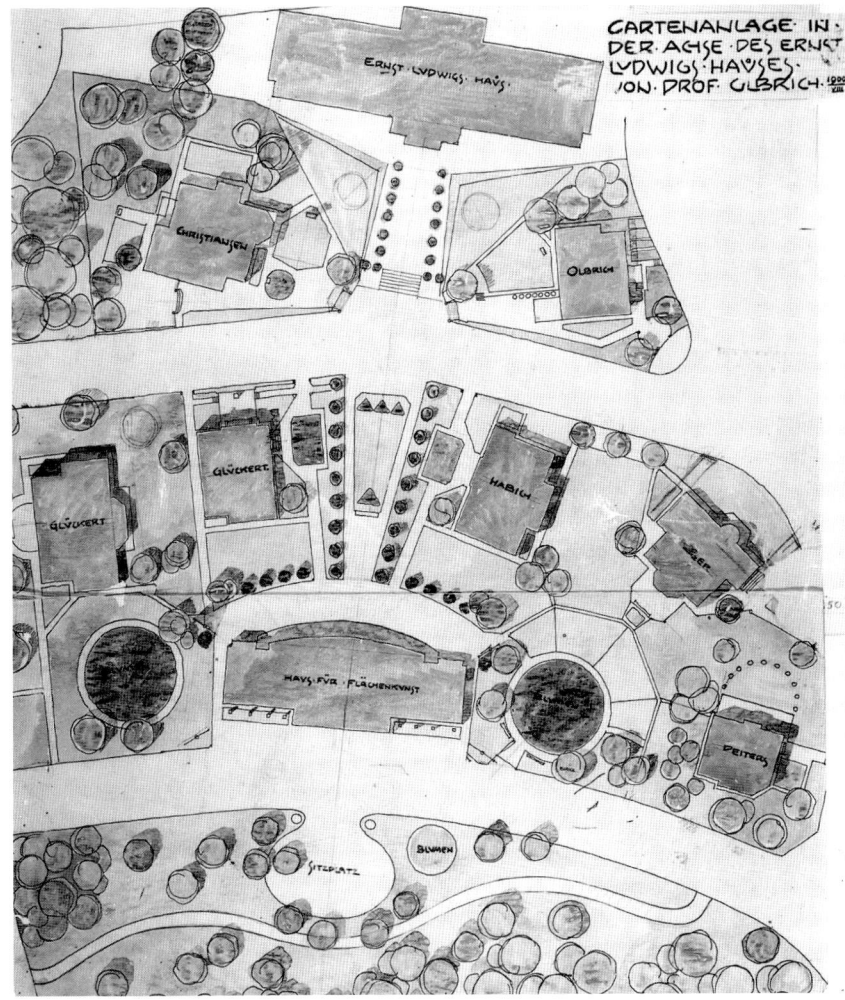

Joseph Maria Olbrich. Lageplan (Gartenanlage) der Mathildenhöhe, Darmstadt, 1900.

[27] Eduard Engels. Die Kunstausstellung in Darmstadt. In: Die Gegenwart 59 (1901). S. 381.

[28] Ludwig Hevesi (Einleitung). In: Ideen von Olbrich. Leipzig, 1904². S. VI.

[29] Georg Fuchs. Zur Weihe des Grundsteins. In: Alexander Koch (Hg.). Großherzog Ernst Ludwig und die Darmstädter Künstler-Kolonie. Ein Dokument Deutscher Kunst. Darmstadt, 1901.

Punkt des Mathildengartenhügels«[30] errichtet, war eine von der Großherzoglichen Kabinettskasse bezahlte Baumaßnahme. Von verkauften Arbeiten bekamen die Künstler Provisionen. Im übrigen hatten sie ihre Wohnhäuser, die 1901 für das *Dokument Deutscher Kunst* entstanden, auf eigene Rechnung zu errichten und die Grundstücke zu erwerben, ungeachtet ihrer nur auf drei Jahre befristeten Verträge.

Europäische Kontakte

Zu den unmittelbaren Vorläufern des Darmstädter Projekts gehören die Künstler der britischen Arts-and-Crafts-Bewegung, über die man in Darmstadt dank der publizistischen Tätigkeit des Darmstädter Verlegers Alexander Koch gut informiert war, aber vor allem dank der glänzenden englischen Verbindungen des Großherzogs. Ernst Ludwig, »Europäer und Weltmann«[31], war ein Enkel Queen Victorias und verbrachte in seiner Jugend jedes Jahr einige Zeit in England. Olbrich, Ernst Ludwigs gleichaltriger Architekt, engagierte sich ebenfalls für England und soll sein halbes Rom-Stipendium für Reisen auf der Insel ausgegeben haben.

Die Orientierung am Handwerk, die Qualitätsverbesserungen im Gewerbe, der enge Zusammenhang, den die Arts-and-Crafts-Künstler zwischen Schönheit und Moral gestiftet hatten, der Glaube ans Gesamtkunstwerk und an die schöpferische Fähigkeit der Individualität gingen als Erbe in die Darmstädter Produktion ein. Was in Darmstadt keine Rolle mehr spielte, war das mittelalterliche Vorbild. Auch dem Ideal von *honesty* und *simplicity* erwiesen die Darmstädter eher verbal als in der praktischen Arbeit Respekt: wenn es darum ging, »einfache Schönheit«, die den »nüchternen Zweck adelt«, gegen »lügnerisch seelenlose Pracht« auszuspielen.[32] Doch wird kaum jemand die Saphirbroschen von Hans Christiansen oder die silbernen Tafelaufsätze von Ernst Riegel als Muster von *honesty* und *simplicity* aufgefaßt haben.

Eine Bewegung, die sich so sehr den natürlichen Lebensformen verschrieb wie Arts and Crafts, mußte sich auch für Siedlungsweisen einsetzen, die das Elend der großen Industriestädte überwinden sollten. Die englischen Künstler und Handwerker arbeiteten in Arbeits- und Lebensgemeinschaften, die mehr als hundert Personen umfassen konnten. Darmstadts Individualisten hätten sich niemals der engen Gemeinsamkeit und den Hierarchien unterworfen, die bei den Siedlungsexperimenten der englischen Reformer herrschten. Gewiß war die Mathildenhöhe eine Siedlungsgemeinschaft im Grünen. Aber sie verwirklichte keineswegs jene Versöhnung von Stadt und Land, die seit Karl Marx die Herzen von Revolutionären und Reformern bewegt hatte. Eine Spur des Elans, mit dem die englischen Wortführer eines einfachen Lebens ihre Ziele verfochten, klingt in Olbrichs Formulierung vom »freien Rasen«, vom »blumigen Feld« an, auf dem die Darmstädter Kolonie errichtet werde.[33] Doch die Darmstädter Ästheten hatten Rosenspaliere im Sinn und keine Kohläcker. Die Künstlerkolonie produzierte Kunst und nicht Gemüse.

Nicht zuletzt unterschied sich die deutsche Stilwende in ihrer realistischen Anpassung an zeitgenössische (und erst recht künftige) Produktionsbedingungen von den Wunschzielen der Arts-and-Crafts-Künstler. Die englischen Reformer suchten die Trennung von Entwurf und Ausführung nach Möglichkeit ebenso zu überwinden wie die von Arbeit und Kapital. Mitarbeiter wurden zu Anteilseignern genossenschaftlicher Unternehmen und partizipierten am Gewinn. Die Protagonisten der Bewegung hofften, auf diese Art und Weise der Entfremdung der Arbeit entgegenzuwirken.

In Darmstadt wurde diese Hoffnung gar nicht erst formuliert. Die sozialmoralischen, ja sozialtherapeutischen und sozialutopischen Motive, von denen Arts and Crafts beseelt war, gingen bei der Übernahme in Deutschland verloren. Hier schloß die Idee der Künstlergemeinschaft keine Partnerschaft mit den ausführenden Kräften ein. Zwar vermittelten sich die Künstler untereinander, soweit ihre Konkurrenz es zuließ, Anregungen und auch Aufträge. Aber die Künstler blieben Künstler und die Handwerker Handwerker. Der Künstler lieferte den Entwurf, und für alle Arbeiten, die seine eigenen handwerklichen Fähigkeiten oder sein Zeitbudget überforderten, waren hessische oder auswärtige Betriebe zuständig.

Auch mit den Zielen der Gartenstadt, die in Deutschland seit 1902 von der Deutschen Gartenstadt-Gesellschaft propagiert wurden (vgl. S. 48 ff.), ließ sich das Programm der Mathildenhöhe nicht vereinbaren. Zwar ist in der Selbstinterpretation der Kolonie von »Stadt« die Rede. Hermann Bahr schilderte, wie Olbrich »in seiner festen, spöttischen Art«

---

[30] Hauptkatalog. Die Ausstellung der Künstler-Kolonie Darmstadt 1901. Darmstadt, 1901. S. 29.

[31] Harry Graf Kessler. Gesichter und Zeiten. Erinnerungen. Berlin, 1962. S. 219.

[32] Joseph Maria Olbrich. Unsere nächste Arbeit. In: Deutsche Kunst und Dekoration 6 (1900) 8. S. 368.

[33] ebd. S. 366.

eine ganze Stadt gefordert habe. »Eine Stadt müssen wir bauen, eine ganze Stadt! Alles Andere ist nichts.«[34] Aber schließlich handelte es sich 1901 um nicht mehr als acht Villen. Um ein gewisses Maß an kommunalem Eigenleben zu gewinnen, fehlte es in Darmstadt an kritischer Masse, an Einwohnern, aber auch an der örtlichen und ökonomischen Verflechtung mit großen Betrieben.

So respektierte die Mathildenhöhe vollauf die bürgerlichen und großherzoglichen Repräsentationsansprüche, störte nicht oder nur wenig, und führte auch die bürgerlichen Eigentumsverhältnisse weiter, ohne sich genossenschaftlich zu konstituieren. Sie blieb eine gepflegte Villenkolonie, die sich dem gesellschaftlichen Komment fügte. Von anarchischen Lebensentwürfen, die in anderen Künstlerkommunen, in Friedrichshagen bei Berlin oder in Worpswede, erprobt wurden, blieben die Darmstädter verschont. In Dachau und Worpswede waberten die Nebel aus Moos und Moor. In Darmstadt legte Siemens & Halske ein Streckennetz für elektrische Straßenbahnen an.

Am Saum eines Haines

Aber *eine* Mystifikation war den Künstlern der ersten Darmstädter Generation lieb und teuer. Behrens wie Olbrich, auch ihnen nahestehende Autoren wie Georg Fuchs haben Visionen geschildert, die den Alltag der hessischen Residenzstadt kräftig überforderten. In Behrens' Schrift *Feste des Lebens und der Kunst* erhebt sich ein »festliches Haus« – ein Haus der gesamten Kunst – »am Saum eines Haines, auf dem Rücken eines Berges«, fern der »gewohnten Umgebung«,[35] so wie das Ernst-Ludwig-Haus oberhalb der Wohnhäuser thront, wenn auch nicht »fern« von ihnen. Nachdem das Ausstellungsgebäude und der Hochzeitsturm 1908 eingeweiht waren, behaupteten diese neuen, weithin sichtbaren Bauten eine ähnliche Dominanz, nun aber über die Stadt und ihre Umgebung und nicht nur über die nächsten Villen in der Nachbarschaft.

Das Pathos der Gralssymbolik spricht aus Olbrichs Ernst-Ludwig-Haus mit seiner lang ansteigenden Freitreppe, dem großen Hufeisenbogen des Eingangs und den flankierenden Monumentalfiguren Ludwig Habichs, die schon an die Staatsbildhauerei des Dritten Reiches denken lassen. Es spricht aus den ernsten Gliederungen des Hauses Behrens, der priesterlich feierlichen Ornamentik seines Portals und den dunkel-schweren Räumen von Bibliothek und Musikzimmer. Es spricht aus den kristallinen Leuchtern und dem Metopenfries im Musiksaal, auf dem stilisierte Gestalten feierlich gralsähnliche Gebilde tragen. Hier könne niemand auf den Gedanken kommen, einen Strauß-Walzer zu spielen, meinte Friedrich Ahlers-Hestermann.[36]

Olbrich wie Behrens haben in ihren Texten manche Weihrauchkerze angezündet. Das »Haus der Arbeit«, das Ernst-Ludwig-Haus, ist – immerhin fügt Olbrich einschränkend hinzu: »gleichsam« – ein »Tempel«, die Arbeit des Künstlers »heiliger Gottes-

Joseph Maria Olbrich. Ernst-Ludwig-Haus. Darmstadt, 1901. Aufnahme nach Verlust des Hauses Christiansen.

Joseph Maria Olbrich. Ernst-Ludwig-Haus. 1899–1900. Perspektivischer Schnitt. Bleistift, Tusche, Aquarell.

[34] Hermann Bahr. Ein Document Deutscher Kunst. In: Hermann Bahr. Bildung. Berlin, Leipzig, 1900. S. 46.

[35] Peter Behrens. Feste des Lebens und der Kunst. Eine Betrachtung des Theaters als höchsten Kultursymbols. Leipzig, 1900. S. 10 ff.

[36] Friedrich Ahlers-Hestermann. Stilwende. Aufbruch der Jugend um 1900. Berlin, 1941. S. 87.

Darmstädter Tempelkunst

Peter Behrens. Haus Behrens. Darmstadt, 1901. Aquarellierte Zeichnung.

Joseph Maria Olbrich. Haus Deiters. Darmstadt, 1901.

Peter Behrens. Haus Behrens. Darmstadt, 1901. Grundrisse Erdgeschoß, Obergeschoß.

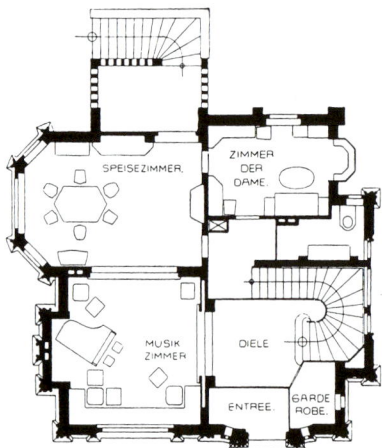

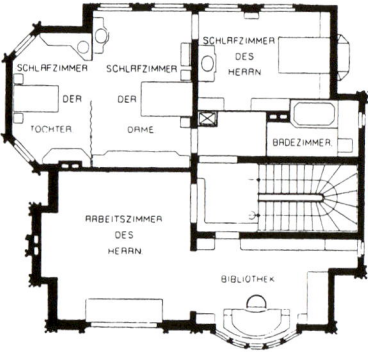

[37] Joseph Maria Olbrich. Unsere nächste Arbeit. In: Deutsche Kunst und Dekoration 6 (1900) 8. S. 369.

dienst«. Vom »Tempel des Fleisses« steigt der Künstler »nach des Tages emsiger Arbeit« herab (in Olbrichs und Christiansens Fall waren es ein paar Meter, bei Behrens einige Schritte dazu!), um in seinem Hause »den Künstler mit dem Menschen einzutauschen«.[37] Doch in seinen frühen Wohnhäusern hielt Olbrich sich keineswegs an den erhabenen Stil. In ihnen zeigte er sich liebenswürdig, spielerisch und heiter. Mit ihren scheinbar frei über die Fassadenflächen gestreuten Öffnungen und Fliesenfeldern haben sie etwas von permanenter Sommerfrische an sich, wenn sie nicht, wie das Haus Deiters oder das Spielhaus für die Prinzessin Elisabeth in Wolfsgarten, dem Zipfelmützig-Märchenhaften zuneigen. In ihren kubischen Haupt- und Nebenformen reflektieren sie Eindrücke von Olbrichs Nordafrikareise, in den langen Holzbalkons und Dachüberständen von alpenländischen Bauernhäusern.

Vom »stillen Glück« in den Ecken und Winkeln des Hauses und von den »goldenen Fäden der Wunschlosigkeit« hat Olbrich gefabelt. Man möchte meinen, der Künstler habe nie auf den Baugerüsten seines Darmstädter Turmes gestanden und die nahen Fabrikschlote der Maschinen- und Kesselfabriken oder des Merckschen Chemie-Imperiums wahrgenommen, die Zeugen der materiellen Basis, auf der das Darmstädter Kunstwunder gedieh. »Kunstwerthe, harmonischen Klängen gleich, die sich zu Akkorden und Takten vereinen«, versiegelten die Innenwelt der »in sich abgeschlossenen Kunstwerke« auf der Mathildenhöhe gegen die Zumutungen der Außenwelt.[38]

Und doch scheinen Olbrich und andere Künstler der Kolonie am eigenen Programm gezweifelt zu haben. Die Freude an frei gewählten Zitaten, die allerdings, anders als in postmodernen Tagen, stets amalgamiert und nicht unverbunden gelassen wurden, verleiht Olbrichs frühen Darmstädter Bauten ein Flair von Unverbindlichkeit. Darin unterschied er sich von seinem Rivalen Behrens. Peter Behrens gab in seinem architektonischen Erstling zu verstehen: So und nicht anders muß es sein. Olbrich zeigte in seinen Schöpfungen (und nicht nur in den temporären Ausstellungspavillons von 1901 und 1904): So kann es sein, aber auch anders.

Erst die den Hügelrücken krönenden Bauten aus der Zeit von 1905 bis 1908, der Hochzeitsturm und der anschließende Komplex der Ausstellungsgebäude, fanden zu einer freundlichen Monumentalität, die sie zu Wahrzeichen Darmstadts machte. Ungewöhnlich, ja absonderlich war, wie der Turm seine Schwurhand in den Himmel reckt, neuartig das Motiv des um die Ecke geführten Fensterbandes, belebend die angedeutete, asymmetrische Risalitbildung am Turmschaft.

Die Spiellaune, die Olbrich bis in die Mitte des ersten Jahrzehnts die Hand führte, ging mit Spuren von Selbstironie zusammen. Manchmal kamen die Sachen übertrieben gravitätisch daher. Diese Deckeldosen und Schmuckkästchen, mit Pyramiden, Halbtonnen und Walmdächern en miniature bekrönt, die gockelhaft stolzen Zinnkannen – war das nicht auch von Witz diktiert? Von Behrens war die Einweihungszeremonie vom 15. Mai 1901 inszeniert. Der hochgewachsene Kammersänger Riechmann, als »Der Verkünder« verkleidet, schritt im Scharlachmantel die Freitreppe vor dem Ernst-Ludwig-Haus hinunter und enthüllte unter Fanfarenstößen vor dem Großherzog den Kristall der reinen Kunst. »War es nur ein Spiel? Nein: es war eine festliche Handlung neuen Stils«! Eine seltsame Ergriffenheit habe sich der Anwesenden bemächtigt, berichtete ein Augenzeuge.[39]

Aber sollte dieser Mummenschanz nicht auch ein wohlerzogen unterdrücktes Lächeln bei den Hohen Herrschaften und bei dem einen oder anderen im Publikum ausgelöst haben? Beim großen Kostümfest *Ein Überdokument Deutscher Kunst* und in dessen *Über-Hauptkatalog* nahmen im Spätsommer 1901 die Künstler selbst ihre eigenen Ambitionen parodistisch auseinander.

Themenwechsel

Das Schicksal der Künstlerkolonie nach 1901 gleicht dem Abstieg von den Höhen der Ideale und Illusionen in das Tiefland der Realitäten. Behrens ging nach Düsseldorf, ins geschäftige Rheinland, wo auch Olbrich große Aufträge übernahm. Zwar behielt Olbrich bis zu seinem frühen Tode 1908 seinen Wohnsitz auf der Mathildenhöhe bei. Wie viele andere, aber eher als sie revidierte er sein Repertoire zugunsten eines disziplinierteren Neoklassizismus, der bei den Wohnbauten die liebenswürdige Informalität seiner früheren Villen ersetzte. Schon Wohnungseinrichtungen in der Dreihäusergruppe von 1904 greifen unverkennbar auf Empire und Biedermeier zurück.

Die Verpflichtung neuer Künstler aus anderen Teilen des Reiches und Österreichs sorgte auch vor Ort für einen Wechsel in Aufgabe und Stimmung. Albin Müller kam aus dem industriellen Magdeburg, Edmund Körner aus dem Ruhrrevier, aus Essen, er kehrte auch dahin zurück. Die beiden letzten Darmstädter Ausstellungen suchten auf den Vorwurf man-

[38] ebd. S. 368.

[39] Die Eröffnungs-Feier vom 15. Mai 1901. In: Alexander Koch (Hg.). Großherzog Ernst Ludwig und die Darmstädter Künstler-Kolonie. Ein Dokument Deutscher Kunst. Darmstadt, 1901. S. 60.

Joseph Maria Olbrich. Hochzeitsturm und Ausstellungsgebäude. Darmstadt, 1905–08.

Joseph Maria Olbrich. Dreihäusergruppe. Darmstadt, 1904. Entwurfszeichnung.

Albin Müller (Albinmüller). Ausstellungsgebäude für angewandte Kunst. Hessische Landesausstellung. Darmstadt, 1908.

Albin Müller (Albinmüller). Schwanentempel. Darmstadt, 1914.

[40] Eine neue Ausstellung der Künstler-Kolonie Darmstadt 1913. In: Deutsche Kunst und Dekoration 29 (1911/12) 1. S. 38.

[41] Alexander Koch (Hg.). Hessische Landes-Ausstellung Darmstadt 1908. Darmstadt, 1909. Unpag.

gelnder sozialer Relevanz zu reagieren und orientierten sich stärker an dringlichen Aufgaben der Epoche. 1908, auf der Hessischen Landesausstellung für Freie und Angewandte Kunst, wurde eine »Kleinwohnungskolonie« mit sechs Häusern errichtet (allerdings auch wieder abgerissen), darunter ein noch von Olbrich im Auftrag der Firma Opel entworfenes Arbeiterhaus. Keines der Einfamilienhäuser sollte über 4000 Mark kosten. Sieben Jahre zuvor soll das Haus Behrens die stolze Summe von 200 000 Mark verschlungen haben.

1914 errichtete Albin Müller ein zerlegbares Holzhaus, das als Ferienhaus gedacht war, und vor allem eine Mietshausgruppe mit sechzehn zu einem Block zusammengefaßten Häusern. Nicht alle waren fertiggestellt und nicht alle dem Publikum zugänglich. Die Interieurs sollten »künstlerische Wohnungseinrichtungen ... zeigen, wie sie für Mietwohnungen von Familien mittleren Einkommens geeignet sind«.[40] Behagliche und künstlerisch vertretbare Wohnräume, die sich mittelständische Mieter leisten konnten, waren nun auch in Darmstadt ein Ausstellungsthema geworden. Auf Stilisierung verzichtete man trotzdem nicht. Die Schlafzimmer von Albin Müller, befand der Autor in Kochs Publikation über die Hessische Landesausstellung von 1908, seien »in Wirklichkeit eine Kultstätte für Körperschönheit und Sinnenfreude«.[41]

Aufschlußreich ist die städtebauliche Umorientierung, die der Großherzog und seine Architekten der Künstlerkolonie gaben. 1901 hatte Olbrich die wichtigsten Bauten entlang einer kleinen Achse gruppiert, die quer zu den von der Stadt heraufführenden Straßenzügen stand. Seitdem Hochzeitssturm und neues Ausstellungsgebäude auf und neben einem großen Wasserreservoir errichtet worden waren, besaß die Mathildenhöhe eine ausgeprägte Front zur Stadt hin und war in ihrer Hauptrichtung auf sie bezogen: als Teil und Gipfel der Stadt, als ihre Stadtkrone. Das Wort machte später, 1919, mit Bruno Tauts gleichnamigem Buch Karriere.

Fortschritt auf neuen Bahnen

Den »Fortschritt auf neuen Bahnen«, den Bruno Möhring angemahnt hatte,[42] erblickte ein Teil des interessierten Publikums und der Künstlerschaft im Jugendstil, dem deutschen Geschwister des Art Nouveau. Die Wende hatte sich seit den neunziger Jahren in Kunstgewerbe und Kunst entwickelt. Den Künstlern, die sie vertraten, verhalf sie zu einer Hochstimmung, die in der Geschichte der Kunst nicht häufig auftritt: dem Gefühl eines neuen Anfangs. Wie die Künstler der Renaissance oder des revolutionären Klassizismus standen sie unter dem Eindruck eines Epochenbruchs. »Es gilt, eine neue Basis zu gewinnen, von der aus wir einen neuen Stil schaffen wollen«, forderte Henry van de Velde.[43]

Naissance statt Renaissance

Wenn sich die Produktion der Jugendstilkünstler auch nicht mit den großen Aufbrüchen des Quattrocento oder des späten 18. Jahrhunderts messen konnte, so hatte sie den Vorgängern eines voraus: Sie bezog sich in allererster Linie nicht auf eine vorangegangene Kunstepoche, nicht auf die Antike, nicht auf etwas Menschengemachtes. Wenn sie sich auf eine Quelle berief, so war es die Natur, die unendliche Vielfalt ihrer Formen oder, besser noch, ihrer Konstruktionsprinzipien. Eigene Beobachtung und die Ergebnisse und Publikationen der Naturwissenschaften – in Deutschland vor allem Ernst Haeckels verführerische Bildbände (*Kunstformen der Natur* lautete der wichtigste Titel) – hatten sie ihnen nahegebracht. Es war, wie der große österreichische Architekt und Architektenlehrer Otto Wagner es formulierte, eine Naissance, nicht eine Renaissance.[44]

Die neue Schönheit, die der Jugendstil anbetete, trug durchaus Züge der Modernität. Schönheit lag in der Schnittigkeit der Dampfer, der Linearität und flächenhaften Farbigkeit der Plakate, der Präzision der Maschinen, denen sich viele der neuen Produkte verdankten. Kunst und Baukunst mußten sich nicht mehr in der Variation und Transformation von Vorhandenem und Schon-Gedachtem erschöpfen. Der Kult des Neuen erhielt mit dieser Erfahrung einen kräftigen Impuls und sollte Künstler wie Kunstkonsumenten durch mehrere Dekaden des 20. Jahrhunderts begleiten. Schaffenskraft stürzte sich »wie ein junger Bergstrom in das trockene Bett der von Historie und gelehrtem Wissen versteinerten Ideen«.[45]

Mit gattungsspezifischer Phasenverzögerung erreichte der »Bergstrom« um die Jahrhundertwende nach der gewerblichen Kunst auch die deutsche Architektur. *Horror vacui* bemächtigte sich der Fassaden und vor allem der erogenen Zonen der Architektur, der Portale, Fenster und Gesimse. In der Allerweltsarchitektur und den Vorlagebüchern der Stukkateure nisteten sich für ein Jahrzehnt Gorgonenhäupter und Schlinggewächse ein. »Einer Doppelfront von Feinden sieht sich so die zweckbewußte Gegenwartskunst gegenüber: der rückwärtsschauenden Stilnachäffung, die sich auf ein Jahrhundert archäologischer Versuche stützt, und der Modernitis von Tapezierers Gnaden, die aus verzerrten Pflanzenmotiven und dem ›abstrakten‹ Gerinnsel toller Schnörkel und Linien den Vielzuvielen ihr künstlerisches Brot bäckt.«[46]

In Deutschland bewirkten die Wachstumsmetaphern des Jugendstils nie die Faszination der architektonischen Hörselberge und Labyrinthe, die Victor Horta in Belgien oder Hector Guimard in Frankreich schon in den neunziger Jahren schufen. Keine deutsche Architekturschöpfung ging mit den Spiegeleffekten und Tiefensuggestionen so souverän um wie Horta in seinen Brüsseler Stadtpalais oder suggerierte die sündige Perversion einer metropolitanen Unterwelt, wie es Guimards Pariser Métro-Eingänge taten. Der deutsche Jugendstil bewahrte zu allermeist eine Märchenstimmung, die nicht lasziver war als die Kinder- und Hausmärchen der Brüder Grimm.

Geometrie und Maschine

Mit dem neuen Stil wurden neue Raumbildungen und Bautypologien möglich. Peter Behrens' eigenes Haus in Darmstadt mit seinen differenzierten Raumhöhen löste sich bereits vom Zwang der einheitlich hohen Stockwerksschichten und nahm vorweg, was

---

[42] Vereinigung Berliner Architekten. In: Deutsche Bauzeitung 34 (1900) 5. S. 30 ff.

[43] Henry van de Velde. Ein Kapitel über Entwurf und Bau moderner Möbel. In: Pan 3 (1897–98) 4. S. 260 ff.

[44] Otto Wagner. Moderne Architektur. Wien, 1902³. S. 64.

[45] Erich Haenel. Ausstellung der Dresdener Werkstätten für Handwerkskunst. In: Dekorative Kunst 7 (1903–04) 4. S. 146.

[46] ebd. S. 150.

Joseph Maria Olbrich. Zentralbau. 1898. Feder über Bleistift.

Peter Behrens. Binnenhof vor dem Musiksaal. Dritte Deutsche Kunstgewerbeausstellung. Dresden, 1906.

[47] Theodor Fischer. Was ich bauen möchte. In: Der Kunstwart (1906) 1. Oktoberheft, S. 5.

Adolf Loos den »Raumplan« nannte (vgl. S. 26). Das Ernst-Ludwig-Haus war faktisch ein Ateliergebäude, für nur wenige Künstler bestimmt. Aber als krönender Kulturbau präludierte es dem Volkshaus-Gedanken, und ebenso andere Visionen Olbrichs. Volkshäuser oder -heime wurden vor dem Ersten Weltkrieg von Gewerkschaften, aber manchmal auch von philanthropischen Stiftern oder Unternehmern errichtet. Der menschenfreundliche Theodor Fischer verstand darunter ein Haus, »nicht zum Lernen und Gescheitwerden, sondern nur zum Frohwerden, nicht zum Anbeten nach diesem oder jenem Bekenntnis, wohl aber zur Andacht und zum inneren Erleben«.[47] Fischer entwickelte eine erste, überzeugende, bodenständige Form für ein solches Programm mit den Pfullinger Hallen (1904–07), einem »Gesellschaftshaus« mit Festsaal und Turnhalle. Gestiftet hatte es ein Pfullinger Papierfabrikant. Seine kühnste Ausprägung fand dieser Baugedanke in der Stadtvision, die Bruno Taut in seinem 1916 begonnenen Buch *Die Stadtkrone* ausmalte.

Die Einführung des Jugendstils in die Architektur des oberen Niveaus wurde dadurch erleichtert, daß der Stil um die Jahrhundertwende bereits in eine abstraktere Phase eingetreten war. Ein Repertoire geometrischer Ornamente und Formen bildete sich aus. Charles Rennie Mackintosh, seine schottischen Freunde und nach ihm die Wiener Secessionisten, auf die Mackintosh großen Eindruck machte, hatten ihre Hand im Spiel. Die Darmstädter Künstlerkolonie zeigte eine Übergangsphase. 1901 dekorierte Olbrich seine Villen noch mit zarten Pflanzenreliefs, während seine Dreihäusergruppe von 1904 bereits zu abstrakten Zierformen überging.

Einer weit strengeren Disziplinierung unterwarf sich der zweite der beiden Darmstädter Architekten, Peter Behrens. Seine Bauten zwischen der Nordwestdeutschen Kunstausstellung in Oldenburg 1905 und der Ersten Deutschen Schiffbauausstellung in Berlin 1908 arbeiten mit geometrischen Felderteilungen, mit Quadraten, Kreisen und Dreiecken, die an die inkrustierten Fassaden der toskanischen Protorenaissance, an Bauten wie das Florentiner Baptisterium oder S. Miniato al Monte denken lassen. Behrens dekorierte nicht nur geometrisch. Er lernte auch, Grundrisse und Aufrisse »im System« zu entwerfen.

Darin knüpfte Behrens an eine holländische Tradition an, die ihm durch Johannes Ludovicus Mathieu Lauweriks nahegebracht worden war. Lauweriks lehrte unter dem Direktorat von Behrens von 1904 bis

1909 an der Düsseldorfer Kunstgewerbeschule. Er betrachtete das »geometrische Gitterwerk« nicht nur als ein Korrektiv für den Fassadenentwurf, »das man auf ein Gebäude anbringen und ebenso gut weglassen kann«.[48] Es sollte vielmehr die Keimzelle des Bauwerks sein, aus der sich alles weitere ergäbe. Für den Theosophen Lauweriks war dieser Einheitsgedanke kosmologisch begründet. Durch die Schönheit der Zahlenverhältnisse geordnet, spiegelt der Bau die objektive Ordnung des Universums so, wie eine kleine Fotografie das ganze Bild wiedergeben kann.

Die Düsseldorfer Schule mit Lauweriks und Behrens wurde zu einer wichtigen Durchgangsstation der Moderne. Proportionslehren wie die von dem Münchner Lehrer August Thiersch im *Handbuch der Architektur*[49] dargestellten kamen hinzu. Thierschs Sohn Paul, der künftige Direktor der Kunstgewerbeschule Burg Giebichenstein in Halle, und Adolf Meyer, späterer Partner von Gropius, nahmen die Lehre aus Düsseldorf mit. Die Transzendenz des Entwerfens im System, die kosmische Symbolik und Zahlenmystik verloren sich allerdings rasch. Übrig blieben die Rationalität des Rasters, die Übersichtlichkeit und Wiederholbarkeit des Schemas. Aus dem alles umfassenden Bildungsgesetz wurde ein zweckmäßiges Arbeitsinstrument, das rationales Bauen ermöglicht.

Von der Kunst zur Architektur

Berufspolitisch war die Zeit des Jugendstils die letzte, die noch spontane Zugänge zum Metier des Architekten erlaubte. Auch wer ohne jede Fachausbildung an einer Architekturschule oder in einem Architektenbüro bis dahin Bilder gemalt, Holzschnitte angefertigt, Skulpturen gemeißelt, Stickereien beaufsichtigt, Satztypen entworfen und Möbel geschreinert hatte, schaffte den Übergang zum Architektenberuf. Manchmal war es ein Fachmann, der dem Künstlerarchitekten zur Seite stand und ihm half, die handwerklichen Voraussetzungen zu bewältigen. Fast immer stand der Wunsch, ein eigenes Heim zu gründen, hinter dem Karrierewechsel. Wer selbst bauen wollte, wurde vom Ungenügen über die Angebote des Marktes erfaßt. Der junge Stil hatte daher die konsequente Gestaltung der Umwelt vom Kleinsten bis zum Größten, von der Kaffeetasse bis zum Städtebau, auf sein Panier geschrieben. Wer dieser Devise folgte, sah keine andere Wahl, als sich selbst auf das Bauen und seine Schwesterkünste einzulassen.

Später verlangte der Architektenberuf zu viele Fachkenntnisse, von Materialkunde, Statik und Baustellenorganisation bis zu Bau- und Haftungsrecht, als daß Laien noch in größerer Zahl den Berufswechsel vornehmen konnten. Aber um die Jahrhundertwende war es vielen Künstlern möglich, sich durch praktische Erfahrung zu kompetenten Architekten auszubilden. Das gilt für Peter Behrens wie Fritz H. Ehmcke, August Endell wie Bernhard Hoetger, Albin Müller wie Bruno Paul, Richard Riemerschmid wie Paul Schultze-Naumburg. Akademische Vorbildung und Staatsprüfungen seien zur Herstellung baukünstlerischer Schöpfungen nicht erforderlich, entschied das preußische Oberverwaltungsgericht. »Der Nachweis der künstlerischen Befähigungen kann auch in anderer Weise geführt werden.«[50]

Bezeichnend war Henry van de Veldes Karriere. Der belgische Künstler, Sohn eines Antwerpener Apothekers und Chemikers, hatte als Maler begonnen und wandte sich unter dem Eindruck der englischen Arts-and-Crafts-Bewegung dem Kunsthandwerk zu. Wie die Darmstädter Künstlerkolonie von England und Wien inspiriert war, so kam auch durch Van de Veldes Schaffen ein internationaler Zug in die deutsche Szene. Van de Velde verkehrte mit den kulturellen Größen seiner Zeit von gleich zu gleich. Er

Johannes Ludovicus Mathieu Lauweriks. Systemblatt. o. J.

[48] J. L. M. Lauweriks. Einen Beitrag zum Entwerfen auf systematischer Grundlage in der Architektur. In: Der Ring (4. April 1909). S. 34.

[49] August Thiersch. Proportionen in der Architektur. In: Handbuch der Architektur. 4. Teil, 1. Hlbbd. Leipzig, 1926⁴. S. 65.

[50] Dr. Kremski. Die Architekten als Baukünstler oder Gewerbetreibende in den Steuergesetzen. In: Deutsche Bauzeitung 50 (1916) 58. S. 297.

hatte in Paris gelebt, kannte Toulouse-Lautrec, Pissarro, Verlaine, Rilke, Munch. »Gott sei Dank! Er ist ein Herr,« meinte später Helene Kröller-Müller, seine Auftraggeberin bei vielen Projekten; und da hatte sie immerhin schon mit Berlage, Behrens und Mies van der Rohe zu tun gehabt.

Die Reinigung der Kunst

Der sensible Künstler Van de Velde, der zu depressiven Anfällen und Nervenzusammenbrüchen neigte, leicht kränkbar war und Kränkungen auf sich zog, sah sich gern als Opfer im Dienst einer großen Sache. Die Geste des Neuerers, die über Jahrzehnte hinweg die Moderne bestimmte, war auch die seine. Unter der »großen Sache« verstand er die Reinigung der Kunst, *Le Déblaiement d'Art*. Wie bei vielen Künstlern nach ihm öffnete ihm die Gründung eines eigenen Hausstandes die Augen über den Zustand der zeitgenössischen Lebenskultur. Das Haus Bloemenwerf, 1895 für sich und die eigene Familie bei Brüssel gebaut, wurde zum Initialerlebnis für ihn und viele andere. Nichts genügte den neu erwachten Qualitätsansprüchen, alles mußte neu erfunden werden: Möbel, Silber, Schmuck, Keramik, Porzellan, Tapeten, Textilien, Kleider, Typographie. »Ich trat den Problemen naiv gegenüber, und keine Lösung schien mir zu kühn oder zu ungewohnt.«[51]

Der Skandalerfolg, den das Haus Bloemenwerf hatte, läßt sich angesichts des dreigiebeligen Landhauses im damals noch ländlichen Vorort Uccle kaum nachvollziehen. Dank der Vermittlungstätigkeit des Kunsthändlers Siegfried Bing in Paris, dank Van de Veldes Beteiligung an der Internationalen Kunst-Ausstellung in Dresden 1897, wo er fünf Zimmereinrichtungen zeigte, und dank der regen publizistischen Tätigkeit des Künstlers wie seiner Anhänger wurde Van de Velde auch in Deutschland zu einer Zelebrität. Man lud ihn ein wie heute Frank O. Gehry, Richard Meier oder Zaha Hadid. 1900 zog er mit seiner Familie nach Berlin, das er als Metropole des Fortschritts erlebte: »Zu Beginn des 20. Jahrhunderts wehte in Berlin ein Wind, der den Nebel vertrieb, der in den westlichen Ländern über einer beschränkten, dünkelhaften und veralteten Kultur lag.«[52]

Nach dem Lob auf die große Stadt nimmt es wunder, daß Van de Velde sich auf die Provinz einließ. 1902 nahm er ein Angebot des Großherzogs Wilhelm Ernst von Sachsen-Weimar an, künstlerischer Berater für Industrie und Kunsthandwerk zu werden. Neben Hessen-Darmstadt war es der zweite Versuch eines deutschen Fürsten, seine Residenz zu einem Mittelpunkt des neuen Stils zu machen. Der Großherzog versprach sich Attraktion für die Stadt und Belebung des Handwerks, besaß aber längst nicht die Weltgewandtheit und die Auftraggeberqualitäten seines hessischen Kollegen Ernst Ludwig.

Van de Velde eröffnete ein Seminar aus eigenen Mitteln, das zur Kunstgewerbeschule wurde, baute private Häuser in Chemnitz, Gera, Hagen und Weimar und richtete in Weimar das Nietzsche-Archiv ein. Zwei öffentliche Gebäude konnte er in Weimar errichten, die eigene Kunstgewerbeschule und die Kunstschule (1904–11). Die beiden benachbarten

[51] Henry van de Velde. Geschichte meines Lebens. München, 1962. S. 112.

[52] ebd. S. 183.

Henry van de Velde. Haus Esche. Chemnitz, 1903, 1911.

Henry van de Velde. Kunstgewerbeschule. Weimar, 1905–06.

Gebäude, Etappen auf dem Wege zu größerer Sachlichkeit, changieren zwischen ländlichem Gutshof (die Kunstgewerbeschule) und mittelständischem Fabrikgebäude (die großflächig verglaste Kunstschule). Zunehmend wurde seine Arbeit durch die Kamarilla des Hofes behindert. Schließlich mußte er während des Ersten Weltkrieges das Land verlassen. Van de Veldes Schicksal nahm das von Walter Gropius und den Seinen vorweg, die zwischen 1919 und 1925 ebenfalls eine avantgardistische Schule, das Bauhaus, in der kleinen, konservativen Residenzstadt zu etablieren suchten und am kleinbürgerlichen Klima scheiterten.

Um die Jahrhundertwende war bei Kennern schon ein gewisser Überdruß an den Exzessen des Jugendstils spürbar. Van de Velde galt als ein Protagonist des »leicht faßbaren Originellen, des berühmten Schnörkel«. Der Kritiker Julius Meier-Graefe befand bereits 1899: »Es steckt ein klein wenig Gift in dem, was van de Velde und seine Genossen gefunden.«[53] Was den Skeptikern als schierer Dekorationsüberschwang erschien, verkörperte für Van de Velde Kräfte. Gespannte Linienabläufe und kraftvolle Verklammerungen stellten in seinen Augen Funktionsembleme dar, die ihren Dienst im Gebrauch signalisierten, darüber hinaus aber auch Ausdrucksträger starker Empfindungen waren und wie die Zahlen in der Mathematik und die Töne in der Musik einer eigenen Logik folgten.

Den Konflikt, der in diesen verschiedenartigen und im Grunde unvereinbaren Forderungen lag, hat Van de Velde theoretisch nicht aufgelöst. Einerseits glaubte er, sein Leben lang nichts anderes getan zu haben, als den eigenen Lebensstrom den zu erschaffenden Gegenständen zuzuleiten. Andererseits verfocht er mit Nachdruck das Prinzip vernunftgemäßer Gestaltung. Das eine wie das andere stellte er in den Dienst einer demokratischen Gesellschaft. Darin blieb er den Gedanken der Arts-and-Crafts-Bewegung und deren Stammvaters William Morris treu. Was nur in einem einzigen Exemplar vorhanden sei, müsse als unmoralisch gelten und daher in einen reproduzierbaren Entwurf überführt werden. Anders als Morris vertraute Van de Velde auf die Wiedergutmachung des Übels, das die Maschine verursacht habe, durch die Maschine selbst.

Was dem genialen Ornamentiker Van de Velde auf der Fläche gelang, ließ sich nicht ungeschmälert ins

Henry van de Velde. Haus Hohe Pappeln. Weimar, 1907–08. Treppenhalle.

Räumliche übersetzen. Das Haus Bloemenwerf in Uccle war das Erstlingswerk eines Dilettanten. Auch seine nächsten Häuser haben noch etwas Sperriges. An Victor Hortas oder Hector Guimards geschmeidige Meisterwerke darf man nicht denken. Immerhin waren Van de Veldes großbürgerliche Villen stets Gesamtkunstwerke, die alles, vom Türbeschlag bis zu den Werken anderer Künstler, dem Willen des Architekten unterwarfen. Seine kunstinteressierte und begüterte Klientel half ihm, die hochgesteckten Ansprüche zu verwirklichen.

Der Hohenhof bei Hagen, den Van de Velde 1907–08 für den Kulturpolitiker und Kunstsammler Karl Ernst Osthaus in einem Villenvorort baute, ist durchgeformt bis in jedes Ausstattungsdetail. Die Disziplin künstlerisch geläuterter Lebensart verlangte der Architekt auch von seinen Bewohnern. In den Formen sind kaum noch Details des Jugendstils zu beobachten. Beziehungen zur Landschaft werden aufgenommen, Innen- und Außenräume miteinander durch Gartenhöfe, Pergolen und Blickachsen verzahnt. Mit Blaustein, Schiefer, weiß gestrichenem Holzwerk und grünen Fensterläden gibt der Hohen-

[53] Julius Meier-Graefe. Epigonen. 1898/99. Zit. nach Kat. Klaus-Jürgen Sembach, Birgit Schulte (Hg.). Henry van de Velde. Kat. Karl Ernst Osthaus-Museum, Hagen u. a. Köln, 1992. S. 163.

Fortschritt auf neuen Bahnen

hof zu erkennen, wo er steht, im Bergischen Land. Halb Residenz, halb Eremitage, wurde der Bau zum Mittelpunkt einer kleinen Kolonie, zu der Lauweriks 1910–12 die mäandernde Häuserreihe Am Stirnband beitrug. Nach 1906 steuerte Peter Behrens drei Häuser bei, von denen das Haus Cuno mit seinem eingezwängten Treppenhauszylinder manieristische Monumentalität erreicht. Walter Gropius und Bruno Taut, zu denen Osthaus in denselben Jahren Kontakt aufnahm, waren als weitere Architekten ins Auge gefaßt. Die Notjahre nach 1918 und der frühe Tod von Osthaus im Jahr 1921 verhinderten diese Pläne.

Jugendstil, eine City-Kunst

Waren anfangs vorwiegend Wohnhäuser im Jugendstil gehalten, so eroberten sich die Architektenkünstler nach der Jahrhundertwende prominente Orte in Stadt und Land. In Ausnahmefällen fanden die neuen Formen sogar Eingang in den Industriebau, wenn es um exponierte Situationen ging. So wollte die Gelsenkirchener Bergwerks-Aktiengesellschaft, einer der größten Montan-Konzerne, bei ihrer Musterzeche Zollern II/IV in Dortmund-Böninghausen bergbautechnische Innovation auch in der baulichen Erscheinung anzeigen. Mit dem Bau der Maschinenhalle (1902–03) beauftragte sie Reinhold Krohn als Ingenieur und Bruno Möhring als Architekten. Möhring verlieh der filigranen Stahlfachwerk-Halle mit wenigen Eingriffen Jugendstilcharakter, vor allem mit dem nierenförmigen Hauptportal. Die Schalttafel in Marmor, von der sich alle Aggregate der elektrischen Fördertechnik bedienen ließen, inszenierte er wie einen Hochaltar. Die Modernität des Bauwerks ist auch aus der Konkurrenz zu den Industriemagnaten Stinnes und Thyssen zu verstehen, die sich damals um die Aktienmehrheit des Unternehmens bemühten. Man wollte zeigen, wie fortschrittlich und wagemutig man in jeder Hinsicht war.

Auch die Turbinenhalle des Wasserkraftwerks Heimbach in der Nordeifel verherrlicht die Energiegewinnung (1904). Die Talsperre, in die Rur und Erft einmünden, war seinerzeit die größte Europas. Am querovalen Giebel, der einen lichten, von sichelförmi-

Bruno Möhring, Ingenieurbau: Reinhold Krohn. Maschinenhalle der Zeche Zollern II/IV. Dortmund-Böninghausen, 1902–03. Eingang.

Georg Frentzen (?). Wasserkraftwerk. Heimbach, Nordeifel, 1904. Gesamtansicht. Fassadendetail.

gen Bindern überspannten Maschinensaal abdeckt, feiert eine Allegorie der Stromerzeugung die Elektrizität. Wellenlinien über den Kämpfern der seitlichen Pfeiler symbolisieren das Wasser, aus dem die Energie kommt. Auch hier geht von der marmornen Schalttafel der Halle die Anmutung eines sakralen Ortes aus. Das von Turmstummeln flankierte Bauwerk in den Buchenwäldern der Eifel hat nichts von deutschem Heimatstil. Eher erinnert es an Olbrichs Darmstädter Ausstellungsbauten oder den italienischen Stile Liberty, der kurz zuvor auf der Turiner Esposizione Internazionale d'Arte Decorativa Moderna von 1902 triumphiert hatte. Als Architekt der Turbinenstation gilt der Aachener Georg Frentzen. Zwischen dem historisierenden Mischstil seines Empfangsgebäudes für den Kölner Hauptbahnhof (fertiggestellt 1894) und diesem originellen Kleinod liegen Welten.

Oft waren es Kulturbauten, die in den neuen freieren Formen gehalten waren. Offensichtlich billigte man den Architekten hier, wo Auftraggeber und Besucher sich von den Notwendigkeiten des Alltags entlastet fühlten, größere Spielräume zu. Henry van de Velde stattete den bereits vorhandenen Rohbau eines Museumsgebäudes für seinen Mäzen Osthaus, das Museum Folkwang in Hagen (1901–02), mit einer Inneneinrichtung aus, die dem von Van de Velde beeinflußten Sammelprogramm seines Bauherrn angemessen war. Das Foyer mit seinen stuckumkleideten Stahlstützen, den Blattmasken der Stützenkapitelle und dem meditativen Brunnen, an dessen Rand die in sich versunkenen Knabenfiguren Georg Minnes kauern, ist einer der stimmungsvollsten Räume des deutschen Jugendstils.

Von seinen zahlreichen Theaterprojekten durfte Van de Velde in Deutschland erst 1914 das Werkbundtheater in Köln realisieren (vgl. S. 87). Richard Riemerschmid verdankte die Gelegenheit zu einem Theaterbau (1900–01, heute Münchner Kammerspiele) der erfreulichen Tatsache, daß das Grundstück an der Maximilianstraße seiner Verwandtschaft gehörte. Eine Fassade konnte er nicht entwickeln, weil das Theater hinter der Straßenfront im Innenhof steht. Aber der suggestive Innenraum übte seine Wirkung auch in den langen Jahren aus, in denen das Theatergebäude nicht in seinen alten Glanz zurückversetzt war. Es besitzt nur einen Rang, so daß der weich gemuldete Raum so festlich wie intim wirkt.

Henry van de Velde. Museum Folkwang. Hagen, 1901–02. Eingangshalle.

Die sehnig-knorpeligen Ornamente sind zu Feldern zusammengezogen: zu den drei Lichtbooten an der Saaldecke oder der Waffeldecke des Rangfoyers. Daß der Anfänger im Architekturgewerbe einen so komplizierten Organismus wie ein Theatergebäude realisieren konnte, ermöglichte die theatererfahrene Baufirma Heilmann & Littmann.

Wenn Darmstadt der Vorort des deutschen Jugendstils war, so war München seine Hauptstadt. Hier erschienen die einflußreichen Zeitschriften der Epoche, der erlesene *Pan* von 1895 bis 1900, die flotte *Jugend*, die dem Stil den Namen gab, und der *Simplizissimus* mit den hinreißenden Karikaturen Bruno Pauls ab 1896, die Fachzeitschriften für die geschmackvolle Gestaltung des Heims *Dekorative Kunst* und *Kunst und Kunsthandwerk* ab 1897. In München lehrten Männer, die besonderen Einfluß auf die Kunstproduktion hatten. Der Psychologe und Philosoph Theodor Lipps beschrieb in seiner Einfühlungstheorie, wie im Betrachter durch den Nachvollzug unterschiedlich geformter und gerichteter Linien, Gegenstände und Räume Inhalte und Bedeutungen entstehen. Der Bildhauer Hermann Obrist träumte Visionen phantastischer Architektur, »unfaßbar schöne Räume, rätselhafte Geräte«.⁵⁴ München verfügte über Institutionen, die die Kräfte bündelten, die Münchener Sezession seit 1892 oder die Vereinigten Werkstätten für Kunst und Handwerk, in denen sich 1897 etwa dreißig Künstler zusammenschlossen.

August Endell. Photoatelier Elvira. München, 1897–98.

August Endell. Buntes Theater. Berlin, 1901. Logenwand.

Und in München prangte jenes Emblem des Jugendstils, das Stuckornament am Atelierhaus Elvira (1897–98), in dem ein Hof-Fotograf seine Kunst ausübte. Die faszinierende Figur, die jedes Jahr in anderen Farben gestrichen wurde, gab viele Assoziationen frei, vom Fabelwesen bis zur Wogengischt. Nicht zuletzt bedeutete sie eine frühe Einübung in die Assoziationsfähigkeit abstrakter Kunst. »Wer es aber gelernt hat, sich seinen visuellen Eindrücken völlig ohne Associationen, ohne irgend welche Nebengedanken hinzugeben, wer nur einmal die Gefühlswirkung der Formen und Farben verspürt hat, der wird darin eine nie versiegende Quelle ausserordentlichen und ungeahnten Genusses finden. Es ist in der Tat eine neue Welt, die sich da aufthut.«⁵⁵

Ihr Schöpfer August Endell, ein gebürtiger Berliner, der 1901 nach Berlin zurückkehrte, wandte seine Ornamentierkunst auch in Theatersälen an, im Bunten Theater für das Kabarett Ernst von Wolzogens (1901), das wie Riemerschmids Münchner Schauspielhaus im Hof eines Mietshauses stand, und in den Hackeschen Höfen (1905–06), wo er Hof und Festsäle dekorierte. Das Wolzogen-Theater ist in einer kapriziösen Handschrift mit erkennbaren Motiven wie Bäumchen und Seepferdchen ausgeschmückt, die von den Zeitgenossen als ein Feuerwerk der Pointen empfunden wurden. Die Festsäle in den Hackeschen Höfen, die heute wieder eine Attraktion in Berlin-Mitte darstellen, zeigen dagegen bereits die Geometrisierung an, die den Naturalismus des frühen Jugendstils in den Zaum nahm.

In den vielen großen Theaterbauten der Zeit, die von Routiniers dieser Gattung wie Heilmann & Littmann, Fellner & Hellmer, Oskar Kaufmann errichtet wurden, sind Anklänge des neuen Stils meist nur in Spuren zu finden, am ehesten noch bei Martin Dülfers Stadttheatern in Dortmund und Lübeck. Nach der Jahrhundertwende waren diese Architekten eher mit Funktions- als Stilproblemen beschäftigt. Eine Neuformulierung des Verhältnisses von Zuschauerhaus und Bühne wurde ihnen durch die Diskussion über Bühnenreform und Volkstheater aufgedrängt. Dem Theater traute man eine Hebung des Kulturniveaus zu. Meist blieb es jedoch beim höfischen Rangtheater, weil bei größeren Häusern eine amphitheatralische Lösung ohne Ränge die Entfernung des Zuschauers von der Bühne zu sehr vergrößert hätte.

Ein komplettes Jugendstilgehäuse im Theaterbau, Riemerschmids Münchner Haus fast gleichrangig, verdankt sich Bernhard Sehring. Sehring war ein hybrides und eklektisches Temperament. In seinen frühen Theaterbauten pflegte er Vorderhaus und Bühnenturm formal zu trennen. Sein Theater in Cottbus (1907–08) bildet dagegen ein einheitliches Volumen, dessen fließende Fassaden bald konkav, bald konvex, bald hervortretend, bald eingeschluchtet sind. Auf dem flachen, nur mit Türmen und kleineren Kuppeln besetzten Dach und in einzelnen Zonen der

⁵⁴ 1886. Zit.: Carola Giedion-Welcker. Plastik des XX. Jahrhunderts. Stuttgart, 1955. S. 281.

⁵⁵ August Endell. Von der Schönheit. München, 1896. Zit.: Klaus-Jürgen Sembach, Gottfried von Haeseler. August Endell. Kat. Villa Stuck. München, 1977. S. 10.

Bernhard Sehring. Stadttheater. Cottbus, 1907–08.

Fronten tummeln sich Löwen, Panthergespanne, Widderköpfe, Putten und antike Gottheiten. Der mythologische Reichtum steht in wohlkalkuliertem Gegensatz zum rustizierten Sandsteinsockel und den großflächig unberührten Putzflächen. Im Inneren zauberte der Architekt mit nackten Glühbirnen gestirnte Himmel und vibrierende Ornamentfelder an Decken und Wände. Die Saaldisposition blieb dagegen mit zwei Rängen konventionell.

Theatereffekte finden sich ebenso bei viel profaneren Großstadtaufgaben. Sehring, der Theaterarchitekt, hat auch Kaufhäuser inszeniert. Brillant und fragwürdig ist die Erscheinung, die Sehring in Berlin dem Kaufhaus Tietz an der Leipziger Straße (1899–1900, mit Lachmann & Zauber) gab. Zwei Meter vor das tragende Stahlgerüst hängten Sehring und sein Partner Lachmann zwei riesige Glasflächen, die als der erste Curtain Wall zumindest in Deutschland gelten dürfen, entstanden kurz vor der Ganzglasverkleidung der Steiff-Werke in Giengen an der Brenz (vgl. S. 78). Die junge Baugattung des Warenhauses wurde bei Sehring polemisch auf den Punkt gebracht. Das Schaufenster war die Bühne für die Aufführung des Waren-Balletts; es ist »der Teil der Außenarchitektur, der dem ganzen Bau seinen besonderen Charakter verleiht«.[56] Alles, was an bildhauerisch-dekorativen Gelüsten auf den Glasflächen unbefriedigt blieb, mußte mit den wenigen Mauerwerksflächen zwischen den vierstöckigen Großvitrinen vorliebnehmen. Dort ging es um so tumultuöser zu, neubarock wie jugendstilig.

Bernhard Sehring. Warenhaus Tietz an der Leipziger Straße. Berlin, 1899–1900.

[56] Alfred Wiener. Das Warenhaus. Berlin, 1912. S. 169.

Fortschritt auf neuen Bahnen   **37**

Villa und Landhaus

[57] Hermann Muthesius. Das englische Haus. Bd. 1. Berlin, 1908². S. 5.

[58] Karl Scheffler. Die Architektur der Großstadt. Berlin, 1913. S. 11. – Theodor Fritsch. Die Stadt der Zukunft. Leipzig, 1896. S. 5. – Richard Klapheck (Einltg.). Moderne Villen und Landhäuser. Berlin, o. J. (1913). S. III.

Das eigene Haus im Garten gehört zu den Wünschen, die das 20. Jahrhundert durchziehen, ohne daß sie für die Mehrheit der deutschen Bevölkerung in Erfüllung gingen. »Es kann keinem Zweifel unterliegen, daß das Wohnen im Einzelhause in jeder Beziehung die höhere Lebensform ist«, behauptete der Architektur- und Kulturpolitiker Hermann Muthesius, ein engagierter Förderer deutscher Wohnkultur.[57] Trotz aller Propaganda für das eigene Haus und trotz staatlicher Eigentumsförderung, die in den späteren Jahren des Kaiserreichs einsetzte und nach dem Ersten Weltkrieg in den unterschiedlichsten Formen gewährt wurde, leben auch nach der Wende des 20. zum 21. Jahrhundert nur rund 41 Prozent im eigenen Wohneigentum, Stockwerkseigentum inbegriffen. Die Deutschen sind überwiegend ein Volk von Mietern geblieben.

Vom Kern zum Rand

Der Wegzug an die Stadtränder war und ist eine Reaktion auf die Lebensverhältnisse in der großen Stadt, auf ihren Lärm, auf ihre Gefahren, auf ihre Abgase. Die große Stadt war Häuserwüste, eine Hure Babylon, ein »nacktes Notdurftsgebilde«, eine »Pestbeule der Cultur« oder die »Nacht des Vandalismus«.[58] Sie galt als Brutstätte der Volkskrankheiten, der Pocken, des Typhus und vor allem der Tuberkulose, die vor dem Ersten Weltkrieg 13 Prozent der Todesursachen ausmachte. Die letzte große Hamburger Cholera-Epidemie von 1892 war noch in aller Erinnerung; sie hatte fast neuntausend Menschen das

Große Rittergasse. Frankfurt am Main, 1905.

Leben gekostet. Die große Stadt erschien als Herd moralischer Gefährdung, möglicher Verbrechen, politischer Instabilität. Wer sich den Kauf der Grundstücke, die Baukosten und die finanziellen Belastungen durch neues Hauspersonal und Verkehrsmittel leisten konnte, zog in die Villenviertel an der Peripherie. Erleichtert wurde die Entscheidung für den Umzug dadurch, daß die Steuersätze außerhalb der alten Gemeindegrenzen niedriger waren. Meist lagen die bevorzugten neuen Quartiere entsprechend der in Mitteleuropa vorherrschenden Windlagen westlich oder südlich der Innenstädte: in München-Neupasing, Nymphenburg oder Bogenhausen, im Frankfurter Westend oder, weiter südlich, in Buchschlag, in Köln-Marienburg und -Lindenthal, in den Hamburger Elbvororten und im Falle Berlins in Lichterfelde, Dahlem und im Grunewald.

Damit durch private Investoren, die sogenannten Terraingesellschaften, Wohngebiete am Stadtrand angelegt werden konnten, mußten sie durch schnelle Verkehrsmittel wie Eisenbahn oder Straßenbahn erschlossen sein. Natur war erwünscht, aber am besten mit U-Bahn-Anschluß, wie in Dahlem und Wannsee. Bis in die dreißiger Jahre fuhren auch Banker und Großkaufleute von ihren opulenten Residenzen mit S-Bahn oder Straßenbahn zu den Direktionsetagen in der City. Zu Baubeginn waren die Villenkolonien oft noch nicht in Vegetation eingebettet. Zeitgenössische Fotos zeigen kahle, aus Ackerland gewonnene Flächen, sofern die Baugrundstücke nicht in vorhandenen Wald geschnitten wurden. In den vornehmen Vierteln waren die Parzellen groß genug für parkartige Gärten. Grundstücksgröße war ein Instrument, die soziale Zusammensetzung der künftigen Bewohnerschaft zu steuern. Zusätzlich wurden Alleen und öffentliche Anlagen eingeplant, in denen Kindermädchen die Sprößlinge der wohlhabenden Familien spazierenführten. Wo viel privates Grün war, kam noch mehr öffentliches Grün hinzu. Wer schon hatte, bekam dazu.

Die zeitgenössische Literatur sprach von Villa und Landhaus, wobei sich beide Begriffe überschnitten oder synonym gebraucht wurden. Freistehende

etwas vor: ein Wunschbild bodenständigen Lebens. Das Haus sollte »schließlich allenfalls auch zu Kniehosen passen«.[61]

Hermann Muthesius und das Englische Haus

Hermann Muthesius, der von 1896 bis 1903 als Attaché an der Deutschen Botschaft in London gearbeitet hatte, hat mit seinen Publikationen, vor allem mit dem dreibändigen Opus magnum *Das englische Haus*, viel zur Verbreitung des britischen Vorbilds beigetragen. Das englische Haus schilderte er als eine Folge britischer Kulturmuster und Charaktereigenschaften: Unabhängigkeitsdrang, konservative Gesinnung, ritualisierte Geselligkeit, günstige Bodenpreise, Erbpacht. Die Übertragbarkeit des Vorbilds war daher eingeschränkt. Doch die Reize des englischen Landhauses waren unleugbar und übten ihre Anziehungskraft aus – sein (meist) informeller Grundriß, seine Treppenhalle, sein behaglicher Kaminplatz, seine lauschigen Erker und breiten Fensterbänke, seine Feldstein- oder Ziegelmauern, seine prägenden Kaminschlote.

Schon vor 1904, dem Veröffentlichungsjahr der Muthesius-Bände, gab es englische Landhäuser in deutschen Villenvierteln. Eines der eindrucksvollsten ist das Haus Vorster in Köln-Marienburg, das der Berliner Architekt Otto March 1891–94 für einen Kölner Industriellen baute. Der Bauherr hatte seinen Architekten (der sein Schwiegersohn war) zu einer Exkursion nach England eingeladen, so daß beide

Ernst Fleischer. Villa. Dresden, 1898.

[59] Hermann Muthesius. Das moderne Landhaus und seine innere Ausstattung. München, 1905². S. XI.

[60] Julius Posener. In: Hermann Muthesius 1861–1927. Kat. Akademie der Künste. Berlin, 1977. S. 9.

[61] Emanuel von Seidl. Mein Landhaus. Darmstadt, 1910. S. 46 f.

Einzelwohnhäuser waren es allemal. Manchmal entschied die Lage über den Wortgebrauch. Anders als in Antike und Renaissance war die Villa eher im Weichbild der Städte zu finden, das Landhaus wenn nicht auf dem freien Lande, so doch in den Vororten. Doch verbanden sich auch unterschiedliche Lebensformen mit den beiden Kategorien. Die Villa war formeller, gehorchte Konventionen, tendierte zur symmetrisch-repräsentativen Ordnung, bevorzugte historisch identifizierbare Stilkleider, verwendete hohe Räume, zeigte Fassaden zur Straße, gleichgültig in welche Himmelsrichtung. Auf den teuren citynahen Grundstücken disponierte man flächensparend, daher kompakter, und steckte Wirtschaftsräume, oft auch die Küche ins Sockelgeschoß.

Neigte die Villa zur Vertikalität, so das Landhaus zur Horizontalität. Es entwickelte sich in bequemer Ausbreitung und war durch »ungebundenes Wesen« ausgezeichnet.[59] Die Zimmer blieben niedrig (bis auf die Wohn- oder Treppenhalle) und konnten frei zusammengefügt werden. Landhausarchitekten legten Wert auf eine enge Verbindung zwischen Innenraum und Garten, orientierten sich an Sonnenstand, Tageszeiten und Ausblick. Historische, vor allem regionale Vorbilder zogen sie heran, nicht um Formen zu kopieren, sondern um von bewährten typischen Lösungen zu lernen. Formen interessierten weniger als Typologien, Repräsentation weniger als Behaglichkeit. Der Architekturhistoriker Julius Posener, der in einem Lichterfelder Landhaus aufgewachsen war, fand die schöne Formel: »Das Landhaus *ist* etwas, die Villa *stellt etwas vor*.«[60] Aber auch das Landhaus stellte

Otto March. Landhaus Vorster. Köln-Marienburg, 1891–94.

Villa und Landhaus   39

Alfred Messel. Haus Springer. Berlin-Wannsee, 1901.

Hermann Muthesius. Haus Mertens (Der Mittelhof). Berlin-Nikolassee, 1914–15. Hofansicht. Grundriß.

[62] Hermann Muthesius. Das englische Haus. Bd. 1. Berlin, 1908². S. 10.

über Eindrücke aus erster Hand verfügten. Auch der Münchner Villenspezialist Emanuel von Seidl hatte sich bereits 1891 in England umgetan. So war Muthesius' Entsendung nach London nicht der Auslöser der Anglomanie, sondern selbst schon eine Folge des Interesses an den Leistungen der Insel. Alfred Messel, Architekt der Wertheim-Warenhäuser, ersann 1901 bis 1903 mit dem rustikalen Haus Springer am Berliner Wannsee ein Gebilde von leicht spukhaftem Charakter, mit grob behauenem Mauerwerk im Sockelgeschoß, Holzschindelverkleidung und komplizierter Verdachung. Ein angelsächsisches Country-Gespenst hätte sich in Messels *shingle style* wohlgefühlt.

Als Motto vor dem zweiten Band des *Englischen Hauses* steht ein Wort von Francis Bacon: »Houses are built to live in, not to look at.« Man baut Häuser, um darin zu leben, und nicht, um sie zu betrachten. Das war zwar keine treffende Beschreibung des englisch inspirierten Hauses, das in seiner Originalität und malerischen Gruppierung gleichfalls, wenn auch diskreter, betrachtet und bewundert sein wollte. Aber ein Wegweiser zu einem enger an die Funktionen gebundenen Bauen war das Landhaus in seiner Zweckmäßigkeit, Gediegenheit und Brauchbarkeit doch. Es zeigte den Weg zu einer größeren Sachlichkeit und ließ zugleich die Poesie des Wohnens zu ihrem Recht kommen.

In diese Bauaufgabe für reiche Leute ging ein guter Teil der zeitgenössischen Architektenkreativität. Angelsächsisch inspirierte Beispiele entstanden dank Muthesius vor allem im Berliner Westen und in Norddeutschland – wobei die besonders »englisch« aussehenden selten von Muthesius selbst stammten, sondern von Architekten wie Heinrich Straumer in Berlin oder Heinz Stoffregen und Runge & Scotland in Bremen. Muthesius kam es seinerseits darauf an, die Traditionen des eigenen Landes aufzugreifen: »Mit gleicher Treue an der heimischen Kunstüberlieferung festzuhalten, mit gleicher Liebe die heimischen Sitten und Gebräuche im deutschen Hause zu verkörpern, das ist es, was wir vom englischen Hause lernen können.«[62]

So finden sich beim späteren Muthesius vermehrt barockisierende und klassizistische Entwürfe, die ihre Vorbilder in deutschen Landen hatten. Ein nationaler Charakter konnte dabei nicht das Ziel sein, zu groß waren die Unterschiede in den regionalen Traditionen: »Der Hamburger will anders wohnen als der Münchener, der Ostpreuße anders als der Elsässer.«[63] Disziplinierten Hauskörpern in hanseatisch unterkühltem Backsteinklassizismus, wie sie Walther Baedeker, Erich Elingius, Hans und Oskar Gerson, Jacob & Ameis in Hamburg bauten, standen vielteilige, helle

Putzbauten in Süddeutschland gegenüber. Sie öffneten sich mit Loggien, Veranden und Terrassen, verwendeten Erker und liebenswürdige Türmchen. »Süddeutschland ist der Erde und dem Himmel näher als der Norden. Fester und herzlicher umfassen hier das Auge und die Hand das Sichtbare und Greifbare.«[64] Die Brüder Emanuel und Gabriel von Seidl und Theodor Fischer waren hier die Meister. Intimität und Traulichkeit lauteten Eigenschaften, die den Süddeutschen zugeschrieben wurden. In der Praxis waren die regionalen Unterschiede allerdings weniger groß als in der Theorie.

Die Bahnen der Väterkunst

Ein paar Jahre nach der Jahrhundertwende änderte sich das Klima. Empire und Biedermeier wurden wiederentdeckt. Sie boten ein Gegenbild zu den Ausschweifungen des späten Historismus, des Jugendstils wie des Wilhelminismus und auch zur erzählerischen Breite des englischen Landhauses. Einfachheit in Erscheinung und räumlicher Disposition wurde gegen Kompliziertheit ausgespielt. »Im anfange des neunzehnten jahrhunderts haben wir die tradition verlassen. Dort will ich wieder anknüpfen«, bekannte im Jahre 1913 eine Vaterfigur der Moderne, Adolf Loos.[65] Paul Mebes trug 1908 in seinen beiden einflußreichen und zeittypischen Bänden *Um 1800* Beispiele aus Handwerk und Architektur zusammen, von denen er sich nicht weniger als eine Veredelung und Verjüngung des Volkes versprach. Das Werk tat auch nach dem Weltkrieg seine Wirkung und mußte 1918 und 1920 neu aufgelegt werden.

Eingeleitet wurden die späteren Auflagen des Mebes-Buches durch Walter Curt Behrendt, der auf die aktuelle Eignung der Beispiele hinwies: »Wir wissen es nun, daß wir Herz und Auge nicht darben zu lassen brauchen, wenn wir es nur verstehen, aus unserer Not eine Tugend zu machen.«[66] Behrendt lieferte die Kritik allerdings mit. Er vermutete, der Anschluß an eine leicht beherrschbare Tradition wie den Klassizismus hänge mit dem Autodidaktentum vieler zeitgenössischer Künstler zusammen. Die Anspielung war auf Peter Behrens, Bruno Paul oder Paul Schultze-Naumburg gemünzt. Mit einem eingeführten Kanon und leicht kopierbaren Elementen wie Pilaster, Okulus und Halbkreisfenster, Pfeilergang und Mansarddach ließ sich der Mangel an Baustellenerfahrung überspielen.

Daß der Stil sparsamer Zurückhaltung auch nach 1918 akzeptabel blieb, hing mit den politisch-historischen Assoziationen des Klassizismus zusammen. Schon einmal, während der Erniedrigung Preußens durch Napoleon, war er Ausdruck nobler Armut gewesen. Bot sich nun, nach der erneuten Niederlage, die Baukunst der Goethezeit nicht abermals als angemessene Demutsbekundung und zugleich als Hinweis auf innere Größe an? In diesem Sinne wirkte Arthur Moeller van den Brucks Essay *Der preußische Stil*, der mitten im Kriege, 1916, herauskam, als ein Plädoyer für die Zeit »um 1800«. Sein Aufruf zu

Hans und Oskar Gerson. Haus Zadik. Hamburg-Othmarschen, 1913–14.

Theodor Fischer. Haus Ernst Müller. München, 1909.

[63] Erich Haenel, Heinrich Tscharmann. Das Einzelwohnhaus der Neuzeit. Leipzig, 1907. S. XXVII.

[64] Alfons Leitl. Norddeutschland und Süddeutschland. In: Bauwelt 25 (1934) 49. Bildbeilage S. 1.

[65] Adolf Loos. Meine Bauschule. 1913. In: Adolf Loos. Sämtliche Schriften. Bd. 1. Wien, München, 1962. S. 323.

[66] Walter Curt Behrendt. Einleitung zu: Paul Mebes. Um 1800. München, 1920³. S. 8.

Villa und Landhaus   41

Gartenhaus an der Ilm. Weimar, 17. Jahrhundert. Von Goethe 1776 bezogen.

Gesetz und Ordnung war von dem Refrain »Preußen muß sein« durchzogen. Verführerisch beschrieb er den vornehm-spartanischen Lebensstil der Epoche, die Sprödigkeit und Leichtigkeit der alltäglichen Dinge und Geräte, die geschmackvolle Kargheit der Landsitze und Herrenhäuser in den märkischen Wäldern.

Eine dritte Publikation, die in die gleiche Richtung wie Mebes und Moeller van den Bruck wies, waren die verdienstvollen *Kulturarbeiten* Paul Schultze-Naumburgs. Sie erschienen seit der Jahrhundertwende in immer neuen Bänden und Auflagen. Vor allem zu Anfang konfrontierte der Autor wirkungsvoll negative zeitgenössische Beispiele mit positiven Beispielen aus Zopf, Empire und Biedermeier, mit Häusern, Gärten, Mauern, Treppen, Bachläufen, die meisten von ihm selbst fotografiert. Schultze-Naumburg wurde in der Weimarer Republik zum Sprecher eines militanten Rassismus. Aber hier kämpfte er für eine »Kultur des Sichtbaren«, für die Erhaltung überkommener Bauzeugnisse und für den vollkommenen, weil einfachsten Ausdruck des »guten Zwecks«. Auch die *Kulturarbeiten* trugen zur Aufwertung klassizistisch-bürgerlichen und ländlich-anonymen Bauens unter Architekten und Bauherren bei. Darüber hinaus waren sie ein ökologisches Plädoyer und setzten sich für die schonende »Veränderung der Erdoberfläche durch die Kulturarbeiten der Menschheit« ein, gegen »die Entstellung und Zerstörung unseres Landes«.[67] Schultze-Naumburg suchte seine Grundsätze auch in die eigene Architekturpraxis umzusetzen.

In diesen Jahren begann ein anspruchsloses Gebäude aus dem Umkreis des Weimarer Musenhofs in der Publizistik eine Hauptrolle zu spielen: Goethes Gartenhäuschen. Mebes hatte es in seine Anthologie aufgenommen. »Übermütig sieht's nicht aus, Hohes Dach und niedres Haus, Allen, die daselbst verkehrt, Ward ein froher Mut beschert«, hatte Goethe gereimt. Kein Bauwerk mußte so oft zu polemischen Zwecken herhalten wie die Dichterklause an der Ilm. Sie diente als Gegenstück erst zu kaiserzeitlicher Opulenz, später zur Flachdach-Moderne. Immer hatte dieses Haus aller Häuser deutsche Art, Gediegenheit, Biedersinn und gemütvolle Innigkeit gegenüber Ausschweifungen jeder Art zu symbolisieren. Es galt als Bauen im Zustand der Unschuld, vor dem Sündenfall des Anspruchsdenkens.

Die Baukunst um 1800 hatte Mebes auf den Schild gehoben, weil sie sich in den »geheiligten Bahnen unserer Väterkunst« bewege.[68] Die patriotische Bedeutung, die dem Klassizismus in Deutschland durch Autoren wie Moeller van den Bruck und Schultze-Naumburg beigemessen wurde, läßt sich durch die historischen Umstände erklären, unter denen er seinerzeit, in der Napoleonzeit und nach den Freiheitskriegen, aufgetreten war. Zwingend war diese Verbindung nicht. Denn im Klassizismus ließen sich mit dem gleichen Recht internationale Gemeinsamkeit und Frühformen der Moderne erkennen. Die Sprache von Pfeiler und Gebälk, von fester Wand und krönendem Gesims wurde überall in Europa verstanden, wie sie auch in ganz Europa verbreitet gewesen war. Jetzt konnte es heißen: »Ein Haus ist zunächst ein Baukörper mit *einem* Dach darauf.«[69]

Strenge Ordnung

Die zeitgenössische Publizistik hat dieses Ordnungsstreben mit Argumenten der Einfühlungspsychologie gerechtfertigt. Symmetrie und Tektonik der Körper um uns würden als wohltuend empfunden, weil wir die Außenwelt analog zu unserem eigenen Körper beseelten. »Nur in der harten Schale des Gesetzes, der strengen Ordnung ist das künstlerisch Weiche und Wandelbare, das gemütvoll Innige dauernd geschützt und geborgen vor der Vergänglichkeit der vorübergehenden Stimmung und der

[67] Paul Schultze-Naumburg. Die Gestaltung der Landschaft durch den Menschen. In: Kulturarbeiten. Bd. 1. München, 1922². S. 9 f.

[68] Paul Mebes (Hg.). Um 1800. München, 1920³. S. 3.

[69] Erich Haenel, Heinrich Tscharmann. Das Einzelwohnhaus der Neuzeit. Leipzig, 1907. S. XLIV.

[70] Eugen Ehmann. Der moderne Baustil. Stuttgart, 1919. S. 77.

[71] Heinrich Tessenow. Hausbau und dergleichen. Berlin, 1920². S. 6.

[72] Die Berufsbezeichnung »Architekt«. In: Deutsche Bauzeitung 50 (1916) 71. S. 376.

[73] Cornelius Gurlitt. Ostendorf's »Theorie des architektonischen Entwerfens«. In: Deutsche Bauzeitung 47 (1913) 59. S. 523.

Mode des Tages.«[70] Die formalen Qualitäten des Klassizismus, seine tektonische Ästhetik, zeigten ebenso in die industriell organisierte Zukunft wie in die patriotische Vergangenheit. Klare Organisation, kubischer Körper – Tessenow sprach vom »vorsichtig Kastenartigen« und »ganz knapp Wesentlichen«[71] –, Reihung stereometrischer Raumelemente, deutliche Artikulation der einzelnen Bauglieder wurden gerühmt, als äußere sich hier bereits die Avantgarde der zwanziger Jahre. Der Stil »um 1800«, der um 1910 geschätzt wurde, konnte Biedermeier bedeuten, aber auch vorweggenommene Moderne. Auf jeden Fall gehörte die »Formveredelung« auch einfacher Bauten »zu den erstrebenswerten Zielen der Baukunst«.[72]

Ein beredter Anwalt solcher Qualitäten war der Karlsruher Architekturlehrer Friedrich Ostendorf. Seine *Bücher vom Bauen* (1913–20) überzeugten die Architekten nicht zuletzt dank ihrer schönen linearen Zeichnungen. Nach Ostendorf ist ein wahrhaft architektonisches Werk durch das anschauliche räumliche Vorstellungsbild seines Urhebers gekennzeichnet. Nur dann könne es eine verständliche Sprache sprechen und seinerseits Erinnerungsbilder auslösen. Komplizierte Grund- und Aufrisse sind laut Ostendorf lediglich Entwurfsphasen, die nicht zu Ende geführt wurden. Wie der Architekt des 18. Jahrhunderts und wie jeder große Baumeister habe auch der zeitgenössische Architekt die einfachste Erscheinungsform für ein gegebenes Bauprogramm zu suchen, obwohl die Programme vielteiliger und die Aufgaben deshalb schwieriger geworden seien.

Wer von Ostendorfs Fixierung auf das 17. und 18. Jahrhundert absah, hätte auch aus seinen Gedankengängen die Ankündigung eines Neuen lesen können. Es war ein Weg zur Systematisierung des Entwerfens und schließlich auch des Bauvorgangs. Überschaubarkeit, einfache Erscheinungsform und straffe Gliederung, das traf auch auf die als fortschrittlich geltenden Industrie- und Verwaltungsbauten eines Behrens (den Ostendorf jedoch tadelte), Bonatz oder Hertlein zu. Zwischen dem Klassizismus, der sich als Klassizität verstand, und der Avantgarde gab es enge Berührungen. Denn anders als die malerische Richtung, ob sie historisierend vorging oder, wie beim englischen Landhaus, frei mit der Tradition schaltete, tendierte die strenge Auffassung à la Ostendorf zur Typenbildung. Einst galt das Überflüssige als das künstlerisch Notwendige, meinte der Kunsthistoriker und Städtebautheoretiker Cornelius Gurlitt 1913. »Die Modernen und Modernsten leugnen das, und Ostendorf schließt sich ihnen an.«[73]

So nahe waren einander die gegnerischen Positionen, daß sich die verbal artikulierten Ziele eines Muthesius und eines Ostendorf nicht allzusehr unterschieden. Derselbe Muthesius, der die freie Individua-

Leo Nachtlicht. Villa Tiede. Brandenburg, 1913.

Hermann Muthesius. Haus Stave. Lübeck, um 1909.

Friedrich Ostendorf. Korrektur des Hauses Stave (Hermann Muthesius). In: Sechs Bücher vom Bauen. Berlin, 1913.

Villa und Landhaus 43

Paul Schultze-Naumburg. Villa Ithaka. Weimar, 1907.

lität des englischen Landhauses in Deutschland vorgestellt hatte, sah den Grundzug modernen Formempfindens in strenger Sachlichkeit und hielt Typisierung für die Voraussetzung eines höheren Geschmacksniveaus. Vermutlich wegen dieser Übereinstimmung im Grundsätzlichen beherzigte Muthesius die Kritik, die ihm Ostendorf gegen alle Standesregeln beruflicher Fairneß öffentlich zuteil werden ließ. Widerspruchsvoll, kurios und spätmittelalterlich fand der streitbare Professor die Landhäuser von Muthesius und seinen Kollegen. In den Illustrationen seiner *Bücher vom Bauen* strich er seinem Kontrahenten alle Giebel, Erker und Loggien und machte aus charmant undogmatischen Gebilden strenge, kastenförmige und pedantische Bauwerke. Muthesius selbst akzeptierte in seinem Spätwerk mehr und mehr disziplinierte Außenformen.

Die Belehrung durch Mebes oder Ostendorf brauchte Peter Behrens nicht. Sein Haus Wiegand in Berlin-Dahlem (1911–12) ist ein souveränes Ergebnis entschiedenen Ordnungswillens. Die Beschäftigung des Großkünstlers mit Maßen und Proportionen hatte in den Jahren zuvor, bei der Kunsthalle der Nordwestdeutschen Kunstausstellung in Oldenburg, dem Tonhaus in der Kölner Flora oder dem Krematorium in Delstern bei Hagen (1905–07), zu linear gezeichneten, an die toskanische Protorenaissance erinnernden Fassaden geführt. Dagegen wirkt das Haus des Archäologen Theodor Wiegand fest und mauerschwer. Zwar sind die Außenwände zweischalig, und der Kalkstein bildet nur die Gebäudehaut. Aber nichts scheint hier dünne Membran, alles hat Gewicht.

Ein modernisierter Klassizismus war die angemessene Wahl für einen Bauherrn, der kurz zuvor zum Leiter der Antikenabteilung in den Preußischen Museen ernannt worden war. Das Haus ist eher direktorialer Amtssitz als behagliche Wohnstätte im noch

Peter Behrens. Haus Wiegand. Berlin-Dahlem, 1911–12. Straßenansicht. Grundriß.

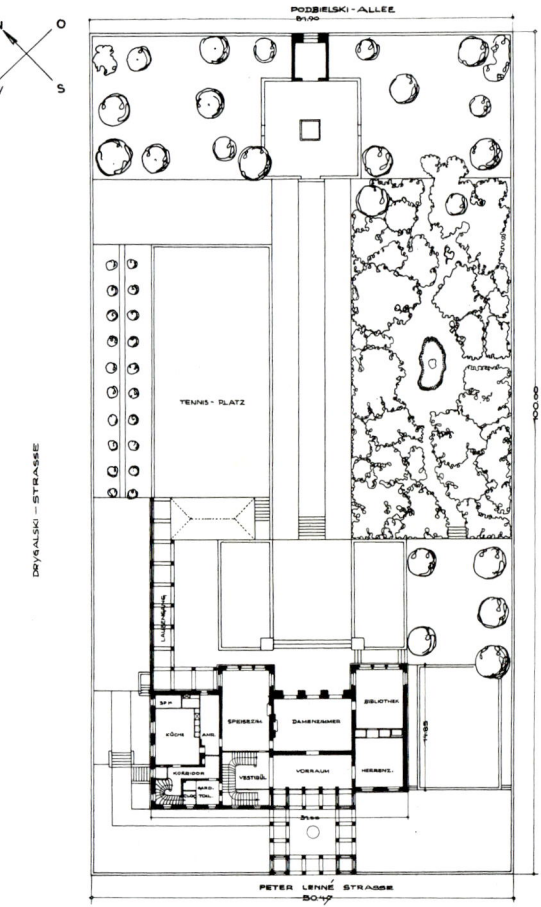

1900 bis 1918

Peter Behrens. Haus Wiegand. Berlin-Dahlem, 1911–12. Peristyl mit antiker (?) Hermenschale.

[74] Karl Friedrich Schinkel. Sammlung architektonischer Entwürfe. Berlin, 1820–40. Zit.: Karl Friedrich Schinkel. Bauten und Entwürfe. Berlin, 1973. S. 75.

ländlichen Dahlem. Behrens entschied sich für einen klassischen dreiteiligen Grundriß, der aber durch die Anfügung und Einschmelzung eines Wirtschaftsflügels um seine strenge Symmetrie gebracht wird. Ein Peristyl, im antiken Haus Innenhof, wurde zum Vorhof gemacht, in dem der seitliche Eingang ein verstecktes Dasein führt. Die Deckenfelder des dorischen Säulengangs sind mit Glasbausteinen ausgefacht.

So macht der Architekt deutlich: Dies ist nicht idyllischer Klassizismus wie »um 1800«. Es ist das würdevolle häusliche Gegenstück zum Industrieklassizismus, den Behrens zur gleichen Zeit entwickelt. Zwar weist das Haus Subtilitäten auf, etwa die ausgerundeten Böschungswinkel der Mauern und Hauskanten. Sieht man von ihnen ab, so deutet der repräsentative Bau, vor allem und ausgerechnet an seiner Gartenfront, nicht nur auf das Systemdenken der Avantgarde, sondern auch bereits auf den Staatsklassizismus der dreißiger Jahre. Er ist janusköpfig wie die drei Hermenpfeiler der Steinschale, die heute in der Mitte des Peristyls steht.

Ludwig Mies, der sich damals noch nicht den Namenszusatz »van der Rohe« zugelegt hatte, erlebte die Entstehung solcher Arbeiten im Atelier von Behrens aus allernächster Nähe oder war selbst an ihnen beteiligt. Er ist der prominenteste Vertreter einer Architektur, deren Radikalität und Modernität aus der Auseinandersetzung mit der Kunst um 1800 und ihrem Vollender Karl Friedrich Schinkel hervorging. Schon vor der Mitarbeit bei Behrens und lange vor den Mebes-Büchern entwarf Mies als Zwanzigjähriger ein von Pilastern gerahmtes Satteldachhaus, das Haus Riehl (1906–07). Diese erste von mehreren Villen in Potsdam-Babelsberg erschien bereits den Zeitgenossen als vorbildlich klar. Von der Talseite aus gesehen balanciert das Haus auf einem Unterbau, als probe Mies schon sein großes späteres Thema, die Antithese von Sockel und tempelartigem Oberbau.

In den folgenden Villen verband Mies die strenge, blockhafte Auffassung und die achsiale Ordnung der Grundrisse mit Freiheiten, die auch Schinkel für ähnlich anmutige Bauplätze erlaubt hätte, damit »eine mannigfaltige Gruppe architektonischer Gegenstände ... sich angemessen mit der umgebenden Natur verschmelzen konnte«.[74] Auf die repräsentative Straßenseite verzichtete Mies schon deshalb, weil es keine nennenswert frequentierte Straße gab. In diesem Punkt verhielt sich das Haus Riehl wie die Landhäuser der Muthesius-Generation. Aber die Verschmelzung mit der Umgebung, mit Garten oder Natur, war, wie Schinkel es ausdrückte, »angemessen«, also nicht vollständig. Das Haus blieb autonom, »architektonischer Gegenstand« für sich. Mies hat solche Bauwerke noch bis in die Mitte der zwanziger Jahre errichtet. Die Zeichnungen für die schmiedeeisernen Gitter Babelsberger Villen lagen auf seinem Zeichenbrett, als schon Glas- und Plastilinmodelle für die revolutionären gläsernen Wolkenkratzer im Atelier standen.

Vereinfachung und Blockhaftigkeit, bei Behrens eindrucksvoll ausgeprägt, imponierten der jüngeren Generation über die Maßen. Kantenscharfe und auch im Kleinen monumentale Häuser kamen auf, und mit ihnen Manierismus und ein forcierter Anspruch auf Originalität jenseits aller Stilvorbilder. Weglassen wurde hier Prinzip, aber auch pathetische Stilisierung. Der Werdandi-Bund, der mit der Zeit gehen wollte, veranstaltete 1912 einen Wettbewerb für Häuser mit flachem Dach, dessen Jury Behrens angehörte. Gemeint war noch nicht das horizontale Dach der zwanziger Jahre mit allenfalls drei Prozent Gefälle, sondern das flach geneigte Zelt-, Sattel- oder Walmdach, oft mit Attika über dem Abschlußgesims. Der Eindruck gelagerter Quader ließ sich auch damit erzielen.

Niemand riskierte vor 1914 mehr an Maßstabssprüngen und unvermittelten Konfrontationen stereometrischer Formen als der Berliner Architekt San

Ludwig Mies van der Rohe. Haus Riehl. Potsdam-Neubabelsberg, 1906–07.

Micheli Wolkenstein, der sich mit 37 Jahren das Leben nahm. Wolkenstein, dessen Atelierstempel den Titel »Meister der Baukunst« aufführt, baute einige wenige, volumetrisch strenge Häuser von kultischem Anspruch. Keines von ihnen hat sich erhalten, auch nicht das radikalste, die Villa Schneider in Berlin-Lankwitz (1909–10).

Das große Haus wird kleiner

Wie knapp auch immer die Formen jetzt gewünscht waren, bis zum Ausbruch des Ersten Weltkriegs durften die Architekten beim großen Privathaus mit Bauprogrammen rechnen, die ihnen nach 1918 nur noch selten begegnen würden. Vor 1914 konnten Häuser mit 1200 Kubikmeter Rauminhalt noch als »Kleinwohnhäuser« gelten![75] Bei den oberen Zehntausend und nicht nur bei ihnen waren anspruchsvolle Differenzierungen des Raumprogramms gefragt. Im Salon wurde nicht gespeist, im Damenzimmer hatten die Kinder nichts zu suchen, das Rauchzimmer der Herren diente anderen Unterhaltungen als das Musikzimmer.

Zu bewirtschaften waren diese Wohnorganismen nur mit mehrköpfigem Personal. Köchin, Hausangestellte, Kinderfräulein, Gärtner, Kutscher oder Chauffeur gehörten zum Hausstand der »Bemittelten« und mußten mit eigenen Räumen versorgt werden. Bei großen englischen Landhäusern war sogar für die Dienerschaft von Gästen zu sorgen. Daß die Wege von Herrschaft und Hausangestellten sich nicht kreuzten und Nebentreppen und -korridore vorzusehen waren, gehörte zum Komfort – übrigens der einen wie der anderen. Für den Architekten bedeutete die Organisation dieser Ansprüche nicht nur Komplikation, sondern auch Spielraum, Masse, mit der sich künstlerisch arbeiten ließ.

Aber Dienstboten wurden knapp, nicht zuletzt, weil Fabrikarbeit höhere Löhne bot und persönliche Unabhängigkeit wenigstens nach Feierabend versprach. Zwischen der sogenannten Dienstbotenfrage und dem Schicksal des großen Hauses bestand ein enger Zusammenhang. Wo niemand mehr den Garten pflegte, die Kinder hütete, die Wäsche in Ordnung hielt und die Mahlzeiten kochte, erübrigte sich die komplizierte Organisation des großbürgerlichen Wohnsitzes. Die dienstbaren Geister zogen aus, und die Herrschaft mußte wie in der Geschichte von den

Kölner Heinzelmännchen alles – oder das meiste – selbst tun. Auch aus diesem Grund mag in den großen Städten der Anteil des Einfamilienhauses am Wohnungsbestand gesunken sein; er hatte nie in einem angemessenen Verhältnis zum publizistischen Interesse an dieser Bauaufgabe gestanden. 1890 lebten in Hamburg 7,5 Prozent der Bevölkerung in Einfamilienhäusern, 1910 nur noch 3,4.[76] In Berlin lagen die entsprechenden Zahlen noch weit darunter.

Heinz Stoffregen. Wettbewerbsentwurf für ein Einfamilienhaus. 1912.

San Micheli Wolkenstein. Villa Schneider. Berlin-Lankwitz, 1909–10.

[75] In das Buch »Kleinwohnhaus der Neuzeit« von Erich Haenel und Heinrich Tscharmann, Leipzig, 1913, fand sogar ein Haus mit 1400 Kubikmeter Eingang.

[76] Joachim Petsch. Eigenheim und gute Stube. Zur Geschichte des bürgerlichen Wohnens. Köln, 1989. S. 110.

Wege der Reform

Ebenezer Howard. Richtiges Prinzip des Stadtwachstums. In: To-Morrow. A Peaceful Path to Real Reform. London, 1898. Die Gartenstädte sind untereinander und mit der Zentralstadt durch Schnellverkehr verbunden.

Theodor Fritsch. Die Stadt der Zukunft. 1896. Leipzig, 1906².

Villa und Landhaus waren die Bauaufgaben, denen die Zeit die Erneuerung der Baukunst zutraute. Das einzeln stehende Haus galt als der Experimentierort des Neuen, es war »die erste Heimstätte echter künstlerischer Kultur«.[77] Diese Überzeugung, die auch auf spätere Jahre, auf den Villenbau der modernen Architektur in den zwanziger und frühen dreißiger Jahren zutraf, sicherte den Bauherren und ihren Architekten das gute Gewissen. Das Haus war die Werkstatt, in der sich die Lebenskultur erneuern würde. Die Eigentümer und Baumeister profitierten nicht nur von den schönen, ehrgeizigen Häusern am Stadtrand, sie konnten sich auch als Schrittmacher fühlen.

Ein friedlicher Weg zu wirklicher Reform

Die Gartenstadtbewegung war es, die dem unteren Mittelstand und in begrenztem Umfang auch der Arbeiterschaft Möglichkeiten des Wohnens außerhalb der Cities eröffnete. Auch ihr Vorbild lag in Großbritannien. 1898 hatte der britische Parlamentsstenograf und Kulturpolitiker Ebenezer Howard seinen Traktat *To-Morrow. A Peaceful Path to Real Reform* veröffentlicht, der seit 1902 den Titel *Garden Cities of To-Morrow* trug. Sir Ebenezer setzte sich für eine Versöhnung von Land und Stadt ein, für die freiwillige Rückkehr des Volkes aus den überfüllten Städten zur gütigen Mutter Erde. »Wir sind Gebilde der Natur und müssen wieder zu ihr zurückkehren. Sie nährt und kleidet uns, sie erwärmt und beherbergt uns.«[78]

Garden Cities in der Größenordnung von 32 000 Menschen sollten wirtschaftlich tragfähig sein, an bestehende Verkehrslinien anschließen und von den nächsten Ansiedlungen durch einen breiten, landwirtschaftlichen Gürtel getrennt sein. Unter allen Umständen sollte das Terrain in gemeinschaftlichem Eigentum bleiben. Howard dachte an eine Körperschaft von Treuhändern, die den Boden an die Nutzer, Bewohner wie Gewerbetreibende oder Fabrikanten, verpachtete. Die Steigerung der Bodenwerte, die sich aus der Umwidmung von billigem Ackerland in Stadtland ergab, sollte der Allgemeinheit zugute kom-

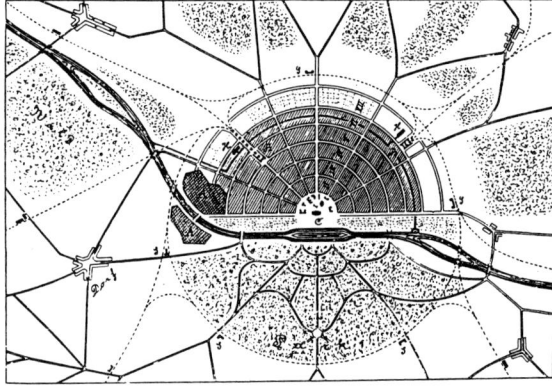

men – ein altes und fast nirgendwo durchgesetztes Ziel der Bodenreformer. Alle Entwicklungsmaßnahmen würden aus Pachteinnahmen und Abgaben bezahlt. Mit benachbarten Gartenstädten sollten solche Orte Gruppen bilden, in deren Mitte eine Zentralstadt von 58 000 Einwohnern liegen könnte.

Howards Gedanken verbreiteten sich in Deutschland schnell. Bodenreform war bereits ein Thema. Mit den großen Werkssiedlungen vor allem im Westen des Reiches verfügte man über nutzbare Erfahrungen, obwohl Arbeiterkolonien nicht den Krite-

[77] Erich Haenel, Heinrich Tscharmann. Das Einzelwohnhaus der Neuzeit. Leipzig, 1907. S. XXVII.

[78] Ebenezer Howard. Garden Cities of To-Morrow. London, 1902. Dt.: Gartenstädte in Sicht. Jena, 1907. Zit.: Gartenstädte von morgen (Neuauflage unter geändertem Titel). Frankfurt am Main, 1968. S. 58.

rien eigentlicher Gartenstädte genügten. Schon vor Howard, nämlich 1896, war in Deutschland eine einschlägige Publikation von Theodor Fritsch erschienen, *Die Stadt der Zukunft*. Der Autor setzte sich für nach Funktionen zonierte Neugründungen ein, die halbkreis- oder spiralförmig angeordnet sein sollten. »Des Übels Wurzel steckt – wie alle Wurzeln – im Boden.«[79] Gemeindeeigener Boden sollte den Bürgern über einen bestimmten Zeitraum gegen niedrigen Pachtzins überlassen werden. Für diese Ansiedlungen benutzte auch Fritsch – allerdings nach Howard – den Begriff »Gartenstadt«. Die räumliche Aufteilung bildete bei ihm hierarchische Klassenstrukturen ab. »Vornehme Villen« formten den innersten Ring um das monumentale Zentrum. Sein Plädoyer für vernünftige und planvolle Städte nahm zunehmend nationalistische und antisemitische Nebentöne an, so daß er für die meisten Gartenstadtfreunde zu einem fragwürdigen Bundesgenossen wurde.

Einen organisatorischen Rahmen erhielten die siedlungspolitischen Reformbemühungen mit der Deutschen Gartenstadt-Gesellschaft. Sie wurde 1902 gegründet, drei Jahre nach der britischen Garden City Association und ein Jahr, bevor die englischen Planer begannen, Grundstücke für ihre erste Gartenstadt Letchworth zusammenzukaufen. Der Mensch bedarf »der dauernden Berührung mit dem Mutterboden, mit der Natur, eines Lebens in reiner Luft und hellem Licht, wenn er nicht verkümmern und hinsiechen soll. Die Vorteile von Großstadt und Land müssen verbunden sein.«[80]

Personen und Ideen der Gartenstadt-Gesellschaft gingen in Deutschland zum Teil aus dem Friedrichshagener Dichterkreis hervor, der seine Anhänger in Erkner bei Berlin versammelte. Für kurze Zeit hatten sich die Friedrichshagener Künstler zu einer Neuen Gemeinschaft zusammengeschlossen und ein Dasein als naturnahe Kommune geführt. Der emphatische Illustrator ihrer Ideen, der »Lichtgebete« und Gemeinschaftsstempel, war der Maler und Grafiker Hugo Höppener, der sich Fidus nannte.

Die Deutsche Gartenstadt-Gesellschaft entfaltete eine rege publizistische Tätigkeit und wirkte über Jahrzehnte hinweg als Motor der Boden- und Wohnreform. Ihre einflußreichsten Sprecher waren die Brüder und Vettern Paul, Hans und Bernhard Kampffmeyer. Wie Howard setzten sie sich für innere Kolonisation ein, für eine Dezentralisierung, die ausdrücklich die Auslagerung großer Industriebetriebe aus den alten Städten einbezog. Daß sich daraus die Zersiedlung des Landes ergeben könnte, mit allen problematischen Folgen vom Anstieg des Verkehrsaufkommens bis zur Landschaftszerstörung, lag noch außerhalb des Horizonts. Im Gegenteil vertraute man auf die Planbarkeit der Entwicklung, auch auf eine fortschreitende Verbesserung der Verkehrsverhältnisse, womit vor allem Straßen- und Eisenbahn gemeint waren. Beherrschend war der Gedanke an die vorhandenen Übel der großen Städte, dieser »gebauten Gemeinheiten«, wie Bruno Taut sie später nannte.[81]

Um die Ehre der ersten deutschen Gartenstadt streiten sich mehrere Orte. 1906 war ein entscheidendes Datum. In diesem Jahr nahm Hans Kampffmeyer Grundstücksverhandlungen in Karlsruhe-Rüppur auf (Baubeginn war aber erst 1911), setzten die Planungen für Hellerau bei Dresden ein, wurde ein Wettbewerb für die Siedlung Marga in Brieske, Niederlausitz, angekündigt und in Essen die Stiftung für Wohnungsfürsorge ins Leben gerufen, die ab 1909 die Margarethenhöhe baute. Am zügigsten scheint der Siedlungsbau in Brieske vorangekommen zu sein. In einem entscheidenden Punkt blieben die deutschen Gartenstädte oder Gartenvorstädte hinter den Vorstellungen Ebenezer Howards zurück: Sie erreichten nie

[79] Theodor Fritsch. Die Stadt der Zukunft. Leipzig, 1896. S. 29.

[80] H. Hart. 1. Flugschrift der Gartenstadtgesellschaft. Berlin, o. J. (1902). Auch in: Gartenstadt. Mitteilungen der deutschen Gartenstadtgesellschaft 6 (1912). S. 160.

[81] Bruno Taut. Die Auflösung der Städte. Hagen, 1920. Tafel 1.

Georg Heinsius von Mayenburg. Gartenstadt Marga. Brieske, Niederlausitz, ab 1906.

Paul Schmitthenner. Gartenstadt Staaken bei Spandau. 1913–17.

den Status wirtschaftlicher Autarkie und kommunalpolitischer Handlungsfähigkeit. Oft gingen sie auf Wohltaten aufgeklärter Kapitalisten zurück.

Auch die eindrucksvollsten dieser Gartensiedlungen – Hellerau, Marga, die Margarethenhöhe – blieben mit jeweils einem großen Betrieb, der ihre Gründung initiiert hatte, auf Gedeih und Verderb verknüpft. Im Falle Helleraus waren es Karl Schmidts Dresdener Werkstätten für Handwerkskunst, ein Unternehmen, das der Wohnreform auch in seiner Produktion verpflichtet war. Marga wurde von der Ilse Bergbau-Actiengesellschaft gegründet. Die Margarethenhöhe war eine Perle im Kranz der Kruppschen Siedlungen, auch wenn dort nur etwas mehr als die Hälfte der Bewohner dem Werk angehörten. Eine der bekanntesten späteren Siedlungen, Paul Schmitthenners Gartenstadt Staaken (1913–17), wurde vom Reichsamt des Inneren gegründet, damit Arbeiter der Spandauer Munitionsfabrik Wohnungen erhielten, und arbeitete trotz Schmitthenners behaglicher Inszenierung mit Vereinfachung und Normierung der Grundrisse und Bauelemente. Tagsüber die Produktion von Granaten, abends das märkische Kleinstadtidyll, das Schmitthenner trotz weitestgehender Typisierung schuf.

Daß paternalistische Sonderbedingungen herrschten, machte schon die Namensgebung deutlich.

Marga hieß nach der ältesten Tochter des Ilse-Generaldirektors, Margarethenhöhe nach der Witwe des Konzernchefs Friedrich Alfred Krupp. Das Engagement der Unternehmer für die Wohnverhältnisse ihrer Angestellten und Arbeiter war durchaus nicht nur menschenfreundlich, sondern vom eigenen Interesse bestimmt. Werksnahe, überdurchschnittlich gute Unterkünfte halfen bei der Anwerbung von Arbeitskräften. Sie trugen zur Steigerung der Arbeitsleistung bei und konnten als Prämien für firmentreues Wohlverhalten eingesetzt werden – vor allem, wenn Miet- und Arbeitsverträge gekoppelt waren. Fürsorge und Vorsorge gingen ineinander über. Im finanziellen Sinn mußten die Siedlungen für ihre Bauherren nicht Verlustgeschäfte bedeuten. Auch wenn die Baugesellschaften gemeinnützig waren, durften die Kapitalseigner eine Rendite von vier Prozent kassieren. In Essen rechnete man mit einer Verzinsung zwischen fünfeinhalb und sechs Prozent. Auch Nebeneinkünfte fielen an, beispielsweise der Gewinn, den die Konsumläden abwarfen.

Wie schon die Arbeiterkolonien des 19. Jahrhunderts – im Ruhrgebiet wohnte ein Drittel der Belegschaften in Werkswohnungen – dienten die Gartenstädte der großen Unternehmen der Firmenbindung und der Stabilisierung der etablierten Ordnung. Alfred Krupp, der eigentliche Gründer des Kruppschen Imperiums, hat mit der Ungeniertheit des großen Industriebosses dieser Philosophie Ausdruck gegeben. »Wer weiß, ob dann über Jahr und Tag, wenn eine allgemeine Revolte durch das Land gehen wird, ein Auflehnen aller Klassen von Arbeitern gegen ihre Arbeitgeber, ob wir nicht die einzigen Verschonten sein werden, wenn wir zeitig noch alles in Gang bringen,« lautet das berühmte Diktum Krupps.[82]

Wenn nach 1900 die pittoresken Straßenbilder, die Erker, Schleppdächer, Gauben und Ochsenaugenfenster trauliche Lebensverhältnisse suggerierten, so kann man die sozialpolitische Funktion der Idylle schon beim alten Krupp nachlesen: »Nach gethaner Arbeit verbleibt im Kreise der Eurigen, bei den Eltern, bei der Frau und den Kindern. Da sucht Eure Erholung, sinnt über den Haushalt und die Erziehung. Das und Eure Arbeit sei zunächst und vor allem Eure Politik.«[83] Das malerische Refugium, das Heim und der Garten, bot nicht nur Erholung nach der Maloche des Tages. Es sollte helfen, potentielle Unruhestifter ruhigzustellen. Nicht zufällig hießen die Gassen und

[82] Alfred Krupp. Zit.: Richard Klapheck. Siedlungswerk Krupp. Berlin, 1930. S. 16.

[83] Alfred Krupp. Ein Wort an die Angehörigen meiner gewerblichen Anlagen. Essen, 1877. S. 10. Stadtbücherei Essen.

Sträßchen »Schön Gelegen«, »Trautes Heim«, »Am grünen Zipfel« oder »Im stillen Winkel«.

Gruppierung und Architektur charakterisierten diese kleinstädtischen Gesamtkunstwerke als halb private Terrains, als »abgeschlossene Wohn-Enklaven«.[84] Marga setzte sich mit einem (unvollendeten und verformten) Ring doppelt gepflanzter Lindenbäume von der unwirtlichen Nachbarschaft ab. Der Kreis erinnert an Howards Gartenstadt-Diagramme. Hellerau, Essen-Margarethenhöhe, Staaken, die Nürnberger Wohnkolonie Rangierbahnhof und viele andere gartenstadtartige Werkssiedlungen sind durch Torbauten zu betreten. Sie kennzeichnen diese Orte als *gated communities* – lange vor der Erfindung des Wortes, aber *gated*, durch ein Tor beschützt, im wörtlichen Sinn. Der Hauptzugang in Essen führt zudem über Brücke und breite Freitreppe.

Diesseits des Tores begann »eine Welt für sich«[85], begann das bessere, reinere, gesündere Leben. Jenseits lag die ungeordnete, unbeherrschbare Großstadt. Oft, vor allem nach der Jahrhundertwende, waren die Straßenbilder malerisch, folgte die Trassierung der Straßen den Höhenlinien, wie es der österreichische Stadtplaner Camillo Sitte empfohlen hatte, oder verlief auch ohne Anlaß gekrümmt. Hingebungsvoll, »mit emsiger Liebe« arbeiteten sich die Architekten an den Details ab: Georg Heinsius von Mayenburg in Marga, Georg Metzendorf auf der Mathildenhöhe, Richard Riemerschmid, Hermann Muthesius und Theodor Fischer in Hellerau – »bald fränkisch, bald friesisch, bald neugotisch, bald wertheimisch, bald ostpreußisch«.[86] Heinrich Tessenow, der jüngste unter Helleraus Architekten, galt vergleichsweise als Puritaner und Purist, ganz im Gegensatz zu seinem späteren Ruf in den zwanziger Jahren. Die Kollegen fanden, von seinen Häusern ginge Arme-Leute-Geruch aus.

In allen Planungen waren Bauten vorgesehen, die Gemeinschaft signalisierten (und nicht immer realisiert wurden) – Marktplatz mit Brunnen, Schule,

Georg Metzendorf. Essen-Margarethenhöhe, 1909 ff. Lageplan 1912.

[84] Georg Metzendorf. 1913. Zit.: Peter W. Kallen. »Idylle oder Illusion?« In: Der westdeutsche Impuls 1900–1914. Die Margarethenhöhe. Das Schöne und die Ware. Kat. Museum Folkwang. Essen, 1984. S. 48.

[85] Georg Metzendorf. Denkschrift über den Ausbau des Stiftungsgeländes. Essen, 1909. Werksarchiv Krupp.

[86] Hans Cürlis, H. Stephany. Die künstlerischen und wirtschaftlichen Irrwege unserer Baukunst. München, 1916. S. 122, 124 f.

Wege der Reform

Georg Metzendorf. Brücke über das Mühlbachtal mit Torhaus. Essen-Margarethenhöhe. Planung 1909.

Kirche, Gasthof, Läden. Auf der Margarethenhöhe, der aufwendigsten dieser Anlagen, stehen sich ein behäbiges, frei dekoriertes Gasthaus und eine geradezu palastartige Konsumanstalt gegenüber. Hellerau wurde dank der künstlerischen Ambitionen seiner Bewohner zu einem Sonderfall. Es wurde mit einem Festspielhaus gekrönt, das Tessenow für den Schweizer Choreographen und Bühnenreformer Émile Jaques-Dalcroze baute. Zur Begeisterung der europäischen Kulturwelt inszenierte Dalcroze Klassiker wie Glucks *Orpheus und Eurydike* als neuartige, abstrakte Licht- und Bewegungsspiele, die seine Schüler aufführten. Zu den abendlichen Aufführungen in der Festspielzeit kam ein internationales Publikum. George Bernard Shaw, Rilke, Sergej Diaghilew, Upton Sinclair oder Paul Claudel konnten die Blumen und Kohlsorten der Bewohner hinter den neu gestrichenen Zäunen bewundern.

Das Festspielhaus selbst, halb preußisches Landgut, halb Tempel, galt als frostig. Die vertikalen Glieder seines Portikus waren eigentlich aus der Front geschnittene Wandstücke, wirkten aber als harte Pfeiler. Doch des Nachts verwandelte sich der große Saal dank tausender, hinter weißen Schleiern verborgener Lichtquellen in einen selbstleuchtenden Schrein. In den rhythmischen Übungen Dalcrozes sollte sich die alte Einheit von Arbeit und Spiel, von Alltag und Fest wiederherstellen. War es ein Zufall, daß just zu Hellerauss Blütezeit der amerikanische Ingenieur und Betriebsorganisator Frederick Winslow Taylor an seinen Taktstudien und an der Verwandlung von Arbeitsvorgängen in rhythmische Bewegungsabläufe arbeitete, die bald auch in Europa Eindruck machten?

Geschützt waren die Gartenstädte nicht nur durch Tore, sondern auch durch Verträge. Howard hatte ihren rechtlichen Status zum entscheidenden Kriterium gemacht. Nur jene Gründung sollte Gartenstadt heißen, deren Gelände der Gemeinschaft als eine Art Obereigentum verblieb und jeder Grundstücksspekulation entzogen war. Auch darin folgte ihm die Deutsche Gartenstadt-Gesellschaft. Die Reformer dachten sich die Rechtsträger als gemeinnützige Gesellschaften oder besser noch Genossenschaften, deren Mitglieder die Bewohner waren, »damit Wohnungsverhältnis und Dienstverhältnis völlig getrennt sind, den Angestellten das Gefühl der Abhängigkeit von ihren Brotherren genommen ist und das moderne Recht der Freizügigkeit in vollem Umfang aufrechterhalten bleibt.«[87]

Längst nicht alle Gartenstädte oder was sich so nannte erfüllten diese Bedingungen. Wie bei den Vil-

Georg Metzendorf. Gasthof am Kleinen Markt. Essen-Margarethenhöhe, um 1912.

Heinrich Tessenow. Festspielhaus. Dresden-Hellerau, 1910–12.

Otto Fischer. Plakat. Wohnungen in Einfamilienhäusern mit angrenzendem Garten in der Gartenstadt Hellerau. Um 1910. Farblithographie.

lenkolonien verkauften viele private Erwerbsgesellschaften unter dem populär gewordenen Etikett Gartenstadt Grund und Boden an die neuen, meist begüterten Bewohner. In Brieske und Essen verblieben Land und Häuser zwar im Eigentum der jeweiligen Wohlfahrtsgesellschaft oder Stiftung, waren aber von den Interessen der beteiligten Unternehmen bestimmt.

Ob das Obereigentum für die Allgemeinheit gesichert blieb oder nicht, die Gartenstadt gab der Baukunst eine Chance. Für Gartenstädte oder -vorstädte war eine Elite deutscher Architekten tätig. Bereitwillig fügten sie sich Gestaltungsregeln oder betrachteten sie jedenfalls nicht als Behinderung ihrer Arbeit. »Die Gartenstadt schenkt der Baukunst ... die Freiheit, deren sie zu Meisterschöpfungen bedarf«, begeisterte sich der Hagener Kulturpolitiker Karl Ernst Osthaus.[88] Die Freiheit lag im vernünftigen Gebrauch von Regeln. In Hellerau mußten alle Entwürfe einer Bau- und Kunstkommission vorgelegt werden, die nach detaillierten Vorschriften urteilte. Sogar die Länge, Höhe und Stärke der Granitbordsteine war vorgeschrieben.

Ein Reformer kommt selten allein. Die ersten beiden Jahrzehnte des 20. Jahrhunderts waren eine Hoch-Zeit der Reformbewegung, der Jugendbewegung, der Reformpädagogik, der Kleidungs- und Ernährungsreform, des Vegetarismus, der Naturheilkunde, der Gesundheitspflege, der Freikörperkultur und Sexualreform. Politisch reichte das Spektrum von

[87] Walter Curt Behrendt. Der Kampf um den Stil. Stuttgart, Berlin, 1920. S. 167.

[88] Karl Ernst Osthaus. Die Bedeutung der Gartenstadtbewegung für die künstlerische Entwickelung unserer Zeit. In: Hans Kampffmeyer. Die deutsche Gartenstadtbewegung. Berlin, 1911. S. 99 ff.

Heinrich Tessenow. Zwei zusammengebaute Einfamilien-Wohnhäuser für eine Gartenvorstadt. 1905.

Wege der Reform

Heinrich Lotz. Kolonie Dettmannsdorf bei Güstrow, 1909.

[89] F. X. Füsser. Kunst und Heim. M. Gladbach, 1910. S. 110.

[90] Alfred Lichtwark. Der Deutsche der Zukunft. Berlin, 1905. S. 4.

[91] Peter W. Kallen. »Idylle oder Illusion?« In: Der westdeutsche Impuls 1900–1914. Die Margarethenhöhe. Das Schöne und die Ware. Kat. Museum Folkwang. Essen, 1984. S. 56.

[92] Albert Gessner. Das deutsche Miethaus. München, 1909. S. 6.

Kellerwohnung in der Sorauer Straße. In: Ortskrankenkasse Berlin (Hg.). Bearbeitet von Albert Kohn. Unsere Wohnungs-Enquête im Jahre 1908. Berlin, 1909.

der antikapitalistischen Linken bis zum heimattreuen Konservatismus. Die Gartenstadtbewegung führte Leute zusammen, die von vielen dieser Ansätze und Ideologien geprägt waren. Die Bodenreformer hatten sich im Bund Deutscher Bodenreformer um Adolf Damaschke geschart, setzten sich für die Überführung des Grundeigentums in kommunalen oder staatlichen Besitz ein und erreichten die Einführung des Erbbaurechts, das den Baugrund verbilligte. Der Dürerbund, den der Herausgeber der kulturpädagogischen Zeitschrift *Der Kunstwart* Ferdinand Avenarius ins Leben rief, pflegte die »gesunde bodenwüchsige Kultur, deren Erscheinung klar und erfreulich ausdrückt, was ist«.[89] Der Bund für Heimatschutz, 1904 von Ernst Rudorff und Paul Schultze-Naumburg gegründet, schrieb sich die Bewahrung der deutschen Kulturlandschaft auf die Fahnen und bekämpfte ihre Veränderung durch Industrialisierung und Tourismus.

In der Kunstgewerbebewegung, die sich am englischen Arts and Crafts Movement orientierte, kamen handwerkliche Tradition und soziale Gesinnung zusammen. Sie suchte die Entfremdung der Arbeit, die der industriellen Kunstproduktion geschuldet war, rückgängig zu machen, auch wenn die fortgeschrittene Industrialisierung der Warenproduktion diesen Versuch hoffnungslos veraltet erscheinen ließ. »Die Forderung nach einer künstlerischen Erziehung«, stellte der Hamburger Museumsmann und Pädagoge Alfred Lichtwark 1901 fest, »tritt nicht nur als eine vereinzelte Erscheinung auf, sie ist von der ersten Stunde untrennbar verbunden mit ... dem Ruf nach einer sittlichen Erneuerung unseres Lebens«.[90]

Wohnen auf der Etage

In den Gartenstädten wohnten in der Regel Werkmeister, Ingenieure, Verwaltungsangestellte und Beamte – Mittelstand. Wenn Margarethe Krupp sich der Wohnungsfürsorge »für die minder Bemittelten« widmete,[91] so waren es Minderbemittelte aus der Perspektive der Konzernherrin, nämlich Bürger, die ein erträgliches Einkommen hatten. Die tatsächlich Minderbemittelten lebten anderswo, in den Mietskasernen und Slumvierteln der Großstädte. Für die Wohnungsnot dieser Menschen konnte das Kleinhaus im Grünen nicht das Allheilmittel sein. Es belastete den kleinen Angestellten und Arbeiter nicht nur mit einem Mietzins, der in keinem Verhältnis zu seinem Einkommen stand, sondern auch, wenn der Betrieb nicht in der Nähe lag, mit langen Wegen und hohen Transportkosten. Daher mußten die Reformen auch Mietwohnungen in Stockwerkshäusern erfassen, wenn der größte Teil der städtischen Bevölkerung nicht von einer Verbesserung der Lebensverhältnisse ausgeschlossen sein sollte. Albert Gessner, selbst ein Architekt bemerkenswerter Großstadthäuser, schätzte, daß neun Zehntel der großstädtischen Bautätigkeit auf das Zinshaus entfielen.[92]

Das Elend des großstädtischen Miethauses hat die Literatur seit der Mitte des 19. Jahrhunderts beschäftigt. Bettina von Arnims eindrucksvoller Appell an Friedrich Wilhelm IV. *Dies Buch gehört dem König* (1843) zählt dazu. Die Dichterin, die persönlichen Zugang zum Monarchen hatte, schilderte darin das Elend, die Überbelegung und die katastrophalen hygienischen Verhältnisse der Miethäuser, für die sich später der Begriff »Mietskaserne« einbürgerte.

Für die oberen bürgerlichen Klassen nachvollziehbar argumentierte der Philologe Victor Aimé Huber. Er propagierte Wohnungen und Kleinhäuser für die Arbeiter auch deshalb, weil so die bestehenden Verhältnisse vor kommunistischen Agitatoren gesichert würden. Das Argument war also das gleiche wie beim Werkswohnungsbau. Auf Huber ging die Gründung einer frühen gemeinnützigen Aktiengesellschaft zurück, der Berliner Gemeinnützigen Baugesellschaft (1848), die im übrigen Deutschland Nachfolge fand.

Bis zur Jahrhundertwende hatte sich die Situation infolge der demographischen Entwicklung verschärft. Danach traten leichte Verbesserungen ein. Die Bilanz war trotzdem noch immer verheerend. Statistiken und Untersuchungen, wie sie beispielsweise die Krankenkassen vorlegten, sprachen eine unmißverständliche Sprache. In den Großstädten bewegte sich der Anteil an Ein- und Zweizimmerwohnungen zwischen sechzig und achtzig Prozent,[93] die durchschnittlichen Wohnungsgrößen lagen zwischen dreißig und fünfundvierzig Quadratmetern. In Berlin schliefen zwei Drittel der Schulkinder zu zweit in einem Bett. Ungelöst war das Problem der Schlaf- und Kostgänger, die zum Einkommen der armen Haushalte beitrugen, aber ebenso zur Überbelegung. Geschlechtertrennung oder auch nur Trennung von Familienangehörigen und Fremden war oft nicht möglich. Verbreitung ansteckender Krankheiten, sexueller Mißbrauch, Vergewaltigungen auch von Kindern, Gelegenheits- und gewerbsmäßige Prostitution, Alkoholismus waren die Folgen. Berlin führte die Statistik in der Belegungsdichte an. Chemnitz, Hamburg, Königsberg, Leipzig folgten in der absoluten Zahl der Wohnungen, die nur ein heizbares Zimmer hatten und von sechs oder mehr Personen bewohnt wurden – oder zwei heizbare Zimmer, in denen elf oder mehr Menschen lebten.

Bei den Bemühungen um eine Reform des Miethauses erwies es sich als Vorteil, daß das Wohnen auf der Etage nicht sozial stigmatisiert war. Großbürgerliche Familien lebten herrschaftlich und hochherrschaftlich in Stockwerkswohnungen, die zehn, zwölf, manchmal auch mehr Zimmer haben mochten. Nicht jeder, der es sich leisten konnte, wollte die Wanderung an den Stadtrand mitmachen. Daher hatte das Wohnen im Vielparteienhaus nicht von vornherein ein negatives Image. Es kam auf die Lage in der Stadt an. In mehretagigen Miethäusern zu wohnen, war in Anbetracht der hohen Grundstückswerte und der im Vergleich zum Einfamilienhaus niedrigeren Baukosten pro Wohneinheit für den größten Teil der Großstadtbevölkerung unvermeidbares Schicksal. Zudem bot es auch Vorteile. Die Serviceleistungen der großen Stadt waren leichter zugänglich. Man brauchte sich nicht um Hausreparaturen zu scheren. Läden und manchmal auch Warenhäuser lagen näher, ebenso der Arzt, das Restaurant oder die Kneipe oder gar die Stätten des gehobenen Kulturkonsums. Mit der Nähe des Arbeitsplatzes war in den großen Städten allerdings nur in jenen Quartieren zu rechnen, in denen sich Wohnen, Handel und Produktion noch mischten; und die wurden immer weniger.

Auch private Investoren, meist Terraingesellschaften, die als Aktiengesellschaften organisiert waren, bemühten sich um eine Verbesserung des großstädtischen Vielfamilienhauses. Es war klar, daß das städtische Miethaus, anders als das Landhaus oder auch die Gartenstadt, »nur einen blassen Abglanz der Möglichkeiten unserer Wohnungskultur geben« konnte.[94] Architekten wie Messel und Gessner in Berlin, Conrad Helbig in Breslau, Hönig & Söldner in München, Martin Dülfer in Dresden kam es darauf

Albert Gessner. Mietshaus. Berlin-Charlottenburg. Vor 1909.

[93] Rudolf Eberstadt. Handbuch des Wohnungswesens und der Wohnungsfrage. Jena, 1910². S. 142.

[94] Fritz Schumacher. Bürgerliche Bauweise. In: Spemanns goldenes Buch vom Eignen Heim. Eine Hauskunde für Jedermann. Berlin, Stuttgart, 1905. Unpag. Abschnitt 11.

Conrad Helbig. Entwurf für ein Grundstück an der Kirschenallee. Breslau, 1909.

an, die Monotonie zu lindern, die in der Bauaufgabe lag. Anders als im eigenen Heim konnten die Grundrisse für eine wechselnde Mieterschaft nicht auf individuellen Bedarf zugeschnitten werden. Im Prinzip konnte es sich um nichts anderes handeln als um die Stapelung gleicher oder ähnlicher Wohnungstypen. Realistisch denkende Architekten mußten daher beim privat finanzierten Wohnungsbau sowohl mit den Rendite-Erwartungen der Bauherren als auch mit den Repräsentationswünschen einer bürgerlichen Klientel rechnen. Das setzte der Bemühung um andere Lösungen enge Grenzen.

Was blieb, war der Versuch, das Unumgängliche wenigstens einer »Durchbildung nach künstlerischen Grundsätzen«[95] zu unterziehen. Architekten, wie sie in Gessners Buch *Das deutsche Miethaus* (1909) vertreten sind, dekorierten nicht Fassadenflächen, sondern wechselten bei gleichen Raumformaten die Fensteröffnungen von hoch zu quer, vom geraden Sturz zum Korbbogen, arbeiteten, wo die Bauordnungen es erlaubten, mit vorgezogenen Balkons, eingeschnittenen Loggien, Erkern, Rücksprüngen, trauf- und giebelständigen Dächern, eingezogenen Straßenecken. Diesen Architekten lag am »malerischen Prinzip, das uns Deutschen so wie so mehr im Blute liegt«. Gessner hielt es sogar für »das einzige denkbare und freier Menschen würdige Prinzip«![96] Im weiteren Sinne war auch diese verordnete Individualität Dekor. Mannigfaltigkeit wurde vorgespiegelt, wo Wiederholungszwang herrschte. Irgendwann hatten auch diese städtebaulichen Stimmungsbilder ihre ästhetischen Verfallszeiten – um achtzig Jahre später als exotische Schöpfungen einer anderen Epoche geschätzt zu werden.

Immerhin gelang es Gessner und anderen, bei einer Reihe größerer Projekte aus der Parzellenbebauung entlang den Straßenfluchten auszubrechen. Das war nun mehr als Fassadenkosmetik. Höfe wurden miteinander verbunden und aus der Enge des Hinterhofs erlöst. Es gab begrünte Wohnhöfe, die sich nach vorne zur Straße öffneten, also nur dreiseitig bebaut waren, oder mäandernde Baufiguren. Der Gewinn an Durchlichtung und Durchlüftung war beträchtlich. So ließen sich »gefangene« Zimmer vermeiden oder das sogenannte Berliner Zimmer, dieses schlecht belichtete Durchgangszimmer in der Ecke von Straßenfront und doppelseitig bebauten Seitenflügeln. Die Mietskaserne wurde auf ein höheres Niveau gehoben. Gessner entwarf 1909 sogar sogenannte Einküchenhäuser, Miethäuser mit einer zentralen Küche, die den Bewohnern die Mühe des Kochens abnehmen sollte und ihnen die Mahlzeiten in die Wohnungen lieferte. Es war ein schüchterner Ansatz zur Kooperation im Wohnen, beschränkt auf wohlsituierte Mieter. Nach einigen Jahren wurde dieser gutbürgerliche Versuch, der seinen Stammbaum im utopischen Sozialismus, aber seine zeitgenössischen Parallelen im amerikanischen Boarding House hatte, wieder eingestellt.

Es gehört zu den Verdiensten von Paul Mebes, daß er Errungenschaften des privaten, spekulativen Wohnungsbaus bei Komplexen von Kleinwohnungen durchsetzen konnte, die er nach 1906 für den Beamten-Wohnungs-Verein in Berlin-Charlottenburg, -Schöneberg und -Steglitz realisierte. Insgesamt waren es weit über tausend Wohnungen. Das »malerische Prinzip« Gessners spielte bei Mebes eine geringere Rolle. Es ergab sich aus der offenen, gefälligen Gliederung der Baumassen. Mebes dekorierte sie nur sparsam mit dem strengen Formenapparat des Neuklassizismus, wie es sich für disziplinierte preußische Beamte gehörte. Zugleich konnte er seiner Neigung zur Baukunst von 1800 folgen, angewendet auf die Aufgaben des industrialisierten Massenzeitalters. Und mit elektrischem Licht waren die neuen Wohnblöcke auch versehen, statt mit den Kerzen und Öllampen von 1800 oder der üblichen Gasbeleuchtung.

Der Beamten-Wohnungs-Verein, der in vielen deutschen Orten baute, war eine der Baugenossenschaften, die sich um die Jahrhundertwende bildeten,

[95] Albert Gessner. Das deutsche Miethaus. München, 1909. S. 12.

[96] ebd. S. 139.

wie der Berliner Spar- und Bauverein, für den Messel baute. Zum Teil wurden sie als Instrumente der Wohnungsfürsorge mit karitativen Absichten gegründet, zum Teil als Selbsthilfeorganisationen. Die Mehrzahl dieser Unternehmungen diente dazu, den Genossen über Abzahlungsraten zum Eigentum zu verhelfen. Andere legten im Gegenteil Wert auf gemeinschaftliches Eigentum. Gefördert wurde die Bewegung durch das Reichsgenossenschaftsgesetz von 1889, das beschränkte Haftung zuließ. Nun konnten die Mitglieder nur noch in Höhe ihrer Geschäftsanteile haftbar gemacht werden. Mit den Sozialversicherungsgesetzen der späten Bismarck-Ära wurde es auch den Versicherungsanstalten möglich, Teile ihres Vermögens in Grundstücken und Hypotheken anzulegen.

Beamten-Baugenossenschaften wie der Beamten-Wohnungs-Verein schufen einen Präzedenzfall, da sie die Öffentliche Hand zu darüber hinausgehender aktiver Unterstützung veranlaßten. Hier, wo es um die treuen Diener der Gemeinden oder des Staates ging, sahen sich die Behörden genötigt, durch organisatorisches Know-how, preisgünstige Abgabe von Land oder günstige Finanzierungsbedingungen den Genossenschaften die Arbeit zu erleichtern. So stellte der preußische Staat ab 1896 jährlich mehrere Millionen Mark zur Verfügung, aus denen Genossenschaften von Beamten und Arbeitern in staatlichen Betrieben Darlehen erhalten konnten. Es war der Einstieg in den sozialen Wohnungsbau.

Andere Genossenschaften, vor allem solche mit sozialistischen Idealen, konnten sich solcher Privilegien nicht erfreuen. Die Arbeiterbaugenossenschaften, die so vielversprechende Namen wie »Eden«, »Paradies« oder »Freie Scholle« trugen, mußten sich zudem mit der Opposition von links auseinandersetzen, mit dem Verdikt, das Theoretiker wie Friedrich Engels über eine stückweise Verbesserung der Wohnverhältnisse ausgesprochen hatten. Für Engels war der besitzlose und vogelfreie Proletarier ein Garant der Revolution. Wohnungsnot zu lindern bedeutete für grundsatztreue Sozialisten, ein Übel zu beheben, ohne die Grundlage aller Übel, den Kapitalismus, zu beseitigen.[97] Die Sozialdemokraten mußten 1910 auf einem Parteitag in Magdeburg ausdrücklich den Beschluß fassen, in genossenschaftlicher Tätigkeit eine Ergänzung des politischen Kampfes zu sehen – und nicht mehr ein Hindernis.

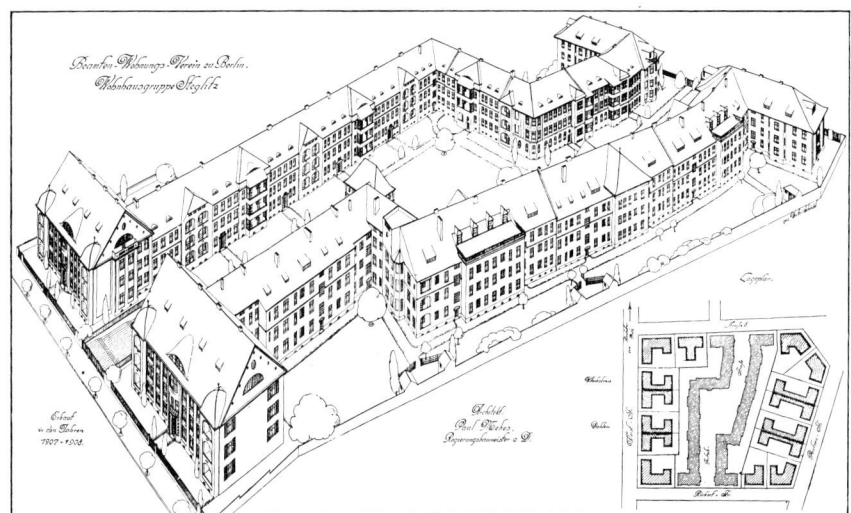

Im nachhinein nehmen die Revisionen wilhelminischer Architekten und Bauherren im Wohnungsbau heroischen Charakter an. Die gefeierten Wohnreformer der 1920er Jahre gingen an die Peripherie der Städte und trieben Siedlungsbau, weil sie die vorhandene alte Stadt nicht ändern konnten. Messel, Gessner und ihre Kollegen dagegen schlugen sich mit innerstädtischen Bedingungen herum. Sie versuchten, wenn auch mit unterschiedlichem Erfolg, die Großstadt innerhalb der Großstadt zu kurieren.

Paul Mebes. Bebauung des Beamten-Wohnungs-Vereins. Berlin-Steglitz, 1907–08. Perspektive und Lageplan. Ansicht.

[97] Friedrich Engels. Zur Wohnungsfrage. 1872–73. Neu: Frankfurt, 1974.

Wege der Reform   57

Zyklopenstil

Filippo Brunelleschi (?). Palazzo Pitti. Florenz, nach 1458.

[98] Sergio Polano. Hendrik Petrus Berlage. Complete Works. New York, 1988. S. 91. – Franz Schulze. Mies van der Rohe. Leben und Werk. Berlin, o. J. S. 37. – Adolf Loos. Architektur. 1909. In: Trotzdem. 1900–1930. Innsbruck, 1931. Zit.: Wien, 1982. S. 95.

[99] Leopold Ziegler. Florentinische Introduktion zu einer Theorie der Architektur und der bildenden Künste. Leipzig, 1912. Zit.: Braunschweig, Wiesbaden, 1989. S. 24. – Erich Mendelsohn an Luise Maas, 3. 10. 1911. Kunstbibliothek, Stiftung Preußischer Kulturbesitz, Berlin.

[100] Die Zuschreibung ist kontrovers. Der Bauherr Luca Pitti erwarb erst Jahre nach Brunelleschis Tod 1446 die für den Bau benötigten Grundstücke.

In den Jahren nach 1900 gab es ein Bauwerk, das auf jüngere Architekten ungeheure Attraktivität ausübte, der Palazzo Pitti auf dem linken Arnoufer der Stadt Florenz. Die Architekten müssen sich auf dem steil ansteigenden Platz vor dem Frührenaissancegebäude geradezu gegenseitig auf die Füße getreten haben. Hendrik Petrus Berlage, der auch in Deutschland vielbewunderte niederländische Baumeister, stellte den Palazzo Pitti über das Kolosseum – weil er keine halbierten Säulen und Pfeiler aufweise. Mies van der Rohe, der 1906 in Italien war, bewunderte die »riesigen Steinmauern mit eingeschnittenen Fensteröffnungen« und schilderte die mächtige Kaufmanns- und später landesfürstliche Residenz als »eines der stärksten Gebäude«. Auch Adolf Loos nannte den Palazzo Pitti »das stärkste architektonische ereignis«.[98]

Gäste im Palazzo Pitti

Der dreißigjährige Philosoph Leopold Ziegler, zu jener Zeit Gast in der Villa Romana, beschrieb in seiner *Florentinischen Introduktion* den Palast als »ein singuläres Kunstwerk höchsten Ranges«. Der vierundzwanzigjährige Architekt Erich Mendelsohn stand im selben Jahr wie Ziegler, 1911, vor dem Palazzo und rühmte ihn als »Sinnbild der Höhe, bis zu der der Mensch überhaupt hinaufkam ... Das ist die Grenze und hoch genug. Wohl dem, der sich ihr nähert.«[99] Ziegler und Mendelsohn beschrieben im übrigen unterschiedliche Fassaden des Palasts. Ziegler ging mit kunsthistorisch geschultem Auge auf den ältesten, ursprünglich nur siebenachsigen Bauteil an der Stadtseite ein, als dessen Urheber Vasari und mit ihm ein Teil der späteren Autoren Filippo Brunelleschi angenommen haben.[100] Seine Seherlebnisse ordnete Ziegler dem zeitgenössischen Kontext ein. Baumeister der Gegenwart dürften nicht glauben, die Architektur zu erneuern, indem sie sachlich konstruierten, aber vergäßen, daß jedes Bauwerk zugleich ein anschauliches körperliches Ganzes bieten müsse, ein kubisches Raumbild.

Der andere Florentiner Gast von 1911, der junge Mendelsohn, der bis dahin noch kein nennenswertes Bauwerk realisiert hatte, begeisterte sich für die Gartenseite am Arkadenhof Bartolomeo di Antonio Ammanatis, ein Hauptwerk des toskanischen Manierismus. Mendelsohn erklärte den Palazzo zu einem »Symbol für den ungestümen Reformwillen zur Macht über die Stadt und die Menschen«. Abermals meint man, eine Anspielung auf gegenwärtige Architektur herauszuhören, auf die monumentale Baukunst jener Orte, von denen laut Behrens »die Macht ausgeht« und an denen die »eigne starke Form«[101] entsteht.

Ziegler wie Mendelsohn benutzten in diesem Zusammenhang ein zeittypisches Adjektiv, »zyklopisch«. Natürlich lag es nahe, die gewaltigen Mauerwerksquader und vor allem die Bossen im Erdgeschoß zyklopisch zu nennen. Schon Jacob Burckhardt hatte »das Gefühl, als hätten beim Vertheilen dieser Massen übermenschliche Wesen die Rechnung geführt.«[102] Ziegler stellte der »fast zyklopisch ungefügen Masse der Quader, die in der Rustika von ungeheurer Auslandung sind«, die »zuchtvolle Bemeisterung« durch Proportion und Ordnung am selben Bauwerk gegenüber. Mendelsohn schloß von den »zyklopenhaften Blöcken des Erdgeschosses« auf den Machtwillen der Auftraggeber.[103]

Peter Behrens. Verwaltungsgebäude Mannesmann. Düsseldorf, 1911–12.

Über die Bauherren, die diese triumphal-verschlossene Architektur in Auftrag gegeben hatten, fällt bei Mendelsohn kein kritisches Wort. Im Gegenteil, sie sind »von der Glut eines großen Gedankens getragen« und haben daher »Recht und Fähigkeit zu solchem Willen«.[104] Ziegler, der seinen *Cicerone* gelesen hatte und die Bedenken Burckhardts kannte, hatte dagegen Vorbehalte gegen die machtbewußten Kaufleute, ihren Geschlechterhaß und ihre Rachsucht. Um so größer erschien ihm die Leistung, daß sich die großen intriganten Familien im Wunder der Florentiner Kunst zusammengefunden hatten.

Im Zyklopenstil des Spätwilhelminismus, in der Kraftmeierei der Monumente, aber auch in den wehrhaften Verwaltungspalästen der großen Bosse steckt ein Stück Palazzo Pitti. Bei der Einweihung des Mannesmann-Gebäudes am Düsseldorfer Rheinufer im Jahre 1912 wies Behrens auf »klassische Vorbilder für die Geschlossenheit und Großkörperlichkeit«, auf Florentiner Stadtpaläste hin.[105] Die Quattrocento-Palazzi der Bankiers und vor allem der konsequenteste, der Palazzo Pitti, waren Vorbilder für Architekten, die auf dem Weg zur Moderne waren. Beim Pitti bedeutete der Verzicht auf den humanistischen Formenapparat (etwa auf eine gliedernde Pilasterordnung oder ein definitiv abschließendes Kranzgesims) auch einen Schritt auf dem Weg zu den gleichmäßigen Wandfeldern, die moderne Gerüstbauten umhüllen, und zum einfachen, undekorierten Volumen.

Schließlich offenbarte der Maßstabsbruch, den der Palazzo Pitti im Verhältnis zur mittelalterlichen Stadt noch rücksichtsloser als die anderen Florentiner Palazzi bewirkte, eine frühkapitalistische Ungeniertheit, die dem Spätkapitalismus des 20. Jahrhunderts imponieren mußte. So wie sich die privaten Geldfürsten im Florenz des Quattrocento rücksichtslosen Selbstausdruck leisteten, so trat auch das Zeitalter Wilhelms II. in neue urbanistische Größenordnungen ein. Verstöße gegen bestehende städtebauliche Maßstäbe waren nicht mehr tabu. Auch darin war der Palazzo Pitti ein Vorbild, wenn auch kein rühmliches.

Fritz Schumacher, damals noch Hochschullehrer in Dresden, lieferte mit der ungewohnten Bauaufgabe eines Krematoriums in Dresden (1908–11) ein eindrucksvolles Beispiel des neuen Kolossalstils. Als junger Mann hatte er 1893–94 eine Brunelleschi-Monographie veröffentlichen wollen, in der natürlich auch der Palazzo Pitti vorkommen sollte.[106] Oskar Kaufmanns Hebbeltheater in Berlin (1906–07) war

[101] Peter Behrens. Was ist monumentale Kunst? In: Kunstgewerbeblatt Neue Folge 20 (1908–09) 3. S. 46.

[102] Jacob Burckhardt. Der Cicerone. Leipzig, Berlin, 1901[8]. Bd. 2. S. 115.

[103] Leopold Ziegler. Florentinische Introduktion zu einer Theorie der Architektur und der bildenden Künste. Leipzig, 1912. Zit.: Braunschweig, Wiesbaden, 1989. S. 23. – Erich Mendelsohn an Luise Maas, 3. 10. 1911. Kunstbibliothek, Stiftung Preußischer Kulturbesitz, Berlin.

[104] Erich Mendelsohn, ebd.

[105] Peter Behrens. Zur Erinnerung an die Einweihung des Verwaltungsgebäudes des Mannesmannröhren-Werkes in Düsseldorf. Düsseldorf, 1913.

[106] Material in der Hamburgischen Staats- und Universitätsbibliothek. Die Passage über den Palazzo Pitti ist nicht ausgeführt. Hinweis von Hartmut Frank und Christian Weller.

Zyklopenstil 59

Fritz Schumacher. Krematorium. Dresden-Tolkewitz, 1908–11.

Oskar Kaufmann. Hebbeltheater. Berlin, 1906–07.

[107] Friedrich Nietzsche. Menschliches, Allzumenschliches. In: Giorgio Colli, Mazzino Montinari (Hg.). Friedrich Nietzsche. Kritische Studienausgabe. München, Berlin, 1980. Bd. 2. S. 456.

[108] Friedrich Nietzsche (April 1886). Werke und Briefe. Historisch-kritische Gesamtausgabe. München, 1934 ff. Bd. 7. S. 177. – Friedrich Nietzsche. Götzen-Dämmerung. In: Giorgio Colli, Mazzino Montinari (Hg.). Friedrich Nietzsche. Kritische Studienausgabe. München, Berlin, 1980. Bd. 6. S. 118.

[109] Peter Behrens. Was ist monumentale Kunst? In: Kunstgewerbeblatt Neue Folge 20 (1908–09) 3. S. 46.

[110] Albert Hofmann. Bruno Schmitz †. In: Deutsche Bauzeitung 50 (1916) 47. S. 246 f.

Henry van de Velde. Entwurf eines Tempels für ein Nietzsche-Stadion. 1911–13. Graphit auf Karton.

ein anderes Exempel dieses Pathos. Beide Male kämpfen sich Apsiden aus geglättetem Werkstein durch ungeschlachtes Rustikamauerwerk.

Bei Kaufmanns Theater scheint es, als solle die verfeinernde Wirkung der Kunst gegenüber der rohen Natur veranschaulicht werden, als Sieg der Idee über die trotzige Gewalt. Bei Schumachers Krematorium wirkt der Konflikt wie die Gefährdung des Lebens, das in die versteinernde Schattenwelt des Todes zurücktritt. An der Hangseite wenden sich die trauernden Gestalten oben am Rahmen um die Apsis zurück in die Nacht, ins »Gleichbleibende, in sich Ruhende, Hohe, Einfache, vom Einzelreiz weit Absehende« (Friedrich Nietzsche)[107]. Einen Palazzo Pitti des Eisenbahnzeitalters hat man den Stuttgarter Hauptbahnhof von Paul Bonatz und Friedrich Eugen Scholer genannt (1911–28, vgl. S. 75 f.). Die rohen Kalksteinbossen, die den Bau überziehen, die monumentalen Rundbogentore für die beiden Eingangshallen und der Turmklotz bedeuten Steigerung über jede profane Zweckmäßigkeit hinaus. Nicht zufällig absolvierte Bonatz in der Zeit des Bahnhofsentwurfs eine Ägyptenreise.

Über diesen gebauten und geschriebenen Äußerungen liegt der lange Schatten eines anderen Pitti-Bewunderers, der Schatten Friedrich Nietzsches. Schumacher, den Nietzsches Schwester an das Krankenbett des Dichterphilosophen führte, hat erhabene Säulentempel für ihn entworfen. Mendelsohn studierte ihn, wie so viele seiner Zeitgenossen, mit Andacht und legte seiner Verlobten immer wieder die Werke des Philosophen ans Herz. Nietzsche selbst hatte den Palazzo Pitti zu einem Beispiel des »großen Stils« erklärt. Er galt ihm als die »höchste Steigerung der Kunst der Melodie«, als die Gegenposition zu jedem »Decadenz-Geschmack«. Das war zumindest für die erzmanieristische Gartenseite Ammanatis eine anfechtbare Behauptung. Aber wenn Nietzsche in der *Götzen-Dämmerung* verlangte, im Bauwerk solle sich »der Sieg über die Schwere, der Wille zur Macht versichtbaren«, so war im Pitti-Palast diese Forderung eingelöst.[108]

Anders als Schumacher hat Henry van de Velde Nietzsche nicht mehr persönlich kennengelernt. Aber seine Schriften las er schon lange vor Nietzsches Tod. Dank der Bekanntschaft mit Elisabeth Förster-Nietzsche durfte er den *Zarathustra* im Manuskript studieren und 1902–03 das Nietzsche-Archiv in Weimar ausbauen. Van de Veldes Theaterprojekte und sein für Weimar geplantes Nietzsche-Denkmal von 1911–13 – Heiliger Hain, Tempel und Stadion – waren von der Lektüre geprägt. Apollinischer Schönheitskult und dionysischer Rausch sollten im Raumtheater gleichermaßen möglich sein. Wenn die Adepten des Palazzo Pitti den späten Nietzsche im Sinne hatten, dessen »großer Stil« vom Zeitlos-Unverrückbaren, vom Steinernen des Steins, ausging, so waren die Entwürfe des Dynamikers Van de Velde vom frühen Nietzsche geprägt, vom Autor der *Geburt der Tragödie aus dem Geist der Musik*. Für die einen wie die anderen war Nietzsches Werk ein Aufruf, das Herrenrecht des Künstlers wahrzunehmen, die Parvenükultur der falschen Propheten zu bekämpfen, Baumeister statt Schauspieler zu werden.

Felsensäulen mit Feuermalen

Freie Bahn hatten die Zyklopen-Baumeister bei einer Gattung, die sich nicht um praktische Zwecke scherte, beim Monument. Daß dem Denkmal der oberste Rang im Bauen zukomme, ergab sich aus der Hochschätzung des Monumentalen. »Die monumentale Kunst ist der höchste und eigentliche Ausdruck der Kultur einer Zeit«, heißt es bei Peter Behrens.[109] Und wo vor allem sollte sich Monumentalität darstellen, wenn nicht in den Monumenten? Denkmäler hatten im wilhelminischen Reich Konjunktur. Sie feierten den deutschen Sieg über Frankreich von 1870–71, die deutsche Staatswerdung, Hermann den Cherusker, Friedrich Barbarossa, Kaiser Wilhelm I. Zwei Architektennamen verbinden sich vor allen anderen mit dieser Bauaufgabe, Bruno Schmitz und Wilhelm Kreis.

Schmitz in seinem »titanenhaft gesteigerten Wollen« und seinem »michelangelesken Streben nach einer unerhörten Form«[110] baute die ganz großen Anlagen, den Kyffhäuser, das Deutsche Eck in Koblenz, die Porta Westfalica an der Weser, die alle 1896–97 fertig wurden, und das Leipziger Völkerschlachtdenkmal (1896–1913). Diese Bauwerke verbanden Turm und Höhle miteinander, die Krypta, die Gewölbehalle und den Kuppelaufsatz. Feierhöfe gaben patriotischen Festveranstaltungen die erhebende Szenerie. Die Bauten waren schwergewichtig, scheinbar unzerstörbar, für die Dauer aller Zeiten

Fritz Schumacher. Entwurf für eine Nietzsche-Gedenkstätte. 1898. Kohle, veröffentlicht 1900 in der Mappe Studien.

Hermann Billing. Skizze. Vor 1904.

Bruno Schmitz. Völkerschlachtdenkmal. Leipzig, 1896–1913.

Grabmal des Theoderich. Ravenna, um 520.

Wilhelm Kreis. Bismarck-Denkmal. Odermündung bei Stettin, 1910–15.

gemacht. Große, grobe Hausteine mit Ewigkeitsanmutung, am liebsten Granit, waren das Material. Die Massen sollten durch Masse bewegt werden. Das Völkerschlachtdenkmal ragt 91 Meter hoch, höher als jedes deutsche Hochhaus der ersten Jahrhunderthälfte, und genoß den Ruf, das größte Denkmal Europas zu sein.

Schmitz knüpfte an die Neoromanik an (vgl. S. 19 ff.), hatte aber auch das monumentale Werk des Bostoner Architekten Henry Hobson Richardson bei einem Aufenthalt in den USA kennengelernt. An Vorbildern fehlte es nicht. Assyrisch-ägyptische Tempel, etruskische Tumuli, das Grabmal der Caecilia Metella in Rom, die Mausoleen des Augustus und Hadrian, das Pantheon in Rom inspirierten die Denkmalsarchitekten. Arnold Böcklins gemalte Toteninsel-Varianten gaben den makaber-heroischen Stimmungszauber dazu. Fritz Schumacher sprach von Leuten, denen Richard Wagners Parsival, Böcklins Toteninsel, Zarathustras Gesänge und Max Klingers Radierungen zum Lebensbedürfnis gehörten.[111]

Vor allem stand den deutschen Architekten das Theoderichsgrab in Ravenna mit seiner Kalotte aus einem einzigen Felsen vor Augen. Das Grab des Ostgotenkönigs war eine unschätzbare Berufungsinstanz, stammte es doch von einem Volk, das man im germanophilen Zeitalter für blutsverwandt hielt. Mit dem Germanenfürsten Theoderich zur Moderne! Denn ungeachtet der »Anklänge an alte Formen« imponierten der »große Zug im Verteilen der Massen«, »die klare, einfache Linienführung«, der »starke einheitliche Eindruck«, »die landbeherrschende Fernansicht«, die »ernsthafte kaiserliche Ruhe«.[112]

Den Wettbewerb für das Völkerschlachtdenkmal hatte 1896 nicht Schmitz gewonnen, sondern der junge Wilhelm Kreis, »ein talentvoller Pathetiker, … künstlerisch nicht ohne arge Rohheit«.[113] Den Auftrag erhielt Kreis jedoch nicht. Er wurde überreich entschädigt durch den fulminanten Erfolg, den er 1899 beim Wettbewerb der Deutschen Studentenschaft für eine Bismarck-Gedenkstätte hatte. »Wie vorzeiten die alten Sachsen und Normannen über den Leibern ihrer gefallenen Recken schmucklose Felsensäulen auftürmten, deren Spitzen Feuerfanale trugen, so wollen wir unserm Bismarck zu Ehren auf allen Höhen unserer Heimat, von wo der Blick über die herrlichen deutschen Lande schweift, gewaltige granitene Feuerträger errichten!«[114]

Alle drei ersten Preise gingen an Kreis. »Wilhelm Kreis – das ist der Turm!«[115] Fast ein halbes Hundert dieser vertikalen Weihestätten gehen auf seinen Entwurf »Götterdämmerung« zurück, entweder als Wiederholungen oder als Varianten desselben Typus. Es waren gedrungene Türme auf quadratischem Grundriß, mit massivem Sockel, klobigen Dreiviertelsäulen an den Ecken und einer Feuerschale auf dem zurückgestaffelten Dachaufbau – im wörtlichen Sinn Hoch-Altäre. Zu bestimmten Tagen wie Bismarcks Geburts- oder Todestag, Sonnwende, Sedan-Tag wurden Flammen entzündet, die ein Lichternetz über das Land hinweg spannten. Die Geldmittel für die Turmbauten wurden von patriotischen Vereinigungen und lokalen Kriegervereinen aufgebracht. Kreis hatte sich die künstlerische Oberleitung vorbehalten, aber in den meisten Fällen dürften die örtlichen Vereine drauflosgebaut haben. Er selbst errichtete weitere Türme, die individuelle Lösungen waren.

238 solcher »Felsensäulen« sind bekanntgeworden, die meisten davon in Nordrhein-Westfalen und Thüringen, einige auch im Ausland, manche wahre Kolosse, andere schlichte Aussichtsstände.[116] Merkwürdigerweise haben die politischen Umstände, die Entlassung des Reichskanzlers 1890 durch Kaiser Wilhelm II., den Bismarck-Kult nicht beeinträchtigt, aber den Kaiser auch keine Popularität gekostet. Noch zu seinen Lebzeiten war der Fürst von einem umstrittenen Politiker, dessen Entlassung bei manchen Erleichterung ausgelöst hatte, zu einer mythischen Figur geworden, zu einem Volkshelden und Nationalheiligen. Politisches oder privates Detail kam dagegen nicht auf. »Der Bismarck-Gedanke hat etwas Gewaltiges, Heroisches, er erinnert an Eisenfestes, Unbeugsames.«[117]

An dem großen Wettbewerb, der 1909 für ein Bismarck-Nationaldenkmal auf der Elisenhöhe bei Bingen ausgeschrieben wurde, nahmen Architekten jeder Couleur teil. Damalige und künftige Prominenz war vertreten, darunter Billing, der sich schon seit mehreren Jahren mit Kuppelbauten auf Bergeshöhen beschäftigte, Gropius, Mies van der Rohe, Poelzig, Riemerschmid, Friedrich von Thiersch. Den Ort soll Bismarck geschätzt haben. Daß er oberhalb des Rheins lag – »Deutschlands Strom, nicht Deutschlands Grenze« –, dazu noch auf dem westlichen (Frankreich näheren!) Ufer, schien ihn für ein Nationaldenkmal vorherzubestimmen. Vom Niederwald-

[111] Fritz Schumacher. Die Ausstellung der Darmstädter Künstlerkolonie. In: Dekorative Kunst (1901). Zit.: Christian Weller. Reform der Lebenswelt durch Kultur. In: Hartmut Frank (Hg.). Fritz Schumacher. Kat. Deichtorhallen Hamburg. Ostfildern, 1994. S. 58.

[112] Cornelius Gurlitt. Die deutsche Kunst des Neunzehnten Jahrhunderts. Ihre Ziele und Thaten. Berlin, 1900². Zit.: Werner Kallmorgen (Hg.). Cornelius Gurlitt. Zur Befreiung der Baukunst. Frankfurt, Berlin, 1968. S. 129.

[113] Karl Scheffler. Der Kampf um Bismarck. In: Kunst und Künstler 10 (1911–12) 7. S. 331.

[114] Hubert Schrade. Das Deutsche Nationaldenkmal. Idee, Geschichte, Aufgabe. München, 1934. S. 93.

[115] Karl Scheffler. Der Kampf um Bismarck. In: Kunst und Künstler 10 (1911–12) 7. S. 331.

[116] Nach Zählung von Jörg Bielefeld. www.bismarcktürme.de.

[117] Hermann Muthesius. In: Max Dessoir, Hermann Muthesius. Das Bismarck-Nationaldenkmal. Jena, 1912. S. 22.

Zyklopenstil **63**

für solche Aufgaben an Wertschätzung verlor. Der bronzene Reiter oder aufs Schwert gestützte Recke vom Sachsenwald trat hinter der Architektur zurück, das individualisierende Porträt hinter der kollektiven Anonymität. Zwar kam die Baukunst bei aufwendigeren Bauten nicht ohne Bauplastik aus, aber nun stand oder saß das steinerne Personal, die Wächter und Heldenahnen, wettergeschützt in Hallen und Sälen. Das Pathos dieser Anlagen blieb nicht ohne Kritik. Anläßlich des Binger Wettbewerbs erhob sich ein Streit nicht nur über die Vorzüge oder Nachteile von Figuren- und Architekturdenkmälern, sondern über den Sinn solcher Kolossalbauten überhaupt. Kritiker wie Alfred Lichtwark oder Walther Rathenau hatten durchaus Einwände gegen den »Pseudo-Teutonenstil« und beschrieben ihn als »eine Bauart von kraftloser Brutalität, behaftet mit dem Größenwahn der Dimensionen und der Sterilität des Empfindens«.[118]

Das Denkmal auf der Elisenhöhe wurde nicht mehr vor dem Ausbruch des Krieges begonnen. So blieb es auf dem Papier. Nach 1918 entstanden nur noch wenige Bismarck-Türme. Jetzt gab es andere Gründe, Denkmäler zu errichten: für die Toten des Krieges. Bei Wilhelm Kreis blieb das Thema aktuell. Während des Zweiten Weltkrigs, von 1941 bis 1944, entwarf er unter dem makabren Titel eines Generalbaurats für die Gestaltung der deutschen Kriegerfriedhöfe größere Denkmäler denn je, Totenburgen an den Grenzen eines gedachten nationalsozialistischen Europas (vgl. S. 204).

Carl Moritz. Entwurf für ein Bismarck-Nationaldenkmal auf der Elisenhöhe bei Bingen. 1910.

Franz Brantzky. Entwurf für ein Bismarck-Nationaldenkmal auf der Elisenhöhe bei Bingen. 1910.

[118] Walther Rathenau. Das Denkmal der Unreife. In: Alfred Lichtwark, Walther Rathenau. Der rheinische Bismarck. Berlin, 1912. S. 25 f.

denkmal bei Rüdesheim, einer dräuenden Germania, trennten es nur wenige Kilometer Luftlinie. Als der erste Preis, ein vergleichsweise bescheidener Pfeilerkranz mit Jung-Siegfried in der Mitte (von German Bestelmeyer und dem Bildhauer Hermann Hahn), nicht die Zustimmung der Öffentlichkeit und des Denkmal-Ausschusses fand, lief der Auftrag wieder auf Kreis zu. Der Vorgang löste eine erbitterte Polemik zwischen Befürwortern einer monumentalarchitektonischen Kunst und deren Gegnern aus.

Der zunehmenden Mythisierung des Reichsgründers entsprach, daß die porträtierende Großskulptur

Modernisierung der Städte

Die Baukunst der Zukunft wird Großstadtkunst sein, darin war sich der Kritiker Karl Scheffler ganz sicher. Ihr Schicksal werde mit der Entwicklung der großen Stadt zusammenfallen, sie werde bürgerlich und ein Produkt demokratischer Kultur sein.[119] Wie man bei Soziologen und Nationalökonomen nachlesen konnte, waren große Städte bereits jetzt weltwirtschaftlich geprägt. Sie sammelten und organisierten Kapital, steuerten den Export und Import der materiellen und immateriellen Produktion, stellten Verknüpfungen her. Von *global cities* war noch nicht die Rede. Aber die internationale Verknüpfung der Metropolen wurde bereits vor dem Ersten Weltkrieg als Tatsache angesehen.

Großstadtangst und -faszination

Die rapiden Wandlungen, denen die Städte ausgesetzt waren, die Umstrukturierungen und Wanderungsprozesse in ihrem Gefolge, lösten zusammen mit den nach wie vor bestehenden sozialen Problemen äußerste Verunsicherung aus. »Nun saugt die Riesenstadt das Land aus, unersättlich, immer neue Ströme von Menschen fordernd und verschlingend, bis sie inmitten einer kaum noch bevölkerten Wüste ermattet und stirbt«, verkündete Oswald Spengler in seiner vor dem Ersten Weltkrieg entstandenen Kulturmorphologie *Der Untergang des Abendlandes*. »Der Steinkoloß ›Weltstadt‹ steht am Ende des Lebenslaufes einer jeden großen Kultur.«[120]

Neben den Unglücksprophetien der Kulturkritik gab es auch gegenteilige Äußerungen. Die Stadt um die Jahrhundertwende übte durchaus auch Faszination aus – vor allem wenn ihre Beobachter sich sozial in der angenehmen Lage befanden, ihren Beobachtungen ungehindert von Existenzsorgen nachzugehen. Das Referat, das der Soziologe Georg Simmel 1903 in Dresden hielt, setzte mit Kritik an der buchhalterischen Unpersönlichkeit, Pünktlichkeit und Berechenbarkeit des großstädtischen Lebens ein und mündete dann doch in die kaum verborgene Bewunderung für die eng zusammengedrängten Nervenreize, die Mannigfaltigkeit des wirtschaftlichen Austauschs, die Vergrößerung des Gesichtskreises, die Sozialisierung der Leistungen, die Differenzierung, Verfeinerung und Bereicherung der Bedürfnisse, den Zugewinn an individueller Freiheit, die über alles Persönliche hinauswachsende Kultur.[121]

Mit Augen, die an den Großstadtschilderungen französischer Impressionisten geschult waren, sah der Architekt und Künstler August Endell *Die Schönheit der großen Stadt* (1908). Er erlebte sie als farbiges Märchen, gab sich der Vielstimmigkeit ihrer Geräusche hin, tauchte ein in die Dichte und Hast des Straßengetümmels. Vollends ging die Begeisterung mit dem Autor durch, wenn er sich den Lichtreizen der Stadt hingab, dem Sonnendunst, den Schleiern des Herbstnebels, der Vervielfältigung der Lichter und Signale in regennasser Nacht. Endell hoffte, »daß auf diesem sicheren Fundament des sehenden Genießens die Kraft umfassenden Gestaltens« erwachsen werde.[122]

Zur Zeit der Reichsgründung gab es in Deutschland acht Städte mit über 100 000 Einwohnern: Berlin, Hamburg, Breslau, Dresden, München, Köln, Königsberg, Leipzig – in dieser Reihenfolge. 1910 waren es bereits 48. München, Köln und Leipzig hatten sich auf die Positionen 3 bis 5 vorgearbeitet. Frankfurt am Main als Newcomer figurierte bereits unter den ersten acht. 1871 lebten 36 Prozent der deutschen Bevölkerung in Orten mit über 2000 Einwohnern, 1910 bereits sechzig Prozent.[123] Die kommunalen Aufgaben wuchsen ständig, und damit auch die Bürokratisierung der Gemeindeverwaltungen. Kulturpflege und Bildungswesen, Straßen- und S-Bahnen, Hygiene und Sport, Gärten und Parks, Ver- und Entsorgung fielen jetzt in ihre Zuständigkeit. Für Gas-, Wasser- und Stromversorgung, die anfangs überwiegend in privater Regie betrieben wurden, für Schlachthöfe, Krankenhäuser, Friedhöfe waren nun städtische Ämter verantwortlich. Eingeschränkt wurden die kommunalen Freiheiten durch staatliche Aufsicht.

Daß die Selbstverwaltung der Städte fest in den Händen des wohlhabenden Bürgertums lag, war durch das in den einzelnen Teilen des Reiches unterschiedlich formulierte Wahlrecht gesichert: es regelte

[119] Karl Scheffler. Die Architektur der Großstadt. Berlin, 1913. S. 3 ff.

[120] Oswald Spengler. Der Untergang des Abendlandes. 2.Bd. München, 1922. S. 120, 157.

[121] Georg Simmel. Die Großstädte und das Geistesleben. 1903. Zit.: Georg Simmel. Das Individuum und die Freiheit. Essais. Berlin, 1984. S. 192 ff.

[122] August Endell. Die Schönheit der großen Stadt. Stuttgart, 1908. Zit.: Klaus-Jürgen Sembach, Gottfried von Haeseler (Hg.). August Endell. Kat. Museum Villa Stuck. München, 1977. S. 120.

[123] Sigmund Schott. Die großstädtischen Agglomerationen des Deutschen Reiches 1871–1910. Breslau, 1910. – Brian Ladd. Urban Planning and Civic Order in Germany 1860–1914. Cambridge, Mass., London, 1990.

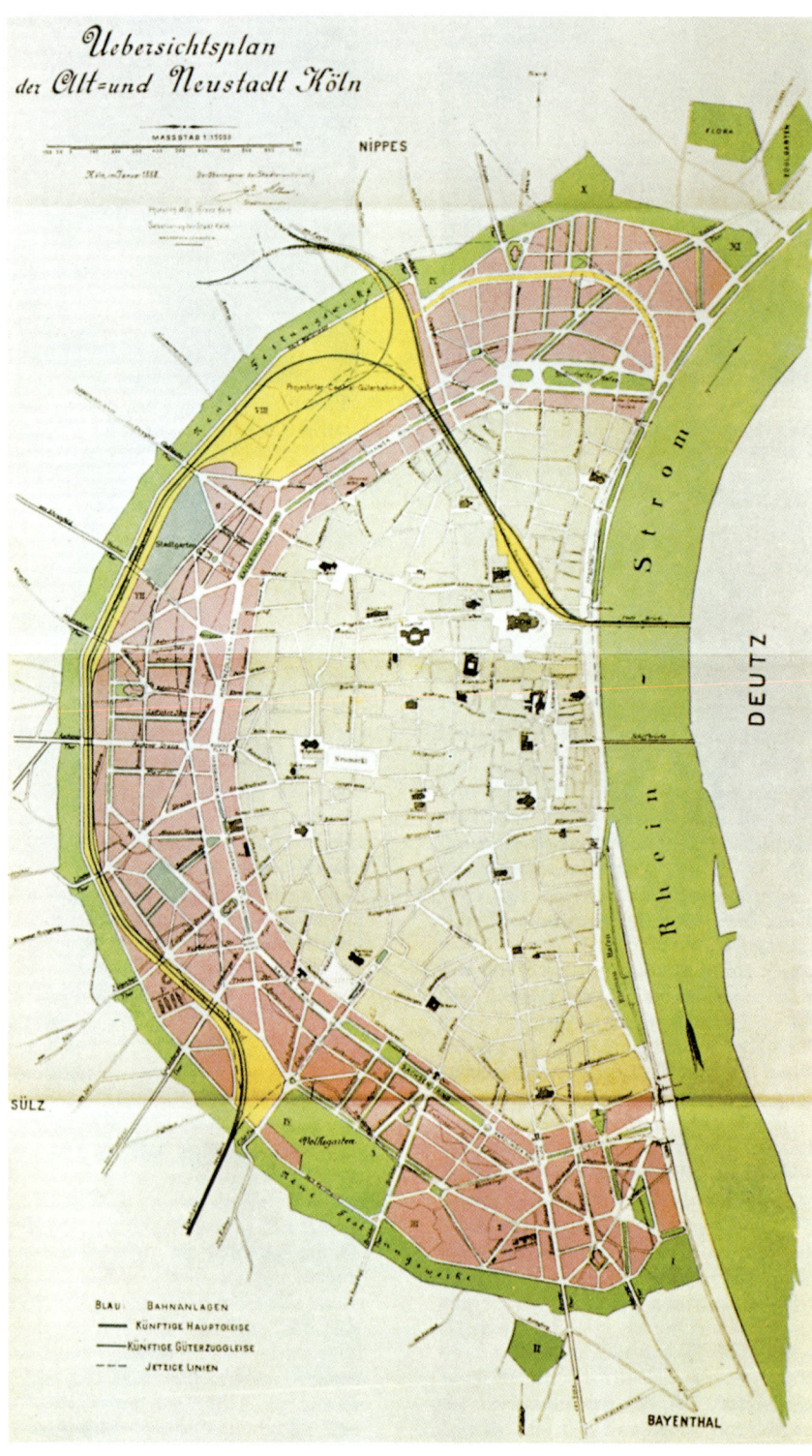

Hermann Joseph Stübben.
Alt- und Neustadt Köln. 1888,
Realisierung ab 1881. Rot:
Stadterweiterung Neustadt.

sich nach Vermögen und Steuerleistung. In Preußen herrschte bis 1918 das Dreiklassenwahlrecht. So konnte Krupp in Essen dank seines Steueraufkommens während einer Reihe von Jahren über ein Drittel der Essener Stadtversammlung verfügen. Nur wer finanzielle Leistungen für das Gemeinwesen aufbrachte, sollte politische Rechte ausüben. Für die politisch nicht repräsentierten Bevölkerungsteile, für die Habenichtse standen die Bevorrechteten gewissermaßen treuhänderisch ein. Soweit die Theorie.

Die räumlichen Veränderungen, denen vor allem die großen Städte unterworfen waren, ließen sich mit den bisherigen Planungsinstrumenten nicht mehr bewältigen. Stadtplanung mußte in Zukunft mehr heißen als Festlegung von Fluchtlinien. Zonen- oder Staffelbauordnungen, von denen die erste 1891 in Frankfurt am Main erlassen wurde,[124] bedeuteten Eingriffe in die freie Verfügbarkeit des privaten Grundbesitzes, oft genug allerdings auch Wertsteigerungen durch unverdiente Planungsgewinne. Dafür, daß die Interessen der Eigentümer gewahrt blieben, sorgte die Vertretung des Besitzbürgertums in den kommunalen Gremien. Sozial Sensibilisierten unter den Beteiligten war klar, daß die überfällige Verbesserung der Wohnverhältnisse von Unterschichten auch der besitzenden Klasse zugute kam, weil sie die Gefahr sozialen Unfriedens minderte. Versöhnung gesellschaftlicher Gegensätze war erklärte Politik, Besitzstandswahrung das verborgene Motiv. »Der an sich prachtvolle Menschenschlag des deutschen Industriearbeiters würde bald ... konservativ empfinden lernen, wenn er etwas zu konservieren hätte.«[125]

Städtebau nach künstlerischen Grundsätzen

Daß Stadtplanung nicht nur praktische Daseinsvorsorge zu leisten hatte, sondern auch künstlerischen Grundsätzen gehorchen sollte, war eine Überzeugung, die sich unter Stadtplanern zu verbreiten begann. Die städtebauliche Literatur der Epoche spiegelt die unterschiedlichen Einstellungen. Der Erstling der deutschsprachigen städtebaulichen Fachliteratur, Reinhard Baumeisters *Stadterweiterungen* von 1876, war das Fachbuch eines Ingenieurwissenschaftlers gewesen und hatte ein öffentliches Interesse an künstlerischem Städtebau verneint: »Denn was heißt Schönheit im vulgären Sinne? Sie heißt: das Bauen kostet mehr Geld.«[126] Hermann Joseph

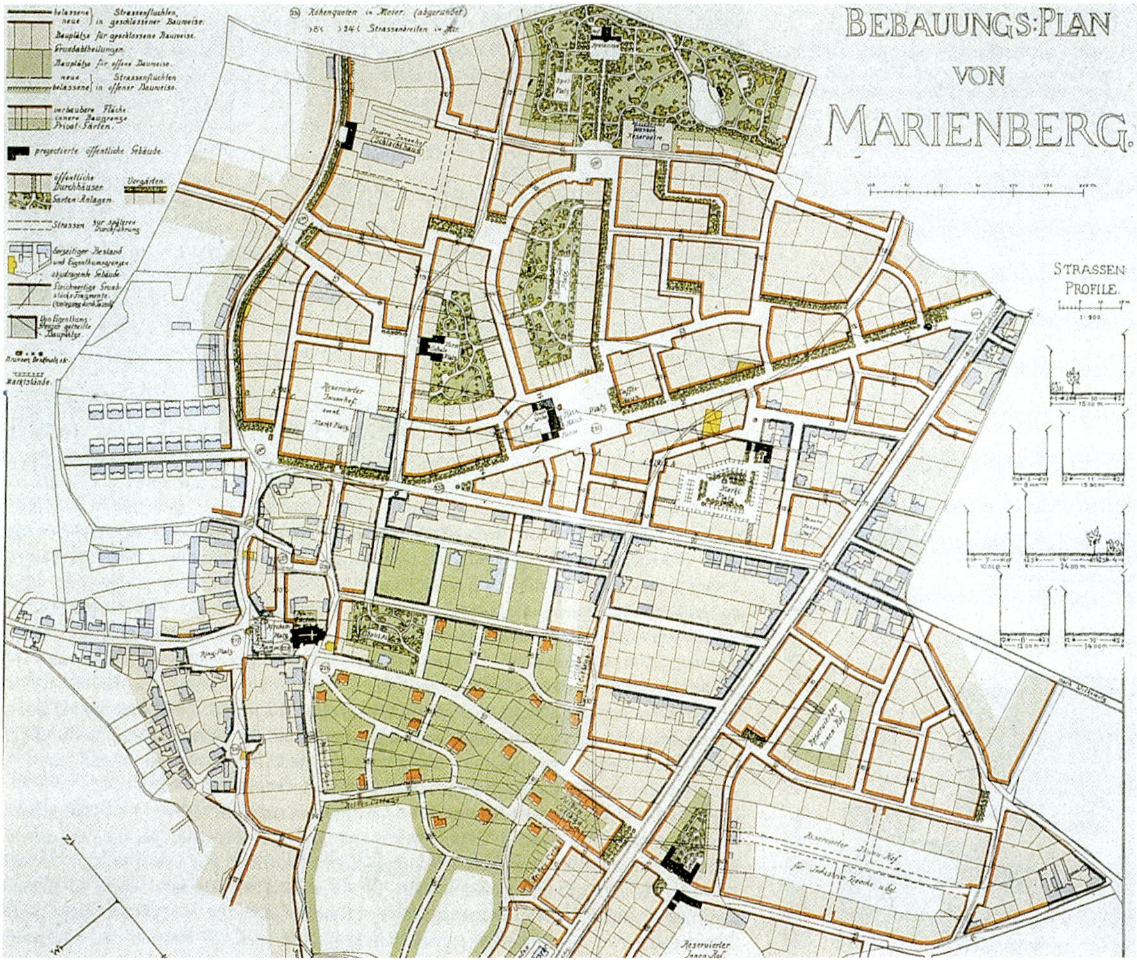

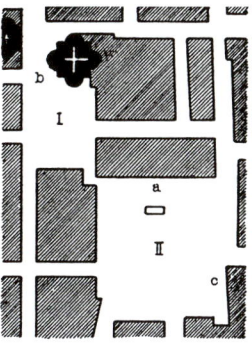

PARMA.
a Pal. del Comune.
b. Madonna della Steccata.
c. Pal. della Podesteria.
I. Piazza d. Steccata.
II. Piazza Grande.

Camillo Sitte. Plätze in Parma. In: Der Städte-Bau nach seinen künstlerischen Grundsätzen. Wien, 1889. Die Geschlossenheit der Plätze.

Camillo Sitte. Bebauungsplan für Marienberg bei Mährisch-Ostrau. 1903. Erweiterung um einen Altstadtkern. Plätze mit geschlossenen Wänden, versetzte Straßenführungen, T-förmige Einmündungen.

Stübben, Stadtbaumeister in Aachen, dann in Köln und schließlich Autor von Stadterweiterungsplänen für drei Dutzend Städte zwischen Helsinki und Neapel, veröffentlichte 1890 ein Handbuch *Der Städtebau*, das eine pragmatische Enzyklopädie der jungen Wissenschaft war. Noch 1924 wurde es neu aufgelegt. In seiner Sammlung von Regeln und Erfahrungen standen Gesichtspunkte der Zweckmäßigkeit, der Zirkulation vor allem, obenan. Stübben hielt den Bautechniker für den berufenen Leiter der Stadtplanung.

Dabei war Stübben ein Planer, der in seiner konkreten Arbeit einen formalisierten Städtebau der Achsen und Sternplätze, der Ring-Boulevards und der dekorierten Straßenmöblierung vertrat. Stübben sah sich als Glied in der Kette einer Tradition, die von der Antike über Renaissance und Barock bis zu Gottfried Semper reichte. Bei der Planung der Kölner Neustadt, für die Stübben über die Jahrhundertwende hinaus verantwortlich war, übertrug er den Glanz und den formalen Aplomb der Wiener Ringstraße auf die Domstadt, auch wenn Rationalität und nicht Repräsentation sein oberstes Ziel war. Für Stübben bedeutete die gerade Linie, bedeuteten Regel und Kompaß die Arbeitsmittel einer modernen Zivilisation.

Der Begriff »künstlerische Grundsätze« kam wörtlich im Titel jener Schrift vor, die im deutschen Sprachraum vor 1914 den allergrößten Einfluß ausübte, in Camillo Sittes *Der Städte-Bau nach seinen künstlerischen Grundsätzen* (1889). Der Wiener Planer wollte aus der Analyse alter Stadtbilder ästhetische Gesetzmäßigkeiten für die Gegenwart gewinnen. Sitte ist als ein Anwalt malerischer Planung rezipiert worden. Doch wie der Praktiker Stübben nicht nur Praktiker, sondern auch Ästhet war, so bezog umgekehrt der Künstler Sitte auch praktische Erwägungen ein. Seine Abneigung gegen gleichberechtigte Kreuzungen leitete er aus einer Analyse der Überschneidungs-

[124] Gerd Albers. Zur Entwicklung der Stadtplanung in Europa. Braunschweig, Wiesbaden, 1997. S. 37.

[125] Karl Scheffler. Die Architektur der Großstadt. Berlin, 1913. S. 24.

[126] Reinhard Baumeister. Stadterweiterungen in technischer, baupolizeilicher und wirtschaftlicher Beziehung. Berlin, 1876. S. 265.

Modernisierung der Städte

punkte von Verkehrslinien ab, sein Plädoyer für geschlossene Platzräume aus kleinklimatischen Untersuchungen.

Es war Sitte wohlbewußt, daß zwischen Zweckmäßigkeit und Ästhetik nur ein Kompromiß möglich war. »Überall tritt dem praktischen Künstler die Notwendigkeit entgegen, nur innerhalb der Grenzen des technisch Möglichen seine Ideen zu verkörpern.« Anders als viele seiner Leser war er sich im klaren, daß die pittoresken Reize alter Stadtbilder nur durch »erzwungene Ungezwungenheiten« und »beabsichtigte Unabsichtlichkeiten« erreicht werden könnten.[127] Statt dessen vertraute er auf die positive Wirkung eines Planungsprogramms, das so detailliert wie möglich Nutzungen, Gebäudearten, vorhandene Bauwerke, Vegetation, Bodenverhältnisse, Parzellenstruktur berücksichtigte und auf diese Art individuelle künstlerische Wirkungen ermöglichte. Mit Sitte kam der Kontext zu seinem Recht. Sozialpolitik und Bauspekulation interessierten ihn in diesem Buch nicht. Doch wollte er ein zweites schreiben, das diese Gesichtspunkte nachholen sollte.

Die unterschiedlichen Positionen, wie sie Stübben und Sitte vertraten, sind damals politisch in Anspruch genommen worden. Die geradlinige Geometrie Stübbens hatte einen Stammbaum, der auch Pariser, belgische oder italienische Beispiele umfaßte. Nicht zufällig hat man Stübben den »Haussmann de la périphérie« genannt.[128] Gegenüber solchem Kosmopolitentum beriefen sich Anhänger Sittes wie Karl Henrici auf den deutschen Charakter eines »Städtebaus nach künstlerischen Grundsätzen«: »Rechte echte deutsche Gedanken, deutsche Empfindung, deutsche Selbstlosigkeit, deutscher Gemein- und Familiensinn, deutsche Poesie, deutsche Sinnigkeit, deutsche Gemütlichkeit, deutsche Pietät und deutscher Humor sollten uns leiten bei dem Ausbau unserer Städte.«[129] Öfter kann man das nationale Eigenschaftswort in einem einzigen Satz nicht verwenden. Sitte wurde zu einem Anwalt des Natürlichen, Organischen, Gewachsenen, Mittelalterlichen gemacht, zum Protagonisten einer germanischen Planungskultur. Zu ihr zählten die Deutschen, außer sich selbst, die Angelsachsen und deren Gartenstadtkonzept.

Mit der Neubewertung des Klassizismus, die sich in der Architektur um 1910 niederschlug, veränderten sich auch die Positionen in der städtebaulichen Theorie. Im Streit zwischen der gekrümmten und der geraden Linie mehrten sich die Stimmen gegen einen neuen Schematismus, den man nun im malerischen Städtebau sah. Sitte, der sich durchaus auch auf Antike, Renaissance und Barock berufen hatte, wurde jetzt der Vorwurf eines romantischen Mittelalterkults gemacht. Er, der betont hatte, künstlerische Wirkungen hätten im Konfliktfall hinter den Notwendigkeiten von Verkehr und Hygiene zurückzustehen, wurde bezichtigt, historisch entstandene Situationen zu Rezepten umgemünzt zu haben.

Auch hier erwies sich die geheime Allianz zwischen Klassizismus und Moderne. Der Kunsthistoriker Albert Erich Brinckmann forderte in seinen Schriften *Platz und Monument* (1908) und *Deutsche Stadtbaukunst in der Vergangenheit* (1911), aus der Betrachtung der Vergangenheit keine Sammlung von Vorbildern herzuleiten, sondern nur die Grundlagen des architektonischen Denkens und sich derart gerüstet dem Neuen zuzuwenden. Das hätte zwar auch Sitte kaum anders formuliert. Aber nun lag es in der Luft, den Wiener Autor, der so gewinnend von erhabenen und anmutigen alten Stadtbildern schwärmte, zum Eklektizisten zu stempeln und der »unmännlichen, bedingungslosen Hingabe an das historische Vorbild« zu bezichtigen.[130] Brinckmanns Städtebau bevorzugte gerade Linie, rechten Winkel, geschlossene Straßenfront, einheitliche Blockfassade, Rhythmus und Regelmäßigkeit. Es war kein Zufall, daß Brinckmann vorübergehend im Karlsruhe Friedrich Ostendorfs lehrte.

Verglichen mit der Situation mancher ausländischer Städte ging es in Deutschland ordentlich und wohlorganisiert zu. Die deutschsprachige Städtebautheorie wie auch die kommunale Praxis fanden bei den bürgerlichen Kollegen jenseits der Grenzen Anklang. Zonierungsgesetze gab es im Reich, lange bevor man sich in New York (1916) oder Chicago dafür entschied. Manche Städte betrieben aktive Bodenvorratspolitik. Frankfurt am Main und Ulm besaßen mehr als die Hälfte des Landes innerhalb der Stadtgrenzen, Freiburg im Breisgau sogar drei Viertel.

Die Kommunen konnten daher die Bodenpreise beeinflussen, die Spekulation eindämmen, Planungen auf eigenen Grundstücken realisieren und Profit aus dem Weiterverkauf des Landes ziehen. Ulm experimentierte mit Formen des Erbbaurechts. Als Festungsstädte wie Köln, Magdeburg oder Straßburg

---

[127] Camillo Sitte. Der Städte-Bau nach seinen künstlerischen Grundsätzen. Wien, 1889. Zit.: 1901⁵. S. 118 f.

[128] Guy Ballangé. Joseph Stübben (1845–1936). Héritier ou fondateur? In: Jean Déthier, Alain Guiheux (Hg.). La ville, art et architecture en Europe, 1870–1993. Kat. Centre Georges Pompidou. Paris, 1994. S. 135.

[129] Karl Henrici. Beiträge zur praktischen Ästhetik im Städtebau. München, o. J. (1904). S. 1.

[130] A. E. Brinckmann. Deutsche Stadtbaukunst in der Vergangenheit. Frankfurt am Main, 1911. S. 1.

entfestet wurden, nutzten sie die Gelegenheit, Terrain aufzukaufen. Das Lob im Ausland, vor allem in den USA, ging so weit, daß der amerikanische Autor William T. Stead in seinem Reformmanifest *If Christ came to Chicago* seinen Lesern eine Stadt ausmalte, die alle ihre Probleme gelöst hatte und zum Mayor's Day als sachverständigen Gutachter ausgerechnet den Deutschen Kaiser einlud![131]

Zwischen Pathos und Pragmatismus

Eine mittlere Position zwischen Stübben-Schule und Sitte-Schule nahm die Münchner Planung unter Theodor Fischer ein. Fischer leitete von 1893 bis zu seiner vorübergehenden Übersiedlung nach Stuttgart 1901 das Stadterweiterungsbüro. Er erarbeitete einen Baulinienplan für das noch unbebaute Gebiet, einen Generalbebauungsplan auf der Grundlage eines Konzepts von Karl Henrici, einen Staffelbauplan, der mit Höhe und Dichte den Stadtkörper formte, dazu eine Unmenge von Planungen für einzelne Ortslagen. Der fleißige Fischer ging pragmatisch, intuitiv und flexibel vor. Trotz seiner Sympathien für das Neue, das zu dieser Zeit vom Münchner Jugendstil repräsentiert wurde, hielt er sich offen für die Lehren der Vergangenheit.

Im Städtebau bedeutete diese Haltung Rücksichtnahme auf territoriale Gegebenheiten, alte Wegverbindungen und Flurstücke. Sie stellten für Fischer das im Stadtplan bewahrte Gedächtnis der Stadt dar: »Was erzählt ein alter Feldweg, was erzählt der Verlauf der Grundstücks- und Gemarkungsgrenzen?«[132] Sie zu respektieren, ersparte außerdem Ärger mit den Grundbesitzern. Im Ergebnis konnte ein solches elastisches Verfahren zu pittoresken Straßenbildern wie bei den Sitte-Schülern führen. Aber die Motive dahinter waren in erster Linie durch praktische Vernunft bestimmt.

Fischers Haltung als Städtebauer bestimmte auch seine Architektur. Seine Schulgebäude in München, das Hessische Landesmuseum in Kassel, das Stadttheater in Heilbronn oder die Universität in Jena, alle vor dem Ersten Weltkrieg entstanden, greifen lokale Szenerien auf, Giebel, Erker, Türme oder Dachlandschaften, die sich in der Umgebung oder der Ortshistorie finden. Solche Erinnerungen führte Fischer bis zu jenem Punkt weiter, wo sie schon originale Form bilden, aber noch die Spuren ihrer Herkunft zeigen.

Theodor Fischer. Stadttheater Heilbronn. Vorentwurf. 1909.

Zugleich arbeitete er städtebauliche Situationen auch am Einzelbauwerk heraus. Er betonte Ecken, schloß Perspektiven ab, setzte Höhepunkte. Das erlaubt vertraute Anmutung und bürgerliche Romantik, aber auch frischen Zugriff. Wo Fischer zugleich die Quartiersplanung machte – so mehrfach in München –, wirkten Architektur und Stadtbau zusammen.

Die Diskussionen um den Städtebau in Deutschland kulminierten in zwei Ereignissen, die in Berlin stattfanden und miteinander verknüpft waren. Die beiden Berufsverbände Vereinigung Berliner Architekten und Architekten-Verein zu Berlin hatten 1905–09 einen *Wettbewerb um einen Grundplan für die Bebauung von Groß-Berlin* auf den Weg gebracht, der den Bebauungsplan von James Hobrecht aus den Jahren 1858–62 revidieren sollte. Ziel war es, die räumliche Verteilung der Bewohnerschaft zu steuern, ein effizientes Verkehrsnetz zu schaffen, Grünzonen zu bilden und vorhandenen Waldbestand zu erhalten. Mit der verlangten Trennung der Wohngebiete von den gewerblichen und industriellen Zonen kündigte sich jene Forderung nach Funktionstrennung an, die in der Stadtbautheorie der Moderne zur beherrschenden Lehre wurde. Die Wachstumserwartungen waren unrealistisch hoch. Man rechnete mit zehn Millionen Einwohnern.

Die Pläne wurden 1910 auf der Allgemeinen Städtebau-Ausstellung Berlin ausgestellt.[133] Von einem der beiden ersten Sieger, Hermann Jansen, und von den Wettbewerbsdritten Eberstadt, Möhring und Petersen machte vor allem die Grünplanung Eindruck. Wald- und Wiesengürtel legten sich um die ganze Stadt. Grünkeile führten in die Mitte und soll-

---

[131] Brian Ladd. Urban Planning and Civic Order in Germany 1860–1914. Cambridge, Mass., London, 1990. S. 7.

[132] Theodor Fischer. Sechs Vorträge über Stadtbaukunst. München, 1920. S. 52.

[133] Preisträger waren Hermann Jansen sowie Joseph Brix, Felix Genzmer und Hochbahngesellschaft (zwei erste Preise), 3. Rudolf Eberstadt, Bruno Möhring und Richard Petersen, 4. Havestadt & Contag, Bruno Schmitz und Otto Blum. Die Ausstellung organisierte Werner Hegemann.

Ausschreibungsunterlage für den Wettbewerb Groß-Berlin. 1907.

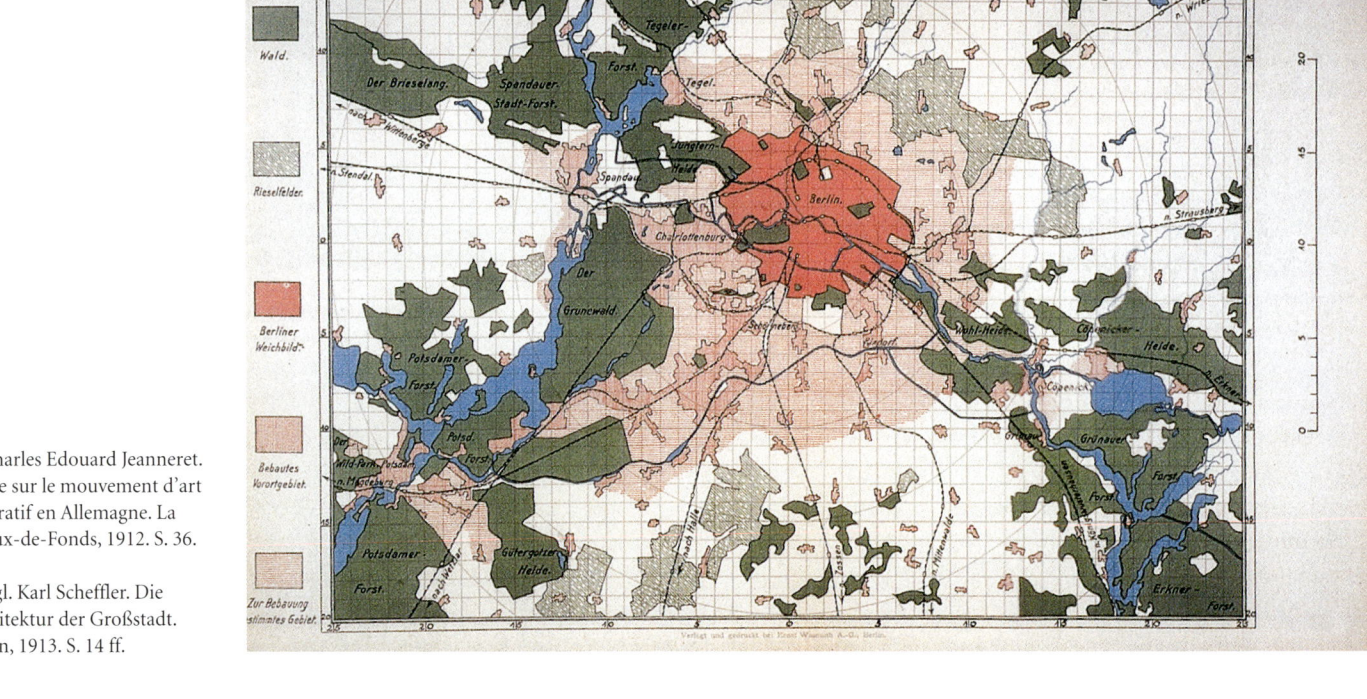

[134] Charles Edouard Jeanneret. Étude sur le mouvement d'art décoratif en Allemagne. La Chaux-de-Fonds, 1912. S. 36.

[135] Vgl. Karl Scheffler. Die Architektur der Großstadt. Berlin, 1913. S. 14 ff.

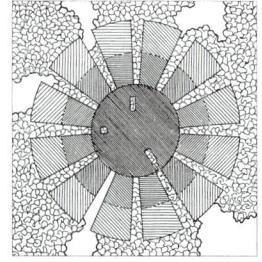

Rudolf Eberstadt, Bruno Möhring und Richard Petersen. Wettbewerb Groß-Berlin. 1909–10. Keilförmige Anordnung der Grünflächen.

ten für Lüftung und Erholung sorgen. Der Beitrag, der die Phantasie der Berliner am meisten stimulierte, war der vierte Preis (Motto: »Wo ein Wille, da ein Weg«): Bruno Schmitz hatte zwei fulminant gezeichnete Vogelperspektiven eingereicht. Platzforen, von Kuppelbauten bekrönt und mit zahlreichen San Marco Campanili, Big Ben Towers, Singer Buildings markiert, verwandelten den westlichen Saum der Innenstadt in eine triumphale Folge monumentaler Stadträume. In ihrer Art war eine solche Planung nicht weniger bombastisch als später Hitlers Welthauptstadt-Träume, auch wenn Schmitz an bürgerschaftliche Monumente dachte, an ein Kulturforum, an ein »Forum der Arbeit«. »Berlin will nicht nur praktisch, hygienisch und angenehm sein, sondern auch schön«, resümierte ein junger Besucher, der sich später Le Corbusier nannte, seine Eindrücke von der Ausstellung.[134]

Die Ergebnisse dieser Konkurrenz wurden nicht in die Realität umgesetzt. Dazu fehlte es an einer politisch legitimierten Instanz, die Planungswillen hätte organisieren können. Wohl aber gingen Gedanken des Wettbewerbs in den Ideenfundus ein, aus dem sich die nächsten Jahrzehnte der Berliner Planungsgeschichte speisten. So kehrte der Vorschlag einer unterirdischen nord-südlichen Eisenbahn- und Straßenverbindung zwischen Lehrter beziehungsweise Hamburger Bahnhof und einem neu anzulegenden Bahnhof südlich des Landwehrkanals, den mehrere Preisträger vorgeschlagen hatten, in den zwanziger Jahren und im Dritten Reich wieder. Erst im neuen Jahrtausend wurde die Nord-Süd-Verbindung realisiert.

Vor allem hatte der Wettbewerb die Notwendigkeit eines einheitlichen Planungsgebiets erwiesen. Seine Vorschläge betrafen eine Fläche von nicht weniger als 2000 Quadratkilometern und reichten damit weit über die damaligen Grenzen der Stadt Berlin hinaus. Zu der lange überfälligen Konsequenz kam es vor dem Ersten Weltkrieg nicht mehr. Erst 1920 wurden die Gemeinden des Umlands zu einer Verwaltungseinheit zusammengefaßt. Unter Beifall auf der linken und Unmut auf der rechten Seite nahm die preußische Landesversammlung ein Gesetz an, mit dem das Stadtgebiet um das Dreizehnfache vergrößert wurde. Aus neun benachbarten Städten,

59 Dörfern und 27 Gutsbezirken entstand die Einheitsgemeinde Groß-Berlin mit 3,8 Millionen Einwohnern. Eingemeindungen gab es in allen deutschen Städten. Aber dies war ein Sprung in eine bis dahin ungekannte Größenordnung.

Monumentale Arbeitscity

Kernstädte entvölkerten sich bereits im 19. Jahrhundert. Den Mechanismus hat Friedrich Engels schon 1872 in seiner Schrift *Zur Wohnungsfrage* beschrieben: Nachfrage nach Innenstadtlagen, Wertsteigerung von Grund und Boden, Verdrängung unrentabler Nutzungen, vor allem der Wohnungen, zugunsten rentabler Geschäftsbauten. Vorstellungen von der künftigen Stadt, wie sie in der zeitgenössischen Publizistik geäußert wurden, paraphrasierten nur, was ohnehin geschah: Konzentration und Hochbau im Zentrum. In der »monumentalen Arbeitscity« (Karl Scheffler) gibt es Wohnungen nur noch für die wenigen, deren Tätigkeit ständige Anwesenheit an Ort und Stelle erfordert. Um die Kernstadt legen sich die Stadtteile mit Mietshäusern für die vielen. Im weiteren Umkreis entstehen Vororte, durch Schnellverkehr mit der City verbunden.[135]

Wo in der alten Stadt alles zusammen lag, differenzieren sich jetzt Teilsysteme aus. Die Kernstadt stößt ab, was mit ihrem Maßstab nicht mehr vereinbar ist. Die Industrie wandert nach draußen, wo die Bodenpreise noch niedrig sind, und ordnet sich eigene Wohnstädte zu. Außer der industriellen Produktion ziehen die raumgreifenden Betriebe des Handels aus, die Einrichtungen der Lagerhaltung, der Distribution, die Schlachthöfe, Güterbahnhöfe. Bevölkerungsteile, deren Nähe zur Innenstadt nicht mehr wünschenswert ist, erhalten eigene Quartiere zugewiesen: das Militär Kasernen, die Kranken Großkliniken, die Kriminellen Verwahranstalten, Gefängnisse und Zuchthäuser.

In Berlin als der fortgeschrittensten deutschen Großstadt waren solche Randwanderungen in vollem Gange. Die Allgemeine Electricitäts-Gesellschaft (AEG) war noch in den an die Innenstadt angrenzenden Ring gezogen, nach Moabit und in den Wedding.

Havestadt und Contag mit Bruno Schmitz und Otto Blum. Wettbewerb Groß-Berlin. 1909–10. Berlin zwischen Leipziger und Potsdamer Platz links und neuem Südbahnhof rechts.

Die Stadt Berlin nach dem Eingemeindungsgesetz von 1920.

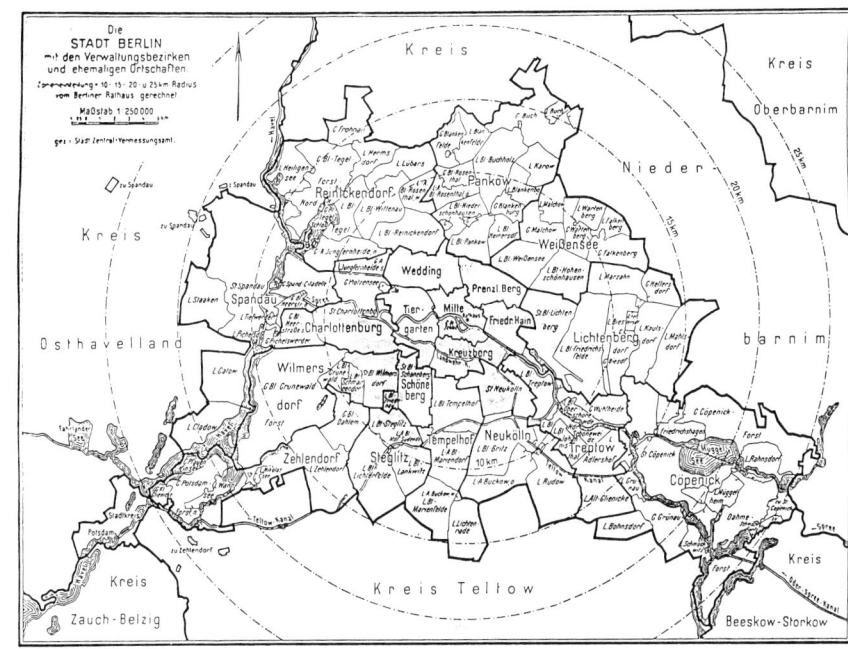

Modernisierung der Städte

Alfred Messel. Kaufhaus Wertheim an Leipziger Straße und Leipziger Platz. Berlin, ab 1896. Kopfbau am Leipziger Platz 1904–06.

Joseph Maria Olbrich. Warenhaus Tietz (heute Kaufhof). Düsseldorf, 1906–09.

[136] Max Osborn. Berlins Aufstieg zur Weltstadt. Berlin, 1929. Neu: Berlin 1870–1929. Der Aufstieg zur Weltstadt. Berlin, 1994. S. 149.

[137] Alfred Wiener. Das Warenhaus. Berlin, 1912. S. 1.

[138] Karl Scheffler. Die Architektur der Großstadt. Berlin, 1913. S. 130.

[139] Karl Ernst Osthaus. Das Schaufenster. In: Jahrbuch des Deutschen Werkbundes 1913. Jena, 1913. S. 62.

[140] Max Creutz. Einführung. In: Joseph Maria Olbrich. Das Warenhaus Tietz in Düsseldorf. Berlin, 1909.

[141] Richard Klapheck. Die Stadt Cöln a. Rh. in ihrer neuen baulichen Entwickelung. In: Moderne Bauformen 13 (1914) 6. S. 251.

[142] Karl Scheffler. Die Architektur der Großstadt. Berlin, 1913. S. 15.

Aber Siemens, Borsig, die Munitionsfabriken oder die Nationale Automobil Gesellschaft siedelten sich weiter draußen an, in Charlottenburg-Nord, Tegel, Spandau oder Oberschöneweide. In Dahlem begann eine Forschungsstadt heranzuwachsen. Es entstand eine »riesige Peripheriestadt« (Max Osborn).[136]

Die großen Städte wurden nicht nur durch zentrifugale Kräfte gesprengt, durch die Verlagerung von Arbeitsstätten und Wohnquartieren nach draußen, sondern auch durch Veränderungen in der »monumentalen Arbeitscity« selbst. In vorindustriellen Zeiten waren die Größenordnungen, zu denen die Bauwerke nun anwuchsen, allenfalls von großen Schloß- und Klosteranlagen erreicht worden, aber nicht von innerstädtisch-bürgerlichen Bauten. Jetzt drängten Institutionen in die Kernstädte, die Fronten von mehreren hundert Metern Länge verlangten. Scheffler und andere Zeitgenossen sahen in dieser Uniformierung ein demokratisches Element, eine Abkehr von der Selbstsucht und dem Schmuckbedürfnis des einzelnen privaten Bauherrn. Groß wurde alles, die privaten Unternehmensverwaltungen, die Behörden der Kommunen, der Bundesländer und des Reiches, die Gerichte und andere Justizbehörden und nicht zuletzt die neuen Kaufhäuser. »Sie nehmen im neuzeitlichen Stadtbild eine so große Bedeutung ein, wie sie in früheren Zeiten vielleicht nur Kirchen und Paläste besessen haben.«[137]

Die gewaltigen Verkaufsmaschinen der Waren- und Kaufhäuser trugen einen anderen Maßstab in die Großstadt und zerstörten deren bisherige feinmaschige Struktur. Wertheim in Berlin, in der Leipziger Straße, am Leipziger Platz und an der Voßstraße (im Bau seit 1896), kam auf einen halben Kilometer Frontlänge. Der Architekt dieses Komplexes, Alfred Messel, suchte die neuen Dimensionen mit den Regeln der Baukunst zu versöhnen. Starke Granitpfeiler, Rippen, Maßwerk und feine Füllungen aus messinggerahmtem Glas erinnerten an Spätgotik, an den Perpendicular Style. Der Erweiterungsbau am Oktogon des Leipziger Platzes (1904–06), vor allem der von Arkaden gesäumte und einem Mansarddach bekrönte Kopfbau, gab sich Mühe, die Addition der Achsen wieder ans Bild eines großen kommunalen Gebäudes zu binden, einer flandrischen Tuchhalle zum Beispiel.

Solche merkantilen Inszenierungen, die von Schefflers »edler Uniformität«[138] zumeist weit entfernt waren, brachen das alte Nutzungsmuster der Stadt. Von Kathedralen des Kommerzes hatte schon Emil Zola gesprochen, vom »Mysterium der Vermählung des Käufers mit der Ware« sprach Karl Ernst Osthaus im *Jahrbuch des Deutschen Werkbundes*.[139] Mit den Kaufräuschen, die Wertheim, Tietz, Althoff und andere entfesselten, konnte der kleine Kurzwaren- und Textilhändler nie und nimmer mithalten. Weder die geringen Gewinnspannen und niedrigen Preise bei hohen Umsätzen, noch das Beharren auf Barzahlung, den Ausschluß des Zwischenhandels, die Sonderangebote und Schlußverkäufe, die Kulanz bei Umtausch und Rücknahme konnte er sich leisten. Attraktiv waren diese Tempel Merkurs nicht zuletzt, weil sie die Besichtigung aller Angebote ohne Kaufzwang zuließen. Die hellen weiträumigen Verkaufsetagen des Kaufhauses boten ein Stück halböffentlichen Stadtraums. Die Güter dieser Welt präsentierten sich jeweils unter einem einzigen Dach. Kaufhäuser waren Weltausstellungen im kleinen.

Messel hatte einen Typus geschaffen. Mit ihm konnte man die Illusion aufrechterhalten, der Einbruch des Massenzeitalters ins Gefüge der Großstadt ließe sich ästhetisch beschwichtigen. Stahlbeton- oder Stahlkonstruktionen erlaubten die Auflösung der Fassaden in haushohe Schaufenster. In der Schrägansicht, aus der sie der Straßenpassant wahrnahm, schlossen sich die vertikalen Stäbe der Gebäudefronten jedoch zu undurchdringlichen Flächen zusammen. Die große Tiefe der Grundstücke bedingte die Einfügung von Lichthöfen, die überdacht und zu hohen, festlichen Sälen verwandelt wurden. Filigrane Lichtdecken erweckten den Eindruck, unter offenem Himmel zu wandeln. Das Stilkleid blieb demgegenüber zweitrangig. Wenn Messel bei Wertheim gotisierte, so barockisierten andere Architekten, verwendeten Jugendstildekor oder entwickelten Rasterfassaden, die sogar an die Schule von Chicago erinnerten.

Die Warenhauskonzerne waren aus Kramläden in der Provinz hervorgegangen. Tietz kam aus Gera und Weimar, Wertheim aus Stralsund und Rostock, die Brüder Schocken aus Zwickau und Ölsnitz im Erzgebirge. Auch außerhalb Berlins veränderten die Einkaufscities ihre Struktur, mit besonderer Intensität an Rhein und Ruhr. Der prächtigste Warenpalast, ein Flaggschiff des Tietz-Konzerns, steht in Düsseldorf (heute Kaufhof, 1906–09). Es war der Schwanengesang Joseph Maria Olbrichs. Den zentralen Lichthof, der mit farbigem Marmor aus Siena und Skyros verkleidet war, nannte er seinen Dom. »Man kann sich kaum daran gewöhnen, daß diese herrlichen Hallen zu prosaischen Verkaufszwecken benutzt werden sollen.«[140] Wilhelm Kreis, »der berufenste deutsche Monumentalgestalter«[141], baute zwar nicht so viele Warenhäuser wie Bismarck-Türme. Auf acht Stück kam er bis zum Ausbruch des Krieges aber doch.

Neben den Verwaltungsgebäuden und Kaufhäusern wäre »nichts zu dulden, als das bedeutende, schöne Alte, ein Freilichtmuseum der Stadthistorie, und die der ganzen Großstadtbevölkerung wesentlichen repräsentativen Gebäude und Anstalten, wie die großen Museen und Theater, die Hauptkirchen und die symbolischen Gebäude anderer Art«.[142] Zu den Kulturbauten neuer Dimension gehörten neben den Hochschulen, Bibliotheken und Theatern (vgl. S. 35 ff.) die Museen. Preußen ging mit dem Ausbau der Berliner Museumsinsel voran. Sie verhalf der Hauptstadt zu einem Kulturquartier vom Ausmaß der Wiener Museen oder des Pariser Louvre. Auf Ernst von Ihnes barockisierendes Kaiser-Friedrich-Museum (heute Bode-Museum, 1898–1904) folgte das Pergamon-Museum (1907–30), von Messel entworfen und nach seinem Tod von seinem Freund Ludwig Hoffmann konventioneller vollendet. Der starke, aber auch frostige Bau empfängt mit drei Tempelfronten, zwei gewaltigen an den Kopfbauten und einer kleineren als Portikus in der Tiefe des Ehrenhofs. Beide Museen orientieren sich nach außen, auf divergierende Zugangsachsen hin, nicht, wie denkbar

Wilhelm Cremer, Richard Wolffenstein. Kaufhaus Hermann Tietz am Alexanderplatz. Berlin, 1910–11. Lichthof im Erweiterungsbau.

Alfred Messel, Ludwig Hoffmann. Pergamon-Museum. Berlin, 1907–30.

Gabriel von Seidl, Emanuel von Seidl. Bayerisches Nationalmuseum. München, 1893–1900, 1903–07.

Hermann Billing. Kunsthalle. Mannheim, 1905–07.

74   1900 bis 1918

gewesen wäre, auf den gemeinsamen inneren Freiraum dieses Kunstforums.

In Bayern entstanden gleich zwei Nationalmuseen. Das Germanische Nationalmuseum in Nürnberg bestand schon vor der Reichsgründung 1871 und wuchs um einen historischen Baukomplex, ein Karthäuserkloster, in immer neuen Wachstumsringen. Das Haus an der Münchner Prinzregentenstraße firmierte als *Bayerisches* Nationalmuseum (1893–1900), womit sich das Königreich implizite zur Nation erklärte. Sein Architekt Gabriel von Seidl nutzte seine stupenden Stilkenntnisse, um die weitläufig-romantische Anlage als einen historischen Parcours von der Romanik am Ostflügel bis zum Rokoko am westlichen Kopfbau einzurichten. Überraschenderweise entsprechen sich Innendekoration und Außenfassaden nicht. Es wurde wohl nicht erwartet, daß ein Besucher seinen Kopf aus dem Fenster stecken würde. Nach Gabriel von Seidls Tod übernahm sein Bruder Emanuel 1903–07 Ergänzungen und Erweiterungen.

Die didaktische Collage in München wurde im selben Jahr fertiggestellt wie der ungewöhnlichste Museumsbau der Epoche, die Mannheimer Kunsthalle (1905–07) des Karlsruher Künstlerarchitekten Hermann Billing. Deren Originalität liegt nicht im Grundriß, einer herkömmlichen zweiflügeligen Anlage mit einer repräsentativen Treppenhalle in der Mitte, sondern in dem plastisch durchgekneteten Volumen. Seiten- und Mittelpavillons drängen aus dem Korpus hervor. Dagegen wird die Eingangspartie wie von einer äußeren Kraft konkav zurückgepreßt. Gestauchte Details wissen vor Kraft nicht, wohin. Auf der Treppenhauskuppel sitzt ein weich gemuldeter Hut.

Kraftakte in Stahl und Beton

Eine weitere Gebäudeart, die den Maßstab der alten Städte sprengte, schnitt tief in die Stadtorganismen ein: die Bahnhöfe mit ihrem enormen Flächenverbrauch und ihren stadtzugewandten Empfangsgebäuden. Siebzig Jahre nach der Einführung der Eisenbahn vollzogen sie noch einmal einen Größensprung. Besonders die Kopfstationen, die für ihre Rangiermanöver eine größere Zahl an Gleisen erforderten als die Durchgangsbahnhöfe, gaben Anlaß zu breiten Fronten. Leipzig konnte sich des größten europäischen Kopfbahnhofs (1906–15) rühmen. Die organisatorische Aufteilung in Servicebereiche für die Sächsische und für die Preußische Staatsbahn führte zu einer Zweigliedrigkeit des Bauwerks, ähnlich wie beim Stuttgarter Hauptbahnhof (1911–28), wo die Architekten Paul Bonatz und Friedrich Eugen Scholer Fern- und Nahverkehr gleichfalls mit je einer Eingangshalle versahen.

In Leipzig entwarfen William Lossow und Max Hans Kühne eine noch klassisch inspirierte Elbsandsteinfront mit 298 laufenden Metern an Pfeilern und Halbsäulen. Trotz aller Strenge wechselt das Fassadensystem mehrmals. Dahinter verteilt der imposante Querbahnsteig mit einem durchlichteten Betongewölbe den Strom der Reisenden. Die Betonkassetten in Empfangshallen und Querhalle erinnern an römi-

William Lossow, Max Hans Kühne. Hauptbahnhof. Leipzig, 1906–15.

Paul Bonatz, Friedrich Eugen Scholer. Hauptbahnhof. Stuttgart, 1911–28.

sche Thermen (vgl. S. 511). Daß der Bau ein repräsentatives Architekturdenkmal der Messestadt werden sollte, stand ausdrücklich in den Wettbewerbsbedingungen. Auch Stuttgart erreichte hier Dimensionen, die in der Stadt ungewöhnlich und bisher dem Schloß vorbehalten waren: 194 Meter die Hauptfassade, 352 Meter die Ostfassade. Die Architekten gaben ihnen einen unschwäbisch heroischen Charakter: lange gerade Abschlüsse, simple Massen, zyklopisch, brutal und grandios, aber auch malerisch in den Überschneidungen der asymmetrischen Teile (vgl. S. 60).

Für die großen Festhallen, mit denen die Städte sich jetzt schmückten, fanden sich in der Regel Bauplätze außerhalb der Zentren, auf Messegelände wie in Frankfurt am Main und Breslau oder in parkartiger Stadtrandlage wie in Hannover (1911–14). Der Mut, den Bonatz am Neckar aufgebracht hatte, verließ ihn an der Leine. Dort wölbt sich eine pantheonartige Rotunde hinter einer Fassade mit halbklassischem Portikus. Aber Frankfurt (1907–09) und Breslau (1911–13) waren ganz und gar ungewöhnliche Würfe. In Frankfurt entschloß sich der Münchner Architekturprofessor Friedrich von Thiersch, die Stahlkonstruktion seiner Baufirmen, die hinter der barockisierenden Sandsteinfassade steckt, innen unverkleidet zu zeigen. Zwanzig Bogenbinder steigen zum Sprengring der Kuppel empor, auf dem eine Glashaube sitzt. Der Grundriß ist jedoch längsrechteckig, an beiden Längsseiten drückt sich der Kuppelraum durch.

Die Frankfurter Festhalle verklärt den Stahl, die Breslauer Jahrhunderthalle den Stahlbeton. Entworfen von dem Breslauer Stadtbaurat Max Berg und konstruiert von Ingenieur M. Trauer, wurde sie zu einem Horazschen *monumentum aere perennius*, zu einem Denkmal dauerhafter als Erz. Das mag mit ihrer Anfangsbestimmung zusammenhängen. In der Tat war sie als Denkmal errichtet worden, zum hundertsten Jahrestag des Befreiungskrieges gegen Napoleon. Eröffnet wurde sie mit einem Festspiel, das der schlesische Hausdichter Gerhart Hauptmann in Knittelversen reimte und der Berliner Regiestar Max Reinhardt inszenierte.

Die Körperhaftigkeit des Tragwerks ergab sich aus den statischen Notwendigkeiten. Die mächtigen Hauptbögen des Unterbaus stehen auf kreisförmigem Grundriß und verlaufen daher räumlich gekrümmt. Zu den Widerlagern hin gewinnen sie an Stärke und

Heinrich Küster. Markthalle. Breslau, 1904–08.

Hans Poelzig. Kolonnade an der Jahrhunderthalle. Breslau, 1913.

damit auch an zusätzlicher plastischer Wirkung. Die Bögen der vier Apsiden nehmen die seitlichen Kräfte auf. Über diesem Unterbau steigen 32 Rippen zu einem oberen Druckring empor, auf dem auch wieder eine kleine krönende Kuppel sitzt. Das Material zeigt Berg in ungeschönter Offenheit als rauhen Sichtbeton. Von außen ist der Eindruck abgeschwächt, weil sich Berg für senkrechte Seitenlichtbänder, horizontale Ringdecken und damit für eine terrassenartige Staffelung des Baukörpers entschied. Daher ist der Kräftefluß von außen her nicht zu ahnen.

Ist es ein Zufall, daß Berg die Halle in einer Stadt errichtete, in der er bei seiner Berufung bereits zwei bedeutende Stahlbetonhallen vorfand? Die Stadt Breslau hatte 1904–08 zwei Markthallen gebaut, von denen eine überdauert hat. Zunächst war Stahl vorgesehen, dann ergab sich, daß die Ausführung in Beton um ein Viertel billiger kam. Die Umplanung zu einer dreischiffigen Basilika geht auf den städtischen Bauinspektor Heinrich Küster zurück. Zum ersten Mal in Deutschland wurden hier parabolische Bogenbinder eingesetzt, in einer wunderbar luftigen Konstruktion.

Die Jahrhunderthalle freilich erzielte eindrucksvollere Rekorde. Bei 67 Metern Durchmesser übertraf sie die größte Massivkuppel der Welt, das Pantheon in Rom, um die halbe Spannweite.

Flankiert ist der gewaltige Zentralbau von einer Kolonnade, die der andere bedeutende Architekt in Breslau, Hans Poelzig, entwarf, und einem Ausstellungsgebäude mit vier Kuppelsälen, gleichfalls von Poelzig. Bei der Kolonnade verwendete der Meister gedrungene Säulen mit stark vereinfachten Basen und Kapitellen. Sie wurden in Beton gegossen und durften und sollten deshalb von klassischen Proportionen abweichen. Mit ihnen zitierte Poelzig den Klassizismus aus der Zeit um 1813. Aber die Abweichungen geben zu erkennen, von wann dieses Zitat stammt: aus Zeiten, in denen neue Materialien die Welt des Bauens veränderten.

Friedrich von Thiersch. Festhalle. Frankfurt am Main, 1907–09.

Max Berg, M. Trauer. Jahrhunderthalle. Breslau, 1911–13.

Veredelung der Arbeit

[143] Thomas Nipperdey. Deutsche Geschichte 1866–1918. Bd. 1. Arbeitswelt und Bürgergeist. München, 1993³. S. 268 ff.

Philipp Klinger jr. Gießerei Hermann und Alfred Escher AG. Chemnitz, 1907–08.

Werksentwurf (Richard Steiff mit Eisenwerk München). Fabrikationsgebäude der Margarete Steiff GmbH. Giengen an der Brenz, 1903–10.

Nach einer wirtschaftlichen Depression in der Mitte der 1890er Jahre herrschte bis zum Ausbruch des Ersten Weltkrieges in Deutschland Hochkonjunktur. Das Land drängte – für konkurrierende Staaten besorgniserregend – mit Macht auf den Weltmarkt. In der Welthandelsbilanz nahm das Reich eine Position ein, die den Neid seiner Nachbarn erregte. 1913 hatte der deutsche Export fast den britischen eingeholt, bei einem Anteil an der Weltausfuhr von 13 gegen 14 Prozent. International war das Deutsche Reich der drittgrößte Kapitalexporteur. Es leistete Pionierarbeit in zukunftsträchtigen Branchen wie der Chemie-, Pharma- und Elektroindustrie. Selbst in kurzen Phasen der Rezession lag die Arbeitslosigkeit nicht höher als bei 3,5 bis 4,5 Prozent.[143] In der Montanindustrie kam es im Interesse rentabler Betriebsabläufe zu großen Kartellen, die Bergbau, Verhüttung, Maschinenbau und Metallverarbeitung zu Verbundsystemen zusammenschlossen. Soziale Konflikte waren von Kranken-, Unfall-, Alters- und Invalidenversicherung abgefedert. Nach wie vor katastrophal waren die Wohnverhältnisse vor allem in den Arbeitervierteln Berlins und den Industrieregionen (vgl. S. 38, 54 f., 65 f.).

Reiches materielles Leben

Architekten, die der Moderne verpflichtet waren, suchten sich die Industrie als Arbeitsgebiet zu erschließen. In der Fabrikproduktion lag ein Kraftzentrum des Kaiserreiches. So konnte und sollte auch die Baukunst sich diesem Thema zuwenden. »Die beherrschende Welt der Technik hat auch die Lebensäußerungen der Kunst in ihren Bann gezogen.«[144] Es lag im Berufsinteresse des Architektenstandes, dieses Feld nicht allein den Ingenieuren zu überlassen. »Deutsche Kunst und Technik werden so zu *einem* Ziele wirken: zur Macht des deutschen Landes, die sich dadurch zu erkennen gibt, daß ein reiches materielles Leben durch geistig verfeinerte Form geadelt wird«, äußerte sich Peter Behrens,[145] als er dank seiner Verpflichtung durch die AEG im Jahre 1907 zum berühmtesten deutschen Industriedesigner und -architekten wurde. Behrens wurde zuständig für die Drucksachen wie die Arbeitersiedlung, für die elektrischen Teekessel wie den Ruderklub der Firma. Siemens, Mannesmann, Continental, die rheinische Schwerindustrie oder die soeben entstehenden Warenhaustrusts nahmen sich die AEG zum Vorbild.

Knappe Zweckerfüllung sollte nicht genügen. Zwar ließen es viele Bauten dabei bewenden. Manche gewannen allein schon der nüchternen Zweckmäßigkeit neue Erscheinungsformen ab. Bei den Werkstattgebäuden der Firma Steiff in Giengen an der Brenz (1903–10) hatte kein ausgebildeter Architekt die Hand im Spiel. Die Stahlskelette der Fabrikationshallen sind in doppelschalige Ganzglasfassaden gehüllt, die den Curtain Wall späterer Jahre vorwegnahmen. Daß ausgerechnet ein Unternehmen, das kuschelige Stofftiere herstellte, diese bautechnischen

Neuerungen einführte, ist einer der Späße, die sich die Baugeschichte gelegentlich erlaubt.

Die schwäbischen Vorhangfassaden blieben unbeachtet. Eindruck machten dagegen die fernen Silobauten Nord- und Südamerikas. Walter Gropius veröffentlichte sie 1913 im *Jahrbuch des Deutschen Werkbundes* und verglich ihre einfachen stereometrischen Formen, ihre paratektische Reihung und kolossale Majestät mit den Bauten des alten Ägypten. Natürlich durften sie nur als »wertvoller Hinweis« dienen, da sie ohne die Mitwirkung eines Architekten zustande gekommen waren und es doch auf »künstlerischen« Fabrikbau ankam. Was die Kollegenschaft von solchen Beispielen lernen konnte, war »der natürliche Sinn für große, knapp gebundene Form, selbständig, gesund und rein«.[146]

Für Industriearchitektur gab es Kriterien, auf die sich im frühen 20. Jahrhundert die meisten Architekten verständigen konnten. Unerwünscht war es, das Stabwerk der Eisenkonstruktionen am Außenbau zu zeigen, ohne es in geschlossene, ruhige Flächen einzubinden. Die Abneigung des 19. Jahrhunderts gegen das magere, als seelenlos verschriene Gerüst aus Pfosten und Balken setzte sich im 20. Jahrhundert fort. Gottfried Semper hatte das Verdikt über den unkünstlerischen Stoff Eisen ausgesprochen,[147] und viele redeten es ihm nach. Das Metallgespinst, die »Eisenzimmerei«,[148] galt als ästhetisch unbefriedigend, weil das Auge noch nicht gewohnt war, den dünngliedrigen Konstruktionen die Tragfähigkeit von Mauern, massiven Pfeilern und Säulen zuzutrauen.

Gewiß sollte die Form das Spiel der Kräfte und das Zusammenwirken der Teile zeigen, aber nicht unvermittelt, sondern in einleuchtende Gestalt übersetzt. »Über die Material-Echtheit und Zweckmäßigkeit hinaus müssen noch andere Gefühlswerte erkannt und beachtet werden,« schrieb Martin Wagner, bevor er in den zwanziger Jahren zu einem Funktionalisten des Städtebaus wurde. Klare Linie und geschlossener Umriß empfahlen sich. »Die Ingenieurbauten sind Silhouettenbauten! Wer das noch nie empfunden hat, der betrachte einmal solche Bauwerke in der Abendstunde, wenn sie ihre Farbe verlieren und als dunkelviolette Masse gegen den Himmel stehen.«[149]

Mit solchen Forderungen bildete sich eine Art von Industrieklassizismus aus. Zwischen Hellenentum und Industriearchitektur, Klassik und Maschine

schien kein unlösbarer Widerspruch zu bestehen, sondern im Gegenteil Wahlverwandtschaft. »Technizismus und Klassizismus sind einander keine Feinde. Im Gegenteil, sie sind zusammengehörig.«[150] Technizismus sei die geistige Verfassung, Klassizismus ihr künstlerischer Ausdruck. Wie die freigestellten Tempel der Antike waren Industriebauten aufgrund ihrer technischen Voraussetzungen oft isoliert stehende Baukörper. Tragende Stahl- oder Stahlbetonstützen wurden ummantelt und als Säulen interpretiert. Den Eingängen von Werksgebäuden blendeten Behrens, Franz Krüger, Hans Liepe, Hermann Muthesius und viele andere Tempelfronten vor.

Bei den Gaswerken im Frankfurter Osthafen (1911–12) deutete Behrens sogar einen Wasserturm in eine überdimensionale Säule mit Würfelkapitell um – der Schaft oben, das Kapitell unten. Zusammen mit drei weiteren zylindrischen Türmen, die als Hochbehälter für Teer und Ammoniakwasser dienten und manchen Beobachter an die Festungstürme von

Getreidesilo Bunge y Born. Buenos Aires. Vor 1913.

Albert Marx. Maschinenzentrale und Fernheizwerk. Bad Nauheim, 1906–07.

[144] Werner March. Neue Baugesinnung und evangelischer Kirchenbau. In: Der Geisteskampf der Gegenwart. Heft 1. Gütersloh, 1913. S. 16 ff.

[145] Peter Behrens. Kunst und Technik. Vortrag 1910 in Braunschweig. In: Elektrotechnische Zeitschrift 31 (2. 6. 1910). S. 555.

[146] Walter Gropius. Die Entwicklung moderner Industriebaukunst. In: Die Kunst in Industrie und Handel. Jahrbuch des Deutschen Werkbundes 1913. Jena, 1913. S. 22.

[147] Gottfried Semper. Kleine Schriften. Berlin, Stuttgart, 1884. S. 485.

[148] Gottfried Semper. Der Stil in den technischen und tektonischen Künsten. Bd. 2. München, 1863, 1878². S. 526.

[149] Martin Wagner. Die Kunst im Ingenieurbau. In: Deutsche Bauzeitung 49 (1915) 3. S. 16.

[150] Adolf Behne. Die Wiederkehr der Kunst. Leipzig, 1919. S. 73.

Veredelung der Arbeit

Peter Behrens. Turbinenfabrik. Berlin-Moabit, 1908–09. Außenansicht (unten). Fußgelenk des Dreigelenkbogens (rechts).

Alt-Nürnberg erinnerten, ergab sich ein surreales Bild. Auch surrealistische Maler liebten Klassikzitate und montierten sie in irritierende Kombinationen ein. Jedenfalls half das klassische Repertoire, die ungewohnten Dimensionen des Industriebaus akzeptabel zu machen und trotzdem neuzeitlich zu wirken. Es war ein fortschrittlicheres Verfahren als alle Versuche, die neuen großen Anlagen heimattümelnd als Gutshöfe oder Klosterkomplexe zu interpretieren, mit Walm- und Mansarddächern, Torbögen, Erkern, Türmen, in denen sich Wasserreservoirs verbargen. Nur die unvermeidlichen Fabrikschlote waren nicht zu verleugnen.

Wie Klassizismus und Industrie bildeten auch Monumentalität und Vereinfachung Gegensätze, die sich nicht ausschlossen, sondern ergänzten. Wirtschaftlichkeit ist das Prinzip der Technik. Mit einem Mindestmaß an Aufwand ein Höchstmaß an Wirkung zu erzielen, war der Ehrgeiz jedes Maschinenkonstrukteurs. Je weniger Energievergeudung, je weniger Material, je weniger Arbeitsleistung, desto besser. Das Minimum war das Maximum. »Wir konstatieren in der Sehnigkeit der schlanken Teile einen Sieg der Technik, die sich hier zu einer bis an die letzte Grenze gehenden Meisterung des Stoffes emporgeschwungen hat«, schrieb Hermann Muthesius,[151] ohne in seinen eigenen Industriebauten die letzte Folgerung daraus zu ziehen.

Der Verzicht auf alles Kleinliche, auf Ornament und menschenbezogene Gliederungssysteme führte zu einer neuen Art von Imposanz. Mit Martin Wagners Forderung nach »Silhouettenbau« vertrug sie sich gut. Grundriß, Disposition und Proportion wurden als Hauptleistungen des Industriearchitekten betrachtet. Daß die Arbeiter in großen, gut belüfteten Sälen »freudiger am Mitschaffen großer gemeinsamer Werte« wirkten,[152] ließ sich auch als soziale Tat betrachten. Der Unternehmer profitierte erst recht, wenn sich in lichtem, geräumigem Ambiente die Arbeitsproduktivität erhöhte.

Von der Großindustrie war die Zerstörung der Stadtränder und ganzer Landstriche ausgegangen. Oberschlesien, die mitteldeutsche Industrieregion, das Ruhrrevier boten abschreckende Beispiele. Halden und Hochöfen, Fördergerüste und Kühltürme, Gasometer und Kohlebunker, verbunden durch ein undurchschaubares Netz ober- und unterirdischer Leitungen, Trassen, Stollen und Werksbahnen, lieferten sich eine konfliktreiche Nachbarschaft. Wie die Verbotene Stadt in Peking oder das Arsenal in Venedig war das Werksgelände durch Mauern von der Außenwelt abgeschirmt. Doch eben dieses Terrain wurde zur Experimentierwerkstatt für eine andere Architektur. Auf solche Orte waren Kriterien traditioneller Baukunst bisher nicht angewendet worden, wenn man von Pförtnerhäusern, Verwaltungsgebäuden oder Kasinos absah. Daher mußten die Architekten hier auch nicht herkömmliche Erwartungen erfüllen. »Gerade das Stiefkind der Baupflege, der von

[151] Hermann Muthesius. Das Form-Problem im Ingenieurbau. In: Die Kunst in Industrie und Handel. Jahrbuch des Deutschen Werkbundes 1913. Jena, 1913. S. 27.

[152] Walter Gropius. Die Entwicklung moderner Industriebaukunst. In: Die Kunst in Industrie und Handel. Jahrbuch des Deutschen Werkbundes 1913. Jena, 1913. S. 20.

[153] Walter Müller-Wulckow. Bauten der Arbeit. Königstein im Taunus, 1925. S. 5.

[154] Franz Mannheimer. AEG-Bauten. In: Die Kunst in Industrie und Handel. Jahrbuch des Deutschen Werkbundes 1913. Jena, 1913. S. 37.

[155] Fritz Hoeber. Peter Behrens. München, 1913. S. 115.

Architekten wie Bauherrn in gleicher Weise vernachlässigte Fabrikbau, (hat) schließlich doch das Neue zu Tage gefördert, ... weil man sich nicht ins Schlepptau der Vorbilder nehmen lassen konnte.«[153]

Industriebaukünstler

Eines der ersten architektonischen Ergebnisse der Verpflichtung von Peter Behrens durch die AEG war die Turbinenhalle in Berlin-Moabit (1908–09). »In ihrer wuchtigen Kürze und lebensfrohen Kühnheit«[154] erschien sie wie ein neuzeitlicher Tempel der Industrie. Behrens machte zwar im Äußeren von Elementen der Konstruktion, die der Ingenieur Karl Bernhard konzipiert hatte, Gebrauch, um den industriellen Charakter der Anlage zu unterstreichen. Doch die Stützen des Dreigelenkbogens treten an der Längsseite als Pfeilerfolge auf, die Fußgelenke als Pfeilerbasis, die Verglasungen dazwischen als nach innen gekippte Flächen. Andere Teile der Konstruktion blieben verborgen. Was im Halleninneren filigranes Stahlfachwerk ist, stellt sich außen in Kastenprofilen dar. Den größten Teil der Hallenbinder versteckt das mächtige Dach. Daß sich hinter dem kleinen Anbau an der Huttenstraße eine zweite, doppelgeschossige Halle erstreckt, ist an der Hauptansichtsseite kaum zu ahnen.

    Die Pseudo-Massivität der geböschten Eckpfeiler – Betonhaut mit eingelegten Eisenbändern – ist schon von Zeitgenossen gerügt worden. In Wirklichkeit trägt nicht das scheinbar Schwere, die Betonecken, den mehrfach gebrochenen Giebel, sondern das effektiv Leichteste, die Sprossen des großen Kastenfensters. Behrens kam es auf das Monument an, nicht auf die Offenlegung konstruktiver Verhältnisse. Er wollte nicht Industriebau, sondern Industriebau*kunst*. Fritz Hoeber, Behrens' erster Biograf, zog einen Vergleich, der auch diesen Bau für den Industrieklassizismus beanspruchte: »Das Ganze nimmt sich aus ... wie eine archaisch dorische Säule, die sich in voluminöser Energie ... stark verjüngt und in einem mächtigen Kapitell ausladet.«[155] Da sich Behrens im Mediengeschäft auskannte, war ihm der Mitteilungswert der Fassade wichtig. Sie bildete ein Markenzeichen, betont noch durch das gleichfalls von Behrens geschaffene wabenförmige Firmenlogo im Giebelfeld.

    Am Humboldthain im Berliner Wedding, dem Hauptquartier der AEG, war Behrens durch die be-

Peter Behrens. Kleinmotorenfabrik der AEG im Bau. Berlin-Wedding, 1910–13.

Peter Behrens. AEG-Werk an der Brunnenstraße. Berlin-Wedding, 1908 ff.

Veredelung der Arbeit

Walter Gropius mit Adolf Meyer. Fagus-Werke. Alfeld an der Leine, 1911. Hauptgebäude.

reits vorhandenen Baulichkeiten in seiner Entscheidungsfreiheit eingeschränkt. Die Neubauten, die nach 1910 entstanden, ziehen die Grundstücksgrenzen nach. Entlang der Fluchtlinie bauen sie sich in unterschiedlichen Fassadensystemen auf, darunter die martialischen Eisenklinkerhalbsäulen der Kleinmotorenfabrik. Nach innen, zum Betriebshof, entwickelt sich eine lockerere, fast malerische Gruppierung. Lange Gebäuderiegel werden durch die zum Hof hin vortretenden Treppenhaustürme belebt. Beim Gang durch das Gelände vom nordwestlichen Haupteingang her entfalten sich die verschiedenen Produktionsstätten in immer neuen Überschneidungen.

Die Fagus-Werke in Alfeld an der Leine, die Walter Gropius mit seinem Partner Adolf Meyer ab 1911 als seinen ersten größeren Bau errichtete, nehmen sich wie gebaute Kritik an den schwergewichtigen Behrens-Fabriken aus. Gropius kannte sie besser als irgendein Außenstehender. Von 1908 bis 1910 hatte er im Büro von Behrens gearbeitet und den Meister im Unfrieden verlassen. An den Alfelder Auftrag kam er über eine Bewerbung, die durch persönliche Protektion vor Ort unterstützt wurde. Dem Bauherrn Karl Benscheidt, der Schuhleisten herstellte, lag bereits die Planung eines älteren Hannoveraner Architekten vor, Eduard Werner. Durch sie war der Grundriß im wesentlichen festgelegt. Für Gropius und Meyer blieb die äußere Gestaltung. Dem Fabrikanten war sie allerdings ausnehmend wichtig. Die Fabrikanlage lag an der vielbefahrenen Eisenbahnstrecke Hamburg-Frankfurt am Main, »und so ein mustergültiger Bau (kann) auch zugleich eine sehr gute Reklame sein«.[156]

Von der Gesamtanlage, die nach dem Ersten Weltkrieg um neue Bauten erweitert wurde, hat *ein* Gebäude Furore gemacht, und von diesem Gebäude wiederum *ein* Detail: die stützenfreien Ecken des dreigeschossigen Hauptgebäudes. Die Fassaden dieses Bauwerks mit ihren bauhohen Glasflächen lassen auf ein Stahl- oder Stahlbetongerüst schließen. Tatsächlich aber sind die Pfeiler zwischen den Fensterbahnen in konventionellem Mauerwerk aus ledergelbem Backstein errichtet. Überraschenderweise haben die Architekten sie gebößt – ein subtiles Spiel, das Gropius von Behrens' Turbinenfabrik her kannte. Dem Auge wird es infolgedessen schwergemacht, die Stützen als Fortsetzung des Sockels, als stehengebliebene Wandstücke zu »lesen«. Eine Vorhangfassade war diese Gebäudehülle nicht, weil tragende Teile in ihr standen. Darin war die Steiff-Fabrik in Giengen den Fagus-Werken voraus; aber auch nur darin.

Der Geniestreich, der diesem Bau den Zutritt in die Architekturgeschichte verschaffte, bestand darin,

[156] Carl Benscheidt an Walter Gropius, 12. 1. 1911. Zit.: Annemarie Jaeggi. Fagus. Industriekultur zwischen Werkbund und Bauhaus. Berlin, 1998. S. 22.

die Glasflächen des jeweils letzten Joches stützenfrei um die Kanten des Bauwerks zu legen. Wo man Sicherheit und Festigkeit erwartete, an den Ecken, war nichts, nur Glas und Brüstungsblech. Wie hatte Behrens an der Giebelseite der Berliner Turbinenhalle die Ecken optisch beschwert! Hier dagegen erscheint der Bau als kristallines Gebilde, durchsichtig, transparent, leicht. Gropius und Meyer erreichten diesen Effekt mit ziemlichem konstruktivem Aufwand, indem sie unter der Decke systemwidrig den Balken eines Stahlkreuzes (»Gropius-Knoten«) diagonal in die gläserne Ecke führten, um die anfallenden Lasten aufzunehmen. Bei den meisten anderen Bauten des Werksgeländes und schon beim zweistöckigen, der verglasten Schmalseite vorgesetzten Treppenhaus behielt die Mauer ihr tragendes Gewicht. Das Filigran der Glasfassaden wirkt dadurch um so filigraner.

Gropius und Meyer waren Neulinge auf der Szene. Mit diesem Bau begründeten sie ihr Renommee. Hans Poelzig, der von 1900 bis 1916 an der Kunst- und Kunstgewerbeschule und späteren Akademie Breslau lehrte, hatte zu diesem Zeitpunkt schon die Hälfte seines Lebenswerks hinter sich. In manchem stand er Behrens näher als den Jungen. Die Konkurrenz von Ingenieur und Architekt, Konstruktion und Baukunstwerk beurteilte er ähnlich wie Behrens: Das technische Produkt war rasch vergänglich. Jedes folgende, noch praktischere, noch billiger hergestellte Erzeugnis machte es obsolet. Nur Kunstwert konnte Dauer garantieren: Der griechische Tempel, der gotische Dom waren der Zeit enthoben. So bedurfte es auch im Industriebau des Künstlers, der die zweckmäßige und ökonomische Konstruktion adelte. Die Einheit des Ganzen, Empfindung, Proportion, Vergeistigung der Materie waren Sache des

Künstlers. Vergeistigung hieß für den temperamentvollen, vitalen Poelzig nicht wie bei Gropius und Meyer Entmaterialisierung. Poelzig arbeitete mit Masse und Gewicht.

Hans Poelzig war ein genialischer Allroundkünstler. Er malte Ölgemälde hart an der Grenze zur Abstraktion, modellierte, zeichnete heftige Skizzen, entwarf Bühnenbilder und Filmsets, hätte am liebsten selbst Regie geführt. Sein Industriewerk in Luban bei Posen (1911–12), eine chemische Fabrik für Düngemittel, die nur noch teilweise erhalten ist, bestand aus einer Vielzahl von Baulichkeiten, Produktionshallen, Lagergebäuden, Kesselhaus, Lokomotivschuppen, die er entsprechend dem Betriebsablauf gruppierte. Aber Poelzig romantisierte auch kräftig, verwendete gotische Strebepfeiler und Staffelgiebel. Wo die Mauer trägt, ordnete er handwerksgerechte Rundbogenfenster an. Wo sie nur einen dünnen, nicht tragenden Ziegelteppich bildet, legte er Eisenfachwerk in die Mörtelschichten (Prüsswand-System) und setzte quadratische Fensterlöcher in unregelmäßiger Verteilung ein.

Man hätte sich durchaus Fledermäuse und Vampire in den Gassen dieser kleinen Industriestadt vorstellen können. Aber den meisten Zeitgenossen von Gropius bis Adolf Behne galt die Anlage in Luban

Hans Poelzig. Werdermühle. Breslau, 1906. Pastell und Aquarell.

Hans Poelzig. Chemische Fabrik. Luban bei Posen, 1911–12.

Veredelung der Arbeit

[157] Karl Scheffler. Der Geist der Gotik. Leipzig, 1917. Zit.: 1925. S. 108.

[158] Hermann Muthesius. Wo stehen wir? Vortrag 1911. In: Die Durchgeistigung der deutschen Arbeit. Jahrbuch des Deutschen Werkbundes 1912. Jena, 1912. S. 23.

[159] Friedrich Naumann. Der deutsche Stil. Hellerau, o. J. (1912). S. 13.

[160] Peter Bruckmann. Die Gründung des Deutschen Werkbundes. In: Wend Fischer (Hg.). Zwischen Kunst und Industrie. Der Deutsche Werkbund. München, 1975. S. 28.

German Bestelmeyer. Haus der Freundschaft für Istanbul. Zweiter Entwurf. 1916.

ebenso wie Poelzigs kopflastiger Ausstellungs- und Wasserturm in Posen (1911) und seine anderen Industriebauten als Beispiele der Sachlichkeit. Karl Scheffler allerdings veröffentlichte ein Foto der Fabrik (und übrigens auch eines von Behrens' Frankfurter Gaswerken) in seinem Buch *Der Geist der Gotik*: »In den rauhen Zweckformen ist das Pathos des Leidens, ist gotischer Geist.«[157]

Der Deutsche Werkbund

Für eine konzertierte Aktion von Kunst, Unternehmertum und Handel setzte sich der 1907 gegründete Deutsche Werkbund ein. Unter diesem glücklich gewählten Namen schlossen sich Fabrikanten, Künstler, Architekten und Kulturpolitiker zusammen. Wie viele andere deutsche Vereinigungen hatte sich der Werkbund der Reform verschrieben. Doch seine Reform ging nicht aus der liebenswürdigen Nischenkultur der Lebensverbesserer, Nudisten und Vegetarier hervor. Im Werkbund versammelte sich kreative und ökonomische Intelligenz. Wer hier mitmachte, wußte zu organisieren. Der Werkbund gliederte sich in Bezirke und Fachausschüsse, arbeitete mit Handels- und Handwerkskammern zusammen und nahm Kontakte zu einer Vielzahl von Korporationen auf, die seit 1912 auch Mitglieder werden durften. Erklärtes Ziel war die »Veredelung der gewerblichen Arbeit im Zusammenwirken von Kunst, Industrie und Handwerk durch Erziehung, Propaganda und geschlossene Stellungnahme zu einschlägigen Fragen«. So steht es in der Satzung.

Der Deutsche Werkbund wurde am 5. und 6. Oktober 1907 in München gegründet. Einen Anstoß hatten Reden von Hermann Muthesius gegeben. Muthesius, damals Geheimer Rat im preußischen Handelsministerium, hatte im Frühjahr 1907 Handwerk und Industrie mehrmals vor der modischen Oberflächlichkeit und qualitativen Verwilderung ihrer Produktion gewarnt und ihnen schwere Rückschläge in der Auseinandersetzung mit der internationalen Konkurrenz prophezeit. Seine Äußerungen führten zu Protesten der Fachverbände (»Der Fall Muthesius«) und in der Gegenreaktion zur Münchner Gründung. Augenzeugen beschrieben die enthusiastische Stimmung der beiden Tage in der bayerischen Hauptstadt. Muthesius mußte zwar aus Rücksicht auf seine Stellung im Ministerium fernbleiben. Statt dessen sprach Fritz Schumacher. Theodor Fischer wurde erster Vorsitzender, der Silberwarenfabrikant Peter Bruckmann zweiter Vorsitzender.

Die kritische Arbeit des Werkbunds ließ sich zwar nicht mit der Kunstpolitik des Kaisers vereinbaren, voll und ganz aber mit den wirtschaftspolitischen Interessen des Kaiserreichs. »Deutschland ist das Land, auf dessen Arbeit es bei der Stilentwicklung der Zukunft ankommen wird.«[158] Man tadelte die wilhelminische Großmannssucht, aber unterstützte eine expansive Handelspolitik. Wenn es im Werkbund um Wege und Methoden ging, die Produktion zu verbessern, so waren nicht nur die Kultur der Arbeit und ihre Erzeugnisse gemeint, der Nutzen für den Verbraucher, die Befriedigung der Werktätigen, die Ideale von Wahrhaftigkeit und Einfachheit, sondern immer auch der deutsche Anteil am internationalen Markt.

Viele waren damals überzeugt, die Aufteilung des Erdballs stünde bevor und die Rangfolge unter den Großmächten würde ein für allemal entschieden. Qualitätsarbeit mußte Deutschland einen Platz an der Sonne sichern. Der liberale Wirtschaftspolitiker Friedrich Naumann sprach von volkswirtschaftlichen Entscheidungsschlachten und der Eroberung des Weltmarkts.[159] Nicht die Produktion von Massengütern, sondern nur Qualitätssteigerung könne »der deutschen Arbeit den Sieg in der Welt ... erkämpfen«.[160] Denn einem Volk mit vergleichsweise hohen Löhnen bleibe nichts anderes übrig, als mit anspruchsvoller Qualität statt mit billiger Quantität zu überzeugen. Im ersten Aufsatz des ersten Jahrbuches, das der Deutsche Werkbund 1912 herausgab, also an prominenter Stelle, meinte Peter Jessen, Direktor des Berliner Kunstgewerbemuseums, es habe eine »Stunde des Schicksals für den deutschen Geschmack« geschlagen. »Ehrensache für das deutsche Volk, daß es die große Stunde nicht verpasse.«[161]

Behrens selbst sprach von »ästhetischem Imperialismus«, allerdings erst im Rückblick, als das Imperium bereits zusammengebrochen war.[162] Die pädagogischen, publizistischen und künstlerischen Initiativen des Werkbundes fügten sich jedenfalls bruchlos in die Großmachtambitionen des Kaiserreichs ein. Mitten im Ersten Weltkrieg, 1916, forderte der Bund zwölf seiner prominentesten Architektenmitglieder, darunter Behrens, auf, Pläne für ein »Haus der Freundschaft« in Konstantinopel einzureichen. Das Haus sollte ein deutsches Kulturzentrum werden, »Kenntnis des deutschen Wesens ermöglichen« und die antibritische Nahostpolitik des Reiches kulturell unterfüttern. »Zum Zeugnis der starken und siegreichen deutsch-türkischen Waffenbrüderschaft gegenüber einer ganzen Welt«, hieß es in der Urkunde, die in den Grundstein eingelassen wurde.[163] Der Kaiser persönlich besichtigte den Bauplatz.

Gegen den Opportunismus des Werkbund-Geschäftsführers Ernst Jäckh wurden zwar kritische Stimmen im Bund laut. Aber sie hinderten Peter Behrens, German Bestelmeyer, Paul Bonatz, Hugo Eberhardt, Martin Elsaesser, August Endell, Theodor Fischer, Bruno Paul, Hans Poelzig, Richard Riemerschmid und Bruno Taut nicht am Mitmachen. Walter Gropius nahm nur deshalb nicht teil, weil er an der Front stand und keinen Heimaturlaub erhielt. Originellster Entwurf war ein Terrassenbau Poelzigs, eine freistehende Gigantentreppe, ein gebauter Berg, und ob seiner gewaltigen Geste chancenlos. Vielleicht riskierte Poelzig so viel, weil er die Situation vor Ort nicht kennengelernt hatte. Den Auftrag erhielt German Bestelmeyer, der einen vergleichsweise unauffälligen Entwurf geliefert hatte. Die Kompromißentscheidung war nicht weiter verwunderlich. Denn die Teilnehmer bildeten zugleich die Jury und hüteten sich, Originalität auszuzeichnen, die ihre eigenen Chancen gemindert hätte. Der Ausgang des Krieges schloß natürlich eine Realisierung aus.

Als Ideenspender und Gesprächspartner in Sachen Umwelt, Architektur und Design blieb der Deutsche Werkbund ein wichtiger Faktor der deutschen Szene. Er hat große Leistungsbilanzen der Waren- und Bauproduktion vorgelegt, in den zwanziger Jahren Mustersiedlungen auf den Weg gebracht und beim Wiederaufbau nach dem Zweiten Weltkrieg eine wichtige Rolle als Warner und Ratgeber gespielt. Noch in den fünfziger und sechziger Jahren brachte der Werkbund früher als andere Gruppierungen Themen auf, die bis heute die öffentliche Diskussion beschäftigen oder beschäftigen sollten. *Die große Landzerstörung* hieß 1959 in Marl eine seiner Tagungen: »Das Selbstverständliche ist nicht mehr selbstverständlich: die reine Luft, das klare Wasser, die blanke Natur.«[164]

Kölner Bilanz

Nach gut sieben Jahren seines Wirkens hielt es die Leitung des Werkbunds für angebracht, die Öffentlichkeit mit dem Stand der Dinge vertraut zu machen. Das tat sie im Sommer 1914 in Köln mit einer Ausstellung auf nicht weniger als 350 000 Quadratmetern Fläche in neu errichteten, temporären Bauten. Die Stadt hatte zwar bisher kein wahrnehmbares Interesse an der Arbeit des Bundes gezeigt. Sie versprach sich aber ein touristisches Großereignis und stellte Ausstellungsgelände im rechtsrheinischen Deutz zur Verfügung. »Cölner Finanz-Klüngel und von Kunstverstand keine Spur«, fand Walter Gropius.[165] Die Ausstellung stieß auf ein zwiespältiges Echo, in der Öffentlichkeit, aber auch innerhalb des Werkbunds selbst. Sie erschien als zu groß, zu pluralistisch, zu inkonsequent, zu kompromißbereit, zu versnobt oder zu vulgär. Und als zu teuer sowieso.

Bei den Architekturkritikern und -historikern, denen an einem lupenreinem Stammbaum der Moderne gelegen war, fanden nur drei Gebäude Gnade. Die Musterfabrik, die Walter Gropius bauen durfte, weil Hans Poelzig abgesagt hatte, führte die Arbeit weiter, die mit den Fagus-Werken in Alfeld begonnen hatte. Aber eigentlich war es gegenüber Alfeld ein Rückschritt. Die modernistische Geste war, umgekehrt wie in Alfeld, den flankierenden Treppenhäusern überlassen, verglasten Zylindern, die gegen die geschlossenen Flächen der Eingangsseite abstechen. Im übrigen zeigte das mit bildender Kunst überreich-

[161] Peter Jessen. Der Werkbund und die Grossmächte der deutschen Arbeit. In: Die Durchgeistigung der deutschen Arbeit. Jahrbuch des Deutschen Werkbundes 1912. Jena, 1912. S. 2.

[162] Peter Behrens. Das Ethos und die Umlagerung der künstlerischen Probleme. In: Graf Hermann Keyerling (Hg.). Der Leuchter. Jahrbuch der Schule der Weisheit. Darmstadt, 1920 (1921). S. 322.

[163] Deutscher Werkbund (Hg.). Das Haus der Freundschaft in Konstantinopel. Ein Wettbewerb deutscher Architekten. München, 1918. S. 5, 47.

[164] Exposé für die Tagung »Die große Landzerstörung«. 1959. In: Wend Fischer (Hg.). Zwischen Kunst und Industrie. Der Deutsche Werkbund. München, 1975. S. 445.

[165] Hans Curjel (Hg.). Henry van de Velde. Geschichte meines Lebens. München, 1963. S. 365.

Ausstellung des Deutschen Werkbundes. Köln, 1914. Zeitgenössische Postkarte.

Walter Gropius. Musterfabrik auf der Ausstellung des Deutschen Werkbundes. Köln, 1914. Verwaltungsgebäude.

lich ausgestattete Hauptgebäude eine fast ägyptisierende, auch von Frank Lloyd Wright beeinflußte Front. Die fiktive Produktionshalle dahinter hatte die Berliner Stahlbaufirma Breest & Co. leihweise zur Verfügung gestellt. Gropius modernisierte nur ein bißchen ihr Erscheinungsbild.

Das Theater der Ausstellung versah Henry van de Velde mit einer dreigeteilten Simultanbühne und einem amphitheatralischen Parkett. Dem Künstler war hier endlich ein öffentlich wirksames Bauwerk vergönnt, das seine architekturplastischen Qualitäten belegte. Stilistisch konnte das weich gemuldete Gebilde mit seiner sechsfach gestuften Dachlandschaft als Spätling erscheinen, als Jugendstil lange nach dem Jugendstil. Aber wer will schon sagen, wo Ende oder Anfang liegen? Für den jungen Architekten Erich Mendelsohn bedeutete Van de Veldes Theater, das er nur aus Abbildungen kannte, eine Ermutigung. Er sah darin »gestraffte Glieder erträumter Organismen«.[166] Jugendstil ging hier gleitend in eine neue expressive Kunst über. Neben dem Theater ließ Van de Velde einen organisch-orgiastischen Brunnen von Hermann Obrist aufstellen. Auch dieser von Visionen heimgesuchte Bildhauer war ein Künstler, der nach »vertiefter Expression und Steigerung des Wesens« trachtete.[167]

Der dritte Bau, den vor allem die Nachwelt feierte, war Bruno Tauts Glashaus. Peter Jessen nannte diesen Werbepavillon der Glasindustrie, den Taut auf eigenes Risiko errichtet hatte, ein »herzgewinnendes Eigenes und Ganzes«.[168] Über einer vierzehnseitigen Trommel erhob sich eine doppelt verglaste ananasförmige Kuppel aus einem Geflecht von Betonrippen. Taut widmete es dem Autor des Buches *Glasarchitektur* (1914), dem kauzigen Dichter humoristisch-utopischer Romane Paul Scheerbart. Scheerbart seinerseits reimte die Zweizeiler, die als Schriftband das Gesims umliefen.

Die vielen gemäßigt konservativen oder unauffälligen Ausstellungsbauten bildeten die Szene einer erbitterten Debatte, die während der Jahresversammlung des Werkbunds geführt wurde, obwohl sie längst hätte erledigt sein können. Es ging um Typus und Individualität, um realistische Designpolitik und künstlerische Freiheit und darum, wie der allseits ersehnte neue Stil zu erreichen sei: durch organisierte Selbstbindung oder als natürliche Frucht spontaner Entscheidungen. Den um den Werkbund hochverdienten Muthesius erwischte es kalt. Ein von ihm verfaßtes Papier mit zehn Thesen, eine vernünftiger als die andere, rief zehn Gegenthesen hervor, die eine Fronde um Henry van de Velde, Bruno Taut, Walter Gropius und Karl Ernst Osthaus vorlegte. Sie bezichtigten Muthesius des wirtschaftlichen Opportunismus und hielten das heilige Recht des schöpferischen Künstlers dagegen. Daß der Werkbund ursprünglich aufgebrochen war, Kunst und Industrie miteinander zu versöhnen, schien so kurz nach seiner Gründung schon wieder vergessen.

Für Muthesius kam der Streit um so überraschender, als er lange vor 1914 wieder und wieder erklärt hatte, was er unter dem Typischen verstand: keine Normierung, keine Schematisierung, sondern Ver-

Henry van de Velde. Theater auf der Ausstellung des Deutschen Werkbundes. Köln, 1914.

Theodor Fischer, Freiherrr von Schmidt. Haupthalle auf der Ausstellung des Deutschen Werkbundes. Köln, 1914.

nachlässigung von Einzelelementen und Betonung des Hauptsächlichen. Wie hatte man ihn nur mißverstehen können, wo doch im Werkbund so oft in der disziplinierten und disziplinierenden Form das eigentlich »Geistige« gesehen worden war? Die Kölner Diskussion irritiert auch deshalb, weil sich mit Gropius ein Verfechter von Typisierung und Reproduktion auf die Seite des Individualisten Van de Velde schlug. Andererseits hatte auch Van de Velde Maschinen für Geschöpfe einer höheren Stufe gehalten[169] und die Befreiung des Menschen von ihnen erhofft. Man geht wohl nicht fehl mit der Vermutung, daß bei Van de Veldes Aggressivität auch die Vorgeschichte seines Theaterbaus mitgespielt hatte. Erst drei Monate vor Ausstellungseröffnung hatte er den endgültigen Auftrag erstritten.

Die Auseinandersetzung zeigt, wie unübersichtlich die Frontverläufe waren – und auch, wie unterschiedliche Interessen in dieser »Vereinigung der intimsten Feinde«[170] vertreten wurden. Welche dieser Positionen die Zukunft für sich hatte, ist eine offene Frage. Waren es wirklich die Vertreter des Typus mit ihrer Hoffnung auf einen verbindlichen Stil der Sachlichkeit? Oder nicht doch die formbewußten Indi-

[166] Erich Mendelsohn. Hommage au Maître-Architecte Henry van de Velde. Brüssel, 1933. Sonderdruck von: La Cité 11 (1933) 5–6. S. 92 f.

[167] Hermann Obrist. Neue Möglichkeiten in der bildenden Kunst. München, 1903. S. 161.

[168] Peter Jessen. Die deutsche Werkbundausstellung Köln 1914. In: Jahrbuch des Deutschen Werkbundes 1915. München, 1915. S. 25.

[169] Henry van de Velde. Vernunftgemäße Schönheit. In: Essays. Leipzig, 1910. S. 119.

[170] Hermann Muthesius. Die Werkbundarbeit der Zukunft. Vortrag 1914. In: Wend Fischer (Hg.). Zwischen Kunst und Industrie. Der Deutsche Werkbund. Kat. Die Neue Sammlung u. a. München, 1975. S. 87.

Bruno Taut. Glashaus auf der Ausstellung des Deutschen Werkbundes. Köln, 1914. Ansicht. Grundriß.

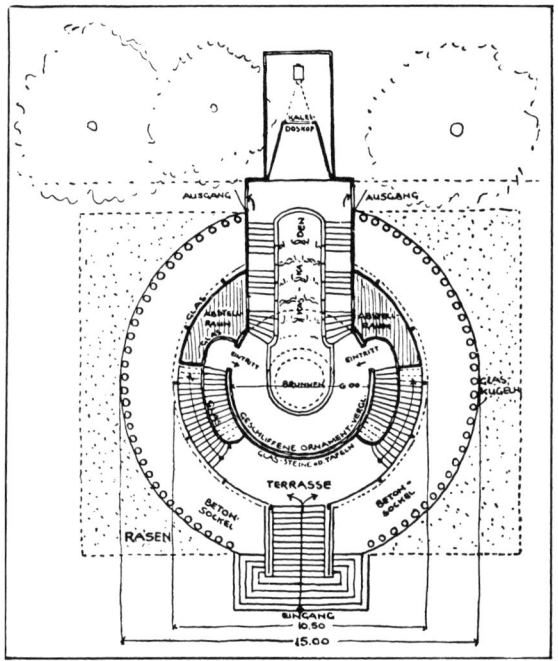

[171] Vgl. Frederic J. Schwartz. The Werkbund. Design Theory and Mass Culture before the First World War. London, New Haven, 1996. Dt.: Der Werkbund. Marke und Zeichen. Dresden, 1999.

3. August Frankreich den Krieg erklärte, wurde sie kurzerhand geschlossen. Auf dem Ausstellungsgelände wurden Obdachlose, dann Truppen einquartiert. Noch mehrere Jahre nach 1918 waren die Ruinen der Pavillons auf dem Deutzer Gelände zu sehen, darunter auch das Gerippe von Tauts Glashaus, diesem märchenhaften Versprechen eines helleren Glücks. Nicht nur 1914 hatte der Werkbund Pech mit dem Timing seiner Veranstaltungen. Auch 1932 sollte eine große, wiederum in Köln geplante Ausstellung mit dem Titel *Die Neue Zeit* den Zeitumständen zum Opfer fallen, diesmal der Weltwirtschaftskrise.

vidualisten, die Image, Zeichenhaftigkeit, Signalwirkung und Markenbewußtsein in Rechnung stellten?[171]

Die Kölner Schau fand ein abruptes Ende. Als das Deutsche Reich am 1. August Rußland und am

1918 bis 1933

Mangel an Obdach

Richard Ermisch, Martin Wagner. Freibad Wannsee. Berlin-Wannsee, 1929–30.

Die Woge des Nationalismus, die der Ausbruch des Ersten Weltkriegs auslöste, trug auch, von Ausnahmen abgesehen, die Künstler und Architekten. Hatte vor dem Krieg die Überzeugung geherrscht, die volkswirtschaftlichen Entscheidungsschlachten um Macht und Ansehen würden auf den Weltmärkten ausgetragen, so verlagerte sich der Schauplatz nun auf die Schlachtfelder. Hier würde sich erweisen, wer sich als »Weltmacht des Geschmacks«[1] behauptete. Krieg wurde zur produktiven Entwicklungskrise der Menschheit erklärt, »weil nur durch ihn selbst erwiesen werden konnte, wo in der Welt die besten Kräfte sind und also die zum Führen berufenen«, schrieb Ferdinand Avenarius in seiner Zeitschrift *Kunstwart*. Bisher keineswegs kaiserhörig oder unbesehen patriotisch, benannte sich der *Kunstwart* 1915 in *Deutscher Wille* um.[2] Noch 1916, als ein »Siegfrieden« nicht mehr in Aussicht stand, gab Werkbund-Funktionär Ernst Jäckh eine Textsammlung mit dem Titel *Der große Krieg als Erlebnis und Erfahrung* heraus.

Das Grauen nach den Träumen

Als der Kaiser nur noch Deutsche und keine Parteien mehr kennen wollte, hatte der patriotische Rausch ein ganzes Volk erfaßt, die Arbeiter wie die Intellektuellen. Viele gingen als Kriegsfreiwillige an die Front. Pazifisten waren Landesverräter. Walter Gropius meldete sich am 5. August 1914 bei der Reserveeinheit der Wandsbeker Husaren, erlebte »Ehrentage« an der Vogesen-Front und ließ sich von seinen BDA-Kollegen in der Heimat, darunter Wassili Luckhardt und Bruno Möhring, in wohlgelaunten Versen zur Verleihung des Eisernen Kreuzes gratulieren.[3] Nationalistische bis militante Maximen äußerten vor allem diejenigen, die aufgrund ihres Alters oder dank besonderer Protektion vom Kriegsdienst befreit waren. Sogar von Hermann Muthesius, dem Weltmann und England-Experten, waren chauvinistische Töne zu hören, die man von ihm bislang nicht kannte. Irgendwie schien der unbezweifelbare Sieg des deutschen Militärs dasselbe zu sein wie der ebenso sichere Sieg deutscher Qualitätsarbeit.

Wer nicht von patriotischer Hochstimmung beseelt war, glaubte zumindest an den Krieg als den heilsamen Zerstörer der alten bürgerlichen Welt, des Materialismus, des Krämertums, der Philisterei. Krieg galt als reinigende Tragödie, als »heilkräftige Not«, als »einer von den riesigen Verbrennungsprozessen, den die Natur immer wieder gebrauchst zum Aufbau eines bejahenden Menschentums«.[4] Wer durch die Schlacht ging, kam geläutert heraus. »Möge der Krieg, der große Bildner des Charakters, seine läuternde und formende Macht auch an uns bewähren«, schloß Peter Jessen, als er die Ergebnisse der abgebrochenen Kölner Werkbund-Ausstellung präsentierte.[5] Nur die Ahnungsvollen überkam eine Vorstellung von den Leiden, denen das Volk entgegenging. Wenzel Hablik, einer der Architekturvisionäre, vertraute am 4. August, als die deutschen Truppen ins neutrale Belgien einmarschierten, seinem Tagebuch an: »Fast will mich das Grauen beschleichen, nun, wo meine Träume wahr werden sollen.«[6]

Das Grauen war angebracht. Der Erste Weltkrieg kostete rund zehn Millionen Menschen das Leben, darunter 1,8 Millionen Deutsche. Zwanzig Millionen wurden verwundet, darunter 4,25 Millionen Deutsche. Nach dem Zusammenbruch der Fronten und dem Waffenstillstand fluteten die Truppen in ein erschöpftes Land zurück, in dem Seuchen, unter anderem eine mörderische Grippe-Epidemie, grassierten. Grundnahrungsmittel wie Brot und Kartoffeln fehlten. Am 9. November wurde die Republik gleich zweimal ausgerufen, vom Reichstagsgebäude aus die *deutsche* Republik durch Philipp Scheidemann und vom Berliner Schloß zwei Stunden später die *sozialistische* Republik durch Karl Liebknecht. In Wallots herrschaftlichen Reichstagshallen kampierten Soldaten, Matrosen, die Delegierten der diversen Arbeiterräte, Bünde und sonstigen Gruppen, die Gewehre abgestellt und die rote Schleife der Revolution im Knopfloch.

Daß Sparsamkeit das Gebot der Stunde war und die wilhelminische Großmannssucht ein Ende hatte, war schon während der Kriegsjahre abzusehen. »Was wir brauchen, nach dem Kriege mehr denn je, ist aber

---

[1] Peter Jessen. Der Werkbund und die Großmächte der deutschen Arbeit. In: Jahrbuch des Deutschen Werkbundes 1912. Jena, 1912. S. 10.

[2] Ferdinand Avenarius. Zu den Totentagen. In: Kunstwart 28 (1914) 4. S. 123.

[3] Reginald R. Isaacs. Walter Gropius. Der Mensch und sein Werk. Bd. 1. Berlin, 1983. S. 130, 136.

[4] Karl Scheffler. Der Krieg. In: Kunst und Künstler 13 (1914–15) 1. S. 3. – Heinrich Vogeler. Kosmisches Werden und menschliche Erfüllung. o. O., 1921. S. 3 f.

[5] Peter Jessen. Die deutsche Form im Kriegsjahr. Jahrbuch des Deutschen Werkbundes 1915. München, 1915. S. 42.

[6] Zit.: Wolfgang Reschke. Wenzel Hablik (1881–1934) in Selbstzeugnissen und Beispielen seines Schaffens. Münsterdorf, 1981. S. 117.

German Bestelmeyer. Reichsschuldenverwaltung. Berlin-Kreuzberg, 1919–24.

nicht ein neues Stilsuchen, sondern Geld«, konnte man bereits 1916 lesen. In der Einschränkung sah man die Chance: »Größte Sparsamkeit in den Mitteln ist höchste Kunst!«[7] Doch wo es um erste Hilfsmaßnahmen in einer katastrophalen Notsituation ging, konnte von Kunst keine Rede sein. Monumentale Bauaufgaben, wie sie vor 1914 den Ehrgeiz der Baukünstler herausgefordert hatten, standen nicht mehr zur Diskussion: keine Rathäuser, Festhallen, Kirchen, Warenhäuser, Verwaltungspaläste.

Bezeichnenderweise war eines der ersten öffentlichen Gebäude, die nach 1918 geplant wurden, German Bestelmeyers Bürogebäude für die Reichsschuldenverwaltung in Berlin-Kreuzberg. Der sechsgeschossige Mauerwerksbau, mit mehreren Flügeln um Innenhöfe gruppiert, wurde nötig, weil die Abwicklung der Reparationen einen hohen Verwaltungsaufwand erforderten. Auch Defizite lassen sich opulent verwalten. Der Komplex, im Vorentwurf eine gewaltige Rotunde, geriet mächtig wie die Staatsschulden. An den Straßenseiten ist er von straffen Backsteinlisenen gegliedert und mit Bauplastik in Terrakotta verziert, trotz seiner zu Sparsamkeit auffordernden Zweckbestimmung.

Organisation der Not

Bauen in den ersten Nachkriegsjahren bedeutete Verwaltung des Mangels und Organisation der Not. Im Krieg war der Wohnungsbau so gut wie ganz zum Erliegen gekommen. In Berlin wurden in der Vorkriegszeit zwischen 4 000 und 22 000 Wohnungen jährlich fertiggestellt – im Jahre 1917 dagegen ganze sechzehn und im Jahre 1918 vierunddreißig! München meldete im Jahre 1918 die Fertigstellung eines einzigen Wohngebäudes. Für das gesamte Reichsgebiet schätzte das Statistische Reichsamt den jährlichen Zugewinn an Wohnungen auf 200 000 pro Vorkriegsjahr. In den Jahren 1917 und 1918 dagegen lauteten die Zahlen 5 600 und 2 800. Erst 1926 wurden die Vorkriegswerte wieder erreicht. Der aufgestaute Bedarf ließ sich damit nicht abbauen. Nach den Berechnungen des Statistischen Reichsamts wurde der Fehlbestand an Wohnungen zu Ende der Weimarer Republik immer noch auf eine Million veranschlagt.[8]

Die Soldaten, die nach der Demobilisierung von der Front zurückkehrten, und ihre Familien mußten daher notdürftig in Baracken, Lagerhallen, Speichern, Turnhallen und Amtsgebäuden untergebracht werden, ebenso die Menschen, die aus den abgetretenen Gebieten ins Reich flüchteten. Einzelne Stadtverwaltungen warnten in Zeitungsanzeigen und auf Plakaten vor dem Zuzug in die überfüllten Großstädte. Junge Ehepaare wurden erst dann auf die Wartelisten der Wohnungsämter gesetzt, wenn sie ein bestimmtes Alter erreicht hatten. Noch vor dem Zusammenbruch des Kaiserreichs ermöglichte eine Bundesratsverordnung die Beschlagnahme unbenutzter Wohnungen und Büros, die früher Wohnungen gewesen waren. Die Epoche der Wohnungsbewirtschaftung setzte ein. Wohnungen wurden von kommunalen Wohnungsämtern vergeben, eigene Wohnungsunternehmen von den Gemeinden gegründet. Angesichts der Knappheit der Wohnungen sah sich der Staat zur Festsetzung von Höchstmieten gezwungen. Damit erlahmte jede Investitionsbereitschaft privater Bauherren.

In den übrigen Wirtschaftszweigen herrschte nach 1918 Inflationskonjunktur. Die Bauwirtschaft profitierte am wenigsten davon. Die Löhne und Gehälter der Arbeiter und Angestellten waren im Verhältnis zu den rapide gewachsenen Lebenshaltungskosten zurückgeblieben. Auch wenn Neubauwohnungen verfügbar gewesen wären, das Gros der Mieter hätte sie nicht bezahlen können. Aus Reichsmitteln wurden Zuschüsse für Behelfsbauten und Notwohnungen gewährt, die der Verteuerung des Bauens entgegenwirken sollten. Aber dem Preisanstieg und der erst schleichenden, dann galoppierenden Geldentwertung war damit nicht beizukommen. 1919 lagen die Baukosten schon um das Drei- bis Fünffache über den Friedenspreisen.

Selbst wenn die finanziellen Voraussetzungen bestanden hätten: Es fehlten die Baustoffe. Hauptursache war der Kohlenmangel. Mit den Zechen in

[7] Hans Cürlis, H. Stephany. Die künstlerischen und wirtschaftlichen Irrwege unserer Baukunst. München, 1916. S. 12.

[8] Rudolf Eberstadt. Handbuch des Wohnungswesens und der Wohnungsfrage. Jena, 1920[4]. – Zentralblatt der Bauverwaltung 53 (22. 2. 1933) 8. S. 94.

Stadtbauamt Gießen. Behelfssiedlung. Gießen, nach 1918.

Lothringen, im Saarland und im östlichen Oberschlesien hatte das Reich ein Viertel seiner Kohleförderung verloren. Ein weiterer großer Teil der Förderung mußte als Reparationsleistung abgeführt werden. Von 18 000 auf Kohle angewiesenen Ziegeleien, die vor dem Krieg in Deutschland gearbeitet hatten, waren bei Kriegsende nur etwa zweihundert in Betrieb. Die Herstellung von Ersatzbaustoffen wurde gefördert. Den Experimenten mit neuen Materialien, die in den späten zwanziger Jahren vor allem das avantgardistische Bauen bestimmten (und wegen der vielen Enttäuschungen auch diskreditierten), lagen solche Nachkriegserfahrungen zugrunde.

Weit mehr als alle ehrgeizigen Bauutopien dürfte im ersten Berliner Nachkriegswinter eine Ausstellung mit dem Titel *Sparsame Baustoffe* die Fachöffentlichkeit beschäftigt haben. Demonstriert wurde die Verwendung von Hohlsteinen, Sperrholz und Dachpappe. Holz- und Lehmbauweisen wurden propagiert. »Im ganzen Land ist ein ungeheurer Mangel an Obdach. Zahllose Hände sind bereit zum Bauen; aber womit? Sie können sich noch nicht wieder losmachen von den alten Baugewohnheiten in Stein und Eisen.« Der Aufsatz, in dem Walter Gropius 1920 diese Frage stellte, empfahl Holz als Material, das »dem primitiven Anfangszustand unseres neu sich aufbauenden Lebens« gemäß sei.[9] Über dem Text stand der Titel *Neues Bauen*, der später zum selbstgewählten Epochenbegriff der deutschen Moderne wurde.

Innere Kolonisation

1919 wurde eine neue Reichsverfassung verabschiedet, die am 11. August in Kraft trat. Unter dem Eindruck der Not ging der Gesetzgeber weit. Die Verfassung führte einen Artikel ein, der den Gebrauch des Eigentums als »Dienst für das gemeine Beste« auslegte. Sie enthielt die Aufforderung, Enteignung sei zum Wohle der Allgemeinheit gegen angemessene Entschädigung durchzuführen, soweit nicht ein Reichsgesetz etwas anderes bestimme. Notfalls sollte es also auch ohne Entschädigung abgehen. Das wurde nie durch ein Gesetz konkretisiert. Uneingelöste Versprechen blieben auch das Recht auf eine gesunde Wohnung für jeden Deutschen oder die Abschöpfung von Wertsteigerungen eines Grundstücks, die ohne Arbeitsleistung oder Kapitaleinsatz des Eigentümers eintraten, also zum Beispiel durch Planungsgewinne oder Ausweisung von Bauland. Die Forderungen dieser Verfassungsartikel blieben zwar hinter den Sozialisierungsplänen der allerersten Monate zurück. Aber sie zeigen doch, wieviel reformerischen Elan sich die Republik in ihren Anfängen zutraute.

Innere Kolonisation, die intensivere Bewirtschaftung des eigenen Landes, sollte die Kolonisation der Welt ersetzen. In der Konkurrenz der Staaten um den Erwerb von Territorien in Afrika, Asien und der Südsee hatte ein auslösendes Moment des Krieges gelegen. Der Versailler Vertrag setzte dem kolonialen Ehrgeiz Deutschlands ein Ende; nun sollten die Energien auf die bessere Nutzung des eigenen Landes gelenkt werden. Das Programm, wie es sich im Reichsheimstättengesetz von 1920 niederschlug, hatte stark kompensatorischen Charakter. Heimstätten als Einfamilienhäuser mit Nutzgärten oder kleine Siedlerstellen, die von den Familien allein bewirtschaftet werden konnten, sollten der hungernden Bevölkerung die Existenz sichern helfen. Obst- und Gemüseanbau im eigenen Garten sollte die Erhöhung der Wohnkosten abmildern und die Intensivierung der Landwirtschaft im Staat den Rückgang der Industrieproduktion ausgleichen.

[9] Walter Gropius. Neues Bauen. In: Holzbau. Beilage der Deutschen Bauzeitung 1 (1920) 2. S. 5.

[10] Walter Curt Behrendt. Neue Aufgaben der Baukunst. In: Der Aufbau. 6. Heft. Stuttgart, Berlin, 1919. S. 13.

[11] Bernhard Dernburg. Vorwort in: Peter Behrens, Heinrich de Fries. Vom sparsamen Bauen. Ein Beitrag zur Siedlungsfrage. Berlin, 1918. S. 10.

[12] Adolf Behne. In: Ja! Stimmen des Arbeitsrates für Kunst in Berlin. Berlin, 1919. S. 13 ff.

[13] Walter Gropius an Karl Ernst Osthaus, 23. 12. 1918. Osthaus-Archiv, Hagen. – Bruno Taut an Karl Ernst Osthaus, 14. 11. 1919. Osthaus-Archiv, Hagen.

[14] Kurt Hiller. Ein deutsches Herrenhaus. In: Tätiger Geist! Zweites der Ziel-Jahrbücher. Berlin, München, 1918. S. 425.

[15] Bruno Taut an Karl Ernst Osthaus, 16. 5. 1919. Osthaus-Archiv, Hagen. – Peter Behrens. Das Ethos und die Umlagerung der künstlerischen Probleme. In: Der Leuchter. Jahrbuch der Schule der Weisheit. Darmstadt, 1920 (1921). S. 320. – Erich Mendelsohn. Notiz auf einer Zeichnung. In: Bruno Zevi. Erich Mendelsohn. Opera Completa. Mailand, 1970. S. 129. – Adolf Behne. Die Wiederkehr der Kunst. Leipzig, 1919. S. 114.

In der allerersten Depression über den Verlust von Industrien und Märkten war die Wendung nach innen verständlich, zumal ihr die Nebenerwerbssiedlungen, Arbeiterkolonien und Gartenstädte der Vorkriegsära vorgearbeitet hatten. Psychologisch war die »Bindung an die Scholle« als Stützung und Genesung der lädierten Volksseele gedacht, als Trost im gemeinsamen Leid. »Das bedeutet im weitesten Sinne die Volksstätte der Gemeinschaft, die Gesamtheit der Siedlung mit ihren Höfen und grünen Gärten und ihren weiten, dem Gemeinwohl dienenden Anlagen.«[10] Sogar mit dem gewachsenen Lufthunger der heimgekehrten Krieger wurde argumentiert! »Die Sehnsucht des Feldgrauen, den Biwak und Schützengraben hart und luftfreudig gemacht haben, treibt ihn aus den Städten.«[11] Daß die Existenzprobleme der besiegten Nation nicht durch die Flucht aufs Land gelöst werden konnten, sondern nur durch erhöhte und verbesserte Industrieproduktion, erwies sich sehr bald.

Dividualisten statt Individualisten

Die Nähe oder Ferne der Architekten zur jungen Republik war so unterschiedlich ausgebildet wie die der Bevölkerung allgemein. Auch die Avantgarde, der man ein Engagement für die Weimarer Republik zugetraut hätte, ließ sich durch die gutgemeinten Formulierungen der Verfassungsväter nicht zu größerer Staatsnähe überreden. Alles für das Volk, aber nicht mehr als nötig für den Staat: Nach dieser Devise handelten viele. Soweit man den Manifesten der Arbeiterräte und revolutionären Künstlergruppen folgen darf, erwarteten sie vom Staat die Befriedigung ihrer Lebensbedürfnisse, finanzielle Mittel, ausreichende Aufträge, eine Revision des Ausstellungsbetriebs, Reformen des Schulwesens und manches andere mehr. »Aber«, meinte der Kritiker und Kunsthistoriker Adolf Behne, »der Künstler ist auch im sozialistischen Staat ein Fremdling ... Wir wollen selbst bauen, als wäre gar kein Staat da.«[12]

Daß der junge Staat wenig oder nichts für die Architekten tun konnte, war ein weiterer Grund für ihre Staatsverdrossenheit. Auch Baukünstlern, die sich schon zu den halbwegs Prominenten zählen konnten, ging es miserabel. Walter Gropius vertraute in den Weihnachtstagen 1918 seinem Freund Karl Ernst Osthaus an: »Seit 14 Tagen brause ich fieberhaft durch Berlin, um irgend eine Tätigkeit zu finden, aber bis jetzt gelang alles daneben und ich bin schon ganz verzweifelt, wie das werden soll. In 4 1/2 Jahren sind eben die meisten Spuren hinter einem verwischt.« Nicht anders klang es bei Bruno Taut ein Jahr später. »Mein Zeichentisch hier im Büro bleibt leer, tagtäglich dasselbe nichts.«[13]

Hinzu kam die Sorge, eine planwirtschaftlich organisierte Republik könnte den freien Architekten das Leben schwermachen. Bereits die Planungstätigkeit der neu gegründeten kommunalen, gewerkschaftlichen oder genossenschaftlichen Baugesellschaften irritierte: Sie richteten ihre eigenen Baubüros ein und bedienten sich nach Meinung der privaten Architekten nicht hinreichend der Kapazität freier Baukünstler. Man fürchtete auch im Bauwesen eine Art Staats- und Gemeindesozialismus, der alles und jedes regeln würde, und prophezeite eine gewaltige Zunahme der Baubeamten auf Kosten der unabhängigen Architektenschaft.

Im Vokabular der Architekten, die sich nach dem Kriege in gesellschaftspolitischen Fragen zu Wort meldeten, tritt der Begriff Sozialismus häufig auf. Aber der Sozialismus der Intellektuellen war merkwürdig undoktrinär, wenig analytisch, ja überhaupt unpolitisch. Architekten machten da keine Ausnahme. Wohl sahen zumindest jene Baumeister, die sich Ende 1918 an den überall im Reich entstehenden Künstlervereinigungen beteiligten, ihren Standpunkt eher auf der linken als auf der rechten Seite des politischen Spektrums. Die »geistigen Arbeiter« organisierten sich nach dem Vorbild revolutionärer Arbeiter- und Soldatenräte. Im Unterschied zu diesen Gremien konnten sie sich nicht auf Mandate berufen, die ihnen in Betriebs- oder Quartiersversammlungen erteilt worden wären. Dieser Mangel an politischer Legitimation fiel nicht weiter auf. Er erschien sogar als das Selbstverständliche: »Niemand hat da ernannt; niemand hat da gewählt; die Befugten traten eines Tages zusammen und sagten: wir sind es.« (Kurt Hiller)[14]

Ausgesprochen parteipolitisches Engagement wie die Mitgliedschaft von Max Berg und kurzfristig auch von Paul Bonatz in der Sozialdemokratischen Partei oder Bruno Tauts Bereitschaft, in München in das Kabinett des bayerischen USPD-Ministerpräsidenten Kurt Eisner einzutreten, war selten. Sozialismus sollte keine Parteilehre sein, sondern eine Gesinnung. Es war ein anderes Wort für Brüderlichkeit. Auch Bruno Taut sprach von einem »Sozialismus im unpolitischen, überpolitischen Sinne«. Peter Behrens forderte zwar Revolution, aber »nicht im Sinne des marxistischen Materialismus, sondern der sozialen Idee im Geistigen«. Erich Mendelsohn schrieb auf eine seiner Skizzen »Solidarismus als Kombination von Individualismus und Sozialismus«. Behne wollte das Wort Individualismus ganz abgeschafft wissen. Er beschloß sein Buch *Die Wiederkehr der Kunst* mit einem Ausblick auf den neuen Menschen, den »Dividualisten«, der in der Einheit alles Lebendigen lebt. »Als Dividualisten sind wir Sozialisten, im ursprünglichsten, tiefsten, letzten, *brüderlichen* Sinn.«[15]

Standortbestimmungen: Gropius, Poelzig, Tessenow

Äußerungen, wie sie Architekten der unterschiedlichsten Herkunft und Generationszugehörigkeit damals vertraten, sind von materieller Bescheidung und ungeheurem geistigen Anspruch zugleich geprägt. Drei Beispiele für viele sind Gropius' Aufsatz *Baukunst im Freien Volksstaat* von 1919, Hans Poelzigs Rede vor dem Deutschen Werkbund in Stuttgart aus demselben Jahr und die Antrittsrede Heinrich Tessenows, als er 1920 die Architekturabteilung an der Dresdner Akademie der Künste übernahm.[16] Gropius ging von seinem und seiner Freunde Unmut über den Staat aus. Kapitalismus, Machtpolitik und bürgerliches Philistertum haben im alten Staat das Schöpferische verschüttet. Der neue Staat muß erst der Kunst dienen, bevor er »frei« heißen darf. Die politische Revolution hat niemanden frei gemacht. Erst der vollendeten geistigen Revolution wird es gelingen. Sie muß sich auf neue, instinktsicherere Schichten des Volkes stützen. Der kommende Künstler wird sich an das »urwüchsig heitere Volksgemüt« wenden, »das sich nicht scheut vor Farbe, Goldglanz und Süßigkeit, vor kindlicher Freude am Schönen«.[17]

Gedanken wie diese, die eher Grimms Märchen als einer Analyse der zeitgenössischen Situation entstammen, wirkten sich bei Gropius im gebauten Werk nur andeutungsweise aus, am deutlichsten in der gesuchten Primitivität des Hauses Sommerfeld in Berlin-Lichterfelde (1920–21). Das Haus war die erste größere Gemeinschaftsleistung des Weimarer Bauhauses, dessen Werkstätten von den Buntfenstern bis

Walter Gropius, Adolf Meyer. Haus Sommerfeld. Berlin-Lichterfelde, 1920–21.

zu den geschnitzten Treppenwangen reichlich zu tun fanden. Seine Blockhausromantik erklärt sich nicht zuletzt aus dem Metier des Bauherrn, eines Holzindustriellen und Bauunternehmers, der mit diesem Entwurf die Möglichkeiten des Baumaterials Holz demonstrieren wollte. Ein Kritiker fand sich an alte Vorbilder erinnert, die »heute noch uns im Altsachsenland so mächtig ergreifen«.[18]

Daß die Künstler das Glück der Gemeinschaft, die Nähe zum Volk suchten, entsprach einer Sehnsucht, die aus den Erschütterungen des großen Krieges kam. Gropius und andere beriefen sich auf das Buch *Gemeinschaft und Gesellschaft* von Ferdinand Tönnies, das schon 1887 erschienen war. Tönnies konfrontierte die lebendige, natürliche Lebensform der Gemeinschaft, die auf Nachbarschaft und Freundschaft beruhte, mit dem »mechanischen Aggregat und Artefakt« der Gesellschaft. Gemeinschaft erstrebt Bedarfsergänzung ohne Profit und genügt sich selbst. Bewegt wird sie durch den »Wesenswillen«, die natürliche Einheit der Gefühle und Triebe. Gesellschaft dagegen ist durch mechanisches Denken, durch Spannungszustände und Geldverwertung gekennzeichnet. Ihre Herren sind die Kaufleute oder Kapitalisten. Sie wird durch den »Kürwillen« motiviert, der auf Ziele gerichtet ist und berechnend vorgeht. Tönnies' Werk wurde 1912 neu aufgelegt und wirkte weit über die Fachsoziologie hinaus.

Gropius hat sein utopistisches Geschichtsbild in zahlreichen Äußerungen aus der gleichen Zeit niedergelegt, darunter im berühmten Gründungsmanifest

[16] Walter Gropius. Baukunst im freien Volksstaat. In: Ernst Drahn, Ernst Friedegg (Hg.). Deutscher Revolutionsalmanach für das Jahr 1919. S. 134 ff. – Hans Poelzig. Rede vor dem Werkbund. Stuttgart, 1919. Wiederabgedruckt in: Julius Posener (Hg.). Hans Poelzig. Gesammelte Schriften und Werke. Berlin, 1970. S. 111 ff. – Heinrich Tessenow. Das Land in der Mitte. Hellerau, 1921.

[17] Walter Gropius. Baukunst im freien Volksstaat. In: Ernst Drahn, Ernst Friedegg (Hg.). Deutscher Revolutionsalmanach für das Jahr 1919. S. 134.

[18] Paul Klöpfer. Die Gropius-Ausstellung im Staatl. Bauhaus zu Weimar. In: Allgemeine Thüringische Landeszeitung. Beilage Deutschland. Weimar, 5. 7. 1922.

[19] Walter Gropius. Baukunst im freien Volksstaat. In: Ernst Drahn, Ernst Friedegg (Hg.). Deutscher Revolutionsalmanach für das Jahr 1919. S. 135.

[20] ebd. S. 135.

[21] Deutsche Architekten! In: Die Bauwelt 10 (1919) 23. S. 5 f.

[22] Hans Poelzig. Rede vor dem Werkbund. Stuttgart, 1919. Zit.: Julius Posener (Hg.). Hans Poelzig. Gesammelte Schriften und Werke. Berlin, 1970. S. 114, 111.

Hans Poelzig. Großes Schauspielhaus. Berlin, 1918–19. Ansicht vom Schiffbauerdamm. Zuschauersaal.

des Bauhauses von 1919. Es ist durch zwei Momente gekennzeichnet: durch ein unbegrenztes Vertrauen auf die Kunst als den Sinn der Geschichte und durch einen Adventismus, der die eigene Zeit nach guter alter Mystikertradition als unerfüllte Zwischenzeit, als Epoche zwischen einem besseren vergangenen und einem besseren künftigen Einst versteht. »Das heutige Geschlecht muß von Grund auf neu beginnen, sich selbst verjüngen, erst eine neue Menschlichkeit, eine allgemeine Lebensform des Volkes erschaffen. Dann wird die Kunst kommen.«[19] Geschichte wird als ein unabhängig vom Menschen verlaufendes Schicksal gedeutet, das je nach seiner Phase im Weltenplan Glücksangebote für den Menschen enthält – oder nicht. Nicht zufällig entstand in diesen Jahren Oswald Spenglers weltgeschichtliche Kreislauflehre *Der Untergang des Abendlandes*.

Dergleichen war für den Künstler angenehm zu lesen. Er konnte sich entlastet von unmittelbarer Verantwortung fühlen, da die »geistige Einheit«, die unerläßliche Vorbedingung für das Gelingen des Werkes, noch nicht eingetreten war. Auf der anderen Seite wurde ihm und speziell dem Baukünstler – »dem Meister vom Stuhl im Haus der Kunst«[20] – eine Rolle verheißen, die über dem Wirken des Tages stand, ja geradezu von einer ungeheuerlichen Überschätzung des Berufes kündete. Das sahen viele Kollegen so. Der Aufruf *Deutsche Architekten!* von 1919, demzufolge der Architekt »wie einst in großen Zeiten« als »Führer und Herr der Bildenden Künstler« walten solle, trug auch die Unterschriften alter Praktiker wie Peter Behrens oder German Bestelmeyer.[21]

Hans Poelzig setzte sich in seiner Stuttgarter Werkbund-Rede zunächst mit der Problematik des Deutschen Werkbunds auseinander. Die Standortbestimmung, die 1914 auf der Kölner Ausstellung begonnen worden war, hatte der Kriegsausbruch abgebrochen. Nun wurde sie weitergeführt. Als Zweiter und wenige Wochen später auch Erster Vorsitzender des Werkbunds bezichtigte Poelzig den eigenen Bund des »Industrialismus«, Opportunismus, Kompromißlertums, der Resignation. Wie Gropius hielt auch Poelzig ein bedingungsloses Plädoyer für das Schöpfertum, für »Gemüts- und Gefühlswerte«. »Seien wir sogar lieber unpraktisch, wenn wir erreichen können, daß aus unserer Schöpfung ein Strahl in die menschliche Seele fällt.«

Der burschikose Poltergeist schätzte allerdings die Bereitschaft der Künstler realistischer ein. »Wir Künstler folgen schließlich nur zögernd und widerwillig dem Rufe, der uns aus unseren Werkstätten herausjagt auf die Arena, wo darüber verhandelt werden muß, was geschehen soll.« Auch Poelzig griff die Formulierungen auf, die damals kursierten und der Kunst eine erlösende Wirkung zuschrieben. Reine Gesinnung bildet die Bedingung großer Kunst. In der Architektur, der *ars magna*, werden sich alle vereinzelten Sonderkünste zusammenfinden wie die verstreuten Teile der Gesellschaft in der großen Volksgemeinde.[22]

In diesem Sinn entwarf Poelzig seine ersten Nachkriegsprojekte, die unrealisierten Pläne für Max Reinhardts Salzburger Festspiele und diverse Bauten für Dresden, vor allem aber die realisierte Stalaktitengrotte des umgebauten Großen Schauspielhauses in Berlin (1918–19). Reinhardt war hier ebenfalls Hausherr. Das Theater schien die Chance zu bieten, eine Gemeinde der Inspirierten zusammenzuführen, Kunst und Volk miteinander zu verbinden. Poelzigs Beeindruckungsarchitektur mit ihren endlos wiederholten Motiven, den langgezogenen Rundbögen, den Rabitzzapfen, mit ihrer Lichtregie und ihrer kräftigen Farbigkeit stellte sich in den Dienst dieses Versöh-

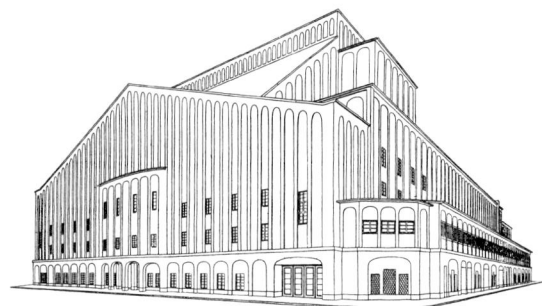

96 1918 bis 1933

Hans Poelzig. Skizze. Um 1920. Farbkreide.

nungsprogramms. Große Kunst braucht den begeisternden Inhalt, die begeisternde Form. Der Krieg hat die Deutschen zwar arm gemacht, aber wie zahlreiche zeitgenössische Autoren sah auch Poelzig in der Niederlage eine Chance. Karger Boden kann zur Gesundung führen. Es gilt, alles Krankhafte und allzu Üppige abzustoßen und vor den Siegern den Stolz zu wahren.

Bei Poelzig war die patriotische Note eher ein rhetorisches Stilmittel als ein tragendes Element seiner Überlegungen. Bei Heinrich Tessenow spielt sie kräftig mit: »Das Wichtigste für Europa während des letzten Jahrhunderts wurde von uns Deutschen geleistet.« Dem antirationalen Affekt folgte Tessenow vorbehaltlos. Schon Poelzig, der sich als spontanes Künstlergenie verstand, hatte vor allzu viel Wissenschaftlichkeit gewarnt und damit kunsthistorische Bildung einerseits, Ingenieurwissen andererseits gemeint. Tessenow verwirft angesichts dessen, was er in seiner eigenwilligen Sprache die »großweltlichen Zusammenbrüche« nennt, die gesamte Politik und Wissenschaft. Nur der liebe Gott könne helfen, »oder das tiefste Wesen der Dinge«.[23]

Gleich nach dem lieben Gott und dem tiefsten Wesen sind die Deutschen aufgerufen. Ihnen stellen die »großweltlichen Zusammenbrüche« besondere Aufgaben, weil sie gemäß Tessenows eurozentrischem Weltbild »hier in der Mitte stehen«. Tessenow erinnert seine Dresdner Hörer an die Leistungen der Deutschen, zu denen er kurzerhand auch die »früheren Großtaten« der Engländer und Holländer rechnet.[24] Sein Gedankengang schwenkt damit auf eine Linie ein, die von Houston Chamberlains Hymnus auf das Germanentum und Julius Langbehns Bestseller *Rembrandt als Erzieher* (1890) bis zur Wiederbelebung der Rassentheorie in den zwanziger Jahren führt.

In Tessenows Philosophie der Mitte haben die Deutschen die Aufgabe der Ver-Mittlung zu übernehmen. »Das Gegensätzliche bildet sich dauernd und ohne unser Zutun, das Verbindliche bildet sich nie allein.« Es muß vielmehr in ständiger Anstrengung geschaffen werden. Diesem Auftrag der Nation stellt Tessenow in einer langen Folge von Analogien andere Instanzen der Vermittlung zur Seite. So wie die Deutschen das Verbindende zwischen den Franzosen und den Russen sind, so der Mittelstand zwischen Besitzern und Habenichtsen, der Handwerker zwischen dem Wissenschaftler und dem Künstler, die Klein- und Mittelstadt zwischen Großstadt und Dorf. Daraus zieht Tessenow die Folgerung, der Handwer-

[23] Heinrich Tessenow. Das Land in der Mitte. Hellerau, 1921. S. 19, 17, 16.

[24] ebd. S. 28, 21.

Mangel an Obdach

Heinrich Tessenow. Städtisches Einfamilien-Doppelhaus. In: Heinrich Tessenow. Hausbau und dergleichen. Berlin, 1920². Außenansicht. Herrenzimmer.

[25] ebd. S. 35, 40.

Heinrich Tessenow. Stadtbad. Berlin-Mitte, 1927–30. Große Schwimmhalle.

ker in der kleinen Stadt sei »als der mittelständigste Teil dem wesentlich mittelständigen Deutschland am meisten gemäß«.[25]

Der stille, leise Mann darf keineswegs zu den Reaktionären der deutschen Architekturszene gerechnet werden. Vor dem Kriege galt Tessenow als Gegenspieler der romantisierend-malerischen Richtung, mit der er in Hellerau zusammengestoßen war (vgl. S. 51). In späteren Jahren hat er für sich selbst eine Mittlerrolle zwischen Avantgardisten und Konservativen akzeptiert, die im Sinne seiner Dresdner Argumentation lag. Seinen Schülern waren seine Bücher, seine Lehren und seine mit reinlicher Sütterlinschrift versehenen Zeichnungen eine Offenbarung. Bemerkenswert bleibt, daß die möglicherweise einflußreichsten Architekturlehrer der zwanziger Jahre Gropius, Poelzig, Tessenow (zu denen die Dozenten der Stuttgarter Schule hinzuzurechnen wären) die Notlage des Kriegsendes mit Geschichtsvorstellungen beantworteten, die Nischen für so verschiedenartig akzentuierte Erlösungsvorstellungen boten.

Die Bereitschaft zur Revision war unterschiedlich ausgebildet. Bei Gropius verwandelte sich das eschatologische Denken der ersten Nachkriegszeit in einen pragmatischen Zukunftsoptimismus, der sich der Aufgaben des technologischen Massenzeitalters annahm. Poelzig brachte seine genialische Großzügigkeit in eine Regie architektonischer Massen ein, die Nüchternheit und Pathos vereinigte. Tessenow blieb ein Baumeister des menschlichen Maßstabs, ein integrer Einzelgänger, der in seinen Schul- und Sozialbauten aus der Weimarer Zeit mit strengen Ordnungsfiguren auch die Größenordnung von Großstadtaufgaben bewältigte.

Wenn Hoffnungen bauen

Historische Augenblicke, in denen Menschen ihren Mut und ihre Vorstellungskraft zusammennehmen, um der Welt ein anderes Bild von menschlichem Zusammenleben vor Augen zu stellen, sind selten. Das Ende des Ersten Weltkrieges war ein solcher Moment. »Nichts ist heute wichtiger, als Ziele so hoch zu stecken, als unsere Einbildungskraft sie nur aufrichten mag. Denn nur durch den inneren Impuls vermögen wir den Zusammenbruch der äußeren Welt zu überwinden.«[26] Visionen entstanden. Ein himmlisches Jerusalem auf Erden zeichnete sich ab im erschöpften Berlin, München, Wien, Dresden, Amsterdam. Dichter und Künstler, die als Expressionisten galten und sich oft auch selbst so bezeichneten, wollten einen anderen Menschen, eine andere Stadt, eine andere Gesellschaft, eine neue Gemeinschaft. Daß Notzeit war, konnte helfen, die alten sozialen Schranken zu überwinden. Notzeit hieß aber auch: keine Aufträge und viel Zeit, sich am häuslichen Zeichentisch den Utopien zu widmen. Die hochfliegenden Projekte waren *auch* Ersatzhandlungen. Mit ihnen ließ sich Kreativität ausüben, obwohl es nichts zu realisieren gab. »Wir haben in diesen zehrenden Leidensjahren seit 1914 nicht verlernt, wenn nicht Häuser, so doch Hoffnungen zu bauen.«[27]

Dem innersten Sinne nach expressionistisch

In den Manifesten der Künstlergruppen wie dem Gründungsmanifest des Weimarer Bauhauses oder den Verlautbarungen des Berliner Arbeitsrats für Kunst von 1919 standen moralische Kategorien obenan: Aufrichtigkeit, Nächstenliebe, Solidarität, Brüderlichkeit. Daß alles Getrennte wieder zusammenfinden werde, war die Hoffnung vieler Künstler. Der Baukunst, der mütterlichen Architektur, trauten sie diese vereinigende Kraft zu. Das Gesamtkunstwerk unter der Leitung der Baumeister sollte die partikularen Künste vereinigen wie die Gemeinschaft des Volkes die einzelnen Menschen. Große Zeiten künstlerischer Gemeinsamkeit wurden beschworen: die Kathedralen der Gotik, die Schlösser und Wallfahrtskirchen des Barocks und jenes Bauen, das alle europäischen Maßstäbe sprengte und als Letztes und Höchstes galt: die Tempel Indiens. Das Auge des Betroffenen »ist in Dankbarkeit auf die Schönheit der indischen Tempel gerichtet, und er weiß, daß diese höchste Schönheit der Erde ein Kompaß ist, der nicht in die Irre weisen kann.«[28]

Der Begriff Expressionismus hatte sich in der bildenden Kunst im Laufe der Jahre 1910 und 1911 eingebürgert – als Gegenbegriff zu »Impressionismus«. Der erste, der es auf die Baukunst anwendete, scheint der Berliner Kritiker Adolf Behne Anfang 1913 gewesen zu sein. Im Zusammenhang mit Bruno Taut schrieb Behne, was das Werk Tauts auszeichne, sei dessen Intensität, sei der Verzicht auf »jede Vorstellung einer bestimmten Ordnung, einer bestimmten Formung. Ihm ergibt sich stets alles aufs neue vom Grund aus.« Alles von außen Kommende halte Taut sich fern. Seine Häuser entstünden »von innen heraus«, wie eine wachsende Pflanze. »Man darf demnach die Architektur Tauts als dem innersten Sinne

Hans Scharoun. Kultbau. Um 1920. Aquarell.

[26] Karl Ernst Osthaus. Die Folkwangschule. Ein Entwurf von Bruno Taut. In: Genius. Zeitschrift für werdende und alte Kunst 2 (1920) 2. Buch. S. 205. München, 1920.

[27] Richard Herre. Hochhäuser für Stuttgart. In: Wasmuths Monatshefte für Baukunst 6 (1921–22) 11–12. S. 375.

[28] Adolf Behne. Wiedergeburt der Baukunst. In: Bruno Taut. Die Stadtkrone. Jena, 1919. S. 130.

Erich Mendelsohn. Maschinenfabrik. 1914. In: Wendingen 3 (1920) 10.

[29] Adolf Behne. Bruno Taut. In: Pan 3 (1912–13) 23. S. 538 ff.

[30] Ernst Bloch. Geist der Utopie. Zit.: Gesamtausgabe Bd. 3. Frankfurt am Main, 1964. S. 24.

[31] Heinrich de Fries. Wohnstädte der Zukunft. Berlin, 1919. S. 64 f.

[32] Adolf Behne. Bruno Taut. In: Pan 3 (1912–13) 23, 7. 3. 1913. S. 539.

Wenzel Hablik. Kristallbau über Bergabhang. 1903/07. Farbstift.

nach ›expressionistisch‹ bezeichnen.«[29] Das »Innen« war als eine Art Entelechie des Bauwerks verstanden, von der die gestaltenden Kräfte ausgingen.

Also nicht Schrei und Eruption, sondern der Ausdruck dessen, was eine Sache im Innersten bewegt. Autoren wie Sigfried Giedion oder Ernst Bloch hielten dennoch Architektur und Expressionismus für unverträglich. Das Bauen sei zu sehr von den realen Bedingungen abhängig, von Gebrauchszweck, Material, Konstruktion und Wirtschaftlichkeit. Es sei zu sehr mit dem Ernst der Lebensnotwendigkeiten verflochten, als daß es expressionistischem Darstellungsdrang folgen könne: »Es ist unmöglich, gutschließende Fenster, Lift, Arbeitstisch, Telefon, die ganze rechteckige blitzende Welt der Zweckformen ... mit Lehmbruck, mit Archipenkos Kurven zu brechen oder zu umkleiden.«[30] Richtig war, daß die Architektur als eine im wesentlichen nicht-darstellende Disziplin die Deformation der Gegenstandswelt – das Verfahren der expressionistischen Malerei und Bildhauerei – kaum praktizieren konnte. Aber die Architekten taten etwas anderes. Sie deformierten die Gegenstände *ihrer* Erfahrung: Bautradition, Gebäudetyp, Konstruktion, Material, Zweck und unterwarfen sie ihrem eigenen Ausdrucksbedürfnis.

Einen Vorteil hatte die Architektur gegenüber allen anderen Künsten: Als Gestaltung des inneren und äußeren Raumes, der Interieurs wie der Staträume, erlaubte die Baukunst es eher als die anderen Gattungen, die Distanz des Ästhetischen aufzuheben. Man braucht Bilder, Gedichte oder Musik nicht zur Kenntnis zu nehmen. Man muß nicht ins Theater oder Kino gehen. Aber man kann nicht Räume und Bauwerke ignorieren. »Wo wir auch sein mögen, wo wir gehen und stehen, essen, arbeiten und schlafen, wo wir ruhen und warten, reisen und wandern, überall ist geformter Raum um uns«, begeisterte sich ein Kritiker der Zeit, Heinrich de Fries. »In dieser Unentrinnbarkeit, in dieser Allgegenwärtigkeit der architektonischen Form liegt die unermeßliche Macht ihrer Wirkungsfähigkeit begründet.«[31] Als das allumgebende, alles einbegreifende Medium besaß Architektur die größere Macht, war sie zum totalen Kunstwerk vorherbestimmt. Das fanden zumindest die Architekten. Poeten, Theatermenschen oder Filmemacher sahen es verständlicherweise anders.

Beseelte Formen

In Behnes ersten Umschreibungsversuchen für das Neue, das er kommen spürte, bezog er sich nicht nur auf Gotik und Indien. Überraschenderweise verknüpfte er die neuen Experimente auch mit einer Stilphase, die wenige Jahre zuvor abgeschlossen schien. Behne empfahl »ganz beseelte, ganz organische Formen«,[32] als habe nicht jedermann noch kurz zuvor die »ganz beseelten« und »ganz organischen« Formen des Jugendstils mit Hohn und Spott übergossen. Tatsächlich erlebte der Jugendstil in Deutschland (wie auch in den Niederlanden) gegen Ende des zweiten Jahrzehnts eine Neueinschätzung, wie sie sonst nur sehr viel weiter zurückliegenden Epochen zuteil wird.

So hingen in der Ausstellung für unbekannte Architekten, die der Berliner Arbeitsrat für Kunst im April 1919 veranstaltete, als Hinweise auf einen Ahnherrn des Neuen Aufnahmen von Grabmälern, die Hermann Obrist, Protagonist des Münchner Jugendstils, entworfen hatte. Der junge Erich Mendelsohn trat im November 1919 mit einer Ausstellung in Paul

Cassirers Berliner (von Henry van de Velde eingerichteter) Kunstgalerie hervor. Er bekundete seine Dankbarkeit nicht nur dem großen Art-Nouveau-Künstler Van de Velde, sondern auch dem Wiener Sezessionisten und Darmstädter Künstlerkolonisten Joseph Maria Olbrich. Als die oppositionelle Fraktion des Deutschen Werkbunds um Poelzig und Gropius 1919 einen neuen Bund gründen wollte, sollten Van de Velde und Obrist Ehrenmitglieder werden. Sogar die phantastischen Architekturschöpfungen, die Antoni Gaudí um und nach der Jahrhundertwende in Barcelona geschaffen hatte, wurden gelegentlich in Publikationen der expressionistischen Jahre abgebildet. Das Werk des katalanischen Architekten war in Deutschland allerdings eher Gerücht als verbürgte Wirklichkeit. Walter Gropius immerhin hatte Gaudí bei einer frühen Spanienreise in Barcelona getroffen.

In vielen Zügen nehmen sich die Entwürfe und Bauten des Expressionismus wie die ins Ekstatische gesteigerte Fortsetzung des Art Nouveau aus. Auch die Projekte des Expressionismus wurden als dreidimensionale Bauskulpturen empfunden – so sehr, daß die Arbeit am knetbaren Modell zu einer verbreiteten Methode der Formfindung wurde. Auch hier spielten farbiges Glas und ungewöhnliche Materialkombinationen wichtige Rollen. Auch hier war das Gesamtkunstwerk gewollt, in dem die bildenden Künstler sich in den Dienst des omnipotenten Baukünstlers stellten oder selbst dessen Rolle übernehmen wollten. Bei Künstlern wie Hermann Obrist, Wenzel August Hablik oder Fidus leitete die Produktion ihrer Jugendstiljahre übergangslos in das Werk ihrer expressionistischen Tage über.

Geändert hatte sich freilich mit dem politischen das kulturelle Klima. Der Expressionismus wendete sich an das Volk, nicht an den gebildeten Sammler oder Bauherrn. Das erforderte andere Maßstäbe. Nicht das einzelne Haus war mehr gemeint, sondern die ganze Stadt, das ganze Land und in den kühnsten Augenblicken Globus und Kosmos. Neue Aufgaben drängten sich in den Vordergrund: Bauten des gemeinschaftlichen Handelns und Glaubens, Volkshäuser (die Vorgänger in der Vorkriegszeit hatten), Stätten der Andacht, Landschaftsüberbauungen. Gefordert war nicht zuletzt eine andere, gewalttätige, rhetorische Sprache. Der Expressionismus wollte nicht den Geschmack aufgeschlossener Kenner befriedigen, sondern die Gesellschaft verändern. Er

wollte nicht geschmeidige Formengebilde mit der schönen Epidermis der Erscheinung überziehen, sondern zu den Grundfesten des Lebens vorstoßen.

Max Taut. Erbbegräbnis Wissinger. Friedhof Stahnsdorf bei Potsdam, 1921–23.

Zu einer Leitform dieser Künstlergruppe wurde der Kristall. Sein Erscheinungsbild und seine Struktur boten beides: die aggressive Gestalt und die Symbolik, die sich mit ihm als einem Baustein der Natur verbindet. Daß es sich von der Apokalypse des Johannes bis zum Gralskult der Jahrhundertwende zugleich um einen geheiligten Gegenstand der kulturellen Überlieferung handelte, machte ihn den Expressionisten um so teurer. Auch wo sie sich nicht ausdrücklich auf die Welt des Kristallinen bezogen, herrschten Strahl und Winkel statt Kurve und Schlinge vor, kompro-

Hermann Finsterlin. Traum aus Glas. Architektur. Serie XI, Blatt 5.

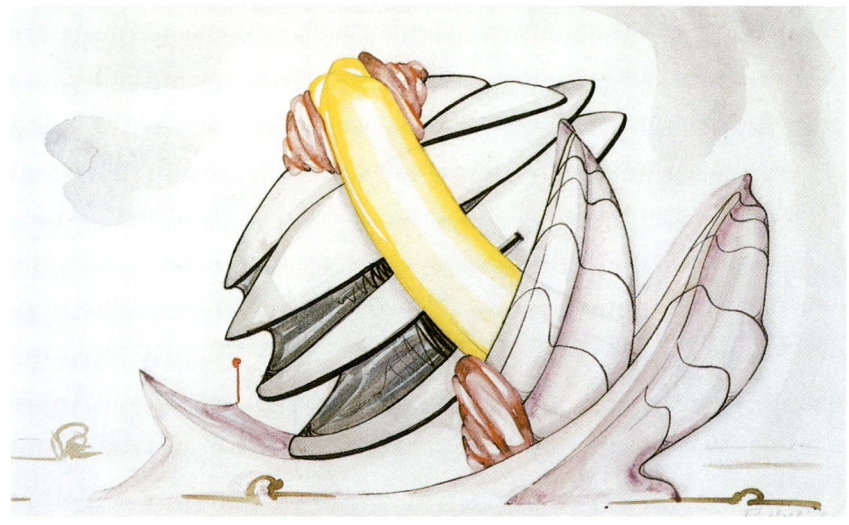

Wenn Hoffnungen bauen   101

Rudolf Steiner. Zweites Goetheanum. Dornach, 1924–28.

mißlose Härte statt verbindlicher Elastizität. Räume in Jugendstil-Architekturen gleiten mit zahlreichen Verschleifungen ineinander über, die sich dem Grundriß nicht entnehmen lassen. In expressionistischen Bauten und Entwürfen folgen sie in der Regel mit spröder Genauigkeit den geometrischen Grundrißfiguren. Wo sich auch weiterhin biomorphe Formen finden, bei dem Berchtesgadener Maler und Architekturvisionär Hermann Finsterlin, bei Erich Mendelsohn, entstammen sie selten der floralen Welt, der einst der Jugendstil Ornament und Gestus verdankt hatte. Nächste Verwandte im Reich der natürlichen Formen sind vielmehr die von Lebewesen erzeugten festen Körper, die Schneckengehäuse, Muschelschalen, Korallenstöcke oder Knochenbildungen, also ebenfalls kristalline Gebilde.

Bei den vielen geträumten und wenigen realisierten Bauten des Expressionismus hoben ihre Schöpfer Widersprüche nicht dialektisch auf, sondern integrierten sie in eine Einheit jenseits aller Gegensätze. Gebautes tritt nicht als Gemachtes dem Gewachsenen entgegen, es will Teil alles Werdenden und Gewordenen sein. Wie die Polarität zwischen Gotteswerk und Menschenwerk sollte auch die zwischen Innen und Außen aufgehoben sein. Bei den »Organikern«, bei Mendelsohn, Finsterlin, dem Gründer der Anthroposophie Rudolf Steiner und manchmal Hans Scharoun, auch bei Hans Poelzig bergen Kuppeln und breitleibige Türme im Inneren Höhlen und Gänge. Innenräume stülpen sich nach außen oder durchbrechen wie Körperöffnungen die Haut des Bauwerks. Bei den »Kristallinen«, bei Wenzel Hablik,

den Brüdern Bruno und Max Taut und Hans und Wassili Luckhardt, und in bestimmten Werkphasen von Hans Scharoun beziehen die Brechungen des Lichts, das in die funkelnden Bau-Edelsteine einfällt oder von ihnen ausstrahlt, Drinnen und Draußen eng aufeinander. In den gezeichneten oder aquarellierten Architekturansichten helfen oft die gleichfalls facettierten Bildgründe und imaginären Lufträume der Suggestion nach, Innen und Außen seien eins.

Bruno Taut, der Fackelträger

Der Mann der Stunde war Bruno Taut. Sein Aufruf zum Baugesamtwerk, den er und seine Freunde nach 1918 vielfach wiederholten, stammt bereits aus dem Jahr 1913 und hatte den dringlichen Titel *Eine Notwendigkeit*: »Bauen wir zusammen an einem großartigen Bauwerk! An einem Bauwerk, das nicht allein Architektur ist, in dem alles, Malerei, Plastik, alles zusammen eine große Architektur bildet.«[33] Taut war zu diesem Zeitpunkt kein junger unerfahrener Träumer, wie manche seiner Jünger nach 1918. Der Schüler und Mitarbeiter Theodor Fischers hatte sich bereits auf Gebieten bewährt, in denen er auch nach dem Krieg tätig war: in Wohnungsbau, Siedlungsbau, Industriebau, Ausstellungsbau. Farbe als expressives und raumbildendes Moment interessierte ihn von Anfang an. Mitglied und Anreger war er bei der Deutschen Gartenstadt-Gesellschaft wie im Deutschen Werkbund, im Politischen Rat geistiger Arbeiter, in der Novembergruppe und im Arbeitsrat für Kunst, der sich im November 1918 in Berlin konstituierte. »Ein zartes Nervenbündel«, nannte ihn Paul Bonatz.[34] Tauts anfällige Konstitution schloß ungewöhnliches Sendungsbewußtsein nicht aus: »Meine Fackel blendet mich oft, aber ich will sie tragen, ich muß es, und wenn ich dabei zugrunde gehe.«[35]

Als Produzent und Vermittler von Ideen wurde Taut zu einer Schlüsselfigur der Architektur um 1920. Seine Bücher und Bilderalben schreiten von der Neuordnung der Stadt zu ihrer Auflösung vor. In der *Stadtkrone*, begonnen 1916, erschienen 1919, schreibt er das Thema der Gartenstadt fort, auch wenn er Howards Konzept als rationalistisch kritisiert. *Seine* Stadt sollte in einem Kreuz von Kulturbauten gipfeln und von einem Kristalltempel bekrönt werden. In ihnen hätte Nietzsche seine »Bauwerke und Anlagen« wiederfinden können, »welche als Ganzes die Erha-

[33] Bruno Taut. Eine Notwendigkeit. In: Der Sturm 4 (1913–14) 196–197. S. 175.

[34] Paul Bonatz. Leben und Bauen. Stuttgart, 1950. S. 148.

[35] Bruno Taut an Karl Ernst Osthaus, 14. 11. 1919. Osthaus-Archiv, Hagen.

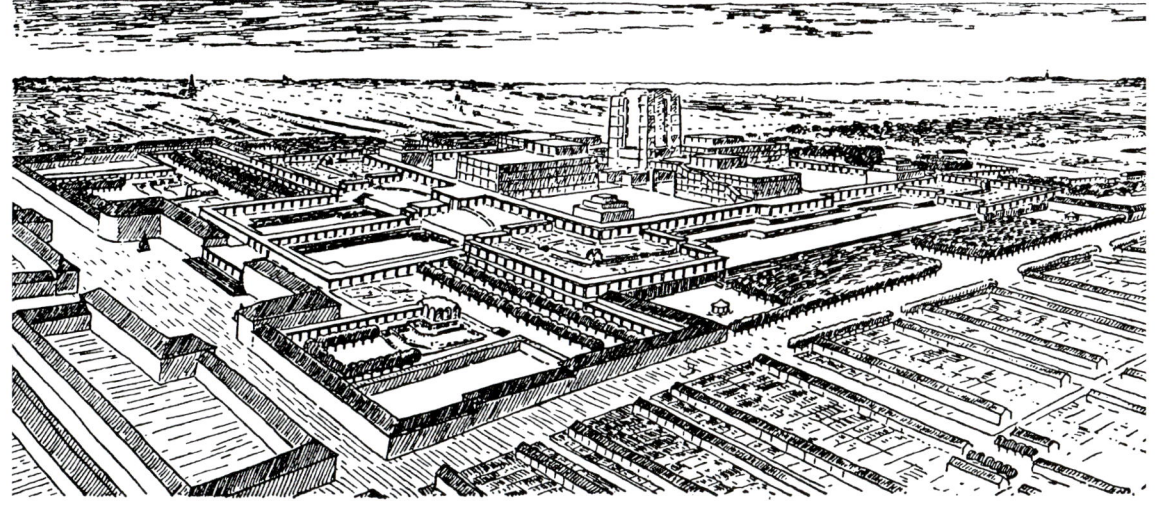

Bruno Taut. Die Stadtkrone. Jena, 1919 (1916).

benheit des Sich-Besinnens und Bei-Seitegehens ausdrücken.«[36]

Tauts Weltreligiosität schuf sich eine Art negativer Architekturtheologie. In seinen Häusern des Himmels wollte er Orte der Abwesenheit bilden, entsprechend dem Glauben der Mystiker, daß Leere die Fülle herbeizwinge. Der christliche Gedanke verwandelte sich bei Taut »gleichsam« in ein sozialreligiös durchlichtetes »All-Nichts«. Taut erklärte es zur fünften Dimension der Architektur (die vierte ist die Zeit). Geheimnisvoll sei es mit der Form identisch.[37]

In der *Auflösung der Städte*, erschienen 1920, schildert Taut eine Welt nach dem Vergehen der Städte, dieser »gebauten Gemeinheiten«. In dieser poetischen Variation dezentraler Binnenkolonisation organisieren sich die zerstreuten Siedlungen wie von selbst, bilden sich Lebensgemeinschaften in wechselseitiger Hilfe, formieren sich zu Blütenformen. In der *Alpinen Architektur* (1919) malt Taut sich die Verwandlung der Alpen in ein Kunstwerk aus, »das größte europäische Architekturgebilde, … durch welches[s] er den Stern Erde schmückt für die ewige Harmonie der Welt«.[38] Auch diesen Plan, »die Alpen aus ihren Ansätzen und Motiven der Schönheit zur Vollkommenheit zu erheben«, hatte bereits Nietzsche angeregt.[39] Taut greift noch weiter aus. In den letzten Blättern der *Alpinen Architektur* geht er zum »Erdrinden«- und »Sternbau« über.

Mit zwölf Freunden aus dem Arbeitsrat – er redete sie gelegentlich als die zwölf Apostel an, wem mag er wohl die Christus-Rolle zugedacht haben? – organisierte Taut vom November 1919 bis zum Ende des folgenden Jahres einen Briefwechsel, der von dem Dichter Alfred Brust den Titel *Die Gläserne Kette* erhielt. Man schrieb und zeichnete und schickte die Fotokopien an die übrigen Teilnehmer. Die meisten Glieder der Kette fühlten sich als Einsame, als Rufer in der Wüste. Tatsächlich lebten einige zwar nicht in der Wüste, doch in der Provinz – wie Wenzel Hablik in Itzehoe oder Hermann Finsterlin in Berchtesgaden.

Die *Gläserne Kette* enthält eine Enzyklopädie der Hoffnungen, die damals die Avantgarde erfüllten. Die Freunde hegten gemeinsame Pläne wie den »großen Bau« oder doch wenigstens »Das Buch«, das die Bibel oder den Koran überflüssig machen sollte. Ein Architekturfilm wurde geplant, vergleichbar dem Architek-

[36] Friedrich Nietzsche. Die fröhliche Wissenschaft. 280. In: Giorgio Colli, Mazzino Montinari (Hg.). Friedrich Nietzsche. Kritische Studienausgabe. Bd 3. München, 1999. S. 524 f.

[37] Bruno Taut. Mein Weltbild. In: Paul Westheim (Hg.). Künstlerbekenntnisse. Berlin, 1925. S. 288.

[38] Adolf Behne. Die Wiederkehr der Kunst. Leipzig, 1919. S. 59.

[39] Friedrich Nietzsche. Nachlaß 1880–1882. In: Giorgio Colli, Mazzino Montinari (Hg.). Friedrich Nietzsche. Kritische Studienausgabe. Bd.9. München, 1999. S. 135.

Bruno Taut. Alpine Architektur. Hagen, 1919. Tafel 17. Das Baugebiet vom Monte Generoso gesehen.

Wenn Hoffnungen bauen   103

turschauspiel *Der Weltbaumeister*, das Taut selbst in 28 Zeichnungen anriß. Aus alledem wurde nichts. Der letzte Brief Tauts ist vom 19. Oktober 1920 datiert. Ein dreiviertel Jahr später war er Stadtbaurat von Magdeburg und hatte sich mit den Entwicklungsproblemen einer expandierenden Stadt von 300 000 Einwohnern auseinanderzusetzen. Aber Taut war es auch, der in einer stadtweiten Kampagne für farbiges Bauen der grauen Industriestadt »ein buntes Narrenkleid« anzog, wie der Kritiker Fritz Stahl mißbilligend vermerkte.[40]

Tiefe Sehnsucht nach dem anderen

Es waren widersprüchliche, aber intensiv gelebte Überzeugungen, aus denen die expressionistischen Bauvisionen hervorgingen – als Ausdruck des »gleichmäßigen Erhebungsbedürfnisses einer Gemeinde, eines ganzen Volkes«.[41] In der Hoch-Zeit des historischen Expressionismus fand der Große Entwurf überwiegend auf dem Papier statt, in den Skizzenbüchern, auf den Modellplatten, in den Manifesten oder auf der Kinoleinwand, in den Kulissen der deutschen Spukfilme. Die berühmtesten baute Hans Poelzig 1920 auf dem Tempelhofer Feld für den *Golem*-Film Paul Wegeners, ein Ghetto aus Latten und Rabitz. Dauerhafte Architekturen waren in den allerersten Nachkriegsjahren selten und genossen dementsprechende Beachtung: Hans Poelzigs Großes Schauspielhaus für Max Reinhardt in Berlin (vgl. S. 96) oder Erich Mendelsohns Einsteinturm in Potsdam (1918–24).

Mendelsohn, Newcomer auf der Berliner Szene, hatte bereits als Soldat in den Unterständen der Ostfront Einfälle skizziert, mit denen er die Entwurfsidee des späteren Bauwerks vorwegnahm. Benannt war es nach seinem berühmtesten Benutzer Albert Einstein, dessen Relativitätstheorie hier anhand astrophysikalischer Beobachtungen überprüft werden sollte. Mit dem Turm übersetzte Mendelsohn die Vorgaben der Wissenschaftler – der Turmschaft für den Coelostaten, der breite Fuß für das Labor zur Spektralanalyse – in ein dräuendes zoomorphes Gebilde. Es symbolisierte eher den titanischen Forscherdrang als die Rationalität moderner Naturwissenschaften.

Finanziert wurde das Unternehmen, das nach dem verlorenen Krieg den Rang deutschen Forschergeistes dokumentieren sollte, mit einer Spende der deutschen Industrie und staatlichen Geldern. Es avancierte zu einem nationalen Prestigeobjekt, das sogar den Sprung auf die Titelseite der *Berliner Illustrirten* schaffte. Konstruktiv wurde der Turm mit seinen verwundenen Flächen zu einer karrieregefährdenden Herausforderung. Mendelsohn bewältigte sie mit einem Kompromiß, einer Mischkonstruktion aus Ziegelstein, Beton und einer Putzhaut, die alles Flickwerk gnädig verhüllte. Mit diesem Amalgam der Techniken wurde das Bauwerk allerdings auch zu einem ständigen Pflegefall der Denkmalerhaltung. Die erste Generalreparatur wurde bereits 1927 fällig.

Bruno Taut hat nie einen jener Tempel bauen können, in denen »alle innigen und alle großen Empfindungen«[42] wach werden. Gebaut hat ihn ausgerechnet Peter Behrens, der Baumeister im Dienst machtbewußter Industrieimperien. Unter dem Eindruck der Katastrophe hatte Behrens eine der vielen Volten seiner Karriere vollzogen. Jetzt sagte der Architekt der kaiserzeitlichen Großindustrie vorübergehend dem »ästhetischen Imperialismus« ab und bekannte zeitgemäß seine »tiefe Sehnsucht nach dem anderen, das nicht auf dieser platten Erde ist«.[43]

Erich Mendelsohn. Einsteinturm. Potsdam, 1918–24.

[40] Fritz Stahl. Der gebrochene Bann. In: Berliner Tageblatt, 10. 2. 1923.

[41] Julius Bab. Wesen und Weg der Berliner Volksbühnenbewegung. Berlin, 1919. S. 1.

[42] Bruno Taut. Die Stadtkrone. Jena, 1919. S. 67 f.

[43] Peter Behrens. Das Ethos und die Umlagerung der künstlerischen Probleme. In: Graf Hermann Keyserling (Hg.). Der Leuchter. Jahrbuch der Schule der Weisheit. Darmstadt, 1920 (1921). S. 324, 322.

Peter Behrens. Verwaltungsgebäude der Farbwerke Hoechst. Frankfurt am Main-Höchst, 1920–24. Außenansicht. Kuppelhalle.

Auftraggeber war auch diesmal ein Konzern, der auf dem Wege zu weltwirtschaftlicher Geltung war, die Farbwerke Hoechst. Die Halle im Höchster Verwaltungsgebäude (1920–24), der Funktion nach nichts als ein Verteilerraum, wurde zu einem geheimnisvoll durchleuchteten Raumgebilde. Von drei sternförmigen Glaskuppeln perlt das Licht die chromatisch gefärbten Steinbüschel der Bündelpfeiler herab. »Taten und Leiden des Lichts« hat Goethe, im nahen Frankfurt geboren, die Farben genannt. Eine niedrigere Halle, die dem Gedächtnis der gefallenen Werksangehörigen gewidmet ist, schließt an und muß die sakrale Raumstimmung auch in der benachbarten Haupthalle rechtfertigen. Zugleich machte die Farbigkeit des Pfeilersaals dezent auf das Produktionsprogramm der Firma aufmerksam.

Es war nicht das einzige Projekt, das Behrens »dem neuen Geist« widmete, »der unsere Welt von neuem aufbaut mit neuen ursprünglichen Mitteln«.[44] Für die Gutehoffnungshütte in Oberhausen (1920–25) baute er Lagerhaus und Verwaltungsgebäude in einer gestaffelten Horizontalität, die Frank Lloyd Wright hätte gefallen können. Die urtümliche Dombauhütte auf der Münchner Gewerbeschau von 1922 oder das Gewächshaus auf der Pariser Exposition des Arts Décoratifs von 1925 waren facettenreiche Tempelchen, auf die Karl Schefflers Gotik-Hymne zutraf: »Der Gotiker aber kann sich im Empfinden des Raumes kaum genugtun, ihm schillert der Raum wie in tausend Facetten.«[45] Schefflers Essay war unter anderem mit einem Werk von Behrens illustriert, allerdings nicht mit der Höchster Chemiekathedrale; sie war bei der Erstauflage des Buches noch nicht gebaut. Die Literaten waren schneller als die Architekten.

[44] ebd. S. 317.

[45] Karl Scheffler. Der Geist der Gotik. Leipzig, 1917. Zit.: Leipzig, 1925². S. 47.

Peter Behrens. Verwaltungsgebäude der Gutehoffnungshütte. Oberhausen, 1920-25.

Wenn Hoffnungen bauen **105**

Fritz Dibbert. Chilehaus (von Fritz Höger, 1922–24). Hamburg, 1924. Kolorierter Farbholzschnitt.

Arthur Eulert. Feuerwache. Wismar, 1924–36.

[46] Hans Poelzig. Festspielhaus in Salzburg. In: Das Kunstblatt 5 (1921) 3. S. 77.

[47] Fritz Höger. Das Wesen des Chilehauses. In: Hamburgischer Correspondent. 1. 1. 1925.

[48] Ludwig Roselius. 1926. In: Ludwig Roselius. Reden und Schriften zur Böttcherstraße in Bremen. Bremen, 1932. S. 19.

Bernhard Hoetger. Haus Atlantis in der Böttcherstraße. Bremen, 1927–31. Saal des Himmels.

Taut und seine Freunde wird man einem Expressionismus zurechnen, der auf soziale und spirituelle Läuterung zielte; Behrens einer pragmatischen Reformästhetik, von der er sich für kurze Zeit dispensierte. Aber es gab auch einen Expressionismus, der die Kräfte der Landschaft, der Stämme, der Nation und, leider auch das, der Rasse erwecken wollte. Mit dem linken oder halblinken Flügel, sofern die Richtungsbezeichnungen in dieser Gemengelage der Gefühle überhaupt sinnvoll sind, verband ihn Irrationalität. »Der Künstler weiß nur zu gut, daß gerade der Kunst der Deutschen das Krause, Vielgestaltige, Umwegemachende, das ganz und gar Irrationalistische den Zauber aufdrückt«, sagte kein Geringerer als Hans Poelzig.[46]

Der als Ausdruck und Überhöhung heimischer Kultur gemeinte Expressionismus war vor allem in Norddeutschland zu finden, wo die Backsteingotik zu Hause war und Fritz Högers Chilehaus als Symbol »deutscher Zukunft« galt: »Es ist deutsch und eine starke Einheit, ein einmütiges Ganzes«, aus dem das Volk lernen möge (vgl. S. 114 f.).[47] Strebepfeiler, Dreiecks- und Parabelöffnungen und aufwendige Verlegetechniken des Ziegelsteins, wie Höger sie meisterhaft handhabte, wurden selbst in kleinen Städten und bei kleinen Aufgaben phantasievoll eingesetzt.

Diese Spielart des nationalen Expressionismus führte der Bildhauer und Amateurarchitekt Bernhard Hoetger in Worpswede und Bremen zu einem Extrem. Spekulationen über eine atlantisch-nordische Rasse teilte er mit seinem Mäzen, den Bremer Kaufmann und Fabrikanten Ludwig Roselius (»Kaffee Hag«). Zeugnisse ihres verqueren Versuches, »deutsch zu denken«,[48] sind einige krummwüchsige Fachwerkhäuser in der Künstlerkolonie Worpswede

(1920–25) und die märchenromantische Böttcherstraße in Bremen (1923–31). In der schmalen Altstadtgasse baute Hoetger das Paula-Becker-Modersohn-Museum mit seinen narbenreichen Backsteinwänden und, etwas später, das Haus Atlantis. In dessen Räumen, vor allem im Treppenhauszylinder und dem parabolischen Gewölbe im »Saal des Himmels« feierte Hoetger eine Materialorgie, ein Mittelding zwischen Expressionismus und Art deco, für das es in Deutschland keine Parallele gibt.

Daß die blauen und weißen Glasbausteine im Haus Atlantis die Prägung »Made in France« tragen, weil sie aus einer französischen Glashütte stammten, scheint die germanophilen Urheber nicht gestört zu haben. Auch die Eleganz von Glimmerputz und Stuccolustro, Goldblatt und Aluminiumsilber in den Innenräumen steht in kuriosem Kontrast zur urigen Nordlandmythologie. In der Hauptstadt galt der Bremer Expressionismus zu dieser Zeit als provinziell verspätete Merkwürdigkeit oder gar als Architekturgreuel. In den Anfangsjahren des Dritten Reiches hofften Hoetger und Roselius auf das Verständnis des neuen Regimes, als so etwas wie ein »völkischer Expressionismus« noch möglich schien, und unternahmen peinliche Anbiederungen. Hitlers öffentliche Verdammung der »Böttcherstraßen-Kultur« auf dem Nürnberger Reichsparteitag 1936 setzte dieser Illusion ein Ende.

Heiliges Spiel vor Gott

Wenn Gotik die Expressionistengeneration faszinierte, so hatten die Kirchenbauer besondere Gründe, von ihr Gebrauch zu machen. Die Zeit der Kathedralen war die Zeit eines im Glauben geeinten Abendlandes gewesen. Im Kollektivgebilde des Domes werde sich das Ich zum Du auflösen und alles Versprengte sich »im Reich der Seele« »zu höherer Einheit« binden, verhieß AEG-Präsident Walther Rathenau, der 1922 zum deutschen Außenminister avancierte.[49] Dazu genügte es freilich nicht, sich mehr oder weniger korrekt ans Mittelalter zu halten, wie es die Kirchenbautage beider Konfessionen empfohlen hatten und der Kölner Kardinal Antonius Fischer noch 1912 per Erlaß vorschrieb. Die Gotik der Expressionisten mußte dem eigenen Zeitgefühl dienstbar gemacht, umgeformt und modernisiert werden. »Das am meisten Revolutionäre ist immer auch das am meisten Gotische.«[50]

In den Schützengräben des Krieges war grenzenloses Leid eine kollektive Erfahrung gewesen. »Das unerhörte, das unverlöschbare Erlebnis aber war die plötzliche, flammende Hingabe und Drangabe eines jeden und jeden mit Einschluß seines Individuums.«[51] Die Architektur übersetzte das Grenzerlebnis dieser Jahre ins Pathos der Räume und Formen. Gotik, wenn sie nicht in pedantischer Stilkorrektheit aufgefaßt wurde, bot mit ihren stürzenden Linien, ihren steilen Räumen, ihren splitternden Formen, ihrer Lichtmystik Inspiration für diese Ästhetik der Erschütterung. Die Kirchenbauer pflegten sie bis in die späten zwanziger Jahre hinein, um dann in der Chronologie der Stilvorbilder zurückzugehen und aus romanischem Sakralbau eine heroisch gefestigte Monumentalität zu gewinnen.

Schutzräume gegen die Zumutungen der profanisierten Welt entstanden in der katholischen wie der protestantischen Kirche. In den emotional aufgeladenen und expressiv überhöhten Kirchbauten der Otto Bartning, Dominikus Böhm, Alfred Fischer, Josef Franke, Hans Herkommer, Fritz Höger, Edmund Körner, Jakob Hubert Pinand, Martin Weber und vieler anderer sollten die Gläubigen Sammlung und Erhebung in räumlich-körperhaften Erlebnissen erfahren. Wo die Gemeinden auch nach außen für die »Gemeinschaft der Schuldigen aneinander, der Hilfsbereiten, der Liebenden, der Schuldig-Unschuldigen

Josef Franke. Katholische Pfarrkirche Heilig Kreuz. Gelsenkirchen-Ückendorf, 1927–29.

in Gott«[52] warben und spitzbogig aufgerissene Stufenportale, Westwerke, aufgeschluchtete Chorhäupter, Lichtkuppeln und Chortürme einsetzten, wurde der Kirchenbau zum missionarischen Appell an die profane Welt.

Die Kirchen beider Glaubensbekenntnisse bewegten sich in den ersten Nachkriegsjahren aufeinander zu. In der Liturgischen Bewegung, die in katholischen Reformklöstern entstand, aber auch die evangelische Kirche erfaßte, wurde die Erneuerung des Gottesdienstes zu einem gemeinsamen Ziel. In seinem vielgelesenen Büchlein *Vom Geist der Liturgie* (Erstauflage 1918) verstand der charismatische Theologe Romano Guardini Liturgie als heiliges Spiel vor Gott. Das Kultgeschehen sollte sich in Formen objektivieren, die individueller Willkür entzogen waren. Gottesdienst sollte sich als ein räumlich-zeitliches Gesamtkunstwerk aus Zeichen, Gebärden, Musik und Bewegung vollziehen, wie es die Zeit so sehr liebte. Daß trotz des Strebens zu objektiven Formen religiöser Teilnahme die individuelle Emotionalität der Kirchenbaumeister triumphieren konnte, war in den Augen der meisten Beteiligten kein Widerspruch. Sie glaubten, nicht als eigenwillige Künstler, sondern als Sprecher einer ergriffenen Gemeinde zu handeln.

Die geforderte Sichtbarkeit der Vorgänge und die aktive Teilnahme der Gemeinde bedingten andere Raumformen als im historisierenden Kirchenbau. Pri-

[49] Walther Rathenau. Zur Mechanik des Geistes. Berlin, 1913, 1917⁵⁻⁶. S. 157, 335, 163.

[50] Karl Scheffler. Der Geist der Gotik. Leipzig, 1917. Zit.: Leipzig, 1925. S. 108.

[51] Otto Bartning. Vom neuen Kirchbau. Berlin, 1919. S. 107.

[52] ebd. S. 113.

Dominikus Böhm. Katholische Pfarrkirche St. Apollinaris. Frielingsdorf, Bergisches Land, 1926–27.

vate Andacht trat zugunsten der gemeinschaftlich gefeierten Liturgie zurück. Weniger zentrale Aktivitäten sollten aus dem Raum der Messe herausgehalten werden. Die heiligen Handlungen spielten nun im einheitlich gedeckten Raum, auf bühnenhaft erhöhten Podesten oder Stufenbergen, an deutlich ausgezeichneten Orten des Raums. Seitenschiffe, wo sie nicht gestrichen waren, wurden zu schmalen Durchgängen. Dunkel und Helligkeit übernahmen eine tragende Rolle. Licht fiel vorzugsweise aus unsichtbaren Quellen ein, wie aus einer anderen Welt. Oft wurde mit Zaubertricks gearbeitet. Dominikus Böhm, der berühmteste katholische Kirchenbaumeister des Jahrzehnts, brachte auf Eisengeflechte, die unter den Konstruktionseisen befestigt waren, Spritzbeton auf, mit dem sich scharfgratige Gewölbeformen in virtuosen Mustern bilden ließen.

Für die vereinheitlichten neuen Kirchengebäude fand Bartning, der bedeutende protestantische Architekt, das Wort vom »einhelligen Raum«. Raumhandlung und Raumform sollten in Übereinstimmung gebracht werden. Bartning suchte Predigt- und Feierkirche zu vereinen und rückte die Kanzel des Predigtsegments und den Altar des Feiersegments als einheitliche Gruppe Rücken an Rücken in die Mitte eines zentralisierten Grundrisses. Seine Variationen über dieses Thema gipfelten in der vierzehnteiligen »Sternkirche« von 1922, über die sich ein Wald von Holzbindern wölbte. Dieses Erd- und Himmelreich wurde nie errichtet. Der Raumgedanke lag aber der 1929–30 in Essen realisierten, nunmehr im Sinne des Neuen Bauens redigierten Auferstehungskirche zugrunde.

Manche Theatralik erklärt sich daraus, daß die Amtskirchen mit einer außerkirchlichen, vagabundierenden Religiosität konkurrieren mußten, mit all den Häusern des Himmels, Kathedralen des Sozialismus und Kristalltempeln einer neuen Menschlichkeit.

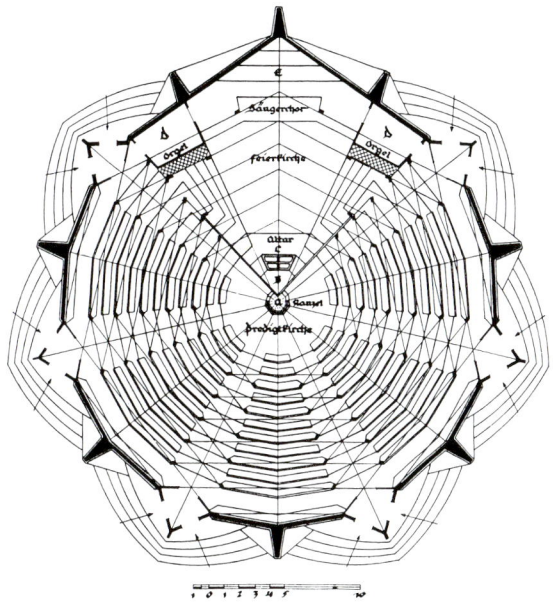

Otto Bartning. Sternkirche. 1922. Grundriß. Modell.

Weltliche Orte wie Theater, Kinos oder Foyers von Verwaltungsgebäuden boten gleichfalls eine Architektur festlicher Beeindruckung. In Clausthal-Zellerfeld konnten die Absolventen der Harzer Bergakademie sich in einer Aula versammeln, die den Gralsrittern Ehre gemacht hätte. Der kreisrunde Tempel mit seiner spitzbogigen Faltkuppel steckt in einem braven Institutsgebäude, dem man solche Exuberanz niemals zugetraut hätte. Wo sich schon die profane Welt sakrale Weihe gab, lag die Versuchung nahe, an den tatsächlichen Stätten des Kultus Expressivität in der Potenz zu bieten. So hatte der katholische Theologe und Krankenhauspfarrer Johannes van Acken in seiner einflußreichen Schrift *Christozentrische Kirchenkunst* vor der »sinnenverwirrenden Fülle äußeren Geschehens, weltlichen Treibens und Sorgens« gewarnt. Dagegen müsse die Kirche »in Form und Farbe und Harmonie ihre einheitliche Hoheits- und Herzenssprache zu den Gläubigen sprechen«.[53]

Expressionismus war ein vielfältiger Komplex von Motiven, Urteilen, Handschriften. Es war nicht ein Phänomen der scharfen Konturen. Zwar liebten Künstler und Architekten den Kristall und dessen präzise Kanten und Schliffe, aber ebenso dessen kaleidoskopische Lichteffekte, Durchblicke und Überschneidungen. Mit dem Thema der gemodelten, erdhaften Höhle pflegten sie überdies ein Gegenmotiv, das sich manchmal auch wieder ins Kristalline, in die Tropfsteinhöhlen der Hablik, Poelzig und Taut verwandeln konnte. Die expressionistische Unschärferelation, das eigentümliche Sfumato dieser Epoche, die chromatischen Tonleitern, Dissonanzen und enormen Intervalle gehörten zur spezifischen Kreativität der Zeit. Ihre Leistungen gingen aus dem schöpferischen Chaos der Epoche hervor und waren auf es angewiesen.

[53] Johannes van Acken. Christozentrische Kirchenkunst. Gladbeck, 1923². S. 20.

Ministerialrat Meffert. Aula der Bergakademie. Clausthal-Zellerfeld, Harz, 1926.

Wenn Hoffnungen bauen

Bis in die Wolken hinauf

Max Berg. Vergleich hoher Gebäude in New York (Woolworth, Singer, Municipal Building), Breslau (geplante Hochhäuser an Ring und Lessingplatz), Köln (Dom), Breslau (Elisabethkirche, Wasserturm, Jahrhunderthalle). 1920. Bleistift.

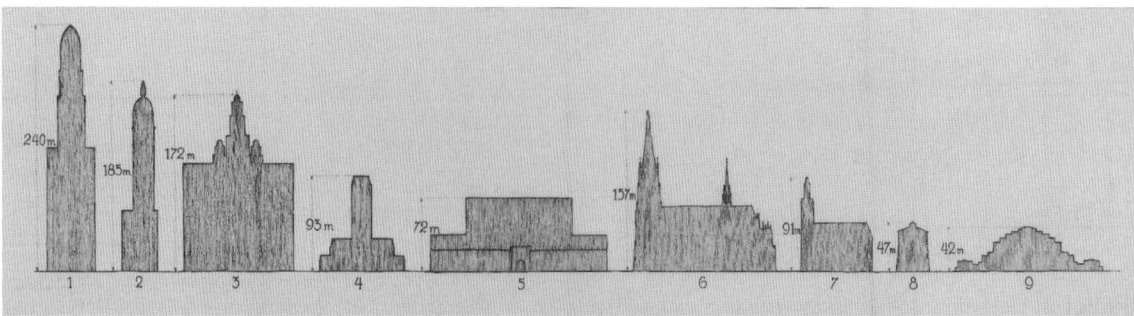

Von allen Ländern, in die deutsche Bauherren, Architekten und Stadtplaner zur Belehrung und Weiterbildung reisten, boten die Vereinigten Staaten von Amerika die irritierendsten und faszinierendsten Erlebnisse. Die großen Weltausstellungen, die in den USA stattfanden, vor allem die »Weiße Stadt« der World's Columbian Exhibition in Chicago (1893), hatten das Interesse von Stadtplanern wie Werner Hegemann gefunden, die sich nicht von neoklassizistischen Fassadenfronten abschrecken ließen.[54] Ihnen imponierten der erwachende Bürgersinn, der Mut zur planerischen Intervention, der große Maßstab und das Engagement für *civic centers*, die sich in der *City Beautiful*-Bewegung äußerten. Wer sich mit den Tempelfronten und kolossalen Säulenordnungen nicht abfinden konnte, setzte auf die sachlichen Gerüstbauten der frühen Chicagoer Schule. Von den Architekturgeschichtsschreibern der Moderne, Sigfried Giedion voran, wurden sie in einen polemischen Gegensatz zur akademischen Tradition gesetzt.

Die neue und die alte Welt

Nach der Jahrhundertwende begann Frank Lloyd Wrights Werk viele Besucher anzuziehen. Den Empfang beim Meister in dessen Atelier-Wigwam Taliesin in Spring Green, Wisconsin, empfanden sie wie einen Ritterschlag. Erich Mendelsohn hat seinen Besuch als Initiationsritus in den obersten Rang der Architektenhierarchie, ja fast wie eine Liebesaffäre geschildert. Wrights Œuvre war in den frühen zwanziger Jahren kein Geheimwissen mehr. Seine 1910 beim Berliner Architekturverlag Ernst Wasmuth erschienene luxuriöse Mappe mit hundert Tafeln (einige davon mit Bronzepulver bestäubt!), ein 1911 von Charles Robert Ashbee eingeleitetes Heft, gleichfalls bei Wasmuth, oder die billigere Wiederauflage der Mappe aus dem Jahr 1924 lagen in vielen deutschen Büros auf den Zeichentischen.

Was bei Architekturtouristen stets neues Staunen auslöste, war das amerikanische Hochhaus. Die meisten und beeindruckendsten standen in Chicago und New York. Die Einfahrt in den Hafen von New York, mit der märchenhaften Silhouette der Türme von Manhattan vor Augen, hat viele hingerissene Bewunderer gefunden. Keiner hat sie wortmächtiger beschrieben als Mendelsohn, der seine Eindrücke im *Berliner Tageblatt* und dann in großformatigen Fotobüchern veröffentlichte. Mendelsohns Stakkato klingt wie die Regieanweisung eines expressionistischen Filmdramas: »Die schmale Landzunge. Hafeneinfahrt. Das Schiff macht einen Bogen. Im Dunst die ersten Risse der Umgebung. Dann ansteigend, aufgereckt in

Manhattan. Stadtsilhouette von Hafeneinfahrt. Um 1920.

[54] Werner Hegemann. Amerikanische Architektur & Stadtbaukunst. Berlin, 1925.

1918 bis 1933

den Himmel – Woolworth-Spitze. Schnelle Einfahrt, Wendungen, Kurven. Raumkatarakt, Raumschlacht, unendlicher Siegesrausch.«[55] Mendelsohn reiste auf demselben Schiff wie der Regisseur Fritz Lang, mit dem er gut bekannt war. Lang will bei dieser Gelegenheit die Inspiration zu seinem babylonischen Filmwerk *Metropolis* empfangen haben.

Auch im Europa des 19. und frühen 20. Jahrhunderts gab es hohe Bauten. Nur waren es Solitäre, die in den Städten, in denen sie entstanden, ein einsames Dasein führten, wie das Witte Huis in Rotterdam, das es 1897–98 auf 45 Meter und elf Stockwerke brachte, oder der Norra Kungstornet in Stockholm, geplant 1915, mit siebzehn Stockwerken das damals höchste europäische Hochhaus. In Deutschland war Friedrich Pützers Hochhaus auf dem Gelände der Zeiss-Werke in Jena (1915) ein frühes Turmhaus; es kam auf zehn Stockwerke. Im Industriebau hatten sich die Architekten bei Wassertürmen, Silobauten oder Fördertürmen mit Konstruktion und Statik von Baulichkeiten vertraut machen können, die noch größere Höhen erreichten. Rekordhalter waren die im 19. Jahrhundert vollendeten Kirchtürme der gotischen Dome und Münster. Die Regensburger Domtürme erreichten 105 Meter, die Kölner 157 Meter, der Ulmer Münsterturm 162 Meter. Amerikanische Wolkenkratzer übertrafen diese Maße erst nach 1900. Dementsprechend zog der Baustellenbetrieb solcher Großprojekte damals auch amerikanische Fachleute an, im Gegensatz zur Situation wenige Jahrzehnte später, als die Deutschen in Amerika Nachhilfeunterricht nahmen.

Die Glockentürme des Abendlandes waren schöne, nostalgische Wahrzeichen. Die Neue Welt dagegen – und bald auch die neue Welt Europas – brauchte nutzbare, profitable Bürogehäuse. Sie mußten ökonomisch konstruiert werden, als Stahl- oder Stahlboten-Skelettbauten. Sie mußten flexibel unterteilbar sein, um für alle Nutzungsänderungen gewappnet zu sein. Ihre vielen Stockwerke mußten leicht und schnell erreichbar sein, also durch den Fahrstuhl, dessen Technik sich seit der Erfindung des Sicherheitsaufzugs durch Elisha Graves Otis ständig verbesserte. Sie mußten künstlich belüftet, gewärmt, gekühlt, also klimatisiert werden. Sie verlangten den Anschluß an das Versorgungsnetzwerk der Stadt. Die Erreichbarkeit durch Massenverkehrsmittel, der Anschluß an Wasser, Gas, Strom, Kanalisation und die Sicherheitstechnik stellten bislang unbekannte Ansprüche an die städtische Infrastruktur. Schließlich hatten diese weithin sichtbaren Türme eine Botschaft zu verkünden, die Vitalität der Stadt und des Landes, in denen sie standen, aber vor allem die Werbung für ihren Eigentümer. Hochhäuser ebneten den Weg zu einer Architektur als Träger schnell lesbarer Zeichen.

In allen diesen Techniken verfügten die amerikanischen Skyscraper-Architekten über einen Vorsprung an Erfahrungen, von der Baustelleneinrichtung bis zur Installationstechnik. »Es waren steinerne Leuchttürme, die uns die neue Welt drüben entzündet hat.«[56] Peter Behrens, Werner Hegemann, Bruno Möhring, Bruno Schmitz, Hermann Joseph Stübben hatten die USA vor dem Ersten Weltkrieg besucht oder dort gearbeitet. Nach 1918 wurde die Zahl der Reisenden Legion, darunter Walter Gropius, Erwin Gutkind, Wassili Luckhardt, Martin Mächler, Ernst May, Erich Mendelsohn, Georg Muche, Bruno Paul, Adolf Rading, Bruno Taut, Martin Wagner. Manche Architekten aus dem deutschsprachigen Raum wanderten schon damals aus, so Richard Neutra. Wer sich die Reise nicht leisten konnte, aber mit dem Thema des hohen Bauens zu tun hatte, las Otto Rappolds Fachbuch von 1913 *Der Bau der Wolkenkratzer*.

Was den einen »Leuchttürme« waren, nannten die anderen »Babeltürme«. Den von Amerika Faszi-

Hans Hubert Leufgen. Zukunftsprojekt Hochhäuser im Berliner Westen. Um 1928. Kohle.

[55] Erich Mendelsohn. Amerika. Berlin, 1926. S. 21.

[56] Herbert Eulenberg. Der Gedanke des Hochhauses. In: Das Wilhelm-Marx-Haus Düsseldorf. Düsseldorf, o. J.

Bis in die Wolken hinauf

[57] Siegfried Kracauer. Über Turmhäuser. In: Frankfurter Zeitung, 2. 3. 1921.

[58] ebd.

[59] Max Berg. Hochhäuser im Stadtbild. In: Wasmuths Monatshefte für Baukunst 6 (1921–22) 4–5. S. 101 ff.

[60] Max Berg. Zukünftige Baukunst in Breslau als Ausdruck zukünftiger Kultur. 1921. Zit.: Jerzy Ilkosz. Das Hochhaus in der Stadtstruktur am Beispiel Breslaus. In: Jerzy Ilkosz, Beate Störtkuhl (Hg.). Hochhäuser für Breslau 1919–1932. Delmenhorst, o. J. S. 37.

Walter Fischer, Max Taut. Wettbewerbsentwürfe für den Chicago Tribune Tower. 1922.

nierten entging natürlich nicht der kapitalistische Hintergrund des Baubooms vor 1914 und dann in den zwanziger Jahren. Siegfried Kracauer sprach von »turmartigen Ungetümen, die ihr Dasein dem ungezügelten Machtwillen raubtierhaften Unternehmertums verdanken«.[57] Privatkapital war auch in Deutschland der Auftraggeber. Die öffentliche Hand baute nur selten Hochhäuser und schon gar nicht die von den Freunden Bruno Tauts ersehnten Stadtkronen. Bereits vor dem Ersten Weltkrieg war es die Stahlindustrie, die sich für Hochhäuser einsetzte, weil sie auf einen erweiterten Markt für Baustahl hoffte.

Minderwertigkeitsgefühle, die angesichts der technischen Glanzleistungen jenseits des Atlantiks aufkommen mochten, suchten die Deutschen zu beschwichtigen, indem sie das spezifisch deutsche Hochhaus forderten. Hochhäuser sollten sich von den amerikanischen durch ihre überlegte Plazierung im Stadtbild unterscheiden, einzeln an markanten Punkten oder als hochgestaffeltes Massiv im Zentrum. Wenn amerikanische Wolkenkratzer durch Zahl, Höhe und Wildwuchs imponierten, so sollten deutsche Hochhäuser Produkte künstlerischen Ausdruckswillens darstellen und städtebaulich oder sozial nachteilige Folgen beheben. Zeitgenössische Texte lesen sich, als ginge es um eine Rettung des Hochhauses vor den Klauen kapitalistischer Beutegier. »So freilich darf in Deutschland nicht gebaut werden, und so wird auch bei uns nicht gebaut werden«, dekretierte Kracauer mit dem Blick auf die amerikanische Skyscraper-Szene.[58]

1922 machten deutsche Architekten sogar den Versuch, ihre Überzeugung, wie ein Hochhaus auszusehen habe, in den Vereinigten Staaten bekannt zu machen, also das Hochhaus veredelt und europäisiert zu reexportieren. 36 von ihnen beteiligten sich an dem großen internationalen Wettbewerb der *Chicago Tribune* für das schönste Hochhaus der Welt. Natürlich stellten sich Modernisten wie Walter Gropius und Adolf Meyer (vgl. S. 122), die Brüder Taut und die Brüder Luckhardt das schönste Hochhaus anders vor als die Zeitungsmagnaten am Lake Michigan. Das Erziehungswerk mißlang schon deshalb, weil die Kiste mit den meisten deutschen Einreichungen erst nach der Einsendefrist in Chicago eintraf.

Turmhäuser, wie sie gern genannt wurden, sollten den ausfernden Städten wieder zu monumentalen Wahrzeichen und einprägsamen Silhouetten verhelfen. Sie sollten durch Konzentration und Stapelung der Arbeitsstätten Zeit und Wege sparen helfen. Indem sie Büros für Verwaltungen und freie Berufe aufnähmen, würden fehlbelegte, zweckentfremdete Wohnungen freigemacht, würde damit indirekt die Wohnungsnot gelindert werden. So argumentierte vor allem Max Berg, der Stadtbaurat von Breslau, wo die Wohnungsnot besonders groß war. »Nur ein sozial organisiertes Volk, durchdrungen von sozialem Arbeitswillen, wird auch den Werken, in denen seine Arbeit verkörpert wird, den entsprechenden künstlerischen Ausdruck verleihen können«, meinte er.[59]

Für Breslau plante Berg »moderne Riesengeschäftshäuser als Tempel der Arbeit«.[60] Sie sollten an ausgezeichneten Punkten des Stadtbildes stehen, möglichst an großen Plätzen oder Wasserflächen, so daß sie nicht die Nachbarschaft verschatteten, sie waren gestuft in der Höhenentwicklung, gotisierend in der Erscheinung und mit krönenden Fialen versehen. Daß die Wertsteigerung der Grundstücke, die durch eine Zulassung höherer Bebauung entstand, der Allgemeinheit zugeführt werden müßte, war für den sozial denkenden Berg eine Selbstverständlich-

keit. Mögliche Konflikte mit der historischen Umgebung scheute Berg nicht. »Gut empfundene Architektur aller Zeiten paßt gut zusammen.«[61]

Jenseits aller rationalen Begründungen war irrationaler Höhendrang am Werke. Es war die Lust, »wahnwitzige Bauten bis in die Wolken hinauf« zu türmen, »fabelhafte Kräfte, die auf einen Punkt zusammengedrängt sind, ... Werke aus Stahl und Glas, in denen sich der winzige Mensch als unumschränkter Herr bewegt und endlich die Natur unter sich fühlt«, rhapsodierte Oswald Spengler.[62] Wie in Breslau kamen in Halle, Leipzig, München und Stuttgart Projekte auf, die Stadtkerne mit neuen Türmen zu umringen. Selbst kleine und kleinste Orte, in denen die Preisentwicklung auf dem Grundstücksmarkt keinerlei Veranlassung zur Verdichtung gab, planten Hochhäuser: Sonneberg im Thüringer Wald, wo sich die Einkaufszentrale für den Kaufhauskonzern Woolworth niederlassen wollte, Schorndorf im Remstal, Plauen im Vogtland oder Forst in der Lausitz. »Deutschland ist äußerlich zertrümmert; aber geistig behauptet es seine Macht und der Wille der Architekten, den Neuaufbau vorzubereiten, war so mächtig, daß er nur in Turmhausprojekten sich aussprechen konnte.«[63] Der Bau von Hochhäusern stellte so etwas wie eine Kompensation des verlorenen Krieges dar. Mit Turmhäusern gegen den Versailler Vertrag!

Die erste Hochhausgeneration

Auffällig viele Hochhauspläne wurden in den politisch gefährdeten Randzonen des Reiches geschmiedet. In Danzig, das von einem Hochkommissar des Völkerbundes verwaltet wurde, lobte im Frühjahr 1920 der Architekten- und Ingenieurverein den ersten Ideenwettbewerb für einen Wolkenkratzer aus. Zu einem Eldorado des Hochhausbaus wurde der Westen der Republik, wo Engländer und Franzosen im Linksrheinischen und streckenweise im Rechtsrheinischen das Rheinland besetzt hielten und 1923 vorübergehend auch das Ruhrgebiet okkupierten, um ausgebliebene Reparationsleistungen zu erzwingen. »Aber ungebeugter deutscher Bürgersinn, der unzerbrechliche Wille, selbstsichere Kraft und zäher Fleiss ist, läßt nicht von seinem Werke«, hieß es bei der Einweihung des Wilhelm-Marx-Haus in Düsseldorf (1922–24) von Wilhelm Kreis.[64]

Das Wilhelm-Marx-Haus hielt für kurze Zeit, bis 1925, den deutschen Höhenrekord. Dann folgte das Hansa-Hochhaus in Köln von Jacob Koerfer, dessen siebzehn Stockwerke sich zu 65 Metern addierten.

Max Berg mit Ludwig Moshamer. Stadtsilhouette Breslau mit geplanten Hochhäusern. 1920. Lithographie.

[61] Max Berg. Etwas vom Werden der Architektur. In: Almanach Künstlerbund Schlesien. Breslau, 1922. S. 21.

[62] Oswald Spengler. Der Untergang des Abendlandes. München, 1922–23[16-30] bzw.[48-52]. S. 630.

[63] Otto Riedrich. Zu einigen Entwürfen des Architekten B.D.A. Otto Kohtz. In: Moderne Bauformen 23 (1924) 8. S. 241.

[64] Zit.: Rainer Stommer, Dieter Mayer-Gürr. Hochhaus. Der Beginn in Deutschland. Marburg, 1990. S. 106.

Max Berg mit Ludwig Moshamer. Hochhaus am Ring, Breslau. Entwurf. 1920.

Bis in die Wolken hinauf

Wilhelm Kreis. Wilhelm-Marx-Haus. Düsseldorf, 1922–24.

[65] Fritz Höger. Das Wesen des Chilehauses. In: Hamburgischer Correspondent. 1. 1. 1925. – Rudolf G. Binding. Das Chile-Haus in Hamburg. 1924. In: Carl J. H. Westphal (Hg.). Fritz Höger. Der niederdeutsche Backstein-Baumeister. Wolfshagen-Scharbeutz, 1938. S. 13.

[66] Fritz Schumacher. Das Wesen des neuzeitlichen Backsteinbaues. München, 1917. S. 5.

[67] Fritz Höger. Ein Briefwechsel. In: Bauwelt 18 (1927) 19. S. 489.

Jacob Koerfer. Hansa-Hochhaus. Köln, 1924–25.

Eingeweiht wurde es zur Feier der tausendjährigen Zugehörigkeit des Rheinlandes zum Reich. Beide Türme präsentierten sich als nationalbewußte Gebilde in Backstein- oder Klinkermänteln, das Düsseldorfer Bauwerk mit einem Zinnenkranz aus durchbrochenem Flechtwerk und einem kuriosen Kegeltürmchen dahinter, das Kölner mit gotisierenden Dreiecksfenstern in den Attikageschossen und schräggestellten Strebepfeilern an den Turmkanten. Auch in Aachen, Dortmund und Essen entstanden ansehnliche Hochhäuser, bei denen Koerfer seine Hand im Spiel hatte. Koerfers elfstöckiger Turm am Aachener Hauptbahnhof hieß bezeichnenderweise »Haus Grenzwacht«, das entsprechende Bauwerk in Essen »Deutschlandhaus«.

Anhänger des Hochhauses gab es auf allen politischen Seiten. Patriotisch wie im Westen war der Hochbau auch im Norden, in Hamburg motiviert, wo man zugleich viel auf Weltbürgerlichkeit gab. Die Hanse- und Hafenstadt hatte den Verlust der deutschen Handelsflotte durch Seekrieg und Versailler Vertrag zu verwinden. Fritz Högers Chilehaus (1922–24, vgl. S. 106), mit dem Schiffsbug seiner dramatischen Ostspitze an der Burchardstraße, ersetzte zu Lande, was den Reedern auf dem Wasser abhanden gekommen war. Mit einer Nutzfläche von 36 000 Quadratmetern war der an seiner Südseite bauchig gekurvte, von drei Innenhöfen belichtete Bau das bis dahin größte Bürogebäude Europas. Es sei, meinte sein Architekt, »deutsch und eine starke Einheit, ein einmütiges Ganzes«. Der Poet Rudolf G. Binding setzte noch eins darauf: »Denkmal eingeborener Kraft einer Stadt, eines Volkes: das ist dein stolzes, dein hinreißendes, dein jauchzendes Bekenntnis.«[65]

Das Chilehaus bildete, auch im wörtlichen Sinn, so etwas wie die Speerspitze einer Gruppe, die mit eindrucksvoll konturierten und plazierten Baumassen arbeitete. Es leitete die Bebauung eines ehemals eng bebauten Wohnquartiers ein, des Gängeviertels in der südlichen Altstadt. Nach der Cholera-Epidemie von 1892 war es niedergelegt worden und wurde auf Druck der Unternehmerschaft mit eindrucksvollen Verwaltungsgebäuden besetzt. Das Hamburger Kontorhausviertel war eine gewaltige Modernisierungsaktion, die im übrigen Deutschland keine Parallele hatte. Mochten Bauherren und Architekten auch ihre Neubauten mit Gewändern bekleiden, die sich an der Tradition orientierten, im Zuschnitt der Maßnahmen und in der Gewaltsamkeit ihrer Durchsetzung hatte die Hamburger Baupolitik etwas rücksichtslos Amerikanisches. Schon der Durchbruch der geschäftigen Mönckebergstraße vor dem Ersten Weltkrieg war ein forscher Eingriff ohne übertriebene Rücksichtnahme gewesen.

Backstein war das in der Hansestadt bevorzugte und vom Leiter des Hochbauamtes Fritz Schumacher protegierte Material. »Eine große Würde liegt über dem ganzen, auch wo der Ernst sich auflöst in festliche Heiterkeit«, schrieb Schumacher.[66] Diesem »Bauedelstein«, mit dem sich »letzte Liebe zum Werk und zum deutschen Wesen« ausdrücken lasse,[67]

Fritz Höger. Chilehaus (links). Hans und Oskar Gerson. Ballinhaus (Meßberghof, rechts). Hamburg, 1922–24.

gewannen Fritz Höger und sein Bruder Hermann, Distel & Grubitz oder die Brüder Hans und Oskar Gerson virtuose Zierformen ab. Die Rautenmuster und Steinverdrehungen, die Farbigkeit des Baumaterials von Ledergelb bis Flaschengrün, das Fugennetz der Steinverbände breiteten eine flirrende Lebendigkeit über die Fassaden aus. Patriotischen Gemütern diente der Ziegel sogar als Sinnbild nationaler Tugenden wie Innigkeit und Ehrlichkeit oder gar völkischen Zusammenhalts: Viele Einzelne fügen sich zum gemeinschaftlichen Verband.

Beim Ballinhaus (heute Meßberghof, 1922–24), das sich am Meßberg gegenüber dem Showstar Chilehaus erhebt, gingen die Brüder Gerson strenger vor. Es wahrt gediegene Verschlossenheit, wirkt grundsolide und an der Stirnseite sogar abweisend. Mit der Namensgebung, einer posthumen Huldigung an den Generaldirektor der HAPAG-Reederei, der am Revolutionstag Selbstmord begangen hatte, spielte auch dieser Bau auf die maritime Vergangenheit vor dem Weltkrieg und die große Epoche des Hamburger Schiffsbaus an. Der Geschoßzahl nach waren viele Hamburger Kontorbauten Hochhäuser, aber sie waren keine Türme. In ihren Foyers und Treppenhäusern huldigten sie einer Mischung von Art deco und Kristallmetaphorik.

Da in den Juries der deutschen Hochhauswettbewerbe mehr oder weniger konservative Architekten wie German Bestelmeyer, Paul Bonatz und Wilhelm Kreis dominierten, sahen viele der ausgewählten Entwürfe wie verteidigungsbereite Wehrtürme aus, waren engbrüstig gegliedert, trotz vieler Stockwerke irgendwie mittelalterlich. Sogar in jener ideologischen Ecke, wo der Konservatismus schrullig wird, finden sich Rechtfertigungen für das neumodische Großstadtgebilde Hochhaus. »Dem hehren lichten Menschen ist das alles [die »wällischen Bauformen«!] zu breit, zu dunkel, zu gemischt, zu unrein, zu kraus ... Er liebt nicht das Breit-gelagerte, sondern das Hochgewachsene. Das Kastenförmige stört den arischen Freiheitssinn ... Er will keine Kuppel, er will einen Turm«, fabulierte der Krefelder Gesundheitsapostel und Herausgeber des »arischen Blattes« *Zeit des Teut* Karl Buschhüter.[68]

Hermann Distel, August Grubitz. Montanhof. Hamburg, 1924–26.

[68] Karl Buschhüter. Die Täuschung des Volks über den Stil. 1935. Zit.: Walfried Pohl. Der Krefelder Architekt Karl Buschhüter 1872–1956. Krefeld, 1987. S. 363.

Bis in die Wolken hinauf

Bruno Möhring. Hochhaus am Bahnhof Friedrichstraße. Berlin, 1920. Entwurf. Ansicht von Nordwesten.

Berliner Hochhäuser

Hochhaus am Bahnhof Friedrichstraße. Berlin, 1921–22. Wettbewerbsentwürfe.

Alfons Baecker, Julius Brahm, Rudolf Kastelleiner. Kennwort Zeitenwende. Erster Preis.

Peter Gracher. Kennwort nicht bekannt.

»Vielgeschossige Häuser (Hochhäuser)« durften in Preußen seit einem Erlaß des preußischen Wohlfahrtsministeriums vom 3. Januar 1921 auf dem Dispenswege genehmigt werden. Zur großen Enttäuschung von Planern wie Berg sah das Schriftstück keine Abschöpfung der Wertsteigerung durch Staat oder Stadt vor. »Hier liegt die Steuer, die die Stirn des Kämmerers wieder glättet«, hatte es in einer frühen Schrift zugunsten des Hochhausbaus geheißen.[69] Aber die Stirnen der Finanzbeamten wurden nicht geglättet. Planungsgewinne flossen weiterhin unverdient und ungeschmälert in die Taschen der Eigentümer.

In Berlin, das gern mit Chicago verglichen wurde, waren Hochhäuser diskutiert worden, lange bevor die gesetzlichen Grundlagen bestanden. Beim Wettbewerb *Groß-Berlin* von 1910 waren mehrmals Turmbauten vorgeschlagen worden, so von Bruno Schmitz. Das lang erwartete ministerielle Placet löste einen hektischen Planungsboom aus, der allerdings mehrere Jahre ohne Ergebnisse blieb. Für die Akademie des Bauwesens fertigte Bruno Möhring 1920 ein Gutachten an, betitelt *Über die Vorzüge der Turmhäuser und die Voraussetzungen, unter denen sie in Deutschland gebaut werden können*. Möhring schlug darin auf einer Länge von drei Kilometern den Bau von zwanzig Hochhäusern an der Spree vor. Sie waren in Blickachsen entlang den Straßen und dem Fluß gestellt und hätten dank ihrer Lage am Wasser ihre Nachbarn durch Verschattung wenig gestört. Der Architekt malte enthusiastisch das Leben im Angesicht des Himmels aus, der wechselnden Wolkenspiele, der sonnigen Weiten und der Wunder des Sternenhimmels.

Möhring hatte auch einen Bauplatz ins Auge gefaßt, für den fast ein Jahrhundert lang, seit 1914, Hochhäuser geplant werden sollten, ohne daß es je zur Realisierung kam.[70] Es war das dreieckige Grundstück zwischen der Spree und dem Bahnhof Friedrichstraße, der trotz seiner vergleichsweise bescheidenen Anlage den Berlinern wie ein »Weltstadtbahnhof« vorkam. Im November 1921 schrieb eine eigens gegründete Aktiengesellschaft einen Wettbewerb aus. Dessen Ergebnisse boten einen Querschnitt durch die

[69] Berlins dritte Dimension. Berlin, o. J. (1912). S. 7.

[70] Florian Zimmermann (Hg.). Der Schrei nach dem Turmhaus. Der Ideenwettbewerb Hochhaus am Bahnhof Friedrichstraße Berlin 1921/22. Kat. Bauhaus-Archiv. Berlin, 1989.

116   1918 bis 1933

damals in Deutschland kursierenden Hochhausideen, von akademischen Lösungen bis zu Vorwegnahmen neuer Sachlichkeit.

Die Jury gab einem Entwurf den Vorzug, der »eine edle mittlere Haltung« vertrat und von einem Kasseler Team stammte. Die Brüder Luckhardt reichten ein Projekt ein, das mit seinen Pullman-Wagenfenstern schon der kommenden Moderne präludierte, aber mit seinen gerundeten Glasdächern noch expressive Unruhe verströmte. Otto Kohtz legte eine seiner Stufenpyramiden vor, die er von der Kaiserzeit bis in die Jahre nach dem Zweiten Weltkrieg unermüdlich variierte. Es gab dicke Rundtürme wie in Altnürnberg, hilflose Geschichtszitate, gefaltete und gemodelte Massen, kristalline Gebilde. Beeindruckend war der straff vertikalisierte Turm Hans Poelzigs über Y-förmigem Grundriß. Hans Scharoun zeichnete eine affektreiche, unregelmäßige Masse mit aufgerissenem Dreiecksmaul und einer Fassade, die an das Straßburger Münster erinnern konnte.

In die Architekturgeschichte ging ein zunächst unbeachtetes Projekt ein, das sich über die meisten Ausschreibungsbedingungen souverän hinwegsetzte, der Entwurf Mies van der Rohes mit dem Titel *Wabe*. Jede der drei Hauptkanten schneidet wie mit dem Messer ins Gewebe der alten Stadt. Jede Gebäudeflanke ist in sich wiederum aufgerissen, als hätte ein Erdbeben die einzelnen Schollen gegeneinander ver-

Hochhaus am Bahnhof Friedrichstraße. Berlin, 1921–22. Wettbewerbsentwürfe.

Hans und Wassili Luckhardt, Franz Hoffmann. Kennwort Ladenausnutzung. Zweiter Preis.

Otto Kohtz. Kennwort Rot ist Trumpf. Ein Vierter Preis.

Ludwig Mies van der Rohe. Kennwort Wabe. Kohle, Bleistift.

Hans Poelzig. Kennwort Zentral.

Bis in die Wolken hinauf

Eugen Schmohl. Borsig-Turm. Berlin-Tegel, 1922–24.

schoben. Drei Zugangswege führen in engen Gebäudeschluchten zur zentralen Eingangshalle mit ihren Fahrstühlen und Nottreppen. Die Baumasse springt vom Boden bis zur vollen Höhe empor. Kein An- oder Vorbau nimmt den Maßstab der Umgebung auf. Mies war bei diesem wahrhaft bedrückenden und bedrohlichen Gebilde, das Arbeitsplätze im Abstand von bis zu 15 Metern von der Außenwand erfordert hätte, vor allem mit Fragen der Lichtreflexion beschäftigt. Daß dem Gebäude die Realisierung erspart blieb, machte es – auch dank der hinreißend gezeichneten Ansichten – zu einer Ikone der Modernität, einer Botschaft aus einer anderen, neuen Welt.

Der Friedrichstraßen-Wettbewerb brachte lediglich einen Bretterzaun um die Baustelle hervor. 1929 wurde ein zweiter Wettbewerb ausgeschrieben, der trotz brillanter Vorschläge von Alfred Grenander, Mebes & Emmerich, Mendelsohn und Mies ohne Ergebnis blieb. In den neunziger Jahren wurde noch einmal die Verwirklichung eines Hochhauses auf dem dreiseitigen Grundstück erwogen. Sogar eine post-

Cass Gilbert. Woolworth Building. New York, 1911–13. Zeitgenössische Postkarte.

hume (und aufgestockte) Verwirklichung von Mies van der Rohes Dreikant stand zur Diskussion. Aber das Terrain schien nun einmal nicht für ein Hochhaus vorherbestimmt. Der »Tränenpalast«, ein Pavillon, den die DDR für die Ausreiseformalitäten ihrer Besucher errichtete, blieb das einzig bemerkenswerte Gebäude auf dem Areal, bemerkenswert allein wegen der menschlichen Schicksale, die sich in ihm abspielten.

Was nach dem Ende der Inflation tatsächlich fertiggestellt oder neu begonnen wurde, blieb relativ bescheiden in der Höhenentwicklung. Den Anfang machten Aufstockungen vorhandener Geschäftshäuser, die seit dem Hochhaus-Dispens zulässig waren. An die amerikanischen Maße war auch bei Neubauten nicht zu denken. In New York hatte Cass Gilberts Woolworth Building von 1911–13 bereits 236 Meter erreicht; einige New Yorker Wolkenkratzer, die um 1930 entstanden, gingen über die Dreihundert-Meter-Marke hinaus. In Deutschland dagegen blieb es bei sechzig, siebzig Metern, gleichgültig welcher Formensprache sich die Architekten bedienten.

Anfangs benutzten die Architekten ein expressionistisch-gotisierendes Vokabular. Eugen Schmohl baute Hochhäuser für Borsig in Tegel und Ullstein in Tempelhof, also in Außenlagen, wo Türme nicht

Jean Krämer. Wohnungsbauten und Betriebshof der Berliner Verkehrsgesellschaft. Berlin-Wedding, 1925–27. Nördlicher Turm. Arkade.

durch hohe Grundstückspreise gerechtfertigt waren. Der Borsig-Turm (1922–24) hat zwölf Geschosse in einer unentschiedenen Mischkonstruktion, einerseits mit lasttragendem Klinkermauerwerk, andererseits mit sechs inneren durchlaufenden Stahlstützen. Der, laut Franz Hessel, »scharfkantige Belfried der Arbeit«[71] trägt eine üppige Krone, in der ein Versammlungssaal untergebracht werden sollte.

Eine Situation am Stadtrand war es auch, in der die Berliner Verkehrsgesellschaft sich von Jean Krämer, einem früheren Mitarbeiter von Behrens, ihr Straßenbahn- (heute Bus-)Depot im Wedding errichten ließ (1925–27). Um das Werksgelände mit seinen Weichen und Wendeschleifen, über das die Trambahnen quietschten, errichtete der Bauherr eine kleine Wohnstadt mit 380 sicherlich nicht eben ruhigen Wohnungen. Die Einfahrt flankieren Wohnflügel und zwei Türme, deren Schäfte sich über brillant detaillierten parabolischen Arkaden erheben. Dreiecksmotive in violettem Klinkerstein bilden die Kronen der beiden Achtstöcker, in denen Wasserreservoirs stecken.

In diesen Jahren, in denen das Turmhaus von der deutschen Architektenschaft entdeckt wurde, war noch alles erlaubt, was die Phantasie hergab. Und wenn es nicht hehre, himmelstürmende Bauten schmückte, so gab es – und das noch auf Jahre hinaus – Stoff für amüsante Capricci her. Wie das Warnemünder Kurhaus, das seebadmäßig daherkommt und zwar keinen Turm, aber ein Türmchen aufweist.

Gustav W. Berringer. Kurhaus. Rostock-Warnemünde, 1914–28.

[71] Franz Hessel. Spazieren in Berlin. Berlin, 1929. S. 235.

Bis in die Wolken hinauf

Bauhaus und andere

Die Nachwelt hat eine geradezu symbiotische Verbindung zwischen der deutschen Moderne und einer kleinen Institution in der thüringischen und dann anhaltinischen Provinz hergestellt, dem Staatlichen Bauhaus in Weimar und dann in Dessau. Das Bauhaus stand und steht heute für alles und jedes, was in Architektur und Design schlank, funktional, technisch und irgendwie kompromißlos aussieht. Es wurde zu einem Synonym für Moderne, nicht nur in Deutschland, sondern in der weiten Welt, in Tokio wie in New York. In Tel Aviv heißt alles »Bauhaus«, was glatte Fassaden und ein Flachdach hat, obwohl nur vier oder fünf der dreißig bis vierzig Architekten, die in den dreißiger Jahren in Palästina modern bauten, am Bauhaus studiert hatten.

Die wichtigsten Architekten, die in Deutschland im ersten Jahrzehnt nach Kriegsende zur Avantgarde zählten, kamen schon aus Altersgründen aus anderen Schulen als dem 1919 gegründeten Bauhaus, das seinem Namen zum Trotz erst seit 1927 eine Bauabteilung besaß. Als Lehrer haben Hans Poelzig und Heinrich Tessenow in Berlin oder Paul Bonatz und Paul Schmitthenner in Stuttgart mehr Architekten ausgebildet als Walter Gropius und seine Nachfolger Hannes Meyer und Mies van der Rohe am Bauhaus.

Viele Baumeister der deutschen Moderne hatten bei einem Architekten studiert, dessen gebautes Werk nicht zu den radikalen zählt, bei Theodor Fischer, der an den Technischen Hochschulen Stuttgart und München lehrte. Die Liste von Fischers Schülern und jüngeren Mitarbeitern liest sich wie eine Ehrentafel der modernen Baukunst: Dominikus Böhm, Martin Elsaesser, Alfred Fischer, Hugo Häring, Ferdinand Kramer (der sein Studium am Bauhaus begonnen hatte, es aber nach wenigen Monaten unbefriedigt wieder verließ), Ernst May, Erich Mendelsohn, Jacobus Johannes Pieter Oud, Wilhelm Riphahn, Bruno Taut und zahlreiche andere. Übrigens absolvierten auch Monumentalisten und Technokraten des Dritten Reiches, Albert Speer, Friedrich Tamms oder Rudolf Wolters, Studiensemester bei Fischer. Der Meister, tolerant, menschenfreundlich und zur Schwermut neigend, erzog eine ganze Architektengeneration.

Pädagogische Provinzen

Vor dem Ersten Weltkrieg ging der entscheidende pädagogische Impuls von Kunstgewerbeschulen aus, die in Erinnerung an die englische Arts-and-Crafts-Bewegung und an die Lehren von William Morris dem Werkstattgedanken zum Durchbruch verhalfen. Hermann Muthesius, der ab 1904 im preußischen Handelsministerium arbeitete und für die Kunstgewerbeschulen zuständig war, hatte an dieser Bewegung großen Anteil. Lernen durch Tun galt als zukunftsträchtige Pädagogik, Kopistentätigkeit, Ornamentzeichnen und Reißbrettkunst als verderblicher Einfluß. »Ich glaube zuversichtlich, daß die nächsten Jahrzehnte in einer noch nicht geahnten Weise wieder dem Handwerk gehören werden«, schätzte Karl Scheffler.[72]

Handwerkliche Ausbildung wurde an vielen Lehrstätten im deutschsprachigen Raum gepflegt: an den Kunstgewerbeschulen in Berlin, Breslau, Düsseldorf (unter dem Direktorat von Peter Behrens), Straßburg, Stuttgart, Wien, in der privaten Reimann-Schule in Berlin, die sich auch Laien weit öffnete, in den Meisterklassen des Bayerischen Gewerbemuseums in Nürnberg, in den Lehr- und Versuchsateliers Wilhelm von Debschitz' in München. Wo es sich nicht nur um Lehrwerkstätten, sondern um Werkstätten mit marktorientierter Produktion handelte, waren Aufträge aus der Praxis willkommen, die den Test auf die Wirklichkeitstauglichkeit der Lehre ermöglichten. Zwischen privatem Auftrag und Schultätigkeit waren die Grenzen fließend. Beispielsweise beschäftigte Hans Poelzigs Umbau des Rathauses Löwenberg in Schlesien (1903–06) viele Künstler der Breslauer Akademie.

In der Hochstimmung der ersten Nachkriegszeit versprach Handwerk die Vereinigung von Verstand und Gefühl, von Können und Phantasie. »Werkkünstler« war das bezeichnende Wort. Bei diesen euphorischen Hoffnungen auf Synthese spielte allerdings mit, daß in den Schulreformprogrammen dieser Jahre unter Handwerk meist nicht die manuelle Herstellung serienmäßiger Gebrauchsgegenstände

[72] Karl Scheffler. Die Zukunft der deutschen Kunst. In: Kunst und Künstler 17 (Mai 1919) 8. S. 327.

gemeint war, sondern anspruchsvolles Bau- und Kunsthandwerk. Die Reform der Ausbildung beschäftigte viele Geister. So gründete der Berliner Arbeitsrat für Kunst einen Arbeitsausschuß für Unterrichtsfragen. Dessen Vorsitzender Otto Bartning verfaßte einen »Unterrichts-Plan«, der »auf der Grundlage des Handwerks« Werkstattproduktion forderte sowie den Verzicht auf akademische Titel und die Einsetzung eines »Meisterrats« empfahl. Gropius kannte und befolgte das Konzept, als er das Bauhaus in Weimar gründete. Der noble Bartning schluckte seine Enttäuschung über die versäumte Anerkennung seiner Urheberschaft am Bauhaus-Gedanken herunter.

Die deutschen Bundesstaaten und die Kommunen folgten nicht so sehr ideellen Gründen, wenn sie die Reform der Kunstgewerbeschulen förderten oder Kunstgewerbeschule und Kunsthochschule vereinigten, wie es dann auch in Weimar bei der Gründung des Bauhauses geschah. Ihnen war an einer Fortbildung des Handwerks gelegen, damit die Absatzchancen des heimischen Gewerbes stiegen. Van de Velde war 1902 nach Weimar berufen worden, um das künstlerische Niveau der Gewerbeerzeugnisse zu heben, und von Gropius erwartete man 1919 dasselbe. Auch die Berufschancen der Künstler in spe ließen sich so verbessern. Wer sich nicht auf dem Kunstmarkt behauptete, konnte noch immer einen tüchtigen Handwerker abgeben.

Wichtige Elemente der späteren Bauhaus-Lehre wurden von anderen deutschen Schulen bereits vor dem Ersten Weltkrieg vertreten und fanden Aufmerksamkeit auch im Ausland. Der junge Le Corbusier, der damals noch seinen eigentlichen Namen Jeanneret führte, bereiste im Auftrag der Kunstschule seiner Heimatstadt La Chaux-de-Fonds Deutschland in den Jahren 1910 und 1911. Über seine Eindrücke verfaßte er ein kenntnisreiches Dossier[73] – mit einem besonders herzlichen Dank an Theodor Fischer! In Düsseldorf, Hamburg oder Stuttgart (Breslau war ihm entgangen) beschrieb er pädagogische Methoden, die den berühmten Vorkurs des Bauhauses vorwegnahmen. Sie sollten schöpferische Kräfte freisetzen und die Schüler zu ihrer individuellen Begabung führen. Le Corbusier gewann aus seiner Reise die Einsicht, die kunstgewerbliche Bewegung in Deutschland sei von einer unglaublichen Vitalität, Robustheit und Kraft. Ihre Lehrer betrachteten Schüler als erwachsene Menschen und ließen ihnen jede kreative Freiheit.

Henry van de Velde in seinem Atelier in der Kunstgewerbeschule Weimar, um 1911.

Die Teilung der Aufgaben in den »Formmeister«, der für die Form verantwortlich war, und den für die Verwirklichung zuständigen Handwerksmeister, den »Werkmeister«, galt als eine Neuerung des Weimarer Bauhauses. Aber sie wurde schon viel früher in den Stuttgarter Lehr- und Versuchswerkstätten unter Bernhard Pankok oder an der Breslauer Kunstakademie unter Hans Poelzig eingeführt. Auch im Vorgängerinstitut des Bauhauses, in Henry van de Veldes Weimarer Kunstgewerbeschule, betreuten erfahrene Handwerker die praktische Ausbildung. Für die formale Disziplin der verschiedenen Werkstätten war der vielgewandte Universalkünstler allerdings allein zuständig, ob es sich um Silberwaren, Keramik, Textilien oder Möbel handelte.

Als Walter Gropius im April 1919 zum Studium nach Weimar einlud, »die Wiedervereinigung aller werkkünstlerischen Disziplinen« versprach und die Schule »als Dienerin der Werkstatt« schilderte,[74] mußte das Bauhaus als eine von anderen Reformschulen mit ähnlichen Zielen gelten. »Die Umwandlung der alten Kunstschulen in moderne Werkstätten ist der beherrschende Grundgedanke aller Reformvorschläge.«[75] Vielleicht gärte es in Weimar etwas

[73] Charles-Edouard Jeanneret. Etude sur le mouvement d'art décoratif en Allemagne. La Chaux-de-Fonds, 1912.

[74] Walter Gropius. Programm des Staatlichen Bauhauses in Weimar. Weimar, 1919.

[75] John Schikowski. Künstler und Handwerker. In: Neue Zeit 38 (1920) 18.

Walter Gropius mit Wettbewerbsentwurf für den Chicago Tribune Tower. 1922.

[76] Walter Gropius. Der Baugeist der neuen Volksgemeinde. In: Die Glocke 10 (5. 6. 1924) 10. S. 314.

[77] Walter Gropius. Sind beim Bau von Industriegebäuden künstlerische Gesichtspunkte mit praktischen und wirtschaftlichen vereinbar. In: Der Industriebau 3 (1912) 25. S. 5.

[78] Oskar Schlemmer. November 1922. In: Tut Schlemmer (Hg.). Oskar Schlemmer. Briefe und Tagebücher. München, 1958. S. 142.

[79] Philip Scheidemann. Was kann uns retten? In: Ernst Drahn, Ernst Friedegg (Hg.). Deutscher Revolutions-Almanach. Hamburg, Berlin, 1919. S. 14.

mehr als anderswo. Die Dozenten, vor allem der Begründer des legendären Vorkurses Johannes Itten, ließen sich stärker auf zeittypische Rituale ein, die skeptischen Beobachtern wie Mummenschanz erschienen, von der Mazdaznan-Ernährung über esoterische Atemtechniken bis zur feierlichen Lesung von Mystikertexten bei Kerzenlicht. Aber im Grundsätzlichen handelte Gropius nur, wie es von einem progressiven Kunstschuldirektor nach 1918 erwartet wurde.

Um 1922 begann sich im Bauhaus eine neue Devise durchzusetzen. Nicht mehr Kunst und Handwerk lautete sie, sondern »Kunst und Technik, eine neue Einheit«. Jetzt fand Gropius, die Rückkehr zum Handwerk sei ein »atavistischer Irrtum« und das Handwerk der Zukunft müsse »zum Versuchsfeld für die industrielle Produktion« werden.[76] Das war eine Einsicht, die er schon vor dem großen Kriege vertreten, aber unter den Gefühlsbewegungen der Nachkriegszeit verdrängt hatte. »Man muß sich wohl oder übel damit abfinden, daß der Handwerkerstand im alten Sinne heute sozusagen in den letzten Zügen liegt.«[77] Diese Gropius-Beobachtung von 1912 wurde nun wieder aktuell. Was ehedem Handwerk gewesen sei, werde heute von der Industrie produziert, indem sie solide, materialechte, typisierte Gebrauchsgegenstände herstelle, erkannte Oskar Schlemmer.[78]

Besonnene Autoren hatten auch in den Elendsmonaten nach 1918 gewußt, daß ein Industrievolk des 20. Jahrhunderts nicht zur Handwerkergemeinde werden konnte, wenn es überleben wollte. Im selben Almanach, in dem Gropius noch den Künstler an das urwüchsig heitere Volksgemüt als oberste Instanz verwies, gab der sozialdemokratische Politiker Philipp Scheidemann auf die Frage »Was kann uns retten?« die realistische Antwort: »Wenn nicht die Organisation arbeitssparender Methoden aufs höchste verfeinert, die Produktivität durch neue Errungenschaften der Wissenschaft und Technik zum außerordentlichen gesteigert wird, dann sind wir nicht zu retten.«[79] Das Bauhaus war erst drei Jahre später zu diesen Konsequenzen bereit.

Einen wesentlichen Anteil an der Wandlung des spätromantisch-expressionistischen Bauhauses hatte der holländische Allroundkünstler Theo van Doesburg. Doesburg hatte sich Hoffnungen auf eine Berufung ans Bauhaus gemacht und gab 1921–22 in Weimar private Kurse, die auf das Bauhaus abfärbten. Im Sinne der niederländischen Künstlergruppe De Stijl forderte er eine »elementare Architektur«, die ökonomisch und veränderbar war, offene Grundrisse vorsah und die Harmonie ungleicher Teile anstrebte.

Walter Gropius. Adolf Meyer. Maschinenfabrik Gebr. Kappe & Co. Alfeld an der Leine, 1922–24. Hofansicht.

Die ersten Baupläne für vorbehaltlos funktional-moderne Gebäude wie die Maschinenfabrik Kappe in Alfeld an der Leine verließen 1922 das Büro von Gropius und Adolf Meyer. Noch ein Jahr zuvor hatte der Bauhausdirektor höchstpersönlich mit dem Weimarer Denkmal für die Märzgefallenen, einem versteinerten Blitz, dem ekstatischen Expressionismus gehuldigt.

Die Neuorientierung war keine alleinige Leistung der Bauhäusler. Die Moderne hatte viele Ausbildungsorte: die Berliner Vereinigten Kunstschulen unter Bruno Paul, der sich vom neoklassizistischen Landhausarchitekten zum Gestalter moderner Großstadtbauten entwickelte, die Breslauer Akademie, die Magdeburger Kunstgewerbeschule, die Kölner Werkschulen, die Richard Riemerschmid in den späteren zwanziger Jahren leitete, und manche andere mehr. Die Frankfurter Kunstschule sah sich in Augenhöhe mit dem Bauhaus und versuchte, bei dessen Weimarer Auflösung 1925 die bedeutendsten Dozenten für Frankfurt zu gewinnen. An der Folkwangschule in Essen vertrat Alfred Fischer, der Architekt strapazierfähiger Industrie- und Verwaltungsgebäude, eine gradlinige Sachlichkeit, die den schweren Bedingungen des Industriereviers standhielt. In Berlin kümmerte sich die Reimann-Schule auch um Mode und die jungen Medien Film, Werbung und Fotografie. Sogar die kleine Aachener Handwerker- und Kunstgewerbeschule erwarb unter ihrem jungen Direktor Rudolf Schwarz ein avantgardistisches Profil mit dem Akzent auf kirchlicher Kunst.

In dieser föderalistischen Hochschullandschaft war die Fluktuation der Lehrer und Schüler groß. Besonders intensiv waren Konkurrenz und Wechsel zwischen dem Bauhaus und der Kunstgewerbeschule Burg Giebichenstein in Halle, die der Stefan-George-Anhänger Paul Thiersch leitete. Viele Entwürfe könnte man für Produkte der jeweils anderen Schule halten, auch wenn in der klösterlichen Abgeschiedenheit der »Burg« die zeitlos-gültige Norm gepflegt wurde und im Bauhaus die vibrierende Nähe zur aktuellen Gegenwart. Abwanderungen aus Weimar oder Dessau hingen mit dem Themenwechsel des Bauhauses zusammen, mit den Konflikten zwischen den ausgeprägten Künstlerpersönlichkeiten und den Kursänderungen unter den jeweiligen Direktoraten. Aber sie hatten auch mit der Attraktion der jeweils anderen Schulen zu tun. Ernst Neufert, die rechte Hand von Gropius beim Bau des Bauhausgebäudes, ging gewiß auch deshalb zu Otto Bartning an die neuformierte Weimarer Bauhochschule, weil er sie als ebenso aufgeschlossen einschätzte wie das Bauhaus.

Walter Gropius. Denkmal für die Märzgefallenen. Weimar, 1920–21. Zeichnung Farkas Molnár. Lithographie.

Burg Giebichenstein, Halle. Oberburg und Kornhaus.

Bauhaus und andere

Studierende des Bauhauses (1, 2), Farkas Molnár (3). Signetentwürfe für das Staatliche Bauhaus Weimar. 1921.

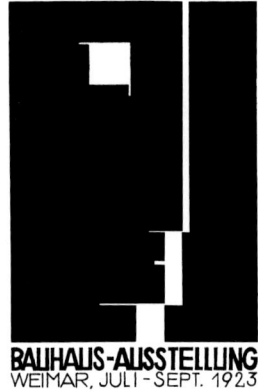

Herbert Bayer. Postkarte zur Bauhaus-Ausstellung. 1923.

Mythos Bauhaus

Und doch überstrahlt der Ruhm des Bauhauses heute alles und alle. Wie erklärt sich diese internationale Karriere einer Schule, die insgesamt zwischen 1919 und 1933 etwa 1 200 bis 1 300 Schüler gehabt hat, und nie mehr als zweihundert gleichzeitig? Der ausgeprägte Sinn der Bauhausleute für Selbstdarstellung hatte Teil daran. Es gab Bauhaus-Ausstellungen, Bauhaus-Mappen, Bauhaus-Bücher, Bauhaus-Postkarten und Bauhaus-Feste, an denen das avantgardistische Berlin teilnahm; schließlich waren es kaum zwei Stunden Eisenbahnfahrt von der Hauptstadt nach Dessau. Das Bauhaus war nicht die einzige avantgardistische Schule in Deutschland, aber diejenige, die am meisten von sich reden machte.

Denn die ständigen Konflikte mit Stadt und Land, politischen Parteien, Bürgertum und Handwerk hatten auch eine positive Auswirkung für das Bauhaus: Sie lösten zahlreiche Stellungnahmen und Solidaritätskampagnen aus. Zu ihnen fühlten sich anstandshalber auch Künstler verpflichtet, die mit Hans Poelzig fanden, Gropius mache zuviel Radau.[80] Wer fortschrittlich fühlte, mußte mit dem Bauhaus bangen. Der Anlässe gab es viele: wenn das Bauhaus in Weimar wie in Dessau mit den Rechtskonservativen und dem lokalen Handwerk im Clinch lag, 1925 aus Weimar vertrieben, 1932 von der nationalsozialistisch-bürgerlichen Mehrheit des Dessauer Gemeinderats aufgelöst und dann noch einmal und endgültig 1933 in Berlin liquidiert wurde. Jedesmal kam das Haus in die Schlagzeilen und mobilisierte das Mitgefühl aller Gutwilligen.

Ein Grund für den weltweiten Nachruhm des Bauhauses lag darin, daß nach der Emigration vieler Lehrer und Schüler den Bauhäuslern im Ausland so etwas wie ein Meinungsmonopol in Sachen deutscher Moderne zuwuchs. Gropius und Mies van der Rohe nahmen bedeutende Positionen an US-amerikanischen Hochschulen ein und konnten strategisch wichtige Publikationsorte wie das New Yorker Museum of Modern Art (MOMA) für sich gewinnen. Das Haus veranstaltete 1938 die erste Bauhaus-Ausstellung, beschränkt auf die Direktoratsjahre von Gropius. Mies van der Rohe, der dritte Chef des Bauhauses (1930–33), erhielt 1947 aus den Händen der MOMA-Kuratoren den olympischen Lorbeer in Gestalt einer Einzelausstellung. Nur das Werk des zweiten Direktors, Hannes Meyer (1928–30), fiel lange Zeit durch den Gitterrost posthumer Aufmerksamkeit. Meyers linkspolitische Präferenzen machten ihn auch für die Nachwelt zur Persona non grata. Seine Architektur, die sich an sozialen Problemen abarbeitete (»Unser Tun ist Dienst am Volke«)[81], strahlte nicht den Glamour aus, der von den brillanten Grundsatzlösungen Mies van der Rohes und von manchen Projekten aus Gropius' europäischer Zeit ausging.

Was Gropius mit Fug und Recht als seine besondere Leistung beanspruchen konnte, war die Berufung prominenter oder bald prominent werdender Avantgardisten ans Bauhaus. Mit einem derart hochkarätigen Team konnte keine andere Schule im Reich konkurrieren, mochten auch Max Beckmann und Willi Baumeister in Frankfurt wirken, oder Oskar Moll, Otto Mueller, Alexander Kanoldt und nach seiner Dessauer Zeit auch Oskar Schlemmer in Breslau. Aber das Weimarer und Dessauer Bauhaus verfügte neben seinen prominenten Architekten-Direktoren Gropius und Mies van der Rohe über die Genies der Epoche, Lyonel Feininger, Johannes Itten, Wassily Kandinsky, Paul Klee, Oskar Schlemmer, László Moholy-Nagy und viele andere Künstler von Rang und Namen.

Das Bauhaus ist zum Bauen da

Einen Vorteil, dessen sich keine andere Schule rühmen konnte, genoß das Bauhaus: Es durfte sich in neuer, eigener Architektur darstellen. »Das Bauhaus ist zum Bauen da«, sagte Gropius beim Richtfest des Dessauer Bauhausgebäudes.[82] Zum Bauen kam es vergleichsweise spät. Architektur wurde zwar im privaten Atelier von Gropius entworfen, und der eine oder andere begabte Student durfte mitarbeiten. Gropius und Adolf Meyer gaben Lehrveranstaltungen. In Weimar entstand auf die Initiative ungeduldiger Schüler 1923 das Versuchshaus am Horn. Aber eine eigene Abteilung, in der die Architekturausbildung systematisch betrieben werden konnte, kam erst 1927 mit der Berufung Hannes Meyers als deren Leiter zustande.

In Weimar waren die Bauhäusler in Van de Veldes Schulgebäuden, noblen Produkten des späten Jugendstils (vgl. S. 32), und in anderen Lokalitäten wie dem Tempelherren- und Reithaus untergekommen. In

Dessau dagegen wurde ihnen während der Berufungsverhandlungen vom großzügigen Oberbürgermeister Fritz Hesse ein nagelneues Gebäude für die Schule zugestanden, sowie eine kleine Kolonie von Wohnhäusern, in denen die Bauhausmeister zur Miete wohnten. Damit erhielt das Bauhaus im Jahre 1926 Adressen, in denen es sich nach Gusto einrichten und seine eigene Ästhetik pflegen konnte.

Das von Gropius entworfene Bauhaus-Gebäude wurde von Anfang an als Manifest aufgefaßt. Exaktheit und Transparenz, Funktionalität und Ökonomie, Kontrastharmonie und asymmetrische Balance der Bauteile, Fabrikcharakter und festliche Überhöhung vereinen sich in diesem Baukomplex. Der Grundriß läßt sich als eine Zusammenfügung dreier L-förmiger Flügel interpretieren. Jede Hauptfunktion erhielt ein eigenes, durch Formenwechsel gekennzeichnetes Volumen zugewiesen: Werkstattgebäude hinter großem Glasvorhang, Kantine und Aula im Flachbau, Wohnateliers im fünfeinhalbgeschossigen »Turm«, Berufsschule im Trakt mit den gereihten Fenstern. Daß Direktorat und Bauabteilung als zentrale Funktionen der Schule im spektakulärsten Teil untergebracht waren, in der zweigeschossigen Brücke, dürfte kaum Zufall gewesen sein. Der Bau als Brücke verband alles Getrennte. Der »Zusammenschluß der Künste unter den Flügeln einer großen Baukunst«, den das Programm des Arbeitsrats für Kunst im März 1919 gefordert hatte, war hier in eine späte, nüchterne Architekturmetapher übersetzt.

Auch die Meisterhäuser im nahegelegenen Kiefernwald, drei Doppelhäuser und ein Einzelhaus für den Direktor, demonstrierten Gesinnung. Gropius versetzte die Doppelhäuser durch raffinierte Spiegelung und Verschwenkung der Haushälften in Bewegung. Überdachte Rücksprünge, Balkons und Dachterrassen verzahnten Außen- und Binnenraum, Natur und Menschenwerk. Die Restaurierungsarbeiten nach dem Ende der DDR brachten – wie in vielen anderen Sanierungsfällen – zutage, daß sich die Moderne keineswegs mit asketischem Schwarz, Grau und Weiß begnügt hatte.[83] Sogar an den Außenfronten waren Farbakzente gesetzt. In den Innenräumen gaben die Bewohner ungehemmt ihren koloristischen Vorlieben nach. Wassily Kandinsky vergoldete in seiner Haushälfte eine Wand, als sei es eine Ikonostasis. Ihr schlechtes Gewissen gegenüber weniger privilegierten Sterblichen beruhigten die Meister, die in der neu untertitelten »Hochschule für Gestaltung« zu Professoren wurden, mit dem Bewußtsein, eine Art Zivildienst an der vorderen Front avantgardistischen Wohnens zu leisten. Sogar ein Lehrfilm wurde gedreht, in dem die Künstlergattinnen pädagogisch wirksam Türen schwenkten und Schubladen aufzogen.

Georg Muche mit dem Baubüro Walter Gropius und Adolf Meyer. Versuchshaus am Horn. Weimar, 1923.

[80] Hans Poelzig an Ernst Jäckh, 16. 1. 1920. Nachlaß Poelzig, ehemals Hamburg.

[81] Hannes Meyer. Bauhaus und Gesellschaft. In: bauhaus (1929) 1. S. 2.

[82] Walter Gropius. Manuskript der Rede zum Richtfest des Bauhausgebäudes. Dessau, 21. 3. 1926. Bauhaus-Archiv, Berlin.

[83] August Gebeßler (Hg.). Gropius. Meisterhaus Muche/Schlemmer. Die Geschichte einer Instandsetzung. Ludwigsburg, Stuttgart, 2003.

Walter Gropius. Bauhausgebäude. Dessau, 1925–26. Lageplan. Ansicht.

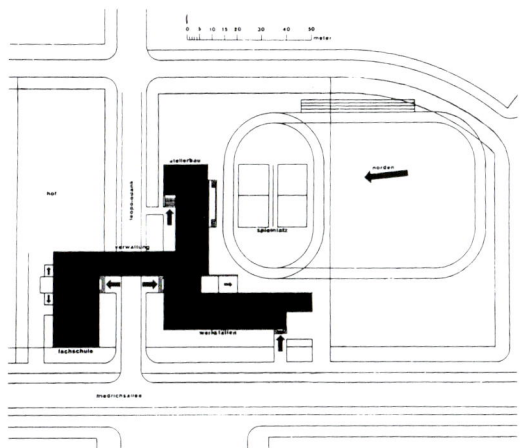

Bauhaus und andere

Walter Gropius. Doppelhaus Muche-Schlemmer. Dessau, 1925–26.

Carl Fieger mit Hermann Baethe. Gaststätte Kornhaus. Dessau, 1929–30.

Dessau, eine Industriestadt von damals 70 000 Einwohnern, wurde zu einem Hauptort des Neuen Bauens. Die von Gropius und seinen Mitarbeitern errichteten Bauten decken eine Vielzahl von Aufgaben ab. Preisgünstigen Wohnungsbau repräsentiert Dessau-Törten (1926–28), eine Siedlung mit zweigeschossigen Reihenhäusern, überwiegend in Betonelementen errichtet. Hannes Meyer ergänzte sie 1930 mit unspektakulären Laubenganghäusern in solidem Ziegelmauerwerk. Das Arbeitsamt (1927–29), dessen halbkreisförmiger Grundriß sich aus dem Organisationsdiagramm der Arbeitsverwaltung entwickelte, vollendete Gropius, als er bereits sein Direktorat niedergelegt hatte. Bauhausschüler – Georg Muche, Richard Paulick, Carl Fieger – entwarfen experimentelle Einfamilienhäuser. Einem Restaurant in der Elbe-Aue, dem Kornhaus (1929–30), gab Fieger eine elegant gerundete, verglaste Terrasse. Viele dieser Bauten entstanden in unerprobten Techniken und wiesen später dementsprechende Bauschäden auf. Die Gegner der Bauhaus-Moderne machten in ihren Polemiken davon dankbar Gebrauch.

Auch der große Schulbau, der aus der Ära Hannes Meyer stammt, verdient als Dokument einer Bauhaus-Epoche gewertet zu werden. Die Bundesschule des Allgemeinen Deutschen Gewerkschaftsbundes (1928–30) steht zwar nicht in Dessau, sondern nordöstlich von Berlin in einer märkischen Waldlichtung, bei Bernau. Aber sie war gleichfalls eine Gemeinschaftsleistung der Bauhaus-Werkstätten. Meyer hatte das Projekt aufgrund eines Wettbewerbs gewonnen, bei dem er über renommierte Kollegen wie Max Berg, Erich Mendelsohn und Max Taut siegte. Elastisch staffeln sich fünf aneinandergereihte dreistöckige Wohnheime den Hang hinunter. An der Rückseite werden sie von einem verglasten Gang begleitet, einem geschützten Weg durch die Natur.

Wie diese Kette von Bauten an ihrem Beginn von den Empfangs- und Gemeinschaftsräumen eingeleitet und an ihrem Ende vom zweistöckigen Lehr- und Sportgebäude aufgefangen wird, das hat seine eigene Lebendigkeit. Bald war der strapazierfähige gelbe Backstein von Wein überwuchert. Ausgerechnet dem gelernten Marxisten Meyer gelang undogmatische

Zwanglosigkeit. Ganz frei von Symbolik blieb die Anlage nicht. Die drei effektvoll gereihten Kaminschlote am Haupteingang sind von den Nutzern als Trinität sozialer Organisation gedeutet worden: Gewerkschaft, Sozialdemokratie und Genossenschaft. Adolf Behne pries die »in allen Gelenken locker spielende, flüssige Beweglichkeit dieses Hauses, das ohne Panzer jede Bewegung des Bodens und jede Bewegung des Sinnes mitmacht«.[84]

Der dritte Direktor des Bauhauses, Mies van der Rohe, war bereits ein prominenter Architekt, als er 1930 nach Dessau berufen wurde. Doch alles, was er hier an Bauwerk verwirklichen konnte, war ein kleiner Kiosk, der die Zeiten nicht überstanden hat. In seinem eigenen Unterricht setzte der Meister seine Schüler an eng definierte Studien etwa zum Typus des Gartenhofhauses. War das Bauhaus bei Gropius ein offenes Ideenlabor gewesen und bei Hannes Meyer eine soziale Coop-Werkstatt, so wurde es bei Mies zu einer Fachschule für anspruchsvolle Architektur. Große gemeinschaftliche Leistungen, an denen die anderen Künste beteiligt gewesen wären, kamen nicht mehr zustande. In der Weltwirtschaftskrise und unter dem zunehmenden Druck der Rechtsparteien waren die Zeiten nicht danach.

Bei den anderen Bau- und Designschulen im Reich fehlt es an zeitüberdauernden, weil gebauten Manifestationen. Einen Sonderfall stellte nach 1925 die von dem Kunsthistoriker Fritz Wichert geleitete Frankfurter Kunstschule dar. Ihre Architckturdozenten Adolf Meyer, Ferdinand Kramer und Franz Schuster und der Graphiker Hans Leistikow arbeiteten haupt- oder nebenamtlich im städtischen Hochbauamt. Ihre Tätigkeit war daher so sehr mit den Planungsleistungen der Stadt verbunden, daß die eindrucksvollen Siedlungen und Sozialbauten des Neuen Frankfurt in den Augen der Nachwelt nicht auf das Konto der Schule verbucht wurden. Die Schule erschien als eine Art pädagogisch geführtes Labor, das die kommunale Praxis mit Studien und Ideen versorgte. Der von Martin Elsaesser geplante Schulbau scheiterte an der Finanzierung. Mit seinen Teilsymmetrien, dem umbauten Hof und dem dominierenden Hochhaus hätte er auch nicht die Suggestion von Offenheit und Gleichberechtigung erreicht, die vom Dessauer Bauhausgebäude ausging.

Hannes Meyer, Hans Wittwer. Bundesschule des ADGB. Bernau, 1928–30.

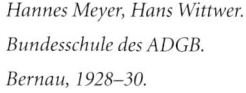

Hans Leistikow. Stilisierung des Frankfurter Adlers. 2. Hälfte 20er Jahre.

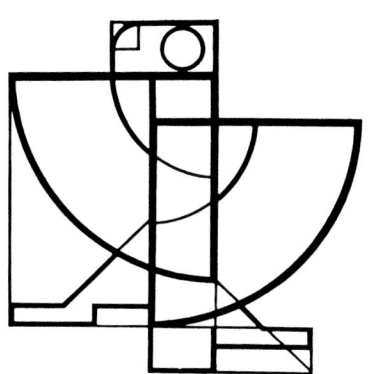

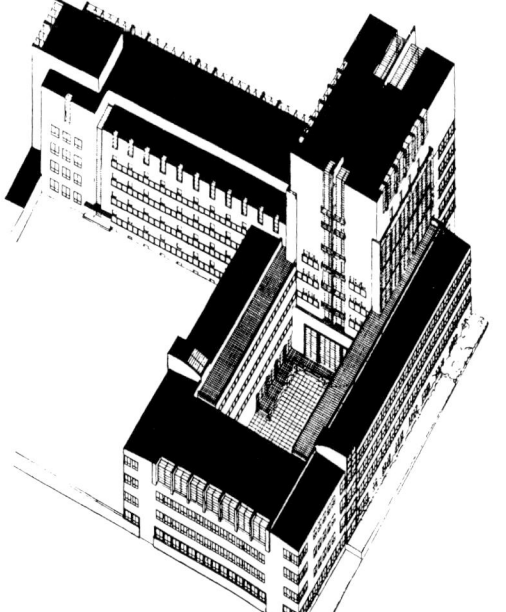

Martin Elsaesser. Kunstschule der Stadt Frankfurt am Main. Nicht ausgeführter Entwurf, 1926–27.

[84] Adolf Behne. Bundesschule in Bernau bei Berlin. In: Zentralblatt der Bauverwaltung 51 (1931) 14. S. 213.

Bauhaus und andere

Wir lernen Esperanto

Es gibt ein Eigenschaftswort, das die zwanziger Jahre über alles geschätzt haben. Das war das Adjektiv »neu«. Die Rede war von der Neuen Wohnung, der Neuen Raumkunst, dem Neuen Bauen, der Neuen Stadt, der Neuen Werkkunst, der Neuen Malerei, der Neuen Musik, der Neuen Küche, der Neuen Frau. Meist war der Begriff den Autoren so wichtig, daß sie ihn mit Großbuchstaben schrieben. Eine Publikumszeitschrift hieß *Die Neue Linie*, Fachzeitschriften *Das Neue Frankfurt*, *Das Neue Berlin*. Damit war zugleich die Baupolitik dieser Städte benannt, die als Vor-Orte der Moderne in Deutschland galten. Jenseits der Grenzen hielten es die Gesinnungsgefährten nicht anders: La Città Nuova, L'Esprit Nouveau, New Ways. Ein Neubeginn war gewollt, wie immer er auch definiert war: »Es hat das Wort neu in bezug auf das bauen die bedeutung eines neuen anfangs« (Hugo Häring).[85] Auf Plakaten oder in Büchern wurde das Alte, wurden die überfüllten Interieurs, die ornamentüberkrusteten Fassaden des 19. Jahrhunderts gern mit zwei temperamentvollen Strichen durchkreuzt. Ein neuer Anfang? Ein Neuer Anfang.

»Neue Menschen« unterwegs

Die Krönung dieses Dranges nach Neuerung und Erneuerung bildete das Wort vom Neuen Menschen. Harry Graf Kessler, der vom Kaiserreich bis zum NS-Regime ein Seismograph der Gesellschaft war, notierte im Sommer 1919 nach einem Besuch in Weimar, die jungen Künstler – er hatte mit Johannes Molzahn gesprochen – suchten vor allem den neuen Menschen.[86] Und die Suche hielt lange vor. Karl Scheffler versah 1932 eine Aufsatzsammlung mit dem offenbar immer noch zugkräftigen Titel *Der neue Mensch* – zu einem Zeitpunkt, als sich bereits »neue Menschen« einer anderen Art Straßenschlachten lieferten.

Was unter dem Neuen Menschen zu verstehen sei, war unterschiedlichen Interpretationen ausgesetzt. In den ersten Jahren nach Kriegsende war oft das phantasiereiche Menschenkind mit dem reinen Herzen gemeint. Es war auf Selbstfindung bedacht, aber dem Nächsten zugetan. Es war ein Suchender auf dem Weg zu einer solidarischen Menschengemeinschaft, die auf wechselseitigem Verständnis und gegenseitiger Hilfe beruhte. Wer Nietzsche gelesen und sich mit ihm identifiziert hatte, trug den Übermenschen im Sinn, der seiner schicksalhaft vorgezeichneten Bahn ohne Blick nach rechts oder links folgte, ein tatenfroher Demiurg. Am frühen Bauhaus waren beide Typen exemplarisch vertreten: in Johannes Itten, der »aus dem Bauhaus ein Kloster, mit Heiligen oder doch Mönchen« machen wollte,[87] und Walter Gropius, der sich in dieser Zeit auch privatim als Dämon jenseits von Gut und Böse zu stilisieren liebte.

Daß die Zukunft Abschied von den bisherigen Zuständen bedeutete, von ihrer Verschwendung, aber auch von ihrem Komfort, war den Protagonisten beider Art klar. Auffallend oft treten in den zeitgenössischen Äußerungen die Begriffe Verzicht und Opfer auf. Der Altmeister der niederländischen Architektur

Willi Baumeister. Plakat der Werkbund-Ausstellung Die Wohnung. *Stuttgart, 1927.*

[85] Hugo Häring. vom neuen bauen. über das geheimnis der gestalt. Berlin, 1957. S. 6.

[86] Harry Graf Kessler. 30. 7. 1919. In: Tagebücher 1918 bis 1937. Frankfurt am Main, 1982. S. 198.

[87] Oskar Schlemmer an Otto Meyer-Amden, 14. 7. 1921. In: Tut Schlemmer (Hg.). Oskar Schlemmer. Briefe und Tagebücher. München, 1958. S. 116.

Hendrik Petrus Berlage, auf den sich auch deutsche Avantgardisten gern beriefen, schrieb schon vor der Jahrhundertwende, eine Epoche sei angebrochen, die »das reiche Detail, den Stolz so mancher Architekten, nahezu gänzlich zu opfern« habe. Er selbst praktizierte dieses Opfer, soweit es in seiner Zeit möglich war, an den großen kahlen Ziegelflächen der Amsterdamer Börse (1898–1903). »Wo zeigte auch ... sonst einmal die Wahrheit so rein und unschuldig ihren Körper?« fragte Bruno Taut.[88]

Von notwendigen Verzichten und freiwilliger Entsagung sprachen Peter Behrens, Walter Gropius und Jacobus Johannes Pieter Oud, vom Nullpunkt, auf dem man beginnen müsse, Le Corbusier. Der Zusammenschluß junger italienischer Architekten, der sich *gruppo 7* nannte, wandte sich 1927 mit einem Manifest an die Öffentlichkeit, in dem das Wort *rinuncia*, der Verzicht, ein Schlüsselwort ist. »Wir müssen lernen, daß die neue Architektur wenigstens für eine Zeitspanne und zu einem Teil eine Architektur des Verzichts sein wird. Und dieser Mut muß aufgebracht werden: Die Architektur kann nicht mehr individuell sein.«[89] Die Moderne trat unter dem Zeichen des Verzichts an. Was immer sie an Neuem, Zukunftsträchtigem entwickelte, sie war auch ein großer Abschied, das Ende einer privilegierten Ausdruckskultur. »Heute gilt es als ein Verbrechen, für zwecklose Dinge Geld auszugeben«, bedauerte der Kunsthistoriker Cornelius Gurlitt.[90]

Ein Anzeichen für die große Lossagung war das Verschwinden des Ornaments. Ornament erschien nicht mehr als überschüssige Kraft, die bedeutende und konstruktiv wichtige Stellen auszeichnet, sondern als applizierter und deshalb auch verzichtbarer Schmuck, als überzähliger Dekor, als Barbarei. Schließlich galt es nur noch als »Universal-Heilmittel für baukünstlerische Impotenz«, wie Oud es einstufte.[91] Deutlich läßt sich die Abwertung des Ornaments gerade bei einem Architekten beobachten, der kein gewaltsamer Neuerer war, sondern eine zögernde, bewahrende Natur, bei Heinrich Tessenow. Ornament entsteht laut Tessenow, wenn der Mann abends seinen Bogenpfeil schnitzt, »so halb fleißig und so halb auch faul« und ein ganz bißchen schon müde. Mit frischem Geist am nächsten Morgen würde er das Ornament nicht machen. Am Abend aber mag es durchgehen, es »überstrahlt im besten Fall ein männliches Arbeiten mit einem unwillkürlichen Lachen.«[92]

Aber die Moderne wollte nicht, daß Abend war, sondern daß Morgen werde. Der Verzicht auf das Ornament war nur die auffälligste, es war sozusagen eine symbolische Handlung. Geopfert wurde die gewohnte Behaglichkeit. Bruno Taut empfahl 1924 in seiner Anleitung *Die neue Wohnung. Die Frau als Schöpferin* eine Art Ritualmord an den vertrauten Gegenständen, die unvernünftige Mieter bei ihren Umzügen mit sich schleppten. Kissen, Decken, Nippes und der gestickte Haussegen: weg damit. Von den übriggebliebenen Möbeln wird abgesägt, was nicht unbedingt nötig ist, Aufsätze, Verzierungen, Troddeln. Teppiche und Tischdecken sind fast immer überflüssig. Als Ergebnis verspricht der Autor eine »herrliche Raumbefreiung«.[93]

Geopfert wurden das sorgfältige Detail, die komplizierte Organisation des Hauses und des öffentlichen Gebäudes, die unwirtschaftliche Raumkubatur, die üppig bemessene Höhe der Räume. Geopfert wurden Individualität und oft auch Originalität. Denn das große, von der Geschichte überlieferte Repertoire an Formen und Erfahrungen hatte nicht nur erstarrte Formeln geliefert, sondern auch den Stoff zu hochindividuellen Verbindungen. Dagegen predigte Adolf Loos seinen Zeitgenossen schon 1914: »Wiederholen wir uns unablässig.«[94] Geopfert wurden der feine Handwerkerfleiß, das kostbare Einzelstuck, das jahrhundertealte Sachwissen, das vor den neuen Konstruktionsverfahren und Materialien versagte. Geopfert wurden die Kompetenz und der Geschmack in der Herstellung des schönen Luxus, solange jedenfalls, bis sich aus den neuen Designstrategien ein neuer Luxusbegriff ergab.

Geopfert wurde in den Augen vieler schlichtweg die Kunst. »Alle kunst ist komposition und mithin zweckwidrig. Alles leben ist funktion und daher unkünstlerisch«, dekretierte der zweite Bauhausdirektor Hannes Meyer in einer seiner mitreißend formulierten Polemiken. Die Idee der »Komposition« eines Seehafens fand er zwerchfellerschütternd; und die eines Hauses auch. Meyer war für die »Funktion«, für das Leben, und gegen die »Komposition«, die Kunst. Er forderte die Expropriation nicht nur der Expropriateure, sondern auch der neun Musen und stellte fest: »Die Entwertung aller Kunstwerke ist unleugbar ... Die Kunst der gefühlten Nachahmung ist in Abrüstung begriffen. Die Kunst wird Erfindung und beherrschte Wirklichkeit. Die Kunst wird Realität.«[95]

[88] Bruno Taut. Die neue Baukunst in Europa und Amerika. Stuttgart, 1929. S. 39.

[89] Architettura. In: Rassegna 9 (Dezember 1926) 18. Fasc. 103.

[90] Cornelius Gurlitt. Denkmalpflege und Zwingererneuerung. Dresden, 1931. S. 5.

[91] J. J. P. Oud. Holländische Architektur. Bauhausbücher 12. München, 1926. S. 69.

[92] Heinrich Tessenow. Hausbau und dergleichen. Berlin, 1920². S. 47 f.

[93] Bruno Taut. Die neue Wohnung. Die Frau als Schöpferin. Leipzig, 1926⁴. S. 58.

[94] Adolf Loos. Heimatkunst. 1914. In: Franz Glück (Hg.). Adolf Loos. Sämtliche Schriften. Bd.1. Wien, München, 1962. S. 341.

[95] Hannes Meyer. Die neue Welt. 1926. In: Claude Schnaidt. Hannes Meyer. Teufen, 1965. S. 94.

Wir lernen Esperanto **129**

Otto Haesler. Siedlung Georgsgarten. Celle, 1925–26.

[96] Oskar Schlemmer. In: Tut Schlemmer (Hg.). Oskar Schlemmer. Briefe und Tagebücher. München, 1958. S. 121.

[97] Erich Mendelsohn. Amerika. Berlin, 1926. S. 31, 39.

[98] Hans-Joachim Braun, Walter Kaiser. Energiewirtschaft, Automatisierung, Information seit 1914. Berlin, 1997². S. 52.

[99] Henry Ford. Mein Leben und Werk. Leipzig, 1923. S. 16.

[100] Friedrich Naumann. Zit.: Peter Behrens, H(einrich) de Fries. Vom sparsamen Bauen. Berlin, 1918. S. 59.

[101] Frederick Winslow Taylor. Die Betriebsleitung insbesondere der Werkstätten. Berlin, 1909, 1912². S. 126 f.

Fließbandproduktion in einer Ford-Fabrik. Detroit.

Solche Verzichtserklärungen, die natürlich nicht von allen Neuerern in gleichem Maße und mit den gleichen Argumenten vertreten wurden, waren keine freiwilligen Akte. Sie erfolgten unter Nötigung. Die Spielräume für Entscheidungen waren drastisch eingeengt angesichts der gesamteuropäischen Wohnungsnot, die sich über viele Jahrzehnte angebahnt hatte. Rapides Bevölkerungswachstum, räumliche Konzentration in Industrierevieren und Großstädten, kriegsbedingte, aber auch strukturbedingte Wanderungsbewegungen, ständiger Nutzungswandel in den Metropolen, der Internationalismus der Wirtschaftsbeziehungen waren ein Erbe des 19. Jahrhunderts, und ebenso die neuen Konstruktionstechniken und -materialien, die Spezialisierung der Gewerke, die Verwandlung des Bauplatzes in einen Maschinenpark mit Drehkränen, Preßluftbohrern und nächtlicher Baustellenbeleuchtung.

Von Nietzsche zu Taylor

»Amerikanismus, Fortschritt, Wunder der Technik und Erfindung, Großstadt«, notierte Oskar Schlemmer in sein Tagebuch.[96] Unter den vielen Lektionen in »unbeschwerter Spannkraft« und »organisierendem Willen«,[97] die Amerika erteilte, war neben der Faszination Hochhaus (vgl. S. 110 ff.) die Rationalisierung der Arbeitswelt ein Hauptthema. Frederick Winslow Taylors Lehre vom *shop management*, von wissenschaftlicher Betriebsführung und Fließbandproduktion, ließ sich in den Ford-Fabriken studieren, wo das berühmte Modell T, die »Tin Lizzie«, von 1914 bis 1927 in 15 Millionen Exemplaren produziert wurde. Le Corbusier erlebte in Detroit die Entstehung der Automobile, alle 45 Sekunden eins, wie die Geburt mythologischer Gottheiten.

In Deutschland wurde das Fließbandsystem frühzeitig eingesetzt. Bosch in Stuttgart machte schon vor dem Ersten Weltkrieg Gebrauch davon.[98] 1924 wurde der Reichsausschuß für Arbeitszeitermittlung (REFA) gegründet. »Fordismus« avancierte zu einem Schlagwort der zwanziger Jahre, und die Automobilproduktion zu einem Beispiel, das sich die Bauproduktion zum Vorbild nehmen sollte. Die Lebensgeschichte des Autokönigs Henry Ford wurde zu einem Bestseller, der auch in deutscher Sprache in mehreren hunderttausend Exemplaren aufgelegt wurde. Auch bei ihm, dem »weißen Sozialisten«, konnte man lesen, das Erfolgsgeheimnis bestehe darin, das Überflüssige zu eliminieren und das Notwendige zu vereinfachen.[99] Da ein Teil des Produktivitätszuwachses den Arbeitern und Angestellten in Gestalt höherer Löhne zugute kam, schienen gesellschaftlicher Fortschritt und aufgeklärter Kapitalismus einen Bund einzugehen.

1909 wurde das wichtigste Buch von Taylor unter dem Titel *Die Betriebsleitung insbesondere der Werkstätten* ins Deutsche übersetzt. Taylor berichtete darin von einem mehrjährigen Experiment, das der Architekturbranche entnommen war – kein Wunder bei einem Autor, der zuvor ein Fachbuch über armierten Beton geschrieben hatte. Taylor schilderte, wie die

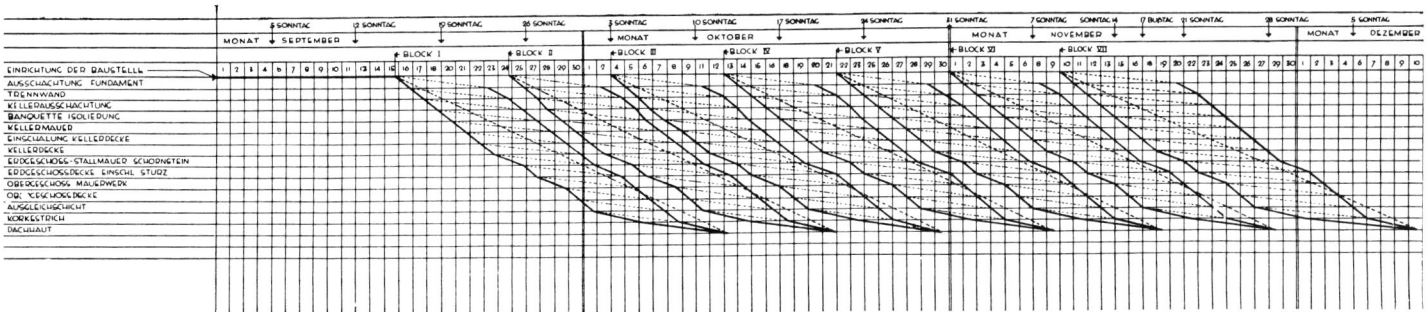

einzelne Gewerke eines Bauunternehmens durch Fragmentierung des Arbeitsvorgangs, durch Zeitstudien und ein System der Strafen und Belohnungen rationalisiert worden seien. Diese »wissenschaftliche« oder wenigstens normenbestimmte Organisation der Arbeit übte auf moderne Architekten große Anziehungskraft aus, nicht zuletzt, weil die Beispiele der Bauwelt entstammten. »Man denke sich Köpfe wie Siemens, Krupp, Ballin oder Wertheim in das Wohnungswesen hinein!« hatte der Volkswirtschaftler Friedrich Naumann schon vor dem Krieg gefordert.[100]

Das »sorgfältige Studium der für die Arbeiten notwendigen Zeit« stellte in Taylors Prioritätenliste den ersten zu berücksichtigenden Punkt dar, die »vollständige Normierung aller Einzelheiten, welche die Arbeitsgeschwindigkeit beeinflussen«, einen weiteren.[101] Arbeitsforscher wie Produktionsleiter haben für die Kontinuität der Arbeitsprozesse zu sorgen. Zu den ersten weitgehend rationalisierten Bauprojekten in Deutschland – die Bauhaus-Siedlung Törten in Dessau, die Siedlungen des Neuen Frankfurt – gehörten infolgedessen präzise Zeitablaufpläne, die festlegten, wann für welches Baulos die Baustelle eingerichtet wurde, wann die Ausschachtung begann, wann die Fertigteile angeliefert werden konnten, wann die Dachhaut aufgebracht wurde. Die Herrschaft über die Zeit, ihre Einteilung und ihren Ablauf war die Voraussetzung für eine Planungstätigkeit, die nicht mehr von einem Abschnitt zum nächsten voranschritt, sondern das gesamte Verfahren in allen seinen Teilen vorwegnahm. Mit dem Entwurf fängt der kreative Prozeß an, mit ihm ist er abgeschlossen. Alles andere ist Ausführung des in allen seinen Daten festgeschriebenen Produkts.

Taylors Forderungen begannen nicht nur in der Bauproduktion berücksichtigt zu werden. Sie hatten

Walter Gropius. Arbeitszeitplan für die Siedlung Törten. Dessau, 1926–28.

Ernst May. Baustellenbetriebsplan für die Siedlung Praunheim. Dritte Bauphase. Frankfurt am Main, 1928–29.

Ernst May. Siedlung Praunheim. Frankfurt am Main, 1928–29. Montage der Plattenhäuser.

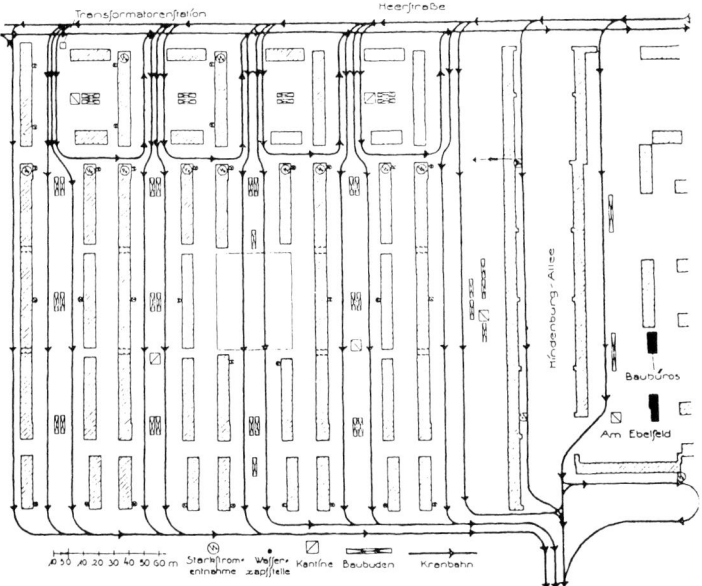

Wir lernen Esperanto

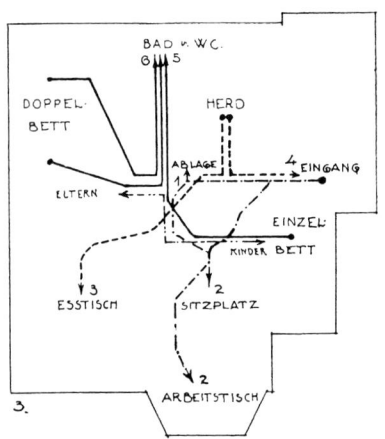
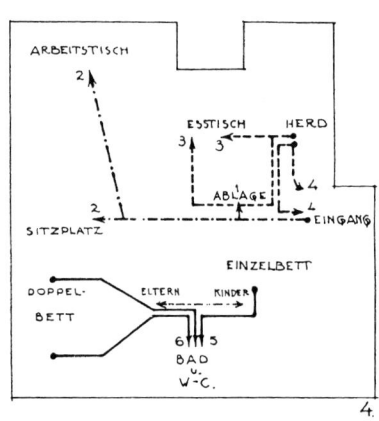

Alexander Klein. Ganglinien in negativem und positivem Wohnungsbeispiel. 1928 oder früher. Beim positiven Gegenbeispiel können die drei Hauptvorgänge des Wohnens Kochen-Essen, Wohnen-Ruhen, Schlafen-Waschen gleichzeitig ungestört abgewickelt werden.

Max Laeuger. Skizzen. Sichtbarkeit des Menschen im Raum, abhängig von den Formen der Umgebung.

Rückwirkungen auch auf Entwurf und Grundriß. Die arbeitsökonomische Anordnung der Verkehrswege in Haus und Stadt, die zweckmäßige Anordnung der Räume und Einrichtungen, der zeitsparende Verlauf von Ganglinien, die Konzentration der Bewegungsflächen, die gesonderte Bedienung der verschiedenen Funktionen jede auf ihre spezielle Art, sind vom Denken à la Taylor befördert worden. »Zu gutem Wohnen gehört u. a. die ganze Summe von Bedingungen, die den Ablauf unseres täglichen Lebens reibungslos gestalten, die die Abwicklung der Alltäglichkeit zusammendrängen auf ein Minimum an Kraft- und Zeitaufwand.«[102]

Als die 1928 gegründete internationale Architektenorganisation CIAM (Congrès Internationaux d'Architecture Moderne) auch die Stadt nach ihren einzelnen Funktionen analysierte und jede Hauptfunktion – Wohnen, Arbeiten, Freizeit, Verkehr – gemäß ihren eigenen Erfordernissen befriedigen wollte, wirkte sich der Taylorsche Funktionalismus auch auf den Urbanismus aus. In den Statements und der Charta von Athen, die auf der vierten CIAM-Tagung 1933 und danach formuliert wurden, ist der Gesichtspunkt der Zeitersparnis ausdrücklich angesprochen. Zeit, soviel war klar, ließ sich nur durch die zweckmäßige Zuordnung und Verknüpfung von Funktionen gewinnen.

Auch im eigenen Büro stand den Architekten die Revolution bevor. Die Amerikareisenden unter ihnen konnten bei den Kollegen in New York und Chicago studieren, welche Folgen Arbeitsteilung in den großen Bauateliers nach sich zog. In Deutschland, wo ein Büro wie das Erich Mendelsohns mit zeitweise vierzig Angestellten als groß galt, mochte es damit noch einige Jahre sein Bewenden haben. Doch die Planungsstäbe der Rüstungskonzerne und Waffengattungen im Dritten Reich, die privaten Großbüros mit mehreren hundert Mitarbeitern, die nach vollbrachtem Wirtschaftswunder in der Bundesrepublik entstanden, und die riesigen Planungskollektive der DDR ließen nicht mehr lange auf sich warten.

Helfend und geholfen

Rationalisierung bedingte ökonomisches Denken, Veränderungsbereitschaft, Wandel der Qualitätsmaßstäbe und, wenn man Kriterien der Handwerkskultur anlegt: Abstriche am Niveau. Aber die Architekten der Avantgarde haben ihre Arbeit und sich selber nicht als Opfer gesehen. Sie haben sich auch nicht nur mit der Einsicht beschieden, der Notwendigkeit müsse das *sacrificium individui* gebracht werden. Über den Verlusten errichteten sie eine ganze Rechtfertigungsphilosophie. Die schlanke, spartanische, kühle, technikbewußte Form erschien bald nicht mehr als Ergebnis der Not, auch nicht mehr nur als Ergebnis zeitgemäßer Produktionsmethoden. Sie wurde zum gewollten Symbol der Moderne. »Die Phantasie wird ingenieurhaft sein und die technische Form bevorzugen«, schrieb Karl Scheffler und erblickte darin das Walten des ehernen Geschicks: »Was die Geschichte will, ist also eine Formsetzung größten Stils, die endlich zur Beruhigung und Gesundung führt.«[103]

Eine Argumentationslinie wurde mit wahrnehmungspsychologischen Begründungen bestritten. Die puristischen Räume mit ihrer sparsamen Einrichtung sollten einfache Wahrnehmungsbilder erzielen, sollten Konzentration und geistige Arbeit ermöglichen. Alexander Klein, in den zwanziger Jahren ein Systematiker des Wohnungsbaus, erhoffte sich von solchen Askesen die »Vermeidung ständigen und unproduktiven Verlustes an Nervenkraft« und verschrieb eine »Abgewöhnungskur«, eine Entlastung, die in der Befolgung von Normen lag. Je karger die Umgebung, desto größer der innere Reichtum.[104] Erst die Befreiung vom Lebensballast erhob den Menschen zum Herrn seiner Welt.

»Entlastetes Bauen bedeutet eine neue, nicht abzusehende Möglichkeit der Gestaltung, die mehr geben kann als platten Nutzen«, schwärmte Alfred Gellhorn.[105] Abgelöst von allen Zufälligkeiten, befreit

vom Strandgut der Historie und der eigenen Biographie, bedient von den unsichtbaren Geistern der Technik, sollte der Mensch sich auf die tieferen, bleibenden Erfahrungen konzentrieren. Der unruhige Raum macht zerstreut, der geordnete, gereinigte befähigt seine Bewohner zu Meditation und innerer Sammlung. Hygiene der Wahrnehmung war ebenso gewollt wie die physische Hygiene im staubfreien und mit chromblitzendem Mobiliar ausgestatteten Living Room. »Das so erschaffene Haus wird sein: klar, sachlich, bequem, wesentlich, sparsam, beglückend, strahlend hell, entlastend.«[106]

Ein anderer Argumentationsstrang war aus sozialethischen Motiven geflochten. Die Einheitlichkeit der Häuser, ihre Reihung zu Zeilen von gleichem Abstand und gleichem Lichteinfallswinkel sollte den Willen zu demokratischer Gleichbehandlung ausdrücken. In der Wiederholung identischer Formen stellte sich die erhoffte, hierarchiefreie Gesellschaft dar. Von »Enteitelung und Zuchthalten«, »gelebter Objektivierung« und »Ich-Überwindung« sprach Walter Gropius, von der »wahren Gemeinschaft«, die in der »Befriedigung gleicher Bedürfnisse mit gleichen Mitteln« bestehe, sein Nachfolger im Amt des Bauhaus-Direktors, Hannes Meyer.[107] Ästhetische Gestaltungsmittel des Neuen Bauens waren ausdrücklich auf gesellschaftliche Verhältnisse bezogen. »Jedes Element oder Bauglied muß gleichzeitig helfend und geholfen wirksam sein, stützend und gestützt«, heißt es bei Bauhausmeister Josef Albers.[108] Damit war natürlich nicht nur ein konstruktiver, sondern ein moralisch-sozialer Zusammenhang beschrieben.

Die technikbezogene Form ergab sich nur zum Teil aus den Erfordernissen der materiellen Herstellung, aus Rationalisierung, Standardisierung und Materialgerechtigkeit. So fortschrittlich war der Produktivstand des Bauwesens nicht, wie es die Frankfurter und Dessauer Experimente suggerierten. Was wie eine kleine Wohnmaschine aussah, war oft genug herkömmlich aus Hohlblocksteinen aufgemauert. Erst das Finish, die letzten Zentimeter der Oberfläche aus Feinputz und Anstrich, das schmale Stahlprofil von Fenstern und Türen machten den technoiden Charakter aus. Die Bauten unterwarfen sich einer Art Mimikry, die sich dem Industriezeitalter und seinen vermuteten Egalisierungstendenzen anpaßte. Reiche Leute wie kleine Leute wurden mit derselben Ästhetik bedient (und auch mit den gleichen Schmutzspuren und Bauschäden nach den ersten Frostperioden) – wenn auch mit sehr unterschiedlichen Quadratmeterzahlen und Ausstattungsstandards.

Der junge holländische Architekt Mart Stam, der in Stuttgart und Frankfurt baute, notierte unter der Überschrift *Kollektive Gestaltung*: »So wird eine Gestaltung entstehen, die nicht aus der besonderen Veranlagung des Künstlers oder einer phantastischen

Walter Gropius. Die Wohnung unserer Zeit. Deutsche Bauausstellung Berlin. 1931. Sport- und Ruheraum.

[102] Erna Meyer. Die Wohnung als Arbeitsstätte der Hausfrau. In: Fritz Block (Hg.). Probleme des Bauens. Potsdam, 1928. S. 164.

[103] Karl Scheffler. Der neue Mensch. Leipzig, 1932. S. 74, 71.

[104] Alexander Klein. Beiträge zur Wohnungsfrage. In: Fritz Block (Hg.). Probleme des Bauens. Potsdam, 1928. S. 123 f.

[105] Alfred Gellhorn. Intensivierung der Baukunst. In: Fritz Block (Hg.). ebd. S. 22.

[106] Fritz Block. Haus und Wohnung des modernen Menschen. In: Fritz Block (Hg.). ebd. S. 91.

[107] Walter Gropius. Der Baugeist der neuen Volksgemeinde. In: Die Glocke 10 (5. 6. 1924) 10. S. 315. – Hannes Meyer. Die neue Welt. 1926. In: Claude Schnaidt. Hannes Meyer. Teufen, 1965. S. 92.

[108] Josef Albers. Werklicher Formunterricht. In: bauhaus. Zeitschrift für Gestaltung (1928) 2. S. 3.

Wilhelm Riphahn, Caspar M. Grod. Siedlung Kalkerfeld. Köln, 1926–31. Foto um 1930.

[109] Mart Stam. Kollektive Gestaltung. In: ABC. Beiträge zum Bauen. 1 (1924) 1. S. 2.

[110] László Moholy-Nagy. Malerei, Photographie, Film. Bauhausbücher 8. München, 1925. S. 13.

[111] Sigfried Giedion. Befreites Wohnen. Zürich, Leipzig, 1929. S. 7.

[112] Gustav Adolf Platz. Wohnräume der Gegenwart. Berlin, 1933. S. 126.

[113] Sigfried Giedion. Befreites Wohnen. Zürich, Leipzig, 1929. S. 7.

[114] Martin Mächler. Freiflächenpolitik. In: Das neue Berlin (1929) 6. S. 109.

Richard Ermisch, Martin Wagner. Freibad Wannsee. Berlin, 1929–30.

Reichsarbeitersporttag Berlin 1923. Einmarsch der Sportler im Grunewaldstadion.

Eingebung des Augenblicks geboren wird, sondern gegründet ist auf dem Allgemeinen, Absoluten.«[109] Die Strategie des Verzichts nahm mit solchen Begründungen vitalistische Züge an – ein dritter Argumentationszusammenhang. Dem vermeintlichen Zeitgeist folgend erreichte die Moderne jenen Punkt, an dem das Bauen zum Werkzeug eines allgemeinen Lebensprozesses wurde. Individuelle Abweichungen von der kollektiven Norm erschienen als Störfaktoren in der Selbstvollendung des modernen Lebens. »Was wir brauchen, ist ... die sich selbst aufbauende Synthese aller Lebensmomente zu dem allesumfassenden Gesamtwerk (Leben), das jede Isolierung aufhebt«, schrieb László Moholy-Nagy.[110] Das Gesamtwerk Leben trat an die Stelle des Gesamtkunstwerks. Entwurfsentscheidungen wurden zu Äußerungen der Lebenstotalität. »Es gibt keine isolierten Angelegenheiten mehr. Die Dinge durchdringen sich.«[111]

Der Lohn des Opfers

Dem Troß der Menschheit malte die Avantgarde aus, was progressive Lebensgestaltung für den einzelnen und seine Welt bedeutete, wie der Neue Mensch, »befreit von den Fesseln einer falschen Scham«,[112] sein Dasein in den gereinigten Werken des Neuen Bauens zubrächte. Licht, Sonne, Luft, Grün waren die Zauberworte. Übersetzt in Architektur bedeuteten sie die Öffnung des Hauses, den Siegeszug des Glases, die reichliche Versorgung mit Balkons und Terrassen. Das Flachdach wurde von den Modernen nicht nur deshalb bevorzugt, weil es die präzisen kubischen oder quaderförmigen Formen des Bauwerks ermöglichte und weil es größere Freiheiten in der Grundrißbildung zuließ, sondern auch weil es die Grundfläche des Gebäudes in der Höhe verdoppelte und als Dachgarten nutzbar machte. Gegen taktlose Blicke durch Sichtblenden geschützt, konnte die Dame des Hauses ihr Sonnenbad nehmen oder ihre gymnastischen Übungen absolvieren. Auf den Mehrfamilienhäusern, Klubhäusern oder Sanatorien war die Chance gegeben, die Dachterrasse fürs entspannte Sozialleben der Bewohner freizugeben. »Wer heute von Sport und Gymnastik kommt, trägt ein befreites Körpergefühl in sich, das auch das kerkermäßig verklemmte Haus nicht mehr verträgt.«[113] Sigfried Giedions Büchlein *Befreites Wohnen* zeigt auf seinem Umschlag dreimal das Wort »Licht«, viermal das Wort »Luft« und viermal das Wort »Öffnung« (vgl. S. 140).

Ob Sport individuell betrieben wurde oder in den Formationen der großen Masse, war eine Frage der persönlichen Einstellung und auch der politischen Haltung. Von liberalen Einzelgängern war nicht viel Sympathie für Massenveranstaltungen zu erwarten, wohl aber auf der kommunistischen oder sozialdemokratischen Linken, wo konkurrierende Arbeitersportverbände ihre Heimat hatten. Auf der nationalen Rechten trainierten die Kampfsportverbände und suchten mit ihren Formationen die Reduzierung der Reichswehr auf 100 000 Mann zu kompensieren. »Was der Weltstädter braucht, das ist eine Stählung des Körpers und der Nerven im großen Ausmaß.«[114]

Volksparks, Stadien, Kampfsportbahnen, Frei- und Hallenbäder wurden zu Aufgaben der öffentlichen Hand. Kommunen machten Sportbauten zu städtischen Renommierobjekten, zu Monumenten der Leibesertüchtigung wie in Nürnberg, wo Otto Ernst Schweizer aus Stadionbauten mit staunenswert auskragenden Dächern und leichten Glaspavillons eine beeindruckende Sportlandschaft schuf. Berlins Stadtbaurat Martin Wagner konnte bilanzieren, daß innerhalb eines knappen Jahrzehnts die Flächen für Spiel- und Sportplätze von 126 Hektar auf über 950 zugenommen hatten. In Chemnitz erbaute Stadtbaurat Fred Otto ein Hallenschwimmbad mit nicht weniger als drei Becken, darunter eines von fünfzig Metern Länge. Wilhelm Kreis, damals Präsident des Bundes Deutscher Architekten, sah in den großen Sportveranstaltungen, die eine Art »Volksgesamtheit« repräsentierten, den »neuen Menschentyp« organisiert. »Der marschmäßige Rhythmus, wie er durch die Sportkolonnen geht, durchzuckt auch den Rhythmus unserer Kunst, wo wir ihn verlangen.«[115] Bald sollten nicht nur die Sportkolonnen »marschmäßig« auf den Straßen unterwegs sein.

Kreis wurde zu seinen Elogen auf den Sport angeregt, als er mit einschlägigen Aufgaben konfrontiert war. Er entwarf den Lageplan und die permanenten Bauten für eine große kulturelle und ökonomische Leistungsschau am Düsseldorfer Rheinufer, der man das aktuelle Thema »*Ges*undheitspflege – *So*ziale Fürsorge – *Lei*besübungen« gegeben hatte, abgekürzt GESOLEI. Wie sehr dieses Motto dem Interesse eines großen Publikums entsprach, zeigen die Besucherzahlen. 7,5 Millionen Gäste wären auch im Zeitalter des heutigen Massentourismus eine imponierende Bilanz. Von der GESOLEI blieben das martialische Forum mit seinen spätexpressionistisch verkleideten Museen und Ehrentempeln übrig, ein Kuppelbau als eindrucksvolle Stalaktitenhöhle, der zugleich als Festsaal und Planetarium diente, und ein schwelgerisch-üppig dekoriertes Restaurantgebäude, das nicht auf sportlich schlanke Kost schließen läßt. Der erhaltene Baubestand läßt vergessen, daß die Ausstellung 1926 auch leichte temporäre Pavillons beherbergte, die ein weniger massives Bild von der neuen Freiluftkultur vermittelten.

Kreis war auch der Architekt, dem 1926 in Dresden der Bau des Deutschen Hygienemuseums übertragen wurde. Es war ein altes Projekt, das auf das Mäzenatentum des Mundwasser-Produzenten Karl August Lingner zurückging. Kreis machte einen weißen Gesundheitstempel daraus, im äußeren Gestus so modern, wie es diesem für Pathos anfälligen Architekten möglich war. Als Hauptschaustück

Otto Ernst Schweizer. Sportstadion. Nürnberg, 1926–28. Eingangsseite des Tribünenbaus.

[115] Wilhelm Kreis. Die Baukunst und der Mensch von heute. In: Die Baugilde 12 (1930). S. 1867.

Fred Otto. Stadtbad. Schwimmhalle. Chemnitz, 1927, 1929, 1934–35.

Wir lernen Esperanto

Wilhelm Kreis. Ehrenhof der GESOLEI-Ausstellung. Düsseldorf, 1924–26.

[116] Alexander Klein. Beiträge zur Wohnfrage. In: Fritz Block (Hg.). Probleme des Bauens. Potsdam, 1928. S. 129.

[117] Ein Wohnhaus mit Drehbühne. In: Bauwelt 15 (1924) 14. S. 265 f.

[118] Walter Gropius. Bauhausbauten Dessau. Bauhausbücher 12. München, 1930. S. 19.

[119] Ernst Bloch. Das Prinzip Hoffnung. Frankfurt am Main, 1953. S. 59.

Wilhelm Kreis. Deutsches Hygienemuseum. Dresden, 1926–30.

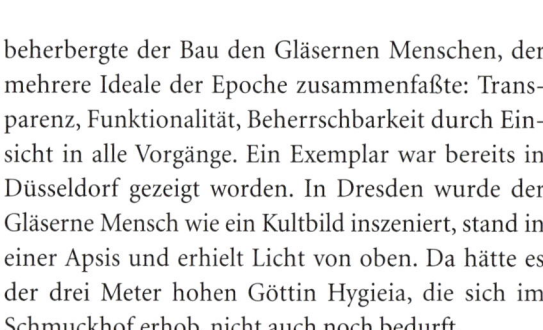

beherbergte der Bau den Gläsernen Menschen, der mehrere Ideale der Epoche zusammenfaßte: Transparenz, Funktionalität, Beherrschbarkeit durch Einsicht in alle Vorgänge. Ein Exemplar war bereits in Düsseldorf gezeigt worden. In Dresden wurde der Gläserne Mensch wie ein Kultbild inszeniert, stand in einer Apsis und erhielt Licht von oben. Da hätte es der drei Meter hohen Göttin Hygieia, die sich im Schmuckhof erhob, nicht auch noch bedurft.

Der Neue Mensch war beweglich. Wenn ihm die Architekten die Wohnung ausräumten, taten sie es, damit »die Möglichkeit einer leichten Ausübung aller Lebensfunktionen gewährleistet wird und eine möglichst große freie und unbeschattete Fläche zu ungehinderter Bewegung übrig bleibt«.[116] Manchmal, bei aufwendigen Lösungen, bauten die Architekten ihren Klienten sogar versenkbare Fensterwände oder eine Drehbühne ein, so daß sich die Wohnungen auch realiter verändern konnten. Wenn die Mahlzeit beendet war, wurde der Flügel nach vorn gedreht, und nach dem Konzert trat eine lauschige Wohnecke zutage.[117] Wendeltreppen, Rampen, Brücken durch Lufträume stimulierten die Bewegung des Benutzers. Billiger war es freilich, innen Beweglichkeit durch die minimierte Einrichtung zu sichern und außen den Betrachter durch interessante Überschneidungen zur Bewegung, zum Umschreiten zu veranlassen. »Man muß rund um diesen Bau herumgehen, um seine Körperlichkeit und die Funktion seiner Glieder zu erfassen«, verlangte Gropius von den Gästen des Dessauer Bauhaus-Gebäudes.[118]

Auf Dynamik, reale wie fiktive, waren auch die Formen angelegt. Heute sähen die Häuser vielerorts wie reisefertig drein, fand Ernst Bloch.[119] Fenster wurden wie D-Zug-Fenster ausgebildet, zu Bändern zusammengefaßt, die die Fassaden entlangschnellten, oder, den Blick leitend, um Gebäudekanten geführt. Flugzeug, Luftschiff und Schnelldampfer galten in der zeitgenössischen Publizistik als Ikonen der neuen Zeit. Gondeln und Rümpfe von Doppeldeckern oder Zeppelinen in die Architektur zu übernehmen, war schwierig. Aber an nautischen Metaphern, Kommandobrücken, Sonnendecks, Relings, Bullaugen fehlte es nicht. Nicht zuletzt ließ sich von den großen Schiffen die Kombination von kleinen Kabinen und großzügigen Gesellschaftsräumen, von Wohnzellen und Gemeinschaftsanlagen lernen.

Unterstützt wurde diese Architektenmarotte manchmal durch biographische Erinnerungen oder durch Arbeitserfahrungen, die Architekten als Innengestalter der riesigen schwimmenden Hotels gesammelt hatten. Bei Hans Scharoun, der Kindheit und Jugend in Bremerhaven verlebt hatte, traten die nautischen Motive gehäuft auf. Nach einem Werftbesuch 1927 forderte er sogar Konstruktionspläne an, um die Herstellungsmethoden vom Schiffsbau auf den Hausbau übertragen zu können. Mit dem maritimen Vokabular ließen sich Aufbruch wie Internationalität der neuen Zeit symbolisieren – und nicht nur symbolisieren.

Glaubte man der Avantgarde, so war das Leben im 20. Jahrhundert eine weltbürgerliche Existenz. Stets war sie unterwegs und überall zu Hause. Stationen auf der Lebensreise waren temporär. »Dem Halbnomaden des heutigen Wirtschaftslebens bringt die Standardisierung seines Wohnungs-, Nahrungs- und Geistesbedarfs lebenswichtige Freizügigkeit, Wirtschaftlichkeit, Vereinfachung und Entspannung.«[120] Die Moderne der zwanziger Jahre nahm in ihren Gedanken eine Lebensform vorweg, die damals erst wenigen zuteil wurde. Angemessenes Domizil für Global Players wäre das möblierte Appartement bei vollem Service oder, bei bescheideneren Mitteln, das Wohnhotel gewesen. »Der Schrankkoffer ersetzt ihr Mobiliar, das Heizkissen den heimatlichen Herd, Teleskoprohre ihre Sitzgelegenheiten, der Klein-Aeroplan ihren Pullman-Wagen.«[121] In diese Lebenswünsche mischten sich die Erfahrungen mit der Internationalität, die prominente Architekten bereits genossen.

[120] Hannes Meyer. Die neue Welt. 1926. in: Claude Schnaidt. Hannes Meyer. Teufen, 1965. S. 92.

[121] Erich Mendelsohn. »Gruppe Nr.1 – Gruppe Nr.2«. 1931. In: Ita Heinze-Greenberg, Regina Stephan (Hg.). Erich Mendelsohn. Gedankenwelten. Ostfildern, 2000. S. 111.

Hans Scharoun. Ledigenwohnheim auf der Ausstellung Wohnung und Werkraum (WUWA). Breslau, 1928–29. Balkons.

Peter Behrens, Alexander Popp. Austria Tabakwerke. Linz, 1929–35.

Wir lernen Esperanto 137

Richard Kauffmann. Haus Kruskal. Tel Aviv, 1930–31, 1934–36.

[122] Hannes Meyer. Die neue Welt. 1926. In: Claude Schnaidt. Hannes Meyer. Teufen, 1965. S. 90.

[123] Otto Glaw. Der Einfluß der Maschine auf die Baukunst. In: Die Baugilde 7 (1925) 5. S. 247.

[124] Walter Curt Behrendt. Der Sieg des neuen Baustils. Stuttgart, 1927. S. 60.

[125] Walter Curt Behrendt. Vom neuen Bauen. In: Zentralblatt der Bauverwaltung 48 (1928) 41. S. 660.

[126] Oskar Schlemmer. Die erste Bauhaus-Ausstellung in Weimar Juli bis September 1923. Manifest im Werbeblatt zur Ausstellung.

[127] Karl Scheffler. Sittliche Diktatur. Stuttgart, Berlin, 1920. S. 16.

Denn die Künstleravantgarden unterhielten zahlreiche ausländische Kontakte. Für die Architekten war Frank Lloyd Wright spätestens seit seinem Deutschland-Besuch 1909–10 eine Berufungsinstanz. Nach dem Ersten Weltkrieg setzte eine rege Reisetätigkeit ein, in der enge Verbindungen zu den Niederlanden, zu Frankreich, zur Sowjetunion, zu den ostmitteleuropäischen Staaten geknüpft wurden. Gelegentlich erhielten die Modernen Aufträge aus dem Ausland wie Erich Mendelsohn, der für Leningrad eine Textilfabrik entwarf. Mendelsohn und andere jüdische Architekten wie Richard Kauffmann nahmen Kontakt zum britischen Mandatsgebiet Palästina auf oder übersiedelten auch schon vor den Verfolgungen des NS-Regimes dorthin.

Die internationalen Avantgardisten gaben sich gegenseitig publizistische Schützenhilfe, luden die Kollegen aus anderen Ländern zu Vorträgen ein und hielten selber welche, zeigten Ausstellungen unter ausländischer Beteiligung. Die Veranstalter der von den Werkbünden organisierten Mustersiedlungen in Stuttgart oder Wien waren stolz, jeweils prominente Kollegen aus dem Ausland beteiligen zu können. *Internationale Architektur* hieß der Band, mit dem Gropius die Reihe der *Bauhausbücher* eröffnete. Im Jahre 1928 trafen sich moderne Architekten auf Schloß La Sarraz in der Schweiz und gründeten die CIAM, die Congrès Internationaux d'Architecture Moderne. Von deutschen Architekten waren Hugo Häring und Ernst May Teilnehmer der Gründungsveranstaltung. Über dreißig Jahre hinweg bildeten die CIAM ein Forum, auf dem Grundsätze des modernen Bauens mit einer Resonanz formuliert wurden, von der einheimische Fachverbände nur träumen konnten.

Regionale oder nationale Unterschiede sind zwar auch im Neuen Bauen auszumachen. Sie führten sogar zu prinzipiellen Auseinandersetzungen wie in der Streitsache Hugo Häring gegen Le Corbusier, germanisches Neues Bauen gegen mediterrane *architecture moderne*. Dennoch überwog die Gemeinsamkeit der Mittel und der Lösungsvorschläge. In Mode, Jazz, Kino, Starkult, aber auch in den Wissenschaften und den weltwirtschaftlichen Verflechtungen schien sich bereits Globalismus durchzusetzen. Wie sollte er vor der modernen Architektur haltmachen? »Das Vaterland verfällt. Wir lernen Esperanto. Wir werden Weltbürger.«[122] Der Unterton des Triumphes war nicht zu überhören, wenn der Autor Hannes Meyer hieß.

Der Neue Mensch war, wenn er reiste, auf die Verkehrsmaschinen angewiesen, und wenn er Architekt war, auf den sich rapide erweiternden Baumaschinenpark. »Die Maschine ist die unzertrennliche Begleiterin des Menschen geworden, vom Weltenleiter bestimmt, ihn zu neuen Höhen emporzuführen.«[123] In den Maschinen sahen die Verkünder des Neuen nicht nur Hilfsmittel, sondern Anzeichen einer Kultur, die alle individualistischen Ausdrucksbedürfnisse zugunsten eines rationalen und rationellen Weltstils unterdrücken würde. »Eine Baukunst, die ein lebendiger Bestandteil unserer Zeit sein soll und ein wahrheitsgetreuer Ausdruck unseres neuen Lebensgefühls, kann nicht anders aussehen, kann nicht wesensanders sein als unsere Maschinen, unsere Apparate, unsere Flugzeuge und Automobile«, schrieb Walter Curt Behrendt.[124] 1920 hatte Behrendt ein Buch noch *Der Kampf um den Stil* betitelt. Jetzt, 1927, glaubte er, den Titel *Der Sieg des neuen Baustils* wählen zu können.

War der Neue Mensch ein Feind der Geschichte, wie es die Attacken gegen die historisierenden Stile und die Elogen auf den Maschinenstil vermuten lassen könnten? Oder die symbolischen Handlungen wie bei dem großen Wiener Architektenlehrer Otto Wagner, der seine Bibliothek mit kostbaren klassischen Stichwerken verkaufte, um sich vom Althergebrachten loszusagen, oder bei Gropius, der seine Tischwäsche aus napoleonischer Zeit losschlug, um Siedlungsgrundstücke für das Weimarer Bauhaus zu erwerben? »Aktive Söhne der neuen Zeit, nicht resignierende Enkel der Vergangenheit wollen sie sein.«[125] Daß die modernen Architekten es ablehnten, gestalterische Prinzipien früherer Epochen und vergangener Gesellschaftsstrukturen auf ihre Werke zu übertragen, verkündete die CIAM-Erklärung von La Sarraz bereits im ersten Absatz.

Aber die Moderne verzichtete nicht auf Vorbilder, sie suchte sich andere. Oft waren es Beispiele des anonymen Bauens, Produkte des Ingenieurbaus wie Brücken und weitgespannte Hallen, die Silospeicher Nordamerikas. Gemäß dem Wort Oskar Schlemmers »fernste Vergangenheit wie fernste Zukunft liebend«[126] paradierten nun in den Veröffentlichungen und Lichtbildvorträgen der Modernen die Zelt- und Pfostenbauten fremder Kulturen als Vorbilder des Neuen, Lianenbrücken im Urwald, Lamellenkuppeln aus der Südsee, nordafrikanische Lehmbauten, die Trulli in Apulien und die Iglus der Eskimos, die Pueblos der Indianer und immer wieder das altjapanische Haus, der altjapanische Tempel, der altjapanische Palast. Deren modulare Komposition und strikte Scheidung zwischen tragenden und füllenden Teilen hatten schon die nordamerikanischen Architekten der Jahrhundertwende beeindruckt. Jetzt wirkten sie moderner denn je.

»Alles kommt darauf an, daß unsere Einfachheit, unsere Armut nicht erzwungen erscheint, sondern freiwillig, daß das harte Müssen zu einem freien Wollen gemacht wird«, schrieb Karl Scheffler in einem Buch, das er unklugerweise *Sittliche Diktatur* benannte.[127] Unbeschadet der großartigen Leistungen der klassischen Moderne wird man sagen müssen, es war ein Fehler, daß die Architekten und ihre Wortführer den Zwangscharakter der gefundenen Lösungen und Strategien nicht deutlich machten. Für die Leistung, die *trotz* aller Einschränkungen erreicht war, hätte das Publikum leichter Verständnis aufgebracht. Die Avantgarde entschloß sich zu wollen, was sie mußte. Und in ihrem Verklärungsgeschäft vergaß sie, daß sie wollte, weil sie mußte. Irgendwann unterließ sie die Frage, wo denn der Lohn des Opfers geblieben war, wie der Saldo an Verlust und Gewinn ausfiel. Schon die Mitwelt hat es ihr übel vermerkt, aber erst recht die Nachwelt.

Gründungsversammlung der CIAM (Congrès Internationaux d'Architecture Moderne) in La Sarraz, 1928. Zehnter von links (halb verdeckt): Ernst May, dreizehnter: Hugo Häring, sechzehnter (mit Brille): Le Corbusiuer, in der Mitte: Hélène de Mandrot, dritter von rechts (stehend): Sigfried Giedion.

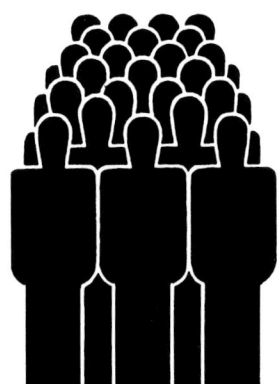

Otto Neurath, Gerd Arntz. Piktogramm, Symbol für »Männer«. Um 1930.

Wir lernen Esperanto

Befreites Wohnen

Die Anhänger der neuen Architektur hatten eine ungeschriebene Prioritätenliste. Zu den Tätigkeiten des menschlichen Lebens, denen sie ihre besondere Aufmerksamkeit widmeten, gehörten der Sport und das Lernen und Lehren. Für gemeinschaftsbildende Aktivitäten im weiteren Sinne waren Projekte wie Volkshäuser, Festbauten oder »Stadtkronen« bestimmt, die jedoch nur selten in die Realität umgesetzt werden konnten. Obenan auf der Liste stand das Wohnen. Da das Neue Bauen, wie schon sein Name andeutet, Vorgänge über Zustände stellte, war zumindest der Theorie nach das Leben wichtiger als das Gehäuse, in dem es spielte. Das Kriterium, an dem die Wohnung gemessen wurde, war das Maß, in dem sie Leben ermöglichte.

Auf das Wohnen verwendeten die modernen Architekten einen großen Teil ihrer Überlegungen. Die neuen Großsiedlungen wurden zu einem Ruhmesblatt der Weimarer Republik. Moderne Architektur und sozialer Wohnungsbau schienen geradezu identisch, wie der Titel von Adolf Behnes Publikation *Neues Wohnen, Neues Bauen* (1927) nahelegte. Die Öffentlichkeit nahm dieses Engagement der Moderne zur Kenntnis und maß sie am Erfolg oder Mißerfolg auf diesem Gebiet. Als der Wohnungsbau während der weltwirtschaftlichen Schwierigkeiten um 1930 in eine Krise geriet, wuchs sie sich zu einer Krise der gesamten Architekturmoderne aus.

Privilegierte Fälle

In allen Reformbewegungen der letzten anderthalb Jahrhunderte hat das einzelne Wohnhaus die Rolle eines Schrittmachers gespielt. Es fungierte als Laboratorium für neue Bauideen, als Versuchsplatz für die Ergebnisse und Hypothesen praktischer Wohnforschung. Stets war es leichter, einen einzelnen Bauherren für die Ideale des Neuen zu begeistern als eine Korporation, die sich gegenüber anonymen Kapitalgebern wie unbekannten künftigen Erwerbern oder Mietern verantworten mußte. Private Bauherren, die ungewöhnliche Experimente erlaubten, gab es auch in den zwanziger Jahren noch, obwohl oder weil die Umschichtung der Vermögen durch Inflation und nachinflationäre Konjunktur den Kreis der Auftraggeber verändert hatte. Mancher potentielle Kunde verfügte wohl über die Kultur, aber nicht mehr über das Geld oder umgekehrt: schon über das Geld, aber noch nicht über die Kultur, mit einem Avantgardisten das Wagnis eines Hausbaus durchzustehen.

Die eine oder andere sensationelle Lösung ging darauf zurück, daß die neuen Reichen der Nachkriegszeit von der werbeträchtigen Vorzeigearchitektur der Moderne beeindruckt waren. Als Vermittler wirkten die Bauausstellungen der späten zwanziger und frühen dreißiger Jahre. Sie zeigten sämtlich auch Einfamilienhäuser und ermutigten Unentschlossene, indem sie demonstrierten, wie »man« baut, wenn man auf der Höhe der Zeit steht. Hans Scharoun fand die Bauherren für sein Haus im sächsischen Löbau (1930–33), weil das Fabrikantenehepaar Schminke Scharouns Ledigenheim auf der Werkbund-Ausstellung 1929 in Breslau gesehen hatte.

Sigfried Giedion. Befreites Wohnen. Zürich, Leipzig, 1929. Buchumschlag.

Hans Scharoun.
Haus Schminke.
Löbau, 1930–33.

Glanzvoll sind die Villen, die von den Anhängern des Neuen Bauens in den angenehmen Vororten der Großstädte errichtet wurden. Dem neuen Lebensstil boten sie anspruchsvolle Bühnen. Die Eigenschaften, die Le Corbusier 1926 in seinem Fünf-Punkte-Programm für eine neue Architektur gefordert hatte[128] und in Stuttgart realisieren konnte, finden sich zum Teil und manchmal auch alle zusammen in den Häusern, die Heinrich Lauterbach, Hans und Wassili Luckhardt, Adolf Rading, Harry Rosenthal, Hans Scharoun oder Karl Schneider errichteten. Sie erhoben sich auf Stützen über dem Boden. Sie erlaubten dank der Gerüstbauweise in Stahl oder Stahlbeton den freien Grundriß und die freie, weitgehend verglaste Fassade. Sie nutzten das flache Dach für Dachgärten und Sonnenterrassen. Innen und Außen glit-

[128] Le Corbusier, Pierre Jeanneret. Les 5 Points d'une architecture nouvelle. In: Le Corbusier et Pierre Jeanneret. Œuvre Complète 1910–1929. Bd.1. Zürich, 1929, 1984[11]. S. 128 ff.

Befreites Wohnen **141**

Harry Rosenthal. Atelierhaus Arnold Zweig. Berlin-Eichkamp, 1930. Zerstört.

Hans und Wassili Luckhardt. Haus Kluge Am Rupenhorn. Berlin-Charlottenburg, 1929–30.

Hans Schumacher. Haus Loosen. Villenkolonie. Köln-Rodenkirchen, 1930–31.

ten geschmeidig ineinander über und bezogen sich aufeinander. Die inneren Wege, von denen der Hauskörper der Villa Schminke durchdrungen ist, münden jeweils auf Terrassenplattformen mit besonderen Aussichten. Es ist, als habe das Haus seinen Platz erst gefunden, nachdem es sich auf die »Zurufe« der Umgebung gedreht und gewendet hat. Während das Haus zur Wohnlandschaft mutiert, wird die Natur zum inszenierten Landschaftspanorama.

Einige Male kamen Kolonien von Einfamilienhäusern zustande, die in ihrem gewollten Kontrast zur Umgebung und in ihrem kompromißlosen Auftritt als Demonstration des Neuen wirkten. Bei den eleganten Villen der Brüder Luckhardt Am Rupenhorn nahe den Berliner Havelseen (1929–30) oder der Villenkolonie am Rheinufer in Köln-Rodenkirchen (1929–33) wurden die Neuerungen Le Corbusiers auf ein praktikables Maß zurückgeführt, die Öffnungen zu Garten und Park aber beibehalten. Von den Dachgärten der Stahlgerüstbauten am Rupenhorn konnte man über die Seen hinweg bis nach Spandau blicken. In Rodenkirchen setzte der Kölner Architekt Hans Schumacher, der vier der sechs Villen entwarf, die Häuser zwar auch auf Stützen. Aber da sie im Überschwemmungsgebiet des Rheins stehen, lag diese Maßnahme nahe.

Beim Einzelhaus ließ sich die geforderte Rationalisierung des Bauvorgangs nicht anwenden, weil die erforderliche hohe Auflage nicht zustande kam. Serienmäßige Herstellung und Montage der Hauseinheit in der Fabrik blieben Wunschdenken, anders als bei der Fließbandfertigung in der Autoindustrie. Hans Soeder, Architekturlehrer in Kassel und Düsseldorf, schlug ein präfabriziertes Metallgehäuse vor, das einen zeitgenössischen Kommentator an einen Koffer der Firma Mädler erinnerte. Wie ein perfekt mit Taschen und Fächern versehener Koffer sollte das Typenhaus mit allen notwendigen Einbaumöbeln versehen werden. Der ausgeklügelte »Koffer« war der Gegensatz zur »Kiste«, zum Haus, dessen wichtigstes Teil die vier tragenden Umfassungswände waren und das dem Talent der Bewohner zum An-, Um- und Ausbau Spielraum gab.

Realisiert wurde Soeders »Mädlerkoffer« nicht. Der Architekt lieferte einen alternativen Entwurf für eine Ausführung in Mauerwerk. Sie macht deutlich, wie sehr der neue Hausbau seine provokatorische Wirkung aus der Form bezog. Denn der kompakte Grundriß mit der Wohnküche als zentralem Raum, der Schlafkojen, Eßnische und Bad erschließt, ist bei Kofferhaus wie Satteldachhaus der gleiche. Er hatte übrigens im Versuchshaus des Weimarer Bauhauses Am Horn (1923) einen Vorgänger (vgl. S. 125). Nur das Flachdach, die abgerundeten Kanten, der Überstand oberhalb des gemauerten oder gegossenen Kellers machten aus dem konventionellen einen avantgardistischen Entwurf.

Ein Architekt für reiche Leute

Für die Ästhetik des anspruchsvollen Einfamilienhauses galt das Witzwort, das Hans Poelzig zugeschrieben wird: So einfach wie möglich, egal was es kostet. Mies van der Rohe war der Architekt, der eine Klientel wohlhabender, aufgeschlossener Bauherren mit der Botschaft der Moderne vertraut machte. Für diese Aufgabe war er in doppelter Weise gerüstet. Einerseits hatte er exemplarische Studien betrieben, die das Haus in ein neues Verhältnis zu seiner Umwelt setzten. Bei seinem Projekt eines Landhauses in Eisenbeton (1923) greift der fast hakenkreuzförmige Grundriß in den Freiraum aus und löst das hierarchische Zentrum auf, das Frank Lloyd Wright noch als Ort der heimischen Feuerstatt respektiert hatte. Mit dem Landhaus aus Backstein (1923–24) ging Mies noch weiter. Wo hört es auf, wo fängt es an? Der Grundriß mit seinen unendlich lang gezogenen Linien, die Backsteinmauern bezeichnen, läßt sich als explodierender Kern lesen, der seine Strahlen nach außen schickt, oder als eine Bündelung einfallender Energiepfeile, die sich kreuzen und überschneiden und Verdichtungen bilden, in denen die Räume des Hauses entstehen.

Auf der anderen Seite pflegte Mies, ein Bürger zweier Welten, noch bis in die späteren zwanziger Jahre in traditionsverpflichteten Villen einen zurückgenommenen Klassizismus, der alle Wünsche nach Gediegenheit und Repräsentanz erfüllte (vgl. S. 46). Mit diesem Verständnis für das Decorum, für das, was

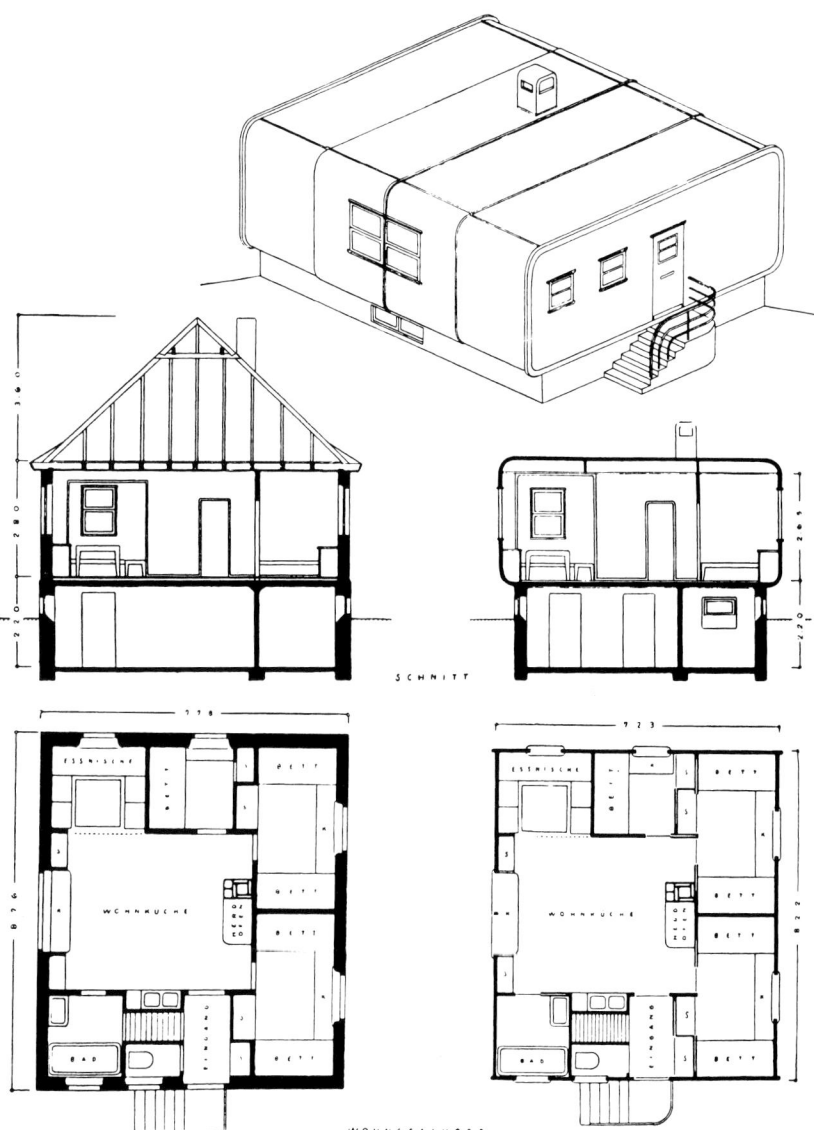

Hans Soeder. Typenhaus in konventioneller und industrieller Bauweise. 1925 oder früher.

sich schickt und angemessen nobel ist, nahm Mies seine begüterten Bauherren an die Hand und schritt mit ihnen gemeinsam in die Welt der Moderne. In ihr konnten sie ihre Ansprüche auf eine standesgemäße Lebensführung auch dort erfüllt sehen, wo keine mittig sitzenden Eingangsportale, Begrüßungsbalkons, Zahnschnittgesimse und schützenden Walmdächer mehr geduldet wurden.

Die Serie dieser stattlich-modernen Wohnhäuser setzte 1925–27 mit dem (kriegszerstörten) Haus Wolf in Guben ein. Auf einem Hang oberhalb des Flusses Neiße ergoß es sich in einem Katarakt von Kuben, Quadern und Terrassen zu Tal. »Serie« ist das falsche

Befreites Wohnen

Ludwig Mies van der Rohe. Landhaus aus Backstein. Projekt, 1923–24.

Wort. Denn Mies wandte zumindest in seiner deutschen Epoche nicht universale Lösungen auf beliebige Bauplätze an, sondern verband die Idealität seiner Entwürfe mit der Rücksicht auf die Bedürfnisse seiner Kunden und die Bedingungen des Ortes. Die Häuser Esters und Lange in Krefeld, 1927–30 nebeneinander für zwei befreundete Textilfabrikanten errichtet, nahmen einen Dialog der Formen auf, bei gleicher Öffnung zum Gartenpark und ähnlicher Addition der Schlafzimmer in den Obergeschossen. Da die Häuser mit tragendem Mauerwerk errichtet wurden, war der Spielraum für den freien Fluß der Hauptwohnräume noch begrenzt. Die violetten Klinkersteine sind dunkel verfugt, die Metallfenster außen dunkelgrün gestrichen, so daß sich der Eindruck von Solidität und vornehmer Zurückhaltung einstellt.

Ein weiß gestrichener Putzbau ist dagegen das berühmteste Wohnhaus, das Mies während seiner europäischen Jahre errichtete, die Villa Tugendhat in Brünn (1928–30). Die Tugendhats waren willige, aber auch inspirierende Bauherren. Der Vater Grete Tugendhats hatte dem jungen Paar ein wunderschönes Grundstück mit Gartenhang, Südsonne und einem Blick auf Stadt und Schloß geschenkt. Nicht nur Geschmack besaßen sie, sondern auch Geld. Von der Straßenseite aus stellt sich ihr Belvedere eingeschossig dar, vom Garten her zweigeschossig. Das Gefälle wird im Haus aufgenommen. Innen schreitet man über eine gewendelte Treppe in die Haupträume hinunter, von dort über eine travertinbelegte Terrasse und eine geradläufige Freitreppe in den Garten. Ein Stützenraster erlaubt die freie Gliederung der Wohnfläche in einzelne miteinander verbundene, doch auch untergliederte Zonen. Natur wird zur Kunst veredelt. Sie erscheint bildhaft in der Rahmung durch die Fenster, in ausgewählten Exemplaren im Wintergarten an der Ostseite, kristallisiert im Halbedelstein einer freistehenden Onyxwand und endlich auch real zugänglich, da jedes zweite Fenster der 24 Meter langen Südwand heruntergefahren werden konnte.

Auf den idealen Nenner brachte Mies die Prinzipien dieser Häuser in einem Bau, der keinem Wohnzweck und überhaupt nichts Bestimmtem diente, im Deutschen Pavillon für die Weltausstellung in Barcelona von 1929. Nach dem Kriege war es die erste Teilnahme der Republik an einem derartigen interna-

Ludwig Mies van der Rohe. Haus Lange. Krefeld, 1927–30.

Ludwig Mies van der Rohe. Haus Tugendhat. Brünn, 1928–30.

tionalen Unternehmen. Der Staat sah darin die Chance einer Selbstdarstellung des gewandelten Deutschland. »Wir haben das zeigen wollen, was wir können, was wir sind, wie wir heute fühlen, sehen. Wir wollen nichts anderes als Klarheit, Schlichtheit, Aufrichtigkeit«, formulierte der Deutsche Generalkommissar Georg von Schnitzler.[129] Mies hatte keinerlei präzise Vorgaben, außer dem vorteilhaften Bauplatz an der langen Querachse der Anlage, für dessen Wahl er sich eingesetzt hatte. Es war ein Ort des Durchgangs und Übergangs, zeitlich befristet auf die Monate der Ausstellung und räumlich eine Station auf dem Wege zu einer noch heute bestehenden Hauptattraktion, dem Remake eines spanischen Dorfes.

Außer ein paar eleganten Textilien, Mies van der Rohes eigens entwickelten Stahlrohrmöbeln und einer Skulptur von Georg Kolbe zeigte der Pavillon nichts außer sich selbst. Man ging hindurch, wechselte ein paar Mal die Richtung, bewegte sich zwischen scheinbar flottierenden Wandflächen aus grünem Marmor und – wieder – honiggelbem Onyx. Da die Wände wie beim gleichzeitigen Tugendhat-Haus von jeder Tragfunktion freigestellt waren und die leichte Last des Holzdaches den acht verchromten Stahlstützen überließen, war Mies in der Raumgestaltung frei. Der Architekt will diese Konstruktionsweise mit ihren ästhetischen Möglichkeiten wie einen positiven Schock erfahren haben,[130] obwohl es Gerüstbauten mit offenen Grundrissen seit langem gab, auch bereits in Mies-Entwürfen. Jedenfalls fügten sich die freie Assoziation der Teile, der gleitende Übergang von außen und innen, das Wechselspiel von Stein und Wasser vortrefflich ins Sinnbild einer freien, demokratischen Gesellschaft, das der skeptischen Mitwelt präsentiert wurde. Nach Ende der Ausstellung wurde der Pavillon demontiert, in den achtziger Jahren aber am selben Ort rekonstruiert und wetterfest gemacht.

Die großen Architekturausstellungen

Einige wenige Male hat auch Mies van der Rohe sich mit öffentlichem Wohnungsbau beschäftigt. Seine vier Wohnblöcke in der Afrikanischen Straße im Berliner Wedding (1925–27) entsprechen modernem Standard, sind aber keine Zeilenbauten, sondern bilden U-förmig offene Höfe. In Stuttgart koordinierte Mies die Siedlung auf dem Weißenhof, die

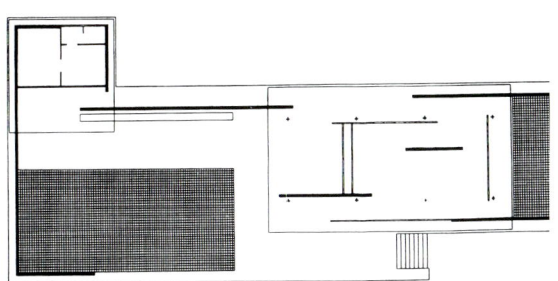

Ludwig Mies van der Rohe. Deutscher Pavillon. Barcelona, 1928–29. Rekonstruktion 1986. Ansicht. Grundriß.

der Deutsche Werkbund 1927 unter dem Etikett *Die Wohnung* als öffentlich zugängliche Bauausstellung errichtete. Seit der Darmstädter Künstlerkolonie auf der Mathildenhöhe von 1901 (vgl. S. 22 ff.) hatte sich eine Tradition der Architekturausstellungen etabliert, die permanente Bauten als Besichtigungsobjekte präsentierte.

So war der Leipziger Baufachmesse von 1913 eine gartenstädtische Siedlung, Marienbrunn, in der Nähe des Messegeländes beigegeben worden. Makabrerweise orientierten sich ihre Straßen auf zwei Stätten des Todes, Schmitz' Völkerschlachtdenkmal und auf den Turm eines nahen Friedhofs. Auch der Kölner Werkbund-Ausstellung von 1914 war mit dem Niederrheinischen Dorf, bei dem Georg Metzendorf die Oberleitung hatte, eine Mustersiedlung angegliedert. Nach dem Krieg diente sie als Erwerbslosensiedlung und zu guter Letzt im Zusammenhang mit der Pressa-Ausstellung von 1928 als Weindorf.

Für das Neue Bauen mit seinem missionarischen Drang, dem Richtigen oder für richtig Gehaltenen zur

[129] Zit.: Franz Schulze. Mies van der Rohe. Leben und Werk. Berlin, 1986. S. 160.

[130] Mies in einem Interview, 13. 2. 1952. Zit.: Wolf Tegethoff. Die Villen und Landhausprojekte von Mies van der Rohe. Kat. Kaiser Wilhelm Museum Krefeld. Essen, 1981. Bd. 1. S. 78.

Befreites Wohnen

Ludwig Mies van der Rohe (künstlerische Leitung). Werkbund-Siedlung Weißenhof. Stuttgart, 1926–27. Luftansicht.

[131] Deutscher Werkbund (Hg.). Werkbund Ausstellung. Die Wohnung. [Denkschrift]. Stuttgart, Dezember 1926.

[132] Deutscher Werkbund (Hg.). Wohnung der Neuzeit. [Denkschrift]. Stuttgart, Januar 1926.

[133] Ludwig Mies van der Rohe an Le Corbusier, 10. 11. 1926. Zit.: Karin Kirsch (Hg.). Briefe zur Weißenhofsiedlung. Stuttgart, 1997. S. 122.

Ludwig Mies van der Rohe. Mietwohnungsbau in der Weißenhof-Siedlung. Stuttgart, 1926–27.

Verbreitung zu verhelfen, war die Architekturausstellung das gegebene Instrument. Hier konnten die modernen Architekten sich an »die breiten Massen unseres Volkes«[131] wenden und ihnen zeigen, wie sie sich die Zukunft dachten. Sie konnten für ihre Sache werben und unter den Ausnahmebedingungen einer Bauausstellung Techniken anwenden und Grundrißlösungen wählen, die sonst bei den Bauträgern nicht durchzusetzen gewesen wären. Das Medium Ausstellung entsprach der erwünschten Verwissenschaftlichung des Bauens. Unterschiedliche Lösungen standen auf dem Prüfstand und konnten im Vergleich getestet werden. Daß damit auch kaum erprobte Verfahren der Kritik einer großen Öffentlichkeit ausgesetzt wurden und heftige Attacken auf sich zogen, war die Kehrseite der Medaille.

In Stuttgart erhielt eine Gruppe von Architekten die Chance, einen kleinen Stadtteil zu errichten, den Weißenhof – dort, wo Stuttgarter am liebsten wohnen, wenn sie es sich leisten können, in Halb- oder Dreiviertelhöhenlage. In der Zusammenarbeit mit niederländischen, belgischen, österreichischen Kollegen und mit Le Corbusier konnte die Avantgarde dem deutschen Publikum zeigen, daß die moderne Bewegung über die Grenzen hinweg agierte. Ursprünglich war beabsichtigt, Häuser »für die dringendsten Wohnbedürfnisse ..., also für Familien in kleineren und mittleren Verhältnissen« zu planen.[132] Überwiegend wurden es alleinstehende Häuser für bürgerliche Ansprüche, dazwischen zwei Gruppen von Reihenhäusern von Jacobus Johannes Pieter Oud und Mart Stam und zwei Wohnblöcke für Mietwohnungen von Peter Behrens und Mies van der Rohe. »Gebildeter Mittelstand«, antwortete Mies auf die Frage Le Corbusiers nach der künftigen Bewohnerschaft.[133] Manche Häuser hatten bis zu acht Zimmer. Die politische Linke quittierte es mit Mißvergnügen.

Im fleißigen Südwesten des Reiches war die wirtschaftliche Lage etwas besser als in anderen Landesteilen. Die Industrie war diversifiziert und daher weniger krisenanfällig. In der Kunstszene um die Stuttgarter Akademie konnte man Sympathie erwarten. Die württembergische Zweigstelle des veranstaltenden Werkbunds war aktiv. Stuttgart entwickelte den Ehrgeiz der Provinz, die zeigen will, daß sie nicht provinziell ist. Andererseits verstand man sich im Schwabenland immer aufs Sparen. Die Finanzierung der Siedlung blieb ein stetes Sorgenkind. Seinen ersten Lageplan, der im Modell wie eine große Bodenskulptur wirkte, konnte Mies nicht durchsetzen, sondern mußte wieder auf Einzelhäuser in Einzelparzellen zurückgreifen.

Immerhin konnte Le Corbusier in einem Doppel- und einem Einzelhaus die Anwendung seiner »Fünf Punkte« demonstrieren. Le Corbusier war damals bereits eine prominente Figur, ohne ihn wäre es nicht gegangen. Scharoun zauberte ein Capriccio von Haus an die Nordostecke der Siedlung (vgl. S. 189). Oud erntete Lob wegen der praktischen Grundrisse seiner Wohnzeile und der schönen Rhythmisierung, die durch eingeschnittene kleine Wirtschaftshöfe auf der Straßenseite entstand. Mies setzte in seinem Stahlskelettbau dank versetzbarer Wände eine flexible Wohnungseinteilung durch. Mit drei Vollgeschossen und einem Dachbodengeschoß bildete sein Bau das Rückgrat der Anlage. Einundzwanzig Häuser wurden errichtet, von denen elf den Krieg überstanden.

Le Corbusier, Pierre Jeanneret. Doppelhaus in der Weißenhof-Siedlung. Stuttgart, 1926–27.

Das Echo, das die Weißenhof-Siedlung fand, war weithin skeptisch und reichte bis zur persönlichen Diffamierung der Beteiligten. Eine Inkunabel der Baugeschichte mochten damals nur die wenigsten darin sehen; dazu wurde sie erst später. Das örtliche Handwerk, mit ungewohnten Bauweisen wie der Trockenmontage konfrontiert, opponierte auch in Stuttgart. An der Technischen Hochschule entwickelte sich heftige Opposition um die Lokalmatadoren Paul Schmitthenner und Paul Bonatz, die ausgeschlossen

Jacobus Johannes Pieter Oud. Reihenhäuser in der Weißenhof-Siedlung. Stuttgart, 1926–27.

Befreites Wohnen

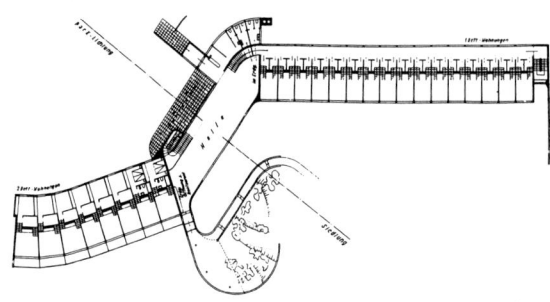

Hans Scharoun. Ledigenwohnheim in der Werkbund-Siedlung Wohnung und Werkraum (WUWA). Breslau, 1928–29. Ansicht. Grundriß.

Adolf Rading. Appartementhaus in der Werkbund-Siedlung Wohnung und Werkraum (WUWA). Breslau, 1928–29. Ansicht. Grundriß.

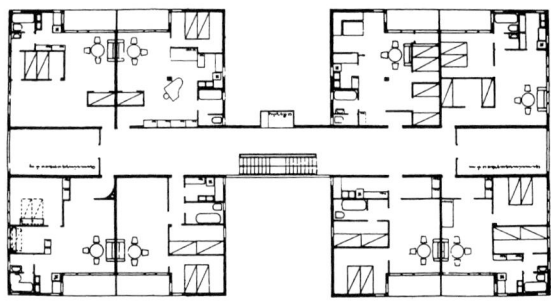

blieben – vor der eigenen Haustüre! Bonatz benutzte den Ausdruck von der »Vorstadt Jerusalems«, das die Runde machte und später, zusammen mit dem eigentlich konträren »Araberdorf«, zum Schmähwort der Nationalsozialisten für alles vermeintlich Undeutsche wurde.[134] Im Dritten Reich entging die Siedlung nur knapp dem Abriß zugunsten eines Verwaltungsgebäudes der Wehrmacht.

Die Weißenhof-Siedlung war ein Anlaß für die Opponenten, sich in einer Verbindung namens *Der Block* zusammenzuschließen. Der Name spielte auf die Avantgardistengruppe *Der Ring* an, die sich 1925 und 1926 in Berlin gebildet hatte und der Prominente wie Gropius, Mies, Poelzig, Mendelsohn oder die Brüder Taut angehörten. *Der Block* dagegen verteidigte »Ererbtes und bereits Gekonntes«, setzte seine »Kulturauffassung« gegen »allzu voreilige Werbetätigkeit«, »gesunde Architektur« gegen, »modische Erzeugnisse« und beanspruchte die Sprache von »Volk, Heimat, Blut und Boden«.[135] Als Organisation übte *Der Block* keinen größeren Einfluß aus. Aber als Stimmungsbarometer zeigte diese Frontbildung eine zunehmende Verschärfung der Auseinandersetzungen an.

Die Ausstellung des Schlesischen Werkbunds in Breslau-Grüneiche *Wohnen und Werkraum* (WUWA) zwei Jahre später blieb auf lokale Architekten beschränkt. Als ihr Initiator darf Heinrich Lauterbach gelten. Hier im Osten des Staats sollten heimische Architekten Flagge zeigen und zeitgenössische deutsche Baukultur demonstrieren. Unter ihnen lieferten zwei Meister der Moderne, die Architekturlehrer der Breslauer Kunstakademie Hans Scharoun und Adolf Rading, bemerkenswerte Beiträge zur Typologie des zeitgenössischen Wohnens. Sowohl das Ledigenheim von Scharoun wie das Wohnhaus von Rading, das mit seinen drei Normalgeschossen als Prototyp eines »Volkshochhauses« gedacht war, verbanden individuelles Wohnen mit gemeinschaftlichen Einrichtungen. Im Zweifelsfall hielten die Architekten die Wohnungen klein und ließen die ersparte Kubatur den Gemeinschaftsräumen zukommen. Scharoun erfand eine ingeniöse Verschachtelung der Wohnungsgrundrisse. Die Ein- und Zweipersonenappartements sind halbgeschossig versetzte Minimaisonettes mit höherem Wohn- und niedrigerem Schlafteil bei insgesamt nur 27 oder 35 Quadratmetern. Die knapp gehaltenen Mieter versöhnte er mit Speisesaal und Loggia im Mittelteil des zweiflügeligen Bauwerks, mit Balkons und Sonnendecks. Auf Verständnis durfte der Architekt hoffen. Breslauer Akademiekollegen wie Oskar Schlemmer, Johannes Molzahn, Georg Muche wohnten in diesem eleganten Wohnhotel.

In Radings Wohnungen mußten die Mieter Schlafräume und Nebengelasse über den Wohnraum betreten. Die Wohnungen waren mit einem breiten Mittelflur verbunden, der beide Doppelhaushälften durchschnitt und zwischen ihnen eine verglaste Brückenzone bildete. Pro Stockwerk gab es an den Stirnseiten zwei Räume, die als Lesezimmer oder Kinderstube dienen sollten. Der Dachgarten stand allen zur Verfügung. Vorbild war das Hotel oder besser das amerikanische Boarding House, das sparsame Einzelzellen mit großzügigen Salons verbindet, ein Heim für aufbruchsbereite Menschen. Dem entsprach der Seebadchic der Fassaden, mit gerundeten Windfängen und Bullaugen. Wie in Stuttgart war auch in Breslau die Bauausstellung Gegenstand erbitterter Polemiken. Sie führte zur sogenannten Prominenten-Krise im Schlesischen Werkbund, bei der die erfolgreichen, beteiligten Künstler gegen die Zukurzgekommenen standen und schließlich dem Landesverband den Rücken kehrten.

Von den nächsten deutschen Bauausstellungen nahm sich die Dammerstock-Siedlung in Karlsruhe 1929 entschiedener als ihre Vorgängerinnen des Massenwohnungsbaus an. Programmatisch führte sie den Titel *Die Gebrauchswohnung*. Den Wettbewerb für die Gesamtplanung gewann Walter Gropius, der zweite Preisträger Otto Haesler wurde bei der Überarbeitung hinzugezogen. Alle eingereichten Lösungen waren sich sehr ähnlich, da der Verteilerschlüssel für die Wohnungsgrößen in Einfamilienhäusern und mehrstöckigen Miethäusern sowie Zeilenbau in nordsüdlicher Stellung vorgeschrieben waren. Daß sich mit diesem rigorosen Muster gravierende Nachteile verbanden, wurde auch von Anhängern des Neuen Bauens diskutiert (S. 178 ff.). Verblüffenderweise konnten die Zeilenbauer sich auf einen Architekten der gemütvollen süddeutschen Tradition berufen, auf Theodor Fischer. Der Patriarch hatte die Arbeitersiedlung Alte Heide bei München (1919–27) in strammen Reihen geordnet, die er in nordöstlich-südwestlicher Richtung antreten ließ.

Unter dem Druck der »Raumnot, Zeitnot und Geldnot«[136] verzichtete die Deutsche Bauausstellung in Berlin 1931 darauf, bleibende Häuser zu errichten. Die Veranstalter spielten vielmehr in den großen Hallen am Funkturm und auf dem Freigelände Fallstudien durch und richteten Musterwohnungen und -räume ein. Mies van der Rohe baute unter dem Hallendach einen Bungalow auf, Hugo Häring und die Brüder Luckhardt eingeschossige Einfamilienhäuser, Robert Vorhoelzer, Architekt der Münchner (Reichs-) Post-Moderne, ein Boarding-Haus. Die Fiktion des Ausstellungsobjekts erlaubte ein Niveau, das in der Wirklichkeit nur wenigen Bauherren erreichbar war.

Da war die von Martin Wagner organisierte Schau *Sonne, Luft und Haus für alle*, gleichfalls in den Berliner Messehallen, näher an der Realität. Sie ging aus einem Wettbewerb für das »wachsende Haus« hervor, von dem 1932 einige Beispiele verwirklicht wurden. Es ging um bescheidenste Unterkünfte für Arbeitslose, die sich je nach Besserung ihrer Lage erweitern ließen. Das »wachsende Haus« erinnerte nicht zufällig an die Squattersiedlungen, die an den Stadträndern und in Laubenkolonien Hunderttausende von Obdachlosen aufnahmen. Bei dem Holzhaus, das Wagner selbst entwarf, sollten sich weitere Raumschichten um eine mittlere Kernzone legen. Für den Sommer sah Wagner sogar im Freien »Zimmer« vor.

[134] Paul Bonatz. In: Schwäbischer Kurier. Stuttgart, 5. 5. 1926. Zit.: Karin Kirsch. Die Weißenhofsiedlung. Stuttgart, 1987. S. 206.

[135] Bestelmeyer, Blunck, Bonatz, Geßner, Schmitthenner, Schultze-Naumburg, Seeck, Stoffregen. In: Baukunst 4 (1928) 5. S. 128 f.

[136] Deutsche Bauausstellung. Zit.: Johannes Cramer, Niels Gutschow. Bauausstellungen. Eine Architekturgeschichte des 20. Jahrhunderts. Stuttgart, 1984. S. 164.

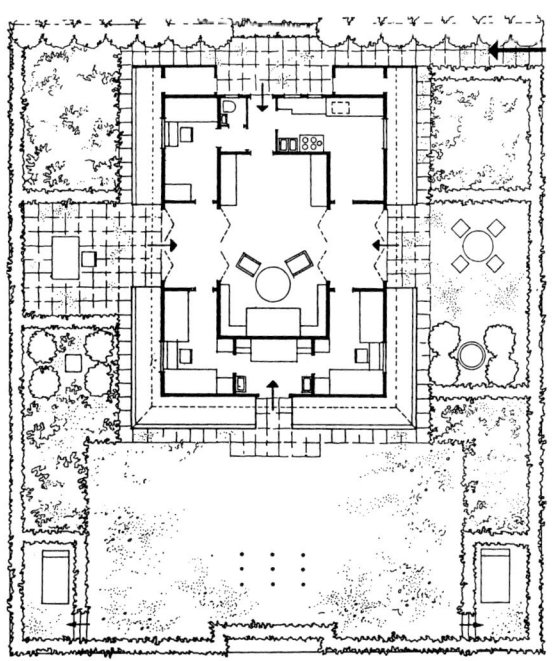

Martin Wagner. Das wachsende Haus. Ausstellung Sonne, Luft und Haus für alle. *Berlin, 1932. Grundriß.*

Befreites Wohnen

[137] Karl Scheffler. Der Neue Mensch. Leipzig, 1932. S. 66, 27.

Die aufgelockerte Stadt

Der Bedarf an Wohnungen wurde 1918 auf knapp eine Million geschätzt, bei einer jährlichen Vergrößerung des Fehlbestandes um 200 000 Wohnungen. Respektable Zahlen erreichte der Wohnungsbau der Weimarer Republik erst zwischen 1926 und 1931. In den drei aufeinanderfolgenden Jahren 1928, 1929 und 1930 wurde die Marke von 300 000 deutlich überschritten. Dann wirkten sich die Folgen der Weltwirtschaftskrise aus, und die Produktion halbierte sich. Da die Mieten staatlich festgeschrieben waren, ließ sich privates Kapital kaum zu Investitionen auf dem Wohnungsmarkt bewegen. Die positiven Zahlen kamen daher nur durch einen hohen Anteil öffentlicher Mittel zustande. Bauträger waren Wohnungsbaugesellschaften, an denen Reich, Land, Gemeinde, Sozialversicherung, Gewerkschaften, Post, Reichsbahn oder auch Unternehmen der Großindustrie beteiligt waren.

Wichtig wurde in diesem Zusammenhang die sogenannte Hauszinssteuer, die Gebäudeentschuldungssteuer, die per Notverordnung Anfang 1924 eingeführt wurde. Gerechtfertigt wurde sie mit der Entschuldung des Grundstücksbesitzes, die durch die Inflation eingetreten war. Wer bei der großen Geldentwertung sein Vermögen dank des Sachwertes Haus gerettet hatte, mußte Abgaben zahlen – ähnlich wie beim Lastenausgleich der 1950er Jahre. Ein Teil dieser Gelder ging in den gemeinnützigen Wohnungsbau und ermöglichte niedrig verzinste Kredite, die meist als zweite Hypothek vergeben wurden. Politisch wurde die Hauszinssteuer vom Besitzbürgertum heftig befehdet. Die Parteien der politischen Rechten nannten sie eine illegale Enteignung. Da die Darlehen aus dieser Steuer oft Siedlungen des Neuen Bauens zugute kamen, übertrug sich die Feindschaft auf die moderne Architektur – wenn es dessen überhaupt noch bedurft hätte.

Gebaut wurde, wo Grund und Boden billig waren, an der Peripherie. Die eindrucksvollen großen Siedlungen des Neuen Bauens in Berlin, Celle, Dessau, Duisburg, Frankfurt am Main, Karlsruhe, Kassel, Köln, Leipzig, Magdeburg, Nürnberg entstanden vorwiegend am Stadtrand. Das entlastete den Etat von hohen Grundstückspreisen. Aber es belastete die Gemeinden mit neuer Infrastruktur von Kindergärten bis zu Nachbarschaftszentren und die Bewohner mit hohen Kosten für die Wege vom Heim zur Arbeit. Nur die wenigsten Städte konnten es sich leisten, ihre Stadtrandsiedlungen mit der U-Bahn zu erschließen, wie die Stadt Berlin, die eine neue Strecke zur Waldsiedlung Onkel Toms Hütte legte und moderne Bahnhöfe nebst Läden für den Einkauf errichtete.

Mit der Lage im Grünen ließ sich ein wirkungsvoller Kontrast zu den Innenstadtverhältnissen aufbauen, kamen doch zahlreiche Bewohner der neuen Viertel aus den alten Stadtkernen: frische Luft statt stickiger City, geräumige Weite statt drangvoller Enge. Was Bruno Taut in seinen Bilderalben, vor allem der *Auflösung der Städte* (1920), als utopische Hoffnung geschildert hatte, begann in den Großsiedlungen Realität zu werden. »Eine aufgelockerte, sich weit ins Land ausbreitende Großstadt« beschrieb Karl Scheffler die entstehende Stadtlandschaft. Hellsichtige Beobachter wie er nahmen in den Außenbereichen Berlins, in den Industrieregionen Sachsens, Anhalts und des Ruhrreviers netzartige Siedlungsformen wahr, in denen sich die Unterschiede von Stadt und Land auflösten. »Das Land, das ganze Land will zur Stadt werden, es zwingt die Stadt zu sich hinaus, die weite Landschaft füllt sich mit städtischem Geist, in Amerika, in Rußland und in Europa!«[137]

Die Karriere des Begriffs Stadtlandschaft, die vom Konzept der Gartenstadt ausgegangen war, setzte sich fort. Bis in die fünfziger und sechziger Jahre, über alle politischen Einschnitte hinweg, sollte »Stadtlandschaft« ein Leitbild städtebaulicher Entwicklung abgeben. Auf Jahrzehnte hin war das Wort positiv gewichtet. »Man darf sich den Gestaltwandel nicht so

Wilhelm Riphahn, Caspar Maria Grod. Weiße Stadt. Köln-Buchforst, 1929–32. Im Hintergrund Kirche St. Petrus Canisius.

vorstellen, daß die bestehenden Städte verschwinden, daß sie abgetragen und zertrümmert werden. Sie werden bestehen bleiben und ihre Funktion haben als Mittelpunkte der Wirtschaft und der Regierung. Doch werden sie nicht mehr so wichtig sein und an ungesunder Anziehungskraft einbüßen.« Große Strecken freien Landes würden bleiben. »Dennoch wird es sein, als sei eine Provinz eine einzige, aufgelockerte Stadt oder ein Verband von Städten, deren Grenzen verschwimmen.«[138]

Groß mußten die Siedlungen werden, damit Rationalisierungsvorteile zu Buche schlugen. Über sie wachte eine Agentur, die Ende 1926 gegründet wurde und im folgenden Jahr ihre Tätigkeit aufnahm, die Reichsforschungsgesellschaft für Wirtschaftlichkeit im Bau- und Wohnungswesen (RfG). Die RfG befaßte sich mit allen Fragen der Rationalisierung im Bau, der Geländeerschließung, des Baustellenbetriebs, der Baustoffe, der Normierung und Typisierung von Bauelementen, der Finanzierungsmodelle. Sie sollte praktische Versuchsreihen durchführen, um dem Wohnungsbau eine wissenschaftliche Grundlage zu geben. Als Anreiz konnte sie besonders zinsgünstige Darlehen oder verlorene Zuschüsse vergeben, mit denen Innovationen belohnt wurden. Dafür stand ein Fonds aus Reichsmitteln zur Verfügung. Von den Begünstigten verlangte die RfG detaillierte Berichte, aus denen die Rentabilität der Maßnahmen hervorging und Schlußfolgerungen gezogen werden konnten.

In stilistische Auseinandersetzungen sollte und wollte die RfG nicht eingreifen. Aber ihr Engagement für experimentelle Konstruktionsmethoden führte sie von selbst auf die Seite der Avantgarde. Dementsprechend kam Kritik nicht nur vom handwerklich orientierten, mittelständischen Baugewerbe, das von ihren Forschungsergebnissen keinen Gebrauch machen konnte, sondern auch vom konservativen Teil der Architektenschaft. Das Ende der RfG trat mit den Auswirkungen der Weltwirtschaftskrise bereits fünf Jahre nach ihrer Gründung ein, 1931. Es hatte interne Gründe wie die Überorganisation in mehr als zwanzig ehrenamtlichen Ausschüssen, war aber auch durch die Feindschaft bedingt, die der RfG aus dem antimodernen Lager entgegenschlug.

Die Forderungen, die an eine zweckmäßige Wohnung gestellt wurden, lesen sich zum guten Teil wie betriebswirtschaftliche Anleitungen. Die Wohnung wurde als gebrauchstüchtige Funktionseinheit und nicht als ein überliefertes kulturelles Gut betrachtet. Einfachste Benutzbarkeit war oberstes Ziel. Wandflächen durften nicht durch Tür- und Fensteröffnungen zerrissen werden, so daß zusammenhängende Möblierung möglich wurde. Überschneidung von Wegen sollte vermieden werden, eine möglichst große Bewegungsfläche übrigbleiben. Gleichmäßige Ausleuchtung der Zimmer war erwünscht. Eine Vielzahl von Schlagschatten galt als Kunstfehler. Das hieß: horizontal gelagerte statt stehender Fensterformate.

So wie im Arbeitsprozeß Funktionen analysiert und jeweils gesondert behandelt wurden, war auch bei der Wohnung klare Trennung verlangt. Schlaf-, Wohn- und Wirtschaftsteil sollten voneinander geschieden sein. Im sozialen Wohnungsbau war diese Forderung wegen der notgedrungen kleinen Flächen nicht zu erfüllen. Oft waren Schlafabteile nur vom Wohnraum aus zugänglich; sie waren »gefangene« Räume. Unmittelbar nach dem Krieg hatte Heinrich de Fries noch den zweigeschossigen Wohnraum auch für den einfachen Wohnungsbau empfohlen. Solche Lösungen gingen damals als Beispiele sparsamen Bauens durch. Jetzt wurde es noch sparsamer. Erfahrungen aus den Experimenten mit großen Einfamilienhäusern, so erwies sich, waren in den sozialen

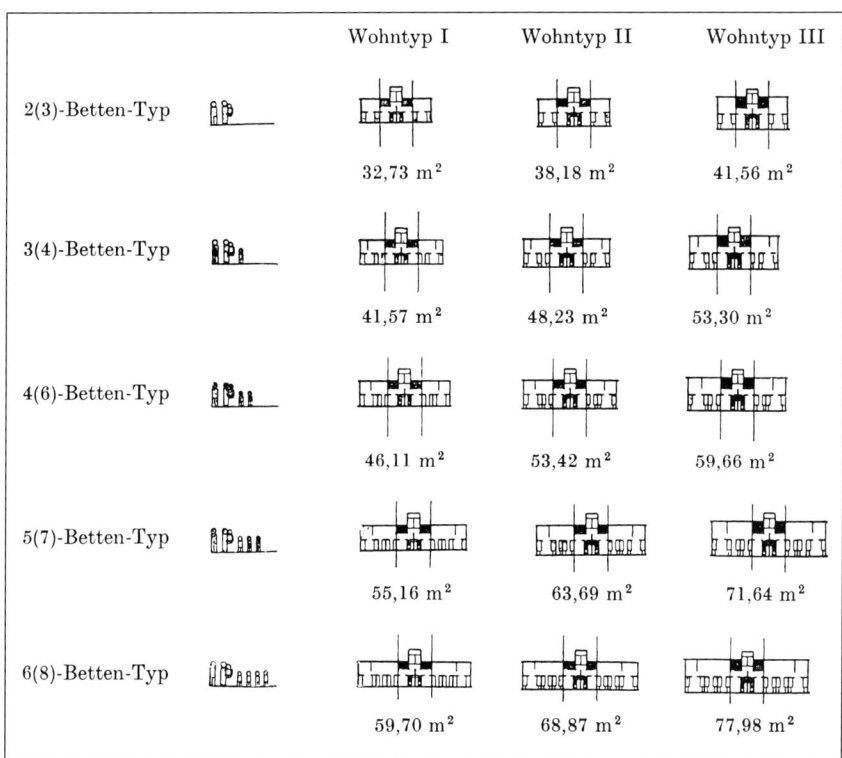

Otto Haesler. Systematik von Wohnungstypen im Kabinensystem. Teilweise realisiert in der Siedlung Rothenberg. Kassel, 1929–31.

[138] ebd. S. 69.

Befreites Wohnen

Grete Schütte-Lihotzky. Musterküche (»Frankfurter Küche«).

[139] Gustav Adolf Platz. Wohnräume der Gegenwart. Berlin, 1933. S. 127.

[140] Margarete Schütte-Lihotzky. 1921. Zit.: Kristiana Hartmann. Alltagskultur, Alltagsleben, Wohnkultur. In: Gert Kähler (Hg.). Geschichte des Wohnens. 1918–1945. Bd. 4. Stuttgart, 1996. S. 218.

[141] Ernst May. 1925. Zit.: Kristiana Hartmann, ebd. S. 219.

[142] Barbara Miller-Lane. Architektur und Politik in Deutschland 1918–1945. Braunschweig, Wiesbaden 1986. S. 105.

Wohnungsbau kaum einzubringen. Einzubringen waren Formen, Haltungen, aber keine Grundrisse.

Zum bevorzugten Terrain für die Erprobung neuer Entwurfsprinzipien und Lebensmuster wurde ein Ort, der auch bei bescheidensten Wohnungsgrundrissen von ferne an ein technisches Labor erinnern konnte, die Küche. Auf keinen Raum des neuen Hauses sind mehr Gedanken verwendet worden. »Endlich hat der Architekt angefangen, von der Hausfrau zu lernen« (Gustav Adolf Platz).[139] Als kleine Produktionsstätte, in der auch die Frau mit Maschinen umgehen durfte, ließ sie sich am ehesten mit den großen Produktionsstätten der Wirtschaft vergleichen. Infolgedessen bot sie sich auch der Rationalisierung von Arbeitsvorgängen an. Der Arbeitsplatz Küche wurde Zeit- und Arbeitsstudien und ergonomischen Untersuchungen unterworfen, die eines Großbetriebs würdig gewesen wären. »Jeden Handgriff sollte man abmessen, jeden Schritt sollte man zählen und sozusagen auf die Waagschale legen.«[140]

Bekanntestes Beispiel war die sogenannte Frankfurter Küche, die Grete Schütte-Lihotzky im Frankfurter Stadtbauamt bearbeitete. Ihr Chef Ernst May mokierte sich zwar gelegentlich über die »Taylorisierung der Haushaltsführung«, hielt die Küchenlösung aber für die Kernzelle des Grundrisses.[141] Die junge Architektin entwarf eine bis in jedes Detail durchgeplante Arbeitsküche auf einer Grundfläche von 6,5 Quadratmetern. Als Vorbild diente die knappe Raumbewirtschaftung in den Speisewagen der Mitropa-Gesellschaft. Ziel war die Befreiung der Frau von lästigen, zeitaufwendigen Tätigkeiten – und auch die Aufwertung ihrer Arbeit durch den Umgang mit dem häuslichen Maschinenpark. Wer Maschinen bediente, galt etwas in der industrialisierten Arbeitswelt. Grete Schütte-Lihotzkys Küche dürfte an die zehntausend Mal gebaut worden sein.

Es gab nicht nur die Frankfurter Küche, es gab auch eine Berliner, Hamburger, Magdeburger, Münchner und Stuttgarter Küche. Bei den Münchner Entwicklungen hatte Erna Meyer, die Autorin des Bestsellers *Der neue Haushalt* (1926), mitgewirkt. Sie ging von der abgeschirmten Arbeitsküche ab, die – so ihre vernünftige Argumentation – die Isolation der Frau von der Familie förderte. Andere Planer gaben der Gewohnheit der Arbeiter- und Kleinbürgerfamilien nach, in der Küche zu essen oder gar zu wohnen, obwohl dieses tadelnswerte Verhalten gegen den Lehrsatz von der Funktionstrennung verstieß. Auch in vielen anderen Punkten verhielten sich die Bewohner nicht, wie sie sollten. Sie wollten sich nicht von ihren viel zu großen Möbeln trennen, zwängten partout den alten Eßzimmertisch in die kleine Reformküche und waren nicht bereit, zur neuen Wohnung die passende neue Einrichtung zu kaufen. Sollte es sich nicht auch um eine Kostenfrage gehandelt haben? Trotz Wohnberatungsstellen, wohnpädagogischer Sozialarbeiter und wohlmeinender Lehrfilme blieben die Leute beratungsresistent und schleppten ihre schweren Buffets in die leichten Häuser.

Die großen modernen Siedlungen entstanden in der Weimarer Republik überwiegend in Städten, die von Parteien der Weimarer Koalition regiert wurden – Sozialdemokraten, christliches Zentrum, liberale Deutsche Demokratische Partei. In Celle, wo eine der ersten deutschen Siedlungen neuen Stils entstand, war der Oberbürgermeister allerdings von einer bürgerlichen Einheitsliste gewählt worden, der auch die Deutschnationale Volkspartei angehörte. Otto Haeslers Häusergruppe Italienischer Garten (1923–25), der dann weitere, größere Siedlungen in Celle folgten, hatte nur bescheidenen Umfang. Acht Vierfamilienhäuser, die Wohnungen in bürgerlichem Zuschnitt, erhoben sich zu beiden Seiten einer Wohnstraße.

Aber die Form war etwas Neues: Zwei niedrigere Flügel umklammern jeweils einen zentralen Quader. Die Fenster an den Hauskanten sind als über die Ecke greifende Einheit behandelt. Die Dächer sind flach, wenn auch in Wahrheit kaschierte Pultdächer. Seinen Mitarbeiter Karl Völker ließ Haesler kräftig in die Farbtöpfe greifen: blaue oder rote Putzfläche für die Seiten, grau für den mittleren Korpus. Für die Farbigkeit diente Magdeburg als Anregung, wo Bruno Taut in seiner Zeit als Stadtbaurat – mit Hilfe von Völker – auch historische Fassaden bunt hatte streichen lassen. Flache Dächer bei Siedlungsbauten wurden gleichzeitig mit Celle in Berlin eingeführt, prägten aber bereits in den Niederlanden große Siedlungskomplexe.

In Frankfurt am Main, wo Ludwig Landmann von der Deutschen Demokratischen Partei Oberbürgermeister war, übernahm Ernst May 1925 die baulichen Schicksale der Stadt. May hatte 1910–12 die englische Gartenstadt-Bewegung bei Raymond Unwin in London kennengelernt und in Schlesien als Technischer Direktor einer gemeinnützigen Siedlungsgesellschaft gearbeitet. In Frankfurt erhielt der energische Hüne mit der Cäsaren-Frisur Kompetenzen, von denen andere nur träumen (oder alpträumen) konnten, von der Regionalplanung über Hoch- und Tiefbau, Bauaufsicht und Gartenamt, Grundbesitz- und Hypothekenverwaltung bis zum Friedhofswesen. Trabantenstädte im Sinne von Howards Garden Cities waren die 24 Frankfurter Stadtrandsiedlungen nicht. Sie besaßen keine größeren Geschäftszentren und Arbeitsstätten, sondern ergänzten die Siedlungsflächen der Stadt im Osten, Süden und vor allem im Nordwesten um die grüne Mulde der Nidda, eines Nebenflusses des Mains.

May pflegte gern den Eindruck zu erwecken, als sei die Industrialisierung des Bauens in seinen Siedlungen bereits vollzogen (vgl. S. 131). Ausbauteile wie Fenster, Türen, Installationen wurden präfabriziert. Wandplatten, die er in kommunaler Regie vorfertigen ließ, waren so dimensioniert, daß sie kein schweres Hebezeug verlangten. Bei Herstellung und Montage war jedoch auch manuelle Arbeit im Spiel. Aus Rücksicht auf das protestierende Bauhandwerk wurde ein Teil der Wohnungen konventionell hergestellt. In den nur fünf Jahren seiner Amtszeit konnte May immerhin eine stattliche Bilanz vorweisen: 16 000 Wohnungen.

Mehr Wohnungsbauten im neuen Stil entstanden auch in dem achtmal so großen Berlin nicht: Auf 14 000 Einheiten schätzt Barbara Miller-Lane die von »radikalen« Architekten in der Reichshauptstadt errichteten Wohnungen.[142] Viele von ihnen wurden von der 1924 gegründeten, gewerkschaftsnahen Gehag (Gemeinnützige Heimstätten-AG) errichtet, deren Aufsichtsratsmitglied Martin Wagner war. Zum Hausarchitekten der Gehag wurde Bruno Taut, der schon vor dem Ersten Weltkrieg Siedlungen in Berlin

Otto Haesler. Siedlung Italienischer Garten. Celle, 1923–25. Lithographie von Karl Völker.

Ernst May mit Herbert Boehm (städtebauliche Planung). Siedlung Bruchfeldstraße (»Zickzackhausen«). Frankfurt am Main-Niederrad, 1926–27.

Befreites Wohnen **153**

Otto Bartning. »Langer Jammer« in der Siedlung Siemensstadt. Berlin, 1929–32.

[143] Bruno Taut. Die Neue Baukunst. Stuttgart, 1929. S. 7.

[144] Walter Gropius. Die soziologischen Grundlagen der Minimalwohnung für die städtische Industriebevölkerung. 1929. In: Walter Gropius. Architektur. Wege zu einer optischen Kultur. Frankfurt am Main, 1956. S. 90.

[145] Hermann Hipp. Wohnstadt Hamburg. Hamburg, 1982. S. 13.

[146] G. Steinlein. Reichsbahnsiedlung Freimann. In: Die Bauzeitung 35 (1938) 7. S. 235 ff.

Bruno Taut. Reihenhäuser. Siedlung Onkel Toms Hütte. Berlin-Zehlendorf, 1926–32.

(Falkenberg in Grünau) und Magdeburg (Siedlung Reform) gebaut hatte. Hinter Tauts Engagement stand die Hoffnung auf ein besseres Zusammenleben der Menschen, das er in seinen utopischen Bilderalben *Alpine Architektur* und *Die Auflösung der Städte* ausgemalt hatte (vgl. S. 103) und das Gemeinschaftsgeist und individuelles Glück austarieren sollte.

Hatte der Farbenapostel Taut in den frühen Siedlungen und in der Magdeburger City Farbe als lautes Fanal eingesetzt, so verwendete er sie in den Berliner Siedlungen subtiler, raumbildend und psychologisch bewußt. Manchmal glichen Tautsche Häuserfronten, fern jeder griffigen Formel, im Spiel der Öffnungen und Farben Musterkarten verschiedenartiger Fassadenstrukturen. Gute Praxis hatte für Taut mit Spieltrieb zu tun. Den Bewohnern war er, der als Aufgabe der Architektur »die Schaffung des schönen Gebrauchs« bestimmte,[143] näher als die meisten seiner Kollegen.

So lange noch finanzielle Spielräume da waren, legten viele Planer Wert auf formale Qualitäten. In Frankfurt umschließt die frühe Siedlung in Niederrad (1926–27) einen großen grünen Hof in fast expressionistischem Zickzack und wurde dementsprechend »Zickzackhausen« genannt. In den Siedlungen um die

Nidda-Niederung arbeitete May an den Hängen die Höhenschichtungen heraus und entwickelte zur Talaue hin Bastionsköpfe. Lange Straßenfronten wurden gebrochen oder gekrümmt, um die Länge erträglicher zu machen: so Otto Bartnings gebogene Schlange in Berlin-Siemensstadt (1929–32), die der Volksmund »Langer Jammer« taufte. Bruno Taut setzte in seine Großsiedlungen stadträumliche Figurationen ein. In Berlin-Britz (1925–31) umgibt das glücksbringende Hufeisen einen eiszeitlichen See, der die unbetretbare Mitte bildet. Die Balkons dieses Wohnrings gleichen den Logen eines Theaterrunds – Gemeinschaftssymbole auch sie. In Leipzig-Lößnig entschied sich Stadtbaurat Hubert Ritter 1929 trotz aller Orientierungs- und Grundrißschwierigkeiten sogar für die perfekte Kreisform, einen »Rundling« aus drei konzentrischen Ringen, der die Idealität des Zusammenlebens zu verkörpern hatte.

Den eigenen Ansprüchen der Planer, auch dem quantitativen Bedarf, entsprach die Produktion trotz aller Erfolge nicht. In der Konjunkturphase vor der Weltwirtschaftskrise zogen die Kreditkosten an. Nicht zuletzt waren die Baukosten durch die Leistungen der

Republik auf diesem Sektor hochgetrieben worden. Bauexperten klagten, daß eine Erhöhung der Kreditzinsen um nur ein Prozent alle erzielten Rationalisierungsvorteile wieder zunichte machten. Mit den minimalen Wohnflächen nach 1929 fanden sich viele Planer ab. Was sollten sie anderes tun?

Aber mußten sie es zugleich auch noch billigen? Fast zynisch klingt es, wenn Gropius um 1930 in der Notlage den Vorteil zu erkennen glaubte und als autoritärer Pädagoge erklärte, vom biologischen Standpunkt aus benötige der Mensch nur eine geringe Menge an Wohnraum: »Wenn die Zuführung von Licht, Sonne, Luft und Wärme aber kulturell wichtiger und bei normalen Bodenpreisen auch ökonomischer ist als die Vermehrung von Raum, so lautet das Gebot: vergrößert die Fenster, verkleinert die Räume, spart eher an Nahrung als an Wärme.«[144]

Jetzt entstanden tatsächlich die gebauten (wenn auch gut belichteten) Kaninchenställe, die den modernen Planern von der konservativen Kritik schon seit langem vorgeworfen wurden. Nur in der Plangrafik machten Siedlungen oder Siedlungsprojekte wie Berlin-Haselhorst (1928–32) oder Frankfurt-Westhausen (1929–31) eine adrette Figur. Nordsüdlich gerichteter Zeilenbau, auch Streifenbau genannt, nahm überhand, aus Sparzwängen, aber auch weil viele Planer von der Richtigkeit der sich daraus ergebenden Besonnungsdiagramme überzeugt waren. In den Jahren davor waren Zeilenbau und Hofumbauungen oft zusammengegangen.

An diese Mixtur hielt man sich vor allem in Norddeutschland, wo die »rote Moderne« des Klinkerbaus zu Hause war. Fritz Schumacher, Gustav Oelsner, Karl Schneider bevorzugten in Hamburg und Altona große, freilich durchlichtete, durchlüftete und durchgrünte Wohnhöfe mit aufgebrochener, drei- bis sechsstöckiger Blockrandbebauung. Die neben Barmbek-Nord und der Dulsberg-Siedlung beeindruckendste Großsiedlung, die Jarrestadt (1926, 1927–30), vereinte Blocks und Zeilenbau. Bauplastik und Ziegelsteindekor waren nicht von vornherein mit Tabu belegt. Dem Umfang nach konnte sich das hansestädtische Wohnungsbauprogramm mit den Hauptorten des Neuen Bauens messen. Zwischen 1918 und 1932 nahm der Wohnungsbestand in Hamburg (ohne Altona und Harburg) um 65 000 Einheiten zu.[145]

Konservativer gab sich der Wohnungsbau in Bayern. Der »Münchner Weg« machte sich nicht so sehr

in den Lageplänen bemerkbar. Altmeister Theodor Fischer hatte für die Münchner Siedlung Alte Heide, die schon 1918 begonnen wurde, sogar ein geradezu revolutionäres Zeilenbaulayout entwickelt. Im Aufbau verdeutlichen liebevolle Details, Sattel- und Walmdächer und viel Kunst am Bau, daß nicht alles dem »Anstaltmäßigen« und »Kasernenhaften«[146] der Vereinfacher geopfert wurde. Wer allerdings seine Briefmarken in den sachlich strengen und knapp detaillierten Postbauten Robert Vorhoelzers und Walther Schmidts kaufte, die mit Wohnungsbauten für die

Bruno Taut, Martin Wagner (städtebauliche Planung). Hufeisensiedlung. Berlin-Britz, 1925–31.

Hubert Ritter. Siedlung Rundling. Leipzig-Lößnig, 1929. Luftansicht.

Befreites Wohnen   **155**

Ferdinand Kramer, Eugen Blanck. Siedlung Frankfurt-Westhausen, 1931.

Karl Schneider (1. Preis städtebaulicher Wettbewerb, zentraler Block). Jarrestadt. Hamburg, 1926, 1927–30. Luftaufnahme.

Robert Vorhoelzer, Robert Schnetzer. Postamt und Wohnungsbauten am Harras. München, 1928–32.

[147] Jean Giraudoux. In: Der Querschnitt 11 (1931) 5. Unpag.

[148] Zit.: Kristiana Hartmann. Bruno Taut, der Architekt und Planer von Gartenstädten und Siedlungen. In: Winfried Nerdinger u. a. (Hg.). Bruno Taut 1880–1938. Stuttgart, 2001. S. 150.

Postangestellten verbunden waren, erfuhr auch in Bayerns Hauptstadt, was Moderne in der Architektur bedeutete. Aber da war eine Reichsbehörde der Bauherr, nicht eine Münchner Institution.

Solange die äußerste Kosten- und Flächenreduktion nicht erreicht war, ernteten die Wohnungsprogramme der Weimarer Republik neben der zu erwartenden konservativen Kritik auch enthusiastisches Lob. Über die Stadt, in der Siedlungen wie die Hufeisensiedlung oder wie die Waldsiedlung Onkel Toms Hütte in Zehlendorf (von Hugo Häring, Otto Salvisberg und Bruno Taut, 1925–34) entstanden, schrieb Jean Giraudoux: »Berlin ist keine Gartenstadt, Berlin ist ein Garten.« Offenbar hatte der französische Dichter sich nicht in den nach wie vor trostlosen Arbeiterquartieren Moabit oder Wedding umgesehen. Giraudoux pries das besiegte Land, das dank Selbstüberwindung sich dem Gemeinschaftsleben widme und darin seine Zukunft erblicke.[147] Einer seiner Landsmänner meinte: »Gewiß, solche Häuser machen noch nicht das Glück aus, zumindest laden sie aber zum Glücklichsein ein.«[148]

Weltstadt Berlin

Die modernen weißen Siedlungen an den Stadträndern, makellos in den ersten Monaten und Jahren, hart und kantig, bevor die Vegetation ihr linderndes Werk tat, zogen ein großes Maß an Publizität auf sich. Darüber trat oftmals in den Hintergrund, daß auch die Cities einem durchgreifenden Veränderungs- und Erneuerungsprozeß unterlagen. Der Spielraum für bauliche Eingriffe war hier enger begrenzt. Die Masse der vorhandenen Bausubstanz stammte aus den Jahrzehnten zwischen Reichsgründung und Erstem Weltkrieg. Es gab keinen Grund, mit ihrem Abbruch zu rechnen. Zerstörungen vom Ausmaß des Zweiten Weltkriegs lagen noch außerhalb jeder Vorstellungskraft. Doch Umstrukturierungen und Umnutzungen gingen auch in den Kernstädten weiter und machten schließlich auch größere Eingriffe nötig und möglich.

Daß die Wohnbevölkerung aus den Innenstädten abwanderte, dafür sorgten die Rendite-Erwartungen in den Cities, die mit Wohnungsmieten nicht zu befriedigen waren. Die Umwandlung der durchmischten Stadt in eine City der Dienstleistungen ging weiter. Auch spezialisierte Produktionsbetriebe fanden für ihre Vergrößerungen und Rationalisierungsmaßnahmen bald keinen Platz mehr in den innerstädtischen Gewerbehöfen und zogen an die Peripherie, wie es ihnen die großen Konzerne vor dem Ersten Weltkrieg vorgemacht hatten.

Moloch Verkehr

Neue Bauaufgaben drängten nach. Der Massenverkehr verlangte neue Wege, oberirdisch als Elektrische, S-Bahn und Hochbahn oder – in Berlin seit 1902 – auch unterirdisch. Die entsprechende Infrastruktur zog nach: Stellwerke, Umspannwerke, Gleisanlagen, Bahnhöfe und Haltestellen. Zu einer Korrektur alter Planungsfehler kam es indessen nicht. In Köln liefen alle Stadtplaner vergeblich Sturm gegen die problematische, wenngleich hochdramatische Lage des Hauptbahnhofs unmittelbar neben dem Dom. In Berlin gelang es nicht einmal der autoritären Planung im Dritten Reich, die Kopfbahnhöfe im Norden der City mit denen im Süden in ein logisches System zu bringen. Darauf mußten die Berliner bis ins nächste Jahrtausend warten.

Flughäfen belasteten die Städte zu dieser Zeit noch kaum. Die Planer hatten sich glücklicherweise nicht Le Corbusiers Vorschläge zu eigen gemacht, die Aeroplane mitten im Zentrum der *villes contempo-*

Hans Wittwer. Restaurantgebäude des Flughafens Halle-Leipzig. Schkeuditz, 1929–31. Innenansicht.

Potsdamer Platz mit dem 1924 installierten Verkehrsturm. Darstellung von Otto Arpke. In: Werbeschrift Berlin. Berlin, 1929.

Richard Paulick, Hermann Zweigenthal. Kant-Garage. Berlin-Charlottenburg, 1929–30.

[149] Hans Stimmann. Weltstadtplätze und Massenverkehr. In: Jochen Boberg, Tilman Fichter, Eckhart Gillen (Hg.). Die Metropole. Bd. 2. Industriekultur in Berlin im 20. Jahrhundert. München, 1986. S. 142.

[150] Max Osborn. Berlins Aufstieg zur Weltstadt. Berlin, 1929. Neu: Berlin 1870–1929. Der Aufstieg zur Weltstadt. Berlin, 1994. S. 227.

[151] Hans Stimmann. Weltstadtplätze und Massenverkehr. In: Jochen Boberg, Tilman Fichter, Eckhart Gillen (Hg.). Die Metropole. Industriekultur in Berlin im 20. Jahrhundert. München, 1986. S. 138 ff.

[152] Martin Mächler. Neubau. 1922. In: Bruno Taut. Frühlicht (1922) 4. S. 103.

Automobil-Verkehrs und Übungsstraße (AVUS) im Berliner Grunewald. 1921.

raines landen und aufsteigen zu lassen. Tempelhof in Berlin, Fuhlsbüttel bei Hamburg, der Butzweiler Hof in Köln, Devau bei Königsberg, Oberwiesenfeld und Riem in München, Böblingen bei Stuttgart störten in diesen Jahren noch wenig. Ein luftiges Restaurantgebäude erhielt der Flughafen Halle-Leipzig von Hans Wittwer (1929–31). Das Dach des rundum verglasten Kastens wurde von sechs Kragbindern aus Stahlbeton getragen, die auf mittig plazierten Stielen balancierten. Ein wenig erinnerte es an die Tragflächen eines Flugzeugs. Auch Berlin-Tempelhof und Breslau erhielten mit wachsendem Flugverkehr eindrucksvolle Bauten im neuen Stil.

Das Auto eroberte sich die Stadt, erfüllte sie mit Lärm und Abgasen und zog seine Infrastruktur nach sich: Tankstellen, Reparaturbetriebe, Abstellplätze, Garagen. Der erste Verkehrsturm mit Lichtsignalanlage wurde 1924 am Potsdamer Platz installiert, dem verkehrsreichsten Platz der Stadt. Eine Berliner Delegation hatte solche Installationen bei einer Studienreise in den USA bewundert und ein Exemplar mitgebracht.[149] Die erste Hochgarage in Berlin, die Kant-Garage, wurde 1929–30 von Hermann Zweigenthal und Richard Paulick für dreihundert Autos errichtet. Straßendurchbrüche und mehrstöckige Verkehrsknoten wurden diskutiert. Die Straßenbahn galt bereits als Verkehrshindernis: »Diesen Störenfried gilt es mit der Wurzel auszuroden.«[150]

Allerdings liebte man es, die Probleme, die der »Moloch Verkehr« verursachte, zu dramatisieren. In Berlin bildeten Potsdamer Platz und Alexanderplatz fraglos neuralgische Punkte. Doch die Zulassungszahlen der Autos waren bescheiden. 1929 verkehrten in Berlin erst 95 000 Kraftfahrzeuge, im Vergleich zu 674 000 fünfzig Jahre später allein in Westberlin.[151] Die Verhältnisse Nordamerikas, die deutsche Experten so gern vor Ort studierten, wurden ohne weiteres auf deutsche Städte projiziert. In den USA kam 1928 ein Kraftfahrzeug auf sechs Einwohner, in Berlin eines auf vierzig. Da man für Berlin eine künftige Einwohnerzahl von zehn Millionen annahm, wird verständlich, daß die Verkehrsplaner angesichts ihrer selbstgedachten Szenarien in Panik gerieten. Die Panik war mit Faszination durchmischt. 1921 wurde die erste deutsche Autobahnstrecke – zehn Kilometer zwischen Grunewald und Wannsee – eröffnet. Die »Automobil-Verkehrs- und Übungsstraße« (AVUS) diente auch als Rennstrecke für den Motorsport.

Wandlungen einer Stadt

Auch Katastrophen können dem Image der Stadt dienen, wenn sie für die Dynamik der Entwicklung zeugen. War permanente Katastrophe nicht der Ausweis von Lebenskraft, das Zeichen einer in ihren Wachstumsnöten ächzenden Metropole? Entgegen der Skepsis, die unmittelbar nach 1918 herrschte, profitierte Berlin von Zentralisierungstendenzen im Reich. Bis zum Zusammenbruch der monarchischen Regime hatten die Reichsfürsten dafür gesorgt, daß ihre Residenzstädte wirtschaftlich prosperierten und kulturell glänzten. Die föderale Struktur blieb auch in der Republik erhalten. Aber es wanderten doch viele Institutionen und Aktivitäten nach Berlin. Groß-Berlin, neben seiner administrativen Rolle auch die größte Industriestadt des Reiches, war »das Metazentrum des mächtigen Welthandelsdampfers Deutschland«.[152]

Das Prädikat Weltstadt ging vielen Beobachtern flüssig über die Lippen. Karl Scheffler hatte in seinem berühmten Berlin-Buch von 1910 die preußische Hauptstadt als ewige Kolonialstadt geschildert. Jetzt, im Zwischenhoch zwischen Inflation 1923 und Börsenkrach 1929, konnte man lesen, die in den Nachkriegswirren geschädigte Stadt stehe »plötzlich in ungeahnter neuer Jugend auf festen Füßen da«. Der das schrieb, war natürlich ein Berliner, Max Osborn.[153] Scheffler selbst sah sich zu einer Korrektur seines früheren negativen Berlin-Bildes genötigt.[154]

Zur modernen Großstadt gehörten die Vergnügungsindustrie, die Hallen für Massenkonzerte und Sportspektakel, die Kabaretts, Bierhallen und Tanzpaläste und nicht zuletzt: das Kino. In seinen Anfängen fand es Unterschlupf in Gasthäusern und vorhandenen Sälen. Einen frühen, gediegenen Neubau entwarf der Theaterspezialist Oskar Kaufmann 1912–13 am Berliner Nollendorfplatz. Den zwanziger Jahren blieb es vorbehalten, für das junge Medium einen modernen Typus zu entwickeln, üppig in Art deco dekoriert oder effektvoll im modernistischen Stil. Die Erschließungen waren auf den schnellen Umsatz des Publikums angelegt. Hochattraktiv gaben sich Kassenhalle und Foyer, umstandslos dienten die Ausgänge der raschen Entleerung der Häuser. 1929 existierten in Deutschland bereits mehr als fünftausend Kinos, von denen vorerst nur 223 Tonfilme vorführen konnten.[155] Eine beträchtliche Zahl unter ihnen waren Theater von einer heute unvorstellbaren Größe. Als das geräumigste galt ein Kino in Hamburg, das 2 750 Plätze bot.

Viele dieser Häuser wurden von spezialisierten Routiniers und den Bauabteilungen der Filmkonzerne entworfen. Den größten Eindruck machten Bauten, die Lichtspektakel nicht nur in ihrem Programm, sondern auch in ihrer Außen- und Innenarchitektur boten. Der Titania-Palast in Berlin-Steglitz von Ernst Schöffler, Carlo Schloenbach und Carl Jacobi (1927) lockte und lockt noch immer seine Zuschauer mit einem Eckturm, den 27 Lichtstreifen umringen, so daß er eine Art Himmelsleiter bildet. Innen wurde die Aufmerksamkeit von konzentrischen Bögen um den Bühnenraum in Richtung Leinwand gesogen. Auch prominente Meister oder solche, die es werden würden, interessierten sich für den Kinobau. Hans Poelzig, der Szenenbauer des berühmten *Golem*-Filmes und zweier weiterer Streifen, konnte dank seiner guten Beziehungen zur Filmwirtschaft auch Lichtspielhäuser realisieren. Zwei von ihnen standen in Berlin, eins in Breslau.

Erich Mendelsohn, ein Erfolgsarchitekt

In dieser Kinolandschaft nahm Erich Mendelsohns Universum am äußeren Kurfürstendamm (1925–28) einen Sonderplatz ein. Ein Extrastatus kam ihm auch

Ernst Schöffler, Carlo Schloenbach, Carl Jacobi. Titania-Palast. Berlin-Steglitz, 1927. Kinosaal.

[153] Max Osborn. Berlins Aufstieg zur Weltstadt. Berlin, 1929. Neu: Berlin 1870–1929. Der Aufstieg zur Weltstadt. Berlin, 1994. S. 190.

[154] Karl Scheffler. Berlin. Wandlungen einer Stadt. Berlin, 1931.

[155] Paul Bode. Kinos, Filmtheater und Filmvorführräume. München, 1957. S. 17.

Erich Mendelsohn. Lichtspieltheater Universum. Berlin-Wilmersdorf, 1925–28. Kinosaal. Außenansicht. 1975–81 durch Jürgen Sawade zum Schauspieltheater Schaubühne umgebaut.

Weltstadt Berlin

[156] Erich Mendelsohn. Zur Eröffnung des ›Universum‹. In: Der Montag, 17. 9. 1928. Mehrfach nachgedruckt.

[157] Nürnberg, Stuttgart und Chemnitz.

[158] Paul Westheim. Mendelsohn. In: Das Kunstblatt 7 (1923) 10. S. 306.

deshalb zu, weil es Teil eines städtebaulichen Komplexes mit Restaurant, Läden, Varieté, Hotel und Wohnungsbauten bildete. Souverän beherrschte sein Architekt die Mittel. Der Baukörper unterm Schildkrötendach setzte gegen die durchsausenden Fensterbänder zwei Vertikale, eine in der Längsrichtung als Reklamewand und Entlüftungsschlot, eine in der Querrichtung für den Leinwandlift; die Bühne wurde damals auch für andere Veranstaltungen gebraucht. Im Kinosaal bündelten Lichtbänder an Decken, Wänden und Proszenium die Aufmerksamkeit auf das Zentrum, die Leinwand. »Phantasie! Phantasie aber kein Tollhaus – beherrscht durch Raum, Farbe und Licht.«[156] Von der Inneneinrichtung hat nichts Krieg und Umbau überstanden, von der originalen Bausubstanz nur wenig die letzte Verwandlung des Kinos in das Theater der renommierten Schaubühne.

Mendelsohn war in den zwanziger Jahren ein Erfolgsarchitekt. Mit bis zu vierzig Mitarbeitern gehörte sein Atelier zu den großen der Branche. Von seinem expressionistischen Frühwerk hatte er Dynamik und plastische Massenwirkung bewahrt, setzte sie aber zunehmend großzügiger ein. In den späteren Bauten verzichtete er auf die markanten Gesimse, die seinen Fassaden dynamischen Drive gegeben hatten. Nun reichte es, die Fenster in Bänder zusammenzufassen, die Baumassen in eleganten Schwung zu versetzen, wo das Grundstück es hergab, den Bau nach oben abzustufen, der horizontalen Ausbreitung mit einem Treppenhauszylinder oder einem anderen Akzent ein wirkungsvolles Stoppsignal zu erteilen. Seine Kaufhäuser in Innenstadtlagen – davon drei allein für den Schocken-Konzern[157] – entwickelten aus Situation und Programm dramatische, werbekräftige Akzente. »Plakathaft einprägsame Silhouetten«, befand der Kunstkritiker Paul Westheim schon früh. Er attestierte Mendelsohn Forschheit und ein grandioses Selbstbewußtsein – und eine fatale Neigung zu brillieren.[158]

Aber die Effekte waren zugleich aus dem jeweiligen Stadtmuster entwickelt, wirkten als Scharniere oder führten die Bewegung von Straßenfronten geschmeidig weiter. Mendelsohns Kaufhausdynamik hatte ihre Vorgänger. Das horizontal geschichtete Geschäftshaus, das Hans Poelzig in Breslau (1912–13) errichtet hatte, steht nur ein paar Schritte von Mendelsohns effektvollem Kaufhausumbau Petersdorff (1927–28). Die gläsernen Treppenhauszylinder,

Erich Mendelsohn. Kaufhaus Petersdorff. Breslau, 1927–28.

Erich Mendelsohn. Haus der Metallarbeitergewerkschaft. Berlin, 1928–30.

die Mendelsohn beim Kaufhaus Schocken in Stuttgart (1926–28) und später beim Kurhaus im britischen Bexhill-on-Sea (1933–35, vgl. S. 236 f.) einsetzte, hatte er bei Walter Gropius' Kölner Musterfabrik gesehen, wo »die Spiralschraube das eiserne Rippengefüge durchbricht«.[159] Doch so schmissig und zugleich lässig unaufwendig wie Mendelsohn schaffte es keiner, die Straße in Swing zu versetzen.

Die Leistung Mendelsohns hing mit seiner Bejahung der gegebenen Verhältnisse zusammen, der gesellschaftlichen wie der räumlichen. Mendelsohn suchte in seiner Arbeit – und nicht erst für eine ferne Zukunft – zu versöhnen, was er für die Pole seiner Zeit hielt: Dynamik und Funktion, Ratio und Gefühl, Expressionismus und Konstruktivismus, den Osten und den Westen, Produktion und Konsum, Sozialismus und Kapitalismus. Die Illusion, die dieser so pragmatische wie idealistische Architekt hegte, lag in der Annahme, daß einem solchen ehrgeizigen Ziel mit gestalterischen Mitteln beizukommen wäre. Es muß ihm wie eine Bestätigung seines Versöhnungsprogramms vorgekommen sein, daß ihn nicht nur Warenhauskonzerne, sondern auch Arbeitnehmervertretungen beschäftigten und ihm das Haus der Metallarbeitergewerkschaft in Berlin (1928–30) anvertrauten.

Horizontales Bauen

Für den Horizontalismus des Fassadenaufbaus, den Mendelsohn und mit ihm die internationale Moderne pflegten, hatte der Architekt eine waghalsige Erklärung parat. Mendelsohn wollte das horizontale Prinzip allenthalben in Staat, Wissenschaft und religiösem Leben wahrgenommen haben. Vertikale »Staatenpfeiler« würden durch das horizontale Nebeneinander von Stammeselementen, Ländern und Sippen abgelöst, vertikal organisierte Trusts durch nebeneinander geschaltete Produktionselemente, die vertikale Glaubensherrschaft durch die Parallelität mystischer Glaubensgemeinschaften. Schließlich versprach er sich von waagrecht akzentuierten Kompositionen sogar Entlastung für das reizbare Nervensystem des modernen Zeitgenossen. »Der Mensch unserer Zeit, aus der Aufgeregtheit seines schnellen Lebens, kann nur in der spannungslosen Horizontalen einen Ausgleich finden.«[160] Bei anderen Architekten, im Fall des Berliner Tageblatt-Hauses auch bei

Philipp Schäfer. Warenhaus Karstadt am Hermannsplatz. Berlin-Kreuzberg, 1927–29. Zerstört, verändert wiederaufgebaut.

Mendelsohn selbst finden sich gegenteilige Begründungen. Da gelten die Horizontalen als dynamischer Ausdruck des Zeitgeistes, als Abbild des schnell dahinschießenden modernen Lebens, vor allem wenn sie an der Randbebauung vielbefahrener Straßenzüge auftraten.

Auch praktische Gründe sprachen für Breitfenster, für eine Zusammenfassung der Fenster zu Bändern und für entsprechend durchlaufende Brüstungen. Stockwerksflächen konnten gleichmäßig, ungestört durch Wandstücke oder eng gesetzte Außenpfeiler, ausgeleuchtet werden. Hinter den Brüstungsbändern ließen sich Heizkörper, Aktenablagen oder niedrige Regale plazieren. Gegenlicht wurde bei Warenhäusern damals noch nicht als Nachteil empfunden. Erst nach dem Zweiten Weltkrieg fanden die Verkaufspsychologen, daß eine Inszenierung der Ware durch künstliches Licht die Kaufmotivation erhöht. Das kostete manchen schönen Bau der Moderne die Existenz. Willem Marinus Dudoks Rotterdamer Kaufhaus Bienenkorb wurde ebenso abgerissen wie Erich Mendelsohns Kaufhaus Schocken in Stuttgart.

Auf die Konstruktion bezogen führte Horizontalismus zu einer Art Camouflage. Die tragenden Pfeiler wurden nach innen gerückt und die Fassaden vorgehängt. An den Fronten der horizontal geschichteten Gebäude, die von den Modernen bevorzugt wurden, konnten dann allenfalls die Stirnen der Geschoßebenen verdeutlicht werden. Das moralische

[159] Erich Mendelsohn. Vortrag im Salon Molly Philippson, Berlin. 1919. In: Ita Heinze-Greenberg, Regina Stephan (Hg.). Erich Mendelsohn. Gedankenwelten. Ostfildern, 2000. S. 37.

[160] Erich Mendelsohn. Die internationale Übereinstimmung des neuen Baugedankens oder Dynamik und Funktion. 1923. In: Erich Mendelsohn. Das Gesamtschaffen des Architekten. Berlin, 1930. Neu: Braunschweig, Wiesbaden, 1988. S. 23 f.

Prinzip konstruktiver Ehrlichkeit, das die Avantgarde so gern für sich beanspruchte, wurde daher paradoxerweise nicht bei den modernistisch-horizontalen Gebäuden befolgt, sondern bei vertikal organisierten, die Tragpfeiler betonenden Bauten, die eher dem konservativen Lager zuzuschreiben waren. Bauten wie das kolossale Warenhaus Karstadt am Hermannsplatz (1927–29) orientierten sich zugleich an zeitgenössischen amerikanischen Turmhäusern. In der Alternative horizontal–vertikal ließ sich geradezu die Alternative Europa–Amerika ausmachen.

Eine dritte Möglichkeit, nämlich die stehenden und liegenden Glieder des Tragskeletts gleichberechtigt in der Fassade auszudrücken, findet sich bevorzugt wieder bei Architekten des Neuen Bauens. Max Taut, ein Baumeister der Gewerkschaften, war einer der Architekten, die dem Gerüst, den tragenden wie den getragenen Teilen, zu klar artikulierten und fein differenzierten Wandreliefs verhalfen. Ob solche Hochhäuser in Stahl oder Stahlbeton errichtet wurden, hing von der Preisentwicklung auf den Märkten ab. Die geringeren Querschnitte des Stahlskelettbaus,

Max Taut, Franz Hoffmann. Warenhaus der Konsumgenossenschaft am Oranienplatz. Berlin-Kreuzberg, 1929–32.

Fritz Nathan. Haus Samt und Seide. Mannheim, 1929–30. Zerstört.

Ernst Otto Osswald. Tagblatt-Turm. Stuttgart, 1924–28.

seine leichtere Berechenbarkeit, seine Elastizität bei unterschiedlichen Setzungen oder Windlasten und seine Montagefähigkeit verschafften dem Stahl jedoch Wettbewerbsvorteile gegenüber dem Stahlbeton.

Auf Hochhäuser war der Horizontalismus nicht ohne Probleme anzuwenden. Daß es die im wörtlichen Sinne hervorragende Eigenschaft von Hochhäusern war, hoch zu sein, diese schlichte Einsicht hatte Louis Sullivan in Chicago rhapsodisch besungen.[161] Die Turmhausbauer des Neuen Bauens suchten in den späten zwanziger Jahren dagegen das Motiv der horizontalen Schichtung auch auf Gebäude von vierzig oder sechzig Metern Höhe zu übertragen. Fritz Nathan benutzte bei seinem Mannheimer Haus Samt und Seide (1929–30) stark schattende Gesimse, wie es schon der frühe Mendelsohn getan hatte. Mit dem raffinierten Trick, die Brüstungsbänder am Eckturm so zu verglasen, als handele es sich jeweils um eine weitere Etage, erreichte er die Anmutung eines mindestens vierzehngeschossigen Gebäudes. Ernst Otto Osswalds Stuttgarter Tagblatt-Turm (1924–28) war eines der wenigen deutschen Hochhäuser, die auch in Übersee zur Kenntnis genommen und in der amerikanischen Fachpresse publiziert wurden. Die achtzehn Stockwerke des Stahlbetongebäudes, von Fensterbändern belichtet, sind interessant gestaffelt und versetzt, bei unwirtschaftlich kleinen Etagenflächen. Bauherr war ein Zeitungsverlag, hinter dem die linksliberale DDP stand, eine Partei der Weimarer Koalition, die sich auch anderswo für die Architekturmoderne einsetzte.

Die elegantesten hohen Geschäftshäuser wurden in Berlin oder von Berlinern geplant oder errichtet. Das Haus Berlin, das die Brüder Hans und Wassili Luckhardt 1930–31 am Potsdamer Platz vorsahen,

eine verglaste Trommel mit anschließenden Flügelbauten, deren Metallstützen vor die Fassade gestellt werden sollten, hätte den Prospekt der Leipziger Straße wirkungsvoll abgeschlossen. Bruno Paul baute 1929–30 im Berliner Zentrum das statuarische Kathreiner-Hochhaus, dessen mittlere Scheibe gleichfalls zwölf Stockwerke erreichte. Geschmeidiger war und ist sein gleichzeitig entstandenes, niedrigeres Disch-Haus in Köln (1928–30), das in einer engen Innenstadtlage mit großzügigem Schwung die Kurve nimmt und ein paar Abweichungen – Erker und Treppenturm – vom Kurvenzug duldet.

Hans und Wassili Luckhardt, Alfons Anker. Haus Berlin am Potsdamer Platz. Berlin, 1930–31. Nicht verwirklichter Entwurf. Fotomontage. Rechts das (realisierte) Columbus-Haus von Erich Mendelsohn, links auf der Montage verdoppelt.

[161] Louis Sullivan. The Tall Office Building Artistically Considered. U. a. in: The Inland Architect and News Record 27 (1896). S. 32 ff

Bruno Paul, Franz Weber. Disch-Haus. Köln, 1928–30.

Emil Fahrenkamp. Shell-Haus. Berlin, 1930–32.

Weltstadt Berlin **163**

[162] Vgl. Christoph Heuter. Emil Fahrenkamp 1885–1966. Architekt im rheinisch-westfälischen Industriegebiet. Petersberg, 2002.

[163] Martin Wagner. Städtebauliche Probleme der Großstadt. Vortrag 1929. Zit.: Klaus Homann u. a. Martin Wagner 1885–1957. Wohnungsbau und Weltstadtplanung. Kat. Akademie der Künste. Berlin, 1985. S. 105, 106.

Einen Höhepunkt bildete das Berliner Hochhaus eines Architekten aus dem Westen, Emil Fahrenkamp, in dem man bis dahin eher den Baumeister eines konservativen Großbürgertums gesehen hatte.[162] Die Woge seines auch bautechnisch innovativen Shell-Hochhauses (1930–32), das die wasserbezogenen Anspielungen seines Bauherrn (das Logo der Shell-Muschel!) und die Lage am Landwehrkanal aufgreift, brandet in immer neuen Anläufen bis zu elf Geschossen empor. Die Fassade mit den rund gesägten Tafeln aus römischem Travertin und den bündig eingelassenen Fensterprofilen aus Stahl und Bronze ist außerordentlich; eleganter kann man so etwas nicht machen. Den Eigentümern des Bauwerks trug sie später ebenso außerordentliche Sanierungskosten ein.

Stadt im Umbau

Der zerrissene Potsdamer Platz, für den die Brüder Luckhardt ihren zylindrischen Bau als ordnungsstiftendes Signal geplant hatten, war eines der Planungsthemen in der Amtszeit des Berliner Stadtbaurats Martin Wagner. Das östliche Gegenstück dieses »Weltstadtplatzes« war der nicht minder chaotische Alexanderplatz, der Alex. Auch ihm galten die Planungsanstrengungen der Stadt. Wie auf Verabredung erschien im Herbst 1929 gleichzeitig mit dem städtebaulichen Wettbewerb Alfred Döblins Roman *Alexanderplatz*, der die menschlichen Schicksale im Berliner Osten beleuchtete.

Die städtebauliche Diskussion kreiste um die Frage, ob der moderne Großstadtplatz noch als geschlossener Stadtraum und seine Randbebauung noch als geschlossene Gefäßwand verstanden werden könnten. Oder ob er nicht vielmehr als Schleuse unvorhersehbarer Verkehrsströme aufgefaßt werden müsse: »Ein *Welt*stadtplatz ist kein *Klein*stadtplatz.« Der Verkehr selbst wurde nicht in Frage gestellt, er besorgte den Stoffwechsel der Stadt. Man mußte ihm nur das Bett verschaffen, das er benötigte, ihn »mit einem Höchstmaß von Beschleunigung, Stockungslosigkeit und Übersichtlichkeit« leiten.[163]

Im Fall des Alex hielten sich die eingeladenen Architekten an die Vorgaben Wagners, der eine Fassung des Platzes mit zügig geschwungenen Hauskörpern wünschte. Die effektvollsten Zeichnungen arbeiteten mit rasanten Fenster- und Brüstungsstreifen, die selbst wie Verkehrsspuren wirkten. Mebes & Emmerich zeigten sich fasziniert vom nächtlichen Erscheinungsbild, das von der Architektur nur Licht und Bewegung übrigließ. Realistischer und radikaler zugleich durchdachte Mies van der Rohe das Problem. Den kreisrunden Platz ließ er liegen, wie er war oder vielmehr werden sollte, und postierte in freier Gruppierung rechtwinklige Baukörper unabhängig von den Verkehrs-Trassen. Es war freilich auch eine Kapitulation vor der Allmacht des Autos – ein Ausblick auf die künftige stadtzerstörende und stadtauflösende Wirkung des Individualverkehrs.

Auch in anderer Hinsicht öffnete der Alex den Blick in die Zukunft. Der Berliner Magistrat leitete ein, was heute Public Private Partnership heißt. Die Stadt kaufte über eine von ihr kontrollierte Gesellschaft fast alle Grundstücke um den Platz auf und übertrug das Baurecht einem mit amerikanischem Kapital ausgestatteten Konsortium. Der Pachtvertrag sollte für fünfzig Jahre gelten, aber zu bestimmten Fristen kündbar sein, die Stadt außerdem mit zehn Prozent am Nettogewinn beteiligt sein. Hier wurde nicht mehr auf Zeit und Ewigkeit geplant. Die Kurzfristigkeit aller städtebaulichen Tätigkeit stand den Verantwortlichen, Wagner vor allem, illusionslos vor Augen. Tatsächlich war die Planung noch vorläufiger, als die Zuständigen geglaubt hatten. Von den Wettbewerbsteilnehmern kam nur Peter Behrens mit einer Teillösung zum Zuge. Er entwarf in kurzatmiger Fas-

Paul Mebes, Paul Emmerich. Wettbewerbsentwurf für die Umgestaltung des Alexanderplatzes. 1929.

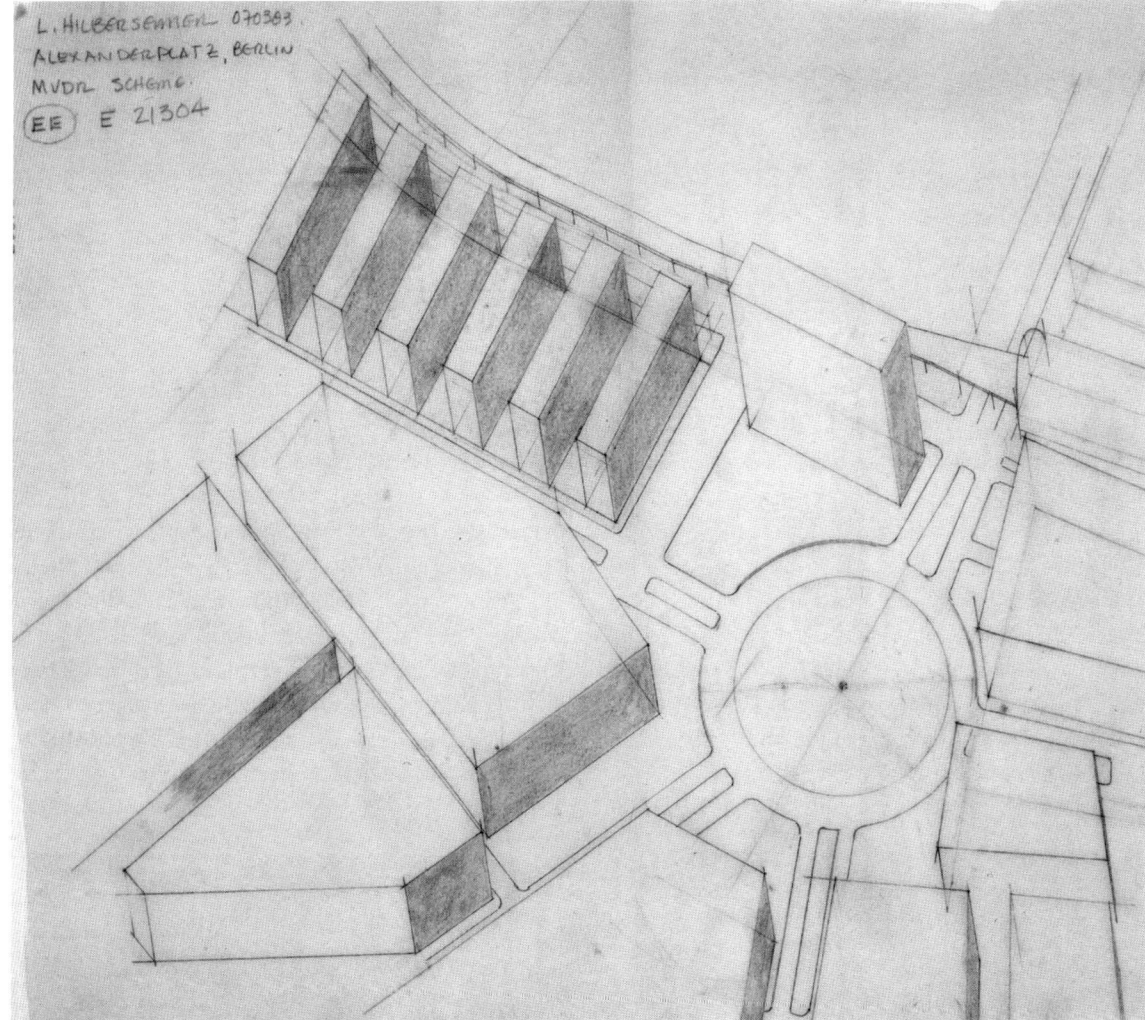

Ludwig Mies van der Rohe. Wettbewerbsentwurf für die Umgestaltung des Alexanderplatzes. 1929. Bleistift.

sadengrafik zwei winklig gebrochene Eingangsbauten zwischen Hochbahn und Platz. Die Weltwirtschaftskrise verhinderte eine großflächige Neuordnung.

Mit Martin Wagner, Stadtbaurat seit 1926, betrat ein neuer Phänotyp des Planers die Aktionsbühne. Wagner verstand sich nicht mehr als der oberste Gestaltungskünstler der Stadt, sondern als ein Moderator zwischen den ökonomischen Kräften. Der Stadtmanager à la Wagner suchte mit List und Klugheit aus dem kapitalistischen Eigeninteresse der Wirtschaft Profit für das gemeinnützige Wirtschaftsunternehmen Stadt zu schlagen. In ihren Methoden sollten sich die Kommunen dabei nicht anders verhalten als die großen Spekulanten; nur kam ihr Ertrag der Allgemeinheit zugute. Aufkäufe von Grund und Boden in planungsrelevanten Gebieten hatten unter allen Maßnahmen der Geheimhaltung zu geschehen, damit die Bodenpreise nicht vorzeitig stiegen und die Stadt nach Abschluß der Planung ihre Baumaßnahmen mit dem Wiederverkauf der im Wert gestiegenen Grundstücke finanzieren konnte.

Mehr Glück als den Alex-Planungen war auch den anderen großen innerstädtischen Projekten nicht beschieden. Dem städtebaulichen Wettbewerb für die Stadtpromenade Unter den Linden von 1925 war von vornherein keine große Veränderungskraft zuzutrauen, weil er von dritter Seite, vom Architekturverlag Wasmuth, und nicht von einem potentiellen Bauherrn ausgeschrieben war. Die beteiligten Architekten nutzten den publizistischen Gag zu radikalen Umbauvorschlägen und Balanceakten freirhythmisch gesetzter Baukörper an Stelle der vorhandenen Randbebauung. Die hohen Grundstückspreise schlugen sich in entsprechenden Ausnutzungsziffern nieder.

Erich Karweik. Städtebaulicher Wettbewerb Unter den Linden, Berlin. 1925. Perspektivische Ansicht des Brandenburger Tores. Blei, Wasserfarbe.

Der rigoroseste Denkansatz für eine Rekonstruktion oder Dekonstruktion der Städte stammte von Ludwig Hilberseimer, der später unter Mies van der Rohe am Dessauer und Berliner Bauhaus lehrte. Hilberseimers freudloses Umbauschema war als Gegenmodell zu Le Corbusiers Plan einer zeitgenössischen Stadt für drei Millionen Einwohnern gedacht. Während Le Corbusier in der Stadtmitte die Geschäftshochhäuser als »kartesianische« Wolkenkratzer konzentrierte und Wohnungen an der Cityperipherie in mäandernden Blocks und in äußeren Gartenstädten vorsah, wollte Hilberseimer Arbeit und Wohnen eng miteinander verknüpfen. Die unteren Geschosse seiner zwanzigstöckigen Hochhausscheiben waren Arbeits- und Geschäftszwecken vorbehalten, die Stockwerke oberhalb einer Fußgängerplattform dem Wohnen reserviert. Horizontaler Verkehr sollte auf diese Art drastisch reduziert werden; man

Ludwig Hilberseimer. Bebauung westlich des Gendarmenmarkts. Berlin, um 1928. Unrealisierter Entwurf. Fotocollage.

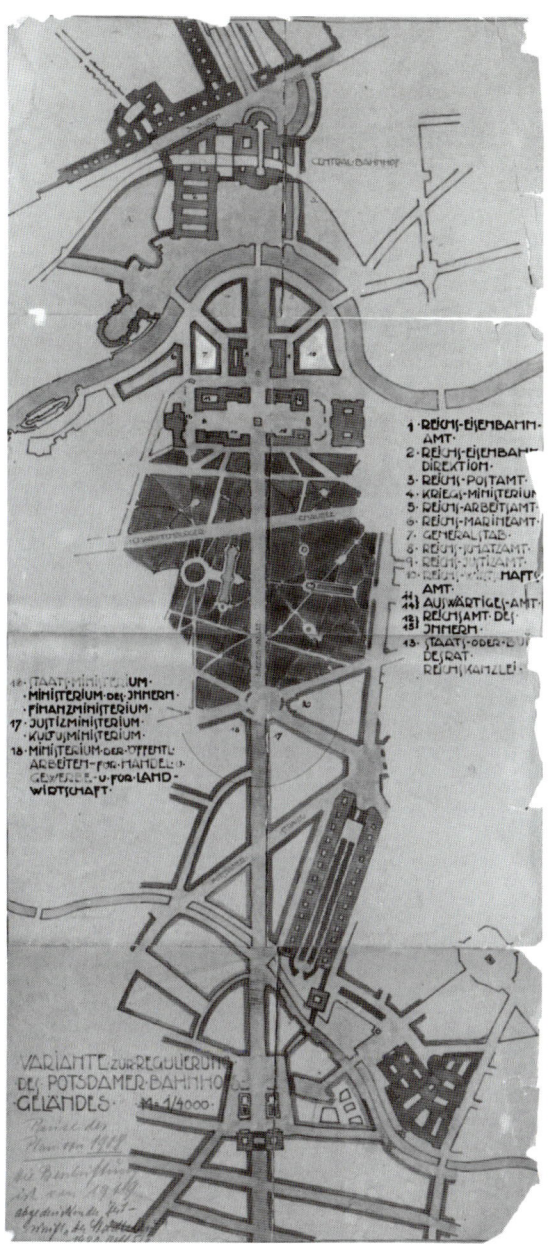

fuhr mit dem Lift von der Wohnung ins Büro oder in die Werkstatt.

Die Anwendung dieses Modells auf eine konkrete Situation in der Berliner City, westlich des Gendarmenmarkts, stimmt nicht fröhlicher. Ein ganzes Quartier wird durch Blocks (in den unteren Geschossen) und Scheiben (in den oberen Stockwerken) ersetzt, ohne daß ein Gedanke auf die Beziehung zur gewachsenen Stadt, etwa auf die Achsen des Gendarmenmarktes, verwendet würde. Hilberseimer hat betont, es handele sich lediglich um theoretische Untersuchungen, und die Wirklichkeit müsse solche Abstraktionen modifizieren.[164] Gleichwohl sind seine Schemata zu Chiffren einer rücksichtslosen Moderne geworden. Er selbst widerrief später seine »mechanistische städtebauliche Konzeption, die die Anforderungen und Bedürfnisse des Menschen ignorierte«.[165]

Am demokratischen Forum der Nation, am Platz der Republik, führte eine notwendige Erweiterung des Parlamentsgebäudes zu zwei aufeinander folgenden Konkurrenzen. Den Gedanken einer neuen Nord-Süd-Achse und eines zentralen Verknüpfungsbahn-

Martin Mächler. Detail aus dem Bebauungsplan Groß-Berlin. 1919 oder früher.

Hans Poelzig. Wettbewerbsentwurf für den Platz der Republik, Berlin. 1929. Vogelschau. Aquarell auf Lichtpause.

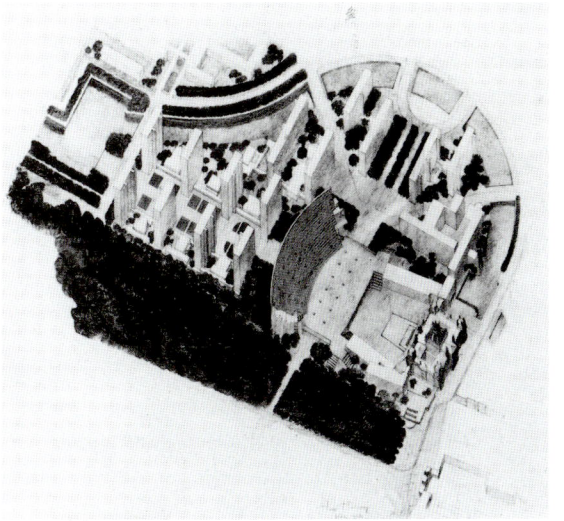

Hugo Häring. Projektstudie für den Platz der Republik, Berlin. In: Das neue Berlin (1929)4. Vogelschau.

[164] Ludwig Hilberseimer. Großstadtarchitektur. Stuttgart, 1927. S. 20.

[165] Ludwig Hilberseimer. Entfaltung einer Planungsidee. Bauwelt Fundamente 6. Berlin, Frankfurt am Main, 1963. S. 5..

Weltstadt Berlin **167**

Architekt unbekannt. Wettbewerbsentwurf für den Brückenkopf am Heumarkt. Köln, 1925.

[166] Hugo Häring. Ohne Titel. In: Das neue Berlin (1927) 7. S. 146.

[167] Bruno Taut. Die Reichstagserweiterung in ihrer Beziehung zum Platz der Republik. In: Zentralblatt der Bauverwaltung 50 (1930) 5. S. 109 ff.

hofs für das transkontinentale Verkehrskreuz Berlin hatte der Deutschschweizer Planer und Publizist Martin Mächler schon früh, möglicherweise bereits 1908, vorgetragen und nach dem Krieg weiter ausgearbeitet. Auch die Zusammenfassung der Ministerien im Spreebogen zu einem »Reichsforum« war ein Vorschlag Mächlers. Die Nord-Süd-Achse sollte die »Königsachse« vom Stadtschloß zum Charlottenburger Schloß durchkreuzen: »Die große Straße der Republik [muß] ... einen deutlichen und klaren Strich durch diese Achse der Herrscher machen.«[166]

Die spätere Entwicklung wollte es, daß Hitlers Planer Albert Speer diesen »demokratischen« Straßenzug in die Große Straße seiner Hauptstadtplanung uminterpretierte. Und nach 1989 legitimierte sich das »Band des Bundes«, in dem dessen Urheber Axel Schultes die wichtigsten Institutionen der Bundesrepublik zusammenfaßte (vgl. S. 452 f.), abermals mit einem Akt des Durchkreuzens und Ungültigmachens. Nun galt die Ost-West-Orientierung, gegenüber der Lindenachse ein wenig versetzt, wieder als symbolische Geste der Demokratie, die jetzt ihrerseits die geplante nationalsozialistische Achse durchkreuzte. Paradoxien politischer Planungssymbolik!

An pathetischen Lösungen fehlte es bereits in den zwanziger Jahren nicht. Hans Poelzig wollte im zweiten, begrenzten Wettbewerb von 1929 – keineswegs als einziger – das ganze Stadtviertel am Spreebogen abreißen und die Ministerien radial auf den Platz der Republik beziehen. Die intellektuellen Schwierigkeiten, die sich einer der radikalsten Vorschläge, der von Hugo Häring, einhandelte, wirken wie ein Hinweis auf die kommende politische Entwicklung. Häring konfrontierte die Volksvertretung in Wallots altem Reichstagsgebäude mit dem Volk selber, für das er eine riesige, drohende Tribüne errichten wollte. Hinter ihrer Rückwand reihen sich ohne wahrnehmbare Beziehung auf das gesetzgebende Plenum die nord-südlich arrangierten Ministerien. Exekutive und Legislative sind durch die Drohkulisse des Tribünenbaus voneinander geschieden. Vor solchen hektischen Kraftakten warnte Bruno Taut. Plätze würden ganz von selbst schön, wenn jede Zeit das unternähme, was sie auf Grund ihrer Bedürfnisse für nötig halte.[167]

Von solcher Gelassenheit war man auch in anderen großen Städten des Landes weit entfernt. In mehreren Fällen – wie in Berlin und Köln auch in München – hingen die gewaltigen Umbaupläne mit dem Wunsch zusammen, den innerstädtischen Zentralbahnhof zu verlagern. In Hamburg sollte die radikale Umgestaltung der südlichen City zu einem neuen Kontorhausviertel mit einem Messebauwerk nordamerikanischen Ausmaßes fortgesetzt werden. In Köln fand 1925 ein Wettbewerb für den Brückenkopf am Heumarkt statt, zu dem über vierhundert Arbeiten eingereicht wurden – der größte Wettbewerb der Weimarer Republik. Der historischen Stadtsilhouette brachten die Architekten konservativer Couleur ebenso wenig Respekt entgegen wie die Progressiven. Aus allen diesen Plänen wurde in den wenigen Jahren der Prosperität nichts. Aber in ihrer physischen Größe und beabsichtigten Monumentalität lieferten sie den maßstabslosen Planungen des Dritten Reiches Vorlagen, die leicht mit anderen politischen Inhalten aufgefüllt werden konnten.

Variationen der Moderne

Die Moderne, so konnte es damals scheinen, war eine geschlossene Veranstaltung. Sie trat gemeinsam auf, schuf sich wirkungsvolle Organisationsformen wie die Architektenvereinigung *Der Ring* oder, international, die CIAM, organisierte sich in Ausstellungen und Publikationen. Von Fachzeitschriften wie der *Bauwelt*, den *Modernen Bauformen* oder der Werkbundzeitschrift *Die Form* war von vornherein Sympathie für die neuen Anliegen zu erwarten. Da der Begriff der Moderne auch sehr viel weiter gefaßt wurde und sogar sämtliche Jahrhunderte seit dem Mittelalter meinen konnte, lag es nahe, sich anderer Bezeichnungen zu bedienen. Das substantivierte Verbum *Neues Bauen* hatte den Vorzug, Bewegung und Veränderung auszudrücken. Für *Neue Sachlichkeit* sprach die positive Anmutung des Wortes Sachlichkeit. Unsachlich wollte schließlich niemand sein. Mit *Neues Bauen* hatte Walter Gropius einen Aufsatz von 1920 überschrieben.[168] *Neue Sachlichkeit* lautete der Titel einer Ausstellung, die 1925 in der Mannheimer Kunsthalle stattfand.

Nach außen hin bewährte sich der Zusammenhalt im großen und ganzen. Wo es um Eingriffe ging, bei denen Anhänger des Neuen ihre Interessen berührt sahen, fanden sie sich schnell zu gemeinsamen Aufrufen und Protesten zusammen. Wenn die Baubehörde einem Geschäftshaus, das Mendelsohn aufstocken sollte, die Genehmigung verweigerte, waren die Fachgenossen mit unterstützenden Eingaben pünktlich zur Stelle. Wenn das Bauhaus in seinen vielen politischen Krisen Hilfe von außen benötigte, gaben auch Kollegen publizistische Schützenhilfe, deren Sympathie für das Institut sich in Grenzen hielt.

Modern, aber mit Zurückhaltung

Die zur Schau getragene Einigkeit konnte nicht darüber hinwegtäuschen, daß sich die Vertreter des Neuen Bauens untereinander selten einig waren. Daß es zu persönlichen Querelen und zu Frustrationen kam, wenn der eine zur Teilnahme an der Stuttgarter Werkbund-Ausstellung eingeladen war und der andere nicht, gehört zum menschlichen Alltag. Auch daß nicht alle Anhänger einer neuen Architektur die Möglichkeiten der modernen Formen bis zur Neige ausschöpfen wollten oder konnten, lag nahe. Zurückhaltung war nicht nur die Reaktion weniger beherzter Bauherren und Architekten, sondern oft auch das Verhalten älterer prominenter Baumeister, die sich auf ihre Erfahrung beriefen. In den späten zwanziger und frühen dreißiger Jahren gehörten Paul Bonatz mit einem Teil seines Werkes, Hans Poelzig, Fritz Schumacher und Heinrich Tessenow zu dieser Gruppe.

Solche Diskretion berücksichtigte sachliche Notwendigkeiten und örtliches Herkommen. In Norddeutschland mit seiner Backsteintradition hatte sich der Klinkerbau wieder durchgesetzt und galt als klimafest. Selbst einem unerbittlich langgezogenen Gebäude wie dem Kieler Arbeitsamt Rudolf Schroeders (1928–29), dessen Horizontalität durch unge-

[168] Walter Gropius. Neues Bauen. In: Holzbau. Beilage der Deutschen Bauzeitung 1 (1920) 2. S. 5.

Willy Hahn, Rudolf Schroeder. Ehemaliges Arbeitsamt. Kiel, 1928–29.

Johannes Göderitz. Stadthalle. Magdeburg, 1925–27.

Karl Gruber. Hauptgebäude der Universität. Heidelberg, 1928–34.

gelagert in den unteren Stockwerken, steile Schlitze im oberen, das die Aula einnimmt. Die ausgeprägte Mittelachse gehört gleichfalls nicht zum modernen Kanon, wohl aber das grafische Wechselspiel zwischen weißer Wand und tagsüber dunklen Fensterflächen. Die Neue Universität geriet zwischen die Lager. Gruber, Mitglied des konservativen *Blocks*, war im Grunde seines Herzens kein Neuerer. Der amerikanische Stifter des Gebäudes hatte ihn zu größerer Modernität gedrängt. Nun war er den Angriffen nationalsozialistischer Kollegen und Studenten ausgesetzt. Doch Klarheit und Sachlichkeit lagen auch ihm; den Bau haben sie geprägt.

brochene Fensterbänder und Laubengänge noch betont wird, konnten die roten und gelben Steine einen regionalen Touch geben. Johannes Göderitz nutzte den roten Stein im roten Magdeburg, um die Monumentalität seiner Stadthalle (1925–27) mit Zierleisten und ornamental verlegten Klinkersteinen zu entschärfen. Für einen Ort, der als »Stadt des Neuen Bauwillens« auftrat, war es eine ungewöhnlich trutzige Bürgerburg, rhythmisiert durch Pylonen, in denen die Treppen zur Empore stecken.

In Heidelberg linderte Karl Gruber die Provokation eines großen neuen Hauptgebäudes für die Universität (1928–34) mitten in der sakrosankten Altstadt durch ein flachgeneigtes Walmdach mit weitem Überstand und durch eine Mischung der Fensterformate,

Dagegen kam die Travertinfassade, die Poelzig um das Stahlskelett seines IG-Farben-Hauses in Frankfurt am Main (1928–32) legte, Vorstellungen von imponierender Repräsentanz weit entgegen. Sie war von dem Wunsch des Architekten geprägt, sich von dem zu distanzieren, »was für kurze Zeit verblüfft, durch einen lauten Schrei die Aufmerksamkeit zu erzwingen sucht«. Ein Bau, der nicht schreit, sondern »redet oder gar singt«,[169] ist dem Meister damit freilich nicht gelungen. Die kolossale, gekrümmte Kammstruktur des Bauwerks, ein Viertel Kilometer lang, zeichnet zwar den Abfall des Parkgeländes nach und mildert für das Auge die Länge der inneren Korridore. Doch mit dem sechsmal wiederholten Takt der Querflügel, dem gerundeten Eingangsbauwerk und der beherrschenden Hauptachse hinauf zum Kasino spiegelt sie auch den Geltungsanspruch des gewaltigen neuen Industriekonzerns.

Hans Poelzig. Verwaltungsgebäude der IG Farben. Frankfurt am Main, 1928–32.

[169] Hans Poelzig. Der Architekt. Rede auf dem Bundestag des Bundes Deutscher Architekten 1931. In: Julius Posener (Hg.). Hans Poelzig. Gesammelte Schriften und Werke. Berlin, 1970. S. 246.

In den verqualmten Industriegebieten Oberschlesiens oder an Rhein und Ruhr wußte man mit den Fassadenflächen aus Glas und weiß gestrichenem Putz erst recht nicht viel anzufangen. Architekten wie Alfred Fischer, Direktor der Essener Folkwang-Schule, oder Emil Fahrenkamp, Professor an der Kunstakademie Düsseldorf, bewältigten mit Erfolg die Gratwanderung zwischen der neuen Ästhetik und den praktischen Erfordernissen des Industriegebiets. Auf »klare gute Gedanken in nicht outrierter Form« komme es an, meinte Edmund Körner, ein anderer Architekt des westdeutschen Kohle-Stahl-Bezirks.[170] Revierarchitekten entwickelten eine stabile, brauchbare Architektur, deren Klinkerfassaden bei reduzierter Fensterfläche eine Menge Ruß vertrugen.

Hier wie auch vielerorts in Deutschland setzten die Architekten dieser Moderne, die nicht alles auf einmal wollte, genügend Zeichen, um doch als dezidiert zeitgenössisch durchgehen zu können. Auch hier gab es die gerundeten Ecken, die flachen Dächer und natürlich die durchsausenden horizontalen Gesimse – der dekorativen Wirkung halber auch mal ein paar mehr als unbedingt nötig. Bei diesen moderaten Modernen war die Bereitschaft, Bauzier, Skulptur am Bau, Brunnen zuzulassen, stets größer als bei den konsequenteren Kollegen. So hat Mies van der Rohe zwar oft Arbeiten bedeutender Bildhauer einbezogen. Aber sie standen nie in einem unlösbaren Verband mit der Architektur. Es waren auf sich gestellte Einzelobjekte, die auf den Bau dialektisch reagierten, unabhängige Partner der Architektur.

Die Große Technik

Über die Arbeit ihrer westdeutschen Kollegen ging die Zechenarchitektur, die Fritz Schupp und Martin Kremmer in den zwanziger Jahren entwickelten und bei der Zeche Zollverein XII in Essen (1927–32) großartig einsetzten, einen entscheidenden Schritt hinaus. Auf ihrem Feld, dem Industriebau, stand sie der Großstadtarchitektur ihrer Berliner Fachgenossen um keinen Fußbreit an Modernität nach: rationale Betriebsorganisation, flexible, auch demontierbare Stahlkonstruktionen, klimaresistente vorgehängte Gebäudehüllen aus Eisenprofilen, Klinker und Glas. Öffnungen wurden zum Teil der Wandflächen. Auch den Repräsentationsansprüchen der neuen Großkonzerne genügten die monumentalen Werkshöfe mit ihren Achsenbeziehungen und ihren zeichenhaften Aggregaten, ihren rational geordneten Fördergerüsten, Heizschloten, Kohlebunkern, Gaswaschern und Winderhitzern.

Die unvermeidlichen Bauten der Infrastruktur zu zivilisieren, bedeutete eine stete Herausforderung. Oft gelang es, die Versorgungstechnik mit Baukunst zu versöhnen. Denn aus den ungewöhnlichen Aufgaben zog auch die Architektur Gewinn. Hans Heinrich Müllers Umspannwerke für die Berliner Elektrizitätswerke (BEWAG) sind Meisterstücke feiner Präzision, wenn auch darauf bedacht, die anerkannten Regeln der Baukunst nicht zu übertreten. Mit ihrem wohlvertrauten Material Ziegel und ihrer anspruchsvollen Detaillierung fügen sich Müllers rund vierzig Bauten in den städtischen Kontext der Großstadt.

Alfred Fischer. Hans-Sachs-Haus. Gelsenkirchen, 1924–27.

Fritz Schupp und Martin Kremmer. Zeche Zollverein XII. Essen-Katernberg, 1927–32.

[170] Architekt Professor Edmund Körner. [Beitrag zu einer Umfrage] Was könnte das Industriegebiet für die bauliche Entwicklung der Architektur bedeuten? In: Das Kunstblatt 13 (1929) 10. S. 307.

Variationen der Moderne

Hans Heinrich Müller. Umspannwerk Wilhelmsruh. Berlin-Pankow, 1925–30.

[171] Friedrich Dessauer. Philosophie der Technik. Bonn, 1928². S. 133.

Paul Bonatz, Wasser- und Schiffahrtsdirektion Stuttgart (Strombaudirektor Otto Konz). Staustufe Obereßlingen am Neckar. 1927–33.

Wassertürme, als Wahrzeichen in Stadt und Landschaft schon vor dem Weltkrieg Gegenstand architektonischen Ehrgeizes, wurden in den zwanziger und dreißiger Jahren so sehr als Produkte der Baukunst betrachtet, daß sie auch mit anderen Nutzungen, mit Wohnungsbau oder gar Rathäusern, kombiniert werden konnten. Paul Bonatz, der selbst einen solchen Kombinationsbau in Kornwestheim bei Stuttgart errichtete, wurde bei der Kanalisierung des Neckars (1922–39) mit der künstlerischen Überformung der Staustufen und Flußwehre betraut und löste, wie sein Kollege Adolf Abel, diese Eingriffe in eine sensible Landschaft sensibel. Einerseits trafen Abel und Bonatz grundsätzliche Entscheidungen für alle Baustellen: Brücken oder Stege liegen immer auf der Oberstromseite, die Pfeiler an der Unterwasserseite sind stets hervorgehoben und dramatisiert. Andererseits variieren Form und Material entsprechend der jeweiligen Ortslage. Das Wehr in Heidelberg wurde selbstverständlich in rötlichem Sandstein errichtet, passend zum nahen Schloß.

Die größten technischen Aggregate entzogen sich der Domestizierung durch Ästhetik. Auf diejenigen, die für den Reiz und das Imposante der Maschinerien Augen hatten – unter ihnen die berühmten Fotografen der Neuen Sachlichkeit – , übten jedoch gerade Großgeräte wie filigrane Starkstromleitungen, kraftstrotzende Kranreihen und -brücken, weitgespannte Hangars Faszination aus. Das Schiffshebewerk in Eberswalde-Niederfinow (1927–34), das im Zuge des Oder-Havel-Kanals einen Höhenunterschied von 36 Metern überwindet, war ein solches Wunderwerk. Es fand Eingang in die Jahrbücher für die heranwachsende Jugend und ließ Knabenherzen höher schlagen. »Technische Kulturdenkmale« traten in das Augenmerk der Öffentlichkeit und auch der Denkmalpflege.

Die Auseinandersetzung mit der Technik ist in der deutschen Kulturkritik mit großer Intensität geführt worden. Die Argumentation ging weit über blinde Akklamation (oder blinde Ablehnung) hinaus und begnügte sich auch nicht mit der Stilfrage. Friedrich Dessauer war einer der Autoren, die sich für ein produktives Verhältnis zum Unvermeidlichen einsetzten. In seiner *Philosophie der Technik* äußerte er 1927 einen heroischen Optimismus, der diese Generation nach dem ersten volltechnisierten Krieg viel Selbstüberwindung gekostet haben muß. Anders als die gängige Meinung, die in der Technik ein Werkzeug sah, vertrat Dessauer die Überzeugung: Technik ist nicht ein Instrumentarium, das zu jedem Zweck gebraucht oder mißbraucht werden kann und seinen Wert oder Unwert nur von dem Ziel empfängt, für das es eingesetzt wird. Technik ist »der große Inhalt selbst«, eine neue Ethik, eine neue Ästhetik. Sie bedeutet die ehrfürchtige Arbeit für die Allgemeinheit in einer Dienst- und Schicksalsgemeinschaft aller Menschen. »Ein Reich der Ordnung steigt zu uns aus der Welt der Ideen nieder.«[171]

So vorbehaltlos öffneten sich andere Denker dem neuen Phänomen nicht. Romano Guardini, der charismatische Priester und katholische Liturgiereformer, beschwor in seinen *Briefen vom Comer See* (1923–25) zunächst die alte Kulturwelt seiner oberitalienischen Heimat, in der die Industriewelt des Nordens mit ihrem grimmigen Ernst eingebrochen sei. Erst im letzten seiner neun Briefe entschloß sich Guardini, der Gegenwelt des Technischen eine eigene Geistigkeit zuzuerkennen. Am gewaltigsten seien die Vorboten dieses Neuen in den Werken der Architektur zu erkennen. Es werde nicht mehr die alte hierarchische Ordnung sein, sondern »ein Nebeneinander, aber in Zucht und gebunden vom Wesen her«.[172] Letzten Endes war es sein Vertrauen, Gott sei auch hier am Werke, das ihm das Ja zu dieser unabwendbaren Zukunft erlaubte.

Mit solchen Bundesgenossen im Rücken ließen sich die progressiven Architekten auf die Maschinenwelt ein. Denn die Große Technik, so erläuterte der mit Guardini befreundete junge Architekt Rudolf Schwarz in seiner *Wegweisung der Technik* (1928), stelle mit großartiger Gleichförmigkeit das Gesetz der Serie neben das Gesetz des Organischen. Ihre zeitliche Existenzform sei die ewige Wiederkehr, nicht das geschichtliche Gewordensein. Heimat, Tiefe, Ursprung werde den Menschen entzogen. Aber dafür mache die »kalte Hochglut« des Technischen[173] sie gleich und untereinander frei. Das war eine geradezu metaphysische Rechtfertigung für den Verzicht auf historische Erinnerungen, auf vertraute Formen der Baugeschichte.

Seit den zwanziger Jahren rechneten Bauherren und Architekten auch außerhalb des Industriebaus mit neuen Formen, die sich aus neuen Techniken ergaben. Für weite Raumüberspannungen bot sich die Betontechnologie an. Zu den Rippenkuppeln, deren eindrucksvollstes Beispiel die Breslauer Jahrhunderthalle gewesen war (vgl. S. 76 f.), traten nun extrem dünne Schalen. Aufgrund ihrer Form wiesen die gekrümmten Flächentragwerke ein günstiges Tragverhalten auf, kamen mit einem Minimum an Material und Eigengewicht aus und ermöglichten bei Wandstärken von wenigen Zentimetern bisher ungeahnte Spannweiten. Epoche machte die Zusammenarbeit zwischen dem Optikkonzern Zeiss in Jena und dem Bauunternehmen Dyckerhoff & Widmann sowie ihren Protagonisten Walter Bauersfeld, Franz Dischinger und später Ulrich Finsterwalder.

Die Geschichte des deutschen Schalenbaus in den zwanziger Jahren setzte mit einem Versuchsbau ein, den Bauersfeld 1922 für ein Zeiss-Planetarium konstruierte. Es war eine Kuppel in Gestalt einer Halbkugel, die sich aus Eisenstabwerk in dreieckigen Verbindungen zusammensetzte, ähnlich den späteren

[172] Romano Guardini. Briefe vom Comer See. Mainz, 1953[4]. S. 102.

[173] Rudolf Schwarz. Vom Sterben der Anmut. In: Die Schildgenossen 8 (1928) 3. S. 291.

Albert Renger-Patzsch (Foto). Kranreihe im Lübecker Hafen. Veröffentlicht in: Rudolf Schwarz. Wegweisung der Technik. Potsdam, 1928.

Schiffshebewerk des Oder-Havel-Kanals. Niederfinow bei Eberswalde, 1927–34.

Variationen der Moderne

Walter Bauersfeld, Franz Dischinger. Kuppel des Planetariums auf dem Dach der Zeiss-Fabrik vor der Betonierung. Jena, 1922.

Franz Dischinger mit Hubert Rüsch (Konstruktion), Hubert Ritter (Architektur). Großmarkthalle. Leipzig, 1927–29. Außenansicht. Innenansicht.

geodätischen *domes* des amerikanischen Erfinder-Konstrukteurs Buckminster Fuller. Bauersfeld brauchte für seine Darstellung des Firmaments eine durchgehende gewölbte Fläche auf dem Netzwerk seines Experimentalgebäudes. Das lieferte ihm Dyckerhoff & Widmann, die schon die Jahrhunderthalle realisiert hatten. Dabei wurde ein frisch erfundenes Betonaufspritzverfahren (»Torkretieren«) angewendet, wobei das Eisengeflecht als Schalung und Armierung zugleich diente.

Mit diesem Verfahren, nach den beiden beteiligten Firmen Zeiss-Dywidag genannt, wurde fast ein Dutzend Planetarien im In- und Ausland errichtet. Es folgten zylindrische und elliptische Schalen, bald auch hyperbolische Paraboloide. Die achteckigen Klostergewölbe der Leipziger Großmarkthalle (1927–29) –

drei waren geplant, zwei wurden ausgeführt – überspannen je 74 Meter bei einer Schalenstärke von nur neun Zentimetern! Es waren die seinerzeit größten Massivkuppeln. Eine neue Formenfamilie trat neben die bisher gewohnten rektangulären Konstruktionen aus Stütze und Balken. Markthallen, Flugzeughangars, Bahnsteige, Mehrzweckhallen profitierten davon – und in den späten dreißiger Jahren auch der Bunkerbau.

Im Stahlbau zeichneten sich gleichfalls Konstruktionen ab, die die Kräfte neu organisierten. Das Prinzip der zugbeanspruchten Hänge- und Spannseilbrücken kündigte sich auch im Hochbau an. In einer Publikation zur Stuttgarter Weißenhof-Ausstellung spielten die Brüder Heinz und Bodo Rasch Möglichkeiten durch, die in abgespannten Stahlkonstruktionen steckten. Zylindrische Wohntürme hingen über Kabel an Masten, die wiederum untereinander verspannt waren. Man versprach sich davon größere Freiheiten in Grundriß- und Fassadengestaltung und vor allem in der Nutzung der Grundflächen. Bei einem Stadion, das die Brüder vorschlugen, sollte eine leichte zeltartige Überdachung Arena und Ränge schützen. Das Münchner Stadion für die Olympischen Spiele von 1972 wirkt wie eine Weiterentwicklung dieses Gedankens. Das Projekt der Raschs vermittelt den Eindruck geradezu tänzerischer Leichtigkeit, einer spielerischen Höchstleistung, wie sie auch von den Sportlern unterm Hallendach erwartet wurde. »Eine neue Technik (beginnt) aufzublühen, der die alte über kurz oder lang weichen muß. Hier ist der Ausgangspunkt. Hier entsteht die neue Architektur.«[174]

Bodo und Heinz Rasch. Entwurf eines Stadions für 80 000 Zuschauer. 1927.

Funktionalismus, ein organisches Bauen?

Die Abweichungen vom Tugendpfad einer orthodoxen Moderne konnten sich – innerhalb der Moderne! – auch aus der Diskussion von Prinzipien ergeben. Ein schwieriger Begriff des Diskurses war das Wort Funktionalismus. Damals wie auch post festum verstand man unter Funktionalisten zumeist »jene keineswegs seltenen Naturen, die über Sachlichkeit, Zweckhaftigkeit, Konstruktionsgerechtigkeit nicht herauskommen ... Es sind die Baukünstler des Gehirns und der kalten Hand, die in einer geradezu schmerzlichen Zahl das architektonische Bild der Gegenwart bestimmen und denen die Blutwärme, alle Musikhaftigkeit des Empfindens, jeder tiefere Rausch des Gefühls weltenfern ist«, wie sich Heinrich de Fries ereiferte.[175] De Fries war keineswegs ein Gegner des Neuen, sondern verwandte sich seinerseits für *Junge Baukunst in Deutschland*, einer seiner Buchtitel.

In diesem Wortgebrauch erscheint Funktionalismus als ein Ausdruck für die einseitige Abhängigkeit von Zweck und Nutzen. Mart Stam hat es (zustimmend) auf den Nenner gebracht: »Wir brauchen keine Kunst ... was wir brauchen ist, daß alles klappt, daß jede Funktion aufgeht, jedes Bedürfnis erfüllt wird.«[176] Aber für einen der wichtigsten Theoretiker des Neuen Bauens, Adolf Behne, bedeutete Funktionalismus nicht Utilitarismus, nicht das bloß Zweckbestimmte. Er verstand darunter ein Bauen, das sich aus seinen inneren Bedingungen, seinen Funktionen, organisierte und diese Bedingungen auch nach außen preisgab. Der Bau verhält sich somit wie ein Individuum, dessen Gestaltteile auf ihrer jeweils eigenen Gesetzlichkeit bestehen. Funktionalismus war für Behne etwas eigentlich Romantisches, ein Gegenbegriff zu Formalismus. Der Breslauer Werkbund-Mann Heinrich Lauterbach erfand dafür die anspruchsvolle Formel, es handele sich hier um »die unadressierte Selbstdarstellung eines Innerlichen in der Erscheinung«.[177]

Was wäre aber die »*adressierte* Selbstdarstellung eines Innerlichen«? In seinem 1923 geschriebenen und 1926 erschienenen Buch *Der moderne Zweckbau* entwickelte Behne eine Theorie, nach der das Bauen aus der Dialektik von beidem, dem Funktionalismus (Lauterbachs »unadressierte Selbstdarstellung«) und dem Formalismus (der »adressierten Selbstdarstellung«) bestünde. Nötig sei beides, das Recht des Individuums auf Individualität und das Recht der Gesellschaft auf Einordnung des Einzelnen ins Ganze. Wenn in Behnes Interpretation die Funktion dem Individuum zu seinem Ausdruck verhilft, so regelt die Form das Verhältnis der Bauten zueinander. Form weist der Individualität ihren Platz innerhalb der Sozietät der Bauten an. Pointiert formuliert: Formalismus – Behne sagte auch: Rationalismus – ist der Funktionalismus der sozialen Gestalt.

Behnes Verständnis von Funktionalismus teilten Architekten wie Hans Scharoun und Hugo Häring, die mit Behne befreundet waren. Beide gehörten einer Fraktion der Moderne an, die »organisches« oder, in Härings Worten, »organhaftes« Bauen wollte. Ihre Bauten sollten den inneren Lebensvorgängen folgen und sich von keinem vorgefaßten Formbild Vorschriften machen lassen. Häring sprach von der »Leistungsform«. Sie bezieht ihren Verlauf von den

[174] Heinz und Bodo Rasch. Wie bauen? Stuttgart, o. J. (1927). S. 169.

[175] Heinrich de Fries (Hg.). Junge Baukunst in Deutschland. Berlin, 1926. S. 7.

[176] Mart Stam. 1928. Zit.: Wolfram Hoepfner, Fritz Neumeyer. Das Haus Wiegand von Peter Behrens. Mainz, 1979. S. 51.

[177] Heinrich Lauterbach. In: Poelzig Endell Moll und die Breslauer Kunstakademie 1911–1932. Kat. Akademie der Künste. Berlin u. a., 1965. S. 34.

Variationen der Moderne

[178] Hugo Häring. Wege zur Form. 1925. In: Die Form 1 (1925–26) 1. S. 3 ff.

Vorgängen, die sich in ihr abspielen. »Wir wollen die Dinge aufsuchen und ihre eigene Gestalt entfalten lassen. Es widerspricht uns, ihnen eine Form zu geben, sie von außen her zu bestimmen, irgendwelche abgeleiteten Gesetzhaftigkeiten auf sie zu übertragen, ihnen Gewalt anzutun.«[178]

Häring ging so weit, den Gegenständen einen eigenen Gestaltwillen zuzuschreiben. Mit Hilfe des Architekten baut sich die »Wesenheit des Objekts« ihr Gehäuse selbst und differenziert es gemäß der an sie gerichteten Leistungsanforderungen. Dem Architekten kommt in dieser Interpretation die Rolle des Gärtners oder Geburtshelfers zu, der die Natur der Dinge walten läßt, und nicht die eines selbstherrlichen Schöpfers. Das wurde zu einer Lieblingsmetapher im Selbstverständnis dieses Berufsstandes. Was ein Ding sein möchte, hat sich noch Jahrzehnte später Louis Kahn gefragt. Offensichtlich sind die Dinge in diesem Punkt nicht untereinander einig.

Daß Scharoun oder Härings gebaute Architektur sich markant von der ihrer Weggenossen absetzte, ist damals auch so empfunden worden. Bei Großbauten dimensionierten sie die Korridore und Foyers nach der Frequenz der Besucher: breit, wo viele hergehen, schmal, wo es weniger werden. Die Wege verhielten sich wie Venen und Arterien im Blutkreislauf. Die Gliedmaßen des Hauses lösten sich je nach Zugang oder Aussicht aus dem Baukörper. Manchmal ist es, als reagierte der Organismus auf den Zuruf von Umgebung und Natur. Dem Zeichenstift lagen softe Linien und geschmeidige Kurven nahe. Auch freundlich gesinnte Kritiker sprachen von Kurvenromantik. Häring hielt dagegen, daß im gegebenen Fall auch der rechte Winkel das »Organische« sein könne. Wer den Bauwerken geschwungene Formen aufnötigte, wo ihre Bestimmung rechtwinklige Grundrisse verlangte, hätte den Bauten einen neuen äußeren Zwang auferlegt.

Im Ensemble, also dort, wo diese Bauten sich ins Benehmen mit anderen setzen mußten, hätte die »unadressierte Selbstdarstellung« zu Konflikten führen können. Tatsächlich ist davon aber nicht viel zu spüren. In der Großsiedlung Berlin-Siemensstadt (1929–32), wo beide Architekten beteiligt waren und Scharoun die Gesamtkoordination hatte, unterscheiden sich ihre Bauten zwar wahrnehmbar von denen der Kollegen. Die Zeilen beispielsweise von Walter Gropius folgen strikt der Disziplin einer schnittigen weißen Moderne. Häring dagegen unterscheidet Vorder- und Rückseiten, charakterisiert Sockel, Betonbrüstungen und abschließendes Obergeschoß durch lederfarbene Ziegel, differenziert die Form der Balkons, gibt den meisten eine Nierenform, um die Möblierung zu erleichtern und den Schattenschlag zu reduzieren. Scharoun schafft mit dem Ausbruch aus dem Rektangulären und mit den bizarren Balkongondeln einen wirkungsvollen, trichterförmigen Eingang zur Siedlung. Von einem wirklichen Konflikt läßt sich dennoch nicht reden, eher von einer wohltuenden Polyphonie des Ensembles, die dem modernen Siedlungsbau nach 1930 abhanden kam.

Ein bestimmter Einwand, der gegen das »organische Bauen« angeführt wurde, war nicht zu widerlegen. Eine Architektur, die knapp und getreu auf die Nutzung zugeschnitten ist, bekommt Probleme, wenn die Nutzungen sich ändern. Was perfekt für den Erst-

Hans Scharoun. Wohnungsbauten. Berlin-Siemensstadt, 1929–30.

Hugo Häring. Wohnungsbauten. Berlin-Siemensstadt, 1929–30.

gebrauch stimmen mochte, konnte für die Folgenutzung falsch bemessen sein. Ein Wechsel der Besucherfrequenz, und die wechselnde Korridorbreite war sinnlos. Ein verbauter Aussichtsprospekt, und der erwartungsvoll dem Blickpunkt zugewandte Hausflügel hatte keine Berechtigung mehr. Das strikt auf den Zweck hin entworfene Bauwerk, so wurde manchmal argumentiert, würde unnötigen Raumaufwand und damit Kosten sparen. Aber die vermeintlichen finanziellen Einsparungen konnten sich ins Gegenteil verkehren, wenn umfangreiche Nachrüstungen nötig wurden. Härings berühmtes Gut Garkau bei Lübeck (1922, 1924–25) war abbruchgefährdet, als sein damaliger Besitzer den landwirtschaftlichen Betrieb umstellte und von Großvieh- auf Schweinezucht überging. Die hochspezialisierten Bauteile, vor allem das akkurat auf 42 Kühe und einen Zuchtbullen berechnete »Viehhaus« mit seinem birnenförmigen Grundriß, verloren ihre funktionale Rechtfertigung, ihr Umbau erschien zu kostspielig, eine andere Nutzung schwierig.

Mies van der Rohes Antwort auf solche Nöte ist sprichwörtlich geworden. Zu seinem zeitweiligen Büronachbarn Häring will er geäußert haben: »Menschenskind, mach doch die Bude groß genug, dann kannst du hin- und herlaufen und nicht nur in einer vorgezeichneten Bewegung.«[179] Er fand es besser, Spielräume für Veränderungen zu lassen, als dem Diktat des Erstzwecks zu folgen. Mehr Raum bedeutete mehr Kosten, aber die Kosten würden sich auf die Dauer durch die Veränderbarkeit und Anpassungsfähigkeit des Bauwerks wieder hereinspielen. Mies hat vor seiner Emigration 1938 in Deutschland

Hugo Häring. Gut Garkau. Pönitzer See, Holstein, 1922, 1924–25.

keinen Großbau errichten können. Doch mit den tempelhaften Hallen, Schulgebäuden, Theatern und Museen, die er in seiner amerikanischen Zeit baute oder entwarf, ging er diesen Weg konsequent weiter. Sogar der Ausdruck von Unterschiedlichkeit in den Fassaden war beim späten Mies so gut wie nicht mehr erlaubt.

Das Recht auf Form

Mies van der Rohes Kritik am Funktionalismus wurde von jüngeren Architekten geteilt. Einer der Opponenten, Rudolf Schwarz, hatte vor allem Walter Gropius im Visier. Schwarz wandte sich gegen Funktionalismus, wo er ihm begegnete – auch gegen den liturgischen Funktionalismus der kirchlichen Reformbewegung. Offensichtlich war sein Begriff von Funktionalismus nicht der organizistische, den Häring formuliert und Behne kommentiert hatte. Gemeint war der mechanische Funktionalismus, die triviale Festlegung der Erscheinung durch Zweck und Konstruktion. Seine Attacke gegen den »Bauhausstil«, den er mit diesem schnöden Pragmatismus identifizierte, datiert schon aus den frühen dreißiger Jahren. Mies, der letzte Bauhaus-Direktor, blieb von der Kritik selbstverständlich ausgenommen. »Man nahm von der Kunst (im Sinne des 19. Jahrhunderts) die eine Hälfte, nämlich die formale Vorstellung, und aus der Welt des Ingenieurs auch nur eine Hälfte, die rech-

[179] Ludwig Mies van der Rohe im Oktober 1964. In: Mies in Berlin. Ein biographisches Gespräch, aufgezeichnet von Horst Eifler und Ulrich Conrads. Bauwelt-Archiv 1. (Schallplatte).

Walter Gropius. Wohnungsbauten. Berlin-Siemensstadt, 1929–30.

Variationen der Moderne

Rudolf Schwarz. Soziale Frauenschule. Aachen, 1929–30.

[180] Rudolf Schwarz. Baustelle Deutschland. In: Die Schildgenossen 12 (1932–33) 1. S. 1

[181] Architekt: Franz-Erich Kassbaum, Preußisches Staatsbauamt..

[182] Rudolf Schwarz. Entwurf einer kreisrunden Pfarrkirche. In: Die Schildgenossen 8 (1928) 3. S. 262 f. – Rudolf Schwarz. Vom Bau der Kirche. Heidelberg, 1947². S. 78 ff., 4.

Franz-Erich Kassbaum, Preußisches Staatshochbauamt. Ehem. Pädagogische Akademie. Hannover-Südstadt, 1929–35.

nerisch-zweckmäßige. Der Weg war eine Sackgasse.«¹⁸⁰ Die Auseinandersetzung wurde durch die Dazwischenkunft des Dritten Reiches abgebrochen. Aber in den frühen fünfziger Jahren brach sie im sogenannten Bauhaus-Streit wieder auf (vgl. S. 285 f.).

Für die Bauform besagte dieser Streit, daß die Verteidiger der großen Form sich weigerten, die Architektur bis in jede Verzweigung ihrer Funktionen zu differenzieren. Bei einem Schulgebäude wie der Sozialen Frauenschule in Aachen (1929–30) packte Schwarz Festsaal, Kantine, Unterrichtsräume, Verwaltung, Bibliothek, Direktorinnenwohnung und Jugendherberge in einen einzigen großen Quader und deutete die unterschiedlichen Nutzungen nur noch in den Formaten der wie beliebig gestreuten Wandöffnungen an. Lediglich das Internat sondert sich ab und liegt mit drei Flügeln um einen Innenhof.

Ein Funktionalist, wie Schwarz ihn verstand, hätte dagegen die meisten dieser Zwecke mit jeweils eigenen Baukörpern bedacht. So erhielten bei der Pädagogischen Akademie in Hannover (1929–35)¹⁸¹ alle wichtigen Funktionen einen jeweils eigenen Bauteil, die Verwaltung einen Turm, Sport- und Seminarhalle eigene Quader, und dazwischen ein langer, langer Flur mit sechs halbzylindrischen Bastionen für die Seminarräume. Addition und Differenzierung herrschten statt der übergreifenden, alles einbeziehenden Form.

Prinzipienstrenge und Vertrauen in die Darstellungswürdigkeit von Institutionen führten Schwarz zu einer rigorosen und wie es manchen schien: unerbittlichen Baukunst. Im Kirchenbau ist die Fronleichnamskirche in Aachen (1929–30) ein Zeugnis dieser Unnachgiebigkeit, an der Schwarz in seiner späteren Produktion auch nicht mehr festhielt. In Aachen aber wohnte in dem asketischen weißen Raumkasten von St. Fronleichnam, wie Schwarz es ausdrückte, »der Gott, der Geometrie liebt«. Die Gläubigen sind im langen hohen Schiff wie in einer Marschordnung aufgereiht, »Volk in unübersehbarer Zahl«, in »endloser Monotonie«. Für Schwarz war sie »eine arme, entsagende«, dennoch notwendige Form. Verheißung sind nur die Fenster, die zur Linken des Altarbergs barmherzig zu den Menschen heruntersteigen, und die weiße Stirnwand. »Gespannte Membran«, also ein durchlässiges Medium, nannte Schwarz sie.¹⁸²

Der Punkt des Widerstandes

Es ehrt das Neue Bauen, daß es die Kritik, der es von außen in reichlichem Maße ausgesetzt war, auch innerhalb der eigenen Reihen übte. Die Insider hatten die besseren Argumente. Ein Auslöser interner Aus-

Rudolf Schwarz. St. Fronleichnam. Aachen-Rothe Erde, 1929–30.

einandersetzungen war die Karlsruher Dammerstock-Siedlung von 1929 (vgl. S.149 f.). Wieder war es Behne, der die Einwände auf den Punkt brachte. Dammerstock (aber auch viele andere Siedlungen der Moderne) war als ein Akt wohnungspolitischer Gerechtigkeit gemeint: gleicher Abstand zum Nächsten, gleicher Anteil an Licht, Sonne, Luft, Natur. Viele Einzelheiten waren festgelegt, bevor die verschiedenen Architekten ans Werk gingen. Fensterformate, flaches Dach, Fassadenputz waren vorgeschrieben.

Festgelegt war auch der Zeilenbau in Nord-Süd-Richtung. Schlafzimmer gingen nach Osten, Wohnräume nach Westen. Dem Menschen, fand Behne, wird Wohndiät verschrieben. »Er hat, wenigstens bei den konsequentesten Architekten, gegen Osten zu Bett zu gehen, gegen Westen zu essen und Mutterns Brief zu beantworten, und die Wohnung wird so organisiert, daß er es faktisch garnicht anders machen kann.«[183] Dazu kam das Argument, die Stadt werde von der Wohnung und zwar von einem zu eng ge-

[183] Adolf Behne. Dammerstock. In: Die Form 6 (1930) 6. S. 133 ff.

Variationen der Moderne

[184] ebd.

[185] Albert Sigrist (Pseudonym von Alexander Schwab). Das Buch vom Bauen. Berlin, 1930. Neu: Düsseldorf, 1973. S. 126.

[186] Adolf Behne. Abteilung »Die Wohnung unserer Zeit« (Deutsche Bauausstellung Berlin). In: Zentralblatt der Bauverwaltung 51 (1931) 49–50. S. 734.

Walter Gropius mit Otto Haesler. Werkbundsiedlung Dammerstock. Karlsruhe, 1928–29.

faßten Begriff der Wohnung terrorisiert. Denn aus dem Zeilenbau werde Städtebau gemacht, aus der Addition des Einzelnen das Ganze – anders als bei Bruno Taut und auch noch als bei Ernst May in den früheren Frankfurter Siedlungen. »Die ganze Siedlung scheint auf Schienen zu stehen. Sie kann auf ihrem Meridian um die ganze Erde fahren, und immer gehen die Bewohner gegen Osten zu Bett und wohnen im Westen.«[184]

Auch den Freunden des Neuen fiel die Gleichgültigkeit der Planer gegenüber den emotionalen Wünschen der Bewohner auf, ihr Mangel an »Herzlichkeit«. Wohntechnisch ausgeklügelte, flächensparende Lösungen befriedigten die Urheber mehr als die Menschen, denen sie zugedacht waren. Daß damit das Haus zu einem praktischen Instrument wurde und auch so aussah, mochte Intellektuellen als angemessenes Symbol des technischen Zeitalters erscheinen. Wer dagegen seinen Arbeitstag in den rationalisierten Fabriken und Großverwaltungen verbrachte, fand diese Parallele zweifellos weniger anziehend. »Hier ist wahrscheinlich der Punkt, aus dem der innere Widerstand weiter Kreise auch gerade der erwerbstätigen Massen gegen das neue Bauen zu erklären ist. ... Widerstand ... entsteht aus dem unbewußten Wunsch nach einer wirklich vollkommenen, hundertprozentigen Zweckmäßigkeit, die auch die sozialen und seelischen Bedürfnisse kennt, anerkennt und befriedigt«, meinte 1930 der Kritiker Alexander Schwab.[185]

Von Arbeitern und ihrem Denken verstand Schwab, der in der Reichsanstalt für Arbeitsvermittlung tätig war, mehr als die meisten seiner schreibenden Kollegen. Was Kritiker wie er oder Behne fürchteten, war die frühzeitige Erstarrung des Neuen Bauens in Dogmen. Bei Behne scheint sich diese Sorge zu einem regelrechten Alptraum gesteigert zu haben. Die Architektur, schrieb er 1931, »scheint es eilig zu haben, sich in einen leopardenfellbespannten Stahlsessel zur Ruhe zu setzen, im Besitze eines Stils, der nicht weniger pretiös, vielleicht auch für die Nachwelt nicht weniger komisch ist als der Makartstil.«[186]

Wenn die sozialen Konzepte der Selbstkritik der Avantgarde unterlagen, so verhielt sie sich gegenüber den Bauschäden ihrer Schöpfungen sonderbar gleichgültig. Sie wurden wohl als Preis des Neuen in Kauf genommen. Tatsächlich waren die Architekten vor allem im Wohnungsbau einem übermächtigen Preisdruck ausgesetzt und griffen zu unerprobten Bautechniken, sofern damit niedrigere Baukosten erreichbar schienen. Hatte die Reichsforschungsgesellschaft (vgl. S. 151) ihre Hand im Spiel, konnte das riskante Experiment mit neuen Konstruktionsweisen sogar gefordert sein. Oft waren auch die Handwerker vor Ort nicht in der Lage, mit ungewohnten Baustoffen und -techniken umzugehen.

Die Organisationen des Baugewerbes, die sich durch die neuen Entwicklungen in ihrer wirtschaftlichen Existenz bedroht fühlten, registrierten aufmerksam jeden Bauschaden. Daß Gropius das Flachdach des Dessauer Bauhausgebäudes mit lackiertem Jutegewebe hatte decken lassen und ihm ein unzureichendes Gefälle gegeben hatte, brachte den gesamten Reichsverband der Deutschen Dachdecker gegen ihn auf. Undichte Dächer, Wärmebrücken als Folge auskragender Bauteile, Heizprobleme wegen der großen, einfach verglasten Fensterflächen, mangelhafte Dämmung und vergessene Dehnungsfugen – es war nicht schwer, die Geschichte des Neuen Bauens als eine Geschichte bauphysikalischen Versagens zu interpretieren, und die Opposition tat es auch dankbar. Die Broschüre *Bausünden und Baugeldverschwendung* (1931), von Curt R. Vincents herausgegeben, wurde kostenlos an Ämter, Baugesellschaften und Architekten verschickt. Mit dem Torfoleum, einem Dämmungsmaterial von Flachdächern, bröckelte auch das Ansehen der neuen Architektur.

Architektur in der Krise

Wer gegen Ende des dritten Jahrzehnts Bilanz zog, kam nicht leicht zu einem eindeutigen Schluß. In der *veröffentlichten* Wahrnehmung (aber kaum in der *öffentlichen* Wahrnehmung) mochte die neue Architektur in ihren unterschiedlichen Varianten die Oberhand gewonnen haben. Noch standen die Wohnhäuser, die Sozialbauten, die großen Siedlungen in makelloser Reinheit, unangetastet von der Zeit, von den Gebrauchsspuren, den Regenwasserfahnen auf weißem Putz und den ersten Bauschäden. Nach den sozialdemokratisch oder von Mitte-Links-Koalitionen regierten Städten schienen auch das Land Preußen und die Reichsbehörden zum Neuen Bauen überzugehen. Mies durfte das Reich auf der Internationalen Ausstellung in Barcelona 1929 vertreten, Gropius und seine Freunde den Deutschen Werkbund 1930 in Paris auf der Ausstellung der Société des Artistes Décorateurs.

Die großen Wettbewerbe zeigten einen Rückgang zumindest der historisierenden Architektur an. Bei einer Jubiläumskonkurrenz der Akademie des Bauwesens, die einen Ideenwettbewerb für ein Gerichtsforum ausgeschrieben hatte, wurden 450 Arbeiten eingereicht. Drei Entwürfe wandten Formen der Oberpostdirektionen von 1880 an. Zwei ergingen sich in der Triumphalarchitektur eines Paul Wallot oder Otto Rieth. Sämtliche andere bedienten sich mit mehr oder weniger Glück einer zeitgenössischen Formensprache. Ministerialdirektor Martin Kießling, der 1930 den Festvortrag zum fünfzigjährigen Bestehen der Akademie hielt, ließ keinen Zweifel daran, daß in seinen Augen die Baukunst des republikanischen Staates mit der Moderne identisch sei.[187]

Mehrer des ererbten Schatzes

Andererseits fanden auch wohlwollende Betrachter, die Fanfaren über den Sieg des neuen Baustils seien zu früh geblasen worden.[188] Nach wie vor entstanden Bauwerke in einem »sehr gebildeten und geistig beweglichen Eklektizismus«.[189] Geschlossene Wände mit Lochfenstern, massive Volumenbildung, symmetrisch-feierliche Axialität wurden auf moderne Großbauten übertragen. Im norddeutschen Raum pflegte man dazu einen purgierten Backsteinexpressionismus. Ornament wurde auf wenige markante Punkte konzentriert, auf Eingangspfeiler oder Abschlußfries. Fritz Höger, Leitfigur nordischer Bodenständigkeit trotz Großstadtasphalt, konzipierte nach den pittoresken und von flirrenden Lichtern überspielten Bauten, die im Gefolge seines Chilehauses entstanden, das Rathaus in Rüstringen (1927–29) in schweren, gedrungenen Baukörpern. Das Bauprogramm forderte die Einbeziehung eines Wasserreservoirs. Dem Architekten gab es die willkommene Chance, einen Mittelturm als mächtige Dominante auszubilden. Vertikale Wandvorlagen organisieren hier nicht mehr die gesamte Fläche, sondern sind in Kontrast zu ungegliederten Ziegelwänden gesetzt.

In Bayern waren Theodor Fischer und German Bestelmeyer Baumeister, die dank ihrer Lehre an der Technischen Hochschule München, ihrer Tätigkeit in Preisrichtergremien und ihrer Schriften und Bauten großen Einfluß hatten. Daß man von einer einheitlichen Münchner Schule nicht reden konnte, lag eher an persönlichen Unterschieden als an architektonischen Überzeugungen. Fischer war eine zurückhaltende, schweigsame, zuweilen melancholische Natur, Bestelmeyer »der lebhafte, sehr aktive und kontaktfreudige Erfolgsmensch«.[190] In den späteren Jahren kamen politische Differenzen dazu. Der Begriff einer Münchner Schule konnte sich auch deshalb nicht durchsetzen, weil 1928 mit Robert Vorhoelzer ein dezidierter und mit Adolf Abel ein gemäßigt moderner Vertreter der neuen Architektur an die Technische Hochschule berufen wurden. Das Spektrum ließ sich also nicht, wie etwa in Stuttgart, auf einen einzigen, mehr oder weniger traditionsverpflichteten Nenner bringen.

Fischer, um ein Dutzend Jahre älter als Bestelmeyer, war der liberalere von beiden. Kunstpolitische Programme hielt er für vermeidbare Übel und betrachtete jede Aufgabe als einen Sonderfall. Auf dem Dorfe baute er dörflich, in der Kleinstadt kleinstädtisch und in der Großstadt – mittelstädtisch. Städtebau galt ihm als Kunst, nicht als Wissenschaft.

[187] Martin Kießling. Staatsgedanke und Baukunst. In: Zentralblatt der Bauverwaltung 50 (1930) 19. S. 351 f.

[188] Peter Meyer. Vom Neuen Bauen. In: Zentralblatt der Bauverwaltung 49 (1929) 26. S. 413 f.

[189] Walter Curt Behrendt. Vom neuen Bauen. In: Zentralblatt der Bauverwaltung 48 (1928) 41. S. 657.

[190] Rudolf Pfister. Theodor Fischer. München, 1968. S. 78.

Paul Ziegler, Theodor Rieve. Kulturzentrum Deutsches Haus. Flensburg, 1927–30.

Fritz Höger. Rathaus. Wilhelmshaven-Rüstringen, 1927–29.

German Bestelmeyer. Erweiterungsbauten der Technischen Hochschule. München, 1926.

[191] Walter Curt Behrendt. Vom neuen Bauen. In: Zentralblatt der Bauverwaltung 48 (1928) 41. S. 657.

[192] Theodor Fischer. Um das Bauhaus. In: Die Kunst. 1932. Zit. Winfried Nerdinger. Theodor Fischer. Berlin, 1988. S. 338.

[193] Theodor Fischer. Gedanken zur neuen künstlerischen Form. Vortrag 8. 10. 1933 in Augsburg. In: Baumeister 32 (1934) Beilage Heft 1. S.B 1 ff.

Stadt und Straße respektierte er als Formen der Gemeinschaft, denen gegenüber der Einzelne Anstand und Zurückhaltung zu wahren hatte (vgl. S. 69). Sein Werk hatte Qualitäten, die auch die Modernen nicht abstreiten konnten: sinnliche Fülle, artistische Reize, die »Entfaltung persönlicher Gefühlskräfte« und den »mannigfachen Reichtum individueller Sonderzüge«.[191]

Für die deutsche Baukunst hieß eine von Fischers Schriften (1917). Aber das von der politischen Rechten geschürte Verlangen nach einer nationalen oder gar germanischen Kunst war nicht das seine. »Man sucht da und dort krampfhaft zu erforschen, was ist eigentlich ›deutsch‹. Ich weiß nur das eine: Fanatismus ist nicht deutsch.«[192] Sein Mißtrauen wagte er auch nach der Machtergreifung durch die Nationalsozialisten zu artikulieren: »Die Kunst soll und muß gar nichts; sie wächst wie ein Stück lebendiger Natur von Gottes Gnaden ... Wehe aber dem, der die Kunst als ein Mittel für seine Zwecke gebrauchen will.«[193] Das war so deutlich, wie man es sagen konnte, ohne das Konzentrationslager zu riskieren.

Bestelmeyers Ruf als Architekt ging auf seine schwerblütigen Bauten für das Germanische Nationalmuseum in Nürnberg und die Erweiterung der Münchner Universität zurück, deren Lichthof er 1906–09 mit einem altrömisch großartigen Gewölbe versehen hatte. Was vor dem Ersten Weltkrieg als neue Freiheit und Selbstsicherheit wirkte, verfestigte sich im dritten Jahrzehnt zur Defensive. Wo die Umgebung nicht Bescheidenheit im Maßstab verlangte, entwickelten Architekten wie Bestelmeyer bereits in den zwanziger Jahren frostige Pathosformeln. »Ehern«, »herbe«, »Mehrer des ererbten Schatzes« lauteten die zeitgenössischen Prädikate für ihn, der sich als großer Einzelgänger und unkorrumpierbarer Streiter wider das Feldgeschrei der Moderne verstand.

Hitlers Architekturvorstellungen wurden durch das Münchner Milieu der Bestelmeyer, Troost und Gall bestimmt. Der »Führer« vergalt es der Stadt mit dem Titel einer Hauptstadt der Deutschen Kunst. München revanchierte sich seinerseits. Es war Bestelmeyer, Präsident der Akademie der Künste, Mitglied des Kampfbundes Deutscher Architekten und später des Reichskultursenats, der 1933 Hitler bei der Grundsteinlegung zum Haus der Kunst eine Ehrenmedaille überreichen durfte.

Die Fronten gegenüber der neuen Architektur verliefen nicht in sauber gezogenen Linien. Auch manche konservative Architekten erlaubten sich Projekte, die man einem ausgemachten Modernen zugeschrieben hätte. Der Stuttgarter Paul Bonatz war einer derer, die keinem Lager – oder mehreren gleichzeitig – zuzurechnen waren. Wenn Bonatz wollte, konnte er Großstadtbauten fast wie Erich Mendelsohn entwerfen. Bei Industriebauten räumte auch er Konstruktion und Funktion vordere Plätze ein. Aber wo der »Gotteshauch der Patina« gefragt war,[194] etwa beim Kunstmuseum in Basel (mit Rudolf Christ, 1931–36), konnte Bonatz auch ein halbsakrales Gehäuse aus sechzehn verschiedenen alpenländischen Natursteinsorten komponieren, mit einer feierlichen Abfolge von Vorhalle, kolonnadengesäumtem Ehrenhof und Treppenhalle.

Adolf Abel, wie Bonatz ein Fischer-Schüler, legte vor sein Staatenhaus für die Kölner Messe (1928) eine pathetische Pfeilerfront und reihte dahinter wunderbar leichte Pavillons. Fischer selbst, der Architekt und Planer eines bildkräftigen Städtebaus, konnte auch hart gegen sich selbst und andere sein. Sein langgestrecktes, ziegelsteinernes Ledigenheim in München (1925–27) verrät nichts mehr von der bürgerlichen Romantik, die ihm so oft nachgesagt worden war. Mit dem »Mut der Nacktheit«[195] präsentiert sich der Bau in anstaltsmäßig kargem Zuschnitt. Sogar Höger, der Barde aus dem Norden, probierte im Vorfeld von Wettbewerben Varianten im modernen Idiom aus, ließ sie dann aber fast immer in der Schublade liegen.

Gemeinsam mit Bonatz und dem Städteplaner Heinz Wetzel vertrat Paul Schmitthenner das gediegene Bauen der sogenannten Stuttgarter Schule, der Architekturabteilung der Technischen Hochschule. Bonatz bescheinigte dem Freund den »unmittelbaren Ausdruck eines warmen Herzens«, der Publizist und Architekt Alfons Leitl nannte ihn – ironisch – den »Stuttgarter Lautenschläger«, »der mit allzu feiner Virtuosität die vieltönige Klangleiter des Gemütes meistert«.[196] Warmes Herz und Lautenklänge hinderten Schmitthenner nicht, von 1932 an für den NS-gesteuerten Kampfbund für Deutsche Kultur auf Vor-

[194] Paul Bonatz. Leben und Bauen. Stuttgart, 1950. S. 144.

[195] Theodor Fischer. 1927. Zit.: Winfried Nerdinger. Theodor Fischer. Berlin, 1988. S. 311.

[196] Paul Bonatz. Leben und Bauen. Stuttgart, 1950. S. 90. – Alfons Leitl. Norddeutschland und Süddeutschland. In: Bauwelt 25 (1934) 9. Bildbeilage S. 1 f.

Paul Schmitthenner. Hohensteinschule. Stuttgart-Zuffenhausen, 1927–30.

Theodor Fischer. Ledigenheim. München, 1927.

Architektur in der Krise

Barthold & Thiede. Ehem. Landesfinanzamt und Zollverwaltung, heute Teil des Sächsischen Landtags. Dresden, 1928–31.

[197] Paul Schmitthenner. Baukunst im neuen Reich. Das Neue Reich. München, 1934. S. 9.

[198] Paul Schmitthenner. Deutsche Baukunst. 1935. Ms. Durchschlag. Archiv Poelzig, früher Hamburg.

[199] Wolfgang Voigt. Vom Urhaus zum Typ. In: Vittorio Magnago Lampugnani. Moderne Architektur in Deutschland. Bd. 1. Reform und Tradition. Kat. Deutsches Architekturmuseum Frankfurt am Main. Stuttgart, 1992. S. 245 ff. – Wolfgang Voigt, Hartmut Frank (Hg.). Paul Schmitthenner 1884–1972. Kat. Deutsches Architekturmuseum Frankfurt am Main. Tübingen, 2003.

[200] Wilhelm Kreis. Über die Zusammenhänge von Kultur, Zivilisation und Kunst. In: Wilhelm Kreis. Neue Werkkunst. Berlin, 1927. S. IX.

[201] Robert Musil. Der Mann ohne Eigenschaften. 1930–52. Reinbek, 1978. S. 20.

tragsreisen zu gehen und bei seinen Auftritten »die sogenannte ›neue Sachlichkeit‹ im Bauen« als den »letzten geilen Trieb am überdüngten Baume der deutschen Baukunst« zu beschimpfen.[197]
Schmitthenner, der »Erzhandwerker«,[198] pflegte biedermeierliche Häuser mit hohen Walmdächern und Schlagläden zu bauen. Doch mit der Hohensteinschule in Stuttgart-Zuffenhausen (1927–30) kam auch er unter dem Druck eines kompakten Programms und dem Zwang zu niedrigen Baukosten der frugalen Präzision der Neuen Sachlichkeit nahe. Für Schmitthenner war sie natürlich die alte, immer gültige Sachlichkeit. Die Stirnen der Stahlbetondecken zeichnen sich in den Ziegelwänden ab, dem (nur selten berücksichtigten) Diktum der Moderne nach konstruktiver Aufrichtigkeit folgend. Schmitthenners systematische Auseinandersetzung mit der Typologie des Wohnhauses, mit der Normierung von Einzelteilen und der Entwicklung von Standardgrundrissen bei handwerklicher Herstellung und Verwendung lokaler Baustoffe konnte vom methodischen Ansatz her, wenn auch nicht im Äußeren, moderner wirken als manche konventionell gemauerte »Wohnmaschine« des Neuen Bauens.[199]

Ein breites Feld zeitgenössischen Bauens wurde mit einer Sorte Architektur bestellt, die sich der Zuordnung entzog. Wenn es sich um Bürogebäude handelte, wurden Arbeitszellen ohne weiteren Gestaltungsaufwand links und rechts von Mittelfluren gereiht. Allenfalls Eingangszone oder Tagungssaal wurden durch größere Öffnungen in der Fassade hervorgehoben. Hochrechteckige Fenster hatten kräftige Sohlbänke oder waren mit vortretendem Gewände versehen. Bei größeren Komplexen durfte ein Bauteil zur Abwechslung auch höher als die anderen Flügel ausfallen. Flache Dächer waren zugelassen. Wo mehr Geld zur Verfügung stand, wurden die Fronten mit Kalkstein- oder Travertintafeln verkleidet. Sonst beschränkte sich der Naturstein auf Sockel und Fenstergewände. Damit ließen sich die Bedürfnisse von Ämtern, Behörden und Verwaltungen befriedigen, von den späten zwanziger Jahren über die NS-Zeit bis in die sechziger Jahre hinein. Auch das Wort konservativ trifft hier nicht zu. Denn was wäre bei dieser Architektur der grauen Unauffälligkeit konserviert worden?

Wilhelm Kreis, selbst ein Bürger zweier oder mehrerer Welten, hat die Situation – in seinen Augen eine Übergangszeit – 1927 mit einem drastischen Bild beschrieben. Die Formulierung besaß auch am Ende des Jahrzehnts ihre Richtigkeit: Wir befinden »uns heute vielleicht noch nicht auf freier Fahrt zu neuer Harmonie, zu einer neuen, zeitgemäßen Kultur, sondern wir befinden uns noch auf dem Rangierbahnhof.«[200] Poetischer drückte es Robert Musil in seinem Roman aus. Wenn *Der Mann ohne Eigenschaften* »sich soeben eine wuchtige Eindrucksform ausgedacht hatte, fiel ihm ein, daß man an ihre Stelle doch ebenso gut eine technisch-schmalkräftige Zweckform setzen könnte, und wenn er eine von Kraft ausgezehrte Eisenbetonform entwarf, erinnerte er sich an die märzhaft mageren Formen eines dreizehnjährigen Mädchens und begann zu träumen, statt sich zu entschließen.«[201]

Weihestätten des Vaterlandes

Auf dem »Rangierbahnhof«, von dem Kreis sprach, manövrierte ein Zug mit einer entschieden nationalistischen Destination: dem Ziel eines Nationaldenkmals. Schon vor 1914 war die Frage nationaler Denkmäler diskutiert worden. Unmittelbar nach dem Ersten Weltkrieg wurde mit vermehrter Heftigkeit weiter gestritten. Die Meinungen gingen so sehr auseinander, daß sich ein zentrales nationales Gedächtnismal nicht realisieren ließ. Historische Baudenkmäler wie der Kölner Dom oder das Ulmer Münster sollten mit einem Weihebezirk umgeben, eine Toteninsel à la Böcklin im Rhein angelegt, ein heiliger Hain gepflanzt, eine »Friedensstadt« oder »Ehrenstadt« gegründet, ein Volkserholungspark zur Erinnerung an die Gefallenen geweiht werden. Die Kirchen planten und errichteten zum Teil auch Kriegergedächtniskirchen. Am schwersten zu verwirklichen war der Vorschlag Bruno Tauts: nichts zu bauen, aber im Geist der Toten zu tun, was das Wohl des Landes erfordere.[202]

Walter und Johannes Krüger. Tannenberg-Denkmal. Hohenstein, Ostpreußen, 1925–27. 1945 gesprengt.

Gustav August Munzer. Marine-Ehrenmal. Laboe, Kieler Bucht, 1927–36.

Im Frühjahr 1925 starb der sozialdemokratische Reichspräsident Friedrich Ebert. Nachdem die Rechtsparteien den achtundsiebzigjährigen Generalfeldmarschall Paul von Hindenburg als Reichspräsidenten durchgesetzt hatten, nahm der Einfluß der Kriegerverbände und der nationalistisch eingestellten Organisationen zu. Aufwendige völkische Gedenkstätten konnten nun, beispielsweise mit Hilfe öffentlicher Lotterien, finanziert werden. Auf Bildersprache und Zweckdefinition hatte die Vereinnahmung dieser Bauaufgabe durch die politische Rechte entscheidenden Einfluß. Nicht das Gedenken einzelner Toter war der Sinn des Schlageter-, Marine- oder Tannenberg-Denkmals, sondern die patriotische Aufrüstung, die sich mit diesen Mahnstätten verband. Das gebaute Denkmal sollte die »zu einer Einheit werdenden Menschen beherrschen, es soll sein und ist Sinnbild ihres Daseinswillens in der Gemeinschaft«, postulierte der Kunsthistoriker Hubert Schrade.[203] Schrade lieferte 1934 in seinem Buch *Das deutsche Nationaldenkmal* der Memorialarchitektur des Dritten Reiches den Stammbaum. Bismarcktürme, Kyffhäuser und Leipziger Völkerschlachtdenkmal gehörten natürlich dazu.

Treue zu Deutschland, Bejahung des Gesamtvolkes, Inbegriff der Gemeinschaft lauteten die Schlagwörter. »Tod bedeutet hier ein Sterben, durch welches die Sache, um deretwillen gestorben wird, nun erst recht ins Leben tritt«, heißt es bei Clemens Holzmeister,[204] der auf der Golzheimer Heide bei Düsseldorf 1929–31 ein Mal für Albert Leo Schlageter, den Heros aus der Zeit der Ruhrkämpfe, errichtete. Die ringförmig vertiefte Platzgestaltung

[202] Bruno Taut. Das Reichsehrenmal für die Kriegsopfer. In: Die Baugilde 6 (1924) 23–24. S. 590 ff.

[203] Hubert Schrade. Das Deutsche Nationaldenkmal. Idee, Geschichte, Aufgabe. München, 1934. S. 10.

[204] Clemens Holzmeister. Bauten, Entwürfe und Handzeichnungen. Salzburg, Leipzig, 1937. S. 133.

Architektur in der Krise

Fritz Mayer. Kriegerehrenhalle im Luitpoldhain. Nürnberg, 1927–29.

[205] Walter und Johannes Krüger. Bauliche Gedanken um das Reichsehrenmal Tannenberg und seine Einfügung in die Landschaft. In: Kuratorium für das Reichsehrenmal Tannenberg (Hg.). Tannenberg. Deutsches Schicksal – Deutsche Aufgabe. Oldenburg, 1939. S. 235.

[206] Hubert Schrade. Bauten des Dritten Reiches. Leipzig, 1937. S. 10.

[207] Kuratorium für das Reichsehrenmal Tannenberg (Hg.). Tannenberg. Deutsches Schicksal – Deutsche Aufgabe. Oldenburg, 1939. S. 200.

vor der Gruft bot Raum für Kundgebungen. Ähnliche Aktionsbühnen hatten Gustav August Munzers 72 Meter hohes Marine-Ehrenmal in Laboe (1927–36), das sich an der Kieler Bucht wie ein gewaltiger Schiffssteven erhebt, und das Tannenberg-Denkmal in Ostpreußen, für das die Brüder Walter und Johannes Krüger 1925 den Wettbewerb gewonnen hatten.

Allein zur Grundsteinlegung im abgelegenen Tannenberg versammelten sich 50 000, nach anderer Quelle 80 000 Menschen innerhalb des Ringwalls mit seinen acht gedrungenen Rechtecktürmen. Die gewaltige Memorialanlage, ein ostpreußisches Castel del Monte, erinnerte an die gewonnene Schlacht gegen das russische Heer im August 1914 wie an den Sieg des Deutschen Ritterordens von 1410 – »ein Heiligtum der germanischen Welt überhaupt«.[205] Die Absicht dahinter dürfte der Kunsthistoriker Hubert Schrade erkannt haben, als er im Dritten Reich schrieb: »In wehrloser Zeit entstanden, hat das Denkmal durch seine symbolisch wehrhaften Formen auch daran mahnen sollen, daß eine völkische Gemeinschaft ohne Wehrwillen je und je vom Zerfall bedroht ist.«[206]

Wenn der Siedlungsbau der Weimarer Republik die repräsentative Bauaufgabe der gemäßigten Linken und der liberalen Bürgerlichen darstellte, so engagierten sich die Konservativen im Denkmalbau. Reichsregierung und preußische Staatsregierung beschieden sich mit dem Umbau von Schinkels Neuer Wache in Berlin (1930–31), dem Heinrich Tessenow eine würdige Form gab. Den Kriegerverbänden und dem national orientierten Teil der Öffentlichkeit genügte diese Geste nicht. Bei der Verwirklichung des Tannenberg-Denkmals warfen sie dem Reichskabinett Verschleppung und Verzögerung vor. Gegen den Bau waren die sozialistischen Gewerkschaften und der sozialdemokratische Reichstagspräsident Paul Löbe. Die Architekten rächten sich, indem sie für ihre neue Ordensritterburg lange weiße Wimpel mit schwarzem Kreuz nähen ließen, um nicht die schwarzrotgoldene Flagge der Republik aufziehen zu müssen. »Die Geschichte des Ehrenmals (ist) ein Stück deutscher Zeitgeschichte, in der die großen Mächte deutscher Überlieferung mit den neuen Herren der Nachkriegszeit rangen«, hieß es in einer Publikation von 1939.[207]

Dem Geist wie der Erscheinung nach waren die großen Denkmalsanlagen der späten zwanziger Jahre Vorläufer der offiziösen NS-Architektur. Laboe wie Tannenberg wurden von den Nationalsozialisten adaptiert und erweitert, das Tannenberg-Denkmal unter aktiver Mitwirkung Hitlers. 1935, am Geburtstag des inzwischen verstorbenen Hindenburg, wurde es zur Grablege des Feldherrn und zum Reichsehrenmal erklärt. Ein anderes Denkmal aus republikanischen Jahren, die von der Stadt Nürnberg 1927–29 errichtete Kriegerehrenhalle im Luitpoldhain, bildete die Keimzelle eines der größten Bauvorhaben im Dritten Reich, des Nürnberger Parteitagsgeländes (vgl. S. 194, 210 f.). Das Regime griff zielbewußt auf die Memorialarchitektur zurück, die ihm in Pathos und Stimmung den Weg bereitet hatte.

Zurück aufs Land

Um 1930 war wieder Notzeit. Die Weltwirtschaftskrise, die durch den New Yorker Börsenkrach am 24. Oktober 1929 ausgelöst wurde, beendete das konjunkturelle Zwischenhoch. Die kurzfristigen amerikanischen Anleihen, mit denen die Produktivität der deutschen Wirtschaft gefördert und faktisch Reparationszahlungen bestritten worden waren, wurden gekündigt. Auch in der Bauwirtschaft steckten nordamerikanische Kredite. Großprojekte wie der Umbau des Berliner Alexanderplatzes hatten durch Geldgeber aus den USA finanziert werden sollen. Stadtbaurat Martin Wagner wollte durch das amerikanische Investorenkonsortium Chapman & Co. nicht weniger als 15 000 Wohnungen in Berlin-Schöneberg bauen lassen. Von der Stadt sollten sie auf 28 Jahre gemietet werden.

Alle diese Pläne wurden mit einem Schlag zunichte gemacht. Die Investitionsbereitschaft privater Kapitalgeber erlosch. Banken gingen in Konkurs. Für öffentliche Bauten brachten Staat, Länder und Kommunen kein Geld mehr auf, zumal die Regierung des Reichskanzlers Heinrich Brüning zwischen 1930 und 1932 eine strikte Deflationspolitik betrieb. Über Preußen wurde im Herbst 1931 eine zweieinhalbjährige Sperre für Hochbauten verhängt. Die Bauwirtschaft geriet in eine ihrer größten Notlagen. Als die Wirtschaftskrise mit der branchenüblichen Verzögerung voll durchschlug, sanken die Fertigstellungszahlen von 311 000 Wohnungen im Jahr 1930 auf 141 000 im Jahr 1932. Nun wurde es jedem klar, daß das Problem des Massenwohnungsbaus in der Weimarer Republik nicht dessen Ästhetik gewesen war, sondern dessen Finanzierung.

Die Zahl der Arbeitslosen lag im Winter 1931–32 bei sechs Millionen, darunter eine halbe Million Bauarbeiter. Langfristig rechnete man mit einem »Sockel« von 2,5 Millionen Menschen ohne Arbeit. Ein Teil der Arbeiterschaft sollte in landwirtschaftlicher Produktion beschäftigt werden, ein anderer Teil sich in sogenannten Nebenerwerbssiedlungen durch Gemüseanbau und Kleintierhaltung zusätzliche Einkommensquellen erschließen. Der Wechsel vom Industriearbeiter zum Ackerbürger und zurück, bei irgendwann wieder verbesserter Wirtschaftslage, war als eine Art privates Krisenmanagement gedacht.

Für den Wohnungsbau bedeutete diese Perspektive kleine Stadtrandsiedlungen, die den Bewohnern, vor allem den Erwerbslosen Selbsthilfe ermöglichten. Die Epoche der Großsiedlungen mit ihrem hohen Standard an Versorgungseinrichtungen und technischem Komfort war vorüber. »Wilde« Siedlungen, in Schrebergärten oder auf Brachland errichtet, wurden toleriert. Die Regierung unterstützte die Rückwanderung aus der Stadt und förderte nur noch Einfachstwohnungen. 1931 wurde die Größe bezuschußter Wohnungen »für die nächsten Jahre« auf 32 bis 45 Quadratmeter festgesetzt. Nur kinderreiche Familien durften Wohnungen mit bis zu sechzig Quadratmetern beziehen.[208]

Wie 1918 erschien auch 1930 die Rückkehr zum Boden als Rettung, wenn auch diese Existenz nun deutlicher als ein Leben zwischen Land und Stadt gekennzeichnet war. »Denken wir doch daran, daß die gegenwärtige Wirtschaftskrise nichts anderes als der natürliche Prozeß für eine Umschichtung und Neuformung der Arbeitsplätze ist«, interpretierte der Stadtbaurat der größten deutschen Stadt, Martin Wagner, die katastrophale Situation.[209] Wagner fragte nach der Wirtschaftlichkeit der großen Städte (»Was kostet Berlin? Und wie rentiert es sich?«) und kam zu einem negativen Ergebnis. Er empfahl planwirtschaftlich organisierte Neugründungen für nicht mehr als 50 000 Einwohner, ein Rat, den Tessenow schon unmittelbar nach dem Ersten Weltkrieg erteilt hatte.[210] Über die wünschenswerte Größe herrschten unterschiedliche Ansichten. Gottfried Feder, der unter den Nationalsozialisten vorübergehend Reichssiedlungskommissar wurde und in der Frühzeit der Partei großen Einfluß hatte, setzte sich für kleine Städte von 20 000 Einwohnern ein.

Die Forderung nach einer erneuten »deutschen Binnenkolonisation« war von vielen Seiten her ideologisch besetzt. »Der Germane verträgt die Großstadt nicht«, hatte der antisemitische Heimatbarde Adolf Bartels schon 1914 befürchtet.[211] Mit anderen Argumenten war auch die Moderne an dieser Kampagne beteiligt. Manche Anhänger des Neuen Bauens erwarteten von ihr neue Lebens- und Arbeitsgemein-

[208] Reichsgrundsätze für den Kleinwohnungsbau. In: Zeitschrift für Kommunalwirtschaft 21 (1931) 4. S. 210.

[209] Martin Wagner. Das wachsende Haus. Leipzig, Berlin, 1932. S. 1. – Ludovica Scarpa. Martin Wagner und Berlin. Braunschweig, Wiesbaden, 1986. Vor allem S. 125 ff.

[210] Heinrich Tessenow. Das Land in der Mitte. Hellerau, 1921.

[211] Zit.: Hildegard Brenner. Die Kunstpolitik des Nationalsozialismus. Reinbek bei Hamburg, 1963. S. 124.

[212] Leberecht Migge. Das grüne Manifest. 1918. In: Leberecht Migge. Der soziale Garten. Berlin, 1999. S. 15.

[213] Hugo Häring. Kunst und Strukturprobleme des Bauens. In: Zentralblatt der Bauverwaltung 51 (1931) 29. S. 429 ff.

[214] Gustav Adolf Platz. Wohnräume der Gegenwart. Berlin, 1933. S. 14.

[215] Fritz Rupp. Zwischen Scylla und Charybdis. In: Die Baugilde 9 (1927). S. 1165.

[216] Paul Schmitthenner. Das deutsche Wohnhaus. Stuttgart, 1932. S. 8.

[217] Paul Schultze-Naumburg. Kunst aus Blut und Boden. Leipzig, 1934. S. 21.

[218] Paul Schultze-Naumburg. Kunst und Rasse. Berlin, 1928. S. 43.

[219] Hermann Muthesius. Die letzten Worte eines Meisters. In: Berliner Tageblatt (1927) 522. Zit.: Karin Kirsch. Die Weissenhofsiedlung. Stuttgart, 1987. S. 206.

[220] Erich K. Hengerer. Die Holzsiedlung am Kochenhof. In: Die 25 Einfamilienhäuser am Kochenhof. Stuttgart, 1933. S. 2.

schaften, ja sogar eine Verbesserung der Erde zu intensiven Fruchtlandschaften, wie der Gartenarchitekt Leberecht Migge es formulierte: »In Zukunft: Neues Siedeln nur noch als Hülle einer neuen, natürlichen Lebensweise auf, mit und von dem Lande.«[212] Hugo Häring sah im Rückzug auf das Land sogar ein Mittel gegen den von Oswald Spengler prophezeiten Untergang des Abendlandes. Wenn laut Spengler die Kulturen an den Großstädten zugrunde gehen, so müssen die Großstädte »organhaft« aufgelöst werden, damit die Kultur gerettet wird.[213]

Konfrontationen

Notzeiten sind Gelegenheiten, Solidarität zu üben. »Warum müssen sich die Parteien hochmütig gegeneinander abschließen? Ist jemand im Vollbesitz der alleinselig machenden Wahrheit?« fragte Gustav Adolf Platz,[214] dessen Bände im Propyläen-Verlag den Brückenschlag versuchten, bei wohlwollender Bewertung der modernen Architektur. Aber gegen Ende der Weimarer Republik standen Konflikte und Polemiken auf der Tagesordnung. Vorbei waren die Jahre, in denen die gleichzeitige Tätigkeit so verschiedenartiger Temperamente wie Gropius, Kreis, Poelzig oder Tessenow wohlmeinenden Beobachtern als fruchtbarer Wettstreit erschien, vergleichbar dem »klassischen Beispiel der Geistesheroen Goethe und Schiller«.[215] Weit öfter schlug das alte Denkmuster vom Antagonismus zwischen Kultur und Zivilisation wieder durch. Die kalte Moderne verkörperte die Zivilisation, die Tradition die Kultur. »Auf der einen Seite: rechnender Verstand, Maschine, Masse, Kollektivismus; auf der anderen Seite: Gefühl, blutwarmes Leben, Mensch, Persönlichkeit. Der Siegeszug der Technik droht die Äcker der Menschheit vollends zu zerstampfen« (Paul Schmitthenner).[216]

Die Kritik am modernen Bauen reichte von begründeten Einwänden bis zu wüsten Beschimpfungen, wie sie Paul Schultze-Naumburg zu Papier brachte. Unter dem Eindruck der rassenkundlichen Lehren des Jenenser Sozialanthropologen Hans Friedrich Karl Günther ging der einstmals verdienstvolle Kulturpädagoge zu einer Polemik über, in der die Konzentrationslager der Nazis verbal bereits vorweggenommen waren. In *Kunst und Rasse* (1928) und *Kunst aus Blut und Boden* (1934) diente ihm die moderne Kunst als Beweis für den Weg zur Entartung,

Ludwig Mies van der Rohe (künstlerische Leitung). Weißenhof-Siedlung im Rohbauzustand. Stuttgart, 1927.

den das verführte Volk beschritten habe. Vor allem in der kollektiven Kunst der Architektur zeige sich die negative Auslese. Als Heilmittel empfahl Schultze-Naumburg einen »Ausmerzeprozeß«, »nach dem alle asozialen Bestandteile eines Volkes kurz und bündig ausgesondert« werden sollten.[217] Die asozialen Elemente in der Baukunst waren laut Schultze-Naumburg »eine Architektengruppe ..., die auf eine planmäßige Loslösung des Bauens von allem Volkstum hinarbeitete« und »die Beziehungen des bodenständigen Menschen zu seinem Heim ... lächerlich gemacht« habe.[218] Als positive Beispiele bildete er die rassisch offenbar einwandfreien Bauten seiner Gefährten von der Architektenvereinigung *Der Block* ab, Bonatz und Schmitthenner. Bonatz trat übrigens 1931 aus dem *Block* aus.

Keine Neuerung des modernen Bauens hat so viel Anstoß erregt wie das flache Dach. Ob das horizontale Dach praktisch war oder nicht, blieb umstritten. Dafür sprach die bessere Nutzbarkeit eines flach gedeckten obersten Stockwerks und die leichtere Eindeckung bei differenzierten Baukörpern. Dagegen ließ sich anführen, daß die Außenwände schutzlos dem Wetter preisgegeben waren, wenn das überstehende Steildach wegfiel. Probleme des Anschlusses der Dachhaut ans Mauerwerk, der Entwässerung und der Unterkonstruktion wurden in der Fachliteratur ausgiebig erörtert. Befürwortern wie Gegnern war jedoch klar, daß es sich beim Flachdach in allererster Linie nicht um eine praktische Frage handelte, sondern um eine symbolische Form. »Alle diese Dinge haben weder mit Rationalisierung, noch mit Wirtschaftlichkeit, noch mit Konstruktionsnotwendigkeit irgend etwas zu tun. Es handelt sich um reine Formprobleme«, meinte Hermann Muthesius in seiner Kritik zur Stuttgarter Weißenhofsiedlung. Es war einer der letzten Texte, die der große alte Mann der deutschen Reformbewegung vor seinem tödlichen Unfall im Oktober 1927 schrieb.[219]

In mehreren deutschen Städten kam es zu Konfrontationen, in denen die kontroversen Standpunkte für jedermann sichtbar wurden. Schmitthenner konnte die Schmach, als Stuttgarter nicht an der Weißenhof-Ausstellung beteiligt gewesen zu sein (vgl. S. 146 ff.), 1933 mit der Wohnausstellung am benachbarten Kochenhof wettmachen. Der Internationalität am Weißenhof stand die Beschränkung auf Architekten lokaler Herkunft gegenüber, der Beschäftigung mit neuen Wohnformen die Verwendung herkömmlicher Grundrisse, den technischen Experimenten der bewährte Holzbau, der kompakten Komposition eine aufgelockerte Bauweise, der die geplanten Unregelmäßigkeiten der Straßenführung einen idyllischen Zug geben sollten. Dächer mit einer Neigung von mehr als 35 Grad waren vorgeschrieben. In seiner Rolle als leitender Architekt ließ sich Schmitthenner von seinem politischen Vorbild inspirieren und verlangte für die von ihm ausgearbeiteten Gestaltungsregeln »unbedingte Unterordnung unter einen Führerwillen«.[220] Dieser »Führer« war natürlich er selbst.

Paul Schmitthenner. Häuser in der Siedlung Am Kochenhof. Stuttgart, 1933.

Hans Scharoun. Wohnhaus in der Weißenhof-Siedlung. Stuttgart, 1926–27.

Architektur in der Krise   **189**

Ernst Engelmann, Emil Fangemeyer. Wohnungsbau Fritz-Reuter-Allee in der DeGeWo-Siedlung. Berlin-Britz, 1925–27.

Bruno Taut. Wohnungsbau Fritz-Reuter-Allee in der Gehag-Siedlung (»Rote Front«). Berlin-Britz, 1925–31.

Zu einem vergleichbaren Zusammenstoß kam es bei der Berliner Großsiedlung Britz (1925–31). Den mit Walmdächern gedeckten und mit ein paar spätexpressionistischen Details verzierten Baublocks des Beamten-Wohnungs-Vereins stellten Bruno Taut und Martin Wagner ihre »Rote Front« gegenüber, eine rot gestrichene Zeile, abweisend wie eine Stadtmauer. Ihre Treppenhäuser drohen wie Wehrtürme. Bauträger war die von Gewerkschaften gegründete Gehag, die Gemeinnützige Heimstätten-Aktiengesellschaft.

Im Berliner Westen lieferte sich die Gehag mit der Gagfah, der Gemeinnützigen Aktiengesellschaft für Angestellten-Heimstätten, den »Zehlendorfer Dächerkrieg«. Die große farbenfrohe Gehag-Siedlung (1925–34) beherbergte eine soziale Schicht, die im wohlhabenden Villenvorort Zehlendorf nicht willkommen war. Dagegen sollten die individuellen Steildachhäuser, die von der Gagfah 1928–29 am Rande der Großsiedlung, am Fischtal, errichtet wurden und den Blick auf die Flachbausiedlung abblockten, die »kulturellen Bedürfnisse des Mittelstandes« erfüllen. Paul Schmitthenner war beteiligt, aber auch mehrere Meister der moderaten Moderne wie Heinrich Tessenow, Hans Poelzig, Mebes & Emmerich.

Auch die Gagfah baute mit Mitteln der Reichsversicherungsanstalt und unter Beteiligung der Reichsforschungsgesellschaft für Wirtschaftlichkeit. Dennoch wirkten ihre Häuser als steingewordene Proteste gegen die soziale Wohnungsbaupolitik der Republik, wie sie die Nachbarsiedlung repräsentierte. So wurden sie auch empfunden. Die Gagfah gab »Kunde vom Wesen eines Standes«, der Welt der bürgerlichen Angestellten, die Gehag vom »Wesen einer Klasse«, der Arbeiter. Die Gagfah verbreite unter ihren traufständigen Satteldächern die »Luft von Kleinbürgerstuben«, die Gehag »straffe geistige Disziplin statt unangebrachtem Individualismus«, resümierte die *Baugilde* mit deutlicher Präferenz für die »straffe geistige Disziplin«.[221]

Die Avantgardisten, die in den besseren Jahren der Weimarer Republik beschäftigt gewesen waren und nun nicht wußten, wie sie ihre Mitarbeiter noch halten konnten, fanden eine – brotlose – Nebenbeschäftigung in international ausgeschriebenen Wettbewerben. Bauabsichten für das Völkerbundpalais in Genf (1927), den Sowjetpalast in Moskau (zweiter Durchgang 1931), das ukrainische Staatstheater in Charkow (1930–31) ermutigten sie zu Projekten von einer

Größenordnung, die im eigenen Land realistischerweise ausgeschlossen war. Zu welchen monumentalen, zugleich aber von ihrer Umwelt abgelösten Luftschlössern die neue Architektur gelangen konnte, zeigen die – oftmals brillanten – Projekte, die Gropius, Poelzig und ihre ausländischen Kollegen einreichten. Die Realisierungschancen waren verschwindend gering, zumal in der Sowjetunion ein Wechsel in der Architekturpolitik alle modernen Vorschläge ausschloß.

Einen ungewollten und unerfreulichen Seiteneffekt hatte diese Projektarbeit. Die nationalistische Kritik machte aus der Tätigkeit für die Sowjetunion den Vorwurf eines landesverräterischen Opportunismus – und erst recht natürlich aus der Übersiedlung deutscher und Schweizer Planerteams, der »Brigaden« Ernst May, Hannes Meyer und Kurt Meyer, die 1930 Einladungen nach Rußland folgten (vgl. S. 233 f.). Der Schweizer Polemiker Alexander von Senger tat sich bei diesen Vorwürfen besonders unrühmlich hervor. Die Moderne setzte er mit »bolschewistischer Denkungsart« gleich, die Hunderttausende von Handwerkerexistenzen vernichte. Senger konstruierte ein

221 Mustersiedlung der Gagfah am Fischtalgrund. In: Die Baugilde 10 (1928). S. 1444.

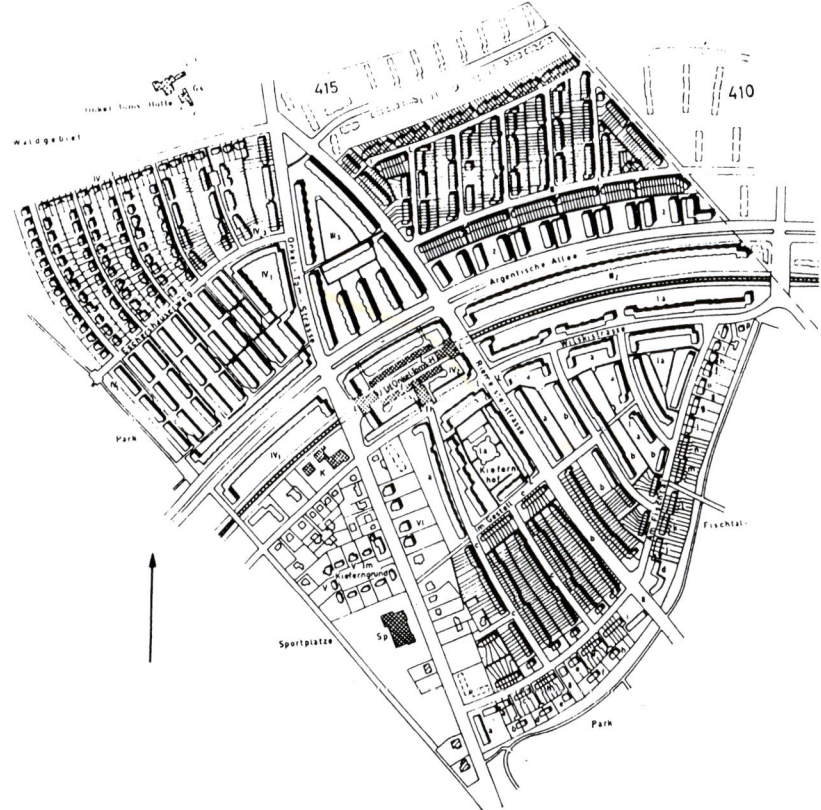

Heinrich Tessenow (Koordination), fünfzehn Architekten. Siedlung Am Fischtal (Gagfah). Berlin-Zehlendorf, 1928–29.

Bruno Taut, Martin Wagner. Siedlung Onkel Toms Hütte (Gehag). Berlin-Zehlendorf, 1926–31. Lageplan. Unten rechts die Einfamilienhäuser der Siedlung Am Fischtal.

Otto Rudolf Salvisberg. Einfamilienreihenhäuser in der Siedlung Onkel Toms Hütte (Gehag). Berlin-Zehlendorf, 1926–1928.

Architektur in der Krise

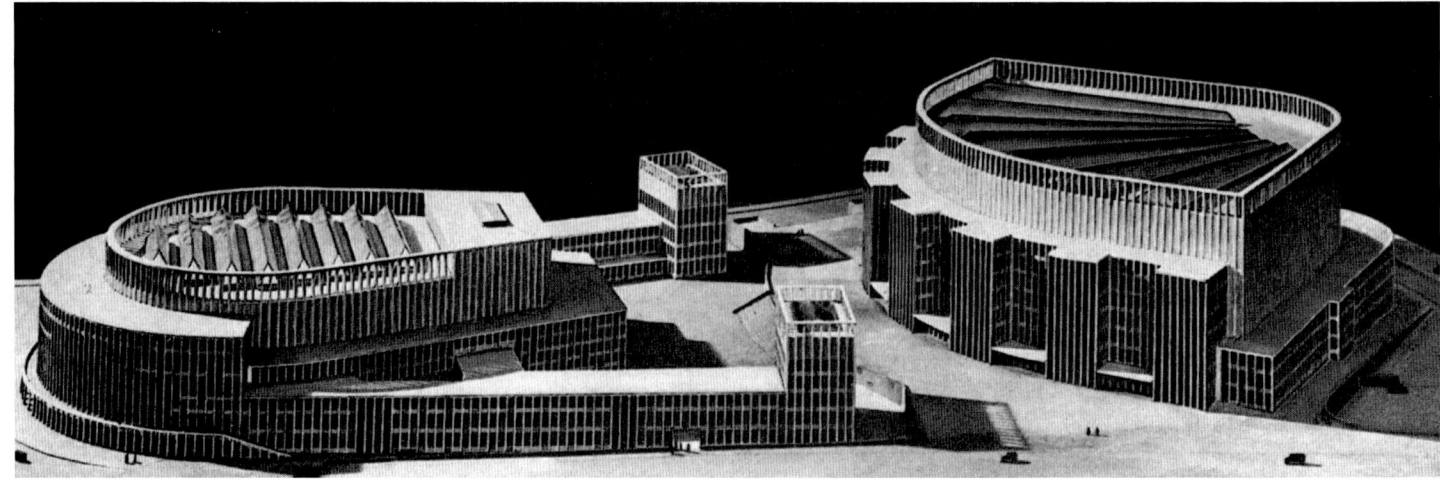

Walter Gropius. Palast der Sowjets. Moskau, 1931. Nicht verwirklichter Wettbewerbsentwurf.

Hans Poelzig. Palast der Sowjets. Moskau, 1931. Nicht verwirklichter Wettbewerbsentwurf.

[222] Alexander von Senger. Krisis der Architektur. Zürich, Leipzig, Stuttgart, 1928. S. 48, 9.

Bündnis zwischen Kommunismus und Großkapital. Auch Kapitalisten schwenkten laut Senger die *Brandfackel Moskaus* – so lautete sein Buchtitel von 1931 –, weil sie sich vom kommunistischen Modernisierungsprogramm neue Absatzmärkte im Osten versprächen. »So geschieht es, daß über der Leiche der Architektur der Kommunismus nicht nur seine Lehre verbreitet, sondern noch dazu ein doppelt vorteilhaftes Geschäft macht: er verringert das Heer seiner Gegner und vergrößert entsprechend das seinige.«[222]

Senger konnte auf Resonanz in Deutschland rechnen, weil diese Polemiken im vermeintlich neutralen Ausland formuliert waren, aber mit den Ängsten des deutschen Mittelstands übereinstimmten. Viele Unsicherheiten, die von den Fortschritten in Technisierung und Globalisierung erzeugt wurden, entluden sich im Unmut über eine Architektur, die sich diesen Entwicklungen nicht entgegenstemmte, sondern das beste aus ihnen zu machen suchte.

1933 bis 1945

Aufruf der Kulturschaffenden

Reichsparteitag der NSDAP in Nürnberg. 1934. Aus dem Film »Triumph des Willens« (1935) von Leni Riefenstahl.

Architekten sind mit keinem feineren politischen Instinkt ausgestattet als die Angehörigen anderer Berufe. Die politischen Ereignisse nach dem Regierungswechsel, der das Kabinett Adolf Hitler am 30. Januar 1933 an die Macht brachte, und vor allem die Verfolgung von Kommunisten und Sozialdemokraten nach dem Reichstagsbrand am 27. und 28. Februar hätten Warnung genug sein können. Mit dem Ermächtigungsgesetz, das Hitler am 23. März in den Reichstag einbrachte, konnte die Regierung Gesetze ohne die Zustimmung des obersten parlamentarischen Gremiums verabschieden, auch solche, die von der Verfassung abwichen. Das war das vorläufige Ende der Demokratie in Deutschland.

Gleichschaltung

Eines dieser Gesetze war das *Gesetz zur Wiederherstellung des Berufsbeamtentums,* mit dem auch berufsständische Interessen von Architekten massiv beeinträchtigt wurden. Im absurden Widerspruch zum schönfärberischen Titel des Gesetzes konnten mißliebige Hochschullehrer und Beamte in Bauverwaltungen, vor allem »nichtarische«, entlassen werden. Die Liste der Betroffenen liest sich wie eine Ehrentafel der neueren Kunst und Architektur, ihrer Auftraggeber und Bauherren.

Das Bauhaus war bereits in Dessau ins Fadenkreuz der Nationalsozialisten geraten, zum Inbegriff des »Kulturbolschewismus« erklärt und aus Dessau vertrieben worden. Mies van der Rohe führte es noch ein Semester lang als Privatschule in Berlin-Lankwitz weiter. Auf dieser dritten und letzten Etappe wurde es im April 1933 nach einer Hausdurchsuchung – angeblich vorübergehend – geschlossen. Drei Monate später löste es sich auf Beschluß seines Lehrerkollegiums endgültig auf. Zahlreiche Schulen und Akademien im Reich ereilte ein ähnliches Schicksal, wobei wirtschaftlich bedingte, in die Ära des Reichskanzlers Brüning zurückreichende Sparmaßnahmen und politisch gewollte Strafaktionen Hand in Hand gingen. Führende Architekten der Weimarer Republik wurden unter Vorwänden mit politisch motivierten Zivilprozessen, Schadensersatzklagen oder Polemiken überzogen.

Dessenungeachtet verliefen die Anpassungen ans Regime bemerkenswert reibungslos. Für sie bürgerte sich das abstruse Wort »Gleichschaltung« aus der Elektrotechnik ein. Die Preußische Akademie der Künste schloß auf Druck des Erziehungsministers bereits wenige Tage nach Hitlers Regierungsantritt die Mitglieder Käthe Kollwitz und Heinrich Mann aus. Doch nur einer, Stadtbaurat Martin Wagner, reagierte aus diesem Anlaß sofort mit Rücktritt. Im Bund Deutscher Architekten, der wichtigsten Vertretung der privaten Architekten, kündigte der neu gewählte Präsident Eugen Hönig ein nationales Aufbauprogramm an. »Und merkwürdig, jeder ehrlich Wollende findet unser Vorgehen in Ordnung«, stellte der altgediente SA-Mann Carl Christoph Lörcher zu den Gleichschaltungen mit Verwunderung fest.[1] Unter »ehrlich Wollenden« waren natürlich Parteigenossen und Sympathisanten der Nazis gemeint.

Iwao Yamawaki. Der Schlag gegen das Bauhaus. 1932. Fotomontage.

[1] Carl Christoph Lörcher. Gleichschaltung. In: Die Baugilde 15 (1933) 10. Zit.: Anna Teut. Architektur im Dritten Reich. Bauwelt Fundamente 19. Frankfurt am Main, Berlin, 1967. S. 87.

195

Lörcher übernahm im Sommer 1933 den Vorsitz des Deutschen Werkbunds, wo er den wendigen Taktierer Ernst Jäckh ablöste. Im Spätherbst desselben Jahres wurde er als Nachfolger Hönigs auch Präsident des Bundes Deutscher Architekten. Keiner der beiden Organisationen ist seine Leitungstätigkeit gut bekommen. In vorauseilendem Gehorsam kollaborierten sie mit dem Kampfbund für Deutsche Kultur und wurden der neu gegründeten, von Hönig geleiteten Reichskammer der Bildenden Künste eingegliedert. In ihr gingen BDA wie Werkbund schließlich auf. Nur wer der Kammer angehörte und ihren Bedingungen entsprach, durfte sich Architekt nennen. Wurde er nicht aufgenommen, kam es einem Berufsverbot gleich. Arierklauseln wendeten BDA wie Werkbund in willfähriger Eile schon 1933 an, bevor es andere Vereinigungen taten. Abstimmungen fanden nicht mehr statt, Vorstände wurden ernannt und nicht gewählt. Walter Gropius, Martin Wagner und der Formgestalter Wilhelm Wagenfeld hatten den Mut, gegen die Gleichschaltung des Werkbunds zu votieren und ihren Protest durch Rücktritte aus dem Vorstand öffentlich zu machen.

Was und wen das NS-Regime als Vorbilder schätzte und welche es ablehnte, konnte man den Äußerungen seines Führungspersonals früh entnehmen. Geduldet wurden weder »kubistisch dadaistischer Primitivitätskult« noch die Bremer »Böttcherstraßen-Kultur« (vgl. S. 106).[2] Gegen »Dessauer Wohnmaschinen« andererseits polemisierte Alfred Rosenberg, Parteiideologe und Gründer des Kampfbundes für Deutsche Kultur.[3] Kampfparolen gegen die »Cliquen« der »Systemzeit« – das Schmähwort der Nationalsozialisten für die Weimarer Republik – gehörten zum Repertoire der neuen Führungsclique.

Auch was das Regime in seiner Architekturpolitik anstrebte, hätte nicht das Rätselraten auslösen müssen, dem sich die Fachschaft noch lange nach der Machtübernahme hingab. Die Forderung nach Prachtbauten der Gemeinschaft und das Vorbild der Antike finden sich bereits in Hitlers Rechtfertigungsschrift *Mein Kampf* (1925–26). In seiner ersten sogenannten Kulturrede auf dem Nürnberger Parteitag 1933 behauptete der Reichskanzler, jedes heroische Zeitalter habe sich auf heroische Vergangenheiten bezogen. Griechen und Römer hätten den rassisch verwandten Germanen so nahegestanden, daß man getrost ihrer »erziehenden und führenden Mission« folgen könne. Es sei allemal besser, »Gutes nachzuahmen, als neues Schlechtes zu produzieren«.[4]

Trotz dieser deutlichen Willensäußerungen bemühten sich in den ersten zwei Jahren nach Anbruch des Dritten Reiches viele Personen und Meinungsfraktionen, die Architekturpolitik der Nazis zu erkunden und in ihrem Sinne zu beeinflussen. Vor allem die Architekten, die auf Heimatverbundenheit und Deutschtum gesetzt hatten, hofften jetzt, ihre Ernte in die Scheuer zu fahren. Fritz Höger, der erfolgreiche Baumeister im norddeutschen Raum, hatte schon 1931 versucht, eine persönliche Begegnung mit Hitler herbeizuführen, und den Parteiführer selbstbewußt wissen lassen, eine solche Kontaktnahme werde für beide Seiten folgenreich ausfallen.[5] Paul Schmitthenner machte sich 1933 Hoffnungen, zum obersten Repräsentanten in Sachen Baukunst aufzurücken. Baumeister, »die aufrecht den Kampf gegen das Internationale, Undeutsche und Untüchtige geführt« hätten, sollten nun die Führung übernehmen.[6] Bernhard Hoetger zeigte 1936 in Bremen und Nürnberg, unbeeindruckt von der Führer-Kritik an seiner Bremer Böttcherstraße, ein »Deutsches Forum« auf hakenkreuzförmigem Grundriß. Adolf Abel, auch er von Hitler gescholten, lieferte gleichfalls im Wettbewerb für ein »Haus der Arbeit« 1934 ein schamlos opportunistisches Projekt über einem Hakenkreuz.

Viele, die sich frühzeitig in Partei oder Kampfbund engagiert hatten, gingen leer aus, zur stillen Genugtuung ihrer Gegner und zur eigenen Frustration. »Man trägt heute wieder deutsches Herz mit Steildach und ist braun getarnt«, vermerkte Emil Högg bitter,[7] ein alter Streiter wider die neue Architektur. Höger erhielt im Dritten Reich keine staatlichen und nur noch wenige private Aufträge. Schultze-Naumburg ließ sich bei der Umgestaltung des Nürnberger Opernhauses unklugerweise auf einen persönlichen Streit mit Hitler ein. Auch Schmitthenner zog sich mehrmals den Unmut des obersten Bauherrn der Nation zu. Im Laufe der braunen Jahre bekannte er sich zu Adalbert Stifters »sanftem Gesetz« und rühmte das Kleine und Unscheinbare, das »stille Weben und Wachsen«.[8] In der Ära megalomanen Bauens kamen solche Worte dem Defätismus gleich.

Aus der Sicht der alten Kämpfer erschien die Architekturpolitik der Partei nach 1933 als Abkehr von gemeinsamer konservativer Tradition. In der Per-

[2] Adolf Hitler. Rede auf der Kulturtagung der NSDAP in Nürnberg 1933. In: Berliner Lokalanzeiger, 2. 9. 1933.

[3] Alfred Rosenberg. Der kommende Stil. In: Völkischer Beobachter, 14. 7. 1933. Zit.: Anna Teut. Architektur im Dritten Reich. Bauwelt Fundamente 19. Frankfurt am Main, Berlin, 1967. S. 89.

[4] Adolf Hitler. Rede auf der Kulturtagung der NSDAP in Nürnberg 1933. In: Berliner Lokalanzeiger, 2. 9. 1933.

[5] Fritz Höger an Adolf Hitler, 4. 12. 1931. Staatsarchiv Hamburg.

[6] Paul Schmitthenner. Baukunst im Neuen Reich. München, 1934. S. 38.

[7] Emil Högg. Deutsche Baukunst – gestern – heute – morgen. In: Das Bild (1934). Zit.: Anna Teut. Architektur im Dritten Reich. Bauwelt Fundamente 19. Frankfurt am Main, Berlin, 1967. S. 126.

[8] Paul Schmitthenner. Das sanfte Gesetz in der Kunst. In: Straßburger Monatshefte 7 (1943). S. 29 ff.

spektive der Führungsriege dagegen lag sie nahe. Ein Staat, der Weltmachtambitionen entwickelte und Industrie und Rüstungswirtschaft auf oberstem technologischem Niveau betreiben wollte, konnte sich bei seinen repräsentativen Bauaufgaben nicht durch die »Rückwärtse« und deren »krause Welt romantischer Vorstellungen« vertreten lassen.[9] Für die Imponierarchitektur von Staat und Partei waren Lösungen gefragt, die keinen Zweifel daran zuließen, daß in diesem Land mit harter Hand und imperialem Anspruch regiert wurde.

Auch die Avantgarde, die nun keine mehr sein sollte, strengte sich an, den Nationalsozialisten klarzumachen, wie sehr sie selbst als Elite für die nationale Erhebung tauge. Mies van der Rohe ging dabei in den Augen seiner Berliner Kollegen vom Neuen Bauen zu weit, als er 1934 einen peinlichen *Aufruf der Kulturschaffenden* unterzeichnete, der im Parteiorgan *Völkischer Beobachter* erschien: »Wir glauben an diesen Führer, der unsern heißen Wunsch nach Eintracht erfüllt hat.« Seine Unterschrift stand zwischen der des Kunsthistorikers Wilhelm Pinder und – ausgerechnet! – der Paul Schultze-Naumburgs.[10] Doch auch Gropius und die Seinen ließen nichts unversucht, das Prinzip der Sachlichkeit zum urdeutschen Anliegen zu erklären und sich als die besseren Deutschen darzustellen.

Leicht war diese Argumentation nicht zu führen, da die Neuerer immer auf Internationalität Wert gelegt hatten. Zur Zeit der Machtergreifung war es noch kein Jahr her, daß die führenden deutschen Modernisten in einer Ausstellung des New Yorker Museum of Modern Art unter dem Etikett *International Style* vorgestellt worden waren. Jetzt verfaßte Hugo Häring, der frühere Sekretär des *Ring*, eine Schrift *Zur Wiedererweckung einer deutschen Baukunst* und erklärte darin die ganze deutsche Reformbewegung seit Werkbund und *Ring* zum urdeutschen Stil. Gropius fand die Schrift ausgezeichnet und spielte sie im Propagandaministerium »in die richtigen Hände«.[11]

Theodor Fischer, selbst kein Avantgardist, erklärte 1933 in einer couragierten Rede (vgl. S. 182) ausgerechnet vor dem Kampfbund für Deutsche Kultur, die neue Architektur sei der einzige Stil, den die Deutschen selbst erschaffen hätten. Die Gotik kam aus Frankreich, Renaissance, Barock und Rokoko aus den »welschen« Ländern. Nur die Moderne, meinte Fischer vereinfachend, war eine deutsche Erfindung. Die Welt habe das Land darum beneidet. »Heroisch ist der Sinn zum Neuen – und deutsch dazu.«[12]

Bei den Bemühungen, dem Regime die Architekturmoderne doch noch nahezubringen, beriefen sich die Autoren gern auf die Position, die Futurismus und *architettura razionale* im faschistischen Italien Mussolinis einnahmen, dem ideellen und nach 1935 auch politischen Verbündeten NS-Deutschlands. Mit der Behauptung, die neue Architektur sei eine ausschließlich deutsche Angelegenheit gewesen, ging die Verklärung der italienischen Bauleistungen zwar nicht besonders gut zusammen. Aber die Kompromißlosigkeit der Futuristen, ihre Härte, der antibürgerliche Affekt, die Faszination durch die Technik, das waren Tugenden, mit denen die deutschen Verteidiger des Neuen Bauens auch ihre Sache den Nazis nahezubringen versuchten. In diesem Zusammenhang wertete man es als einen Hoffnungsschimmer, daß 1934 unter der Schutzherrschaft des Propagandaministers Joseph Goebbels in Berlin eine Futuristen-Ausstellung stattfinden konnte.

Auf den Kreis um Goebbels, den sie in einer Gegenposition zum Kampfbund Rosenbergs wähnten, hofften manche Architekten aus dem modernen Lager. Andere nahmen nicht alles so ernst, wie es war. Wer in der Provinz und nicht im Zentrum der Macht saß, mochte ohnehin denken, der Spuk werde nicht länger dauern als die Regierungskoalitionen der Weimarer Republik. Rudolf Schwarz, dessen Aachener Kunstgewerbe- und Handwerkerschule gleichfalls auf der Abschußliste stand, meinte ironisch, früher hätten im Kultusministerium alte Leute gesessen, die wenig Ahnung hatten. Nun säßen dort junge Leute, die auch keine Ahnung hätten. Was habe sich also geändert? »Nur über den Kulturbolschewismus können wir uns vorläufig noch nicht einigen.«[13]

Das Regime artikuliert sich

Mit großer Spannung wurden die ersten Wettbewerbe im Dritten Reich erwartet, galten sie doch als Indiz für die künftige Baupolitik. Die Konkurrenz für einen Berliner Erweiterungsbau der Reichsbank, ausgeschrieben im Februar 1933, gab noch Anlaß zu falschen Hoffnungen. Unter den dreißig eingeladenen Büros befanden sich auch Meister des Neuen Bauens, Gropius, Mies, Poelzig, Otto Haesler aus Celle und

[9] Adolf Hitler. Rede auf der Kulturtagung der NSDAP 1934. In: Völkischer Beobachter, 6. 9. 1934.

[10] Aufruf der Kulturschaffenden. In: Völkischer Beobachter, 18. 8. 1934. Die Vorgeschichte dazu in: Peter Hahn. bauhaus berlin. Weingarten, 1985. S. 147 f.

[11] Hugo Häring. Zur Wiedererweckung einer deutschen Baukunst. Typoskript im Bauhaus-Archiv, Berlin. Neuerdings in: Matthias Schirren. Hugo Häring. Ostfildern, 2001. S. 346 ff. – Walter Gropius an Hugo Häring, 20. 1. 1934. Typoskript. Bauhaus-Archiv, Berlin.

[12] Theodor Fischer. Gedanken zur neuen künstlerischen Form. Vortrag 8. 10. 1933 in Augsburg. In: Baumeister 32 (1934) Beilage Heft 1. S. B1 ff.

[13] Rudolf Schwarz an Curt Georg Heise, 13. 11. 1933, und Paula Schwarz, 1. 6. 1933. Archiv Schwarz, Köln.

Friedrich Lipp, Werry Roth. Theater. Dessau, 1935–38.

[14] Wolfgang Schäche. Architektur und Städtebau in Berlin zwischen 1933 und 1945. Die Bauwerke und Kunstdenkmäler von Berlin. Beiheft 17. Berlin, 1991. S. 158 ff.

[15] Paul Sigel. Exponiert. Deutsche Pavillons auf Weltausstellungen. Berlin, 2000. S. 128.

[16] Egon Eiermann. Das Theater in Dessau und die Baukunst von heute. In: Bauwelt 26 (1935) 19. S. 225 ff.

[17] Hans Kiener. Der Baumeister des Hauses [Haus der Kunst]. In: Die Kunst im Dritten Reich 1 (1937) 7–8. S. 19.

Heinrich Wolff. Gebäude der Reichsbank. Berlin, 1933–40. Aufnahme vor der Errichtung des Erweiterungsbaus für das Auswärtige Amt von 1996–99.

Richard Döcker aus Stuttgart. Aber dieser Wettbewerb war in den letzten Tagen der Republik vorbereitet und die Teilnehmerliste so kurz nach den Ereignissen vom 30. Januar nicht mehr redigiert worden. Der symmetrisch-repräsentative, gleichwohl unverkennbar moderne Entwurf von Mies gelangte sogar in die engere Wahl und wurde von der Jury als besonders großartig gelobt. Daß Hitler, formal dazu nicht berechtigt, sich für den Vorentwurf des Baudirektors der Deutschen Bank Heinrich Wolff entschied, gab jedoch die Richtung vor.

Mit dem gewaltigen Baukörper, der fünf Straßenblöcke einnahm, und einer Stahlkonstruktion hinter der Sandsteinfassade war Wolffs Bau eigentlich ein hochmodernes Verwaltungsgebäude.[14] Nur sah man es ihm nicht an. Signale der Macht setzte Wolff relativ sparsam. So zurückhaltend würde es in Zukunft nicht mehr abgehen. Das Auffälligste an dem einigermaßen langweiligen und bürokratischen Haus wurde seine Nutzungsgeschichte, die einen Schnellkurs durch deutsche Geschichte vermittelt. Nach dem Geldinstitut, das den Zweiten Weltkrieg finanzieren half, beherbergte es in Zeiten der DDR die Parteileitung der Sozialistischen Einheitspartei (SED), nach der Wende die Abgeordneten der Volkskammer und schließlich, um ein Vorgebäude ergänzt, das Auswärtige Amt des wiedervereinigten Deutschlands.

Bei dem Wettbewerb für »Häuser der Arbeit«, den die Deutsche Arbeitsfront als Nachfolgerin der Gewerkschaften ausschrieb, nahmen auch moderne Architekten teil und ließen auf ihren Ansichtszeichnungen munter die Hakenkreuzfahnen flattern. Mies

wurde 1934, möglicherweise auf Betreiben von Albert Speer, sogar aufgefordert, sich an der Konkurrenz für einen Deutschen Pavillon auf der Weltausstellung in Brüssel (1935) zu beteiligen. Aus allen diesen Projekten wurde nichts. Die Arbeitsfront durfte ihre »Häuser der Arbeit« nicht bauen, und das Reich gab das Baugelände des Brüsseler Pavillons zurück. Eine Entscheidung für oder gegen die Moderne war daraus nicht abzulesen. Hitler hätte für Brüssel allerdings den Beitrag der Architekten Ludwig und Franz Ruff vorgezogen, die auf dem Nürnberger Parteitagsgelände das Kongreßgebäude bauten.[15]

Als 1935 der Wettbewerb für ein Theater in Dessau entschieden wurde, hatten sich die Fronten geklärt. Es waren 250 Einsendungen, aber bestenfalls zehn, die ehrlich ihren Weg suchten, resümierte Egon Eiermann, selbst ein abgewiesener Teilnehmer, mit erstaunlicher Offenheit: »Falsche Monumentalität feiert Feste.«[16] Gebaut wurde ein klotziger Bau mit zwölf kolossalen Pfeilern an der Eingangsseite und einer Abfolge unzähliger Pilaster an den anderen Fronten. Innen wurde einem höfischen Rangtheater der Vorzug gegeben, als sei der gute Fürst Franz noch Herrscher über die anhaltinische Residenzstadt und nicht eine Partei, die der Volksgemeinschaft das Wort redete. Ein Jahrzehnt zuvor und ein paar hundert Meter Luftlinie entfernt hatte Walter Gropius das Bauhaus-Gebäude errichtet. Das neue Theater war ein Gegenmanifest.

Zu diesem Zeitpunkt waren die ersten Großaufträge für Partei- und Staatsbauten schon vergeben und die Weichen damit gestellt. Zum ersten »Baumeister des Führers« war der Münchner Architekt Paul Ludwig Troost geworden, den Hitler 1930 im

Haus des Verlegers Hugo Bruckmann kennengelernt hatte. Troost war bis dahin durch monumentale Landhäuser und durch Ausstattungen für Luxusdampfer des Norddeutschen Lloyd bekannt geworden, nicht aber durch Großbauten. Schon vor der Machtübernahme wurde er beauftragt, das klassizistische Palais Barlow an der Brienner Straße zum Parteihaus, zum »Braunen Haus« umzubauen.

Sofort nachdem Hitler Reichskanzler geworden war, durfte Troost, Mitglied der NSDAP seit 1930, den Umbau und die Komplettierung des Münchner Königsplatzes zur Weihe- und Versammlungsstätte für die »Hauptstadt der Bewegung« und »Hauptstadt der deutschen Kunst« planen. Gleichzeitig übertrug Hitler ihm das Haus der Kunst an der Prinzregentenstraße, das vier Jahre später, 1937, eröffnet wurde. Troost wurde von Hitler als künstlerische Autorität akzeptiert. Privatim sprach er respektvoll vom »Professor«, öffentlich vom größten Baumeister, den Deutschland seit Karl Friedrich Schinkel besitze. Die vorübergehende Disziplinierung von Hitlers Geschmack, der am aufwendig-prächtigen 19. Jahrhundert orientiert war, ging auf Troost zurück, wie immer man das Ergebnis beurteilen mag.

Paul Ludwig Troost. Umgestaltung und Ergänzung des Königsplatzes. München, 1933–36. Platzfläche mit Granitplatten gepflastert, am östlichen Platzrand Ehrentempel und Verwaltungsgebäude.

Trockene Schärfe der Details, Reliefbildung mit Hilfe rechteckiger Wandfelder und Kassetten, rechtwinklig geschnittene (und nicht gekehlte) Gesimse, präzise Teilungen und symmetrische Beziehungen, die Zucht und Ordnung verkörperten, die Betonung von Tragen und Lasten, die Simplizität des Gesamtbildes, für die sich in der zeitgenössischen Literatur das kuriose Wort von der leichten »Schaubarkeit« findet,[17] wurden für die offizielle Architektur der ersten Jahre verpflichtend, nachdem Hitler sie sich zu eigen gemacht hatte. Ornament am Außenbau war so gut wie ausgeschlossen. Ausgenommen waren die Hoheitsembleme, die wie Broschen an die kahlen Mauerflächen geheftet wurden. Dieser Klassizismus der Reduktion hatte die Schule der Moderne absolviert und manche ihrer Lehren beherzigt.

Troost starb bereits 1934. Er erhielt ein Staatsbegräbnis, an dem Hitler teilnahm.[18] Den Weg hatte Troost vorgezeichnet. Bei ihm sei es Hitler »wie Schuppen von den Augen gefallen«, überlieferte Speer.[19] Nicht nur Idylliker und Heimattreue hatten bei den großen Aufträgen des Regimes keine Chancen mehr, sondern auch Leute wie Poelzig, von dem Speer nach Kriegsende meinte, dessen rhythmisierter Massenstil hätte die Bedürfnisse des Regimes besser befriedigen können als die Antikenadaption à la Troost.[20] Aber die Monumentalität Poelzigs entsprach nicht Hitlers Vorstellungen von Monumentalität.

[18] Karl Arndt. Paul Ludwig Troost als Leitfigur der nationalsozialistischen Repräsentationsarchitektur. In: Iris Lauterbach (Hg.). Bürokratie und Kult. Das Parteizentrum der NSDAP am Königsplatz in München. München, Berlin, 1995. S. 147 ff.

[19] Albert Speer. Erinnerungen. Frankfurt am Main, Berlin, 1969. S. 54.

[20] Gespräch mit Albert Speer. Heidelberg, 6. 4. 1977. In: Wolfgang Pehnt. Die Erfindung der Geschichte. Aufsätze und Gespräche zur Architektur unseres Jahrhunderts. München, 1989. S. 130.

Paul Ludwig Troost. Haus der Kunst. München, 1933–37.

Aufruf der Kulturschaffenden

Hanns Dustmann. Hitlerjugend-Heim Hermann Göring. Melle, Niedersachsen, 1937–38.

[21] Albert Speer. Erinnerungen. Frankfurt am Main, Berlin, 1969. S. 144.

[22] Hubert Schrade. Bauten des Dritten Reiches. Leipzig, 1937. S. 38.

[23] Werner Rittich. Architektur und Bauplastik der Gegenwart. Berlin, 1938. S. 123.

Carl Vessar. Jugendherberge. Eichstätt, Bayern, 1936.

Ganz abgesehen davon, daß Poelzig als einflußreicher Baumeister der Weimarer Republik in den Augen der Nationalsozialisten zu den Kulturbolschewisten zählte.

Speer selbst, ein Schüler Heinrich Tessenows und zum Zeitpunkt von Troosts Tod ganze 28 Jahre alt, hatte sich durch die Dekoration nationalsozialistischer Festlichkeiten in Parteikreisen angenehm gemacht, aber außer seiner Jugend und einer guten Ausbildung sonst so gut wie nichts aufzuweisen. Daß die Würde des zweiten Führer-Baumeisters auf ihn fiel, hat er selbst in seinen Memoiren mit der psychologisch einleuchtenden Beobachtung begründet, Hitler habe vor Menschen, die ihm fachlich überlegen waren, Scheu empfunden. Einem jungen unbekannten Architekten gegenüber mußte er solche Minderwertigkeitsgefühle nicht haben, sondern konnte ihn nach seinem Willen formen.[21]

Aus einem Geiste, aber verschieden

Zu den Merkwürdigkeiten der nationalsozialistischen Baupolitik gehört, daß die politische Diktatur nicht mit einem sich auf alle Aufgaben erstreckenden Geschmacksreglement zusammenging. Das Neue Bauen, das sich als Architekturstil der demokratischen Republik verstand, hatte eine Form angestrebt, die für alle Lebensbereiche von der Villa bis zum Sportstadion verbindlich war. Dagegen ließ ausgerechnet das autoritäre Regime unterschiedliche Äußerungen je nach Zweckbestimmung der Bauten zu. Der mehr oder weniger einheitliche Auftritt der modernen Architektur wurde als Gleichmacherei verurteilt. Zwar plante der Nationalsozialismus seine Foren mit kilometerlangen Achsen, mit rigider Symmetrie, mit menschenverachtenden ornamentalen Stadtfiguren. Aber er verzichtete auf die Festlegung eines einheitlichen Repertoires für sämtliche Bausparten.

Dieser nach Bauaufgaben sortierte Eklektizismus ist in der zeitgenössischen Publizistik unterschiedlich kommentiert worden. Hubert Schrade mutmaßte, der alles beherrschende Stil werde sich schon noch einstellen: »Neue Stile brauchen Zeit zum Wachsen.«[22] Andere Autoren sahen in der Aufteilung der Formensprachen auf die verschiedenen Arbeitsfelder nicht eine Verlegenheit, sondern eine gewollte Wahl. »Ein Übernehmen der Form aus der einen in die andere Gruppe oder gar eine Vermengung könnte zwar zu einem einheitlichen Stil führen. Die Bauten aber verlören ihren Charakter, wären nicht mehr die Verkörperung der geistigen und materiellen Antriebe unseres heutigen Denkens und Lebens.«[23] Reichsjugendführer Baldur von Schirach folgerte: »Wir bauen Großbauten und kleinste Heime aus *einem* Geiste,

Hermann Giesler. Ordensburg. Sonthofen, Allgäu, 1934–42.

Guido Harbers (Koordination), Wohnungsreferat der Stadt München. Siedlung München-Ramersdorf, 1934.

aber wir lösen die verschiedenen Aufgaben verschieden.«[24]

So entsprachen die Großbauten von Staat und Partei dem von Troost vorgeprägten ausgemagerten Neuklassizismus, den Hitler und die Publizistik des Dritten Reiches »germanische Tektonik« nannten.[25] Autobahnraststätten, Straßenmeistereien, Heime der Hitlerjugend, Jugendherbergen, Kraft-durch-Freude-Freizeitstätten und auch die Ordensburgen, in denen die künftige Elite zu arischen Herrenmenschen gedrillt werden sollte, nahmen regionale Elemente auf, setzten lokale Baustoffe ein und beschäftigten »bodenständiges Handwerk«. Laut Hanns Dustmann, Reichsarchitekt für HJ-Heime, sollten gerade Bauten für die Jugend »das Lied ihrer Landschaft singen« und »die Mannigfaltigkeit unserer Gaue spiegeln«.[26] Beim Industriebau war technikbewußter Funktionalismus nicht nur zugelassen, sondern erwünscht.

»Deutsches Herz mit Steildach« – Emil Höggs Formulierung – war zuständig für Einfamilienhäuser und pseudoländliche Mustersiedlungen, wie sie in Mascherode bei Braunschweig (begonnen 1936), Schlageterstadt bei Düsseldorf (1936–37) oder München-Ramersdorf (1934, aber schon vor 1933 vorbereitet) entstanden. Nach den Großsiedlungen im Umfeld der großen Städte, die vor der Weltwirtschaftskrise möglich waren, legte die Diktatur im wesentlichen Wohnungsbauprogramme auf, die an bestehende Ortskerne angebunden wurden. Kleinere und mittlere Städte oder Betriebe und Wehrmachtsformationen folgten der Linie, die der Kleinwohnungsbau der Brüningschen Notverordnungen vorgezeichnet hatte. »Der den Lockungen der Großstadt und dem vermeintlichen Komfort der Mietskaserne erlegene Land- und Bodenflüchtige wird wieder den Pflug in die Hand nehmen und die Mietskaserne mit dem erdnahen Bauernhaus vertauschen«, hatte Karl Willy Straub 1932 prophezeit.[27] Sehr bald machte die Nazipropaganda die Binnen- zur Außenkolonisation, und das hieß vor allem: zur Ostkolonisation, zur Forderung nach Expansion in den ost- und südosteuropäischen Raum.

Zum Teil läßt sich der Pluralismus des nationalsozialistischen Bauens mit der Konkurrenz der

[24] Baldur von Schirach. Gedanken zum Bauen der Jugend. In: Die Kunst im Dritten Reich. Die Baukunst 4 (November 1940) 11. S. 175.

[25] Hans Kiener. Germanische Tektonik. In: Die Kunst im Dritten Reich 1 (1937) 2. S. 48 ff.

[26] Hanns Dustmann. Vom Bauen der Hitler-Jugend. In: Der Deutsche Baumeister (1940) 1. S. 6.

[27] Karl Willy Straub. Die Architektur im Dritten Reich. Stuttgart, 1932. S. 40.

Jürgen Siebrecht, Gauheimstättenamt der DAF Mainfranken. Siedlung. Erlenbach, 1930er Jahre.

Aufruf der Kulturschaffenden

[28] Kreismuseum Wewelsburg (Hg.). Wewelsburg 1933 bis 1945. Kult- und Terrorstätte der SS. Paderborn, 1987.

[29] Adolf Hitler. Rede auf der Kulturtagung der NSDAP in Nürnberg 1935. In: Die Kunst im Dritten Reich 1 (1937) 7–8. S. 14.

Hermann Bartels. Umgestaltung der Wewelsburg. Büren bei Paderborn, 1936–43. Kuppelsaal im Nordturm.

Bauherren erklären. Rivalität der einzelnen Partei- und Staatsorganisationen gehörte zur Strategie Hitlers und konnte zum grotesken Wirrwarr der Zuständigkeiten zwischen Ämtern, Ministerien und Sonderbeauftragten führen. Es war ein Chaos, das dem »Führer« die Rolle des obersten Richters zwischen widerstreitenden Interessengruppen sicherte. Dementsprechend lassen sich auch in der Bauproduktion Unterschiede zwischen den Baustäben der Deutschen Arbeitsfront, der Reichsjugendführung, des Volksbundes Deutscher Kriegsgräberfürsorge, der Organisation Todt und sogar zwischen den einzelnen Waffengattungen der Wehrmacht erkennen. Narrenfreiheit genoß der Reichsführer SS Heinrich Himmler, wenn er einem männerbündlerischen Nordlandkult huldigte und die Wewelsburg bei Paderborn erst zu seinem Wohnsitz, zur Schulungsstätte für SS-Führer und dann zu einer ganzen SS-Stadt ausbauen wollte. Im Nordturm entstand über einem Totenraum, einer Walhalla, ein kreisrunder Saal mit Sonnenrad im Marmorboden, ein Gralstempel im Lande Herzog Widukinds und Hermanns des Cheruskers.[28]

Selbst bei den repräsentativen Parteiplanungen behauptete Hitler, auf den Wettstreit der einzelnen Gauhauptstädte und auf eine Vielfalt der Handschriften zu setzen. Vielfalt allerdings offenbart sich den Augen der Nachwelt nicht. Ob die Gebäude entlang den geplanten Prachtstraßen und an den grandiosen Foren von Behrens, Bestelmeyer, Bonatz, Gall, Giesler, Kreis, Sagebiel, Speer oder einem der weniger bekannten Architekten entworfen wurden, nahm sich nicht viel. Der Zuschnitt der großen Baublöcke, die geforderten Werksteinfassaden, die einheitlichen Traufhöhen, die ausladenden Gesimse sorgten von sich aus für Monotonie.

Der beabsichtigte Stilpluralismus zwischen den, wenn auch nicht innerhalb der Baugattungen mochte oft genug durch mehr oder weniger zufällige Machtkonstellationen bedingt sein. Im Endergebnis funktionierte er im Sinne der Herrschaftsstabilisierung. Denn er befriedigte die Erwartungen unterschiedlicher Gesellschaftsschichten, auf deren Unterstützung der Nationalsozialismus angewiesen war. Die Kleinbürger, die von den Großsiedlungen der Weimarer Republik Proletarisierung befürchteten, beruhigte das Häuschen im Garten. Der Jugend kam Fachwerk- und Burgen-Romantik entgegen. Der Rationalität und dem Renditedenken der Großindustrie entsprachen die funktionalen Planungen auf dem Werksgelände. Mit Troostschem Klassizismus konnte man den Respekt bildungsbürgerlicher Kreise gewinnen, deren Architekturvorstellungen an Schinkel und Klenze geschult waren. Ob die Unterschiedlichkeit des stilistischen Ausdrucks nun vorausberechnet war oder nicht, sie erwies sich als taktisch kluges Verhalten.

In der Hierarchie der Aufgaben standen natürlich die Bauten für Staat und Partei obenan. »Was den Städten des Altertums und des Mittelalters die charakterlichen und damit bewunderungswürdigen Züge verlieh, war nicht die Größe der bürgerlichen Privatgebäude, als vielmehr die sich weit darüber erhebenden Dokumente des Gemeinschaftslebens«, erklärte Hitler den »politischen Soldaten der Partei«.[29]

Germanische Tektonik

Mit dem öffentlichen Monumentalbau war am meisten Eindruck zu machen, auf die Mitwelt und, so hoffte der »Führer«, auf die Nachwelt erst recht. Das Regime sollte über sein reales Bestehen hinaus eine Spur im Gedächtnis aller Zeiten hinterlassen, wie das alte Ägypten und das antike Rom. Das Wort vom »tausendjährigen« Reich war nicht wörtlich gemeint. Die Tausend stand für Ewigkeit, definiert als unendliche Dauer. »Niemals hat es in der Geschichte der Architektur ein so intensives Streben nach Dauer gegeben wie in Deutschland zur Zeit des Nationalsozialismus, und nie zuvor sind die Ergebnisse dieses Strebens so kurzlebig gewesen.«[30]

Mit dem österreichischen Weltkriegsgefreiten, der sich nicht nur als Politiker und Feldherr, sondern auch als Künstler und oberster Baumeister des Staats verstand, war wieder ein Mann an die Spitze gelangt, der sich in repräsentative Bautätigkeiten einmischte. Man muß Hitlers Bemerkung nicht allzu wörtlich nehmen, er habe sich dereinst einen Namen als Architekt machen wollen.[31] Aber daß er wie Kaiser Wilhelm II. ein ungewöhnliches Interesse für die Architektur hatte, steht außer Frage. Ein größerer Teil seiner Arbeitszeit ging ein in Besprechungen mit Planern und Architekten. Aufträge erteilte er, Bauplätze bestimmte er, Wettbewerbe entschied er oder setzte sich über deren Ergebnisse hinweg, wenn er nicht selbst von vornherein beteiligt war. Architekten konnte er mit gezielten Fragen, Korrekturen ihrer Pläne, eigenhändigen Skizzen und selektivem, aber imponierendem Wissen verunsichern. Sogar den Logenschließer der Pariser Oper soll er mit detaillierten Grundrißkenntnissen bei dem kurzen Tagesausflug beeindruckt haben, den er der Metropole des besiegten Frankreichs Ende Juni 1940 abstattete.[32]

Legitimation durch Geschichte

In die Staats- und Parteiarchitektur ging ein für bürgerlich-demokratische Maßstäbe unvorstellbarer Aufwand an Investitionen. Hitler betrachtete sie als Mittel zur Herrschaftssicherung gut angelegt, vergleichbar den Ausgaben für die Rüstung, kaschierte sie aber als Respektsbezeugung gegenüber der Kunst. »Die großen Künstler und Baumeister haben ein Anrecht, der kritischen Betrachtung kleiner Zeitgenossen entzogen zu werden.«[33] Diese Bauten sollten nicht nur der Zukunft von der Größe der Gegenwart künden, sondern auch die Vergangenheit mobilisieren. Schon deshalb war die Moderne für die Großbauten des Regimes keine Alternative, weil der Begriff auf den aktuellen Zeitpunkt bezogen blieb, auf das, was heute galt und morgen nicht notwendigerweise noch gelten würde. Moderne bedeutete Entwicklung und Wandel. Das Regime dagegen benötigte Beglaubigung durch bewährte Traditionen und Genies, die den Test auf Vergänglichkeit bereits erfolgreich bestanden hatten.

Die Ahnenreihe, die zur Legitimation antreten mußte, ist lang und stattlich. Die monumentalisierenden Bauwerke der Wilhelminischen Epoche wurden zwar in den zeitgenössischen Publikationen nicht als Vorbilder berücksichtigt. Dem Regime lag daran, Distanz zu seinen politischen Vorgängern zu wahren. Gleichwohl nahm es die klassizistisch-monumentale Komponente der Architektur vor und nach dem Ersten Weltkrieg auf. Architekten wie Behrens, Bestelmeyer, Bonatz, Kreis, die bereits im Kaiserreich zu pathetisch vereinfachten Formen gelangt waren, hatten, obwohl mit Zwischentiefs, auch im Dritten Reich Konjunktur. Daß sich Behrens, Bonatz und Kreis in den späten zwanziger Jahren dem »Baubolschewismus« der Weimarer Republik vorübergehend genähert hatten, wurde mit der Ungunst der damaligen

[30] Franco Borsi. Die monumentale Ordnung. Architektur in Europa 1929–1939. Stuttgart, 1987. S. 108.

[31] Adolf Hitler. Mein Kampf. München, 1926, 1933[53]. S. 18 f., 35 f. – Albert Speer. Erinnerungen. Frankfurt am Main, Berlin, 1969. S. 94.

[32] Albert Speer. Erinnerungen. Frankfurt am Main, Berlin, 1969. S. 186.[30]

[33] Adolf Hitler. Zur Eröffnung der Ersten Deutschen Architektur- und Kunsthandwerk-Ausstellung in München. In: Die Baugilde 20 (1938) 4. S. 97.

Adolf Hitler im Atelier Albert Speers auf dem Obersalzberg, Berchtesgaden.

Wilhelm Kreis. Ehrenmal an der Weichsel. 1941–42. Nicht verwirklichter Entwurf.

[34] Arthur Moeller van den Bruck. Der Preußische Stil. München, 1916, Breslau, 1931³. S. 121.

Wilhelm Kreis. Ehrenmal am Dnjepr. 1941. Nicht verwirklichter Entwurf.

Verhältnisse entschuldigt. Erst das Dritte Reich, so stand es im einschlägigen Schrifttum zu lesen, verhalf den älteren Meistern zum eigentlichen Höhepunkt ihres Schaffens.

So durfte Wilhelm Kreis, dem 1941 der düstere Titel eines Generalbaurats für die Gestaltung der deutschen Kriegerfriedhöfe verliehen wurde, die Kuppelbauten wieder aufgreifen, die er einst für seine Bismarck-Denkmäler benutzt hatte (vgl. S. 61 ff.). Nun sollten sie als Totenburgen die imaginären Grenzen eines großdeutschen Imperiums von Narvik bis Nordafrika gewissermaßen metaphysisch absichern. Hitler wollte sogar die Neugestaltung des Donauufers seiner Heimatstadt Linz, nach dem »Anschluß« Österreichs von 1938 Teil seines Herrschaftsbereichs, mit einer Kuppel abschließen, wie sie Kreis dreißig Jahre zuvor im Wettbewerb um das Bingener Nationaldenkmal entwickelt hatte. Simplifiziert und seiner wenigen dekorativen Elemente beraubt, sollte diese Variante des Theoderich-Grabmals von Ravenna die Österreicher an Bismarck erinnern – und an die Gründung des Zweiten Reiches, von der sie dereinst ausgeschlossen gewesen waren.

Preußens Oberbaudirektor Karl Friedrich Schinkel war schon für das Frühwerk der Älteren, besonders für Behrens, eine Leitfigur gewesen. Auch die Hagiographen der NS-Baukunst nahmen ihn fleißig in Anspruch. Er galt ihnen als der letzte Baumeister jenes geistigen Preußentums, von dem Arthur Moeller van den Bruck geschrieben hatte: »Das Schicksal hat gegen Preußen entschieden. Jetzt wird es seine

Entwicklung bis dahin rückgängig machen müssen, wo zuletzt das Schicksal mit ihm war«[34] – mithin bis zurück zu den Freiheitskriegen. Moeller van den Brucks vielzitiertes Buch *Der Preußische Stil* war erstmals 1916 erschienen (vgl. S. 41 f.). 1931 kam seine dritte Auflage heraus.

Von Schinkels klassizistischen Bauten übernahmen die NS-Architekten die Aufsockelung, die Säulenordnungen, ohne sie dem antiken Kanon gemäß auszubilden, die kräftigen Eckausbildungen, die Neigung, größere Wandstücke ungegliedert zu lassen, die kubische Massenordnung. Mit diesem Formenapparat mußten ganz andere Dimensionen als im biedermeierlichen Berlin bedient werden. Paul Ludwig Troosts Haus der Kunst in München (1933–37, vgl. S. 199) liefert ein Beispiel dieser Schinkel-Verarbeitung. Elemente, die bei Schinkels Berliner Museum (1823–30) in einer zentrierten Komposition gebunden sind, wurden von Troost auf eine im Prinzip beliebig addierbare Struktur übertragen. Schinkel lädt mit der zweistöckigen, nach außen offenen Treppenhalle die Öffentlichkeit in sein Haus. Wo der Zugang ist, unterliegt keinem Zweifel. Bei Troost irrt man die lange Front entlang, um endlich auf eine offene Tür zu stoßen – oder auch nicht.

In Hitlers stilistischen Präferenzen spielte das prachtliebende 19. Jahrhundert, spielten die Wiener Ringstraße und der Neubarock bedeutender europäischer Kulturbauten, die er aus Reproduktionen kannte, eine große Rolle. Daß sie zunächst nicht stärker durchschlugen, war dem Erziehungswerk Troosts zuzuschreiben (vgl. S. 198 f.). Den jüngeren Architekten gegenüber spielte Hitler seine Autorität als Staatslenker aus und ließ in der Propaganda seinen Anteil an den Planungen hervorkehren. Offensichtlich unter seinem Einfluß und seinen immer höher greifenden Forderungen begann die spätere Parteiarchitektur – etwa ab Speers Neuer Reichskanzlei in der Berliner Voßstraße (1937–39) – sich von der kargen Strenge Troostscher Provenienz zu lösen. »Die Hoheit und Fülle des zur Großmacht gewordenen Reiches« sollten jetzt dargestellt werden.[35] Der Krieg verhinderte die Ausführung der allermeisten Projekte. An Pomp hätten sie das kaiserzeitliche Rom weit übertroffen.

An der Antike maß Hitler die eigenen Projekte. Sie half ihm, den eigenen Ansprüchen auf dauerhafte Weltmacht Ausdruck zu geben. In dem Festzug, der 1938 am Tag der Kunst durch die Straßen Münchens zog, schwankte nicht nur ein Modell der Nürnberger Parteitagsbauten mit, sondern auch eine Pallas Athene aus Pappmaché. Als einziger Rivale auf der Welt galt das imperiale Rom, dessen Bauproduktion Hitler als zeitenthoben klassisch einschätzte: Die Moderne wechselte mit den Moden, wie ihr Name andeutete. Die Antike dagegen blieb. Bei diesem gedanklichen

Konstrukt half die expansive Rassentheorie der Nazis. Zumindest die Griechen erklärte sie als Arier und Indogermanen zu artverwandten Stämmen. Dieser Lesart zufolge nahmen sich die Deutschen von den Alten nur, was ihnen ohnehin eigen war. »Und daher üben auch die unsterblichen Leistungen der alten Völker immer wieder ihre anziehende Wirkung aus auf die ihnen rassisch verwandten Nachkommen.«[36]

Daß der Neuklassizismus auch im Ausland, in Italien, in der Sowjetunion, in den USA, in Großbritannien oder in Frankreich verbreitet war, störte die Nationalsozialisten nicht. Auf der Pariser Weltausstellung von 1937 traf sich die offiziöse Staatskunst aus

Karl Friedrich Schinkel. (Altes) Museum. Berlin, 1823–30.

[35] Hermann Giesler. Symbol des Großdeutschen Reiches. In: Deutsche Kunst im Dritten Reich. Die Baukunst 3 (1939) 7. S. 264.

[36] Adolf Hitler. Rede auf der Kulturtagung der NSDAP in Nürnberg 1935. In: Völkischer Beobachter, 3.–4. 9. 1933.

Albert Speer. Neue Reichskanzlei. Berlin, 1937–39. Gartenseite.

Germanische Tektonik

Gelände der Weltausstellung. Paris, 1937. Blick auf den Eiffelturm mit Deutschem Pavillon (Albert Speer, links) und Pavillon der UdSSR (Boris Michailowitsch Iofan, rechts).

[37] Jean Cocteau. Rappel à l'ordre. Paris, 1926.

[38] Gespräch mit Albert Speer. Heidelberg, 6. 4. 1977. In: Wolfgang Pehnt. Die Erfindung der Geschichte. Aufsätze und Gespräche zur Architektur unseres Jahrhunderts. München, 1989. S. 132.

[39] Adolf Hitler. Rede vor den Truppenkommandeuren des Heeres, 10. 2. 1939. Zit.: Helmuth Groscurth. Tagebücher eines Abwehroffiziers 1938–1940. Stuttgart, 1970. S. 113 f.

vieler Herren Ländern zu einem Stelldichein der Säulen, Pfeiler und Pilaster. Albert Speers Deutscher Pavillon kulminierte in einem pilasterdekorierten Turm mit darauf hockendem Reichsadler (das Hakenkreuz in den Fängen). Sein unmittelbares Gegenüber war Boris Michailowitsch Iofans dynamisch gestufter Sowjetischer Pavillon, auf dem ein kolossales Arbeiterpaar in Richtung Osten stürmte. Selten hat Architektur kommende Konflikte prophetischer dargestellt als in dieser deutsch-sowjetischen Gegenüberstellung.

Angesicht der Polemik, die von völkischer Seite immer wieder gegen die Internationalität des Neuen Bauens geführt worden war, hätte die Internationalität des neuen Klassizismus irritieren müssen. Sie tat es aber nicht. Kompensierte diese Übereinstimmung abermals das Legitimationsdefizit der NS-Führungsmannschaft? Befriedigte sie das Gefühl, Repräsentation ähnlich zu vermitteln wie viele andere Nationen auch, nur größer, aufwendiger, martialischer? Speer jedenfalls erinnerte sich nicht an ein sonderliches Unbehagen über die Gleichzeitigkeit des *rappel à l'ordre*[37], des über die Grenzen hinweg verbreiteten Aufrufs zu Ordnung, Klassizität und Tradition. Wohl aber erinnerte er sich an die List und die Indiskretionen, die es ihm erlaubten, den Adler auf dem deutschen Turm um einige Meter über der Figurengruppe des Sowjetpavillons thronen zu lassen.[38]

Groß und ewig

Größenwahn im wörtlichen wie im übertragenen Sinn ist ein charakteristischer Zug der NS-Baukunst. Den absoluten Maßen galt ein kindischer Ehrgeiz, der durch keinerlei wirtschaftliche Rücksichten begrenzt wurde. Wenn es nur darum gegangen wäre, die Volks- und Parteigenossen durch entsprechende Größenordnungen zu beeindrucken und dem Volk »das zerbrochene ... Selbstbewußtsein« wiederherzustellen,[39] hätten sich die Architekten des »Führers« manchen Meter an Weite oder Höhe sparen können. Die Foren, Hallen, Stadien und Aufmarschachsen wären auch ohne einschlägige Rekorde gewaltig genug ausgefallen. Die Machthaber aber fühlten sich durch die gesamte Geschichte und Gegenwart der Architektur herausgefordert.

Das größte Stadion der Welt (405 000 Zuschauer) und das größte Aufmarschgelände (500 000 Menschen) sollten in Nürnberg entstehen, der höchste europäische Wolkenkratzer (250 Meter) und die angeblich längste Brücke der Welt in Hamburg, die breitesten Straßen in Berlin und München (120 Meter), der größte Flughafen in Berlin-Tempelhof, der mächtigste Triumphbogen (117 Meter hoch) und die gewaltigste Kuppelhalle (siebzehnfacher Rauminhalt des Petersdoms) in Berlin, das größte Opernhaus in München. Auch innerhalb des Systems kam es zu entsprechenden Wettkämpfen zwischen den Ministerien, zwischen den Gauen, zwischen den Architekten, zwischen den Bauaufgaben. So durfte die quasi sakrale Volkshalle Albert Speers für Berlin nicht durch andere profane Kuppeln, wie die von Bonatz über einem neuen Münchner Hauptbahnhof, übertroffen werden.

Bei diesen Megabauten wurde entsprechend der Propaganda, mit der die Partei um den Mittelstand geworben hatte, der Anteil handwerklicher Steinmetzarbeit betont. Tatsächlich jedoch erforderten die Großbaustellen in Nürnberg, Berlin oder anderswo eine Technisierung der Baustelle, der nur leistungsfähige Großunternehmen der Branche gewachsen waren. Daher setzte sich weitgehend eine Konzentration in der Bauwirtschaft durch. Zwar prosperierten auch kleine Natursteinwerke. Doch insgesamt verringerte sich die Zahl der Baubetriebe drastisch – von 84 000 im Jahr 1933 auf 66 000 im Jahr 1939. Diese Umstrukturierung wurde gegen die herkömmliche

Innovationsfeindschaft des Gewerbes erzwungen. Projekte wie die Berliner Volkshalle, die Nürnberger Parteitagsbauten oder der geplante Münchner Hauptbahnhof verlangten ein Management, ein Ingenieurwissen und schließlich auch Vorausinvestitionen in Planung und Maschinenpark, die nur von den ganz Großen aufgebracht werden konnten.

Hinter den großen Plänen zeichneten sich Kriegsabsicht und Unterdrückungspolitik ab. Gigantisch wie sie waren, setzte ihre Verwirklichung ein Potential an Arbeitskräften und Material voraus, das nur nach der Ausbeutung besiegter Feindstaaten und der rücksichtslosen Rekrutierung von Zwangsarbeitern verfügbar gewesen wäre. Die ungeheuren Kosten der Projekte hätten nur mit Reparationsleistungen unterworfener Feindstaaten beglichen werden können. Schon die ausgeführten Bauarbeiten waren allein durch das bereits bestehende System von Konzentrationslagern, angegliederten Arbeitslagern und Außenkommandos möglich. Mit Häftlingen aus Sachsenhausen, Buchenwald oder Neuengamme wurden Ziegeleien, mit KZ-Insassen aus Mauthausen oder Flossenbürg Steinbrüche betrieben, zu schweigen vom Einsatz von Zwangsarbeitern und KZ-Häftlingen für die Bauarbeiten der Rüstungsindustrie und der Organisation Todt. Die Barackenstädte der Konzentrationslager bildeten die schwarze Folie zu den steinglänzenden Kultstätten des Regimes.

Die Bedeutung der absoluten Größenmaße im NS-Regime läßt sich nur damit erklären, daß die räumlichen Dimensionen für die zeitliche Dimension einstehen sollten. Was unendlich groß, lang, breit und hoch erschien, war zugleich als unendlich dauerhaft, als zeitenthoben gemeint. Selbst den Vergleich mit den Pyramiden sollten die neuen Beton- und Steinmassen nicht scheuen müssen. »Es soll dabei die Größe und Anlagen dieser Werke nicht bemessen werden nach den Bedürfnissen des Jahres 1937, 38, 39 oder 40 ... Wir entziehen daher die in den kommenden zwanzig Jahren ... zu leistende Arbeit bewußt der Kritik der Gegenwart und unterwerfen sie dafür der Beurteilung jener Generationen, die nach uns kommen werden.«[40]

Bedarf oder Benutzerwünsche hatten bei den repräsentativen Anlagen keine Rolle zu spielen. In der Praxis setzte der Größenrausch Hitlers seine Architekten in Verlegenheit, sobald sie erkannt hatten, daß die enormen Maße ihrer Bauten nicht nur die Gefolgschaft, sondern auch das Führungspersonal zu winzigen Figuren im überdimensionierten Raum reduzierten. Speer suchte dem Übelstand abzuhelfen, indem er hinter dem Redner entsprechend vergrößerte Symbole plazierte. Computergesteuerte Projektionsflächen, die das Bild des Redners vergrößert zeigten, gab es noch nicht.

Der Gedanke an Ewigkeit, wie Hitler sie verstand, nämlich als unendliche Dauer, bestimmte auch die Entscheidungen über die Baustoffe. Naturwüchsiger Werkstein, Granit vor allem, galt als das dauerhafteste Material. Die leistungsfähigsten in Europa verfügbaren Steinbrüche wurden durch langjährige Lieferverträge verpflichtet. Später kam eine »Auftragsmeldepflicht« hinzu, die dem Generalinspektor den Zugriff auf alle Steinlieferungen ermöglichte. Speer entwickelte seine vielzitierte Theorie vom Ruinenwert, die eher ein Aperçu als eine Theorie war. Sie besagte, Bauwerke des Dritten Reiches müßten auch im Verfall einen ehrwürdigen und großartigen Eindruck hinterlassen. Zerstörten Stahl- und Stahlbetonkonstruktionen war diese Wirkung nicht zuzutrauen. Zumindest die Außenwände der Repräsentationsbauten wurden daher mit starkem Mauerwerk errichtet oder verkleidet. Bei den enormen Raumweiten konnten und mußten dagegen die Deckenkonstruktionen in modernen Techniken ausgeführt werden.

»Klarheit der Konstruktion« sei »das leuchtende Zeichen arischen Geistes«, behauptete ein Lobschreiber Troosts.[41] So wörtlich war der Ausdruck des Konstruktiven nicht gemeint. Das Münchner Haus der Kunst (vgl. S. 199) erforderte eine fünfschiffige

[40] Adolf Hitler. Rede bei der Grundsteinlegung für den Neubau der Wehrtechnischen Fakultät der Technischen Hochschule. 27. 11. 1937. In: Zentralblatt der Bauverwaltung 57 (8. 12. 1937) 49. S. 1238.

[41] Hans Kiener. Der Baumeister des Hauses [Haus der Kunst]. In: Die Kunst im Dritten Reich 1 (1937) 7–8. S. 21.

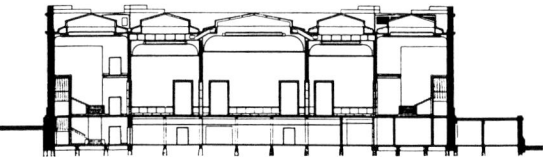

Paul Ludwig Troost. Haus der Kunst. München, 1933–37. Schnitt.

Hermann Giesler. Halle der Partei auf dem Parteiforum. München, 1940. Schnitt. Nicht verwirklichter Entwurf.

Germanische Tektonik

[42] Hans Kiener. Vom Werden des neuen Stils. In: Die Kunst im Dritten Reich 1 (1937) 1. S. 10.

Stahlkonstruktion, die im Mauerwerk versteckt blieb. Kein Laie hätte sie hinter dem Pfeilerappell der Frontfassade vermutet. Es reichte, daß der Anschein steinernen Tragens und Lastens erweckt und der »Instinkt für das Statische und Elementare«[42] befriedigt wurde. Entsprechend sollte die gewaltige Halle, mit der die große Nord-Süd-Achse des geplanten Berliner Achsenkreuzes abgeschlossen würde, zwar als Stahlkuppel errichtet werden, aber eine untergehängte Schale Mauerwerk vortäuschen. Hermann Gieslers für München projektierte Halle der Partei zeigt besonders aufschlußreich, welche Kaschierungskünste dieses zwiespältige Verhältnis zur Technik verlangte. Die halbelliptischen Stahl- oder Stahlbetonbinder, die ein flaches Tonnengewölbe bilden, steigen von den Fundamenten auf, sind jedoch im Bereich des vertikalen Mauerwerks in Hohlräumen verborgen. Vom Innenraum her gesehen sollte das Deckengewölbe über den Kämpferplatten der Seitenpfeiler scheinbar schweben.

Wie sich allerdings bei diesen Bauten dermaleinst die stimmungsvolle Wirkung imposanter Ruinen hätte einstellen können, bleibt das Geheimnis ihrer Erbauer. Zumindest hätte ein mit Speers Ruinentheorie vertrauter, allpotenter Denkmalpfleger die künftigen Trümmerhaufen einerseits in technische und damit nicht erhaltenswürdige und andererseits in zeitlose erhaltenswerte Bauteile sortieren müssen. Tatsächlich wirkten post festum die Reste der Denkmäler nationalsozialistischer Megalomanie besonders schäbig. Hinter den Wandverkleidungen zeigten sich an den Mauerkernen in Ziegel oder Beton die Folgen der Eile, mit denen sie den ungeduldigen Herrschern zuliebe hochgezogen werden mußten.

Die Renommierbauten des NS-Systems wurden nicht für den beiläufig-touristischen Blick erbaut. Die Partei kannte keine unbeteiligten Zuschauer, sondern nur ergriffenes Volk. Ihrem beabsichtigen Sinn kam diese Architektur erst nach, wenn sie sich mit herbeikommandierten Massen füllte, wenn die ornamental arrangierten Kolonnen über die Granitstraßen dröhnten, auf den Aufmarschfeldern die Manöver der Wehrmacht oder der Parteiorganisationen stattfanden, in den Thingstätten Kultspieler und Teilnehmergemeinden völkisches Wiedererwachen simulierten. Die Bauten waren leere Gefäße. Die Vorgänge, die in ihnen stattfanden, gehörten mehr als bei jeder anderen Architektur zu ihrer Vervollständigung. Leni Riefenstahls Parteitags- und Olympiadefilme gaben dazu die Sehanleitung.

Zu den Regiekünsten, die unbewegliche Steinkulissen zu Akteuren der Massenveranstaltungen machten, zählten die Lichtspektakel. Die eindrucksvollsten Inszenierungen fanden in Dämmerung und Nacht statt, zum ersten Mal in Berlin bei der Feier zum 1. Mai 1933 auf dem Tempelhofer Feld. Speer hat die prosaische Erklärung gegeben, nur im Schutze der Dunkelheit habe er die wenig ansehnlichen Funktionärstypen der Nazis verbergen können. Aber wenn die Lichtsäulen aus den 150 Flakscheinwerfern, die um das Nürnberger Zeppelinfeld aufgestellt waren, genau in dem Augenblick zum nächtlichen Himmel aufstiegen, in dem Hitlers Mercedes vor der Tribüne vorfuhr, lag die Parallele zu sakralen Erscheinungsvisionen nahe. Lichtparaden waren übrigens keineswegs neu. Lange vor Speer wurden sie zu Werbekampagnen, Sportereignissen oder Weltausstellungen eingesetzt. Neu war die Konsequenz, mit der sie der oberste Regisseur der NS-Inszenierungen zu einem Markenzeichen des Regimes machte. Zum letzten Mal

Gelände der Internationalen Ausstellung. Barcelona, 1929. Strahlenkranz aus Scheinwerferkegeln hinter dem Nationalpalast.

Albert Speer. Zeppelinfeld bei Nacht. Nürnberg, 1937.

Germanische Tektonik

[43] Wolfgang Schivelbusch. Licht Schein und Wahn. Lüdenscheid, Berlin, 1992. S. 86 ff.

[44] Hubert Schrade. Bauten des Dritten Reiches. Leipzig, 1937. S. 24 f.

erstrahlte ein »Lichtdom« im August 1939. Dann wurden die Flakscheinwerfer ihrer eigentlichen Bestimmung zugeführt. »Aus der politischen Ästhetik des Lichtstrahls wurde tödlicher Ernst.«[43]

Nationalsozialistische Massenveranstaltungen waren als Rituale geordnet. Ihre Bestandteile entstammten christlichen Sakralfeiern oder heidnischen Kulten und waren zu einer Liturgie der Prozessionen, symbolischen Weihe- und Opferhandlungen, Responsorien und Chorgesängen zusammengestellt. Rituale wiederholen in festgelegten Abläufen Zeit. So bezogen sich nicht nur die Bauformen, sondern erst recht die Abläufe, denen sie dienten, auf den Hitlerschen Ewigkeitsbegriff. Rituale lösen zudem die Fixierung auf einzelne Funktionsträger auf und tragen in ihrer steten Wiederkehr zur Stabilisierung der Machtverhältnisse bei. Insofern leitete das Ritual die Bewältigung späterer Nachfolgeprobleme ein. Ein verewigter Hitler hätte als Ikone gedient. Seinen Nachfolgern wären festgelegte Rollen als Zelebranten am Altar der Herrschaft geblieben.

Von Nürnberg nach Berlin

Speer erhielt im Jahre 1934 den Auftrag, das Nürnberger Parteitagsgelände zu planen. 1950 sollte es vollendet sein. Von allen gigantischen Projekten der Nazis gedieh es am weitesten. Eine halbe Million Menschen versammelte sich »für alle Zeiten« alljährlich in der Stadt, in der seit dem 14. Jahrhundert die neu gewählten Könige des Heiligen Römischen Reiches Deutscher Nation jeweils ihren ersten Reichstag abhalten sollten. Eine Gefallenenehrung an der Kriegerehrenhalle im Luitpoldhain (vgl. S. 186 f., 194) gehörte zum Ritual der Parteitage, die schon 1927 und 1929 in Nürnberg stattgefunden hatten.

Von hier aus entwickelte sich die Anlage zu einem Platz vor dem Kongreßbau, den Ludwig und Franz Ruff als ein halbrundes Kolosseum für 40 000 bis 60 000 Menschen planten, aber nicht fertigstellten. Die granitbelegte große Achse, die leicht gewinkelt einsetzt, führte bis zum Märzfeld, einem von Ringtürmen gesäumten Manöverareal, auf dem in der Bundesrepublik die Trabantenstadt Langwasser errichtet wurde. Zur Rechten wie zur Linken gehen die Achsen zum Zeppelinfeld mit seiner Tribünenanlage ab, einem Pergamonaltar ohne Skulpturenfries, und zum Deutschen Stadion, das es nur bis zur wassergefüllten Baugrube brachte, dem heutigen Silbersee.

Traditionsrelikte waren eingebaut. In der Verlängerung der zentralen Straßenachse erschien in der Ferne die Kaiserburg als Sinnbild des Ersten Reiches, auf das sich das Dritte bezog. Der Kiefernwald sollte durch vierzigtausend Eichen – die germanischen Bäume! – ersetzt werden. Das Stadion, ein langgestrecktes Hufeisen wie das Athener Stadion, hatte selbstverständlich die antiken Wettkampfanlagen in den Schatten zu stellen. Es hätte dies so gründlich getan, daß bei den weiten Distanzen nicht Leistungen einzelner Athleten wahrgenommen worden wären, sondern allenfalls Mannschaftsspiele. Das Märzfeld erinnerte mit seinem Namen an die im März 1935 wiedererlangte Wehrhoheit und mit seinen Rechteckturmen an das Tannenberg-Denkmal. Sogar die Achsenknicke des Alleensystems wurden als Huldigung an die Tradition gedeutet. »Wenn es Rationalisten gibt, die darin einen Mangel sehen, so sind wir doch Deutsche, denen die Spuren des Wachstums lieber sind als die Schematismen des Verstandes.«[44]

Wie das Parteitagsgelände sich aus einer Stätte des Totenkults entwickelte, so enthielt jede der größeren Planungen solche Gedenkorte. Zum Ritus gehört die Reliquie, die stumme Anwesenheit der Märtyrer – auch sie eine Beschwörung zeitüberdauernder Gegenwart. Der Königsplatz in München (in der NS-Zeit: »Königlicher Platz«) wurde durch die Beisetzung der »Blutzeugen«, der 1923 erschossenen sechzehn Put-

Albert Speer. Haupttribüne des Zeppelinfelds auf dem Reichsparteitagsgelände. Nürnberg, 1937. Nachkriegszustand.

schisten, in zwei offenen Ehrentempeln sakralisiert. Die Planungen für das Parteiforum auf dem Gelände der ehemaligen Türkenkaserne, unweit des Königsplatzes, sahen eine Art römisches Pantheon als Begräbnisstätte für Hitler vor. In das Berliner Olympia-Gelände, den Austragungsort der für die Aufwertung des NS-Reichs so eminent wichtigen Olympischen Spiele von 1936, wurden ein Glockenturm und eine Halle einbezogen, die an die Gefallenen von Langemarck erinnerten. Die Pläne für das Stadion selbst, von Werner March als schlankere Gerüstkonstruktion in Sichtbeton und Glas entworfen, wurden von Speer im Sinne der Hitlerschen Natursteinästhetik redigiert. Aus den Stützen wurden mit Muschelkalkstein verkleidete Pfeiler, ein Konsolenkranz täuschte Lasten vor, eine Brüstung aus Werkstein wurde aufgesetzt.

Mit den Nürnberger Planungen hatte sich Albert Speer in den Augen seines Gönners für den größten Bauauftrag seiner Karriere qualifiziert, den Umbau Berlins zur Reichshauptstadt Germania. Eine Nord-Süd-Achse quer durch den Tiergarten, zusammen mit einer Konzentration der Eisenbahnverbindungen auf zwei Fernbahnhöfe, hatte schon Martin Mächler geplant (vgl. S. 167 f.). Hitler machte sich die Planfigur, komplettiert zu einem Achsenkreuz, 1934 zu eigen. Sein Architekt Speer zog die Nord-Süd-Straße und die sie rechtwinklig schneidende, bereits in der Stadtstruktur ausgeprägte Ost-West-Achse bis an den damals erst geplanten Autobahnring. Das Straßenkreuz, durch mehrere Straßenringe ergänzt, hätte ausgedehnte städtebauliche Anlagen erschließen sollen,

Wohnsiedlungen, eine Hochschulstadt im Westen und nicht weniger als vier Verkehrsflughäfen, an jedem Endpunkt der Achsen einer. Eben erst baute der Flughafen-Spezialist Ernst Sagebiel seinen »Weltflughafen« in Tempelhof;[45] nun sollte der »Weltflughafen« bereits durch vier weitere ersetzt werden.

Das Mittelstück der Nord-Süd-Achse, sieben Kilometer lang, war das, was Hitler ausschließlich interessierte. Wo auch Mächler zentrale Instanzen des

Albert Speer. Reichsparteitagsgelände. Nürnberg, 1934–41. Modell. Märzfeld (unten), Deutsches Stadion (links Mitte), Zeppelinfeld (rechts Mitte), Dutzendteich und Kongreßhalle (oben), Luitpoldhain (oben angeschnitten). Nicht fertiggestellt.

Ludwig und Franz Ruff. Kongreßhalle auf dem Parteitagsgelände. Nürnberg, 1934–41. Nicht fertiggestellt.

[45] Sagebiel war auch mit den neuen Flughäfen in München, Stuttgart und Wien beauftragt.

Germanische Tektonik   211

Werner March. Olympia-Stadion. Berlin-Charlottenburg, 1934–36. Oben Maifeld, Langemarck-Halle und -Turm.

Wilhelm Kreis. Oberkommando des Heeres. Berlin, 1938–41. Blick vom Tiergarten, links oben der Runde Platz. Nicht verwirklichter Entwurf.

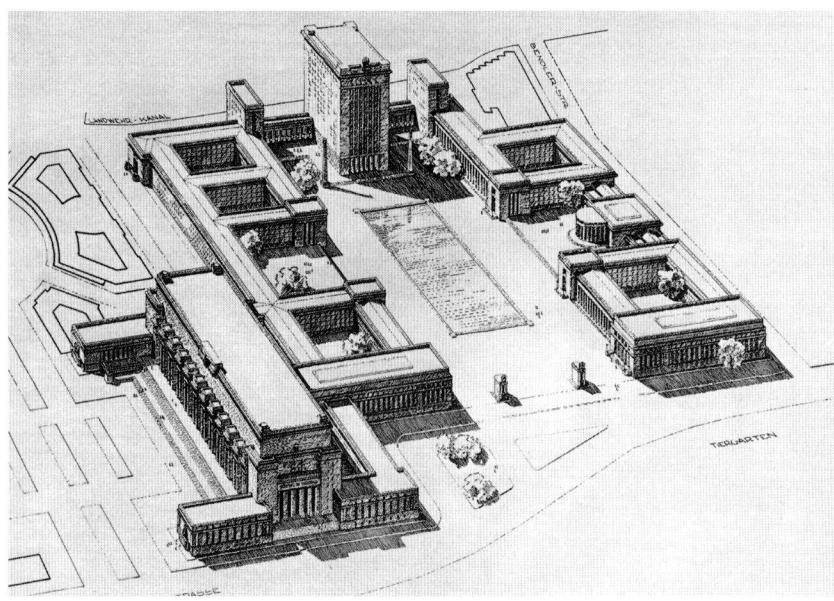

Reiches vorgesehen hatte, zog Speer Regierung, Ministerien, Volkshalle, repräsentative Firmensitze und zivile Einrichtungen zu einer Stadtkrone zusammen, die zugleich das ganze neugermanische Imperium krönen sollte. Der gesamte Verkehr aus vier Himmelsrichtungen wäre an der Kreuzung der Achsen zusammengetroffen. Das Chaos, wenn 200 000 Parteigenossen gleichzeitig in die Große Halle geströmt wären, kann man sich vorstellen. Der Reichskanzler sollte in einem festungshaften Palast wohnen und regieren, der sich nach außen in imperialem Superbarock darstellte. Dabei war Speers neue Reichskanzlei in der Voßstraße auch schon ein opulentes Gebäude mit einem inneren, 160 Meter langen Weg bis zum Schreibtisch des »Führers«. Es wurde 1939 eingeweiht, wurde also, wie der neue Flughafen, gleichfalls als bereits überholt angesehen.

Wieder waren Stätten des Totenkults in reichem Maße eingebaut. Der Triumphbogen vor dem Südbahnhof, der auf eine Skizze Hitlers aus den zwanziger Jahren zurückging, sollte die Namen aller im Ersten Weltkrieg gefallenen Deutschen tragen: Ein Bogen von Toten öffnete den Weg ins Herz des Regimes. Seitlich der Nord-Süd-Achse, am südlichen Tiergartenrand, wurde ein von Kreis geplanter Komplex für das Oberkommando des Heeres von einer tonnengewölbten »Soldatenhalle« dominiert. »Hatte man in der Vergangenheit die Gefallenen geehrt ..., so sollte diese Halle als eine ›Weihestätte der Helden‹ dienen, die noch gar nicht gefallen waren.«[46] Unter ihr sollte eine Krypta liegen, in der deutsche Feldmarschälle und Generäle aller Zeiten beigesetzt würden. Auch hier galt: »Der Tod ist nicht mehr Tod, die Vergangenheit nicht mehr Vergangenheit«[47] – sondern ewige Gegenwart.

Den Berliner Planungen Speers fielen ganze Stadtteile im Spreebogen, am Tiergarten, in Tempelhof zum Opfer. Betroffen waren über 50 000 Wohnungen. Ersatzwohnungen für die Ausquartierten wurden geschaffen, indem in anderen Vierteln Juden aus ihren Wohnungen ausgewiesen wurden, zur Auswanderung gezwungen oder in »Judenhäusern« zusammengezogen, schließlich in osteuropäische Ghettos und Todeslager verschleppt wurden. Die Blutspur zieht sich auch durch diese Planungen.

Aufnahmen von der Baustelle etwa am Runden Platz in Berlin-Tiergarten, wo heute das Kulturforum steht, sehen aus, als habe das Bombardement durch die Alliierten bereits begonnen. Als die Luftangriffe dann tatsächlich die Stadt einäscherten, pflegte man im Atelier von Speer zu scherzen, die Bomber nähmen den Planern nur die Arbeit ab. Noch im März 1944, als ein großer Teil Deutschlands schon in Schutt und Asche lag, behauptete Konstanty Gutschow, der Neuplaner Hamburgs, allen Ernstes: »Dieses Werk der Zerstörung wird Segen wirken ... Dem allergrößten Teil der baulichen Zerstörung weinen wir keine Träne nach.«[48]

Albert Speer. Planung für die Reichshauptstadt. Die Nord-Süd-Achse. Berlin, 1937–42. Modell. Blick vom Südbahnhof auf die Kuppelhalle. Ganz links oben der neue Nordbahnhof.

[46] Hans J. Reichhardt, Wolfgang Schäche. Von Berlin nach Germania. Berlin, 1998. S. 125.

[47] Hubert Schrade. Bauten des Dritten Reiches. Leipzig, 1937. S. 18 f.

[48] Nachlaß Konstanty Gutschow. Zit.: Helmut Weihsmann. Bauen unterm Hakenkreuz. Wien, 1998. S. 31.

Germanische Tektonik   **213**

[49] Hans Stephan. Die Baukunst im Dritten Reich. Berlin, 1939. S. 11.

Die Organisation des Größenwahns

Den etablierten kommunalen Behörden traute Hitler die Verwirklichung seiner stadtverändernden Projekte nicht zu. Speer wurde deshalb 1937 mit dem Amt eines Generalbauinspektors für die Neugestaltung der Reichshauptstadt betraut. Bis zu hundert Mitarbeiter waren dort tätig, meist junge Architekten, unter denen der zweiunddreißigjährige Dienststellenleiter einer der jüngsten war. Ein Jahr später erhielt Hermann Giesler, zuvor ein kaum bekannter Sonthofener Bezirksbaumeister, mit dem Titel eines Generalbaurats in München eine ähnliche Machtfülle. Auch Weimar, Augsburg und zeitweise Linz gehörten zu Gieslers Beritt. Für Konflikte zwischen den neugeschaffenen Dienststellen und den entmachteten städtischen Planungsbehörden gab es viele Anlässe. Speer war zugleich mit Vollmachten ausgestattet, die weit über seine Berliner und Nürnberger Zuständigkeiten hinausgingen. Zeitweise amtierte er de facto als Kontrolleur und Berater in allen Architekturfragen, die Hitler interessierten, und war ihm unmittelbar verantwortlich. Auseinandersetzungen mit den übrigen Planungsbeauftragten waren daher unvermeidlich.

Zentrale Planungsstellen, die nicht dem Behördenzug der Kommunen eingeordnet und mit rechtlichem und finanziellem Sonderstatus versehen waren, gab es auch in zahlreichen anderen Städten. Die rechtliche Grundlage dazu stiftete das Gesetz zur Neugestaltung deutscher Städte von 1937, das Vorkaufsrecht, Enteignung, Entschädigung und Steuervergünstigungen regelte. Neben den »Führerstädten« Berlin, Hamburg, München, Nürnberg und dann auch Linz betraf es vor allem die 46 Hauptstädte der Gaue, die viele Kompetenzen der Reichsländer übernommen hatten. Die meisten dieser Orte wurden zu sogenannten Neugestaltungsstädten erklärt, wofür die ehrgeizigen Gauleiter und Reichsstatthalter sorgten. Auf dem Papier der Planrollen wurden diesen Städten Gauforen mit Aufmarschplatz, Volkshalle und weiteren Parteibauten verschrieben. Von den Parteihochburgen strahlten Magistralen aus, die das Gewebe der bestehenden Stadtstrukturen rücksichtslos durchschnitten.

In den meisten Fällen gingen die Umbaumaßnahmen nicht über Absichten, erste Enteignungen und Abrisse hinaus. Am weitesten gediehen die Arbeiten in Weimar. In der prestigeträchtigen Stadt der Klassiker, die ihren Namen der ersten deutschen Republik gegeben hatte, schuf Giesler 1936–44 ein erstes Musterbeispiel der neuen Bauaufgabe. Glockentürme wie hier konkurrierten fortan mit den Türmen von Kirchen und Rathäusern. In vielen Städten hätte die Verwirklichung dieser Pläne große Teile der Stadtkerne vernichtet. Gleichzeitig waren in den Altstädten Radikalsanierungen mit großflächigen Abrissen und Blockentkernungen im Gange. Eine gewaltige Zerstörung historischer Substanz stand bevor, noch ehe die alliierten Bomber ihr Vernichtungswerk begannen. Allein in Weimar wurden für Gieslers prototypisches Gauforum 150 Altstadthäuser niedergelegt.

Nach Kriegsausbruch lösten die zahlreichen Umgestaltungspläne sogar in der Regierungsspitze und auch bei Speer Versuche aus, diesen Planungswahn einzudämmen. Dahinter stand Sorge nicht um den historischen Bestand, sondern um die Finanzierung und um die Verfügbarkeit von Arbeitskräften und Ressourcen für die Kriegswirtschaft. 1942 wurde Speer nach dem ungeklärten Flugzeugabsturz Fritz Todts zum Rüstungsminister ernannt. Der »Baumeister des Führers« rückte zum Organisator seines Kriegs auf. Anfang 1943 verfügte Hitler endlich die Einstellung aller nicht kriegswichtigen Bauvorhaben. Trotzdem wurde mancherorts weitergearbeitet. Im Posener Kaiserschloß, das Hitler für sich und seinen

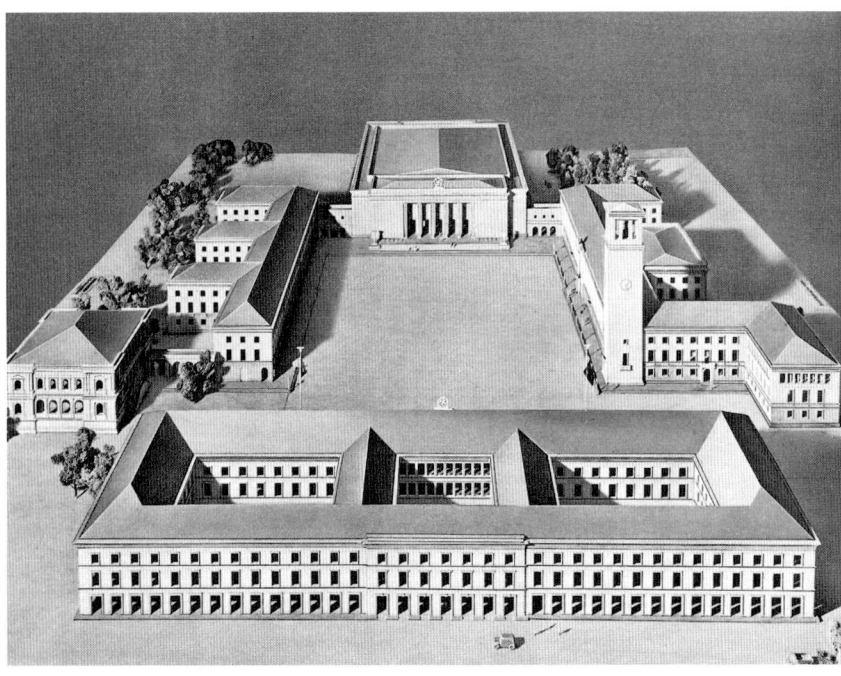

Hermann Giesler. Gauforum. Weimar, 1936-43. Modell. Halle (oben), Reichsstatthalterei und Gauleitung (rechts), DAF-Gebäude (vorne), Haus der Parteigliederungen (links).

Gauleiter umbauen ließ (vgl. S. 21), packten die Handwerker erst im Januar 1945 ihr Handwerkszeug zusammen, kurz vor dem Einmarsch der Roten Armee.

Auch im einzelnen wurden den bestehenden Weichbildern der Städte unverträgliche Großbauten eingepflanzt. Oft waren sie in dem konservativ zurückhaltenden Behördenstil gehalten, der schon vor 1933 angewendet wurde. Mit einigen wenigen Elementen, einem Ehrenhof, einer Portalkolonnade, einem kräftigen Kranzgesims, ein paar Rossebändigern davor und den unvermeidlichen Hoheitssymbolen ließ sich die bürokratische Normalität nationalsozialistisch aufrüsten. Ernst Sagebiels Reichsluftfahrtministerium in Berlin gehört zu dieser Kategorie, Verwaltungsbauten von Otto Firle, Emmerich & Mebes in Berlin, Schönfeld & Wendels Wehrkreiskommando in Kassel und Hunderte von Bauten ähnlichen Geistes.

Auf der Ostseeinsel Rügen, in freier Landschaft also, wo jeweils 20 000 Arbeiter für ein paar Ferien-

tage »Kraft durch Freude« gewinnen sollten, schlug der Kölner Architekt Clemens Klotz alle Rekorde, indem er diesen Nicht-Stil auf eine über vier Kilometer lange Ferienkaserne ausdehnte. Es war das erste von fünf Seebädern, die Robert Ley, der Leiter der Deutschen Arbeitsfront (DAF), errichten wollte. Den unvermeidlichen staatstragenden Akzent sollte ein Festplatz mit Gemeinschaftsbauten und Festhalle in der Mitte der nicht enden wollenden, bogenförmigen Kammstruktur übernehmen. »Der Maßstab des Einzelmenschen weicht dem Maßstab der Formationen.«[49] Das galt auch für den Urlaub.

Ernst Sagebiel. Reichsluftfahrtministerium. Berlin, 1935–36. Heute Finanzministerium der Bundesrepublik.

Kurt Schönfeld, Ernst Wendel. Wehrkreisdienstgebäude. Kassel, 1936–38. Heute Bundessozialgericht.

Clemens Klotz. Ferienanlage der Organisation Kraft durch Freude (Deutsche Arbeitsfront). Prora bei Binz, Rügen, 1935–51.

Germanische Tektonik

NS-Moderne

Nicht alle Architekten, die dem Neuen Bauen angehört hatten und im Land geblieben waren, mußten sich von dem verabschieden, was sie gelernt und am besten gekonnt hatten. Zwar verlangte der NS-Staat auf allen Bereichen des Bauens Einwirkung und Überwachung. »Eine Weltanschauung, die das Recht der Gemeinschaft vor die Willkür des einzelnen stellt ..., muß notwendigerweise im gesamten Bauwesen eine starke, einheitliche Führung anerkennen.«[50] Dennoch gab es Bauaufgaben, bei denen Moderne nach wie vor möglich war. Manchmal wurde sie allenfalls geduldet, wie beim Einfamilienhaus. Manchmal war sie sogar unentbehrlich und willkommen, wie im Industriebau.

Anständige Baugesinnung

Privathäuser standen nicht im Zentrum der Aufmerksamkeit. Zwar griffen »die zuständigen Dienststellen ordnend, mitgestaltend, führend und gegenüber Unbelehrbaren zwingend in die deutsche Bauentwicklung« ein.[51] Bauwillige wurden ermahnt, zu einer »im Gesamtbild einheitlich wirkenden Stadt« beizutragen, damit »ein geschlossener Volkswille und die innere Volksverbundenheit zum Ausdruck kommen«.[52] Aber es blieb den örtlichen Genehmigungsbehörden überlassen, wo sie die »deutsche Baukultur« (Architektengesetz von 1934) verletzt sahen und den »Ausdruck anständiger Baugesinnung« (Verordnung über Baugestaltung von 1936) gefährdet glaubten.[53] Je nach Willkür, Ängstlichkeit oder Gleichgültigkeit der zuständigen Beamten wurden Entwürfe bis ins Detail redigiert oder mit verblüffender Großzügigkeit genehmigt. Gelegentlich kamen Lösungen zustande, die an die besten Tage des Neuen Bauens erinnerten.

Die Architekten waren klug genug, die Bauämter nicht durch allzu auffällige Modernismen zu provozieren. Ein Flachdach mußte nicht unbedingt sein. Sattel-, Zelt-, Pult- oder Walmdächer mit flachem Steigungswinkel taten es auch, wenn nur die Sauberkeit und Präzision des Hauskorpus gewahrt blieben. Oft fielen die Straßenseiten wesentlich konventioneller aus als die Gartenseiten. Hans Scharouns Häuser für Mattern oder Baensch, zwei von insgesamt dreizehn Einfamilienhäusern, die er während des Dritten Reiches realisierte, übten diesen Spagat zwischen Anpassung und Eigensinn. Hugo Häring gelang es, die komplizierte Dachform seines Hauses Ziegler in Berlin-Steglitz (1936) gegen die Genehmigungsbe-

Hugo Häring. Haus Ziegler. Berlin-Steglitz, 1936.

Egon Eiermann. Haus Bolle. Berlin-Dahlem, 1934–36.

Rudolf Schwarz. Haus Enkling. Duisburg, 1934–37.

[50] Gauverlag Bayerische Ostmark mit Gerdy Troost (Hg.). Das Bauen im Neuen Reich. Bayreuth, 1939². S. 132 f.

[51] ebd.

[52] Oberbürgermeister Karl Strölin. Die zehn Baugebote der Stadt Stuttgart. Oktober 1934. Faks. in: Andreas Brunold, Bernhard Sterra. Stuttgart. Von der Residenz zur modernen Großstadt. Stuttgart, 1994. S. 60 f.

[53] 2. Anordnung des Präsidenten der Reichskammer der Bildenden Künste. In: Die Baugilde 16 (1934) 19. S. 701. – Die Baugilde 18 (1936). S. 987.

hörde durchzusetzen. Innen, wo die Öffentlichkeit keinen Anstoß nehmen konnte, waren die Freiheiten größer. Nach wie vor kamen fließende oder zumindest großzügig geschnittene Raumfolgen vor. Sie bezogen sich geschmeidig auf ihren Standort und inszenierten Landschaft und Natur als Zuflucht in unwirtlicher Zeit.

In dieser Zeit beschäftigt Mies van der Rohe sich intensiv mit dem Thema des Hofhauses, das sich nach außen abschließt. Die Häuser entfalten Reichtum und Offenheit innerhalb der nach außen geschlossenen Mauerwände, die nicht zwischen Hausumschließung und Gartenumschließung unterscheiden; es ist Offenheit nur noch nach innen. Man hat diesen Isolationismus mit den Zumutungen der Nazizeit in Verbindung gebracht: Wo die Straße die Herrschaft übernimmt, bleibt nur der Rückzug ins Private. Ganz schlüssig ist die politisch-gesellschaftliche Deutung nicht. Denn das Atriumhaus war ein Entwurfsthema, das Mies schon am Dessauer Bauhaus seinen Studenten aufgegeben hatte. Wo es sich um bescheidenere Grundstücksverhältnisse handelte, war die raumgreifende Außenwirkung eines »Landhauses in Backstein« (vgl. S. 143 f.) ohnehin nicht möglich und eine Addition geschlossener Parzellen auch aus praktischen Gründen angeraten.

Manchmal gelang es, die offiziellen Stereotypen aufzugreifen und daraus trotzdem ansehenswerte Architektur zu machen. Die vier Häuser Egon Eiermanns im Berliner Grunewald sind mit ihren differenzierten Grundrissen, ihren geschlämmten Ziegelwänden und ihrer skandinavisch anmutenden Selbstverständlichkeit Muster eines frugalen, disziplinierten Bauens. Meist verbargen sich die Einfamilienhäuser in ihren Gärten und fielen den Kontrolleuren der »anständigen Baugesinnung« nicht ins Auge. Ludwig Hilberseimer, Bernhard Pfau oder Sep Ruf haben solche Bauten realisiert. Aber gelegentlich stehen sie auch auffällig, geradezu provokant an Durchgangsstraßen. Das Haus Enkling von Rudolf Schwarz in Duisburg (1934–37) bietet seine hohe Mauerstirn, hinter der sich auf der Gartenseite eine abgetreppte Terrasse verbirgt, und das Streumuster seiner verschiedenartigen Fensteröffnungen geradezu herausfordernd dem Urteil der Aufseher dar.

Kritiker, die nicht kritisch sein durften, sondern nur betrachtend, hatten ihre liebe Not, diesen Bauten gerecht zu werden, vor allem wenn sie selbst Parteigänger der Moderne gewesen waren. Alfons Leitl rühmte bei solchen Häusern »die gesunde Kraft der schlichten Werke« und hoffte auf eine »Zeit der Stille« und »inneren Sammlung«.[54] Stille und Sammlung waren wohl das letzte, was die Herren des Dritten Reiches gefördert wissen wollten. Es klingt wie beabsichtigte Beschwichtigung und zugleich wie ein Versuch, den Kern der Sache zu retten, wenn Leitl besänftigte, vieles sei doch schon zurückgeschnitten, was sich als ungesunder Trieb erwiesen habe. Aber man müsse nicht die Wurzel ausreißen.

Wohnungen für die Volksgemeinschaft

Anders als die verborgenen Villen Einzelner fand der Massenwohnungsbau die Aufmerksamkeit des Regimes. Wohnungsversorgung spielte in der Propaganda eine große Rolle. Jeder deutschen Familie ausreichende Wohnung zu sichern, war erklärtes Programm. Daß damit eine Formel aus der Weimarer Verfassung wiederholt wurde, scherte die Propagandisten nicht. Die realen Zahlen waren nicht sonderlich eindrucksvoll. Die öffentliche Förderung des Wohnungsbaus wurde halbiert, die Finanzierung privaten gemeinnützigen Trägern, Genossenschaften, Heimstätten und Baugesellschaften überlassen.

1935 waren noch immer nicht die Fertigstellungszahlen bei Neubauwohnungen erreicht, die in den besseren Jahren der Republik üblich gewesen waren, über 300 000 jährlich. Vom Herbst 1935 an sanken sie bereits wieder deutlich, weil alle verfügbaren Mittel in die Kriegsvorbereitung gingen.[55] Die

Sep Ruf. Haus Ruf. Gmund, Tegernsee, 1937–38.

Mein Haus, mein Boden, mein Vaterland. In: Deutsche Arbeitsfront Heft 13. Eberswalde, Berlin, Leipzig, o. J. (1934).

[54] Alfons Leitl. Von der Architektur zum Bauen. Berlin, 1936. S. 17, 9.

[55] Tilmann Harlander. Zwischen Heimstätte und Wohnmaschine. Basel, 1995. S. 83, 179.

NS-Moderne

[56] Julius Schulte-Frohlinde. Der Auftrag Dr. Todt. In: Bauen Siedeln Wohnen 19 (1939) 9. S. 433.

[57] Gottfried Feder. Die neue Stadt. Berlin, 1939. S. 468. Ähnlich bei Carl Culemann, Werner Lindner, Karl Neupert, Fritz Rechenberg und vielen anderen. Vgl. Hartmut Frank (Hg.). Faschistische Architekturen. Planen und Bauen in Europa 1930 bis 1945. Hamburg, 1985. – Tilmann Harlander. Zwischen Heimstätte und Wohnmaschine. Basel, 1995. S. 227 ff.

Unzufriedenheit wurde in der Fachpresse sogar ausgesprochen. Der Wohnungsbau und besonders der Arbeiterwohnungsbau befriedige »in keiner Weise, ... weder bauwirtschaftlich noch baukünstlerisch«.[56]

In den ersten Jahren knüpfte die NSDAP an die Traditionen bodenständigen Bauens an, wie sie zu Jahrhundertbeginn von Wohnungsreformern und Heimatschützern vertreten worden waren und im Laufe der Jahrzehnte zum konservativen Lager hinübergewandert waren. Ländlich wirkende Kleinsiedlungen, Einfamilienhäuser in privatem Eigentum, freistehend oder als Reihenhaus mit hinreichend großen Nutzgärten, die zum Lebensunterhalt beitragen konnten, sollten die »Asphaltkultur« der Weimarer Republik rückgängig machen. Der Wille zum Kind sollte durch das Haus auf eigenem Grund und Boden gestärkt werden, das verlangte die wehrpolitische Ideologie des NS-Staats. Gesten der Gemeinschaftlichkeit, wie sie die Großsiedlungen der Weimarer Republik in ihren städtebaulichen Figuren vollführt hatten, unterblieben ausgerechnet jetzt, wo »Volksgemeinschaft« die große Parole war.

Der Gedanke einer Binnenkolonisation, der Rückkehr zu den heilenden Kräften des Landes, wurde innerhalb der Wohnungsbau-Ideologie des Nationalsozialismus vor allem von Richard Walther Darré, dem Verfechter von »Blut und Boden« und späteren Reichsminister für Ernährung und Landwirtschaft, und von Gottfried Feder, dem kurzzeitigen Reichssiedlungskommissar, vertreten. Feder propagierte die Gründung neuer Orte, die in alter Gartenstadt-Tradition die Vorzüge des Land- und Stadtlebens miteinander verbinden und die Nachteile beider ausschließen sollten. Wie viele Reformer anderer Herkunft setzte auch Feder sich für ein neues Bodenrecht ein. Damit waren die Interessen einer bürgerlichen Klientel verletzt, auf die das Regime zählte.

Feders politische Karriere fand ein baldiges Ende. Er, der in der NSDAP unter einer älteren Mitgliedsnummer als Hitler selbst registriert war, durfte aber als Universitätslehrer weiterarbeiten. 1939 veröffentlichte er ein einflußreiches Buch, *Die neue Stadt*, das zum Standardwerk wurde und auch Nachkriegsplaner beeindruckte. Vor allem das organizistische Vorstellungsbild, dem Feder und mit ihm viele Planer der NS-Zeit anhingen, erwies sich als dauerhaft; es mußte nach 1945 nur neu benannt werden. Feder prophezeite, der künftige Stadtorganismus werde sich in ständischer Hierarchie von einzelnen Zellen zu Zellverbänden höherer Ordnung aufbauen. In solchen Planungsorganisationen meinte er, eine überraschende Ähnlichkeit mit dem Aufbau der Parteiorganisation in Block, Zelle, Ortsgruppe, Kreis und Gau zu erkennen. »Man kann also sagen, unsere Stadt ist in jeder Hinsicht total.«[57] Zu einem Test auf Feders Thesen kam es nach 1933 nicht. Das NS-Regime propagierte zwar neue Städte, nicht zuletzt für die Ostkolonisation. Von Wolfsburg und Salzgitter abgesehen, gründete es aber keine. Beide Orte stellten Sonderfälle dar, da sie von jeweils einem großen Industriewerk abhingen.

1936 trat der erste Vierjahresplan in Kraft, der die deutsche Industrie in die Lage versetzen sollte, die Aufrüstung des Staats effizienter zu betreiben. Dazu brauchte die Industrie flexible und motivierte Arbeiter, die ihre Arbeitskraft in angemessenen Wohnverhältnissen wiederherstellen konnten und nicht auf lange Wege aus den Spitzdachidyllen im Grünen angewiesen waren. Siedlungsdörfer mit Ziehbrunnen und HJ-Heimen reichten nicht mehr aus. Massenwohnungsbau war, bei gleichzeitiger Protektion des Eigenheims, wieder angesagt. In den Großstädten entstanden drei- bis fünfstöckige »Volkswohnungsbauten«, die weder von den Grundrissen noch vom Habitus her dem baumeisterlichen Ehrgeiz Spielraum gewährten.

Siedlungen, wie sie Scharoun in Berlin oder Bremerhaven nach 1933 baute, geben, wenn überhaupt, nur in Details, Ecklösung, Sprossenteilung der Fenster, Gaubenform zu erkennen, daß hier ein Architekt

Neue Heimat. Bärenkellersiedlung. Augsburg, um 1938.

 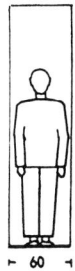   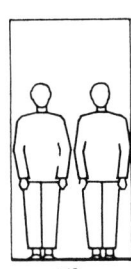 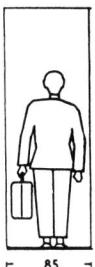 

Ernst Neufert. Platzbedarf zwischen Wänden (für Menschen in Bewegung zu den Breiten 10 % Zuschlag). In: Ernst Neufert. Bauentwurfslehre. Berlin, 1936.

am Werke war, der mehr beherrschte als die Routine unauffälligen Bauens. Es war sozusagen eine Architektur mit Augenzwinkern. Scharoun konnte übrigens von solchen angepaßten Wohnanlagen gut leben. Neuere Untersuchungen haben das lange Zeit gepflegte Bild vom unterbeschäftigten Baumeister in der inneren Emigration in Frage gestellt.[58]

Wenn die Moderne im mehrgeschossigen Wohnungsbau auch nicht mit dem Formenrepertoire der zwanziger Jahre zum Zuge kam, so schließlich doch mit einem ihrer Axiome, der Normung, Typisierung und Rationalisierung. Die Luftangriffe der Alliierten, deren Zerstörungen sich längst nicht mehr an die vorgesehenen Totalsanierungen der NS-Planer hielten, ließen keinen Zweifel daran, daß das Land nach dem Krieg – in der Sprache der Funktionäre: nach dem »Endsieg« – nicht mit handwerklichen Mitteln aufgebaut werden konnte, sondern nur unter Einsatz modernster Bautechnologie. 600 000 Wohnungen jährlich müßten gebaut werden, um die Wohnungsnot in absehbarer Zeit zu beheben. Es war eine Zahl, die nach 1945 in der Bundesrepublik in Spitzenjahren auch erreicht wurde – unter Beteiligung des Personals, das schon bei Speer den Wiederaufbau geplant hatte!

Die gesetzlichen Voraussetzungen für die geplante Entwicklung schufen Erlasse Hitlers von 1940 und 1943, die dem Wohnungsbau nach dem Krieg galten. Für eine künftige Massenproduktion sollten bereits jetzt »Erprobungstypen« getestet und die Arbeiten an der Baustelle mechanisiert werden. Daß diese Aktivitäten beim Rüstungsminister angesiedelt wurden (der freilich auch Architekt war) und nicht bei der mit dem sozialen Wohnungsbau beauftragten Deutschen Arbeitsfront, unterstrich ihren technologischen und planungstheoretischen Ansatz. Speer bildete Ende 1943 einen Arbeitsstab für den Wiederaufbau bombenzerstörter Städte, in den überwiegend Architekten und Planer aus dem Amt des Generalbauinspektors und der Organisation Todt berufen wurden.

Für die einzelnen Städte wurden Beauftragte ernannt, die sich vor Ort ein Bild machten, Daten sammeln ließen, Schadenskartierungen vornahmen, Richtwerte aufstellten und Planungen einleiteten. Unter den katastrophalen Vorzeichen der letzten anderthalb Kriegsjahre war diese Tätigkeit das spiegelbildliche Gegenstück zur hochgemuten Vorkriegsplanung für die »Führer-« und »Neugestaltungsstädte«. Zum Arbeits- und Tagungsort wurde eine Baracke in Wriezen, einer kleinen Stadt östlich des luftkriegsgefährdeten Berlins. Aus dem Arbeitsstab rekrutierte sich, worauf Werner Durth immer wieder hingewiesen hat, zum großen Teil das leitende Personal des Wiederaufbaus nach 1945.[59]

Mit der Wende der Baupolitik zu mehr Realismus, Rationalität und Systematik kamen nicht nur Prinzipien des modernen Bauens zur Geltung, sondern auch Architekten, die sie vertreten hatten. Es gab offenbar keine Bedenken, Mitarbeiter aus den Büros der modernen Architekten heranzuziehen, auch nicht aus den Ateliers von Gropius, Mendelsohn oder Mies van der Rohe. Ernst Neufert, Gropius' rechte Hand beim Bau des Bauhaus-Gebäudes in Dessau, danach Dozent an Otto Bartnings Weimarer Bauhochschule, wurde von Speer 1938 zum Beauftragten für Normungsfragen im Bauwesen berufen. Seine *Bauentwurfslehre*, erschienen 1936, wurde zum bis heute meistverkauften Buch der Architekturpublizistik. Architekten lesen angeblich nicht gern Texte. Hier mußten sie nur eine knappe Seite konsumieren, unterzeichnet vom Deutschen Normenausschuß, und eine fast ebenso knappe Vorbemerkung des Autors. Alles andere waren harte Fakten und Zahlen, die mit einer Art Comic Strip illustriert waren.

»Der Neufert« versorgte die Architekten mit einigen Proportionsregeln und unendlich vielen Maß-

[58] Andreas Tönnesmann. Im Dritten Reich. In: Christine Hoh-Slodczyk, Norbert Huse, Günther Kühne, Andreas Tönnesmann. Hans Scharoun. Architekt in Deutschland 1893–1972. München, 1992. S. 46 ff.

[59] U. a. Werner Durth. Deutsche Architekten 1900–1970. Braunschweig, Wiesbaden, 1986¹, 1987². – Werner Durth, Niels Gutschow. Träume in Trümmern. Planungen zum Wiederaufbau zerstörter Städte im Westen Deutschlands 1940–1950. 2 Bde. Braunschweig, Wiesbaden, 1988. – Gegen eine Überschätzung des Arbeitsstabs: Winfried Nerdinger. Architektur der Wunderkinder. Aufbruch und Verdrängung in Bayern 1945–1960. Kat. Architekturmuseum der TU München. Salzburg, 2005. S. 9.

Ernst Neufert. Hausbaumaschine. In: Ernst Neufert. Bauordnungslehre. Berlin, 1943. Ansicht. Schnitt.

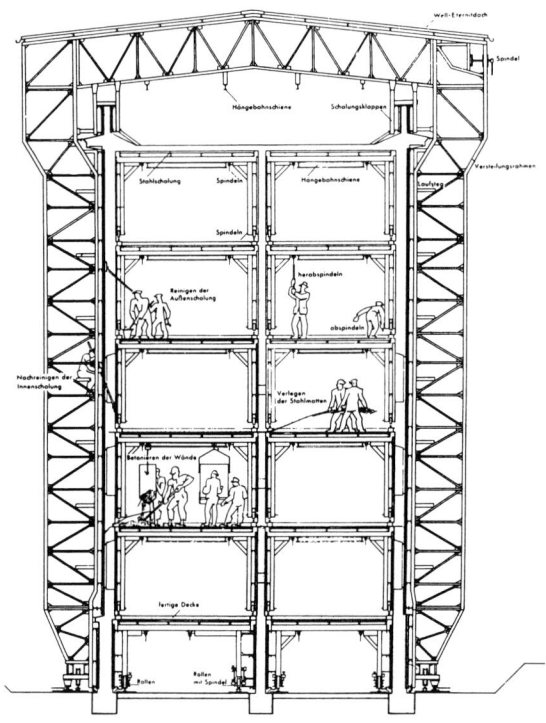

angaben. Die Maße bezogen sich auf Bauelemente und Einrichtungsstücke, auf Menschen in allen denkbaren Posituren und Tätigkeiten: sitzend, stehend, gehend, liegend, essend, schreibend, bügelnd, lesend, einkaufend, Rugby spielend, autofahrend, Menschen im Freibad, in der Zeppelingondel und im Bunker. Sogar Haustiere wurden berücksichtigt. Maße und Masse hingen zusammen; die Zahlen dienten Rationalisierungsmaßnahmen. Unter seine Grundrißbeispiele mischte Neufert ungeniert solche der verfemten Moderne: unter anderem Hans Poelzigs IG-Farben-Haus in Frankfurt oder die Siedlung Berlin-Siemensstadt.

[60] Ernst Neufert. Bauordnungslehre. Berlin, 1943. S. 453 ff.

[61] Hugo Häring. Neues Bauen. In: Hefte für Baukunst und Werkform (1947) 1. S. 31.

In einem zweiten Buch, der *Bauordnungslehre* von 1943, schlug Neufert vor, was auf den avanciertesten Baustellen der Weimarer Republik nicht anzutreffen war und nach 1945 auch in beiden Deutschlands nicht anzutreffen sein würde: eine komplette Hausbaumaschine vor Ort. Ein auf Schienen gesetztes Gerüst, das »Schalungshaus«, sollte als überdachte Baustelle dienen, als »Wintermantel«. Je nach Baufortschritt werde es sich auf die Reise begeben und wie eine Strangpresse eine fertig gegossene und montierte mehrstöckige Bauzeile hinter sich lassen.

Ergebnis war ein städtebauliches Layout, das aus rigorosem Zeilenbau bestand. Neufert störte das nicht. Die moderne Stadt werde so stark mit Baumgruppen und Grünflächen durchsetzt sein, daß ihre »typische Einförmigkeit« vom Farb- und Formenwechsel der Natur belebt werde.[60] Das Argument gehört zum Planer-Repertoire seit eh und je: Die Natur wird es schon richten. Was Neufert eher störte, war die Tatsache, daß sein Foliant nicht auf DIN-Maße gebracht werden konnte, weil er sich einer Publikationsreihe des Generalbauinspektors einfügen mußte. Das bedauerliche Faktum wirkt wie ein Indiz für die Indienstnahme der Neufertschen Rationalisierungsbemühungen durch die Baupolitik des Regimes.

»Das Ergebnis eines ganz und gar von GOTT verlassenen Bauwillens«, kommentierte Hugo Häring später die Neufertsche Hausbaumaschine. Aber beeindruckt hat sie ihn doch – und alle, die an den Großbaustellen der Nachkriegszeit beteiligt waren. Andere Industrialisierungsmethoden standen zur Diskussion. Siemens setzte sich für ein Gleitbau-Verfahren ein, die Baufirma Holzmann für ein Tafelschal-Verfahren, beide nach dem Zweiten Weltkrieg zahllose Male angewendet. Daß fabrikmäßig hergestellter Wohnungsbau keinen heftigen Widerstand mehr erregte (er tat es später phasenweise dann doch), sei »zwar ganz gewiß kein Verdienst Hitlers, aber es ist eine Folge seines Auftretens«.[61]

Industriebau, Ausweg und Zuflucht?

Als inneres Exil galt im Dritten Reich und vor allem in den Rechtfertigungsjahren danach der Industriebau. »Daß eine kleine Zahl grundsatztreuer Architekten den Weg in die Industrie als Ausweg und Zuflucht gefunden hat, macht es dem deutschen

Bauen möglich, dem Bauen der übrigen Welt mit nicht ganz leeren Händen wieder zu begegnen«, hieß es 1947 im allerersten *Heft für Baukunst und Werkform*.[62] Die Schutzbehauptung war: In den Fabriken der Schwerindustrie, des Fahrzeugbaus, der Luftfahrt und der Rüstung mußten moderne Architekten sich nicht verbiegen, wenn sie entwarfen. Guten Gewissens, soweit es die Ausübung ihres erlernten Berufs betraf, konnten sie den Maximen ihrer bisherigen Laufbahn folgen: Funktionalität, Ökonomie der Mittel und der Kosten, materialsparende Bauweisen, Vorfertigung der Teile, ästhetischer Mehrwert aus der ordnenden Erfüllung dieser Aufgaben.

Industriebau verlangte Industrialisierung des Bauens. Da die Betriebe, nicht zuletzt die Rüstungsbetriebe, flexibel produzieren mußten, lag es nahe, weitgespannte Hallen mit sparsam gesetzten Stützen zu entwerfen, so daß Produktionsumstellungen schnell zu bewältigen waren. Bei einer Beschädigung der Anlagen etwa durch Luftangriffe konnten normierte Bauteile leicht ausgewechselt werden. Was die Modernen liebten, Präzision, Reihung, die mit Glas oder Ziegel ausgefachten Stahl- oder Stahlbeton-Gerüstkonstruktionen, konnten sie hier ohne Selbstverleugnung in die Tat umsetzen. Blieb der technologische Kraftaufwand in den »Bauten des Glaubens« gut verborgen, so trat er im Industriebau frei hervor.

Kontinuität zur Weimarer Republik (und später auch zur Bonner Republik) ergab sich von selbst. Stahl- oder Stahlbeton-Skelettbauten von Heinrich Bärsch, Egon Eiermann, Rudolf Lodders, Bernhard Pfau, Herbert Rimpl, Fritz Schupp und Martin Kremmer, Hans Vaeth, Wilhelm Wichtendahl und Bernhard Hermkes erzielten eine Knappheit der Form, wie sie auch in den zwanziger Jahren nur in Spitzenwerken, manchmal von denselben Architekten, er-

Herbert Rimpl, Josef Bernard. Heinkel-Flugzeugwerke. Oranienburg, 1936–38.

reicht worden war. Privatwirtschaft und Staat errichteten Industriebauten, die innerhalb ihrer Gattung zu den eindrucksvollsten Zeugnissen des Funktionalismus zählen. In diesem Zusammenhang konnte die zeitgenössische Publizistik ein aufmunterndes Wort zugunsten »baulicher Experimente und traditionsfreier Wagnisse« riskieren. Es findet sich sogar die Feststellung, auf dem Gebiet Industriebau habe »der Stil, der sich auf die neuen Materialien gründet, schon Ausgezeichnetes geleistet«.[63]

In Bauten wie den Heinkel-Flugzeugwerken in Oranienburg (1936–38), entworfen vom Büro Herbert Rimpl, war für die Erfüllung aller Zwecke gesorgt. Störende Einbauten in die Halle vermied der Architekt, indem er Sonderfunktionen in die Torkammern am Kopfende oder in den niedrigen langgestreckten Anbau verwies. Die Längsseite war voll verglast. Zusätzliches Licht fiel durch Oberlichter zwischen den Stahlbindern ein und trug zur zweckmäßigen und gleichmäßigen Ausleuchtung der Produktionsflächen bei. Die Aufsätze trugen einen gleichmäßigen Takt in die Baugruppe, der Parteigenossen an die Turmkolonnen rings um die Nürnberger Aufmarschfelder erinnern konnte. Zugleich ließ er sich als architektonische Parallele zur industriellen Serienfabrikation verstehen.

Wie in Italien, wo das Regime Mussolinis die Kompetenz eines hervorragenden Architekteningenieurs, Pier Luigi Nervi, für weitgespannte Flugzeughallen nutzte, wurde in Deutschland die neuartige Schalenbauweise (vgl. S. 173 f.) durch Forschung zielstrebig weitergeführt und auf militärische Anlagen angewendet. Als Flugzeuge entsprechende Größenordnungen erreichten, bot sich der Schalenbau, nach Markthallen und Planetarien, für Hangars an. So

[62] Alfons Leitl. Anmerkung zu den Bildern dieses Heftes. In: Hefte für Baukunst und Werkform (1947) 1. S. 14.

[63] Hubert Schrade. Bauten des Dritten Reiches. Leipzig, 1937. S. 33.

Heinrich Bärsch. Opelwerk. Brandenburg, 1935.

NS-Moderne   221

Hermann Brenner mit Werner Deutschmann. Deutsche Versuchsanstalt für Luftfahrt. Berlin-Adlershof, 1932–36. Großer Windkanal (angeschnitten), Kanal für Trudelversuche, Montagehallen.

[64] Gerhard Fehl. Moderne unterm Hakenkreuz. In: Hartmut Frank (Hg.). Faschistische Architekturen. Hamburg, 1985. S. 98.

[65] Julius Niederwöhrmeier. Das Lebenswerk des Düsseldorfer Architekten Bernhard Pfau 1902–1989. Stuttgart, 1997. S. 305.

[66] Albert Speer. Spandauer Tagebücher. Frankfurt, 1975. S. 262.

[67] Schönheit der Arbeit 2 (1937) 6. Zit.: Julius Niederwöhrmeier. Das Lebenswerk des Düsseldorfer Architekten Bernhard Pfau 1902–1989. Stuttgart, 1997. S. 109.

[68] Rudolf Lodders. Zuflucht im Industriebau. In: Hefte zu Baukunst und Werkform (1947) 1. S. 42.

wurde während der dreißiger Jahre eine Reihe von Flugzeugschuppen als halbtonnenähnliche Schalen ausgeführt. Manchmal waren sogar die Giebelseiten als Schalen, in diesem Fall als Halbkuppeln, ausgebildet.

Darüber hinaus ermöglichte der Schalenbau ungewöhnliche, organoide Gebilde wie den bohnenförmigen Trudelwindkanal (1934–36) der Deutschen Versuchsanstalt für Luftfahrt in Berlin-Adlershof. Zusammen mit anderen für Forschungszwecke bestimmten Bauten bildet der zwanzig Meter hohe Betonbau eine Collage absonderlicher Gestalten, einen exotischen Science-Fiction-Park. Die ziegelausgefachten Stahlgerüstbauten des Campus wirken wie eine improvisierte Vorwegnahme von Mies van der Rohes Illinois Institute of Technology in Chicago (1939–58).

Heroismus mußte niemand aufbringen, der für diese Industriemoderne arbeitete. Auch die Nazis wußten, daß im seriellen Zweckbau das Pathos der Parteigebäude sinnlose Vergeudung gewesen wäre. An der kühlen Disziplin der funktionalen Architektur konnten sie sogar Gefallen finden. Die Moderne führte nicht nur, wie Gerhard Fehl es genannt hat, die Aufgaben Aschenputtels aus[64] und war mit den niederen Notwendigkeiten des Industrie- und Versorgungsbau betraut. Aus ihrer Effizienz, Logik und Härte ließen sich auch Propagandaeffekte herausholen. Die repräsentativen Bildbände über NS-Architektur, die Albert Speer oder die Witwe Troosts herausgaben, veröffentlichten mit Stolz und über viele Seiten Bauten der »Rüstungsmoderne«[65], in der sich die technische Kompetenz eines industriebewußten Staats darstellen sollte. Durch Speer ist die Reaktion Hitlers überliefert, der sich vor einem Stahlwerk in Linz für die Proportionen und die schieren Ausmaße begeisterte. Hitler nahm den Eindruck in Linz zum Anlaß, einmal mehr den Gattungspluralismus der NS-Architektur zu formulieren: »Zum Arbeitsplatz gehören Licht, Luft und Zweckmäßigkeit, von einem Rathaus verlange ich Würde, und von einem Wohnhaus Geborgenheit, die mich für die Härte des Lebenskampfes wappnet.«[66]

Von den Kosten ganz abgesehen, stand die steinerne Monumentalität der Partei- und Staatsbauten für den Industriebau auch deshalb nicht zur Verfügung, weil die Wirkung der Pathosformeln nicht durch unterschiedslose Verwendung geschmälert werden durfte. Verstöße gegen die Hierarchie der Bauaufgaben, in der die Partei- und Staatsbauten oben standen und Zweckbauten unten, waren unerwünscht. Mit Billigung des Regimes konnte daher in der Industriearchitektur eine Tradition weitergeführt werden, die aus der Pionierzeit der Moderne herüberreichte.

So war es auch kein Widerspruch, wenn die Deutsche Arbeitsfront die Alfelder Fagus-Werke von Gropius und Meyer, diese Inkunabel modernen Bauens (1911 ff., vgl. S. 82), zusammen mit aktuellen Industriebauten als nationalsozialistischen Musterbetrieb auszeichnete.[67] Vor und neben den funktionalistischen Betriebshallen war dann immer noch Gelegenheit, andere Register zu ziehen: ein paar heroische Pfeiler bei den Pförtner- und Verwaltungsgebäuden, Gemütlichkeit in Kameradschaftshaus oder Kasino, wo das Amt Schönheit der Arbeit für Blumenschmuck sorgte. Der Werkswohnungsbau suggerierte heimatverbundene Geborgenheit.

Nach dem Krieg füllten die Architekturzeitschriften, die aus dem zerstörten Deutschland noch nichts von Belang zu zeigen hatten, ihre Seiten gern mit diesen Taten eines vermeintlichen inneren Widerstands. Der Industriebau in finsterer Zeit sei »unabdingbarer Besitz und klare Erkenntnis geworden«, »als wahrhaft ermutigender Lichtblick in dem Dunkel, dem wir entgegengehen«.[68] Was in den makellos gestalteten Werkhallen des Dritten Reiches produziert worden war, ob Flugzeugmotoren oder Giftgas, blieb außer Betracht. Kritische Stimmen wie die von Alfons Leitl waren selten: »Wir alle oder die meisten von uns sind keine Helden gewesen, oder doch nur sehr partiell. Sonst wären wir nicht mehr da. Wir haben alle irgendwo gesteckt, und gearbeitet haben wir auch. Die Arbeiten, die wir zu leisten hatten, taten wir in einem gleichgeschalteten Deutschland, für gleichgeschaltete Stellen. Ob wir Industriebauten planten, landwirtschaftliche Siedlungen, Unterkünfte für Arbeiter, Baracken, Heeresbauten oder Autobahnbrücken – wir saßen alle auf dem gleichen braungestrichenen Schiff.«[69]

Industrie als Städtegründer

Zur Ostkolonisation großen Stils, der Besiedlung und Germanisierung Osteuropas durch vorgeblich rassereine Arier, kam es nicht mehr. So müssen die Siedlungsmaßnahmen der neuen Industriewerke in Wolfsburg-Fallersleben und Watenstedt-Salzgitter als Beispiele für die Neugründung von Städten in der NS-Epoche stehen. Es waren die ersten deutschen Neustädte seit der Gründung von Bremerhaven, Ludwigshafen und Wilhelmshaven im frühen 19. Jahrhundert. Beide liegen in Niedersachsen, beide sind an den Mittellandkanal als wichtigsten Verkehrsweg für den Transport von Grundstoffen und produzierten Gütern angeschlossen. Wolfsburg, die Stadt des KdF- (»Kraft durch Freude«-)Wagens, nahm die Arbeiter und Angestellten des Volkswagenwerkes auf, das seit 1937 in der Planung war. Ins selbe Jahr fiel die Gründung der Reichswerke Hermann Göring in Salzgitter. Hier wurde Eisenerz verhüttet, das aus Gruben im nördlichen Vorland des Harzes gewonnen wurde und bisher als minderwertig gegolten hatte. Damit sollte

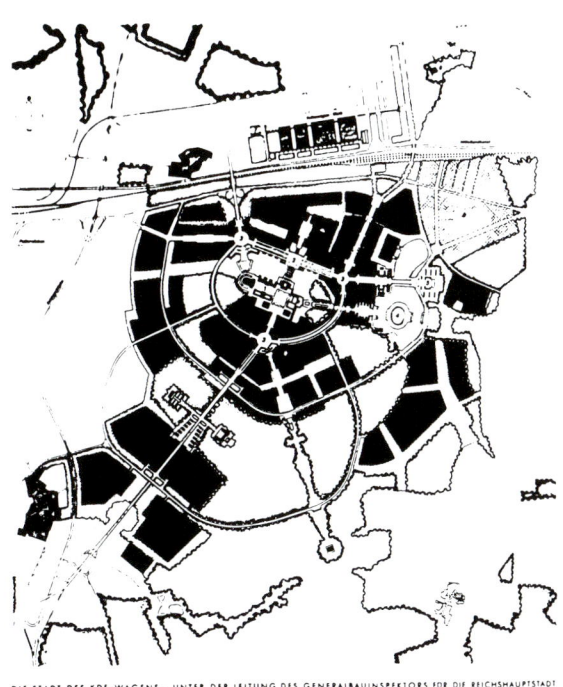

Peter Koller. Die Stadt des KDF-Wagens (Wolfsburg). Stand 1938. Lageplan.

Emil Rudolf Mewes, Karl Kohlbecker. Volkswagenwerk. Wolfsburg, 1937–44.

[69] Alfons Leitl. Anmerkungen zur Zeit. In: Baukunst und Werkform 2 (1949) 1. S. 3.

NS-Moderne

Herbert Rimpl mit Werner Hebebrand, Willy Kirchner, Franz Rosenberg u.a. Stadt der Hermann-Göring-Werke (Watenstedt-Salzgitter). Stand Anfang 1941.

das Reich im absehbaren Kriegsfall weniger abhängig von ausländischen Erzimporten werden. Der Zusammenhang von Wohnungsbau und Rüstungsproduktion liegt in Salzgitter noch offener zu Tage als anderswo.

Beide Gründungen markierten eine Abkehr von der Agrarromantik ländlichen Siedelns, für die sich die Nationalsozialisten anfangs stark gemacht hatten. Beide Stadtprojekte ließen Gottfried Feders Vorstellung neuer Klein- und Landstädte weit hinter sich. Jeweils war an eine Einwohnerzahl von 100 000 oder mehr gedacht. Beide Städte sollten mit Stadtkronen versehen werden, die wie üblich aus Parteibauten und einer großen Volkshalle bestanden. In beiden Planungen waren sie der Werksrepräsentation als anderem Stadtpol konfrontiert, in Wolfsburg der unendlich langen Südfront des Automobilwerks am Kanal, in Salzgitter dem Verwaltungsbau des Konzerns im »Kopf« der städtebaulichen Figur.

Wolfsburg hat den weniger rigorosen Plan. Der Stadtplaner Peter Koller, der unter der Verantwortung seines ehemaligen Kommilitonen Generalbauinspektor Speer arbeitete, ließ die Hauptachse, der Topographie folgend, die Werksfront schräg anpeilen, führte sie aber nicht bis ans Ufer durch. Mehrere Ringe nehmen den Autoverkehr auf. Keine Perspektive dominiert. Das städtebauliche Repertoire wirkt reicher und weniger dogmatisch als in Salzgitter, wo Achsenkreuz und Aufmarschstraße, fast zwei Kilometer lang, schärfer ausgebildet sind. Aber auch in Salzgitter spielten Landschaft und Verkehrstrennung mit und mischten sich mit dem Monumentalismus der Stadtkrone.

Die Reichswerke Hermann Göring wuchsen sich zu einem riesigen Staatskonzern aus, der nach der Angliederung Österreichs und nach den ersten Kriegserfolgen europaweit agierte, von Nordskandinavien bis nach Polen und der Ukraine. Seine Bautätigkeit koordinierte und realisierte das Büro Herbert Rimpl. Mit siebenhundert Mitarbeitern entwickelte es sich zum vermutlich größten deutschen Architektenbüro überhaupt. Unter dem weiten Mantel der Firma kamen zahlreiche Bauhäusler und andere Modernisten unter, darunter auch Rückkehrer von den Expeditionen deutscher Planer, die 1930 in die Sowjetunion aufgebrochen waren und wußten, was rationales Arbeiten bedeutete. Parteimitgliedschaft war keine Bedingung. Da die Aufträge durchweg als kriegswichtig galten, verband sich mit der Tätigkeit für Rimpl der angenehme Nebeneffekt einer Freistellung vom Frontdienst. Bei Rimpl, in den Baustäben der NS-Formationen und der Wehrmacht, in der Organisation Todt und im Atelier des Generalbauinspektors formierte sich die Generation der Architekten und Planer, deren professionelle Erfahrung im Nachkriegsdeutschland zum Zuge kam.

Festung Europa

Staats- und Parteibauten spielten in der Propaganda des Dritten Reiches eine Hauptrolle, obwohl von den hochfliegenden Plänen nur ein kleiner Bruchteil umgesetzt wurde; die gut ausgeleuchteten Modelle taten allemal ihre propagandistische Wirkung. Bei den Bauten der Infrastruktur und der militärischen Verteidigung war das Verhältnis umgekehrt. Die Investitionen in Luftschutzmaßnahmen, in den Bunkerbau an Westwall und Atlantikwall, in den Ausbau der Häfen und Verkehrswege, die den schnellen Transport von Rüstungsgütern und Wehrmachtseinheiten ermöglichen mußten, waren immens. Von diesen Architekturleistungen waren schon aus Gründen der militärischen Geheimhaltung die meisten nicht für die Selbstdarstellung des NS-Staats geeignet.

Die »Straßen des Führers«

Die große Ausnahme waren die Reichsautobahnen, die spektakulärste und populärste Tat des Regimes auf dem Bausektor. Mit ihnen ließ sich im In- und Ausland Staat machen: »Der raumüberwindende Wille unserer Zeit setzt sich in ihnen ein Denkmal.«[70] Der Bau von Autobahnen diente anfangs als Arbeitsbeschaffungsmaßnahme der Verringerung der Arbeitslosigkeit. Ihre Abschnitte wurden meist in der Nähe großer Städte begonnen, wo besonders viele Menschen ohne Arbeit waren. Natürlich profitierte der Autobahnbau von der Faszination des Autos, für die auch Hitler empfänglich war. Die Automobilindustrie quittierte die Befreiung »des geknebelten Automobils«[71] dankbar.

Die neuen Fernstraßen sollten den Deutschen die Einheit des Landes, das nun so schnell zu durcheilen war, und die Vielfalt seiner Landschaften bewußt machen. »So sind auch die Autostraßen ein Werk für die Volksgemeinschaft, von herrlicher Größe und Kraft, das Land mit dem hinschnellenden Rhythmus unserer Zeit durchschwingend.«[72] Weniger geeignet für den rhapsodischen Lobpreis war die strategische Bedeutung der Autobahnen, die quer durch das Reich leistungsfähige Verbindungen zwischen künftigen Kriegsfronten herstellten.

Daß die Voraussetzungen in der Weimarer Republik geschaffen worden waren, wurde im Dritten Reich zumeist unterschlagen. Immerhin bot die AVUS im Berliner Grunewald schon seit 1921 zehn Kilometer, die ausschließlich dem Auto reserviert waren (vgl. S. 158). 1930 war der Reichstag bereits mit dem Autobahnbau befaßt, wobei die NSDAP damals noch als Gegner auftrat. Zwei Jahre später wurde eine dreispurige Teststrecke zwischen Köln und Bonn in Betrieb genommen. Geschickte Propaganda bewirkte jedoch, daß sich die »Straßen Adolf Hitlers« vollständig mit dem NS-Regime verbanden.

In der Republik sollten die ausgearbeitet vorliegenden Pläne auf privatwirtschaftlicher Grundlage verwirklicht werden. Zu diesem Zweck wurden Studiengesellschaften und eine Interessengruppe HAFRABA (Autobahn *Ha*nsestädte – *Fra*nkfurt – *Ba*sel) ins Leben gerufen, die auch die technischen Richtlinien festlegten. Auf diesen Vorarbeiten fußte die NS-Regierung, als sie wenige Monate nach der Machtübernahme eine reichseigene Trägergesellschaft gründete und die neuen Strecken zügig realisierte, doppelspurig in beiden Fahrtrichtungen mit Mittelstreifen dazwischen. Bis Kriegsausbruch waren an die viertausend Kilometer fertiggestellt. Finanziert wurden sie mit Krediten der Reichsbank, Mitteln aus der Reichsanstalt für Arbeitsvermittlung und später vor allem aus dem Staatshaushalt.

[70] Hubert Schrade. Bauten des Dritten Reiches. Leipzig, 1937. S. 34 f.

[71] Fritz Todt. Der Straßenbau im nationalsozialistischen Staat. In: Grundlagen, Aufbau und Wirtschaftsordnung des nationalsozialistischen Staates. Bd. 57. Berlin, 1937. S. 8.

[72] Hubert Schrade. Bauten des Dritten Reiches. Leipzig, 1937. S. 34 f.

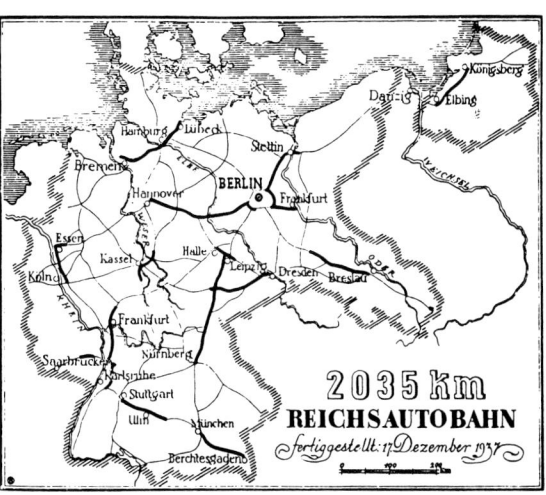

Netz der Reichsautobahnen. Stand 17. 12. 1937.

Autobahn. Zeichnung Herbert Rimpl. Vor 1953.

Das neugeschaffene Amt eines Generalbauinspektors für das deutsche Straßenwesen wurde im Sommer 1933 dem Ingenieur Fritz Todt übertragen, der eine der maßgeblichen Figuren im Kampfbund Deutscher Architekten und Ingenieure gewesen war. Todt erwies sich als ein glänzender Organisator. Von der kulturellen Mission des Straßenbaus war er durchdrungen. In Konfliktfällen behielt sich Hitler auch hier die ausschlaggebende Entscheidung vor, Indiz für den politischen, militärischen und propagandistischen Rang, den er dem Unternehmen Autobahn zumaß.

»Unsere Straßen sollen ewig bestehen«, forderte Todt für seine Autobahnen, wie Hitler es für seine »Bauten des Glaubens« forderte.[73] »Höhere Baugesinnung« war deshalb ebenso verlangt wie die Überhöhung von Straßenbauten, vor allem prominenten Brücken, durch Triumphbögen und Hoheitszeichen ins Monumentale. Die gewaltige, für Hamburg vorgesehene Hängebrücke mit ihren Torpfeilern von 177,5 Metern Höhe und einer Spannweite von siebenhundert Metern war als ein solcher Prestigebau geplant, obwohl ihre Maße bereits von der New Yorker George-Washington-Brücke übertroffen wurden. Allgemein galt das Bauen in Stein als die eindrucksvollere Konstruktionsart im Brückenbau. Sie wurde auch deshalb gewählt, weil Stahl angesichts der beschleunigten Aufrüstung anderweitig dringender benötigt wurde.

Die Obersten Bauleitungen der Reichsautobahnen zogen Gartenarchitekten (sogenannte Landschaftsanwälte), koordiniert von Alwin Seifert, und Architekten als künstlerische Berater hinzu. Unter ihnen waren Paul Bonatz als Berater, der sich nach vorübergehender Abstinenz der Gunst der Mächtigen erfreute, und Friedrich Tamms als sein Partner auf der Seite der Reichsautobahn für eine Reihe repräsentativer Verkehrsbauten verantwortlich. Drohten die Brücken allzu wuchtig auszufallen, beispielsweise weil eine tunnelartige Wirkung tiefer Gewölbetonnen zu befürchten war, wurden solche Bauwerke als Doppelbrücken konzipiert, mit jeweils einer Gewölbereihe pro Fahrbahn. Die Regel waren sachlich-schöne Bauten. Konstruktionen wurden dem jeweiligen Landschaftscharakter entsprechend eingesetzt: vollwandige Balken oder Fachwerkträger auf Pfeilern oder Rahmen – die Fachwerkbalken manchmal als Obergurte geführt –, Bogenbrücken, Hängebrücken wie die bei Krefeld und bei Köln. Zunehmend wurden die Brücken als Kulturdenkmale betrachtet und in Naturstein aufgeführt oder verkleidet.

Todt, der als der Vater der Autobahnen galt, als Pontifex Maximus, unterschied zwischen »Brücken, die dienen, und Brücken, die herrschen«.[74] Dienende Brücken sollte der Autofahrer kaum wahrnehmen, sie führten die Fahrbahn unbemerkt über Täler und Hindernisse hinweg. »Herrschende Brücken« dagegen inszenierten Land und Landschaft. Besonders eindrucksvolle Szenerien, aber vor allem die Grenzpunkte des Reiches sollten durch solche anspruchsvollen

Robert Zimmer (Plakatentwurf). Reichsautobahnen in Deutschland. 1937. Saalebrücke bei Hirschberg.

[73] Fritz Todt. Der Straßenbau im nationalsozialistischen Staat. In: Grundlagen, Aufbau und Wirtschaftsordnung des nationalsozialistischen Staates. Bd. 57. Berlin, 1937. S. 8.

[74] Paul Bonatz. Dr. Todt und seine Reichsautobahn. In: Die Kunst im Dritten Reich. Die Baukunst 6 (1942) 3. S. 52.

Oberste Bauleitung Reichsautobahnen, Frankfurt am Main, Paul Bonatz. Autobahnbrücke über das Waschmühltal bei Kaiserslautern. 1935–37. Zeichnung,

Brückenbauten markiert werden. Tamms, der später als Stadtbaurat von Düsseldorf seiner Leidenschaft für Brücken nachgehen konnte, stattete die geplante Weichselbrücke auf der deutschen Seite mit monumentalen Wachtürmen aus, die zur sachlichen Stahlkonstruktion in dramatischem Kontrast standen, eine unmißverständliche Drohgeste.

Wälle im Westen

Die Autobahnen dienten dem beweglichen Teil des militärischen Netzwerks, dem Transport von Angriffs- und Verteidigungsmaterial, den Truppenbewegungen zwischen den Fronten. Der stationäre Teil des Systems waren die Wallanlagen im Westen, an der deutsch-belgisch-französischen Grenze und nach der Besetzung Frankreichs, der Niederlande und Skandinaviens an den Küsten von Atlantik und Nordsee. Die Vorbereitungen für den Westwall (»Siegfried-Linie«), der sich auf deutschem Gebiet von Kleve bis zur Schweizer Grenze zog, gingen bereits auf die Anfangsjahre des Dritten Reiches zurück. Offizieller Beginn der Bauarbeiten nach revidierter Planung war der 25. Februar 1938, anderthalb Jahre vor Ausbruch des Krieges mit Frankreich. Es entstand ein System von vielen tausend meist genormten Bunkern und Panzersperren aus Betonhöckern.

Anfangs fügte sich der Bau des Westwalls in das staatliche Beschäftigungsprogramm ein, war aber von vornherein auf eine militärische Auseinandersetzung mit dem westlichen Erbfeind berechnet. Genutzt hat der Westwall den strategischen Planern nur insofern, als er ihnen während des Polen-Feldzugs den Rücken im Westen freizuhalten half. Nach der Besetzung Frankreichs 1940 war er ohne Nutzen, wurde im Winter 1944/45 notdürftig wieder instand gesetzt, konnte

aber den Vormarsch der westlichen Alliierten nicht nennenswert behindern.

Unter allen kriegsbedingten Baumaßnahmen, die in der Heimat und an der Front durchgeführt wurden, mobilisierte der küstennahe Atlantikwall den gewaltigsten Einsatz an Mitteln und die meiste Erfindungskraft. Die ersten Arbeiten an diesem modernen Limes, der von den Pyrenäen bis Dünkirchen und in lockerer Folge bis zum Nordkap die kontinentale »Festung Europa« umgürtete, gingen auf das Jahr 1940 zurück. Sie wurden intensiviert und in einen systematischen Zusammenhang gebracht, als die Luftschlacht über England scheiterte, das Unternehmen Seelöwe, die Eroberung Großbritanniens, abgeblasen werden mußte und die Kriegsleitung ihrerseits mit Invasionen zu rechnen hatte.

Bis zum Ende der Kampfhandlungen im Westen wurden auf einer Länge von 2 700 Kilometern viele Tausende kleiner bis größter Bauten errichtet:

Oberste Bauleitung Reichsautobahnen, Friedrich Tamms, Karl Schaechterle. Autobahnbrücke über die Weichsel, Projekt vor 1939.

Festung Europa

Organisation Todt. Gefechtsleitstand am Atlantikwall. Batz bei La Baule, Bretagne, 1940–44. Ansicht. Schnitt.

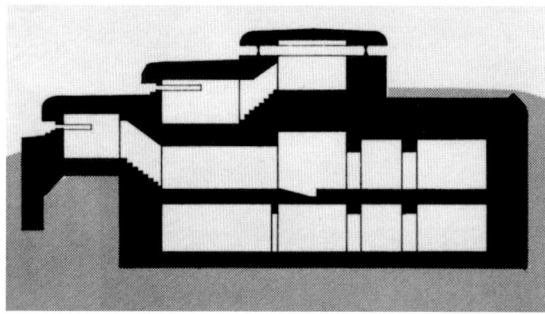

Schützenstände, Beobachtungs- und Befehlsstände, Artilleriekasematten (»Kampfstände«), Versorgungs- und Sanitätsbunker, U-Boot-Basen. Bauplanung und -ausführung lagen im wesentlichen bei der Organisation Todt, für die nach dem tödlichen Unfall Fritz Todts im Jahr 1942 Albert Speer als neuer Rüstungsminister die Verantwortung übernahm. Allein im Bereich der Heeresgruppe West, in Frankreich, Belgien und den Niederlanden, wurden in vier Jahren zehn Millionen Kubikmeter Beton für Bauten des Altantikwalls verbraucht. Bis zu 260 000 Arbeitskräfte, Kriegsgefangene und Zwangsarbeiter, waren in diesem Abschnitt beschäftigt.

Die meisten Bauwerke des Atlantikwalls waren standardisiert, wurden aber jeweils den lokalen Situationen angepaßt. Ihre Entwurfskomponenten ergaben sich aus fortifikatorischen Notwendigkeiten: schmale Beobachtungsschlitze; Öffnungen, deren Größe durch den Schwenkradius der Geschützrohre bedingt war; ein Minimum an Raumkapazität und ein Maximum an Wandstärke; monolithische Struktur, die den Bau unabhängig von Verschiebungen und Verformungen seiner unmittelbaren Umgebung machte. Die Kanten waren abgerundet oder winklig gebrochen, damit Wandverbindungen weniger anfällig wurden und Geschosse leichter abprallten. Wo immer der Verwendungszweck es zuließ, paßten die Baukörper sich den Bodenformationen an, um geringere Angriffsflächen zu bieten.

So ausschließlich diese einzelnen Elemente ihrer Zweckbestimmung dienten, zusammengenommen ergaben sie grimmige und dräuende Gebilde mit zoomorphen oder anthropomorphen Zügen, erinnerten an Helme und Visiere spätmittelalterlicher Rüstungen, an geballte Fäuste, an kauernde Tiere. Kunsthistorische Vorbilder aus dem Expressionismus, Mendelsohns Einsteinturm oder Rudolf Steiners Dornacher Schöpfungen, schienen nahezuliegen, zumal der Kreis um Todt auch auf den kulturellen Aspekt dieser Bauten Wert legte. Zur Genealogie des Atlantikwalls gehören die expressionistischen Zivilbauten jedoch nicht. Schrittmacher waren vielmehr Bunker des deutschen Westwalls, der französischen Maginot-Linie oder der Hindenburg-Linie aus dem Ersten Weltkrieg.

Wie von den meisten Wehrarchitekturen gingen und gehen auch von den Atlantikwall-Bauten düster beeindruckende Wirkungen aus. Das Wissen von der Zerstörungskraft moderner Kriegsmaschinen und das verwendete Material, massiver Stahlbeton, steigerten den Eindruck noch. Solche Effekte waren nicht in erster Linie beabsichtigt. Doch da sie sich nun einmal einstellten, wurden sie auch verwendet. Die Propaganda bediente sich ihrer und suchte die erhoffte militärische Wirksamkeit zu mythisieren. Schützend und bergend sollten sich die Betonburgen für die eigene Truppe darstellen, abschreckend gegenüber dem Feind, Gemeinsamkeit zwischen Okkupanten und Okkupierten vortäuschend: als verteidigten die Besatzer auch die Interessen der Besetzten.

Die kolossalen Anstrengungen erwiesen sich als wenig zweckmäßig. Hitler unterschätzte Dynamik und Flexibilität seiner Gegner. Dank der Überlegenheit ihrer Luftstreitkräfte konnten die Alliierten Fallschirmtruppen hinter der Küstenlinie einsetzen, mit denen sie die stationären Befestigungen umgingen. Künstliche Häfen wurden vor Küstenstrichen verankert, die von der deutschen Kriegsführung als ungeeignet erachtet und deswegen nur schwach befestigt worden waren. Schließlich schlug auch die Festungs-

Organisation Todt. Beobachtungsstand am Atlantikwall. L'Angle, Guernsey, 1940–44.

Friedrich Tamms, Organisation Todt. Flakbunker im Augarten. Wien, 1942–44.

mentalität zum Nachteil der eigenen Seite aus, indem sie Truppe und Kommando zur Unbeweglichkeit verleitete. Unbenutzt und nutzlos, eine makabre Herausforderung an die Phantasie auch heute noch, halb im Sand versunken oder von Wanderdünen freigelegt und umgekippt, lagern die mächtigen Betontrümmer an den Badestränden des westeuropäischen Massentourismus wie die Hinterlassenschaften einer fernen, fremdartigen Zivilisation.

Irritierend wirkten und wirken auch die Bunker im eigenen Land, die dem Schutz der Zivilbevölkerung dienten. Luftschutz war schon lange vor Kriegsbeginn ein Thema, die erste Richtlinie wurde 1934 herausgegeben. Bei den einzeln stehenden Hochbunkern innerhalb der Städte war Abschreckungspathos nicht angebracht. Im Gegenteil mußten ihre großen Dimensionen kaschiert werden, damit feindliche Bomber keine Anhaltspunkte für die Orientierung erhielten. So wuchsen in den Ortsbildern Bollwerke aus Stahlbeton mit Wandstärken bis zu drei, vereinzelt sogar bis zu fünf Metern auf, die als historische Kirch- oder Wehrtürme maskiert wurden. Es gab allerdings auch Ausnahmen. Die paarweise angeordneten Geschütz- und Kommandotürme, die Friedrich Tamms für Wien entwarf, waren in Sichtachsen gestellt und markieren noch heute als dräuende Zeugen des »totalen Kriegs« das Stadtbild.

Tamms' Wiener Zwillingstürme dienten auch als Schutzbunker für die Bevölkerung. Aber die meisten Menschen in den Städten mußten Zuflucht in provisorischen Schutzräumen unter ihren Häusern suchen. Vielen von ihnen wurden die Luftschutzkeller in den Feuerstürmen der Bombennächte zu Todesfallen.

Gegen Kriegsende wurde der Bau von Großbunkern und unterirdischen Stollen noch einmal forciert, als Rüstungsbetriebe vor den zunehmenden Angriffen unter die Erde verlagert wurden. Nicht nur Fabriken, sondern ganze Städte sollten als unterirdische Zitadellen angelegt werden.

Aufschlußreich ist, daß die Planer um Speer auch für die Zeit nach dem Krieg betonierte Schutzräume für die Zivilbevölkerung vorsahen. Offenbar rechneten sie mit permanenten Kriegszuständen. Aufgelockerter und durchgrünter Städtebau stand nicht nur aus hygienischen oder siedlungspolitischen Gründen auf der Agenda, sondern auch aus Gründen des Luftschutzes. Von den Richtlinien des Jahres 1934 bis zum Städtebau nach 1945 blieben die »Lehren aus dem Luftkrieg« eine Planungskonstante. »Auflockerung macht Stadt luftunempfindlicher.«[75]

Verbotene Terrains

Die militärische Infrastruktur der Festung Europa bedingte Unterkünfte für das Personal, das zu ihr gehörte: verbotene Terrains auch sie. Mit der allgemeinen Wehrpflicht, die Hitler 1935 unter Bruch des Versailler Vertrages verkündete, entstand ein riesiger Bedarf an Neubauten für Kasernen, Waffendepots, Materiallager und Lazarette. Statt der 100 000 Berufssoldaten, die Deutschland erlaubt waren, wurde die Wehrmacht innerhalb weniger Jahre auf eine Kriegsstärke von 45 Divisionen hochgerüstet. Kasernenbauten, die »Pflegestätten kämpferischer Gemeinschaft«, wurden nach Normen errichtet, die nur ein geringes Maß an Abweichungen erlaubten. In Ausnahmefällen

[75] Rudolf Hillebrecht. Betrifft: Luftkrieg und Städtebau. Bericht über eine Rundreise durch luftkriegsbetroffene Städte im Januar/Februar 1944. Zit.: Werner Durth. Deutsche Architekten. Braunschweig, Wiesbaden, 1986. S. 214.

Herbert Hettler, Heeresbauverwaltung. Kaserne. Rheinland, um 1940.

[76] Walter Deissner. Die Kasernen Adolf Hitlers. In: Der Deutsche Baumeister 1 (1939) 4. S. 49.

[77] Ohne Verf. Eine Kaserne im Voralpenland. In: Bauwelt 30 (1939) 26. S. 1.

[78] Winfried Nerdinger (Hg.). Bauen im Nationalsozialismus. Bayern 1933–1945. München, 1993. S. 19.

Konzentrationslager Sachsenhausen. Oranienburg, 1936–44.

zogen die Heeresbaustäbe freie Architekten hinzu, die sich gleichfalls einer »härteren Disziplin im Entwurf« zu unterwerfen hatten.[76]

Erwünscht waren »straffe Haltung« und »der starke Ausdruck soldatischer Form«.[77] Die frugalen Unterkünfte der Mannschaften bestanden aus Gruppen langer, meist dreistöckiger Häuser mit Lochfenstern, die Stuben an Mittelgängen aufgereiht, ein Walmdach darüber, an den Gebäudekanten gequaderte Ecken. Auf dem zentralen Wirtschaftsgebäude durfte ein Dachreiter sitzen, der eine Uhr trug: Symbol der Pünktlichkeit und Disziplin. Erheblich größer war der Komfortbedarf in den Offizierssiedlungen und bei der Luftwaffe, die sich als Elite betrachtete und von den Luxusbedürfnissen ihres Befehlshabers Hermann Göring profitierte. Sie baute ihre »Fliegerhorste« mit weit auseinandergezogenen Kasinos, Schwimmbädern und Sportanlagen und rief dementsprechende Kritik bei den anderen Waffengattungen hervor. Zur Rechtfertigung verwiesen Görings Planer auf die Anfälligkeit dieser Anlagen gegenüber Luftangriffen, die eine lockerere Bebauung notwendig mache.

Gleichzeitig mit den Kasernen, in denen junge Männer der neu eingeführten Wehrpflicht genügten, entstanden die Lager, in denen Kasernierung und Zwang tödliche Form annahmen. Konzentrationslager wurden eingerichtet, unmittelbar nachdem das NS-Regime die Regierungsgewalt übernommen und mit dem Reichstagsbrand einen Vorwand zur Ausschaltung politischer Gegner gefunden hatte. Mit immer größerer Perfektion wurden sie zu einem System der Internierungs- und Vernichtungslager ausgebaut. Dachau, Sachsenhausen, Buchenwald, Lichtenburg (später nach Ravensbrück verlegt), Mauthausen und Flossenbürg hießen vor Kriegsbeginn die großen, der SS unterstellten Lager, in die politische Gegner und andere »volksschädigende Elemente« eingewiesen wurden.

Weder die kolossalen Bauprojekte der Nationalsozialisten (vgl. S. 203 ff.) noch die Rüstungsproduktion wären ohne die rücksichtslose Ausnutzung der billigen Arbeitskräfte von Häftlingen und verschleppten ausländischen Arbeitern denkbar gewesen. Den KZs wurden Arbeitsstätten privater oder staatlicher Betriebe angegliedert, oder die Lager errichteten Außenstellen an Orten, wo Unternehmen auf eine große Zahl ungelernter Arbeitskräfte angewiesen waren und Häftlinge von der SS mieteten. Die zwanzig großen Konzentrationslager, die während des Krieges in Deutschland und den eroberten Gebieten existierten, betrieben an die tausend Außenlager,[78] in denen Arbeitskräfte bis zu ihrem physischen Zusammenbruch eingesetzt wurden. Das Wort von der »Vernichtung durch Arbeit« stammt von Propagandaminister Joseph Goebbels.

Die größten Lager erreichten den Umfang von Großstädten. Auschwitz konnte 100 000 Häftlinge aufnehmen, Auschwitz-Birkenau sollte für 200 000 ausgebaut werden.[79] In ihrer Organisation stellten diese Ansiedlungen des Terrors Zerrbilder moderner Planung dar: in der Mitte ein zentraler Appellplatz mit der Lagerkommandantur, die Barackenreihen im Zeilenbau, außerhalb der Umzäunung die »besseren Wohnviertel« des Aufsichts- und Verwaltungspersonals als aufgelockerte Gartensiedlungen, die angelagerten Fabriken als Quartiere der schweren Arbeit. Auschwitz, das größte Vernichtungslager, sollte nicht nur als Ort der Vernichtung funktionieren, sondern sich zugleich zu einer organischen Stadtlandschaft mit historischem Ortskern, Industriegebiet und fast 50 000 Einwohnern entwickeln, entworfen nach den Regeln ordnungsgerechter Stadtbaukunst,[80] gegründet auf der Industrie des Todes. Die Normalität des Alltags neben der furchtbarsten Anormalität.

Auschwitz, Bergen-Belsen, Majdanek, Treblinka und die anderen Lager waren Perversionen der geplanten Stadt. In ihnen sind sechs Millionen Menschen umgekommen.

Der Untergang der Städte

Wenn Architekturgeschichte eine Geschichte von Veränderungen in der gebauten Welt ist, von Zunahme oder Verlust dessen, was Leben birgt und ermöglicht, dann hat das Land in keiner Epoche seiner Geschichte innerhalb so weniger Jahre eine tiefere Veränderung durchgemacht als im Zweiten Weltkrieg. Die Festung Deutschland, die nach den Eroberungen der ersten Kriegsjahre zur Festung Europa wurde, war nicht nur von außen angreifbar. Die Technisierung der Kriegsführung machte es möglich, den Krieg in voller Erbarmungslosigkeit ins Binnenland zu tragen. Luftkrieg war nicht nur ein Kampf, den die Piloten in den amerikanischen Flying Fortresses und den britischen Spitfires mit den deutschen Messerschmitt-Jägern ausfochten. Es war ein Krieg, den auch die Wissenschaftler führten, Experten für Motorbau, Ballistik, Ortung und Navigation, Nachrichtentechnik, Sprengstoff, Brandwirkung, Meteorologie.

Die ersten großen Angriffe auf zivile Metropolen flog die deutsche Luftwaffe am 21. September 1939 gegen Warschau und am 14. Mai 1940 gegen Rotterdam.[81] In der Altstadt Rotterdams wütete vier Tage lang ein Flächenbrand, der alle künftigen Schrecken vorwegnahm. Im Sommer 1940 wetteiferten Royal Air Force und Luftwaffe mit Attacken, die jeweils als Revanche für die Überfälle des Feindes ausgegeben wurden. Im Herbst tobte die Luftschlacht über Südengland (»The Blitz«), zu dessen Symbol die Zerstörung der mittelenglischen Industriestadt Coventry wurde. Auch hier fand Goebbels eine diabolische Formulierung. Er wollte ganz England »coventrysieren«.

Das Pendel schlug zurück. »Moral bombing« wurde zur Strategie erhoben. Verwüstungen in den Städten waren jetzt nicht mehr als Kollateralschäden bei der Bombardierung kriegswichtiger Ziele zu erklären. Die Hoffnung der Briten war, die Moral der deutschen Zivilbevölkerung würde durch die Schläge aus der Luft zermürbt und der Widerstand gegen das Regime wachsen. Dieser Effekt trat nicht ein und erst recht nicht jene Wirkung, die im Sommer 1945 die Atombomben auf Hiroshima und Nagasaki erzielten, nämlich die Staatsführung zur Kapitulation zu bewegen. In Europa führten nicht die Terrorangriffe aus der Luft, sondern erst die Eroberung West- und Mitteldeutschlands durch die angloamerikanischen und Ostdeutschlands durch die sowjetischen Landtruppen zum Zusammenbruch des Regimes.

Bei den Bombardierungen mit Brandbomben, Sprengbomben und Luftminen wurden vor allem die dicht bebauten historischen Altstädte eingeäschert, denn hier waren die größten Verluste an Menschen und Bausubstanz zu erzielen. Seit den Großangriffen 1943 auf Hamburg und Kassel konnten sich die

[79] Martin Broszat. Nationalsozialistische Konzentrationslager. In: Anatomie des SS-Staates. Band 2. München, 1989⁵. S. 99.

[80] Werner Durth, Niels Gutschow. Träume in Trümmern. München, 1993². S. 99 ff.

[81] Vgl. auch im folgenden: Jörg Friedrich. Der Brand. Deutschland im Bombenkrieg 1940–1945. München, 2002.

Dresden nach dem Bombardement vom 13./14. Februar 1945.

Hans Spiegel, Reichswohnungs-kommissariat. Behelfsheim Reichseinheitstyp 001. 5. Oktober 1943.

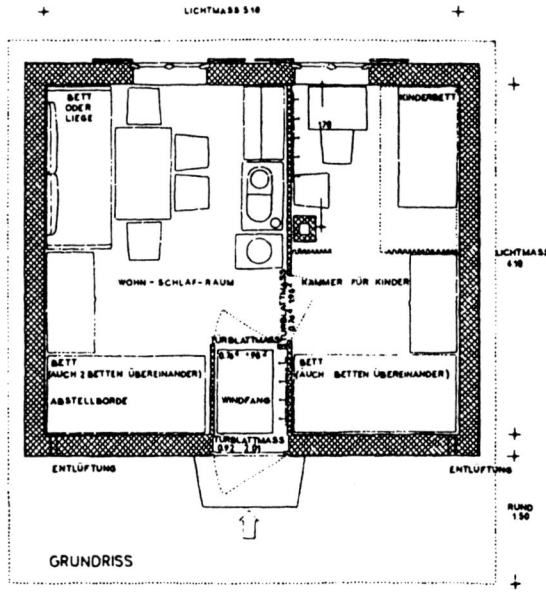

Flächenbrände zu apokalyptischen Feuerstürmen verwandeln, bei denen die erhitzte aufsteigende Luft bodennahe kältere Luftmassen ansog und der entstehende Taifun die Flammen zum Inferno steigerte. Die Experten hatten die Technik des größtmöglichen Schadensfalls gelernt.

In den letzten Monaten des von Goebbels ausgerufenen »totalen Krieges« kulminierte die Vernichtung noch einmal, als deutsche Abwehrjäger und Flugabwehr besiegt waren und der Krieg längst entschieden war. Jede Stadt ist unersetzlich; die jetzt noch zerstörten scheinen es in besonderem Maße gewesen zu sein. Mit Darmstadt, Dessau, Freiburg, Halberstadt, Heilbronn, Hildesheim, Magdeburg, Mainz, Nürnberg, Paderborn, Potsdam, Prenzlau, Würzburg gingen im letzten Augenblick einzigartige Stadtkunstwerke zugrunde. Die barocke Königsstadt Dresden, zerstört am 13. und 14. Februar 1945, wurde zum Inbegriff dieser Vernichtungsorgien. Die offizielle Statistik gibt 35 000 Tote an, wahrscheinlich waren es aber sehr viel mehr. Der Luftkrieg, zu dem am Kriegsende Verwüstungen durch die Kampfhandlungen auf dem Boden kamen, hinterließ weit über tausend zerstörte Städte und Ortschaften. Schätzungen der Verluste unter der Zivilbevölkerung bewegen sich um eine Zahl von einer halben Million Menschen oder mehr.

Wer das Inferno der brennenden Städte überlebte, mußte bei Freunden oder Verwandten unterkommen, zog in beschlagnahmte Wohnungen, Lauben und ausgebaute Dachgeschosse. Kinder und Ältere wurden in Regionen evakuiert, von denen die Parteiführung annahm, daß sie von Luftangriffen oder Kampfhandlungen verschont blieben. Eine architektonische Lösung suchte ein Planungsstab beim Reichswohnungskommissar Robert Ley, dem Leiter der Deutschen Arbeitsfront, zu finden. Die Gruppe bei Ley arbeitete parallel und in Konkurrenz zu Speers Arbeitsstab Wiederaufbauplanung an der Vorbereitung des künftigen Wohnungsbaus. Als Provisorien entwickelte sie Behelfsheime für Bombengeschädigte, die weitgehend in Selbsthilfe errichtet werden konnten.[82]

Bei diesem gebauten Elend namens Reichseinheitstyp 001 sollten auf rund zwanzig Quadratmetern vier bis fünf Personen unterkommen. Zwei Kammern boten Wohnküche und Schlafstellen. Es gab weder Elektroinstallation noch Wasserleitung oder Kanalisation. Die Präsentationszeichnung machte den Versuch, mit Rankgerüst und Außenbank wenigstens eine Erinnerung an Tessenowsche Idyllik zu wecken. Von diesen Hütten wurden laut Ley 300 000 errichtet, in Wirklichkeit aber wohl eher 100 000.[83] Was mit den Pfeilerparaden der NS-Repräsentation begonnen hatte, endete bei der Notunterkunft, dem Reichseinheitstyp 001.

[82] Hans Spiegel. Gestaltung und Ausführung des Behelfsheims. In: Der Wohnungsbau in Deutschland 4 (1944) 9–10. S. 98 ff.

[83] Tilmann Harlander. Zwischen Heimstätte und Wohnmaschine. Basel, 1995. S. 271.

Architekten im Exil

Die erste Welle der Auswanderung setzte nicht erst mit dem Beginn des Dritten Reiches ein, sondern bereits im Gefolge der Weltwirtschaftskrise. Denn Emigration fand nicht nur aus politischen, sondern auch aus ökonomischen Gründen statt. Als Ernst May 1930 das Angebot der sowjetischen Regierung erhielt, mit einem Team von Mitarbeitern für einen vertraglich begrenzten Zeitraum in die Sowjetunion zu übersiedeln, sollen sich mehr als tausend Architekten beworben haben, ihn zu begleiten. In der Depression mußten zahlreiche Architektenbüros schließen oder sich verkleinern. Viele Fachgenossen, vor allem die Berufsanfänger, waren ohne Arbeit. Auch damals bildeten die Hochschulen mehr Architekten aus, als der Markt aufnehmen konnte.

Brigaden in der Sowjetunion

Zu diesem Zeitpunkt galt die Sowjetunion politisch links orientierten oder nicht festgelegten Beobachtern noch als ein verheißungsvolles Land. Es begann sich von den Krisen des Kapitalismus und dem eigenen Elend zu befreien und bot das begeisternde Schauspiel einer Gesellschaft im Aufbruch. »Wer ... mitempfinden will, wohin andere, neuartige, vielen wünschenswert erscheinende Wege führen, und was alles auf diesen Wegen liegt, für den gibt es nichts Wichtigeres und Interessanteres als das heutige Rußland.«[84] Diskussionen zwischen Formalisten und Konstruktivisten, Urbanisten und Desurbanisten schienen auf einem höheren theoretischen Niveau zu spielen als in Deutschland. Ein von progressiven Architekten vielbeklagtes Hemmnis effektiver Stadtplanung, die Bodenspekulation, war in Rußland per Verfassung abgeschafft – ermutigendes Indiz für engagierte Planer. Die Gesellschaft müsse sozialistisch sein, »um überhaupt Städte streng sachlich anlegen zu können«, war Bruno Taut überzeugt.[85]

In der deutschen Öffentlichkeit wurde die Berufung Mays sehr unterschiedlich beurteilt. Die Rechtspresse reagierte mit hämischer Erleichterung auf den Weggang des unbequemen Mannes. Sympathisanten sahen in Mays Auftrag eine Auszeichnung für die

Grete und Hans Leistikow (Grafik). Deutsche bauen in der UdSSR. Das Neue Frankfurt 4 (1930) 9. Titelblatt.

deutsche Moderne oder interpretierten die Entscheidung des Frankfurter Stadtbaurats als Resignation vor den herrschenden Verhältnissen in Deutschland. May selbst war von der Größe und den Schwierigkeiten der Aufgabe fasziniert. Als Praktiker und Taktiker legte er Wert auf die Feststellung, daß ihn keinerlei politische Gründe zu seinem Weggang veranlaßt hätten. Auch hoffe er, sich für die deutsche Wirtschaft nützlich zu machen.

Die zwanzigköpfige Gruppe May, die sich nicht ohne Heroismus den schwierigen Lebensbedingungen in Moskau und Sibirien unterwarf, arbeitete zunächst bei Cekom, der zentralen Bank für Wohnungsbau. Cekom baute eine eigene Projektabteilung für die von ihr finanzierte Planung sozialistischer Städte auf. Als dem Institut die planende Tätigkeit entzogen wurde, wechselte das Frankfurter Team zu anderen staatlichen Organisationen über, die mit Wohnungsbau und Stadtplanung befaßt waren.

Anders als bei May lagen die Motive bei Hannes Meyer, dem zweiten Direktor des Bauhauses, der in Dessau aus politischen Gründen entlassen worden war. Meyer bekannte sich ausdrücklich zu sowjetischem Sozialismus und proletarischer Kunst. »Ehrlich

[84] Max Mayer. Bedingungen deutscher Ingenieurarbeit in Rußland. In: Bauwelt 22 (1931) 5. S. 129.

[85] Bruno Taut. Zum Problem der Zukunftsstadt. Sowjetrußlands architektonische Situation. In: Das neue Rußland 7 (1930) 1–2. S. 11.

Ernst May. Entwicklungsplan für Moskau. 1931–32.

Hannes Meyer. Entwicklungsplan für Moskau. 1931–32.

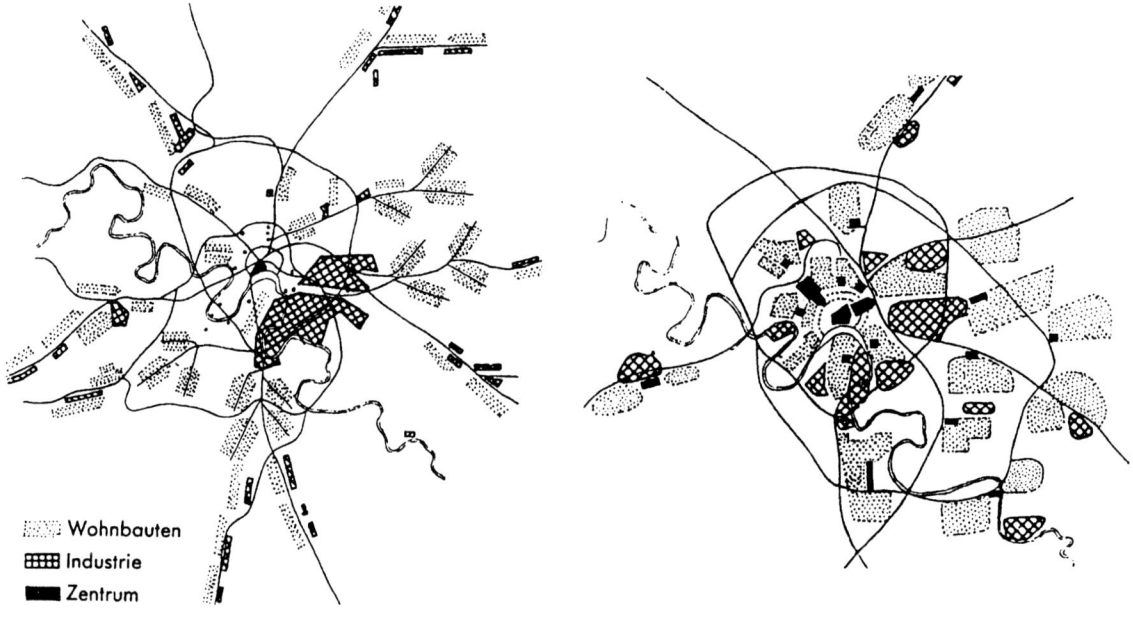

kann ich daher eingestehen, daß ich nie und zu keinem Zeitpunkt von 1930–35 mich im Widerspruch zu der jeweiligen dialektischen Situation in der Sowjetarchitektur befand.«[86] Meyers ungleich kleinere Brigade war zunächst dem Trust für den Bau höherer und technischer Schulen zugeordnet. Vor allem in den späteren Jahren seines Aufenthalts war Meyer, der in Moskau auch Lehrverpflichtungen hatte, mit städtebaulichen Aufgaben befaßt.

Wie die Gruppe May und ein drittes deutsches Team unter der Leitung des Kölner Planers Kurt Meyer wurde die Brigade Hannes Meyer zu dem engeren Wettbewerb für den Moskauer Generalbebauungsplan eingeladen. May schlug ein »Stadt-Kollektiv« vor – eine diplomatisch angepaßte Bezeichnung für sein altes Trabantenstadt-Konzept. In Moskau sollten die Trabanten sich den wichtigsten Ausfallachsen anlagern und durch ein Schnellbahnsystem verbunden werden. Hannes Meyer riet zu einer kompakteren Lösung und sah einige Rayons zentrumsnah, die meisten aber in Richtung der östlich und südöstlich gelegenen Schwerindustrie vor. Der City wollten beide Planergruppen die zentralen Hauptstadtfunktionen belassen. Wohnen sollte überwiegend außerhalb stattfinden.

Von den deutschen Gruppen und einzelnen deutschen Architekten, die außerhalb der Teams tätig waren, erhofften sich die Russen westliches Know how bei der Bewältigung ihrer Bauprobleme. Man wußte durchaus, wen man sich ins Haus lud. Denn der Kontakt zwischen russischer und deutscher Avantgarde war eng. Bruno Taut und May hatten Vorträge in Rußland gehalten, Mendelsohn eine Textilfabrik in Leningrad errichtet. Deutsche Prominenz war an den großen repräsentativen Wettbewerben beteiligt, es gab wechselseitige Ausstellungen und Publikationen. Über den deutschen Wohnungsbau hatten sich sowjetische Architekten auf einer mehrwöchigen Studienreise orientiert.

Der erste sowjetische Fünfjahresplan, der 1928 in Kraft trat, legte den Hauptakzent auf die Schwerindustrie und räumte dem Bau neuer Industriestädte einen entsprechenden Stellenwert ein – 120 laut Plan! Die Errichtung neuer Kombinate im asiatischen Teil der Union erforderte auch die Forcierung des Wohnungsbaus. Als dessen Spezialisten galten die Deutschen. Die eigenen Avantgardisten waren eher mit Verwaltungs- und Kulturbauten hervorgetreten, während amerikanische Fachleute mit der Planung von Fabriken beauftragt wurden. Daß eingeladene Planer den dringenden Bedarf auf die effizienteste Weise zu befriedigen suchten, daß sie den Zeilenbau und die Nord-Süd-Stellung der Baukörper einführten und die Industrialisierung des Bauwesens durchsetzen wollten, so wie sie es zu Hause praktiziert hatten, lag nahe. Die Immigranten konnten auch erwarten, daß diese Methoden von ihren Auftraggebern gebilligt wurden. Schließlich hatte man sie deshalb geholt.

[86] Hannes Meyer an N. J. Kolli, 29. 7. 1937. In: Magdalena Droste, Werner Kleinrüschkamp. hannes meyer 1889–1954. Kat. Bauhaus-Archiv, u. a. Berlin, 1989. S. 290 ff.

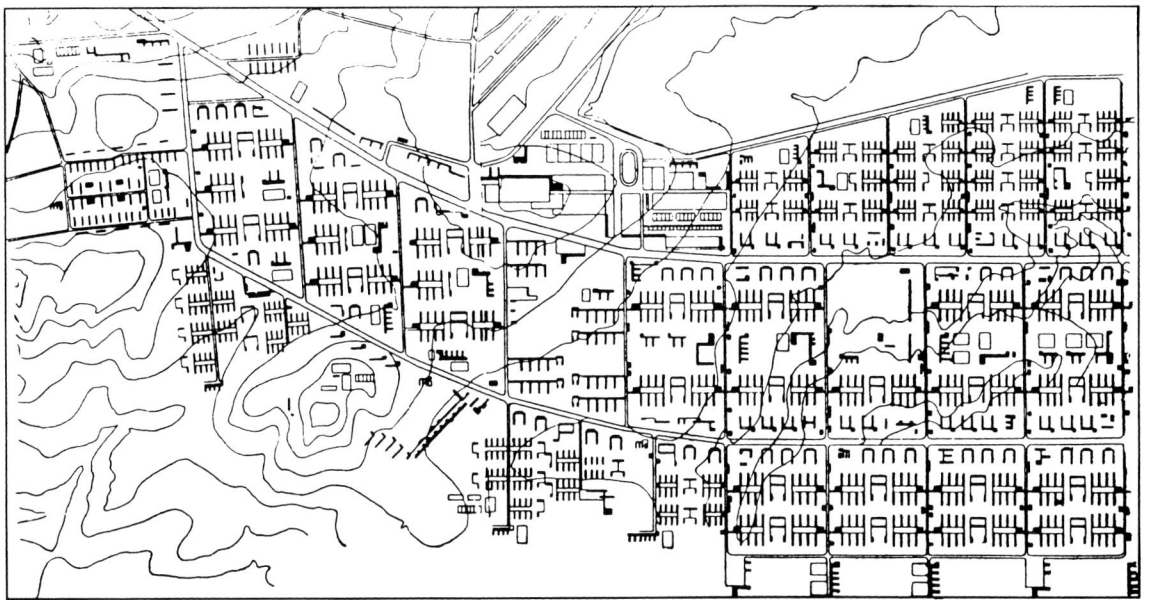

Brigade Ernst May. Generalplan für Magnitogorsk. 1953.

Mit den Bedingungen der Praxis, mit dem für mitteleuropäische Verhältnisse unfaßbar niedrigen Niveau des Bauwesens wären die freiwillig Exilierten am Ende fertiggeworden. May selbst hatte seine Berufskollegen, die sich 1933 in Moskau zur Tagung der CIAM treffen wollten, dann aber zur großen Enttäuschung der Rußland-Deutschen absagten, schonend auf die Eindrücke an Ort und Stelle vorbereitet: übereiltes Planungstempo, Mangel an qualifizierten Arbeitskräften, Transport- und Kommunikationsprobleme, Materialknappheit, Bürokratismus. Die Schwierigkeiten im täglichen Lebens reichten von Ernährung und Unterkunft bis hin zum nicht funktionierenden Telefonnetz – und zu fehlenden Büroklammern.

Die große Irritation indessen wurde bei den Deutschen durch die sowjetische Reaktion auf ihre Vorschläge hervorgerufen. An den Plänen für Magnitogorsk, Kusnezk, Stalinsk, Makeevka oder Orsk vermißten die russischen Kritiker die Magistralen, auf denen die Bürger flanieren, und die monumentalen Plätze, auf denen die Organisationen ihre Massenaufmärsche veranstalten konnten. Die westliche Importarchitektur wurde als eintöniger, kasernenmäßiger Kistenbau angefeindet, das Bemühen um wirtschaftliche Produktionsverfahren als kapitalistisch-rationalistisches Zweckdenken angeprangert. In der Tat traf diese Kritik Züge, die das Neue Bauen in dieser seiner späteren Phase unter dem Druck der wirtschaftlichen Misere angenommen hatte und die auch in den letzten Jahren der Weimarer Republik kritisiert wurden. Die Absurdität der Situation war nicht zu überbieten. Während die Moderne in der Sowjetunion als kapitalistisch gebrandmarkt wurde, war sie in Deutschland als Kulturbolschewismus verfemt.

Vor allem erschwerten der wieder erstarkte Historismus, der Monumentalismus und die Tradition der russischen Nationalkulturen die Verständigung zwischen Rußlandfahrern und Gastgebern. Die Jury-Entscheidungen, die von 1931 bis 1933 in den vier Wettbewerbsverfahren um den Moskauer Sowjet-

Boris M. Iofan u. a. Palast der Sowjets, Moskau. Geschlossener Wettbewerb, 1932–33. Preisgekrönter, später mehrfach revidierter Entwurf. Baubeginn 1937, nicht verwirklicht. Kohlezeichnung.

Architekten im Exil

palast fielen und zugunsten des akademischen Denkmalsmassivs von Boris Michailowitsch Iofan und anderen ausgingen, ließen die Alarmglocken schrillen. Politische Verdächtigungen und die fremdenfeindliche Beschäftigungspolitik, die Stalin seit der Mitte der dreißiger Jahre verfolgte, vertrieben schließlich die Gäste, die man so dringend eingeladen hatte. Ernst May ging 1934. Hannes Meyer, der Prediger gegen jeden Formalismus, auch den des Neuen Bauens, blieb länger, als es sein Fünfjahresvertrag erfordert hätte, ebenso Hans Schmidt, ein Mitglied der Brigade May. Nach 1936–37, den Jahren der stalinistischen Säuberungsprozesse, hatten die meisten ausländischen Architekten die Sowjetunion verlassen.

Für die politisch stigmatisierte Prominenz unter den Rückkehrern war der Weg nach NS-Deutschland versperrt. Ihre weniger bekannten Mitarbeiter fanden dagegen oft ein Unterkommen in den Planungsorganisationen von Staat und Industrie. Hannes Meyer kehrte zunächst in seine Schweizer Heimat zurück und zog 1939 nach Mexiko weiter, wo er zehn Jahre lang als Architekt, Lehrer und Städteplaner tätig war, aber als Kommunist wenig zu bauen erhielt. Ernst May ließ sich als Farmer und Architekt in Ostafrika nieder und installierte sich dann erfolgreich in Nairobi. Bruno Taut, der ein Jahr lang bei ungeklärten Zuständigkeiten und Verantwortlichkeiten in Moskau gearbeitet hatte, kehrte im Februar 1933 für wenige Tage nach Berlin zurück und reiste über die Schweiz weiter nach Japan, wo er statt vorgesehener drei Monate drei Jahre blieb.

Jüdische Emigration

Für Architekten jüdischer Herkunft war Emigration die lebensrettende Alternative. Sie waren auch die ersten, die gingen. Erich Mendelsohn ahnte hellsichtig, welches Schicksal ihm und seinen Freunden in NS-Deutschland bevorstehen würde: »Das sind die Gitterstäbe des Kerkers für ein freies Gehirn, tausendmal der Gang zur Guillotine …«, schrieb er am 11. Februar 1933, das Siegesgeheul der Massen im Ohr.[87] Die Mendelsohns reisten über die Niederlande und Frankreich nach Großbritannien, wo er einige Aufträge akquirieren und realisieren konnte, darunter das Kurhaus im Seebad Bexhill-on-Sea (1933–35), eine maritime Freizeit- und Vergnügungsanlage von großer Eleganz.

Adolf Rading, der kein Jude, aber mit einer jüdischen Frau verheiratet war, suchte zunächst Zuflucht in Frankreich und lebte dann vierzehn Jahre lang in Haifa. Von 1943 bis 1950 war er dort als Stadtarchitekt für den kommunalen Hochbau verantwortlich. Palästina, bis 1948 unter britischer Mandatsverwaltung, war für jüdische Architekten eine naheliegende Adresse. Die zionistische Bewegung hatte das Land zwischen Akko und Jaffa für die Gründung eines jüdischen Staats ausersehen. Für viele war es ein Sehnsuchtsland: Eretz Israel, die verheißene Heimat, das »Altneuland«, wie Theodor Herzl es 1902 in seinem gleichnamigen utopischen Roman genannt hatte.

Die Einwanderungswelle, die mit dem Antritt des nationalsozialistischen Regimes einsetzte, führte eine Viertelmillion Menschen ins Land, darunter über hundert Architekten.[88] Unter den Zuwanderern waren auch prominente Kollegen. Außer Mendelsohn und Rading kamen für kürzere oder längere Zeit etwa der Berliner Theaterbauspezialist Oskar Kaufmann, der das Habima-Theater in Tel Aviv entwarf (1935–45), der Grundrißmethodiker Alexander Klein und der

Erich Mendelsohn. De la Warr Pavillon. Bexhill-on-Sea, 1933–35.

[87] Erich Mendelsohn an Louise Mendelsohn, 11. 2. 1933. In: Oskar Beyer (Hg.). Erich Mendelsohn. Briefe eines Architekten. München, 1961. S. 95.

[88] Schätzung von Myra Warhaftig in: Sie legten den Grundstein. Leben und Wirken deutschsprachiger jüdischer Architekten in Palästina 1918–1948. Tübingen, 1996. S. 18.

Erich Mendelsohn. Haus Weizmann. Rehovoth bei Tel Aviv, 1934–36.

brillante Villenarchitekt Harry Rosenthal. Jüngere Architekten wie Al Mansfeld, ein Poelzig-Schüler, begannen ihre Praxis in Israel. Die Moderne, der sie angehörten, machte aus Tel Aviv und Haifa Vor-Orte der neuen Architektur. Auch hier kam es zu einem Paradox. Während in Deutschland das moderne Bauen als Araber-Architektur gescholten wurde, zeigte es im arabisch besiedelten Mittleren Osten europäisch geprägte Modernität an, den Willen, den westlichen Lebensstil auch unter den ungewohnten Lebensbedingungen fortzusetzen.

Von den Flüchtlingen, die in ihrer Heimat etablierte Büros geführt hatten, waren Verzichte, Anpassung an ungewohnte Umstände, Einfügung in unvertraute kulturelle Situationen verlangt. Mendelsohn, der 1935 in Jerusalem ein zweites Büro eröffnete und von 1939 bis 1941 ganz in Palästina lebte, schien das günstigste Los getroffen zu haben. Er genoß geradezu Primadonnen-Status. In Palästina hatte sich sein Mäzen Salman Schocken niedergelassen, für den er die Warenhäuser in Deutschland gebaut hatte. Schocken beauftragte ihn mit dem Neubau seines Hauses und seiner Bibliothek in Jerusalem und hielt auch sonst seine schützende Hand über ihn. Chaim Weizmann, Vorsitzender der zionistischen Weltorganisation, ließ sich von Mendelsohn in Rehovoth eine nahezu palladianische Villa bauen. Mit Atrium und kühlendem Wasserbecken nahm sie auf die klimatischen Bedingungen des Mittelmeerstaats Rücksicht – und in ihrer weitgehend symmetrischen Disposition auf den Repräsentationsbedarf des künftigen israelischen Staatspräsidenten.

Das Werk, das Mendelsohn in Palästina realisieren konnte, ist stattlich: neben den Bauten für Schocken und Weizmann eine Bank sowie Planungen, Institute und ein Medizinisches Zentrum für die Hebräische Universität in Jerusalem, eine Regierungsklinik in Haifa, ein Institutsgebäude in Rehovoth. Gemessen an seiner Hoffnung, im britischen Protektorat eine Art Staatsarchitekt und Chefplaner zu werden, war es ihm dennoch zu wenig. Enttäuschung, aber auch Sorge, die deutsche Nordafrika-Armee könnte auch Palästina erreichen, trieben ihn 1941 in die USA weiter.

Im Lande Atatürks

Zwiespältig war die Situation in der Türkei. Traditionell unterhielt das Land enge Beziehungen zu Deutschland, die ihm weder im Ersten noch im Zweiten Weltkrieg zum politischen Vorteil gereichten. Weder im einen noch im anderen stand die Türkei auf der Seite der Siegermächte. Erst 1945, in den letzten Kriegsmonaten, justierte sie ihre Politik und erklärte Deutschland den Krieg. Modernisierung und Säkularisierung des Landes, die Kemal Atatürk seit 1923 betrieb, wurden kulturell von einer nur schmalen Schicht in Militär und Verwaltung getragen und in atemberaubendem Tempo durchgesetzt. Emigranten mit dem Erfahrungshintergrund der westlichen Moderne waren daher willkommen.[89]

[89] Bernd Nicolai. Moderne und Exil. Deutschsprachige Architekten in der Türkei 1925–1955. Berlin, 1998.

Bruno Taut. Wohnhaus Taut. Ortaköy, Istanbul, 1937–38.

Das eröffnete auch Architekten, die das Dritte Reich meiden mußten, Arbeitsmöglichkeiten, ohne daß sich die klassische Moderne mit ihrem Ausschließlichkeitsanspruch durchsetzen konnte. Der Städtebauer Hermann Jansen, prominent seit seinem Wettbewerbssieg für Groß-Berlin (1910), war schon seit 1927 mit der Planung der neuen Hauptstadt Ankara beauftragt. Martin Wagner fand für einige Jahre Exil als städtebaulicher Berater der Regierung, eine Tätigkeit, die ihn unbefriedigt ließ. Gustav Oelsner, als Stadtbaurat von Altona Wagners Kollege, war gleichfalls als Berater für Dorf- und Stadtplanung tätig. Hans Poelzig hielt sich im Zusammenhang mit einem Theater-Projekt zweimal in Ankara auf; er wollte ganz in die Türkei übersiedeln – und wollte auch nicht. Sein Tod kam der Entscheidung zuvor.

Statt dessen wurde Bruno Taut auf Wagners Vermittlung hin aus Japan berufen, wo er wenig zu tun gehabt hatte. In der Türkei dagegen erwartete ihn Arbeit zuhauf. In doppelter Funktion, als Leiter der Architekturabteilung der Istanbuler Akademie der Künste und Leiter des Architekturbüros im türkischen Kulturministerium, war er in seinen letzten beiden Lebensjahren bis hin zur gesundheitlichen Überforderung mit Arbeit überhäuft. Sein eigenes Haus (1937–38), ein auf Stützen gestellter Pavillon mit fabelhaftem Blick auf den Bosporus, vereinte die Tradition türkischer Uferkioske mit der Erinnerung an die eigenen frühen Zentralbauten auf den Bauausstellungen in Leipzig (1913) und Köln (1914).

Andererseits bestand im autoritären Regime Atatürks Bedarf an staatlicher Selbstdarstellung großen Stils. Sie leistete vor allem der österreichische Architekt Clemens Holzmeister mit respektheischenden Ministeriumsgebäuden in Ankara, die sich vom NS-Klassizismus durch eine surreale Verachtung jedes Gefühls für Tragen und Lasten unterschieden. Es nimmt sich wie eine Kritik an der Holzmeisterschen Variante staatlicher Imponierkunst aus – eine Kritik aber aus NS-deutscher Sicht! –, wenn Paul Bonatz 1943 in einem Vortrag in Ankara den Hitlerschen Kulturreden folgend das Römische Reich als Berufungsinstanz beschwor und die klassische Form zum angemessenen Ausdruck von Gemeinschaftsbauten erklärte.

Der Stuttgarter Architekt sprach zur Eröffnung einer propagandistischen Wanderausstellung *Neue Deutsche Baukunst*, in der 140 000 Zuschauer die Arbeiten von Troost, Speer und anderen Vertretern des Dritten Reiches gesehen haben sollen.[90] Schließlich zog Bonatz es vor, seine Tätigkeit aus dem bombenbedrohten Reich in die Türkei zu verlegen, die mit dem Dritten Reich damals noch durch einen Freundschafts- und Nichtangriffspakt verbunden war. 1943 übernahm er eine Tätigkeit als Berater der Bauabteilung des Unterrichtsministeriums, eine in der NS-Heimat politisch unverdächtige Form des Exils, von ihm später als »Flucht vor diesem Wahnsinn« deklariert.[91] Bonatz baute die Staatsoper in Ankara um und blieb für zehn Jahre.

[90] ebd. S. 177.

[91] Paul Bonatz. Leben und Bauen. Stuttgart, 1950. S. 180.

Stagnierendes Großbritannien

Namhaften oder gar berühmten Architekten wie Mendelsohn, Gropius und Mies van der Rohe wurde der Anfang im anderen Land vergleichsweise leicht gemacht. Sie hatten Einladungen, internationale Freunde und Projekte und erhielten die Gelegenheit zu Vorträgen oder Ausstellungen, die ihr Renommee im Gastland festigten. Schwer war der Beginn trotzdem. Das Ehepaar Gropius hatte im Oktober 1934 an einem internationalen Theaterkongreß in Rom teilgenommen und einen Empfang durch den Duce auf dem Kapitol »unvergeßlich« gefunden.[92] Von dort aus reisen sie direkt nach England weiter. Doch die präfabrizierten Wohnungsbauten des Londoner Bauunternehmers Jack Pritchard, deretwegen Gropius nach Großbritannien gegangen war, ließen sich nicht realisieren. Wichtigste Bauten seines dreijährigen Aufenthaltes blieben ein opulentes Einfamilienhaus in Chelsea, London, das er unmittelbar neben einer Villa Erich Mendelsohns errichtete, und das Village College in Impington bei Cambridge (1936–39). Das College war ein in Flügel aufgegliederter Flachbau, halb Schule, halb Sozialzentrum.

Insgesamt waren die Arbeitsmöglichkeiten in England sehr begrenzt. Aufenthalts- und Arbeitsbewilligungen bedurften der Fürsprache wohlmeinender Gönner und des Berufsverbandes. Gropius wie Mendelsohn gingen Partnerschaften mit im Land ansässigen jüngeren Architekten ein. Unter Berufung auf die stagnierende Auftragslage drang die britische Architektenschaft auf eine restriktive Einwanderungspolitik. In der Mehrheit betrachtete sie die Verstärkung der kleinen progressiven Fraktion im Land mit gemischten Gefühlen.

Auch die Exilanten mußten hinzulernen. Im Gegensatz zu dem starken Engagement für Massenwohnungsbau und Massengebrauchsgüter, das sich in Mitteleuropa vor 1933 entfaltet hatte, setzte die britische Avantgarde auf die Luxusbedürfnisse der Oberschicht. Von ihr erwartete sie eine erzieherische Wirkung auf die Mittelklasse. Auch im Durchschnittsmenschen gebe es ein snobistisches Element, das ihn erstreben läßt, was die reicheren Leute bereits besitzen, war eine Überzeugung Jack Pritchards. Von dieser Beobachtung, die aus Thorstein Veblens *Theory of the Leisure Class* (1899) übernommen sein könnte, gingen die britischen Kollegen aus.

Walter Gropius, Maxwell Fry. Village College. Impington, Cambridgeshire, 1936–39.

Längst nicht bei allen Emigranten war es politische Einsicht, die sie aus Nazi-Deutschland vertrieb. Bei vielen war es die desolate Auftragslage. Gropius hielt sich die Möglichkeit zur Rückkehr offen und kam Mitte der dreißiger Jahre mehrmals nach Berlin zurück, um seine Angelegenheiten zu regeln.[93] Bis zum Ausbruch des Zweiten Weltkriegs hielt er sich mit politischen Äußerungen zurück. Mies van der Rohe schien lethargisch die schwierige Situation aussitzen zu wollen. Als die Einnahmen aus seinen Möbelpatenten schwanden und größere Aufträge weiterhin ausblieben, wurde seine Situation unhaltbar. Dennoch bedurfte es beträchtlicher Anstrengungen seiner amerikanischen Freunde, ihn zur Ausreise nach Amerika zu bewegen.

Amerika, ein hartes Pflaster

»Ein hartes Pflaster, dies Amerika«, fand Marcel Breuer.[94] Trotzdem lagen in den großen USA die Voraussetzungen günstiger als auf der britischen Insel. Vorbereitet durch Kontakte mit der europäischen Szene, durch die landeseigenen Avantgardebeispiele der Neutra, Schindler (beide ihrerseits frühe Auswanderer aus dem deutschsprachigen Raum), Lescaze und Howe und nicht zuletzt durch den großen Frank Lloyd Wright, der in den dreißiger Jahren wieder die öffentliche Meinung für sich gewann, empfing Amerika die Ankömmlinge in einem Klima wohlwollenden Interesses. Allerdings

[92] Ise Gropius an C. H. van der Leeuw, 26. 10. 1934. Bauhaus-Archiv, Berlin.

[93] Winfried Nerdinger. Bauhaus-Architekten im Dritten Reich. In: Bauhaus-Moderne im Nationalsozialismus. München, 1993. S. 157.

[94] Marcel Breuer an Carola Giedion-Welcker, 23. 9. 1937. In: Joachim Driller. Marcel Breuer. Die Wohnhäuser. Stuttgart, 1998. S. 13.

Architekten im Exil

Walter Gropius, Marcel Breuer. Haus Gropius. Lincoln, Mass., 1938.

Walter Gropius, The Architects' Collaborative. Harvard Graduate Center. Cambridge, Mass., 1948–50.

hatte die amerikanische Öffentlichkeit die neue Architektur nicht als ein Produkt strenger Weltanschauung zu betrachten gelernt, sondern als einen Stil unter anderen Stilen. *International Style* lautete das Etikett. Niemand machte sich die Mühe, eine Übersetzung für das bedeutungsschwangere Wort vom *Neuen Bauen* zu finden. Einen Stil und nichts anderes stellten die Ausstellung von 1932 im New Yorker Museum of Modern Art und die begleitende Publikation der Architekturkritiker Henry-Russell Hitchcock und Philip Johnson vor.

Von den Emigranten wurden weniger Bekenntnisse als Erfahrungen erwartet. Dieser Wunsch entsprach durchaus der psychischen Situation der meisten Auswanderer, die inzwischen gelernt hatten, dogmatische Positionen aus taktischen Gründen zurückzunehmen. Walter Gropius und Marcel Breuer, die nach ihrer Ankunft in den USA eine Partnerschaft eingingen, nahmen in ihren bequemen Einfamilienhäusern neuenglische Elemente wie die »porch« auf, die überdachte Eingangsterrasse. Sie verarbeiteten lokale Materialien wie Holz und Bruchstein, verzichteten auf strenge Rechteckgrundrisse und die straff gespannte Außenhaut. Veranden, Panoramafenster, Balkons und Sonnenschutzelemente überspielten die Grenzen zwischen Bau und Umgebung nicht demonstrativ, sondern pragmatisch-lässig.

Beide Architekten respektierten, soweit es ihnen möglich war, die Bedingungen, die sie vorfanden. Gropius ging im Jahre 1945 eine andere Partnerschaft mit einem Team jüngerer Architekten ein, The Architects' Collaborative (TAC), und verwirklichte seine alte Vorstellung von kollektiver Zusammenarbeit selbst um den Preis der eigenen Identität. Während Breuers späteres Werk mit seinen eindrucksvollen Betonskulpturen ein hohes Maß an Originalität entwickelte, spiegeln die Bauten des pluralistischen Gropius-Teams auf einem vertretbaren Qualitätsniveau die jeweils herrschenden Designtrends und paßten die ästhetischen Ansprüche den Aufträgen elastisch an.

Die großen Wirkungen, die Gropius dennoch in den USA erzielte, hängen mit seiner pädagogischen Tätigkeit an der Harvard Graduate School of Design zusammen. Sigfried Giedion, sein publizistischer Bannerträger, verglich diese Erziehungsarbeit mit der Tätigkeit hochqualifizierter Handwerker, die in den Automobilfabriken von Detroit hinter Glasscheiben die Werkzeuge formten, mit denen dann Millionen von Teilen gestanzt werden. So werde auch eine kleine Schicht von Architekturstudenten erzogen, die später der Nation ihren Stempel aufdrückten.[95] Die Metapher weist wider den Willen ihres Autors auf das Doktrinäre hin, das die erzieherische Moderne trotz mancher Nachgiebigkeit im einzelnen nach wie vor kennzeichnete.

Der Kunst und der Baukunst im besonderen war bei Gropius nicht weniger als die kulturelle Synthese aller menschlichen Tätigkeiten aufgetragen. Bauforschung und Rationalisierung einerseits und der Blick auf das Ganze andererseits gehörten zu den Forderungen an den Architekten, die Gropius einst in

Europa und nun in den USA vertrat. Das offenkundige Unverständnis des breiteren Publikums sollte der Architekt durch die Entfaltung paternalistischer Tugenden überwinden, durch Takt und Geduld gegenüber dem Laien. Es war eine Botschaft, die Architekten gerne vernahmen und die auch während der folgenden Jahrzehnte nicht ihre Anziehungskraft verlor – so lange wie das Selbstbewußtsein des Standes noch unangetastet war.

Was Gropius in Harvard bewirkte, leisteten Mies van der Rohe und neben ihm andere ehemalige Bauhaus-Lehrer wie Ludwig Hilberseimer und Walter Peterhans ab 1938 an der Architekturabteilung des Armour Institute, des späteren Illinois Institute of Technology (IIT). Doch anders als Gropius prägte Mies die amerikanische Architektur nicht nur durch Lehre, sondern auch durch das gebaute Beispiel. Den Erfolg seiner zweiten, amerikanischen Karriere verdankte er nicht zuletzt der Übereinstimmung zwischen den eigenen Vorstellungen und dem Genius loci des Landes und speziell der Stadt, die ihn aufnahmen.

Im Vergleich zum europäisch orientierten Boston oder zum weltstädtisch-chaotischen New York war Chicago die Stadt der Koordination und der planenden Rationalität. Bezeichnenderweise hatte der Sohn eines der Chicagoer Architekturpioniere, John A. Holabird, bei der Berufung Mies van der Rohes die Hand im Spiel. Mies will von dieser Tradition nichts bemerkt haben. Er sei immer nur Taxi gefahren und habe von den Bauten des innerstädtischen Loop nichts wahrgenommen. Immerhin hatte Mies sein erstes Büro in einem Bauwerk, das von Burnham & Root aus der großen Zeit Chicagos stammte. Wenn er aus dem Art Institute trat, wo das Armour Institute seinen provisorischen Sitz hatte, konnte er mit einem Blick ein Dutzend Paradestücke der Schule von Chicago mustern.[96]

Die beiden großen Themen des Spätwerks von Mies sind der Ein-Raum und der Vielzellen-Bau. Dem einen wies er den liegenden, dem anderen den stehenden Baukörper zu. Selbst seine Einfamilienhäuser, in den deutschen Projekten und Ausstellungsbauten zumeist aus frei komponierten Flächen ge-

[95] Sigfried Giedion. Raum, Zeit, Architektur. Ravensburg, 1965. S. 322.

[96] David Spaeth. Mies van der Rohe. Stuttgart, 1986. S. 95. – Franz Schulze. Mies van der Rohe. Berlin, 1986. S. 227.

Ludwig Mies van der Rohe. Armour Institute (Illinois Institute of Technology), Chicago. 1939. Farbstift.

bildet, nahmen nun die zeremoniale Würde der einfachen Stereometrie an. Zugrunde lag von vornherein ein Ordnungsschema, der Rechteckraster, innerhalb dessen die einzelnen Baukörper prinzipiell beliebige Positionen einnehmen konnten.

Zusammen mit der gewählten Konstruktionsart stellte dieses Schema die wichtigste Designentscheidung dar. Änderungen des Lageplans waren im gerasterten Ordnungsfeld leicht zu bewerkstelligen. Wie elastisch diese Methode innerhalb der gesetzten Bedingungen zu handhaben war, bezeugt die Entwurfsserie für den Campus des IIT (gebaut 1939–58). Die Bauten aus Stahl, hellem Ziegel und Glas sind teils in freier, teils in symmetrisch bestimmter Balance komponiert. Freiraum als positiv erfahrbare Form wie auch als Spielraum sozialer Vorgänge hat Mies kaum interessiert. Für ihn war der Außenraum Ausschnitt einer idealiter unbegrenzten Weite. In der Realität war sie allerdings nur partiell zu verwirklichen. Der profanen Außenwelt gegenüber, im Fall des IIT ein Sanierungsgebiet im Chicagoer Süden, mußte sie deswegen definiert und abgeschirmt werden wie der Temenos der griechischen Sakralarchitektur. Die Bepflanzung mit unregelmäßig gesetzten Bäumen tat ein übriges, den Eindruck eines lichten Hains zu erwecken. In ihn waren die Institute wie Tempel und Schatzhäuser des Wissens gestreut.

Für seinen Begriff von Wahrheit zitierte Mies van der Rohe die unterschiedlichsten Zeugen der Geistesgeschichte, lauter erlauchte Namen von Augustinus bis Thomas von Aquin. Im Erscheinungsbild seiner Architektur trat »Wahrheit« jedoch ausschließlich als Verdeutlichung der Konstruktion auf. Die vor die Außenfront gesetzten I- oder T-Profile bilden das eigentliche Traggerüst ab, das in der Regel aus feuerpolizeilichen oder konstruktiven Gründen in der Wand oder im Innenraum verborgen bleiben mußte. Die konsequente Ausformulierung dieses Prinzips, die zugleich den Verzicht auf alle störenden Faktoren verlangte, war die Leistung der amerikanischen Jahre.

Auf dem alten Kontinent hatte Mies, der an den Großsiedlungen der zwanziger Jahre mit einer Ausnahme nicht beteiligt war, bei konkreten Aufträgen jeweils von Zufällen, von Grundstückszuschnitt, Lage oder Umgebung ausgehen müssen. Amerika dagegen verhalf ihm zur Entwicklung jener Entwurfskriterien, denen gegenüber *facts and figures* zweitrangig blieben. Sie waren um so leichter einzuhalten, als Mies-Entwürfe hohen Prestigewert erreichten. Um dessentwillen begannen die Bauherren auch die *facts and figures* ihres Budgets großzügig zu handhaben. Es war schon immer etwas teurer, einen echten Mies zu bauen.

Als fanatischer Designer, der er war, arbeitete Mies bei den meisten Entwürfen das Detail jeweils aufs neue durch. Im Grundsätzlichen aber steuerten seine Projekte die jederzeitige Anwendbarkeit eines Entwurfs auf die unterschiedlichsten Situationen an. Die Zwecke prägten im Gegensatz zur Konstruktion seine Bauten in so geringem Maße, daß eine Kapelle für ein Kesselhaus und ein Verwaltungsgebäude für ein Museum durchgehen konnten. Mit dieser in ihren wesentlichen Eigenschaften vorherbestimmten Architektur kam Mies einer Gesellschaft entgegen, die rationaler Planung eine überaus große Bedeutung beimaß. Seine edel proportionierten und vornehm detaillierten Baukunstwerke waren die Manifeste eines Prinzips, das sich nach dem Krieg in den USA und seit den fünfziger Jahren auch in seiner deutschen Heimat in zahllosen trivialen Ausführungen niederschlug.

Chancen der Veränderung

Daß führende Architekten der Moderne in Orten arbeiten mußten, die von Kolumbien und Mexiko bis China, von Schweden bis Australien über die ganze Welt verteilt waren, bedeutete Veränderung auch für die Sache der Moderne selbst. Unter den Arbeitsbedingungen in fremden Ländern, unter anderen land-

Ludwig Mies van der Rohe. Crown Hall, IIT. Chicago, 1950–56.

Senshintei (Holzpavillon, in dem Bruno Taut von 1933 bis 1936 wohnte). Shorinsan Darumaji, Provinz Gunma, Japan. Links Gedächtnisstein für Taut.

schaftlichen und klimatischen Verhältnissen, in anderen kulturellen Traditionen bildete die Moderne sich um. Sie nahm Eindrücke auf und besann sich auf eigene, vom Avantgardismus unberührte Restbestände. Sie mußte sich anpassen und paßte sich an. Mit dem reinen Dogma kam sie in den meisten fremden Umgebungen nicht durch.

Noch am ehesten konnten die deutschen Architekten, die nach ihrer Emigration in den USA arbeiteten, mit Umständen rechnen, die sie aus ihrer Heimat kannten. Immerhin zeigten auch die Wohnhäuser, die Richard Neutra in Kalifornien, Marcel Breuer und Walter Gropius in Massachusetts bauten, eine größere Offenheit der Grundrisse und Fassaden, die Verwendung lokaler Baumaterialien, die Anpassung an örtliche Bauweisen und, bei entsprechenden Grundstücken, eine größere Öffnung zur oftmals imposanten Natur.

Die sensibelsten Architekten gingen mit offenen Augen durch die Länder, in die es sie verschlagen hatte. Bruno Taut entdeckte in Japan eine noch immer existente, hohe Handwerkskultur für sich. Die kaiserliche Villa Katsura in Kioto in ihrer noblen, informellen, beziehungsreichen, naturoffenen Entwurfsphilosophie bewegte ihn zutiefst: »Reine nackte Architektur. Ergreifend – unschuldig wie Kind.«[97] Mit seiner Begeisterung steckte er auch japanische Kollegen an. Auch in der Türkei, »im Lande Sinans«, setzte er sich für eine Versöhnung von Moderne und Nationalkultur ein. »Was wir suchen müssen, ist die Synthese zwischen der alten Tradition und der modernen Zivilisation.«[98] Ernst May hat in Kenia, Tansania und Uganda Villen, Hotels, Siedlungen und Bauten für die Ismaeliten mit größerer Freiheit als zuvor und danach entworfen, den unterschiedlichen Klimazonen Ostafrikas entsprechend. Für seine britische Kundschaft ließ er sich sogar auf gemütliche Cottages ein.

Auch ein Stararchitekt wie Mendelsohn wußte, daß er in Palästina anders bauen mußte als im nördlichen Europa. Während er in Tel Aviv und Jerusalem auf zahlreiche Adaptionen seiner eigenen Handschrift durch andere traf – so bei Carl Rubin, der in seinem Berliner Büro gearbeitet hatte –, entwickelte Mendelsohn selbst eine Architektur, die dem Land und seinem Klima angemessen war. Wenn andere Kollegen wie Mendelsohn bauten, so baute Mendelsohn anders als Mendelsohn. Er berück-

[97] Bruno Taut. Japan 30. 4.– 1. 11. 1933. Manuskript. In: Manfred Speidel. Bruno Taut in Japan. In: Winfried Nerdinger u. a. (Hg.). Bruno Taut 1880–1938. Stuttgart, München, 2001. S. 180.

[98] Bruno Taut. Ansprache zur Eröffnung der Taut-Ausstellung, 4. 6. 1938. In: Barbara Volkmann (Red.). Bruno Taut 1880–1938. Kat. Akademie der Künste. Berlin, 1980. S. 260.

Carl Rubin. Citrus Haus. Tel Aviv, 1935.

Erich Mendelsohn. Anglo-Palästina Bank. Jerusalem, 1936–39.

[99] Bruno Taut, ebd.

[100] Adolf Rading an Richard Döcker, 22. 10. 1949. Zit.: Regina Göckede. Transversale Architektur. Adolf Rading (1888–1957). Diss. Bochum, 2002. S. 426.

sichtigte die heißere Sonne, hielt die Wände geschlossen, suchte sogar mit Kuppel- und Erker-Zitaten arabische Motive einzubeziehen.

Bei manchen Œuvres hat man die Veränderungen mit nachlassender Gestaltungskraft erklären wollen. Aber der Nachweis wäre erst noch zu führen, wieso Mendelsohns Anglo-Palästina Bank in Jerusalem (1937–39), ein steiler, weitgehend geschlossener Bau im vorgeschriebenen, honiggelben Gewand des Jerusalem-Steins, seinen deutschen Geschäftshäusern unterlegen wäre. Oder die Villa Weizmann seinen Wohnhäusern im Berliner Grunewald. Taut sprach in seinem letzten Buch, *Architekturlehre*, das 1936 in Japan und 1938 in der Türkei erschien, von einer Niederlage der neuen Architektur. Er beklagte ihre Uniformität, ihre platte Internationalität und suchte einen Weg, »bei dem die Wahrheit nicht leidet und zu gleicher Zeit das Gefühl nicht hungert«.[99]

Wie hätten jene Einsichten, die Exilanten bei der Begegnung mit anderen Kulturen gewannen und produktiv machten, sich nach 1945 auf die deutsche Szene ausgewirkt? Die Frage stellte sich jedoch nicht. Denn besonders herzlich fielen die Einladungen zur Rückkehr nicht aus, abgesehen von den Angeboten der entstehenden Deutschen Demokratischen Republik an Architekten, die aus der Osthemisphäre zurückkommen wollten. »Bis jetzt hat mich noch niemand gefragt«, schrieb Rading 1949.[100] Auch Hannes Meyer, der sich politisch dem Aufbau des Sozialismus verbunden fühlte, wartete vergeblich auf eine Einladung. Manche emigrierte Architekten, darunter Erich Mendelsohn, haben deutschen Boden nie wieder betreten.

1945 bis 1970

Keine Stunde Null

Blick von der Versöhnungskirche. Hamburg, 1947.

Schon in den Herbstmonaten des Jahres 1944 wurden erste Teile des damaligen Reichsgebiets von britisch-amerikanischen Truppen erobert, das annektierte Elsaß, das Saarland. Im Westen kämpften die Alliierten in den Ardennen und an der niederländisch-luxemburgischen Grenze. Im Osten eroberte die Rote Armee im Januar und Februar 1945 Ober- und Niederschlesien. Die Schlacht um die Festung Breslau verwüstete die stolze Handels- und Herzogstadt an der Oder, die in den ersten Jahrzehnten des Jahrhunderts ein Vorort der Moderne gewesen war. Nachdem Briten und Amerikaner im Westen den Rhein überschritten hatten, konnten sie das Ruhrgebiet einkesseln. Der Weg nach Mitteldeutschland stand offen.

Architektur hat den Diktator noch in den letzten Monaten beschäftigt, als alle Architektur in Schutt und Asche sank. Sein unbelehrbarer Paladin Hermann Giesler, der mit der Planung von Linz beauftragt war, mußte noch Anfang 1945 ein Modell der Donaustadt nach Berlin schaffen lassen. Giesler hat die gespenstischen Szenen überliefert, wie Hitler das Modell in den Kellerräumen von Speers beschädigter Neuer Reichskanzlei zu betrachten pflegte. Scheinwerfer simulierten am Modell die Lichtverhältnisse zu den verschiedenen Tageszeiten.[1] Währenddessen vollzog sich der Untergang des Dritten Reiches. Am 30. April beging Hitler im Bunker an der Reichskanzlei Selbstmord. Am 2. Mai kapitulierte Berlin. Am 7. und in der Nacht zum 9. Mai kapitulierten das Oberkommando der Wehrmacht und die »geschäftsführende« Regierung unter dem von Hitler eingesetzten Staatsoberhaupt Großadmiral Karl Dönitz.

Das Herz krampft sich zusammen

Deutschland war ein Trümmerhaufen, vor dem auch die einmarschierenden Truppen entsetzt standen. »Das ist das Schlimmste, was ich je erlebt habe«, meinte ein amerikanischer Colonel bei der Einnahme von Aachen.[2] Die Schuttmengen wurden auf 400 Millionen Kubikmeter geschätzt. Das würde, errechneten Statistiker, eine zwei Meter dicke und sieben Meter hohe Mauer um die gesamte Bundesrepublik ergeben haben. 2,7 Millionen Wohnungen waren im verbleibenden Staatsgebiet zerstört, 1,3 Millionen schwer beschädigt. Städte wie Dessau, Düren, Emden, Hanau, Kassel, Koblenz, Mainz, Pforzheim, Würzburg, Zweibrücken hatten fast drei Viertel ihres Bestandes an Wohnraum verloren, einige sogar noch mehr. Solche Zahlen beschrieben die realen Verhältnisse. Mit keiner Zahl ließ sich der Verlust an Heimat, gelebter Erinnerung, Stadtkultur ausdrücken. Wer daran denkt, dem »wird sich das Herz zusammenkrampfen, und der Mund wird verstummen«, schrieb Fritz Schumacher, der gute Geist Hamburgs.[3] Er schrieb es am Ende seines Lebens, als große Teile auch seines Werkes untergegangen waren.

Der Westen, der von den Bombergeschwadern des Gegners leichter zu erreichen gewesen war als der Osten, hatte unter dem Luftkrieg mehr gelitten. Von den größeren Orten Ostdeutschlands hatten – außer Dessau – nur Halberstadt, Frankfurt an der Oder, Magdeburg und Plauen die Hälfte ihres Wohnungsbestandes eingebüßt. Die erhaltenen Wohnungen mußte sich eine Bevölkerung von 69 Millionen Menschen teilen. Zwar hatte Deutschland weit über fünf Millionen Menschen verloren. Aber nun fluteten zwölf Millionen aus den verlorenen Ostgebieten in das verbliebene Reichsgebiet, in die von den Sowjets besetzte Zone, die SBZ, und die drei westlichen Besatzungszonen.

Auf Jahre hinaus waren die Menschen im Land unterwegs. Die Flüchtlinge aus dem Osten suchten eine Bleibe. Fremdarbeiter – *displaced persons* – wurden in Lager zusammengefaßt oder zurückgeführt. Aus den Dörfern drängten die evakuierten Städter trotz Zuzugssperren zurück in ihre Heimatorte. Manche Großstädte waren zum Zeitpunkt ihrer Eroberung menschenleer gewesen. In Köln, vor dem Kriege eine Stadt von 750 000 Einwohnern, lebten 1945 nur noch 40 000 Menschen. Erst allmählich füllte die Domstadt sich wieder auf, bis sie 1958 wieder die alte Zahl erreichte. Kriegsgefangene kehrten zurück, aus den westlichen Camps in den ersten Jahren, aus der Sowjetunion die letzten erst nach Kanzler Adenauers Moskauer Staatsbesuch im Jahr

---

[1] Hermann Giesler. Ein anderer Hitler. Bericht seines Architekten. Leoni, Starnberger See, 1977. S. 478 ff.

[2] Jörg Friedrich. Der Brand. Deutschland im Bombenkrieg 1940–1945. München, 2002. S. 140.

[3] Fritz Schumacher. Probleme der Großstadt. Köln, 1946³.

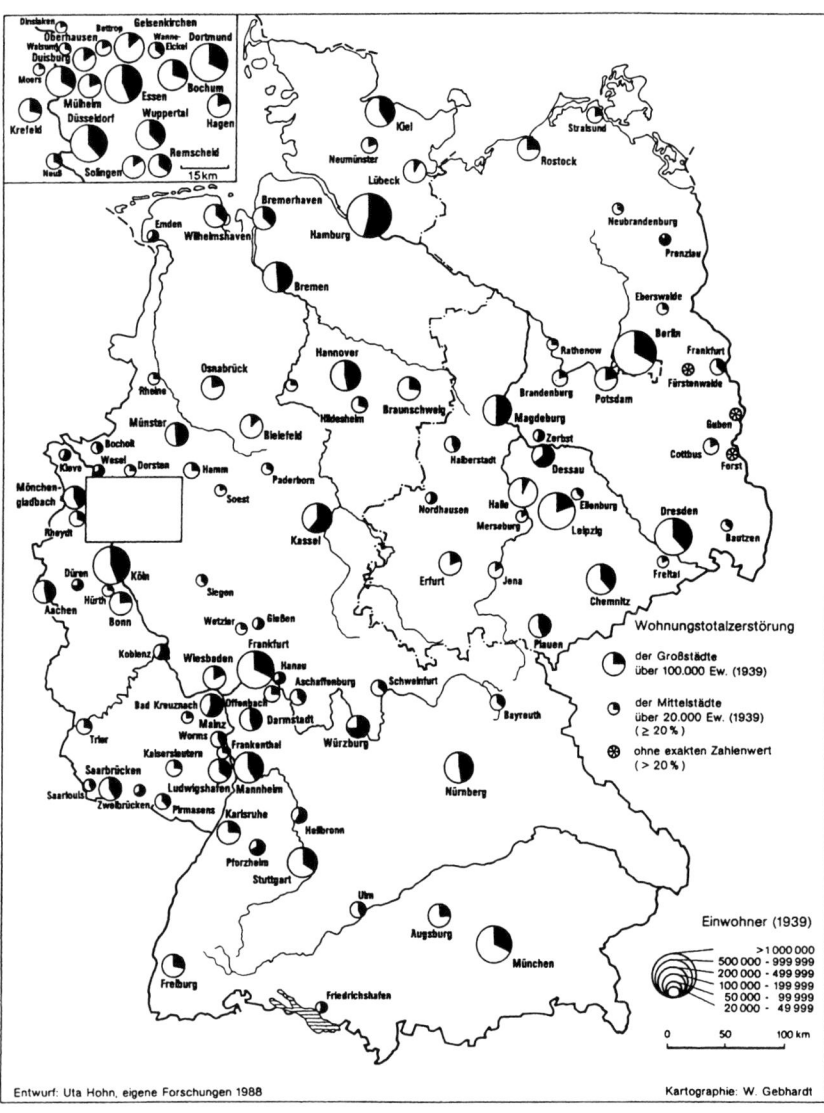

Zerstörung deutscher Städte im Zweiten Weltkrieg. Nach Uta Hohn.

Besatzungszonen in Deutschland bis zur Gründung von Bundesrepublik und DDR.

[4] Simone Hain. Über Turmbauer und Schwarzbrotbäcker: Gebaute Landschaft DDR. In: Hartmut Frank, Simone Hain (Red.). Zwei deutsche Architekturen 1949–1989. Kat. Institut für Auslandsbeziehungen. Ostfildern, 2004. S. 33.

1955. Jede dieser Menschenwanderungen bedeutete Veränderungen in den sozialen Strukturen, der konfessionellen Zusammensetzung, den kulturellen Traditionen.

Die großräumigen Planungsentscheidungen der Alliierten waren bereits vor dem Ende des Kriegs getroffen worden oder fielen auf der Potsdamer Konferenz im Juli und August 1945. Das ehemalige Reichsgebiet östlich der Oder-Neiße-Linie ging faktisch und schließlich auch de jure an Polen, Ostpreußen mit der preußischen Residenzstadt Königsberg an die Sowjetunion. Den Morgenthau-Plan, benannt nach US-Finanzminister Henry Morgenthau, verfolgte die US-Regierung nicht weiter. Der Plan hatte vorgesehen, den Wiederaufbau der deutschen Schwerindustrie zu unterbinden, die Bergwerke verfallen zu lassen und Deutschland zu einem Agrarland zu machen.

Auch die Wünsche der Sowjets und französischer Sicherheitspolitiker, das Rhein-Ruhr-Gebiet aus dem künftigen Staatsverband auszugliedern und zu internationalisieren, blieben unerfüllt. Zu groß war die Sorge der Briten und Amerikaner, den Russen könnte damit Einfluß und Mitspracherecht im Westen eingeräumt werden. Reparationen holten sich die Besatzungsmächte überwiegend aus ihren jeweiligen Zonen. Die Leistungen, die die Russen beanspruchten, gingen weit über das westliche Maß hinaus und erschwerten ungeheuer die Startbedingungen ihres eigenen Besatzungsgebiets. Demontagen von Produktionsanlagen und Bahngleisen und Entnahmen aus der laufenden Produktion bedeuteten für die 1949 gegründete Deutsche Demokratische Republik bis in die fünfziger Jahre hinein ein schweres Handicap. Steinkohle stand der ostdeutschen Industrie nicht mehr zur Verfügung. Energieversorgung und Produktionstechnologie mußten auf Braunkohle umgestellt werden, den einzigen fossilen Brennstoff, der auf dem Staatsgebiet der DDR gefördert werden konnte.[4]

Die Voraussetzungen waren auch deshalb unterschiedlich, weil sich die USA nach privaten Hilfeleistungen aus der ganzen Welt 1947 zu einem groß angelegten staatlichen Hilfsprogramm für Europa entschlossen, von dem das westliche Deutschland profitierte. Es trug den Namen eines anderen amerikanischen Ministers, des Außenministers George Catlett Marshall. Im Westen als uneigennützige Rettungsaktion gepriesen, im Osten als Schritt zur kapitalistischen Versklavung verteufelt, wurde der Marshall-Plan zu einer Starthilfe für das westliche Wirtschaftswunder. Seine politische Wirkung als Signal für die Wiedereingliederung der künftigen Bundesrepublik in die westliche Völkergemeinschaft war womöglich größer als die wirtschaftliche. Die Kredite kamen auch dem Bauwesen zugute, einem Sonderprogramm für Flüchtlingswohnungen sowie fünfzehn ECA-Siedlungen (ECA = Economic Cooperation Administration). Indirekt profitierte natürlich der gesamte Wiederaufbau von dem Wirtschaftsaufschwung, den das Programm zu ermöglichen half.

Für die Projekte wurden Wettbewerbe ausgeschrieben, so daß sich mehrere hundert Architekten mit den Problemen flächensparenden, kostengünstigen Wohnungsbaus auseinandersetzen konnten. Was die architektonische Qualität betraf, stimmte das Ergebnis, durch Sparauflagen behindert, nicht hoffnungsfroh.

An alle, die guten Willens sind

Die erste deutsche Großstadt, die von den Alliierten eingenommen wurde, war die Kaiserstadt Aachen, die vom deutschen Stadtkommandanten am 21. Oktober 1944 den Amerikanern übergeben wurde. Die Stadt war durch Bombenangriffe im Frühjahr bereits aufs schwerste mitgenommen. Nun taten die Häuserkämpfe ein übriges. »Was an Zerstörung und Verwüstung, Unordnung und Verwirrung, Jammer, Elend und Sorge jetzt unser Schicksal ist, das alles ist nur eine greifbare, anschauliche und folgerichtige Verwirklichung jener Ruinen, jenes Zerfalls, jener Irrtümer, welche längst vorher schon den Raum der Seele beherrscht und das Reich des Geistes verwüstet haben«, versuchte Hans Schwippert sich an der Sinnsuche fürs scheinbar Sinnlose.[5] Schwippert lebte in Aachen, hatte erst an der Handwerks- und Kunstgewerbeschule gelehrt, dann an der Rheinisch-Westfälischen Technischen Hochschule. Für kurze Zeit übernahm er die Verantwortung für den Wiederaufbau der Stadt, später der Provinz Nordrhein.

Nichts war in dieser Notzeit dringender als die Organisation von Lebensmitteln, Heizmaterial und Wohnraum, die Instandsetzung von Wasserleitungen, Kanalisation, Stromversorgung, die Reparatur von Krankenhäusern, Schulen, Brücken, Straßen, Straßenbahn- und Eisenbahnschienen. Um so bewundernswerter war die Bereitschaft einer kleinen Zahl, die Gedanken über das Tageselend hinauszuschicken, über Schuld und Sühne, Sinn und Hoffnung nachzudenken. Oft mündeten diese Appelle in Aufforderungen, das abendländisch-christliche Weltbild wiederherzustellen, die Menschenwürde zu achten, sich auf die echten Werte zu besinnen, auf den Grund der Dinge, auf das wirklich Wichtige. »Selbstbeschränkung bedeutet nicht Not und Entsagung, es heißt vielmehr, daß uns bewußt werden soll, wie alles Aufwendige notwendig wieder zur Zerstörung, zum Eintagesdasein verurteilt ist.«[6]

Ein Aufruf deutscher Werkbund-Mitglieder von 1947, erstunterzeichnet von 38 angesehenen Künstlern, Formgestaltern, Kunsthistorikern und Baumeistern von Otto Bartning bis Wilhelm Wagenfeld, richtete sich an »alle, die guten Willens sind«. Er setzte sich für einige einfache Grundsätze ein wie Gliederung der Städte in überschaubare Teile, lebendige Einheit aus Alt und Neu, Verzicht auf Überspezialisierung und auf die historische Rekonstruktion des Zerstörten. Und gipfelte in der Forderung nach dem »Einfachen und Gültigen«: »Denn nur das Gültig-Einfache ist vielfältig brauchbar.«[7]

[5] Hans Schwippert. Theorie und Praxis. In: Hefte für Baukunst und Werkform (1947) 1. S. 17.

[6] Hans Schmitt. Der Neuaufbau der Stadt Köln. Köln, 1946. S. 64.

[7] Ein Aufruf. Grundsätzliche Forderungen. Mehrfach veröffentlicht, unter anderem in: Hefte für Baukunst und Werkform (1947) 1. S. 29.

Zerstörtes Aachen 1944–45

Von revolutionärer Aufbruchstimmung, wie sie nach dem Ersten Weltkrieg so viele Künstler erfüllte, war wenig zu spüren, wohl aber von der stillen Hoffnung, »das Bild unserer neuen Städte ... werde nicht nur sparsamer, schlichter, sachlicher sein als das alte, sondern auch würdiger, nobler, sozialer, geistiger, kurz: schöner« (Walter Dirks).[8] Wahrscheinlich lag es außerhalb des Vermögens einer Generation, die in ihrer Jugend schon einmal einen Zusammenbruch erlebt hatte, ein zweites Mal weltumspannende Begeisterung aufzubringen. Was an den Dokumenten der ersten Jahre auffällt, ist ein Mangel an Genauigkeit und ein Überfluß an gepflegten, erhabenen Formulierungen. Worin die »geistige Zerrüttung« bestanden hat, von der das Werkbund-Papier spricht (zumal sie »alle Völker der Erde« betrifft), wird nicht weiter detailliert.[9]

In Schwipperts Aachener Text von 1944 scheint eine Art heilsgeschichtlicher Verfehlung gemeint zu sein, ein Auseinanderleben von Geist, Seele und Körper, ein gestörter Ordo. Doch gab es nicht auch einen so häßlich-konkreten Grund für die Katastrophe wie die nationalsozialistischen Untaten, deren Anführer auch in Aachen eilfertig zum Ehrenbürger gewählt worden war? Gab es nicht den Mord an Millionen Angehöriger von Minderheiten, die dem arischen Rassenwahn zum Opfer fielen? Darüber fällt kein Wort, weder in Schwipperts Traktat noch im Aufruf der Achtunddreißig. Wir können den »Kampf ums nackte Leben ... nur bestehen, wenn wir die Seele retten in lauteren Gedanken und reinen, gültigen Gestalten«, sekundierte Otto Bartning blauäugig unter dem programmatischen Titel *Erneuerung aus dem Ursprung*.[10]

Nicht alle haben so vage argumentiert. Bei dem Architekten und Publizisten Alfons Leitl, der die Zeitschrift *Baukunst und Werkform* herausgab, ist sehr wohl die Rede vom Nationalsozialismus und davon, daß sich keiner damit entschuldigen dürfe, er habe doch seine Arbeit nur als unpolitischer Fachmann getan. Beim Nationalsozialismus habe es sich nicht um irgendeine Tagespolitik gehandelt, bei der man sich ein wenig schmutzig gemacht habe, sondern um eine unmenschliche, widernatürliche Anschauung der Welt. Jeder sittlichen Persönlichkeit hätte sie zutiefst zuwider sein müssen.[11] Leitl war ab 1940 als Abteilungsleiter in Herbert Rimpls Planungskonzern angestellt, mithin in der Rüstungsindustrie tätig. Daß er sich selbst nicht von den Verstrickungen vieler seiner Berufskollegen ausnahm, gab seinem Bekenntnis den Nachdruck der Ehrlichkeit.

Experten vor Ort

Der italienische Filmregisseur Roberto Rosselini hat 1947 einen Film, der in Berlin spielt, *Germania, anno zero* genannt. Natürlich setzte das Ende des Krieges eine Zäsur. Die Bedrohung durch Krieg und Bombenangriffe hatte ein Ende. Es heulten keine Alarmsirenen mehr. Niemand mußte mehr fürchten, nachts um vier von der Gestapo abgeholt zu werden, weil ihr ein falscher Freund ein respektloses Wort über den »Führer« hinterbracht hatte. Man konnte hoffen, die

Wiederherstellung der Deutzer Brücke. Köln, 20. 8. 1948.

Soldaten würden aus Krieg und Gefangenschaft zurückkehren. Die Militärregierungen und die ersten eingesetzten deutschen Verwaltungen versprachen Demokratie, gleiches Recht und gleiche Pflichten für alle, einen neuen Anfang.

Was die beruflichen Strukturen betraf, war es kein *anno zero*, keine Stunde Null. Es herrschte Kontinuität. In manchen Ämtern und privaten Architekturbüros wurde die Arbeit für ein paar Tage unterbrochen; dann ging es weiter. Helmut Hentrich und sein Partner Hans Heuser, die mit Aufträgen der Organisation Todt, für die Hamburger Neugestaltung und den Arbeitsstab Wiederaufbau besser als andere über die Runden gekommen waren, eröffneten ihr Düsseldorfer Atelier zwei Wochen, nachdem die Kanonade von der linken zur rechten Rheinseite aufgehört und die US-Armee die Stadt eingenommen hatte.[12] Das Büro sollte sich unter dem Namen Hentrich & Petschnigg zu einem der größten und erfolgreichsten in der Bundesrepublik entwickeln.

Wo sollten neue, unbelastete Leute auch herkommen? Manche Architekten kehrten erst 1946 oder später aus der Gefangenschaft zurück. Die ins Exil gegangenen Architekten lud in den ersten Jahren niemand ein, es sei denn die westlichen Militärregierungen schickten sie auf Vortragsreisen und forderten sie zu Planungsgutachten auf. Bis zur Währungsreform 1948 gab es keine lohnenden Bauaufträge. Auch bei den späteren DDR-Prominenten vergingen Jahre, bevor sie nach Ostberlin übersiedelten. Kurt Liebknecht kehrte 1948, Gerhard Kosel erst 1954 aus Moskau zurück, Richard Paulick 1950 aus Schanghai. Emigranten, die sich in ihren Exilländern durchgesetzt hatten, hüteten sich verständlicherweise, ihre mühsam aufgebaute berufliche Existenz in den ausradierten deutschen Städten aufs Spiel zu setzen. Waren sie Juden, so war die Rückkehr in ein Land unzumutbar, in dem noch bis vor kurzem ihresgleichen ermordet worden waren.

Wer in untergeordneten Stellungen in Rüstungsindustrie und Kriegswirtschaft, in den Baustäben der Waffengattungen, bei der Deutschen Arbeitsfront, beim Generalbauinspektor und in ähnlichen Ämtern tätig gewesen war, womöglich auch keine Parteimitgliedschaft erworben hatte, war fein heraus. Es ging nicht ohne ihn. Die Beamten aus den Reichsministerien fanden sich als Referenten in den neuen Landes- und später Bundesministerien wieder. Planer aus

Hans Siegfried Persch. Schwanentorbrücke. Duisburg, 1950. Hubbrücke als Ersatz einer gesprengten Klappbrücke.

Speers Arbeitsstab für den Wiederaufbau kriegszerstörter Städte hatten sich einen Erfahrungsvorsprung bei jenen Tätigkeiten verschafft, um die es in den Nachkriegsjahren ging: Trümmerbeseitigung, Behelfsheimbau, rationalisierter Wohnungsbau, zukunftsweisende, da nicht allzu rücksichtsvolle Stadtplanung. Solche Kenntnisse empfahlen sie für die anstehenden Aufgaben. »Das viel benutzte Argument von der Unentbehrlichkeit des professionellen Sachverstandes«[13] wurde auch in der Disziplin der Planer und Architekten eingesetzt.

In manchen Städten konnten Stadtbauräte, Leiter der Stadtplanungsämter oder deren engste Mitarbeiter über den militärischen und politischen Zusammenbruch hinaus für kürzere oder längere Zeit weiter amtieren, manchmal mit Unterbrechung, manchmal ohne: so in Düsseldorf, Hannover, Kassel, Magdeburg, München, Münster, Nürnberg, Wolfsburg. Oder Planer, die vor 1945 am Ort tätig gewesen waren, übten nach 1945 ihren Einfluß als Berater und Gutachter weiter aus: so in Bochum, Lübeck, Münster, Rostock, Stuttgart. Wilhelm Wortmann, Bremer Stadtplaner und Speers Vertrauensmann für Emden, und Konstanty Gutschow, einst verantwortlich für die Umge-

[8] Walter Dirks. Mut zum Abschied. In: Frankfurter Hefte 2 (1947) 8. S. 827.

[9] Ein Aufruf. Grundsätzliche Forderungen. Mehrfach veröffentlicht, unter anderem in: Hefte für Baukunst und Werkform (1947) 1. S. 29.

[10] Otto Bartning. Erneuerung aus dem Ursprung. 1946. In: Spannweite. Bramsche, 1958. S. 66.

[11] Alfons Leitl. Die politische Gesinnung des Architekten. In: Hefte für Baukunst und Werkform (1947) 1. S. 97.

[12] Helmut Hentrich. Bauzeit. Aufzeichnungen aus dem Leben eines Architekten. Düsseldorf, 1995. S. 184 ff.

[13] Peter Graf Kielmansegg. Das geteilte Land. Deutschland 1945–1990. Siedler Deutsche Geschichte. Sonderausgabe Bd. 4. München, 2004 (2000). S. 115.

[14] So in: Rede bei der Verleihung des Erwin-von-Steinbach-Preises 1941. In: Straßburger Monatshefte 7 (1943). S. 29 ff. Und öfter. Vgl. Wolfgang Voigt. Zwischen Weißenhof-Streit und Pour le mérite. In: Wolfgang Voigt, Hartmut Frank (Hg.). Paul Schmitthenner 1884–1972. Kat. Deutsches Architekturmuseum. Tübingen, 2003. S. 86.

[15] Friedrich Tamms. Das Große in der Baukunst. In: Die Kunst im Deutschen Reich. Baukunst 8 (1944)3. S. 47 ff.

[16] ebd. S. 60.

[17] Architektenring Düsseldorf. Stellungnahme zur Besetzung der Baudirektorenstelle in Düsseldorf. Typoskript, 1952. Zit.: Werner Durth. Deutsche Architekten. Biographische Verflechtungen 1900–1970. Braunschweig, Wiesbaden, 1986. S. 298.

[18] ebd. S. 305.

[19] Ausführlich: ebd. S. 282 ff. – Stadtmuseum Düsseldorf, BDA Düsseldorf (Hg.). Architektur der 50er Jahre in Düsseldorf. Kat. Stadtmuseum. Düsseldorf, 1982. – Werner Durth, Niels Gutschow. Träume in Trümmern. Bd. 2. Braunschweig, Wiesbaden, 1988. S. 413 ff.

staltung Hamburgs, wurden nach 1945 gern als freie Planer herangezogen. Ihre Fürsprecher waren vor allem Kollegen aus gemeinsamer Vergangenheit im Dritten Reich, die inzwischen die oberste Zuständigkeit in den kommunalen Bau- und Planungsämtern errungen hatten, wie Friedrich Tamms in Düsseldorf und Rudolf Hillebrecht in Hannover, beide ab 1948.

In Berlin wurde Karl Bonatz, Bruder von Paul Bonatz, der bei Generalbauinspektor Speer unter anderem für den Bunkerbau verantwortlich gewesen war (»Oberbunkerbaurat«), im Dezember 1946 zum Nachfolger von Hans Scharoun als Stadtbaurat der Gesamtstadt gewählt. Nach der Teilung der Stadt arbeitete er als Stadtbaudirektor in Westberlin weiter. Sein einstiger Vorgesetzter Hans Stephan, vor 1945 Hauptabteilungsleiter in der Generalbauinspektion, baute ab 1948 die Westberliner Senatsbauverwaltung auf und amtierte von 1956 bis 1959 als Senatsbaudirektor. Daß er schließlich mit der Begründung entlassen wurde, er habe seine Vergangenheit verschwiegen, war ein Akt der Heuchelei. Wer unter den Fachleuten sollte denn von seiner Position in der GBI

Plakat zur Ausstellung Wiederaufbau in Kassel 1946. Dreistrahl-Planung unter dem Patronat des Herkules.

nicht gewußt haben? Bei der Berufung Stephans hatte es genügend Protest gegeben.

Nicht nur das Personal amtierte weiter. Auch die Institutionen bestanden fort. In Köln war nach dem Vorbild Berlins eine Dienststelle eingerichtet worden, die zunächst bis 1939 und dann wieder ab 1941 von dem Bonatz-Schüler Michael Fleischer geleitet wurde. Sie war dem Gauleiter direkt unterstellt. Auf diese Konstruktion einer Planungs-GmbH wie auf deren Leiter besann sich die Stadt nach Kriegsende. Allerdings stieß die Berufung eines Mannes, der im Dritten Reich für die gigantische Forumsplanung der NSDAP auf dem Deutzer Rheinufer mitverantwortlich gewesen war, auf den Protest der Architektenschaft. Fleischer trat im Laufe des Jahres 1946 zurück, unmittelbar vor einer Intervention der britischen Besatzungsmacht. Die Institution blieb bestehen, wurde nur in Wiederaufbau GmbH umgetauft.

Selbst Monumentalprojekte aus der Nazizeit wurden ungeniert der Öffentlichkeit als neues Planungsziel angeboten. Ein besonders dreister Fall ereignete sich in Kassel. Erich Heinicke, Stadtbaurat vor 1945 und nach 1945, holte im Mai 1946 ein Gipsmodell mit einem überzogenen Dreistrahl-Grundriß hervor, erklärte das dargestellte Gauforum zum Kulturforum und beschwor die Bürgerschaft, sich für das große Ziel zu engagieren. Das Hoheitszeichen, der Adler mit dem Hakenkreuz, war auf der Modellplatte nicht sorgfältig genug abgeschabt worden; ein Journalist entdeckte es. Der Eklat führte ein Jahr später zu einem städtebaulichen Wettbewerb. Aber der Stadtbaurat, inzwischen vom NSDAP- zum SPD-Mitglied gewandelt, blieb im Amt, bis er drei Jahre später das Pensionsalter erreichte. In Dresden versuchte der ehemalige Stadtbaurat Paul Wolf einen ähnlichen Coup und legte seine Neugestaltungspläne von 1939 leicht abgeändert nach Kriegsende wieder vor.

Streitfälle

Daß die im Dritten Reich erfolgreichen Planer und Architekten wieder die verfügbaren Amtssessel und Lehrstühle besetzten, blieb in der Mehrzahl der Fälle unbemerkt oder wurde hingenommen. Ausgerechnet einen Mann, dessen Karriere-Erwartungen im nationalsozialistischen Staat nicht erfüllt worden waren, traf der Kollegenzorn. Paul Schmitthenner hatte sich ab 1939 mit Reden über *Das sanfte Gesetz in der mo-*

dernen Kunst[14] öffentlich von den Architekturidealen des Regimes distanziert (vgl. S. 196). Es bedurfte nicht der in den NS-Jahren oft geübten Kunst, zwischen den Zeilen zu lesen, um einen Satz wie »Falsche Propheten aber gibt es viele« richtig zu deuten. Schmitthenners Lobpreis der »Welt im Kleinen« löste prompt eine Replik von Friedrich Tamms aus, der gegen das »sanfte Gesetz« »das harte Gesetz« des Monumentalen setzte.[15]

Von der amerikanischen Militärregierung war Schmitthenner von seinem Lehramt an der Technischen Hochschule Stuttgart suspendiert worden. Aber eine Spruchkammer hatte ihn 1947 entlastet. Nun ging es um die Wiederberufung. Vom Lager der Modernen wurde sie heftig bekämpft, allen voran von Richard Döcker, der im Dritten Reich jahrelang an der Ausübung seines Berufs gehindert worden war, allerdings in der Kriegszeit im Wiederaufbauamt des Gaus Westmark seiner Leidenschaft für Normung und Typisierung hatte nachgehen können. Viele alte Rechnungen waren zu begleichen. Schließlich löste sich der Fall Schmitthenner in einem Kompromiß auf. Der Fürsprecher des »sanften Gesetzes« erhielt seinen Ruf, aber zugleich die Emeritierung. Zuletzt folgte sogar die Aufnahme in den Orden Pour le Mérite, Friedensklasse! Als Privatarchitekt konnte Schmitthenner noch eine Reihe traditionalistischer Bauten verwirklichen, geschmückt mit Hausteinkanten, Arkaden und Schlagläden, einige davon wie surrealistische Vorwegnahmen der Postmoderne.

Erstaunlich unbehindert verlief das berufliche Schicksal von Friedrich Tamms. Der Verteidiger des »harten Gesetzes«, »der knappen, klaren, ja klassischen Formgebung«[16] wurde 1948 zum Leiter der Planungsabteilung in Düsseldorf bestellt. Von 1954 bis 1969 amtierte er als Beigeordneter und Dezernent für das gesamte Bauwesen, zeitweise als Kulturdezernent dazu. Der tatkräftige Kommunalpolitiker und einfallsreiche Selbstdarsteller lenkte damit die Architekturgeschicke der rheinischen Landeshauptstadt über mehr als zwanzig Jahre. Alte Kollegen aus gemeinsamer NS-Vergangenheit erhielten Planungsaufträge: Dustmann, Gutschow, Wolters.

Als Tamms 1952 auch noch Julius Schulte-Frohlinde, der die zentrale Bauabteilung der Deutschen Arbeitsfront geleitet hatte, zum Chef des Hochbauamts machen ließ, brandete der öffentliche Unmut hoch. Schulte-Frohlinde entwarf das neue Rathaus in einem heimattümelnden Anpassungsstil, der in den Augen seiner Kritiker nach Mittelalter aussah. Kritische Architekten, darunter Josef Lehmbrock und als älterer Kollege Bernhard Pfau, protestierten gegen diese Ansammlung »germanischer Kulturritter«[17] in ihrer Stadt. Im Düsseldorfer »Kom(m)ödchen« sangen die Kabarettisten: »Was hätt' der Hitler für 'ne Freud/ wenn er noch da wär.«[18]

Es entwickelte sich ein Krimi, bei dem geheimgehaltene Pläne entwendet und veröffentlicht wurden.[19] Was die Konzeptionen betraf, war der Frontverlauf unübersichtlich. Die planerischen Vorstellungen der

Paul Schmitthenner. Königin-Olga-Bau (Dresdner Bank). Stuttgart, 1949–55.

Keine Stunde Null   253

Neuordnung der Stadt Düsseldorf. Ende 1949. Planung: Friedrich Tamms, Stadtplanungsamt. Gegenvorschlag: Josef Lehmbrock u. a., Architektenring. Anfang 1950.

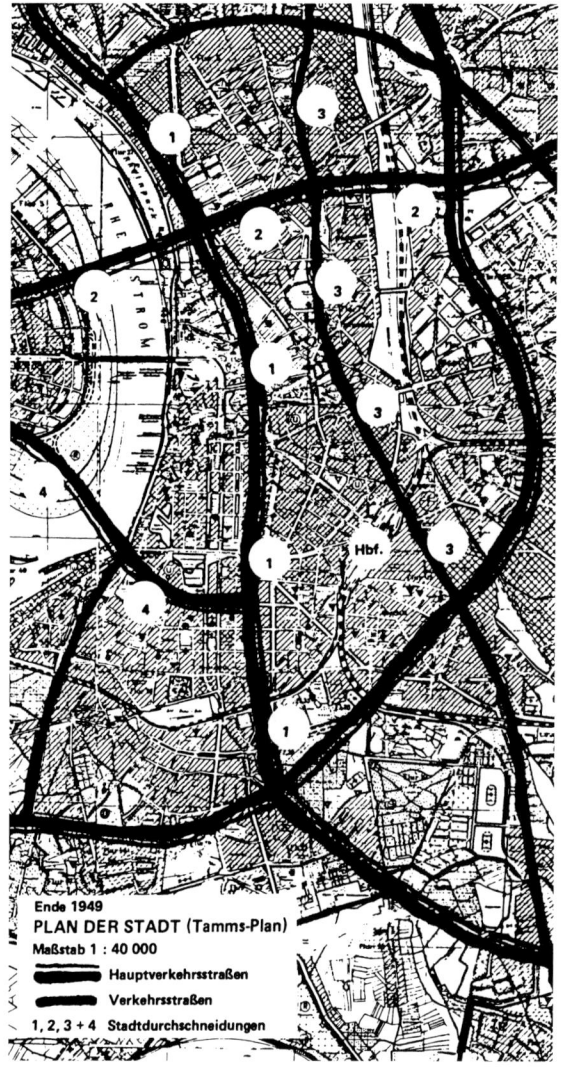
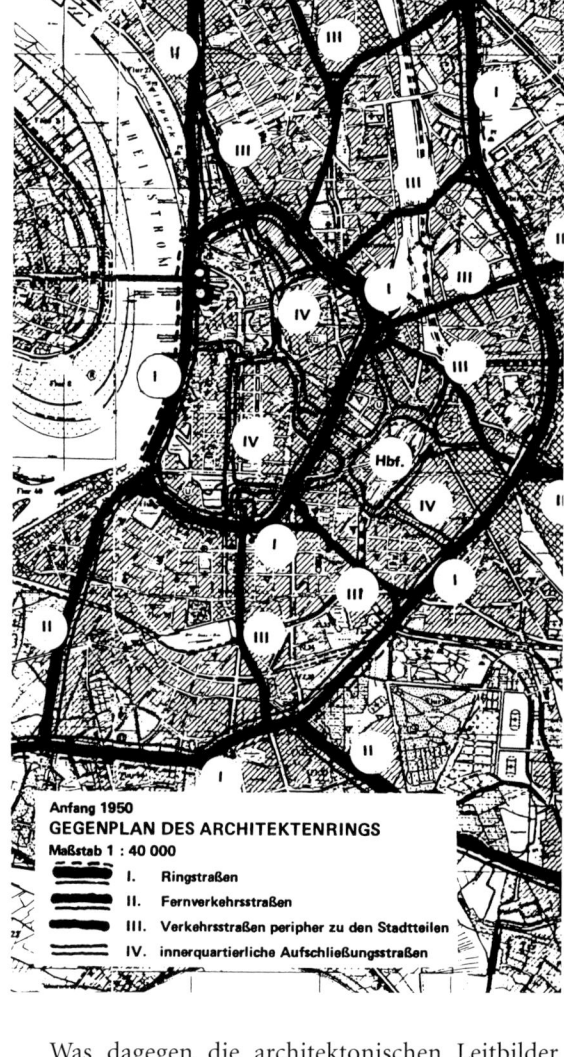

Gegner, die sich nach der berühmten Avantgarde-Vereinigung der zwanziger Jahre »Architekten*ring*« nannten, waren kleinteiliger und differenzierter. Die Masse des Verkehrs sollte mit einem doppelten Ring von der Kernstadt ferngehalten, die Überbauungsdichte niedriger gehalten, den Bürgern ungefährliche Fußwege angeboten werden. Das Straßennetz zeigt eine abgestufte Hierarchie der Verkehrswege. Die von Tamms verantwortete Planung führte dagegen den Verkehr umweglos in die City und sah parallele, dominierende Durchbrüche (»Stadtdurchschneidungen«) und sogar eine doppelgeschossige Straßenführung vor. Im Sinne der Zeit war es der »modernere« Plan. Unter Speer hatten die Architekten gelernt, ohne übertriebene Rücksicht auf Verluste vorzugehen.

Was dagegen die architektonischen Leitbilder betraf, war die Zukunft auf Seiten der Ring-Mitglieder: Gerüst- statt Massenbau, Leichtigkeit statt Schwere. In einer Ausstellung Düsseldorfer Architektur von 1948 fand der entsetzte Pfau »bombastische Entwürfe, Orgien von undurchführbaren dekorativen Phantasien, Speerarchitektur, Reichskanzleigliederungen und -gesimse.«[20] Aber den modernen Jargon konnten auch konventionell arbeitende Büros schnell lernen. Im Laufe der fünfziger Jahre erwarb sich Düsseldorf unter Tamms den Ruf einer der fortschrittlichsten deutschen Städte, mit breiten verkehrsfreundlichen Straßen, den seinerzeit kühnsten Hochhäusern und einer ästhetisch gelungenen Familie von Spannseil-Brücken über den Rhein. Als John Burchard, Dean am Massachussetts Institute of Techno-

[20] Bernhard Pfau. Architektur in der Tagespresse. In: Neue Bauwelt 3 (1948) 31. S. 491.

logy, der das verwüstete Land von 1945 kannte, zwanzig Jahre später über die wiederaufgebaute Republik schrieb, fand er Düsseldorf *delightful* und bildete auf dem Schutzumschlag seiner außerordentlich wohlwollenden Deutschland-Bilanz die Düsseldorfer Hochstraße am Jan-Wellem-Platz ab.[21]

Weit mehr als die personellen und politischen Querelen der ersten Nachkriegsjahre beschäftigte die Öffentlichkeit der Eindruck, daß es in den zerstörten Städten nicht zügig vorwärtsgehe. Das Gefühl der Befreiung, hat es 1947 im Aufruf des Deutschen Werkbunds geheißen, sei heute, nach zwei Jahren, bereits vergangen.[22] Schon zwei Jahre verloren, und immer noch Provisorien! Während der Neuplanung der zerstörten Städte – immerhin eine Aufgabe, die früher Generationen beansprucht hätte – waren über viele Innenstädte befristete Bauverbote verhängt worden. Geschäftsleute und Hauseigentümer in der entstehenden Bundesrepublik betrachteten solche Bausperren als Eingriffe in ihre Rechte am privaten Eigentum.

Was Eingriffe in individuelles Verfügungsrecht wirklich bedeuteten, zeigte das 1950 in der DDR verabschiedete Aufbaugesetz. In ausgewiesenen Aufbaustädten – schon wieder gab es welche! – und Aufbaugebieten ging die Verfügung über Grund und Boden auf den Staat über, der im Bedarfsfall unbehindert seine zentral gesteuerten Planungen durchführen konnte. Entschädigung spielte faktisch keine Rolle. Sie hatte in der sowjetisch besetzten Zone auch bei der Landreform und der Liquidierung des Eigentums tatsächlicher oder angeblicher Kriegsverbrecher keine Rolle gespielt. Bevor die negativen Folgen dieser unbeschränkten Handlungsvollmachten zu überblicken waren, beneideten westliche Stadtplaner ihre Kollegen im Osten um solche Eingriffsmöglichkeiten. Zumindest ermöglichten sie das Wohnen in der Innenstadt, während im Westen Nutzungen mit hohen Renditen zunehmend die Cities eroberten – und das war nicht das Wohnen.

Die Bundesrepublik erhielt ein Jahrzehnt später als die DDR ein Baugesetz, das für ihr ganzes Staatsgebiet galt. Es sah zwar für Grundstücke, die zum Wohl der Allgemeinheit benötigt wurden, auch Enteignung vor, legte die Latte aber hoch. Entschädigungen wurden sogar dann fällig, wenn die Grundstücke erst durch Maßnahmen der Öffentlichen Hand, durch Straßenbau etwa oder durch neue Bebauungspläne, ihren Wert erhalten hatten. Daß es in der Bundesrepublik nie zu einer Abschöpfung des Wertzuwachses kam, der aus Leistungen der Allgemeinheit entstand, blieb unter Sozialpolitikern und progressiven Stadtplanern ein steter Grund zur Klage.

Baustelle der Berliner Allee. Düsseldorf, 1954.

[21] John Burchard. The Voice of the Phoenix. Postwar Architecture in Germany. Cambridge, Mass., London, 1966. S. 165.

[22] Ein Aufruf. Grundsätzliche Forderungen. In: Hefte für Baukunst und Werkform (1947) 1. S. 29.

Umgang mit Ruinen

[23] Lebensmittelzuteilung in München im März 1947 1075 Kalorien pro Tag. – Arne Andersen. Der Traum vom guten Leben. Alltags- und Konsumgeschichte vom Wirtschaftswunder bis heute. Frankfurt am Main, 1997. S. 22.

Hubert Ermisch, Arthur Frenzel. Sicherungsmaßnahmen am Zwinger. Dresden, nach 1945.

Berliner Stadtschloß vor der letzten Sprengung. 29. 12. 1950.

Niemand, der sich nach Kriegsende in Kellern oder beschädigten und überfüllten Wohnungen einrichtete und vor den Läden Schlange stand, um die tägliche Lebensmittelration von 7,1 Gramm Fett und 357 Gramm Roggenbrot zu erstehen,[23] hätte sich die rasanten Veränderungen der folgenden Jahre vorstellen können. Allein für die Beseitigung der Ruinen wurden Jahrzehnte veranschlagt. »Trümmerfrauen« und Halbwüchsige sortierten die Ziegelsteine, klopften den Mörtel ab, stapelten sie am Straßenrand auf und schaufelten den unverwendbaren Schutt auf Schubkarren und Loren. Doch schon zu Anfang der fünfziger Jahre waren die meisten Städte mehr oder weniger trümmerfrei. Die Modernisierung des Geräteparks hatte es möglich gemacht. Für einzelne Orte schätzt man, daß allenfalls fünf Prozent der Trümmerfelder im »Ehrendienst« mit Hacke und Schaufel enttrümmert wurden. Den großen Rest besorgten die Bagger, Förderbänder und Trümmerverwertungsfabriken.

An vielen Orten diente die Hinterlassenschaft der Katastrophe dazu, mit den Schuttkippen Freizeitparks und Sportstätten, Grüngürtel und Bundesgartenschauen herzustellen. Aus flachen Terrains wurden hügelige und bergige Stadtlandschaften. »Teufelsberge« und »Monte Scherbelinos« veränderten das topographische Relief der Städte. Daß sich die Trümmer von Orten, an denen Menschen gelebt und gelitten hatten, fast immer in Stätten unbeschwerter Freizeittätigkeiten verwandelten, gibt diesen Entscheidungen einen makabren Beigeschmack. Manchmal, so beim Münchner Luitpoldpark, kam es zu Gedenkstätten in den neuen Anlagen, meistens nicht. Die psychische Verdrängung des Gewesenen, die zunehmend die Nachkriegszeit bestimmte, fand in den Maßnahmen der Trümmerverwertung ihre physische Entsprechung.

Retten oder planieren

Daß in den ersten Monaten und Jahren trotz der Knappheit aller Mittel Baustoffe und Arbeitskräfte für die notdürftige Sicherung von Baudenkmälern eingesetzt wurden, ist ein Ruhmesblatt jener Notzeiten. Das Profil und die Identität der Städte zu bewahren, lag den Menschen trotz der katastrophalen Versorgungslage am Herzen. Erste Maßnahmen am Dresdner Zwinger wurden noch im Jahre 1945 eingeleitet, auf Drängen der Zwingerbauhütte und ihres Leiters Hubert Ermisch und angeordnet von der Sowjetischen Militärmission. Allerdings gingen zwanzig Jahre ins Land, bis die Restaurierung vorerst abgeschlossen war. Die Leistung ist um so höher einzuschätzen, als hier viel Geld und Arbeit auf Schöpfungen des

Klassenfeindes verwendet wurden, der verhaßten Feudalklasse. Trotzdem bekannte der damalige Dresdner Stadtbaurat: »Wir werden ... den Zwinger, die Hofkirche, einen großen Teil des Schlosses und andere Bauten wieder herstellen können.«[24] Die zusammengestürzte Frauenkirche hatte er aufgegeben, wie fast alle vor der deutschen Wiedervereinigung. An der Semper-Oper wurden 1946 allererste Sicherheitsarbeiten vorgenommen, 1950 ließ das Ministerium für Volksbildung Wiederaufbauabsichten verlauten.[25]

Die Haltung gegenüber dem lädierten Bestand war alles andere als einheitlich und wechselte oft. Vom antifeudalen und antipreußischen Affekt konnten sich SED-Chef Walter Ulbricht und der Ministerrat der DDR nicht freimachen, als sie 1950 das größtenteils ausgebrannte, aber teilweise auch noch nutzbare Berliner Barockschloß gegen den Protest einer Weltöffentlichkeit sprengten. Zehn Jahre später erlitt das Potsdamer Stadtschloß dasselbe Schicksal. Noch 1968 fiel der erhaltene Turm der Potsdamer Garnisonkirche.

Dagegen wurden Zeugnisse der preußischen Vergangenheit Unter den Linden, am Forum Fridericianum und am Gendarmenmarkt über Jahrzehnte hinweg wiederaufgebaut. Für dieses Ensemble legte Richard Paulick 1951 eine von der DDR-Regierung beschlossene Gesamtplanung vor. Die Lindenoper restaurierte er auf einen vermuteten Originalzustand hin und ergänzte sie um ein klassizistisch nachempfundenes Verwaltungs- und Magazingebäude. Die Fassade des Kronprinzenpalais wurde wegen der Bauarbeiten für das benachbarte DDR-Außenministerium zwar niedergelegt, aber sechs Jahre später wiedererrichtet. Andererseits wurde an der Sicherung von Bauten gearbeitet, die man in den fünfziger und sechziger Jahren wieder preisgab. Karl Friedrich Schinkels Berliner Bauakademie, die 1961–62 gleichfalls dem Außenministerium weichen mußte, ist ein besonders beklagenswertes von vielen Beispielen.

Der erste flüchtige Blick auf die bombardierten Städte hinterließ oft den Eindruck, alles stünde noch wie zuvor; der zweite offenbarte, daß es sich nur um bloße Häuserfronten handelte, die sich mit zähem Überlebenswillen aufrecht hielten. Das berühmte Foto, das 1945 vom Dresdner Rathaus herab gemacht wurde, zeigt eine allegorische Frauenfigur, die wie ein klagender Engel auf die vielen ausgebrannten Häuser deutet. Wenige Jahre später, und die Geste, vom selben Standort aufgenommen, weist über kahle, leergeräumte Flächen. Viele noch stehende Fassaden hätten eine Rekonstruktion zugelassen. Dagegen sprachen die gefährdete Statik und die sanitäre Hygiene, die schließlich die stärkeren Argumente waren. Immer dabei war die Planerüberzeugung, nur radikale Enttrümmerung werde einen effektiven Neuaufbau erlauben.

Wie so vieles in den späten vierziger Jahren war diese Praxis gesamtdeutsch. Es gab keine konsistente

Richard Paulick. Verwaltungs- und Magazingebäude der Staatsoper Unter den Linden. Berlin, 1952.

Karl Friedrich Schinkel. Bauakademie. Berlin, 1831–36. Kriegsbeschädigter Bau um 1955. Abgerissen.

[24] Herbert Conert. Gedanken über den Wiederaufbau Dresdens. Vortrag 22. 11. 1945. Zit.: Peter Goralczyk. Architektur und Städtebau der Fünfziger Jahre in der DDR. In: Werner Durth, Niels Gutschow (Red.). Architektur und Städtebau der Fünfziger Jahre. Schriftenreihe des Deutschen Nationalkomitees für Denkmalschutz 41. Bonn, 1990. S. 62.

[25] Wolfgang Hänsch. Die Semperoper. Berlin, Stuttgart, 1986. S. 101.

Umgang mit Ruinen

[26] Otto Bartning. Ketzerische Gedanken am Rande der Trümmerhaufen. In: Frankfurter Hefte 1 (1946) 1. S. 64.

[27] Ein Aufruf. Grundsätzliche Forderungen. U. a. in: Hefte für Baukunst und Werkform (1947) 1. S. 29.

[28] Ernst May zum Frankfurter Wiederaufbau. Ein Gespräch mit dem Stadtplaner. In: Frankfurter Rundschau, 19. 2. 1949.

[29] Gesellschaft für christliche Kultur (Hg.). Kirchen in Trümmern. Köln, 1948.

[30] Rudolf Schwarz. Kirchenbau. Welt vor der Schwelle. Heidelberg, 1960. S. 93.

[31] Gesellschaft für christliche Kultur (Hg.). Kirchen in Trümmern. Köln, 1948. S. 210.

Blick vom Rathausturm auf das zerstörte Dresden. 1945 oder später. 1955 nach der Trümmerräumung.

Stiftskirche St. Gereon. Köln, 4. bis 13. Jh. Nach 1945.

Methode, mit den Zeugnissen der Vergangenheit umzugehen. Denkmäler, die in Dehios *Handbuch der deutschen Kunstdenkmäler* standen, hatten eine größere Chance, erhalten und wiederaufgebaut zu werden, als die Bauten wenig bekannter oder unbekannter Architekten. Aber auch für die prominenten Exemplare existierten keine verbindlichen Umgangsregeln. Ihr Schicksal hing von den Urteilen und Vorurteilen der Lokalpolitiker ab. Das ausgebrannte Braunschweiger Schloß wurde abgerissen, das gleichfalls ausgebrannte Stuttgarter Neue Schloß entging knapp der Demolierung. Statt dessen wurde in Stuttgart das klassizistische Kronprinzenpalais zum Opfer einer hypertrophen Verkehrsplanung, die sich wenige Jahrzehnte später als überflüssig erwies. Die Liste der Gebäude, die hätten gerettet werden können, ist in Ost und West unendlich lang.

Neubau oder Wiederaufbau

Was mit den Ruinen geschehen sollte, darüber ist in den ersten Jahren nach 1945 mit leidenschaftlicher Inbrunst diskutiert worden. Architekten, die sich zur Moderne zählten, neigten zu Otto Bartnings Diktum: »*Wieder*aufbau? Technisch, geldlich nicht möglich, sage ich Ihnen; was sage ich? – Seelisch unmöglich!«[26] Auch der Aufruf der Achtunddreißig von 1947 gab sich ganz entschlossen: »Das zerstörte Erbe darf nicht historisch rekonstruiert werden, es kann nur für neue Aufgaben in neuer Form erstehen.«[27] »Ziehen wir einen klaren Strich unter die Vergangenheit und ihr unrühmliches Ende.« (Ernst May)[28]

In Städten, die aus einem großen historischen Erbe lebten, waren die Bürger zu solchen Verzichten nicht bereit. Im »hilligen« Köln waren von den 87 katholischen und 18 protestantischen Kirchen im engeren Stadtgebiet 84 zerstört oder schwer beschädigt. Bis auf den Dom, der zur Verwunderung aller die Bombenangriffe mit leichteren Schäden überstanden hatte, waren alle Gotteshäuser der Innenstadt schwer versehrt, manche – wie St. Maria im Kapitol oder St. Gereon – anscheinend kaum noch zu retten.

Im eiskalten Auditorium Maximum der Kölner Universität diskutierten die Kölner im Hungerwinter 1946–47 den Wiederaufbau dieser Bauten von Weltrang.[29] Die meisten Redner waren sich mit dem Publikum einig, das große Erbe müsse erhalten werden. Keiner war für die Abtragung der Ruinen. Wenige hielten andererseits eine genau rekonstruierende Wiederherstellung für denkbar. Die möglichen Entscheidungen lagen irgendwo zwischen einer konservierenden Erhaltung der Ruinen und einer interpretierenden Denkmalpflege, die sich die Mitsprache der Gegenwart nicht verbieten lassen wollte. Das Erbe nehme man dann ernst, wenn man in Zwiesprache mit ihm eintrete und ihm »als lebendige Menschen« antworte.[30] Pragmatischen Politikern waren solche Überlegungen schon allzu subtil. Ex-Oberbürgermeister Konrad Adenauer fand die Erwägungen der Intellektuellen viel zu kompliziert und rief auf, endlich anzufangen statt tausend Reflexionen nachzuhängen, »ob man's kann und darf oder nicht kann und nicht darf«.[31]

Ein Präzedenzfall, der dennoch die Möglichkeit detaillierter Rekonstruktion nachwies und seinem Urheber große Skrupel verursachte, war der Wiederaufbau der alten Heidelberger Brücke. Heidelberg

gehörte zu den wenigen Städten von überragendem kunst- und kulturgeschichtlichem Wert, die unzerstört aus dem Krieg hervorgingen. Aber die Brücke über den Neckar, ein Meisterwerk des späten 18. Jahrhunderts, hatte das Kriegsschicksal ereilt. Drei ihrer neun Bögen waren im Frühjahr 1945 von den abrückenden deutschen Truppen gesprengt worden. Mit ihrer an- und absteigenden Bogenkette, den diagonal vorstoßenden Eisbrechern und dem doppeltürmigen Torhaus gehört das Bauwerk untrennbar zum Stadtbild. Goethe, Hölderlin, die Romantiker haben es im Seelenhaushalt der Deutschen verewigt. Hätte es überhaupt einen Grund geben können, die Brücke nicht in der alten Form wiederaufzubauen?

Alte Brücke. Heidelberg, 1786–88. Wiederaufbau: Rudolf Steinbach, 1946–47.

Goethehaus am Großen Hirschgraben. Frankfurt am Main, 1754. Die Stahlträger stammen von einer früheren Sanierungsmaßnahme. 1944 oder später. Wiederaufbau: Theodor Kellner. Nach dem Wiederaufbau.

Umgang mit Ruinen

[32] Rudolf Steinbach. Die Alte Brücke in Heidelberg und Die Problematik des Wiederaufbaus. In: Hefte für Baukunst und Werkform (1948) 2. S. 35.

[33] Walter Dirks. Mut zum Abschied. In: Frankfurter Hefte 2 (1947) 8. S. 819.

[34] ebd. S. 826, 828.

Rudolf Steinbach, ein gewissenhafter Baumeister und von seinen späteren Aachener Studenten verehrter Lehrer, wollte Rekonstruktion nur erlauben, wenn alle äußeren Bedingungen wie funktionale Notwendigkeit und genaueste Kenntnis des Baukunstwerks gegeben seien, wenn die alte handwerkliche Technik aufs sorgfältigste angewendet werde und wesentliche originale Teile des Bauwerks erhalten seien. »Nur was vom Bestande durchseelt werden kann, gewinnt den Geist und das Gesicht seiner Zeit.«[32] Die Brücke wurde im Juli 1947 eingeweiht. Damals stand die Rekonstruktionswelle erst bevor. Der skrupulöse Steinbach bangte, mit diesem Bau ein bedenkliches Beispiel gegeben zu haben; er müsse Sonderfall bleiben. Doch nun drohe auch der Wiederaufbau des Frankfurter Goethehauses, des Stuttgarter Königsbaus und des Münchner Hofbräuhauses!

Was Steinbach geahnt, ja gefürchtet hatte, wurde in allen drei Städten Wirklichkeit. Der Wiederaufbau des Goethehauses (1947–51) bewegte die Nation. Das Geburtshaus des Dichters am Großen Hirschgraben Nr. 23, die »Casa santa«,[33] war ein nicht weniger sensibler Ort als die Heidelberger Neckarbrücke. Lediglich die Fundamente und die Keller mit dem Gewölbeschlußstein, in den der Kaiserliche Rat Johann Caspar Goethe die Initialen seines später berühmten Sohnes hatte schlagen lassen, ein Teil der Brand- und Erdgeschoßmauern und die Treppe zum ersten Podest waren erhalten. Aber der Bauplatz war nicht vergeben. Von früheren Sicherungsmaßnahmen lagen exakte Aufmessungen vor. Die bewegliche Inneneinrichtung war rechtzeitig ausgelagert worden. Von heute her gesehen verblüfft nicht die Tatsache, daß man sich zum Wiederaufbau entschloß, sondern verwundern die Skrupel, die in der öffentlichen Diskussion angeführt wurden.

Vor allem stellten die Kritiker die Frage nach der moralischen Wahrhaftigkeit. War Kopie nicht Lüge? Wollte sie nicht ungeschehen machen, was geschehen war? Suchte sie mit der Zerstörung auch die Ursachen der Zerstörung vergessen zu machen? Beschwor sie Goethe gegen Auschwitz, wo doch das eine, die Beschädigung des Goethe-Deutschlands, wie das andere, die Bestialität der KZ-Lager, gleichermaßen zur deutschen Geschichte gehörte? Hatte es nicht seine bittere Logik, daß das Goethehaus in Trümmer gesunken war? Das Goethehaus drohe zu einem Sinnbild der Restauration zu werden, argwöhnte der linkskatholische Publizist Walter Dirks. Dirks zog aus der Ehrfurcht vor der Geschichte die Konsequenz: »Nur eines ist angemessen und groß: den Spruch der Geschichte anzunehmen, er ist endgültig ... Dem Mut zur Zukunft entspricht die Entschlossenheit, Abschied zu nehmen von dem, was unwiderruflich vorbei ist.«[34] Die Sorge vor einer heraufdämmernden Museumskultur kündigte sich schon in dieser Kulturdebatte der späten vierziger Jahre an.

Im Falle des Goethehauses setzten sich die Argumente der Rekonstrukteure durch. Sein Schicksal war eng mit dem eines anderen Bauwerks verknüpft, das nur ein paar hundert Meter von ihm entfernt liegt, der Paulskirche, im Jahre 1848 Tagungsstätte des ersten deutschen Nationalparlaments. Beide Gebäude dienten als Symbole des besseren Deutschlands. Sie galten als »heilige Aufgaben«, der Weg, der sie verband, als *via sacra*. Beide waren im März 1944 ausgebrannt. Die Aufbauarbeiten liefen gleichzeitig und waren sogar voneinander abhängig. Zeitweise mußten die Leute vom Goethehaus zähneknirschend dulden, daß Bauarbeiter von ihrer Baustelle zugunsten der Paulskirche abgezogen wurden. Trotz vieler Gemeinsamkeiten wurden die beiden Frankfurter Gedenkstätten nicht zu Pendants, sondern zu Alternativen im Umgang mit der Vergangenheit.

Vom elliptischen Rundbau der klassizistischen Paulskirche war nur die ausgeglühte Mauerschale aus

Christian Georg und Johann Friedrich Hess. Paulskirche. Frankfurt am Main, 1789–1833. Wiederaufbau: Planungsgemeinschaft Paulskirche (Eugen Blanck, Gottlob Schaupp, Rudolf Schwarz, Johannes Krahn). 1946–48.

roten Sandsteinquadern erhalten. Das antike Pathos der Ruine rührte viele Zeitgenossen an. Im Außen- wie im Innenbau interpretierte das Planungskollegium, dessen Sprecher Rudolf Schwarz war, den alten Baubestand, statt ihn in seiner historischen Form nachzubilden. Ein flach gewölbtes Dach, dem Panzer einer Schildkröte vergleichbar, ersetzte das steilere, mit Gauben bestückte Dach des Vorgängerbaus. Unter ihm steckte ein Zeltdach mit einem zentralen Oberlicht, das an den offenen Gewölbescheitel des römischen Pantheons erinnerte. Die säulengetragene Empore des Ursprungsbaus fiel weg, eine gedrückte Wandelhalle wurde eingezogen. Aus deren Dunkel schraubten sich die Treppenläufe in die Lichtfülle des hohen Saals.

Der Bau wurde bereits 1948, zum hundertjährigen Jubiläum des ersten freien deutschen Parlaments, eröffnet. »Die wiederhergestellte Paulskirche«, so Schwarz, »erinnert an den Willen unseres Volkes, eine bessere Ordnung aus dem Zusammenbruch aufzubauen durch ihre reine und arme Gestalt.«[35] Daß sich die Stadt Frankfurt mitten in der großen Wohnungsnot diesen Bau leistete, hing auch mit ihren ein Jahr später gescheiterten Ambitionen zusammen, Sitz von Bundesregierung und Parlament zu werden. Aber die Liste der Spender beweist, wie sehr der Neualtbau auch als Sache des ganzen Volkes betrachtet wurde. Die Landeskirche Thüringen spendete Glocken, der Landkreis Leipzig Klinkersteine, der Kreis Rügen einen Waggon Kreide. Sogar die Sozialistische Einheitspartei Deutschlands beteiligte sich mit einem Betrag von 10 000 Reichsmark.

Buchstabengetreuer Nachbau oder verändernder Weiterbau, der Fall Goethehaus und der Fall Paulskirche, waren Alternativen. Eine dritte Möglichkeit war die Erhaltung der Ruine als Mahnmal. Der Turm von St. Nikolai in Hamburg, der bei den Luftangriffen den Bombergeschwadern als Zielmarke gedient hatte, die leergebrannte Halle der Aegidienkirche in Hannover, der Turm der Lutherkirche in Kassel erinnern noch heute »an die unerforschliche Bosheit des menschlichen Herzens«[36]. In Köln bezogen Karl Band und Rudolf Schwarz die Kirchenruine von St. Alban in den Wiederaufbau des Festhauses Gürzenich (1949–59) ein, die Zeugnisse der Trauer in die Rituale des Frohsinns. Das Münchner Siegestor, das auf Betreiben des Architekten Josef Wiedemann 1956–58 als Torso wiederhergestellt wurde, erhielt die Inschrift

»Dem Sieg geweiht. Vom Krieg zerstört. Zum Frieden mahnend« und sollte »die Narben eines ungeheuerlichen Geschehens« bewahren.[37] Auch die Dresdner Frauenkirche wirkte bis in die neunziger Jahre als Mahnmal, ein großer schwarzer Berg ungeordneter Steine, die einst ein sinnvolles Ganzes gebildet hatten,

George Bähr. Frauenkirche Dresden, 1722, 1726-39. Bauzustand 1990 (vgl. S. 418).

Franz Schwechten. Kaiser Wilhelm-Gedächtniskirche. Berlin, 1891–95. Neubauten: Egon Eiermann. 1956–61, 1963.

[35] Planungsgemeinschaft Paulskirche. Denkschrift zur Fortsetzung des Wiederaufbaus der Paulskirche Frankfurt/Main. April 1960. Typoskript. Archiv Schwarz, Köln.

[36] Rudolf Schwarz. Kirchenbau. Welt vor der Schwelle. Heidelberg, 1960. S. 120.

[37] Josef Wiedemann, Otto Roth. Zit.: Gavriel D. Rosenfeld. Architektur und Gedächtnis. München und Nationalsozialismus. Strategien des Vergessens. München, Hamburg, 2004. S. 195.

Umgang mit Ruinen

Otto Bartning. Notkirche St. Marien. Wismar, 1951.

Otto Bartning. Auferstehungskirche. Pforzheim, 1948–51.

[38] Emil Steffann. 1943. In: Gisberth Hülsmann u. a. (Hg.). Emil Steffann. Architektur und Denkmalpflege 18. Düsseldorf, Bonn, 1981². S. 38.

[39] Emil Steffann. 15. 6. 1951, ebd. S. 38.

[40] Emil Steffann. Können wir noch Kirchen bauen? 1958, ebd. S.105 f.

[41] Walter Dirks. Mut zum Abschied. In: Frankfurter Hefte 2 (1947) 8. S. 819 ff.

als Erinnerung an Täter und Opfer des Krieges. Um die Beibehaltung des Ruinenstumpfes der Berliner Kaiser-Wilhelm-Gedächtniskirche mußte dagegen 1956–61 schon gerungen werden. Egon Eiermann, der Architekt des Neubaus, hatte dessen Erhaltung in den ersten beiden Wettbewerbsstufen nicht vorgesehen.

Neues Leben aus den Trümmern

Die naheliegende Haltung gegenüber den Trümmern war: sie zu beseitigen. Aber es gab auch Architekten und Bauherren, die im Schutt nicht das Hindernis für den Neubau sahen oder den billigen Baustoff Trümmerstein, sondern ein Material, das seine eigene leidensreiche Geschichte erzählt. Der Kirchen- und Häuserbauer Emil Steffann berichtete vom Wiederaufbau, den er 1943 im kriegszerstörten und von den Deutschen besetzten Lothringen leistete. Mit großer Vorsicht habe man jede Ruine, jede Mauer geprüft, ob sie nicht erhaltenswert sei. »Sie wurde zum Bestandteil eines Neuen, welches wahrscheinlich nie ohne diesen Rest so lebendig entstanden wäre. Das neue Leben rankte sich gewissermaßen an Resten empor, nicht in Abhängigkeit von einmal Gewesenem, sondern in voller Freiheit.«[38]

Die Schutthalde wird zur Anregung für die Phantasie. Der narbenreiche Stein teilt den Flächen lebendige Struktur und unterschiedliches Farbspiel mit. Aber es geht nicht nur um Ornament oder Ästhetik, sondern um Erinnerung, die sich in neues Leben übersetzt. »Die Unregelmäßigkeit des Mauer-Werks ... regt uns an, nicht das glatte-perfekte Baumaterial zu wählen, sondern gerade das Zerborstene und das Verwundete zu suchen und lieben zu lernen ... Könnten nicht unsere zerstörten Städte die ideale Baustelle sein, aus Schutt und Trümmern die natürliche Schönheit des Bauens in ihrer Lebendigkeit ganz neu wieder zu erlernen?« Steffann fragte es 1951, als die Entwicklung bereits in Richtung eines komfortablen Wirtschaftswunders lief.[39]

In dieser Materialphilosophie steckte auch ein Stück von zurückblickendem Wertkonservatismus. Moderne Konstruktionen starben einen schlechten Tod: gekrümmte Binder der Stahlskelette, zerbröselnde Betonpfeiler, bei denen die rostigen Innereien der Armierungen hervortraten. Solche häßlichen Reste neuzeitlicher Verbundsysteme galten Denkern

wie Steffann als Abbilder einer Menschheit, die ihre Wirtschaftsgebilde und Staatsgefüge nicht mehr aus natürlichen, selbständigen Teilen, aus Individuen und gewachsenen Gruppen zusammenfügte, sondern aus Massen formte und keine gliedernden Ordnungen mehr kannte. In der Zerstörung offenbare sich das Weltgericht.[40]

Trümmersteine sind an vielen Bauten verwendet worden. In Kirchenbauten konnte ihre Verwendung einen geradezu sakramentalen Sinn annehmen; sie repräsentierten die Leidensgeschichte der Menschheit. »Das Wesen der echten Reliquie haftet an der wirklichen, materiellen Identität der Gegenstände«, schrieb Dirks.[41] Das Notkirchenprogramm, das Otto

bei der Franziskanerkirche in der Kölner Ulrichsgasse (1950–52). Reste der neogotischen Kirche wurden zum Mönchschor ausgebaut. Die neuen Teile sind in größter Einfachheit gehalten, schlichte gemauerte Rundbögen, simple Rechteckfenster im Mönchstrakt, feste Mauern aus Trümmerstein. Für den flüchtigen Blick zeigt sich ein unansehnliches Zufallsgebilde, für den, der sich auf den Bau einläßt, eine Gruppe von geradezu römisch-antiken Qualitäten.

Auch Schwarz, mit Steffann befreundet, sah die Armut als »Schicksalsfrage der Baukunst« an. An der neuen Armut müsse sich entscheiden, ob sie zur »nacktesten Dürftigkeit« des Rationalismus gerät oder zur »höchsten Weltverdichtung«: »Das große Rechteck kann kahle Mauer oder Lobgesang sein.«[43] St. Anna in Düren (1951–56) bildet mit den geschlossenen Wänden des winkelförmigen Baus solche großen Rechtecke, errichtet aus den rötlichen Sandsteinblöcken der zerstörten Vorgängerkirche. Den Bau empfand sein Baumeister als bergenden Schutzmantel, als einen gemauerten Mantel. Nicht zufällig bediente sich Schwarz hier der Hilfe des Maurer-Philosophen Steinbach, der die Bauleitung übernahm. St. Anna zeigt nur wenige Zitate der zugrunde gegangenen, ursprünglich gotischen Basilika. Deren Andenken ist allein in der Substanz des Neubaus aufbewahrt.

In Süddeutschland war Hans Döllgast ein Bruder im Geiste. Seine Wiederherstellungen sakraler Orte wie der Münchner Friedhofsbauten, der Benediktiner-Basilika St. Bonifaz (1949–50, inzwischen umge-

Emil Steffann. Franziskanerkirche St. Marien. Köln, 1950–52. Ansicht. Mauerwerk.

[42] Das Programm war auf 48 Kirchen angelegt, 43 wurden gebaut. Chris Gerbing. Die Auferstehungskirche in Pforzheim. Regensburg, 2001. S. 19.

[43] Rudolf Schwarz. Kirchenbau. Welt vor der Schwelle. Heidelberg, 1960. S. 263 f.

Rudolf Schwarz. St. Anna. Düren, 1951–56.

Bartning für das Hilfswerk der Evangelischen Kirchen 1946 entwickelte, war ausdrücklich darauf angelegt, Trümmer vor Ort als Material für die Ausfachung der vorgefertigten Holzbinder zu verwenden. In zwei Typen und mehreren Varianten wurde das Konzept dreiundvierzig Mal zwischen Kiel und Karlsruhe, Wesel und Wismar realisiert.[42]

Steffann selbst praktizierte seine Architektur der Armut und Unscheinbarkeit mehrmals, beispielsweise

Georg Friedrich Ziebland. St. Bonifaz. München, 1834–47. Wiederaufbau: Hans Döllgast. Erstes Projekt, 1948. Innenperspektive. Ausgeführt 1949–50.

Leo von Klenze. Alte Pinakothek. München, 1825–36. Wiederaufbau: Hans Döllgast. 1946–57.

staltet) und gegen Ende seines Lebens der Allerheiligen-Hofkirche in München (1972, gleichfalls umgestaltet) wollte er als Reparaturmaßnahmen verstanden wissen, nicht als Restaurierungen. Nahtstellen zwischen Alt und Neu blieben sichtbar. Das Notwendige wurde getan, doch mit einer handwerklichen Gewissenhaftigkeit, die den Bauten ihre eigene Würde gab. Ziegelmauerwerk blieb roh sichtbar oder wurde mit einer dünnen Schlämme überzogen. Der neue Dachstuhl lag in nachvollziehbarer Kräfteabtragung auf den beschädigten Pfeilern auf.

Zu einer großen Leistung erinnernder Wiederherstellung wurde Döllgasts Rückgewinnung der Alten Pinakothek in München. Leo von Klenzes epochaler Museumsbau aus den zwanziger und dreißiger Jahren des 19. Jahrhunderts war im Krieg völlig ausgebrannt. Der Abbruch wurde erwogen. Döllgast, der als Hochschullehrer der gegenüberliegenden Technischen Hochschule die Ruine ständig vor Augen hatte, soll schon nach den ersten Bombenabwürfen mit Studien für den Wiederaufbau begonnen haben. Offiziell war er mit der Leitung der Arbeiten von 1952 bis zur Eröffnung 1957 betraut. Die Lücke, die von den Bomben in die Südfassade geschlagen worden war,

füllte er nach vielen, noch radikaleren Lösungsvorschlägen mit einer Ziegelsteinmauer, die Klenzes Fensterrhythmus aufnahm und seine Detailgliederung ins neue Material übersetzte. Regenfallrohre, die früher in der Wand verborgen waren, und die das Notdach tragenden sieben runden Stahlstützen – Mannesmann-Rohre von nur 24 Zentimeter Durchmesser! – werden offen gezeigt. Zugleich orientierte Döllgast den gesamten Bau neu durch eine Verlegung des Haupteingangs und durch zwei Treppenläufe, die hinter der Südwand emporsteigen, mit tiefgreifenden Folgen für die Erschließung der oberen Saalgeschosse.

Döllgast konnte seine Vorstellungen nur in langen Auseinandersetzungen und unter vielen Kompromissen durchsetzen. Das Entscheidende konnte er retten: daß das Vorläufige nicht Endgültigkeit erhielt, daß die Wunde offengehalten wurde. Seine Maxime ist überliefert: »Warum etwas vertuschen! Die Leute sollen sehen, daß die Pinakothek ihre Geschichte hat und daß auch ihr der Krieg nicht erspart geblieben ist.«[44] Stand der Klenze-Bau anfangs in Gefahr, vollends abgetragen zu werden, so war er später immer wieder der Rekonstruktionslust derer ausgesetzt, die buchstabengetreu wieder haben möchten, was und wie es einstmals war.

Im Laufe der Jahre verschob sich der Sinn der Pflege von Ruinen. Vergegenwärtigung vergangenen Unheils läßt sich in besseren Zeiten offenbar schwerer ertragen als in jenen, die der Katastrophe noch nahe sind. Wo Ruinen erhalten blieben, wurden aus den Gedächtnismalen oft pittoreske Vergangenheitszitate, »schöne« Ruinen in der Tradition realer oder fiktiver Ruinen wie im englischen Landschaftspark des 18. Jahrhunderts. Der Brandgeruch hatte sich verflüchtigt, die Reste waren frei für die baukünstlerische Verwertung. In dem Maße, in dem die realen Trümmer aus den Straßen verschwanden, wurden inszenierte Ruinen interessant. So ummantelten die Architekten des Theaterneubaus in Münster (1954 bis 56) das Fassaden-Fragment des Romberger Hofs, eines Adelspalais, als dauerhafte Kulisse. Bei der Erweiterung des Hannoveraner Kestner-Museums (1959–61) wurde um die alte historische Fassade eine Hülle aus Glasbetonsteinen gelegt und sie damit zu einem kapitalen Ausstellungsstück gemacht. Das Fernmeldehochhaus in Frankfurt am Main (1951–56) schmückte seine banale Rasterfassade mit Tor und Flügelbauten, die es vom barocken Palais Thurn und Taxis übriggelassen hatte.[45] »Ruinenzauber – was für ein bitteres Wort, erfunden, um Schicksal abzuleugnen, Werden und Vergehen«, war Döllgasts Urteil über solche Praktiken.[46]

Heinrich Ebert, Oberpostdirektion. Fernmeldehochhaus. Frankfurt am Main, 1951–56. Torpavillons des barocken Palais Thurn und Taxis, 1727. Abgerissen.

[44] Hans Döllgast. In: Münchner Merkur. 16. 6. 1952.

[45] Architekten Theater Münster: Harald Deilmann, Max von Hausen, Ortwin Rave, Werner Ruhnau. Kestner-Museum Hannover: Städtisches Hochbauamt, Werner Dierschke. Fernmeldeamt Frankfurt am Main: Oberpostdirektion, Heinrich Ebert. Das Fernmeldehochhaus wurde 2004 abgerissen, um einer Rekonstruktion des Palais Thurn und Taxis Platz zu machen, ebenso die Torhäuser zugunsten einer Tiefgarage. Sie sollen aber nach deren Fertigstellung wieder erstehen – flagrantes Beispiel für den leichtfertigen Umgang mit Geschichtszeugnissen.

[46] Hans Döllgast. Zit.: Franz Peter. Döllgast, der Kirchenbauer. In: Technische Universität München (Hg.). Hans Döllgast 1891–1974. München, 1988². S. 127.

Strategien des Wiederaufbaus

[47] Max Taut. Berlin im Aufbau. Berlin, o. J. (1946). unpag.

[48] Fritz Schumacher. Probleme der Großstadt vor und nach dem Kriege. Köln, 1940³ (erweiterte Auflage nach 1945). S. 120 f.

Max Taut. Heimstätten mit Gartenhöfen, die aus der Einebnung der Schuttmassen entstehen. In: Berlin im Aufbau. Berlin, o. J. (1946).

Max Taut. Landschaft und Stadtbild. In: Berlin im Aufbau. Berlin, o. J. (1946).

Der Anblick der zerstörten Städte war so entmutigend, daß der Gedanke aufkam, man solle die Trümmerberge liegenlassen, der Natur überantworten und die Städte anderswo aufbauen. Für Berlin, Dresden, Frankfurt an der Oder und Würzburg sind solche Gedanken geäußert worden. Hannover sollte am Deister, München am Starnberger See neu errichtet werden! Den Fachleuten war von Anfang an klar, daß diese Überlegungen illusorisch waren. War über der Erde auch alles kaputt, so lagen doch Milliardenwerte im Boden, in Gestalt von Straßentrassen, Kanalisation, Wasser-, Gas- und Telefonleitungen, Elektrokabeln, in Berlin auch U- und S-Bahn-Tunneln. »Unsere gegenwärtige wirtschaftliche Lage läßt es nicht zu, diese Werte zu ignorieren.«[47] Unsichtbar, doch nicht minder zwingend waren, zumindest im Westen, die Eigentumsverhältnisse.

Nicht zuletzt banden immaterielle Werte, Geschichte, Tradition, Lage, Klima, die Gemeinwesen an den Ort, auch wenn ihn die Bomben umgepflügt hatten. Deshalb, meinte der Patriarch der deutschen Städtebauer Fritz Schumacher, müßten diejenigen, die noch die Wirklichkeit der jetzt zerstörten Städte erlebt hätten, »etwas von diesem Fluidum in ihrem Tun auffangen, damit es als letzter Hauch zerstörter Tradition weiterschwingt«.[48] Tatsächlich ist keine der deutschen Städte an einer anderen Stelle als der angestammten wieder errichtet worden, auch nicht die am furchtbarsten heimgesuchten.

Im kleineren Maßstab von Häuserblock oder Quartier wurde der Rat, den Ruinenschutt ruhen zu lassen und der Natur zu übergeben, ernsthaft diskutiert und gelegentlich auch befolgt. Hubert Hoffmann arbeitete für Magdeburg und Dessau »Schrump-

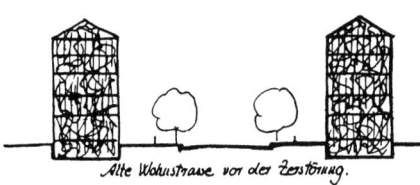

fungspläne« aus, die bisherige Baugebiete zu Dauerkleingärten erklären sollten. Max Taut schlug in seinem Bilderalbum *Berlin im Aufbau* (1946) vor, innerhalb der Blockrandbebauungen den Schutt einzuebnen und auf dem entstehenden höheren Plateau im Blockinneren Hausgärten anzulegen. Den Abtransport der Trümmer hätte man sich damit sparen können. »Daß die Grünflächen wachsen«, schrieb der einflußreiche österreichische Architekt und Planer Roland Rainer, »und Besitz ergreifen werden von vielem, was bisher Stein war, gehört entscheidend zu unserer Hoffnung, das Leben in den Städten menschlicher zu gestalten.«[49]

Auflockerung in jeder Form

In den ersten Jahren ging die Schere zwischen dem, was möglich war, und dem, was in den Planerköpfen vor sich ging, weit auseinander. Bei einem Fehlbestand von zehn Millionen Wohnungen und einer Produktion wie in den besten Jahren der Weimarer Republik hätte man drei Jahrzehnte gebraucht, um jede deutsche Familie in einer eigenen Wohnung unterbringen zu können, schätzte Martin Wagner.[50] Die Bedarfsangaben divergierten. Für die Bundesrepublik kam das Bundeswohnungsbauministerium 1950 auf eine wohl zu niedrig veranschlagte Zahl von 4,8 Millionen fehlenden Wohnungen. Westberlin und das Saarland waren dabei nicht berücksichtigt.

Solange weder Baustoffe noch Baumaschinen noch Finanzierung vorhanden waren, mußte im demolierten Bestand improvisiert werden. Halbzerstörte Wohnungen wurden notdürftig hergerichtet, Souterrains, Dachstühle oder Bunker bewohnbar gemacht, Schrebergärtenkolonien als Wohnquartiere legalisiert. Die halbtonnenförmigen Notunterkünfte aus Wellblech, die nach ihrem britischen Konstrukteur Peter Nissen hießen und ursprünglich in Kolonialgebieten als Lagerschuppen und Baracken verwendet worden waren, wurden in vorgefertigten Teilen aus Großbritannien ›eingeschifft‹. Nissenhütten prägten die Trümmerviertel in den Städten der britischen Besatzungszone. Rund zehntausend Hamburger haben bis in die späten fünfziger Jahren unter den Wellblechdächern gehaust.

Viele Planer setzten auf die Lehmbauweise, mit der sich alte Hoffnungen verbanden. Sie sollte den *Neuaufbau vom Boden her*[51] erleichtern – aus dem sie schließlich ja auch bestand. Teile der Bevölkerung, vor allem Ausgebombte und Flüchtlinge, sollten fürs Landleben gewonnen werden und wenigstens partiell ihre eigene Versorgung durch Gemüseanbau und Kleintierhaltung übernehmen. In der sowjetischen Besatzungszone, wo neue Bauernhöfe auf enteignetem »Junkerland« in großer Zahl entstehen muß-

Nissenhütten. Hamburg, 1945 oder später.

[49] Roland Rainer. Städtebauliche Prosa. Tübingen, 1948. S. 250.

[50] Martin Wagner. Maßstab, Mut und Meisterschaft. In: Baurundschau 38 (1948) 1-2. S. 4.

[51] Titel einer Schriftenreihe, hg. von F. Dreidax, Arvid Gutschow. Hamburg, 1947.

Mischbühne und Lehmmühle zur Herstellung von Baulehm. In: Forschungsgemeinschaft Ländliches Bau- und Siedlungswesen. Lehmbaufibel. Weimar, 1947.

Strategien des Wiederaufbaus

Hanns Hopp. Dresden. Skizze der neuen Stadtsilhouette. In: Studie über den Wiederaufbau deutscher Großstädte am Beispiel Dresden. 21. 6. 1945.

[52] Werner Durth, Jörn Düwel, Niels Gutschow. Architektur und Städtebau der DDR. Bd.1. Ostkreuz. Frankfurt am Main, 1998. S. 80 ff.

[53] Zit.: Harald Bodenschatz. Platz frei für das Neue Berlin! Berlin, 1987. S. 135 f.

[54] Hanns Hopp. Studie über den Wiederaufbau deutscher Großstädte am Beispiel Dresden. 1945. Zit.: Gabriele Wiesemann. Hanns Hopp 1890–1971. Schwerin, 2000. S. 128.

[55] Max Adenauer. Bericht über eine Studienreise nach Amerika vom 15. 6. 1951. Zit.: Dorothea Wiktorin. Der Wiederaufbau nach dem Untergang. In: Georg Mölich, Stefan Wunsch (Hg.). Köln nach dem Krieg. Kölner Schriften zu Geschichte und Kultur 24. Köln, 1995. S. 156 f.

[56] Die erste Unité Le Corbusiers entstand 1946–52 in Marseille. Vgl. S. 280 f.

[57] Werner Durth, Niels Gutschow. Träume in Trümmern. Bd. 2: Städte. Braunschweig, Wiesbaden, 1988. S. 867 ff.

ten, war Lehm ein naheliegendes Baumaterial. An der Weimarer Hochschule für Baukunst und Bildende Künste wurde eine Forschungsgemeinschaft gegründet, die Beratungsdienste organisierte, Selbsthilfe förderte und 1947 eine *Lehmbaufibel* herausgab. Den Gebrauch von Mischbühne und Lehmmühle konnten die Neubauern den illustrierten Anleitungen entnehmen.[52]

Auch in den Westzonen wurde Lehmbau von staatlichen Beratungsstellen gefördert und auf den ersten westdeutschen Baumessen propagiert. Mehrstöckiger Wohnungsbau war damit nicht zu bewältigen, wohl aber ein- oder zweistöckiger Hausbau auf selbstbewirtschafteter Parzelle. Es scheint, als wäre die Agrarisierung des Landes, die einst US-Minister Morgenthau gefordert hatte und die längst nicht mehr offizielle US-Politik war, jetzt bei den deutschen Wohnungspolitikern angekommen. Wie immer in schwierigen Zeiten, nach dem Ersten Weltkrieg, in der Weltwirtschaftskrise, sollte die Rückkehr aufs Land Hilfe in der Not bringen.

Gleichzeitig mit dem Flickwerk bescheidener Notlösungen entstanden grandiose Projekte. Planer, die ihren Le Corbusier gelesen hatten, ergingen sich in radikalen Vorschlägen. Kaum jemand aus der Branche hätte nach dem opferreichen Verlust der Städte unverhohlen seiner Genugtuung darüber Ausdruck geben dürfen, daß nun der Weg frei war, der aus den engen alten Städten herausführte. Aber als Chance wurde der Neuanfang gesehen. Nun endlich konnte mit Strukturfehlern und Defiziten, mit Mietskasernen und Hinterhöfen aufgeräumt werden. Bis gestern habe sich der Dschungel der verbauten alten Städte wie eine unübersteigbare Barriere allem Freiheitsstreben entgegengestellt, jetzt habe der Bombenkrieg Breschen in den »Mietskasernenwall« geschlagen, triumphierte der Frankfurter Planungsdezernent Hans Kampffmeyer.[53] Aufbruch durch Abbruch! »Wenn dann einmal, zu späterer Zeit, die neue Stadtmitte fertiggestellt sein wird, dann werden unsere Großstädte ein sichtbares Abbild jener höheren und besseren Ordnung sein, die wir auch im sozialen und wirtschaftlichen Leben anstreben und zu erreichen hoffen.« (Hanns Hopp)[54]

Bis zur Gründung der beiden deutschen Staaten im Jahre 1949 und bis zur Verdammung des Kosmopolitismus durch das SED-Regime läßt sich Plänen nicht ansehen, ob sie in Ost oder West entstanden. Tabula rasa wird in Frankfurt am Main wie in Magdeburg, für Hamburg wie für Dresden vorgeschlagen (aber hier wie dort fehlt es auch nicht an Ermahnungen, sich an den verlorenen Gesamtkunstwerken der Städte zu orientieren). Auf den Studienblättern der Anfangsjahre werden Hochhäuser in Parklandschaften oder zumindest auf Rasenflächen gesetzt, Korridorstraßen abgeschafft, Stadtautobahnen für einen Autoverkehr berechnet, von dem in Deutschland weit und breit noch nichts zu sehen ist. Wenn prominente Planer und Kommunalpolitiker Eindrücke in den USA sammeln können, beeindruckt sie nichts so sehr wie die Studebakers und Cadillacs in Straßencanyons oder auf Parkways. Der Kölner Lokalpolitiker Max Adenauer, Sohn des Bundeskanzlers, zieht aus seinen Reiseerlebnissen den Schluß, eine Stadt werde nur dann prosperieren, wenn sie jedem denkbaren Verkehrsaufkommen gewachsen sei. Verkehrsplanung solle man so betreiben, daß man zukünftig schon für zweihundert Meter seinen Wagen benutzen könne, wie in Amerika.[55]

Für die Geschichtsreste blieb nicht viel Platz. Hanns Hopp reservierte ihnen in seinen Skizzen für Dresden (1945, modifiziert 1946) einen schmalen Streifen vom Zwinger zur Brühlschen Terrasse. Die übrige Innenstadt sollte mit Hochhäusern über kreuzförmigem Grundriß und Mäandern à la Le Corbusier überzogen werden. Sogar die Obelisken seiner *Ville Contemporaine* fehlten nicht. Eine ebenso geschichtsträchtige Altstadt wie die Dresdner, die Nürnberger, wollte Gustav Hassenpflug in seinem Wettbewerbsbeitrag von 1948 in gleichförmigen Zeilenbau auflösen. Wie Hopp in Dresden gönnte Hassenpflug historischen Reminiszenzen nur minimalen Spielraum, nämlich ein Bebauungsband von der Burg bis zum Königstor. Erinnerungen an die Vergangenheit dienten allenfalls als Alibi.

In der französischen Besatzungszone wirkte sich die Präsenz Le Corbusiers begreiflicherweise am stärksten aus. Drei Jahre lang, von 1946 bis 1948, sah es so aus, als werde Mainz, das 1946 die Hauptstadt der französischen Besatzungszone geworden war, mit einem Raster scheibenförmiger Wohnhochhäuser überzogen. Zu diesem Zeitpunkt hatte Le Corbusier selbst noch keine seiner *Unités d´Habitation* fertigstellen können.[56] Generalplaner in Mainz war Marcel Lods, ein Protagonist rationalisierten Wohnungsbaus, der von der Besatzungsmacht eingesetzt worden war. Konflikte mit der örtlichen Bauverwaltung, die von Gedanken der Stuttgarter Schule ausging und Paul Schmitthenner als Gegengutachter durchsetzen konnte, blieben nicht aus.

Für das, was in der Domstadt an alter Reichsherrlichkeit übriggeblieben war, zeigte Lods kein Interesse. Das Zentrum blieb am Rande seiner Planungen. Von den meisten Mainzern wurde Lods' Idealstadt als Horrorvision empfunden. In ihrem utopischen Zuschnitt war sie zum Scheitern verurteilt.[57] Nicht anders erging es der Neustrukturierung des gleichfalls französisch besetzten Saarbrückens. Dort hatte der

Gustav Hassenpflug. Wettbewerbsentwurf Altstadt Nürnberg. 1948.

Marcel Lods. Gesamtplan für Mainz. 1946. Zeichnung von Adolf Bayer.

von den Franzosen berufene Planer Georges-Henri Pingusson zu beiden Seiten der Saar »vertikale Gartenstädte« in Form paralleler Hochhausscheiben vorgesehen, nicht minder radikal als sein Landsmann in Mainz.

In den Nachkriegsjahren wurde nichts so heiß gegessen wie gekocht. Ein kompromißloses Zeugnis der Moderne und damit eine Ausnahme blieben die

Strategien des Wiederaufbaus   **269**

Arbeitsgemeinschaft Bernhard Hermkes, Rudolf Jäger, Rudolf Lodders, Heinz-Jürgen Ruscheweyh, Albrecht Sander, Ferdinand Streb, Fritz Trautwein, Hermann Zess. Grindelhochhäuser. Hamburg-Harvestehude, 1946–56. Luftansicht. Lagepläne Vorgänger- und Neubebauung.

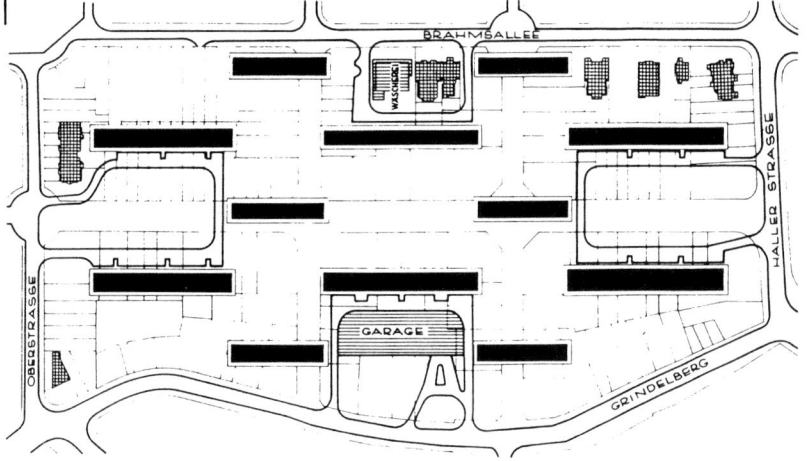

Grindelhochhäuser in Hamburg-Harvestehude (1946 bis 56). Die Planung wurde begonnen, als die britische Besatzungsmacht noch ihr Hauptquartier in der Hansestadt aufschlagen wollte und für ihr Personal Wohnungen benötigte. Wie in Mainz die Franzosen ließen auch die Engländer in Hamburg radikaler planen, als sie es im eigenen Mutterland taten. Eine Architektengemeinschaft entwarf Hamburgs Manhattan als ein Geschwader von zwölf Hochhausscheiben. Vom Müllschlucker bis zur Einbauküche war der Ausstattungsstandard für damalige Verhältnisse hoch. Vorher hatten hier Häuserblocks in Hamburger Schlitzbauweise gestanden, mit schmalen Durchlässen in die Lichthöfe. Rudolf Lodders, einer der Architekten, verglich die Parallelen auf dem neuen Lageplan mit »Impfstrichen«.[58] Als Ärzte und Hygieniker, die den Sozialkörper der Gesellschaft heilen, haben sich die Modernen immer gerne gesehen.

Lebendig durchbaute Landschaft

In ihrer aufgelockerten Bebauungsweise hatten die großen mit den kleinen Plänen, die Hochhausplantagen mit den realistischen Kleinsiedlungen die Abkehr von der steinernen Stadt gemeinsam. In Licht und Grün sollte das Leben spielen und glücklichen Bewohnern verschaffen, was Le Corbusier die *joies essentielles* nannte, die wesentlichen Freuden: den weiten Blick, den freien Horizont (nur hier und da schwebt ein anderer Wolkenkratzer über den Baumwipfeln), den Gesang der Vögel, die Stille hoch über dem brausenden Leben, den Gang der Gestirne am Firmament. »Sonne, Himmel und Bäume sollen auch unsere Baustoffe sein.« (Hermann Henselmann)[59] Die neue Stadt sollte nicht nur Stadt, sondern auch Landschaft sein: Stadtlandschaft, »mit ihrer offenen, Natur und Landschaft zugewandten Haltung und Raumbildung, mit ihrer freien Erscheinung und all ihren Formen und Gestalten, nicht zuletzt ihren oft als Freiplastik wirkenden Bauten« (Hans Bernhard Reichow).[60]

Das Thema der »lebendig durchbauten Landschaft«[61] hat in der Neuzeit eine lange Tradition. Verführerisch hat es Rudolf Schwarz geschildert, Kölns Stadtplaner von 1946 bis 1952. Ein Städtebund stand ihm vor Augen, »eine ganze Stadtlandschaft, die, einheitlich geplant, Grünräume, Siedlungen und Stadtmitten zu einer schönen und menschlichen Ordnung vereinigt«.[62] In der NS-Zeit hatten Praktiker und Theoretiker wie Gottfried Feder, Carl Culemann oder Wilhelm Wortmann mit dem Begriff gearbeitet, ihn aber auch nicht erfunden.[63] Der Sache nach traf er ebenso auf die Großsiedlungen der Weimarer Repu-

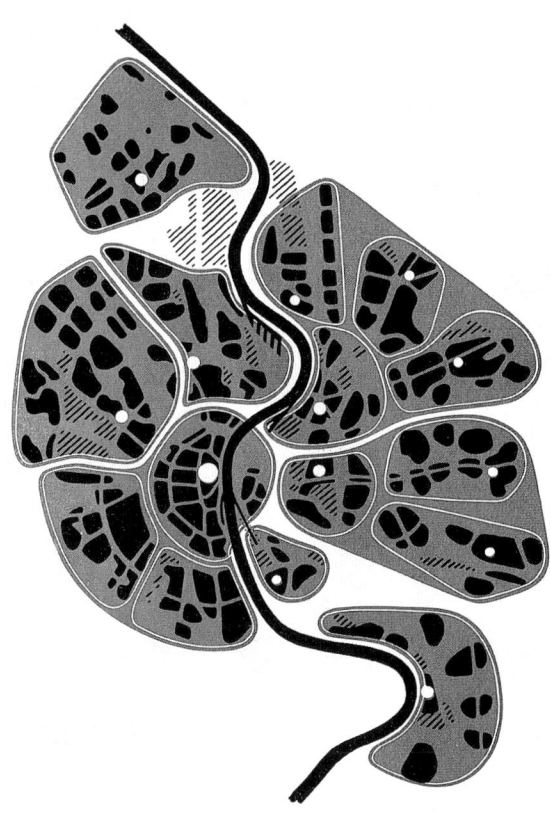

Rudolf Schwarz. Der kölnische Städtebund. In: Das neue Köln. Köln, 1950.

Buch ein Standardwerk für Stadt- und Siedlungsplanung in der jungen Bundesrepublik. Auch Reichows Planungen gingen auf die NS-Zeit zurück.[65] Wenn er noch 1949 als Bewohnerschaft seiner Stadtlandschaften »ein starkes und zuchtvolles Menschentum fern allem Verschwommenem und Morbidem im Auge« hat, verraten auch die Formulierungen den Geist der soeben überstandenen Epoche.[66]

Natürlich mußte der Begriff Stadtlandschaft entnazifiziert werden, damit er im Städtebau der jungen Demokratie verwendet werden konnte. Die Hierarchie von Siedlungsformationen, aus denen sich organischer Städtebau bilden sollte, wurde nun nicht mehr mit dem Aufbau der NS-Parteistruktur gleichgesetzt. An die Stelle der braunen Ortsgruppe als untersten Gliederungselements trat der Einzugsbereich einer Volksschule, die Schulschaft. Die Größe der Zelle blieb ungefähr die gleiche; die Richtwerte hatten auch in der NS-Literatur zwischen 3 500 und 8 000 Bewohnern beträchtlich geschwankt. Für diese kleinste Siedlungseinheit fanden sich Wörter wie Wohnoase, Wohnzelle oder Nachbarschaft.

Vor allem der Begriff Nachbarschaft machte Karriere, weil er die Anmutung demokratischer Bürgernähe ausstrahlte. Zudem entsprach er der angelsächsischen *neighbourhood unit*, konnte sich also auf den Sprachgebrauch der westlichen Siegermächte berufen. In der DDR hieß die kleinste Einheit entsprechend der sowjetischen Planungsliteratur Wohnkomplex. Der Wohnkomplex war stärker in die Gesamtstadt integriert, entsprach in seiner durchschnittlichen Bevölkerungszahl von 5 000 Menschen aber den westlichen Größenannahmen für Siedlungseinheiten.[67]

Die alten Schemazeichnungen der NS-Zeit wurden ebenfalls überarbeitet. Bei Reichow und seinen Freunden waren es nach 1945 nicht mehr Formationen, die im rechten Winkel antraten und zielstrebig auf ein kleines Parteiforum zusteuerten. Jetzt kurvten Straßen und Wege, bildeten Naturräume oder respektierten sie, wo vorhanden. Verkehrsführung war »autogerecht«, ein Stichwort aus einem anderen Buchtitel Reichows.[68] Verzweigungsstrukturen sollten das Risiko von Zusammenstößen vermindern, weil sie Kreuzungen durch Einmündungen ersetzten, die Zahl möglicher Spurüberkreuzungen verminderten und zwischen wichtigen und weniger wichtigen Straßen differenzierten. Solche Empfehlungen ließen sich

blik zu, auf die weißen Wohnstädte an den grünen Stadträndern. Stadtlandschaften hatten auch schon die Väter der Gartenstadtbewegung wie Ebenezer Howard oder Parker & Unwin in Großbritannien vor Augen. Und wie anders hätte man sich die Versöhnung von Stadt und Land, die Karl Marx und Friedrich Engels predigten, vorstellen sollen, wenn nicht als Stadtlandschaft?

Zu Leitfibeln des nachkriegsdeutschen, dann, nach der Trennung von Ost und West, des bundesrepublikanischen Städtebaus wurde eine Reihe von Büchern, die bereits im Dritten Reich begonnen worden waren. Roland Rainers Nachkriegsschriften gingen Studien über die Behausungsfrage voraus, in denen sich bereits die Einbettung der Siedlung in unbegrenzte Landschaftsräume ankündigte.[64] Gemeinsam mit den Stadtplanern Hubert Hoffmann und Johannes Göderitz verfaßte Rainer die Schrift mit dem schlagwortverdächtigen Titel *Die gegliederte und aufgelockerte Stadt*. Sie erschien in wenigen Exemplaren noch vor Kriegsende und kam überarbeitet 1957 heraus. Zusammen mit Hans Bernhard Reichows *Organischer Stadtbaukunst* (1948) war dieses

[58] Zit.: Ralf Lange. Hamburg. Wiederaufbau und Neuplanung 1943–1963. Königstein im Taunus, 1994. S. 69.

[59] Hermann Henselmann. Planung des Aufbaus. In: Aufbau 2 (1946). S. 778.

[60] Hans Bernhard Reichow. Organische Stadtbaukunst. Von der Großstadt zur Stadtlandschaft. Braunschweig, 1948. S. 209.

[61] Rudolf Schwarz. Stadtlandschaft Diedenhofen. Typoskript. 1943. Archiv Schwarz, Köln.

[62] Rudolf Schwarz u. a. Das Neue Köln. Köln, 1950. S. 9.

[63] Das Wort nutzte der Kunsthistoriker Siegfried Passarge schon 1930 als Buchtitel: Stadtlandschaften der Erde. Hamburg, 1930.

[64] Roland Rainer. Die zweckmäßigste Hausform für Erweiterung, Neugründung und Wiederaufbau von Städten. Berlin, 1944.

[65] »Die Grundgedanken dieses Buches waren im Grundsätzlichen konzipiert, ehe die Zerstörung vieler Städte als Folge des verheerenden Krieges begann.« Hans Bernhard Reichow. Organische Stadtbaukunst. Von der Großstadt zur Stadtlandschaft. Braunschweig, 1948. S. VII.

[66] Hans Bernhard Reichow. Organische Baukunst. Braunschweig, 1949. S. 4.

[67] Thomas Topfstedt. Städtebau in der DDR 1955–1971. Leipzig, 1988. S. 158.

[68] Hans Bernhard Reichow. Die autogerechte Stadt. Ravensburg, 1959.

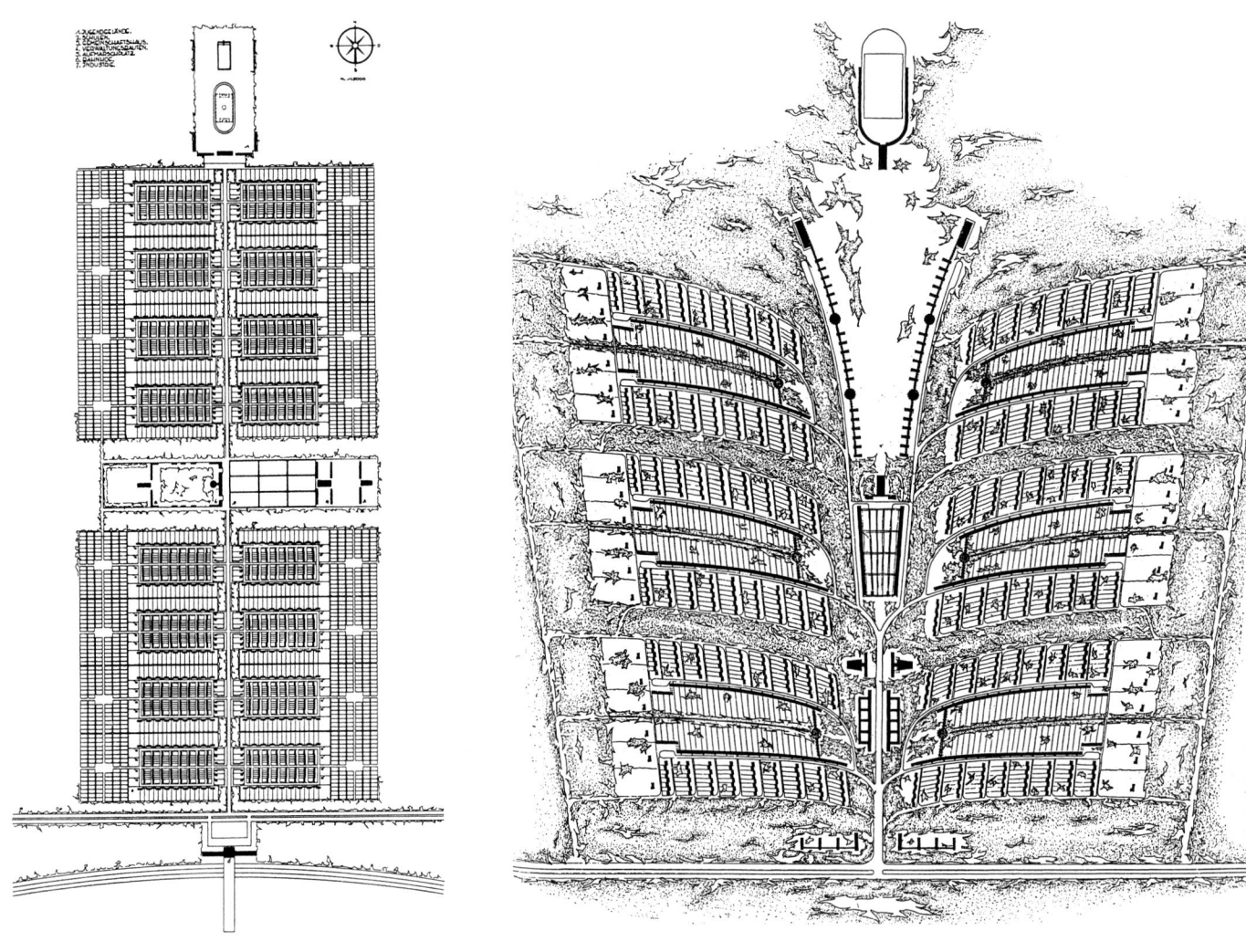

Hans Bernhard Reichow. Schema einer Stadt für 20 000 Einwohner. 1941.

Hans Bernhard Reichow. Schema einer zellengegliederten Nachbarschaft. In: Organische Stadtbaukunst. Braunschweig, 1948.

[69] ebd. S. 27.

[70] ebd. S. 88.

schon Camillo Sittes *Städte-Bau nach seinen künstlerischen Grundsätzen* (1889) entnehmen.

Bei vielen Siedlungsplänen wurden verkehrsfreundliche Maßnahmen zum maßgeblichen Planungsprinzip. Die von Reichow entworfene Sennestadt bei Bielefeld (1954–69) wurde zum Denkmal für die Euphorie »lustvollen Fahrens«.[69] Der Strom individueller Kraftfahrzeuge nahm über alle Verkehrsdaten hinaus geradezu metaphysische Bedeutung an. Er machte die Menschen frei, beweglich, dynamisch. Er war das Lebenselixier der Städte, der ihrem Organismus Nahrung zuführt. Straßen und Wege sollten in Analogie zum Geäder von Blatt und Pflanze, zu den Rinnsalen und Flußarmen von Deltas, zum System der Arterien und Venen ausgelegt werden. Zu Reichows Gunsten muß man ergänzen, daß für ihn die autogerechte Stadt auch eine fußgängergerechte Stadt sein sollte, eine »Autostadt nach menschlichem Maß«.[70]

Auch jetzt noch, nach dem Ende des Krieges, aber längst nicht aller politischen Konflikte, war Luftschutz eine Begründung für die gegliederte und aufgelockerte Stadt. Darüber sprach man nicht gern, und schon gar nicht vor Stadtverordneten und auf Bürgerversammlungen. Wer wollte angesichts der Schaubilder friedlicher Familienheime mit den vielen eingezeichneten Fliederbüschen und Sonnenblumen Spielverderber sein und auf andere Motive als das Wohlbehagen der Bewohner hinweisen? Aber keiner, der in Deutschland als Stadtplaner Verantwortung trug, konnte die Feuerstürme vergessen, denen er und seine Angehörigen wenige Jahre zuvor ausgesetzt gewesen waren. Manche Formulierungen der *Gegliederten und aufgelockerten Stadt*, schilderte Hubert

Hoffmann später, seien im Luftschutzbunker unter dem Potsdamer Platz entstanden.[71]

In zahlreichen Veröffentlichungen war im Dritten Reich nicht nur der Bau von Schutzräumen und Bunkern angemahnt, sondern auch darauf verwiesen worden, der beste Schutz vor Terrorangriffen liege in einer offenen, großräumigen Bebauung. In Zeiten von Stadtmauern und Festungsgürteln hatte Verteidigung zur Konzentration der Städte geführt. Nun galt das Gegenteil. »[Der Städtebau muß] auf die Luftgefahr Rücksicht nehmen und kann das kaum anders als durch Auflockerung.«[72] Die Planer waren mit solchen »Wehrgedanken« groß geworden. Auch nach 1945, in Zeiten des Kalten Krieges, führten sie ihnen den Zeichenstift. Unverändert hieß es: »Heute sind es die wehrtechnischen Forderungen des Luftschutzes, die eine starke Dezentralisation erfordern.«[73] Die Sonderausstellung auf der Berliner Interbau-Ausstellung von 1957, die den verheißungsvollen Titel *Die Stadt von morgen* führte, wurde ausgerechnet von einem früheren Luftschutzfachmann des Reichsluftfahrtministeriums organisiert, Karl Otto.[74]

Zehn Jahre zuvor war eine der bedeutendsten Visionen von Stadtlandschaft in Berlin formuliert worden. Sie ging in erstaunlich kurzer Zeit aus der Abteilung für Bau- und Wohnungswesen im Stadtbauamt Hans Scharouns hervor. Möglich war diese kurze Bearbeitungszeit nur, weil die Grundideen längst konzipiert waren, in Speers Arbeitsstab, in der Deutschen Akademie für Städtebau, in der sogenannten Freitagsgruppe, die sich im NS-Reich als politische Widerstandsgruppe verstand, deren Mitglieder aber in die Planungshierarchie des Regimes eingebunden waren.[75]

Gezeigt wurden die Pläne im Spätsommer 1946 in einer Ausstellung *Berlin plant*, die im provisorisch hergerichteten Weißen Saal der noch nicht gesprengten Schloßruine stattfand. Das Planungskollektiv im Amt Scharouns[76] machte die Berliner mit einer geographischen Gegebenheit vertraut, die den allerwenigsten bekannt war: daß sie in einem Urstromtal lebten. Für Berliner muß es eine Entdeckung gewesen sein, ähnlich der, die Molières *Bourgeois Gentilhomme* macht. So wie M. Jourdain Prosa spricht, ohne es gewußt zu haben, leben die Berliner in einem urzeitlichen Naturraum, den sie im steinernen Berlin noch nie wahrgenommen haben.

Die Fluß- und Seenniederung zwischen den Höhenrücken von Barnim und Teltow soll zum Ausgangspunkt für den Verkehrs- und Strukturplan des künftigen Berlins werden. Dem Lauf des Wassers und der Höhenzüge folgend setzt sich die neue Stadt in Bewegung. Ostwestlich gezogene Stadtstreifen bilden entlang begrünten Spree- und Landwehrkanalufern Kultur-, Wohn- und Arbeitsbänder, zusammengehalten von einem weitmaschigen Schnellstraßennetz. Im Kollektivplan verbinden sich der Gedanke der Stadtlandschaft und der ebenso alte Gedanke der Bandstadt. Er beschäftigte Stadtplaner schon des 19. Jahrhunderts,[77] spielte in den Auseinandersetzungen zwi-

[71] Hubert Hoffmann. Die Freitagsgruppe. Typoskript. o. O., o. J. S. 19. Archiv Autor.

[72] P. Anpassung und Planung im Städtebau. In: Monatshefte für Baukunst und Städtebau 26 (1942) 11. S. 247.

[73] Herbert Rimpl. Die geistigen Grundlagen der Baukunst unserer Zeit. München, 1953. S. 154.

[74] Tilmann Harlander. Wohnen und Stadtentwicklung in der Bundesrepublik. In: Ingeborg Flagge (Hg.). Geschichte des Wohnens. Bd. 5: 1945 bis heute. Ludwigsburg, Stuttgart, 1999. S. 250.

[75] Hubert Hoffmann. Die Freitagsgruppe. Typoskript. o. O., o. J. Archiv Autor.

[76] Wils Ebert, Peter Friedrich (der für das Konzept eine wesentliche Rolle spielte), Ludmilla Herzenstein, Reinhold Lingner, Luise Seitz, Selman Selmanagic, Herbert Weinberger.

[77] Für die Erweiterung von Madrid schlug der spanische Planer Soria y Mata 1882 eine Bandstadt vor, die sich letztlich von Cadiz bis Peking erstrecken könnte.

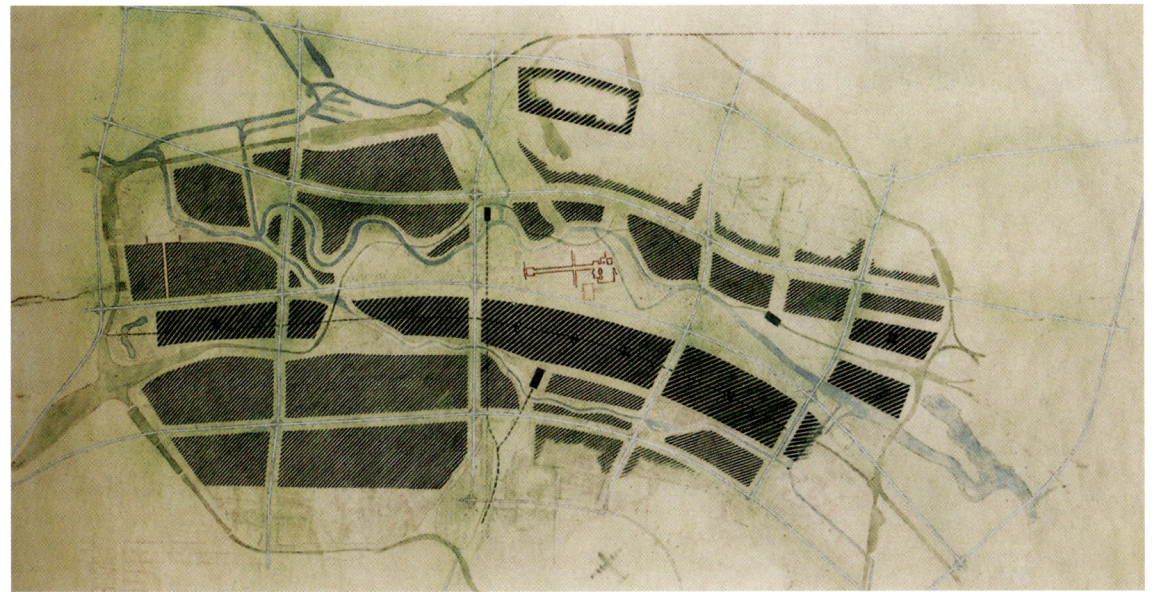

Planungskollektiv unter Leitung von Hans Scharoun. Kollektivplan (Strukturplan) Berlin. 1945–46.

[78] Hans Scharoun. Grundlinien der Stadtplanung. 4. 4. 1946. Zit.: Johann Friedrich Geist, Klaus Kürvers. Das Berliner Mietshaus. Bd. 3. 1945–1989. München, 1989. S. 237.

[79] Walter Kolb. Im Geiste unserer Zeit. In: Frankfurter Neue Presse, 31. 5. 1952.

[80] Stadtbaurat Moritz Wolf. Eine Stadt schafft sich Luft. Frankfurter Neue Presse, 31. 5. 1952.

[81] Wulf Schmiese. Die Ruhe nach der Zerstörungskonkurrenz. In: Frankfurter Allgemeine Sonntagszeitung, 7. 12. 2003.

schen sowjetischen Urbanisten und Desurbanisten eine Rolle und ist auch in der deutschen Stadtplanung der dreißiger Jahre diskutiert worden. »Die mechanische Auflockerung durch Bombenkrieg und Endkampf gibt uns jetzt die Möglichkeit einer großzügigen organischen und funktionellen Erneuerung.«[78]

In der Berliner Stadtplanung blieb der Kollektivplan einer von vielen und konkurrierte mit realitätsnäheren Planungen. Von ihm ging die Faszination einer einfachen Idee aus. Zunehmend galt er jedoch als unfinanzierbar und wegen des Gitters von Schnellstrecken auch als nicht wünschbar. In der Tat zeigten Berliner Stadtautobahnen, deren Bau noch in den siebziger Jahren verfolgt wurde, wieviel stadtzerstörerisches Potential diesen Schnellstrecken mit ihren großflächigen Knoten- und Anschlußpunkten innewohnte. Leitlinien des Kollektivplans bestimmten den Generalaufbauplan von 1949, mit dem das restliche Planungskollektiv beauftragt war. Bandstruktur, Dezentralisierung und die Streuung der Kultur- und Gesundheitseinrichtungen über das ganze Stadtgebiet wurden beibehalten. Auch das Urstromtal durchzog noch immer die Planung. Begraben wurde dieses Konzept im Osten mit dem Wechsel in der Stadtentwicklungspolitik, den Walter Ulbricht nach der Teilung der Stadt veranlaßte; nun galt es als undeutsch und unkünstlerisch.

Geist des Neuen und Genius loci

Extreme, wie sie einerseits Fanatiker der Moderne ansteuerten und andererseits die überall tätigen Vereine der Altstadtfreunde forderten, also entschiedene Radikalkur oder entschlossene Retrokultur, sind in Westdeutschland schließlich vermieden worden. Maßvolle, manche fanden: kompromißlerische Mittelwege wurden geschätzt. Zukunft sollte gestaltet, aber der Tradition Respekt erwiesen werden. Bekenntnisse wie das des Frankfurter Oberbürgermeisters Walter Kolb gingen Politikern leicht über die Lippen: »Wir wollen mit Ehrfurcht auf die große Vergangenheit schauen, aber im Geiste unserer Zeit das Neue schaffen.«[79] Von der gebauten Realität hing es ab, wie weit sich der Geist des Neuen mit dem Genius loci arrangierte. Meist war von beiden nicht viel zu merken.

Dem modernen Lager wurden Kiel, Hannover, Kassel zugerechnet. In Maßen galt das Prädikat modern auch für Frankfurt am Main (»Eine Stadt schafft sich Luft«[80]), Düsseldorf oder Stuttgart, Städte mit Straßendurchbrüchen, die bald nicht mehr als avantgardistisch, sondern als destruktiv eingestuft wurden. Zur Kompensation wurden Bazarstraßen, die dem Fußgänger reserviert blieben, bei Planern wie Publikum beliebt, bedingten aber trostlose Anlieferungszonen hinter den Ladenzeilen. Die ersten innerstädtischen Fußgängerparadiese waren die Holstenstraße in Kiel und die Treppenstraße in Kassel, beide 1953 eingeweiht. Die Schulstraße in Stuttgart, 1958 fertiggestellt, bot eine zweistöckige Lösung. Ostdeutsche Beispiele folgten in den sechziger Jahren: die Prager Straße in Dresden (1962, erster Bauabschnitt 1965– 68), der nördliche Abschnitt der Karl-Marx-Straße (Breiter Weg) in Magdeburg (1963–65) und dann zahlreiche andere.

Vorbild aller dieser Fußgängerzonen war die Lijnbaan in Rotterdam (1949–55), ein von zwei- bis dreigeschossigen Geschäftspavillons flankierter, von überdachten Passagen gegliederter Einkaufsweg mit hohen Wohnhausscheiben dahinter. Kein deutsches Beispiel erreichte die systematische Finesse und heitere Offenheit des holländischen Beispiels. 1975 sollen schon über 500 Fußgängerzonen in Deutschland existiert haben.[81] Danach hat sie offenbar keiner mehr gezählt.

In den Jahren, als Deutschland sich aus dem internationalen Dialog ausgeschaltet hatte, war ein Doku-

Stadtplanungsamt Frankfurt am Main. Altstadt Frankfurt mit Bundesrechnungshof, Paulskirche, Römer und Nikolaikirche von Süden. 1955.

ment der Moderne verfaßt worden, das den Ruf einer Gründungsurkunde neuzeitlicher Stadtplanung genoß, die Charta von Athen. Sie war 1933 von den Teilnehmern der Architektenvereinigung CIAM (Congrès Internationaux d'Architecture Moderne) verabschiedet und 1943 in der Textfassung Le Corbusiers veröffentlicht worden. In der deutschen Fachöffentlichkeit wurde die Charta, die sich für die Entflechtung unverträglicher Stadtfunktionen einsetzte, nach 1945 erst allmählich zur Kenntnis genommen. Aber da sie formulierte, was sich ohnehin seit Jahrzehnten vollzog, die Spezialisierung und Entmischung der Stadt, darf ihre Wirkung nicht überschätzt werden. Auch daß die Charta Verkehr neben Arbeit, Wohnen und Freizeit zu einer von vier städtischen Hauptfunktionen erklärte, statt ihn als dienendes Kommunikationsmittel einzusetzen, konnte niemanden überraschen. Auch ohne Charta war das Auto zum Fortschrittsidol geworden, das die Städte veränderte. Wie so oft vollzog die Theorie nach, was die Praxis vorgab.

In den fünfziger Jahren versuchten die Planer aller deutschen Städte, Wohnbevölkerung in den Innenstädten zu halten. Mit steigenden Grundstückspreisen beschleunigte sich in der Bundesrepublik die Entleerung der Cities zugunsten von Geschäftshäusern und Verwaltungen. Die staatlich geförderte Eigentumspolitik tat ein übriges und machte das Häuschen im Grünen zu einem begehrten Lebensziel. Der Markt erwies sich als der wirkungsvollste Stadtplaner, und er wollte meistens nicht, was wohlmeinende Urbanisten wollten. Die DDR, in der die Nutzungskontrolle beim Staat lag und der Immobilienmarkt keine Rolle spielte, konnte der Abwanderung aus den Kernstädten durch massierten Wohnungsbau in den Cities anfangs gegensteuern. Hier waren es andere Zwänge, unter denen die Cities erodierten.

Der Tradition fühlten sich Städte wie Freiburg im Breisgau, München, Münster, Nürnberg verpflichtet – und am stärksten ein Kurort am Ostrand des Schwarzwaldes, Freudenstadt. Die kleine Idealstadt von 1600 war bei der Einnahme durch französische Truppen niedergebrannt – nicht zum ersten Mal. Nach unendlich vielen Varianten und mehrjährigen Auseinandersetzungen, bei denen Giebel- oder Traufständigkeit der Häuser besonders umstritten waren, wurde sie im alten Mühlebrett-Grundriß wiederaufgebaut. München stellte Straßen- und Platzräume wieder her, um »die Erscheinungsform und das Bild

Werner Hasper, Stadtplanungsamt Kassel. Treppenstraße. Kassel, 1949, 1952–58.

der Altstadt zu retten« (Karl Meitinger).[82] Passagen, damals noch in bescheidenem Format, wurden durch Cityblöcke geführt.

In Münster rekonstruierte man die Fassaden am Prinzipalmarkt. Rekonstruierte man sie wirklich? Eigentlich handelte es sich um ein Variationsspiel unter verabredeten Regeln wie der Beibehaltung von Arkaden und der Orientierung an Musterfassaden, die das Baupflegeamt entworfen hatte.[83] Parzellen-

Adolf Abel. Straßenperspektive in München. In: Regeneration der Städte. Erlenbach, 1950.

[82] Karl Meitinger. Das neue München. Vorschläge zum Wiederaufbau. München, 1946. S. 18.

[83] Norbert Huse (Hg.). Denkmalpflege. Deutsche Texte aus drei Jahrhunderten. München, 1984. S. 188 ff.

Strategien des Wiederaufbaus 275

Brücke über die Pegnitz. Nürnberg, fünfziger Jahre.

Ludwig Schweizer, Stadtbauamt Freudenstadt. Marktplatz. Freudenstadt, 1949–54.

Städtischer Baupfleger Edmund Scharf, Stadtplanungsamt Münster. Prinzipalmarkt. Münster, 1945, 1947–52.

maße wurden sogar dann eingehalten, wenn zwei benachbarte Grundstücke inzwischen einem einzigen Eigentümer gehörten. In keinem Augenblick kommt aber die Illusion auf, man stünde vor original erhaltener Vergangenheit. Fassaden, die den Krieg überdauert hatten, wurden sogar abgerissen. Das Spiel historisierender Neuerfindung, das nicht ohne Witz war, stellte einen Stein des Anstoßes für alle Avantgardisten dar. Wer Maskerade und Heimattümelei im deutschen Wiederaufbau geißeln wollte, benutzte Münster als abschreckendes Exempel.

Pauschale ideologische Zuweisungen hatten in der Nachkriegszeit wenig mit Realität zu tun. Planungen, die Stadtgrundrisse und Bausubstanz zu erhalten suchten, galten als reaktionär, dem vergangenen System verhaftet. Planungen, die radikal aufräumten, wurden dem zukunftsoffenen Neuen zugeschrieben, ungeachtet dessen, daß die meisten ihrer Protagonisten der NS-Technokratie entstammten. Aber maßgeblich für den eingeschlagenen Weg, Historie oder Moderne, war vielmehr, wie weit das mittlere und kleinere Besitzbürgertum seine Interessen in den Städten durchsetzen konnte. Drang zur Modernität kam eher von außen und wurde vom großen Kapital ausgeübt, von den Konzernverwaltungen, Banken und Warenhausketten, die andere Maßstäbe in die Stadtbilder trugen. Doch wer sein Grundstück selbst wieder bebauen wollte, legte in der Regel keinen Wert auf große Veränderungen im Katasterbuch. In den traditionsgeprägten Städten ging der Wunsch, die historische Stadtgestalt zurückzugewinnen, mit dem Beharrungswillen der Eigentümer zusammen, die an ihren Parzellen festhielten. Der Konditor am Prinzipalmarkt schätzte die kleine, engmaschige Stadttextur und die historisierende Form, der Warenhausbesitzer brauchte große Grundstücke und Baumassen, die das alte Stadtbild sprengten.

In jeder dieser Städte, den konservativeren wie den moderneren, wurde jeweils auch die Gegenposition verarbeitet. Für alle galt das Einerseits–Andererseits. In der »Weltstadt mit Herz«, in München, legte der Altstadtring um den Stadtkern eine Barriere, die mehr Beeinträchtigung des urbanen Musters war als

1945 bis 1970

Rudolf Hillebrecht, Stadtbauamt Hannover. Burgstraße mit erhaltenen und translozierten Fachwerkhäusern. Hannover, fünfziger Jahre.

Rudolf Hillebrecht, Stadtbauamt Hannover. Innenstadtplan. 1949–51.

Schutz vor der Autoflut. Jenseits der geheiligten Altstadtgrenze erging sich die Stadtplanung in verwegenen Verkehrsplanungen zur Verknüpfung der drei Autobahnen (»Sternprojekt«). Auch im konservativen Münster steht man vor Kahlschlägen, die ein nicht vollendetes innerstädtisches Tangentenviereck, breite Stadtdurchquerungen und zahlreiche aufgegebene oder aufgeweitete Straßen- und Platzprofile hinterlassen haben. In Nürnberg, wo ein Baukunstbeirat Respekt für das altehrwürdige Gemeinwesen forderte, duldete man es, daß der ausgedehnte Komplex des Germanischen Nationalmuseums unter den Händen Sep Rufs demonstrativ für die gläserne Moderne Stellung bezog – mehr, als es den lichtempfindlichen Ausstellungsobjekten guttat.

Andererseits finden sich Traditionsinseln auch in entschieden zeitgenössisch orientierten Städten, in Hannover an Marktkirche und Burgstraße, wo kräftig restauriert und transloziert wurde, in Kassel zwischen Martinskirche und Marstall. In Frankfurt am Main, wo der Durchbruch der Berliner Straße anfangs euphorisch als moderner Stadtboulevard gefeiert wurde, läßt die Umgebung von Dom und Leonhards-

Strategien des Wiederaufbaus   **277**

Rudolf Hillebrecht, Stadtbauamt Hannover. Städtebaulicher Berater Konstanty Gutschow. Wohnquartier an der Kreuzkirche. Hannover, 1950–51.

kirche einen Hauch der alten Freien Reichsstadt spüren. Die Nostalgiewelle der achtziger Jahre hat dabei kräftig mitgeholfen, als sie zur Rekonstruktion der Fachwerkzeile am Römerberg führte (vgl. S. 414).

Hätte man in den fünfziger Jahren eine Ranking List für Konsequenz, Aufgeschlossenheit und autogerechte Verhältnisse aufgestellt, so hätte im Westen wahrscheinlich Hannover auf dem ersten Platz gestanden. Stadtbaurat wurde 1948 Rudolf Hillebrecht, der seine Erfahrungen aus dem Speerschen Wiederaufbaustab einsetzte und seine alten Kontakte, beispielsweise zu Konstanty Gutschow, spielen ließ. Dem individuellen Verkehrsmittel Auto bereitete der passionierte Autofahrer alle Wege. Ein doppelter Tangentenkranz führte den Verkehr gleitend in die Stadt. Riesige Kreisel ersetzten Knotenpunkte. Für Parkplätze war gesorgt. In der inneren Stadt leitete Hillebrecht in Ermangelung brauchbarer Enteignungsgesetze komplizierte und zeitaufwendige Umlegungsverfahren ein, um Sanierungen jenseits überkommener Parzellenstrukturen zu ermöglichen. In Hunderten von Bürgerversammlungen diskutierte er mit den Bewohnern. Während das Straßensystem hocheffizient ausgelegt ist, wirken die ersten verwirklichten Wohnquartiere, »Wohnoasen« genannt, geradezu lauschig und kleinstädtisch.

Hannover wurde nicht nur funktional geplant. Stadtraum sollte sich mit Naturraum verschränken: Stadtlandschaft auch hier. Dynamik war als sanfte, gleitende Bewegung gewollt. Besonders lag Hillebrecht die Lavesallee am Herzen. Seitlich des Waterlooplatzes schwingt sie in die Stadt ein, folgt an der Stadtseite einer Reihe von Landesministerien, öffnete den Blick auf Leineschloß und Landtag. Hillebrecht verstand diese Sequenz als demokratische Alternative zum Forum, das die Nationalsozialisten hier geplant hatten. Eine zügige, weit ausgezogene Kurve löschte die starre Achse aus, das Sanfte brach die Härte. Darüber verlor auch der klassizistische Platz des ansonsten in Hannover hochverehrten Oberbaudirektors Georg Ludwig Friedrich Laves seine Fassung. Parade- und Exerzierplatz waren nicht mehr gewünscht, auch wenn sie von Laves stammten.

Hillebrecht lenkte die städtebaulichen Geschicke seiner Stadt noch länger als sein Düsseldorfer Kollege Tamms, bis 1975. Als der Individualverkehr, der so bereitwillig in die Stadt eingeladen worden war, immer weiter zunahm, mußten die Express-Straßen als Hochstraßen in die Höhe gestemmt werden, heute sind sie bereits wieder abgebaut. Fußgänger wurden in der sogenannten Passarelle zwischen Hauptbahnhof und Kröpcke unter die Erde verwiesen. Frühzeitig wurde Vorsorge für Unterpflasterbahnen getroffen. An der Peripherie der Innenstadt kam es zur Konzentration gewaltiger Baumassen für Geschäfts- und Wohnzentren, die wenige Jahre später bereits Sanierungsfälle waren. Doch es wurde auch die schonende Sanierung von Quartieren des 19. Jahrhunderts eingeleitet. Hannover war vorneweg, auch auf den Irrwegen.

Rudolf Hillebrecht, Stadtbauamt Hannover. Lavesallee mit Waterlooplatz und Regierungsviertel. Hannover, 1955.

Blick nach draußen

Nachholkurse in Sachen Gegenwartsarchitektur absolvierten die Planer und Architekten im Ausland. Es erging ihnen nicht anders als den Schriftstellern, bildenden Künstlern und Filmemachern, die sich draußen auf den neuesten Stand bringen mußten. »Nach jahrelanger Abschnürung schauen wir wieder über die Grenzen und begrüßen freudig die Begegnung mit den im Ausland erarbeiteten Leistungen auf all den Gebieten der Raum- und Geräteform.«[84] Jenseits der Grenzen wartete berufliche Information. Schließlich hatten die meisten im Lande verbliebenen Architekten in den Kriegsjahren nicht viel mehr als Baracken, Kasernen, andere Militärbauten und Flickwerk an kriegsbeschädigten Gebäuden auszuführen gehabt. Information im Ausland war auch ein Akt taktischer Klugheit. Man konnte sich auf demokratisch legitimierte Erfahrungen der internationalen Fachgenossen berufen, während die eigene unmittelbare Vergangenheit infiziert und verdächtig war. Soviel Kontinuität auch bestand, als Berufungsinstanz im Architekturdiskurs taugte die braune Epoche nicht.

Im neutralen Ausland

Die neutralen Staaten Schweiz und Schweden, später auch Dänemark und die Niederlande waren Exkursionsziele, die bundesdeutsche Planer wählten, wenn sie dem eigenen Geschmack folgen konnten. Die Architekturproduktion dieser Staaten wurde dem deutschen Fachpublikum in Publikationen und Ausstellungen vor Augen gestellt. Gediegenheit, Anstand und Verzicht auf modische Dessins wurden der Schweiz zugeschrieben. »Eine frühlingshafte Frische weht um die menschlichen Bauten der friedliebenden Schweiz, um ihre hellen Wohn- und Schulbauten, Verwaltungen, Bibliotheken, klaren, schlichten Gottesandachtshäuser in ihrer unmittelbaren Naturverbundenheit.«[85]

»Die Freiheit ist in diesen Jahren in die Berge gegangen und kommt jetzt von dort zu uns zurück«, meinte Rudolf Schwarz mit dem Blick auf die helvetischen Nachbarn, zu denen viele Vorkriegsbeziehungen bestanden. »Wir können dort sehen, wie es um uns stünde, wären wir uns selbst treu geblieben.«[86] Es schmeichelte der Eigenliebe, daß in der Alpenrepublik die ehemals deutsche Moderne überwintert zu haben schien und nun reaktiviert werden konnte. Man holte sich gewissermaßen das Eigene zurück, wie ein Darlehen, das Zinsen gebracht hatte.

Sogar die Gründung einer neuen Designschule, die in einem gewandelten Zeitalter an das Bauhaus anknüpfen sollte, die Hochschule für Gestaltung (HfG) in Ulm, griff auf Schweizer Fachverstand zurück. Der Bildhauer und Bauhausschüler Max Bill übernahm die Leitung und baute das neue Haus am Ulmer Kuhberg (1953–55) in einem konsequenten, flexibel handhabbaren Konstruktionssystem. Die vielbeschworene Materiallehrlichkeit verlangte Sichtbeton, Naturholz und geschlämmten Backstein. Lichte Räume, die Terrassierung der Kuben und Quader und ihre undogmatische Verschwenkung den Hang hinab strahlten Schweizer Solidität und Pragmatismus aus. Im Entnazifizierungsprogramm der amerikanischen Besatzungsmacht nahm die Schule mit ihrem Engagement für Politik, Zeitgeschichte und Sozialwissenschaften einen prominenten und wichtiger: finanziell förderungswürdigen Platz ein.

[84] August Hoff. Vorwort. In: neues wohnen. Werkbundausstellung Deutsche Architektur seit 1945. Köln, 1949. S. 16.

[85] Herbert Rimpl. Die geistigen Grundlagen unserer Zeit. München, 1953. S. 169.

[86] Rudolf Schwarz. Helvetia docet. In: Schweizerische Architekturausstellung. Kat. Köln, 1948. S. 5.

Max Bill. Hochschule für Gestaltung. Ulm, 1953–55.

Sven Backström, Leif Reinius u. a., Stadtplanungsamt Stockholm. Vällingby bei Stockholm, 1952–57.

Als Wohlfahrtsstaat, der in großem Umfang auf staatliche Interventionen setzte, war Schweden ein Vorbild für die Bundesländer, die ihre Notlage gleichfalls nur planwirtschaftlich angehen konnten. Wohnungspolitik war in Schweden, das seit 1932 sozialdemokratisch regiert wurde, Sozialpolitik. Normierung wurde in großem Stil praktiziert, die Rationalisierung der Baubetriebe gefördert. Neue Baufigurationen wie verkettete Sternhäuser förderten dichteres Wohnen. Daß man auch in vielstöckigen Gebäuden behaglich leben konnte, erwiesen Gruppen von Punkthochhäusern in den Außenbezirken Stockholms, die in ihren Dachformen Rücksicht auf traditionelle Vorstellungen nahmen.

Mit Vällingby, der zwischen 1952 und 1957 erbauten Satellitenstadt Stockholms, kam ein urbanistisches Modell hinzu. Die Planer von Vällingby hatten sich zum Ziel gesetzt, Arbeit, Wohnen und Siedlungszentrum zusammenzuführen. Wer dort arbeitete, sollte dort auch wohnen und leben, ein Effekt, den allerdings die Verkehrsanbindung durch eine neue Untergrundbahn vereitelte. Die Einsicht, daß die unbeschränkte Wahl des Arbeitsplatzes zur Lebensform der Großstadt gehöre, minderte später das Interesse an Vällingby. Aber das reiche Sortiment an Wohnbauten vom Einfamilienhaus bis zum Punkthochhaus, die flächige, von Turmhäusern umstandene Mitte und die bewegte Topographie ließen den Ort als eine ungewöhnlich qualitätvolle Lösung unter den jüngsten Stadttrabanten erscheinen. Reflexe finden sich in bundesrepublikanischen wie in DDR-Planungen.

Bei Siegern zu Besuch

Die Besatzungsmächte sorgten dafür, daß die in ihren Zonen ansässigen Architekten auf subventionierten Studienreisen Erfahrungen in ihren Herkunftsländern sammelten. Es dürfte kaum einen bedeutenderen Planer gegeben haben, der nicht auf Reisen ging. In Frankreich pflegten die Deutschen Auguste Perret aufzusuchen, den großen alten Meister des Stahlbetonbaus, der in seinen Planungen für Amiens und Le Havre bei hohen Dichteziffern moderne Präfabrikation und akademische Monumentalität vereinigte. Reisende aus der DDR fühlten sich an die Berliner Stalinallee erinnert. Marcel Lods war wegen seines Bebauungsschemas für die Mainzer Neustadt (vgl. S. 269) ein gesuchter Ansprechpartner. In den Jahren, als die Wiederaufbaugesetze in den deutschen Bundesländern noch nicht verabschiedet waren, interessierte die Architekturtouristen, daß in Rekonstruktionsgebieten die Eigentümer umgelegter Grundstücke nicht vorbehaltlos in den Genuß planungsbedingter Wertsteigerungen kamen.

Die Grande Nation konnte ein Jahrhundertgenie aufbieten, Le Corbusier. Der Städtebauer Le Corbusier war schon in den zwanziger Jahren rezipiert und auch als *terrible simplificateur* angefeindet worden. Unmittelbar nach 1945 tauchten seine ornamentalen Stadtgrundrisse in der deutschen Literatur wieder auf, angereichert um die Studien für Südamerika und Nordafrika und seine realitätsnähere Wiederaufbauplanung für die lothringische Industriestadt St. Dié (1945). In St. Dié wollte Le Corbusier eine Folge von acht parallelen scheibenförmigen Wohneinheiten errichten. Auch das Problem des Stadtzentrums, der prägenden Ortsmitte, des *centre civique*, begann ihn zu beschäftigen.

Mit den *Unités d'habitation* formulierte Le Corbusier ein neues Modell urbanen Wohnens. Das große Haus barg unter anderen Wohnungstypen zweigeschossige Maisonettes, die auf jedem zweiten oder dritten Stockwerk von einem freudlos dunklen Innenflur erschlossen wurden, der *rue intérieure*.

Le Corbusier. Unité d'habitation. Berlin-Charlottenburg, 1956–58.

[87] Albert Speer. Spandauer Tagebücher. Frankfurt am Main, Berlin 1975. S. 619.

[88] Rudolf Schwarz. Brief über Ronchamp. In: Baukunst und Werkform 9 (1956) 3. S. 117 f.

Ergänzt wurden sie durch eine Vielzahl von Einrichtungen, von Friseur, Hotel und Postamt bis zur Dachlandschaft mit Kindergarten. Hätten die Bewohner nicht auswärts arbeiten müssen, wären diese Großbauten fast autonom gewesen. Die erste Unité wurde von 1946 bis 1952 in Marseille errichtet.

In Deutschland folgte zehn Jahre später ein Exemplar im Auftrag der Interbau-Ausstellung in Berlin (1956–58). Die Größe des Bauvolumens verhinderte allerdings, daß es auf dem Ausstellungsgelände im Hansaviertel (vgl. S. 310 ff.) zu stehen kam. Die Marseiller Ladenstraße gab es hier nicht. In den Abmessungen mußte der Architekt Kompromisse mit den deutschen Genehmigungsbehörden schließen. Eine Raumhöhe von 2,26 Meter war nicht erlaubt, aber auch nicht von 2 x 2,26 Meter, so daß der Maître auf sein harmonikales Maßsystem Modulor und auf den dramatischen Wechsel der Raumhöhen verzichten mußte.

Ein Bauwerk, das an die Villen Le Corbusiers erinnerte, aber auch an das Schweizer Studentenheim in der Pariser Cité Universitaire (1930–32), entstand 1954–55 in Frankfurt am Main. Die Berliner Straße war alles andere als eine Villengegend. Obwohl das elegante Gebäude im obersten Stockwerk Appartements um einen Dachgarten enthielt, war es überwiegend als ein Geschäftshaus entworfen. Der Bau auf seinen Pilotis stammte von Otto Apel, den sich Albert Speer während seiner Haft in Spandau als Partner einer künftigen Nachkriegskarriere ausersehen hatte.[87]

Spätestens seit der Wallfahrtskapelle, mit der Le Corbusier zwischen 1950 und 1955 eine Vogesen-Anhöhe bei Ronchamp bekrönte, wurde in diesem ebenso bewunderten wie umstrittenen Lebenswerk eine neue Freiheit auch der Formen deutlich. Das »Kapellchen von Corbusier«, wie Rudolf Schwarz den Bau verächtlich titulierte,[88] war verführerisch. Es öffnete den Blick auf eine Moderne, die poetische und

Otto Apel. Geschäfts- und Wohnhaus. Frankfurt am Main, 1954–55.

Blick nach draußen 281

Le Corbusier. Wallfahrtskapelle Notre-Dame-du-Haut. Ronchamp, Vogesen, 1950–55.

[89] Zit.: Gerhard Kabierske. Eiermann als Lehrer. In: Annemarie Jaeggi (Hg.). Egon Eiermann 1904–1970. Kat. Städtische Galerie Karlsruhe u. a. Ostfildern, 2004. S. 47.

[90] St. Bonifatius. Wetzlar, 1959–64. – St. Ludger. Wuppertal-Vohwinkel, 1959–65.

[91] Amerikanische Architektur seit 1947. Stuttgart, 1951. – In USA erbaut 1932–1944. Wiesbaden, 1948.

[92] Egon Eiermann. Vorlesung am 7. 6. 1950. Typoskript. Südwestdeutsches Archiv für Architektur und Ingenieurbau, Karlsruhe.

historische Assoziationen zu allen Weltzeiten und -gegenden zuließ. Es verabschiedete das Dogma von der konstruktiven Ehrlichkeit. Seine mächtige, von Luken durchbohrte Südwand war getürkt, nichts als quergestellte, unsichtbare Wandscheiben und davor Drahtgewebe mit Spritzbeton darauf. »Gott sieht alles«, mahnte augenzwinkernd Egon Eiermann, ein Feind aller effektvollen Täuschungen.[89]

Nach Ronchamp begannen sich im Kirchenbau wie auf Kommando die Grundrisse zu krümmen und die Raumdecken aufzuwölben. Sogar Schwarz, der strengste unter den deutschen Kirchenbauern, ließ sich zweimal verleiten, seine Interieurs mit wellenschlagenden Raummänteln zu umhüllen.[90] Es gab also viele Gründe, weshalb sich deutsche Fachausflügler in Le Corbusiers engem klösterlichen Atelier an der Pariser Rue de Sèvres die Türklinken in die

Joachim und Margot Schürmann. St. Pius X. Neuß, 1965.

Hand gaben. Arbeitsplätze in dem langen schmalen Saal, in dem der Chef in einem kargen, nach Modulor bemessenen Verschlag saß, waren begehrt, obwohl junge Mitarbeiter als unbezahlte Arbeitskräfte ausgebeutet wurden. Sie mußten dankbar sein, bei einem Weltmeister des Bauens arbeiten zu dürfen.

Großbritannien, seit Arts and Crafts und der Gartenstadtbewegung eine Quelle der Anregungen, machte mit den Reformmaßnahmen der 1945 gewählten Labour-Regierung Punkte. Patrick Abercrombies Parkgürtelringe waren zwar in der Londoner Realität kaum erlebbar, doch auf den Plänen, in sattem Grün angelegt, verfehlten sie nicht ihre Wirkung. New Towns, neue Entlastungsstädte, ließen sich in den ersten Ergebnissen studieren und ebenso in ihren rechtlichen Voraussetzungen: dem Town and Country Planning Act von 1943 und dem New Town Act von 1946. Die MARS-Gruppe, ein Ableger der CIAM in Großbritannien, führte ihre Bandstadtkonzepte Gästen wie Hillebrecht und Schwarz vor.

In staatlichen Kommissionen des Königreichs wurde die Bodenfrage diskutiert. Der kostenlose nationale Gesundheitsdienst und die industrialisierten Schulhaussysteme machten klar, daß man sich in einem Staat befand, in dem die Öffentliche Hand einen starken Druck als Bauherr und Gesetzgeber ausübte. Den Besuchern entging auch nicht, wie sehr dieses Land, obwohl Siegermacht, unter den Nachwirkungen des Krieges litt. Die Politik der *austerity* war noch in Kraft, als das Wirtschaftswunder der Bundesrepublik bereits anlief.

Für die USA sprach neben der Verführungskraft des *American way of life*, den die Besatzungstruppe im Lande vorführte, die schiere Faszination der großen Städte. Schon in den zehner und zwanziger Jahren des Jahrhunderts hatten die Wolkenkratzer in New York und Chicago die Architekturkenner in Bann geschlagen (vgl. S. 110 ff.). Ausstellungen als Teile eines gehobenen Reeducation-Programms, veranstaltet vom New Yorker Museum of Modern Art und vom American Institute of Architects, förderten das Interesse an den inzwischen entstandenen Bauten und wurden von entsprechenden Buchpublikationen begleitet.[91] Eine staatlich alimentierte Bildagentur beschaffte großzügig Bildmaterial für jeden, der davon publizistischen Gebrauch machen wollte.

Ein Bericht, der sich von Egon Eiermanns USA-Reise aus dem Jahr 1950 erhalten hat,[92] macht deutlich, was deutsche Architekten auf der anderen Seite des Atlantiks beeindruckte und befremdete. Natürlich gehörten dazu die Bauwerke, wie sie die großen Architekturbüros produzierten. Vor allem war es aber der Blick in die Zukunft, die in Amerika schon angekommen war: Selbstbedienungsmärkte, langfristige Vorratshaltung dank Tiefkühlschränken, der Einzug des Fernsehens ins private Haus. Levittown auf Long Island, das mit seinen zusammengenagelten Holzhäusern für lange Zeit ein Schreckgespenst deutscher Planer blieb, verfehlte nicht, auf den Karlsruher Professor Eindruck zu machen. Eiermann sah das Ende handwerklicher Arbeitsmoral und die Ära des ungelernten Arbeiters kommen. Die Rolle des Architekten innerhalb des Bauprozesses würde sich reduzieren, *contractors* hätten neben Ingenieuren, Ökonomen und *researchers* das Sagen. Groß war das Angebot der Bauindustrie an Fertigteilen. Der beeindruckte Eiermann brachte seinen Studenten einen Katalogband mit.

Wer unter dem jungen deutschen Nachwuchs es sich finanziell leisten konnte und über entsprechende Beziehungen verfügte, suchte in den Büros der exilierten Deutschen unterzukommen: bei Gropius mit seinem neu gegründeten Team The Architects' Collaborative (TAC) in Cambridge, Massachusetts, Mies van der Rohe in Chicago, Richard Neutra in Kalifornien. Eine Alternative boten die effizienten Großbüros, die durch Kriegsaufträge der US-Regierung groß geworden waren und nun auf dem zivilen Markt expandierten. Skidmore, Owings and Merrill (SOM) war in Europa die bekannteste dieser Firmen, nicht zuletzt weil sie durch Bauten des U.S. State Department auch in Westdeutschland ihre Duftmarken setzen konnte. Ihre schlank dimensionierten Konsular-

Frank Lloyd Wright. Unitarian Church. Shorewood Hills, Wisc., 1947.

und Wohnbauten in Bremen, Düsseldorf, Frankfurt am Main, München und Stuttgart (1953–55) machten die deutschen Architekten mit sichtbaren Stahl- und Stahlbetonskeletten, großzügigen Glasausfachungen und Vorhangfassaden vertraut, wie sie SOM spektakulär beim Lever House in New York (1951–52) verwendet hatte. Die deutschen Kontaktarchitekten von SOM, vor allem Apel, sorgten für die Verbreitung von Know-how und der Ästhetik des Leichten, Grazilen.

Was Le Corbusier den Frankreich-Touristen bedeutete, stellte Frank Lloyd Wright in den Vereinigten Staaten dar: das Exempel eines genialen Architekten, der die Neuerungen der Zeit mit dem Siegel seines Ingeniums versah. Moderne, so lautete die tröstliche Botschaft, war nicht nur eine Summe praktischer Fortschritte von der Baustelleneinrichtung bis zur Installationstechnik, sondern auch Nährboden für Eigenart und Phantasie des großen Einzelnen. Die Wanderausstellungen *Amerikanische Architektur seit 1947* und *So wohnt Amerika* tourten durch die deutschen Amerikahäuser, und Frank Lloyd Wright war ihr Held.

Eine weitere Schau galt dem Meister allein und machte auf ihrer Europareise 1952 auch in München Station. Die »Einheitlichkeit der Konzeption seiner Bauten« sei unnachahmlich, schrieb Eiermann.[93] Wrights dramatisch inszeniertes Haus über dem Wasserfall in Bear Run, Pennsylvania (1935–39), seine kurvenreiche Fabrik für Johnson & Son in Racine,

Skidmore, Owing and Merrill, mit Otto Apel. Generalkonsulat. Stuttgart, 1954–55.

[93] Egon Eiermann. »USA baut«. Betrachtung zu einer Ausstellung in Zürich. In: Südkurier, 5. 2. 1946.

Blick nach draußen **283**

Wisconsin (1936–39), und seine Usonien-Häuser mit ihrer Erdnähe und ihren naturverbundenen Materialien gehörten zum imaginären Museum der deutschen Nachkriegsarchitekten. Hinzu kam das spektakuläre Schneckenhaus des New Yorker Guggenheim-Museums, das erst 1959 eingeweiht wurde, aber auf das Jahr 1943 zurückging.

Die amerikanischen Sonderbedingungen, unter denen Wrights Ausnahmearchitektur entstanden war, verboten jede Nachahmung. Diesen Baukünstler konnte man mit Bewunderung zur Kenntnis nehmen, aber nicht imitieren. Wright starb 1959. Anders als die übrigen Patriarchen der Moderne, Gropius, Mies oder Le Corbusier, hatte der große alte Mann nie die Gelegenheit erhalten, in Deutschland zu bauen. Die Botschaft war trotzdem vernehmbar. Das Material der internationalen Moderne, zu der sich Wright spät, in den dreißiger Jahren, bekannt hatte, konnte zu Wachs in den Händen eines genialen Formenmachers werden. Er mußte nur wollen und wollen dürfen.

Von den Blicken über die Grenzen ging eine neue Tradition aus, die auf die Habenseite der deutschen Nachkriegsbilanz gehört: die Beteiligung ausländischer Architekten am deutschen Baugeschehen. Daß so viele Kollegen aus anderen Ländern im Westen Deutschlands arbeiten konnten, hat mehrere Gründe. Die Märkte internationalisierten sich zunehmend. Grenzübergreifende Konzerne wünschten auch außerhalb ihrer Stammländer die bewährte Zusammenarbeit mit Designerteams, die ihnen vertraut waren, beizubehalten. Bautechnologisch war ein Wissensvorsprung des Auslands unleugbar. Architekten von außerhalb einzuladen, galt deutschen Auftraggebern, Kommunal- und Landespolitikern, als Haltung der Weltläufigkeit und der Offenheit fremden Erfahrungen gegenüber. Mit der Internationalen Bauausstellung in Berlin 1957 wurde die Öffnung der Grenzen institutionalisiert. Je mehr Gäste, desto mehr Prestige.

In den ersten Jahrzehnten reüssierten vor allem Architekten aus dem nördlichen und nordwestlichen Europa, aus Skandinavien und den Niederlanden. Das hatte praktische Vorteile. Anders als bei Gästen aus anderen Kontinenten konnten die jeweiligen Baukommissionen sich schnell in den Nachbarländern informieren. Nach Kopenhagen oder Delft war es nicht weit, die Reisespesen blieben kontrollierbar, die Kontakte leicht herzustellen. Van den Broek & Bakema aus den Niederlanden, Arne Jacobsen aus Dänemark oder Alvar Aalto aus Finnland hatten seit den späten fünfziger Jahren so etwas wie Dauerabonnements für Einladungswettbewerbe. Sie gingen vielen Dutzend ausländischen Architekten voraus, die später den Weg nach Deutschland fanden. Hans Hollein, Daniel Libeskind oder Zaha Hadid begannen ihre internationalen Karrieren mit Bauten, die ihnen in Deutschland ermöglicht wurden.

Bauhaus-Streit

Schwieriger als die Kontaktaufnahme zu Architekten im nördlichen, westlichen und transatlantischen Ausland gerieten die Gespräche zwischen Exilarchitekten und Daheimgebliebenen, zwischen Emigration und »innerer« Emigration. Gelegenheiten mußten arrangiert werden, wie das denkwürdige Treffen während der Constructa-Ausstellung 1951 in Hannover. Rudolf Hillebrecht und Werner Hebebrand, inzwischen im Bauwesen von Hannover und Hamburg in leitender Stellung, luden dazu Kollegen unterschiedlicher Couleur und unterschiedlicher Haltung zum NS-Regime ein. Auch Walter Gropius, der gerade in Deutschland war, und Paul Bonatz aus Istanbul nahmen daran teil. Man ging zivil miteinander um, ohne daß die Ressentiments ausgeräumt wurden.[94]

An Ehrungen für Gropius oder Mies van der Rohe fehlte es nicht. Ihre Deutschland-Reisen glichen Triumphzügen. Wohl aber fehlte es an Aufträgen. Mies, der sich einige Male in Deutschland aufhielt, um Familie und Freunde zu besuchen, beteiligte sich 1952 am Wettbewerb für das Mannheimer Nationaltheater mit einem bedeutenden Projekt. Alles, was ein Zwei-Bühnen-Theater braucht, Foyers, Säle, Bühnen, Werkstätten, Garderoben, Personalräume, war in einen gläsernen Quader gestellt. Über dessen Dach liefen offene Fachwerkbinder, nur der Bühnenturm ragte über sie hinaus. Das Thema des Ein-Raums, des Universalraums, dem Mies in seiner amerikanischen Epoche nachging, war bei einer Aufgabe, die diesem Typus von Natur aus nicht nahelag, auf den Punkt gebracht.

Aber gebaut wurde nicht Mies original, sondern Mies aus zweiter Hand, der Entwurf eines Bauhäuslers und früheren Privatschülers von Mies, Gerhard Weber (1953–57). Webers Architektur lag oftmals über dem Durchschnitt. Für das Parlament der Bundesrepublik hatte er in Frankfurt am Main einen

[94] Rudolf Wolters. Architektentreffen in Hannover am 21. Juli 1951. Typoskript. Zit.: Werner Durth. Deutsche Architekten. Biographische Verflechtungen 1900–1970. Braunschweig, Wiesbaden, 1986. S. 322 ff.

Ludwig Mies van der Rohe. Nationaltheater. Mannheim, 1952. Nicht ausgeführter Entwurf. Modell.

klaren Rundbau mit sichtbarem Stahlgerüst entworfen. Es war die Zeit, als Frankfurt sich noch Hoffnungen machte, Regierungssitz zu werden, aber feststand, daß das Raumvolumen der Paulskirche für einen Plenarsaal nicht ausreichte. Webers Entwurf bezog sich in Grundriß und Flachkuppel deutlich auf die wiederaufgebaute Paulskirche. Doch Webers Mannheimer Theater blieb, bei ähnlicher Organisation beider Häuser, im Vergleich zu Mies van der Rohes edlem Schneewittchensarg nicht mehr als eine solide Kiste.

Auch aus den nächsten privaten und öffentlichen Aufträgen für Mies wurde nichts. Erst eine Direktkommission des Westberliner Senats im Jahre 1962 führte zum tempelhaften Baukunstwerk der Neuen Nationalgalerie, die Mies van der Rohes Lebenswerk in Deutschland würdig abschloß (vgl. S. 324 f.). Überdies hat der Bau von seiner Lage her eine enge biografische Beziehung zu Mies. Schräg gegenüber, jenseits des Landwehrkanals, Am Karlsbad Nr. 24, hatte Mies vor seiner Emigration Wohnung und Büro gehabt.

Walter Gropius war bereits 1947 von der amerikanischen Militärregierung als Berater eingeladen worden und bereiste nach einem dramatischen, durch Maschinenschaden und Motorenbrand verzögerten Flug Westdeutschland und Berlin. Er traf »die Menschen niedergebeugt, verbittert, hoffnungslos« und die Freunde »alle so alt aussehend, daß ich sie kaum wiedererkannte«.[95] Von Bauaufträgen konnte noch nicht die Rede sein. Größere Kommissionen kamen erst 1955 mit einem achtgeschossigen Wohnhaus für die Berliner Interbau-Ausstellung und mit Produktionsgebäuden für die Porzellanfabriken Rosenthal und Thomas in Franken. Das Bauhaus-Archiv, belichtet von viertelkreisförmigen Sheds, fand nach Gropius' Tod seinen Standort in Berlin. Ursprünglich war es für Darmstadt gedacht. Reich an Frustrationen entwickelte sich die Planung der Berliner Großsiedlung Britz-Buckow-Rudow (BBR), in der Gropius und sein Team TAC auch Einzelbauten übernahmen. BBR, seit 1963 im Bau, wurde auf den Namen Gropiusstadt getauft. Dem Namen des Patriarchen machte die mit vielen Kompromissen und den sozialen Problemen aller Großsiedlungen belastete Anlage wenig Ehre.

Kritik an Funktionalismus und Materialismus, für die auch Gropius verantwortlich gemacht wurde, ist schon in den Anfangsjahren der Bundesrepublik laut geworden. 1951 fand zum zweiten Mal das sogenannte Darmstädter Gespräch statt. Das ehrgeizige Diskussionsforum, das von Bartning geleitet wurde, stand unter dem Motto *Mensch und Raum*. In Erinnerung an die 1901 gegründete Darmstädter Künstlerkolonie (vgl. S. 22 ff.) wurden die Reden von einer retrospektiven Architekturausstellung begleitet, die einen Schnellkurs durch die vorwiegend deutsche Architekturgeschichte bot. Gezeigt wurden jedoch auch elf Projekte für neue Darmstädter Meisterbauten. »Auf den Trümmern der schmerzhaften Vergangenheit eine bessere Stadt zu bauen, ... welch eine Aufgabe!« meinte der Stadtbaumeister von Hilversum, Willem Marinus Dudok, der gleichfalls eingeladen war.[96] Realisiert wurden nur fünf Projekte. Das Echo

[95] Walter an Ise Gropius, 5. 8. 1947. Zit.: Reginald R. Isaacs. Walter Gropius. Der Mensch und sein Werk. Bd. 2. Berlin, 1984. S. 954.

[96] Willem Marinus Dudok. Eintrag im Gästebuch Peter Grund, 21. 8. 1951. Zit.: Roland May. Vom Scheitern einer Idee. In: Michael Bender, Roland May (Hg.). Architektur der fünfziger Jahre. Die Darmstädter Meisterbauten. Stuttgart, 1998. S. 150.

Gerhard Weber. Nationaltheater. Mannheim, 1953–57.

Blick nach draußen 285

Gerhard Weber, Gustav Schäfer. Plenarsaal des Parlaments, zum Studiogebäude des Hessischen Rundfunks umgebaut. Frankfurt am Main, 1949–54.

Walter Gropius, TAC (1964, Standort Darmstadt); Alexander Cvijanovic, TAC (Standort Berlin). Bauhaus-Archiv. Berlin, 1976–79.

[97] Martin Heidegger. Bauen Wohnen Denken. In: Otto Bartning (Hg.). Mensch und Raum. Darmstadt, 1952. S. 84.

[98] Rudolf Schwarz. Bilde Künstler, rede nicht. In: Baukunst und Werkform 6 (1953) 1. S. 9 ff.

[99] ebd.

war gedämpft. Manchem erschienen die Meisterbauten wenig meisterlich. Der große Aufbruch ging jedenfalls kein zweites Mal von Darmstadt aus.

Schon in Darmstadt hätte sich der Streit entzünden können, der anderthalb Jahre später losbrach und sich zu einer der seltenen großen Auseinandersetzungen über Architektur auswuchs. Aber vom zweiten Darmstädter Gespräch haben sich der Nachwelt nicht die Äußerungen gegen den Mißbrauch der Technik oder die Verderbnis des Sehens eingeprägt, die der Kölner Stadtplaner Rudolf Schwarz vortrug, sondern die Rede des Philosophen Martin Heidegger *Bauen Wohnen Denken*. In Heideggers ontologischem Diskurs wurde das Verhältnis von Mensch und Raum »als das Wesentlich gedachte Wohnen« bestimmt. Das Publikum nahm die raunenden Worte über die Geworfenheit zwischen Himmel und Erde und das eingeräumte Geviert andächtig entgegen. Es nahm geduldig auch die Behauptung des Philosophen hin, nicht das Fehlen von Wohnungen sei die eigentliche Not des Wohnens, sondern die Unfähigkeit der Sterblichen, »das Wohnen in das Volle seines Wesens zu bringen«.[97]

Erst eine Veröffentlichung von Schwarz in *Baukunst und Werkform*, einer durchaus modernefreundlichen Zeitschrift, brachte den Stein ins Rollen.[98] Der Aufsatz sollte eigentlich vom Konflikt zwischen Schreiben und Bauen handeln. Er streifte dies und das, plauderte über die ästhetisierenden Kunstgelehrten, die Ausbildung der Architekten, die Nachteile der Architekturfotografie, den Bruch der abendländischen Überlieferung. Für ihn machte Schwarz nicht die Nazis verantwortlich, deren Schwulst viel zu belanglos gewesen sei, sondern Materialismus, Technizismus und Funktionalismus. Dann fallen die Namen Bauhaus und Gropius. Gropius sei immerhin noch ein unverbindlicher Künstler. »Aber er konnte offenbar nicht denken« – zumindest nicht, »was nun einmal im abendländischen Raum denken heißt«. Und die Äußerungen der Bauhäusler seien »unerträgliche Phraseologie« und »Jargon der Komintern«.[99] Den letzten Bauhausdirektor Mies van der Rohe, mit dem er befreundet war, nahm Schwarz von seiner Polemik aus.

Die Attacke hatte eine ungeheure Resonanz, um so mehr, als Schwarz selbst als ein Meister des Neuen Bauens gelten konnte. Über ein halbes Jahr hinweg wogte der Streit in den Spalten der Zeitschrift, aber auch der übrigen Presse. Gropius im fernen Amerika wurde informiert, zog es aber vor, den noblen Schweiger zu spielen und die Hilfstruppen aus dem Hintergrund zu organisieren. Wie so viele große Polemiken beruhte auch diese auf einem Mißverständnis. Für Schwarz, der von jetzt an als Konservativer abgestempelt war, ging es darum, der Moderne den großen Atem zu bewahren. Baukunst mußte Kunst bleiben, eine *ars magna*, die über die Erfüllung von Zweck, Statik und Ökonomie hinausreicht. Wer hören wollte, konnte aus seinen Zeilen bereits die Sorge über das künftige Versagen der Moderne vernehmen. Für die Jüngeren dagegen, die sich eben erst mit den Leistungen der Vätergeneration vertraut gemacht hatten, war die Schwarzsche Attacke Verrat an den Lichtgestalten der Moderne. Für sie verkörperte das soeben wiederentdeckte Bauhaus Fortschritt, Aufbruch, Demokratie, einen festen Grund, auf dem die künftige Nachkriegsarchitektur bauen konnte und den niemand in Zweifel ziehen durfte.

Reise nach Moskau

Eindrücke, die westdeutsche Architekten im Ausland sammelten, dienten der Bestätigung, Korrektur, Horizonterweiterung. Die Reise, die ostdeutsche Planer und Architekten vom 12. April bis zum 25. Mai 1950 nach Moskau, Stalingrad, Kiew und Leningrad unternahmen,[100] hatte Auswirkungen ganz anderer Dimension. Sie führte zu einem vollständigen Paradigmenwechsel in der Baupolitik. *Nach* dem Mai 1950 wurde in der DDR anders gedacht, argumentiert, geplant und gebaut als *vor* dem April 1950. Lebensläufe nahmen eine andere Richtung. Karrieren fanden ein Ende. Laufende Planungen wurden abgebrochen, wie die Arbeit am (Ost)Berliner Generalbebauungsplan, der Linien des Kollektivplans von 1945–46 fortgesetzt hatte.

Es war der erste von mehreren schroffen Umbrüchen, wie sie in dieser Konsequenz und Plötzlichkeit nur in einem zentral gesteuerten Herrschaftssystem möglich sind. Wie die politischen und sozialen Abläufe sich auf vier Jahrzehnte vom Geschehen in Westdeutschland trennten, so gingen auch die baupolitischen Entwicklungen auseinander. Zwar blieben Planen und Bauen in DDR und Bundesrepublik nach wie vor aufeinander bezogen. Aber jetzt waren es nicht mehr wie in den ersten Nachkriegsjahren Gleichlauf und ähnliche Motivation, sondern Aktion und Reaktion, Konkurrenz und Übertrumpfungsversuche – und nach 1955 auch wieder überraschende, doch von beiden Seiten verleugnete Parallelen. Denn die Industrialisierung der Bauprozesse seit der Mitte der fünfziger Jahre, die Rückbesinnung auf die Innenstädte in den späten siebziger und achtziger Jahren, die Geschichtsklitterungen in den achtziger Jahren fanden diesseits wie jenseits der deutsch-deutschen Grenze statt, zeitlich versetzt, jedoch mit dem ständigen Blick auf den anderen Teil des Landes.

Im Bruderland des Sozialismus

Die Delegation, die am 12. April auf dem Bahnsteig des Schlesischen Bahnhofs stand, umfaßte sechs Architekten und Planer, die sorgfältig ausgewählt worden waren. Politbüro und Zentralkomitee der Sozialistischen Einheitspartei SED stellten und korrigierten die Teilnehmerliste. Lothar Bolz, von 1949 bis 1953 Minister für Aufbau, später Außenminister, war Leiter der Reisegruppe. Von der Planerprominenz der DDR waren Edmund Collein, Kurt W. Leucht, Kurt Liebknecht dabei, nicht aber Hermann Henselmann, der als genialisch, doch ideologisch nicht gefestigt galt. Die Delegierten nahmen Pläne für die Berliner Stadtplanung und für Neubauten, Schriften, Protokolle und Fragelisten mit, besichtigten Ausstellungen, Baustellen, Gebäude und Stadtteile, hielten Vorträge vor den sowjetischen Kollegen und holten deren Meinung ein.

Die fällt drastisch aus und wird mit dem Selbstgefühl derer ausgesprochen, die mit Stalin Moskau als »das Muster für alle Hauptstädte der Welt« betrachten.[101] Die Ortsbesichtigungen zeigen: In der Sowjetunion Stalins gelten ganz andere Präferenzen als in der DDR. Statt der aufgelockerten und durchgrünten ist die kompakte Stadt das Ziel. Statt um Hygieneregeln, Belichtungsdiagramme und Verkehrsorganisation geht es um Monumentalität, Volkstümlichkeit, Tradition. Statt Typenhäusern bestimmen individuell entworfene, ornamental geschmückte Großbauten die Metropole, auch wenn die Elemente der Bauten ge-

[100] Jörn Düwel. Baukunst voran! Architektur und Städtebau in der SBZ/DDR. Berlin, 1995. S. 63 ff. – Werner Durth, Jörn Düwel, Niels Gutschow. Architektur und Städtebau der DDR. Bd. 1. Ostkreuz. Frankfurt am Main, 1998. S. 142 ff.

[101] Stalin. 7. 9. 1947. In: Deutsche Bauakademie (Hg.). Sowjetische Architektur. Sonderheft der Zeitschrift Deutsche Architektur. 21. 12. 1953. S. 1.

N. Petrow, K. Iwanow. »*Ruhm dem großen Stalin - dem Architekten des Kommunismus*«. *Moskau, 1952. Plakat.*

normt sind. Die Straße dient nicht nur der Verbindung von Zielpunkten, sondern der Bewegung der festlichen und organisierten Massen. Dazu braucht sie Fassung durch Häuserwände, acht, vierzehn Stockwerke hoch, und die Kulmination in repräsentativen Plätzen. Den Kosmopolitismus ersetzen die Nationalkulturen, deren Propagierung den Zusammenhalt der Sowjetrepubliken festigen soll. Stalins Spruch, die Kultur sei dem Inhalt nach sozialistisch und der Form nach national, begegnet den Delegierten immer wieder und wird von ihnen als Devise übernommen. Wobei es statt »sozialistisch« auch »demokratisch« oder »fortschrittlich« heißen kann. Der »sozialistische Inhalt« war in der jungen DDR der Zukunft vorbehalten und in der Gegenwart noch nicht verwirklicht.

Man findet nur, was man sucht. Die Reise war auf der obersten politischen Ebene, durch SED-Generalsekretär Walter Ulbricht bei Stalin selbst, vorbereitet worden. Dahinter stand bereits das Ungenügen an der bisherigen eigenen Planung. Es entspricht der Logik politischer Konflikte, den Antagonismus der Systeme mit einem Antagonismus der Formen zu beantworten. Doch ein städtebauliches Programm, das sich von dem des Westens markant unterschied, war bisher nicht erarbeitet. Mit der wachsenden kritischen Stimmung beim »gesellschaftlichen Auftraggeber«, Partei, Staat, Magistrat, schienen auch die Pläne nicht mehr akzeptabel, die im eigenen Lande, etwa am Institut für Bauwesen unter der Leitung Hans Scharouns, entstanden waren. Sie vertraten Positionen des Neuen Bauens, die von den westlichen Demokratien, vom Klassenfeind, besetzt waren. Daher lag es nahe, beim großen sozialistischen Bruder Rat zu suchen. Von Anfang an nutzten die Moskau-Fahrer bei der sechswöchigen Reise die wenigen freien Stunden, alle Anregungen zu protokollieren und daraus einen Kodex für die künftige Baupolitik zu gewinnen.

Der Preis, den die Architekten bei dieser ersten großen Wendung der DDR-Architekturpolitik zahlten, war hoch. Für die Älteren bedeutete sie den Verzicht auf Grundsätze, mit denen sie groß geworden waren, auf ein Stück eigener Identität. Die Loyalität derer, die ihre berufliche Sozialisierung mit der Moderne erlebt hatten, wurde stark strapaziert. Henselmann hatte zu Beginn seiner Karriere eine elegante Villa gebaut, die man für einen Le Corbusier halten könnte.[102] Richard Paulick hatte jahrelang bei Gropius gearbeitet, Kurt Liebknecht bei Poelzig und Ernst May. Gerhard Kosel hatte bei Poelzig und Bruno Taut studiert, Edmund Collein und Selman Selmanagic am Bauhaus.

Eine Wiederbelebung des Bauhauses, das dem Faschismus zum Opfer gefallen war, schien in der SBZ zunächst Chancen zu haben. Nach Kriegsende sollte es wieder in Dessau eröffnet werden. Fritz Hesse, Dessauer Oberbürgermeister aus Bauhaus-Tagen, wurde als Stadtoberhaupt eingesetzt, der Altbau-

Selman Selmanagic, Planungskollektiv. Wiederaufbau Berlin. Schaubild in Ausstellung Berlin plant. 1946.

[102] Haus Kenwin. Montreux, Genfer See, 1930–31.

häusler Hubert Hoffmann mit Sondierungen beauftragt. Hoffmann wollte dem Bauhaus mit Ökologie, Landschafts- und Gartenbau neue Akzente geben. Bauhaus-Traditionen lebten auch an der 1947 gegründeten Hochschule für Angewandte Kunst in Berlin-Weißensee weiter. Dort lehrten Selman Selmanagic, Herbert Hirche, Mart Stam, gelernte Moderne-Anhänger, zogen jedoch Kritik auf sich.

Denn das alles galt nun nicht mehr. »Wir sind gegen das Bauhaus, weil der Bauhausstil die höchste Stufe des imperialistischen Kosmopolitismus ist, die Stufe des Verfalls, der Dekadenz«, eiferte sich Liebknecht.[103] Zwanzig Jahre lang blieb das Bauhaus als Hort der Bourgeoisie und des Formalismus verfemt. Ausgerechnet Hannes Meyer, unter den drei Bauhaus-Direktoren derjenige mit dem stärksten sozialen Engagement, 1930 des Kommunismus verdächtigt und deshalb entlassen, geriet wiederum auf die Liste unerwünschter Personen. Er galt als Konstruktivist, als Feind der Baukunst, und hatte in der DDR keine Zukunft. Es bedurfte eines russischen Kunstwissenschaftlers, eine gerechtere Einschätzung des Bauhauses in der DDR einzuleiten.[104]

Überwindung war von den DDR-Architekten auch deshalb gefordert, weil die Magistralen und Aufmarschplätze, die nun für »Fließ«- und »Standdemonstrationen« hunderttausender Teilnehmer ausgelegt werden mußten, sie an die Achsen und Foren der nationalsozialistischen Stadtplanung erinnerten. Jetzt wurden sie ermahnt, sich zu vergegenwärtigen, »daß nicht alles, was Hitler verboten habe, deshalb schon fortschrittlich gewesen sei«.[105] In mutigen Augenblicken artikulierten sie ihr Unbehagen auch. Vor allem Sprecher, die nicht der Moskauer Euphorie ausgesetzt gewesen waren, wagten Einwände. Richard Paulick äußerte zum Diskussionspunkt Nationale Tradition seine Befürchtung, man könne dort landen, wo Schultze-Naumburg vor fünfzig Jahren gestanden habe. Die Moskauer Hochhäuser – Stalins sieben Wolkenkratzer waren noch im Bau – tadelte er wegen ihrer »feudalistischen Narrenkappen«. Der Minister empfand die Kritik am sozialistischen Brudervolk als Überheblichkeit und unverfrorenen Hochmut.[106]

Organisatorisch war die sich anbahnende Wende nur durchzusetzen, nachdem Strukturen eines straffen Zentralismus entwickelt worden waren. Die Zuständigkeiten des Aufbauministeriums wurden 1951 geklärt. Im selben Jahr nahm die Deutsche Bauakademie ihre Arbeit auf. Ihre Institute und Meisterwerkstätten behandelten zentrale Entwurfsaufgaben und betrieben Forschung für die Baupraxis. Die Mitglieder der Akademie wirkten als Berater, Kontrolleure und Wettbewerbsjuroren bei republikweit wichtigen städtebaulichen Vorhaben. Nicht zuletzt wurden ideologische Aspekte im Akademieinstitut für Theorie und Geschichte bearbeitet. Gründungspräsident war Kurt Liebknecht, ein Neffe des sozialistischen Märtyrers Karl Liebknecht. Das Primat der Politik, von Politbüro, Zentralkomitee und Ministerrat, stand in allen wichtigen Entscheidungen außer Frage. In der Berufspolitik orientierte man sich wiederum am Vorbild Sowjetunion. In der Zusammenfassung der ehemals freiberuflichen Architekten zu großen staatlichen Planungsagenturen war die UdSSR vorausgegangen, wie auf so vielen Gebieten.

Daß Siegermächte die Herrschaft auch über Formen ausüben, ist in der Architekturgeschichte nichts Neues. Auch der Westen stand unter dem Einfluß der politischen Hegemonialmacht, in seinem Fall der Vereinigten Staaten, wenn auch die Steuerungsmechanismen subtiler waren und über Subventionen, Public Relations, Propaganda, Stipendien und die Suggestivkraft von Vorbildern einwirkten. Während der Westen dem Osten die Diktatur des verlogenen Zuckerbäckerstils ankreidete, sah der Osten in den glatten kalten Fassaden westlicher Kommerzbauten das unbarmherzige Antlitz des Kapitalismus gespiegelt. Collein beispielsweise, Vizepräsident der Deutschen Bauakademie, wollte in den westdeutschen Großstädten erkannt haben, daß das »Zerstörungswerk der Bomben seine folgerichtige planmäßige Fortsetzung in der Amerikanisierung des westdeutschen Städtebaus und der westdeutschen Architektur findet«. Frankfurt am Main, schon in den frühen fünfziger Jahren Hochburg der Wirtschaft und des Bankenwesens, sei »ein typisches Beispiel dieser amerikanischen Infiltration, die das Ziel verfolgt, die nationale Eigenart der deutschen Architektur nicht wieder erstehen zu lassen und an ihre Stelle Bauten des amerikanischen Kolonialstils zu setzen«.[107]

Mit der stilgeschichtlich korrekten Ableitung der Formen war es bei solchen Polemiken nicht weit her. Oder lag nur eine Verwechslung von *colonial style* mit *commercial style* vor? Andererseits sprach aus den Moskauer Hochhäusern der Stalinzeit mit ihren gestaffelten Baumassen, ihren Kreml-Türmen und

[103] Kurt Liebknecht auf der Kulturkonferenz der Gesellschaft für Deutsch-Sowjetische Freundschaft. Zit.: Jörg Haspel. Zwischen Kronprinzenpalais und Stalinallee – Rekonstruktion und Dekonstruktion in der Hauptstadtplanung. In: Juliane Kirschbaum, Annegret Klein (Red.). Verfallen und vergessen oder aufgehoben und geschützt? Architektur und Städtebau der DDR. Schriftenreihe des Deutschen Nationalkomitees für Denkmalschutz 51. Bonn, 1996. S. 40.

[104] Leonid N. Pazitnov. Das schöpferische Erbe des Bauhauses 1919–1933. Berlin, 1963.

[105] Lothar Bolz. Aktennotiz 18. 11. 1949. Zit.: Werner Durth, Jörn Düwel, Niels Gutschow. Architektur und Städtebau der DDR. Bd. 1. Ostkreuz. Frankfurt am Main, 1998. S. 135.

[106] Jörn Düwel. Baukunst voran! Architektur und Städtebau in der SBZ/DDR. Berlin, 1995. S. 78.

[107] Edmund Collein. Diesem Treiben Einhalt bieten. In: Flugblatt der Kommunistischen Partei. Frankfurt am Main, undat. Institut für Stadtgeschichte, Frankfurt am Main.

Charles Follen McKim, William Rutherford Mead, Stanford White. Municipal Building. New York, 1908–14. Postkarte.

[108] Ministerium für Aufbau. Grundsätze des Städtebaues. Berlin, 28. 7. 1950.

[109] Zit.: Jörn Düwel. Baukunst voran! Architektur und Städtebau in der SBZ/DDR. Berlin, 1995. S. 91.

Lew W. Rudnew, Sergej J. Tschernyschew, Pawel W. Abrossimow, Alexander F. Chriakow. Lomonossow-Universität. Moskau, 1947–52.

ihrem Dekor in russischem Barock der gleiche rhetorische Populismus, den auch die Skyscrapers der Kaugummiproduzenten oder Automobiltycoons in Chicago oder New York vertraten. Für diese Ironie der Architekturgeschichte hatten die Baupolitiker der DDR verständlicherweise kein Organ. Im Gegenteil betonten sie die Neuartigkeit und Musterhaftigkeit des Moskauer Hochhausringes, die zur Planlosigkeit kapitalistischen Städtebaus kontrastierten.

Das Ergebnis der Moskauer Reise lag wenige Wochen später redigiert vor. Es wurde am 27. Juli 1950 vom Ministerrat beschlossen und als sechzehn *Grundsätze des Städtebaues* veröffentlicht.[108] Widerspruchsfrei waren die Thesen nicht. Der erste Grundsatz, ein Stalin-Zitat, erklärt die Stadt zur wirtschaftlichsten und kulturreichsten Siedlungsform im Gemeinschaftsleben der Menschen. Erscheint sie hier als Sozialgebilde eigenen Rechtes und eigener Notwendigkeit, so verwundert bereits der übernächste Grundsatz mit der funktionalistischen Behauptung, Städte würden von der Industrie für die Industrie gebaut. Das traf zwar auf die späteren Neugründungen in der DDR Stalinstadt (Eisenhüttenstadt), Hoyerswerda, Schwedt und auch Halle-Neustadt zu. Doch nach dem hochgemuten Eröffnungsparagraphen wirkt Grundsatz Nr. 3 als allgemeingültig gemeinte Behauptung ernüchternd und inkonsequent.

Ähnlich widersprüchlich sind andere Akzente gesetzt. Bald werden die harmonische Befriedigung menschlicher Lebensansprüche und die individuelle

künstlerische Gestalt betont, bald Zweckmäßigkeit und Wirtschaftlichkeit angemahnt. Der dienende, aber auch der bestimmende Charakter des Verkehrs werden gleichermaßen unterstrichen. Gesunde und ruhige Wohnverhältnisse sollen entstehen, doch beileibe keine Gartenstädte. Sie verwandelten politisch aktive Menschen nur in Karnickelzüchter und Blumenkohlbauern, kommentierte Minister Bolz.[109] Die Herkunft aus den Gesprächsnotizen während der Reise ist dem sprunghaften Text noch in seiner Endfassung anzumerken.

Bei westlichen Fachleuten fanden die Grundsätze ein durchaus positives Echo. Sie wurden als Protest gegen die funktionalistische Charta von Athen und als Bekenntnis zu Urbanität und Geschichte der großen Stadt gewertet. Die Funktionalisierung der Stadtzentren als Orte verordneter Großdemonstrationen überlas man. Mit den Grundsätzen im Sinn hätten sich vorhandene Stadtmuster sensibel stärken und ausbauen lassen. Aber mit ihnen im Kopf wurden auch Wüsteneien in die Zentren gefräst, Leerräume, die sich nur wenige Male im Jahr mit herbeikommandierten Menschenmassen füllten. Für die Aufmärsche des Staatsvolkes mußten, als Teil der städtebaulichen Planung, eigens Demonstrationspläne ausgearbeitet werden.[110]

Den Abriß des beschädigten Berliner Schlosses wenige Monate später und dessen Ersatz durch einen zentralen Demonstrationsplatz haben die Grundsätze nicht verhindert. Sie konnten im Gegenteil als Begründung für eine jener Stätten herangezogen werden, an denen laut Grundsatz Nr. 6 »die politischen Demonstrationen, die Aufmärsche und die Volksfeiern an Festtagen« stattfinden.

Straßen des Volkes

Wenige Tage vor der Verkündigung der Grundsätze war das Richtfest von Laubenganghäusern im Berliner Bezirk Friedrichshain begangen worden. Den neuen Vorstellungen von »Schöner Stadt«, fortschrittlichem Inhalt und nationaler Form entsprachen die schlichten Zweckbauten in keiner Weise. Sehr bald mußten sie als Belege für formalistische Kulturbarbarei dienen – um so mehr, als sie an prominenter Stelle standen. Denn der Straßenzug von der Frankfurter Allee, die jetzt und bis 1961 Stalinallee hieß, bis zum Pariser Platz wurde zur repräsentativen Achse Ostberlins, ja der DDR erhoben. Zwar mußten die Planer am Alexanderplatz und am Lustgarten, wo der Kastenbau des Stadtschlosses noch bis Jahresende im Wege stand, kräftige und im Verlauf der Frankfurter Allee leichtere Achsenknicke in Kauf nehmen. Doch wenn man Traditionen aufgreifen und instrumentalisieren wollte, gab es in Berlin keine andere Strecke, die ähnlich bedeutsame Baudokumente wie das Brandenburger Tor, das neue Botschaftspalais der Sowjetunion, die Barockbauten Unter den Linden, die Gebäude Schinkels, Dom, Rotes Rathaus und Marienkirche geboten und mit dem proletarischen Osten verknüpft hätte.

Nach der Sprengung der Schloßruine bot sich eine unendlich kahle Fläche dar, fast doppelt so groß wie der Rote Platz in Moskau. Der Ort provozierte immer neue Ideenskizzen und Wettbewerbe. Doch bis zu einer Gestaltung dieser eigentlichen Stadtmitte, die für die restliche Lebensdauer der DDR vorhielt, vergingen noch viele Jahre. Anders dagegen der östliche

Kollektiv Ludmilla Herzenstein. Laubenganghaus an der Stalinallee (Karl-Marx-Allee). Berlin-Friedrichshain, 1949–50.

[110] Thomas Topfstedt. Zur Gestaltung und zum Begriff des öffentlichen Raumes im Städtebau der DDR während der 1950er und 1960er Jahre. In: Heinz Nagler u. a. (Hg.). Der öffentliche Raum in Zeiten der Schrumpfung. Berlin, 2004. S. 73 ff.

Teil der Hauptachse, der zur Visitenkarte der jungen DDR werden sollte. Ein mit Wohnungen bebauter Straßenzug war in dieser Notzeit politisch besser zu rechtfertigen als ein repräsentatives Stadtzentrum. Seit 1950 lagen Entwürfe für die Allee vor, die aller-

Richard Paulick. Aufbauplan Berlin Zentrum. 22. 8. 1950. Östlich des zu diesem Zeitpunkt noch nicht gesprengten Schlosses ist ein hohes Regierungsgebäude vorgesehen. Am rechten Bildrand diagonal die Stalinallee.

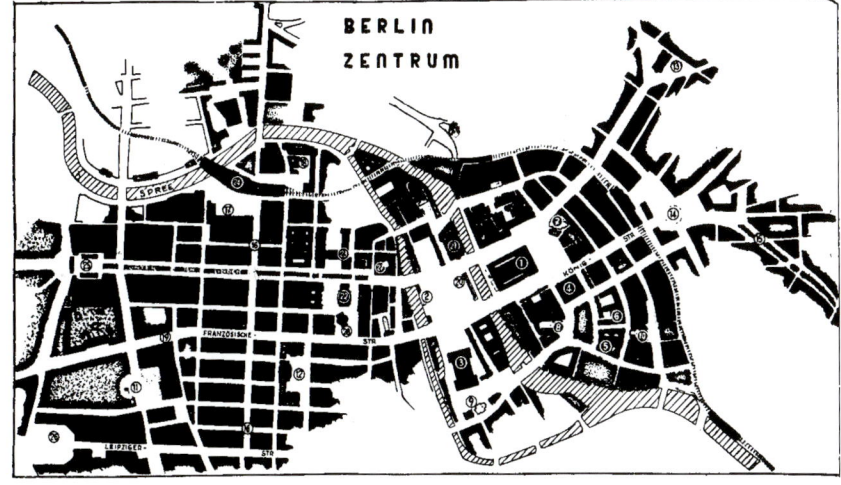

Reise nach Moskau   291

Meisterwerkstatt Hermann Henselmann, Rolf Göpfert. Hochhaus an der Weberwiese. Berlin-Friedrichshain, 1951–52.

[111] Louis Sullivan. The Tall Office Building Artistically Considered. In: Lippincott's 57 (1896). S. 403 ff.

[112] Hermann Henselmann im Gespräch mit Vittorio Magnago-Lampugnani. In: Jörg Krichbaum, Vittorio Magnago-Lampugnani (Hg.). Baumeister im Profil. Stuttgart, 1991. S. 38.

[113] Rudolf Herrnstadt. Über den Baustil, den politischen Stil und den Genossen Henselmann. In: Neues Deutschland, 31. 7. 1951.

dings von der SED-Führung abgelehnt worden waren. Ein öffentlicher Wettbewerb wurde auf Ende Juli 1951 ausgeschrieben.

Zum Probelauf für die Umsetzung der Moskauer Erkenntnisse im allgemeinen wie für die Stalinallee im besonderen geriet die Bebauung eines Terrains seitab der Allee, der Weberwiese (1951–52). Scharouns Institut für Bauwesen an der Akademie der Wissenschaften hatte das gesamte Quartier Friedrichshain als aufgelockerte Wohnlandschaft mit einer Mischung von Hochhausscheiben und »nesthaften« Einfamilienhäusern bebauen wollen. Von Nesthaftigkeit war nun keine Rede mehr. Das neunstöckige Hochhaus, das Hermann Henselmann mit seinem Meisteratelier an der Bauakademie entwarf, sollte den Kulturwillen des Staates bezeugen. Sockel, Korpus und Bekrönung sind voneinander unterschieden, ein Rezept, das Louis Sullivan sechzig Jahre zuvor für seine Hochhäuser im amerikanischen Mittelwesten formuliert hatte.[111] Die Ecken sind durch turmartige Risalite verstärkt, ein Dessin, das sich bei Moskauer Vorbildern findet. Sie schließen unterhalb der obersten Etage ab, so daß sich aus dem Baumassiv ein stämmiger Kernbau herauszuheben scheint.

Zwei Säulenpaare aus schwarzem Granit, die den Eingang flankieren, Friese, Gesimse, Eckakroterien, ein verglaster Aufsatz wie ein Belvedere, das alles war mit leichter Hand gezeichnet, historisierend, doch mit Ironie, als wollte Henselmann schon die Postmoderne vorwegnehmen. Das Fassadenmaterial wechselt zwischen Werkstein, Keramik und Putzflächen. Den verdienten Werktätigen, die das Haus beziehen durften,

Hans Scharoun, Institut für Bauwesen. Modell Wohnzelle Berlin-Friedrichshain. 1949. Rechts die Stalinallee (Karl-Marx-Allee).

wurde ein ungewöhnlicher Komfort geboten: Aufzug, Müllschlucker, Sonnenterrasse. Die Baukosten lagen um ein Vielfaches über den vorgeschriebenen Summen. Aber bei Ikonen fragt man nicht nach dem Herstellungspreis.

Zu einer Ikone wurde das Haus in einem heute kaum faßbaren Maße. Jubel allenthalben. »Ein weißes Haus, und nachher die anderen Häuser – wie Schwäne mitten in den Ruinenfeldern.«[112] Bert Brecht schrieb dem befreundeten Architekten einen Vierzeiler, der über dem Eingang angebracht wurde. Schon die Entstehungsgeschichte gehörte zur Legende. Vorausgehende Entwürfe der drei akademischen Meisterwerkstätten von Henselmann, Hopp und Paulick hatten die Kritik einer vom Politbüro eingesetzten Kommission gefunden. Kommissionsmitglied Rudolf Herrnstadt, Chefredakteur des *Neuen Deutschlands*, berichtete in seiner Zeitung mit ungewöhnlicher Schärfe und Ausführlichkeit: »Alles an diesen Häusern ist billig.«[113] Fünf Tage später lagen die revidierten Entwürfe vor, darunter der Henselmanns. Die Partei hatte ihren Beleg für die Realisierbarkeit der »nationalen Form«.

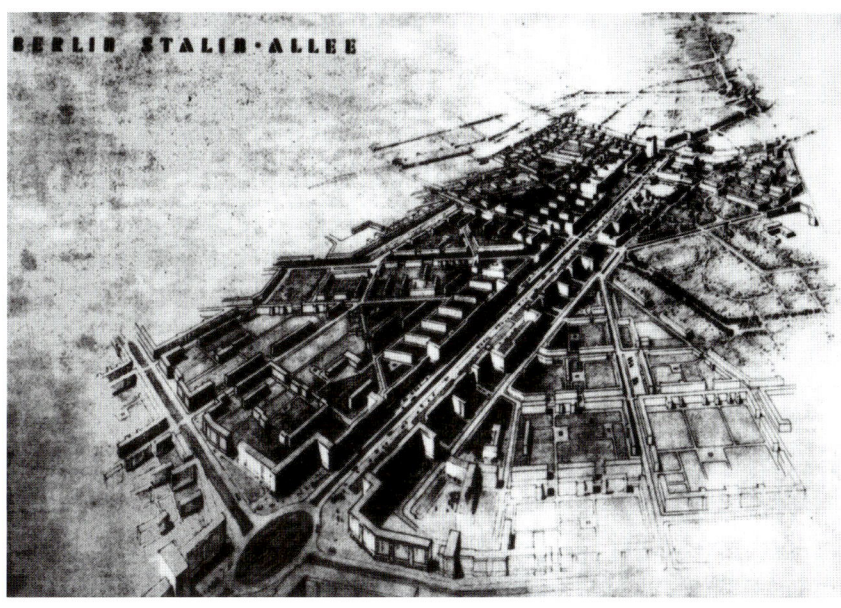

Walter Ulbricht zeigt dem Chefarchitekten von Moskau Alexander Wlassow das Modell der Weberwiesen-Bebauung. Dezember 1951. Von links: Kurt Liebknecht, Alexander Wlassow, Edmund Collein, Lotte und Walter Ulbricht.

Egon Hartmann. Preisgekrönter Wettbewerbsentwurf Stalinallee (Karl-Marx-Allee). Berlin-Friedrichshain, 1951. Links vorn Strausberger Platz, rechts hinten das spätere Frankfurter Tor.

Meisterwerkstatt Richard Paulick. Block C, Stalinallee (Karl-Marx-Allee). Berlin-Friedrichshain, 1951–53.

So schroff der Tadel gewesen war, so stürmisch fiel die Belobigung aus: »Jawohl, das ist das richtige Verhalten.«[114] Der reumütige und bekehrte Henselmann bedankte sich im Zentralorgan der SED *Neues Deutschland* mit einem Widerruf der Moderne, den die Partei in ihrer Argumentation gut brauchen konnte. Henselmanns Ruf als begabter Formenspieler, bedenkenlos anpassungsbereiter Taktiker und wortgewandter Formulierer wurde durch diesen architektonisch-rhetorischen Meisterstreich bestätigt. Wenn es im Arbeiter- und Bauernstaat einen Stararchitekten gab, so war er es nun.

Zur gleichen Zeit, in der das Drama Weberwiese lief, entschied sich das Schicksal der Stalinallee.[115] Den ersten Preis im Wettbewerb um den Abschnitt zwischen dem heutigen Frankfurter Tor und dem Strausberger Platz hatte ein junger Architekt aus Thüringen davongetragen, Egon Hartmann. Hartmann – er sollte nach seinem Fortgang aus der DDR in Westberlin den zweiten Preis einer anderen prestigeträchtigen Konkurrenz, des Hauptstadtwettbewerbs Berlin gewinnen! – schlug eine Randbebauung vor, deren vor- und zurücktretende Fluchten platzartige Ausweitungen andeuteten. Auch durch ihre sorgfältige Grüngestaltung fiel die Planung auf. Hartmann mußte seinen Plan gemeinsam mit den anderen, erfahreneren Preisträgern weiterbearbeiten. Die einzelnen Bauabschnitte wurden unter ihnen aufgeteilt.

Überraschungsgast bei der entscheidenden Sitzung im Politbüro war Henselmann, dessen Meisterwerkstatt sich am Wettbewerb möglicherweise nicht beteiligt, jedenfalls keinen Preis erhalten hatte.[116] Ihm wurden trotzdem die Filetstücke der ganzen Planung zugesprochen, der Strausberger Platz und nach einem weiteren Wettbewerb auch das Frankfurter Tor. Damit lagen Anfang und Ende dieses Prestigeprojekts in seiner Hand. In der Öffentlichkeit galt Henselmann kurzerhand als der Schöpfer der Stalinallee, sehr zum Ärger der anderen beteiligten Planungskollektive. Möglicherweise war seine Bevorzugung der Lohn für gebaute Selbstkritik und veröffentlichte Moderne-Verdammung.[117] Am Strausberger Platz entstand das eckenverstärkte Weberwiesen-Hochhaus gleich zweimal aufs neue, doch vier Stockwerke höher.

Schon wenige Jahre später entsprach die neue Magistrale nicht mehr der abermals gewandelten Architekturpolitik der DDR. Der »fortschrittlichste Bauplatz Deutschlands«[118] machte durch permanente Bauschäden von sich reden, an denen allzu kurze Baufristen und unzureichende Materialien schuld waren. Städtebaulich war der Straßenzug mit seinem Hinterland nur mangelhaft verknüpft, durchschnitt das vorhandene Straßenmuster und trug stark Potemkinsche Züge. Seine propagandistische Aufgabe hat er nur unvollkommen erfüllt. Zwei Jahre nach

Meisterwerkstatt Hermann Henselmann. Strausberger Platz. Berlin-Friedrichshain, 1951–53.

Meisterwerkstatt Hermann Henselmann. Turmhaus am Frankfurter Tor. Berlin-Friedrichshain, 1952–56.

dem Wettbewerb ging von den Baustellen an der Stalinallee der Aufstand vom 17. Juni 1953 aus. Daran waren nicht nur Normerhöhungen und allgemeine Unzufriedenheit, sondern auch die Zustände auf der Baustelle schuld. Die Aufmarschachse wurde vom Volk anders in Gebrauch genommen, als es ihre Planer in Moskau gelernt hatten.

Dennoch hat die Stalinallee, die nach dem Tod des Diktators in Karl-Marx-Allee umgetauft wurde, in den Köpfen auch mancher westeuropäischer Städtebauer eine Rolle gespielt – als heroischer Versuch, einen großstädtischen Boulevard mit gemischten Nutzungen, Cafés, Restaurants, Kinos, Sporthalle, Läden, in Szene zu setzen. »Die lichterfüllte Weite des Raumes, die freundliche Wärme der mit lichtgelber, unglasierter Keramik verkleideten Fassaden, das belebende Element der Ladenfronten, zeigt das eigentlich Neue, das hier in einem kühnen Anlauf geschaffen wurde.« (Hans Schmidt)[119] Unter welchen Schmerzen das Projekt auch zustande gekommen war, bei diesen Arbeiterwohnpalästen zeigten Architekten noch einmal, was ihnen das Jahrhundert der Moderne nicht oft erlaubte: Arrangements von Baukörpern, die dem unterdrückten Schönheitsempfinden folgten, Dekors aus dem vergessenen Füllhorn der Historie und die Hoffnung, endlich die sentimentalen Sehnsüchte ihrer Klientel zu erfüllen.

Nationale Traditionen, lokale Varianten

Der Wiederaufbau Berlins müsse zum Vorbild für den Wiederaufbau aller deutschen Städte werden, hatte Minister Bolz gefordert.[120] Das Aufbaugesetz vom 6. 9. 1950, dem die *Grundsätze des Städtebaues* beigefügt waren, bezog sich außer auf Berlin auf weitere große Städte der DDR wie Dresden, Leipzig, Magdeburg, Rostock. Schließlich waren es nicht weniger als 53 sogenannte Aufbaustädte, auf die sich das Gesetz unter der Devise des »Nationalen Aufbauwerks« erstreckte. Aufmarschachsen und zentrale Plätze mußten nach den Berliner Entscheidungen berücksichtigt und in »Demonstrationsplänen« nachgewiesen werden.

Gesetzeskonform wurde die Verarbeitung nationaler Traditionen, für die Henselmanns Hochhaus an der Weberwiese das erste anschauliche Beispiel gab, aufgegriffen und, so gut es ging, mit der gleichfalls erwünschten Monumentalität verbunden. Dafür sorgte die zentrale Steuerung durch SED, Bauakademie und Aufbauministerium, die den örtlichen Baufunktionären ihre Kriterien in Konferenzen und Konsultationen vermittelten. Die Sowjetunion und mit ihr, wenn auch weniger eifrig, die DDR betrieben damals noch eine Politik, die auf Neutralisierung und Wiedervereinigung Deutschlands gerichtet schien. Da war die Betonung nationaler Eigenschaften, der »Nati-Tradi«, im Bauen willkommen. Die werdende neue deutsche Baukunst mußte gegen den »Baukastenstil« des internationalen Aggressors USA verteidigt werden.

Der erbitterte Kampf, der um die Einheit des Vaterlandes geführt werde, »veranlaßt uns, inniger, entschlossener als bisher das zu erwerben, was wir von unseren Vätern her besitzen«, schrieb Henselmann folgsam in einem Buch über Schinkel, das die Deutsche Bauakademie aus aktuellem Anlaß herausgab.[121] Denn Klassizismus stellte in den Augen der sozialistischen Patrioten die letzte Bauepoche dar, die von einer starken Idee getragen und vom demokratischen Bürgertum gestützt worden sei, war also zitierfähig. Das hatte die konservative Kulturkritik um 1910 genauso gesehen.

[114] R. H. (Rudolf Herrnstadt). Unsere Architekten antworten. In: Neues Deutschland, 3. 8. 1951.

[115] Werner Durth, Jörn Düwel, Niels Gutschow. Architektur und Städtebau der DDR. Bd. 1. Ostkreuz. Frankfurt am Main, 1998. S. 270 ff. Bd. 2. Aufbau. S. 296 ff.

[116] Die Verfasser der Arbeiten, die keinen Preis erhielten, sind nicht bekannt geworden.

[117] Vermutung von Jörn Düwel, so in: Jörn Düwel u. a. 1945. Krieg – Zerstörung – Aufbau. Architektur und Stadtplanung 1940–1960. Berlin, 1995. S. 228.

[118] Die erste sozialistische Straße Berlins. In: Berliner Zeitung, 13. 7. 1952.

[119] Hans Schmidt. Architektonische Eindrücke einer Reise in die DDR. In: Deutsche Architektur 4 (1955) 8. S. 362.

[120] Lothar Bolz. Aktennotiz 18. 11. 1949. Zit.: Werner Durth, Jörn Düwel, Niels Gutschow. Architektur und Städtebau der DDR. Bd. 1. Ostkreuz. Frankfurt am Main, 1998. S. 135.

[121] Deutsche Bauakademie (Hg.). Über Karl Friedrich Schinkel. Berlin, 1951. S. 7.

Meisterwerkstatt Hermann Henselmann. Haus des Kindes am Strausberger Platz. Berlin-Friedrichshain, 1951–53. Fassadendetail.

Willi Stamm. Portikus an Wohn- und Geschäftsbebauung Antoinettenstraße. Dessau, 1954–56.

Kollektiv Johannes Rascher, Kollektiv Herbert Schneider. Altmarkt. Dresden, 1953–56. Zeichnung Herbert Schneider 1953.

Allerdings mußte für die DDR umformuliert werden, was für den gewaltigen Kontinent der Sowjetrepubliken formuliert worden war. »Sind doch auf dem Gebiet der Sowjetunion die verschiedensten Völker vereint, ... und alle diese Völker haben eine viele Jahrhunderte alte Kultur und Baukunst.«[122] Von unterschiedlichen nationalen Traditionen ließ sich in der kleinen DDR kaum sprechen. Allenfalls auf die Traditionen des Staates Preußen, der seit den Napoleonischen Kriegen eine straff organisierte zentrale Bauverwaltung besessen hatte, hätte man zurückgreifen können. Aber Preußen wurde erst gegen Ende der DDR rehabilitiert, in den fünfziger Jahren war es noch nicht gesellschaftsfähig. Wenn Henselmann und seine Berliner Kollegen sich auf Karl von Gontard, Gilly Vater und Sohn oder auf Karl Friedrich Schinkel bezogen, war nicht die Überlieferung Preußens gemeint, sondern die Tradition Berliner Baukunst.

Lokale oder regionale Eigenheiten wurden infolgedessen statt jener Nationaleigenschaften akzeptiert, die das Stalin-Wort vom sozialistischen Inhalt und der nationalen Form eingefordert hatte. Eine Handreichung aus der Deutschen Bauakademie kam auf vier Regionen mit jeweils unterschiedlichen Stilmerkmalen.[123] Es bildete sich ein Stil der ungefähren Assoziationen heraus, der sich nicht auf exakte Vorbilder bezog, sondern freie Anmutungen ins Spiel brachte. So traten in Dessau, der Stadt der Aufklärung und des Klassizismus, gedrungene Säulenportici an normalen Wohn- und Geschäftsbauten auf. In Dresden wurde der Altmarkt zum zentralen Platz erklärt und gegenüber seinem früheren Umfang auf eine mehr als doppelt so große Fläche erweitert. Die Ost- und Westseiten entstanden von 1953 bis 1956 in Dresdner Neubarock, wobei der größere Grundstückszuschnitt ein feudales statt ein bürgerliches Erscheinungsbild zu Tage förderte.

Die andere große sächsische Stadt, Leipzig, blieb von ganz großen Eingriffen verschont, weil der vorhandene Promenadenring um die Innenstadt zur Demonstrationsachse erklärt wurde. Auch den zentralen Platz bildete ein vorhandener Platz, der Karl-Marx-(Augustus-)Platz. Der Forderung nach neuer national-lokaler Monumentalität tat der Roßplatz

296 1945 bis 1970

(1953–56) Genüge, gleichfalls ein Abschnitt des Rings. Schauwände, Arkaden, vorgelegte Erker, Sprenggiebel, Vasen, Obelisken und andere vage Erinnerungen ans barocke Leipzig schmücken das mächtige, konkav geschwungene Ensemble aus sieben- bis neunstöckigen Wohnhäusern. Mit den realen Hinterlassenschaften der Vergangenheit ging Leipzig später um so rüder um. Die Sprengung der erhalten gebliebenen Universitätskirche und der Alten Universität im Jahre 1968 wurde zu einer der Aktionen, die sich, wie der Fall des Berliner Schlosses, ins Gedächtnis der Bürger eingegraben haben.

Im Norden trat der »Nationalstil«, der ein Heimatstil war, mit Schaufronten, Wandpfeilern, Schildgiebeln, Windlöchern und Fialen auf, die den Rathäusern und Patrizierbauten der alten Ostseestädte entlehnt waren und freigebig auf moderne Großbauten verteilt wurden. Hanseatische Backsteingotik wurde in die Maße und Volumen moderner Großbauten übersetzt. In Rostock, der wirtschaftlich bedeutendsten Stadt im Norden der DDR, betrieb man ab 1952 den Ausbau der Langen Straße. Die lokale Parteipropaganda setzte die neue Magistrale, die von »dem Stolz und der Freude des Volkes« künden sollte (Walter Ulbricht),[124] in unmittelbare Parallele zur Stalinallee. Nicht zufällig hatte Henselmann auch in Rostock als Juror, Berater und Alternativenbeschaffer die Hand im Spiel. Daß sich die Rostocker Planung unter dem jungen Joachim Näther bei den langgestreckten Putzbauten und den ziegelverkleideten

Chefarchitekt Joachim Näther (Gesamtplanung und Entwurf des Hochhauses), Hartmut Colden, Konrad Brauns, Kurt Tauscher, Albrecht Jaeger, Heinz Lösler, Carl-Heinz Pastor u. a. Bebauung der Langen Straße. Rostock, 1953–59.

[122] Kurt Liebknecht. Die Sowjetarchitektur. Künstlerischer Ausdruck des Aufstiegs zum Kommunismus. In: Neues Deutschland, 26. 1. 1951.

[123] Hans Gericke. Kurzanalyse der nationalen Traditionen in der DDR. 28. 7. 1953. Zit.: Jörn Düwel. Baukunst voran! Architektur und Städtebau in der SBZ/DDR. Berlin, 1995. S. 121.

[124] Walter Ulbricht. 1953. Zit.: Werner Durth, Jörn Düwel, Niels Gutschow. Architektur und Städtebau der DDR. Bd. 1. Ostkreuz. Frankfurt am Main, 1998. S. 441.

Turmgebäuden der Langen Straße für hanseatische Backsteingotik entschied, ging auf die Einwirkung Henselmanns und der Deutschen Bauakademie zurück.

Denn wie man in Verlautbarungen der Bauakademie nachlesen konnte, zählte Gotik inzwischen als glanzvolle Sonderleistung der deutschen Baukunst zum fortschrittlichen Erbe, mit dem man frei umgehen konnte. Der Prinzipalmarkt in Münster (vgl. S. 275 f.), bei dem die alte Parzellenstruktur beibehalten wurde, war im Vergleich zu den Amalgamen und freien Zitaten an der Langen Straße ein Muster an historischer Treue. Wie Ostberlin, Dresden oder Magdeburg sollte auch Rostock ein neues Turmhaus und einen beeindruckenden Platz nach Moskauer oder Warschauer Vorbild erhalten. Auch hier fiel der Turm der Ernüchterung nach Stalins Tod und den finanziellen Engpässen des Nationalen Aufbauprogramms zum Opfer.

Rudolf Rohrer, VEB Projektierung Sachsen. Roßplatz. Leipzig, 1953–56.

Reise nach Moskau

Happy Fifties

[125] Elisabeth Noelle, Erich Peter Neumann. Jahrbuch der öffentlichen Meinung 1947 bis 1955. Allensbach, 1956. S. 117.

[126] Wilhelm Backhaus. Über das Abgründige im deutschen Bundesbürger. 1957. Zit.: Alfred Simon (Hg.). bauen in deutschland 1945–1962. Hamburg. 1963. unpag.

[127] Arne Andersen. Der Traum vom guten Leben. Alltags- und Konsumgeschichte vom Wirtschaftswunder bis heute. Frankfurt am Main, 1997. S. 131.

[128] Elisabeth Noelle, Erich Peter Neumann. Jahrbuch der öffentlichen Meinung 1947 bis 1955. Allensbach, 1956. S. 107. – Alphons Silbermann. Vom Wohnen der Deutschen. Opladen, 1963. S. 67 ff., 249 ff.

[129] Herbert Rimpl. Die geistigen Grundlagen unserer Zeit. München, 1953. S. 154.

In der Erinnerung vieler Westdeutscher war das Wirtschaftswunder mit der Währungsreform vom 20. Juni 1948 verbunden. Unvergeßlich prägte sich das Bild der plötzlich wieder gefüllten Schaufenster ein, der Geschäfte, in denen von heute auf morgen wieder alles zu haben war, Gemüse und Brot, Spirituosen, Kleider und Elektrogeräte. Die Statistiker zeichnen ein weniger positives Bild. Im Herbst 1949 betrug die Arbeitslosenquote in den westdeutschen Ländern zehn Prozent, während die Lebenshaltungskosten beträchtlich zulegten, allerdings auch die Reallöhne.

Mit dem Ausbruch der Koreakrise 1950 stieg die Produktion von Konsum- und Investitionsgütern rasant, begann der Export zu boomen, ließ sich von einem Wirtschaftswunder sprechen. 1950 waren in der Bundesrepublik 500 000 Autos angemeldet, 1960 achtmal so viel. Ganz oben auf der Prioritätenliste der Bürger standen Wohnung und Haus.[125] Der Anspruch, das Leben müsse in einer ständigen Verbesserung der Einkommensverhältnisse bestehen, in ständig gesteigertem Konsum, in ständig zunehmenden Sozialleistungen, datiert aus den fünfziger Jahren. »Der typische deutsche Bundesbürger ... litt den fürchterlichsten Hunger ... Von ihm ist, ob er es nun weiß oder nicht, jener heimliche Schwur geleistet worden, daß er nie mehr hungern will und daß nichts ihn davon abhalten soll, vor allem nach Sicherheit, Wohlstand und Behagen zu streben.«[126]

Leicht, locker, schwungvoll

Ungeachtet aller weiterbestehenden Notstände – 1957 lebten noch immer 400 000 Menschen in Lagern – sind im Bauwesen die fünfziger Jahre als eine Epoche des kontinuierlichen Aufschwungs erlebt worden. Bis 1956 waren in der Bundesrepublik bereits drei Millionen öffentlich geförderter Wohnungen fertiggestellt.[127] Die Quadratmeterzahl pro Kopf stieg von 15 (1950) auf 24 (1968). Die meisten neuen Wohnungen lagen in zwei- oder dreistöckigen Mehrfamilienhäusern, hatten anfangs Kohle-, dann Elektroöfen, Gas- oder Ölbrenner und schließlich Sammelheizung, Bad und WC in der Wohnung, Heißwasserversorgung. Wunschziel, von allen Parteien und sogar der Kommunistischen Partei unterstützt, war das Einfamilienhaus im Grünen. Dafür nahm man zunehmende Pendlerzahlen, zunehmenden Bedarf an Verkehrsbauwerken und zunehmende Beanspruchung von Freiflächen in Kauf.

Im eigenen Heim gingen die Präferenzen der Mehrheit in Richtung gediegener Repräsentationsmöbel, schwerer Polstergarnituren, massiver Holzfronten. Nierentische, Tütenlampen, schräggestellte Möbelfüße, Draht- und Nylongeflechte als Sitzgelegenheiten gelten zwar als Epochenmerkmale, entsprachen aber nicht dem Mehrheitsgeschmack, von den designbewußten Klassikern aus den Studios von Knoll oder Herman Miller ganz zu schweigen. Geborgenheit, Behaglichkeit und Sicherheit waren die überwiegenden Empfindungen, die Bundesbürger beim Betreten ihrer Wohnungen empfanden.[128] Die Satteldach-und-Gauben-Häuser der Wohnungsbaugesellschaften, mit denen das Gros der Bauvorhaben bestritten wurde, folgten Konventionen, die seit Jahrzehnten galten. Allenfalls in Lage und Orientierung wichen sie von der gewohnten Straßenrandbebauung ab, wenn sie zu Zeilen- oder Kammstrukturen überschwenkten.

Wo sich der Wohnungsbau solche Freiheiten nahm, erntete er das Lob der Modernisten: »Dieses lockere Hinstreuen der freikörperlichen Bauten ist sehr verwandt mit dem Sternenhimmel, mit seinem System der Massenverteilung der Spiralnebel der Milchstraßen im Weltenraum.«[129] Private Bauherren,

Konstanty Gutschow, Friedrich Wilhelm Kraemer, Georg Seewald. Wohnviertel Constructa. Hannover, 1951–52.

die sich schon in den Anfangszeiten des Wirtschaftswunders mehr leisten konnten als die Wohnung auf der Etage oder das kleine Einfamilienhaus, hielten sich an den konservativen Geschmack, dessen Produkte ihnen in den Villenvierteln aus der Zeit vor dem Ersten Weltkrieg oder der Weimarer Republik vor Augen standen. Villen, die einem neuen, offenen Wohngefühl Ausdruck gaben, gehörten zu den Seltenheiten. Max Bächer, Gerhart Laage, Sep Ruf, Erich Schneider-Wessling und andere haben Häuser gebaut, die sich an skandinavischen Vorbildern oder an Richard Neutras kalifornischen Bungalows orientierten, zwischen Eleganz und Behaglichkeit sich aber für das gediegen Wohnliche entschieden.

Anders als im alltäglichen Wohnungsbau machte sich seit den mittleren fünfziger Jahren die Erleichterung aller Lebensverhältnisse in der öffentlichen und öffentlich sichtbaren Architektur der Städte bemerkbar. Seitdem die wichtigeren Büro- und Geschäftshäuser in Skelettbauweisen errichtet wurden, lautete eine erste Option, die tragenden Pfeiler und Balken im Außenbau auszudrücken. Daraus folgten käfigartige, tief schattende Fronten, die bestenfalls strenge Würde, meist aber freudlosen Ernst abstrahlten. Erst zusätzliche Elemente wie auskragende Vordächer, zurückgesetzte Attikageschosse, ge-

Max Bächer. Haus Windstosser. Stuttgart, 1957.

schwungene Flugdächer, manchmal mit kreisrunden Löchern darin, und die neu erwachte Schmucklust in Gestalt von Wandmosaiken und Ritzreliefs heiterten die Ansichten auf. Bunte Leuchtschriften überzogen des Nachts die Großstadtfassaden mit einer schwebenden, farbigen Sekundärschicht der Zeichen und Reklamebotschaften.

Innen waren der Erfindungsgabe keine Grenzen gezogen. Freischwingende Treppenläufe mit originell geformten Geländern boten Bewegungsbühnen fürs Publikum, auch wenn es sich um Angestellte oder Behördenbesucher handelte. Bei büschelförmigen Pendelleuchten, Lichtschnüren, künstlichen Sternenhimmeln, Lichtwogen aus indirekten Quellen kamen Leuchtstoffröhren, Punktscheinwerfer und »Wallwasher« zum Einsatz. Glasbausteine mit wechselnden Oberflächenstrukturen und in unterschiedlichen Einfärbungen oder geschliffene Ganzglasflächen bildeten hybride Zwischenformen von Wand und Fenster. In großen Blumenfenstern wurde Natur mit Pflanzen inszeniert, die selbst schon wie Kunstprodukte aussahen: Immergrüne, Philodendren, Gummibäume. Zierbrunnen trugen Spiel, Geräusch und Kühlung des Wassers in Hallen und Foyers. Die Wonnen der Gewöhnlichkeit unterlagen keiner Selbstkontrolle. Spiegelnde Materialien, Chrom, Messing, Kupferblech, glasierter Klinker waren wegen ihrer Reflexlichter beliebt. Es entwickelte sich eine Unterhaltungskultur der Inneneinrichtung parallel zum Swing der Combos und Big Bands. Im Vergleich zu den

Hans Simon. Schuhhaus Stiller. Berlin-Charlottenburg, 1955–57.

Happy Fifties

Roland Korn, Hans-Erich Bogatzky. Staatsratsgebäude. Berlin, 1962–64. Treppenhalle.

Will Schwarz. Gesundheitshaus. Dortmund, 1956–59. Treppenhaus.

Wilhelm und Rudolf Koep. Fabrikationsgebäude der Parfumfabrik 4711. Köln-Ehrenfeld, 1950.

trierte. In der Empfangshalle des Ostberliner Staatsratsgebäudes (1962–64) mit ihrem schräg gestellten unteren Treppenlauf, vor Walter Womackas glücklichen Werktätigen an der buntverglasten Stiegenhauswand, fühlte sich der emporschreitende Besucher kaum weniger opulent empfangen als, beispielsweise, im Gesundheitshaus von Will Schwarz in Dortmund (1956–59). Es waren Versuche der Wiedergutmachung für die vielen Jahre, die Menschen in dunklen, feuchten Bunkern, Unterständen und Notunterkünften zugebracht hatten.

Das Ideal der Leichtigkeit erfaßte im Laufe der fünfziger Jahre auch die Außenseiten der Architektur. Stabile, pesante Verwaltungsgebäude oder Fabriken verwandelten sich in Gebilde visueller Schwerelosigkeit. Die Traggerüste wurden nach innen genommen. Gläserne Vorhangfassaden umhüllten liegende oder stehende Bauquader, dann auch andere geometrische Formen, Gebäude über rautenförmigen Grundrissen, dreiflügelig um einen Dreieckskern wie beim Unilever-Haus in Hamburg, unregelmäßig sechseckig wie beim Württembergischen Versicherungsverein in

Überschwenglichkeiten des gleichzeitigen *stil novo* in Italien[130] war das deutsche U-Interieur freilich noch dezent.

Solche Vorlieben waren gesamtdeutsch. Auch die Ostmoderne konnte sich schwungvoll geben, liebte Nierentische, asymmetrisch gesetzte Fensterkreuze und Kunstschlosserei an Treppengeländern und Emporenbrüstungen, wobei sich solcher Aufwand auf Interhotels, Cafés, Kulturhäuser, Sportanlagen oder Gebäude der staatlichen Repräsentation konzen-

Stuttgart. Die Formatierung der Fenster, das Maß, in dem sich die tragenden Gerüststrukturen in den Fassaden abbilden oder die Pfeiler vor die Außenflächen treten, die Abstufungen von Transparenz und Farbigkeit bei Fensterglas und Brüstungstafeln machten die Varianten aus. Solange diese hellen, lichten Gebilde genügend Kontrastmasse in der steingrauen alten Bebauung fanden und ihren Neuigkeitsreiz ausspielen konnten, wirkte der Effekt: das ungewohnte Neue brillierte vor dem allzu gewohnten Alten. Eine ganze Stadt ließ sich damit nicht bauen. Schon die Gebäude des Kaufhof-Konzerns in verschiedenen westdeut-

Dachbinder. Eine stützenfreie Glashaut gibt es auch hier. Eleganter konnte man seinen Ford Taunus oder seine Borgward Isabella nicht parken. Hochgarage wie Mannesmann-Hochhaus mußten noch gegen die Aversionen des Stadtbaurats durchgesetzt werden. Daß eine Stadt mit solchen Auftritten der Moderne

Paul Schneider-Esleben. Hochhaus Mannesmann (später Vodafone). Düsseldorf, 1952–55.

Paul Schneider-Esleben. Großgarage Haniel. Düsseldorf, 1949–51.

Helmut Hentrich, Hans Heuser. Verwaltungsgebäude Victoria Versicherung. Düsseldorf, 1951.

schen Städten, die sich in die blaugrünen Curtain Walls des New Yorker Lever Hauses[131] kleideten, überstrapazierten das Motiv.

Beim Düsseldorfer Mannesmann-Hochhaus (später Vodafone, 1951–56) war für den Kontrast gesorgt. Der neue, vom Rhein her gesehen schmale Turm steht unmittelbar neben dem gewichtigen Stammhaus von Peter Behrens (vgl. S. 59) und hält ihm die Flanke frei. Der Architekt des Neubaus, Paul Schneider-Esleben, war zum Zeitpunkt des ersten Entwurfs noch nicht in den USA gewesen, hielt sich aber an das Rezept Lever House. Innovativ waren die Rundrohrstützen, ein Mannesmann-Produkt, die aber ebenso wie die blauen emaillierten Wandtafeln große technische Probleme machten. Oben endet der Turm mit einer Reihe von Brüstungstafeln, die wie ein abgeschnittenes Stockwerk wirkt, als könne es unendlich so weitergehen. Richtig gemocht hat den Bau eigentlich niemand, die Kollegen schon gar nicht.

Zu einer Inkunabel der Epoche wurde dagegen ein früherer Bau Schneider-Eslebens, die Großgarage am Düsseldorfer Lichtplatz (1949–51), der erste Garagenbau der Bundesrepublik mit einem Motel dazu. Die Außenrampe für die Auffahrt hängt spektakulär mit dünnen Stahlstangen an den Kragarmen der

auch Progressivität und Zukunftsgläubigkeit signalisieren und damit für sich punkten konnte, hatte die Düsseldorfer Obrigkeit zum Zeitpunkt der Auftragsvergabe noch nicht entdeckt.

Am anderen Ende der Innenstadt, am Hofgarten, stieg wenig später ein zweites Hochhaus empor, das Dreischeibenhaus (1957–60). Dessen Urheber Helmut Hentrich war aus dem Dritten Reich an gewichtige Imposanz gewöhnt und hatte sie zu Anfang der fünfziger Jahren auch weiter eingesetzt. Sein Verwaltungsgebäude der Victoria Versicherung in Düsseldorf von 1951 folgte noch einem verbreiteten Standard moderater Nüchternheit. Achsen sind in monotonem

[130] Christian Borngräber. Stil novo. Design in den fünfziger Jahren. Berlin, 1978.

[131] Architekten: Skidmore, Owings & Merrill. 1951–52.

Happy Fifties 301

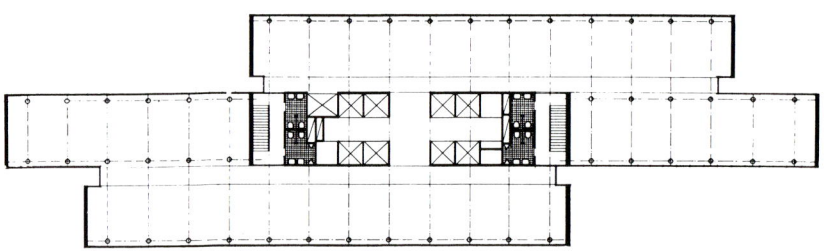

Helmut Hentrich, Hubert Petschnigg. Hochhaus Phoenix-Rheinrohr (Thyssen). Düsseldorf, 1957–60. Ansicht. Grundriß Normalgeschoß.

Hans Schwippert mit Karl Wimmenauer. Georg-Büchner-Gymnasium. Darmstadt, 1958–60.

Takt gereiht, an den Eckkanten sammelt sich Masse an, das Portal ist hierarchisch zwei Stockwerke hoch eingeschnitten. So haben damals viele Architektenbüros gebaut.

Wenig später ging es auch bei Hentrich & Petschnigg international zu. Im Fall des Dreischeibenhauses für Phoenix-Rheinrohr (dann Thyssen) wechselte das Team mit wehenden Fahnen ins Lager der Moderne; für deutsche Verhältnisse ein Nonplusultra an Präzision, Transparenz, Schwerelosigkeit. Zunächst war ein Turm auf pastillenförmigem Grundriß vorgesehen. Die Entwurfsalternative, bei der sich zwei niedrigere Scheiben, gegeneinander versetzt, an eine mittlere höhere schmiegen, bot Vorteile im Gebrauch. Sie überschritt aber die vorhandene Grundstücksfläche und erforderte von der Stadt Dispens.

Mit beiden Projekten in der Tasche flogen Architekt und Bauherren ins gelobte Land der Büro-Wolkenkratzer, nach Amerika, und ließen sich am Ende der Reise von Gordon Bunshaft, dem New Yorker Chefdesigner von Skidmore, Owings & Merrill, beraten. Die Geschichte gehört zur Firmenlegende. Die Gäste breiten ihre Planrollen vor Bunshaft aus. Der prominente Designer vertieft sich in die Projekte und erklärt schließlich seinen deutschen Besuchern mit Nachdruck: Nur diesen Entwurf dürfen Sie bauen.[132] Das Dreischeibenhaus wurde als Stahlkonstruktion errichtet, wozu der Bauherr, ein Stahlkonzern (!), erst überredet werden mußte. Der Bau hatte enormen publizistischen Erfolg. Seine dreigeteilte Schmalseite, mit gefaltetem Stahlblech verkleidet, wurde zu einem Signet des Konzerns wie der Stadt oder gar der westdeutschen Nachkriegsarchitektur.

Das Ideal distanzierter Naturnähe, der Durchlichtung und Durchlüftung bemächtigte sich ganzer Bauaufgaben. Sonnenterrassen fanden sich nicht nur, wo sie zu erwarten wären, in Krankenhäusern und Sanatorien, sondern auch auf Betriebsgebäuden, Verwaltungshäusern und Hotels. Im Schulbau sollten, ermutigt durch die Gartenhöfe bei Arne Jacobsens Munkegårdschule in Gentofte (1952–56), den Kindern die Annehmlichkeiten von frischer Luft, Sonne und Grün zugute kommen. Hans Schwippert beschrieb das Ziel bei seinem Georg-Büchner-Gymnasium in Darmstadt (1958–60): »Kein Lehrpalast, sondern eine Versammlung von Hütten; ... kein Stapel von Geschossen, sondern ein Gelege von Gehäusen; kein Lern-Industriebau, sondern ein Werkstätten-Gehöft.«[133] Mehrgeschossige Schulbauten wurden so geplant, daß die Klassenräume nicht nur von der ver-

glasten Hauptseite, sondern durch Oberlichtstreifen über Laubengängen oder niedrigeren Korridoren von der Gegenseite her belichtet und querbelüftet werden. Regensichere, aber durchlüftete Pausenhallen entstanden zwischen den schlanken Pfeilern aufgeständerter Obergeschosse.

In Süddeutschland erwies sich Sep Ruf als ein Meister des Minimalismus. Was Wärmedämmung und Isolierverglasung heute längst nicht mehr erlauben, war damals noch möglich: überschlanke Stahlstützen, unglaublich dünne Querschnitte aller Profile, hauchdünne Dachkanten statt mächtiger Dachschürzen. Bei der Nürnberger Akademie der Bildenden Künste (1950–54) reihte der Architekt im lichten Kiefernwald Atelierpavillons aneinander, die durch verglaste Gänge miteinander verbunden sind. Der Typus Pavillon entsprach dem, was die Zeit wollte: einen leichten Bau, für begrenzte Zeit errichtet, zur beweglichen Benutzung. In der Addition ergab sich eine Gruppe weitgehend selbständiger Glieder, eine freie Assoziation von Individuen.

Raum für Menschen, Gedanken und Dinge

Dieses Bild trug Sep Ruf im Kopf, als er gemeinsam mit Egon Eiermann die Präsentation der Bundesrepublik auf der Brüsseler Weltausstellung von 1958 entwickelte. Das Parkgelände, auf dem kein Baum gefällt werden durfte, erforderte eine elastische Lösung. Unabhängig voneinander hatten sich die Architekten in Vorentwürfen für eine Kette kleinerer und größerer quadratischer Bauten entschieden, die durch Laufstege verbunden waren. Daraufhin waren sie zu einer Partnerschaft verkoppelt worden. Ihre zwei-

Sep Ruf. Akademie der Bildenden Künste. Nürnberg, 1950–54.

und dreigeschossigen Pavillons legten sich um eine grüne Mitte und bildeten, dem städtebaulichen Epochenideal entsprechend, eine eigene kleine Stadtlandschaft. Der ephemere Charakter der Architektur war nicht nur metaphorisch gemeint, sondern durch praktische Gründe bedingt. Die Stahlkonstruktion wurde in Deutschland hergestellt, vor Ort montiert und nach Ablauf der Fristen wieder zerlegt und zurücktransportiert.

In Brüssel war eine »Haltung der Zurückhaltung« angesagt.[134] Die deutsche Vertretung hielt sich von den nationalen Übertrumpfungsaktionen fern, die stets, auch in Brüssel, die Expos beherrschten. Natürlich gab es ein paar Kunststückchen, die Eindruck machten, wie den Trapezakt der von einem Pylonen abgehängten, weit auskragenden Stahltreppe. Stege und Pavillons, Portalrahmen und Dachtragwerk, Träger und Getragenes berührten sich nur minimal, schienen aneinander vorbeizugleiten, als habe ihnen jemand ein »Noli me tangere!« zugeflüstert. Der Satz kann überhaupt als ein Zauberspruch im Design der fünfziger Jahre gelten.

Eiermann und Ruf setzten in Brüssel auf diskrete, wiederkehrende Mittel, Materialien und Farben: schwarz der Stahl, weiß gestrichen das Gestänge und die Deckenuntersichten, lehmgelb die Ziegel der Sockel. Lamellenstores erinnerten an das diaphane Reispapier japanischer Tempel und verliehen den

[132] Helmut Hentrich. Bauzeit. Aufzeichnungen aus dem Leben eines Architekten. Düsseldorf, 1995. S. 224 f.

[133] Hans Schwippert. 1960. Zit.: Gerdamaria Schwippert, Charlotte Werhahn (Hg.). Hans Schwippert. Düsseldorf, Bonn, 1984. S. 110.

[134] Ernst Johann. Die Haltung der Zurückhaltung. In: werk und zeit (Juni 1958). Zit.: Paul Sigel. Exponiert. Deutsche Pavillons auf Weltausstellungen. Berlin, 2000. S. 180.

Egon Eiermann, Sep Ruf. Deutscher Pavillon auf der Weltausstellung. Brüssel, 1956–58.

[135] Hans Schwippert. Das Bonner Bundeshaus. In: Neue Bauwelt 6 (1951) 17. S. 65, 70.

nicht klimatisierten Räumen einen Touch von Fernem Osten. Bei diesem ersten internationalen Auftritt nach 1945, knapp dreißig Jahre nach Mies van der Rohes glanzvoller Präsentation in Barcelona, war alles harmonisch und gepflegt, einsichtig und durchsichtig: Wir haben nichts zu verbergen. Hatten wir nichts zu verbergen?

In Bonn hat sich der Bund von 1949 bis in die achtziger Jahre mehr oder weniger Zurückhaltung auferlegt. Offiziell durfte dem Anspruch der Stadt Berlin auf den endgültigen Hauptstadtrang, zu dem sich so viele Politiker verbal bekannt hatten, nicht zuwidergehandelt werden. Andererseits mußte die Arbeitsfähigkeit der parlamentarischen Einrichtungen und der Ministerien in der kleinen Universitäts- und Pensionärsstadt gesichert werden. Die Mischung von praktischem Müssen und politischem Nicht-Dürfen hat der provisorischen Bundeshauptstadt viel banales Mittelmaß eingetragen, aber ein paarmal auch Bauten von Offenheit und schöner Askese.

Die Anfangsgründe für den Parlamentssitz hat Schwippert gelegt. In großer Eile mußte er für den Deutschen Bundestag die Pädagogische Akademie von Martin Witte, ein Beispiel der knappen, schlanken Moderne (1930–33), herrichten und erweitern. Schwipperts Anbau für die Sitzungen des Bundestages war ein Gehäuse aus dem Geist eines besseren Deutschland. Er kultivierte Understatement und Aufgeschlossenheit. Mit gegenüberliegenden seitlichen Fensterwänden öffnete sich der Saal in die Rheinauen: »Ich habe gewünscht, daß das deutsche Land der parlamentarischen Arbeit zuschaut.« Ob Präsident oder Sekretärin, die Räume sollten in gleicher Weise ausgestattet sein, mit »leichten Geräten, die dienen und nichts verbergen, Raum lassen und die Bewegung des Menschen, der Gedanken und der Dinge erlauben«.[135] Wäre es nach Schwippert gegangen, so hätte eine kreisförmige Sitzordnung den Ort des Parlamentes als einen Ort der Zusammenkunft der Gleichen, des Miteinanders statt des Gegeneinanders charakterisiert. Konrad Adenauer bestand auf dem Gegenüber von erhöhter Regierungsbank und tieferem Plenum.

Dank dem zweiten Bundeskanzler Ludwig Erhard, für den er schon am Tegernsee privat gebaut hatte, erhielt Sep Ruf Gelegenheit, den Bungalow des Regierungschefs (1960–64) zu errichten. Die Verschränkung zweier Grundrißquadrate, eines extrovertierten größeren und eines introvertierten kleineren, entspricht der Ambivalenz von Repräsentation und Privatsphäre. Erhards Nachfolger haben dessen Wertschätzung für die Bescheidenheit der Lösung nicht geteilt. Ihnen paßte die ganze Richtung nicht. Das Haus war zu viel Bungalow und zu wenig Residenz.

Auch Egon Eiermann, der in den sechziger Jahren neben Scharoun sich eines ausgesprochenen Prominentenstatus erfreuen konnte, kam in Bonn und für Bonn mehrmals zum Zuge. Eiermann war ein kräftiges, burschikoses Naturell. Er liebte den klaren, aristokratischen Stahl und verachtete den plebejischen Beton, dieses schlammige, ungeformte Gemisch, das erst durch Schalung Form erhält. Tragen und Lasten werden in nachvollziehbaren Verbindun-

Hans Schwippert. Plenarsaalbau und Restaurant des Bundeshauses. Bonn, 1949–52.

Hans Schwippert. Plenarsaal des Deutschen Bundestags. Bonn, November 1948. Vorentwurf.

Egon Eiermann. Abgeordnetenhochhaus (»Langer Eugen«). Bonn, 1965–69.

zu einer hochattraktiven Architekturschule, neben Braunschweig, wo Friedrich Wilhelm Kraemer, Dieter Oesterlen und Walter Henn einen gediegenen Modernismus pflegten und ihre Studenten praxisnah ausbildeten. In Berlin war der Organiker Hans Scharoun die überragende, stets in Zigarrendunst und schwer zu durchdringende Wortschleier gehüllte Figur. Die zweite »Stuttgarter Schule« an der Technischen Hochschule unterschied sich mit dem dekorativen Pluralismus von Rolf Gutbier und Rolf Gutbrod und der Sachlichkeit Günter Wilhelms vom Konservatismus der ersten. In München lehrte eine Vielzahl unterschiedlicher Temperamente, die von dem skurrilen, unvergeßlichen Hans Döllgast bis zu dem dezidierten Modernen Franz Hart eine breite Palette abdeckten. In der Summe vertrat die Schule sowohl Neuerungsbereitschaft wie Traditionalismus.

Stützen der Gesellschaft

In den verschiedenen Phasen der Baugeschichte pflegen sich unterschiedliche Bauaufgaben herauszukristallisieren, die jeweils die besondere Aufmerksamkeit des Publikums und die Leistungsfähigkeit ihrer Architekten herausfordern. Die zwanziger Jahre waren eine große Zeit des Siedlungsbaus. Die achtziger Jahre erkoren das Museum zu einer Aufgabe, in die ein enormer Aufwand an kommunalen Investitionen und an Kreativität der Architekten ging. Welche Gebäudetypen faszinierten die fünfziger Jahre?

Von den fünfziger bis in die frühen siebziger Jahre war in der Bundesrepublik Kirchen-Bauzeit. Die sozialen Veränderungen, die Ansiedlung Millionen Vertriebener, der Auszug der Innenstadtbevölkerung an die Stadtränder bedingten auch für die Kirchen eine Bautätigkeit wie nie zuvor. In manchen Landeskirchen und Diözesen hätten die geistlichen Oberhirten jeden Sonntag an einer Kirchweihe teilnehmen können. Dabei entfalteten beide Konfessionen einen nicht mehr katalogisierbaren Pluralismus: lichte Schreine, kristalline Faltwerke, schutzgewährende Gottesburgen, freigeformte Sakralhöhlen, demütige Gebetsscheunen.

gen dargestellt. Das Rigorose des tragenden Gerüsts wird durch Schichten sekundärer Elemente überspielt, aber nicht vergessen gemacht. Vorgehängte Laufgänge und Brüstungen für die Fensterreiniger und als Fluchtwege, starre und bewegliche Elemente für den Sonnenschutz vergittern die Oberflächen der Bauten. Das filigrane Netz bildet einen Schleier, das den Flächen räumliche Tiefe gibt.

Eiermann, nie um Argumente verlegen, hatte eine weitere funktionelle Rechtfertigung für diese Mehrschichtigkeit der Fronten: Fallwinde würden dadurch verhindert. Das mächtige Hochhaus der Abgeordneten in Bonn (1965–69), nach Bundestagspräsident Eugen Gerstenmaier »Langer Eugen« genannt, erhielt durch seine Fassadengrafik einen feineren Maßstab, den das vierschrötige Volumen auch gut brauchen konnte. In Washington staffelte Eiermann die Baumasse der Deutschen Botschaft (1958–64) in Terrassen hangabwärts, so daß sie sich diplomatisch und entgegenkommend zeigte. Wie der »Lange Eugen« in Bonn ist auch das Kanzleigebäude in Washington ein Stahlgerüstbau – selbstverständlich, angesichts der Vorliebe des Architekten für das präzise, federnde, demontierbare Material.

Als Hochschullehrer machte Eiermann nach dem Krieg mit und nach Otto Ernst Schweizer Karlsruhe

Wie ein roter Faden durchzogen diese hyperaktive Bautätigkeit Grundsätze, die seit Jahrzehnten von der Liturgischen Bewegung vertreten worden waren. Zwischen 1962 und 1965 wurden sie vom Zweiten Vatikanischen Konzil abgesegnet, dessen Verlauf auch

Happy Fifties   **305**

Olaf Andreas Gulbransson. Johanneskirche. Taufkirchen, 1956. Außenansicht.

Paul G. R. Baumgarten. Evangelische Kirche am Lietzensee. Berlin-Charlottenburg, 1957–59. Außenansicht. Innenansicht.

Josef Lehmbrock. St. Albertus Magnus. Leverkusen-Schlebusch, 1958–59. Außenansicht. Innenansicht.

die evangelischen Landeskirchen mit Sympathie beobachteten. »Tätige Teilnahme der Gläubigen«, wie sie die Artikel 123–124 der Liturgie-Konstitution in milder Unbestimmtheit empfahlen, führte zu Räumen, die alle Prinzipalstücke des Gottesdienstes unter einer Raumdecke vereinigen. Katholische wie protestantische Gemeinden suchten die räumliche Nähe zum Altar. Zentralisierende Grundrisse ergänzten längsorientierte, der Feierraum der um die Mitte gescharten Gemeinde trat neben den Wegraum, der in die Welt jenseits der Schwelle weist.

Daß sich über den Planfiguren höchst unterschiedliche, aufmerksamkeitsheischende Bauwerke aufbauten, hing mit der städtebaulichen, aber auch der psychosozialen Situation zusammen. Wo Säkularisierung um sich griff und die neuen, gnadenlos monotonen Wohnsiedlungen sich an den Peripherien ausbreiteten, gerieten die Amtskirchen im räumlichen wie im übertragenen Sinn in Randlagen. Unübersehbare Zeichen machten auf ihre Präsenz aufmerksam. In den sechziger Jahren steigerte sich diese Tendenz noch einmal zu skulpturalem Formenrausch und höhlenhafter Raumlust, wie sie die Betongebirge Gottfried Böhms oder Walter Förderers entfesselten.

Konjunktur hatten auch Bauwerke weltlicher Gemeinsamkeit, Theatergebäude, Konzertsäle, Mehrzweckhallen. Bei den Großbauten, die Massenveranstaltungen dienten, kamen technologische Innovationen, die auch im Ausland weiterentwickelt worden waren, zu Hilfe. Bei Erich Schellings Karlsruher

Schwarzwaldhalle (1952–53) ist das schuhsohlenartige Dach ein doppelt gekrümmtes Hängedach, das an Matthew Nowickis fast gleichzeitige Viehhalle in Raleigh, North Carolina (1953–54), erinnert. Konstruiert hat die sechs Zentimeter dünne Karlsruher Schale Ulrich Finsterwalder, ein Pionier des Schalenbaus (vgl. S. 173 f.).

Bei Roland Rainers Stadthalle in Bremen (mit Max Säume und Günter Hafemann, 1955, 1961–64) nehmen schiffsstevenartige Pylonen, die sich mit aller Kraft rückwärts stemmen, die Spannseile eines flach abfallenden Hängedachs auf. Der ganze Kraftakt wurde durch eine ruhige, niedrige Horizontale für Kassen, Restaurants und Nebenräume unterstrichen, die nach allerlei Um- und Zubauten heute kaum noch erkennbar ist. Auch das Tragwerk wurde inzwischen zerstört, damit die Halle mehr Sitzplätze aufnehmen kann. Seit diesen Veränderungen sind die »Schiffssteven« nur noch statisch überflüssige Applikationen.

Für Kulturveranstaltungen ist Bernhard Hermkes' dreischiffige Halle in Hamburg (1955, 1958–62) nicht errichtet worden, sondern für die Lagerung und Verteilung von Obst und Gemüse. Aber eine anspruchsvolle Konstruktion ist auch dieser Bau geworden, mit annähernd parabolischen Schalendächern, die auf einer Kette von Bindern aufliegen und nach Norden Oberlichter ausstellen. Das ergab einen eigenartig rhythmisierten Querschnitt, der in der Hafenstadt Hamburg unweigerlich Meereswogen assoziiert.

Erich Schelling. Tragwerksplaner: Ulrich Finsterwalder. Schwarzwaldhalle. Karlsruhe, 1952–53.

Roland Rainer, Max Säume, Günter Hafemann. Stadthalle. Bremen, 1955, 1961–64.

Bernhard Hermkes, Gerhart Becker, Schramm und Elingius. Großmarkthalle. Hamburg-Hammerbrook, 1955, 1958–62.

Adolf Abel, Rolf Gutbrod. Liederhalle. Stuttgart, 1951–56. Außenansicht. Innenansicht.

Werner Ruhnau, Ortwin Rave, Max von Hansen. Stadttheater. Gelsenkirchen, 1954–59.

[136] Adolf Abel, Rolf Gutbrod. Die Architekten zu ihrer Idee. In: Bund Deutscher Architekten u. a. (Hg.). Planen und Bauen im neuen Deutschland. Köln, Opladen, 1960. S. 217.

Staunenswert war das Engagement, das Städte und Länder in den Bau von Theatern und Konzertsälen steckten. Nach dem Zweiten Weltkrieg wurden in fast jeder Großstadt Theatergebäude wiederaufgebaut oder neu errichtet, zu Baukosten, die ein Fünftel bis ein Viertel des ordentlichen Haushalts einer Kommune verschlangen. Oft wurde die Gelegenheit genutzt, Theatern zu einer Studiobühne für Kammerspiel oder Experimentierstück zu verhelfen. Zu neuen Formen des Theaterspiels kam es fast nie. Wo die technischen Voraussetzungen für verwandelbare Raumformen geschaffen waren, bei manchen Kleinen Häusern wie in Gerhard Webers Mannheimer und Werner Ruhnaus Gelsenkirchener Theater, wurden sie selten genutzt.

Foyer, Gesellschaftsräume und Zuschauerhaus beanspruchten einen großen Teil des Raumvolumens und der Erfindungskraft der Architekten, in der Bundesrepublik wie in der DDR. Zu Bühnenhaus, Verwaltung und Werkstätten verhielt sich das Volumen der Publikumsräume wie eins zu eins. Nicht die höfische Gesellschaft des 18. oder die bürgerliche Gesellschaft des 19. Jahrhunderts, sondern die nivellierte des 20. Jahrhunderts leistete sich den ganz großen Luxus breiter Treppen, geräumiger Foyers und weiter Wandelhallen.

Man hat den Eindruck, Architekten wie Bauherren sei es in diesen Häusern »der gelösteren Freude«[136] mehr auf die Inszenierung des Publikums als die der Schauspieler angekommen. Theaterränge wurden in Gondeln für kleinere Besuchergruppen aufgelöst. In der Stuttgarter Liederhalle (1951–56), dieser schmucksüchtigen Vereinigung dreier Konzertsäle, legten Adolf Abel und Rolf Gutbrod die Säle ohne Achsenbindung um die zweistöckige Wandelhalle, als sei sie – und nicht der große Saal – das Herzstück des Ganzen. Die freie Entfaltung der Baukörper entspricht der Lage im offenen Stadtraum, am Rand der Innenstadt. Im transparenten Gelsenkirchener Foyer (1954–59) liefern die Menschen, die um die leuchtende Trommel des Theatersaals wandeln, den Zuschauern auf der Straße ein exquisites Schattenspiel, einen Reigen seliger Geister. Das Haus bot eine Synthese der Künste, an der Künstler wie Yves Klein und Jean Tinguely mitwirkten.

Am preisgünstigsten wurden die Wünsche nach Entspannung und Entrückung in den neuen Lichtspieltheatern erfüllt. Kurz bevor das Fernsehen – die erste Tagesschau der ARD lief am 1. Oktober 1956 – und dann die Videotheken dem Kino fast den Garaus machten und nur noch die in kleine Kabinen unterteilten Säle Überlebenschancen hatten, entstanden noch einmal Schauhäuser für das große Spiel der Illusionen. Sie waren nicht mehr für über zweitausend Zuschauer oder mehr ausgelegt wie manche Kinos in der Ära des Stummfilms und des beginnenden Tonfilms, aber doch für jeweils mehrere hundert. In Josef Kaisers Kosmos-Theater an der Berliner Stalinallee paßten genau 1001 Zuschauer ins Oval des Kinosaals. Die Bauaufgabe war auch im Staatssozialismus wichtig genug, um eine städtebauliche Querachse zum Boulevard der Werktätigen zu eröffnen.

Illusion spielte nicht nur auf der Leinwand, sondern auch in der Inneneinrichtung dieser Häuser eine Hauptrolle. Ränge wurden wie große Revuetreppen ins Parkett hinuntergezogen (so aber auch bei der Stuttgarter Liederhalle), Emporen in wellenförmige Bewegung versetzt, alle Tricks der Beleuchtungsspektakel ausgespielt. Geschuppte Decken, gepolsterte und genoppte Wandbespannungen zitierten die luxuriöse Traumwelt, bevor sie auf der Leinwand erschien. Paul Bode, ein Architekt aus Kassel, der Scharoun den Auftrag fürs Kasseler Staatstheater abgenommen hatte, war ein Meister dieser Dekorationskunst. Manchmal waren sogar farbig illuminierte Wasserfontänen in-

stalliert; eines seiner Kasseler Kinos hieß demgemäß *Kaskade*. Immer war dieses Vorspiel schöner als das, was dann folgte, *Grün ist die Heide* oder *Schwarzwaldmädel*.

Josef Kaiser, Günter Kunert. Lichtspieltheater Kosmos. Berlin, 1956, 1959–62.

Paul Bode. Lichtspieltheater Kaskade. Kassel, 1952.

Happy Fifties

Wettstreit der Systeme

[137] Bruno Taut. Deutsche Bauausstellung Berlin 1931. In: Bauwelt 68 (1977) 33. S. 1110.

[138] Gerhard Jobst. Ordnung im Städtebau. In: Bauwelt 45 (1954) 3. S. 48.

Epochen, die sich in den eigenen Traditionen aufgehoben fühlten, hatten nicht den ständigen Drang nach Selbstbefragung und Legitimation. Unvorstellbar, daß Barock oder Klassizismus den Zwang verspürt hätten, ihre eigenen architektonischen Möglichkeiten vergleichend nebeneinander zu realisieren. Es gab Gutachten und Gegengutachten, Einladungen an prominente Baukünstler des Auslands, Kolloquien, Stichwerke und Sammlungen von Architekturmodellen. Daran ließen sich die Alternativen einer Bauaufgabe studieren. Aber es gab keine Bauausstellungen.

Die Interbau, Demonstration der Freiheit

Seit dem Darmstädter *Dokument Deutscher Kunst* von 1901 (vgl. S. 22 ff.) war das anders. Das Jahrhundert wurde begleitet von zahlreichen Bauausstellungen, nationalen wie internationalen. Die Innovationen in der Bauwirtschaft legten es nahe, das Gewerbe mit den jeweils neuen Produkten und Techniken vertraut zu machen. In den ästhetischen Vorstellungen war der Wandel nicht weniger schnell. Auffällig ist, daß bedeutende Bauausstellungen sehr oft dann veranstaltet wurden, wenn ein Impuls sich zu erschöpfen, eine Phase sich ihrem Abschluß zu nähern schien. 1901 ging der Jugendstil seinem Ende entgegen. 1931, als die Deutsche Bauausstellung in Berlin stattfand, war sie mitten in der Weltwirtschaftskrise ein Abgesang des Neuen Bauens. Was einst kühn gewesen sei, fand Bruno Taut, trat auf »wie etwas, das sich bereits zur Ruhe gesetzt hat«.[137]

Auch die Interbau-Ausstellung, die 1957 wiederum in Berlin stattfand, war Bilanz. Sie bot eine Übersicht dessen, was die Wiederaufbaujahre gebracht und wohin die reanimierte Moderne geführt hatte. Zunächst sollte sie in den Messehallen am Funkturm gezeigt werden. Das wurde als ungenügend empfunden. Man verständigte sich darauf, ein innerstädtisches Quartier vorbildlich wiederaufzubauen. Das Hansaviertel, auf das die Wahl fiel, war nicht weit vom Zentrum entfernt, lag trotzdem in der Nähe eines Parks, des Tiergartens, und war mit S- und neuer U-Bahn vorzüglich erschlossen. Kriterien neuzeitlichen Städtebaus wie Durchgrünung, Durchlüftung, Auflockerung ließen sich auf den ehemals gründerzeitlichen Stadtteil anwenden. Das im Krieg schwer heimgesuchte Hansaviertel des späten 19. Jahrhunderts war mit fünfstöckigen Häusern und zahlreichen Hinterhöfen dicht bebaut gewesen, wenngleich es keineswegs als Elendsviertel gelten konnte. Eine exemplarische Gegenüberstellung von schlechter Vergangenheit und besserem Heute bot sich an.

Den Wettbewerb von 1953 gewannen Willy Kreuer und Gerhard Jobst. Sie schlugen zwei große, begrünte Gebäudebuchten vor, die sich nach Süden, zum Tiergarten öffneten. Die edelste Form der Ordnung, meinten die Preisträger vollmundig, entstehe aus der Freiheit. »Der freie Mensch will nicht wie in einem Heerlager leben, nicht in Häusern wohnen, die wie Arbeiterbaracken hintereinander gereiht sind. In natürlicher Lage stehen die Häuser ähnlich zueinander wie Menschen, die sich unterhaltend zueinander wenden oder sich betrachtend um ein Standbild stellen. Nicht in Reih und Glied, sondern in einer besseren, gelockerten Ordnung.«[138]

Hansaviertel. Berlin, 19. Jahrhundert.

Schiefwinklig gestellte Wohnblocks, die schließlich auch im Bebauungsplan festgeschrieben werden müssen, garantieren den Bewohnern nicht mehr Freiheit als rechtwinklig zueinander gestellte oder Zeilenbauten à la Karlsruhe-Dammerstock oder Frankfurt-Westhausen. Gewollt war das Symbol: Freie Häuser als Sinnbild einer freien Gesellschaft. Mitten im Kalten Krieg stellte das Hansaviertel ein Gegenbild zum Ostberliner Aufbauprogramm dar, jenem »mächtigsten Hebel für die Annäherung und die Wiedervereinigung unseres durch die imperialistische Besatzung gespaltenen Vaterlandes«.[139] Denn der Stalinallee wurde populistische Anziehungskraft auch auf Westberliner Bürger zugetraut, von beiden Seiten. Immerhin konnten Westler bis zum Bau der Mauer im Jahr 1961 besichtigen, was die roten Planer an Weberwiese und Stalinallee trieben.

Aus diesem politischen Motiv des Unternehmens Interbau machten die Politiker keinen Hehl. Der damalige Westberliner Bausenator verkündete, die Ausstellung solle keine Baumesse werden, »sondern ein klares Bekenntnis der Architektur zur westlichen Welt. Sie soll zeigen, was wir unter modernem Städtebau und anständigem Wohnbau verstehen im Gegensatz zu dem falschen Prunk der Stalinallee.«[140] Die Bauausstellung war damit Teil der Kampagnen, die im Ost-West-Konflikt geführt wurden. Seit der Teilung der Stadt betrachtete Westberlin sich als Schaufenster der freien Welt, aber auch des materiellen Wohlstands. »Das ist die Funktion dieser Stadt hinter dem Eisernen Vorhang, den Bewohnern einer verarmten und immer weiter ausgeplünderten Zone zu zeigen, daß ein Leben in Freiheit sich auch wirtschaftlich lohnt«, verkündete der Regierende Bürgermeister Ernst Reuter.[141]

1954 entschied der zuständige Ausschuß, den einzuladenden Architekten einen Grundakkord vorzugeben, der eine einheitliche Gestaltung ermöglichte. Die Leitbegriffe hielten sich an den Kanon der fünfziger Jahre im Westen: »leicht – heiter – wohnlich – festlich – farbig – strahlend – geborgen«.[142] »Festlich« wäre die einzige Vokabel gewesen, die auch in der Ostberliner Planung akzeptiert worden wäre. Unerwartet beschlossen beteiligte Architekten vor Ort, sich mit der informellen Schrägstellung der Blöcke nicht abzufinden: »Auch in der westlichen Welt [herrscht] keine Willkür, sondern Ordnung.«[143] Die größeren Bauten des gemischten Programms

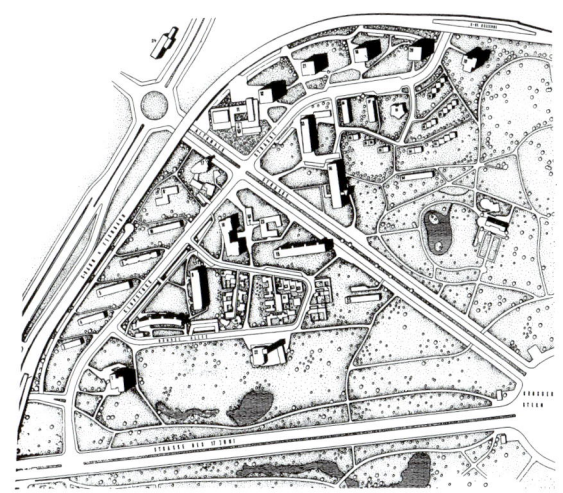

wurden rechtwinklig zurechtgerückt. Die ursprünglichen Planverfasser waren empört. Otto Bartning, Vorsitzender des Lenkungsausschusses, konnte kein Gesamtbild mehr erkennen: Nunmehr »stehen ... die Gebäude so im Gelände herum, wie wir es von früheren Anlagen kennen und doch eben nicht möchten.«[144] Auf dem Papier wurden einige große, ordentliche Stadträume gebildet. Andere Planungsideen flossen ein, so eine Folge von Punkthochhäusern entlang der S-Bahn.

Hinter den Änderungen standen Zwänge. Einmal mußten die Interessen der alten und neuen Grundstückseigentümer berücksichtigt werden. Auch weil eine Vielzahl von Architekten zum Zuge kommen sollte, brauchte man viele kleinere Einheiten statt weniger großer Blocks. Genügend groß waren sie immer noch. Die Hauptverkehrsstraße, die das Gebiet durchschneidet, blieb eine schwer zu überwindende Zäsur. Trotz mancher reizvoller Lösungen und obwohl die Akademie der Künste als öffentliche Ein-

Hansaviertel (Interbau-Ausstellung). Berlin, 1954–57. Bebauungsplan. Hochhäuser entlang der S-Bahn.

[139] Ernst Hoffmann. Ideologische Probleme in der Architektur. In: Deutsche Architektur 1 (1952) 2. S. 74.

[140] Karl Mahler. Internationale Bauausstellung 1956. In: Bauwelt 44 (1953) 35. S. 682.

[141] Ernst Reuter. 1949. Zit.: Johann Friedrich Geist, Klaus Kürvers. Das Berliner Mietshaus. Bd. 3. 1945–1989. München, 1989. S. 354.

[142] Wulf Wewel, Jürgen Tomisch. Die städtebauliche Entwicklung des Hansaviertels in Berlin. Diplomarbeit TU Berlin. Berlin, 1976. S. 79 ff.

[143] Hans Stephan an Otto Bartning, 15. 12. 1954. Zit.: Johann Friedrich Geist, Klaus Kürvers. Das Berliner Mietshaus. Bd. 3. 1945–1989. München, 1989. S. 377.

[144] Otto Bartning an Hans Stephan, 28. 12. 1954. Zit.: ebd. S. 379.

Le Corbusier. Wettbewerb Hauptstadt Berlin. 1957–58.

[145] Dirk Lohan. Skizzen der Erinnerung. In: Paul Kahlfeldt, Andres Lepik (Konzeption). Neue Nationalgalerie dreißig Jahre. Berlin, 1998. S. 7.

Mies van der Rohe befolgte die Einladung nicht. Sein Enkel vermutet, der dreißig Zentimeter hohe Stapel Berliner Bauvorschriften habe ihn abgeschreckt.[145]

Hauptstadt Berlin

Propagandistisch war die Interbau nur bedingt als Schaufenster westlicher Freiheit zu verwerten. Auf die Mitte der Stadt, von der es inzwischen zwei gab, wirkte das Hansaviertel nicht ein. Wenn die Westsektoren ein Zentrum hatten, so lag es weiter südwestlich, um Zoo, Kaiser-Wilhelm-Gedächtniskirche, Tauentzien und Kurfürstendamm. Von der historischen Stadtmitte, die nun im Osten lag, trennten Tiergarten und Sektorengrenze. Westberliner Senat und Bundesregierung entschlossen sich, den Mangel an faktischer Wirksamkeit mit einer ideellen Einwirkung zu kompensieren und schrieben 1957 einen internationalen Wettbewerb *Hauptstadt Berlin* aus. Vom Tiergarten bis zum Alexanderplatz bezog sich die Konkurrenz auf ein Gebiet, über dessen wichtigsten Teil der Senat keine Planungszuständigkeit hatte. Politisch war das starker Tobak. Aber darin folgten die Auslober im Westen nur der Ostberliner Planungskommission, deren *Nationales Aufbauprogramm Berlin 1952* auch das gesamte Berliner Stadtgebiet einbezogen hatte.

Die Ergebnisse des Wettbewerbs *Hauptstadt Berlin* zeigten, wie weit die internationale Avantgarde bereit war, die historisch geprägte Stadt und mit ihr erlebbare Stadträume aufzugeben. Vorgegeben war ein Netz von Stadtautobahnen, von dem eine »Masche« als Tangentenviereck die City umschloß. Die gewaltigen Verbindungsknoten bedeuteten Stadtzerstörung en gros. Das schien die Teilnehmer nicht zu irritieren. Le Corbusier aus Paris, Scharoun aus Berlin, Peter und Alison Smithson aus London und viele andere sorgten für den Verkehrsfluß, wiesen den Fußgängern eigene Wege zu oder hoben sie auf Plattformen, sortierten die Nutzungen auseinander, addierten die Bürobauten zu langen Batterien von Gebäudescheiben und behandelten historische Bauwerke als seltene, freigestellte Schmuckstücke.

Den ersten Preis gab die Jury an Fritz Eggeling, Gerd Pempelfort und Friedrich Spengelin, die etwas – aber wirklich nur etwas – weniger radikal vorgingen als die prominenten Konkurrenten. Das Parlament siedelten sie in Reichstagsnähe an der zum Wasserspiegel aufgestauten Spree an, auf einer unendlich

richtung nachträglich dazukam, stellt sich ein Gefühl von Urbanität nicht ein. Die Gebäude stehen immer noch »so im Gelände herum«. Inzwischen hat die gnädige Natur ihr Werk getan. Die Leute wohnen stadtnah im Grünen, aber zwei Fernbahnhöfe sind zu Fuß erreichbar. Das Quartier ist bei Mietern beliebt, bei joggenden Bewohnern ohnehin.

Wie ihr Name sagt, war die Interbau ein Bekenntnis zu Internationalität, zum »globalen« Bauen. Den Typus des reisenden Architektenstars hat sie befördert. 54 Architekten aus dreizehn Ländern waren dabei. Den ausländischen Meistern waren interessante Lösungen zu verdanken. Bei ihren Maisonette-Wohnungen im Hochhaus versetzten die niederländischen Architekten van den Broek & Bakema, anders als Le Corbusier, die Ebenen nur halbgeschossig und vermieden die deprimierende *rue intérieure* des Vorgängers in Marseille. In Alvar Aaltos gekurvtem und gestaffeltem, finnisch gediegenem Bau haben die »Allraum-Wohnungen« einen zentralen Wohnraum, von dem die Nebenräume abgehen; für kinderlose Bewohner ideal, weil innere Verkehrsfläche sparend, für Familien problematisch. Die Interbau war auch als Versöhnungsgeste gegenüber den Emigranten gedacht. Gropius baute ein Miethaus, lebendig im Erscheinungsbild, konventionell in den Grundrissen.

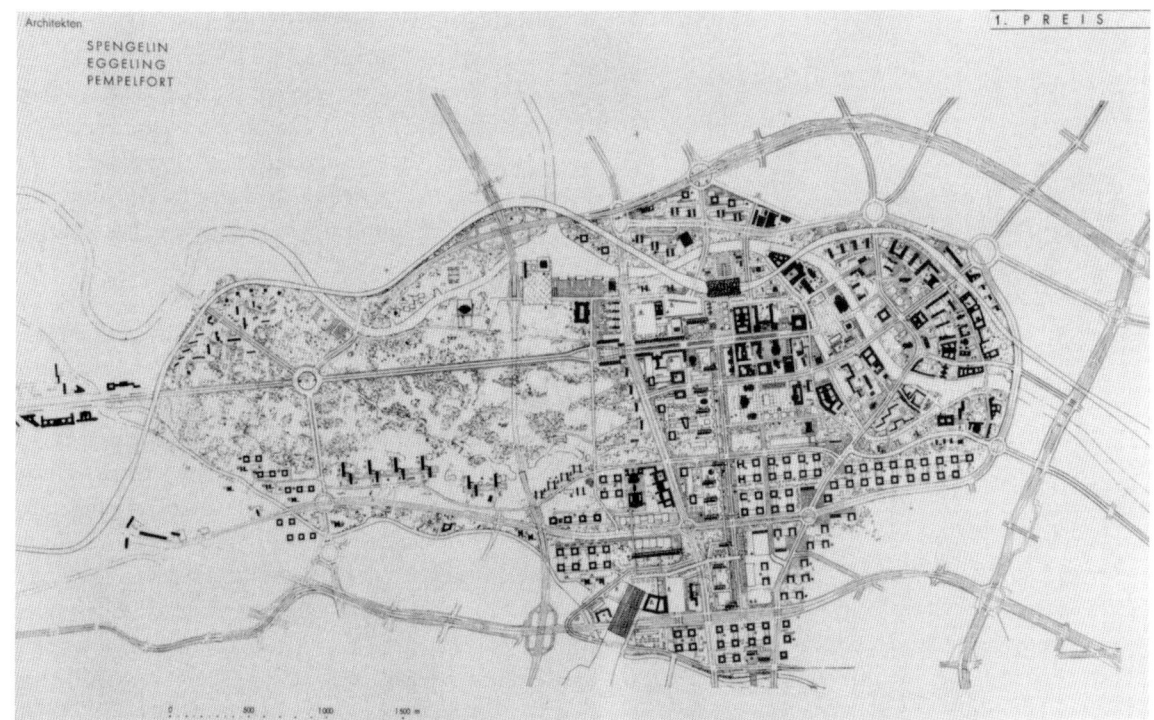

Fritz Eggeling, Gerd Pempelfort, Friedrich Spengelin. Wettbewerb Hauptstadt Berlin. 1957–58.

weiten Plattform. Statt Germania war nun Brasilia das Leitbild. Der Anspruch auf den Rang einer nationalen Hauptstadt war mit diesem Wettbewerb bekräftigt. Sonst folgte nichts daraus – und dafür muß man dankbar sein.

Ebenso folgenlos blieb lange Zeit die endlose Kette von Projekten, die DDR-Planer für ihre exzentrische Staatsmitte schmiedeten. Seit 1950 verfolgten sie den Gedanken eines zentralen Hochhauses, das auf den Modellplatten zwischen Spreeinsel und östlich angrenzendem Altstadtgebiet hin- und herwanderte. Vorbild dieser Dominanten war das Projekt des Sowjetpalastes in Moskau, das erst nach Stalins Tod im März 1953 aufgegeben und für einige Jahrzehnte durch ein Schwimmbad ersetzt wurde, aber auch der realisierte Kulturpalast in Warschau. Die Mitte der Stadt und des Staats sollte von einem Bauwerk überhöht werden, das für die Gesamtheit stand. Von ferne spielte die Stadtkronen- und Volkshausidee der sozialen und sozialistischen Utopien aus dem ersten Jahrhundertdrittel hinein.

In den folgenden Jahren entstanden immer neue Varianten, die allmählich den üppigen Zierat ablegten und ihre Silhouetten vereinfachten. Der vom Westen veranstaltete Wettbewerb *Hauptstadt Berlin* löste im Osten 1958 gleichfalls einen Hauptstadt-Wettbewerb aus, der »die Umgestaltung des Zentrums von Berlin, der Hauptstadt eines friedliebenden, demokratischen Deutschland« zum Thema hatte. Entwürfe außerhalb des Wettbewerbs reichten Gerhard Kosel mit Hanns Hopp sowie Hermann Henselmann ein. Henselmann, der 1953 zum Chefarchitekten der Stadt Berlin berufen worden war, überraschte wieder einmal, diesmal

Richard Paulick. Zentrum der Hauptstadt mit Hochhaus. Berlin, 1952. Modell.

Wettstreit der Systeme

Hermann Henselmann. Zentrum der Hauptstadt mit Fernsehturm. Berlin, 1959. Modell.

W. Radke, Manfred Zumpe, Hans-Peter Schmiedel. Wohn- und Geschäftshausbebauung Karl-Liebknecht-Straße. Berlin-Mitte, 1968–72. Im Vordergrund Marienkirche.

Fritz Dieter, Günter Franke, Beratung: Hermann Henselmann. Fernsehturm. Tragwerksplaner: Werner Ahrendt. Berlin-Mitte, 1965–69. Im Vordergrund: Ludwig Engelhardt. Denkmal für Karl Marx und Friedrich Engels, 1986.

mit einer Kundgebungshalle in Gestalt eines riesigen Henkelkorbes und eines modisch eleganten Turms der Signale (»Völker, höret die Signale ...«), vulgo Fernsehturm. In dem Projekt von 1959 stand der Turm noch auf der Spreeinsel.

Das zentrale Hochhaus erlitt das Schicksal seines Moskauer Pendants, es wurde nicht verwirklicht. Die Architektenprominenz der DDR arbeitete sich auch weiterhin an der provokanten Aufgabe der Staatsmitte ab. 1964 beschloß das Politbüro ein Regierungsforum, für das Henselmanns Vorschlag eines Fernsehturms aufgegriffen wurde; er wurde an versetztem Ort, östlich der Spree, realisiert. Der Kugelkopf des 365 Meter hohen Turms mit seinem drehbaren Panoramacafé rief unterschiedliche Assoziationen hervor. Nahe lag der Gedanke an die Sputnik-Kapsel, den sowjetischen Weltraumerfolg von 1957. Daß die Reflexion der Sonnenstrahlen auf den Facetten der Edelstahlhaut das christliche Kreuzsymbol produzierte, registrierten schadenfrohe Journalisten aus dem Westen.

Der Turm bekam eine modisch gezackte Fußbebauung und als Abstandhalter eine weite Freifläche zwischen Spreeinsel und Alexanderplatz. Eingefaßt wurde diese Fläche von einer hohen scheibenförmigen Wohnbebauung mit vorgelagerten Ladenbauten und zweigeschossigen Fußgängerbereichen (1968–72). Das bürgerlich-behäbige Doppelkonterfei der kommunistischen Patriarchen Karl Marx und Friedrich Engels ziert die Parkanlage erst seit 1986. Die lange, breite Schneise zwischen Spree und Turm verstärkt eine Charaktereigenschaft Berlins, den Zug ins Weite, Windige. Man kann diese Qualität als antiurban empfinden, aber auch als imponierend weitläufig.

Auf der schloßlosen Schloßinsel wurde das Vakuum, das jetzt Marx-Engels-Platz hieß, im Laufe der sechziger und frühen siebziger Jahre von mehr oder weniger hohen Quaderbauten umstellt. Die Scheibe des Außenministeriums (1964–67) mit seiner dekorativen Leichtmetallfassade riegelte den zentralen Platz von der Friedrichstadt ab. Nach der Wende fiel sie verdientermaßen als erstes den Baggern zum Opfer.

Nicht ohne Noblesse gerät das Staatsratsgebäude von Roland Korn und Hans-Erich Bogatzky (1962–64). Das asymmetrisch an die Fassade versetzte, rekonstruierte und restaurierte barocke Schloßportal Nr. IV hat seinen Anteil daran.

Daß dieses Portal gerettet wurde, verdankt es nicht dem Respekt vor barocker Kunst, sondern der Tatsache, daß von seinem Balkon aus Karl Liebknecht am 9. November 1918 die Republik ausgerufen hatte; an jenem Revolutionstag war es schon die zweite Verkündung gewesen. Eosander von Göthes Portal gab Korns Fassade die großen, durchfensterten Joche vor, die Proportionen, die Gesimsgliederung. Zusammen mit den schmalen Ziegelsteinstreifen zu Seiten der Fenster addierten sich diese Züge zu einem Versuch, den bereits obsoleten DDR-Historismus der fünfziger Jahre weiterzuführen und trotzdem die neue Wendung zur Moderne nicht zu verpassen. Am längsten mußte die Ostseite des Platzes warten. Erst zwischen 1973 und 1976 wurde sie mit dem Palast der Republik geschlossen (vgl. S. 368).

Besser, schneller und billiger bauen

Im Dezember 1954 trat ein Ereignis ein, das eine abermalige Wende in der Architekturpolitik der DDR einleitete. Stalins Nachfolger Nikita Chruschtschow brach auf der Moskauer Unionskonferenz der sowjetischen Bauschaffenden mit dem repräsentativen Bauen und geißelte die bisherige Verschwendung. Die Wohnungsnot war nicht wesentlich gelindert worden. Man hatte viel zu teuer gebaut, viel zu großen Wert auf die schönen Fassaden gelegt und sich allzu oft gegen die Regeln des Bauhandwerks versündigt. Die Botschaft drang schnell nach Berlin, wo an der Stalinallee auch schon die ersten Fliesen herunterfielen. Der Erste SED-Sekretär Walter Ulbricht griff Chruschtschows Thesen auf und ließ im April 1955 die erste Baukonferenz der DDR unter der Devise »Besser, schneller und billiger bauen« stattfinden. Normung und Typisierung, fünf Jahre zuvor von Ulbricht selbst heftig kritisiert, hießen nun die Parolen.

Damit war das Programm der nationalen Baukultur wenige Jahre nach seiner Einführung bereits in Frage gestellt. Im sichtbaren Erscheinungsbild der Architektur mußte die Frontstellung gegen westlichen »Kosmopolitismus« wieder abgebaut werden. Schönheit sollte kein vorrangiges Kriterium mehr sein, sondern eine untrennbare Verbindung mit Zweckmäßigkeit eingehen. Nicht alle Architekten, die ihre Lektion in Sachen nationaler Tradition erst wenige Jahre zuvor verinnerlicht hatten, folgten der neuen Devise bereitwillig.[146] Wieder machte sich eine Delegation auf den Weg nach Moskau, um die neueste Entwicklung an Ort und Stelle zu beobachten. Im Dezember 1955 studierte sie unter der Leitung des stellvertretenden Aufbauministers Gerhard Kosel Typisierung und Technologie von Block- und Plattenbauweisen.

Architektenschaft und Öffentlichkeit wurde eine neue Kehrtwendung zugemutet. Gilt auch für sie, was der Architekturkritiker Bruno Flierl entschuldigend gesagt hat: »Der gesellschaftliche Auftraggeber war historisch viel zu jung, um in Sachen Architektur schon auf sicherem Boden zu stehen und ein eigenes Konzept zu besitzen«?[147] Vielleicht jedoch war der gesellschaftliche Auftraggeber historisch gewitzt genug, um auf dem Wege zur ersehnten internationalen Anerkennung größere Vorteile in einem weltweit angeglichenen Moderne-Programm zu sehen als in der Hege und Pflege nationaler Sonderkultur?

Eine praktische Sorge der politischen Führung war, daß die Fortsetzung der Stalinallee (1959–65) unter den neuen Maximen ihre Einheitlichkeit verlieren könnte. Den Wettbewerb von 1958 gewannen jüngere Architekten, Josef Kaiser und Werner Dutschke, denen als Älterer Edmund Collein zugeordnet wurde. Den ersten Bauabschnitt führten sie insofern beim zweiten weiter, als sie nach wie vor symmetrische Bezüge erstrebten und den Wohngebäuden in

Roland Korn, Hans Erich Bogatzky. Staatsratsgebäude. Berlin-Mitte, 1962–64.

[146] Vgl. Thomas Topfstedt. Städtebau in der DDR 1955 bis 1971. Leipzig, 1988. S. 154 f.

[147] Bruno Flierl. In: Hermann Henselmann. Gedanken, Ideen, Bauten, Projekte. Berlin, 1978. S. 40.

Wettstreit der Systeme

Edmund Collein, Werner Dutschke, Josef Kaiser. Stalinallee (Karl-Marx-Allee). Berlin-Friedrichshain, 1959–65. Vorn: Hermann Henselmann u. a. Haus des Lehrers, 1961–64, im Hintergrund rechts: Strausberger Platz.

[148] Das Ensemble blieb in DDR-Zeiten unfertig, wurde nach 1989 ergänzt, aber in seinem ursprünglichen Charakter in Frage gestellt.

Joachim Näther, Peter Schweizer (städtebauliche Planung). Alexanderplatz. Berlin-Mitte, 1964–69. Vorn: Weltzeituhr, dahinter: Roland Korn, Heinz Scharlipp, Hans Erich Bogatzky u. a. Interhotel Stadt Berlin (Hotel Forum), 1967–70.

den Fluchtlinien des älteren Teils zweigeschossige Ladenbauten und Restaurants vorlegten. Der Bruch mit dem Anfang ist trotzdem deutlich. Die Hausscheiben und Geschäftspavillons sind freigestellt, bilden keine Straßenwände mehr und geben ihre Herstellung aus vorgefertigten Wandtafeln zu erkennen. Im ersten Bauabschnitt ist die Straße neunzig Meter breit, im zweiten 125. Wer die Stalinallee in Richtung Stadtmitte entlangfährt, erlebt, wie die größere Dichte des ersten Bauabschnitts sich auflöst, als gelange man an den Rand einer Stadt und nicht in ihr Zentrum.

Mit zeitlicher Verspätung, dafür aber um so gründlicherer Konsequenz schwenkte die Architekturpolitik auf eine Linie ein, die sich westlichen Auffassungen wieder näherte. 1957 wurde sogar ein Wettbewerb mit gesamtdeutscher Teilnehmerschaft und gesamtdeutscher Jury über den Eisernen Vorhang hinweg möglich, für das Wohngebiet Fennpfuhl in Berlin-Lichtenberg. Mit Ernst May gewann ein prominenter westdeutscher Planer den Ersten Preis. In diesem Maße wurde die Geduld der Parteispitze später nicht noch einmal auf die Probe gestellt. Den Auftrag erhielt May natürlich nicht.

Auch ohne Beteiligung bundesrepublikanischer oder Westberliner Planer begannen sich innerstädtische Situationen in DDR-Städten denen in der Bundesrepublik anzugleichen. Großstrukturen und Solitäre gruppierten sich um Verkehrsströme. Freistehende Baukörper umstellten weiträumige Platzflächen, die dem Autoverkehr Priorität einräumten. Der Alexanderplatz im Osten Berlins (1964–69) unterschied sich im Arrangement seiner Baumassen grundsätzlich nicht vom Ernst-Reuter-Platz im West-

teil (1955–62). Am Alexanderplatz wurde den Fußgängern eine mit Weltzeituhr und Völkerfreundschaftsbrunnen verschönte Fläche reserviert, der große Rest ging an den PKW-Verkehr. Am Ernst-Reuter-Platz beschränkte sich die Platzfläche auf das kaum betretbare innere Rund, das gleichfalls eine Brunnenanlage schmückte.

Zugig und unwirtlich war es hier wie dort. In der Mischung seiner Nutzungen – vom Warenhaus und Hotel bis zur Kongreßhalle –, in seiner Erschließung durch ober- und unterirdischen Schienenverkehr und schließlich auch in den spontanen Aktivitäten, die sich auf diesem Platz des Ostens ansiedelten, machte der Alexanderplatz Pluspunkte im Vergleich zu seinem sterilen westlichen Gegenstück; er bezog mehr Volksleben ein. Am Reuter-Platz dagegen dominieren Büro- und Bankgebäude, trotz der Nähe der Technischen Universität und einiger Theater.

In den Städten der DDR wurden nun Formeln wieder aktuell, die sich schon auf den damals noch utopischen Plänen der ersten Nachkriegsjahre gefunden hatten. Geschäftsstraßen wurden gern mit niedrigen Ladenzeilen gefaßt, zu denen im rechten Winkel mehrgeschossige Büro- oder Wohnhäuser standen. Verwirklicht wurde dieses Schema in der Bundesrepublik nicht oft, weil beim geltenden Bodenrecht die erforderlichen Zusammenlegungen von Grundstücken selten gelangen. Die Hahnenstraße in Köln, die Holtenauer Straße in Kiel und die Berliner Straße in Frankfurt am Main gehören zu den nicht sehr zahlreichen Beispielen.

In der DDR mit ihrem Enteignungsrecht in Aufbaugebieten konnten solche Komplexe in weit größerem Maßstab realisiert werden. Die Prager Straße in Dresden (1962, 1965–78) war der opulenteste Fall. Doch auch andere Städte wie Chemnitz mit der Straße der Nationen oder Magdeburg mit dem Nordteil der Karl-Marx-Straße (Breiter Weg) warteten mit großflächigen Lösungen im Wechsel von Hoch- und Niedrigbebauung auf. In Dresden paradieren am Stadteingang vom Hauptbahnhof her das Großhotel Newa (heute Mercure), gefolgt von einer Wohnhausscheibe, 240 Meter lang und zwölf Stockwerke hoch, zweigeschossigen Ladenpavillons und auf der Westseite drei weiteren, quergestellten parallelen Hotelscheiben. Zu den Vorstädten rechts und links, zur Planungszeit noch Trümmerfelder, gab es nur spärliche Wegbeziehungen. Die Prager Straße war so etwas wie

eine durch Architektur abgesicherte Schneise, die den Ankömmling auf die Fährte in Richtung Altstadt, Elbbrücke und Neustadt setzte, auf die Nord-Süd-Achse der Stadt.

Bis 1978 kamen stadteinwärts ein trommelförmiges Lichtspieltheater hinzu, dessen Dach an einem Seilnetz hängt, und gegenüber ein von ungarischen Kollegen geplantes Centrum-Warenhaus.[148] Von den Läden bis zu den Hotels nahm alles große Formate an. Betonpergolen verbanden die Bauten miteinander in einer vergrößerten Version der Rotterdamer Lijnbaan, der Mutter aller Fußgängerstraßen (vgl. S. 274).

Bernhard Hermkes (städtebauliche Planung). Ernst-Reuter-Platz. Berlin-Charlottenburg, 1955, 1956–62. Rechts: Paul Schwebes, Hans Schoszberger. Telefunken-Haus, 1958–60.

Hans Konrad (städtebauliche Planung), Kurt Röthig, Peter Sniegon. Bebauung Prager Straße. Dresden, 1962, 1965–78.

Wettstreit der Systeme

[149] Peter Doehler. In: Deutsche Bauakademie (Hg.). Probleme des Städtebaus und der Architektur im Siebenjahrplan. Berlin, 1960. S. 177 ff.

[150] Victor Gruen. Die lebenswerte Stadt. München, 1975. S. 129 ff.

Otto Apel, Hansgeorg Beckert, Gilbert Becker. Geschäftszentrum der Nordweststadt. Bei Frankfurt am Main, 1962, 1965–68.

Mannigfaltigkeit wurde mit Wasser- und Blumenbassins, den »Touristengärten«, und jeder Menge Kunstwerken erzeugt. Die Dichte an Artefakten, an Skulpturen, Wandbildern, Brunnen und Dekorationen, war überall in der DDR groß. Man hatte manchmal den Eindruck, daß es in den Grünanlagen mehr Bronzefiguren als Stiefmütterchen gab.

Neue Zentren warteten nicht nur auf die Großstädte, in deren Trümmerfeldern sie realisiert wurden, sondern auch auf die Mittel- und Kleinstädte der DDR, wo sie dem vorhandenen historischen Bestand den Garaus gemacht hätten. Die »sozialistische Umgestaltung der Altbaugebiete« erfordere, so wurde auf der ersten Theoretischen Konferenz der Deutschen Bauakademie 1960 festgehalten, in naher Zukunft den »flächigen Abriß alter Gebäude« und seinen Ersatz durch Neubauten, »eine annähernde Neuanlage des zentralen Ensembles«.[149] Im großen Stil kam es dazu nicht mehr. Während sich die Bautätigkeit an die Peripherien verlagerte, wurden die meisten kleineren Städte von zentraler Komplettierung verschont. Statt dessen blieben viele von ihnen dem allmählichen Verfall überlassen.

In der Bundesrepublik ließen sich komplexe Lösungen aus einer Hand meist nur in den zentralen Bereichen neuer Satellitenstädte realisieren. Im Geschäftszentrum der Nordweststadt bei Frankfurt am Main (1962, 1965–68) werden die Besucher über Brücken und Plattformen auf drei verschiedene Ebene geschickt. Noch findet unter freiem Himmel statt, was in späteren Projekten unter das Dach großer Passagen gesteckt wird. Die Nordweststadt war einer der vielen Versuche, alles besser als bisher zu machen. Ihr Planer Walter Schwagenscheidt war jahrzehntelang einer Vorstellung nachgegangen, die er »Raumstadt« nannte und als ein offenes städtebauliches System von Häusergemeinschaften verstand. Es sollte eine pluralistische Gesellschaft aufnehmen, in der auch sandalentragende Lebensreformer wie Schwagenscheidt ihren Platz finden (vgl. S. 33 f.).

Das Zentrum hatte der Bauherr jedoch ausgenommen und erneut zum Wettbewerb ausgeschrieben. Ergebnis war ein betongraues, inselhaft wirkendes Großbauwerk, das der übrigen Siedlung implantiert wurde. Ob die Einkaufszonen in einer großen Stadt wie Dresden oder einer neuen Siedlung wie der Nordweststadt bei Frankfurt am Main liegen, auf ihren Außenseiten muß der fußgängerfreundliche Komfort der Innenseiten kompensiert werden. Dort liegen die Anlieferungsstraßen, Haltezonen und Parkplätze, das Niemandsland. Auch in Rotterdam ist das nicht anders. Großflächige Nutzungen bedingen großflächige Nachteile.

Das Zentrum der Nordweststadt war der Vorbote einer Entwicklung, die sich in der Bundesrepublik und im Osten nach dem Ende der DDR zu einer verhängnisvollen landesplanerischen Fehlkalkulation auswuchs. Als eines der frühen deutschen Einkaufszentren brachte es die kleinen Kaufleute in den Gemeinden der Umgebung um ihre Existenz, gefährdete die Nahversorgung in der weiteren Nachbarschaft und steigerte den Autoverkehr. In der Nähe entstand bald darauf ein viel größeres Einkaufszentrum, das Main-Taunus-Zentrum (1962–64) mit Parkplätzen für mehrere tausend Pkws. Die Nachteile dieser Anlagen hatten sich seit dem Bau des Northland Center bei Detroit (1950–54) schon an den riesigen amerikanischen Shopping Centers erwiesen. Sogar dessen Erfinder Victor Gruen fand es später besser, die Kaufkraft der Stadtkerne zu stärken statt sie in die Zentren auf der grünen Wiese abzuziehen.[150] Auf Gruen hörte man aber nur, solange er die Einkaufszentren propagierte, nicht als er vor ihnen warnte.

Helmut Hentrich, Hubert Petschnigg und Partner. Europa-Center. Berlin, 1960–64.

Hier wie dort

Auch in einzelnen Bauten nahmen die DDR-Architekten die Konkurrenz mit ihren westlichen Kollegen auf. In Berlin drängten sich Vergleiche auf, weil es alles zweimal gab, diesseits und jenseits der Mauer: Opernhaus, Staatsbibliothek, Nationalgalerie, Funkturm West und Fernsehturm Ost, Reichstag und Congress Centrum im Westen, Palast der Republik im Osten. Henselmanns zwölfstöckiges Haus des Lehrers am Alexanderplatz (1961–64), ein Scheibenhaus mit Stahlbetongerüst, war neben der Leipziger Hauptpost das erste Gebäude in der DDR, das mit einer Vorhangfassade aus Glas und Metallsprossen à la New Yorker Lever House bekleidet wurde. Nur die Bauchbinde um die beiden Geschosse, hinter der eine fensterlose Bibliothek steckt, wies mit dem pädagogischen Programm ihrer Mosaiken (»Unser Leben«) auf den volksdemokratischen Standort hin. Die großen Wandbilder an öffentlichen Bauten Mexikos waren Vorbild.

Im übrigen hätten die Hausscheibe und der angefügte Saalbau mit seiner Aluminiumkuppel durchaus im Westen stehen können, am Ernst-Reuter-Platz oder an der Gedächtniskirche, wo das gleichzeitige,

Hermann Henselmann, Bernhard Geyer, Jörg Streitparth. Haus des Lehrers. Berlin, 1961–64.

Wettstreit der Systeme

Helmut Hentrich, Hubert Petschnigg und Partner. Kaufhaus Horten. Krefeld, 1966–70.

Günther Walter, M. Böhme, L. Graf, Peter Dick, Siegfried Kurth, Ernst Winzer. Warenhaus Konsument. Leipzig, 1966–68.

[151] Friederike Hoebel. Kaufhaus Merkur. In: Annemarie Jaeggi (Hg.). Egon Eiermann. Kat. Städtische Galerie, Karlsruhe. Ostfildern, 2004. S. 191.

[152] Ullrich Kuhirt (Hg.). Kunst der DDR 1960–1980. Leipzig, 1983. S. 126.

ähnlich strukturierte Europa-Center von Hentrich & Petschnigg (1960–64) der Kirchenruine einen dunklen Fonds gab, um den Mercedes-Stern auf seinem Dach um so heller über dem Kreuz des Campanile strahlen zu lassen. Im internationalen Maßstab war auch das Europa-Center Dutzendware. Attraktion ging vom Branchenmix der Sockelbauten aus, in denen sogar ein Eislaufring untergebracht war. Das New Yorker Rockefeller Center ließ grüßen.

Vom Warenhaus, diesem Hort des Kapitalismus, unterschied sich die gleichartige Versorgungsstätte im Arbeiter- und Bauernstaat zwar im Angebot (und nicht zum Vorteil der Käufer), doch kaum in der äußeren Gestalt. Nach übereinstimmender Meinung der Warenhaus-Manager hüben wie drüben hatte ein modernes Kaufhaus ohne Tageslicht auszukommen. Tageslicht verursache Blendlicht und erlaube nicht die rechte Inszenierung der Waren. Infolgedessen mußten die Außenwände geschlossen bleiben, sollten aber das Auge mit einem interessanten Anblick beschäftigen. Curtain Walls aus Glas und Metall wurden durch gitterförmige Dekorfassaden ersetzt, bei Horten und Hertie wie bei Centrum und Konsument.

Im Westen hielten strukturierte Keramik- oder Kunststoffelemente Einzug, seitdem Egon Eiermann und andere Architekten sich nicht zu schade gewesen waren, für die Warenhauskette Merkur/Horten diese flirrenden, bald aber langweilenden Kunststoffhäute zu entwerfen. Der Konzern nutzte sie als leicht erkennbares Markensignet im Stadtbild. Früheste Horten-Filiale scheint das Kaufhaus Merkur in Duisburg (1958) von Harald Loebermann und Helmut Rhode gewesen zu sein.[151] Besucher der Brüsseler Weltausstellung desselben Jahres – und erst recht Architekten der Ausstellungsbeiträge wie Eiermann – hatten den Gag bereits an Edward D. Stones US-Pavillon bewundern können. Auch im Osten wurden »durchbruchplastische«[152] Module aus Aluminium- und Stahlblech oder Beton vor die Gerüstkonstruktionen gehängt. Verwirrspiele fürs Auge, die Optical oder Op Art genannt wurden, waren in der westlichen Galerienszene der späten fünfziger und sechziger Jahre populär. Als abstrakte Kunst hätten Tafeln und Objekte, wie sie Victor Vasarely in Frankreich oder Bridget Riley in Großbritannien herstellten, auf den Leistungsschauen der DDR-Künstler keine Chance gehabt. Aber gegen Op Art an Warenhäusern und manchmal auch öffentlichen Gebäuden wie der Stadthalle in Chemnitz (1966, 1969–74) wurden keine weltanschaulichen Einwände laut. DDR-Bürger konnten ihr Maß an Seh-Irritationen von den Blechfassaden der Kaufhäuser in Berlin, Dresden, Leipzig, Magdeburg und sogar Suhl beziehen. Der Zeitgeist wehte, wo er wollte, und blies auch unter dem Eisernen Vorhang hindurch.

Das Seiende und das Wesende

Organische oder, mit Hugo Häring zu sprechen, »organhafte« Architektur hat nicht in erster Linie mit Naturvorbildern zu tun. Sie kann sich ihnen nähern, aber sie muß es nicht. Sie folgt nicht der Erscheinung von Naturformen, sondern deren Entstehungsgesetzen, wie sie der Organiker zu erkennen glaubt. »Wollen wir also Formfindung, nicht Zwangsform, Gestaltfindung, nicht Gestaltgebung, so befinden wir uns im Einklang mit der Natur, indem wir nicht mehr gegen sie handeln, sondern in ihr.«[153] Dabei gingen die Wortführer des organischen Bauens von einer unitarischen Weltvorstellung aus. Sie setzten auf eine prästabilierte Harmonie, die zu erkennen ihre Aufgabe war. Konflikte ergaben sich nur, wenn Gestalter sich den Werdewünschen der Dinge verweigerten. Daß Bedürfnisse und Forderungen, die im Bauen zu befriedigen waren, in Konflikte untereinander geraten konnten, war in der Theorie nicht vorgesehen.

Häring und Scharoun

Mit der Stadtlandschaft hatte sich das organische Denken eine Ordnungsform im urbanen Maßstab geschaffen, die ihre eigenen Zwänge produzierte. Im Einzelbau dagegen öffnete sich ein Spielfeld für bisher unerprobte Möglichkeiten. Die Freiheiten waren um so größer, wenn sich das Bauwerk von der gebauten Nachbarschaft isolieren ließ. Reihenhäuser oder Geschäftshäuser in der Straßenflucht boten wenig Möglichkeiten für organisches Bauen, wohl aber der Schulkomplex, der Saalbau, das Theater, die freistehende Villa. »Man mag deshalb einwenden, daß dieses thema nicht aktuell sei, denn es gehe um die wohnung der masse des volkes und nicht um die einer kleinen schicht. Uns geht es jedoch um die arbeit an einer gestellten aufgabe, der der wohnungsbau der masse des volkes noch ausweicht.« (Hugo Häring)[154]

Von solchen Bauten, die von innen, von den Wohnvorgängen her angelegt sind und sich von der Macht des rechten Winkels befreien, hat Häring selbst nach dem Zweiten Weltkrieg nur noch zwei gebaut, die Wohnhäuser Schmitz in Biberach an der Riß (1949–50). Erker und Balkons drängen schief-

Hugo Häring. Wohnhäuser Schmitz. Biberach an der Riß, 1949–50.

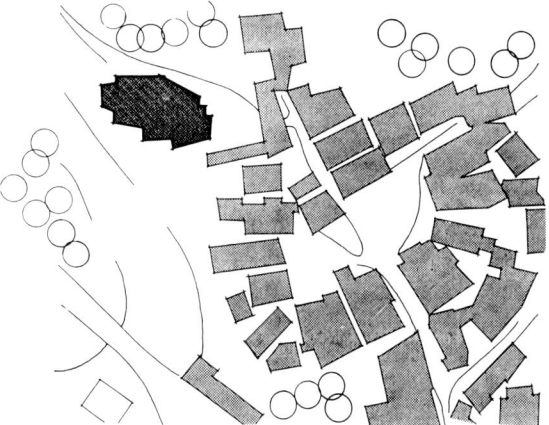

Karl Brunne. Kreisheimathaus. Tecklenburg bei Osnabrück, 1960. Ansicht. Lageplan.

[153] Hugo Häring. Wege zur Form. In: Die Form 1 (1925) 1. S. 3 ff.

[154] Hugo Häring. Arbeit am Grundriss. In: Baukunst und Werkform 5 (1952) 5. S. 18.

Hans Scharoun, Hermann Mattern. Staatstheater. Kassel, 1952. Nicht verwirklichter Entwurf. Modell.

[155] Hugo Häring an Hans Scharoun, 9. 2. 1948. Zit.: Peter Pfankuch (Hg.). Hans Scharoun. Bauten, Entwürfe, Texte. Schriftenreihe der Akademie der Künste 10. Berlin, 1974, 1993². S. 182.

[156] Hans Scharoun. Das neue Staatstheater in Kassel. In: Bauwelt 43 (1952) 44. S. 173.

[157] Hans Scharoun. Raum und Milieu der Schule. 1961. S. 4 ff. Zit.: Norbert Huse. In der Bundesrepublik. In: Christine Hoh-Slodczyk u. a. Hans Scharoun. Architekt in Deutschland 1893–1972. München, 1992. S. 88.

[158] Rudolf Schwarz an den Oberstudiendirektor in Lünen, 22. 12. 1959. Archiv Schwarz, Köln.

winklig aus dem Hauskörper heraus, ermöglichen unterschiedliche Blickrichtungen, Lichtverhältnisse und Alternativen im Gebrauch. Das Außen »ergibt« sich. Dabei entsteht eine Kollision der Baukörper, die Härings Behauptung wenig plausibel erscheinen läßt, hier hätten sich ausschließlich die Ansprüche des Lebens durchgesetzt. Das Interesse an der konfliktreichen Form dürfte nicht minder stark gewesen sein.

Manchmal war gerade hochindividuellen Entwürfen abzugewinnen, was sie, sollte man denken, nicht ohne weiteres hergaben: die Einpassung in ein vielteiliges Ensemble. Im westfälischen Tecklenburg, weit weg vom schwäbischen Biberach und von einem örtlichen Baubeamten entworfen, fächert sich das Vielzweckgebäude des Kreisheimathauses (1960), das der Kommunalpolitik wie der Kultur dient, ähnlich wie Härings Häuser zur Talseite hin auf. Der Maßstab wird herabgezont, bis er sich mit den Häusern des Ortskerns verträgt. In den selbstbewußten sechziger Jahren war Taktgefühl eine seltene Gabe.

Häring, der theoriefreudigste unter den älter gewordenen Baumeistern des Neuen Bauens, hat nach 1945 seine nicht leicht vermittelbaren Einsichten in Gesprächen, Aufsätzen und gelegentlichen Vorträgen weitergegeben. Auf seine Wahrworte und Weisheitssprüche traf zu, was er selbst dem Freund Scharoun attestierte: Bei dessen »philosophischen Erlassen« könne »man sich ... nur ahnend an ihren sinn heranschleichen«[155]. Einladungen zu kontinuierlicher Mitarbeit an der Berliner Akademie der Wissenschaften oder ein einflußreicheres Amt schlug Häring aus. Während der Bombenangriffe auf die Reichshauptstadt war er dorthin zurückgekehrt, wo er hergekommen war, nach Biberach, und dort blieb er auch.

Scharoun dagegen erlebte, seitdem er von seinen Ostberliner Ämtern in Magistrat und Deutscher Bauakademie entbunden war, seine Auferstehung als Architekt. In den frühen fünfziger Jahren war Papier das Medium seiner neuen Kreativität. Die unrealisierten Theaterentwürfe in Mannheim und Kassel bilden einerseits ihr Inneres ab, reagieren aber auch sensibel auf die Umgebung. Das Mannheimer Theater mit seinen divergierenden Fluchten bezog sich auf die unterschiedlichen Strukturen von Altstadt und Gründerzeitviertel, das Kasseler mit breit ausholendem Schwung des Bühnenhauses auf die Höhenzüge jenseits des weiten Fuldatals. Architektur nimmt bei Scharoun selbst den Charakter von Stadtlandschaften an. Korridore werden Wege der Begegnung, Foyers Orte der Zusammenkunft, Säle Täler der Sammlung, Decken überwölbende Himmel. Alles, was der Bewegung dient, entsteht unter der »Beteiligung der seelisch-schöpferischen Kräfte und des geistig-wissenschaftlichen Anliegens«[156] und aktiviert sie zugleich. Das realisierte Stadttheater in Wolfsburg (1965–73), das sich am höher gelegenen Waldrand ausbreitet, ist ein langer, umbauter Weg.

Scharouns Metaphorik spielt mit beiden Sphären, denen die Stadtlandschaft verpflichtet ist, mit der Stadt und der Landschaft. Von den Schulen, dem Geschwister-Scholl-Gymnasium in Lünen (1955–62) und der Haupt- und Grundschule in Marl (1961–66), heißt es, sie seien »Teile des Organismus Stadt oder Siedlung, die vielfältige und differenzierte Bezüge untereinander in Gang setzen können«[157]. Der Weg hinein führt über die »Marktplätze« der Foyers, die durch Lichtführung, Farbe und Gestalt aufgegliedert sind, zum angelagerten Saal oder in die sich verästelnden und verzweigenden Zugangsbereiche und »Klassen-Wohnungen«. Deren Ausformung bezieht sich in einer nicht leicht nachvollziehbaren Kasuistik auf die unterschiedlichen Bewußtseinsstufen kindlichen Wachstums. Natur sickert von außen in die Buchten und Höfe der Bebauung ein, Terrassen und Gärten dienen dem Freiluftunterricht. Spontaneität des Verhaltens soll durch die Spontaneität des Bauwerks gefördert werden. Manche sahen nur das Chaos. Rudolf Schwarz, der Scharoun schätzte, sprach vom »Eindruck einer arrangierten Unvollständigkeit«.[158]

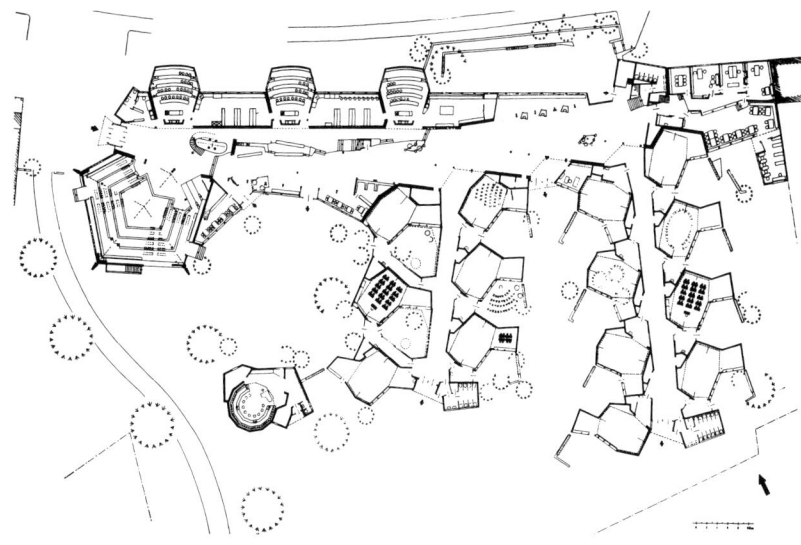

Hans Scharoun. Geschwister-Scholl-Gymnasium. Lünen, Westfalen, 1956–62. Ansicht. Grundriß.

Bei einem Architekten, der das Wohnen als die individuellste Tätigkeit betrachtete und in seinen Siedlungen den sozialen und den kosmischen Aspekt miteinander verbinden wollte, war Wohnen im Hochhaus keine Selbstverständlichkeit. Scharoun hat auch dieser Aufgabe Lösungen abgewonnen, die sich nicht in numerischer Addition erschöpfen. In den drei Wohnhochhäusern, die er in Stuttgart baute (1954–59, 1961–63), und in einem Exemplar in Berlin-Reinickendorf erwecken schon die Normalgrundrisse den »Eindruck einer arrangierten Unvollständigkeit«. Die Mischung der Wohnungstypen und damit auch der Bewohnerschaft reicht vom Einzimmerappartement bis zur 155-Quadratmeter-Wohnung. Rechteckige Raumschachteln wurden deformiert, Balkons nach Sonnenstand oder Blickperspektive herausgeschwenkt. In den unteren und in den oberen Geschossen ließ Scharoun vollends der Vielfalt die Zügel. Unten gibt es Kindergärten, Fahrschule, Arztpraxen, oben Maisonettes und Ateliers mit Dachgärten auf verschiedenen Ebenen. Die Mittel, raunt es bei Scharoun, seien »im Sinne des Nordischen das Seiende und das zwischen dem Seienden Wesende«.[159] Den Jargon der Eigentlichkeit, mit dem Martin Heidegger beim Darmstädter Gespräch von 1951 die Zuhörer in andächtig schweigende Ergriffenheit versenkt hatte, beherrschte auch sein Podiumsnachbar von damals.

Kultur konzentriert

Zum Höhepunkt in Scharouns Werk und zu einem Höhepunkt der deutschen Nachkriegsarchitektur wurde die Berliner Philharmonie (1956, 1960–63), der große Musiksaal der Stadt für 2200 Besucher. Der Wettbewerb von 1956 war für eine Hinterhofsituation in Wilmersdorf, hinter dem Joachimsthaler Gymnasium, ausgeschrieben. Glücklicherweise blieb es nicht dabei. Das Berliner Abgeordnetenhaus entschied, den sensationellen Entwurf des ersten Preisträgers auf das Niemandsland am südöstlichen Tiergartenrand zu versetzen, wo bald die unglückselige DDR-Mauer entstehen sollte. Auf der vorerst und viele Jahre lang noch kahlen Fläche konnte sich die Konzerthalle, inzwischen mit goldfunkelnden Aluminiumtafeln verkleidet, als gewaltige Skulptur entfalten. Wie die Plastiken des italienischen Manierismus kann man sie in mindestens 32 verschiedenen Ansichten betrachten, also im kontinuierlichen Umkreisen. Für Scha-

Hans Scharoun. Wohnhochhäuser Romeo und Julia. Stuttgart-Rot, 1954–59.

[159] Hans Scharoun. Rede zur Einweihung der Häuser Romeo und Julia in Stuttgart, 28. 8. 1959. Zit.: Peter Pfankuch (Hg.). Hans Scharoun. Bauten, Entwürfe, Texte. Berlin, 1974, 1993². S. 239.

Das Seiende und das Wesende

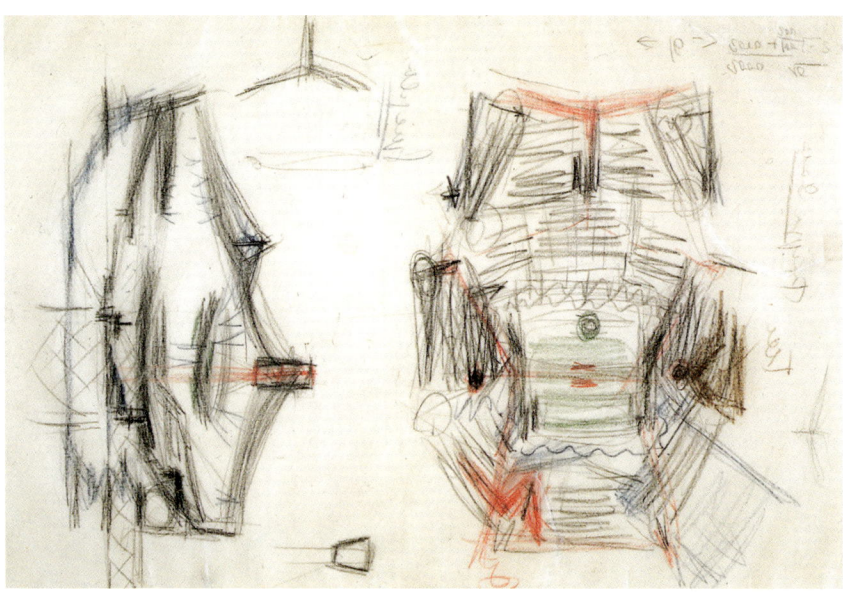

Hans Scharoun. Skizzen für die Philharmonie am Standort Berlin-Wilmersdorf. 1956.

Hans Scharoun. Philharmonie. Berlin-Tiergarten, 1956, 1960–63. Außenansicht. Saal.

roun fügte sich der Bau seiner alten Idee eines Kulturbandes innerhalb des Stadtbandes Berlin ein.

Musik im Mittelpunkt: Das trifft zu, so lange man es nicht allzu genau nimmt. Denn die Halb-Arena des Orchesters ist aus dem geometrischen Zentrum leicht in den südlichen Teil des Saals geschoben und wird von einer hohen, akustisch wirksamen Brüstung begrenzt. Die Publikumsstaffeln, die sich der gewohnten Einteilung in Ränge und Parkett entziehen, hat der Metaphoriker Scharoun mit Weinbergen verglichen, die Decke, ihre Resonanzsegel und Leuchtkörper mit einer »Himmelsschaft«. Nach Westen und Osten kurvt das Dach konkav in dreifachem Schwung, nach Norden und Süden hängt der Dachfirst über der Querachse sattelförmig durch. Wenn man in der richtigen Sichtlinie steht, zeigt der Bau somit eine klassische Symmetrieachse. Aber jeder Schritt zur Seite bringt den Saal in optische Schwingung wie der Taktstock des Dirigenten ihn in akustische Resonanz versetzt. Die Wanderung dorthin, durch den Stützenwald, an Kaskaden von Treppen entlang, auf Brücken über Schluchten zu den Schallschleusen oder, wenn das Ticket einen Platz auf der Ostseite anzeigt, unter dem Massiv des Saalkörpers hindurch ist schiere Faszination. Da stört auch ein Stützenknick oder ein mosaikverziertes Blumenbeet am Säulenfuß nicht mehr als ein Kobold im Märchenhain.

Mies van der Rohes Neue Nationalgalerie (1962, 1965–68) schräg gegenüber demonstriert die Spannweite dessen, was eine Epoche gleichzeitig hervorbringen kann. Der Fabulierlust bei Scharoun steht Lakonie gegenüber, dem musikalischen Zauberepos die apodiktische Formel. Raum entsteht hier nicht als ein Volumen, das durch seine Umfassung bestimmt würde, sondern als ein Ort, der durch eine Ordnungsidee definiert ist. Ein Koordinatennetz mit einem quadratischen Modul von 3,60 Metern Seitenlänge legt sämtliche andere Daten fest, die Position der acht einzig tragenden Stahlstützen, das Raster des Dachrostes, den Schnitt des Bodenbelags aus Granit. Nähert man sich von der breiten würdevollen Freitreppe dem Eingang, so erscheint der Bau als klassischer Tempel, als allseitig offener Peripteros. An der Rückseite offenbart der Blick über den Skulpturenhof den zweigeschossigen Aufbau. Der gläserne Schrein des Oberbaus ruht auf einem travertinverkleideten,

viel weiter ausgreifenden Sockelgeschoß. Karl Friedrich Schinkel, für Mies eine Berufungsinstanz, hat diese Sublimierung von unten nach oben in mehreren Projekten vorgemacht.

Wie das schwere Dach zum Schweben gebracht ist, wie feine Maßabweichungen sich dem Wissen antiker Tempelbauer verdanken, wie sich in der Annäherung von Norden Asymmetrien in den Überschneidungen ergeben und wie das erhabene Podest seine Nachbarschaft in surreale Versatzstücke verwandelt, das macht den Bau zu einem würdigen Gegenspieler der Philharmonie. Mies hat das Bauwerk aus einem Projekt entwickelt, das für das Verwaltungsgebäude des Rum-Konzerns Bacardi in Santiago auf Kuba gedacht war. Der Bacardi-Tempel sollte eine Betonkonstruktion werden und wurde in die Stahltechnologie (des Oberbaus) übersetzt. Aber bei einem Klassiker ist die Übertragbarkeit bereits gefundener Lösungen kein Einwand. Auch der Baumeister des Parthenons hat nicht den griechischen Tempel neu erfunden. Er hat ihn weiterentwickelt und in eine nicht mehr verbesserungsfähige Form gebracht.

Die weiteren, scharounesken Bauten des Kulturforums halten sich nicht auf der Höhe der Philharmonie. Westlich des Philharmoniegebäudes schichtete Rolf Gutbrod das Platzgelände, die Piazzetta, felsschollenartig auf und nahm dem Eingang zu den Museen jede Signifikanz. Zum Tiergarten hin setzte sein Kunstgewerbemuseum (1966, 1978–85) einen ungeschlachten Eckstein. Bei der Überarbeitung seiner Kunstbibliothek und dem Neubau der Gemäldegalerie suchten Heinz Hilmer und Christoph Sattler 1992–98 den Entwurf mit den Konventionen der Museumstradition und den Regeln einer Blockrandbebauung zu versöhnen. Für die gar nicht so kleine Kleine Philharmonie, den Kammermusiksaal der Philharmonie (1984–86), lag eine skizzierte Idee von Scharoun vor, die Edgar Wisniewski ausführte. In der Masse geriet der Anbau zu voluminös, um eine klare Unterordnung des einen Baus unter den anderen zu erlauben.

Nach Osten begrenzt die Staatsbibliothek (1964, 1966–78) das Forum. Vor ihrem breit gelagerten Gebäuderücken erstrecken sich die Kuben und Quader der Lesesäle und Foyers wie eine Geröllhalde vor dem Berghang. In diesem Hörselberg der Bücher tut sich eine variantenreiche Leselandschaft auf. Die Stockwerksebenen sind in gegeneinander versetzte Terrassen aufgegliedert. Mit einer Öffnung des Forums in Richtung City scheint hier vor dem Fall der Mauer niemand wirklich gerechnet zu haben. Die Bibliothek sperrte die historisch bedeutsame Potsdamer Straße ab, die Reichsstraße Nr. 1, und kehrte dem Osten die Rückseite zu. Nach der Vereinigung der Stadthälften hat Renzo Piano, der Planer des Potsdamer Platzes, das Problem aufgegriffen und östlich vor den Riegel der Bibliothek ein Musical-Theater und eine Spielbank gelegt (1996–98), so daß eine Ansichtsfront auch zum Areal des Potsdamer Platzes entstand. Der Anschluß des Kulturforums an die Stadtmitte über die verlegte Potsdamer Straße bleibt schwierig, obwohl doch die Wahl des Standorts am äußersten

Ludwig Mies van der Rohe. Neue Nationalgalerie. Berlin-Tiergarten, 1962, 1965–68.

Hans Scharoun (ursprüngliches Konzept). Kulturforum. Berlin,-Tiergarten um 1970.

Das Seiende und das Wesende   325

Hans Scharoun, Edgar Wisniewski. Staatsbibliothek. Berlin-Tiergarten, 1964, 1966–78.

[160] Mündliche Mitteilung von Klaus Wever, 1988.

Rudolf Skoda, Volker Sieg u.a. Neues Gewandhaus. Leipzig, 1977–81. Großer Saal.

östlichen Rand Westberlins nur mit dem Blick auf eine spätere Zusammenführung von Ost und West sinnvoll gewesen war.

Wie so vieles in Berlin erklärt sich das Konzept des Kulturforums aus der Konkurrenz der politischen Systeme. Museen und Konzerthäuser in diesem Brachland zu errichten, läßt sich nur als – damals provokantes – Bekenntnis zur Wiedervereinigung verstehen. Jahrzehntelang bezahlten die Westberliner die abseitige Lage einiger ihrer wichtigsten Kulturinstitute mit langen Omnibusfahrten. Auf die Architektenschaft im Osten hat der Bau der Philharmonie jedenfalls seine Wirkung ausgeübt. Wer sich aus beruflichen Gründen über die Baufortschritte informieren wollte, stand mit dem Fernglas hinter den Fenstern der Wilhelmstraße.[160]

Auch jenseits der Reichweite von Ferngläsern tat die Philharmonie Wirkung. Nur selten gelingt die Neuformulierung einer Bauaufgabe; hier war es der Fall. Um die Wirkungen zu registrieren, muß man nicht bis nach Los Angeles reisen, wo es Frank O. Gehrys Disney Concert Hall anzusehen ist, daß ihr Urheber sich Konzertkarten für die Philharmonie besorgt, wann immer er sich in Berlin aufhält. Als es zwischen 1977 und 1981 in Leipzig um den Neubau des Gewandhauses ging, bediente sich auch Rudolf Skoda des Konzeptes »Musik im Mittelpunkt«. Wie in Berlin zucken die Brüstungsbänder der aufgesplitterten Ränge um ein zentrales Konzertpodest. Aber während man sich in Berlin in einem atmenden, pulsierenden Raum ohne feste Grenzen fühlt, hält man sich in Leipzig in einer schallbrechend dekorierten Raumschachtel auf. Der 1900-Personen-Saal steckt in einem abgeschrägten Baukörper, den diagonal gestellte Stahlpfosten mit Mühe über den Haupteingang zu stemmen scheinen. Mit dem Gewandhaus gewann der ehemalige Augustusplatz wieder Konturen.

Berliner Spätexpressionisten

Scharoun bekannte sich immer wieder zu Theorien des organischen Bauens, wie sie Hugo Häring ausgearbeitet hat. Das Organische betrachtete auch der Gründer der Anthroposophie Rudolf Steiner als eine höher entwickelte Form des metrischen, geometrischen, symmetrischen Bauens. Scharoun hielt Steiners Zweites Goetheanum in Dornach bei Basel (1924–28) für den bedeutendsten Bau aus der ersten Hälfte des Jahrhunderts, lernte ihn allerdings wohl erst nach dem Entwurf für die Philharmonie kennen. Er war mit Anthroposophen befreundet und hat einmal auch für die anthroposophennahe Christengemeinschaft in Bochum eine Kapelle (1960) gebaut. Seine Auffassung, daß Epochen und Orte ein »Wesen« enthalten, das man treffen oder verfehlen kann, hätte auch Steiner gebilligt.

Ein anderer in der Schweiz lebender Autor, der Kulturphilosoph Jean Gebser, hat mit seinem dreibändigen Werk *Ursprung und Gegenwart* (erschienen ab 1949) außer Scharoun auch andere Architekten beeindruckt. Gebsers These, die Epoche sei in ein Zeitalter des raumzeitlichen Kontinuums eingetreten, das durch Grenzenlosigkeit, Simultaneität und Vieldimensionalität gekennzeichnet sei, war durch Sigfried Giedions *Raum Zeit Architektur* (englischsprachige Erstauflage 1941, deutsch erstmals 1965) vorbereitet. Scharoun benutzte Gebsers Ausdruck »aperspektivisch«, um seine Vorstellung vom modernen Theater zu beschreiben.[161] Mit dem Begriff ließ sich auch das städtebauliche Konzept der Stadtlandschaft interpretieren.

Aber: »Wir Architekten sind mehr von der Anschauung als von Begriffen umgetrieben.«[162] Die Bilder waren wichtiger. Im Erinnerungsvorrat des Architekten und einer Gruppe ihm nahestehender Berliner Kollegen wirkten die Tage des Expressionismus nach. Lagen das Organische und das Expressive nicht nahe beieinander? Schließlich hatte Adolf Behne, Kritiker und Partisan des originalen Architekturexpressionismus, den Begriff »expressionistisch«, als er ihn 1913 in die Baukunst einführte, mit einer Architektur »von innen heraus« verbunden (vgl. S. 99 f.). Scharoun hat mit den Aquarellskizzen, die in den Luftschutzkellern des Zweiten Weltkriegs entstanden, die Erinnerung daran wiederbelebt. Die gesellschaftsverändernden Ideen und die utopische Substanz original expressionistischer Visionen hatten sich inzwischen zu einem schwer greifbaren Essentialismus verflüchtigt (oder verdichtet?). Aber die Hand zeichnete nach wie vor im heftigen Duktus, und die Phantasie schuf Raumhöhlen und Architekturlandschaften, wie sie um 1920 zwar ersonnen, aber kaum je verwirklicht worden waren.

Andere Architekten verfügten über andere biographische Rückbindungen. Hermann Fehling hatte noch bei Mendelsohn und den Brüdern Luckhardt gearbeitet, sein jüngerer Partner Daniel Gogel war Schüler von Max Taut gewesen. Beide haben im Wettbewerb für die Philharmonie den zweiten Preis hinter Scharoun gewonnen. Scharoun war als Lehrer an der Technischen Universität und nunmehr wieder fruchtbarer Architekt ohnehin Inspirator für Jüngere, die nicht den Weg der korrekten Moderne gehen wollten. Peter Pfankuch, der oft mit Fehling & Gogel zusammenarbeitete, Heinz Schudnagies und Sergius Ruegenberg oder Chen Kuen Lee, ein langjähriger chinesischer Mitarbeiter Scharouns, der dann im Stuttgarter Raum Wohnhäuser entwarf, praktizierten einen Freistil, der Scharoun viel verdankt. Das Œuvre des Kölner Architekten Gottfried Böhm ausgenommen, waren die Impulse der heißen Tage von 1918 nirgendwo so spürbar wie in Berlin.

Angesichts mancher zeitgenössischer Bauten glaubt man sich sogar schon zwanzig Jahre weiter, als der sogenannte Dekonstruktivismus angesagt war. Bei dem Haus, das Fehling & Gogel von 1965 bis 1968 im Schwarzwald für ein Musikerehepaar bauten, fährt eine Dachplatte schräg aus dem Baukörper wie der hochgestellte Deckel eines Konzertflügels. Andere Flächen schieben sich splitternd dagegen, als habe gerade ein Unfall auf der nahen Schwarzwaldhoch-

[161] J. Christoph Bürkle. Hans Scharoun und die Moderne. Frankfurt am Main, 1986. S. 127 f.

[162] Hans Scharoun. Zit.: Will Grohmann. Zwischen den beiden Kriegen. Kunst und Architektur. Berlin, 1953. S. 498.

Hermann Fehling, Daniel Gogel. Haus Schatz. Baden-Baden, 1965–68.

Das Seiende und das Wesende

Werner Düttmann. Studio in der Akademie der Künste. Berlin, 1957–60.

Alvar Aalto. Wohnhochhaus. Bremen-Neue Vahr, 1958–62.

[163] Gabi Dolff-Bonekämper. Das Hansaviertel. Internationale Nachkriegsmoderne in Berlin. Berlin, 1999. S. 99.

straße stattgefunden. Andererseits nahmen die Architekten wie beim alten Schwarzwaldhaus die Lage am Hang im Haus selbst auf. Zentrale, durch Oberlichter erhellte Treppenhallen organisieren die wissenschaftlichen Institutsgebäude, die Fehling & Gogel in Berlin und Garching bei München gebaut haben. So auch in diesem Wohnhaus, wo Licht von oben durch die bernsteinfarbenen Polyesterstufen im Wohnraum bis in den Keller dringt.

Von Scharounscher Detailmalerei war Werner Düttmann frei, Scharouns Nachfolger als Präsident der Berliner Akademie der Künste. Als Baumeister ein Temperament von brutaler Direktheit, legte er sein Akademiegebäude am Berliner Tiergarten (1957–60) als eine Dreiergruppe unterschiedlicher Bauteile an. Vor allem der Studiobau »mit dem dramatisch aufschießenden, aufregend geknickten kupfernen Faltdach«[163] verrät etwas vom Überdruß dieser Generation an akademischer Langeweile. Im Theatersaal überlagern sich schräg geschnittene Deckenschalen wie ein Gewitter von Diagonalen, das sich in Richtung Bühne entlädt. Schon die sechziger Jahren wußten aus der Karambolage des Unvereinbaren Freiheit zu gewinnen. Wo Widersprüchliches aneinanderreibt, entstehen Funken. Das probierten Architekten auch in dieser Epoche schon aus.

Gast aus dem Norden

Wollte man sich in diesen Jahren bestätigen lassen, daß soviel Ausdruckswille nicht nur eine deutsche Nationaleigenschaft war, lag es nahe, sich an den finnischen Architekten Alvar Aalto zu wenden. Aalto hat auch in den USA, in Frankreich und Italien gebaut. In der Bundesrepublik war er seit den fünfziger Jahren ein besonders willkommener Gast. Aaltos ungewöhnlichen Formerfindungen konnte man sich anvertrauen, ohne auf das Prestige des Internationalen verzichten zu müssen. Aalto konnte Auswege aus den Sackgassen des Modernismus weisen, ohne daß er dem Modernismus abgeschworen hatte. Seine Architektur war weltläufig und regional zugleich.

In seiner finnischen Heimat hatte Aalto schon in den dreißiger Jahren Regionalismus und Modernität versöhnt, einfühlsam gegenüber dem Geist der Umgebung, empfänglich gegenüber dem Zauber des Lichts, undogmatisch in der Verwendung der Materialien, unter denen das Holz eine wärmende Hauptrolle spielte. Wo die deutschen Organiker Hugo Häring oder Hans Scharoun im Lande vielen Hindernissen begegneten, wurde es dem berühmten Gast aus dem Norden leichter gemacht, die Hemmschwellen der Baubürokratie zu überwinden. In Bremen fiel ihm nach dem Erfolg seines Wohngebäudes im Berliner Hansaviertel die Aufgabe zu, die Bauzeilengeschwader der Großsiedlung Neue Vahr mit einem zweiundzwanziggeschossigen Wohnhochhaus (1958

bis 62) aufzulockern. Die Ein- und Zweizimmerappartements sind nach Westen und Südwesten aufgefächert. Für die Fassade ergibt sich an dieser Seite eine wellenförmig fließende Bewegung.

In der Volkswagenstadt Wolfsburg hat Aalto ein Stück Baukultur begründet. Bevor Scharoun dort sein Theater und lange bevor Peter Schweger sein Kunstmuseum (1989–93) und Zaha Hadid ihr Wissenschaftszentrum (2001–05) errichten konnten, setzte Aalto mit zwei Kirchenzentren und einem Kulturhaus (1958–62) Qualitätsmaßstäbe. Zum Marktplatz hin sind die Hörsäle des mit weißem, blauem und schwarzem Marmor gestreiften Kulturzentrums wie die Finger einer Hand ausgespreizt. Der Lesesaal mit Sitzgrube, Umgängen und Oberlichtfeldern vermittelte vor Scharouns Berliner Staatsbibliothek die Erfahrung, daß Lektüre nicht nur mit Lese-, sondern auch mit Raumgenuß verbunden sein kann.

Aaltos Prestige überdauerte die Jahrzehnte. Seinem Wettbewerbserfolg von 1959 für das Opernhaus in Essen war aus den verschiedensten Gründen kein Auftrag gefolgt. Aber die Idee, mit einer baumstumpfartig abgeschrägten Baumasse dem Hang des Stadtparks entgegenzuarbeiten, blieb in der Erinnerung und wurde lange nach Aaltos Tod, von 1976 bis 1988, in die Tat umgesetzt. Den Besucher führt innen der Aufstieg durch ein erlebnisreiches Foyer in einen asymmetrischen Zuschauerraum, dessen drei Ränge sich wie in gespannter Erwartung zur Bühne vorbeu-

gen. Essen verdankt dem langen Gedächtnis seiner Bürger eines der schönsten deutschen Theatergebäude nach 1945.

Alvar Aalto (Entwurf), Elissa Aalto mit Harald Deilmann. Opernhaus. Essen, 1959, 1976–88. Außenansicht. Zuschauerraum.

Das Seiende und das Wesende

Bauen für die große Zahl

[164] Katrin Zapf. Die Transformation der *Sozialistischen Stadt* in Ostdeutschland. In: Wolfgang Glatzer u. a.(Hg.). Sozialer Wandel und gesellschaftliche Dauerbeobachtung. Opladen, 2002. S.90.

[165] Gerhard Krenz. Architektur zwischen gestern und morgen. Ein Vierteljahrhundert Architekturentwicklung in der DDR. Berlin, 1975². S. 89.

[166] In: Stefan Heym. Die Architekten. Geschrieben 1963–66, veröffentlicht München, 2000.

[167] Brigitte Reimann. Franziska Linkerhand. Berlin, 1974. München, 1977. S. 319 f., 582.

Von Kritik war die Baugeschichte des vergangenen Jahrhunderts immer begleitet. Aber es gab Phasen, in denen sie besonders anschwoll. Um 1960 war ein solcher Zeitpunkt. In der DDR betrachtete sich die Staats- und Parteiführung als kritische Überinstanz, die jede andere negative Reaktion überflüssig machte und selbst der Kritik enthoben war. Die Abkehr von der stalinistischen Repräsentationsarchitektur hatte sie durchgesetzt – wenn man nicht die aufständischen Arbeiter vom 17. Juni 1953 als unfreiwillige Mitwirkende an dieser Umkehr betrachten will. Ausgerechnet das Musterprojekt der Hauptstadt wurde zum Unruheherd der Republik. In der Wohnforschung der DDR wurden selbst anonyme skeptische Äußerungen nur verhalten zitiert.[164]

Heimat, Deine Häuser

Auch Fachkritik äußerte sich in der DDR mit staatlich gedämpfter Lautstärke und nur innerhalb eines Einverständnisses mit den Grundannahmen. In den frühen sechziger Jahren begann die sogenannte Monotonie-Debatte, der es an Stoff in den folgenden Jahrzehnten nicht mangelte. »Ein unter den Architekten heiß diskutiertes Problem ist die noch ungenügende architektonische Beherrschung des industriellen Bauens, die ein Anwachsen der Monotonie vor allem in den neuen Wohngebieten befürchten läßt.«[165] In der Zeitschrift *Deutsche Architektur* kamen unter der Redaktion von Bruno Flierl kritische Stimmen von Architekten wie Bewohnern über die radikale Typisierung zu Wort. Flierl kostete es 1964 sein Amt als Chefredakteur.

Das Monotonie-Problem war systemimmanent. Die Baukombinate waren an die Produktion einheitlicher Serien gebunden, mit denen sie das Plansoll erfüllen oder übererfüllen sollten. Jede Abweichung, jede Qualitätsanmahnung war Störung. Kritik wurde mit dem Hinweis auf die Unvollkommenheit der noch jungen Entwicklung abgefangen. Es handelte sich dann eben nur um eine Kinderkrankheit in der Bauindustrialisierung, die sich im dialektischen Fortgang, im Widerspruch zwischen materieller Nützlichkeit und künstlerischer Idealität, schon aufheben würde.

Ein wirksameres Transportmittel der Kritik war in der DDR die Belletristik. In den Romanen Brigitte Reimanns und Stefan Heyms sind es die jungen Architektinnen, die mehr ahnen und sehen als die männlichen Routiniers. Heyms Architektin Julia[166] weiß, daß die Kosten alle Voranschläge übertreffen, ja daß es nicht einmal einen ernst zu nehmenden Voranschlag gibt. Und sie weiß, daß die Klinker an der Fassade schlecht verankert sind und beim nächsten Frost abfallen. Die »Straße des Weltfriedens«, die nach dem Bild der Stalinallee geschildert wird, hält auch sie nicht mehr für ein Muster sozialistischer Architektur.

Brigitte Reimann, die mit Henselmann befreundet war und in Hoyerswerda gelebt hat, ließ ihre Jungarchitektin Franziska über die »orthodoxen Zuckerbäcker von einst« wie über »die Raster-Priester und Funktionalisten von heute« räsonieren – oft dieselben Personen in unterschiedlichen Zuständen der Anpassung. Einzelne Personen wie Richard Paulick oder Hermann Henselmann sind erkennbar porträtiert. »Es muß sie geben, die kluge Synthese zwischen

Stadtzentrum Frankfurt an der Oder. Aufbau seit 1956. Bauzustand um 1970.

Heute und Morgen, zwischen tristem Blockbau und neuer lebendiger Straße, zwischen dem Notwendigen und dem Schönen, und ich bin ihr auf der Spur, hochmütig und ach, wie oft, zaghaft«, lautet einer der letzten Sätze des Romans, den die Autorin nicht mehr zu Ende schreiben konnte. Er wurde posthum veröffentlicht.[167]

In der Bundesrepublik meldeten Kulturkritik, Fachöffentlichkeit und jüngere Architekten Protest gegen die Wiederaufbaumoderne an. Verpaßte Chancen wurden eingeklagt – zumeist in der Meinung, die Planung sei nicht radikal genug vorgegangen. Es gebe »nichts Trostloseres als die gemäßigte Moderne des deutschen Wiederaufbaustils«, verkündete Theodor W. Adorno vom Katheder der Frankfurter Aufklärung herab.[168] Eine junge Garde baden-württembergischer Architekten lancierte 1963 eine Ausstellung *Heimat, Deine Häuser*, die in vierzig Städten gezeigt wurde. Sie brandmarkte die Zersiedlung des Landes, mit einer besonderen Spitze gegen die Wohnungsbaupolitik der Ära Adenauer.[169]

Die »zornigen jungen Männer der deutschen Architektur« äußerten sich recht zivil, in einer »Mischung von Resignation und Rest-Optimismus« (Hans Kammerer).[170] Sie vergaßen auch nicht, ihr Berufsinteresse im Auge zu behalten. Von den Grundbesitzern verlangten sie mehr Rücksichtnahme auf die Allgemeinheit, von den Gemeinden die Beauftragung unabhängiger Planer und vom Staat eine neue Bodenordnung und Verfügungsrechte über den Grundbesitz. Damit bewegten sie sich durchaus auf dem Boden des Grundgesetzes, das in Artikel 14 lapidar feststellt: »Eigentum verpflichtet« und dessen Artikel 15 geradezu als Aufforderung zu »Vergesellschaftung und Überführung in Gemeineigentum« gelesen werden konnte. Schließlich hatte ein Vertreter des Establishments, Hannovers Stadtbaurat Hillebrecht, dreizehn Jahre zuvor auf einer Veranstaltung der Constructa-Ausstellung vor den Augen des entrüsteten Wohnungsbauministers den Slogan anbringen lassen: »Parlamentarier aller deutschen Länder vereinigt euch – schafft ein neues Boden- und Baurecht.«[171]

Heimat, Deine Häuser wurde auch vom Deutschen Werkbund unterstützt. Das Teilthema Zersiedlung, das die Ausstellung behandelte, war auf dem Werkbundtag 1959 in Marl in das große Hauptthema Landzerstörung eingebettet. »Wir können nach alter Ideologie nicht länger die Erde grenzenlos nutzen. Ihr Segen ist nicht unerschöpflich.«[172] Es ging nicht nur um die gebaute, sondern um die gesamte Umwelt, um das, was nicht mehr selbstverständlich war, die reine Luft, das klare Wasser, die unbeschädigte Natur. »Die Landschaft muß das Gesetz werden«, forderte der Landschaftsarchitekt Walter Rossow. Der Werkbund setzte die These 1960 über einen Aufruf und machte sie zu einem Dauerthema. Die Dokumente dieser Diskussion, die lange vor den Aktivitäten des 1968

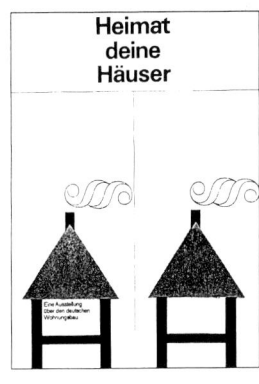

Hanns Lohrer (Typografie). Heimat, Deine Häuser. Stuttgart, 1963. Ausstellungsplakat.

[168] Theodor W. Adorno. Ohne Leitbild. Parva Aesthetica. Frankfurt am Main, 1967. S. 14

[169] Heimat Deine Häuser. In: Deutsche Bauzeitung 8 (1963) 8. S. 621 ff. – Die beteiligten Architekten waren Max Bächer, Wilfried Beck-Erlang, Walter Belz, Siegfried Hieber, Hans Kammerer, Hans Luz, Werner Luz, Gerhard Schwab.

[170] Bonner Rundschau, 5. 7. 1963. – Hans Kammerer. Wohnen und Wohlstand. Stuttgart, 1994. S. 52.

[171] Johannes Cramer, Niels Gutschow. Bauausstellungen. Stuttgart, 1984. S. 214.

[172] Exposé für die Tagung Die große Landzerstörung. In: Wend Fischer (Hg.). Zwischen Kunst und Industrie. Der Deutsche Werkbund. Kat. Die Neue Sammlung München, 1975. S. 445.

Braunkohletagebau. »Die Förderung von Bodenschätzen und Rohstoffen reißt Wunden in die besiedelten Landflächen.« Abb. in: Walter Rossow. Stadt und Natur. In: Karl Otto (Hg.). die stadt von morgen. Berlin, 1959.

Bauen für die große Zahl

[173] Statistisches Taschenbuch der Deutschen Demokratischen Republik. Berlin, 1990. S. 68.

[174] Thomas Hoscislawski. Bauen zwischen Macht und Ohnmacht. Architektur und Städtebau in der DDR. Berlin, 1991. S. 288.

[175] Rainer Mackensen. Städte in der Statistik. In: Wolfgang Pehnt (Hg.). Die Stadt in der Bundesrepublik Deutschland. Stuttgart, 1974. S. 137.

[176] Jean Fourastié. Le grand espoir du XXe. siècle. Paris, 1949. Dt.: Die große Hoffnung des 20. Jahrhunderts. Köln, 1954.

gegründeten Club of Rome stattfand, sind respektheischende, aber auch deprimierende Lektüre. Wie oft müssen richtige Einsichten wiederholt werden, bevor sie Wirkung zeigen?

Gesellschaft durch Dichte

In der DDR blieb die Wohnungsfrage auf lange Zeit offen. Die Ziele waren ehrgeizig und mußten immer wieder nach unten korrigiert werden. Bis 1990 gaben Partei und Staat sich Zeit, um sie zu lösen – länger, als beide bestanden. Nicht nur waren der durch den Krieg bedingte Fehlbedarf und der kontinuierlich entstehende Neubedarf nicht aufgearbeitet worden, sondern zusätzlich setzte der Verfall der Altbausubstanz einen unheilvollen Wettlauf in Gang. Was in den Stadtkernen zugrunde ging, mußte an den Stadträndern aufgefangen werden. Auf mehr als 100 000 neue Wohneinheiten pro Jahr kam die DDR erst ab 1974,[173] als die Partei eine Zahl von 2,8 bis 3 Millionen Neubauwohnungen bis 1990 vorgegeben hatte. 1975 übertraf die Wohnungsproduktion des Ostens, bezogen auf die Bevölkerungszahl, zum ersten Mal die des Westens.[174]

Auch in der Bundesrepublik rechnete man mit langfristigem Bedarf. Steigende Ansprüche an Größe und Ausstattung der Wohnungen und kleiner werdende, dafür um so zahlreichere Lebensgemeinschaften hatten daran ebenso Anteil wie Wanderungsbewegungen. 1950 lebten 13 Millionen Menschen in Großstädten, 1969 18 Millionen.[175] Die Produktion stieg auf Zahlen, die in Deutschland nie zuvor erreicht worden waren. Von der Mitte der fünfziger Jahre bis zur Mitte der siebziger Jahre wurden in fast jedem Jahr mehr als eine halbe Million Wohneinheiten fertiggestellt. Im Rekordjahr 1973 waren es 714 000. Man lebte in einer neuen Gründerzeit, die bei weitem die alte übertraf.

Ein vielgelesener Ratgeber für kommende Entwicklungen war Jean Fourastié. Der französische Soziologe stellte die Prognose, der tertiäre Sektor des Arbeitsmarkts, das Dienstleistungsgewerbe, die Verwaltungen, Banken, Versicherungen, Kaufhäuser, Tourismusbetriebe, werde am Ende der industriellen Entwicklung neunzig Prozent aller Tätigkeiten ausmachen.[176] Das wurde als Verheißung aufgenommen und war auch so gemeint, weil es die Befreiung des Menschen von der Last körperlicher Arbeit in Landwirtschaft und Industrie, im primären und im sekundären Sektor bedeutete. Die Fronarbeit hinter dem Pflug oder am Hochofen hatte ein Ende, und die Teilnahme an der Dienstleistungsgesellschaft verhieß bei abnehmender Arbeitsdauer ein angenehmeres Leben. Fourastiés Vorhersage kündete Verdrängungsprozesse

Werner Hebebrand (Stadtplanungsamt). City Nord. Hamburg, 1958, 1964–91.

Walter Schwagenscheidt, Tassilo Sittmann. Die Raumstadt. In: Karl Otto (Hg.). die stadt von morgen. Berlin, 1959.

an, eine weitere Besetzung der Innenstadt mit Büros, soweit noch möglich, und die Eroberung der inneren Cityränder durch einsickernde Tertiärbetriebe. Konflikte in den großen Städten der Bundesrepublik waren vorgezeichnet und trafen Ende der sechziger Jahre prompt ein.

Manchmal suchten Städte den Druck auf die Cities zu mindern und Verwaltungsbetriebe, die immer größere Flächen beanspruchten, auf eigens erschlossene Außengebiete zu lenken. Hamburg wies in der City Nord, Frankfurt am Main in der Bürostadt Niederrad große Flächen für Bürostandorte aus. Sie blieben, wie sie geplant waren, isolierte, monofunktionale Gebilde, gelegentlich mit überdurchschnittlicher Architektur, die den vorgeschriebenen Wettbewerben zu verdanken war. Aber der Reiz, den Nutzungsmischung und allmählich entstandene Vielfalt erzeugten, stellte sich nie ein. Man verließ die neuen Bürostädte nach Büroschluß so schnell wie möglich per Pkw oder S-Bahn. Immerhin blieb Hamburg auf diese Weise innerhalb des Wallrings weitgehend frei von Hochhäusern, die Frankfurter City allerdings nicht.

Kompakter bauen hieß eine Schlußfolgerung, die aus der großen Landzerstörung gezogen wurde. Kompakter bauen hieß zugleich Erschließungskosten und Folgekosten sparen. Neue städtische Bebauungsformen seien zu entwickeln, »die eine höhere Wohndichte und damit eine wirtschaftlichere Nutzung und Inanspruchnahme des Baulandes ermöglichen«.[177] In den neuen Wohnkomplexen der DDR stiegen die Bebauungsdichten von 150 bis 180 Einwohnern pro Hektar auf 300 bei fünfgeschossiger und 500 bei zehngeschossiger Bebauung.[178] Hochhäuser kamen zwar pro Einwohner teurer als mittelhohe Bebauung, der Mehraufwand sollte aber durch die relativ niedrigen Erschließungskosten einer dichten Bebauung wettgemacht werden.

Ein Wechsel der Leitbilder bahnte sich aus wirtschaftlichen und ideologischen Gründen an, in der DDR wie in der Bundesrepublik. Den Abschied von der luftigen, geräumig angelegten Stadt erleichterte eine neu aufkommende These. Dichter zu bauen bedeutete nicht nur, mehr Kubikmeter umbauten Raumes auf die Fläche zu setzen, sondern versprach Mischungen städtischen Lebens, die sich in den locker bebauten Stadtlandschaften verloren hatten. Vor dem geistigen Auge der Planer – Walter Schwagenscheidt mit seiner »Raumstadt« war einer von ihnen (vgl. S. 318) – entstanden neue, eng gepackte Hügelstädte, malerisch wie toskanische oder provençalische Bergnester.

Da kam ein Vortrag recht, den der Schweizer Soziologe und Nationalökonom Edgar Salin 1960 auf dem Deutschen Städtetag in Augsburg hielt.[179] Salin ging dem Thema Urbanität nach. Er schilderte sie am Beispiel der antiken Polis als republikanische Stadtbürgerkultur, die in der zeitgenössisch-modernen Stadt keine Grundlagen mehr hatte. Die Öffentlichkeit nahm nur die Vokabel auf. Salin vor den Karren der Dichtediskussion zu spannen, war nichts als ein Mißverständnis. Der Autor hat es selbst betont.

Wer Salin zu schnell oder gar nicht gelesen hatte, vertrat die Meinung, Urbanität entstünde durch

[177] Deutsche Bauakademie (Hg.). Grundsätze der Planung und Gestaltung der Städte in der Periode des umfassenden Aufbaus des Sozialismus. In: Deutsche Architektur 14 (1965) 1. S. 6 f.

[178] Ullrich Kuhirt (Hg.). Kunst der DDR 1960–1980. Leipzig, 1983. S. 108.

[179] Edgar Salin. Urbanität. In: Deutscher Städtetag (Hg.). Erneuerung unserer Städte. Stuttgart, Köln, 1960. S. 9 ff.

[180] Architekten: Wilfried Stallknecht, Achim Felz, Herbert Kuschky.

[181] Christine Hannemann. Die Platte. Industrialisierter Wohnungsbau in der DDR. Braunschweig, 1996. S. 92.

[182] Werner Rietdorf. Stadterneuerung. Innerstädtisches Bauen als Einheit von Erhaltung und Umgestaltung. Berlin, 1989. S. 15. – Thomas Topfstedt. Wohnen und Städtebau in der DDR. In: Ingeborg Flagge (Hg.). Geschichte des Wohnens. Bd. 5. 1945 bis heute. Ludwigsburg, Stuttgart, 1999. S. 422.

[183] Simone Hain. Abenteuer in Beton. Industrialisierung in der DDR. In: Wilfried Dechau (Hg.). Kühne Solitäre. Ulrich Müther. Stuttgart, München, 2000. S. 26.

[184] Grundsätze der Planung und Gestaltung sozialistischer Stadtzentren. In: Deutsche Architektur 9 (1960) 1, Sonderbeilage. S. 5.

[185] Gerhard Krenz. Architektur zwischen gestern und morgen. Ein Vierteljahrhundert Architekturentwicklung in der DDR. Berlin, 1975². S. 86 f.

Rainer Glabisch, Peter Weiß (städtebaulicher Entwurf), Werner Berg (Stadtarchitekt), Horst Görl. Wohngebiet Neustädter Havelbucht. Potsdam, 1977–81. Montage eines Plattenbaus. Im Hintergrund Dampfmaschinenhaus, 1841–42.

höhere Bebauungsziffern: Gesellschaft durch Dichte, Verflechtung, Mischung. Die Immobilienhändler hörten es gern und drangen darauf, die Geschoßflächenzahlen heraufzusetzen und damit die Erträge und Grundstückspreise. Prompt wurden die Baunutzungsverordnungen 1962 und 1968 in diesem Sinne geändert. Daß verlorene Stadtkultur auch mit veränderten Lebensgewohnheiten zu tun hatte, mit Stadtflucht, Automobilität, Fernsehkonsum, Ladenschlußgesetzen, wöchentlichem statt täglichem Einkauf dank des nun verbreiteten Kühlschranks, blieb im Hintergrund.

Die Platte

Der nach wie vor enorme Bedarf an Wohnraum erzwang in beiden deutschen Staaten eine effektive Steigerung der Produktion. Rationalisierung und Industrialisierung des Bauens waren schon in den zwanziger Jahren Forderungen der Bauwirtschaft und der progressiven Architekten gewesen (vgl. S. 130 ff.) und dann in Speers Arbeitsstab für den Wiederaufbau nach dem Krieg aufgegriffen worden. Auf diese Vorarbeiten konnten die Planer in Ost und West zurückgreifen, wobei die Tabuisierung der Moderne im Osten eine Traditionsbildung in Sachen Systembau erschwerte. Aber da führende Architekten und Planer der DDR aus dem Neuen Bauen kamen, war ihnen das Denken in normierten Produktionsabläufen nicht fremd, auch wenn die Berufung auf die Weimarer Republik und erst recht auf die Wiederaufbauplanung in der NS-Zeit politisch nicht opportun war.

Statt dessen diente das sozialistische Bruderland im Osten als Berufungsinstanz. Schon die berühmte Architektenreise, die das Aufbauministerium 1950 in die Sowjetunion organisiert hatte (vgl. S. 287 ff.), galt nicht nur der baulichen Repräsentanz des schaffenden Volkes, den sozialistischen und nationalen Traditionen in Architektur und Städtebau, sondern auch dem Know-how industrialisierten Bauens. Im Aufbaugesetz von 1950, in das die Moskauer Erfahrungen einflossen, war bereits die Rede von der »Beschleunigung, Verbilligung und Verbesserung des Bauens« und dem »Ziel fortschreitender Mechanisierung und Industrialisierung«. Als Walter Ulbricht Anfang April 1955 auf der ersten Baukonferenz der DDR nach Chruschtschows Vorbild ein Plädoyer für Vorfertigung und Typisierung hielt, griff er eine Ankündigung auf, die auch bisher schon formuliert worden war, aber hinter allen Bemühungen um nationale Baukultur hatte zurückstehen müssen.

Ab den späteren fünfziger Jahren wurden industrialisierte Baumethoden in größeren Serien eingesetzt, zunächst in den einzelnen Bezirken in unterschiedlichen Versionen. 1961–62 entwickelten Mitarbeiter der DDR-Bauakademie und des VEB Typenprojektierung die Wohnungsbauserie P2, die breite, helle Wohnzimmer ermöglichte und dafür innenliegende Bäder und Küchen in Kauf nahm. Der erste Versuchsbau entstand 1962 in Berlin-Fennpfuhl.[180] Mit über 16 000 Wohneinheiten ging das System in die Produktion und wurde in der ganzen Republik verwendet. In den frühen siebziger Jahren wurde es durch eine Fortentwicklung, die Wohnungsbauserie WBS 70, abgelöst, die als flexibler galt. Fünfgeschossige Wohnblocks wie vielstöckige Hochhäuser konnte man mit den gleichen Elementen bauen, ebenso Einraumappartements wie Maisonettes. Wie viele Wohnungseinheiten in diesem System entstanden, darüber liegen unterschiedliche Zahlen vor. Eine niedrige Angabe lautet 645 000 Wohneinheiten.[181] Ende der achtziger Jahre wurden jedenfalls 84 Prozent des Wohnungsneubaus in Großtafelbauweise hergestellt. Etwa zwanzig Prozent der Bevölkerung lebte in der »Platte«.[182]

WBS 70 wurde von allen Wohnungsbaukombinaten übernommen und bis 1989 mehrmals überarbeitet. Das System beruhte auf tragenden Stahlbeton-Wandtafeln über einem Raster von 6 x 12 Metern, das seinerseits auf ein Grundmaß von 60 Zentimetern zurückging. Von Stralsund bis Pirna überzog der Ausstoß der 42 Plattenwerke mit einer Kapazität von 100 000 Wohneinheiten jährlich die Republik.[183] Kenner können die Produktion der verschiedenen Werke an Details unterscheiden. Theoretisch war die Zahl der möglichen Grundrisse beträchtlich. Doch die Großform der fünf-, zehn- oder mehrstöckigen Scheiben mit Drempel und Flachdach, die flachen Fassaden überzogen vom Fugennetz der Betontafeln, blieb von gleichbleibender Monotonie.

Denn die große Maschinerie erzeugte ihre eigenen Zwänge und war ein Feind der Varianten. Rationalisierung bedingte große Auflagen und große Baustellen. Die Stadtränder wurden mit stereotypen Überbauungen bedeckt, groß dimensioniert die Blocks wie die Abstände zwischen ihnen, die breiten Zufahrtsstraßen, ausgedehnten Parkplätze, windigen Freiflächen. An Platz fehlte es in den DDR-Städten nicht, weil Bodenpreise keinen Druck ausübten. Vieles war knapp, aber Stadtraum nicht. Die »aufgelockerte Stadt« – in der DDR war sie realisiert, wenn auch die Urheber dieses Slogans sich Auflockerung und Durchgrünung anders vorgestellt hatten.

Die Hoffnung, durch Typenprojektierung und -produktion das Bauen zu beschleunigen und verbilligen, hatte stets auch einen ideologischen Aspekt. Industrielles Bauen versprach nicht nur mehr, sondern auch gleichartige Wohnungen für jedermann. Die großen Zwischenräume unterstrichen die freie Verfügung über Grund und Boden, die als wichtigstes Unterscheidungsmerkmal zu den marktwirtschaftlichen Staaten angesehen wurde. »Im Gegensatz zur Engräumigkeit der meisten mittelalterlichen Anlagen und der City kapitalistischer Städte ist Großzügigkeit und Weiträumigkeit ein Wesenszug sozialistischer Städte.«[184]

Sogar die Abwesenheit jeglicher individueller Gestaltungsabsichten ließ sich als Vorzug interpretieren: »Im Gegensatz zur Architektur in den kapitalistischen Ländern, wo die meisten privaten Bauherren bestrebt sind, ›ihr‹ Architekturwerk als ein Unikat zu erhalten, das alle anderen Werke in seiner Umgebung überschattet, wird in der DDR, ebenso wie in anderen sozialistischen Ländern, die Harmonie des architektonischen Ensembles in den Vordergrund gestellt.«[185]

Sollten Kosten eingespart werden, mußten auf dem damaligen Produktionsstand möglichst hohe Serien bei möglichst wenig Typen aufgelegt werden. Das hieß Verringerung des Sortiments. Reibungslose Durchführung des Bauablaufs nach Taktmaß gewann oberste Priorität. Versuche, den Systemen eine grö-

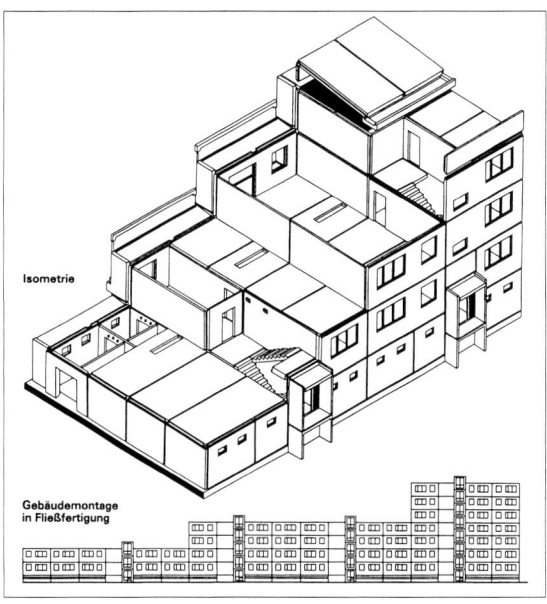

Wilfried Stallknecht, Achim Felz, Deutsche Bauakademie. Wohnungsbauserie WBS 70. Montagesystem. Im Bau ab 1973.

Roland Korn, Peter Schweizer (städtebauliche Rahmenplanung). Hubert Matthes (Grünplanung), Chefarchitekt Heinz Graffunder (Leitung der Ausführung). Großsiedlung Berlin-Marzahn. 1973, ab 1975.

Montage eines Wandelements durch einen Mobilkran. Bundesrepublik, um 1965.

[186] Bundesverband Deutsche Beton- und Fertigteilindustrie (Hg.). Bauen mit Betonfertigteilen. Bonn, 1967. S. 6.

[187] Projektgruppe Branchenanalyse des Bauhauptgewerbes TU Berlin. Industrialisierung des Bauens unter den Bedingungen des westdeutschen Kapitalismus. Andreas Reidemeister. Zur Entwicklung der Produktivkräfte und der Produktionsverhältnisse im Bauwesen der DDR. In: Kursbuch 27. Berlin, 1972. S. 108, 150.

Hermann Henselmann u. a. (städtebaulicher Entwurf), Heinz Mehlan, Wilfried Stallknecht (Architekten). Wohnbebauung Leninplatz (Platz der Vereinten Nationen). Berlin-Friedrichshain, 1967–70.

ßere Zahl an Varianten abzugewinnen, nahmen unter diesen Umständen heroischen Charakter an und konnten die Abweichler dem Vorwurf gewollter Sabotage aussetzen. Ständig blieb es ein Problem, andere städtebauliche Figuren zu erzeugen als endlose Additionen von Zeilenbauten. Befriedigende Anschlüsse im rechten oder stumpfen Winkel waren anfangs nicht möglich. Erst im Laufe der Jahre erhielten P2 und WBS 70 Paßstücke, die hofartige oder mäandernde Konstellationen erlaubten. Bis dahin mußte man die fensterlosen Giebelwände von Hausscheiben, die wie mit dem Messer abgeschnitten waren, in Kauf nehmen. Kunst am Bau, Mosaiken, Reliefs, haushohe Schirmwände zwischen den Blöcken machten auf den Notstand eher aufmerksam, als daß sie ihn kaschierten. Der Berliner Leninplatz (Platz der Vereinten Nationen, 1967–70), wo dank keilförmiger Sonderelemente des Baukastens P2 biegsame Gebäudeschlangen entstanden, war ein dankbar begrüßter Schritt über die Nöte des Anfangs hinaus.

Plattenbau und Planwirtschaft sind Kumpane. In der marktorientierten Bundesrepublik schlossen politischer Föderalismus und unternehmerisches Konkurrenzverhalten eine länderübergreifende Zentralisierung des industrialisierten Bauens aus. Natürlich waren auch private und gemeinnützige Wohnungsbaugesellschaften an rentablen Serien interessiert. Die westdeutsche Fertigteilindustrie brüstete sich schon in den sechziger Jahren, eine »Krangruppe« mit wenigen Monteuren und einem »Richtmeister« könne innerhalb von acht Arbeitsstunden zwei Stockwerkswohnungen oder eine Halle von 500 Quadratmetern aufstellen.[186] Großenteils kam der Montagebau in internationaler Koproduktion zustande. Auch im Westen basierten Vorfertigungsverfahren wie die Dywidag-Großtafelbauweise, das französische Camus- oder das britische Brockhouse-System auf Flächenelementen. Gerüst- oder Raumzellenbauweisen bildeten im Wohnungsbau die Ausnahme. Insgesamt war der Anteil des Fertigteilbaus in der Bundesrepublik sehr viel geringer als in der DDR. 1965 soll er im Wohnungsbau nur 3,2 Prozent betragen haben. Block- und Plattenbau machten dagegen in der DDR angeblich 94 Prozent aus.[187]

Vom Bundesbauministerium geförderte Experimentalprogramme (*Flexible Grundrisse, Elementa, Integra*) führten in den frühen siebziger Jahren nicht weit. Veränderbarkeit der Wohnungen und die Möglichkeit, andere Nutzungen in den Wohngebäuden unterzubringen, waren neben erhöhter Wirtschaftlichkeit Ziele dieser Wettbewerbe. Darin unterschied sich der Einsatz solcher Systeme in der Bundesrepublik von denen in der DDR, wo Kostenreduktion und Bautempo die maßgeblichen Motive waren. Zumindest ehrgeizigere Unternehmer und Architekten strebten eine flexible Produktpalette an, deren Komponenten je nach gegenwärtigem Bedarf und künftiger Entwicklung kombiniert und verändert werden konnten. Material der Flächenbauweisen in Ost und West blieb der Stahlbeton.

Für Sonderaufgaben konnten in westlichen Großsiedlungen Gebäude außerhalb der Baukästen entworfen werden. Schulen, Sporthallen, Schwimmbäder und natürlich Kirchen und Gemeindezentren boten,

wenn es gut ging, Gelegenheiten für die architektonische Kür. In der DDR wurden auch für sogenannte Gesellschaftsbauten Typen entwickelt und eingesetzt, Skelett- und Großplattenbauten für Kaufhallen, Gaststätten oder Schulen, deren Typenbezeichnungen schon das Manko ahnen lassen: Typenserie 66, SK-Berlin, POS-81-GT. Manchmal wurden vorgefertigte Schalen auf Sport- und Lagerhallen gesetzt, dienten Traglufthallen als Überdachungen für Schwimmbäder und Ausstellungsflächen.

Normierung und Typisierung ganzer Gebäudearten sind auch in der Bundesrepublik wieder und wieder versucht worden. Das Land Berlin ließ sperrige Bildungszentren, zwölf an der Zahl, in die Stadtteile wuchten. In Nordrhein-Westfalen stellte das Staatshochbauamt 1972 nach dem ersten Coup einer neuen Universität im Arbeiterland, der Ruhr-Universität in Bochum, einen Katalog für Stützen, Decken und Fassaden auf, unterschieden nach stapelbaren und nicht stapelbaren Zonen. Mehrere Hochschulen des Bundeslandes wurden mit diesem Baukasten realisiert. Der Rechnungshof fand, daß nicht einmal die erhoffte Effektivität erreicht worden sei. Über das ästhetische Ergebnis hatte er nicht zu befinden.

Zu den Konsequenzen des Tafelbaus gehörte, daß mit dem Einzelelement, der Platte, das Schicksal nicht nur des Gebäudes, sondern weitgehend auch der Siedlung fixiert war. Wie auf der Festplatte des Computers, der in den sechziger Jahren mit der Büroarbeit auch die Form des Büros veränderte, bestimmte die einzelne Platte durch die ihr eingeschriebenen Funktionen das gesamte städtebauliche Programm. Was an Varianten zugelassen war und was nicht, lag fest: Auch die Betonplatte war eine »Festplatte«. Die Zufahrtswege der Tieflader, die Stapelplätze für die vorgefertigten Elemente, der Schwenkradius des Hebezeugs entschieden über den Lageplan. Anfangs diktierte die starre Kranbahn das Layout. Die Turmdrehkräne, die dann folgten, konnten wenigstens auch Kurven bedienen. Die Leistung des Architekten bestand im Austesten der gegebenen Regeln, im Rütteln an den Käfigstangen. Vorausgesetzt, seine Abhängigkeit im Planungsprozeß, als eingeordneter Mitarbeiter im Baukombinat oder in der Bauabteilung der Wohnungsbauunternehmen, ließ eine so unbotmäßige Tätigkeit überhaupt zu.

Neue Städte

Nach dem 13. August 1961, der Schließung der deutsch-deutschen Grenze, wurde das größte Bauwerk der DDR errichtet, der »antifaschistische Schutzwall« (Jargon Ost), die »Schandmauer« (Jargon West). Von der Ostsee bis zum Frankenwald, um Berlin herum und durch Berlin hindurch zog sich, 1400 Kilometer lang, die vielbahnige Verteidigungsanlage. Die Mauer unterband die Massenflucht aus der DDR – zwischen 1949 und 1961 sollen 2,7 Millionen Flüchtlinge das Land verlassen haben[188] – und trug gewaltsam zur Konsolidierung des »sozialistischen Staates deutscher Nation« bei. Unter dem kostenorientierten Neuen Ökonomischen System folgten eine Phase verbesserter wirtschaftlicher Verhältnisse und ein vorübergehend entspannteres Kulturklima.

Das Konkurrenzgebaren in Sachen Architektur und Städtebau ließ nach. Man konnte ungestört der Logik des eigenen Systems folgen. Die Grenze lag fest, und die DDR tat alles, sie mit Minengürtel, Betonplatten, Metallgitterzäunen, Hundelaufanlage, Such-

Siegfried Hopf, Manfred Stephan. Schulbau Typenserie 66, Typenentwicklung 1965. Ausgeführtes Beispiel: Bad Doberan, Mecklenburg.

[188] Bundesministerium für innerdeutsche Beziehungen (Hg.). DDR-Handbuch. Bd. 1. Köln, 1985³. S. 419.

Grenzschutzbefestigung der DDR (»Mauer«). Potsdam-Babelsberg, 1961. Abgerissen.

[189] Hermann Henselmann. Über die Stadt im Sozialismus. In: Die Weltbühne 67 (1972) 29. S. 898.

[190] Belege bei: Frank Werner. Stadt, Städtebau, Architektur in der DDR. Erlangen, 1981. S. 121 ff.

[191] Philipp Oswalt. Berlin. Stadt ohne Form. München, 2000. S. 105.

scheinwerfern, Signalgeräten, Selbstschußanlagen und Beobachtungstürmen undurchdringlich zu machen. Vergleiche lagen nicht mehr vor aller Augen. Daher waren Beeindruckungsgesten und Übertrumpfungsgebärden wie in den Jahren des Nationalen Aufbauprogramms nicht mehr vordringlich. Reisejournalisten durften in der DDR nur mit Aufpassern unterwegs sein. Besuchergruppen ließen sich zu Zielen steuern, die kein allzu ungünstiges Licht auf die Republik warfen. Wer als Einzelreisender mit Passierschein unterwegs war, hatte anderes im Sinn als den Systemvergleich in der Bauszene.

Die ostdeutsche Publizistik bemühte sich, Divergenz statt Konvergenz zu betonen, obwohl vieles in die gleiche Richtung lief und die Kenner es auch wußten. Das Neptun-Hotel in Warnemünde, gab auch Henselmann zu, unterschied sich kaum von seinem Pendant in Travemünde[189] – allenfalls durch geringeren Komfort. Was im Osten fehlte, waren eine größere Vielfalt der Bautypen, eine wirksame Qualitätskontrolle der Produktion, die bei sowieso niedrigen Standards horrende Bauschäden aufweisen konnte, eine komfortablere Ausstattung der Großsiedlungen und architektonische Highlights, die im Einzelnen die Monotonie des Ganzen hätten kompensieren können. Auf der Habenseite konnten die Bewohner der Plattenbausiedlungen die niedrigen Mieten (bei Neubauwohnungen etwa drei Prozent des Netto-Haushaltseinkommens) und die dichtere soziale Infrastruktur verbuchen, von Kinderkrippen und Polikliniken bis zu Kulturhäusern. Geselligkeit gehörte in die gesellschaftlichen Einrichtungen und nicht in die dementsprechend kleinen Wohnzimmer.

Als Pluspunkt galt die soziale Mischung in vielen Großsiedlungen. Der Chemiearbeiter wohnte auf einer Etage neben dem Theaterintendanten. Wo es allen gleichmäßig gleich mäßig ging, differenzierten sich die Quartiere nach Beruf und Einkommen nicht so weit auseinander wie in den Wohngebieten der Bundesrepublik. Die DDR-Publizistik wies immer wieder mit Stolz darauf hin, daß die jahrhundertealte Trennung zwischen Reich und Arm überwunden sei.[190] Wer es sich leisten konnte, hatte dazu eine Datsche auf dem Land, nicht allzu weit weg, als Villenersatz. Zur Zeit der Wende soll es in Ostberlin und Brandenburg 300 000 Wochenendgrundstücke gegeben haben.[191] Selbst Wandlitz, wo die Spitzenfunktionäre abgeschieden und komfortabler lebten, hätte bei westlichen Bungalowbesitzern nur Naserümpfen hervorgerufen.

In der DDR entstanden drei mehr oder weniger neue Städte, ab 1950 Stalinstadt (später: Eisenhüttenstadt), ab 1955 Hoyerswerda, ab 1964 Halle-Neustadt, das von 1967 bis 1990 eine selbständige Gemeinde war. Manchmal wird auch Schwedt an der Oder zu den Neugründungen gerechnet. In der Bundesrepublik hatten Marl, Wolfsburg und Salzgitter schon vor dem Zweiten Weltkrieg Stadtrechte erworben. In allen diesen Fällen waren Industriewerke Anlaß der Neugründungen.

Mit deren Schicksal standen und fielen auch die neuen Städte. Das konnte dramatische Formen annehmen wie in den industrieabhängigen Neustädten der DDR nach der Wende. Aber das Problem bestand auch in der Bundesrepublik. Für die »Neue Stadt Wulfen« im nördlichsten Ruhrrevier erwartete man 50 000 Einwohner. Nach dem Zusammenbruch der Montanindustrie war es nur ein Viertel davon. Die Stadt, in der alles besser werden sollte als anderswo, konnte keine kommunale Selbständigkeit erlangen und wurde 1975 in das benachbarte Dorsten eingemeindet.

Den Einwohnerzahlen nach kamen Stadterweiterungen in DDR wie Bundesrepublik auf Werte, die höher liegen als die der Neustädte. In der DDR waren Berlin-Marzahn und -Hellersdorf, Leipzig-Grünau und Rostock-Nordwest, die nur den Status von Stadtbezirken hatten, auf Größenordnungen über 100 000 Menschen ausgelegt, Halle-Neustadt und das Wohngebiet »Fritz Heckert« in Karl-Marx-Stadt (Chemnitz) auf um die 100 000 Bewohner. Hinter diesen Zahlen standen die Stadtrandsiedlungen in der Bundesrepublik mit wenigen Ausnahmen zurück. Köln-Chorweiler sollte auf 100 000 Menschen kommen, München-Perlach auf 80 000, das Märkische Viertel in Westberlin auf 70 000, die Berliner Gropiusstadt auf 50 000. Auch wenn diese Anlagen mit Nebenzentren versehen waren, blieben die Mutterstädte der Mittelpunkt, in dem die zentralen Einrichtungen versammelt waren.

Hoyerswerda an der Schwarzen Elster (1955–69) war in der DDR der erste Versuch, eine ganze Stadt in industrialisierter Bauweise zu errichten. Hier wurde auch das erste vollmechanisierte Großplattenwerk installiert. Anders als die um ein paar Jahre ältere Gründung Stalinstadt, die wie eine fächerförmige Idealstadt auf ein Eisenhüttenkombinat statt ein barockes Schloß zentriert war, wurde Hoyerswerda in offenen Zeilen ausgelegt. Die Hausquader gruppieren sich, längs- und quergestellt, zu Quadranten. Nicht einmal der bisher vorgeschriebene Festplatz für Massendemonstrationen findet sich. Statt dessen sollten Verwaltung, Kultur und Einkauf eher beiläufig als Solitäre auf einer freigehaltene Fläche, mit Zugang zur Grünzone, plaziert werden.

Die Ablösung vom stalinistischen Repräsentationsbau war in Hoyerswerda bereits vollzogen. Aber was war besser geworden? Die Propagandisten lobten die »klar zu überschauenden Ordnungen ..., mit denen die gesellschaftliche Bedeutung der sozialistischen Lebensprozesse und Kommunikationsströme baukünstlerisch erlebbar gemacht werden konnten«. Die Bewohner empfanden es anders: »Eine schnurgerade Magistrale, schnurgerade Nebenstraßen, standardisierte Häuser, standardisierte Lokale.«[192]

Das Klötzchenspiel wiederholte sich vielerorts, im Osten wie im Westen. Ernst Mays gleichzeitig begonnene Großsiedlung Bremen-Neue Vahr (1958–62) war damals die angeblich größte Baustelle der Bundesrepublik. Die Anlage war deutlicher in Nachbarschaften untergliedert, das Sortiment von Bautypen einschließlich des Solitärs von Alvar Aaltos Wohnhochhaus (vgl. S. 328 f.) reichhaltiger, die Landschaftsgestaltung üppiger, aber monoton war das Arrangement der Baukörper auch hier. Immerhin hatten die Bremer Glück und konnten vorhandene Wasserläufe als gliederndes Mittel benutzen. »Die Ruhe verbunden mit Licht, Luft und Sonne, ist für

Chefarchitekt Richard Paulick, Karlheinz Schlesier (Bebauungsplan und Realisierung) nach Wettbewerbsentwurf Walter Nickerl, Johannes Bonitz, Martin Röser, Entwurfsbüro für Stadt- und Dorfplanung Halle. Hoyerswerda-Neustadt. 1955, 1957–69. Luftansicht. Bebauungsschema.

[192] Ullrich Kuhirt (Hg.). Kunst der DDR 1960–80. Leipzig, 1983. S. 109. – Brigitte Reimann. Bemerkungen zu einer neuen Stadt. 1963. In: Ingrid Kirschey-Feix (Hg.). Briefwechsel Brigitte Reimann, Hermann Henselmann. Berlin, 1994. S. 20 ff. Zit.: Werner Durth, Jörn Düwel, Niels Gutschow. Architektur und Städtebau der DDR. Bd. 1. Ostkreuz. Frankfurt am Main, 1998. S. 507.

Bauen für die große Zahl

Die Muster der Stadtlayouts wechselten in einem Tempo, das sich jeder sachlichen Rechtfertigung entzog, in der Bundesrepublik gewissermaßen naturwüchsig und noch schneller als in der DDR der sechziger Jahre. Um 1960 war im Westen das Streumuster aus niedrigem Flachbau, höheren Scheibenbauten und einzelnen Hochhausakzenten an der Tagesordnung. In der Mitte des Jahrzehnts setzten sich Bebauungsketten und -mäander durch, in der DDR in leicht versetzter Zeitfolge. Wenige Jahre später wurden sie von Großformen abgelöst, die auf dem Papier des Stadtplans leichter zu identifizieren sind als in der unübersichtlichen Realität. In den Figuren auf dem Lageplan konnte der Planer noch seinem Formenbedürfnis frönen, nicht in den Häusern, mit denen sie ausgeführt wurden und die aus standardisierten Typen bestanden.

Im Nordwesten von Rostock läßt sich die Abfolge der städtebaulichen Moden an den entlang einer S-Bahn gereihten Wohngebieten ablesen. In Lütten Klein, dem frühesten der fünf Teilbereiche, hatte man

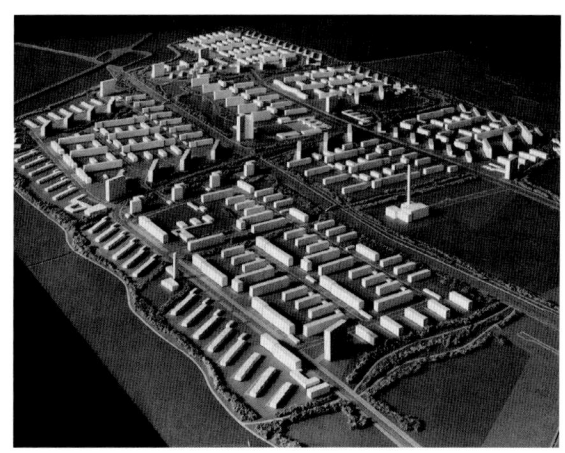

Ernst May, Hans Bernhard Reichow, Max Säume, Günter Hafemann. Großsiedlung Neue Vahr. Bremen, 1958–62. Modell. Lageplan.

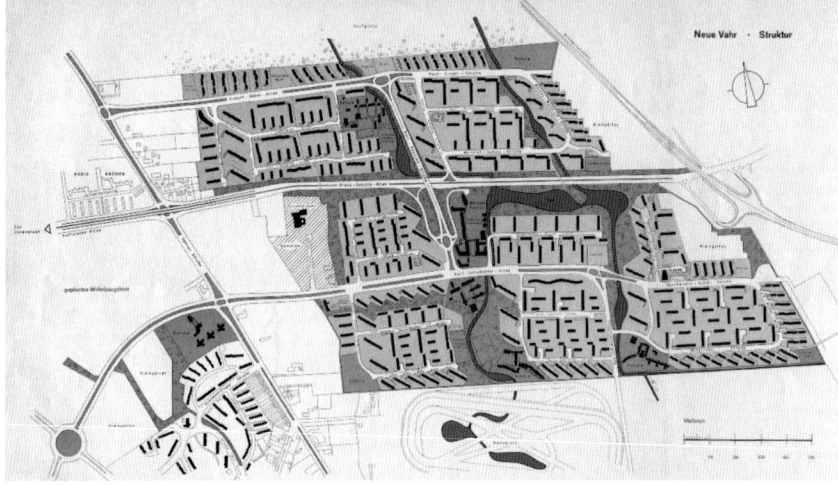

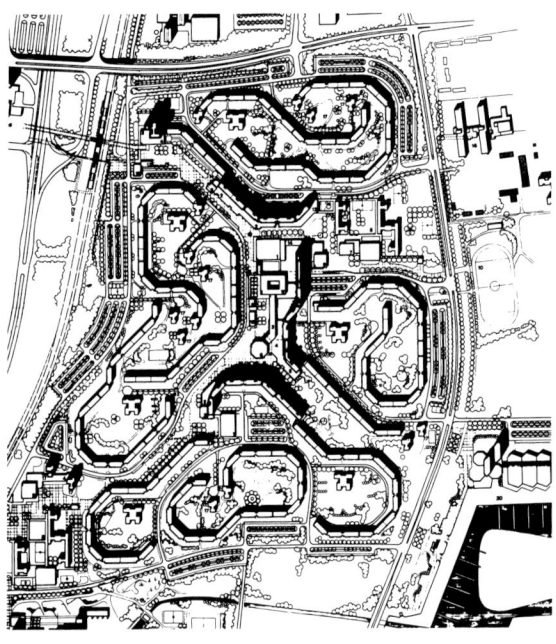

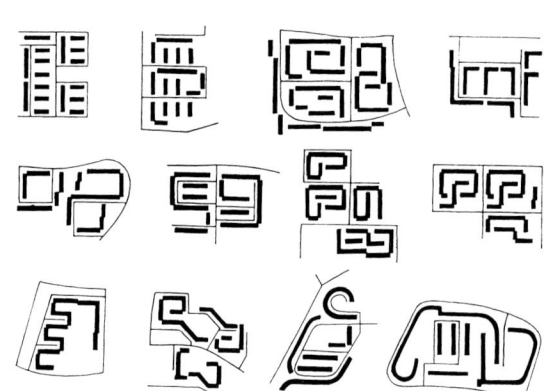

Bebauungsschemata von Wohnsiedlungen in der DDR. 1955–75. In: Ule Lammert (Hg.). Städtebau. Grundsätze, Methoden, Beispiele, Richtwerte. Berlin, 1979.

Chefarchitekt Rolf Lasch, Erich Kaufmann u. a. Großsiedlung Groß Klein. Rostock, ab 1962.

alle wohltuend.«[193] Um die Ruhe zu sichern, sind Fußgänger- und Autoverkehr getrennt. Nicht zufällig war Hans Bernhard Reichow, der Protagonist der *Autogerechten Stadt*, Mitverfasser des Plans. Doch auch in Hoyerswerda wurden die Wohnzellen durch unterschiedliche Pkw- und Menschenwege erschlossen, sollte Durchgangsverkehr ferngehalten werden.

mit Zeilenbau angefangen. In dem Wohnquartier mit dem widersprüchlichen Namen Groß Klein, begonnen 1962, verketten sich die Blocks bereits miteinander und finden zu losen Schleifen zusammen. Nach den lockeren Bebauungen mit isolierten, vergleichsweise niedrigen Bauten, die nach der Kursänderung von 1955 entstanden waren, wuchsen die Häuser nun

[193] Franz Rosenberg in: Senator für das Bauwesen (Hg.). Die Neugestaltung Bremens. Heft 7. Bremen, 1959. S. 57.

wieder höher. Vier Fußgängerzonen führen zur Mitte des Quartiers, die von höheren Platzwänden gerahmt wird.

Eine entsprechende Entwicklung durchlief die Planung für Hamburg-Steilshoop (1961, 1966–76). Der Siegerentwurf des Wettbewerbs war noch nach dem Schema der gegliederten und aufgelockerten Stadt konzipiert worden. Für die Ausführung wurde der Plan jedoch mit Hilfe anderer Wettbewerbsideen in Richtung merkfähiger Makroformen überarbeitet. Zwanzig große Wohnhöfe, an jeweils einer Stelle geöffnet, ordneten sich entlang einer kurzen Hauptachse und einer anderthalb Kilometer langen, leicht gebogenen Nebenachse, der Fußgängerzone. Die Hälfte des Bauvolumens wurde in Großtafelbauweise errichtet. Wie viele dieser riesigen Projekte – berühmt-berüchtigt war über Jahrzehnte hinweg das Berliner Märkische Viertel – wurde auch Steilshoop zu einem schwierigen Fall. Daran waren die schiere Massierung, die abschreckende Betonästhetik, der zeitweise schlechte Ruf der Gesamtschule ebenso

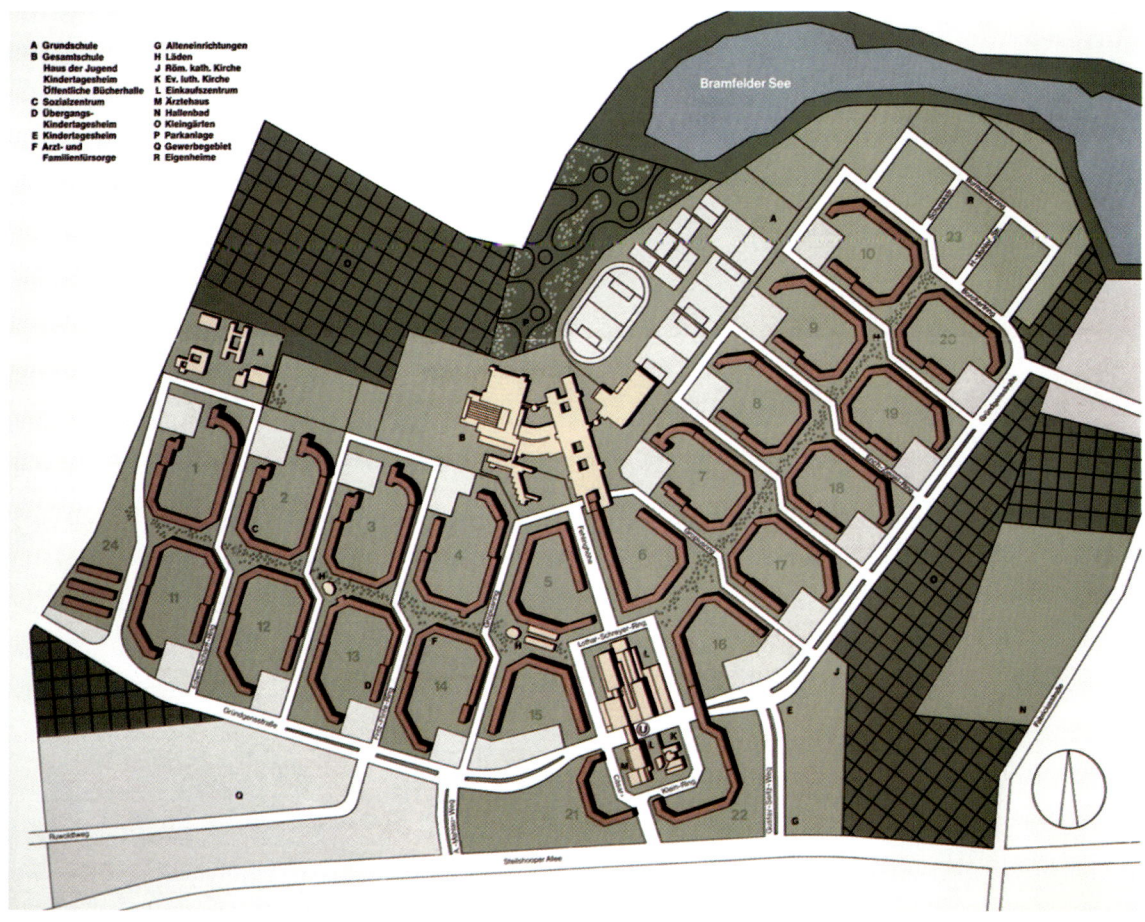

Hans-Peter Burmester, Gerhard Ostermann; George Candilis, Alexis Josic, Shadrach Woods u. a. Großsiedlung Steilshoop. Hamburg, 1961, 1966–76. Luftansicht. Lageplan.

Bauen für die große Zahl **341**

[194] Architekten: Otto Jäger, Werner Müller.

schuld wie die Vergabepraxis der Behörden, die Problemfamilien zu einem schwer integrierbaren, hohen Prozentsatz in die Sozialwohnungen einwiesen.

Groß, größer, am größten

Architektur der sechziger Jahre war – wie die Stadtplanung – Bauen für die große Zahl. Nicht nur Neustädte oder Stadterweiterungen erreichten Rekordzahlen. Auch die einzelnen Bauaufgaben blähten sich zu bisher unbekannter Größe auf. Der Wohnungsbau arbeitete hüben wie drüben mit Großformaten. In Halle-Neustadt, unter Anspielung auf die Hauptstadt der nordvietnamesischen Bundesgenossen »Haneu« abgekürzt, wurde zwischen die offenen Zeilen des Wohnkomplexes I (1964–68) zur Nachverdichtung ein fast vierhundert Meter langer Riegel eingeschoben, und dann ging es mit gewaltigen Hochhausscheiben weiter. In Stuttgart sollte eine Wohnmaschine mit dem aufschlußreichen Eroberernamen Hannibal 650 Meter lang in den Asemwald gefräst werden. Nach zehnjährigen Auseinandersetzungen wurde Hannibal 1968–72 in drei immer noch gewaltige Scheiben zerlegt.[194] Auch hier war Dichte in Masse übersetzt worden.

Über die simple Addierung gingen Experimente mit Hügel- und Terrassenbauwerken hinaus, Versuche, von denen die DDR wegen der Systemzwänge ihrer Typenserien ausgeschlossen war. Ein Schweizer Vorbild, die Siedlung Halen bei Bern von Atelier 5 (1955, 1959–61), machte seine Karriere auch in der Bundesrepublik. Halen war eigentlich ein einziges, intelligent gegliedertes Bauwerk am Hang, eine Lösung wie geschaffen für die Schweizer Topographie. Wo keine Berge und infolgedessen keine Hänge sind, kann man welche bauen. Peter Faller, Roland Frey, Hermann Schröder und Claus Schmidt entwickelten eine überzeugende Variante dieses Planungsgedankens, als sie Hügelhäuser in Marl und Stuttgart errichteten.

Ihre Wohnberge, deren erster in Marl von 1964 bis 1967 gebaut wurde, vereinen die Vorzüge des Einfamilienhauses mit dem Gebot höherer Wohndichte. Erdgeschoßwohnungen haben Gärten, Obergeschosse durch Pflanztröge geschützte Terrassen, die dank der nach oben abnehmenden Geschoßtiefen gegen Einsicht geschützt sind. Bei den größeren Hügeln steckt außer Gemeinschaftsgarage und Abstellräumen ein Hallenbad in der Tiefe des Bauwerks. Ab einer gewissen Größe wird der Typus wegen des schwer nutzbaren inneren Hohlraums unrentabel. Doch daß er in vernünftigen Dimensionen so selten gebaut wurde, bleibt verwunderlich. Vergeßlichkeit ist eine Charaktereigenschaft der Nachwelt.

Kompromittiert wurde der Gedanke terrassierten Bauens durch furchterregende Auftürmungen, wie sie der gewerkschaftsnahe Wohnungsbaukonzern Neue Heimat in Hamburg vorschlug. Ein ganzer Stadtteil, St. Georg, sollte für einen zehnstöckigen Gebäudekranz abgerissen werden. Auf dem Ringbollwerk saßen fünf terrassierte Türme, der höchste 63 Etagen hoch. »Hamburg als Weltstadt und größte Stadt der Bundesrepublik« – Westberlin war nicht mitgezählt –

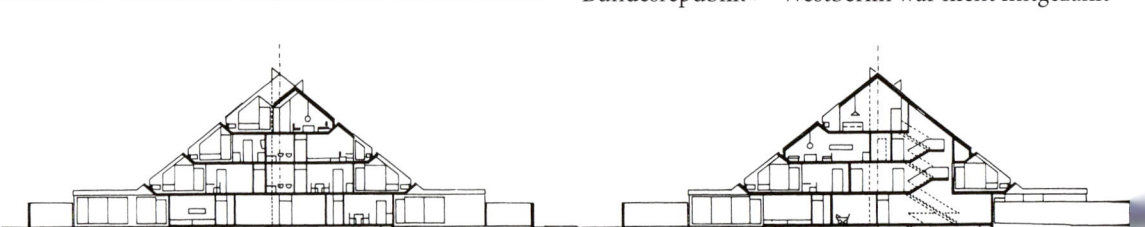

Roland Frey, Peter Faller, Hermann Schröder, Claus Schmidt. Wohnhügel. Marl, 1964, 1966–82. Ansicht. Schnitt des ersten von vier Wohnhügeln.

»darf den Anschluß an die neuzeitliche Entwicklung nicht versäumen«, suchte der Planverfasser Hans Konwiarz dem Publikum diesen Alptraum schmackhaft zu machen.[195]

Wo kompakter Wohnungsbau angemessener dimensioniert wurde, einen sinnvollen und nicht zu großen Anteil gemeinschaftlicher Einrichtungen und einen Mix unterschiedlicher Wohnungsangebote bot, entstanden Lösungen, die ihre Attraktion bewahrt haben. Dicht und interessant zu bauen, im Flachbau wie im Hochbau, war ein Ehrgeiz dieser Epoche.

Werner Luz, Hans Kammerer und Walter Belz in Baden-Württemberg, das Hannoveraner Ehepaar Friedrich und Ingeborg Spengelin spannten Wohnungen und Einfamilienhäuser, Terrassen, Höfe und Dachgärten zu Ensembles zusammen, die Gemeinschaftsgeist und Individualisierungsbedürfnis austarierten. Gottfried Böhm schaffte es sogar unter den strikten Bedingungen des sozialen Wohnungsbaus, in einer der trostlosen Satrapenstädte, Köln-Chorweiler, eine romantische Insel klug gemischter Haustypen (1963–74) zu verwirklichen. Sie bilden unterschiedlich geformte Plätze aus, dazu ein höher gelegtes

Hans Konwiarz, Neue Heimat. Alsterzentrum. Hamburg-St. Georg, 1966. Nicht verwirklichtes Projekt.

Walter Ebert. Wohnanlage für Wissenschaftler der Stiftung Volkswagenwerk. München-Bogenhausen, 1970.

Werner Luz, Friedrich und Ingeborg Spengelin. Wohngruppe Habichtshorststraße. Hannover-Groß-Buchholz, 1973–74.

Gottfried Böhm. Wohnanlage. Köln-Chorweiler, 1963–74.

[195] Hans Konwiarz. »Stadtteil komplett«. In: Bauwelt 57 (1966) 32. S. 913.

Bauen für die große Zahl

Friedrich Wilhelm Kraemer, Günter Pfennig, Ernst Sieverts und Partner. Verwaltung der Deutschen Krankenversicherung (DKV). Köln-Braunsfeld, 1966–70. Inzwischen aufgestockt.

[196] Georg Picht. Die deutsche Bildungskatastrophe. Olten, 1964.

[197] Walter Kroner. schule im wandel. wandel im schulbau. Stuttgart, 1975. S. 66. – Architekten Osterburken: Jan C. Bassenge, Kay Puhan-Schulz, Hasso F. Schreck.

Fußgängerdeck, und spielen Stadt mitten in einer Unstadt.

Unter dem Eindruck der Massengesellschaft wurden Bauaufgaben neu formuliert. Im Verwaltungsbau lösten »Bürolandschaften« die zellenförmige Reihung von Büros oder die rechtwinkligen Großraumbüros ab. Informell gegliederte Raumzusammenhänge sollten bessere Arbeitsabläufe ermöglichen, Orientierung durch Blickkontakte erlauben, Flexibilität erleichtern – und sei es nur, daß Arbeitsflächen durch das Rücken von Schreibtischen, Raumteilern und Pflanzbecken leichter neu zu organisieren waren. Hierarchien sollten auf diese Weise abgebaut werden. Andererseits bauten sich im überschaubaren Bürogelände soziale Kontrollen auf: Wer las gerade Zeitung oder kochte Kaffee?

Da die neuen Grundrisse große Raumtiefen verlangten, mußten die Spannweiten der Tragwerke voll ausgereizt werden. Statt der dünnen Scheibenhäuser und quadratischen Türme bevölkerten nun polygonale Massive die Cities. Ecken wurden abgeschrägt, der 45°- oder 60°-Winkel trat an die Stelle des rechten Winkels. Ein Argument dafür mag der Wunsch gewesen sein, leichter Zusammenhänge herstellen zu können, den Blick um die Gebäudekanten herumzuführen. Die DDR schloß sich bei ihren Sonderbauten von dieser Mode nicht aus. Respektlose sprachen vom »Brikettstil«. Kraemer, Sieverts & Partner führten bei der Kölner DKV-Verwaltung (1966–70) eingezogene Servicegeschosse zwischen den Großraumbüros ein, die zusammen mit den Verkehrstürmen das Bürogebirge gliederten. Bei den Fassaden hatte die vornehm rosagraue Bronzefront von Mies van der Rohes Seagram Building in New York (1954–58) Eindruck gemacht. Nur, so vornehm wollten die dunkel eloxierten Metallprofile und das bräunlich bedampfte Sonnenschutzglas in Deutschland nicht aussehen.

Pädagogische Provinzen

Von einem ungeahnten Boom wurden die pädagogischen Institutionen erfaßt. Um 1960 kam einer der periodisch eintretenden Momente, in denen die Nation von Panik angesichts ihrer eigenen Unbildung ergriffen wird. Der Erziehungswissenschaftler Georg Picht rief die deutsche Bildungskatastrophe aus,[196] forderte höhere Abiturientenzahlen, bessere Unterrichtsbedingungen und eine gerechtere Verteilung der Bildungschancen. Schulzentren mit über zweitausend Schülern entstanden, vor allem die politisch gewünschten integrierten Gesamtschulen.

Durchlässig für die verschiedensten Bildungsgänge sollte die neue Schule sein, Teamarbeit unter Einschluß der Eltern ermöglichen, offen auch für die außerschulische Nutzung sein. Unterrichtszonen für unterschiedlich große Lerngruppen waren statt der Jahrgangsklassen verlangt. Wie im Bürobau gingen die Neubauten in die Breite. Damit sie genügend Tageslicht empfingen (ein Problem, das die Pavillonschulen nie hatten), mußten sie mit Oberlichtern versehen werden. Im nordbadischen Osterburken, einem Paradigma der Schulreform (1967–71), kam sogar Kunstlicht hinzu. Die »Kompaktanlage mit zentraler Vielzweckhalle«[197] ist von klaustrophobischen Wirkungen und akustischen Beeinträchtigungen nicht frei, aber immer noch weniger problematisch als andere, weitaus größere Schulen. Zunehmend wurden sie in elementierter Bauweise und nach Typengrundrissen errichtet, nicht mehr nach individuellen Entwürfen.

Die bundesrepublikanische Studentenschaft rekrutierte sich nur zu fünf Prozent aus dem Arbeitermilieu. Deshalb fand die erste Universitätsgründung seit langem mitten im proletarischen Ruhrgebiet statt,

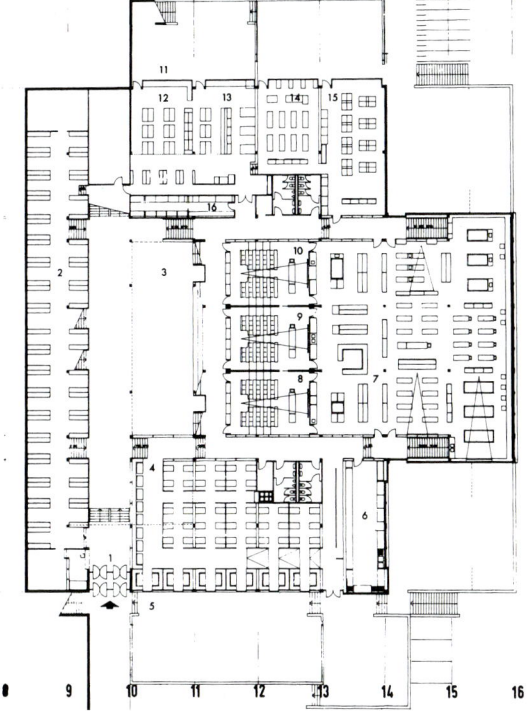

Jan C. Bassenge, Kay Puhan-Schulz, Hasso F. Schreck. Ganztagsschule. Osterburken, 1967–71. Grundriß Eingangsgeschoß. Ansicht.

An der Kreuzung vereint ein Forum die großen Sonderbauten, Auditorium Maximum, Mensa, Hörsaalkomplex, Bibliothek. Der Vorfertigungsgrad war hoch. Die eingesetzten Baumaschinen beeindruckten sogar das Politbüro in Ostberlin so sehr, daß es sich die westliche Konkurrenz in Sachen industrialisiertes Bauen im Film vorführen ließ.[199]

Der dräuende Bochumer Komplex sollte die Zusammenarbeit der Wissenschaftsdisziplinen einschließlich der Ingenieurwissenschaften symbolisieren und kündigte das Massenzeitalter im Bildungswesen an. Bei der Kritik hat er nicht viele Freunde gefunden. Aber Qualitäten besitzt er doch. Zwischen den Institutsbauten öffnen sich attraktive Blicke in die Landschaft, ebenso von den Terrassen der Substruktionen. Die Querachse ist landschaftlich gestaltet, im Sommer lagern sich die Studenten auf den architekturgefaßten Wiesen. Hauptmanko ist der Verzicht auf alle alltäglichen Nutzungen, Läden, Kneipen, Wohnungen, die jenseits einer Stadtautobahn verbannt

[198] Alexandra von Cube. Die Ruhr-Universität Bochum. Bochum, 1992. S. 47 ff.

[199] Joachim Palutzki. Architektur in der DDR. Berlin, 2000. S. 49.

in Bochum. Die Lage an einem Hang mit weitem Blick über die Randberge der Ruhr ist schön wie selten im Revier. Am Wettbewerb von 1962 beteiligte sich eine Elite, zu der auch Walter Gropius und Arne Jacobsen gehörten. Nur Mies van der Rohe hatte sich wieder einmal einer Einladung entzogen. Der Gewinner Hentrich, Petschnigg & Partner lieferte, was das Staatshochbauamt sich so ähnlich gewünscht hatte,[198] eine komprimierte Anlage über einem Achsenkreuz. An der längeren Querachse reihen sich in einer doppelten Kammstruktur dreizehn fast identische Riegel.

Hentrich, Petschnigg und Partner, Staatshochbauamt. Ruhr-Universität. Bochum-Querenburg, 1962, 1964–80. Lageplan. Ansicht, in der Mitte Auditorium Maximum.

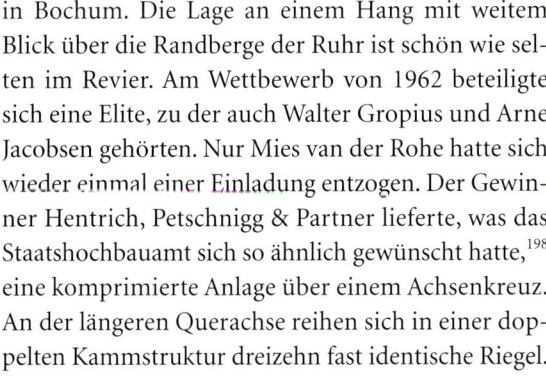

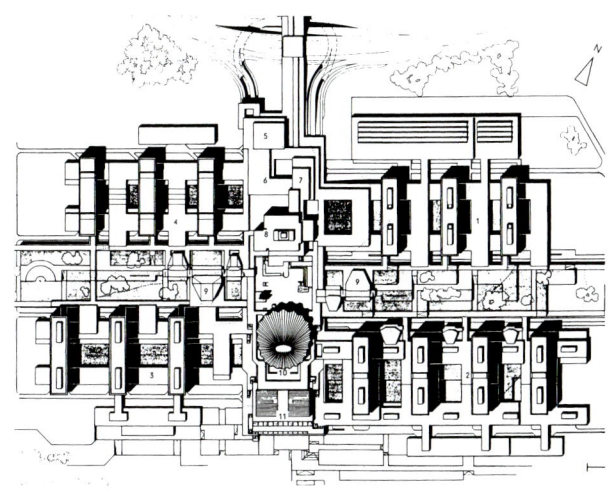

Bauen für die große Zahl   **345**

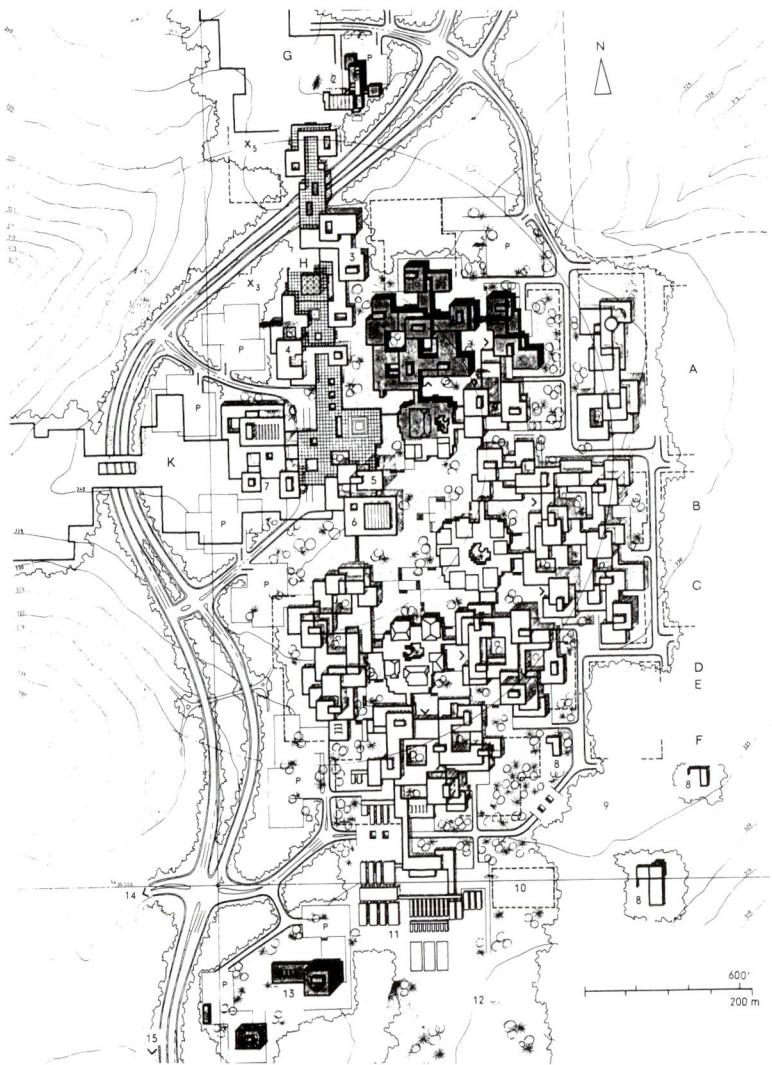

Kurt Schneider mit Helmut Spieker, Winfried Scholl, Staatliches Hochschulbauamt. Erweiterung der Universität (Naturwissenschaften) auf den Lahnbergen. Marburg, 1961, 1963–76. Lageplan, nur zum Teil verwirklicht. Vorklinische Forschungseinheiten. 1964–66.

[200] Werner Fritzsche, Joachim Hardt, Karlheinz Schade. Universitätsbauten in Marburg 1940–1980. Marburg, 2003.

[201] Wintersemester 2003–04.

sind. Die Ruhruni ist eine Drive-in-Universität geworden, keine angelsächsische Campus-Universität. Wenn abends der letzte Hörsaal schließt, hat dort niemand etwas zu suchen.

Bochum war nur eine von vielen Lernmaschinen, die auf die pädagogischen Notrufe hin aus dem Boden schossen. Es entstanden auch Gegenmodelle. Die viel kleinere Konstanzer Reformuniversität beschwört das Image eines mediterranen, mit viel Kunsteffekten aufgepeppten Bergnestes. In Bielefeld geht es noch strenger zu als in Bochum, aber die Zuordnung aller Teile zu einer großen öffentlichen Glashalle war ein schöner Gedanke. Ferdinand Kramers umweglos funktionale Universitätsbauten in Frankfurt am Main, dreiundzwanzig an der Zahl, mußten Baulücken oder unbebauten Grundstücken eines vorhandenen Stadtteils eingepaßt werden.

Einen Antipoden zur Ruhr-Universität bilden die naturwissenschaftlichen Institute in Marburg (1961, 1963–76), die aus der mittelalterlichen Stadt auf die Lahnhöhen ausgelagert wurden. Die Marburger Planung arbeitete nicht mit Gebäudetypen, sondern mit genormten Bauteilen, die sich zu einem räumlichen Kontinuum zusammenfügen sollten. Grundeinheit ist ein Betontisch mit Eckstützen, den man nebeneinander und bis zu 18 Geschossen übereinander stapeln konnte. Konstruktion und Ausbau folgen Rastern, die unabhängig voneinander laufen. Auch im Material unterscheiden sie sich. Die Konstruktionen sind in Sichtbeton ausgeführt, die Wände in Stahl, Glas und opakem Glasal von nahezu japanischer Anmutung. Der Marburger Komplex blieb unvollendet. Das sanierungsbedürftige Konstruktionssystem wurde Mitte der siebziger Jahre zum letzten Mal eingesetzt.[200]

Auf den Ruhrhöhen thront die Bochumer Universität wie eine Akropolis des Wissens in rationaler Ordnung. Auf den Lahnhöhen sollte ein im Wald verborgenes Netz labyrinthischer Höfe, Gänge und Bauten ausgeworfen werden, ein gewissermaßen sich selbst organisierendes System. Von den Studentenzahlen wurden fast alle Universitätsplanungen überrollt. Für Bochum war im Ideenwettbewerb von 10 000 Studierenden die Rede. Danach wurden es 36 000.[201]

Gerüste des Lebens

Konrad Wachsmann. Großflugzeughalle. Projekt für die Atlas Aircraft Corporation. 1944–45.

Max Mengeringhausen. Mero-Norm-Knoten für Raumfachwerke. 1940er Jahre.

Günter Günschel. Ausstellungsstand für die Firma Mero-Bau auf der Industriemesse. Berlin, 1957.

Längst nicht alles, was sich in den Köpfen der Planer abspielte, der jüngeren vor allem, schlug sich im realen Bauen nieder. Die Impulse reichten weit über das hinaus, was Bauämter zuließen und Generalbauunternehmer zu finanzieren bereit waren. Den Utopisten der sechziger Jahre ging es nicht nur um Stadtumbau und Großsiedlung, sondern um die Überformung ganzer Städte, Landstriche, Meerengen, Eis- und Wüstenregionen oder gar, als seien die expressionistischen Zeiten der *Gläsernen Kette* zurückgekehrt, um Kontinente und Planeten.

Trotzdem waren die Verbindungen zwischen realisierter oder realisierbarer Architektur einerseits und visionärer Nicht-Architektur andererseits eng. Oft unterschied sich das eine vom anderen nur in der Größenordnung. Die unrealisierten Großhangars Konrad Wachsmanns mit ihren phantastischen Auskragungen und komplizierten Raumknoten oder die Raumstädte des Franzosen Yona Friedman und des Deutschen Eckhard Schulze-Fielitz sollten aus räumlichem Tragwerk mit stabförmigen Elementen bestehen. »Der Bau als solide, statische Masse wird sich mehr und mehr in Kombinationen von Funktionen

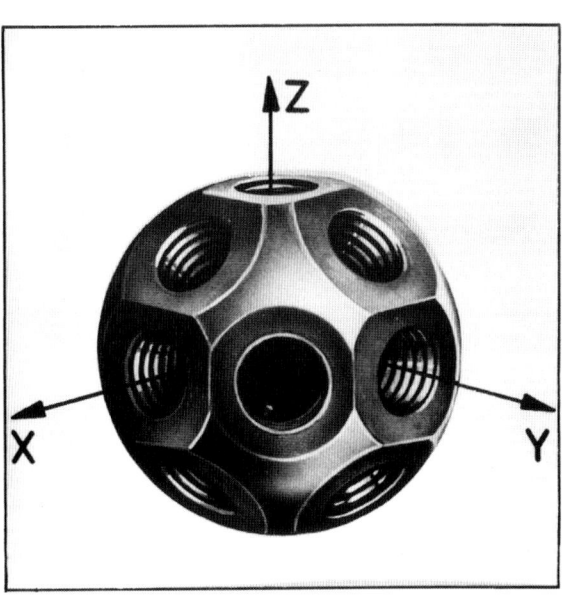

und Einzelelementen auflösen« (Konrad Wachsmann).²⁰²

Friedman wie der emigrierte Wachsmann hielten auch an deutschen Hochschulen Vorträge, Wachsmann arbeitete von 1956 bis 1959 mit Studententeams auf den Internationalen Sommerakademien in Salzburg. In Deutschland hatte Max Mengeringhausen mit seinem Mero-System seit 1940 ein vielseitiges Raumfachwerk aus Rohrstäben und Kugelknoten entwickelt, aus dem man Laborregale wie Tribünendächer zusammenschrauben konnte. Der Mero-Knoten hatte Bohrungen für Gewindeanschlüsse in achtzehn Raumrichtungen. In kleinerem Maßstab, als Eindeckung von Sälen und Hallen, standen solche Konstruktionen also zur Verfügung. Die Systeme gingen bald über die Module Kubus und Dreiecksprisma hinaus, bezogen Polyederfiguren ein und taugen in weiterentwickelter Form auch zu freigeformten Großdächern.²⁰³

Im Vergleich zu diesen leichten Tragwerken erschienen Tafelbau oder massive Raumzellen als schwerfällig. Wie sehr das Spiel mit dem »Makro-Spielbaukasten« auch damals schon begeisterte, zeigt der Firmenpavillon, den Günter Günschel 1957 auf der Berliner Industriemesse für Mero errichtete. Günschel gehörte zu den jungen Designern, die sich für Leichtbauweisen, Schalenbauten, Kuppeln aus Vielflächnern und pneumatische Konstruktionen einsetzten. Die Faszination räumlicher Geometrien führte ihn später mehr und mehr zu freien grafischen Denkspielen, den Computern und Plottern abgerungen.

Neutrale Struktur, originelle Füllung

Soweit die Architekten, die über den Tag hinaus planten, praktisch dachten, kehrten einige Argumente immer wieder. Zum einen reagierten die Erfinder solcher Stadtbausysteme auf das explosionsartige Bevölkerungswachstum. 1960 wurde die Weltbevölkerung auf drei Milliarden geschätzt. Eine Verdoppelung stand bis zur Jahrtausendwende bevor. Da sich die Zunahme auf Ballungszentren konzentrierte, galt es, dort den verfügbaren Lebensraum zu vermehren. Die Fläche war beschränkt, also bot sich die dritte Dimension an. Neutrale Tragwerke sollten den Agglomerationen in dichten Packlagen von Stockwerken Erweiterungsflächen verschaffen. Allerdings hätten sie an jenen Orten errichtet werden müssen, wo die Bevölkerung tatsächlich rapide zunahm, in der Dritten Welt. Aber eben dort waren Mittel zu solchen radikalen Maßnahmen nicht vorhanden, wenn sie denn kulturell überhaupt vermittelbar gewesen wären.

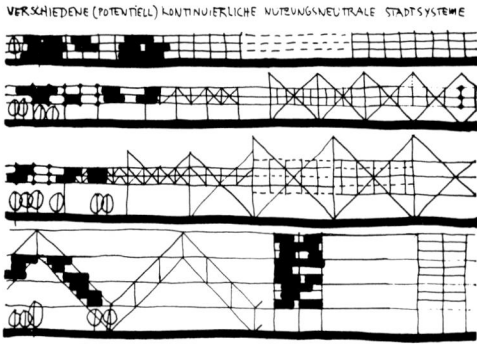
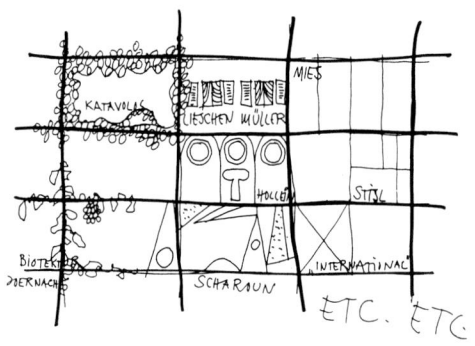
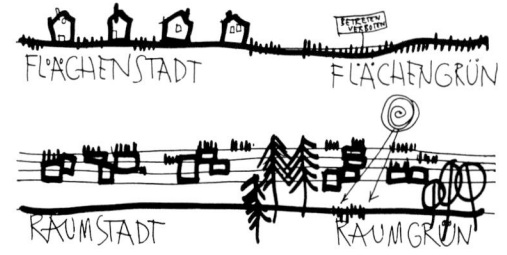

Eckhard Schulze-Fielitz. Stadtsysteme. Dichte, Neutralsystem, Freie Ausfüllung, Grün. Um 1960.

²⁰² Konrad Wachsmann. Wendepunkt im Bauen. Wiesbaden, 1959. S. 231.

²⁰³ Vgl. Mero-Dach über der zentralen Passage der Mailänder Messe in Rho-Pero von Massimiliano Fuksas mit Schlaich, Bergermann und Partnern (1997–2006).

Ein Reizwort hieß Mobilität – Mobilität im Wechsel der sozialen Rollen, in den beruflichen Veränderungen und im häufigen Ortswechsel. Die Designer antworteten mit der Unterscheidung zwischen stabilen Obersystemen und flexiblen Ausbausystemen. Die primäre Tragstruktur sollte von der sekundären Ausbaustruktur getrennt sein, das starke, dauerhafte Gerüst von seiner ephemeren, wechselhaften »Besiedlung«. Zellen, die sich in den Großgerüsten vorübergehend einnisten sollten, waren austauschbar gedacht. Manchmal verwiesen auf den Zeichnungen Kranbrücken darauf, wie die einzelnen Wohnbehälter von einem Ort zum anderen transportiert werden konnten. In diesen Fällen sollte der mobile Mensch seinen bewohnbaren Container mitnehmen wie die Schnecke ihr Haus. Der Einwand, daß sich bei einem genügend reichen Angebot an Wohnungen unterschiedlicher Größe und unterschiedlichen Zuschnitts solche umständlichen Umzugsmanöver erübrigten, hätte als Spielverderberei gegolten.

Die permanenten Gerüste mit ihren wechselnden Einbauten sollten Freiheit des Bewohners ermöglichen. Die primäre Tragstruktur galt als das dauerhafte, zeitüberdauernde Element, während die sekundäre, die Ausbaustruktur dem schnelleren Verschleiß unterworfen und den Bedürfnissen, dem Spieltrieb und dem Geschmack der einzelnen überlassen war. Das vorgegebene Große und das austauschbare Kleine, diese Aufgabenteilung erschien als die Lösung eines Dilemmas, das die Moderne bis dahin nicht bewältigt hatte. Sie versprach, die funktionelle und ästhetische Ordnung des Ganzen zu sichern und doch dem Individuum die Chance einzuräumen, in seinem zugewiesenen Raumkompartiment sich nach eigenem Gusto einzurichten. Schulze-Fielitz, dessen Namensinitialen SF passenderweise auch als Abkürzung für Science Fiction gelesen werden konnten, beschrieb diese Arbeitsteilung: »In einem Stadtbausystem ist die Neutralstruktur das völlig Regelmäßige, Bekannte, Banale; die Ausfüllung jedoch hat den Spielbereich bis zum Originalen.«[204] In Yona Friedmans Groupe d'Etudes d'Architecture Mobile (GEAM), der Schulze-Fielitz ebenso wie Günschel, Werner Ruhnau und andere angehörten, war dieser Gedanke Allgemeingut.

Mit solchen Vorstellungen sprangen Architekten, denen Ordnung per Ausbildung und Berufsethos naheliegt, über ihren eigenen Schatten. Ins Netz der Orthogonalen und Diagonalen oder auf weite Geschoßplatten zeichneten sie Chaos, wie Architekten es sich vorstellen: als pittoreskes Nebeneinander der verschiedenen Stile, von Barock und Empire, Internationalem Stil und Brutalismus. Le Corbusier hat schon in den dreißiger Jahren Skizzen mit endlosen Brückenbauten angefertigt, in denen sich das Leben in Gestalt privater Enklaven einnistet.[205] Für ein paar Kollegen-Utopien war in den Gefachen jeweils auch noch Platz. Wer die Erwartungen ganz hoch steckte, nahm an, solche räumlichen Freizügigkeiten würden das Individuum von seinen inneren und äußeren Zwängen befreien und in einen »paradiesischen Integralzustand« münden.[206]

Welche Nachteile megalomane Tragsysteme mit sich bringen würden, wurde unterschlagen. Hohe Investitionskosten müßten in die primäre Konstruktion gesteckt werden. Sie würden die Starrheit eines ein für allemal gewählten Bausystems bedingen, das zwar den Austausch der Einbauten, der Füllelemente, erlaubte, nicht aber des Traggerüsts selbst. Große Investitionen sind der Feind jeder Veränderung. Sie verlangen Immobilität bis zur Amortisierung. Für den Bau der riesigen Apparate und ihre Instandhaltung wäre eine rigorose Administration erforderlich. Gegenüber den Aufsichtspflichten und -rechten solcher Organisationen würde sich die Verwaltung von Wohnungsbaugesellschaften oder Eigentümergemeinschaften wie eine rousseauistische Idylle im Vergleich zum totalen Staat ausnehmen.[207]

Wie es sich in vergitterten Großbehältern lebt, wie es sich atmet in und unter einer dichten Packlage von Straßen, Schnellbahnen, Wohn- und Arbeitsstätten, malte sich niemand aus. Friedman oder Schulze-Fielitz pflegten ihre gewaltigen Stahlgefache über liebliche Auen und Gehölze oder belebte Stadtplätze hinwegzuführen. Die Erfahrung mit vergleichsweise bescheidenen Hochstraßen oder Bahnviadukten läßt vermuten, daß sich die vermeintlichen Parklandschaften in der Realität als trostloses Niemandsland, bestenfalls als ausgedehnte Parkplätze erwiesen hätten. Kunststoffzellen wie Wegwerfflaschen: aber wohin mit dem Müll? Wohnquartiere wie große Trichter: aber wie werden Besonnung, Schallschutz und Abschirmung gegen fremde Blicke gesichert?

Mit Baukastensystemen, die in der Hochkonjunktur des Bauwesens Chancen zu haben schienen, beschäftigte sich in den sechziger Jahren auch Wolfgang

[204] Eckhard Schulze-Fielitz. Vortrag Berlin, 29. 8. 1967. In: Stadtsysteme I. Projekt 10. Stuttgart, 1971. S. 58.

[205] Le Corbusier. Fort l'Empereur, Projet A für Algier. 1931.

[206] Richard J. Dietrich. Metastadt, ein Versuch zur Theorie und Technik des Mensch-Umwelt-Systems. In: Deutsche Bauzeitung 103 (1969) 1. S. 15.

[207] Vgl. Mechthild Schumpp. Stadtbau-Utopien und Gesellschaft. Bauwelt Fundamente 32. Gütersloh, 1972. Vor allem S. 130 ff.

Wolfgang Döring. Stapelhäuser. 1964. Nicht ausgeführter Entwurf.

[208] Wolfgang Döring. Perspektiven einer Architektur. Frankfurt am Main, 1970. S. 32.

[209] ebd. S. 8.

[210] Bruno Taut. Die Auflösung der Städte. Hagen, 1920. Tafel 1.

Engelbert Kremser. Europa Center. Aus der Serie Berlin. Gesichter und Gesichte. 1969. Überarbeitetes Foto.

Döring. Wissenschaftliche Bauforschung ist damals von vielen Autoren eingeklagt worden, so auch von Döring. Die chemische Industrie der Bundesrepublik investiere acht Prozent ihres Produktionsvolumens in Forschung, die Bauindustrie 0,003![208] Bei seinen Stapelhäusern wollte Döring Zellen aus Kunststoff, die wie übergroße Butterdosen aussahen, in Großregale stecken, die durch seitliche Verspannungen stabilisiert werden sollten. Demontage und Recycling waren ihm so wichtig wie Transport und Montage.

Der Anspruch der jüngeren Generation auf technische Exaktheit maß sich an den Leistungen der Automobilindustrie, der Raumfahrt- und Computertechnologie. Daß Häuser wie in den Zeiten der alten Sumerer immer noch Stein auf Stein errichtet wurden, wirkte als Ärgernis. »Architektur kann nur noch verstanden werden als eine Folge stroboskopischer Aufnahmen von sich ständig schneller beschleunigenden Entwicklungen.«[209] In seiner späteren Karriere hat sich Döring vom Systembau abgewendet und auf Einzelbauten im Stil der Postmoderne, dann der Zweiten Moderne gesetzt. In der geometrischen Präzision seiner späteren Villen wirkt jedoch die alte Vorliebe für Genauigkeit und knappe Maßtoleranzen nach.

Nun blüht die Erde auf

Manche Visionen folgten der Devise: Heimkehr zur Erde. Die Göttin Demeter wurde gegen den Götzen Maschine ausgespielt. »Laßt sie zusammenfallen, die gebauten Gemeinheiten! Steinhäuser machen Steinherzen. Nun blüht unsere Erde auf!« hatte es ein halbes Jahrhundert zuvor bei Bruno Taut geheißen.[210] Paolo Soleri in Arizona oder Engelbert Kremser in Berlin ließen in den siebziger Jahren Erde anschütten und modellieren, Beton aufbringen und die erstarrte

Schale, ein Negativ der bewegten Erde, anschließend ausgraben. Kremser hat in Berlin angemessenerweise für den Botanischen Garten in Dahlem und die Bundesgartenschau von 1985 gearbeitet und im Märkischen Viertel ein Kinderspielhaus nach seiner Methode realisiert. Auch Stockwerksbauten stellte er sich mit solchen aus Erde gemodelten und dann emporgelifteten Plattformen (»Lift-Slab-Verfahren«) vor. Seine eindrucksvollen Fotomontagen mit Szenen aus der Westberliner City gleichen eher Katastrophenszenarien als sanierten Aufenthaltsorten.

Rudolf Doernach, der bei Buckminster Fuller gearbeitet hatte, entwickelte in den frühen sechziger Jahren mit Hans-Joachim Lenz und Schulze-Fielitz ein industriell gefertigtes Stadtbausystem als Stahlgerüst mit einmontierbaren Raumzellen aus Kunststoff, so logisch und technisch-präzise wie nur irgendeines. Von Wachstumsprozessen und Regeneration konnte dabei nur metaphorisch die Rede sein. Wenig später war Doernach auf dem Wege zu einer »Biotektur«, deren Stoffe aus im wörtlichen Sinn lebendem, gezüchtetem Material bestehen. Das lebende System Mensch sollte im lebenden System Natur hausen – so wie der Mensch seinerseits als Wirtsorganismus zahl-

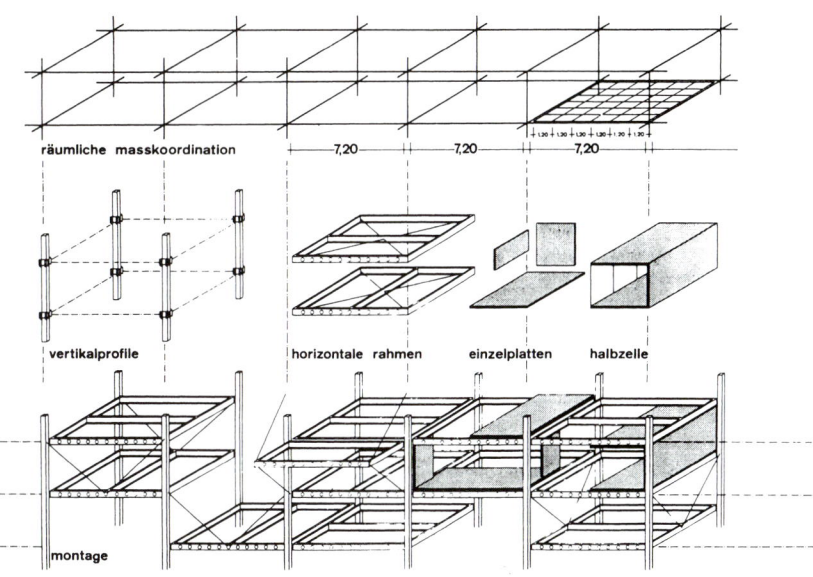

Rudolf Doernach, Hans-Joachim Lenz, Eckhard Schulze-Fielitz. Stadtbausystem. Anfang 1960er Jahre.

Rudolf Doernach. Biodorf aus Selbstbauhäusern. Projekt. 1978.

Gerüste des Lebens

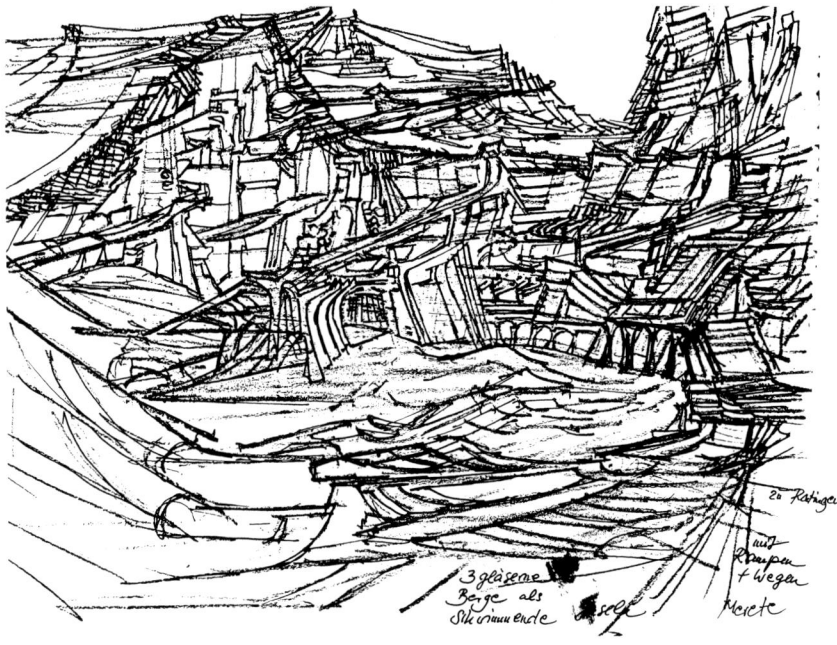

Merete Mattern. Wettbewerbsentwurf Ratingen. 3 gläserne Berge als schwimmende Inseln. 1967. Kohlezeichnung,

[211] Merete Mattern u. a. Ein neuer Ort für städtisches Leben. In: Bauwelt 58 (1967) 1-2. S. 14.

Karl Wimmenauer mit Lynbo-Mir Szabo und Ernst Kasper. Erweiterung der Staatlichen Kunstakademie Düsseldorf. 1967–68. Nicht verwirklichter Entwurf.

losen Mikroorganismen zur Wohnung dient. Selbstwachsende, früchtetragende Häuser waren zugleich als ein Beitrag zur Linderung der Hungersnot in der Dritten Welt gedacht! Es klang wie biologische Science Fiction: eßbare Städte, schwimmende Pneus, auf denen Kleinorganismen das Skelett der Stadt errichten, informierte organische Materialien, die angemessen auf wechselnde Umweltbedingungen reagieren können.

Die städtebaulichen Projekte, die Merete Mattern in den sechziger Jahren als Wettbewerbsbeiträge oder freie Aufgaben ausarbeitete, sind als grafische Blätter eindrucksvoll, in ihrer Massenentwicklung einschüchternd. Die Tochter eines Paares bedeutender Garten- und Landschaftsarchitekten, Hermann Mattern und Herta Hammerbacher, wollte ein Umweltsystem begründen, in dem die entfremdeten Parteien Kultur und Natur wieder zueinanderfinden und eine neue Stadt-Land-Struktur bilden. Das stadtlandschaftliche Denken, das sie bei Hans Scharoun, einem Freund des Elternhauses, gelernt hatte, führte bei ihr zu heroisch-alpinen Szenerien, die an Bruno Tauts montane Visionen erinnern: Wohnberge, nach Süden geöffnete Architekturhänge, Wassertreppen. »Naturform ist zur Bauform geworden.«[211] Konstruktiv waren die Projekte mit Großrahmen und Hängekonstruktionen detaillierter durchdacht, als es die vehementen Skizzen vermuten lassen.

Fremde Objekte

Gemessen an solchen Architekturlandschaften waren andere, ebenfalls utopisch wirkende Projekte vom Umfang her bescheiden. Daß auch diese Objekte wie Abkömmlinge aus einer anderen Welt wirkten, verdankten sie dem Verfremdungseffekt, den sie in ihren jeweiligen Umgebungen hervorriefen. Karl Wimmenauer, ein früherer Mitarbeiter von Schwarz und Schwippert, bis dahin durch Kirchenbauten mäßig bekannt geworden, wollte 1968 auf das Gebäude der Düsseldorfer Kunstakademie, an der er lehrte, eine transparente Doppelröhre legen. In mehreren Etagen sollte sie alle Erweiterungsflächen aufnehmen. Die Akademie drohte damals aus allen Nähten zu platzen. Allein der Kunstschamane Joseph Beuys versammelte siebenhundert Schüler um sich! Wie ein aus dem Weltall gelandetes Ufo schwebte oder – je nach zeichnerischer Darstellung – lastete das fremde Gebilde auf dem akademischen Palazzo des 19. Jahrhunderts. Eine neue andere Welt sollte als Überbau über der alten, steinernen erstehen, und zwar nicht nur über der Akademie, sondern ähnlich über der ganzen Altstadt. Statisch war das Projekt von Stefan Polónyi durchgerechnet worden.

Zwei Architekturen des Berliner Architekten Ludwig Leo erfreuten sich zur Zeit ihrer Entstehung, den ausgehenden sechziger Jahren, ausnehmenden Interesses bei der Avantgarde auch des Auslandes. In jenen Jahren wurde die Architektur der sowjetischen Revolution wiederentdeckt. Sie gab die Optik her, mit der Großgeräte wie die Leos betrachtet wurden. Der Architekt ging von freilich ungewöhnlichen Funktionen aus, die er dramatisch in Szene setzte. Bei der Wasserversuchsanstalt am Tiergartenrand (1968–73)

Ludwig Leo. Wasserversuchsanstalt. Berlin-Tiergarten, 1968–73.

Ludwig Leo. Zentrale der Deutschen Lebensrettungs-Gesellschaft (DLRG). Berlin-Spandau, 1969–71.

kniet ein aufgeständertes Laborgebäude auf einem riesigen Umlaufkanal wie Siegfried auf dem bezwungenen Lindwurm. Das metallverkleidete Versuchsgehäuse war leuchtend blau gestrichen, der gewundene Kanal altrosa.

Nicht ganz so provokativ im Blickfeld liegt die Station der Deutschen Lebensrettungs-Gesellschaft (1969–71), die Leo an einer Havelbucht errichtete. Am abgeschrägten Außenbau wurden Rettungsboote über einen Schienenaufzug zu Inspektion oder Lagerung nach oben gelüftet. Der Architekt kombinierte Rampe und Turm zu einem Dreiecksgebilde und bekrönte diese Schiffsstapelmaschine mit einem hohen Mast. Das Schicksal der DLRG-Zentrale demonstrierte übrigens die Notwendigkeit von Veränderbarkeit: Als Rettungsboote größere Dimensionen annahmen, verlor das ungewöhnliche Konstrukt seine wichtigste Aufgabe.

Was in den deutschen Techno-Utopien fast immer fehlte, war Ironie. Bei den Briten von der Gruppe Archigram, die hierzulande viel publiziert wurde und, neben Yona Friedman in Paris und Constant (Nieuwenhuys) von der niederländischen Gruppe Cobra, die wichtigsten Anregungen gab, war Witz immer im Spiel. Konsumrausch, Disko-Spotlights, Drogen-Euphorien, Comic-Übertreibung und Pop Art mischten sich in die Entwürfe ihrer *Fun* und *Sin Palaces*, *Entertainment Towers* oder *Walking Cities*. Unterstellt wurde ein modernes Nomadentum, ein permanentes Playboy-Dasein, das sein immerwährendes Freizeitglück mit nicht näher nachgewiesenen Mitteln finanziert. In Deutschland dagegen ging es seriös und grundsätzlich zu, wurden methodische Zukunftsentwürfe erarbeitet, wurde die Einkehr zu einem besseren Leben postuliert. Die zwingenden Ikonen dieses technologischen Optimismus kamen nicht von Rhein und Spree, sondern aus dem London der Archigram-Leute und dem Tokio der Metabolisten.

Die Realität holt auf

Irgendwann in den siebziger Jahren dürften sich die Leser der internationalen Architekturzeitschriften die Augen gerieben haben. Die urbanistische Fiktion, ein vertrauter Bestandteil der avantgardistischen Journale, vergleichbar den Comic Strips in der Boulevardpresse, war sang- und klanglos aus den Redaktionsprogrammen gestrichen. Zukunftsstädte mit ihren Transportröhren, Trichtern und Behältern bevölkerten nicht mehr die Magazine. Aus den pneuma-

[212] Club of Rome. The Limits to Growth. New York, 1972.

[213] Richard Buckminster Fuller. Operating Manual for Spaceship Earth. Carbondale, Edwardsville, 1969. – Dt.: Bedienungsanleitung für das Raumschiff Erde. Reinbek bei Hamburg, 1973. S. 31 ff.

tischen Hüllen, die ganze Landstriche überspannen sollten, war die Luft gewichen, aus den submarinen Freizeitkolonien das Wasser abgelaufen.

Zum einen holte Realität die gedachten Vorwegnahmen ein. Schwimmende Siedlungen, ein Lieblingsgedanke aus dem Poesiealbum zukunftsfreudiger Architekten, wurden von den Mineralölgesellschaften als Bohrinseln in den Meeren verankert. Aufblasbare Membranen wurden zur Überdeckung nicht ganzer Erdstriche, wohl aber von Supermärkten und Baustellen benutzt. Vor allem die Weltausstellungen boten Musterkarten von Konstruktionen, wie sie die Science Fiction der Architekten empfahl. Schon die Brüsseler von 1958 erkor ein spektakuläres Symbol der Fortschrittlichkeit zu ihrem Signet. Die Hauptattraktion, das Atomium als 102 Meter hohe Darstellung eines Eisenkristallmoleküls, bestand aus einer durch Röhren verbundenen Komposition aluminiumverkleideter Kugeln.

An der kanadischen Expo von 1967 waren die Deutschen mit einem Projekt beteiligt, das seine Besucher verzauberte. Frei Ottos Zeltlandschaft des Deutschen Pavillons in Montreal überspannte scheinbar gewichtlos einen Flecken Erde, unbeschwerlich, wegnehmbar, Symbol einer vorbildlichen, schonenden Besiedlung dieses Planeten (vgl. S. 383 f.). In Osaka 1970 war die große zentrale Plaza von dem Raumfachwerk Kenzo Tanges überdeckt, das theoriegerecht alle möglichen Nutzungen von Kapseln und Pavillons bis zu Symboltürmen in sich aufnahm. Gestapelte Terrassenberge, aufgestellte Tragwerke, pneumatische Konstruktionen, geodätische Kuppeln, textile Dächer, alles war vorhanden. Nichts aber lähmt die Phantasie mehr als die Realisierung. Utopie, die sich erfüllt, ist keine mehr. Der Verdacht liegt nahe, daß sie nie eine war. Es hat sich wohl doch eher um technologische Vorwegnahmen gehandelt.

Die zunehmende Skepsis gegenüber großtechnischen Visionen hatte viele Gründe. Lange hatte die Menschheit in der Überzeugung gelebt, wissenschaftlicher und technischer Fortschritt werde in der Lage sein, allen denkbaren Gefahren von den epidemischen Hungersnöten in der Dritten Welt bis zur Erschöpfung der bisherigen Energievorräte erfolgreich zu begegnen. Probleme galten nur als Übergangsprobleme. Dem setzte die aufbrechende ökologische Diskussion ein Ende. Die Äußerungen des 1968 gegründeten Club of Rome waren nicht die ersten Analysen, die *Grenzen des Wachstums* aufzeigten.[212] Aber sie fanden die größte Beachtung.

Richard Buckminster Fuller, selbst ein genialer Erfinder-Architekt, formulierte eine einleuchtende Metapher: Dem Menschen, Passagier im Raumschiff Erde, ist auf seinem Weg durchs All keine Bedienungsanleitung mitgegeben. Eine begrenzte Frist ist ihm eingeräumt, sich mit den Instrumenten und Ressourcen seines Weltraumgefährts vertraut zu machen. Läuft sie ungenutzt ab, ist er verloren.[213] Von solchen Einsichten fielen Schatten auch auf die Hochstimmung der Architektur-Utopisten. Fullers eigene Fachwerkkuppel in Montreal, der US-Pavillon der Weltausstellung, ging in Flammen auf, als die Acrylhülle 1976 bei Schweißarbeiten Feuer fing. Und Fuller wollte nach demselben Verfahren ganze Stadtteile überkuppeln!

Geradezu exemplarisch scheiterte ein Experiment, das enorme Vorschußlorbeeren erhalten hatte. Richard J. Dietrich, von Friedman und Wachsmann beeindruckt, hatte mit seinem Partner Bernd Steigerwald in zehnjähriger Entwicklungsarbeit ein Stadt-

Richard J. Dietrich, Bernd Steigerwald. Metastadt. Um 1970. Isometrie des Systems.

Richard J. Dietrich, Bernd Steigerwald. Metastadt. Wulfen, 1972–76. 1987 abgerissen.

bausystem namens Metastadt entworfen. Es sollte alle Eigenschaften eines elementierten Raumtragwerks aufweisen: verdichtet, regenerationsfähig, veränderbar gemäß den Zyklen der Nutzungen, offen für unterschiedlichen, auch öffentlichen Gebrauch. Anders als bei Friedman sollte es ohne permanenten Großrahmen, ohne Primärkonstruktion auskommen. Technisch handelte es sich um ein biegesteifes Stahltragwerk ohne diagonale Versteifungen – ein variables Gitter aus Würfeln, von denen sozusagen nur die Kanten übriggeblieben waren. Stützenfreie Auskragungen waren angeblich über dreißig Meter möglich. Metastadt sollte durch bestehende Städte, ihre Baulücken und Schneisen, hindurchwachsen können.

Dietrich gelang es, ein großes Fertigbauunternehmen, Okal, zu interessieren. Ein Probebau wurde 1970 in München zusammengeschraubt. Ab 1974 begann die Montage einer »Metastadt«, genauer: von 108 Wohneinheiten, in Wulfen, der neuen Stadt im nördlichen Ruhrgebiet. Es war alles andere als die dichte Innenstadtlage, an die ihre Urheber gedacht hatten. Ein Dutzend Jahre später war der Koloß aus dem Stabilbaukasten bereits wieder abgerissen. Nachdem sich Architekt, Bauträger und Unternehmer auseinandergelebt hatten, fiel der Bau einer Summe trivialer wie konzeptueller Fehler zum Opfer, von mangelnder Wärmeisolierung, undichter Dachhaut und Rostbefall bis zu teuren Vorausinvestitionen für Zwecke, die in Wulfen gar nicht gefragt waren. Schließlich galt er als nicht mehr vermarktbar oder sanierungsfähig.

Schon vor dem Fiasko wandte sich Dietrich der Baubiologie zu und arbeitete »ganzheitlich«, mit natürlichen Materialien, »harmonikal« und »geobiologisch«: »Von Metastadt nach Ökostadt«. Solche Wege zum biologischen Bauen schlugen überraschend viele ehemalige Systembauer ein – Indiz, daß beim elementierten Bauen nicht nur technokratisch, sondern in Analogie zu natürlichen Systemen gedacht worden war. Merete Mattern war mit Blüten- und Sonnenträumen groß geworden und widmete sich von Anfang an der Bionik, der Landschaftssanierung, den alternativen Lebensformen. Der »Biotekt« Rudolf Doernach setzt sich seit Jahrzehnten für Pflanzenfassaden, vertikale Schrebergärten und Stadtlauben ein. Es ist, als läge der technischen Hybris ihr Gegenteil besonders nahe, die gärtnernde Geduld.

Starke Signale

Wer sich in der Massenproduktion der sechziger Jahre bemerkbar machen wollte, brauchte eine kräftige Stimme. Die feinen, pastellfarbenen, leichten, transparenten Strukturen der fünfziger Jahre waren in der umgebauten Stadt der sechziger Jahre oder ihren Trabanten weit draußen nicht mehr durchsetzungsfähig. Wo sich alles brutal gab, mußte sich auch die Baukunst brutal geben. Da war ein Repertoire willkommen, das dementsprechend hieß: Brutalismus. Als der Name in Großbritannien aufkam, war er nicht so roh gemeint, wie er klingt. Der Chronist dieser Richtung, Reyner Banham, hat aparte Deutungen gegeben. Er brachte den Begriff mit dem Spitznamen des damals einflußreichen Londoner Architekten Peter Smithson zusammen, den seine Freunde Brutus nannten, ebenso mit dem *art brut*, der Antikunst Dubuffets oder Fautriers.[214]

Auch moralische Obertöne schwangen mit: rauh, aufrichtig, brutal ehrlich. *Béton brut*, schalungsrauher Sichtbeton, entsprach schon vom Namen her dem neuen Programm. Oft war es aber auch nur Waschbeton, der bald zum bestgehaßten Verkleidungsmaterial wurde. Sichtziegel wurde für Ausfachungen wie für tragendes Mauerwerk möglichst in unregelmäßig gebrannten Steinen dritter Wahl eingesetzt. Die Brutalisten behaupteten, die Dinge zu nehmen, wie sie vorgefunden wurden. Sie zeigten und übertrieben die Art und Weise, wie ein Bauwerk gemacht ist, wiesen die konstruktiven Verbindungen vor, ließen die Installationen sichtbar. Ruppigkeit galt als der Mut, den schmutzigen Realitäten des Alltags ins Gesicht zu sehen und neben die Notwendigkeiten der Massenproduktion die Einmaligkeit der Erfindung zu stellen. An affektiven Beziehungen zur gebauten Umwelt lag dieser Generation. Die Bilanz ging allerdings zum Nachteil der Brutalisten aus. Denn überwiegend bestanden die Affekte des großen Publikums in Ablehnung und Abwehr.

Im Variété der Stile wurde statt der Equilibristik nun die Gewichtheberei eine bevorzugte Nummer. Als Vorbild taugte Le Corbusier viel besser als die gar nicht so brutalen Smithsons und ihre britischen Freunde. Le Corbusier erlebte im Alter zum letzten Mal in der Architekturgeschichte des Jahrhunderts eine große Stunde. Kenner und Eingeweihte faszinierten die ungeschlachte Masse, das Stemmen schwerer Lasten, die grobe Verarbeitung, die Spuren des Verfalls, die Corbu liebte wie die Falten und Runzeln im Gesicht eines älter werdenden Menschen. Bildhafte Einprägsamkeit zeichnet alle seine späten Schöpfungen aus, von den Unités und dem Kloster La Tourette bis zum eindrucksvoll ruinösen Kapitol in der Hauptstadt des indischen Punjab, Chandigarh, und den Bauten im zentralfranzösischen Industriebezirk von Firminy.

Stolz der Städte

Gesteigerter Wahrnehmungsbedarf bestand für Kommunen, die in den neuen Großsiedlungen oder expandierenden Städten weithin sichtbare Zeichen setzen mußten, wenn ihre Institutionen zur Kenntnis

Le Corbusier. Unité d'Habitation. Marseille, 1947–52. Detail im Erdgeschoß.

[214] Reyner Banham. Brutalismus in der Architektur. Stuttgart, 1966. S. 10 ff.

genommen werden sollten. Höhe oder Masse konnten keine Alleinstellungsmerkmale mehr sein, denn hoch und massig waren auch Büro- oder Wohnhochhäuser. Da keine gültige Typologie etwa eines städtischen Rathauses mehr existierte, empfahl sich die interessante Form als Auszeichnung. In den zu Städten aufgewerteten Ruhrgebietsorten Castrop-Rauxel und Marl verbanden die Architektenteams, in beiden Fällen ausländische Büros, eine so nie gesehene Form mit Konzepten, die den Baukomplex jeweils als kleine Stadt in sich auffaßten.

Das holländische Team Van den Broek & Bakema löste in der neu gebildeten Montanstadt Marl (1958, 1960–67) den Verwaltungskomplex in vier unterschiedlich hohe Dezernatstürme auf. Die Stockwerksebenen sind in innere Betonschäfte eingedockt und an den Rändern an Betonglieder gehängt, die ihre Lasten an die Dachtragwerke abgeben. Nur zwei der vier geplanten Türme wurden gebaut. Das zentrale Publikumsgebäude und eine mit Faltdach überspannte Bürgerhalle gruppieren sich zu ihren Füßen.

Arne Jacobsen in Castrop-Rauxel (1965, 1971–76) reihte Verwaltung, Ausstellungsräume, Sport- und Stadthalle entlang einer breiten Schneise, die auf ein stadtprägendes Industriewerk als Blickkulisse zielt. Kulturelle oder gesellschaftliche Sonderbauten sind mit Hängeschalen überdeckt, die in einer sanften Bewegung zur zentralen Mall abfallen. Da in Marl eine große Einkaufsgalerie auf den Rathausplatz ausläuft, ist er leidlich belebt. Dagegen bietet das Forum in Castrop-Rauxel eine trostlos überdimensionierte Fläche. Bei Regen und Wind ist sie einer der unwirtlichsten Plätze im ganzen Revier.

Rathäuser jener Jahre zeugen von ungebrochenem Kommunalstolz – und von stabilen Gemeindefinanzen. Neue Verwaltungsfunktionen wurden in sogenannte Stadthäuser ausgelagert, während die gestalterischen Ambitionen sich auf die Orte konzentrierten, wo Ratssäle, Fraktionszimmer und Repräsentationsräume untergebracht waren. Mit den ehrgeizigen Städten konnte sich der Staat Bundesrepublik in seiner provisorischen Bleibe Bonn jedenfalls

Johannes Hendrik van den Broek, Jacob Berend Bakema. Rathaus. Marl, 1958, 1960–67.

Arne Jacobsen, Otto Weitling, Dissing und Weitling. Forum. Castrop-Rauxel, 1965, 1971–76.

Gottfried Böhm. Rathaus. Bergisch Gladbach-Bensberg, 1963–69.

Starke Signale 357

[215] Vgl. Louis I. Kahn. Richards Medical Research Building. Philadelphia, 1957–61.

Harald Deilmann. Rathaus. Rheda-Wiedenbrück, 1966, 1972–74.

Hans C. Müller, Georg Heinrichs. Fabrikerweiterung Leitz. Stuttgart-Feuerbach, 1962, 1966–67.

nicht messen. Oft war Konkurrenzdenken gegenüber Nachbargemeinden im Spiel, manchmal der Anspruch auf fortdauernde Selbständigkeit bei bevorstehenden Gebietsreformen.

Bensberg, eine Mittelstadt an den östlichen Randbergen der Kölner Bucht, leistete sich kurz vor der Fusion mit der Nachbarstadt Bergisch-Gladbach eine bizarre Bürgerburg (1963–69). Ihr Architekt Gottfried Böhm nahm Topographie und Historie auf, bezog erhaltene Grundmauern, Palas, Bergfried und Türme des Alten Schlosses ein, ordnete sich ihnen aber nicht unter, sondern übertrumpfte sie grandios. Das Haupttreppenhaus vor dem Osttrakt krönte Böhm mit einer Bauskulptur, die den vorhandenen irregulären Helm des historischen Bergfrieds phantastisch variiert. Das Bauwerk wäre ideale Szenerie für einen expressionistischen Stummfilm gewesen, beispielsweise für die *Chronik von Grieshuus*. Mit Hans Poelzigs malerisch-dämonischer Schloßkulisse hätte es Böhm allemal aufnehmen können.

Beim Rathaus in Rheda-Wiedenbrück (1966, 1972–74) lieferte Harald Deilmann eine geschmeidige Spielart solcher Betonskulpturen. Alle Kanten sind gerundet. Aus dem Ratssaal, dem Herzstück jedes Rathauses, machte Deilmann nicht viel. Statt dessen dramatisierte er die Servicetürme, in denen Fahrstühle und Sanitärräume stecken. Eine solche Scheidung zwischen dienenden und bedienten Bauteilen hatte der nordamerikanische Architekt Louis Kahn vorgemacht.[215]

Auf den Industriebau war dieses Prinzip noch sinnvoller anzuwenden. Wenn sämtliche vertikalen Transportwege und alle Sonderräume in eigenen, außen stehenden Turmschäften zusammengefaßt waren, konnten die Produktionsflächen ungehindert und flexibel genutzt werden. Müller & Heinrichs differenzierten bei ihrer Fabrikerweiterung für Leitz in Stuttgart-Feuerbach (1962, 1966–67) die Türme sogar entsprechend ihrer Verwendung: halbrund die Treppen, quadratisch die Aufzüge, rechteckig die Sanitärräume.

Respekt für den Ort

Die Entwicklung vom transparenten Gliederbau der fünfziger zum imponierenden Massenbau der sechziger Jahre faßt eine Gebäudegruppe zusammen, deren Konzept in die Mitte der fünfziger zurückreicht, das Wilhelm Lehmbruck Museum in Duisburg (1956, 1959–64). Die Sammlung ist pluralistisch, mit unterschiedlichen Werkgruppen, unter denen die des Duisburger Bildhauers besonders beeindruckt. Pluralistisch hat auch der Architekt, Sohn des Künstlers, die Anlage aufgefaßt. Der wechselnde und wachsende Bestand an Malerei und Plastik ist im flexiblen Glaskasten des Ausstellungshauses untergebracht. Ihn tragen Stahlrahmenbinder, die wie bei manchen Entwürfen Mies van der Rohes über dem Dach verlaufen. Für die im wesentlichen abgeschlossene Kollektion der Arbeiten seines Vaters entwarf Manfred Lehmbruck dagegen ein ins Erdreich versenktes Gehäuse mit gekurvten Sichtbetonwänden, schützend und bergend nach außen, innen mit freihängenden Glasscheiben zu einem Atrium geöffnet. In den achtziger Jahren kam mit einem sternförmigen Anbau noch eine weitere Geometrie hinzu.

Man sollte annehmen, daß starke Bauindividualitäten sich wenig um ihre Nachbarschaft kümmern. Aber so wie Böhm bei seiner Bensberger Bürgerzitadelle den Dialog mit Hang, Stadt und dem höher gelegenen Neuen Schloß aufnahm, so handelten auch andere Kollegen. Sie boten Niegesehenes, aber ließen es selbstverständlich erscheinen. Sie begründeten unverwechselbare Orte, aber suchten auch den Kontakt zu vorhandenen Orten. Konkrete Nähe zählte. Hardt-Waltherr Hämers Theater in Ingolstadt (1960, 1962–66), ein raumverdrängendes Betongebirge, liegt wie eine Kasematte auf dem Festungsglacis vor der Altstadt, selbstbewußt, aber ein Partner von Schloß, gotischem »Herzogskasten« und Stadtmauer. Auf starke Herausforderungen wurden starke Antworten erteilt.

Auch in Schwedt an der Oder, an der östlichen Grenze der DDR, nahm das Kulturhaus (1978), von einem tschechischen Team entworfen, die feudale Herausforderung auf. Der wehrhafte Bau steht auf dem Grundstück des kriegszerstörten markgräflichen Schlosses. Die nach vorn stoßenden Flügel des Bühnenhauses schließen eine breite Magistrale ab. Zugleich beziehen sie sich auf die ausgreifende Bühnenrampe im Theatersaal, die an Henry van de Veldes

Manfred Lehmbruck. Wilhelm Lehmbruck Museum. Duisburg, 1956, 1959–64.

Hardt-Waltherr Hämer. Stadttheater. Ingolstadt, 1960, 1962–66.

Benes, Konvalina, Agroprojekt Praha; Eckehard Tattermusch, Stadtarchitekt Schwedt. Kulturhaus. Schwedt, 1978.

[216] Gottfried Böhm. Über St. Engelbert in Köln. In: Vom Bauen, Bilden und Bewahren. Festschrift für Willy Weyres. Köln, 1963. S. 377.

Dieter Oesterlen. Historisches Museum. Hannover, 1960, 1963–66.

dreiteilige Bühne im Kölner Werkbundtheater von 1914 erinnert.

Grundrisse und Fronten mußten neu durchdacht werden, wenn auf die Außenwelt reagiert werden sollte. Dieter Oesterlens Historisches Museum in Hannover (1960, 1963–66) entwickelte unterschiedliche Gesichter je nach vorgefundener Bebauung. Zum kleinteiligen Gegenüber der Burgstraße mit ihren translozierten Fachwerkhäusern staffelt sich der Bau sägezahnartig. Am Leineufer, dem Hohen Ufer, dem Hannover seinen Namen verdankt, bezog der Architekt Beginenturm, Stadtmauer und Zeughaus-Reste ein. Der Grundriß löst sich dabei von der reinen geometrischen Form und wird zu einem unregelmäßigen Vieleck.

So viel Rücksichtnahme schwächt die Architektur nicht, im Gegenteil, sie lädt sich mit der Kraft der historischen Relikte auf. Eine starke Betonplatte ist über die Flügel gezogen und bindet das Unterschiedliche zusammen. Die tastbaren Oberflächen in spaltrauhem Sandstein überziehen auch die neuen Teile. Bevor Geschichte auch in der Theorie zum Thema wurde, machten sich sensible Architekten daran, das Verhältnis zur Überlieferung neu zu überdenken.

Eine feste Burg

Kirchen beanspruchten nicht weniger erhöhte Aufmerksamkeit als Kommunal- und Kulturbauten. Vieles, was in den sechziger Jahren entstand, nimmt sich wie Kompensation aus, Kompensation für die zunehmende Entfernung der Gesellschaft von den Glaubensgemeinschaften, Kompensation für die gnadenlose Monotonie der Neubausiedlungen, in denen die neuen Gemeindezentren standen. »Aus der Abwehr dagegen ist unser Interesse verständlich am Formenreichtum der alten Dinge und unsere Freude an der Vielgestaltigkeit der neuen Architektur«, erklärte Gottfried Böhm die Produktivität der Kirchenarchitekten in diesem Jahrzehnt.[216]

In späteren Jahren, vor allem in der Verarbeitung des Zweiten Vatikanums, akzeptierten zahlreiche Kirchenarchitekten und Gemeinden die Diaspora-Situation, die vielerorts die von Austritten heimgesuchten Amtskirchen kennzeichnete. Sie verzichteten auf Hoheitssymbole wie Glockentürme und boten statt dessen flexibel nutzbare Räume für die verschiedenartigsten Gemeindeaktivitäten an. Aber in den sechziger Jahren war der triumphale Gestus noch häufig anzutreffen. Wenn er mit dem Ausdrucksvermögen und dem plastischen Sensorium eines Bildhauerarchitekten wie Gottfried Böhm zusammentraf, entstanden emotional beeindruckende, mit magischem Farblicht inszenierte Gottesburgen. Böhm realisierte sie in anspruchsvollen Betonkonstruktionen, die teure Schalungsarbeiten und qualifizierte Bauhandwerker verlangten. Als beides nicht mehr zur Verfügung stand, wechselte auch dieser vielseitige Architekt zu einem weniger aufwendigen Ausdrucksrepertoire. Es blieb reich genug, um noch jedes Bauwerk Böhms zu einer Überraschung zu machen, und legte die Basis, von der aus seine Architektensöhne Stephan, Peter und Paul eigene Œuvres entfalten konnten.

Bei anderen Architekten gingen in den sechziger Jahren imposante Sakralbauten nicht mit reichen,

Gottfried Böhm. Pfarrkirche Christi Auferstehung. Köln-Melaten, 1964–70.

sondern mit kargen Formen überein. Sie grenzten den sakralen Raum schroff vom profanen ab, wollten ihn hervorheben, aber auch gegen Unbill von außen verteidigen. »Um diesen anderen Raum herum, als den ich den Kirchenraum ansehe, bedarf es der geschlossenen Wand, die gleichsam diesen anderen Raum gegenüber der übrigen Welt abgrenzt und schützt«, schrieb Werner Düttmann.[217] Der Kastenraum von St. Agnes in Berlin-Kreuzberg (1964–67), einer unerbittlich strengen Weg-Kirche, empfängt Tageslicht nur durch Oberlichtbänder entlang den Seitenwänden und durch einen vertikalen Schlitz

[217] Werner Düttmann. Zit.: Josef Paul Kleihues u. a. (Hg.). Bauen in Berlin 1900–2000. Berlin, 2000. S. 286.

Starke Signale

Werner Düttmann. Pfarrkirche St. Agnes. Berlin-Kreuzberg, 1964–67.

[218] Helmut Striffler. Zit.: Wolfgang Pehnt. Neue deutsche Architektur 3. Stuttgart, 1970. S. 225.

Friedhelm Grundmann. Evangelisch-lutherische Nathan-Söderblom-Kirche. Reinbek bei Hamburg, 1965–67.

Helmut Striffler. Evangelische Versöhnungskirche. Konzentrationslager Dachau, 1964–67.

Der eindrucksvollste Sakralraum der späteren sechziger Jahre hat nichts mit Größe und Monumentalität zu tun. Er ist nicht mehr als eine in den Boden eingegrabene Spur, eine »bergende Furche gegen das Ausgesetztsein«[218]. Helmut Striffler grub sie in die geschändete Erde des Konzentrationslagers Dachau, einer öden Fläche, von der noch heute Grauen ausgeht. Der Architekt verbot sich bei dieser evangelischen Gedächtniskapelle jedes Pathos, es sei denn das seitlich des Altars. Fortifikatorische und zugleich signalhafte Sakralbauten entstanden allenthalben zwischen Hamburg und München, wenn nicht in Sichtbeton, dann als Ziegelbauten mit schweren Betondetails für Wasserspeier oder Glockenträger. Friedhelm Grundmann im Norden, der Schweizer Architekt Walter M. Förderer im Südwesten der Bundesrepublik und Alexander von Branca in Bayern waren Virtuosen dieser Trutzarchitektur.

der Festigkeit und Sicherheit, das massiven Sichtbetonwänden innewohnt. Er verbot sich auch den rechten Winkel des Lagerschemas, der ihm an diesem Ort ein für allemal kompromittiert schien. Im Hinabsteigen ins Dunkel, in der Verengung der Schlucht, in der »Bucht«, die für Andacht und Gottesdienst gedacht ist, schließlich im erlösenden Aufstieg wird Architektur zu einem körperlich erfahrbaren Erlebnis, dem sich keiner entziehen kann.

Autonomie des Kunstwerks

In seinem Brutalismus-Buch zählte Banham, wenngleich mit Vorbehalten, den Kölner Architekten Oswald Mathias Ungers zum Brutalismus. Ungers' frühes Werk mag in seinem Erscheinungsbild brutalistischen Kriterien entsprechen. Die Gebäude in großstädtischen Baulücken, ein pädagogisches Institut in Oberhausen (1953–58), Einfamilienhäuser und vor allem das eigene Haus in Köln-Müngersdorf (1958–59) zeigen ihre Ziegelwände und die Betonstürze über den Hausöffnungen unverputzt. Die Volumina werden in Kuben und Quader aufgebrochen, die Freiräume in Loggien, Terrassen oder uneinsehbare Höfe parzelliert. In seinem eigenen Haus sind es nicht weniger als fünf Höfe. Erich Mendelsohns gleichermaßen in Schichten aufgebautes Haus Sternefeld an der Berliner Heerstraße (1923–24) bringt sich in Erinnerung.

Da der Sammler und Geschichtskenner Ungers sich damals auch mit dem historischen Expressionismus intensiv beschäftigte, nahm die Berliner Technische Universität 1963 verständlicherweise an, einen seelenverwandten Nachfolger für den Lehrstuhl Hans Scharouns gefunden zu haben. Doch Ungers ging auch in seinen frühen Bauten schon Interessen nach, die über Spätexpressionismus und Neubrutalismus hinausführten. In einem gemeinsam mit Reinhard Gieselmann verfaßten Manifest bestand er auf der Selbstbegründung der Architektur statt ihrer Fremdbestimmung durch Funktion, Ökonomie oder Technik. Die Autonomie des Kunstwerks Architektur konnte nicht nur zu Vitalität, »Akzentsetzung und Überhöhung« führen, sondern auch zur Entfaltung von Gesetzmäßigkeiten, die im Bauwerk lagen oder in ihm gesehen wurden.[219] Ungers' eigenes Haus in Köln nahm Autonomie wörtlich, indem es die Loslösung aus einer vorhandenen Häuserzeile vorführte und sie in einen Katarakt unabhängig gewordener Formen überleitete.

Das Denken in Transformationen und Morphologien kündete sich bei Ungers bereits an. Themen werden so lange durchgespielt, bis sie ihre inhärenten Möglichkeiten preisgeben. Im Erdgeschoß seines Hauses scheint das Gebäude in einer zweiten Hülle von Außenwänden zu stecken, aus der es sich nach oben zu herausarbeitet. Von unten nach oben durchläuft der Bau Stufen der Befreiung. Auch die regu-

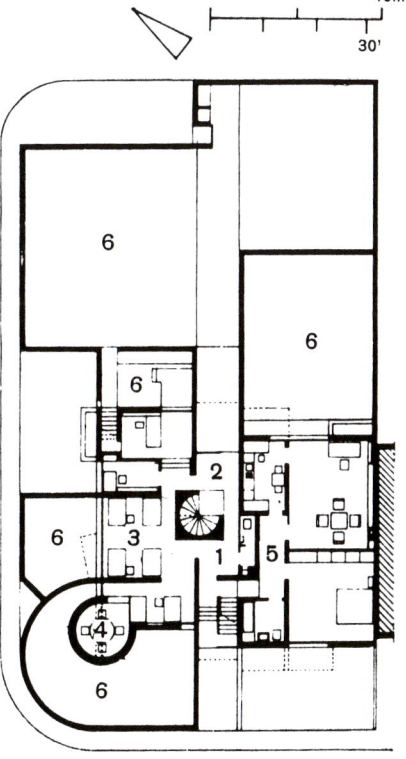

1 Büroeingang
2 Eingang zur Wohnung
3 Büroräume
4 Besprechungsraum
5 Einliegerwohnung
6 Gartenhöfe

Oswald Mathias Ungers. Haus Ungers 1. Köln-Müngersdorf, 1958–59. Ansicht nach Erweiterung. Grundriß Erdgeschoß.

[219] Reinhard Gieselmann, Oswald Mathias Ungers. Zu einer neuen Architektur. 1960. In: Der Monat 174 (1963) 3. S. 96.

Oswald Mathias Ungers. Studentenheim der Technischen Hochschule Twente. Enschede, Niederlande, 1964. Nicht verwirklichter Wettbewerbsentwurf. Isometrie. Skizze der Entwurfs-entwicklung.

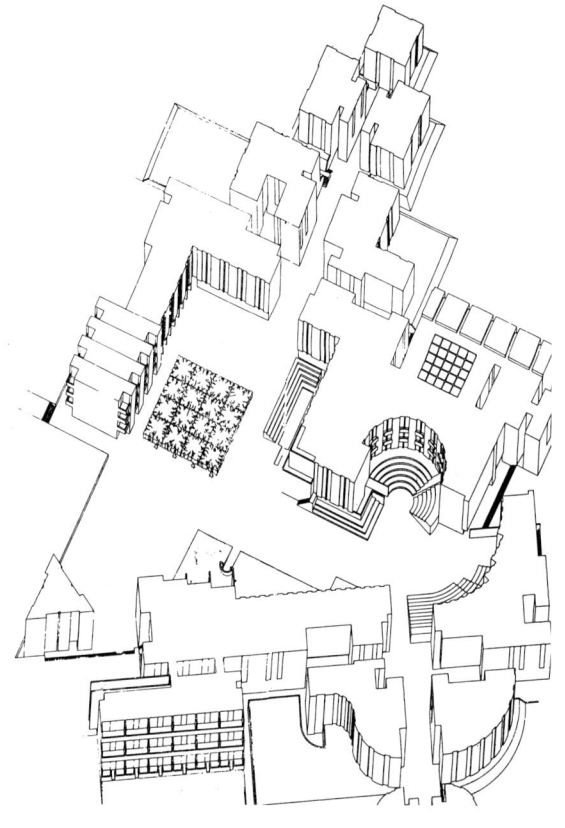

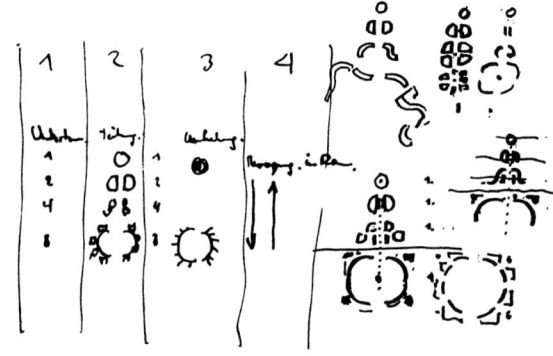

[220] Hinweis auf Brasilia: Bruno Flierl. In: Deutsche Bauakademie (Hg.). Erste Theoretische Konferenz. XXV. Plenartagung der Deutschen Bauakademie in Berlin. Berlin, 1961. S. 128.

[221] Bruno Flierl. Zur sozialistischen Architekturentwicklung in der DDR. Theoretische Probleme und Analysen der Praxis. Berlin, 1979. S. 80.

[222] Gerhard Krenz. Architektur zwischen gestern und morgen. Ein Vierteljahrhundert Architekturentwicklung in der DDR. Berlin, Stuttgart 1975². S. 87.

lierende Kraft der Geometrie meldet sich. Eine lange, durchlaufende Achse klärt den labyrinthischen Grundriß und gibt den späteren Erweiterungen die Richtung vor. Diese Themen und Vorgänge, Verhüllung und Entpuppung, Reihung und Überordnung, Verzweigung und Rotation, Akkumulation und Reduktion, Metamorphose, Klärung durch Geometrie, werden Ungers sein Leben lang begleiten, führen im späteren Werk aber zu ästhetisch ganz anderen Ergebnissen, zu rationalen, von Maß und Proportion bestimmten, puristischen Gebilden (vgl. S. 412 ff., 478 f.).

In seiner Berliner Lehre vertrat Ungers Ansätze, die in Scharouns Lehrprogramm keinen Platz gehabt hätten. Für junge Leute, die den gewohnten Pfad der älter gewordenen Moderne satt hatten, muß sein Unterricht als Befreiung gewirkt haben. Studien aus dieser Zeit deklinieren die unterschiedlichen Typologien durch, unterwerfen sie einer Vielzahl formaler Manipulationen und zwingen sie zu einer komplexen und konfliktreichen Figur zusammen. Es spricht für die Breite seiner Anregungen, daß seine Schüler und Mitarbeiter, ähnlich wie vierzig Jahre zuvor Hans Poelzigs Studenten, ganz unterschiedliche Wege gingen, viele aber geübt im konzeptuellen Denken waren: Rekonstrukteure der abendländischen Stadt wie Léon Krier, bedingungslose Vollstrecker der jeweils jüngsten Trends in der kapitalistischen Warenwelt wie Rem Koolhaas oder Wanderer zwischen den Welten wie Hans Kollhoff.

Zeichen für den Sozialismus

Der semantische Bedarf, der Wunsch nach einem Plus an Aussagekraft, den im Westen Brutalisten und Neoexpressionisten inmitten von Non-Architektur befriedigten, war auch und erst recht in den DDR-Städten fühlbar. Wieder einmal war es Hermann Henselmann, der sich in vermintes Gelände vortastete. Zu stadtbeherrschenden Turmhäusern als Partei- oder Kulturzentralen nach sowjetischem oder polnischem Vorbild war es in den fünfziger Jahren nicht gekommen. Henselmann, von 1959 bis 1966 Chefarchitekt des Instituts für Sonderbauten und dann des Instituts für Typenprojektierung an der Deutschen Bauakademie, modernisierte diese Gattung und suchte ihr eine neue Bildlichkeit zu unterlegen.

Ornamentiert wurde nicht mehr. Aber irgend etwas Zeichenhaftes sollte es sein, vergleichbar der großzügigen Monumentalität, wie sie Oscar Niemeyers Brasilia-Bauten kennzeichnete.[220] Der Aufmerksamkeitswert wurde nicht aus den inneren Verhältnissen des Bauwerks oder seinen Beziehungen zur Umwelt genommen, sondern als Formidee von vornherein festgelegt. Bruno Tauts Gedanke der Stadtkrone war noch immer präsent. Anders als in der kapitalistischen Bundesrepublik sollte den höchsten Hochhäusern eine öffentliche oder halböffentliche Bedeutung zukommen. Die Architektur »als Zeichen für den Sozialismus« versuchte, »unter Ausnutzung moderner bautechnischer und bautechnologischer Verfahren architektonische Formen anzubieten, die emotional stark wirken, unverwechselbar und einprägsam sind und womöglich als Plastik und Bildzeichen die Übermittlung ideeller Informationen relativ unmißverständlich ermöglichen.« (Bruno Flierl)[221]

Der Turm in Leipzig (1968–74) gehörte zum Universitätskomplex und nahm, wenig zweckmäßig, Dozenten und Universitätsangestellte auf, deren Institute anderswo untergebracht waren. Studenten durften immerhin in die Milchbar und das Restaurant im 27. Stock. Der Turm steht auf einem dreieckigen Grundriß, dessen Flanken konkav eingeschwungen sind. Die Botschaft in der Bücherstadt lautete: ein

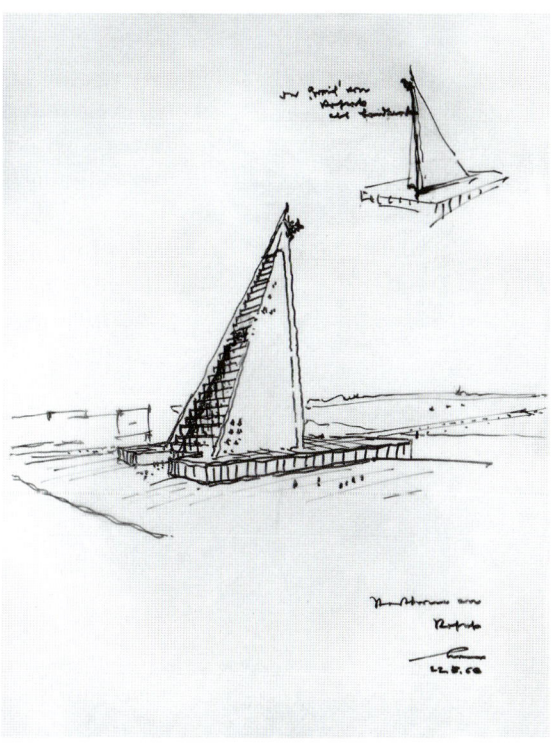

Buch mit aufgeschlagenen Deckeln. Aber eine Fahne könnte es auch sein. Daß die Assoziation nicht eindeutig ausfällt, sondern Spielräume bietet, muß nicht gegen sie sprechen. Man brächte dem Turm mehr Sympathien entgegen, wäre dem Universitätsausbau nicht unersetzliche historische Bausubstanz, unter anderem die Universitätskirche, zum Opfer gefallen. Nach der Wende wurde der Turm totalsaniert und mit einer neuen Fassade umkleidet. Die vertikal gelängte, zeitgeistig flippige Aluminiumhaut mußte einer seriösen Granitfassade weichen.

Das zylindrische Hochhaus in Jena (1968–72), auch als »markanter Baukörper« gemeint,[222] steht in seiner Aussagefähigkeit hinter dem Leipziger Pendant zurück. Rundtürme gab und gibt es in großer Zahl. Nur die Tatsache, daß er zunächst als Forschungszentrum des VEB Carl Zeiss errichtet (dann aber von der Universität bezogen) wurde, läßt an Okular oder Fernrohr denken. Rostock sollte als Haus der Wissenschaften, Kultur und Bildung ein dreieckiges »Segel« erhalten. Auch hier war die Beziehung zwischen der Geometrie der Figur und einer ortsspezifischen

Hermann Henselmann. Stadtkrone von Rostock. 1968. Skizze.

Hermann Henselmann, Ambros G. Gross, Horst Siegel, Helmut Ullmann (städtebaulich-architektonisches Konzept). Hochhaus der Universität. Leipzig, 1968–74.

Starke Signale   **365**

Bedeutung nicht zwingend. Denn nicht nur Schiffssegel sind dreieckig, bei terrassierten Bauwerken ergeben sich leicht dreieckige Schnitte und Aufrisse. So entstand in Oberhof ein Hotel mit dreieckiger Doppelsilhouette, die im thüringischen Wintersportort natürlich nicht Segel, sondern Sprungschanzen assoziierte. Die Rostocker haben nichts versäumt, als sich ihr Segel-Hochhaus nicht realisierte.

Nach Leipzig und Jena wurde das Experiment einer »redenden« Architektur abgebrochen. Weder erhielt Neubrandenburg ein überdimensioniertes, gotisch inspiriertes Stadttor-Haus noch Plauen eine Kuppel mit »Plauener Spitzen« noch Magdeburg einen hexagonalen Turm, der in der Stadt der Schwermaschinenindustrie eine Sechskantschraube evoziert hätte – oder auch nicht. Entzifferungsschwierigkeiten waren nur das eine Problem. »Auffassungen über den semantischen Aspekt der Architektur ... führten in der Praxis zu häufig kritisierten und umstrittenen Ergebnissen«, steht in der halboffiziösen Darstellung der DDR-Architektur.[223] Das andere, entscheidende Problem waren bei der immer heiklen Lage der DDR-Volkswirtschaft die hohen Kosten, die großflächige Interventionen in innerstädtischen Situationen verursachten. Der euphorische Anspruch, sozialistische Stadtzentren in großformatiger Politbaukunst durchzusetzen, mußte nach den ersten Beispielen vertagt werden.

Große Stücke

Vom Geist der großen Bausysteme (und von der Verschwendungssucht der Öffentlichen Hand in der Bundesrepublik) waren im folgenden Dezennium imposante Einzelbauten gespeist, deren Konzeption in die sechziger Jahre zurückreichte. Einer Megastruktur im Sinne des Begriffs, wie ihn Reyner Banham geprägt hat,[224] kam in Deutschland nichts so nahe wie das Großklinikum in Aachen (Wolfgang Weber, Peter Brand & Partner, 1969–83). Mit ihren 24 Türmen und elf Innenhöfen stellt die Anlage ein San Gimignano des technischen Zeitalters dar. Sie wurde für fast 8 000 Personen ausgelegt, unter denen die 1 800 Patienten die Minderheit bilden. Technikzonen und Verkehrselemente sind strikt von den medizinischen Einrichtungen getrennt. Teile des Versorgungssystems, ein bunt gestrichenes Netzwerk von Rohren, sind am Außenbau freigelegt wie die Venen und

Wolfgang Weber, Peter Brand und Partner. Großklinikum. Aachen, 1969–83. Aufnahme während der Bauarbeiten.

[223] ebd. S. 23.

[224] Reyner Banham. Megastructure. Urban Futures of the Recent Past. London, 1976.

Arterien in gläsernen Demonstrationsmodellen. Auf Patientenpsychologie nahm die gewaltige Gesundheitsfabrik keinerlei Rücksicht, auf die Kostenentwicklung auch nicht. Am Untergang des Baukonzerns Neue Heimat, der den Bau betreute, war auch dieses teure Stück beteiligt.

Die futuristische, aluminiumsilberne Kongreßmaschine, die Ralf Schüler und Ursulina Schüler-Witte von 1966 bis 1979 zwischen Westberliner Messegelände und Stadtautobahn plazierten, übertrifft das Aachener Klinikum noch um achtzig Meter in der Länge. In seine drei großen, flexibel unterteilbaren Auditorien und vierzig kleineren Säle passen 20 000 Menschen. Die Konstruktion wird als Trumpf ausgespielt. An beiden Längsseiten nimmt ein Super-Fachwerkbalken die Lasten aus den Dachbindern auf und leitet sie in Auflager zwischen den Doppeltürmen der Treppenhäuser ein. Die sind wie gewaltige Motorenzylinder ausgebildet. Internationale Verständigung wird nicht als Gespräch unter kleineren oder größeren Gruppen interpretiert, sondern als perfekt inszeniertes Großevent. Kommunikationstechnologie gilt als eine Hochtechnologie wie andere auch. Das Congress Centrum belegt im übrigen, mit welchen starken Vitaminspritzen man den Lebensgeistern des isolierten Westberlin aufhelfen zu müssen glaubte.

In denselben Jahren entstand im DDR-Teil der Stadt ein Bau mit ähnlicher Zweckbestimmung, der Palast der Republik, der zunächst den Arbeitstitel Kongreßpalast führte. Die Vorgeschichte geht bis zum Abbruch des Schlosses im Jahr 1950 zurück. Auf dessen Grundstück oder in der Nachbarschaft war jahrelang ein hohes Zentralgebäude vorgesehen, anfangs im Stil stalinistischer Wolkenkratzer. Es sollte die Mitte nicht nur der Stadt, sondern des Staats darstellen (vgl. 313 f.). In den siebziger Jahren, als es endlich so weit war, stand außer Frage, daß dieses Gebäude sich modern geben mußte. Maschinenmetaphern wie beim Westberliner Congress Center waren natürlich nicht gewollt, wohl aber Repräsentanz und Aufgeschlossenheit. Die erreichte Reputation der DDR als eines in aller Welt diplomatisch anerkannten Staats sollte sichtbar bekundet werden. Die beiden Materialien, die den Bau nach außen charakterisierten, weißer Marmor und eloxiertes Glas, waren *state of the art*. Beide erzeugten einen vulgären Chic, wie ihn auch das Internationale Handelszentrum am Bahnhof Friedrichstraße (1976–78) verbreitete.

Ralf Schüler, Ursulina Schüler-Witte. Internationales Congress Centrum (ICC). Berlin-Charlottenburg, 1966–79.

Starke Signale

Chefarchitekt Heinz Graffunder, Karl-Ernst Swora u. a., Ehrhardt Gißke, Bauleitung Sondervorhaben Berlin. Palast der Republik. Berlin-Mitte, 1973–76. Ansicht. Grundriß 3. Geschoß.

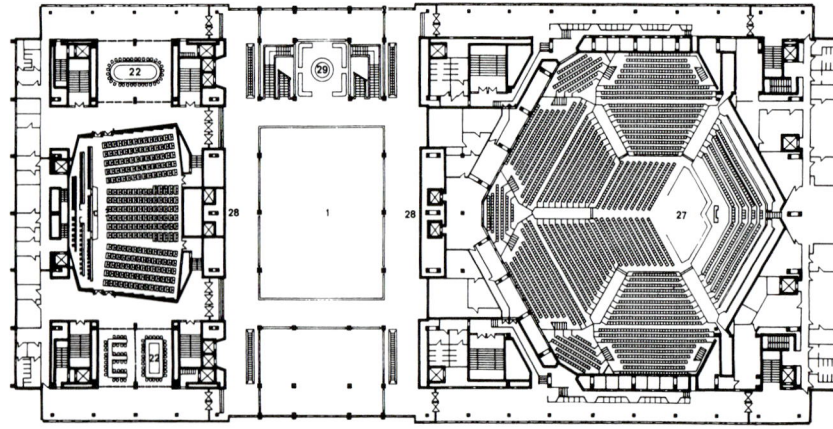

Ein »großes Stück« war auch der Palast. Seine Frontlänge kam auf 180 Meter. Die Tribüne davor, die bei Aufmärschen auf dem Marx-Engels-Platz die Prominenz beherbergen sollte, gliederte ihn horizontal. Vier Pfeilervorlagen markierten an den Längsfronten den Eingang zum Hauptfoyer, die rechteckigen Dachaufsätze die beiden Hauptsäle. Der eine nahm die Volkskammer auf, der andere, hexagonale Saal faßte wie sein Pendant im Westen fast 5 000 Personen. Er war mit allen Segnungen der Technik versehen und konnte in unterschiedlichste Zustände zwischen Auditorium und Ballsaal versetzt werden. Zahlreiche Künstler erhielten Aufträge für festinstallierte Kunst. Die gewünschte »Transparenz der sozialistischen Idee« scheiterte tagsüber allerdings an der Bronzetönung des Glases. Abends funktionierte sie dank des üppigen Leuchtensystems im Foyer. Dem Bau verhalf es zu seinem auf SED-Chef Erich Honecker gemünzten Scherznamen »Erichs Lampenladen«.

Das Beste am Palast der Republik war sein Raumprogramm. Volkskammersitzungen und Parteitage der SED waren seltene Ereignisse, so daß die populäre Nutzungsmischung nicht die Rituale der Herrschenden störte. Außer den großen Sälen gab es viele kleine Räumlichkeiten, Restaurants, »Jugendtreff«, Bierstube, Weinlokal, Mokkabar, Kabarett und Bowling-Bahn. Die Volkshaus-Idee der Expressionistengeneration schien in einer volkstümlichen Ausgabe wiedergekehrt. Popularität bei den Berlinern stellte sich im Laufe der Zeit ein, als sich mit dem Palast Erinnerungen an schöne Nachmittage bei Kaffee und Kuchen oder gelungene Kegelabende verbanden. Nach der Wende gab seine Asbestverschmutzung Anlaß oder Vorwand, sein baldiges Ende zu diskutieren und an seiner Stelle ein künftiges Bauwerk mit den rekonstruierten Schloßfassaden ins Auge zu fassen.

1970 bis 1989

Der Mensch braucht eine andere Stadt

Protestveranstaltung im Frankfurter Westend. 1970.

Die sechziger Jahre gingen im Westen mit den Studentenprotesten lautstark und im Osten mit der Besetzung der Tschechoslowakei durch die Staaten des Warschauer Paktes blutig zu Ende. In der Bundesrepublik verfolgte die sozialliberale Koalition ab 1969 eine neue Ostpolitik, die 1972 zum Grundlagenvertrag mit der DDR führte. In der DDR löste Erich Honecker 1971 Walter Ulbricht als Erster Sekretär des SED-Zentralkomitees ab.

Das verflossene Jahrzehnt war nicht leicht auf einen Nenner zu bringen. Die Dekade zwischen der Wahl John F. Kennedys zum Präsidenten der Vereinigten Staaten und Neil Armstrongs erstem Schritt auf dem Mond, zwischen den *swinging sixties* der *love generation,* der Pop Art und dem Prager Frühling war auch das Jahrzehnt des Mauerbaus, des Vietnamkriegs, der Eichmann- und Auschwitz-Prozesse, der Attentate auf die Kennedy-Brüder und Martin Luther King, in der Bundesrepublik auf Benno Ohnesorg und Rudi Dutschke als Opfer der Studentenaufstände.

Kritik auf höherem Niveau

Auch in der Architekturszene hatte sich weiterer Zündstoff angesammelt. Die Generation der erprobten Macher, die in den Stäben der NS-Organisationen, der Rüstungsbetriebe und der Speerschen Wiederaufbauplanung ihr Handwerk gelernt hatten, erreichte das Lebensalter, in dem sie die Amtssessel räumte. Sie hinterließ Fragen, die ihr bisher nur selten gestellt worden waren. Der Faschismus-Vorwurf lag nahe. Er stellte sich angesichts der Karrieremuster der Vätergeneration. Aber er wurde bald auch auf Baupolitik, Planfiguren und architektonische Haltungen bezogen. Achse, Raster und Symmetrie galten von vornherein als faschistoid – als hätten nicht auch die organisch geschwungenen Stadtlandschaften eine braune Vergangenheit.

Weit entfernt davon, durch die verkündeten neuen Planungsmaximen zu Dichte, Industrialisierung des Bauens, Nutzungsmischung besänftigt worden zu sein, setzte die Kritik erst richtig ein. Wo bisher Wind war, blies nun Sturm. Jetzt galt Mißbilligung nicht mehr der landverzehrenden Eigenheimförderung der Ära Adenauer, sondern den wirtschaftlichen Interessen, die hinter der neuen Verdichtungspolitik standen. Erwirtschaftung von Mehrwert drohe zum einzigen Handlungsziel zu werden, aufgeklärte Rationalität zum Zweckrationalismus zu verkommen. Der Architekturhistoriker Heinrich Klotz erfand das Schlagwort vom Bauwirtschaftsfunktionalismus.[1] Nächst dem Faschismus-Verdacht war auch im Westen der Kapitalismus-Vorwurf immer zur Hand. Radikale gesellschaftliche Veränderungen schienen angezeigt.

Jahrzehntelang hatte die nordamerikanische Lebenskultur – vom Zweiten Weltkrieg abgesehen – in Deutschland, dann in der Bundesrepublik ein grenzenloses Prestige genossen, angeschoben noch einmal durch die Weltraumerfolge der NASA. Jetzt kam ein Antiamerikanismus auf, der sich gegen Vietnamkrieg, Rassismus und »Konsumterror« richtete. Als am 15. Juli 1972 in St. Louis, Missouri, die ehemals als Musteranlage gepriesene Hochhausbebauung Pruitt-Igoe gesprengt wurde, weil Vandalismus und Kriminalität überhand genommen hatten, wurde dieser Akt als Signal nicht nur für verfehlte Sozial- und Baupolitik gewertet, sondern für das Scheitern des modernen Bauens schlechthin. Kritik an Pruitt-Igoe war eigentlich fehl am Platz. Es war ein verdienstvolles Unternehmen sozialen Wohnungsbaus gewesen, ein rassenintegrierendes Projekt, das allerdings mangelhaft umgesetzt und unzureichend betreut worden war.[2]

Um 1967–68 erreichten die Protestwellen, die ihr moralisches Epizentrum an der erdbebengefährdeten kalifornischen Westküste hatten, die bundesdeutschen Hochschulen. Sie entzündeten sich an wechselnden Konfliktfronten: Weltpolitik und Nachrüstung, Ordinarien-Universität und Springer-Presse, Flughafenerweiterungen und Atommülldeponien, Straßenbahntarife und Stadtteilabrisse. Die Praxis der Sit-ins, Go-ins, Teach-ins, Love-ins wurde bald nicht nur in den Räumen der Schulen ausgeübt, sondern auch in den Straßen der Städte. Das subventionierte Westberlin mit seinem großen Konfliktpotential und seinem

---

[1] Von Heinrich Klotz oft benutzter Ausdruck, z. B. in: Architektur und Städtebau. Die Ökonomie triumphiert. In: Hilmar Hoffmann, Heinrich Klotz (Hg.). Die Sechziger. Düsseldorf, 1987. S. 143.

[2] Alexander Tzonis, Liane Lefaivre. Architektur seit 1968. In: arch+ 139-140 (1997–98)12-1. S. 96.

Besetztes Haus in der Hafenstraße. Hamburg.

Josef Lehmbrock, Wend Fischer. Zum Beispiel: Schaffung gesellschaftlicher Vielfalt. Tafel aus der Ausstellung Profitopolis. *Kat. Die Neue Sammlung. München, 1971.*

hohen Anteil an wehrdienstverweigernden Studenten wurde zu einem bevorzugten Schauplatz. Nahe dem Eisernen Vorhang schienen auch sozialistische Wunschbilder näher, nicht gerade solche aus der DDR, aber doch aus Maos China oder Fidel Castros Kuba. Daß die Zonengrenze eine detaillierte Nachprüfung des realsozialistischen Alltags verhinderte, war solchen Illusionen förderlich.

Die Schauplätze der Auseinandersetzungen wurden vor allem jene citynahen Stadtquartiere, die zuvor Wohnzwecken gedient hatten und nun, oft unter skandalösen Umständen, von Büronutzungen erobert wurden. Die Bonner Südstadt, das Frankfurter Westend, die Stuttgarter Weststadt, das Münchner Lehel waren solche Einsickerungszonen, wo expandierende Firmen, gewinnwitternde Immobilienmakler, alteingesessene Bewohner und studentische Hausbesetzer aufeinandertrafen. Es kam zu ungewohnten Allianzen. An den Protestmärschen der sich formierenden Bürgerinitiativen und Aktionsgemeinschaften nahmen neben langmähnigen Studenten auch alte Damen mit onduliertem weißen Haar teil. Die meisten besetzten Häuser wurden im Laufe der Jahre wieder geräumt, doch eine stattliche Zahl – in Westberlin schätzungsweise ein Drittel – auch in dauerhafte Miet- oder Eigentumsverhältnisse überführt. In manchen Stadtteilen bildete sich daraus ein Rhizom alternativer Lebenskulturen. Eine Aufmischung der gesellschaftlichen Verhältnisse bedeutete die Studentenrevolte allemal. Die Republik verdankte ihr den Nachwuchs ihrer Manager und Politiker, die auf den alternativen Versammlungen Stimmtraining und Durchsetzungsvermögen lernten.

Kritische Ausstellungen um 1960 und solche um 1970 unterschieden sich merklich in der Tonlage. In *Heimat, Deine Häuser* war es 1963 um Korrekturen innerhalb des politischen Systems gegangen. Bei der *Aktion 507*, von jungen Berliner Architekten während der Bauwochen 1968 veranstaltet, ging es um das System überhaupt, um die Organisation des Bauwesens, die gesellschaftliche Verfügung über Grund und Boden, die Abschreibungsgeschäfte der Bauträger, die Vergabe- und Wettbewerbspolitik des Westberliner Senats. *Profitopolis* war der sprechende Titel einer Ausstellung, die Josef Lehmbrock und Wend Fischer 1971 veranstalteten. *Der Mensch braucht eine andere Stadt* lautete die Unterzeile. Die »andere Stadt« sollte vor der »falschen Dominanz« ihrer Diener gerettet werden, der Wirtschaft, der Verwaltung und des Verkehrs, die sich zu Herren aufgeworfen hatten.[3] Die positiv gemeinten Collagen, die Lehmbrock unter Verwertung eigener Bauprojekte beisteuerte, lassen den Betrachter allerdings ratlos. Von den kritisierten

Stephan Goerner, Christian Schaller, Bund Deutscher Architekten. Der Durchbruch zur Monokultur in der Personenaufzucht – oder der produktionsgerechte Mensch. Tafel aus der Ausstellung Partizipation. Kat. Bonn, 1973.

Negativbeispielen unterschieden sie sich nicht wahrnehmbar.

Solchen Auseinandersetzungen konnte sich das Establishment nicht entziehen. Der Veranstaltungsort von *Profitopolis*, die Neue Sammlung in München, war ein staatliches Museum. In Ehren ergraute Kommunalpolitiker setzten 1971 über die Hauptversammlung des Deutschen Städtetags, gleichfalls in München, den Titel *Rettet die Städte jetzt!* Der Bund Deutscher Architekten, eine Organisation von Architekten, die sich herkömmlicherweise als Elite betrachtete, ließ seine jungen Mitglieder Stephan Goerner und Christian Schaller 1973 eine weitere Ausstellung organisieren, die *Partizipation* forderte und gegen das herrschende Steuersystem, gegen Profitmaximierung, Grundstücksspekulation, Kahlschlagsanierung, Neubaughettos Front machte. »Geplante Monotonie, beabsichtigte Isolierung und die Abhängigkeit von der monopolistischen Versorgung durch Supermärkte reduzieren den Menschen produktionsgerecht auf die Funktionen: arbeiten – konsumieren – still sein.«[4]

Mit dem Städtebauförderungsgesetz, das 1971 von der sozialliberalen Koalition des Kabinetts Willy Brandt verabschiedet wurde, geriet Sanierung als Planungsziel in den Blick des Gesetzgebers. Das Mitspracherecht der Sanierungsbetroffenen wurde als gesetzliche Verpflichtung festgeschrieben, Enteignung gegen Entschädigung ins Gesetz aufgenommen. Der Planungswertausgleich, die Abschöpfung von Gewinnen, die durch Planungen der Allgemeinheit dem privaten Eigentümer zugute kamen, scheiterte auch diesmal wieder. Ob das Gesetz insgesamt im Sinne wohlmeinender Reformer gewirkt hat, ist zweifelhaft. Stadterneuerung hieß zu diesem Zeitpunkt noch Abräumen, Evakuierung der Bewohner und Neubau, Totaloperation und nicht schonende Instandsetzung von Haus zu Haus. Wer früher hier gewohnt hatte, wohnte nach vollzogener Sanierungsmaßnahme in

[3] Josef Lehmbrock, Wend Fischer. Profitopolis oder Der Mensch braucht eine andere Stadt. Kat. Die Neue Sammlung. München, 1971. Tafel 17.

[4] Bund Deutscher Architekten (Stephan Goerner, Christian Schaller). Partizipation. Alibi oder Grundlage demokratischer Planung. Bonn, 1973. S. 9 (Tafel 05).

der Regel woanders, hatte das vertraute Quartier, Freunde und Nachbarn, die gewohnte Kneipe und den Laden um die Ecke verloren, riskierte höhere Mieten und weitere Wege.

Aktive Theoretiker

Inzwischen stand den Kritikern ein stattliches Korpus an theoretischer Literatur zur Verfügung. Der Heidelberger Psychosomatiker Alexander Mitscherlich verfaßte, was er ein Pamphlet und eine »Anstiftung zum Unfrieden« nannte.[5] Mitscherlich polemisierte 1965 noch gegen die Landverwüstung durch das Einfamilienhaus und beklagte, daß die Städte in die Breite »statt kühn in die Höhe« wüchsen. Das Berliner Märkische Viertel oder Münchens Neuperlach konnten ihm bald »kühn in die Höhe« gebaute Negativbeispiele liefern. Die große Wirkung, die dieser und folgende Traktate Mitscherlichs hatten, ging nicht nur auf die Vehemenz seiner Attacken, sondern auch auf das apokalyptische Schicksal zurück, das er der wohnenden Menschheit in Aussicht stellte, wenn nicht gründliche Verbesserungen des städtischen Daseins vorgenommen würden.

Es ehrt den Heidelberger Autor, daß er sich selbst in eine Planung seiner Nachbarschaft einbinden ließ, Heidelberg-Emmertsgrund. Mitscherlich arbeitete ab 1968 in einer Gutachterkommission mit. In diesem Modellvorhaben des Wohnungsbauriesen Neue Heimat ist wenig anders als in anderen Satellitenstädten, außer der schönen Lage am Hang des Königsstuhls und einem Fußgängerweg in Halbhöhe, mit Ansätzen zu öffentlichen Räumen. Im übrigen waren die Sachzwänge zu groß, als daß Mitscherlichs moralische Maßstäbe befolgt worden wären. Sechs Jahre nach Planungsbeginn zog er resigniert seinen guten Namen zurück. Die Planer hätten mit dem Kopf genickt, wenn er etwas gesagt habe, seien aus der Baubude gegangen und hätten genau das getan, was sie schon immer taten.[6]

Als Angriff auf die landläufige Stadtplanung legte auch Jane Jacobs ihr Buch *The Death and Life of Great American Cities* an.[7] Die amerikanische Fachjournalistin klagte Dichte, Mannigfaltigkeit, Farbigkeit und Vitalität ein, die sie in alten, zum Abbruch bestimmten Stadtquartieren wie dem Bostoner North End vorfand. Ihr Vertrauen in die Selbstheilungskräfte der Stadtorganismen hatte für europäische Ohren einen befreienden, vielleicht auch naiven Optimismus. Wenn man den Bürgern freie Hand ließe und sie vor der Anmaßung professioneller Sanierer bewahrte, wüchsen ihnen wunderbare Möglichkeiten des Lernens und Lehrens zu. Sogar den Hannoveraner Planungsstar Rudolf Hillebrecht veranlaßte sie zu der reumütigen Frage: War alles falsch?[8]

Der Berliner Verleger Wolf Jobst Siedler verschärfte den skeptischen Tenor und sprach von der gemordeten Stadt.[9] In seiner gleichnamigen Broschüre stellte er Aufnahmen gründerzeitlicher Stiegenhäuser und prächtiger Stuckfassaden trostlosen Vorstadtszenerien gegenüber. Kartuschen, Kapitelle und Karyatiden waren in strahlendem Sonnenschein fotografiert, die Vorortszenen in trübem Novemberwetter. Wirkung tat dieses Essaywerk nicht zuletzt dank der wohlformulierten Elegien seines großbürgerlichen Autors. An der Wiederentdeckung der Qualitäten historischer Städte hat Siedler entscheidend mitgewirkt. Für München übernahm 1978 eine schon zehn Jahre zuvor geplante Publikation von Erwin Schleich diese Rolle, mit womöglich noch

Fred Angerer, Alexander von Branca (Planung). Großsiedlung Heidelberg-Emmertsgrund, seit 1968.

[5] Alexander Mitscherlich. Die Unwirtlichkeit unserer Städte. Frankfurt am Main, 1965.

[6] Theo Wurm. Mitscherlich läßt seine Musterstadt im Stich. Frankfurter Allgemeine Zeitung, 5. 3. 1975.

[7] Jane Jacobs. Dt.: Tod und Leben großer amerikanischer Städte. Bauwelt Fundamente 4. Frankfurt am Main, Berlin, 1963.

[8] Rudolf Hillebrecht. Von Ebenezer Howard zu Jane Jacobs oder War alles falsch? In: Stadtbauwelt 8 = Bauwelt 56 (1965) 51-52. S. 638 ff.

[9] Wolf Jobst Siedler, Elisabeth Niggemeyer, Gina Angreß. Die gemordete Stadt. Berlin, 1964.

Hauseingänge in Berlin-Charlottenburg. In: Wolf Jobst Siedler, Elisabeth Niggemeyer, Gina Angreß. Die gemordete Stadt. Berlin, 1964.

effektvolleren Gegenüberstellungen des schönen Alten und unheilvollen Neuen: »Maßlose Straßenschneisen, monströse Verkehrsbauwerke, Flächenabbrüche.«[10] In Dresden war es der stadtgeschichtliche Klassiker Fritz Löffler, der ganz ohne Polemik stille, beharrliche Erinnerungsarbeit leistete.[11]

Eine andere Methode als Mitscherlich oder Jacobs wandte der nordamerikanische Stadtplaner Kevin Lynch mit Hilfe der Wahrnehmungspsychologie an.[12] Lynch analysierte die mentalen Bilder, die Bewohner amerikanischer Großstädte von ihrer Heimat hatten, und suchte städtische Strukturen lesbar zu machen. Wege, Grenzlinien, Bereiche, Brennpunkte und Merkzeichen sollten die Orientierung in der Stadt erleichtern. Wo Verwechselbarkeit herrscht und Identität fehlt, setzen Irritation und Unbehagen ein. Lynchs Methoden wurden an der Technischen Universität Berlin am Städtebau-Lehrstuhl Fritz Eggelings aufgegriffen und vor allem von Thomas Sieverts auf deutsche Verhältnisse angewendet.

Zusammen mit den ausgeräumten und profitbringend neubebauten Cities und den Großsiedlungen im Außengürtel gerieten die Methoden, die sie hervorgebracht hatten, an den Pranger. Die Großkünstler, die in deren Planung involviert waren, mußten sich nach ihrer Kompetenz befragen lassen. Intuitive Formfindung – von Werner Düttmann wurde behauptet, er habe die Bebauungsfigur des Märkischen Viertels in Berlin innerhalb von vier Wochen gefunden – war von vornherein verdächtig. Planung sollte auf den stabilen Grund der Wissenschaft gestellt, die subjektive Entscheidung durch rechnerische Bewertung aller Parameter, der 6b-Stift durch die nun verfügbare Rechneranlage ersetzt werden.

In den westlichen Hochschulen setzte das Zeitalter der Flugblätter und Funktionsdiagramme, der besetzten Institute und gesprengten Vorlesungen, der Gruppenexamen und Selbstbenotungen ein. Ästhetizismus galt als Todsünde. »Alle Häuser sind schön – hört auf zu bauen«, lautete ein Slogan. Der rüde Umgangston brachte den Professoren Prestigeverluste und Herzinfarkte ein. Viele gaben auf. Einem Architekten wie Oswald Mathias Ungers, der sich an der Technischen Universität Berlin mit Typologie, Morphologie und Kontext auseinandersetzte, wurde soziales Defizit angekreidet; 1968 übersiedelte er für mehr als anderthalb Jahrzehnte in die USA.

An der Karlsruher TH war die Entwurfsaufgabe »Mein eigenes Haus« lange Zeit der Einstieg ins

[10] Erwin Schleich. Die zweite Zerstörung Münchens. Stuttgart, 1978. S. 7.

[11] Fritz Löffler. Das Alte Dresden. Dresden, 1982.

[12] Kevin Lynch. The Image of the City. Cambridge, Mass., 1960. – Dt.: Das Bild der Stadt. Bauwelt Fundamente 16. Frankfurt am Main, Berlin, 1965.

Der Mensch braucht eine andere Stadt

Architekturstudium höherer Semester gewesen. Jetzt galt das harmlose Thema als Produkt kapitalistischer Borniertheit. Soziologie und Politologie waren nun die Leitwissenschaften. Wer neu berufen werden wollte, mußte sich in Kapitalismuskritik und Klassenkampftheorie auskennen. Betroffenen- und Beteiligtenverhältnisse gingen in Diagramme ein, deren Komplikationsgrad Schnittmusterbögen glichen. Wettbewerbe wurden mit Hilfe elaborierter Punktsysteme entschieden, die den Subjektivismus allen Urteilens hinter einer Serie scheinbar rationaler Ja-Nein-Entscheidungen kaschierten.

Sogar ästhetische Eindrücke glaubte man dank der von Max Bense handhabbar gemachten Informationsästhetik rechnerisch erfassen zu können: »Nur eine solche rational-empirische, objektiv-materiale Ästhetikkonzeption kann das allgemeine spekulative Kunstgeschwätz der Kritik beseitigen und den pädagogischen Irrationalismus unserer Akademien zum Verschwinden bringen.«[13] Die Beurteilung von Gebäuden, ihr Informationsgehalt, ihr Maß an Ordnung oder Unordnung, Stimulation oder Monotonie, ließ sich nun auf Zahlenreihen bringen – mit dem vorhersehbaren Ergebnis, daß befriedigende Wahrnehmungsergebnisse wohl irgendwo zwischen zu geringer und zu hoher Komplexität liegen müßten.

Charlottenplatz Stuttgart, um 1970.

Richard Paulick, Riehl u. a. Ernst-Thälmann-Platz (Riebeck-Platz). Halle an der Saale, 1964–70.

[13] Max Bense. Einführung in die informationsästhetische Ästhetik. Hamburg, 1959. S. 8.

Die Zerstörung von Stadtgrundrissen und Bausubstanz ging massiv bis in die siebziger Jahre weiter. Vielerorts war das vorhandene bequeme Massenverkehrsmittel, die Straßenbahn, abgebaut worden, um den Autos freie Bahn einzuräumen. Alles sollte für jeden individuell erreichbar sein. Wären Abrisse und Planierungen zugunsten des Verkehrs so weitergegangen, hätte es bald nichts mehr gegeben, das zu erreichen sich lohnte. Nach wie vor stützten sich die Generalverkehrspläne auf blinde Hochrechnungen von Bevölkerungswachstum und Motorisierungsgrad.

1974 maß das westdeutsche Autobahnnetz 5 481 Kilometer, doppelt so viel wie 1961. Wie selbstverständlich erhielt das Fernstraßennetz die entsprechenden innerstädtischen Anschlüsse. Der Flächenbedarf für Individualverkehr und ruhenden Verkehr wurde so hoch angesetzt, daß Stadtdurchbrüche, mehrgeschossige Verkehrsknoten, Flyovers und Hochstraßen unumgänglich erscheinen mußten. Zwar begann München für die Olympiade von 1972 sein S- und U-Bahn-Netz auszubauen, ebenso Frankfurt, Hamburg, Köln und Stuttgart. Doch eine konsequente Umsteuerung fand nicht statt. Die Autolobby sorgte dafür, daß Schienenverkehr nicht mit größerer Intensität geplant wurde als Straßenbau. Wenn München neue Bahnen unter der Erde erhielt, so bekam es über der Erde den stadtverödenden Mittleren Ring.

Einen ersten Dämpfer erhielten die groß- und vielspurigen Straßenausbaupläne in der Bundesrepublik durch die Ölkrise des Jahres 1973 und den sich anschließenden Konjunktureinbruch. In der Folge des Jom-Kippur-Krieges zwischen Israel und den arabischen Staaten hatte das Kartell der erdölexportierenden Länder den Preis des Schwarzen Goldes verdreifacht. Auch die DDR wurde von dieser Entwicklung hart betroffen, die ihre Verschuldung im westlichen Ausland in die Höhe trieb.

In der DDR gab es einen weiteren Grund, aus dem der großflächige Umbau der Innenstädte ins Stocken geriet: Der Wohnungsbau war weit unter den Planvorgaben geblieben. Partei- und Staatsführung zogen die Mittel vom kostspieligen Ausbau der Zentren ab und lenkten sie auf die »komplexen Wohngebiete« am Stadtrand, wo größere Effekte zu erwarten waren, bei sinkenden Ausstattungsstandards. Von 1977 bis in die Mitte der achtziger Jahre verzeichnete die Statistik jährlich über hunderttausend Neubauwohnungen.[14] Beide Entwicklungen halfen, das Veränderungstempo in den ostdeutschen Stadtzentren zu reduzieren. Aber indirekt erhöhte sich der Druck auf die Innenstädte durch den steigenden Verkehr zwischen City und Außenrand natürlich doch.

Bewohnernahes Bauen

Eine Folge der 68er-Bewegung war das Interesse, das vor allem jüngere Planer für Partizipation aufbrachten. Da das Berufsbild des omnipotenten Künstlerarchitekten vorübergehend nicht mehr gefragt war, taten sich zwei Wege auf. Der Architekt konnte in die Bauindustrie gehen und versuchen, die Apparate von innen aufzubrechen, Industrialisierung und Rationalisierung voranzutreiben und aus der Vorfertigung ein geschmeidiges Instrument zu machen, dessen sich Bauherren bei ihren individuellen Wünschen bedienen konnten. Dabei war eine wenig flexible Tafelbauweise wie die DDR-Bauserie WBS 70 gewiß nicht das, was sich Planer ersehnten. Die auf dem Markt befindlichen westeuropäischen Systeme waren es ebensowenig.

Oder die Architekten machten sich zum Sprecher der Beteiligten und Betroffenen, zum *advocacy planner*, zum Anwaltsplaner. Die siebziger Jahre sahen anrührende Versuche von Architekten, sich in die Rolle des Helfers kleiner Gruppen einzuarbeiten. Sie nahmen treuhänderisch die Interessen Betroffener wahr, begleiteten die Reparatur und Umnutzung besetzter Wohnungen oder planten Kolonien und Siedlungen nach anderen Regeln als denen der professionellen Wohnungsbaugesellschaften. »Menschen können nur in kleinen, überschaubaren Gruppen sie selbst sein«, schrieb der britische Ökonom E. F. Schumacher, dem die Epoche den Slogan *Small is beautiful* verdankte. »Wir müssen daher lernen, uns gegliederte Strukturen vorzustellen, innerhalb derer eine Vielzahl kleiner Einheiten ihren Platz behaupten kann.«[15] Eine Alltagskultur sollte glücken, in der die Menschen zu selbstbestimmten Gestaltern ihrer eigenen Lebenswelt würden. Entscheidungen sollten demokratisch bis in die Einzelheit verlaufen, die Bauvorgänge sich als wechselseitige Lernprozesse organisieren, die Ergebnisse den rechtverstandenen Bedürfnissen ihrer Benutzer entsprechen und nicht mehr fremdbestimmten Zwecken gehorchen.

Utopische Hoffnung auf eine andere Daseinsform hat sich von Zeit zu Zeit in die Geschichte des Bauens

[14] Statistisches Jahrbuch der Deutschen Demokratischen Republik. Berlin, 1990. S. 68.

[15] E. F. Schumacher. Small is beautiful. A Study of Economics as if People Mattered. London, 1973. – Dt.: Die Rückkehr zum menschlichen Maß. Reinbek bei Hamburg, 1977. S. 67.

Wüsten Arizonas, die Außenseiterkolonie des 1971 in Kopenhagen ausgerufenen »Freistaats Christiania« oder, in den achtziger Jahren und in Deutschland, die »Republik Wendland«. Solche inselhaften, zeitlich und räumlich begrenzten Experimente fanden außerhalb der zivilisatorischen Normen der Gegenwart statt und strebten der verlorenen Unschuld des vorindustriellen Zeitalters nach. Wenn ihre Teilnehmer auf Produkte zurückgriffen – schließlich enthielt auch der *Whole Earth*-Katalog Erzeugnisse der Hochtechnologie –, taten sie es mit der Methodik der Bastler, die nicht Systemen folgen, sondern sich das Geeignete aus dem Vorhandenen herausklauben.

Daß die architektonische Selbstverwirklichung der Bürger aktuelle Bautechnik nicht ausschließen solle, war die Überzeugung von Architekten wie Ralph Erskine in Schweden und Großbritannien oder Frank Klingeren und den Strukturalisten in den Niederlanden. Günther Domenig und Eilfried Huth in der

Otto Steidle mit Doris und Ralph Thut. Wohnanlage Genter Straße. München-Schwabing, 1968–75.

Doris und Ralph Thut. Wohnanlage. München-Neuperlach, 1975–78.

eingemischt. Die englische Arts-and-Crafts-Bewegung war ein solcher Moment, die Nachkriegsvisionen Bruno Tauts und seiner Freunde, die Gegenwelt des Monte Verità bei Ascona, die von Buckminster Fuller inspirierte *Mother Earth*-Bewegung in den

Steiermark wurden zu Protagonisten des emanzipatorischen Bauens, wie sie zuvor Designer von Großsystemen gewesen waren. Lucien Kroll in Belgien und Frankreich setzte bei der Ausmittlung der unterschiedlichen Bewohnerwünsche und ihrer Übersetzung in die Dreidimensionalität bereits den Computer ein, als seine Kollegen ihn erst fürs Schreiben von Rechnungen benutzten. »Eine lebendige Alltagskultur des Bauens kann auf die Mittel der Zeit nicht verzichten.«[16]

Manche Realisierungen leiten sich von der theoretischen Auseinandersetzung der Generation mit Megastrukturen ab (vgl. S. 347 ff.); es waren »kleine Megastrukturen«, Bruchstücke technologischer Utopien. Otto Steidle stellte die Stahlbetonfertigteile seiner experimentellen Reihenhauszeile in München-Schwabing (1968–75) geradezu demonstrativ aus, einschließlich der Stützenkonsolen, auf denen Träger aufliegen oder auch nicht, und der Löcher in den Traversen, die ursprünglich Installationsrohre aufnehmen sollten. Als Ganzes habe die Anlage keine Form, sie sei nur Struktur, fand der Architekt. Außen- und Innenwände wurden von einem Subsystem verglaster, schwarz gestrichener Eisenprofile gebildet. Veränderung innerhalb der weitgehend offenen Interieurs war beabsichtigt und wurde im Laufe der Jahre auch oft praktiziert. »Die Formlosigkeit erleichtert den Um- und Ausbau. Nichts wird in seiner Ganzheit zerstört, es wird nur verändert und fortgeschrieben.«[17] Steidle hat von diesem Prinzip mehrmals Gebrauch gemacht, so in Nürnberg-Langwasser und Kassel-Dönche.

Doris und Ralph Thut, die schon mit Steidle in Schwabing zusammengearbeitet hatten, wählten in München-Neuperlach eine für Laien leichter zu bearbeitende Holzskelettkonstruktion (1975–78). Die nebeneinander liegenden Hausschotten, die privaten Rückzugsbereiche, werden von einem gemeinsamen Gewächshaus zusammengefaßt. Jedem Bewohner stand ein sogenanntes Standardbuch, eine Gebrauchsanweisung für den Umgang mit den Bauelementen, zur Verfügung. Dazu hatte er ein »Regiebuch« anzufertigen, in dem er seine Wünsche und Bedürfnisse festhielt. Die Abgleichung von Möglichem und Wünschbarem wurde dann gemeinsam mit den Architekten erarbeitet.

Zu einem Experten in der Organisation von Selbsthilfeprozessen entwickelte sich der bei Stuttgart lebende Architekt Peter Hübner, seit 1979 selbständiger Architekt. Mit Studenten seines Stuttgarter Lehrstuhls errichtete er die kleine, phantastische Wohnkolonie »Bauhäusle«, mit Schülern, Jugendlichen und Eltern zahlreiche Kindergärten, Schulen, Jugendklubs.

Peter Hübner mit Peter Mayer. Kindertagesstätte Mörikestraße. Stuttgart, 1991–93.

Auch bei Hübner gingen solche Arbeiten mit einem aktiven Interesse an elementiertem Bauen zusammen, mit energiesparenden Lösungen dank zumindest passivem Solarenergiegewinn und mit dem Einsatz neuer Computerprogramme, die er mit Software-Herstellern entwickelte.

Frei Otto, der international berühmte Pionier des Leichtbaus (vgl. S. 383 ff.), gab seinen Rat auch bei Experimenten des alternativen Wohnens. Mit Hermann Kandel vom Büro Rolf Gutbrod entwickelte er für die Berliner IBA-Ausstellung 1984–87 am Tiergartenrand drei Paletten jeweils übereinander geschichteter Stockwerksplattformen. Den Ausbau der aufgekanteten Betontabletts mit Wohnungen und Wintergärten übernahmen dann andere, von den Eigentümern beauftragte Architekten. Eine alte Wunschvorstellung der utopistischen Moderne realisierte sich. Einprägsame städtische Figuren bilden diese Assemblagen nicht. Auch das Bild eines von mehreren Parteien gemeinsam bewohnten Hauses stellt sich nicht ein. Erfüllten die Häuser aber die Forderung nach einer »Reparadisierung der Städte«[18]? Paradiese sehen anders aus, darf man vermuten.

Auf Sonderbedingungen mußten sich alle Teilnehmer partizipatorischer Unternehmungen einlassen. Bauen und Wohnen wurden zu Vorgängen, die einen ungewöhnlich großen Teil der eigenen Lebenszeit beanspruchten. Mit dem normalen Zeitbudget

[16] Manfred Hegger, Wolfgang Pohl, Stephan Reiss-Schmidt. Vitale Architektur. Braunschweig, Wiesbaden, 1988.

[17] Otto Steidle. In: Florian Kossak (Hg.). Otto Steidle. Bewohnbare Bauten. Zürich, München, 1994. S. 57.

[18] Frei Otto. Zit.: Karin Wilhelm. Architekten heute. Portrait Frei Otto. Berlin, 1985. S. 108.

Der Mensch braucht eine andere Stadt

Baufrösche. Wohnanlage Schöne Aussicht (documenta urbana). Kassel-Dönche, 1978–82.

[19] Ullrich Schwarz. Ökologisches Bauen. Schritte aus dem grünen Schattenreich. In: Ullrich Schwarz (Hg.). Grünes Bauen. Ansätze einer Öko-Architektur. Technologie und Politik 18. Reinbek, 1982. S. 20.

[20] Nicholas J. Habraken. De dragers en de mensen. Amsterdam, 1961. S. 12.

eines mitteleuropäischen Arbeitnehmers waren die geforderten Selbsthilfeleistungen, die Verständigungen, Selbsterforschungen und Konflikte in der Gruppe nicht zu bewältigen. In den langen Bauzeiten wurde Bauen zum Hauptberuf auch der Laien.

Gerade darin sahen die Anhänger alternativer Architektur keinen Nachteil, sondern eine Chance – die Hoffnung auf eine andere Definition von Arbeit, auf den Übergang von fremdbestimmter zu selbstbestimmter Tätigkeit. Eigenarbeit und Tätigkeit im sozialen Netzwerk erschienen als Alternativen nach dem Ende der Vollbeschäftigung. Denn daß Arbeit gegen Lohn und Gehalt knapp zu werden drohte, zeichnete sich schon ab. Schließlich war es ein jahrhundertealtes Ziel gewesen, daß Maschinen den Menschen von der Arbeitsfron befreien. Nun war es soweit, aber die Befreiung wurde zur Belastung, die gerechte Verteilung der übriggebliebenen Arbeit zu einem ungelösten Problem der Gesellschaft. Konnten Bau und Weiterbau des eigenen Hauses den Verlust anderer sinnvoller Tätigkeiten wenigstens zu einem Teil ausgleichen? Der kompensatorische Charakter lag auf der Hand, ganz abgesehen davon, daß »Spielräume zur baulichen Eigengestaltung der Wohnung und des Wohnumfeldes«[19] meist nicht gegeben waren.

Aus Selbsthilfe, das war die Hoffnung, sollte eine affektive Beziehung zum unentfremdet Eigenen entstehen. Was man mit eigener Hand errichtet und hergestellt hat, steht einem näher als das fertig geordnete Haus von der Stange oder gar die Wohnung im Miethaus. »Um etwas zu besitzen, müssen wir es berühren, ergreifen, prüfen, markieren. Etwas wird zu unserem Besitz, wenn wir ein Zeichen darauf machen, weil wir ihm unseren Namen geben, es beschmutzen, ihm die Spuren unserer Existenz verleihen«, schrieb der niederländische Planer Nicholas J. Habraken, der übergreifende Rationalität und individuelle Spontaneität auf einen Nenner bringen wollte.[20]

Unfertig sahen diese Häuser aus, weil sie auf Veränderung angelegt waren. Ein bißchen Wille zum Chaos war immer dabei. Architekten wie Peter Hübner, Otto Steidle oder Erich Schneider-Wessling in Köln, der seit 1968 unter dem Titel *Urbanes Wohnen* in der Arbeit mit Nutzergemeinschaften engagiert war, haben sich aus ihrer Sturm-und-Drang-Zeit eine Frische bewahrt, die sie in ihrem späteren Werk nicht verlassen hat. Sie spiegelt sich im Umgang mit den Materialien, im herzhaften Gebrauch der Farbe, in unkonventionellen Konzepten und in der Annahme, daß Menschen ein engeres Verhältnis zueinander eingehen möchten, als es die auf Distanz bedachte Gesellschaft normalerweise zuläßt.

Technische Gestalt

Vom Wechsel der Moden, der nicht nur die Architektur, sondern sogar den Städtebau der letzten Jahrzehnte auf vier, fünf Jahre genau datiert, macht technikorientiertes Bauen eine tröstliche Ausnahme. Nicht, daß ingenieurtechnische Aufgaben und Konstruktionen keinem Wandel unterworfen wären, im Gegenteil. Auch hier gibt es Entwicklung, Veränderung und sogar so etwas wie zeitabhängige Vorlieben. Auch vielen Brücken oder Hallenbauten kann man ansehen, wann sie entstanden sind. Trotzdem gilt, daß Ingenieur und Techniker in einem weit größeren Maße auf die Leistungen ihrer Vorgänger zurückgreifen und die eigenen Erfahrungen weitergeben können als die Architekten-Künstler.

Emanzipation eines Berufs

In der Ingenieurbaukunst existiert ein Kompendium von Einsichten, zu dem jede neue Lösung beiträgt, korrigierend, bestätigend oder erweiternd. In der Arbeit des Ingenieurs hat der Begriff des Fortschritts Sinn, in der des Baukünstlers nicht. Der Verschleiß *technischer* Produkte begründet die Möglichkeit des Fortschritts. Der Verschleiß *ästhetischer* Produkte ruft die ewige Wiederkehr der Formen hervor. Ein postmodernes Museum ist nicht besser als ein brutalistisches, nur weil es postmodern ist und nicht mehr brutalistisch. Aber eine weitgespannte Halle oder schlanke Brücke kann sehr wohl »besser«, nämlich leistungsfähiger, sparsamer in Material- und Energieverbrauch, kostengünstiger, dauerhafter und erstaunlicher sein als eine, die dreißig, vierzig Jahren zuvor entstanden ist.

Noch zu Anfang der achtziger Jahre hat einer der Großen des Fachs, Fritz Leonhardt, beklagt, in Deutschland sei der Beruf des Bauingenieurs in der Öffentlichkeit fast unbekannt. In Großbritannien dagegen würden Ingenieure mit Adelstiteln dekoriert. Leonhardt mag an seinen innovativen, unübertrefflich eleganten Stuttgarter Fernsehturm von 1953–56 gedacht haben, den ersten Betonturm, der die bis dahin üblichen abgespannten Stahlmasten ablöste. Für die mangelnde Wertschätzung seines Metiers hatte Leonhardt eine Erklärung. Bauingenieure müßten sich für ihren Beruf in mehrere nüchterne, logisches Denken verlangende Wissenschaftsdisziplinen einarbeiten, die nichts für oberflächliche Naturen seien. Daher gehe ihnen jede Eitelkeit ab. Da sie oft mit Architekten zusammenarbeiten, falle das Rampenlicht auf die Kollegen von der Nachbardisziplin, die in der Kunst der Selbstdarstellung geübter seien.[21]

Wenn es je so war, ist es heute nicht mehr so. Die bekanntesten Vertreter des Fachs wie Ulrich Finsterwalder, Jörg Schlaich, Stefan Polónyi oder Werner Sobek erfreuten oder erfreuen sich eines Prestiges, das sich mit dem der Baumeister messen kann oder es überbietet. Leonhardt selbst, in dessen Büro mehrere hundert Brücken entstanden, wurde als Betonpapst Leo I. verehrt. Dementsprechend haben die Bauinge-

Fritz Leonhardt, Erwin Heinle. Fernsehturm. Stuttgart, 1953–56.

[21] Fritz Leonhardt. Der Bauingenieur und seine Aufgaben. Stuttgart, 1981². S. 12 f.

Hellmut Homberg. Friedrich-Ebert-Brücke. Bonn-Nord, 1964–68.

nieure an Selbstbewußtsein gewonnen. Wenn sie als Statiker die Geburtshelfer von Entwürfen waren, die sich Architekten ausgedacht hatten, so bestehen sie heute in vielen Fällen und zu Recht darauf, von Anfang an als gleichwertiger Partner zu Rate gezogen zu werden. Oft sind sie bei Bauten, die weit in Städte oder Landschaften hineinwirken, alleinverantwortliche Urheber. Sogar einen neuen Namen haben sie sich zugelegt: Tragwerksplaner.

Brücken, einer ihrer Arbeitsbereiche, waren bereits als Balken- oder Bogenkonstruktionen ein prekärer Anwendungsfall der Zivilbaukunst: einmal wegen des wechselnden Lastanfalls, der sich aus den unregelmäßigen Verkehrslasten, aus Wind- und Wasserkräften ergab, dann aber auch, weil ihre fast immer weithin sichtbare Lage hohe ästhetische Ansprüche stellte. Zugbeanspruchte Hängekonstruktionen sind seit dem ersten Seil, das ein Urahne über eine Schlucht geworfen hat, im Gebrauch. Seit den 1950er Jahren kamen Schrägkabelbrücken hinzu, die unter Umständen wirtschaftlicher zu errichten sind als Hängebrücken. Im Gegensatz zum gelassenen Durchhang der Hängebrücken erzeugen sie ein dynamisch gestrafftes Formbild. In Düsseldorf sorgte Stadtbaurat Friedrich Tamms für eine Familie solcher Schrägseilbrücken. Mit der Bonner Nordbrücke (1964–68) wurde diese Gruppe um Seilfächer bereichert, die an Mast und Träger – in Bonn ein Mittelträger – zahlreiche Aufhängepunkte haben und mit ihren vielen Seilen einen Schleier von Linien bilden.

Frei Otto ist wahrscheinlich derjenige im deutschen Bauwesen nach 1945, der international die größte Anerkennung gefunden hat. Als Architekt wie Konstrukteur arbeitete er an den Grenzen zwischen Ingenieurwissenschaften, Naturwissenschaften und Baukunst. Seine Hängedächer und Seilnetze entstanden für viele Orte in der Bundesrepublik und seit den sechziger Jahren auch für Regionen, deren Klima und Kultur andere Bedingungen stellen als im gemäßigten Mitteleuropa: für Saudi-Arabien, Kuwait, die Elfenbeinküste, die Arktis. Als Gastdozent in aller Welt hatte er, vor allem seit der Gründung des Stuttgarter Instituts für leichte Flächentragwerke im Jahr 1964, enormen Einfluß, und mehr noch durch das Vorbild seiner eigenen Leichtbauten.

Erste Chancen der Realisierung erhielt Otto, der 1953 in Berlin über Hängedächer promoviert hatte, auf Gartenschauen; den Anfang machte 1955 die von

Frei Otto mit L. Stromeyer und Co. Sternwelle über dem Tanzbrunnen. Bundesgartenschau. Köln, 1957.

Hermann Mattern geleitete Bundesgartenschau in Kassel. Gemeinsam mit dem Konstanzer Zelthersteller Peter Stromeyer entwickelte Otto leichte, gespannte, zugbeanspruchte Membranen. Wie Schmetterlingsflügel hingen die poetischen Baumwollsegel zwischen Bäumen und Büschen. In den sechziger Jahren traten wandelbare Zelte über Bühnen und Auditorien unter anderem in Wunsiedel und Bad Hersfeld hinzu. Bei Bedarf konnten sie ausgespannt und gerafft werden wie die Planen, mit denen die Theater der römischen Antike vor Sonne geschützt worden waren.

Hochleistungssport

Am Deutschen Pavillon auf der Weltausstellung in Montreal (1964–67), bei dem Otto mit seinem Stuttgarter Kollegen Rolf Gutbrod zusammenarbeitete, nahmen Stahlseilnetze die Hauptlasten auf. Tragendes

Frei Otto, Rolf Gutbrod. Deutscher Pavillon auf der Weltausstellung. Montreal, 1964–67.

Technische Gestalt

Günter Behnisch, Fritz Auer, Winfried Büxel, Erhard Tränkner, Karlheinz (Carlo) Weber, Jürgen Joedicke; Tragwerksplaner: Frei Otto; Heinz Isler, Leonhardt und Andrä (Jörg Schlaich); Landschaftsgestaltung: Günter Grzimek. Olympiapark. München-Oberwiesenfeld, 1967–72. Luftansicht. Tribüne.

Netz und Dachhaut, ein transluzides Polyestergewebe, waren voneinander getrennt. Die Stahlseile waren über augenförmige Schlaufen an die acht druckbelasteten, schräg stehenden Mastenrohre gehängt, die Randseile in Widerlagern aus Beton verankert. Haut, Seilnetz und Masten waren in Deutschland hergestellt und über Atlantik und St.-Lorenz-Strom nach Montreal verschifft worden. Den Besuchern in Montreal präsentierte sich dieses Stück überdachter Insel wie ein realisiertes Utopia – *terre des hommes*, wie das Motto der Expo lautete.

Zweifellos hatte die leichte, heitere Hülle von Montreal die Gruppe um Günter Behnisch (Fritz Auer, Winfried Büxel, Erhard Tränkner, Carlo Weber, anfangs mit Jürgen Joedicke als Berater) zu dem Entwurf inspiriert, mit dem sie 1967 den Wettbewerb für die Olympischen Sportstätten in München gewann. Die vorletzte deutsche Olympiade hatte 1936 im monumentalen Berliner Stadion stattgefunden und war von Hitler eröffnet worden (vgl. S. 211 f.). Die neue von 1972 sollte ein geläutertes Deutschland zeigen, locker, unverkrampft, offen, fröhlich. Locker waren auch die Architekten an die Arbeit gegangen, als sie im Bewerbungsmodell die Zeltdächer mit Holzstäbchen und einem Flor aus Damenstrümpfen suggeriert hatten. Behnisch & Partner zogen Frei Otto hinzu und als Bauingenieure Leonhardt & Andrä, die schon den Pavillon für Montreal berechnet hatten.

Der Bau des Olympiastadions war ein einziges Abenteuer, Neuland auf Schritt und Tritt. Anders als in Montreal war von der fast zehnmal größeren Konstruktion eine vieljährige Lebensdauer verlangt. Das erste permanente Seilnetz überhaupt durfte keine Stützen im Tribünenbereich aufweisen. Es mußte um siebzig Meter frei in Richtung Spielfeld auskragen und mit einem Material gedeckt sein – Acrylglas –, das optimale Lichtverhältnisse für Fernsehaufnahmen bot. Die Netze wurden an acht große Masten gehängt, die statisch unerläßliche doppelte Krümmung der Seilnetzflächen teilweise durch unterspannte, in der Luft hängende Stützen erreicht. Möglich war die Realisierung nur durch die rechtzeitigen Fortschritte bei der Entwicklung von Großrechnern, die sogar den Zuschnitt der Dachelemente steuerten.

Gelagert in eine modellierte Hügel- und Wiesenlandschaft, die ihren makabren Untergrund, die abgeräumten Kriegstrümmer Münchens, vergessen läßt, wurde das Stadion zu einem der schönsten je gebauten. Grazil ist das Erscheinungsbild allerdings nur im Fernblick, im Detail wirken die Abmessungen doch kolossal. Was Architektur kann, leistete sie hier. Aber sie kann nicht alles. Die Hoffnung auf ein beschwingtes Völkerfest wurde durch das Attentat auf das israelische Sportlerteam zunichte gemacht. Es war das makabre Vorzeichen einer von Terror erfüllten Welt, das zum Versprechen der Architektur in absurdem Widerspruch stand.

Selbst die Fußballklubs scheinen sich von friedlichen Spielen zu verabschieden. Als in den neunziger Jahren die Generalüberholung des Stadions fällig war, kam es den Verantwortlichen auf mehr Komfort und Wetterschutz an. Aber vor allem lag ihnen an den emotionsfördernden steilen »Hexenkesseln«, in denen die Stimmung der Fans schnell den hysterischen Siedepunkt erreicht, ein Gegenprogramm zum Park der freien, gelassenen Bürger. Damit konnte die flache Mulde von 1972 nicht dienen. Münchens Starklubs leisteten sich weiter im Norden der Stadt ein neues Stadion, eines von vielen in der Bundesrepublik, die trotz der leeren Gemeindekassen nach der Jahrtausendwende für nötig befunden wurden (vgl. S. 507 f.).

Das inzwischen bereits »alte« Stadion war nicht die einzige bemerkenswerte Konstruktion auf dem Oberwiesenfeld. Der Sport- und der Schwimmhalle, die in den Zeltreigen einbezogen sind, und dem Olympischen Dorf, das seit der Olympiade als Wohnanlage dient, folgte zehn Jahre später, zwischen 1981 und 1983, das weiße Schildkrötendach, das Kurt Ackermann & Partner auf die Initiative seiner Bauingenieure Jörg Schlaich und Rudolf Bergermann über die Kunsteisbahn spannten. Von einem stählernen Fachwerkbogen mit hundert Metern Spannweite

gehen zwei im Gegensinn gekrümmte Seilscharen ab, die den Bogen stabilisieren. Auf den vorgespannten Seilnetzen liegt ein Holzrost mit einem lichtdurchlässigen Kunststoffgewebe. Längs des Gitterträgers öffnet sich eine Serie ovaler Ösen, als habe dort eine Schlittschuhläuferin kopfüber ihre Pirouetten gedreht: eine graziöse, anstrengungslos wirkende Form.

Aus den Ateliers der Ingenieure, vor allem aus Frei Ottos Stuttgarter Institut für leichte Flächentragwerke gingen viele Formen hervor, die parallel zur Natur und angeregt von ihr entwickelt wurden: Hängedächer und Gitterschalen, Pneus (luftgestützte Membranen) und Baumstützen. Vieles läßt an Naturformen denken, an Seifenhäute, Fruchtblasen, Wassertropfen, Spinnennetze, Radiolarien. Otto legte aber immer Wert darauf, daß sie nicht in der Imitation natürlicher Erzeugnisse entstanden. »Wir sehen nicht in die lebende Natur hinein, um sie für die Technik zu plündern.« Hinter Ottos Arbeit stand die Vision eines Bauens, das sich partnerschaftlich zur Natur verhält und jenseits der bisherigen Anti-Natur-Technik zur Natur-Technik auf höchstem Niveau des Wissens und Könnens führt.[22]

Kurt Ackermann und Partner; Tragwerksplaner: Jörg Schlaich, Rudolf Bergermann und Partner. Eislaufzelt im Olympiapark. München, 1981–83.

[22] Im Dialog mit der Natur. Frei Otto im Gespräch. In: Wolfgang Pehnt. Die Erfindung der Geschichte. Aufsätze und Gespräche zur Architektur unseres Jahrhunderts. München, 1989. S. 160. – Frei Otto. Natürlich Bauen. In: Frei Otto u. a. Natürliche Konstruktionen. Stuttgart, 1982. S. 106 ff.

Leichtigkeit durch Effizienz: Davon profitiert der Industriebau. Das Prinzip Seilnetz eröffnete auch auf diesem Gebiet neue Möglichkeiten. Bei einem prototypischen Kühlturm in der Nähe von Hamm wählten Schlaich & Bergermann 1974 nicht die übliche Betonschalenkonstruktion, sondern hängten ein Stahlnetz aus dreieckigen Maschen an Mast und Druckring wie an einen Adventskranz. Die Verkleidung aus Aluminiumblech konnten sie mit List und guten Argumenten innen statt außen anbringen, so daß die Netzstruktur das Erscheinungsbild prägte. Der Turm teilte das Schicksal alles dienenden Werkzeugs und wurde gesprengt, als der Zweck sich erledigt hatte und das Kraftwerk stillgelegt worden war. Ingenieursarchitekten betonen stets ihr Einverständnis mit der Kurzlebigkeit ihrer Schöpfungen. Aber schade war es doch um diese elegante Landmarke.

Carlfried Mutschler und Partner; Frei Otto, Ewald Buchner, Atelier Warmbronn. Multihalle für die Bundesgartenschau Herzogenriedpark. Mannheim, 1974–76. Außenansicht. Innenansicht.

Jörg Schlaich, Leonhardt und Andrä. Kühlturm. Schmehausen bei Hamm-Uentrop, 1974.

Teepott und Ahornblatt

In der Konkurrenz mit Seilnetzen, Membranen aus Polyester- und Glasfasergeweben und Metallfachwerken haben es die Betonschalen, mit denen in den fünfziger und sechziger Jahren Vielzweckhallen, Markthallen, Sporthallen und Schwimmbäder eindrucksvoll und erfindungsreich eingedeckt worden waren, immer schwerer. Bei mittleren und kleinen Spannweiten könnten Schalenbauwerke gut mithalten, wenn handwerkliche Schalungsarbeiten angesichts der hohen Lohnkosten nicht so teuer kämen. Eine ganze Spezies von Bauten droht im *survival of the fittest* auszusterben.

Was der gebauten Umwelt dabei entgeht, zeigen die quirligen Schalenbauten, die in Ostdeutschland in den sechziger und siebziger Jahren bei Restaurants, Tanzcafés, Planetarien, Musikpavillons oder Ausstel-

Für die Mannheimer Bundesgartenschau von 1975 schlug Frei Otto eine bucklige Gitterschale aus verschraubten Holzlatten vor, die er mit Carlfried Mutschler und Partner als Architekten realisierte. Auch dieser Bau, die Multihalle, wurde ein Abenteuer. Ein dünner Rost wurde auf dem Boden ausgebreitet und emporgeliftet, wobei die quadratischen Maschen sich verziehen mußten. Ursprünglich war er mit einem zwar lichtdurchlässigen, doch dunkelgrauen Gewebe bespannt. Feuchtglänzend lag das Gebilde inmitten der Gartenanlagen wie ein den Tiefen von Rhein oder Neckar entstiegenes vorzeitliches Ungeheuer. Beim Durchwandern der Höhlenlandschaft kann man sich fühlen wie Jonas im Bauch des Wals. Es war das bis dahin am weitesten gespannte Holzgewölbe. »Eine solche dünne Schale ist schon an der Grenze. An welcher? Des Wissens oder des Leichtsinns?« (Frei Otto)[23]

[23] Frei Otto. Kuppeln und Schalen. In: Karin Wilhelm. Architekten heute. Portrait Frei Otto. Berlin, 1985. S. 139.

[24] Jörg Düwel. Die Zeichen des Außenseiters. In: build (2003) 5-6. S. 45.

[25] Jörg Schlaich. Leichtbau – wieso und wie? In: Annette Bögle u. a. (Hg.). Jörg Schlaich Rudolf Bergermann. leicht weit. Kat. Deutsches Architekturmuseum, Frankfurt am Main. München, 2003. S. 298.

lungsbauten, gelegentlich sogar für eine Kirche eingesetzt wurden. Über fünfzig Schalenkonstruktionen verbinden sich mit dem Namen Ulrich Müther. Der in Binz auf Rügen ansässige Bauingenieur stand dem enteigneten väterlichen Unternehmen als technischer Leiter und Direktor vor. Es war ein Schuß Frivolität, den die DDR sich mit diesen segel-, pilz- oder sternförmigen Unikaten leistete. Viele entstanden in Badeorten an der Ostseeküste. Andere bildeten kapriziöse Kontrapunkte zur Tristesse der Plattenbauten. Oft waren es hyperbolische Paraboloide (»Hypar«-Schalen), in Spritzbeton hergestellt wie das dreiteilige Dach des »Teepotts« in Warnemünde (1967–68), dessen Ränder wie Hutkrempen aufgebogen sind. Der sechszackige Dachstern in der Einkaufspromenade von Cottbus (1969) war aus Leimholz konstruiert. Seine Innendekoration machte dem Namen des hier untergebrachten Eiscafés »Kosmos« Ehre. Milcheis schmeckt im Milchstraßen-Ambiente offensichtlich besser.

Soweit es sich um Betonschalen handelte, waren die zentimeterdünnen Konstruktionen des mexikanischen Schalenbauexperten Félix Candela ein Vorbild gewesen. Die Kuppeln des »Landbaumeisters aus Rügen«[24] dienten der DDR sogar als Exportartikel zur Verbesserung ihrer Handelsbilanz. Nach der Wende von 1989–90 standen die meisten Schalenbauten leer, waren sanierungsbedürftig und abbruchbedroht. Einige wurden auch tatsächlich abgerissen wie Müthers Erstling, ein Saal in Binz von 1963, der erste Schalenbau der DDR. Dasselbe Schicksal ereilte – gegen alle Vernunft – das gezackte »Ahornblatt« auf der Fischerinsel in Berlin-Mitte (1971–73), eine Kantine, in der das Personal der nahe gelegenen Ministerien zu speisen pflegte.

Nicht nur den Betonschalen, auch den feingliedrigen, filigranen Leichtbauten aus der Hand der heutigen Meister technischen Bauens droht mittlerweile Gefahr. Intelligenz- und Fertigungsaufwand sind hier immer größer als bei Durchschnittsbauten, die jedes Risiko durch Überdimensionierungen und Materialschlachten ausschalten. »Qualität hat ihren Preis, aber auch ihren Lohn.« (Jörg Schlaich)[25] Solange nur die Anschaffungskosten und nicht das ökologische Verhalten auf Dauer – Materialersparnis, Demontierbarkeit, Weiterverwertbarkeit, also Nachhaltigkeit – in die Gesamtrechnung eingehen, haben intelligente Leichtbauten schweren Stand. Von der Schönheit und Eleganz solcher Konstruktionen zu schweigen, und von der Nachvollziehbarkeit ihrer Leistung. Um sie zu berechnen, bedarf es der Formeln und Computer, die nur der Fachmann bedienen kann. Aber das Auge auch des Laien ahnt die Kräfte hinter den Formen: Es versteht, was es sieht.

Hans Fleischhauer, Erich Kaufmann, Carl-Heinz Pastor; Tragwerksplaner: Ulrich Müther. Restaurant Teepott. Rostock-Warnemünde, 1967–68. Leuchtturm von 1897–98.

Gerhard Lehmann, Rüdiger Plaethe, Helmut Stingl; Tragwerksplaner: Ulrich Müther. Restaurant Ahornblatt. Berlin-Mitte, 1971–73. Abgerissen.

Technische Gestalt

Rückkehr in die Städte

Die niederschmetternden Erfahrungen mit den Satellitenstädten hatten eine produktive Folge. Sie führten zu der Einsicht, wie unersetzlich die vorhandenen alten Städte waren, immer noch, trotz allem. Was immer draußen an den Peripherien gebaut wurde, es verlangte kostspielige neue Infrastruktur. Autostraßen und Erschließungswege mußten angelegt werden, Straßenbahn (wo es sie noch gab), U-Bahn oder S-Bahn, Leitungen, Kanalisation und Kläranlagen. In der alten Stadt dagegen war noch vorhanden, wenn auch heruntergekommen, was draußen auf den Feldern neu errichtet wurde: Schulen und Kindergärten, Schwimmbäder und Turnhallen, Konsumgeschäfte und Tankstellen, Kultur- und Freizeitzentren.

Bestehendes erhalten

Diese Überlegung mußte in der DDR besonders einleuchten. Zwar erzwang im Osten der hohe Grad der Bauindustrialisierung entsprechend großflächige Bebauungen, wie sie nur an den Stadträndern realisierbar waren. Andererseits entfiel der Druck, den die teuren innerstädtischen Baulandpreise in der Bundesrepublik ausübten und der weniger rentierliche Nutzungen wie den Wohnungsbau nach außen abdrängte. In den siebziger und vor allem in den achtziger Jahren mehrten sich in der ostdeutschen Fachpublizistik Äußerungen, wie unökonomisch die bisherige Baupolitik vorgegangen sei. In den verwahrlosten alten Stadtteilen, wo wenige junge Familien und viele Alte wohnten, standen vorhandene Einrichtungen leer. Was also draußen durch das Bauen in der großen Serie gespart würde, müßte dort für Infrastruktur aufgewendet werden.

Das war eine volkswirtschaftliche Rechnung, die zugunsten innerstädtischer Sanierungen sprach. Wolfgang Urbanski, Präsident des DDR-Architektenbundes, rechnete seinen Kollegen vor, für eine Neubauwohnung müßten rund achtzig Tonnen Material produziert, transportiert und eingebaut werden.[26] Instandsetzungen erforderten nur einen Bruchteil davon. Ganz zu schweigen vom Verlust an Äckern,

Kollektiv Manfred Zache. Viertel um den Arnim-Platz. Berlin-Prenzlauer Berg, 1973–83. Freigelegte Hofflächen.

[26] Wolfgang Urbanski. Die Aufgabe des Architekten der DDR und ihres Bundes. VIII. Kongreß des BdA/DDR, 6.–7. 5. 1982. In: Architektur der DDR 31 (1982) 8. S. 460.

Weiden und Gärtnereien durch die großen Neubaugebiete, wie sie mit Berlin-Marzahn, -Hohenschönhausen und -Hellersdorf noch einmal eine neue Größenordnung erreichten. Oder von dem großen Zeitaufwand, der sich für die Bewohner aus den langen Wegen vom Stadtrand zur Arbeitsstätte ergäbe.

In den siebziger Jahren kam es in der DDR zu ersten größeren Sanierungen in gründerzeitlichen Quartieren. Sie wurden zu gern gezeigten Schauobjekten für ausländische Besuchergruppen, obwohl sie mehr oder weniger Ausnahme blieben. 1970 begann in Berlin die Erneuerung um den Arkonaplatz, drei Jahre später die des weit größeren Quartiers Arnimplatz am Prenzlauer Berg. Andere Bezirkshauptstädte zogen nach, Leipzig beispielsweise mit einigen Blocks im Arbeiterviertel Leutzsch und in der Ostvorstadt. Ziel war nicht denkmalgerechte Wiederherstellung, sondern möglichst kostengünstige Sanierung und Aufwertung des Quartiers.

So wurden am Arnimplatz Hinterhöfe ausgekernt und begrünt, Kaufhalle, Kindergarten oder Sportplatz hinzugefügt, Fassaden instandgesetzt, wo noch möglich, oder glattgeputzt, wenn der Stuck verloren war. Die Wohnungen erhielten Innentoiletten, Bad oder Dusche. Eigentümer und Mieter wurden aktiv beteiligt, überwiegend waren die Miethäuser Privateigentum. Das Verfahren unterschied sich nicht grundsätzlich von dem, wie es auch im Westen hier und da eingeführt wurde, beispielsweise in Berlin-Charlottenburg, wo Hardt-Waltherr Hämer den Block 118 exemplarisch sanierte. Auch hier wurden nur wenige Flügel und Zubauten in den Hinterhöfen abgerissen und Luxussanierungen vermieden. Modernisierung fand ohne Verdrängung statt, im Gegensatz zu den großflächigen Abrissen, die man bis dahin unter Stadterneuerung verstanden hatte.

Als großes Handicap erwies sich in der DDR (und bis zu einem gewissen Grade auch in der Bundesrepublik), daß durch die Umstrukturierung des Bau- und Planungsgewerbes handwerklicher Sachverstand verlorengegangen war. 1972 waren auch die kleinen privaten oder genossenschaftlich organisierten Baubetriebe verstaatlicht worden, elftausend an der Zahl. Die Baukombinate, die an Massenfertigung in den Neubaugebieten gewöhnt waren, sahen sich vor ungewohnte Aufgaben gestellt. Wo bisher geklotzt wurde, sollte Feinarbeit geleistet werden. Statt der langen Schemablöcke vom Fließband war nun das sorgfältig zugeschnittene Paßstück für die Baulücke oder die Sanierung individueller, von Fall zu Fall unterschiedlicher Altbauten gefragt. Wer Zeit seines Lebens mit Betontafeln der Laststufe 6,3 Megapond umgegangen war, sollte sich von Haus zu Haus mit jeweils anderen Bedingungen vertraut machen. Auf der Baustelle wurden handwerkliche Qualitäten aktuell, die bisher nur in Werkstätten der Denkmalpflege begehrt waren. Entlohnt wurden sie übrigens unter dem Niveau, das im industrialisierten Wohnungsbau gezahlt wurde.

Den Massenbausystemen wurden, nach ersten verhängnisvollen Experimenten in den sanierungsbedürftigen Altstädten von Bernau und Greifswald, Sonderentwicklungen abgenötigt, für die sie nicht geschaffen waren. Allein schon der Baustellenverkehr mit den großen Elementen war in verwinkelten Altstadtgassen nicht zu bewältigen. Auf der Basis der WBS 70 entwickelten manche Wohnungsbaukombinate neue Wohnungsbauserien mit Abwinklungen, Rücksprüngen, Loggien und Mansarddächern, die für innerstädtische Lückenschließungen und Ersatzneubauten besser geeignet, »altstadtgerecht« und denkmalverträglich sein sollten.[27]

Wie sehr diese Zähmungsversuche gegen das Naturell des Plattenbaus gingen, zeigen zahlreiche

verquälte Lösungen in ostdeutschen Innenstädten, oft mit abgeschrägtem Drempel statt Flachdach und historisierendem Aufputz. Insofern konnte die Parole von der Rückkehr in die Städte auch eine massive

[27] Joachim Palutzki. Architektur in der DDR. Berlin, 2000. S. 329. – Thomas Topfstedt. Wohnen und Städtebau in der DDR. In: Ingeborg Flagge (Hg.). Geschichte des Wohnens. Bd. 5. 1945 bis heute. Stuttgart, 1999. S. 545 ff.

Hardt-Waltherr Hämer. Sanierung Block 118 am Klausener Platz. Berlin-Charlottenburg, 1971–75.

Institut für Wohnungs- und Gesellschaftsbau, Bauakademie der DDR. Anwendungsmöglichkeiten der WBS 70 für innerstädtische Bebauung.

[28] Durchführungsbestimmung zur Verordnung über die Planung, Vorbereitung und Durchführung von Folgeinvestitionen. Abriß von Gebäuden und baulichen Anlagen. 18. 9. 1979. In: Gesetzblatt der DDR, Teil I Nr. 34. 19. 10. 1979. S. 325.

[29] Magistrat von Berlin (Hg.). Grundsätze für die sozialistische Entwicklung von Städtebau und Architektur. Berlin, 1984. S. 31.

Peter Weeck, Wolf-Rüdiger Thäder. Wohnanlage Domplatz. Halle an der Saale, 1986–90.

Peter Baumbach, Erich Kaufmann. Eckbebauung. Rostock, 1981.

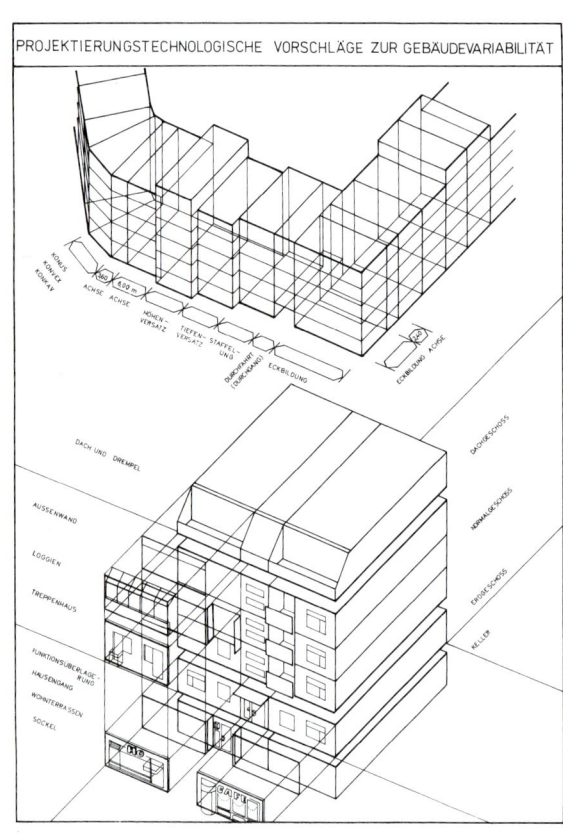

turellen Werte« gefordert wurden.[29] Die Appelle nahmen an Dringlichkeit zu. Vom Generalsekretär der SED bis zu jedem Mitarbeiter in den Büros der Stadtarchitekten hieß das Losungswort »komplexe Rekonstruktion«, der DDR-Begriff für Stadterneuerung.

Alle Überlegungen im Wohnungsbau müßten stets ihren Ausgangspunkt bei der Instandhaltung, Instandsetzung und Modernisierung des vorhandenen Wohnungsbestandes haben, ermahnte der langjährige Ressortminister Wolfgang Junker jetzt die Architekten. Erich Honecker empfahl ihnen, sich verstärkt der intensiven Stadtentwicklung und dem innerstädtischen Bauen zuzuwenden.[30] Dieser Kurswechsel – der wievielte in der Baupolitik der DDR? – bedeutete natürlich nicht den Verzicht auf großflächiges Bauen an der Peripherie. Aber er war die Konsequenz aus der Einsicht, daß die überalterte Bausubstanz der DDR zusehends verfiel und den Wohnungsgewinnen draußen dramatische Wohnungsabgänge drinnen gegenüberstanden. Wenn die Bauprobleme überhaupt zu lösen waren, dann nicht auf einem, sondern auf mehreren Wegen.

Noch im Jahr 1978 machten Wohnungen, die auf dem Staatsgebiet der DDR vor 1919 entstanden Drohung bedeuten. Gelungene Lösungen waren Ausnahmen. Daß der backsteinerne Staffelgiebel in der belebten Rostocker Kröpeliner Straße (1981) vor einem Plattenbau hängt, vermutet man nicht.

»Zur Gewährleistung der Erhaltung der Bausubstanz« wurden 1979 die »staatlichen und wirtschaftsleitenden Organe« angewiesen, »bestehende Gebäude und bauliche Anlagen (zu) erhalten und volkswirtschaftlich effektiv« zu nutzen.[28] 1982 erarbeiteten die Deutsche Bauakademie und der Ost-Bund Deutscher Architekten Grundsätze, in denen die kompakte Stadt und die Bewahrung der »historisch entstandenen kul-

Innerstädtisches Sanierungsgebiet. Eisenach, um 1990.

Wohnungspolitik, waren politische Preise, die indirekt von allen Bürgern des Staates aufgebracht werden mußten. Niedrig, wie sie waren, deckten sie nicht einmal die Bewirtschaftungskosten, geschweige denn Darlehenszinsen, die ein privater Eigentümer aufzuwenden hätte, wollte er sein ramponiertes Haus restaurieren. Aber auch bei den volkseigenen oder genossenschaftlichen Wohnungsbaubetrieben wurde scharf gerechnet. Bei Wiederherstellungen im alten Bestand nahmen sich die Rekonstrukteure vorzugsweise jener besser erhaltenen Bauten an, die rasche Erfolgsmeldungen erlaubten, und ließen die verkommene Substanz weiter verkommen.

Das alte Wahre

Wenn die volkswirtschaftliche Vernunft erzwang, Altbauten nicht leichtfertig preiszugeben, so wurde andererseits auch deutlich, daß den bewährten alten Stadtmustern brauchbare Erfahrungen für heutige Aufgaben zu entnehmen waren. Der italienische Theoretiker und später auch praktizierende Architekt Aldo Rossi, der in Westberlin in den achtziger Jahren zahlreiche Bauaufträge erhielt, rückte seinen Zeitgenossen

Aldo Rossi, Gianni Braghieri. Wohn- und Geschäftshäuser Wilhelm-, Kochstraße. Internationale Bauausstellung Berlin 1984–87. Berlin-Südliche Friedrichstadt, 1986–88.

die Bedeutung der Bautypologien vor Augen.[32] Wenn andere die Stadt als das übergeordnete Ganze und das Gebäude als das untergeordnete Einzelne sahen, so sah Rossi die Rangfolge umgekehrt. Ob ein konkreter Bau wie der Diocletianspalast in Split oder die ab-

waren, fast die Hälfte des gesamten Bestandes aus, in der Bundesrepublik dagegen nur ein Viertel.[31] Das war die Folge des größeren Zerstörungsgrades im Westen, die dank der quantitativ enormen Aufbauleistungen nach 1945 zu einem weitgehenden Austausch des Bestandes geführt hatte. Mochten die Häuser im Osten auch einigermaßen den Zweiten Weltkrieg überstanden haben, die vieljährige Vernachlässigung hatte ihnen seitdem schwer zugesetzt. An den Arbeitervierteln des 19. Jahrhunderts oder den gründerzeitlichen Bürgerquartieren, von denen die Zentren der Städte umgeben waren, ließen sich alle Stadien des Verfalls ablesen. Dächer waren notdürftig geflickt, Dachtraufen undicht, Mauern durchfeuchtet. Vielerorts waren die durchgerosteten Böden gußeiserner Balkons nach unten gekippt. In der Bundesrepublik waren die alten Städte durch den Expansionsdrang der Banken, Versicherungen, Verwaltungen und Kaufhäuser gefährdet. Diese Sorge mußten die Planer in der DDR nicht haben. Aus dem sozialen System ihres Staates erwuchsen andere Probleme, die sich noch katastrophaler auswirkten.

Auf privaten Wohnungsbau war nicht zu rechnen. Die staatlich festgelegten Mieten, der Stolz der DDR-

[30] Wolfgang Junker. Neue große Aufgaben für Städtebau und Architektur. – Erich Honecker. Städtebau und Architektur dienen bei uns dem Wohl des ganzen Volkes. VIII. Kongreß des BdA/DDR, 6.–7. 5. 1982. In: Architektur der DDR 31 (1982) 8. S. 467, 453.

[31] Die Zahlen lagen bei 47 % (DDR) und 23 % (Bundesrepublik). Gerlind Staemmler. Wohnungsbauplanung und Wohnungspolitik in den Städten der DDR. In: Bauwelt 73 (1982) 35. S. 1412.

[32] Aldo Rossi. L'Architettura della Città. Padua, 1966. – Dt.: Die Architektur der Stadt. Bauwelt Fundamente 41. Düsseldorf, 1973.

Rückkehr in die Städte

Rob Krier. Morphologische Sammlung von Stadträumen. In: Stadtraum in Theorie und Praxis an Beispielen der Innenstadt Stuttgarts. Stuttgart, 1975. S. 17.

strahierte Form des Typus, das autonome Bauwerk verbürgte die Permanenz der Stadt. Es konnte die Nutzung wechseln und seine äußeren Attribute, aber es prägte den Ort für alle Zeiten. Rossis Buch *L'Architettura della Città* verstand »die bedeutenden Bauten der Vergangenheit« als »Strukturen, die eine Stadt gestaltet haben und weiter gestalten, weil sie im Laufe der Zeit immer neuen Funktionen entsprechen«.[33]

In der Permanenz der Struktur und der Auswechselbarkeit ihrer Nutzungen entsprach Rossis Position der Haltung der Megastruktur-Konstrukteure. Architektur war der Garant der Kontinuität und die Grundlage der Stadt. Aber bei Rossi ergab sich Permanenz aus der starken Identität des Gebauten, nicht aus der allseitigen Neutralität der Großstrukturen und ihrer Gleichgültigkeit gegenüber dem wechselnden Gebrauch. Der Diocletianspalast war für einen bestimmten Zweck, nämlich als kaiserlicher Alterssitz, gebaut worden. Die mittelalterliche Stadt nistete sich nicht deshalb in ihm ein, weil sein Erbauer mögliche andere Nutzungen im Sinne gehabt hätte, sondern obwohl und weil der Bau ausschließlich seinem ersten Zweck nachgekommen war, aber so vollkommen wie möglich. Das war eine sehr mediterrane Sicht der Dinge, die von der wechselhaften Inbesitznahme antiker Stätten, von Theatern, Palästen und Foren ausging. Rossi übersetzte seine Theorie in surreal-suggestive Zeichnungen und Architekturen.

Das Interesse an Typologien, bei einzelnen Architekten wie Oswald Mathias Ungers schon in den sechziger Jahren ausgebildet, führte zur Beschäftigung mit dem, was bei Goethe das »alte Wahre« hieß. Der Bestand wurde auf seine verwendbaren Typen durchgesehen. Der Luxemburger Architekt Rob Krier, der von 1973 bis 1975 einen Lehrauftrag an der Universität Stuttgart hatte, nahm sich die Stadtpläne historischer Städte und nicht zuletzt den Plan Stuttgarts vor und untersuchte sie auf typische Elemente: Straßenräume, Hausfronten in ihrer Beziehung zum Außenraum, Platzräume, quadratisch, rechteckig, rund, schief, mit einer bis acht Straßeneinmündungen. Seine Sammlung städtischer Raumformen »soll dem Planer den Reichtum der Raumformen vor Augen führen, die uns die Stadtbaugeschichte überliefert hat, und ihm nahelegen, was er aus diesen Vorbildern für seine eigenen Entwürfe lernen kann«.[34] Krier hatte eine *ars combinatoria* im Sinn, von der er bei seinen späteren Stadtbauprojekten reichlich Gebrauch gemacht hat.

Eine typologische Wiederentdeckung war der Baublock. Jahrzehntelang war Blockrandbebauung verpönt gewesen. Die Erinnerung an die Hinterhöfe des 19. und frühen 20. Jahrhunderts, die mit lärmendem und stinkendem Gewerbe vollgestopft waren, lag noch zu nahe. Im Geviert zu bauen, schloß auch jetzt die ideale Orientierung der Wohnungen nach dem Sonnenstand aus, die das Neue Bauen zum obersten städtebaulichen Prinzip gemacht hatte. Nun wurde die städtebauliche Prioritätenliste umgeschrieben.

Vorrang hatte die Definition des Straßenraums, die Wendung nach außen, der Schutz nach innen. Stadtzusammenhang wurde wichtiger als Himmelsrichtung.

Die klare Scheidung zwischen öffentlichem und privatem Raum, zwischen Straße und Hof, die der Block mit sich brachte, illustrierte geradezu die Dialektik von Öffentlichkeit und Privatheit, die der Soziologe Hans Paul Bahrdt als konstitutiv für funktionierendes Leben in der neuzeitlichen Stadt darstellte. Die Großstadt könne nur gesunden, wenn der

Städtebauer ihr Räume baue, in denen sich öffentliches und privates Leben richtig entfalten werde. Bahrdt bescheinigte der traditionellen Blockbebauung, sie habe in der Regel eine deutliche Grenze zwischen der öffentlichen Sphäre der Straßen und Plätze und der privaten Wohnsphäre geschaffen, wenn er auch 1968 noch der Meinung war, man müsse sie »heute aus guten Gründen« ablehnen.[35]

Josef Paul Kleihues war der erste, der zwischen 1971 und 1977 wieder einen Wohnhof baute, den Block 270 am Vinetaplatz im Berliner Sanierungsgebiet Wedding. Natürlich gab es im Hof keine Hinterhäuser mehr, sondern eine durchgehende Grünanlage über einer Tiefgarage. In Erinnerung an die betonten Eckbauten in der kaiserzeitlichen Stadt waren die vier Ecken des klinkerverkleideten Blocks besonders charakterisiert, nämlich abgeschrägt und aufgeschlitzt. Bei Kleihues arbeitete zum Zeitpunkt dieses Projekts Léon Krier, Robs jüngerer Bruder, der später zu einem wortgewaltigen Prediger nostalgischen Städtebaus wurde. Damals saßen der preußische Rationalist Kleihues und der Retrodesigner Léon Krier noch im selben Boot – zumindest im selben Büro.

Wasserdichte Einkaufsparadiese

Rob Krier hatte sich in seinem Erstling von 1975 gewundert, daß die glasüberdachten Galeriestraßen des 19. Jahrhunderts, die Passagen, aus der Mode gekommen seien.[36] Das war schon nicht mehr der letzte Stand. Ausgerechnet in Stuttgart war von Kammerer, Belz und Partner 1974 die seit langem wieder erste, wenn auch bescheidene Ladenpassage begonnen worden, die Calwer Passage. Nach Johann Friedrich Geists magistraler Monographie des Bautyps Passage, erschienen 1969,[37] schossen diese ins Interieur gewendeten Boulevards aus dem Boden, in Frankfurt, Hannover, Wulfen und bald überall.

Im regenfeuchten Hamburg wurden sie zu einem bevorzugten Instrument der City-Aufwertung. Herzstück war das Hanseviertel, das Von Gerkan, Marg und Partner mit einer tonnen- und kuppelgedeckten Passage durchzogen (1977–81). Ein Geflecht weiterer Passagen – um 1980 waren es bereits sieben neue –

Josef Paul Kleihues. Block 270 am Vinetaplatz. Berlin-Wedding, 1971–77.

Meinhard von Gerkan, Volkwin Marg und Partner. Hanseviertel. Hamburg, 1977–81.

[33] Aldo Rossi. Nachwort 1973. In: Die Architektur der Stadt. ebd. S. 173.

[34] Rob Krier. Stadtraum in Theorie und Praxis an Beispielen der Innenstadt Stuttgarts. Stuttgart, 1975. S. 16.

[35] Hans Paul Bahrdt. Humaner Städtebau. Hamburg, 1968. S. 113. – Vgl. auch: Hans Paul Bahrdt. Die moderne Großstadt. Hamburg, 1961, 1969.

[36] Rob Krier. Stadtraum in Theorie und Praxis an Beispielen der Innenstadt Stuttgarts. Stuttgart, 1975. S. 7.

[37] Johann Friedrich Geist. Passagen. Ein Bautyp des 19. Jahrhunderts. München, 1969, 1978².

Rückkehr in die Städte

Gottfried Böhm. Züblin-Haus. Stuttgart-Vaihingen, 1981–85.

leitet den Flaneur trockenen Hauptes von einem Fleet zum nächsten, auf einem zweiten Wegenetz neben dem unter freiem Himmel. Grundstückseigentümer konnten mit diesen durch die Tiefe der Parzellen geführten Privatstraßen den Wert ihres Besitzes enorm steigern. Formal wurde die Palette von vornehmer Marmorkühle bis zu hanseatischer Backsteintradition durchgespielt. Der Erfolg der überdachten Einkaufsstraßen gab der City der Hansestadt Auftrieb und Selbstvertrauen.

Als Typus war und ist die Passage ein Renner. Innerstädtische Galerien und außerstädtische Einkaufszentren haben das Rezept unendlich oft wiederholt. Auch für ganz andere Bauaufgaben wurde er eingesetzt. Gottfried Böhm gruppierte 1976 seinen unrealisierten Entwurf für ein neues Großmuseum am Kölner Dom um eine öffentliche Passage. Bei seinem Verwaltungsgebäude für das Bauunternehmen Züblin in Stuttgart-Vaihingen (1981–85) fassen zwei parallele Büroriegel eine mächtige, von Brücken durchquerte Halle ein. Wenn es zu den Gesetzen kommerzieller, innerstädtischer Passagen gehört, daß sie von einem attraktiven städtischen Ziel zu einem anderen attraktiven Ziel führen, so verstieß diese firmeninterne Passage gegen die Regeln der Gattung. Sie führt von nirgendwo nach nirgendwo und war aus schierer Raumlust entstanden.

Sogar in der DDR setzten sich Planer wie der Architekt und Hochschullehrer Gerd Zimmermann für diese Hochburgen des bürgerlichen Kapitalismus, diese Kultstätten des Warenzaubers ein. Der Theoretiker bemühte sich, ostdeutschen Passagenplanern ein gutes Gewissen zu verschaffen. Waren diese Konsumtempel nicht im Paris der späten Aufklärung entstanden, als Ausdruck der selbstbewußt gewordenen Bürgerklasse und somit als Teil der revolutionären Tradition? Hatte nicht die Passage in den »Phalanstères«, den Wohnpalästen des Frühsozialisten Charles Fourier, ein Vorbild jenseits alles unmoralischen Kommerzdenkens? Und konnte man ihre praktischen Vorteile nicht im eigenen Land studieren, an Leipzigs alten, innerstädtischen Messe- und Geschäftshäusern, den sogenannten Durchhäusern?

Wie schon bei Walter Benjamin wurde die Passage gegen das Warenhaus ausgespielt. Das Kaufhaus, gleichfalls eine in der DDR nicht unbekannte Erscheinung, fördere den Massenkonsum. Es erzeuge leerlaufende Konsumideologie, während ihr lichtvoller Widerpart den Stadtraum des selbstbestimmten Individuums darstelle. Die Passage, und nur sie, sei die »architektonische Geste des Voranschreitens«.[38] Auch im Osten nutzte die Konsumentengesellschaft Begründungen für neue Einkaufsparadiese, wo immer sie welche finden konnte.

[38] Gerd Zimmermann. Passagen. Zur Wiederkehr eines Bautyps. In: Architektur der DDR 37 (1988) 8. S. 24 ff., zit. S. 28.

Eine Zukunft für die Vergangenheit

Neben den wirtschaftlichen Überlegungen und den typologischen Erwägungen sprach ein starkes, psychologisches wie ideologisches Argument für die Rückbesinnung auf die Stadtkerne. Die alten Städte versprachen, was die neuen nicht gehalten hatten: Identität. Nichts gab ihren Bewohnern so sehr das Gefühl, an einen Ort zu gehören, wie der Anblick dessen, was Eigenart und Unverwechselbarkeit garantiert, was Erinnerungen an sich bindet, kollektive wie individuelle, was Geschichte hat und Kontinuität verheißt. Veränderungen erfaßten alle Lebensgebiete in immer schnellerem Tempo. Da war es um so tröstlicher, sich an das halten zu können, was schon lange Bestand hatte.

Das Jahr 1975 wurde zum Jahr des Europäischen Denkmalschutzes ausgerufen. Die Aktion wurde zu einer ungeahnten Erfolgsgeschichte. In Deutschland stand sie unter dem Motto »Eine Zukunft für die Vergangenheit«. Aus dieser Kampagne ging das Deutsche Nationalkomitee für Denkmalschutz hervor. Zehn Jahre später wurde die Deutsche Stiftung Denkmalschutz gegründet, die nach 1989 zu großer Form auflief. Mit dem britischen National Trust, in Großbritannien der drittgrößte Landeigentümer nach Krone und Staat, kann sich trotz der inzwischen gewachsenen Popularität des Themas noch keine deutsche Institution vergleichen. Die letzten noch ausstehenden Denkmalschutzgesetze, in der Bundesrepublik Ländersache, wurden verabschiedet. Nordrhein-Westfalen bildete 1980 das Schlußlicht.

Nach diesen Ereignissen war es schwerer geworden, Denkmäler abzureißen oder sie zu verstümmeln, wie sehr die Einzelfälle auch umstritten blieben. Die Gesamtkunstwerke Lübeck, Bamberg und Regensburg, durch Brutalsanierung und Kommerzvandalismus bereits geschädigt, Lübeck zudem durch den großen Bombenangriff von 1942, gingen eine Aktionsgemeinschaft ein und figurierten als nationale Beispielstädte. Kleine Städte wie Alsfeld in Hessen mit seinen vierhundert Fachwerkhäusern oder Lemgo in Westfalen wurden zu Beispielen gelungener Stadtsanierung. In großen Städten wie Karlsruhe oder Wiesbaden kamen sanierungsreife Quartiere ohne den drohenden Kahlschlag davon. Der Denkmalbegriff erweiterte sich, bezog Alltags- und Sozialgeschichte ein, erstreckte sich nun auch auf Industriedenkmäler und städtebauliche Ensembles – manchmal bis zur Überforderung des staatlichen Denkmalschutzes.

1975 war auch das Jahr, in dem die DDR ein Denkmalschutzgesetz erhielt, das Verordnungen des Ministerrats ablöste.[39] Die Denkmallisten, die zu erarbeiten waren, sahen drei Klassen vor, gestaffelt nach Denkmälern nationalen Ranges und solchen, denen Bedeutung nur auf Bezirks- oder Kreisebene zugebilligt wurde. Der katastrophale Zustand, in dem sich viele ostdeutsche Städte bei der Wiedervereinigung befanden, darf nicht vergessen lassen, daß die Denkmalpflege der DDR trotz ihrer unzureichenden Ausstattung bedeutende Einzelleistungen vollbrachte.

In Berlin-Mitte waren seit der Mitte der siebziger Jahre die historischen Bauten am Platz der Akademie (Gendarmenmarkt) an der Reihe. Die beiden Kuppelkirchen des 18. Jahrhunderts und Schinkels Schauspielhaus wurden aufgebaut, das Theater als Konzertsaal mit einem fragwürdigen Duplikat des Schinkelschen Dekorationssystems im Inneren. Glanzvoll war die Wiederherstellung der Dresdner Semperoper

Schloß Gondorf bei Kobern, Mosel. Durchstich der Bundesstraße 416 durch den spätgotischen Palas und den Neuen Bau der Burg. 1970–71.

[39] Gesetz zur Erhaltung der Denkmale in der Deutschen Demokratischen Republik.

Wiederaufbau der historischen Bauten am Gendarmenmarkt (Platz der Akademie). Deutsches Schauspielhaus von Karl Friedrich Schinkel und Deutscher Dom von Karl von Gontard. Berlin-Mitte, wiederaufgebaut 1980–84.

40 Wolfgang Hänsch. Die Semperoper. Berlin, Stuttgart, 1986.

41 Wolfgang Joswig. Eine neue Diskussion um die Zeile. In: Architektur der DDR 28 (1979) 2. S. 112.

Wolfgang Hänsch. Wiederaufbau der Semperoper. Dresden, 1977–84. Oberes Vestibül.

unter dem Chefarchitekten Wolfgang Hänsch. 1977 setzten die Bauarbeiten mit Nachdruck ein, nachdem Sicherungsmaßnahmen schon nach Kriegsende vorgenommen worden waren.[40] Sieben Jahre später verschoß der Freischütz seine erste Freikugel auf der neuen alten Bühne. Die nötigen Erweiterungen am Altbau nahm Hänsch mit Diskretion vor. Angrenzende neue »Funktionsgebäude« für Werkstätten und Probebühne gerieten halbwegs erträglich.

Wo in den sechziger Jahren Flächenabrisse vorgesehen waren, begann hier und da die Rekonstruktion historischer Stadtkerne, soweit Geld und Personal reichten. Den Kritikern genügte es nicht mehr, wenn die »Schemaentwürfe der Bauakademie ... formal in Bauformen« umgesetzt wurden. »Zwei historische Straßenzüge und ein Hauptplatz blieben erhalten und ringsherum wird alles mit einem ›Häkelmuster‹ überzogen.«[41] Wenn Städte touristische Ziele waren oder als Handelsplätze die Augen ausländischer Besucher auf sich zogen, erhielten sie restaurierte Straßenzüge, die oft zu Fußgängerbereichen umgewandelt wurden. Unter anderem waren Dresden-Neustadt, Gotha, Halle, Naumburg, Potsdam, Weimar, Wismar Nutznießer der geänderten Baupolitik. 1977 wagten die Verantwortlichen sogar, die Fachleute der Unesco-Denkmalschutzorganisation Icomos zu einer internationalen Tagung über die Ostseeregion nach Rostock einzuladen.

In Erfurt präsentierte sich etwa der Anger, wo der mittelalterliche Handel für den begehrten blauen Farbstoff der Waidpflanze betrieben worden war, in einem attraktiven Mix von Gotik bis klassischer Moderne. Dem Quartier am Domplatz kamen Erneuerungsmaßnahmen zugute. Ein paar Querstraßen weiter, und Ruinen moderten hinter Bauzäunen und rostenden Baugerüsten vor sich hin. Denn auch ein Platz auf der Denkmalliste versprach keine Hilfe vor Verwahrlosung oder respektlosem Ersatzbau. Weite Stadtteile waren dem Verfall auf »Restnutzungsdauer« überlassen, wie die Baubürokratie es ungerührt formulierte. Den Niedergang der Städte konnten die punktuellen Rettungsversuche nicht aufhalten. Berlin war zum Ärger der Bezirke noch am besten gestellt. Von den Weltjugendfestspielen bis zum 750-Jahre-Jubiläum der Stadt gab es stets Anlässe, Baukolonnen und Baumaterial in die Hauptstadt abzuziehen.

Die gestiegene Toleranz gegenüber einer Vergangenheit, die nicht nur die sozialistische war, ging zusammen mit dem Versuch, das historische Erbe auch auf anderen Feldern für die Legitimation des Regimes zu nutzen. Das Parteiprogramm der SED, verabschiedet auf dem IX. Parteitag 1978, stellte fest, »daß

Sanierung des Anger. Erfurt, 1976–77.

die sozialistische Nationalkultur der DDR die sorgsame Pflege und Aneignung der humanistischen und progressiven Kulturleistungen der Vergangenheit einschließt«.[42] Mit Preußens baulichen Zeugnissen hatte sich die DDR seit ihren Anfängen nolens volens auseinandersetzen müssen, weil sich ein großer Teil ihres Staatsgebiets mit Teilen des Hohenzollernreichs deckte. In den achtziger Jahren begann man, preußische Traditionen für die eigene Identitätsbildung zu reklamieren. Christian Daniel Rauchs Denkmal des Alten Fritz erhielt 1980 sogar seinen Platz Unter den Linden zurück – beinahe, um sechs Meter versetzt.

Nur die Wörter »deutsch« und »Deutschland«, obwohl im Staatsnamen DDR enthalten, wurden so wenig wie möglich benutzt und hinter den Initialen versteckt. Der Bund Deutscher Architekten hieß ab 1971 Bund der Architekten der DDR, die Deutsche Bauakademie ab 1974 Bauakademie der DDR.[43] Die Jahre, in denen die DDR an der Seite der Sowjetunion gesamtdeutsche Politik betrieben hatte, waren lange vorbei. Mit der auf Öffnung und Verständigung angelegten Ostpolitik der Bundesrepublik, wie sie von den linksliberalen Regierungen Willy Brandt und Helmut Schmidt betrieben und von CDU und FDP unter Helmut Kohl weitergeführt wurde, auch mit der Menschenrechtsdebatte, die seit der Europäischen Sicherheitskonferenz (KSZE) in Helsinki 1975 in Gang kam, wurden die Abgrenzungssorgen des Regimes größer.

Kritische Rekonstruktion, behutsame Stadterneuerung

War in der DDR »Komplexe Rekonstruktion« ein Schlüsselwort, so wurde es im Westen, zumindest in Berlin, die »Kritische Rekonstruktion«. Josef Paul Kleihues hatte den Begriff eingeführt. Den ideellen Ehrgeiz kennzeichnete das Wort besser als die ebenfalls gern verwendete Devise von der Stadtreparatur. Rückbeziehung war gewollt; dafür stand der Bestandteil »Rekonstruktion«. »Wir können nicht darauf verzichten, uns auf Geschichte einzulassen.«[44] Das Adjektiv »kritisch« bezeichnete die Reflexion auf das Vorhandene, die Ermutigung, dem Vergangenen mit Gegenwartsabsichten gegenüberzutreten und konstruktiven Widerspruch gegenüber dem Vorhandenen einzulegen.

Aldo Rossis Umgang mit Typologien war Kleihues vertraut. Der Plan der Stadt galt ihm als das Gedächtnis des Ortes. Im Laufe der verschiedenen Geschichtszustände war der Stadtgrundriß wechselnd überbaut worden, doch ein Dokument von unschätzbarer Aussagekraft geblieben. Zerstörungen dieser Urkunde, wie sie der Bau der Berliner City-Tangenten in Friedrich- und Luisenstadt vorgesehen hatte, waren rückgängig zu machen, aufgeweitete Straßenprofile sogar zurückzubauen. Ein Problem lag darin, daß der barocke Stadtgrundriß, in der Regel nur mit zwei Vollgeschossen bebaut, in Gründerzeit und Moderne vielstöckig überbaut worden war. Ein Rückgriff auf die Straßenformate des 18. Jahrhunderts mußte Dichte und Höhe des 19. und 20. Jahrhunderts in Kauf nehmen, die ins Baurecht eingegangen und unabänderlich waren.

Als Architekt hat Kleihues Altbauten wie die Deichtorhallen in Hamburg (1988–90) oder den Hamburger Bahnhof in Berlin (1989, 1993–96) mit der Einsicht ins Notwendige und dem Sinn für neue Spielräume rekonstruiert und zu Ausstellungs- und Museumshäusern umfunktioniert. Seine eigenen Neubauten hielten sich von Vergangenheitsseligkeit frei.

[42] Arbeitsprotokoll der Politbürositzung vom 31. 1. 1978. Zit.: Joachim Palutzki. Architektur in der DDR. Berlin, 2000. S. 329.

[43] Joachim Palutzki, ebd. S. 294 f.

[44] Josef Paul Kleihues im Gespräch. Tübingen, Berlin, 1996. S. 17.

Rückkehr in die Städte

Josef Paul Kleihues. Werkstattgebäude der Stadtreinigung. Berlin, 1969, 1970–78.

Herman Hertzberger. Wohnhof Lindenstraße. Internationale Bauausstellung Berlin 1984–87. Berlin-Südliche Friedrichstadt, 1982–86.

Rob Krier (städtebauliches Gesamtkonzept). Dietrich Bangert, Bernd Jansen, Stefan Scholz, Axel Schultes; Axel Liepe, Hartmut Steigelmann, Brandt und Heiß; Eckhard Feddersen, Wolfgang Herder, und Partner; Joachim Ganz und Walter Rolfes; Urs Müller, Thomas Rhode und Partner. Wohnbebauung Ritterstraße-Nord. Internationale Bauausstellung Berlin 1984–87. Berlin-Südliche Friedrichstadt, 1981–88.

Heinz Hilmer, Christoph Sattler. Stadtvilla Kurfürstenstraße. Internationale Bauausstellung Berlin 1984–87. Berlin-Tiergarten, 1982–88.

Das Werkstattgebäude der Westberliner Stadtreinigung (1969, 1970–78) war mit den parataktisch gereihten Pfeilern der Hallenbinder ein lakonischer Bau, hinter dem die Tradition Berliner Nutzbauten von Schinkels Bauakademie bis zu Behrens' Industriehallen durchschien. Der Systematiker in diesem westfälischen Preußen analysierte die konkreten Bedingungen des Bauwerks, der Poet in ihm verteidigte die Autonomie der Form. Spröde Nüchternheit erlaubte sich freie Akzente. Kleihues erfand dafür den Begriff des »Poetischen Realismus«.

Kritische Rekonstruktion war ein Thema, das Kleihues dem vom ihm verantworteten Teil der Internationalen Bauausstellung (IBA) gab. In den späten siebziger Jahren war in Berlin das Bedürfnis entstanden, die Wende im städtebaulichen Denken in einer neuen, international beschickten Architekturschau zu dokumentieren und zu befördern. Die Innenstadt sollte als Wohnort zurückgewonnen werden: Rückkehr in die Stadt auch hier. Trotz der Bindung an die Förderbestimmungen des Sozialen Wohnungsbaus gelang es mehr als einmal, von standardisierten Grundrissen abzuweichen, größere Raumhöhen zu ermöglichen oder andere Erschließungen zu wählen. Dem hochsubventionierten Westberlin, aus dem die Industrie abwanderte, blieb auch nichts anderes übrig, als auf Zuwanderung zu setzen und Arbeitskräfte mit verbesserten Wohnverhältnissen und Mietzuschüssen anzuwerben.

Der Begriff Innenstadt wurde großzügig ausgelegt. Zu einer Hauptaustragungsstätte der IBA wurde zwar das einzige Terrain, das von der historischen, zur DDR gehörenden Stadtmitte auf westliches Gebiet hinüberreichte, die südliche Friedrichstadt. Aber Dependancen der IBA waren über das ganze

westliche Stadtgebiet gestreut. Am Tiergarten dirigierte Rob Krier den Entwurf sogenannter Stadtvillen, freistehender Mehrfamilienhäuser, die sich symmetrisch um einen Anger gruppieren. Am Prager Platz, in Wilmersdorf, wurden Carlo Aymonino, Gottfried Böhm und Rob Krier zu einer Platzbebauung zusammengespannt. Die größte IBA-Filiale lag draußen in Tegel. Dort, am Seeufer und in Waldnähe, wohnte es sich angenehm, entlastet von den Zwängen der Großstadt. Die Postmoderne fand eine Spielwiese, die ihren lockeren Stilübungen ein geeignetes Übungsfeld bot (vgl. S. 407 f.). Mit dem Humboldt-Schlößchen in Tegel stand eine Berliner Dauerberufungsinstanz, echte Schinkel-Architektur, zitierbereit in der Nähe.

Das mühselige Geschäft der erhaltenden Stadterneuerung blieb Hämer, dem Direktor der anderen IBA-Hälfte (»IBA-Alt«), überlassen. Tatort waren die Luisenstadt und der Kreuzberger Postzustellbezirk SO 36, ein durch die Teilung der Stadt abgeschnürtes Quartier, in dem sich eine unruhige Mischung von Bewohnern zusammengefunden hatte: alternative Randgruppen, seit 1979 auch jugendliche Hausbesetzer, ausländische Nationalitäten, vor allem Türken, betagte Altbewohner des Viertels. »Wir sind anders«, stand auf einer der Häuserwände. Rund 3 700 Wohnungen waren in SO 36 innerhalb von fünf Jahren instand zu setzen und um soziale Einrichtungen zu ergänzen. Hämer sanierte nicht nach maximalen Standards, sondern bemaß den Aufwand nach den Mieten, die für die jeweiligen Bewohner bezahlbar waren. Maximal dagegen war der Betreuungs- und Diskussionsaufwand in zahllosen Einzelgesprächen und Mieterversammlungen. Mit der Bewohnerschaft vereinbarte Hämer *Zwölf Grundsätze für die behutsame Stadterneuerung*, die er sich vom Stadtparlament absegnen ließ. Ziel sollte sein, daß die Erneuerung der Quartiere keine Einwohner verdrängte.

Glanzlichter neuen Bauens versagte sich auch Hämer nicht. Álvaro Siza, den in bewohnernahen Siedlungen bewanderten portugiesischen Architekten, gewann er für einen Eckbau, der allerdings wenig beeindruckend ausfiel. Den Hit komponierten heimische Architekten, das Ehepaar Inken und Hinrich Baller. Die Scharoun-Schüler, die sich zuvor mit der Restaurierung eines frühen Miethauses von Bruno Taut am Kottbusser Damm einen Namen gemacht hatten, pflegten expressiven Populismus. In der Wohnanlage am Fraenkelufer (1979, 1982–84), die sich von drei Baulückenhäusern am Kanal in einen der ehemaligen Gewerbehöfe hineinzieht und eine lange Brandwand abdeckt, entfesselten sie eine Orgie in Beton und Ziegel. Pfeiler stehen entsprechend dem Kraftfluß schräg. Vorgefertigte Balkonplatten, die auf schwenkbaren Gußtischen betoniert wurden, rollen ihre Kanten hoch wie die Schnitze von Apfelsinenschalen. Dachgauben sind wie Fledermausohren aufgestellt.

Inken und Hinrich Baller. Wohnungsbau am Fraenkelufer (IBA Berlin 1984/87). Berlin-Luisenstadt, 1979, 1982–84.

Sommerfest in der Regenbogenfabrik. Berlin-Kreuzberg SO 36, 1982.

Rückkehr in die Städte

Ein Ort namens Eichstätt

Eine Rückkehr in die Stadt, obgleich in eine sehr kleine von 13 000 Einwohnern, vollzog auch Karljosef Schattner in Eichstätt. Die schwäbisch-bayerische Bischofsresidenz ist der Sitz einer 1958 gegründeten, von den katholischen Diözesen Bayerns unterhaltenen Privatuniversität. Ursprünglich sollten die Universitätsbauten campusartig zusammengefaßt und auf den Jurahöhen oberhalb des Altmühltals errichtet werden. Die Entscheidung, sie ins Tal, in die gotischbarocke Stadt, zu legen, gab die Gelegenheit, den Bedarf der Hochschule zum Hebel der Stadterneuerung zu machen. Wo immer ein Domherrenhof freistand, ein größeres Bürgerhaus zu verkommen drohte, irgendein Institut fand sich immer, das dort unterkam.

Für Diözesanbaumeister Karljosef Schattner war es die willkommene Gelegenheit, das Neue mit dem Alten zu verknüpfen. Die Aufgaben, die sich stellten, betrafen alle Themen, denen sich ein Architekt angesichts eines reichen Erbes gegenüber sehen kann: Sicherung des Bestandes, Wiederherstellung, Umbau, Einbau, Anbau, Neubau. Was Schattner praktizierte, war Kunst der Fuge. Geschult war sie am Vorbild italienischer Architekten wie Carlo Scarpa und Giancarlo de Carlo oder der Tessiner Schule. Diese Tradition hatte Tradition. Aus Tessin und Graubünden waren die Eichstätter Baumeister schon des 18. Jahrhunderts gekommen. Zur Arbeitsgrundlage gehörte, daß Interventionen als solche sichtbar bleiben. Bei Schattner gab es keinen Zweifel, was alt erhalten und was neu hinzugekommen war.

Karljosef Schattner. Lehrstuhl für Journalistik. Eichstätt, 1985–87.

Karljosef Schattner. Ulmer Hof. Umbau zum Fachbereich Katholische Theologie. Eichstätt, 1978–80.

Karljosef Schattner. Mensa der Universität. Eichstätt, 1986–88.

Eichstätt konnte auch deshalb zu einem Geheimtip und dann zu einem vielbesuchten Exkursionsziel von Architektengruppen werden, weil es Schattner vergönnt war, in seltener Kontinuität zu arbeiten. Die katholische Kirche ist ein Auftraggeber, der die Ewigkeit vor Augen hat. Für gewöhnliche Sterbliche bedeuteten auch die dreieinhalb Jahrzehnte, in denen Schattner den Geist des Ortes aufnahm und wiedergab, von 1957 bis 1991, eine kleine Ewigkeit. Es gelang, ein neuzeitliches Pendant zu den alten Dombauhütten einzurichten, eine Handwerkergruppe, die sich vergessene Techniken aneignete und Qualität sicherte. In der gesamten Epoche seines Wirkens hatte Schattner nicht mehr als vier Bischöfe zu Bauherren. Man hatte Zeit, sich miteinander zu verständigen und Prinzipien zu erarbeiten. Dabei mutete der Architekt seinen Mitbürgern durchaus harte Entscheidungen zu. Wo Baulücken zu schließen, Ergänzungen vorzunehmen oder vor den Toren der Stadt zu bauen war, fielen die Neubauten dezidiert modern aus, scheute der Architekt weder Materialkontraste noch Maßstabswechsel.

Joachim und Margot Schürmann. Wohnbebauung um Groß St. Martin. Köln, 1969–79. Ansicht. Vogelschau.

Städtische Interventionen

Mit den privilegierten Bedingungen Eichstätts konnten die größeren innerstädtischen Interventionen dieser Zeit nicht rechnen. Aber zu einigen markanten Fällen, in denen Stadt zurückgewonnen und ortsspezifische Eigenart aufgenommen wurde, kam es doch. In Köln galt es, ein Stück Altstadt zwischen Altermarkt und Rhein wiederzubeleben. Joachim Schürmann war seit 1961 mit dem Wiederaufbau von Groß St. Martin betraut, einer romanischen Stiftskirche mit stadtbestimmendem Vierungsturm, die er in einer sensiblen Synthese von Offenlegung und Ergänzung rekonstruierte. Schürmann und seine Frau Margot umgaben die Kirche mit einer Wohnbebauung (1969–79), die das dichtmaschige Netz von Gassen und betretbaren Höfen weiterführt. Der große Wohnhof nördlich der Kirche, unter dem eine Tiefgarage liegt, erinnert an die Benediktinerabtei, deren Kreuzgang hier verlief. Die Architektur ist vorbehaltlos zeitgenössisch, aber in Gliederung und Maßstab auf die Kleinteiligkeit des Viertels bezogen. Für ihr eigenes Atelier errichteten die Schürmanns den Kopfbau einer angrenzenden Gasse und bezeugten ihr Engagement auch auf diese Weise.

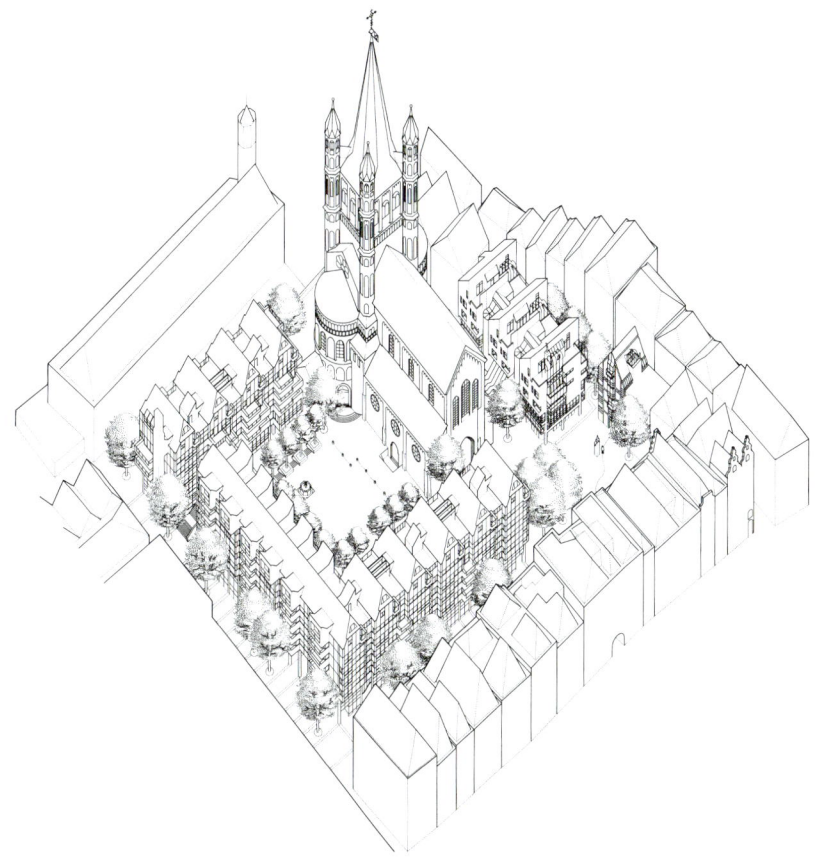

Rückkehr in die Städte

Walter von Lom. Wohn- und Geschäftshäuser am Markt. Lemgo, 1973–77.

Architekten lernten, daß Baulücken produktive Herausforderungen bedeuten. Am Lemgoer Markt setzte Walter von Lom, dessen privates Stadthaus in Köln 1975 eine Einübung in Stadtverträglichkeit war, zwischen 1973 und 1977 vier neue Wohn- und Geschäftshäuser neben Fachwerk- und Steingiebel-Häuser, und siehe, es ging. Moderne Glaserker greifen die Erker der Weser-Renaissance auf. Erich Schneider-Wessling umgab in Osnabrück eine bereits begonnene Parkgarage mit einer Randbebauung – das Nikolai-Centrum (1981–84). In die Mitte des Blocks legte er auf das Garagendach kleine Gärten und einen überdachten Weg, der die Wohnungen erschließt. Das reichhaltige Vokabular, die Vor- und Rücksprünge, Brüstungen und Rankgerüste, der Materialmix von Kalksandstein, Sichtbeton und Zinkblech und die gemischte Nutzung waren eine Absage an formale und funktionale Monokultur.

Was man lange nicht mehr geübt hatte, den Umgang mit dem Maßstab der alten Stadt, nötigte zu besonderer Vorsicht. Heinz Mohl teilte die Fronten seines Kaufhauses Schneider in Freiburg (1969–75) in gestaffelte Tranchen auf, so daß es gegenüber dem benachbarten Münster in angemessener Bescheidenheit auftrat. Kaufhäuser verursachten in den Innenstädten fast immer Maßstabsbrüche und galten als Störenfriede erster Ordnung – so lange jedenfalls, bis die Einkaufszentren auf der grünen Wiese den innerstädtischen Handel das Fürchten lehrten und Kaufhäuser in der City als das kleinere Übel empfunden wurden.

Mohls Freiburger Bau mit seinem Pfeilergang, seinen überstehenden Traufen und seiner »fünften Fassade«, der Dächerlandschaft, benahm sich jedenfalls freundlich zu seiner Nachbarschaft, auch wenn seine Betonfertigteile, verglichen mit den bevorstehenden farbfrohen Stadtinszenierungen, manchem allzu grau erschienen. Es blieb nicht der einzige Beitrag Mohls zum kontextuellen Bauen. Dem Kaufhaus in Freiburg folgten eines in Ettlingen, die Landeskreditbank und die Heinrich-Hübsch-Schule in Karlsruhe. Ihr Architekt fühlte sich dem badischen Klassizismus von Weinbrenner und Hübsch bis zu Friedrich Ostendorf verpflichtet.

Aus einem Neubau für den Hamburger Medienkonzern Gruner & Jahr machten Uwe Kiessler und Otto Steidle ein ganzes Stadtquartier (1983–84,

Erich Schneider-Wessling. Nikolai-Centrum. Osnabrück, 1981–84.

1987–90). Den Komplex lösten sie in parallele Zeilen auf, die an die »Gängeviertel« der Hamburger Altstadt erinnern. Wenige Jahre zuvor hätte man ein mächtiges Bauvolumen in die City gewuchtet, im Wettbewerb waren solche Vorschläge noch eingereicht worden. Jetzt führt ein öffentlicher Weg durch die dichte, auch enge Baugruppe, mit verschliffenen Übergängen zwischen betrieblicher Nutzung und allgemeiner Zugänglichkeit. Zinkblech wurde auch hier als Fassadenmaterial eingesetzt. Es hatte einen proletarischen Touch, den die siebziger und achtziger Jahre schätzten. Auf die Nähe des Hafens spielen Laufgänge an, Beton-Portalträger, auf denen die Obergeschosse aufgebockt sind, Bullaugen und Reling. Die Epoche der Assoziationen und Zitate hatte begonnen.

Heinz Mohl. Kaufhaus Schneider. Freiburg im Breisgau, 1969–75.

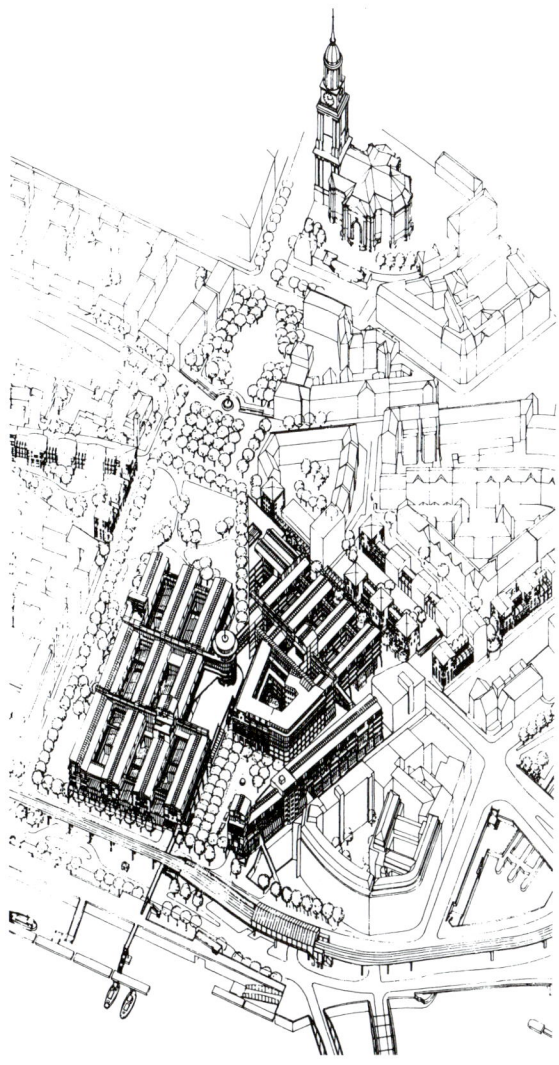

Uwe Kiessler und Partner, Otto Steidle. Medienkonzern Gruner & Jahr. Hamburg, 1983–84, 1987–90. Ansicht. Vogelschau.

Rückkehr in die Städte

Postmoderne Spiele

Als die Architektur sich anschickte, in die Städte zurückzukehren, hatte sie eine Begleiterin, die Postmoderne. Was in der Stadt zu lernen war, die seit Jahrhunderten, wenn nicht Jahrtausenden bewährten Typologien, die Beharrungskraft der Grundrisse und Stadtpläne, gehörte zu jenen Lektionen aus der Geschichte, die auch die Nachmoderne schätzte. »Kritische« oder »komplexe Rekonstruktion« reichten ihr jedoch nicht aus, freie Erfindung kam hinzu. In den fünfziger bis siebziger Jahren hatte es auf den großen Baustellen geheißen: bloß keine Geschichten machen, sie halten nur auf und machen die Sache teurer. Jetzt entdeckte man gerade das Geschichtenerzählen wieder. In den besten Beispielen wurden der Blick auf die Stadt geschärft, Verwandtschaften aufgedeckt, Eigenarten inszeniert.

Das Recht, reden zu dürfen

Den kommunikativen Aspekt, das rhetorische Moment, die Mitteilsamkeit bislang verschlossener Architektur betonten alle Schriften, die in den späten siebziger Jahren in Deutschland auf den Markt kamen und die neuen Phänomene teils erklären, teils befördern wollten. »Er verlangte für die Baukunst ein Recht, ... ohne welches unsere Arbeiten zu Handwerkerleistungen herabsinken würden, nämlich das Recht, zu den Menschen reden zu dürfen«, hatte Richard Lucae 1865 über Schinkel gesagt,[45] der nun mit Vorrang zitiert wurde. Schinkels Schloß Glienicke bei Potsdam, aber noch auf Westberliner Boden gelegen, wurde zu einem Pilgerort der westdeutschen und Westberliner Architekten, denen der Zugang zur Stadtmitte oder nach Potsdam erschwert oder versagt war.

1977 kam erstmals ein schmales Paperback heraus, das den Begriff Postmoderne, auf Architektur bezogen, im Titel führte: *The Language of Post-Modern Architecture*. Ein Jahr später war es ins Deutsche übersetzt.[46] Sein Autor Charles Jencks war nicht übermäßig glücklich mit dem Wort »postmodern«, das vor ihm Soziologen, Historiker und Literaturwissenschaftler gebraucht hatten. Er hätte auch, meinte er, »radikaler Eklektizismus« sagen können. »Postmo-

Ernst Kasper, Klaus Klever. Quartier am Büchel (Kaiserquelle). Aachen, 1994.

[45] Richard Lucae. Schinkel im Lichte der Gegenwart. Schinkel-Rede 1865. In: Julius Posener (Hg.). Festreden Schinkel zu Ehren 1846–1980. Berlin, o. J. S. 54 f.

[46] Charles Jencks. Die Sprache der postmodernen Architektur. Stuttgart, 1978.

dern« definiere das Phänomen negativ. Es sei ungefähr so, als ob man statt »Frauen« »Nicht-Männer« sagte.[47] Jencks hob den semiotischen Aspekt hervor, den Architektur immer besessen habe.

In der Gegenwart ist der Gebrauch von Metaphern und Symbolen laut Jencks durch Doppeldeutigkeit und Mehrfachkodierung gekennzeichnet. Was auf den ersten Blick populistisch und effektvoll wirkt, kann Anspielungen enthalten, die nicht für jedermann zu entschlüsseln sind. Der Architekt solle sich in radikaler Schizophrenie ausbilden. Er solle sich an den langsam sich verändernden Kodes der Popularkulturen orientieren, aber auch an den schnell wechselnden der Architekturmoden. Die Empfehlung hat einen Anflug von Zynismus. Der einfache Mann wird bedient, aber zugleich verständigen die Wissenden sich hinter seinem Rücken. Wird Kitsch geliefert, so in Anführungsstrichen: Er ist nicht wörtlich gemeint.

1980 nahm sich die erste Architekturbiennale in Venedig der *presenza del passato* an, der »Gegenwart der Vergangenheit«. Paolo Portoghesi, ihr Leiter, verkündete das Ende der Prohibition, das Ende der Dogmen, den Beginn der Libertinage. Alles war zitierfähig geworden. In der Corderia, der Seilerei des Arsenals, einer dreischiffigen Halle mit fabelhaft dickleibigen Säulen, durften zwanzig internationale Architekten Kojen gestalten und mit Fronten zum Mittelschiff hin versehen. Überwiegend wurde mit Säulenmotiven hantiert. Hergestellt wurden die Kulissen dieser *strada novissima* in den Ateliers von Cinecittà in Rom, was das Unternehmen bei seinen Gegnern doppelt anrüchig machte. An dieser Nobilitierung der Fassade, die (ebenso wie die Säule) für die Moderne ein Unwort gewesen war, nahmen auch zwei Deutsche teil, Oswald Mathias Ungers und Josef Paul Kleihues.

In Deutschland selbst wurde die Postmoderne durch das 1984 eröffnete Deutsche Architekturmuseum in Frankfurt am Main populär gemacht.[48] Dessen Gründungsdirektor Heinrich Klotz widmete ihr die Eröffnungsausstellung. Postmoderne war bei Klotz einfacher als bei Jencks und als später bei dem deutschen Philosophen Wolfgang Welsch definiert, der in der extremen Pluralität der Postmoderne nicht eine grundsätzliche Alternative zur Moderne sah, sondern eine Radikalisierung der Moderne, eine Art ästhetischer Gewaltenteilung.[49] Klotz betonte und pries die Wiederkehr des Fiktionalen, Erzählerischen, Narrativen. Sein Engagement hinderte Klotz nicht, wenig später die »Zweite Moderne« ebenso bereitwillig auf den Schild zu heben. Kunsthistoriker lieben es, neue Stile auszurufen.

Neben den hehren Begründungen für die Notwendigkeit einer Postmoderne gab es auch eine realitätsnähere. In der Bundesrepublik war in den späten siebziger Jahren die Nachfrage im Baugeschäft, vor allem im Wohnungsbau, rapide zurückgegangen. Die Baisse in dieser Branche lag nicht daran, daß der Bedarf allenthalben befriedigt gewesen wäre, sondern hatte ihren Grund im Anstieg der Herstellungskosten und Hypothekenzinsen. Der Finanzierungsmodus des Sozialen Wohnungsbaus, der einen steten Anstieg der Mietereinkünfte vorausgesetzt hatte, erforderte immer höhere Subventionen. Wohnungen wurden unerschwinglich für diejenigen sozialen Gruppen, die Wohnungen am dringendsten benötigten.

Bei vielen Bauaufgaben, die sonst die Branche nährten, ließen staatliche, kommunale und kirchliche Auftraggeber die Öffentlichen Hände sinken und wandten sich der Konsolidierung ihrer Haushalte zu, einer Aufgabe, die ihnen nach der Jahrtausendwende weitaus rigoroser zugemutet werden sollte. Die große Zeit der Rathäuser, Theater, Gemeindezentren, Hochschulkomplexe, Gesamtschulen schien vorüber. Gelegentlich schaffte noch einmal ein Sporthallenarchitekt den Sprung vom Zeichenbrett in die Baugrube. Daß die Bauwirtschaft sich nicht an Autobahnen schadlos halten konnte, dafür sorgten die Grünen, die den Weg in die Parlamente gefunden hatten.

[47] Charles Jencks. The Language of Post-Modern Architecture. London, 1977. S. 7.

[48] Heinrich Klotz (Hg.). Revision der Moderne. Postmoderne Architektur 1960–1980. Kat. Deutsches Architekturmuseum Frankfurt am Main. München, 1984.

[49] Wolfgang Welsch. Unsere postmoderne Moderne. Weinheim, 1987.

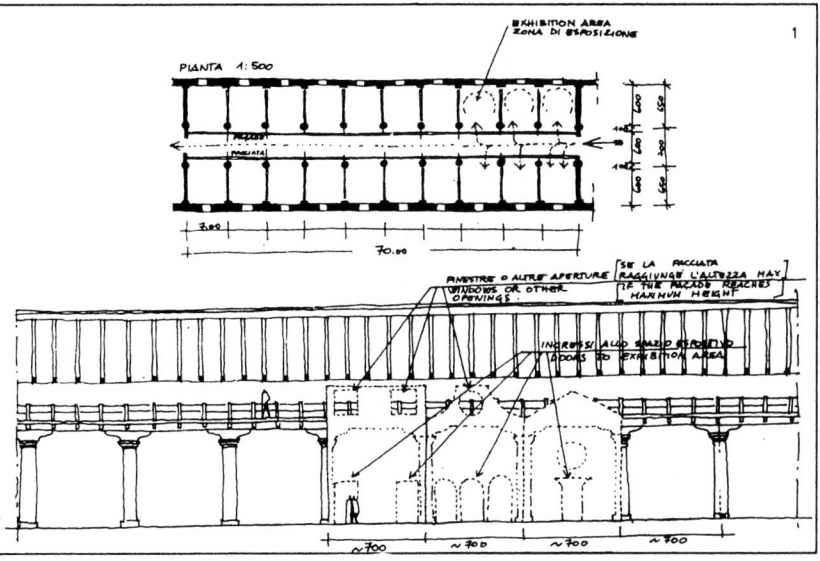

Biennale. Mostra Internazionale d'Architettura. Planungsunterlage für die Teilnehmer an der Strada Novissima. Venedig, 1980.

I am a Monument. Wie man Monumente bauen sollte. In: Robert Venturi, Denise Scott Brown, Steven Izenour. Lernen von Las Vegas. Braunschweig, 1979.

Verschiedene Architekten. Stadthäuser an der Saalgasse zwischen Nikolaikirche und Dom. Frankfurt am Main, 1984–85.

Eine hoffnungslos überbesetzte Baubranche geriet ins Schlingern. Der Zusammenbruch des gewerkschaftseigenen Konzerns Neue Heimat, der sich als der europa- und vielleicht weltweit branchengrößte bezeichnet hatte,[50] war in den achtziger Jahren ein Menetekel. Da konnte die Schaustellung lange nicht mehr gesehener Architekturdetails, die Koketterie mit verborgenen Motivreizen den zögernden Kunden Lust aufs erschlaffte Geschäft machen: So unterhaltsam konnte Bauen sein. Für die Ankunft der Postmoderne in der Bundesrepublik mag dieser marktinterne Zusammenhang ein Grund gewesen sein. Der alleinige war es nicht. Denn auch östlich des Eisernen Vorhangs fand die neue Beredsamkeit ihre Anhänger.

Scheherazade erzählt

Das Lebensgefühl der Moderne war von einem nicht leicht zu erschütternden Optimismus grundiert gewesen. Dieser Fortschrittsglaube war vergangen. Die Welt verlor vor aller Augen dramatisch an Bewohnbarkeit. Wälder schwanden, Bauwerke zerfielen, Meere verschmutzten, Böden verloren ihre Fruchtbarkeit, die Erde versteppte, der Ozonschild zerbrach. Die Reaktorkatastrophen von Three Mile Island (1979) und Tschernobyl (1986) hatten deutlich genug gemacht, daß Atomkraft nicht die unproblematische Lösung aller Energieprobleme sein würde, als die sie der Welt noch in den siebziger Jahren verkauft worden war. Daß die Supermächte USA und Sowjetunion ihre Hochrüstung für den finalen Showdown einmal einstellen würden, war noch nicht abzusehen, aber die neuen Bedrohungsszenarien, die sich hinter dieser weltpolitischen Zäsur auftun würden, auch nicht.

Geschichten scheint der Mensch vor allem dann zu erzählen, wenn es ihm dreckig geht. Geschichten erzählt man in steckengebliebenen Eisenbahnzügen, auf Schiffen, die in Quarantäne liegen, in Gefechtsunterständen und in Luftschutzkellern. Die kluge Scheherazade erzählt, um die Aufmerksamkeit ihres königlichen Gemahls, der jede seiner weniger beredten Frauen nach der Hochzeitsnacht töten ließ, dauerhaft zu fesseln. Die Geschichten, Fabeln und Parabeln des Decamerone legte Boccaccio Florentinern und Florentinerinnen in den Mund, die sich in der von der Pest heimgesuchten Welt eine arkadische Insel der Seligen sichern wollten. Wo Ausnahmezustand herrscht, blühen die Geschichten. Wo die Normen sich gelöst haben, lockern sich die Zungen.

In den Stunden der Alpträume, von denen die Welt zwischen Kaltem Krieg und Devastierung der Umwelt heimgesucht wurde, wußte Scheherazade keine zukunftsfrohen Fabeln zu erzählen. Es waren Geschichten von ehedem, als die Menschen noch geduldig Stein auf Stein setzten, Schwellen vor ihre Pforten legten und ihre Häuser mit Söllern, Giebeln und Zinnen schmückten. Wörtlich genommen hat das niemand. Hergestellt wurde der retrospektive Illusionismus auch nicht auf altväterlich handwerkliche Weise, wie sie das behagliche Außenbild suggeriert, sondern in kostensparender moderner Technik.

Robert Venturi und Denise Scott Brown wiesen bei ihren Erkundungen in Las Vegas und Levittown[51] darauf hin, daß es sich bei der Popkultur der Spielkasinos wie der vorgefertigten Einfamilienhäuser um »dekorierte Schuppen«, um vorgeblendete Fassaden oder aufgestellte Zeichen, um *decorated sheds* handelte. Auswechselbare Dekorationen erzeugten Fiktio-

nen und öffneten unterschiedliche Assoziationshorizonte. Für bestimmte Gruppen waren sie lesbar, für andere nicht. Postmoderne Architektur trat als eine Serie unverbindlicher Spiele auf, die verschiedenartigen Geschmacksniveaus entsprachen und den schnellen Veränderungen des zeitgenössischen Soziallebens unterlagen. Der Hit der einen Saison war in der nächsten schon wieder *out*. Dekorierte Schuppen konnten flink darauf reagieren: Sie wechselten die Dekorationen aus.

Zugleich steckten in der redenden, oft auch nur geschwätzigen Anspielungskunst alte Sehnsüchte. In der längsten Zeit ihres Bestehens war Architektur Kommunikation gewesen und nicht nur Bedarfserfüllung – ob sie in den Botschaften der Herrschenden an die Beherrschten bestand oder im Selbstausdruck der Bewohner in Häusern, die mehr von ihnen mitteilten, als es die moderne Mietskaserne oder das Einfamilienhaus nach Katalog taten. Christopher Alexander veröffentlichte 1977 einen vielstudierten Katalog architektonischer und städtebaulicher *patterns*, denen er einen zeitenthobenen Charakter zutraute.[52] Arche-

typische »Muster« wie Tor, Innenhof, Passage, Arkade, Plätze unter Bäumen – die Liste hatte 253 Punkte – sollten zeitlose Bedürfnisse des Menschen nach Wohlbefinden und Mannigfaltigkeit erfüllen, sollten Schutz und Außenkontakt und die Übergänge dazwischen bieten.

Solchen Wünschen folgten postmoderne Wohnhausbauten, wie sie programmatisch in der Frankfurter Saalgasse gereiht wurden, auch im sonst so nüchternen Norddeutschland entstanden und besonders günstigen Nährboden bei der Internationalen Bauausstellung Berlin von 1984 bis 1987 fanden. Deren Baumeister hielten sich an die jeweilige Par-

zelle. Sie bestanden auf der Individualität der Fassade, die sich deutlich von der des Nachbarn unterscheiden mußte. Für jeden Bauherrn ließen sie sich etwas einfallen, was sein Haus zu einem ganz besonderen Haus machte. Lokale Eigenarten wurden manchmal aufgegriffen, nicht aber die Gemeinsamkeit in der Variation, die zum historischen Bauen in der Stadt gehört hatte. Frankfurter Saalgasse oder Bremer Marterburg bieten einen Anblick von grimassierender Vielfalt.

Charles Moore, einer der Ahnherren der kalifornischen Postmoderne, an der Saalgasse ebenfalls mit einem Haus beteiligt, übertrug diesen Eklektizismus auf den vielgeschossigen Wohnungsbau. Bei der Wohnschlange im IBA-Revier Berlin-Tegel (1985–88), die einen achteckigen Wohnhof umgreift, kam es nicht auf untadelige Grundrisse, sondern auf originelle Formen an. Moores Bauteil ist mit kleinen Luken wie mit großen Hochfenstern, barocken Schlössern vergleichbar, versehen. Dahinter stecken keine Festsäle, nicht einmal Maisonette-Wohnungen, sondern mehrere Etagen steuerbegünstigter Wohnungen des Zweiten Förderwegs. Vor- und Rücksprünge,

[50] Anzeige der Neuen Heimat. In: Frankfurter Allgemeine Zeitung , 3. 8. 1973.

[51] Robert Venturi, Denise Scott Brown, Steven Izenour. Learning from Las Vegas. Cambridge, Mass., 1972. – Dt.: Lernen von Las Vegas. Bauwelt Fundamente 53. Braunschweig, 1979. – Virginia Carroll, Denise Scott Brown, Robert Venturi. Levittown et après. In: L'architecture d'aujourd'hui 163 43 (1972) 8-9. S. 38 ff.

[52] Christopher Alexander u. a. A Pattern Language. New York, 1977. – Dt.: Eine Muster-Sprache. Wien, 1995. – Zwei Jahre später erschien von Alexander ein Buch mit dem bezeichnenden Titel: The Timeless Way of Building. New York, 1979.

Peter Weber. Stadthäuser an der Deichstraße. Bremerhaven, 1983–86.

Wolfram Goldapp, Thomas Klumpp. Wohnquartier Marterburg. Bremen, 1978–96.

Postmoderne Spiele

Charles Moore, John Ruble, Buzz Yudell. Wohnbebauung am Tegeler Hafen (IBA Berlin 1984/87). Berlin-Tegel, 1985–88.

[53] Haus Nagel. Wesseling bei Köln, 1969.

Helge Bofinger. Haus S. Kronberg, Taunus, 1979–82.

Giebel und Pavillons auf den Dachhauben zieren das Wohngebirge. Das euphorische Gefühl, anders zu wohnen als alle anderen, brachte jeden Einwand zum Schweigen.

Architekten von Einfamilienhäusern waren von öffentlicher Rücksichtnahme vollends entlastet. Manche Produkte wirkten wie hochdekorierte Ableger kalifornischen Freistils. Hausgrundrisse wurden oft symmetrisch angelegt, etwa bei Helge Bofinger in einem Kronberger Haus von 1979–82 mit einer den Korpus durchschneidenden, von oben belichteten Treppenhalle. Dem rheinischen Kirchen- und Wohnhausbauer Heinz Bienefeld (vgl. S. 480) unterlief auch schon einmal eine kleine Palladio-Villa[53] – sogar bereits 1969.

Die neu ermöglichten Freiheiten konnten auch zu ganz ungewöhnlichen Erkundungen führen, auf die das postmoderne Etikett nicht paßt. So ging Johannes Peter Hölzinger, der viele Jahre lang mit dem Bildhauer Hermann Goepfert von der Gruppe Zero zusammengearbeitet hatte, von bildnerischen Phänomenen aus. Bei einer Wohnanlage in Bad Nauheim (1980–83) bilden weiße, gewinkelte Scherwände ein kristallines Beziehungsfeld, in dem sich das Licht fängt. Die Wohnungen, vom Mittelhof des Grundrißsterns erschlossen, sind zwischen die Lichtfänger genestelt. Hölzinger beschrieb seine Entwürfe als »modulierte materiale Verdichtung im endlosen Raum«.⁵⁴ Mies van der Rohes Entwurf für ein Landhaus in Backstein (1924) bringt sich in Erinnerung, dessen Linien aus der Ferne einzufallen schienen, um Raum zu bilden und dann wieder in die Ferne zu enteilen (vgl. S. 144).

Die Stunde der Museen

Wenn auch das Engagement der Öffentlichen Hand bei repräsentativen Bauaufträgen zurückgegangen war, eine Aufgabe war davon ausgenommen: das Museum. In den achtziger Jahren begann in der Bundesrepublik die große Zeit des Museumsbaus. Nach den Wiederaufbaumaßnahmen der ersten Nachkriegszeit und einigen schönen Beispielen der sechziger Jahre entdeckten Gemeinden und Länder das Museum als Profilierungschance, lange nachdem Rathäuser, Theater, Konzerthallen, Sportarenen und Mehrzweckhallen wiederaufgebaut oder neu errichtet worden waren. Investitionen, die in die Kunsthäuser gesteckt wurden, galten als eine Art Umwegfinanzierung. Sie belebten nicht nur den Kulturtourismus, sondern verhalfen den Städten zu einer Aura, die kulturbewußte Manager steuerträchtiger Großbetriebe anziehen konnte und das Klima für Investitionen verbesserte. Allein im Jahr 1983 wurden elf neu gebaute Museen in Betrieb genommen! Ende der sechziger Jahre hatten die bundesdeutschen Museen nur 14 Millionen Besucher gezählt. Drei Jahrzehnte später lag die Zahl bei um die 100 Millionen, wenn auch jetzt auf Gesamtdeutschland bezogen.

Natürlich hing die Förderung des Kulturinstituts Museum auch mit Veränderungen im Publikum zusammen. Das formale Bildungsniveau war aufgestockt worden und damit die Zahl möglicher Museumsgänger. Mehr Bürger absolvierten Abitur und Hochschule. Verfügbare Freizeit, ob freiwillig erstrebt oder zwangsweise verhängt, hatte zugenommen. Die Planer reagierten darauf, indem sie nach einer Phase des pädagogischen Museumsbaus in den sechziger Jahren die neuen Häuser für Flaneure und Causeure, für unterhaltungsbedürftige Medienteilhaber und Cafeteriabesucher einrichteten. Ein solches Publikum mußte mit nie gesehenen Eindrücken angelockt und mit wechselhaften Raumeindrücken, Durchblicken und Lichtreizen bei Laune gehalten werden. Emp-

Johannes Peter Hölzinger. Wohnbebauung. Bad Nauheim, Taunus, 1980–83.

fangszonen und Verteilerflächen nahmen bis dahin ungekannte Ausmaße an. Das Museum präsentierte sich als informelle Spielbühne zwangloser Mußetätigkeit und wurde darüber selbst zum Ausstellungsgegenstand.

Zwischen den neuen Museumsbauten und der postmodernen Zitatenfreude in der Architekturszene stellte sich so etwas wie Wahlverwandtschaft her. Man hat sogar die Collage künstlerischer Erscheinungsformen, als die sich Museumsbauten jetzt darstellten, für eine Verkörperung der Idee des Museums schlechthin gehalten.⁵⁵ Denn versammelt das Museum nicht ebenfalls menschliche Hervorbringungen aller Zeiten in seinen Sälen – von der Streitaxt bis zur Pop Art eine einzige Collage? Jedenfalls waren Museumsgebäude zweier ausländischer Architekten, James Stirling aus London und Hans Hollein aus Wien, Schrittmacher in der Entwicklung der deutschen Postmoderne.

Hollein erhielt in Mönchengladbach (1972–82) den ersten großen Auftrag seiner Laufbahn. Am Endmoränenhang, der die Stadtkante bildet, entfaltete er einen fragmentarischen Zusammenhang unterschiedlicher Bauteile. Ein Verwaltungsturm mit wellig aufgebrochener Glas-Alu-Fassade präsidiert den zinkblechverkleideten Werkhallen, die in Wahrheit Köpfe der in den Hang gearbeiteten Museumsräume sind. Ein marmorverkleidetes Eingangstempelchen, Erinnerung an das antike Schatzhaus, einen Urahn des Museums, führt hinab in diesen Hörselberg der Kunst. Ein weiteres Gebäude für Wechselausstellun-

⁵⁴ Johannes Peter Hölzinger. Verdichtungen im Raum. In: Bauwelt 75 (1984) 41. S. 1757.

⁵⁵ Peter Beye. Die Neue Staatsgalerie von James Stirling. In: Finanzministerium Baden-Württemberg (Hg.). Neue Staatsgalerie Stuttgart. Stuttgart, 1984. S. 37.

Hans Hollein. Museum am Abteiberg. Mönchengladbach, 1972–82.

James Stirling, Michael Wilford. Neue Staatsgalerie. Stuttgart, 1977–84. Ansicht. Grundriß Obergeschoß.

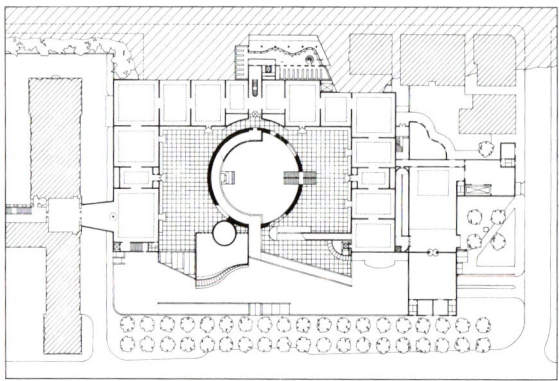

gen ist nur unterirdisch mit dem Komplex verbunden. Unterschiedlichste Anmutungen von kostbar (Marmor!) bis proletarisch (Zinkblech!) werden ins Spiel gebracht.

Stirling hatte die Szene schon 1975 mit Entwürfen in Museumskonkurrenzen für Düsseldorf und Köln aufgemischt, heterogenen Anlagen, die auf heterogene Umgebungen antworteten. Sein Szenario für den Erweiterungsbau der Stuttgarter Staatsgalerie, der erste Preis im Bauwettbewerb von 1977, löste einen der seltenen Architekturzwiste in Deutschland aus. Konnten, durften Formen ihrer vormaligen Bedeutung entkleidet und gleichsam unschuldig neu verwendet werden? Oder hängen Bedeutungen unveränderlich an den Formen? Der Bau werde bei der Eröffnung bereits neunhundert Jahre alt aussehen, also irgendwie salisch oder staufisch, meinte Frei Otto; damals lief in Stuttgart eine Ausstellung über die Staufer! Reinhard Gieselmann, ein vielversprechender Eiermann-Schüler, nannte seinen berühmteren britischen Fachgenossen in Erinnerung an den militanten NS-Anhänger Paul Schultze-Naumburg sogar Schultze-Stirling.[56]

Gegen die säulen- und pfeilerverliebte Postmoderne wurde der alte Faschismusverdacht geltend gemacht. Stirling legte in Stuttgart einen Ehrenhof an, um den sich die drei Galerieflügel mit einer klassischen Enfilade der Säle gruppieren. Er stellte ihn aber mit allen möglichen Bauteilen voll, so daß er nur partiell betretbar ist. Schinkels Berliner Museum zitierend, griff er zu einem zylindrischen Zentralraum. Die Kuppel sparte er jedoch aus und ließ die Raumschale wie eine efeu- und weinumrankte Ruine nach oben offen. Kein Museumsbesucher kann sie durchmessen, nur der Passant, der die an ihr entlang mäandernde Rampe auf dem öffentlichen Weg zum höher gelegenen Stadtteil benutzt. Sandstein im Wechsel mit Cannstätter Travertin sind die konventionellen Materialien, aber im Mix mit Putz, Stahl, Glas und sogar babywäschefarbenem Kunststoff als Beschichtung der metallenen Handläufe. Assoziationen reichen von ägyptischen Lotossäulen und Hohlkehlen bis zu Klimatisierungsstutzen wie am Pariser Centre Pompidou. Die Faschismuswarnung erwies sich schnell als unbegründet. Ein solches inspiriertes Amalgam wäre im Dritten Reich als artfremd niedergerissen worden.

Museumsbau wurde in einer Stadt groß geschrieben, die sich in diesen Jahren als deutscher Brückenkopf der Postmoderne etablierte, Frankfurt am Main. Seriöse Bankinstitute wie die Landeszentralbank Hessen (1979–87) schlossen sich der Richtung an. Jochem Jourdan und Partner wichen vom Hochhausbau ab, der für potente Bankinstitute in Frankfurt zum Comment geworden war (vgl. S.419 ff.), und fügten einem langen tonnengedeckten Mittelbau vier seitliche Querhäuser an. Sogar ein Heizkraftwerk (1985) zeigt sich dem Bahnreisenden bei der Einfahrt in den Frankfurter Hauptbahnhof in buntem Aufputz. Aber der vielpublizierte Trumpf, den die Stadt unter der Ägide von Oberbürgermeister Walter Wallmann und Kulturdezernent Hilmar Hoffmann ausspielte, war das Frankfurter Museumsufer.

Das Wort »Ufer« war dabei nicht ganz wörtlich zu nehmen. Neue Häuser wie das Museum für Vor- und Frühgeschichte von Kleihues, das die alte Bebauung um das Karmeliterkloster nachzeichnete, und das tortenstückartige Museum für Moderne Kunst von Hollein stehen ein paar hundert Schritte vom Fluß

Jochem Jourdan, Bernhard Müller, Sven Albrecht, Norbert Berghof, Michael Landes, Wolfgang Rang. Landeszentralbank Hessen. Frankfurt am Main, 1981–87. Eingangsfassade.

[56] Frei Otto. Der Anbau an die Staatsgalerie und sein Umfeld. In: Deutsche Bauzeitung 118 (1984) 3. S. 8. – Reinhard Gieselmann. In: Bauwelt 69 (1978) 13. S. 501.

*Museumsufer mit umgebauten Villen am südlichen Mainufer, Frankfurt am Main.
2. Haus von links: Deutsches Filmmuseum, umgebaut von Helge Bofinger, 1981–84.
3. Haus: Deutsches Architekturmuseum, umgebaut von Oswald Mathias Ungers, 1979–84.
6. und 7. Haus: Deutsches Postmuseum, umgebaut und ergänzt von Günter Behnisch und Partner, 1984–90.*

Postmoderne Spiele 411

Oswald Mathias Ungers. Deutsches Architekturmuseum. Frankfurt am Main, 1979–84. 3. Obergeschoß. Isometrischer Schnitt.

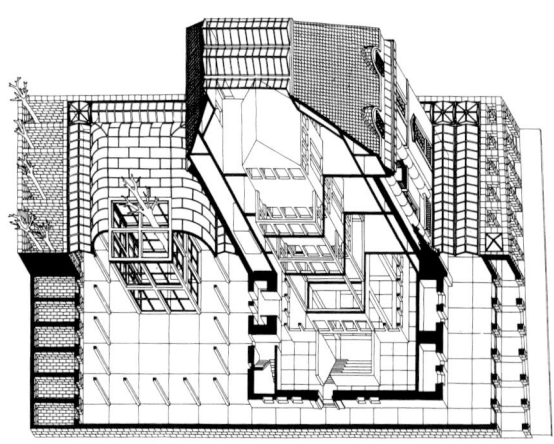

57 Museum Ludwig und Wallraf-Richartz-Museum. Architekten: Peter Busmann und Godfrid Haberer.

58 Architekt: Fritz Geldmacher.

entfernt. Doch logistisch war die Erfindung des Museumsufers ein gelungener Coup. Sie verhalf der Stadt zu dem Bewußtsein, an einem Fluß zu liegen, und zu einer freilich nicht durchgehenden Grünzone südlich des Mains. Sie rettete eine Reihe klassizistischer oder gründerzeitlicher Villen, die sonst der Kommerzbebauung erlegen wären, nun aber zu Museen umgebaut und erweitert wurden. Sie gab Gelegenheit zu Aufträgen an bekannte bis berühmte Architekten.

Außer an Hollein und Kleihues gingen Aufträge auf dem Nordufer, der Cityseite, an Ante Josip von Kostelac, der das Palais Rothschild in ein Jüdisches Museum umbaute, und an das Berliner Team Dietrich Bangert, Bernd Jansen, Stefan Scholz und Axel Schultes, die für die Ausstellungshalle Schirn beherzt einen revolverförmigen Grundriß auf die Westfassade des Kaiserdoms richteten. Auf dem Südufer zauberte Richard Meier ein vielgliedriges weißes Palais für die Angewandte Kunst in den Park um die Villa Metzler. Helge Bofinger pflanzte für das Filmmuseum einen Turm als neues raumbildendes Element in einen Altbau von 1912. Günter Behnisch verlegte mit viel Witz und einem großen gläsernen Tunnel sein Postmuseum teilweise unter die Erde. Anbauten waren auch der wienerisch geschmackvolle Trakt, mit dem Gustav Peichl das Städelsche Kunstinstitut bereicherte, und die Erweiterung des Liebighauses, des Skulpturenmuseums, durch Ernst Ulrich Scheffler und Thomas Warschauer. Erfreulich für Stadtkämmerer und Pressechef war: Jede Museumseröffnung gab Anlaß zu erneutem internationalen Echo. Trotzdem kosteten die relativ kleinen Häuser zusammen nicht viel mehr als ein Großbau, wie ihn sich etwa die Kölner mit ihrem Doppelmuseum am Dom leisteten.[57]

Für Oswald Mathias Ungers bedeutete das Deutsche Architekturmuseum, dem große Aufträge für die Frankfurter Messe folgten, eine Re-Etablierung in Deutschland nach langem USA-Aufenthalt. Ungers umgab die spätwilhelminische Doppelvilla mit einem Pfeilerportikus vorne und einer an Otto Wagners Postsparkasse erinnernden Glashalle hinten. Den Altbau, eine Neorenaissance-Doppelvilla von 1912–13,[58] weidete er aus und steckte ein Kerngehäuse hinein, das sich von unten nach oben, vom Gerüst bis zum Massivhaus materialisierte. Haus im Haus, das war ein angemessenes Thema für ein Architekturmuseum. Mit der strikten Ordnung über quadratischem Raster kündigte sich der Purist des Spätwerks an, der zwischen Geometrie, Ortsbezug und Themenbildung eine heikle Balance hält (vgl. S. 478 f.).

Ein zweiter Bau, der Ungers' Ruf in Deutschland wieder festigte, war die Badische Landesbibliothek in Karlsruhe (1979–84). Wenn Frei Otto dem Stirling-Projekt in Stuttgart vorgeworfen hatte, es werde aussehen, als befinde es sich schon seit neunhundert

Oswald Mathias Ungers. Badische Landesbibliothek. Karlsruhe, 1979–84. Außenansicht. Kuppel.

Jahren dort, so wollte Ungers in der Nachbarstadt ein Gebäude entwerfen, »das die Vergangenheit seiner eigenen Geschichte vorwegnimmt, ein Gebäude also, das so aussieht, als wenn es schon immer dagewesen wäre«.[59] Der Bibliothek gegenüber steht ein eindrucksvolles Zeugnis des südwestdeutschen Klassizismus, Friedrich Weinbrenners Pfarrkirche St. Stephan. Ungers pflegte nachbarliche Beziehungen zu dem überkuppelten Zentralbau mit seinen vier Vorhallen. Er wählte für die unteren Stockwerke seines eigenen Bauwerks den gleichen roten Sandstein und führte die Firstlinie der benachbarten Säulenvorhalle im First des giebelständigen Hochmagazins fort. Den Eingangshof schirmte er mit Pfeilergängen ab, wie es auch Weinbrenner bei einer Umbauung seiner Kirche geplant hatte. Natürlich bezieht sich die kleine Kuppel des Neubaus auf die große, gedrungene Kalotte des alten Gebäudes.

Weder Ungers noch einem anderen zeitgenössischen Architekten gelingt es, ein Gefühl für die Schwere des Steins zu vermitteln, das Weinbrenners Bauwerk so substantiell und gewichtig macht. Als Produkt unserer Zeit ist die Landesbibliothek nicht aus Sandsteinquadern gemauert, sondern ein mit Sandsteintafeln verkleideter Gerüstbau. Wandflächen umschließen bündig das Innere und dienen der Definition des Volumens. In sich hat die Wand bei Ungers keine Tiefe mehr, kein Gewände, kein Relief. Ungers zieht damit die ästhetische Konsequenz aus den realen Verhältnissen. Denn in der Tat trägt die Wand, auch wenn sie aus Stein ist, nichts mehr, nicht einmal sich selbst.

So nutzt der Architekt sie (außer zur unerläßlichen Abschließung) als schwerelose Begrenzung idealer Körper. Idealität und Ökonomie sind Vettern. Ein Gebäude von »höchster Ambivalenz ... weder neu noch alt, weder historisch noch modern«, hat der Architekt die Karlsruher Bibliothek genannt,[60] die ihn auf dem Weg zur kühlen Makellosigkeit seines Spätwerks zeigt. Als Postmoderner hat Ungers sich nicht verstanden. Rhetorik ist in der Tat nicht seine Sache, auch wenn er, wie die Postmodernen, auf dem Kunstanspruch und der Themenbildung der Architektur besteht. Als *poeta doctus*, der eine der schönsten Pri-

[59] Oswald Mathias Ungers. Der Entwurf für die Badische Landesbibliothek in Karlsruhe. In: Finanzministerium Baden-Württemberg (Hg.). Die Badische Landesbibliothek Karlsruhe. Stuttgart, 1992. S. 33.

[60] ebd. S. 33.

Postmoderne Spiele

vatbibliotheken seines Faches besitzt, lebt er aus der Kenntnis der gesamten Architekturgeschichte – und arbeitet hart daran, es den Betrachter vergessen zu lassen (vgl. S. 478 f.). Von den Retro-Inszenierungen des klassischen Fundus einschließlich Säulen, Portikus, Palladio-Fenster und mehrteiliger Gesimse, wie sie seit den neunziger Jahren gelegentlich das Ehepaar Petra und Paul Kahlfeldt, Hans Kollhoff und Stephan Höhne bei ihren weißen Villen im Berliner Westen oder an der Hamburger Elbchaussee veranstalten, hält er sich fern: der Geist der Klassik, ihr Kostüm nicht.

Petra und Paul Kahlfeldt. Umbau Haus B. Berlin-Dahlem, 1994.

Ernst Schirmacher. Rekonstruktion der Ostzeile am Römerberg. Frankfurt am Main, 1980–83.

Rekapitulationen

Das Dezennium, das nicht genug an Historie zitieren konnte, suchte der Geschichte auch sehr viel wörtlicher habhaft zu werden. Es begnügte sich nicht mit dem Zitat, sondern wollte die Sachen als Ganzes zurückhaben, wie sie vermutlich einmal gewesen waren. Seit den späten siebziger Jahren wurde Rekonstruktion zu einem großen Thema. Rekonstruiert wurde bei unterschiedlichster Quellenlage. Auch der völlige Mangel an Dokumenten und zuverlässigen Vorlagen war kein Hinderungsgrund.

In Saarbrücken wäre um ein Haar ein Schloß wiedererstanden, das vor zweihundert Jahren, während der Französischen Revolution niedergebrannt worden war.[61] In Dortmund scheute man sich nicht, einen Turm der mittelalterlichen Stadtbefestigung, den Adlerturm, nach einer zwei Zentimeter großen Vorlage neu zu erfinden. In Hannover wurde das Wohnhaus des Philosophen Leibniz als Replik am falschen Ort wiedererrichtet. In Xanten entsteht eine Römerstadt neu, dort allerdings mit deutlicher Kennzeichnung als didaktische Großveranstaltung. Der Nordseite des Mainzer Marktplatzes wurden Fassaden vorgeblendet. Mit den eigentlichen Aufgaben der Denkmalpflege haben diese Remakes nichts zu tun. Aber das Augenmerk, das die Heger der Geschichtszeugnisse auf die Historie gelenkt hatten, beförderte das Interesse auch der Politiker und Designer. Denkmalpflege wurde im postmodernen Zeitalter fast automatisch zur Avantgarde, befand ein prominenter Vertreter des Faches.[62]

Der Vorort der Postmoderne, die ehemals Freie Reichsstadt Frankfurt am Main, bot auch die Bühne, auf der die bis dahin umstrittenste Rekapitulation aufgeführt wurde, das Faksimile der Ostzeile des Frankfurter Römerbergs (1980–83). Die sechs Fachwerkhäuser, zu denen jenseits der Gasse zum Kulturhaus Schirn das Eckhaus Schwarzer Stern kam, waren 1944 bis auf Teile der in Sandstein ausgeführten Erdgeschoßfassaden zerstört worden. Wie 1944 sehen sie aber nach ihrer Neuerrichtung nicht aus. Verputz und Schieferbehang waren nicht mehr erwünscht, Sichtfachwerk erschien pittoresker. Wenige Jahre nachdem die Zeile fertig war, durchzogen Risse das nicht genügend abgelagerte Eichenholz, senkten sich die Böden, bröckelte der Putz. Bauen war eine Handwerkskunst für sich gewesen.

Heinz Geyer, Dietrich Klose. Rekonstruktion des Knochenhaueramtshauses (1529). Hildesheim, 1990.

Hinter der Fachwerkzeile errichteten die Architekten der Kunsthalle Schirn eine moderne Doppelzeile, die mit dem schönen Augentrug auf der Platzseite durch Brücken verbunden ist. Wer von dort aus den Blick in Richtung Römer wirft, sieht die Frankfurter Hochhaussilhouette emporsteigen und erhält die Begründung für die Frankfurter Geschichtsinszenierung mitgeliefert: Zu hohes Veränderungstempo ruft nach Rückversicherung. Von »erinnerungskultureller Schizophrenie« sprach der Historiker Gottfried Korff.[63] Heinrich Klotz wollte ein »Quantum Ironie, das sich mildernd in die Inszenierung einmischt« in »dieser Form der Wahrnehmung« erkannt haben.[64] Wo steckt sie aber?

In Frankfurt stand der Rekonstruktion des Römerbergs nur eine Tiefgarage mit den Betonhöckern eines aufgegebenen Projekts im Wege. In Hildesheim mußte eine seinerzeit gerühmte Platzanlage der fünfziger und frühen sechziger Jahre mit einem Hotelbau von Dieter Oesterlen weichen, um der Wiederauferstehung des berühmtesten deutschen Fachwerkhauses, des Knochenhaueramtshauses, Platz zu machen. Der niederdeutsche Symbolbau, den Georg Dehio »unter allen Holzhäusern Deutschlands das monumentalste« genannt hatte,[65] wurde in solidem Ständerwerk nach allen Regeln traditioneller Zimmermannsarbeit und moderner Fotogrammetrie errichtet. Anderen Bauten am Markt wie der Stadtsparkasse wurde ein dünnes Furnier mit einer Replik der verlorenen Unikate vorgeblendet. Wenn abends die Putzkolonnen Kassenhalle und Büros säubern, blitzen die Leuchtstoffröhren hinter sämtlichen Fenstern der vermeintlich separaten Häuser auf. Braunschweig zog mit der Rekonstruktion eines anderen berühmten Fachwerkhauses nach, der Alten Waage (1991–94), und will sich die Fassaden des klassizistischen Schlosses mit Hilfe eines großen Kaufcenter-Konzerns wieder beschaffen.

DDR-Postmoderne

Den Bedarf, Geschichte über Bewahrung und Wiederherstellung hinaus zu vergegenwärtigen, entdeckte auch die DDR im letzten Jahrzehnt ihres Bestehens. Verlust und Kompensation lagen auch hier dicht beieinander. Im Berliner Fischerkietz waren in den späten sechziger Jahren die letzten Reste der mittelalterlichen Stadthälfte namens Cölln abgeräumt worden und hatten einer Gruppe von einundzwanziggeschossigen Punkthochhäusern Platz gemacht, die sich in der Hochhausreihe entlang der Leipziger Straße fortsetzte. Als versuchte Wiedergutmachung entstand gegenüber, auf der anderen Seite des Landwehrkanals, das Märkische Ufer mit restaurierten, rekonstruierten und translozierten Häusern, darunter das klassizistisch überformte Ermeler Haus.

Bulldozer-Mentalität und kompensierende Traditionspflege gingen nicht nur hier zusammen. Sie taten es erst recht im Fall des benachbarten Nikolaiviertels, dicht neben der Hauptstadtachse zwischen Schloßinsel und Alexanderplatz. Rund um St. Nikolai liegen die Anfänge der östlichen Altstadt, des ursprünglichen Berlins. Gegen die Weitläufigkeit, Repräsentanz und Achsenstrenge des Zentrums gleich nebenan wurden Kleinteiligkeit, Enge, Dichte, Wärme und Winkelglück gesetzt. Die Stichworte, die Günter Stahn, der verantwortliche Planer, zu benutzen pflegte, waren Unverwechselbarkeit, Beschaulichkeit, Intimität, Geschlossenheit.

Der Umgang mit dem geschichtlichen Bestand fällt in unterschiedliche Kategorien. Außer der Wie-

[61] Der Mittelpavillon wurde dann doch in einer zeitgenössischen Ausführung durch Gottfried Böhm errichtet (1977, 1981–89).

[62] Michael Petzet. Der neue Denkmalkultus am Ende des 20. Jahrhunderts. In: Die Denkmalpflege 87/58/52 (1994) 1. S. 29

[63] Gottfried Korff. Von der Leidenschaft des Bewahrens. In: Die Denkmalpflege 87/58/52 (1994) 1. S. 39.

[64] Heinrich Klotz. Das Neue Frankfurt. In: Jahrbuch für Architektur 1984. Braunschweig, Wiesbaden, 1984. S. 14.

[65] Georg Dehio, bearbeitet von Ernst Gall. Handbuch der Deutschen Kunstdenkmäler. München, Berlin, 1934, 1947². S. 144.

Postmoderne Spiele **415**

[66] Christian Schädlich. Der Postmodernismus – eine alternative Architektur? – Hermann Wirth. Historische Werte im gegenwärtigen Architekturschaffen. In: Architektur der DDR 31 (1982) 6. S. 340 ff., 347 ff.

[67] Joachim Palutzki. Architektur in der DDR. Berlin, 2000. S. 397.

[68] Dieter Lersch. Rationelle Methoden der Fertigung… von Betonwerksteinelementen. In: Architektur der DDR 31 (1982) 5. S. 280.

Joachim Näther, Helmut Stingl. Hans-Peter Schmoedel, W. Radke. Hochhäuser auf der Fischerinsel. Berlin-Mitte, 1965–72.

Märkisches Ufer mit rekonstruierten und translozierten Häusern. Berlin-Mitte, 1968–69.

Günter Stahn, VEB BMK Ingenieurhochbau. Nikolaiviertel. Berlin-Mitte, 1979–87. Ansicht. Vogelschau.

derherstellung der gotischen Pfarrkirche St. Nikolai konnte die Rekonstruktion des barocken Ephraim-Palais die Zustimmung von Denkmalpflegern auch strengerer Observanz finden. Es stand am Platze, wenn auch um einige Meter versetzt, und konnte mit originalen Teilen errichtet werden, die in West-Berlin

ausgelagert waren. Aber es wurden auch Baudenkmäler herbeizitiert, die hier nichts zu suchen hatten. Das Wirtshaus Zum Nußbaum, ein buckliges Giebelhaus, in dem Heinrich Zille verkehrte, war einst auf der Fischerinsel zu Hause. Die Gerichtslaube gehörte zum mittelalterlichen Rathaus und wurde in einem Vexierspiel der Erinnerungen dem Transplantat nachgebildet, das im 19. Jahrhundert fern von seinem ursprünglichen Standort im Babelsberger Schloßpark aufgestellt worden war.

Wo völlig neu gebaut wurde, also ohne historisches Zitat, wurden Ortbetonkonstruktionen errichtet, die Fassaden aus den Sortimentskatalogen des industrialisierten Wohnungsbaus gewählt und um Paßstücke ergänzt, so gut es ging. Entlang dem Spreeufer steht nun eine engbrüstige, giebelreiche Zeile, mittelalterlicher als sie die Vedute der gleichen Situation von 1830 mit ihren vielachsigen, breitgelagerten

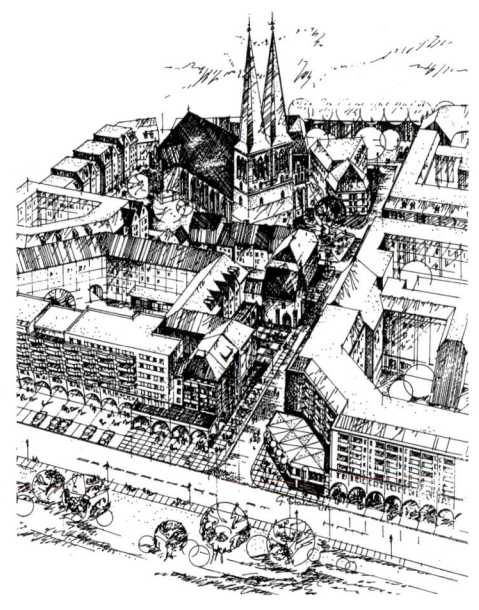

Bürgerhäusern zeigt. Angesichts der unübersehbaren Trennfugen und der Flächigkeit der Wandtafeln mit den Lochfenstern, die alle Neubauten zwischen den erhaltenen oder fingierten historischen Gebäuden verkleiden, wird freilich niemand auf den Gedanken kommen, diese Milieu-Insel habe die Katastrophen der Geschichte unbehelligt überstanden.

Im Zwang, zeitgenössische Bautechnik verwenden zu müssen, wird offenkundig, daß der ganze Zauber Illusionstheater ist. Der Erfolg bei Berlinern wie ihren Gästen war jedoch groß und hält an. So viele Gewürz- und Teestuben, Korbflechtereien, Souvenirgeschäfte, schmiedeeiserne Tore und gußeiserne Straßenlaternen gibt es sonst nicht in Berlin, höchstens in Rothenburg ob der Tauber und anderen Wallfahrtsorten des Massentourismus. Im Ideenwettbewerb von 1978 hatte das Kollektiv Günter Stahn noch einen modernistischen Entwurf eingereicht. Auch DDR-Planer schwenkten zur nachmodernen Aneignung der Vergangenheit über. Postmodernismus und Geschichtsverwertung wurden auf beiden Seiten diskutiert, Kulissen eines schöneren Lebens waren hüben wie drüben gefragt.[66]

Nach dem Nikolaiviertel blieben Friedrichstraße und Platz der Akademie (Gendarmenmarkt) die großen Bauvorhaben in Berlin-Mitte. Vom Rest der Republik wurden sie wie stets mit Neid beobachtet. Bis zum Ende des Staates hatte der Planungsbereich in der Friedrichstraße bereits drei Milliarden Mark verschlungen.[67] Leitbild war eine weltstädtische Mi-

schung von Handel, Kunst, Wissenschaft und Gastronomie, zu der in der DDR auch stets innerstädtischer Wohnungsbau kam. Die rekonstruierten historischen Bauwerke auf dem Platz der Akademie (vgl. S. 395 f.) sollten mit Platzwänden umgeben werden, für die sich ein eigentümlicher fiktionaler Historismus einpendelte. Er orientierte sich nicht am barocken Erstzustand, sondern am Geschäftshausbau um 1900, von dem sich Restbestände erhalten hatten.

»Architektonischer Reichtum ... unter ökonomisch vertretbarem Aufwand« war das Ziel.[68] Achtstöckige Skelettkonstruktionen aus Stahl oder Stahlbeton wurden mit Betonwerksteinen und Betontafeln verkleidet. Deren Ornamentik ist irgendwo zwischen Gründerzeit, Jugendstil und Art deco zu verorten. Im Vergleich zum wildgewordenen Frohsinnsdekor am Friedrichstadtpalast nördlich der Spree (1981–84),

Manfred Prasser, Günter Boy, VEB BMK Ingenieurhochbau. Links vorn: Gebäude für den Hauptvorstand der (Ost-) CDU, daneben: Wohnheim der Akademie für Gesellschaftswissenschaften. Platz der Akademie (Gendarmenmarkt). Berlin-Mitte, 1981–85.

Manfred Prasser, VEB BMK Ingenieurhochbau. Wohnheim der Akademie für Gesellschaftswissenschaften. Berlin-Mitte, 1981–85. Fassadendetail im Hof.

Postmoderne Spiele   **417**

der ein Lieblingsprojekt Erich Honeckers war, geht es hier dezenter zu. Wie bei den Neubauten des Nikolaiviertels wird man nicht im Ungewissen gelassen, auf wann diese Bauten zu datieren sind: Spätzeit der DDR. Die Doppelstützen der Arkaden des rötlich im Beton gefärbten Hauses für den Hauptvorstand der DDR-CDU zeigen sogar ihre Gußnähte.

Nikolaiviertel und Platz der Akademie waren die sichtbaren Geländegewinne von Gefechten, die DDR-Postmoderne gegen DDR-Moderne in Wettbewerben und Publikationen austrugen – die einen wie die anderen unter der belastenden Vorgabe, irgendwie mit den unhandlichen Betontafeln fertigzuwerden. Für die Friedrichstraße war auf einem Wettbewerbsentwurf von 1982 ein großer Platz vorgesehen.[69] Gebäudehohe Rundbögen und Pfeilervorlagen sollten martialisch die Platzwände gliedern und eine Replik von Andreas Schlüters Landhaus Kamecke umschließen, das ganz woanders, nördlich der Linden, gestanden hatte! Von Schlüters Haus abgesehen hätte das Projekt in einem jener Pariser Vororte entstanden sein können, in denen der katalanische Stararchitekt Ricardo Bofill seine Synthesen von Pathos und Prä-fabrikation betrieb. Tatsächlich hatten Ehrhardt Gißke, Leiter des Aufbaustabs Sonderbauten, und Manfred Prasser, Leiter der Gendarmenmarkt-Umbauung, sich Bofill-Bauten in Paris angesehen.[70]

Nach dem Mauerfall wurden die Rekonstruktionswünsche erst recht lebendig. Erinnerungen an die baulichen Gewaltakte des Arbeiter- und Bauernstaats wurden wieder wach. Die *damnatio memoriae*, die von Ulbricht und den Seinen an der vorausgehenden Geschichte verübt worden war, sollte durch Akte einer neuerlichen *damnatio memoriae*, diesmal an der DDR, rückgängig gemacht werden. Der großen Welle der Rekonstruktionen in der Bundesrepublik vor 1990 (aber auch sie geht weiter) folgten nach 1990 die Rekonstruktionen oder Rekonstruktionsabsichten in den ostdeutschen Bundesländern, als gäbe es nicht genug noch vorhandene, doch gefährdete alte Substanz zu retten.

Die Frauenkirche des Dresdner Ratsbaumeisters George Bähr stellt insofern einen Sonderfall dar, als sie ausschließlich durch den Krieg und nicht auch durchs Regime zerstört worden war. Hätte sich in diesem Fall mit Steinbach oder Döllgast, den strengen Altbauexperten der ersten Nachkriegsjahre (vgl. S. 259 f., 264 f.), reden lassen? Immerhin existierten noch die Kellergewölbe, zwei mächtige aufragende Wandstücke und eine größere Zahl verwendbarer, sorgfältig kartierter Steine. Sie sollten die Rekonstruktion des stadtprägenden glockenförmigen Kuppelturms »durchseelen« und ihr eine Spur materieller Authentizität geben. Aber die Preußenschlösser in Berlin (vgl. S. 449) und Potsdam, die Bauakademie in Berlin, die Garnisonskirche in Potsdam, die Universitätskirche in Leipzig sollten oder sollen aus dem Nichts zurückgerufen werden. Bei allem städtebaulichen Reparaturverlangen und aller Skepsis gegenüber den Leistungen der zeitgenössischen Architektur war bei diesen Streitfällen stets auch ein Stück Revanche am Vorgängerregime im Spiel. Ulbricht sollte nicht das letzte Wort behalten.

George Bähr. Frauenkirche Dresden, 1772, 1776–39. Wiederaufbau 1992–2005. Bauzustand 2003 (vgl. S. 261).

[69] Architekten: Günter Stahn und Achim Wolf mit Dieter Bankert.

[70] Simone Hain. Zwischen Arkonaplatz und Nikolaiviertel. In: Thorsten Scheer u. a. (Hg.). Stadt der Architektur der Stadt. Berlin 1900–2000. Kat. Neues Museum. Berlin, 2000. S. 344, 342.

Hochhaus-City

Im schizophrenen Konflikt zwischen Modernisierern und Retrospekteuren übernahmen die Hochhauserbauer den Part der Neuerer am wirkungsvollsten. Wo manches schöner, weil scheinbar älter werden sollte, durfte vieles höher und neuer werden, und umgekehrt. Anders als die schleichenden Veränderungsprozesse an den Peripherien waren Hochhäuser, wie es in ihrer Natur liegt, nicht zu übersehen, wo immer sie standen. Wie die Inszenierung des Alten mobilisierte auch die des Neuen die Gefühle der Mitbürger, die negativen wie die positiven. Hochhäuser lassen auch diejenigen nicht gleichgültig, die nicht in ihnen arbeiten oder wohnen.

Die Vorzeichen in der Bewertung des Hochhauses haben sich im Laufe der Zeit mehrmals geändert. Als in Frankfurt am Main 1973 der Rohbau des »Selmi-Hochhauses«, benannt nach seinem ersten Eigentümer, am Platz der Republik in Flammen aufging, applaudierte eine große Menge, die sich davor versammelt hatte. Die Zeitungen berichteten von Volksfeststimmung. Ein Jahrzehnt später wurde die Wolkenkratzersilhouette der Stadt schon unwidersprochen zur kommunalen Imagewerbung eingesetzt. In den neunziger Jahren führte man sogar Hochhaus-Festivals ein. Vielen Zehntausenden von Besuchern wurde der Blick von oben erlaubt, der sonst den Aufsichtsräten vorbehalten ist. Die Botschaft der Bürotürme war vom Zeichen kapitalistischer Ausbeutung zum Ausdruck kommunaler Lebenskraft übergewechselt.

Von Krankfurt zu Mainhattan

In Frankfurt waren Hochhäuser seit der Währungsreform politisch gewollt und wurden anfangs von der Öffentlichkeit akklamiert: »Eine moderne, unkonventionelle Bauweise feiert ihren Triumph.«[71] Das Wachstum Frankfurts, einer bürgerlichen Handelsstadt seit je, gründete in der Entwicklung zur Finanzmetropole und zu einem Dienstleistungszentrum der Bundesrepublik. Großbanken wie die Deutsche Bank, die Dresdner Bank und später auch die Commerzbank schlugen ihre Hauptquartiere am Main auf. Der Deutschen Bundesbank wurde 1957 per Gesetz Frankfurt als vorläufiger und nach der Wiedervereinigung als endgültiger Residenzort zugewiesen. Frankfurts Börse avancierte zur Leitbörse der Bundesrepublik. Daß auch die Europäische Zentralbank sich in den späten neunziger Jahren in Frankfurt niederließ und einen Neubau im Osten der Stadt erhält, sichert dem Finanzstandort weiterhin die Zukunft – und leitet die Umklammerung der City durch Hochhäuser nun auch östlich des historischen Zentrums ein.

Finanzplätze brauchen viel Bürofläche. Die erste Generation der Frankfurter Bauten bestand in, wie man sie später nannte, maßvollen Hochhäusern. Oft zeigten sie ihre Gerüstkonstruktion und entwickelten eine bescheidene, nicht unsensible Außenform. Ihre Höhenentwicklung war historisch durch den unverwechselbaren, spätgotischen Turm des Kaiserdoms vorgegeben. Über seine 95 Meter ging vor 1960 kein

Udo von Schauroth, Werner Stücheli. Zürich-Haus. Frankfurt am Main, 1957–62. Abgerissen.

[71] Hans Maria Wingler. In: Frankfurter Neue Presse, 7. 3. 1956. Zit.: Enrico Santifaller. »Steht das Zürich-Haus schief?« In: Dieter Bartetzko (Hg.). Sprung in die Moderne. Frankfurt am Main, 1994. S. 90.

Walter Hanig, Heinz Scheid, Johannes Schmidt, ABB Architekten. Deutsche Bank. Frankfurt am Main, 1979–84.

Helmut Jahn, Murphy Jahn Architects. Messeturm. Frankfurt am Main, 1984–91.

[72] Architekten: Udo von Schauroth, Werner Stücheli.

[73] Architekten: Hansgeorg Beckert, Gilbert Becker.

[74] Architekten: ABB Architekten (Walter Hanig, Heinz Scheid, Johannes Schmidt).

[75] Stefan Böhm-Ott. Aspekte der Bodenverwertung am Finanzplatz Frankfurt am Main. In: Marianne Rodenstein (Hg.). Hochhäuser in Deutschland. Stuttgart, 2000. S. 78.

Hochhaus hinaus. Bauten dieser Epoche, die inzwischen generalüberholt werden müssen, sind akut gefährdet. Einige wie das elegante Zürich-Haus von 1957–62[72] oder Egon Eiermanns etwas späteres Hoch-Tief-Gebäude (1966–68, dann aufgestockt) wurden bereits abgerissen.

Die Hochhausgeneration der sechziger und siebziger Jahre gab sich nicht so zurückhaltend. Der sogenannte Bankenplan von 1970 erlaubte größere Höhen. Im Bankenviertel zwischen Schauspielhaus und Alter Oper wurde die Grünanlage der alten Umwallung von einem Turm nach dem anderen flankiert. Die Höhe von 150 Metern wurde jetzt mehrmals überschritten. Einige Häuser erreichten spiegelnde Perfektion wie die Dresdner Bank (1971, 1973–78)[73] mit ihren gerundeten Kanten oder die eisgrünen Doppelprismen, in die schließlich die Deutsche Bank einzog (1979–84)[74]. Aber für die Leute versinnbildlichten die Hochhäuser dieser Epoche vor allem die Verdrängung der Wohnbevölkerung. Das kalte Antlitz des Kapitalismus spiegelte sich in den metallenen, reflektierenden, abweisenden Fassaden.

Hier wie anderswo gab das baurechtliche Instrumentarium den kommunalen Behörden durchaus Einwirkungsmöglichkeiten. Fast immer bestanden Bebauungspläne, deren Geschoßflächenzahlen zugunsten von Hochhäusern erst durch Befreiungen aufgehoben werden mußten. Dabei ließen sich Bedingungen aushandeln – so lange jedenfalls, wie die Kommunen den Pressionen der Unternehmen standhielten. Denn vor der Drohung unbefriedigter Bauherren, in andere Städte überzusiedeln, wurde noch jeder Kämmerer schwach. Vom Anspruch, mit Hochhäusern Stadt zu gestalten, wie fiktiv er auch immer sein mochte, ließen die Planer dennoch nicht. Aber wenn eine Ausnahmegenehmigung der anderen folgte und die Erwartungen der Grundstücksspekulanten auf Umwidmung fast automatisch bedient wurden,

verloren die Städte auch ihren Gestaltungsspielraum. Kaum je gelang es beispielsweise, die Sockelzonen der Hochhäuser überzeugend in die Stadträume einzubeziehen. Oder gar ihre Kronen zu öffentlichem Gebrauch freizugeben.

Neue Planungen in den achtziger Jahren trieben in Frankfurt die Entwicklung weiter. Ein vom Büro Albert Speer jun. ausgearbeiteter Cityleitplan wies 1983 Entwicklungsachsen im Westen der Stadt aus. Was gebaut wurde, legte seinen grimmigen Nutzungscharakter ab und suchte sich ästhetisch angenehm zu machen. Oswald Mathias Ungers führte bei seinem Messetorhaus (1983–85) zeichenhafte Gesten bei modernem Fundus ein. Andere griffen zu postmodernem Aufputz; Kohn, Pedersen & Fox setzten ihrem DG-Hochhaus (1988, 1990–93) eine Art Diadem auf. Helmut Jahn schälte bei seinem Messeturm (1984–91) aus dem – abgesehen von Eckeinzügen – quadratischen Grundriß des Schaftes eine zylindrische, dann pyramidenförmige Spitze heraus. Die ebenen Seitenflächen schließen mit Staffelgiebelchen ab, im Widerspruch zum spiegelglatten Zylinder. Mit 256 Metern Höhe galt der Turm für kurze Zeit als der höchste in Europa.

Mit originelleren Mitteln, versetzten Fensterfeldern, Abmessungen von Tatamimatten als Grundmaß, pagodenhaftem Dachhut, gaben die Berliner Architekten Joachim Ganz und Walter Rolfes dem granitroten Japan-Center (1993–96) einen fernöstlichen Touch. 1995 wies Frankfurt pro Einwohner 13,51 Quadratmeter Bürofläche aus, das prosperierende München dagegen nur 8,24, Hamburg 6,68 Quadratmeter.[75] Diesem Quadratmeter-pro-Kopf-Verhältnis entsprachen nach der Jahrtausendwende die Leerstandsraten, gerechnet in Prozent der vorhandenen Büroflächen, kurioserweise fast genau.

Mit seinem Cluster von Türmen stand Frankfurt fast allein unter den deutschen Großstädten. Allenfalls

Joachim Ganz, Walter Rolfes. Japan-Center. Frankfurt am Main, 1993–96.

Frankfurter Hochhäuser. Von links nach rechts: Japan-Center (Ganz und Rolfes), Maintower (Peter Schweger und Partner), ehem. Bank für Gemeinwirtschaft (Richard Heil, Johannes Krahn), Commerzbank (Norman Foster und Partner), Nationalhaus (Max Meid, Helmut Romeick).

[76] Ulf Jonak. Die Frankfurter Skyline. Frankfurt am Main, 1997. S. 72.

einige Berliner Stadtveduten boten vergleichbar dichte Massierung: im Westen die Staffelung von Hochhäusern um Ernst-Reuter-Platz und Gedächtniskirche, die eine neue moderne City suggerieren sollten, im Osten die Reihung von Wohnhochhäusern entlang der Leipziger Straße, auf der Fischerinsel und am Alexanderplatz. Doch nur in Frankfurt nahm die Skyline etwas von amerikanischem Wildwuchs an, auch wenn die Stadt die Ansiedlung der Giganten durch immer neue Entwicklungspläne teils zu zivilisieren, teils zu animieren suchte. Nur hier galt, was auch Skeptiker hinreißen konnte: »Spannung [entsteht] zwischen den Kuben. Zwischenräume treten ins Bewußtsein, Kraftfeldern ähnlich, wie Spalten, Schlitze, Fenster oder Tore.«[76] »Mainhattan« löste als Slogan das Wort vom krisengeschüttelten »Krankfurt« ab. Es war freilich ein bombastisches Wort. Denver, Fort Worth oder Minneapolis reichen als Vergleiche aus.

Solitäre statt Cluster

Andere Städte teilten die Hochhauseuphorie nicht, zumindest nicht was ihre Innenstädte betraf. Verdichtete Komplexe mit gemischter Nutzung, wahre Betongebirge, fanden ihren Platz an den Rändern der inneren Stadtgebiete wie das Ihme-Zentrum in Hannover oder das Collini-Zentrum in Mannheim. Von den Bauträgern waren sie meist noch größer gewollt als von den Kommunen und wurden damit zu potentiellen Schauplätzen sozialer Konflikte und zu baldigen Sanierungsfällen.

In Stuttgart wurden die klimatischen Bedingungen im Talkessel gegen Hochhäuser in der City angeführt. In Köln stand bis zur Jahrtausendwende das »Schüsselprinzip« gegen die Begehrlichkeiten ehrgeiziger Kommunalpolitiker. Innerhalb der Ringe und erst recht in Nachbarschaft der Kathedrale durfte kein höherer Turm errichtet werden. Doch wo höher gebaut wurde, an den Kreuzungen von Radialen und Gürteln, den Rändern der »Schüssel«, störten die Hochhäuser und Halbhochhäuser das Stadtbild womöglich noch mehr, als es einige wenige Verdichtungen getan hätten. Das Nonplusultra war durch die Höhe der Domtürme gegeben, 157 Meter. Denn das 19. Jahrhundert hatte auch Wolkenkratzer gebaut. Nur waren es Kirchtürme.

Auch den Hamburgern blieb, bei einigen Ausnahmen aus den sechziger Jahren wie dem Unilever-Haus, die Bewahrung der Stadtsilhouette mit den Spitzen der eintürmigen Stadtpfarrkirchen wichtig. Den Hanseaten lag noch immer das Wort vom Gesamtkunstwerk Hamburg im Sinn, das ihnen ihr Oberbaudirektor Fritz Schumacher eingeschärft hatte. In München lag die Meßlatte lange bei 99 Metern, der Höhe der Frauenkirche. Hochhäuser in der Innenstadt blieben weit darunter. Die wenigen Solitäre im Außenbereich übertrafen die berühmten Zwiebeltürme erst seit den siebziger Jahren. Man war sich der wirtschaftlichen Potenz der bayerischen Landeshauptstadt bewußt und brauchte sie nicht zu demonstrieren. Lokaler Stolz auf die charakteristische Stadtsilhouette, auf die »Weltstadt mit Herz«, trug zur Skepsis gegenüber dem Hochhaus bei, obwohl die hohen Bodenpreise in der attraktiven Stadt höhere Geschoßzahlen nahegelegt hätten.

Als es dann höher hinausging, halfen die architektonische Qualität der Türme und ihre Entfernung vom Zentrum, Bedenken zu beschwichtigen. Sowohl das BMW-Hochhaus am Oberwiesenfeld (1970–72),

Karl Schwanzer. BMW-Hochhaus. München-Oberwiesenfeld, 1970–72.

in der Nähe der Olympiastätten, wie das Hypo-Haus im Arabellapark (1970, 1975–81) gehören zu den Beautés der siebziger Jahre. Beiden Bauten kam zugute, daß sie von Unternehmen zur eigenen Nutzung und Profilierung errichtet wurden, nicht von Investorengremien für anonyme Mieter. Die Qualität der Architektur sollte für die Qualität der Unternehmensleistungen stehen.

Der BMW-Turm, von dem Österreicher Karl Schwanzer entworfen, vermittelt mit seiner skulptural durchgearbeiteten Aluminiumfassade und vor allem mit den vier an einen zentralen Schaft gehängten Bürozylindern die technische Kompetenz seines Auftraggebers. Den technoiden Chic teilt er mit dem nächst folgenden Münchner Hochhaus, der Hypo-Bank. Bea und Walther Betz stellten vier dicke runde Pfeiler in einem Parallelogramm auf und schoben drei Dreiecksprismen hinein. Die konstruktive Pointe steuert das doppelstöckige Traggeschoß bei, das sich fast in Turmmitte mit riesigen Klammern um die Rundpfeiler legt. Alles, was darüber liegt, wird getragen, alles, was darunter liegt, ist abgehängt. Bayerischer Metabolismus.

Im zu Ende gehenden Jahrhundert verschärften sich die Konflikte in Sachen Hochhaus. In München bauten Ingenhoven, Overdiek & Partner am Olympiapark einen 146 Meter hohen Turm, Uptown München, den sie um der Proportionen willen am liebsten auf 205 Meter gebracht hätten. Die Stadt ließ sich in Hochhausstudien Bauplätze nennen, wo neue Riesen aufwachsen könnten. Eine überzeugende Konstellation von Hochhäusern ist damit nicht entstanden. Helmut Jahns Highlight Towers (2004), architektonisch keineswegs Highlights, stören sogar eine der klassischen Blickachsen, die Ludwigstraße.

Wie immer beim Bau von Hochhäusern waren Irrationalismen im Spiel, auch in der Reaktion darauf. Im Jahr 2004 erteilten mehr als 100 000 Münchner in einem Bürgerbegehren gleich allen Hochhäusern von über 100 Metern Höhe eine Absage – rechtlich bindend aber nur für ein Jahr. Unmut auch in Köln, wo sich die Ratsparteien darauf verständigt hatten, auf dem rechtsrheinischen Ufer, aber in größter Nähe zu Dom und Altstadtsilhouette eine Ansiedlung von Turmbauten um den neuen Deutzer ICE-Bahnhof und den Messeeingang zuzulassen. Die Unesco setzte daraufhin das Weltkulturerbe Dom auf ihre Rote Liste gefährdeter Denkmäler.

Bea und Walther Betz. Hypo-Haus. München-Arabellapark, 1970, 1975–81.

Ökologische Wolkenkratzer?

Am Ende der achtziger Jahre hatte sich das technische Konzept der Hochhäuser zu ändern begonnen. Daran waren sowohl die Energiespardiskussion wie neue Materialtechnologien, vor allem in der Glasproduktion, beteiligt. Daß die Idee eines ökologischen Hochhauses ein Widerspruch in sich ist, wissen auch die Turmdesigner. Hochhäuser sind unvernünftig an und für sich. Sie vertreiben die Wohnbevölkerung aus der

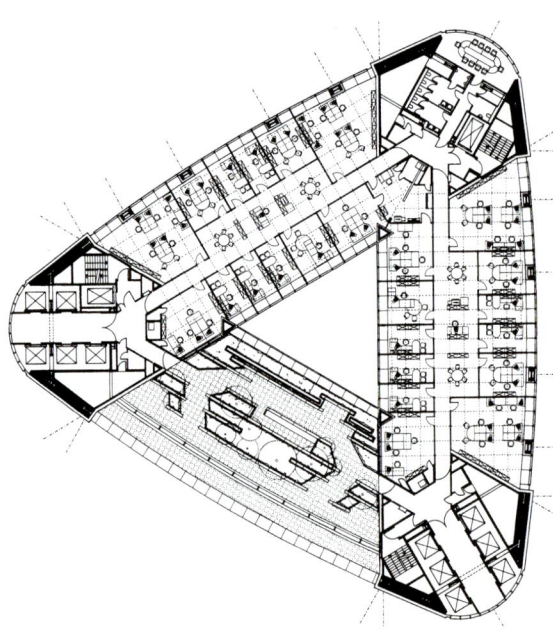

Norman Foster and Partners. Commerzbank. Frankfurt am Main, 1991, 1994–97. Ansicht von Westen, davor das alte Commerzbank-Gebäude von Richard Heil. Grundriß Normalgeschoß. Blick aus dem Foyer.

[77] Frei Otto. Wolkenkratzer in Frankfurt. In: Bauwelt 82 (1991) 42-43. S. 2255.

garteneffekte durch doppelte Glashäute, natürliche Be- und Entlüftung über weite Teile des Jahres statt energieverzehrender Lüftungs- und Klimatisierungsanlage, Verschattung nach Bedarf, individuelle Steuerung des Raumklimas gehörten zu den ehrgeizigen Zielen der jüngeren Generation. Hochhäuser wurden zu Environments, die durch ein hochkompliziertes Management von Daten, die über Tausende von Meß- und Regelpunkten einlaufen, organisiert werden. Trotz aller vorausgegangenen Simulationen am Großrechner und Experimenten im Windkanal erfüllte die Praxis längst nicht alle Erwartungen.[78] Die Leute schwitzten weiter.

Dank Norman Fosters Frankfurter Commerzbank (1991, 1994–97) blieb der Rekord für das höchste europäische Hochhaus einige Jahre lang weiterhin am Main. Mit seiner rotweißen Antenne kommt der Bau auf 296 Meter, ohne sie überbietet er den Messeturm um gerade einmal drei Meter. Konstruktiv ist es eine spannende Lösung. Auf annähernd dreieckigem Grundriß, dessen Seiten leicht ausgebaucht sind, stehen drei granitverkleidete Türme als Eckpfosten. Zwischen sie sind gewaltige Stahlrahmen mit je acht Stockwerken gepackt. Neun *sky lobbies*, poetisch auch »Himmelsgärten« genannt, sind gegeneinander versetzt und steigen wie auf einer Treppe nach oben. Damit sind auf jeder Stockwerksfläche nur zwei der drei Flügel mit Büros besetzt. Die Mitte nimmt ein

Nachbarschaft, indem sie die Grundstückspreise in die Höhe jagen. Sie verbrauchen bei Bau und Unterhaltung mehr Ressourcen als normale Gebäude. Sie verschatten die Umgebung, reduzieren die Durchlüftung der Stadt, aber erhöhen die Windbeschleunigung um das Bauwerk selbst. »Ein ›grüner‹ Wolkenkratzer ist noch nicht gebaut worden«, meinte Frei Otto.[77]

Daß gegenüber dem herkömmlichen Hochhausbau Einsparungen im Energieverbrauch bis zu etwa einem Drittel möglich sein sollten, weckte den Ehrgeiz von Bauherren und Architekten. Winter-

Atrium ein. Aus feuerpolizeilichen Gründen durfte es nicht von unten bis oben durchlaufen, sondern wurde mit rauchdichten Glasdecken unterteilt. So viel Großzügigkeit war nur bei einem Bauherrn möglich, der nicht auf maximale Ausnutzung erpicht war. Belohnt wurde die Freigebigkeit mit natürlicher Belichtung für fast alle Arbeitsplätze.

Foster entschied sich für doppelschalige Glaswände, die natürliche und individuelle Ventilation ermöglichen. Die Büroinsassen können die Fenster in den Luftraum zwischen den Fassaden, in dem auch sensorengesteuerte Jalousien laufen, oder zu den »Himmelsgärten« nach eigenem Bedarf öffnen. Das war bisher in Hochhäusern wegen des hohen Winddrucks nicht möglich. Das Image von High-Tech-Architektur, auf die das Foster-Team sonst spezialisiert ist, vermittelt der Frankfurter Turm kaum. Oft ist es effizienter, Tragkonstruktionen durch Verkleidung gegen Witterungsschäden und Temperaturschwankungen zu schützen; so auch hier. Wer sich in Frankfurt einen dramatischen Gerüstbau mit eingehängten Stockwerkspaketen versprochen hatte, ein zweites Lloyd's Building wie in London, wurde enttäuscht. Fosters Bauwerk entspricht den Gediegenheitsvorstellungen deutscher Banker, ein Bauwerk in gepflegtem Outfit, sozusagen mit weißem Hemd und Krawatte.

Vor der Auftragserteilung kam es zu einem Duell zwischen dem prominenten Star-Atelier und einem jungen deutschen Newcomer aus Düsseldorf, Ingenhoven, Overdiek, Kahlen und Partner. Foster erhielt im internationalen Wettbewerb von 1991 den ersten, Christoph Ingenhoven mit den Seinen den zweiten Preis. Der Bauherr wollte den berühmten Namen und die risikofreie Expertenschaft. Wenigstens konnten die Düsseldorfer ihren vorgeschlagenen Rundturm, gleichfalls mit doppelter Fassade, aber in kleinerem Format zwischen 1991 und 1997 für die Rheinisch-Westfälische Energie AG in Essen realisieren.

Christoph Ingenhoven, Jürgen Overdiek und Partner. RWE-Hochhaus. Essen, 1991–97.

[78] Werner Eicke-Hennig. Im Schwitzkasten. In: Deutsche Bauzeitung 138 (2004) 5. S. 87.

[79] Beim Gutachterverfahren hieß die Partnerschaft noch Overdiek, Petzinka und Partner.

Es wurde ein diskreter Bau, eigentlich eher ein zweckmäßig designtes Objekt in technologischem Feinschliff. Hinter einem Fassadenschleier aus stockwerkshohen Weißglas-Tafeln verbirgt es sein Innenleben zwar nicht, gibt es aber auch nicht detailscharf preis. Auch hier wirkt die Schicht zwischen den Hüllen der Doppelfassade in der kalten Jahreszeit als Wärmepuffer. Im Sommer sollte heiße Luft durch thermischen Auftrieb aus den stockwerkshohen Fassadeneinheiten abgeführt werden, ohne ins Innere einzudringen.

Der Essener RWE-Turm hatte das Zeug zum Typus. Rundtürme entstanden seitdem häufiger. Die Entscheidung liegt nahe, weil der Kreisquerschnitt den größten Flächeninhalt bei geringstem Mantelumfang umfaßt und deshalb a priori Wirtschaftlichkeit verspricht. Wer aufgeregte Stadtsilhouetten nicht weiter beunruhigen will, greift gern zu dieser klassischen Säulenform. Dreißig Kilometer weiter westlich, in Düsseldorf, baute die Victoria-Versicherung einen ähnlichen zylindrischen Turm wie den Essener (1994–97), gleich hoch, auch mit zweischaliger, stockwerksweise be- und entlüfteter Klimafassade. Entworfen haben ihn aber Hentrich, Petschnigg und Partner, die alteingesessenen Düsseldorfer Konkurrenten.

Düsseldorf gehört wie Frankfurt seit den fünfziger Jahren, seit der Ära Tamms, zu den hochhausfreundlichen Städten, auch wenn am Rhein die Frankfurter Höhenrekorde nicht gebrochen wurden. Mit dem Stadttorhaus von Petzinka, Pink und Partner (1991 bis 97)[79] gelang es, eine erinnerungsfähige Figur zu finden, die sich mit dem Phoenix-Rheinrohr-Haus von 1960 messen kann. Planungs- und Konstruktionsaufwand waren beträchtlich. Das Haus, im Grundriß ein Parallelogramm, das sich in zwei gleichfalls rhombische Flügel untergliedert, steht über dem Tunnel der tiefergelegten Rheinuferstraße. Es wird von einem 17 Stockwerke hohen, voll verglasten Foyer durchstoßen, über dem eine dreigeschossige

Karl-Heinz Petzinka, Pink und Partner. Stadttor. Düsseldorf, 1991–97. Grundrisse Eingangsgeschoß und Normalgeschoß. Ansicht.

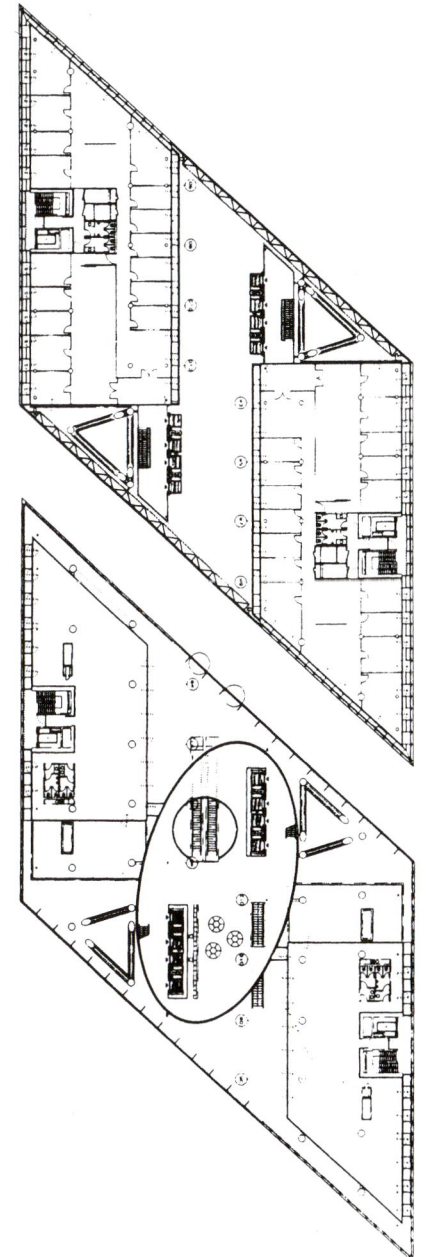

[80] Zahlen nach unterschiedlichen Quellen von 2004 und 2005.

[81] Engel Canessa (Hg.). Das Düsseldorfer Stadttor. Düsseldorf, o. J. S. 6.

Traverse liegt. Von außen erscheint es je nach Lichteinfall geschlossen oder geöffnet, als Tordurchlaß oder als gläserne Barriere.

In den frühen neunziger Jahren war der Immobilienmarkt noch von Optimismus erfüllt. Hohe Mieten schienen hohe Gebäude zu rechtfertigen. Nicht mehr genutztes Hafengelände oder Gleisanlagen, die von der Deutschen Bahn aufgegeben wurden, eröffneten Aussichten für citynahe Stadterweiterungen, vor allem in Düsseldorf, Frankfurt, Hamburg und Stuttgart (»Stuttgart 21«). Auch hartgesottene Geschäftsleute erlagen dem Manhattan-Effekt. Sie bauten weiter, als die Marktsignale längst wieder auf Rot standen und die Leerstände von Büroflächen in fast allen deutschen Städten gegen eine weitere Vermehrung von Bürotürmen sprachen. Die Manövrierfähigkeit des Immobilienmarkts gleicht der von Supertankschiffen. Die Bremswege sind immer zu lang.

Aber wozu auch bremsen? Bei Verlustabschreibungen zahlt der Fiskus die Zeche, mithin die Solidargemeinschaft der Steuerzahler.

Ein Dutzend Jahre nach seiner Fertigstellung waren im Messeturm, einer der besten Frankfurter Adressen, 8 000 Quadratmeter Büroflächen unvermietet, betrugen die Leerstandsquoten bei Büroflächen achtzehn Prozent in Frankfurt, dreizehn Prozent in Düsseldorf, zehn Prozent in München.[80] Im wiedervereinigten Berlin hatte man mit Büromieten bis zu 100 DM pro Quadratmeter gerechnet, zehn Jahre später brachte die Durchschnittsmiete für Citylagen nicht die Hälfte davon. Dennoch hatte Hochhausbau noch auf Jahre Konjunktur. Was die westdeutsche Provinz sich geleistet hatte, wollte sich die neue Bundeshauptstadt erst recht gönnen, »Großsolitäre mit Wahrzeichenfunktion«.[81]

1989 bis heute

Wieder vereinigt

Christo und Jeanne-Claude. Verhüllung des Reichstagsgebäudes. Berlin, 1993.

Unglück ist ein Schicksal, das Individuen wie Kollektive ereilt. Die deutsche Geschichte hat genug davon gesehen, Unglück, das den Deutschen widerfahren ist und das sie über andere gebracht haben. Glück dagegen scheint eine vornehmlich private Angelegenheit zu sein. Wenn sich Kollektive im Glück wähnten, ging es meistens übel aus. Im Übermut der nationalen Euphorien, der Kriegserklärungen und der Siegesräusche waren die künftigen Katastrophen angelegt.

Das unblutige Ende der DDR und die deutsche Wiedervereinigung bildeten eine Ausnahme. Auch wenn die blühenden Landschaften, die den Ostdeutschen verheißen wurden, sich später nicht einstellen wollten – der 9. November 1989 und die Tage danach, als die Mauer fiel, sind von allen Landsleuten als Momente des Glücks, des individuellen wie des allgemeinen, empfunden worden. Und der 3. Oktober 1990, als die Vereinigung auch verfassungsrechtlich unter Dach und Fach war und das Feuerwerk vor dem Berliner Reichstag in die Höhe stieg, noch einmal. Trotz aller Schwierigkeiten und Frustrationen, die sich dann ergaben, wird kaum jemand im Lande, der sie miterlebt hat, diese Augenblicke missen wollen. Vom glücklichsten Volk Europas sprach der Berliner Regierende Bürgermeister Walter Momper.

Rettung im letzten Augenblick

Die Ostdeutschen, die sich mit dem Trabbi auf den Weg über die freigeräumte Grenze machten, betraten ein Land, dessen Wohlstand, Freizügigkeit und Individualrechte ihnen bisher vorenthalten waren, das Selbstgestaltung des eigenen Lebens und ein Dasein ohne staatliche Bevormundung verhieß, das Südfrüchte, Reisen ins westliche Ausland und Autos ohne langjährige Zuteilungsfristen versprach. Die Westdeutschen, die sich auf Expeditionen in die neu gegründeten Länder Mecklenburg-Vorpommern, Brandenburg, Thüringen, Sachsen-Anhalt und Sachsen begaben, erlebten eine Landschaft, die vielen von ihnen wie eine Rückkehr in die eigene Kindheit anmutete – ein »Deutsches Historisches Freilichtmuseum«.[1]

Da gab es Kopfsteinpflaster und Ofenrauch, Storchennester und Baumalleen. Naturlandschaften verbreiteten dort, wo sie nicht von den LPGs, den Landwirtschaftlichen Produktionsgenossenschaften, oder

Kirchgasse. Freiberg, Sachsen. Aufnahme 1991.

Altstadt Halberstadt. Aufnahme vor 1990.

[1] Bodo Michael Baumunk. Zurück in die Gegenwart! In: Bauwelt 81 (1990) 1. S. 24.

der volkseigenen Großindustrie ausgeräumt worden waren, den Zauber kleinräumiger Naturreservate. Dörfer und Städte außerhalb der großen Industrie- und Bezirkszentren hatten einen unglaublichen Reichtum an erhaltenem, wenn auch schwer gefährdetem baulichen Erbe bewahrt. Rund 230 Stadtkerne gelten als Flächendenkmale. Von Shopping-Centers, Einfamilienhauskolonien, Gewerbeparks und Firmenoutlets waren sie noch unangetastet. Armut sei der beste Denkmalpfleger, heißt es – was nur bis zu einem gewissen Ausmaß zutrifft. Wo keine Nutzung oder die falsche vorhanden ist, bewahrt Armut zwar vor Zerstörung durch Veränderung, aber beschleunigt Zerstörung durch Verfall.

Der Zustand der ostdeutschen Städte war ein zentrales Thema bei den Protesten im Herbst 1989 gewesen, »eine gewaltlose Demonstration für die neue Heimat am alten Ort«.[2] Bürgerinitiativen und kritische Fotoausstellungen forderten eine andere Baupolitik. »Ist Leipzig noch zu retten?« hieß ein Film, den mutig gewordene Redakteure am 6. November im Fernsehen der DDR ausstrahlten. Darin war von Mangelwirtschaft, vom katastrophalen Zustand vieler Wohnhäuser, von Flächenabriß und planerischen Fehlentscheidungen die Rede. Zwei Monate später fand in Leipzig eine »Volksbaukonferenz« statt. Ein Aufschrei sei sie gewesen, berichten Teilnehmer. Sie forderten, die Stadt in ihrer historisch gewachsenen Substanz zu erhalten, den Bürgern demokratische Mitwirkung an der Planung zu ermöglichen.[3] Nachdem Staat und Partei ihre Allmacht verloren hatten, wuchs die Hoffnung der Menschen auf die Richtigkeit von Mehrheitsentscheidungen.

Die ersten Hilfsprogramme liefen an, als die DDR noch bestand. Oft war es Hilfe im letzten Augenblick. Im Februar 1990 wurde zwischen beiden deutschen Staaten ein Modellstadt-Programm vereinbart, das zunächst Brandenburg, Meißen, Stralsund und Weimar, dann Halberstadt und anderen Städten zugute kam. In diesen Orten sollten die bau- und planungsrechtlichen, marktwirtschaftlichen und technisch-konstruktiven Werkzeuge der Stadterneuerung erprobt werden. Im Jahre 13 nach der Wiedervereinigung genossen nicht weniger als 154 Städte in den neuen Bundesländern, von Saßnitz auf Rügen bis Oelsnitz im Vogtland, als Flächendenkmale die Förderung durch das Programm »Städtebaulicher Denkmalschutz«.[4]

Als Investitionshemmnis erwies sich zunächst die Entscheidung der Bundesregierung, die Wiedergutmachungsansprüche enteigneter Alteigentümer durch Reprivatisierung und Rückgabe statt durch Entschädigung abzugelten. Wenn damit die Erwartung verbunden war, der persönlich engagierte, wieder in seine Rechte eingesetzte Eigentümer werde zur Aktivität ermutigt, so ging diese Annahme in den meisten Fällen fehl. Routinierte Großinvestoren fanden immer Mittel und Wege, den Alteigentümern ihre Restitutionsansprüche abzukaufen und sich in den Besitz renditeverdächtiger Grundstücke zu setzen. Verzeichnisse mit Adressen von Alteigentümern waren in der Branche eine begehrte Ware.

Geld fließt, oft in die falsche Richtung

Die seriös gekleideten Herren mit den Aktenköfferchen saßen schon wenige Wochen nach dem Fall der Mauer in Schlichtkneipen und unstandesgemäßen Gasthäusern, um Immobiliengeschäfte zu tätigen. Um die Baukonjunktur in den neuen Bundesländern anzukurbeln und möglichst schnell Signale der Änderung zu setzen, brachte die Bundesregierung Programme auf den Weg, die enorme Abschreibungsmöglichkeiten und steuerliche Anreize ermöglichen. In der Hoffnung auf eine neue Gründerzeit legten Immobilienfonds potentiellen Anlegern im Westen Einkaufszentren auf der grünen Wiese, innerstädtische Geschäftshäuser und Nobelherbergen an Ostseeküsten und Binnenseeufern als Kapitalanlage nahe. Fehlte der rechte Glaube an Gewinnträchtigkeit und Wertzuwachs der Objekte, so lockten doch allemal Verlustzuweisungen und Steuervorteile. Der Wiedervereinigungsboom setzte ein. Überkapazitäten entstanden allenthalben, bei neuen Bürogebäuden, luxussanierten Altbauten, schließlich in der Bauwirtschaft selbst.

Die Kommunalverwaltungen, zunächst mit neuem unerfahrenem Personal, dann mit Fachleuten aus den alten Bundesländern besetzt, stellten dem Großen Geld keine Bedingungen, die es hätten abschrecken können. Im Gegenteil, jedem Developer wurden die Türen geöffnet. Treuhandanstalt und Bundesvermögensamt suchten bei den Liegenschaften, die sie zu veräußern hatten, in erster Linie Käufer, die den höchstmöglichen Preis zahlten, und nicht diejenigen, die eine stadtverträgliche Nutzung versprachen. Da in

[2] Bernd Sikora. Leipzig am Abgrund. In: Bauwelt 81 (1990) 1. S. 39

[3] Initiativgruppe 1. Leipziger Volksbaukonferenz (Hg.). Tagungsergebnisse der 1. Volksbaukonferenz. Leipzig, 1990.

[4] Denkmalschutz-Informationen 27 (2003) 4. S. 1.

den fünf neuen Bundesländern Behörden erst aufgebaut werden mußten, gab es auch keine funktionierende Regionalaufsicht, die dem Egoismus der Gemeinden gesteuert und eine koordinierte Raumplanung verfolgt hätte.

Viele Fehlentscheidungen gehen auf die Rechtsfreiheit im Übergang zwischen den Regimen zurück. An jeder Ausfallstraße draußen vor der Stadtgrenze wehten bunte Fahnen auf dem Acker und kündigten einen neuen provisorischen Verkaufsmarkt an, aus dem dann bald ein permanentes Einkaufszentrum wurde. Die alten Innenstädte büßten Kaufkraft und Steuereinkünfte ein. Eine kleine Gemeinde namens Günthersdorf zwischen Halle und Leipzig legte sich ein Einkaufszentrum zu, den Saalepark, der schon 1995 mit 86 000 Quadratmetern Verkaufsfläche über 16 000 Quadratmeter mehr als die gesamte Leipziger Innenstadt verfügte![5]

»Die Umkehrung der überkommenen Siedlungsstrukturen – das Einkaufszentrum am Stadtrand als neues Zentrum – stellt die Geschichte der europäischen Stadt auf den Kopf«, urteilten 1994 die Unterzeichner eines der vielen Manifeste, die damals verfaßt wurden, der 2. Dessauer Erklärung. Den ökonomischen wie ökologischen Widersinn bezahlten die Stadtbürger, die selbst per Auto in Ostsee-, Saale- oder Elbepark shoppen fahren, mit dem Verlust innerstädtischer Attraktivität. Inzwischen übertrifft die Verhältniszahl von Einkaufsfläche pro Kopf in den neuen Bundesländern bei weitem die entsprechende Ziffer in den alten Ländern. Zur Jahrhundertwende wurde geschätzt, daß sich der Einzelhandel in Westdeutschland zu etwa fünfundzwanzig Prozent auf der grünen Wiese abspielt, in Ostdeutschland zu über fünfzig Prozent.[6]

Die finanziellen Transfers aus der Bundesrepublik in die Länder der ehemaligen DDR waren und sind enorm. 1983 hatte der bayerische Ministerpräsident Franz Josef Strauß der wirtschaftlich angeschlagenen DDR einen Kredit von einer Milliarde DM vermittelt, dem im nächsten Jahr ein zweiter folgte. Kritiker empfanden ihn als systemerhaltende Hilfeleistung, mit der die Lebensdauer des Regimes verlängert wurde. Der Betrag war eine Lappalie gegen die 70 bis 110 Milliarden Euro, die nach 1990 jährlich als Transferleistungen ins Beitrittsland strömten.

»Solidarpakt« und »Programm Aufbau Ost« förderten die Infrastruktur. Länderfinanzausgleich und Ergänzungszuweisungen folgten dem Gebot des Grundgesetzes, für die »Einheitlichkeit der Lebensverhältnisse«[7] im Bundesgebiet zu sorgen. Den größten Batzen bildeten die sozialen Transfers, die sich aus den Sozialgesetzen der Bundesrepublik ergaben. Mit Sonderabschreibungen und Investitionszulagen hebelte die Marktwirtschaft ihre eigenen Regeln aus, denen zufolge Bedarf und Bedarfsbefriedigung über Kosten und Preise reguliert werden. Irritiertes Kapital fließt in falsche Richtungen.

Ein Teil der Beträge ging in unrentierliche Anschaffungen, die dem Stolz der Gemeinden, aber nicht ihrer wirtschaftlichen Prosperität dienten. Er ging in Prestigeobjekte wie Spaßbäder, Kinopaläste oder Autorennstrecke (»Lausitzring«), in Konsumtempel oder in Produktionsbetriebe, die sich bald als Investitionsruinen erwiesen. Prominentes Beispiel war im Brandenburgischen die größte freitragende Halle der Welt für die Entwicklung eines Cargolifters, eines riesigen lasttragenden Zeppelins. Nach dem Zusammenbruch des Unternehmens wurde dort ein künstlicher Regenwald für einen Investor aus Malaysia gepflanzt, der ein Freizeitparadies anlegte.

Zahlreiche »Glücksritter der Marktwirtschaft«[8] hatten ihre Fehleinschätzungen, bei denen immer auch öffentliche Subventionen und Steuernachlässe beteiligt waren, am Ende selbst auszubaden. Spektakulär waren 1994 der Konkurs des Baulöwen Jürgen Schneider und der anschließende Betrugsprozeß. Schneider war ein Immobilienhändler, den die Leidenschaft nicht nur für Kapitalgewinne, sondern auch

Einkaufscenter Ostseepark. Bei Rostock. Aufnahme 1995.

[5] Bundesamt für Bauwesen und Raumordnung. Raumordnungsbericht 2000. Bonn, 2000. S. 55.

[6] Philip Oswalt. Berlin. Stadt ohne Form. München, 2000. S. 79.

[7] Grundgesetz für die Bundesrepublik Deutschland. 1949. Artikel 72 und 106.

[8] Demokratische Baukultur in Ostdeutschland? 2. Dessauer Erklärung vom 25. August 1994.

G. Dalchau, H. Heinemann, Friedrich Jakobs. Bebauung Karl-Marx-Straße (Breiter Weg). Magdeburg, 1963–65.

Sanierung der Bebauung Karl-Marx-Straße (Breiter Weg). Magdeburg, um 2000.

für Baudenkmäler umgetrieben hatte. Die Sanierung der Leipziger Mädler-Passage war eines seiner Lieblingsprojekte gewesen.

Als der Politik und der Öffentlichkeit irgendwann nach der Jahrtausendwende deutlich wurde, wie ineffektiv die hohen Summen ausgegeben worden waren, besaß das Land wunderbar sanierte, aber oft unbewohnte Gebäudeensembles und eine Infrastruktur, die angesichts des Bevölkerungsschwundes außerordentlich üppig ausgelegt war. Wirtschaftliche Attraktivität gewannen nur einige Standorte: Dresden dank Mikroelektronik und Biotechnologie, Jena dank der optischen Industrie und Leipzig, Eisenach sowie Zwickau dank der Automobilproduktion, Leipzig auch dank Informationstechnologie, Umwelttechnik und weitergeführter Messetradition. Stets erwies sich die Verflechtung mit universitären oder außeruniversitären Forschungsinstituten als Vorteil. Doch davon profitierten nur wenige Städte.

Seit der Wiedervereinigung stieg die Arbeitslosigkeit in den östlichen Bundesländern auf Werte zwischen neunzehn und zweiundzwanzig Prozent, bei einem bundesdeutschen Durchschnitt von 11,8 Prozent.[9] Die Abwanderung der Bürger, die 1961 zur Errichtung der Mauer geführt hatte, setzte sich seit ihrem Fall weiter fort; Ostdeutschland verlor per Saldo rund 850 000 Bewohner.[10] Oft waren es qualifizierte Arbeitskräfte, die abwanderten. Spezifische Probleme der neuen Bundesländer ergaben sich aus den Modalitäten der deutsch-deutschen Währungsumstellung und dem Verlust der osteuropäischen Märkte. Hinzu kam der Abschied von den Grundstoffindustrien, den alle westlichen Industrienationen

[9] Stand 2003. Statistisches Bundesamt (Hg.). Statistisches Jahrbuch 2004. Wiesbaden, 2004. S. 95 f.

[10] Stand 2003, gerechnet ab 1991. Statistisches Bundesamt. Pressemitteilung, 1. 10. 2004.

und jetzt auch die Ex-DDR bewältigen mußten. Aber der Westen hatte dafür viel mehr Zeit gehabt. Die ostdeutschen Länder wurden mit einem Schlag der Deindustrialisierung ausgesetzt.

Hart traf es den Wohnungsmarkt, und hier vor allem die Großsiedlungen an den Stadträndern. Bislang hatten sie als Schlafstädte für Familien gedient, deren werktätige Mitglieder außerhalb der Siedlung ihrer Arbeit nachgingen. Jetzt mußten sie großen Minderheiten oder manchmal auch schon Mehrheiten das Milieu bieten, in dem Kinder, Jugendliche, Arbeitslose, Frührentner ihren gesamten Alltag zubringen und trotzdem individuellen Lebensmustern folgen möchten. Dafür war die »sozialistische Stadt« mit ihren Einrichtungen für kollektive Kindererziehung und Freizeitgestaltung nicht eingerichtet.

Der Rückgang der Bevölkerung in den neuen Bundesländern, verursacht durch Geburtenabnahme und Westwanderung, die Stadtflucht und speziell die Abwanderung aus den Plattenbausiedlungen führten zu Leerständen, die fünfzehn Jahre nach dem Ende der DDR auf 1,3 bis 1,4 Millionen Wohnungen geschätzt wurden. Alle Versuche, Mietverhältnisse in Eigentumsverhältnisse umzuwandeln, die Blocks aufzufrischen, die Grundrisse zu verändern, Balkons und Wintergärten anzufügen, konnten den Trend nicht wenden. Auch ehemalige DDR-Bürger wollen in eigenen Häusern wohnen und nicht mehr auf der elften Etage.

Mehrere hunderttausend Wohnungen müssen vom Markt genommen, sprich abgerissen werden. Die Wohnungsbaugesellschaften bringt es trotz finanzieller Hilfe von Bund und Ländern (»Stadtumbau

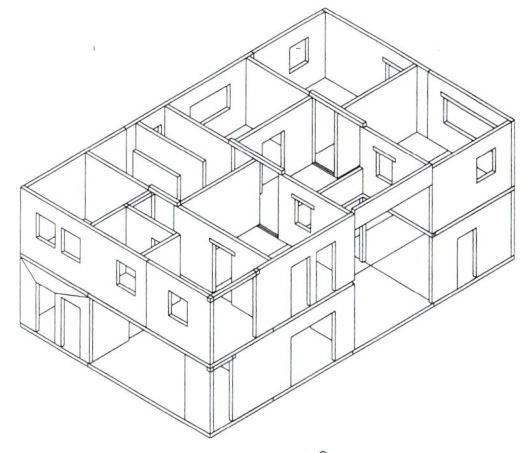

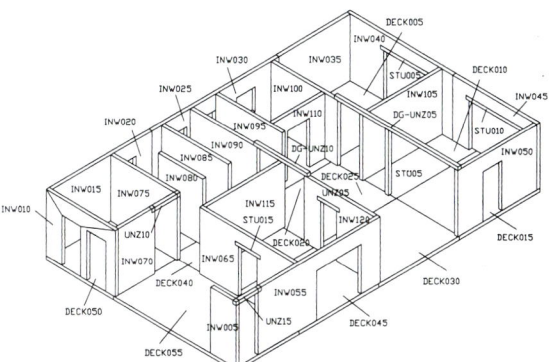

Hervé Biele, Büro Conclus. Einfamilienhaus mit Einliegerwohnung unter Wiederverwendung von WBS 70-Elementen. Projekt, um 2003.

Plattenbauzeile. Leinefelde-Worbis, Eichsfeld, Thüringen. 1960er Jahre.

Stefan Forster. Umbau einer Plattenbauzeile in acht Stadtvillen. Leinefelde-Worbis, Eichsfeld, Thüringen, 1996.

Ost«) an den Rand ihrer Existenzfähigkeit. Bisher war Wachstum die einzige Kategorie, in der man sich die moderne Stadt denken konnte. Jetzt muß sie mit Schwund fertigwerden. Rückzug bei möglichst geringen Verlusten ist angesagt. Hier und da ergibt sich vielleicht sogar ein Gewinn an Umfeldqualitäten: Chancen für Durchgrünung, für bislang unvorhergesehene Nutzungen, für Subkulturen und Gründerinitiativen, für Spontaneität. Auch im Westen, beispielsweise im Ruhrgebiet, gibt es seit längerem schrumpfende Städte; Hagen nahm um sechzehn Prozent der Bevölkerung ab, Wuppertal um vierzehn Prozent, Gelsenkirchen um dreizehn Prozent.[11]

Flexibel erwiesen sich die Plattenbausysteme erst nach der Wende. In der Entstehungszeit der Großsiedlungen hatte kaum jemand ernsthaft an späteren Rückbau gedacht. Nun, da die Massenquartiere von Leerstand heimgesucht sind, zu verkommen drohen und durch Veränderung an Attraktivität gewinnen sollen, werden Gebäudeblöcke zu Terrassenbauten, Hochhäuser zu Stadtvillen umgerüstet. Obergeschosse werden abgetragen, Haustranchen abgebrochen, so daß sich die Zeile in Einzelhäuser auflöst, Wohnungen werden durch Zusammenlegung vergrößert, Decken zugunsten von Maisonettewohnungen herausgenommen, Dachterrassen angelegt. Oft liegen die Sanierungskosten unter den Kosten normaler Altbausanierungen. Im Einzelfall war sogar die Demontage der Platten und ihre Remontage an anderer Stelle möglich, auch außerhalb der ursprünglichen Modulsysteme. Wirtschaftlich ist die Weiterverwendung der Platten vor allem dann, wenn der neue Bauplatz innerhalb des Schwenkradius der Abbruchkräne liegt.

Westliche Importe

Die ersten Jahre nach 1990 waren auch auf dem Bausektor durch eine Vereinigungskonjunktur geprägt, von der hauptsächlich westdeutsche Bauunternehmen und westdeutsche Architekten profitierten. Die Baukonzerne brachten ihre Architekten aus dem Westen mit. Neu berufene Dezernenten, oft verdiente, im Westen pensionierte Planungsfachleute, die für einige Jahre die Amtssessel in Halle, Leipzig oder Hoyerswerda einnahmen, pflegten ihre Beziehungen zu westdeutschen Architektenfreunden wei-

[11] Stand 2004. Mitteilungen der Architektenkammer Nordrhein-Westfalen, 8. 7. 2004.

Wieder vereinigt   **435**

[12] Wolfgang Kil. Im Osten nichts Neues. In: Ullrich Schwarz (Hg.). Neue Deutsche Architektur. Kat. Martin-Gropius-Bau u. a. Ostfildern, 2002. S. 327.

[13] Wolfgang Kil. Im Osten nichts Neues, ebd. S. 327.

terhin.[12] Prominente Westarchitekten gaben in gesponserten Workshops und Symposien Hilfestellung in Baurecht, Equipment, Management und westlichen Planungsstrategien oder schlossen sich mit Architekten aus der DDR zusammen. Bei solchen Gastspielen war schwer zu sagen, wo kollegiale Uneigennützigkeit aufhörte und kommerzielles Eigeninteresse begann. Das eine schloß das andere nicht aus.

Berufliche Neuorientierung war für Ostarchitekten unumgänglich. Private Büros waren in den fünfziger Jahren aufgelöst worden. Die Architekten hatten Tätigkeiten in großen Projektierungsbetrieben und Wohnungsbaukombinaten hinter sich, die im Gegensatz zur Einzelkämpferpraxis westlicher Privatarchitekten standen. Der Umgang mit Auftraggebern und Bauherren, die Tricks der Akquisition, die Bereitschaft zur Leistungskonkurrenz mußten gelernt werden. Solche Lektionen fielen den frischgebackenen Freiberuflern um so schwerer, als auch im Westen die Berufsstrukturen im Umbruch begriffen waren und der Architekt sich in neue Teambeziehungen einüben mußte.

Viele Westbüros machten in den neuen Bundesländern Zweigstellen auf, ohne Kenntnis ortsspezifischer Traditionen und lokaler Geschmackskulturen zu besitzen. Nur im Glücksfall waren es Architekten, die eigene biografische Erfahrungen im Osten gesammelt hatten, bevor sie in den Westen gegangen waren, und sich darauf beziehen konnten. Peter Kulka und Axel Schultes stammen aus Dresden. Günter Behnisch wurde gleichfalls in Dresden geboren und ist in Chemnitz zur Schule gegangen, wo Geschwister von ihm nach seinem Fortgang wohnen blieben.

Anspruchsvolle Architektur, die im Osten in der neuen Gründerzeit entstand, war westdeutschen Bauten gleichrangig – sie wurde ja auch von denselben Urhebern entworfen. Doch hier gab es noch repräsentative Aufgaben, die im Westen längst bearbeitet waren und nicht mehr zur Verhandlung standen. Eine Rathauserweiterung wie die in Dessau (1994–97) war auch für westliche Architekten als Auftrag eine Delikatesse.[13] Er ging nicht an den Wettbewerbssieger, Dieter Bankert, einen der Ostberliner Architekten, die mit und trotz Plattenbau konzeptuelles Denken nicht

Laurids Ortner, Manfred Ortner. Sächsische Landesbibliothek. Dresden, 1998–2002. Archivgebäude und Oberlicht des Lesesaals. Unterirdischer Lesesaal.

verlernt hatten. Statt dessen übernahm West-Prominenz, der Berliner Senior Josef Paul Kleihues.

Neue Hochschul- und Institutsbauten entstanden, die den jüngsten ästhetischen Stand an Elbe und Saale bekannt machten. Laurids und Manfred Ortner aus Wien legten den größten Teil ihres Bücherpalastes für die Dresdner Universitätsbibliothek unter die Erde (1998–2002). Das Kölner Büro Kister, Scheithauer und Gross errichtete für die Dessauer Fachhochschule ein kühl gehaltenes Ensemble mit grünlicher Betonschale und bündigen Fensterflächen (1995–2001), das sich vor dem nahe gelegenen Bauhausgebäude nicht zu verstecken braucht.

Ihr Landsmann Thomas van den Valentyn brillierte in Weimar mit dem edlen Musikgymnasium am Schloß Belvedere (1994–96), in Halle mit dem Juridicum (1994–98), einem gläsernen Würfel mit terrassierter Leselandschaft. Solche architektonische Goldschmiedearbeit hätte der Schüler Hans Holleins auch im Rheinland oder in der Hauptstadt nicht besser abliefern können. Neue Museen oder Museumserweiterungen hatten in der DDR nur selten auf der Agenda gestanden. Jetzt sorgten bewährte Westhände für die Erfüllung des Nachholbedarfs: Peter Kulka führte eine taktvolle Auseinandersetzung mit vorhandenem Baubestand bei der kontemplativen Galerie für Zeitgenössische Kunst in Leipzig (1996–2000), bei der reduktionistischen Sanierung von Hygienemuseum (2002–05) und Schloß (in Planung) in Dresden.

Diese Leistungen liegen auf einem Qualitätsniveau, das auch westliche Bauherren sich bei prominenten Aufgaben nicht oft leisten: geschmackssicher, unaufdringlich, gebaute Vorwürfe an die Adresse schneller Investorenarchitektur. In den neuen Bundesländern kam es selten zu den Exzessen, die osteuropäische Bauherren und Architekten im Vollgefühl der neuen Freiheit begingen. In Moskau oder Breslau beispielsweise reüssierte eine im Westen längst abgelegte Postmoderne, als sei sie gerade erfunden worden, als stünden ihre lauten, bunten, vulgären Zitate für die neue schrankenlose, individuelle Freizügigkeit. Das blieb dem deutschen Osten im wesentlichen erspart.

Aber wer gern wüßte, was Architekten, die ihre Sozialisierung zwischen Ostsee und Erzgebirge und ihre Ausbildung in Berlin-Weißensee, Weimar oder Dresden erfahren hatten, aus ihren spezifischen Anschauungen, Lernerfahrungen und Kenntnissen gewinnen, geht leer aus. Die Ästhetik des Westens wurde zur Ästhetik des Ostens. Dafür sorgten Auftraggeber und Preisgerichtsjuroren, und vor allem der Wunsch, der Hochglanzpolitur des Westens nicht nachzustehen. Gab es nicht auch Eigenschaften im DDR-Bauen, die man als Qualitäten hätte pflegen können: die freien Räume, in denen Architektur als Großskulptur wirken konnte (aus der Nähe besah man sie sich besser nicht), das Poröse der Wohnquartiere bei definiter Außenform, die scharfen Grenzen zwischen Bebauung und Nichtbebauung? Links der

Johannes Kister, Reinhard Scheithauer, Susanne Gross. Fachhochschule. Dessau, 1995–2001.

Thomas van den Valentyn. Musikgymnasium Schloß Belvedere. Weimar, 1994–96.

[14] Gespräch mit Günter Behnisch in: Wolfgang Pehnt. Die Erfindung der Geschichte. München, 1989. S. 187.

[15] Günter Behnisch. Erneuerung des Plenar- und Präsidialbereichs des Deutschen Bundestages in Bonn. Bonn, 1992. Typoskript.

elfstöckige Plattenbau, rechts das Kornfeld, das war ein schroffes Kontrastprogramm zur Verschleifung und Auflösung westlicher Stadtränder gewesen. Die gibt es nun genauso im Osten.

Bauten der Demokratie

Wenn man den Begriff Demokratie mit einem nachkriegsdeutschen Architektennamen verknüpfen will, liegt der Name Günter Behnisch nahe. Sein Thema war, in vielen Äußerungen verbalisiert, die Verteidigung des Individuellen, Schwachen gegen die Herrschaft der Apparate, gegen den Übermut der Ämter, gegen die Macht der Mächtigen. Architektur dagegen sollte Spielräume eröffnen, Zwänge abbauen, Normen in Frage stellen. Die übertrieben lange Achse, die extreme Symmetrie, die lastende Schwere, die geschlossenen Systeme, die Monumentalität der NS-Zeit – und nicht nur der NS-Zeit – waren für ihn traumatische Erfahrungen. Den letzten Weltkrieg hatte er noch als junger Offizier mitgemacht. Er wußte, wovon er sprach.

Auffällig oft haben Behnisch und Partner in freien Landschaften gebaut oder dort, wo die Stadt ins Offene übergeht. Bevorzugte Schauplätze seiner Architektur waren Weinberge (Kindergarten in Stuttgart-Luginsland, 1989–90), Obstbaumwiesen und Schafweiden (Schulen und Sporthallen im Schwäbischen, vor allem in Lorch, 1971–82), Flußauen (Universitätsbibliothek in Eichstätt, 1980–87). Der größte Triumph des Behnisch-Teams war eine Landschaft, wenn auch eine künstliche, das Münchner Olympiagelände (vgl. S. 384 f.). Das Münchner Stadion blieb nicht der einzige Fall, in dem Behnisch erworbene süddeutsche Liberalität gegen das steinerne Berlin setzte, in diesem Fall gegen die Erinnerung an die Berliner Olympiade von 1936. Oder seine angeborene sächsische Gelassenheit gegen die Strenge, die Preußen dort zu zeigen pflegte, wo es repräsentierte.

Zur Theorie des Meisters gehörte, daß das fertige Bild hinter dem Vorgang seines Entstehens zurückzutreten habe. Mit dem Goethe der Italienischen Reise wollte Behnisch um so stiller werden, je weiter er kommt, und warten, »was sich in mir bildet«.[14] Da nimmt es wunder, daß er auch den Diskant der fünfziger Jahre schätzte, ihre Schrägen, ihre Ornamente, ihre fließenden Grundrisse. In den späteren achtziger Jahren mischten sich in die feingliedrige Transparenz und dezente Zurückhaltung von Behnisch-Bauten stürzende Linien, splitternde Flächen und gewagte Material- und Strukturkombinationen. Solche Mikado-Spiele entsprachen in seinem Denken der Improvisation und Spontaneität, die das Einzelne gegenüber dem Ganzen behaupten sollte. Die Freiheit der Elemente diente als Metapher für die Freiheit einer nichthierarchischen Menschengemeinschaft: »Die räumliche Collage individueller, nicht geschönter und tendenziell freier Teile kann hinweisen auf das Ideal einer Gesellschaft unserer Tage.«[15]

Mit Bonner Bundesbauten war Behnisch lange Zeit befaßt, seit einem Wettbewerb von 1972–73. Aber der Bundestag war ein schwieriger Bauherr, der Zickzackkurse fuhr, bald die große Lösung wollte und dann doch lieber sparte. Der Auftrag, den Behnisch schließlich von 1988 bis 1992 ausführte, bezog sich zunächst nur auf ein »Eingangsbauwerk«. Schließlich folgte doch der komplette Plenarsaalbereich nebst Verwaltung. Behnisch machte aus dem Plenum, dem Schwipperts schon entstellter Saal von 1949–52 weichen mußte (vgl. S. 304), eine kreisrunde Mulde. Das Glasdach darüber ließ Tageslicht und Wolkenschatten über die 662 Volksvertreter ziehen. Die Natur draußen ist präsent, zumindest ihre Gegenwart fühlbar. Trotz der quälend langen Planungs- und Bauzeit war eine frische, fröhliche, in kessen Einzelheiten auch gebändigt freche Debattierarena entstanden. Kaum geglückt, wurde ihre eigentliche Bestimmung hinfällig. Die Parlamentarier tagten nur sieben Jahre lang darin. Dann zogen sie nach Berlin.

Günter Behnisch und Partner. Hysolar-Institut. Stuttgart-Vaihingen, 1986–87.

Die Wege der Demokratie zum Bauen sind mühsam. Ein noch kurioseres Schicksal als der Plenarsaal erlitten die Abgeordnetenbauten (1989–2003), für die das Kölner Büro Schürmann 1982–83 ein Planungsverfahren vor Behnisch gewonnen hatte. Bei ihnen kam nicht nur die Funktion abhanden, sondern beinahe auch die begonnenen Gebäude. Der ungenügend gesicherte Rohbau fiel zu Teilen einem Rheinhochwasser zum Opfer. Nach Jahren der Ungewißheit fand sich im Auslandssender Deutsche Welle ein neuer Nutzer, der den Weiterbau rechtfertigte. Die langen, weißen, parallelen Riegel, von Querwegen in die Rheinaue unterbrochen, hätten zusammen mit dem nahen Plenarsaal und Eiermanns Hochhaus eine Parlamentslandschaft von unangestrengter Modernität ergeben, elegant in das Flußtal gelagert, fast zu idyllisch für eine konfliktreiche Gesellschaft.

Während der gebürtige Dresdner Behnisch das Haus des gesamtdeutschen Parlaments in Bonn baute, errichtete der gebürtige Dresdner Kulka das sächsische Landesparlament (1991, 1992–94). Der Eingangsbau hinter der Oper, den Abgeordnete wie Besucher benutzen, wirkt gebauter, Miesischer. Dahinter entrollt sich das Galeriefoyer als langer Weg zur Empore des wie in Bonn kreisrunden Plenums. Von außen, von der Elbpromenade her, sind die Räume leichter lesbar als in Bonn. Insgesamt nimmt sich die Abfolge von Schloß und Hofkirche über die bürgerliche Kulturstätte Oper zum Parlament wie eine Geschichtslektion aus, zumal auch der einbezogene Altbau nebenan als ehemaliger Sitz der SED-Bezirksleitung (davor Landesfinanzamt) eine Geschichte erzählen

Günter Behnisch und Partner. Plenarsaalgebäude des Deutschen Bundestags. Bonn, 1982, 1988–92. Außenansicht des Eingangsbereichs. Plenarsaal.

Joachim Schürmann und Partner. Funkhaus Deutsche Welle (ehem. Abgeordnetenbereich des Deutschen Bundestags). Bonn, 1983, 1989–2003.

Wieder vereinigt

Peter Kulka. Sächsischer Landtag. Dresden, 1991–94. Außenansicht. Plenarsaal.

kann (vgl. S. 184). Das »Unregelhafte« Behnischs versagt sich Kulka. Demokratie im jungen Freistaat ist ein ernstes Geschäft, da scherzt man nicht.

Kulka hat Behnisch erst spät, in Dresden, kennengelernt. Die Offenheit von Behnischs Werk hatte ihn schon lange beeindruckt, wenn auch nicht die Auflösung fester Formen und die splitternde Dynamik, die im Behnisch-Œuvre in den neunziger Jahren zunahmen. Ohne die gemuldete und gemodelte Münchner Olympialandschaft wären auch die frei geformten Sportparks nicht denkbar, die Kulka für Chemnitz (1994, mit Ulrich Königs) und die Leipziger Olympiade-Bewerbung (2002) vorschlug. Mit dem Landtagsgebäude war die westliche Moderne in einem repräsentativen Bau in Sachsen angekommen. Über kein Kompliment hat sich Kulka mehr gefreut als über das Lob, das ihm Behnisch ausrichten ließ.

IBA Emscher Park

Wenige Monate vor dem Ende der DDR wurde in der alten Bundesrepublik, in Nordrhein-Westfalen, ein Experiment angeschoben, dessen Themen dann sämtlich in den ostdeutschen Bundesländern aktuell wurden. Die Internationale Bauausstellung Emscher Park nahm sich eines 75 Kilometer langen und 15 Kilometer breiten Siedlungsbandes an, das von Duisburg im Westen bis Bergkamen im Osten reicht. Zwei Millionen Einwohner lebten hier. In diesem nördlichen Teil des Ruhrgebiets traten alle Probleme auf, die in einer von Bergbau und Schwerindustrie verlassenen Region nur auftreten können. In Gelsenkirchen oder Bottrop liegt die Arbeitslosigkeit bei achtzehn Prozent. Bis zum Fall der Mauer ist keinem Teil Nachkriegsdeutschlands ein schmerzhafterer und schrofferer Strukturwandel zugemutet worden als dieser Region. 1970 arbeiteten noch achtundfünfzig Prozent aller Beschäftigten im produzierenden Gewerbe, zwanzig

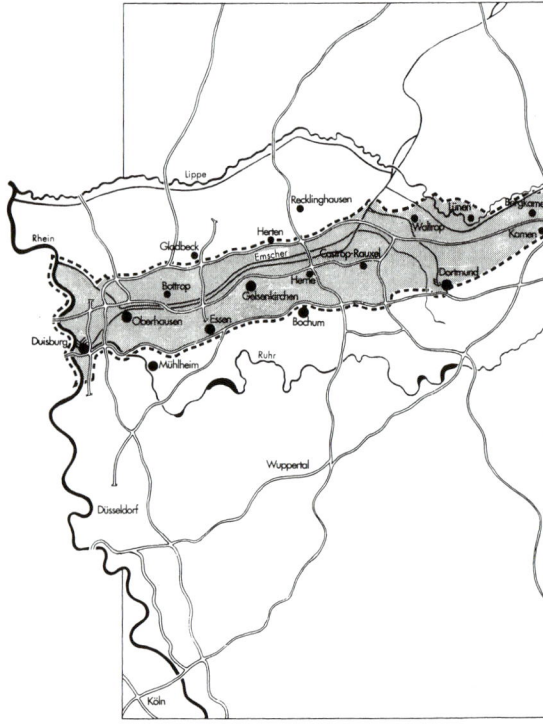

Internationale Bauausstellung Emscher-Park. 1989–1999. Lageplan.

Jahre später fast der gleiche Prozentsatz im Dienstleistungssektor.

Vom südlichen Ruhrgebiet unterscheidet sich der Emscherbezirk auch physiognomisch. Hier gibt es keine Stauseen, keine herrschaftlichen Parks und keine bewaldeten Hügel wie im Ruhrtal und nicht die ehemaligen Königs- und Hansestädte, die sich im Mittelalter an der kontinentalen Handelsstraße des Hellwegs entwickelt hatten. Abwässer von Industrie und Haushalten wurden nicht in die Ruhr geleitet, sondern in die nördliche Emscher; sie bildete die große, sumpfige und dann kanalisierte Kloake des Industriegebiets. Halden, Deponien und Lagerplätze waren hier stets um mehrere Nummern größer als anderswo. Aufgegebene Werksterrains, grotesk-großartige Relikte der Montanindustrie, eingestreute Siedlungen und ungenutztes Ödland bildete ein symbiotisches Gemisch. Zukunftschancen waren diesem Hinterhof des Reviers nicht zuzutrauen.

Die früheren deutschen Bauausstellungen waren überschaubare Maßnahmen. Das Berliner Hansaviertel, Schauplatz der Interbau (vgl. S. 310 ff.), konnte man innerhalb einiger Minuten durchqueren. Für die IBA Berlin von 1984–87 (vgl. S. 398 f.) empfahlen sich schon S- oder U-Bahn als Fortbewegungsmittel. Neue Größenordnungen bedingten andere Strategien. Die IBA Emscher Park, eine private Planungsgesellschaft, aber hundertprozentiges Tochterunternehmen des Landes, ging vollends von der Komplettplanung zur Interventionsplanung über, zu punktuellen Eingriffen nach Art einer städtebaulichen Akupunkturtherapie. Es war eine dezentrale Planung, die nicht alles zu wissen und zu können behauptete und auf den Sachverstand vor Ort setzte. Nur das wurde realisiert, was an der Basis gewollt war.

Architektur war nur eines von mehreren Themen, die sich die Planer unter ihrem Spiritus rector Karl Ganser, einem gelernten Geographen, gestellt hatten. Es ging auch um die Renaturierung von Bach- und Flußläufen, die Verknüpfung von Grünflächen zu einem zusammenhängenden Parksystem mit einer Ost-West-Achse, in die sechs regionale Landschaftsparks eingehängt sind. Industriedenkmäler wurden als Wahrzeichen erhalten oder dem gesteuerten Verfall überlassen, Werkssiedlungen erneuert und durch zeitgenössische Bebauungen ergänzt.

In anderen Gegenden Deutschlands streuten die Städte aus und erzeugten Zwischenorte, die sich keiner präzisen und schon gar nicht urbanen Definition mehr fügen. Im Ruhrgebiet – und ebenso in den stillgelegten Industrierevieren Ostdeutschlands und des Saargebiets – entstanden die »Zwischenorte«, indem sich die Peripherie nach innen wendete. Die Besiedlungsstruktur entspricht den Formbildern der fraktalen Geometrie: viel Siedlungsrand im Verhältnis zur Siedlungsfläche.[16] Ränder und Reste finden sich mitten in stärker verdichteten Zonen und zwischen ihnen.

Mit Großbebauungen kommt man diesen Leerstellen nicht bei. In ihren späteren Projekten ging die IBA infolgedessen von anfangs großen Planungen mit mehreren hundert Wohneinheiten zu Nischensiedlungen von zwanzig oder dreißig Wohnungen über. Auch dem unterschiedlichen Lebenszuschnitt fragmentierter Bewohnergruppen kamen solche Pocket-Bebauungen eher entgegen als es große Objekte täten. Es entstanden Frauenwohnungen, Altenwohnungen, Wohnungen für Alleinerziehende, zahlreiche Selbsthilfesiedlungen. Wo nur ein *low cost*-Budget zur Verfügung stand, war der Zusammenschluß von Selbstbauern, Nachbarschaftshelfern und Berater-Architekten eher gefragt als der Einsatz von souveränen Baukünstlern mit berufsspezifischem Selbstdarstellungsdrang.

[16] Sibylle Becker u. a. Selbstorganisation urbaner Strukturen. In: arch+ 27 (1994) 121. S. 57 ff.

Planquadrat Dortmund, Gerald Krysta. Ergänzung Gartenstadt Fürst Hardenberg. Dortmund-Eving, 1992, 1995–97.

Wieder vereinigt

Michael Szyszkowitz, Karla Kowalski. Siedlung Küppersbusch. Gelsenkirchen-Feldmark, 1990, 1994–98.

Natürlich ging es nicht ganz ohne architektonische Schaustücke. In der imagegesteuerten Entwicklungspolitik unserer Tage sind sie unentbehrlich. Der britische Stararchitekt Norman Foster baute das Kesselhaus der Zeche Zollverein zum Designzentrum um (1997) und gewann mit einem spektakulären, bogenförmigen Dienstleistungsgebäude namens Euro-Gate (1990) den städtebaulichen Wettbewerb für den Duisburger Innenhafen. Nur Investoren fanden sich noch nicht. Der Schweizer Architekt Rolf Keller und das Grazer Team Michael Szyszkowitz und Karla Kowalski bauten Wohnungsanlagen auf ehemaligem oder noch funktionierendem Zechengelände. Die expressive Küppersbusch-Siedlung der Grazer in Gelsenkirchen-Feldmark (1990, 1994–98) machte dabei das Regenwasser zu einem Planungsgegenstand. Die Mitte ihrer Anlage bildet ein linsenförmiger Anger, der sich bei Regen zu einem kleinen Binnensee füllt und dann wieder trocken fällt. Triumphal wird ihm das Dachwasser über einen Aquädukt aus Metallstützen und Rinnen zugeführt.

Der ökologische Aspekt spielte eine tragende Rolle in der Architektur dieser IBA. Ihrer Philosophie – Ablösung der Schwerindustrie durch sanfte Technologien, Erhaltung und Nutzung von Baudenkmälern, Arbeit in neuen Stadtlandschaften – entsprach idealtypisch der Wissenschaftspark, den der Münchner Architekt Uwe Kiessler in Gelsenkirchen (1989, 1992–95) schuf. Kiessler, ein Mann des aufrechten und direkten Entwurfs aus dem Geist kompetenter Konstruktion, zog eine dreihundert Meter lange Gerade durch ein Gelände, wo Thyssen bis in die achtziger Jahre Stahl gekocht hatte. An das robuste und strapazierfähige Galeriegebäude sind als Rückgrat der Anlage dreistöckige Pavillons gehängt. Auf dem Dach ist Photovoltaik montiert.

Klimatisiert wird aber auf natürlichem Wege. Die unteren Felder der schrägen Glaswand, jedes groß wie ein Fußballtor, lassen sich im Sommer hochhieven. Am First öffnen sich Lüftungsklappen, zudem laufen

Uwe Kiessler und Partner. Wissenschaftspark Rheinelbe. Gelsenkirchen-Ückendorf, 1989, 1992–95.

Françoise Jourda, Gilles Perraudin, Manfred Hegger. Fortbildungsakademie des NRW-Innenministeriums. Herne-Sodingen, 1991–99.

außen vor dem Wärmeschutzglas Markisen. Zum lebendigen Innenboulevard, belebt durch Cafés, Bistros und Kioske, ist die Halle allerdings nicht geworden. Anders, als es das Einmaleins für die Konzeption von Passagen fordert, verbindet sie nicht einen städtischen Brennpunkt mit einem anderen, sondern Vorstadt mit Vorort. Entsprechend ruhig geht es zu.

Für eine Fortbildungsakademie in Herne (1991 bis 99) ersannen Françoise Jourda und Gilles Perraudin ein großes Dach, das Hochtechnologie verkörpert, aber keine von der harten Sorte. Das Tragwerk ist nicht aus Stahl, sondern aus gehobelten Fichtenstämmen, auf denen hölzerne Fachwerkbinder liegen. In den Stützenwald sind für alle benötigten Zwecke große holzverkleidete Kisten wie Container und zwei Kegelbauten gestellt. Fassaden- und Dachelemente sind vollautomatisch gesteuert zu öffnen. Erdkanäle führen Frischluft zu. Im Winter arbeitet eine Lüftungsanlage mit Wärmerückgewinnung. In den Glasflächen des Dachs sind unterschiedlich dicht verteilte Solarzellen eingesetzt – wie natürliche Wolken, finden die Architekten.

Den Strukturschwächen des Reviers war auch mit einer inspirierten Bauausstellung nicht beizukommen. An den relevanten Wirtschaftsdaten – Investitionsbereitschaft, Steueraufkommen, Soziallasten, Wanderungssaldo – änderte sie nichts. Ganser sprach von »Nullsummen-Spielen«: Was an einem Ort an Initiativen mobilisiert, an Unternehmensgründungen gewonnen und in neuen Gründerzentren zusammengeführt wird, geht bei beschränkter Wirtschaftskraft einem anderen verloren. Was Anstrengungen wie der IBA Emscher Park zu verdanken ist, sind punktuelle Verbesserungen und ein Reservoir von Bildern, Ideen und Strategien, das rechtzeitig zur Verfügung steht, wenn der Motor wieder einmal anspringen sollte.

Auch die ostdeutschen Nachfolgeveranstaltungen, die IBA Fürst-Pückler-Land in der Lausitz und die IBA Stadtumbau in Sachsen-Anhalt, werden sich vor allzu hoch greifenden Hoffnungen hüten müssen. Die IBA Emscher Park präsentierte sich 1996 auf der venezianischen Architekturbiennale unter dem Motto *Wandel ohne Wachstum* und setzte noch ein Fragezeichen dahinter. Wenige Jahre später war es nicht fraglich, sondern gewiß, daß der Wandel in vielen deutschen Regionen unter den Bedingungen nicht nur des Nullwachstums, sondern des Schrumpfens stattfinden muß.

Hauptstadt der Deutschen

[17] Bernd Sikora. Leipzig am Abgrund. In: Bauwelt 81 (1990) 1. S. 38.

[18] Vertrag zwischen Bund und Land Berlin zur Hauptstadt-Finanzierung vom 30. Juni 1994.

[19] Mieten in Spitzenlagen 1991: DM 100, 1996: DM 45, danach langsam wieder anziehend. Zit.: Colliers Müller International Immobilien, 1999. – Plankammer der Senatsbauverwaltung (Hg.). Bodenrichtwerteatlas. Berlin, 1998. Zit.: Der Tagesspiegel, 26. 5. 1999.

Auf der Mauer am Brandenburger Tor. Berlin, 10. 11. 1989.

Berlin war fast ein halbes Jahrhundert lang eine faszinierende Ausnahme gewesen, für die auswärtigen Besucher mehr als für seine Einwohner. Das Leben lief hier anders als anderswo. Die Stadt war zerteilt, wies Unorte von unglaublicher Trostlosigkeit auf, Leerstellen, Labyrinthe, Übergangsstationen zwischen Ost und West mit kafkaesk geregelten Zugangsritualen, oberirdischen Trennungen und unterirdischen Verbindungen. Oben hatte die Volkspolizei die Stadtein- und -ausgänge fest im Griff, unten ratterte die U-Bahn ohne Halt unter der für Westberliner unzugänglichen Stadtmitte. Wer einen Blick über die Mauer hatte oder sich verschaffte, blickte in jeweils die andere Hälfte der zweigeteilten Welt. Es war eine Stadt der Denkmöglichkeiten, der katastrophalen wie der utopischen. Filmemacher sahen Engel über der Siegessäule schweben, Zeitgenossen in der Todeszone Mauerspringer verbluten.

Auch von den Regierungen beider Staaten war Berlin als Ausnahmefall behandelt worden. Als Regierungshauptstadt der Deutschen Demokratischen Republik wurde die Stadt in den Maßen des wirtschaftlich Möglichen favorisiert, zum Neid der anderen DDR-Bezirke. Es gab nicht nur eher Apfelsinen als in Stralsund oder Meiningen. Auch Baukontingente und Arbeitskräfte wurden der Hauptstadt bevorzugt zugeteilt. Die Provinz wurde »ausgelaugt und ausgesaugt durch die allmächtige Partei- und Staatsresidenz Berlin«.[17]

Der Westteil der Stadt wurde mit Berlinförderung für Betriebe, Zuzugsprämien, Arbeitnehmerzulagen, zinsgünstigen Darlehen und Steuererleichterungen am Leben erhalten. Die Folgen waren absurd. Gegen jede wirtschaftliche Vernunft wurden Halbfertigprodukte nach Berlin transportiert, dort unter Mitnahme der fälligen Subventionen zusammenmontiert und zu den Endverbrauchern in Westdeutschland zurücktransportiert. Wirtschaft und Bewohner richteten sich in den Nischen bequem ein. Alternativkulturen fanden attraktive Spielplätze.

Rückkehr zur Normalität?

Mit der deutsch-deutschen Vereinigung kam ein Ende der Vorzugsbehandlung in Sicht. Im industriellen Sektor gingen nach 1989 weitere Hunderttausende von Arbeitsplätzen verloren. Andererseits löste die knappe Entscheidung des Deutschen Bundestags vom 20. Juni 1991, Berlin und nicht Bonn zur Hauptstadt der neuen Bundesrepublik zu machen, zunächst unbegrenzten Optimismus aus. Man rechnete mit 130 000 Arbeitsplätzen, die der Umzug direkt oder indirekt mit sich bringen würde. Zudem verpflichtete sich der Bund der »gesamtstaatlichen Repräsentation« halber, in seiner Hauptstadt S-Bahnlinien, Straßentunnel und kulturelle Einrichtungen zu finanzieren, ganz abgesehen von seinen eigenen Bauvorhaben.[18]

Entsprechend stiegen die Miet-Erwartungen in Berlin-Mitte auf 100 DM pro Quadratmeter Bürofläche und wurden in Toplagen wohl auch erreicht. Grundstückspreise in zentralen Lagen wie am Pariser Platz kletterten auf 30 000 DM pro Quadratmeter.[19] Optimisten sahen in Berlin eine Weltstadt, die auf eine Einwohnerzahl von fünf bis sechs Millionen zusteuerte. Die Planungen für strategisch günstig gelegene Orte wie den Potsdamer Platz und den Alexan-

Marx-Engels-Platz (Schloßplatz). Berlin-Mitte, um 1990. Vorn: Außenministerium (Josef Kaiser, Herbert Aust, Gerhard Lehmann, Lothar Kwasnitza, 1964–67, abgerissen), gegenüber: Palast der Republik (Heinz Graffunder, Karl-Ernst Swora, Wolf R. Eisentraut, Günter Kunert, Christian Schulz, Manfred Prasser, Herbert Aust, 1973–76, im rechten Winkel zu beiden: Staatsratsgebäude (Roland Korn, Hans Erich Bogatzky, 1962–64).

derplatz sind nur unter diesen Prämissen verständlich. Wo sie sofort umgesetzt wurden wie am Potsdamer Platz, entwickelte sich eine beeindruckende Bautätigkeit; die Vermietungssorgen danach blieben den Developern und Eigentümergesellschaften überlassen. Wo sich der Baubeginn verzögerte wie am Alexanderplatz, sah es noch viele Jahre nach der Wende wie in DDR-Tagen aus.

So brutal der »antifaschistische Schutzwall« die Stadt bis 1989 von ihrem Hinterland abgetrennt hatte, *einen* Vorteil hatte er: Der Stadt war die Zersiedlung ihrer Umgebung erspart geblieben. Wie die mittelalterliche Stadtmauer oder der nur wenige Jahrzehnte existierende barocke Fortifikationsgürtel hatte Ulbrichts Mauer *urban sprawl* ins brandenburgische Umland verhindert. Um diesen Vorzug zu bewahren, setzten sich unmittelbar nach dem Beitritt der DDR zur Bundesrepublik verschiedene Planergruppen für ein Modell der dezentralen Konzentration, für eine polyzentrische Struktur Berlin-Brandenburgs ein.

Es gab so etwas wie einen Konsens. Erweiterungen und Verdichtungen sollten nicht im nächstliegenden Gürtel aus Seen, Wäldern, Ackerflächen und Rieselfeldern stattfinden, sondern auf Gebiete und Orte in der weiteren Peripherie Brandenburgs gelenkt werden. Mit der Hauptstadt sollten sie durch flinke Regionalbahnen, nach manchen Autoren untereinander auch mit einer Ringbahn verbunden werden.[20] Ein solches Stadt-Umland-Konzept hätte größere Chancen gehabt, wenn es gelungen wäre, die Bundesländer Berlin und Brandenburg zu einer politischen Einheit zusammenzufassen. Aber diese Entscheidung, die mit der Entstehung von Groß-Berlin im Jahr 1920 vergleichbar gewesen wäre (vgl. S. 69 ff.), blieb aus. 1996 lehnten die Wähler in einem Volksentscheid ein gemeinsames Bundesland Berlin-Brandenburg ab.

Dezentrale Konzentration galt zwar weiterhin als Leitbild der Landesplanung für Berlin und Brandenburg. Aber sie erledigte sich durch die Abstimmung mit dem Möbelwagen. Die Leute wollten nicht nach Eberswalde oder Jüterbog ziehen, sondern in der Nachbarschaft Berlins bleiben, und die Betriebe wollten von der Nähe zu Metropole und Autobahn profitieren. Wie um die größeren Städte der Ex-DDR legte sich auch um Berlin ein Gürtel aus Einfamilienhaussiedlungen, Gewerbegebieten, Golfplätzen (die wenigstens die Landschaft schonten), Tankstellen, Möbelhäusern und Supermärkten, nur noch breiter und undringlicher als anderswo. Da dieser »Speck-

[20] Christoph Stroschein. Ein Stadt-Umland-Ideal für Berlin-Brandenburg. In: StadtBauwelt 112 = Bauwelt 82 (1991) 48. S. 2586 ff.

[21] Helmut Seitz. Migration, Arbeitsmarkt, Wirtschaft und öffentliche Finanzen in Brandenburg und in den anderen ostdeutschen Bundesländern. Frankfurt a. d. O., 1999.

[22] Brandenburgs Wirtschaftskraft liegt im Speckgürtel von Berlin. In: Frankfurter Allgemeine Zeitung, 25. 10. 2000.

gürtel« größtenteils auf brandenburgischem Gebiet liegt, vergrößerte er die ohnehin katastrophalen Berliner Finanzprobleme.[21]

Experten schätzen, umgekehrt verdanke das Land Brandenburg zwei Drittel seiner Wirtschaftsleistung dem *overspill* der Metropole.[22] In manchen Jahren führte die Stadtflucht zu Verlusten von rund 30 000 Einwohnern sprich Steuerzahlern, die sich jenseits der Stadtgrenze niederließen. Freilich nehmen sie nach wie vor die zentralen, hochsubventionierten Einrichtungen der Metropole in Anspruch, vom Sinfoniekonzert bis zum Spezialkrankenhaus. Die Stadt suchte der Abwanderung in brandenburgische Einfamilienhauskolonien mit attraktiven, dicht bebauten Vorstädten zu begegnen, der Wasserstadt Oberhavel in Spandau oder der Rummelsburger Bucht am Ostkreuz, und später mit nicht ganz so attraktiven Reihenhaussiedlungen in Karow-Nord oder Biesdorf-Süd. Aber solche Prozesse sind nur begrenzt steuerbar. Der Bewohner bleibt der große Unbekannte und geht, wohin er will. Offenbar ging er nicht allzu gerne nach Spandau oder Ostkreuz.

Daß Berlin zu der Normalität einer mitteleuropäischen großen Stadt zurückzukehren begann, haben viele der Stadt verübelt. In den ersten Monaten entstanden jede Menge Skizzen fern aller Realität, als sei wieder einmal der Augenblick für hochfliegende Utopien gekommen. An ihnen beteiligten sich Stars aus aller Welt, die nicht zu Unrecht Auftragschancen witterten. Doch wer wünschte sich wirklich eine gebaute Riesentreppe über das Brandenburger Tor, wie sie Denise Scott Brown und Robert Venturi vorschlugen? Oder den Tiergarten umstellt von drei gewaltigen Gebäudescheiben wie bei Herzog & de Meuron?

Bernd Albers. Wohn- und Geschäftshausquartier Pulvermühle. Berlin-Spandau, 1996–98.

Helge Sypereck (städtebauliche Planung). Gartenstadt Falkenhöh-Falkensee. Berlin-Spandau, 1992–96.

Oder – von Giorgio Grassi imaginiert – eine neue Mauer aus Regierungs- und Verwaltungsbauten, nachdem die alte kaum gefallen war? Oswald Mathias Ungers' Konzept eines aus Stadtinseln zusammengesetzten Stadtarchipels enthielt den begründeten Verzicht auf das durchgeplante, historisierende Gesamtkunstwerk Stadt. Doch Ungers schadete der Rezeption dieses wichtigen Gedankens, indem er die »Stadtinseln« mit architekturgeschichtlichen Ikonen von Adolf Loos bis Louis Kahn besetzte. So wirkte es wie das unverbindliche Puzzle eines Bauhistorikers.[23]

Die steinerne Stadt

Für die Berliner Bauszene wurde der 1991 aus Lübeck berufene Stadtbaudirektor Hans Stimmann zu einer einflußreichen und heftig befehdeten Figur. Stimmann führte die Politik der »kritischen Rekonstruktion« weiter. Dabei verlor sich zunehmend das »kritische« Potential, das sich während der IBA-Zeit gegen die Stadtzerstörungen von Verkehrslobby und Baugesellschaften gerichtet hatte. Straßenprofile sollten weiterhin gestärkt, Blöcke bei Einhaltung der Berliner Traufhöhe von 22 Metern einheitlich bebaut werden. Über der Traufhöhe durften zwei weitere zurückgesetzte Staffelgeschosse errichtet werden. Wo der Preisdruck groß war, gingen die Bauherren infolgedessen in die Tiefe – bis zu vier, fünf Etagen, die für unterirdische Passagen, Lagerräume, Tiefgaragen genutzt wurden. Häuser konnten durchaus zwölf Stockwerke erhalten. So kamen die im historischen Zentrum unerwünschten Hochhäuser doch zustande. Nur steckten sie zu einem beträchtlichen Teil in der Erde.

Da die Baugesetze der DDR ungültig geworden waren, galt in der Übergangszeit die ganze Innenstadt als Anwendungsfall für den Paragraphen 34 des Bau-

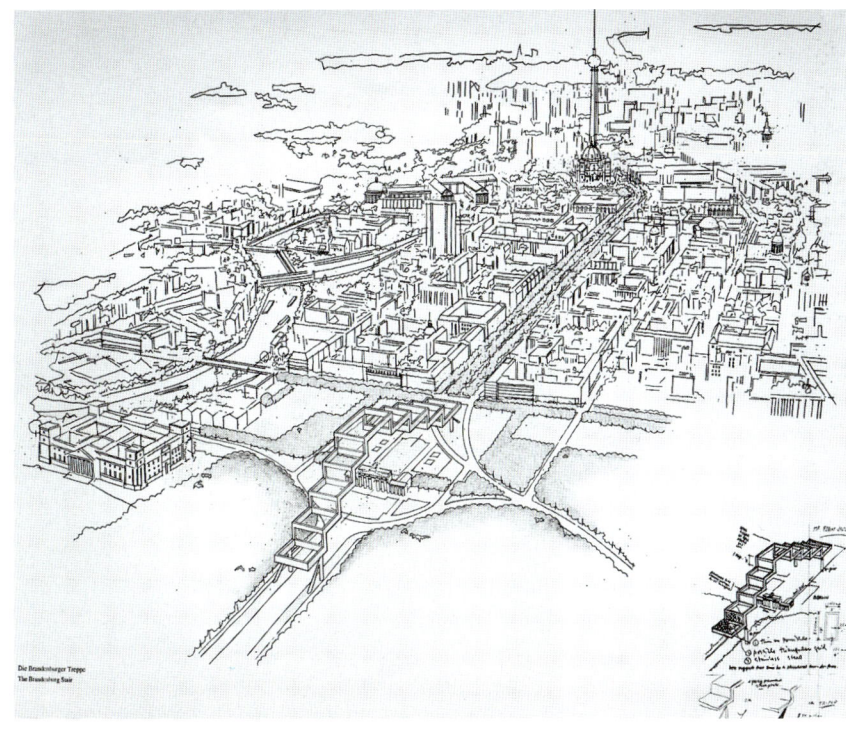

Denise Scott Brown, Robert Venturi. Die Brandenburger Treppe. 1990.

[23] Berlin morgen. Von Michael Mönninger und Vittorio Magnago Lampugnani organisierte Ausstellung im Deutschen Architekturmuseum, Frankfurt am Main. Zuerst publiziert in: Frankfurter Allgemeine Zeitung, 5. 1. 1991.

Quartiere 207, 206, 205 an der Friedrichstraße. Von links hinten nach rechts vorn: Jean Nouvel; Pei, Cobb, Freed and Partners; Oswald Mathias Ungers und Partner. Berlin-Mitte, 1992–96.

Hauptstadt der Deutschen

Hans Kollhoff. Wohn- und Atelierhaus am Luisenplatz. Berlin-Charlottenburg, 1988.

[24] Werner Hegemann. Das steinerne Berlin. Berlin, 1930. S. 18.

[25] Christina Haberlik, Gerwin Zohlen. Die Baumeister des neuen Berlin. Berlin, 1997. S. 36.

[26] Erich an Louise Mendelsohn, 31. 1. 1950. In: Oskar Beyer (Hg.). Erich Mendelsohn. Briefe eines Architekten. München, 1961. S. 122. – Von Mendelsohn auf den späten Mies van der Rohe bezogen.

Hans Kollhoff, Helga Timmermann. Leibniz-Kolonnaden. Berlin-Charlottenburg, 1997–2001.

gesetzbuchs, zuständig für Bereiche ohne Bebauungsplan. Über die im Gesetz geforderte Einfügung »in die Eigenart der näheren Umgebung« ließen sich die Wünsche der Stadt und ihres Baudirektors durchsetzen. Gestaltungssatzungen – besonders detailliert für den Pariser Platz – gingen so weit, das Verhältnis von geschlossener Wandfläche zu Fensterflächen, von Stein zu Glas zu regeln. Berlin-Mitte sollte wieder zu einer steinernen Stadt werden. Hatten die Herren Werner Hegemanns Buch *Das steinerne Berlin* wirklich gelesen? Hegemann hatte den Titel nicht als Kompliment gemeint, im Gegenteil: »Berlin erstickt in dem steinernen Sarge, in den es gezwängt wurde und den es selber bauen half.«[24]

Den vermeintlich preußischen Tugendkatalog von Rationalität und Genügsamkeit hat eine nicht unbeträchtliche Zahl von Architekten verinnerlicht. Zu diesem »Berliner Kartell«[25] gehört Jürgen Sawade, dem vor der Wende der Radikalumbau von Mendelsohns Universum-Kino zu einer funktionierenden Theatermaschinerie (1978–81) oder kluge, unaufgeregte Häuser wie die Wohnbauten an der Lewishamstraße (1980–81) mit vorgesetzten, lärmabsorbierenden Wintergärten zu verdanken waren. Christoph Mäckler, in Frankfurt am Main ansässig, stellt die pädagogische Forderung nach Solidität, Dauer und bauhandwerklicher Qualität an Hand seiner gediegenen Steinbauten, kann aber auch ganz anders. Max Dudler, Schweizer Steinmetzsohn und Ungers-Schüler, verbindet helvetischen Minimalismus mit der neuen Berliner Kargheit.

Der spektakulärste Fall ist Hans Kollhoff, der in den achtziger Jahren mit einer selbstbewußten Moderne begann. Aus dieser Phase stammt das Klinker-und-Glas-Haus am Charlottenburger Luisenplatz (1988). Nun pflegt er Retrodesign auf hohem Niveau, Backstein-Neogotik oder Fertigteilklassik. Von den teuren, betongrauen Leibniz-Kolonnaden in Berlin-Charlottenburg (1997–2001), die Kollhoff ganz unberlinisch durch ein großes Karree schnitt, hätte Erich Mendelsohn sagen können: »Ein klarer Himmel ohne Sonne und tot wie Julius Caesar.«[26] Zu Bauvolumen und Konstruktion verhalten sich die Berliner Steinfassaden nicht anders als die Curtain Walls aus Glas und Metall. Es sind dünn gesägte, hinterlüftete Steinfurniere, allenfalls ein paar Millimeter dicker als die Glasfassaden und ebenso vorgehängt wie sie.

Zentrum ist, wo es flacher wird

Nicht nur steinerne, auch europäische Stadt war gewollt, und damit doch auch ihre Vielfalt, ihre Lebendigkeit. Die Mannigfaltigkeit der europäischen Stadt hing in erster Linie von Nutzungen ab – und dann erst von Formen, die Nutzungen ausdrückten. Wo Grundstückspreise und Mieten hoch waren, blieb in Berlin normales Wohnen so gut wie ausgeschlossen, und damit alles, was der tägliche Bedarf erfordert. Die Stadt schrieb zwar in der Innenstadt eine Mindestquote von zwanzig Prozent Wohnungen vor. Doch nur Hausmeister kamen hier unter oder das leitende Personal, dem der Betrieb ein Pied-à-terre für die Arbeitstage unter der Woche zahlte. Kleine Geschäftsleute oder Handwerker konnten sich ihre Lokale an Mohren- oder Markgrafenstraße nicht mehr leisten, zumal ihre Klientel ausgebürgert worden war.

Ebenso schloß die Größe des neuen Parzellenzuschnitts das Wunschbild von der abwechslungsreichen Stadt aus. Developer und Immobiliengesellschaften kauften Grundstücke zusammen, um sie wirtschaftlich erschließen zu können. Für manche Karrees, die sich in einer Hand befanden, wurden abschnittsweise unterschiedliche Architekten beschäftigt. Aber da sie alle dieselbe Handschrift schrieben, half auch das nicht. Der Weg entlang der schnurgeraden Friedrichstraße mit ihren glattpolierten Granit- oder porösen Travertinfassaden ist lang und monoton. Brüche und Sprünge zwischen Neu und Alt, Hoch und Niedrig, Häßlich und Gelungen und die Vitalität, die alte Aufnahmen zeigen, sind nur noch Erinnerung. Hier soll es einmal mehr Lokale als Hausnummern gegeben haben? Wer heute die Friedrichstraße zurücklegen muß, nimmt besser die U-Bahn, Linie 6.

1996 ließ der Senatsbaudirektor ein *Planwerk Innenstadt* anfertigen, das der »kritischen Rekonstruktion« verpflichtet war. Das von vier Planern[27] erarbeitete Gutachten suchte Ost- und Westhälfte der City architektonisch aufzuforsten, verstreute Leerstellen zu füllen, Straßenzüge und Platzkanten zu verstärken, wieder einmal Urbanität durch Dichte zu erzeugen. Mit diesem Opus sollte in der Innenstadt Raum für 23 000 Wohnungen geschaffen werden. Die großen weiten Flächen aus DDR-Tagen forderten die Zeichenstifte der Planwerker besonders heraus. Stadtpolitisch steckte der Auftrag der regierenden Koalition dahinter, »die Orientierung am historischen Stadtgrundriß als Voraussetzung für Identität und Dichte« zu wählen.[28]

Auch wenn die Intentionen nicht identisch waren und nicht jeder Planwerker das barocke Schloß wiederherstellen wollte, stimmten die Rekonstruktionswünsche der Gesellschaft Historisches Berlin e. V. und ihrer vielen Freunde nicht schlecht zu diesem Programm. Während vorhandene historische Substanz von der barocken Parochialkirche bis zu Baudokumenten der 1950er und 1960er Jahre verkam oder abgerissen wurde, blieb die Sehnsucht nach dem Stadtbild von einst – nicht nur in Berlin – übermächtig (vgl. S. 414 ff.). Fragen der Authentizität zählten dagegen nicht.

Mit der Simulation des Schlosses, während des Sommers 1994 aus Stahlrohrgerüst und bedruckter Kunststoff-Folie zusammengezaubert, erhielt der Blick zurück einen Punkt, auf den er sich konzentrieren konnte. Eine künftige Replik der barocken Schloßfassaden und des Schlüterschen Innenhofs fand im Bundestag eine vorhersehbare Mehrheit, gleichgültig wie sie sich mit gemischten, vorwiegend musealen Inhalten vereinbaren läßt. Und wenn das Schloß, warum nicht Schinkels Bauakademie oder deren weniger anspruchsvolle Nachbarin, die Kommandantur? Sie zumindest steht seit dem Jahre 2003 schon wieder, bietet einem Medienkonzern die repräsentative Adresse und ist nur an der Rückseite als zeitgenössisches Remake kenntlich gemacht.[29]

An den Berliner Architekturverhältnissen entzündete sich in den neunziger Jahren, was es lange nicht mehr gab, ein regelrechter Architekturstreit. *Von Berlin nach Neuteutonia* titelte die Zeitschrift *arch+* und ließ Heinrich Klotz in einem protokollierten Ge-

[27] Bernd Albers, Dieter Hoffmann-Axthelm, Fritz Neumeyer, Manfred Ortner.

[28] Hans Stimmann. Planwerk Berliner Innenstadt. In: Stadtforum. Journal der Senatsverwaltung für Stadtentwicklung, Umweltschutz und Technologie 6 (1996) 23. S. 16.

[29] Architekt: Thomas van den Valentyn.

Simulation des Berliner Schlosses. Fassadenreproduktion: Cathérine Feff. Berlin, 1994.

Hans Kollhoff. Alexanderplatz. Wettbewerbsentwurf 1993, Modell Planungsstand 1994.

Renzo Piano, Christoph Kohlbecker (1. Preis städtebaulicher Realisierungswettbewerb) nach Entwurf von Hilmer und Sattler (1. Preis Ideenwettbewerb). Potsdamer Platz südlich der Potsdamer Straße. Links: Musical Theater und Spielkasino mit Marlene-Dietrich-Platz (beide Renzo Piano), diagonal zum Potsdamer Platz (oben) die Alte Potsdamer Straße. Unten: Landwehrkanal mit Debis-Hochhaus (Renzo Piano). Berlin-Mitte, 1992, 1994–98. Modell Ausführungsplanung.

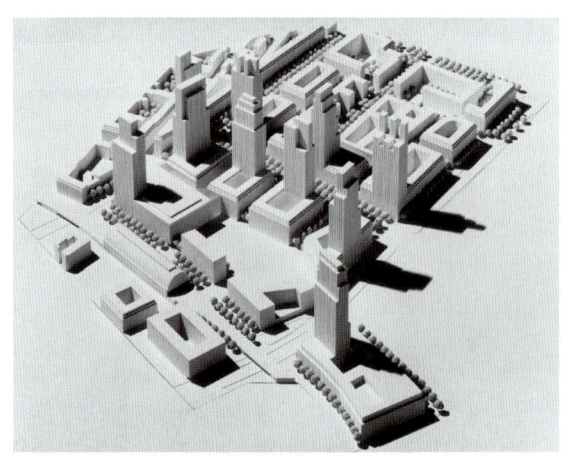

spräch ausrufen: »Bloß nicht diese Hauptstadt!«[30] Die Anklage »faschistoid« stand im Raum. Solche Vorwürfe bezogen sich im wesentlichen auf Erscheinung und Stilverwandtschaft der einzelnen Architekturen. Die plausible Konzentration der Baumassen auf zwei Punkte im Stadtbild, Potsdamer Platz und Alexanderplatz, interessierte in diesem Zusammenhang nicht.

vorsah. Die 150 Meter hohen Türme sollten den Blockrandbebauungen aufgesattelt werden. Am westlichen Gegenpol, dem Potsdamer Platz, hatte zuvor, 1991, ein sehr viel zahmerer Entwurf von Heinz Hilmer und Christoph Sattler gewonnen, die bereits unter der Fahne der Europäischen Stadt segelten. Vorgesehen war eine mittelhohe Bebauung mit wenigen Aufgipfelungen, vor allem am Potsdamer Platz selbst.

Bei der nächsten Wettbewerbsrunde redigierte der Genueser Stararchitekt Renzo Piano das Konzept für das größte Quartier, südlich der Potsdamer Straße, für das die Daimler-Benz-Tochter Debis als Bauherrin zuständig war. Partienweise stellt sich zwischen den orangenen bis lederbraunen Keramikfassaden tatsächlich so etwas wie ein südliches Stadtgefühl ein: im alleenartigen Teilstück der Alten Potsdamer Straße, um die Wasserfläche der Debis-Verwaltung, am Marlene-Dietrich-Platz. Auf ihn mündet eine mediterrane Stufenfolge, auf der an warmen Tagen die Zuschauer des Platzgeschehens hocken. Die meisten Passanten

Renzo Piano, Christoph Kohlbecker. Bebauung der Potsdamer Straße. Von links nach rechts: José Rafael Moneo. Hotel Grand Hyatt. Renzo Piano, Christoph Kohlbecker. Debis-Hochhaus und Spielkasino. Berlin-Mitte, 1994–98.

Zwischen den Hochhausgruppen im Westen und Osten senkte sich die Silhouette auf Berliner Traufhöhe. Für dieses Verteilungsmuster hatte sich übrigens Kollhoff schon 1990 stark gemacht.

Für den Alexanderplatz konkretisierte Kollhoff diesen Vorschlag 1993 mit einem Wettbewerbsentwurf, der eine Verkleinerung des Platzes und einen Halbkreis von zehn art-deco-artigen Hochhäusern

und potentiellen Käufer bewegen sich freilich nicht auf der »europäisch« offenen Straße, sondern in der überdachten, zweistöckigen Einkaufspassage dahinter.

Nördlich der Potsdamer Straße übernahm Sony als Bauherr den zweitgrößten Batzen Land und ließ Helmut Jahn ein kälter temperiertes, nach außen sich verschließendes Gebäudedreieck konzipieren. An den langen Außenfronten erwecken die dunklen Glas- und Metallfassaden keinerlei Anziehungskräfte. Innen wartet das Sony Center mit einer Sensation auf, dem von Werner Sobek entworfenen großen Speichendach über dem Binnenhof. Es will seine Gäste drinnen behalten und nicht so schnell wieder hergeben. Den Kehraus besorgt erst der Wind, der durch die zugigen Einschnitte der Blockränder pfeift. Von den Türmen am Potsdamer Platz macht Jahns gläserner Tower noch die beste Figur. Pianos Eckbau gibt sich spitz, aber schüchtern. Kollhoff offeriert eine Mixtur aus Chilehaus und amerikanischen Dreißiger Jahren. Über die Bauten an der Nordseite des Platzes: kein Wort.

Potsdamer Platz. Von links nach rechts: Hochhäuser Renzo Piano, Christoph Kohlbecker (angeschnitten), Hans Kollhoff und Helmut Jahn, Murphy Jahn Architects (Sony-Hochhaus). Berlin-Mitte, 1995–2000.

[30] Heinrich Klotz im Gespräch mit Nikolaus Kuhnert und Angelika Schnell. In: arch+ 27 (1994) 122. S. 23.

Renzo Piano, Christoph Kohlbecker. Treppe am Marlene-Dietrich-Platz. Berlin-Mitte, 1994–98.

Helmut Jahn, Murphy Jahn Architects. Tragwerksplaner: Werner Sobek Architekten. Sony Center am Potsdamer Platz. Berlin-Mitte, 1996 bis 2000. Blick in die Kuppel über dem zentralen Platz.

Hauptstadt der Deutschen

[31] Hans Schwippert. Das Bonner Bundeshaus. In: Neue Bauwelt 6 (1951) 17. S. 70.

[32] Axel Schultes auf dem Kolloquium zu den Wettbewerbsergebnissen, 12. 3. 1993. In: Michael Mönninger (Einltg.). Axel Schultes, Charlotte Frank. Kanzleramt Berlin. Stuttgart, 2002. S. 55 f.

[33] Klaus Töpfer (CDU) löste 1994 Irmgard Schwaetzer (FDP) ab.

[34] Heinrich Wefing. Kulisse der Macht. Das Berliner Kanzleramt. Stuttgart, München, 2001. – Felix Zwoch u. a. (Red.). Hauptstadt Berlin. Parlamentsviertel im Spreebogen. Berlin, Basel, 1993.

Wo der Staat repräsentiert

Beim notdürftigen Beginn der Bonner Republik, 1949, hatte Hans Schwippert, der Architekt des Bundeshauses am Rhein, auf die Frage, wo denn die Feierlichkeit bleibe, geantwortet: »Wir werden sie erbauen, wenn die Politik einmal wieder erhabene Erfolge haben wird!«[31] Die internationale Konsolidierung der Bundesrepublik und den Fall der Mauer mag man als »erhabene Erfolge« betrachten. Jedenfalls setzte sich bei den Planungen für die Gehäuse der wichtigsten Staatsorgane ein Tenor durch, der nicht mehr den alles in allem bescheidenen Gestus der Bonner Republik übernahm. Dort hätten die Staatsgebäude »lässig wie die Kühe auf der Weide« gelegen, fand der Berliner Architekt Axel Schultes. Nun komme es darauf an, Staat zu zeigen, »die öffentliche Sache, die Res Publica, zu bilden«.[32]

Wäre es nach der Hochstimmung der ersten Wiedervereinigungsjahre gegangen, so hätte sich der Bund Neubau nach Neubau gegönnt. Die Regierungs- und Parteibauten der DDR galten als kontaminiert, zumal manche von ihnen auch noch eine NS-Vorgeschichte hatten, unzumutbar für wahre Demokraten. Josef Kaisers Außenministerium vor der Schloßinsel wurde Mitte der neunziger Jahre abgerissen, Heinz Graffunders asbestbelasteter Palast der Republik überdauerte länger. Das Staatsratsgebäude, das SED-Zentralkomitee (ehemalige Reichsbank, heute Außenministerium) und das Haus der Ministerien (ehemaliges Reichsluftfahrtministerium, heute Finanzministerium) standen auch bereits auf der Abrißliste. Schließlich verloren sich doch die Berührungsängste mit der wechselvollen Geschichte. Nicht zuletzt dank eines rechtzeitigen Wechsels im zuständigen Bauministerium[33] entschied sich die Regierung für den vernünftigeren und kostengünstigeren Weg, Enttabuisierung durch Gebrauch.

Der Umzug stand vor der Tür. Alles mußte schnell gehen. Damit keine Zeit verloren würde, liefen 1992 gleichzeitig der städtebauliche Ideenwettbewerb für das Parlamentsviertel und die Konkurrenz für den Umbau des wilhelminischen Reichstagsgebäudes, der eigentlich von der städtebaulichen Planung abhing. In kurzem Abstand, 1994, folgten die Bauwettbewerbe für Kanzleramt und Bundestagserweiterung. Beim Ideenwettbewerb reichten 835 Teams aus aller Welt ein, beim Kanzleramt bewarben sich 254 Büros um die Teilnahme am zweistufigen Wettbewerb. Es wurde die Stunde des Architekten Axel Schultes.[34] Wann hätte ein Architekt schon nacheinander bei zwei internationalen Wettbewerben für denselben Ort unter vielen hundert Teilnehmern den ersten Preis gemacht?

Aber mehr noch: Ein Jahr vor dem Schicksalsdatum 1989 hatte auf demselben Bauplatz ein Haus der Geschichte entstehen sollen. Für dieses Projekt, das mit der Wiedervereinigung hinfällig wurde, war zwar der Maestro aller Rationalisten und Surrealisten Aldo Rossi mit dem ersten Preis ausgezeichnet worden (vgl. S. 459). Doch Schultes war auch damals bereits mit einem dritten Preis für einen Entwurf dabei, der

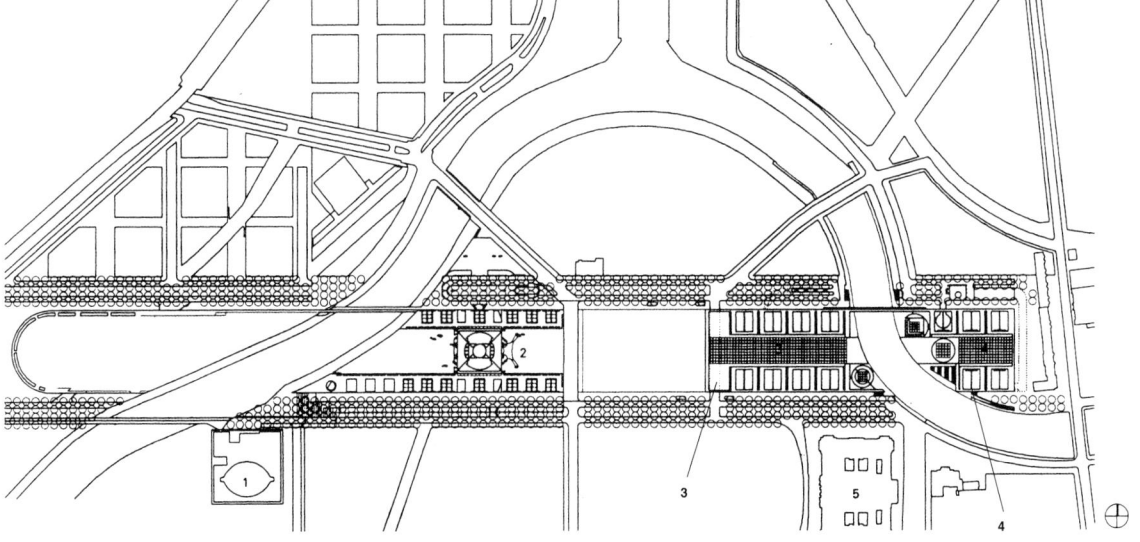

Axel Schultes mit Charlotte Frank (städtebauliche Planung). Band des Bundes. Berlin, 1992, 1994–2003. 1 Kongreßhalle (Hugh Stubbins), 2 Kanzleramt (Axel Schultes, Charlotte Frank), 3 und 4 Paul-Löbe- und Marie-Elisabeth-Lüders-Haus (Stephan Braunfels Architekten), 5 Reichstag (Umbau Norman Foster and Partners).

entscheidende Gedanken seiner späteren Planungen vorwegnahm.

Schultes' städtebauliches *grand projet* für das Regierungsviertel war im Planungswettbewerb das allerstrengste, lapidar, kompakt. Ein hundert Meter breites »Band des Bundes« sollte Kanzlerbungalow, Kanzleramt, Bürgerforum und Abgeordnetenhaus und zunächst auch noch manches andere in einen langen, langen Parallelzug von Osten nach Westen fassen und dabei die Spree dreimal überspringen; es blieb dann bei zwei Querungen. Der symbolische Subtext ist leicht zu entziffern. Das Staatsgefüge Bund wurde wörtlich genommen, als Bund des Raumgefüges. Die politische Vereinigung, West- und Ostberliner Gebiet übergreifend, wurde mit fester Hand noch einmal, nun architektonisch, vollzogen. Den verschiedenen Instanzen verordnete das Bundesband solidarisches Verhalten: Alle waren eingebunden. Ein weiteres erzieherisches Moment war auch nicht zu verachten. Institutionen haben einen natürlichen Drang nach Erweiterung. Die rigorose Figur verhindert, daß sich Ämter und Institutionen in den Tiergarten aussäen. Alles, was in der Spange nicht unterkam, fand in den reichstagsnahen Quartieren der Dorotheenstadt Unterkunft.

Die Demokratisierung des Reichstagsgehäuses (eingeweiht 1999) wurde Norman Foster übertragen. Doch vor dem Beginn der Bauarbeiten feierte Berlin erst einmal. Die Aktionskünstler Christo und Jeanne-Claude durften 1995 das Wallotsche Gebäude verhüllen. Es wurde – in Deutschland eine Seltenheit – ein großes, gelassenes Volksfest, eine souveräne Geste des Umgangs mit diesem schicksalsbeladenen Gemäuer, Abschluß und Neubeginn signalisierend. Der schönste Augenblick im Theater ist immer der, wenn der Vorhang noch nicht aufgegangen ist (S. 430).

Lord Foster ignorierte die Zeitschicht, die Paul Baumgartens transparenter Wiederaufbau des Gebäudes aus den Jahren von 1961 bis 1972 beigetragen hatte, und führte den Dialog ungestört von Dritten mit Wallot allein. Ein paar Kriegsspuren und Graffiti, die sowjetische Besatzungssoldaten im eroberten Feindgebäude hinterlassen hatten, durften bleiben und wurden wie kostbare Ausstellungsstücke zelebriert. Natürlich setzte der britische High-Tech-Spezialist auf leichte (wenn auch nicht eben filigrane) Metalleinbauten als Kontrast zu Wallots steinerner Schwere. Um dem Plenarsaal Weite und Größe zu

Paul Wallot. Umbau: Norman Foster and Partners. Reichstagsgebäude. Berlin, 1884–1894, 1992–93, 1995–99. Ansicht von Westen. Plenarsaal.

geben, wurde alles, was im Wege stand, ausgeräumt und durch einen Kranz von zwölf schlanken Betonstützen ersetzt.

Gottfried Böhm mit Peter Böhm, Friedrich Steinigeweg. Umbau des Reichstagsgebäudes. Berlin, 1992. Nicht ausgeführter Entwurf.

Wenig wirkungsvoll geriet die tambourlose, eiförmige Kuppel, die Foster als Vollstrecker konservativer Politikerwünsche realisierte, entgegen seiner anfänglichen Vorstellung von einer leichten, alles überspannenden Dachmembran. In der Kuppel schrauben sich zwei im Gegensinn gewendelte Treppen zu einer Aussichtsplattform hoch – der alte Effekt von Schloß Chambord und mancher anderer »Wendelsteine« aus der Renaissance! Man steigt empor und damit den Politikern, die tief unten sitzen, auf den Kopf. Für die Abgeordneten im Plenum zeichnen sich die Besucher, Mitglieder des Souveräns Volk, als wandelnde Ornamente an der Glasdecke ab, als bewegliche Dekoration.

Solche politische Symbolik läßt einen ins Grübeln kommen. Dem erfolglosen Wettbewerbsbeitrag von Gottfried Böhm hatte ein folgerichtiger Gedanke zugrunde gelegen. Nicht dem flanierenden Sightseer wollte Böhm die krönende Kuppel überlassen, sondern dem Volk in seiner gewählten parlamentarischen Vertretung. Bei Foster sitzen die Abgeordneten, wenn auch sehr komfortabel und in herabgespiegeltem

Axel Schultes, Charlotte Frank, Axel Schultes Architekten. Kanzleramt. Berlin, 1994, 1997–2001.

454   1989 bis heute

Tageslicht, unten in der Grube. Ein Riesenschnorchel scheint sie zu bespitzeln. Er dient jedoch der Lichtumlenkung und zugleich der Entlüftung mit integrierter Wärmerückgewinnung.

Axel Schultes und seine Büropartnerin Charlotte Frank hatten beim Bau des Kanzleramtes (1994, 1997 bis 2001) einen schweren Part. Es sollte ein Bau werden, der sich repräsentativen Pflichten nicht entzieht, als Emblem der Berliner Demokratie dient, dem Medienzeitalter einen wirkungsvollen Hintergrund für die Nachrichten der Tagesschau bietet, und dies alles aus eigener Kraft. Es gab kein erhaltenes historisches Mauerwerk wie beim Reichstag, an das sich die Architekten anlehnen konnten. Öffnung nach draußen sollte nicht übertrieben und den Sicherheitsvorschriften des Bundeskriminalamts Genüge getan werden. Seine Bedeutung sollte der Bau nicht herunterspielen, aber sein Gewicht durch Phantasie erträglich machen.

Die Lösung war eine Art Villa, die manchmal übergroß, manchmal intim erscheint, mit exotischen Anklängen von weit her – Persien? Ägypten? Die Villa Hadriana in Tivoli? Der Hauptbau (das »Leitungsgebäude«) wirkt wie zweigeschossig. In Wirklichkeit stecken elf Stockwerke darin. Ein Betondach an der östlichen Eingangsseite ist wie eine straffe Zeltplane über die Terrasse vor der Skylobby gespannt. Für die Fassade hat Schultes sich an immer neuen Varianten abgearbeitet. In der gebauten Version treten amorphe Stelen aus dem tragenden Verband des Bauwerks, Offenheit und Weltzugewandtheit suggerierend. Sie sind mit Sand und Erde gefüllt und mit Bäumchen bepflanzt. Verwaldung statt Verwaltung, hieß es schon bei Joseph Beuys.

Stephan Braunfels Architekten. Bundestagserweiterungen Paul-Löbe- und Marie-Elisabeth-Lüders-Haus. Berlin, 1994, 1996–2003. Außenansicht. Innenhalle.

Hauptstadt der Deutschen

[35] Le Corbusier erstmals 1920 im zweiten Heft von L'Esprit Nouveau. Zit.: Le Corbusier. Mein Werk. Stuttgart, 1960. S. 49.

Axel Schultes mit Charlotte Frank, BJSS. Kunstmuseum. Bonn, 1985, 1987–92.

Stephan Braunfels Architekten. Pinakothek der Moderne. München, 1992, 1996–2002.

Mit der Bundestagserweiterung (Paul-Löbe-Haus, Marie-Elisabeth-Lüders-Haus, 1994–2003) wob der Münchner Architekt Stephan Braunfels am Band des Bundes weiter. Die Ausschußsäle sind entlang einer imposanten, von oben belichteten Halle in zylindrische Bauteile gepackt, große Think Tanks. In doppelter Kammstruktur gehen die Seitenflügel rechtwinklig ab und bilden nach Süden und Norden offene, begrünte Höfe. Seine Inszenierungskünste nutzte Braunfels dort, wo die Spree zu einer engen Kurve ausholt und die Bundesspur durchstößt. Die hier untergebrachten Nutzungen, Europasaal, Restaurants, Parlamentsbibliothek, Wissenschaftlicher Dienst, brechen aus der additiven Reihe sich wiederholender Funktionen aus. Eben das tut auch der langgestreckte Bau an dieser Stelle. Aparte städtebauliche Situation und ungewöhnliche Zwecke verband Braunfels zu einer Versammlung starker Geometrien. Über das Wasser hinweg bilden sie einen ungewöhnlichen Stadtraum.

Ist es ein Zufall, daß beide Architekten des Bundesbandes, Schultes wie Braunfels, sich zuvor oder zugleich an großen Museumsaufgaben erprobten? Das Museum, seit den achtziger Jahren eine immer wieder gestellte Aufgabe, ist ein Ort öffentlichen

Bauens, bei dem Staat oder Kommunen mit mehr als gediegener Bedarfserfüllung rechnen. Schultes nahm in Bonn zwischen 1985 und 1992 beim Bau des Kunstmuseums das Band des Bundes vorweg. Ein »kunstvolles, korrektes und großartiges Zusammenspiel der Formen im Licht«[35], von Le Corbusierschem Pathos, wird von strikten Mauerzügen in Fasson gehalten. Die Fortsetzung des Gevierts nach Süden, die Bundeskunsthalle Gustav Peichls (1986–93), nimmt zwar jenseits eines Hofes die Fluchtlinien auf, folgt aber einer anderen Designstrategie. Sonst wäre die Verwandtschaft des Bonner Bundeskunstbandes zum Berliner Regierungs- und Parlamentsband noch deutlicher.

Braunfels erhielt mit der Münchner Pinakothek der Moderne (1992, 1996–2002) die Gelegenheit, abermals eine Aufgabe von hohem Prestige zu übernehmen. Das gestreckte Rechteck ist hier diagonal aufgeschnitten, nicht der Länge nach wie in Berlin. Da, wo die Wege zusammenkommen, der öffentliche durch das Gebäude und die Zugänge und Treppen zu den drei Museumsinstituten, trumpft der Architekt ebenso auf wie in der Störzone, wo in Berlin Fluß und Stadtachsen mit bedeutenden Funktionen zusammentreffen. In München durfte es sogar eine Kuppel sein, die im Museumsbau lange Zeit verpönt war.

Manche Angehörige der Generation, die während oder kurz nach dem Krieg geboren wurde und im friedlichen Wirtschaftswunder aufwuchs, scheuen Pathos nicht mehr. Architekten wie Schultes, Braunfels, Andreas Brandt und Rudolph Böttcher, Dietrich Bangert, ein früherer Partner von Schultes aus der Berliner Gruppe BJSS, zelebrieren Empfang und Willkommen auf feierlichen Rampen oder Trichtertreppen à la Bramante, inszenieren Höhepunkte als großes Lichtspektakel, lieben Flugdächer auf langen Rundstützen, an denen Licht aus ausgeschnittenen Dachöffnungen herabrieselt. Sie empfänden es als Beschränkung ihrer Handlungsfreiheit, wenn sie für moralisch anspruchsvolle Aufgaben wie eine demokratische Volksvertretung oder ein Gehäuse der Kunst nicht die großen Register ziehen dürften. Vorbei sind die Zeiten, als jede Säule unter Faschismusverdacht stand.

Dietrich Bangert, Bangert Scholz Architekten. Konzerthaus. Freiburg im Breisgau, 1992–96.

Hauptstadt der Deutschen

Import und Export

Seit den fünfziger Jahren ist die Orientierung nach außen eine undiskutierte Selbstverständlichkeit. Sie folgte den politischen und wirtschaftlichen Verbindlichkeiten der beiden deutschen Staaten, aber auch der Einsicht, daß Lernbereitschaft und Wissenstransfer dem eigenen Interesse dienen. Überdies war Weltoffenheit nach dem Isolationismus der NS-Zeit moralisch hoch bewertet. Die Deutschen, und auch die deutschen Architekten, wollten aus Überzeugung Mitglieder der Völkergemeinschaft sein. In den Zeiten des Kalten Krieges war diese Zuwendung im wesentlichen nur innerhalb der jeweiligen politischen Bündnissysteme möglich.

Auswärtige Spieler in der Bundesliga

Zu den bedeutenden Wettbewerben der Bundesrepublik, wenn sie nicht von vornherein international ausgeschrieben waren, wurden sehr oft ausländische Architekten dazugeladen. In den sechziger Jahren waren es vorwiegend skandinavische und niederländische Baumeister, die in Deutschland willkommen waren. Diese Kontakte setzten sich auch nach dem Tod von Meistern wie Alvar Aalto, Arne Jacobsen und Jacob Berend Bakema fort. Das soziale und ethnologische Engagement der holländischen Strukturalisten stieß in den Nach-1968er-Jahren in Deutschland auf Resonanz. Herman Hertzberger wurde mehrmals, vor allem zu Wohnungsbauprojekten, eingeladen. Sogar der schwierige Feuerkopf Aldo van Eyck baute in Deutschland, wenn auch nur ein kleines Wohn- und Galeriegebäude in Düsseldorf (1967–71).

Der Strukturalisten-Bonus kam dem französischen Team Georges Candilis, Alexis Josic und Shadrach Woods zugute. Ihr Lehrmeister Le Corbusier war auch einer der Väter dieser Denkrichtung gewesen. Auf das Dahlemer Hochschulgelände der Berliner Freien Universität setzten sie eine Schachbrettformation für die Geisteswissenschaften (1967 bis 79). Die rechtwinkligen Felder konnten gewissermaßen in freier Entscheidung mit Bauten besetzt oder als Binnenhöfe freigehalten werden. Das Projekt wurde die »Rostlaube« genannt, weil das dichte Netz aus Wegen und Trakten in vorschriftsmäßig rostendem und unvorschriftsmäßig immer weiter rostendem Corten-Stahl errichtet worden war.

Seit den siebziger Jahren gingen die Aufforderungen öfter in angelsächsische Länder. Mit den Wettbewerben für Düsseldorfer und Kölner Museen und der Realisierung der Stuttgarter Neuen Staatsgalerie (vgl. S. 410 f.) begannen James Stirling und Michael Wilford ihren Siegeszug außerhalb der britischen Inseln. Die *big shots* aus Amerika folgten. Frank O. Gehry inszenierte seine verwegenen Gebäudekarambolagen

Frank O. Gehry. Bürohäuser Neuer Zollhof. Düsseldorf-Rheinhafen, 1994–98.

Richard Meier. Stadthaus. Ulm, 1986–93.

Aldo Rossi. Deutsches Historisches Museum. Berlin-Tiergarten, Wettbewerbsentwurf 1988.

von Weil am Rhein bis Bad Oeynhausen und Herford in Ostwestfalen, von Hannover bis Düsseldorf. Richard Meiers weiße, klassische Moderne, untadelige Gebilde in einigermaßen vorhersehbaren Variationen, finden sich nicht nur in Frankfurt am Main und München, Ulm und Baden-Baden, sondern auch in kleinen und kleinsten Orten. Ehrgeizige Firmeninhaber, die irgendwo im Schwabenland saßen, ließen sich nicht davon abhalten, Meiers Zweite Moderne direkt aus New York, Tenth Avenue, zu ordern. Philip Johnson, der von 1963 bis 1968 in Bielefeld ein bei kleinen Dimensionen monumentales Museum errichtet hatte, nahm auch am Berliner Bauboom nach 1990 teil. Sein vollgepackter, granitverkleideter Geschäftshausblock nahe dem Checkpoint Charlie (1994–97) machte freilich auf niemanden Eindruck.

Auch Aufgaben, von denen man meinen sollte, Patriotenstolz vergäbe sie nicht an ausländische Büros, wurden von Architekten anderer Länder bearbeitet. Schließlich kicken in den nationalen Fußballklubs auch Brasilianer und Südafrikaner zum höheren Ruhm von FC Bayern oder Werder Bremen. Das Deutsche Historische Museum, das vor dem Regierungsumzug nach Berlin im Spreebogen stehen sollte und dann dem »Band des Bundes« weichen mußte, war 1988 Aldo Rossi übertragen worden. Er hätte daraus eine Collage deutscher Geschichtszitate gemacht, wie sie sich im Kopf eines germanophilen Italieners spiegeln: eine Museumsstadt mit kathedralartigem Mittelschiff, mittelalterlich steilen Hausgiebeln an den Seitenschiffen, einer Schinkel-Kolonnade und – einer deutschen Eiche, weil dieser Baum den Deutschen bekanntlich seit germanischer Vorzeit heilig ist.

Umbau und Erweiterung des vorhandenen DDR-Geschichtsmuseums (1996, 1998–2003), die nach der Vereinigung einen Neubau überflüssig machten, wurden von Kanzler Kohl persönlich dem amerikanischen Altstar Ieoh Ming Pei anvertraut. Pei ließ den Hof des Zeughauses mit einem filigranen Stahlmaschennetz überdecken. Hinter dem barocken Geviert errichtete er einen Erweiterungsflügel, bei dem er das Vokabular seines Washingtoner East Wing an der National Gallery aufs Kleinformat des beengten Grundstücks reduzierte. Ein geschraubter Treppenturm lugt vorwitzig in Richtung Unter den Linden, damit niemand das Prominentenwerk übersieht. Pei betrachtete sein Werk als Hommage an Schinkel, zwischen dessen Neuer Wache und Altem Museum es liegt. Worin die Huldigung besteht, blieb sein Geheimnis.

Daß sogar die Arbeitsstätten von Parlament und Regierung internationaler Konkurrenz freigegeben wurden, hat auch Norman Foster, einen Nutznießer dieser Liberalität, verwundert. Foster meinte, er kenne kein anderes Land, »das den Mut besitzt, vierzehn ausländische Architekten zu einem Wettbewerb einzuladen, in dem es darum geht, [sein] Allerheiligstes

Ieoh Ming Pei. Deutsches Historisches Museum. Berlin-Mitte, 1996, 1998–2003.

Import und Export

[36] Norman Foster. In: »Aus Vergangenheit gelernt«. Der Tagesspiegel, 21. 9. 1997.

[37] Christoph Münzer. Exportweltmeisters Achillesferse. In: Deutsches Architektenblatt 32 (2000) 9. S. 1083.

[38] »heartbreakingly beautiful«. In: O.M.A., Rem Koolhaas, Bruce Mau. S,M,L,XL. New York, 1995. S. 222.

[39] Kerstin Englert, Jürgen Tietz (Hg.). Botschaften in Berlin. Berlin, 2003.

Rem Koolhaas (O.M.A.). Botschaft der Niederlande. Berlin-Mitte, 1997, 2000–04.

Alfred Berger, Tiina Parkkinen (Gesamtplanung). Nordische Botschaften. Berlin-Tiergarten, 1997–99.

zu verändern.«[36] »Und wann baut ein Deutscher Westminster um?« fragte der Geschäftsführer der Bundesarchitektenkammer zurück.[37] Foster selbst steuert seinen Privatjet auf viele deutsche Groß- und Kleinflughäfen, um die Baustellen seiner Entwurfsfirma zwischen Duisburg und Dresden, Hamburg und Köln, im sauerländischen Iserlohn und ostfriesischen Holtriem zu besichtigen.

Die internationalen Bauausstellungen, eine deutsche Spezialität seit der Stuttgarter Weißenhofsiedlung von 1927, hatten dem Internationalismus der deutschen Moderne und Nachmoderne den Weg gebahnt. Zunächst und auch noch bei der Berliner Interbau von 1957 war der Wunsch maßgebend gewesen, sich der Gemeinschaft Gleichgesinnter über die Grenzen hinweg zu versichern. Was überall in der Welt gebaut wurde, wenn auch nur von einer Elite, konnte nicht falsch sein. Bei den späteren Ausstellungen kam die Hoffnung dazu, die eigene Veranstaltung mit großen Namen zu zieren.

Daher lesen sich die Kataloge der Interbau, der IBA Berlin von 1984–87, in geringerem Umfang auch der IBA Emscherpark von 1990–99 wie ein Who's who der zeitgenössischen Architektur. Erst recht wollte man bei der Neuinszenierung der Hauptstadt nicht auf den Duft der großen, weiten Welt verzichten. Die große, weite Welt hat es der Stadt nicht immer gedankt. Zwischen Richard Rogers und Rem Koolhaas, der einst im Horror der Berliner Mauer ihre »herzbrechende Schönheit« entdeckt hatte,[38] und den Berliner Baupolitikern kam es bei den städtebaulichen Wettbewerben zu kräftigen Konflikten. Immerhin hinterließen beide Architekten auch nach den Eklats ihre architektonischen Visitenkarten in der Metropole, die partout eine *europäische* Stadt sein

wollte. Rogers realisierte technoide Geschäftsbauten am Potsdamer Platz, wo er seine von Daimler und Sony beauftragte Gesamtplanung nicht umsetzen durfte, Koolhaas den Zauberwürfel der Niederländischen Botschaft.

Berlins diplomatische Vertretungen, 126 an der Zahl, erwiesen sich als ein Glücksfall.[39] Sie bildeten eine Art eigener internationaler Bauausstellung, einen artenreichen Architekturzoo. Staatliche Repräsentanz im fremden Land bringt es mit sich, daß die Meßlatte hoch gelegt wird. So erhielt die Stadt in Gestalt der Botschaften eine Kollektion geschliffener Architekturpreziosen. Wenn das »steinerne Berlin« des Senatsbaudirektors Stimmann Anlaß zu Befürchtungen über allzu große Monotonie gab, so wirkten die nationalen Vertretungen wie ironische Kommentare zur Preußendisziplin und ließen sich auf ihrem exter-

ritorialen Gelände nicht einschüchtern. Mehrmals mußten ihre Architekten sich mit vorhandener, manchmal ideologisch belasteter Altsubstanz auseinandersetzen. Langeweile kommt nicht auf.

Der Glas-Aluminium-Kubus der Niederländer (1997, 2000–04) an der Spreegabelung, einer holländisch anmutenden Wasserlandschaft, birgt eine kompakte Funktionsverschachtelung. Koolhaas organisierte sie mit Hilfe einer durch das Innere geschlungenen Treppenrampe, des sogenannten Trajekts, das sich auch schon mal nach außen stülpt. Christian de Portzamparc verhalf der französischen Staatsvertretung am Pariser Platz (1997–2003) zu Licht und Eleganz, soweit es das beengte Grundstück zuließ. Dank ihrer einseitig schrägen Gewände äugen die Fenster kokett zum Brandenburger Tor hinüber.

Um die Ecke, neben der trivialen Replik des alten Hotel Adlon, nahm Stirlings ehemaliger Partner Michael Wilford bei der Britischen Botschaft (1995, 1998–2000) die vorgeschriebene Proportion von Stein und Glas wörtlich und zeigte, wie Architektur-Pop trotzdem möglich ist. Schrill und grell quillt das Innenleben des Komplexes aus einem großen Ausschnitt der ansonsten sturen Fassade heraus. Eine städtebaulich relevante Synthese von Einheit und Vielfalt fanden die Planer[40] der Nordischen Botschaften (1997–99). Die skandinavischen Staaten ließen ihre Bauten jeweils von nationalen Teams entwerfen, umhüllten das Ensemble aber mit einem gewellten Mantel aus grünem Kupfer. Ein Archipel mit inselhaften Einzelbebauungen entstand, eingeleitet durch einen gemeinsamen Ausstellungs- und Repräsentationsbau am Entrée, das Felleshuset.

Architekten aus den deutschsprachigen Staaten bewegten sich in der Bundesrepublik wie auf heimischem Terrain. Hans Hollein, Ortner & Ortner, Gustav Peichl bauten an vielen Orten, wie vor ihnen Roland Rainer, der Architekt der Stadthallen von Bremen (1955, 1961–64, vgl. S. 307) und Ludwigshafen (1960, 1962–65). Peichl brachte es sogar zum Kanzler-Intimus und beriet Helmut Kohl bei den Fährnissen der anstehenden Bundesbauten. Ein Gebäude, das selbst im buntkolorierten bundesdeutschen Museumsbau auffiel, ist das amöbenartig gewundene, eisgrün verglaste Neanderthal-Museum bei Mettmann (1993–96). Es zeichnet den Gang der Menschheitsentwicklung nach (aufwärts!), endet jedoch abrupt mit einer Art Sprungbrett: in den Abgrund oder in Richtung des prähistorischen Fundorts. Das amorphe Gebilde stammt von Günter Zamp Kelp, der mit den Brüdern Ortner bis 1987 die Wiener Avantgruppe Haus-Rucker-Co. gebildet hatte. Seine allgegenwärtigen Wiener Kollegen von Coop Himmelb(l)au, Wolf D. Prix und Helmut Swiczinsky, wirbelten auch über deutsche Baustellen (vgl. S. 474 f.).

Die Schweiz war in den späten vierziger und fünfziger Jahren ein solides Vorbild der deutschen Nachkriegsarchitektur gewesen (vgl. S. 279). Jetzt stellte sie mit Peter Zumthor einen Essentialisten des Bauens. Der ehemalige Schreiner und Denkmalpfleger aus Haldenstein in Graubünden ist ein Architekt, den man mit dem alten Wort Baumeister belegen möchte. Er ist »auf der Suche nach der verlorenen Architektur«,[41] nach den Geräuschen, Gerüchen und den Tasterlebnissen der Kindheit. Auf der Hannoveraner Weltausstellung von 2000 faszinierte sein Schweizer

[40] Gesamtplanung: Alfred Berger, Tiina Parkkinen.

[41] Peter Zumthor. Eine Anschauung der Dinge. Vortrag u. a. in Chur, 15. 3. 1989. Typoskript.

Günter Zamp Kelp, Julius Krauss; Arno Brandlhuber. Neanderthal-Museum. Neanderthal bei Mettmann, 1993–96.

Peter Zumthor. Schweizer Pavillon auf der Weltausstellung. Hannover, 1999–2000.

Import und Export

[42] Angeli Sachs, Edward van Voolen. Jewish Identity in Contemporary Architecture. Jüdische Identität in der zeitgenössischen Architektur. Kat. Joods Historisch Museum Amsterdam u. a. München, 2004. S. 9.

Pavillon. Natürlich war es kein konventioneller Pavillon. Es war ein kunstvoll geschichteter und von Spannseilen zusammengehaltener Stapel Bauholz, aus dem Klänge von Alphörnern und Hackbrettern und Düfte alpenländischer Gastrosophie drangen.

In Köln bringt Zumthor leider Gottfried Böhms Kapelle von St. Kolumba, eine Inkunabel der Nachkriegsarchitektur, zum Verschwinden, indem er sie als Kerngehäuse in die Umbauung durch ein neues Diözesanmuseum nimmt (Wettbewerb 1997, im Bau). Bei der Berliner Gedenkstätte Topographie des Terrors (Wettbewerb 1993) ging die Sache nicht gut aus. Die Ansprüche des eigensinnigen Fundamentalisten an Qualität und Ausführung seines Quaders aus vielen hundert Betonstäben ließen sich mit der Leistungsfähigkeit der Baufirmen, den finanziellen Möglichkeiten und der Geduld des Senats nicht auf einen Nenner bringen. Das Projekt scheiterte; was schon errichtet war, die Treppenhäuser, wurde abgebrochen.

Jüdische Identität

Bauten für jüdische Institutionen, Gedenkstätten, Schulen, Synagogen, Museen, kamen seit den neunziger Jahren wieder auf die Agenda. Zum einen mochte ein Nachholbedarf nach den Zerstörungen durch die Nazis, denen mehr als 1600 Synagogen zum Opfer gefallen waren, noch nicht gestillt sein. Zum anderen förderte die Bundesregierung die Einwanderung deutschstämmiger Juden aus der damaligen Sowjetunion, so daß manche Gemeinden in der Bundesrepublik von wenigen Personen auf einige tausend anwuchsen. Es lag nahe, für Aufgaben aus dem jüdischen Kulturkreis Baukünstler zu gewinnen, die von Herkunft und Lebenslauf her Affinitäten zu ihrem Auftrag mitbrachten.

Mehrmals verbanden sich solche Projekte mit der Architektursprache des Dekonstruktivismus, als ließen sich in den Brüchen, Rissen und Splittern der Bauwerke die Diskontinuitäten jüdischer Geschichte ausdrücken.[42] Zvi Hecker, ein Wanderer zwischen den Welten, der zu seinem Atelier in Tel Aviv ein weiteres Büro in Berlin aufmachte, legte seiner Heinz-Galinski-Schule im Berliner Grunewald (1990–95) eine spiralförmige, der Geometrie der Sonnenblume entnommene Grundrißfigur zugrunde. Die einzelnen Klassenflügel drängen wie Keile zu einer leer gelassenen Mitte, dem Eingangsplatz hin.

Auch Heckers Jüdisches Gemeindezentrum in Duisburg (1996–99) ist in radiale Trakte aufgefächert, die symbolisch verknüpft sind: mit den Epochen der deutsch-jüdischen Geschichte in der Stadt, mit den Seiten eines Buches, mit den fünf ersten Buchstaben des hebräischen Alphabets. Freie poetische Assoziationen kommen hinzu: die Finger einer geöffneten Hand, die Zacken eines Sterns. Die Materialien sind, bis auf den importierten Jerusalem-Stein für ausgezeichnete Orte des Bauwerks, gewöhnlich: Sichtbeton, weißer Putz, Holz, Zinkblech. Archaische, ja primitive Anmutung war gewollt und ist erreicht.

Deformation und frei bleibendes Spiel der Bedeutungen kennzeichnen auch die Museumsbauten in Berlin (1989, 1992–99) und Osnabrück (1995–98), mit denen Daniel Libeskind seine Karriere als Architekt begann. Bis dahin kannte man ihn als Musiker, als Urheber von Raumszenarien, als Pro-

Zvi Hecker. Jüdisches Gemeindezentrum. Duisburg, 1996–99. Ansicht. Lageplan.

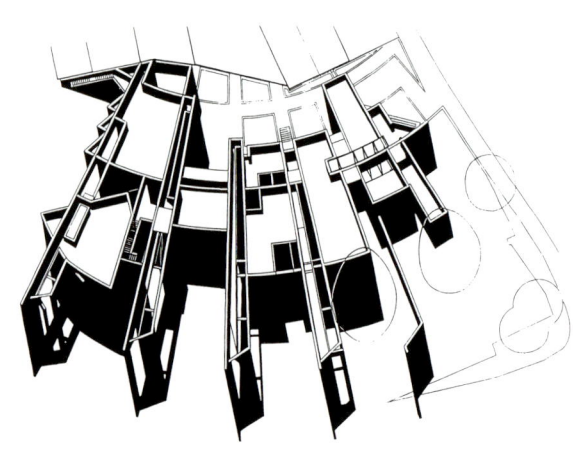

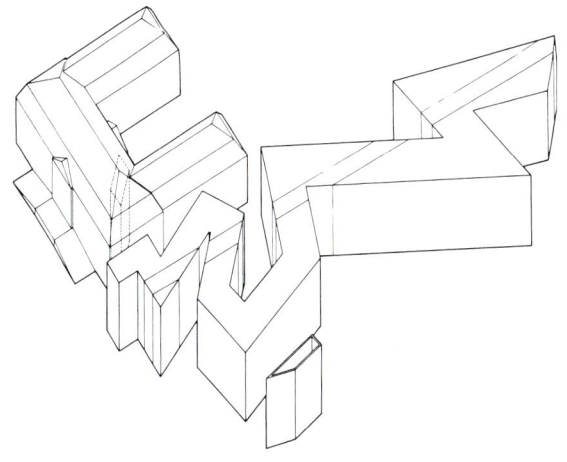

duzenten von Grafiken, die mit geheimnisvollen Zeichen bedeckt waren. Sofern der Betrachter nicht ganz auf der Höhe der Künstlereingebung war, erinnerten sie irgendwie an Schnittmuster für die Hausschneiderei.

Für die Positionierung seines Jüdischen Museums in Berlin legte Libeskind über den Stadtplan ein Netz imaginärer Linien zwischen Punkten, die ihm in der Geschichte des deutsch-jüdischen Zusammenlebens wichtig schienen, und siehe da, sie ergaben die Gestalt eines Judensterns. Ihn zerlegte er weiter zur Grundrißfigur eines Blitzes, die mehrere unbetretbare, das Haus von unten nach oben durchschneidende Leerräume, *voids*, umschloß. Ursprünglich war das Gebäude als Erweiterung des stadthistorischen Berlin-Museums gedacht, das in einem barocken Behördenhaus residierte. Aber der Anbau wurde rasch zum Hauptbau, der alle Aufmerksamkeit auf sich zog.

Bevor das Haus von der Museumsleitung mit Schaustücken vollgestellt wurde, war es ein Werk von numinoser Eindringlichkeit. Mit wenigen zeichenhaften Objekten versehen, hätte das Gebäude jenes Mahnmal für die ermordeten Juden Europas dargestellt, das unter gewaltigem materiellen Aufwand an anderer Stelle entstand, als weiterer Ort in der unüberschaubaren Berliner Gedenklandschaft (2. Wettbewerb 1997, 2003–05). Der New Yorker Peter Eisenman pflanzte ein Feld bewegter Betonstelen an den Tiergartenrand, unweit des Standorts von Hitlers ehemaliger Reichskanzlei. Die Betonquader sind dem kleinen E. T. A.-Hoffmann-Garten vergleichbar, den Libeskind vor sein Jüdisches Museum legte, erinnern aber in ihrer liegenden Form an Sarkophage, an große Friedhöfe. Daß das Maß von Scham und Erinnerung, das die Betrachter empfinden mögen, von Größe und Materialität des Mals abhängen könnte, haben bisher alle vergleichbaren Schöpfungen der Neuzeit widerlegt. Die Berliner machen denn auch ungeniert und keineswegs nur pietätvollen Gebrauch von diesem Skulpturengarten.

Das Spiel ohne Grenzen ermöglichte ausländischen Gästen auf deutschem Boden den Start von Karrieren, die sich sonst möglicherweise weniger erfolgreich oder gar nicht vollzogen hätten. Zaha Hadid, in London lebende Irakerin, galt als fulminante Zeichnerin und Designerin aus dem Umkreis der Architectural Association und des Koolhaas'schen Office for Metropolitan Architecture. In Weil am Rhein erhielt sie mit einer spitz zustoßenden Architekturplastik, ursprünglich als Betriebsfeuerwache deklariert (1991–93), und in Berlin mit einem kleineren, leicht verzogenen Wohnhaus (1993–94) ihre ersten größeren Bauchancen überhaupt. Ihnen folg-

Daniel Libeskind. Jüdisches Museum. Berlin-Kreuzberg, 1989, 1992–99. Isometrische Darstellung. Ansicht.

Zaha Hadid. Feuerwehrwache auf dem Vitra-Firmengelände. Weil am Rhein, 1991–93.

Import und Export

[43] Meinhard von Gerkan. Berufschancen für deutsche Architekten. 1994. In: Meinhard von Gerkan. Architekten im Dialog. Texte zur Architekturpraxis. Berlin, 1995. S. 35.

[44] Die Honorarsumme entspricht einem Bauvolumen von etwa 2,5 Millionen Euro. Richtlinie über die Koordinierung der Verfahren zur Vergabe öffentlicher Dienstleistungsaufträge vom 18. 6. 1992. In: Amtsblatt der Europäischen Gemeinschaften vom 24. 7. 1992. L 209/1 ff.

[45] Meinhard von Gerkan. Berufschancen für deutsche Architekten, ebd. S. 36.

[46] vgl. Bundesarchitektenkammer (Hg.). Umfrage der forsa Gesellschaft für Sozialforschung zu den Exportchancen deutscher Architekten. www.bak.de. Erhebungszeitraum Oktober 2002.

[47] 77 % der von forsa befragten Quellen konnten keinen deutschen »Stil« erkennen, ebd. S. 3.

ten auch in Deutschland weitere Aufträge. Der spektakulärste dürfte das Wissenschaftsmuseum in Wolfsburg sein (2000–05).

Auch lehrend konnten internationale Architekten ihre Positionen in Deutschland vertreten, vor allem in den Schulen, die Fortbildung jenseits der Diplome vermitteln. An der Frankfurter Städelschule gab Peter Cook seine Avantgarde-Erfahrungen aus Archigram-Zeiten an junge Kollegen weiter. An der Düsseldorfer Akademie unterrichteten unter anderem James Stirling, Laurids Ortner und Hans Hollein. Deutsche Stirlings, Ortners und Holleins sind dabei nicht entstanden; das spricht für die Lehrer.

Was hat die deutsche Szene insgesamt der Präsenz so vieler Gäste zu verdanken? Inspirierende Exempel zeitgenössischen Bauens jedenfalls. Das Land wäre ärmer ohne die gebauten Mitbringsel der Reisenden. Die Ansprüche ans Design stiegen, bei manchen Bauherren, einem Teil des Publikums und auch bei den deutschen Architekten sich selbst gegenüber. Vorherrschend war zumindest in der Öffentlichkeit das Gefühl, Offenheit und Teilnahme am internationalen Gespräch entsprächen dem wohlverstandenen Interesse der deutschen Bauszene besser als Protektionismus und Isolationismus.

Daß damit zugleich Erwartungen an Originalität, Effekt und Sensation emporgeschraubt wurden, war der Preis. Denn Internationalität bedeutet auch, sich dem Wettstreit der Bilder und Anmutungen stellen zu müssen. Die Erfindung einer eigenen Sprache ist möglicherweise durch die vielen, unterschiedlichen Anregungen nicht erleichtert worden. Dazu hätte es übrigens nicht gebauter Beispiele bedurft. In den Glamourzeitschriften *Architecture + Urbanism*, *Domus* oder *El Croquis* blättern ehrgeizige Architekten sowieso. Pluralität ist eine der unumkehrbaren Bedingungen, unter denen ein Architekt heute seinen Standort finden muß.

Auf dem Wege zum Architekturexport

Verständlicherweise beurteilten deutsche Architekten den Drang ihrer ausländischen Fachgenossen zu den deutschen Märkten weniger enthusiastisch. »Nicht ein einziger deutscher Architekt hat in den letzten Jahren auch nur andeutungsweise ähnliche Berufschancen gehabt wie Dutzende ausländischer Kollegen in unserem Lande«, grollte Meinhard von Gerkan 1994, auf dem Höhepunkt der Wiedervereinigungskonjunktur.[43] Auch von Rechts wegen müssen sich deutsche Baumeister im eigenen Land europäischen Mitbewerbern stellen. Seit 1992 schreibt das EU-Recht öffentlichen Auftraggebern vor, Realisierungswettbewerbe jenseits einer Honorarsumme von 200 000 Euro europaweit auszuloben. Schon bei einer Schule oder einem größeren Kindergarten kann der Architekt in Rottweil oder Güstrow damit rechnen, sich mit einem Kollegen aus Nancy oder Göteborg messen zu müssen.[44]

Von Gerkans Beschwerden über die mangelnde Bereitschaft des Auslands, seinerseits deutsche Architekten zu beschäftigen, waren nicht ungegründet. Er ging so weit, von »eklatanten Marktverzerrungen« und einem »Embargo für deutsche Architekten im Ausland« zu sprechen.[45] Zum Teil lag es daran, daß in den anderen EU-Staaten viel weniger Wettbewerbe ausgeschrieben werden. Oder daß die Auslober Tricks fanden, die Vergabe an Ausländer zu behindern, indem sie beispielsweise forderten, die Wettbewerbsunterlagen in den jeweiligen Landessprachen abzugeben. Oder es lag an den hohen deutschen Lohnkosten für Dienstleistungen, wie auch der Entwurf von Plänen eine ist. Oder an der mangelnden Unterstützung der Freiberufler durch die Politiker.

Es lag aber auch daran, daß es deutschen Architekten lange Zeit schwerfiel, so etwas wie ein unterscheidendes Kriterium für ihr Produkt zu entwickeln. Die Qualität des Details, die gewissenhafte Planungsleistung, die mehr umfaßt als nur Entwurfsplanung, die technische Solidität[46] reichten nicht aus für ein Alleinstellungsmerkmal, wie es sich in den letzten Jahrzehnten die Niederländer, *manche* Niederländer, mit ihren fröhlichen, marktgerechten Reaktionen auf unleugbare Realitäten erwarben, die Schweizer, *manche* Schweizer, mit ihrem stillen, manchmal auch manierierten Minimalismus und die Briten, *manche* Briten, mit ihrem ökologischen High-Tech. Auf der Ebene der Imagebildung, wo Architektenwahl und Auftragserteilung *auch* spielen, bleibt für Architektur *made in Germany* noch heute viel zu tun. Nur wenn man definieren und begründen kann, warum das eigene Produkt sich wahrnehmbar von anderen unterscheidet und warum der Unterschied einen Vorzug darstellt, folgen auch Aufträge.[47]

Dazu gehört ein publizistisches Umfeld, das vom ökonomischen Hintergrund nicht unabhängig ist.

*Nicholas Grimshaw.
Ludwig-Erhard-Haus.
Berlin-Charlottenburg, 1991,
1994–98.*

[48] H. Reuther (Red.). Menschen unserer Zeit. Albert Vietor. Bonn, 1974. Unpag.

[49] Peter Cachola Schmal. Deutscher Architekturexport? In: Deutsches Architektenblatt 32 (2000) 9. S. 1087.

Marktführerschaft erzeugt nicht nur Aufmerksamkeit, sondern wird umgekehrt auch durch Publizität erzeugt. Da, wo deutsche Architekten Stärken und Originalität entwickelten, wurden sie oft nicht wahrgenommen: bei der expressiven Handschrift vieler Architekten, etwa im Kreis um Scharoun und später um Behnisch, die dann vom internationalen Erfolg des Dekonstruktivismus überdeckt und aufgesogen wurde. Oder bei der ökologischen Kompetenz, den energiesparenden Konzepten, der Nachhaltigkeit. Wenn deutsche Architektur exportfähig ist, dann nicht zuletzt auf diesem Marktsektor (vgl. S. 494 ff.).

Viel zu tun bleibt in der Organisationsstruktur und bei der Unternehmenspolitik der deutschen Architektenfirmen. Ausländische Architekten beschäftigen Mitarbeiter aus den unterschiedlichsten Ländern und Kulturen, die ihnen fremde Kundenwünsche verdolmetschen und, wenn sie sich später zu

Josef Paul Kleihues. Museum of Contemporary Arts. Chicago, 1991, 1994–96.

Hause selbständig gemacht haben, als Partner vor Ort dienen können. Internationale Chancen bekommt nur der, der selbst über Grenzen hinausdenkt, Auslandserfahrungen sammelt, Auslandskontakte pflegt. Englisch sollte er außerdem gut sprechen können. Die Software auf neuestem Stand halten. Green Cards für Mitarbeiter aus dem Ausland beim Arbeitsamt durchsetzen. Und wissen, was Public Relations bedeuten.

Wer sich auf dieser Piste auskannte, hatte zumindest zeitweise Erfolg: Baugesellschaften und Bauunternehmer. Die Neue Heimat brüstete sich in ihren besten Jahren, Siedlungen, Krankenhäuser, Einkaufszentren und ganze Städte über mehr als hundert Tochter-, Enkel- und Beteiligungsgesellschaften auf allen Kontinenten zu verkaufen.[48] Bei Holzmann, Hochtief, Strabag waren immer auch deutsche Bauingenieure dabei. Tragwerksplaner wie Leonhardt und Andrä, Schlaich, Bergermann und Partner oder Werner Sobek Architekten konnten und können sich über mangelndes internationales Prestige nicht beklagen. Frei Otto war ein begehrter Ratgeber in aller Welt. Ein Multi-Sparten-Büro wie Albert Speer & Partner in Frankfurt am Main machte in den siebziger Jahren zwei Drittel seines Umsatzes im Ausland und kann heute bei seinen Planungen in Nigeria, den Golfstaaten oder Aserbeidschan auf solche Erfahrungen setzen.[49]

Als Einzelgänger allerdings hatten es die Mitglieder der deutschen Architekten-Society im Ausland schwer. Dieter G. Baumewerd in Santiago de Chile, Alexander von Branca in Rom, Egon Eiermann und Oswald Mathias Ungers in Washington, Hans Scharoun in Brasilia und viele andere bauten deutsche Botschaftsgebäude, die auch im Ausland Anerkennung fanden. Aber das waren Aufträge der Bundesbaudirektion, nicht Kommissionen internationaler Bauherren. Die innovative Zusammenarbeit von Frei Otto und Rolf Gutbrod bei Sporthalle, Diplomatenklub, Konferenzzentrum, Hotel und Moschee in Saudi-Arabien ist schon lange her. Josef Paul Kleihues hatte an renommierten Hochschulen der USA gelehrt, bevor er einen Auftrag in den USA erhielt, für das Museum of Contemporary Art in Chicago (1991, 1994–96). Das sehr preußische, aluminiumgraue Haus am Lake Michigan kam nach einem intensiven Auswahlverfahren zustande.

In den letzten Jahren nahmen die Lichtblicke zu. Dazu gehören die Auslandsprojekte von Behnisch, Behnisch und Partner, die große Halle des Design Centers in Linz von Thomas Herzog (1988–93), das Luxor-Theater in Rotterdam (1996–2001) und andere holländische Planungen des Münsteraner Büros Bolles und Wilson oder das erste Auslandsprojekt der Münchner Architekten Auer und Weber, ein Hotel für die Astronomen des Observatoriums am Cerro Paranal in Chile (1998–2001). Der lange, flache Riegel, den die Münchner in den Berghang einer Mondlandschaft schoben, gibt die Raumeinteilung mit eingeschnittenen Loggien und Foyers wieder.

Dahinter überwölbt eine Glaskuppel eine tropische Oase, das Kontrastprogramm zur kargen Wüste. Deren rotviolette Farbe nimmt der mit Eisenoxyd eingefärbte Beton auf.

Bei einigen Architektenbüros erledigte sich die Frage nach heimischer und globaler Architektur auf biografischem Wege. Helmut Jahn, Partner der großen Chicagoer Firma Murphy & Jahn, wird hierzulande als amerikanischer Erfolgsarchitekt wahrgenommen. Aber er stammt aus Nürnberg, und Kenner glauben in seinem Englisch noch den fränkischen Akzent zu hören. Manche Bürogemeinschaften sind zugleich Lebensgemeinschaften von Partnern aus unterschiedlichen Ländern.

Oft war eine der ausländischen Eliteschulen der Ort der ersten Begegnung. Frank Barkow, in Kansas City geboren, und Regine Leibinger aus Stuttgart, die Architekten der Potsdamer Blumenhalle auf dem

Bornstedter Feld (2001), haben beide ihren Master of Architecture in Harvard gemacht und an der Architectural Association in London gelehrt. Die berühmte Talentschmiede erwies sich nicht nur als Ideen-, sondern auch als Partnerbörse. Matthias Sauerbruch und Louisa Hutton lernten sich dort kennen, ebenso Julia Bolles und Peter Wilson. In ihrer Generation sind Grenzen ein kleineres Problem als bei den Älteren. Barkow und Leibinger bauen für die Cornell University in Ithaca. Sauerbruch reist zur Akquisition nach Asien, Südamerika und Australien. Bolles und Wilson arbeiten mit einem Partnerbüro in Amsterdam und Rotterdam zusammen.

Gerade die Arbeit von Bolles und Wilson kennzeichnet eine Flexibilität, die aus unterschiedenen Planungskulturen herrührt. Die Handschrift wechselt mühelos. Kaum zu glauben, daß die – freilich ältere – scharouneske Stadtbücherei in Münster (1985–87, 1991–93) mit ihren selbstquälerischen Details von denselben Zeichentischen kommt wie die flotte Mixtur aus De Stijl und russischem Konstruktivismus beim Rotterdamer Luxor-Theater (1996–2000), einem ungenierten Erzeugnis aus dem Geist der Zweiten Moderne. Mit revolutionsroter Farbe und überdimensionierter Reklame signalisiert dieses Stadt-Entertainment seine fröhliche Botschaft über die weite Wasserfläche der Maas hinüber nach Rotterdam City.

Fritz Auer, Carlo Weber. Hotel des European Southern Observatory. Bei Antofagasta, Chile, 1998–2001.

Julia Bolles-Wilson, Peter Wilson. Neues Luxor-Theater. Rotterdam-Kop van Zuid, 1996–2000

China, China, China

Kurt-Georg Kiesinger, von 1966 bis 1969 deutscher Bundeskanzler, hatte die strategische Weltlage im Sinn, als er vor dem schlafenden Riesen im Fernen Osten warnte: »Ich sage nur China, China, China.« Seit Dengs Politik der Offenen Tür stellt das riesige Land mit seinen 1,3 Milliarden Einwohnern für die Weltkonzerne eher eine Verheißung als eine Drohung dar. Wenn im Abendland die Städte schrumpfen, so expandieren sie im nicht mehr Fernen Osten. Zu Beginn der Wirtschaftsreformen lebten achtzehn Prozent der Chinesen in Städten, ein Vierteljahrhundert später fast vierzig Prozent, die inzwischen lernen, westliche Ansprüche an ihre Wohnungen zu stellen.

Im Boom vor und nach der Jahrtausendwende ergaben sich Marktchancen nicht nur für Siemens, VW oder Thyssen-Krupp, sondern auch für deutsche Architekten. Das Hamburger Großbüro von Gerkan, Marg & Partner (gmp) war schon in früheren Jahrzehnten eines der wenigen, die an internationalen Wettbewerben teilnahmen. In China begann es zwischen 1998 und 2000 mit einer nicht allzu großen Deutschen Schule in Peking und arbeitete bald darauf an Messegeländen, Bürotürmen, Wohnhochhäusern und Trabantenstädten, darunter Luchao Harbour City bei Schanghai. Gmp entwarf sie als eine geometrische Idealstadt, die sich um einen kreisrunden Binnensee gruppiert. Beklagte Gerkan nicht vor kurzem erst das »Embargo für deutsche Architekten im Ausland«?

Albert Speer und Partner gehen mit ebensogroßen Plänen schwanger. Anting ist als eine internationale Automobilstadt mit mindestens 500 000 Einwohnern geplant und einer *German Town* für die chinesische Niederlassung von VW. An ihren verschiedenen Stadtteilen sind auch andere Büros beteiligt. Was immer unter einer »deutschen Stadt« zu verstehen ist, ein fernöstliches Rothenburg ob der Tauber wird es nicht. Ein Speersches Planungsgutachten für Peking befaßt sich mit der fünfundzwanzig Kilometer langen zentralen Achse, die vom Olympiadegelände im Norden über die Verbotene Stadt und den Platz des Himmlischen Friedens bis zum neuen Hauptbahnhof im Süden reicht. Mit ähnlichen Dimensionen hatte es Speer in Saudi-Arabien, bei der Planung für Riad, zu tun.

Andere Kollegen sind nicht untätig. Ingenhoven, Overdiek und Partner entwarfen 1995–96 einen 319 Meter hohen Turm für Schanghai, dem europäische Entstehungsbedingungen zugestanden wurden. Léon, Wohlhage und Wernik holten 2004 in Guangzhou einen ersten Preis mit einem 450 Meter hohen Fernsehturm als superschlankem Rechteckstab. An seinem Fuß schließt ein ebenso langer und schlanker Horizontalbau an, wie ein Schatten des Turms. Gunter Henn, Designer der VW-Autostadt in Wolfsburg, konzipierte für Peking einen ähnlichen, viel größeren automobilen Erlebnispark, der vom Automuseum bis zu einer Auto-Universität reicht – Wolfsburg hoch drei. Otto Steidles Wohnsiedlung in Peking (2002 bis 2003), farbenreich wie immer bei ihm, ist vergleichsweise von wohltuender Bescheidenheit, umfaßt dennoch eintausend Wohnungen. Für die Erweiterung der Nationalbibliothek in Peking von KPS Jürgen Engel und Michael Zimmermann war Ende 2004 der erste Spatenstich. Gmp gewannen die Konkurrenz für die Erweiterung des imperialen Nationalmuseums, gegen Rem Koolhaas und Norman Foster.

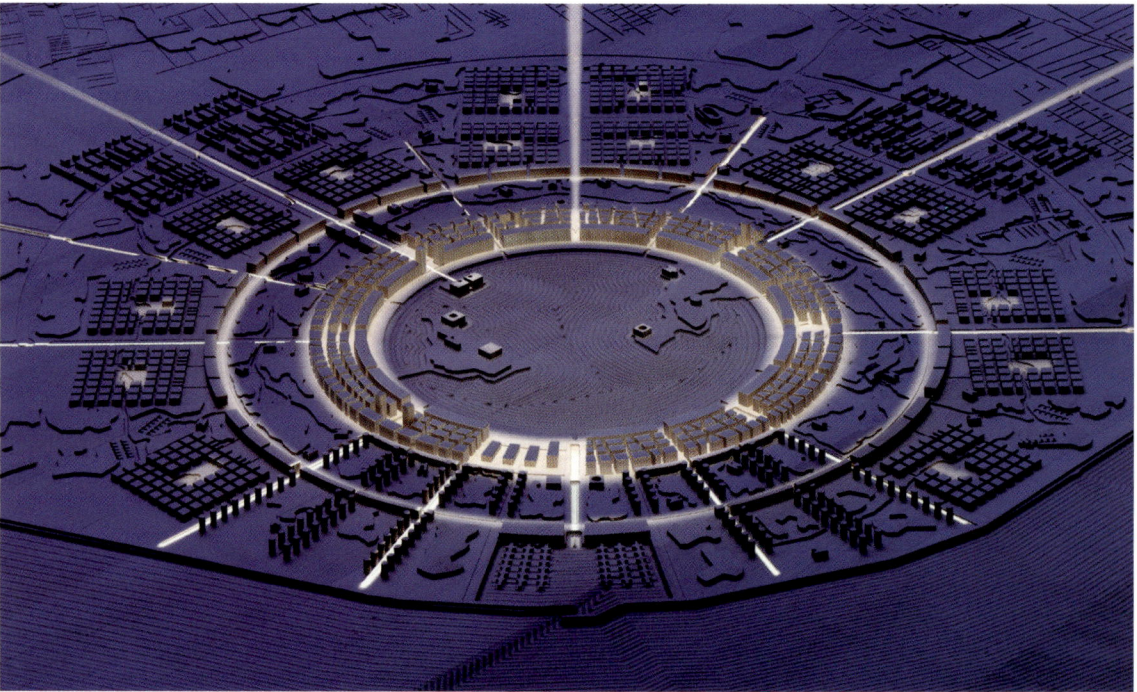

Meinhard von Gerkan, Volkwin Marg, gmp Architekten. Hafenstadt Luchao bei Schanghai, seit 2002.

Geschätzt wird offenbar die Fähigkeit, über die funktionalen Zuordnungen und die generalstabsmäßige Organisation hinaus die Planung auf ein einprägsames, vermittelbares Bild zu verpflichten. Das schmale, durch die Mittelachse geteilte Rechteck, das Speers Peking-Plan bildet, läßt sich für chinesische Augen mit dem Schriftzeichen Zhong verbinden, das Mitte und Stadt bedeutet. Im Falle des Stadions von Fuchan, einem Projekt von gmp, waren es die Bauherren, die eine Ähnlichkeit mit der Lotosblüte herausfanden. Bei der Formel-1-Rennbahn auf sumpfigem Terrain bei Schanghai (2000–04), die mit einem umfangreichen Hochbauprogramm verbunden war, legte das Aachener Architektur- und Ingenieurbüro Tilke GmbH seiner Strecke das Schriftzeichen Shang zugrunde. Es steht für »erhaben« und »über dem Wasser« und bildet die erste Silbe von Schanghai. Für Luchao, gleichfalls von gmp, gaben die Planer das Bild von den Ringen vor, die ein Tropfen auf der Wasserfläche zieht. Daß von großmaßstäblich eingesetzten Bildern auch Zwang ausgehen kann, wird sich in der Realisierung erweisen.

Manche Aufträge entwickelten sich zu Stories zwischen Wundermärchen und Alptraum. Der Zufall spülte dem Münchner Büro Fink und Jocher, das sich bis dahin um kleine gediegene Wohnsiedlungen in Bayern verdient gemacht hatte, das Megaprojekt einer neuen Stadt an der pazifischen Küste ins Schwabinger Atelier. Die Hangzhou Gulf New Town Synia soll eine Million Einwohner in einem zentralen Stadtband aufnehmen, komplett mit Grünzügen und dezentralen Industriezonen, Regionalplanung inklusive. Nicht jedem ist es gegeben, in einem solchen Fall den Rubikon zu überschreiten, der hier Quian-Tang-Fluß heißt.

In der Regel sind es die großen Architekturbüros, die sich zutrauen, die Risiken solcher Großaufträge zu übernehmen. Vorausinvestitionen in fernöstliche Filialen zu stecken, den Aufbau von Netzwerken vor Ort zu organisieren, gänzlich andere Geschäftspraktiken zu handhaben, unüberschaubaren Entscheidungsketten ausgesetzt zu sein: Das kann die Existenz gefährden. Der gewohnten Überregulierung im alten Europa steht das ungewohnte Chaos der Improvisation gegenüber. Unvorstellbare Größenordnungen und ein atemberaubendes Tempo in Planung und Ausführung gehen zusammen mit niedrigen Honoraren, einem andersartigen Umgang mit geistigem Eigentum und einer abweichenden Interpretation der Architektenrolle.

In China scheinen die sechziger Jahre mit ihren Megasiedlungen zurückgekehrt zu sein und sogar so etwas wie »Bildzeichen«-Architektur, angewendet auf den Städtebau. Die gewaltigen Bauvolumen entstehen jetzt nicht mehr in München-Perlach oder Berlin-Marzahn, sondern um einiges kolossaler 120 Längengrade weiter östlich, in Chongqing oder Shenzhen.

Albert Speer und Partner. Masterplan Innenstadt Peking, Gutachten 2002.

Hermann Tilke, Peter Wahl, Tilke-GmbH. Tragwerksplaner: Ingenieurbüro Beckers. Formel-1-Rennstrecke mit Haupttribüne. Schanghai, 2000–04.

Import und Export

Einfach oder schwierig

[50] Philip Johnson, Mark Wigley. Deconstructivist Architecture. New York, 1988. – Dt.: Dekonstruktivistische Architektur. Stuttgart, 1988.

[51] M. de Chantelou. Journal au voyage du Chevalier Bernin en France. Paris, 1885. – Dt.: Tagebuch des Herrn von Chantelou über die Reise des Cavaliere Bernini nach Frankreich. München, 1919.

Die großen Trends seit dem Ende des letzten Krieges sind im Ausland angestoßen worden. Brutalismus, Strukturalismus, Neuer Rationalismus, Postmoderne, Dekonstruktivismus, die Neue Einfachheit nahmen ihren Ausgang anderswo. Auch das hat die deutschen Architekten Prestige gekostet; sie gerieten in den Ruch von Verwertern und Nachempfindern. Der Vorwurf – wenn es einer ist – war oft gerechtfertigt, aber nicht immer. 1988 kam das New Yorker Museum of Modern Art auf den Gedanken, wieder einmal einen neuen Architekturstil zu kreieren, den Dekonstruktivismus.[50] Wenn Behnisch und Partner sich im Ausland besser vermarktet hätten und die Kuratoren nicht auf einige Modenamen fixiert gewesen wären, hätte sich die Rebellionsästhetik der Stuttgarter durchaus unter den dort vertretenen Adressen behaupten können.

Wie es Euch gefällt

Wie in fast allen anderen Ländern steht in Deutschland ein breites Repertoire unterschiedlicher Ausdrucksmöglichkeiten abrufbereit. Nicht alles, aber vieles ist gleichzeitig möglich. Insofern erinnert die Situation an die späteren Jahrzehnte des 19. Jahrhunderts, mit dem Unterschied, daß sich damals bestimmte Affinitäten bestimmter Stilarten zu bestimmten Bauaufgaben herausgebildet hatten. Nichts davon ergab feste Allianzen zwischen Stilen und Aufgaben. Regionale Traditionen mischten sich dazwischen. Anhaltspunkte für das Selbstverständnis der Bauherren und die ikonografische Deutung ihrer Bauten ergaben sich dennoch aus der eklektischen Wahl. Die Reichsromanik Kaiser Wilhelms II. war nicht zufällig gewählt, sondern besagte etwas für das Staats- und Selbstverständnis des letzten Hohenzollern (vgl. S. 19 ff.).

Pluralismus ist also keineswegs eine Erfindung unserer Tage. Jede Epoche erweist sich bei näherer Betrachtung als vielfältig, kontrastreich und widerspruchsvoll. Zeitgenossen des 17. Jahrhunderts konnten die klassizismusnahe Allüre des französischen Grand Siècle und das sinnenstarke Heroentum des römischen Hochbarocks schwerlich für Äußerungen ein- und desselben Zeitgeistes halten, zu schweigen vom gleichzeitigen iberischen Barockmanierismus oder vom protestantischen Nüchternheitspathos. Wo sie aufeinanderstießen, blieben die entsprechenden Konflikte nicht aus, wie 1665 die denkwürdige Reise des Cavaliere Bernini an den Hof Ludwigs XIV. mit all ihren Mißverständnissen auf komische und für den alten Herrn tragische Weise verdeutlichte.[51] Daß sich das Publikum daran gewöhnt hatte, die Geschichte der deutschen und internationalen Architektur im 20. Jahrhundert als eine konsequente, bedauerlicherweise nur durch Zwischenfälle gestörte Entfaltung der Modernität zu betrachten, ist allein der wirkungsvollen Propagandatätigkeit der Neuerer zuzuschreiben.

Es wäre verwunderlich, wenn diese Diversifizierung sich im Zeitalter des Universalismus, der überall

Oswald Mathias Ungers und Partner. Kunsthalle, Galerie der Gegenwart. Hamburg, 1986–95. Treppenhalle.

verbreiteten Publizistik, der reisenden Architektenstars, des Kongreßtourismus, der internationalen Wettbewerbe, der global agierenden Konzerne nicht fortgesetzt hätte; sie hat sich beschleunigt. Die Gesellschaft ist pluralistisch in der Herkunft ihrer Mitglieder, in der Wahl ihrer Berufsorte und -ziele, in ihren Verhaltensstilen, in der Durchmischung der Nationalitäten und sozialen Milieus, und die Architektur ist es auch. Wo Überfluß herrscht, in den Industriegesellschaften trotz ihrer Anpassungsschwierigkeiten an die gewandelten Marktbedingungen, herrscht auch ein Überfluß im Angebot der Formen. Die Entscheidung für sie ist hochgradig beliebig und von wechselnden Geschmackscodes bestimmt.

Der Pluralismus der verfügbaren Werkstoffe kommt hinzu. Das Angebot der Materialien hat sich im Laufe des Jahrhunderts vervielfacht und in den letzten Jahren noch einmal unüberschaubar vermehrt. Die Stoffe gehorchen einem Hexeneinmaleins, in dem sie ihren Charakter auszuwechseln scheinen. In neuen Synthesen und Kombinationen ändern sie ihr bisheriges Verhalten, gehen ungeahnte Partnerschaften ein, verändern sich bei wechselnden Außenbedingungen auch selbst. Faserverstärkte Kunststoffe lassen sich auf hybride Verbindungen ein, auch mit traditionellen Materialien. Altbekannte Werkstoffe wie Metall, Glas, Keramik, Plastik werden zu Schaumstoffen aufgebläht und nehmen damit andere Eigenschaften an. Vor allem die Hüllmaterialien durchlaufen Metamorphosen; am Ende könnten interaktive, intelligente Gebäudehäute stehen. Sogar der gute alte Beton wird dank integrierten Glas-, Kohle- oder Stahlfasern zu textilen Strukturen verarbeitet oder beginnt lichtdurchlässig und großflächig zu leuchten. Eine Epoche ist erreicht, in der neue Materialien nach erwünschten Eigenschaftsprofilen erfunden werden können.

Für die Beweglichkeit der Güter, Gedanken, Formen und Personen muß auch im Bauen ein Preis gezahlt werden, die relative Beliebigkeit der Entscheidungen. Die alte Frage »In welchem Style sollen wir bauen?«[52], die als solche bereits die Verfügbarkeit von Stilen belegte, wird heute in aller Regel mit Shakespeare beantwortet: *As you like it*, wie es Euch gefällt.

[52] Heinrich Hübsch. In welchem Style sollen wir bauen? Karlsruhe, 1828.

Peter Schweger und Partner. Kunstmuseum. Wolfsburg, 1988–89, 1991–94. Innenansicht.

Heinz Hilmer, Christoph Sattler mit Thomas. Albrecht. Gemäldegalerie. Berlin-Tiergarten, 1992–98. Zentrale Halle.

Ob sich eine Gemeinde oder ein Bundesland entscheidet, ein neues Museum frugal von Oswald Mathias Ungers oder pathetisch inszeniert von Axel Schultes, traditionsnah von Hilmer und Sattler oder als Ausstellungsmaschine von Peter Schweger bauen zu lassen, mag von vielen praktischen und geschmacklichen Gründen abhängen. Eine jeweilige

Einfach oder schwierig

Carlfried Mutschler, Joachim Langner. Reiss-Museum. Mannheim, 1979, 1984–88. Fassadengestaltung zusammen mit Erwin Bechtold.

inhaltliche Botschaft ist solchen Entscheidungen nur mit großem Interpretationsaufwand abzugewinnen.

Sofern die Postmoderne nicht als eine bestimmte Stilofferte verstanden wird, sondern als Offenheit nach allen Seiten, als Vielheitlichkeit nach dem Ende der großen »Meta-Erzählungen« (Jean-François Lyotard)[53], erscheinen die diversen Positionen auch in der Architektur als Ausdifferenzierung einer postmodernen Haltung, die aber in der Moderne angelegt war. »Die Postmoderne situiert sich weder nach der Moderne noch gegen sie. Sie war in ihr schon eingeschlossen, nur verborgen.«[54] Schon zwischen Behrens und Gropius, Poelzig und Mies van der Rohe, Häring und Eiermann lagen Welten, ohne daß man einem von ihnen das Prädikat des Modernen absprechen möchte. Nur das Sendungsbewußtsein der Avantgarden und den gewollten Affront des Neuen gegen das Alte teilt die liberale Postmoderne nicht mit der Moderne.

Zum jüngsten Kind der Moderne ist die »reflexive Moderne« erklärt worden (Ullrich Schwarz). Der neue Name wäre überflüssig, wenn man die Postmoderne nicht nur als fröhliche Geschichtsklitterung betrachtete, sondern als ein Wort für die Mehrdeutigkeiten der Epoche. Auch »reflexive Moderne« beschreibt nichts anderes als »die Ambivalenzen, Risiken und Unsicherheiten der Gegenwart«.[55] So wäre es verwunderlich, wenn die deutsche Gegenwartsarchitektur nur *eine* Antwort statt vieler parat hätte. Das hat sie auch nicht, sondern macht unterschiedliche, auch widersprüchliche Angebote, vom halblaut gesummten *cantus firmus* bis zum Paukenschlag.

Reißen, stürzen, durchbohren

Für das, was sich international unter dem wenig sinnvollen Namen Dekonstruktivismus einbürgerte, gab es seit den achtziger Jahren auch deutsche Beispiele. Neben der frühen Crash-Architektur aus dem Hause Behnisch, zu der die Universitätsbibliothek in Eichstätt (1980–87) oder das Hysolar-Institut in Stuttgart (1986–87, vgl. S. 438) zählen, machten sich auch anderswo Anzeichen einer neuen Verwegenheit bemerkbar. Carlfried Mutschler und Joachim Langner trieben durch den Baublock, den sie in Mannheim für ein archäologisch-völkerkundliches Museum errichteten (1979, 1984–88), eine diagonal mäandernde Foyer- und Treppenhalle und frästen aus der Travertinfassade frei geformte Aussparungen für die Fensterflächen. Sie nehmen sich wie Ausrisse in einem Papierbogen aus, plakativ, aber keinen Tiefensog auslösend. Das Bruchstückhafte geschichtlicher Überlieferung, die Fundhöhle, durch deren Spalten das Licht dringe, sei gemeint, deuteten die Architekten an.[56] Kurioserweise heißt dieses Riss-Museum »Reiss-Museum«, nach einem mäzenatischen Geschwisterpaar dieses Namens.

Die fingierten Verletzungen, Beschädigungen oder gar Zusammenbrüche spielten mit einer Urkategorie des Bauens, der Standfestigkeit, Vitruvs *firmitas*. Sie vermieden dennoch, wie sich von selbst versteht, das definitive letale Ende; es hätte in der Selbstzerstörung der Architektur bestanden. Vom Publikum und überwiegend auch von den Kritikern sind solche Szenarios als Katastrophenbeschwörungen verstanden worden, als Anspielungen auf die Unsicherheit der Welt oder als Erinnerungen an die Betriebsunfälle der Zeitgeschichte. Architekten, die sich in der Baugeschichte auskannten, dachten eher an historische Beispiele vom italienischen Manierismus bis zum sowjetischen Konstruktivismus, an »Sturz und Riß«[57] von Giulio Romano bis El Lissitzky.

---

[53] Jean-François Lyotard. Das postmoderne Wissen. Graz, Wien, 1986. S. 14.

[54] Jean-François Lyotard. Le postmoderne expliqué aux enfants. Paris, 1986. Umschlag verso.

[55] Ullrich Schwarz. In: Ullrich Schwarz (Hg.). Neue Deutsche Architektur. Kat. Martin-Gropius-Bau Berlin u. a. Ostfildern, 2002. S. 14.

[56] Carlfried Mutschler. Über das Gebäude. In: Stadt Mannheim (Hg.). Reiss-Museum. Mannheim, 1988. S. 22.

[57] Ulf Jonak. Sturz und Riss. Über den Anlaß zu architektonischer Subversion. Braunschweig, Wiesbaden, 1989.

Der Begriff Dekonstruktion kommt aus der Literaturtheorie. Der französische Sprach- und Kulturphilosoph Jacques Derrida verstand darunter eine Art und Weise, Text zu lesen, wobei er nicht nur an literarische Texte dachte. Jeder Text ist offen für widersprüchliche Lesarten. Bedeutung entsteht allein aus dem Netzwerk der Differenzen zu anderen möglichen Bedeutungen. Die Brücke von dieser radikalen erkenntnistheoretischen Skepsis zur Architektur ist denkbar schwach. Immerhin, Derrida hat sie in seiner Interpretation von Entwürfen des Schweizer Architekten Bernard Tschumi selbst vorgeschlagen und die unbegrenzte Summe der Beziehungen, Reflexionen, wechselseitigen Verformungen als »Architektur des Ereignisses« gerühmt.[58]

Bei Architekten finden sich andere Deutungen. Übereinstimmung besteht am ehesten, wenn Derrida das Denken in Fragmenten mit offenen, vielfältigen und differenten Systemen in Zusammenhang bringt. Günter Behnisch sieht den Aufstand der Details als Teil einer Befreiungskampagne, in der sich das Einzelne gegen die Vormundschaft des Ganzen durchsetzt, Hierarchien aufgekündigt werden, das Individuum mündig wird (vgl. S. 384 f.). Daß er diese Strategie auch bei großen Finanzinstituten durchsetzen konnte, die sich gemeinhin als unerschütterliche Bastionen der Vertrauenswürdigkeit und Solidität darstellen, muß ihm, einem erklärten Anwalt des Schwachen und Kleinen, Genugtuung bereitet haben. Daß die Banken daraufhin ihre Geschäftspolitik geändert hätten, ist nicht bekannt geworden.

Wie die Landesgirokasse in Stuttgart (heute Landesbank Baden-Württemberg, 1993–96) oder die NordLB in Hannover (1996, 1997–2002) in der Erscheinung ihrer Verwaltungssitze auf Risiko setzten, bleibt in der Tat erstaunlich. Offenbar waren für sie Behnischs stützenfreie Auskragungen, seine Glaskaskaden über Publikumszonen, seine stürzenden und sich überschneidenden Linien mit Offenheit und Wagemut konnotiert. In Hannover beginnt es relativ diszipliniert entlang vielbefahrenen Straßen mit Doppelfassaden, die den Blockrand einhalten. Aufruhr verursacht das siebzehnstöckige Hochhaus im Blockinneren. Einzelne Etagenpakete sind in unterschiedlichen Drehwinkeln um den zentralen Verkehrsschaft geschwenkt und in sich auch noch abgetreppt, als

[58] Jacques Derrida. Am Nullpunkt der Verrücktheit – Jetzt die Architektur. 1986. In: arch+ (1988) 96-97. S. 54 ff.

Günter Behnisch, Stefan Behnisch, Behnisch, Behnisch und Partner. Norddeutsche Landesbank. Hannover, 1996, 1997–2002. Außenansicht. Foyerbereich.

Einfach oder schwierig 473

Wolf D. Prix, Helmut Swiczinsky, Coop Himmelb(l)au). UfA-Palast. Dresden, 1993–98. Außenansicht. Foyer.

drohe der Stapel jederzeit zu verrutschen. Die Ingenieure hatten viel zu tun, um die baumartige Kragstruktur zu beherrschen und Kosten gegen Risiken abzuwägen. Man hat nicht den Eindruck, daß das Stuttgarter Doppelbüro Behnisch nach dem allmählichen Rückzug des Seniors Günter Behnisch und der Übernahme durch seinen Sohn Stefan an Dynamik verlöre.

Die neben Behnisch eindrucksvollsten Dekonstruktivisten-Taten vollbrachten Gäste im Land, Daniel Libeskind mit seinen beiden Museen in Osnabrück und Berlin (vgl. S. 462 f.), Frank O. Gehry, der zum ersten Mal auf deutschem Boden in Weil am Rhein ein kleines Museum für Vitra baute (1987–89), Zaha Hadid und Coop Himmelb(l)au. Die beiden Partner von Coop Himmelb(l)au, die Wiener Wolf D. Prix und Helmut Swiczinsky, brachen mit einem Multiplex-Kino, dem UfA-Palast in Dresden (1993 bis 1998), die Plattenbau-Ödnis der Petersburger Straße auf. Ein gläserner Foyerbau und ein mächtiger Betonklotz, in dem acht Kinosäle stecken, sind symbiotisch miteinander verschmolzen. Es wirkt, als sei der Katastrophenfilm schon im Foyer angelaufen. Tatsächlich sollten Trailer der jeweiligen Filme in die Halle projiziert werden. En passant schufen die Architekten auch einen definierten Platzraum an der überbreiten Verkehrsachse. In Frankfurt am Main entwarfen sie für die Europäische Zentralbank einen verdrehten Doppelscheibenturm (1. Preis 2004), der die historische Stadtsilhouette nun auch von Osten her bedrängt.

Crash-Architektur veranstaltete Christoph Parade 1996 an einem Zentralpunkt öffentlichen Verkehrs, einer Haltestelle an der »Neuen Mitte« Oberhausens. Das vorgetäuschte Unglück hinterließ Balken, Stützen und Dachflächen in kaum entwirrbarem Chaos. Die Assoziationen sollen bei dieser Karambolage nicht in Richtung Verkehrsunfall gehen, sondern in Richtung Gebäudetrümmer und ausrangierte Maschinenteile der Industriebrache, auf der Oberhausens benachbartes Einkaufsparadies CentrO entstand. Es steht einem frei, an Opposition gegen die heile Konsumwelt zu glauben. Oder an einen weiteren Beitrag zur Attraktion dieses riesigen Kauf- und Vergnügungsparks, der den umliegenden Innenstädten die Kaufkraft entzieht und bei prospektiven Erweiterungen noch mehr entziehen wird.

Der Charme der Sparsamkeit

Was mit starken Gesten auftritt, läuft Gefahr, seine Wirkungen rasch einzubüßen. Der Abnutzungsfaktor hängt mit dem Aufmerksamkeitsanteil zusammen, den eine Entwurfsart auf sich zieht. Je erregter und lauter die Stimmen, desto eher wird man den Tonfall leid. Optischer Lärm kann genauso schwer erträglich werden wie akustischer. Wo die Vaganten auf dem Jahrmarkt der Eitelkeiten ihr Spiel allzu toll treiben, stehen die Bußprediger bereit: »Die Begeisterung für das Neue um des Neuen willen ist eine der verhängnisvollsten Erbschaften aus der Epoche der Avantgarden.«[59]

Argumente für ein Bauen, das auf die Opulenz effektvoller Bilder verzichtet, sind nicht gering zu schätzen. »Man kann sich nicht vorstellen, daß ein Bauwerk zu einfach sein könne«, schrieb Konrad Wachsmann: »Das zu Einfache gibt es überhaupt nicht.«[60] Abgesehen von den praktischen Vorteilen – einfaches Bauen wird in der Regel preiswerter sein als kompliziertes Bauen – spricht die Ökonomie der Wahrnehmung dafür. Wer sich in der Stadt und ihrem Vorfeld bewegt, muß nicht auf Schritt und Tritt

Christoph Parade. Haltestelle Neue Mitte. Oberhausen, 1996.

zum staunenden, touristischen Blick genötigt werden. Alltag verlangt auch Selbstverständlichkeit. Das Leben sollte nicht überall gezwungen werden, sich einerseits gegen den Mangel an jeglicher Gestaltung und andererseits gegen hochgetourtes Design behaupten zu müssen. Es muß auch seine eigenen Regeln setzen können. Der ästhetische Verschleiß des Überdesigns steht in keinem Verhältnis zu einer Lebensdauer der Gebäude, wie sie volkswirtschaftlich vernünftig wäre. Wo so viel Vordergrund inszeniert wird, muß es auch den ruhigen Hintergrund geben, der gewähren läßt. Denn das Ungewöhnliche ist auf Normalität angewiesen. Ohne sie wäre es in seiner Besonderheit überhaupt nicht wahrzunehmen.

Einfach zu bauen ist keine neue Position. Es ist oder sollte sein das Selbstverständliche, Naheliegende, Natürliche. Einfaches Bauen hat eine Tradition von Friedrich Ostendorf, Heinrich Tessenow oder Paul Schmitthenner her, die sich, wiewohl mit den Mitteln ihrer Zeit, auf die handwerksgerechte Alltagsarchitektur jenseits aller Stile beriefen. Im kostengünstigen Wohnungsbau fanden sich Lösungen, die schöne Proportionen, einfache Materialien, vorzugsweise Holz, oftmals starke Farben und durchdachte Grundrisse miteinander verbanden. Modellprogramme von Bund und Ländern, vorbildlich zum Beispiel von der Obersten Baubehörde in Bayern, boten Beispiele. Der Zwang, Kostenlimits einzuhalten, kann sich auch als Segen erweisen. Gelegentlich ging der Charme des Lakonischen sogar von klug durchgeplanten und

[59] Vittorio Magnago Lampugnani. Die Neue Einfachheit. In: Deutsches Architekturmuseum (Hg.). DAM Architektur Jahrbuch 1993. München, 1993. S. 11.

[60] Konrad Wachsmann. Wendepunkt im Bauen. Wiesbaden, 1959. S. 230.

zungsoptionen auch bei sparsamen Grundrissen und zugleich eine prägnante Form, die Identität bietet. Erfahrungen zusammenzuführen zählte hier mehr als das Experiment um jeden Preis.

In Kassel benutzte Alexander Reichel eine robuste Grundform, den Kubus, um dem viergeschossigen Skelettbau einer »Stadtvilla« (1998–99) durch Ausfachungen mit Betontafeln, Holzlamellen und stockwerkshohen Glastüren ein Spiel der Varianten zu entlocken. Fensterflügel und Faltläden, geöffnet, halbgeöffnet oder geschlossen, verändern das Bild kurzfristig, die gewollte Veränderung des Materials, die Verwitterung des Lärchenholzes, langfristig. Darauf setzten auch die Stuttgarter Architekten Klaus J. Mahler, Armin Günster, Hartmut Fuchs bei den vier Holzhäusern einer Seniorenwohnanlage in Neuen-

Dietrich Fink, Thomas Jocher. Wohnanlage. Regensburg-Steinweg, 1992, 1998–99.

Alexander Reichel. Stadtvilla. Kassel-Unterneustadt, 1998–99.

Klaus Mahler, Armin Günster, Hartmut Fuchs. Seniorenwohnanlage. Neuenbürg an der Enz, 1994–96.

bürg an der Enz (1994–96). Die Holzbauart in einheimischer Douglasie geht mit einer innovativen Dachhaut zusammen, lichtdurchlässigen Polycarbonattafeln, die darunter liegende Sonnenkollektoren schützen.

Orte der Stille

Architektur der Stille ist am Platz, wo es um Konzentration, Abstandnehmen und Besinnung geht. Im Kirchenbau ist eine solche Architektur der Schweigsamkeit angebracht und manchmal auch geglückt. Da die großen Amtskirchen in ein Zeitalter der Diaspora eintreten, Kirchenaustritte sich häufen und die großen Kirchenschiffe sich nur an hohen Feiertagen

wohltuend selbstverständlich wirkenden Fertighäusern aus, seltenen Ausnahmen im Gros heimattümelnder Gemütsappelle.

Als ein Name unter anderen steht der des Münchner Teams Dietrich Fink und Thomas Jocher für preiswerten Wohnungsbau, der bei hoher Wohndichte, geringem Bodenverbrauch und großem Anteil an Vorfertigung Bedürfnisse erfüllt, die Menschen an Wohnungen haben: Zonen des Übergangs, Treffpunkte vor der Haustür, einladende Treppen, Nut-

zögernd füllen, wirken die Gesten des Triumphalismus, die großen Inszenierungen von Licht und Symbolik, die getürmten Baumassen, die noch die sechziger Jahre produzierten, seltsam unangebracht. Die Alternative muß nicht in konvertierbarer Allzweckarchitektur liegen: heute Disko, morgen Volkshochschule, sonntags Abendmahl. Oder in intimen Zufluchtsorten, wo die Gemeinden, um den Altar geschart, nachkonziliare Gemeinsamkeit feiern. Sie kann auch in Orten der Schweigsamkeit liegen, die aus der Abwesenheit des Unnötigen ihre Kraft gewinnen und Transzendenz wörtlich nehmen, als Überschreitung.

Im kleinen Zwischenhoch des Sakralbaus, das in den neunziger Jahren einsetzte, sind einige solcher Beispiele gelungen. Peter Kulka, auch in seinem sonstigen Werk oft ein Purist, errichtete neben einem Benediktinerkloster im westfälischen Meschede eine Exklave, in der Laien für Tage der Einkehr ihren Exerzitien nachgehen. In diesem Haus der Stille (1998 bis 2001), einem durch eine Glasfuge getrennten Doppelquader aus noblem Sichtbeton, sprechen die Materialien, das Licht und, in dosiertem Einlaß, die Landschaft eine leise, eindringliche Sprache, asketischer als alles, was Kulka bisher gemacht hat. Andreas Meck und Stephan Köppel schufen auf einem Friedhof in München-Riem ein Torgebäude fern jeder symbolistischen Überinszenierung (2000–01), ein klösterliches Geviert aus Beton, Corten-Stahl und Eichenholz. Die Materialien sind dem Wetter unbehandelt ausgesetzt, der Vergänglichkeit anheimgegeben auch sie.

Peter Kulka. Haus der Stille. Benediktinerabtei Königsmünster, Meschede, 1998–2001.

Andreas Meck, Stephan Köppel. Aussegnungshalle München-Riem, 2000–01.

Dieter G. Baumewerd. St. Christophorus. Westerland auf Sylt, 1994–2000.

Dieter G. Baumewerd, ein erfahrener Kirchenbauer, ist seit seiner aufregend vielteiligen Heilig-Geist-Kirche in Emmerich (1962, 1965–66) diesen Weg in die Stille gegangen. In Westerland auf Sylt

Einfach oder schwierig

[61] Artikel 123-124 der Liturgie-Konstitution, verabschiedet auf dem Zweiten Vatikanischen Konzil (1962–65).

erprobte er in einem elliptischen Bau aus starken Betonpfeilern (1994–2000) eine Ordnung der liturgischen Orte, die der »tätigen Teilnahme der Gemeinde«[61] dienen soll. Altar und Ambo stehen in den Brennpunkten des Ellipsoids. Die große Form mit umlaufendem Umgang und Obergaden erinnert an Räume seines Lehrers Rudolf Schwarz. Die Grundrißfigur des geschlossenen Rings wollte Schwarz freilich nur selten, bei in sich geeinten Gemeinschaften,

Rudolf Reitermann, Peter Sassenroth. Versöhnungskirche. Berlin-Mitte/Wedding, 1999–2000.

Andrea Wandel, Andreas Hoefer, Wolfgang Lorch, Nikolaus Hirsch. Synagoge. Dresden, 1997–2002.

angewandt wissen. Ein verformtes Ellipsoid bildet die Versöhnungskirche, die Rudolf Reitermann und Peter Sassenroth am Todesstreifen der Berliner Mauer errichteten (1999–2000). Der anrührende Bau, Nachfolger einer von den DDR-Behörden gesprengten historistischen Kirche, wurde in Stampflehm errichtet, in dem Ziegelsplitt des zerstörten Gotteshauses verarbeitet ist. Ein lichtdurchlässiges Holzstabwerk legt sich azentrisch um das Kerngehäuse.

Im Synagogenbau griffen Andrea Wandel, Andreas Hoefer, Wolfgang Lorch und Nikolaus Hirsch in Dresden, auf dem Grundstück, wo bis zur Pogromnacht 1938 Gottfried Sempers romanisch-byzantinische Synagoge stand, zu einer schützenden, fast abweisenden Figur (1997–2002). Sie erklärt sich aus der aktuellen städtebaulichen Lage an einer vielbefahrenen Straße, aber mehr noch aus dem Schicksal der Jüdischen Gemeinde. Zwei nach außen geschlossene Körper, Gemeindehaus und Synagoge, sind durch einen Feierhof verbunden. Differenzierung offenbart sich dem zweiten Blick, vor allem in der schichtweisen Verdrehung der Steinlagen am Synagogenteil nach Osten.

Faszinationen der Geometrie

Die heilsame Wirkung der Einfachheit ist abhängig von Dimensionen. Was im großen Maßstab lähmt, befreit im kleinen. Große Geschäfts- und Wohnungsbauten von Oswald Mathias Ungers (und vielen anderen) verbreiten im gleichbleibenden Takt ihrer Achsen, in der ewigen Quadratur der Fenster und den flächenbündigen Fassaden Monotonie. Seine Einfamilienhäuser der achtziger und neunziger Jahre dagegen sind exquisite Proportionsstudien, besonders die von ihm selbst bewohnten. Das Haus von 1986–88, das er sich in einem abgelegenen Waldtal der Eifel gegönnt hat, erscheint mit seinem flach geneigten, ohne Überstand aufsitzenden Satteldach wie die Inkarnation des gebauten Hauses schlechthin, gereinigt von allen Zutaten des Zufalls, doch umgeben von einem Garten der Architekturzitate. Der Palladianismus angelsächsischer Parkliebhaber des 18. Jahrhunderts scheint hier wiedergekehrt.

Das Kölner Haus von 1994–96, das nur wenige Schritte von seinem neoexpressionistischen?, brutalistischen? Manifest aus dem Jahre 1958–59 entfernt steht, stellt einen Versuch dar, kühle Vollkommenheit bis zum Verzicht auf jedes verunreinigende Charakteristikum überhaupt voranzutreiben. *Casa senza qualità* hat Ungers es genannt, gewiß mit dem Gedanken an Musils Roman *Mann ohne Eigenschaften*. Natürlich ist der Verzicht auf Eigenschaften eine der stärksten Eigenschaften überhaupt. Die absolute

Oswald Mathias Ungers. Haus Ungers 2. Eifel, 1986–88.

Bündigkeit der Flächen wird durch eine metertiefe Raumschicht ermöglicht, die das ganze Haus umhüllt. In ihr sind alle Zufälligkeiten des Lebens weggeschlossen, Garderobe, WC, Liegestühle, Hundekorb. Nicht weniger auffällig ist der Verzicht auf äußere hierarchische Elemente, auf Mittelachse (die im dreibündigen Grundriß durchaus auftritt) und Eingangsmarkierung. Der Gast hat die Qual der Entscheidung zwischen vier Fenstertüren an der Straßenseite. Wenn er das Haus ganz umrundet, stehen insgesamt zwölf zur Wahl.

Die Schweigsamkeit des späten Ungers hat sich auf viele Jüngere übertragen, die Schüler oder Mitarbeiter waren; andere hat sie zu geradezu konträren Reaktionen genötigt (vgl. S. 362). Wie Einfachheit etwas sehr Elaboriertes sein kann und zu komplizierten und überdies unterschiedlichen Folgerungen zwingt, zeigt sich jedenfalls bei seinen Schülern in gerader Deszendenz wie Max Dudler, Johannes Götz oder Uwe Schröder. Das Schwierige und das Einfache tauschen die Plätze. Denn die Urheber scheinbar komplexer Lösungen können es sich ohne Einbuße an Wirkung erlauben, unbotmäßige Teile als Widersprüche stehenzulassen. Die Puristen dagegen gehen dem schwierigen Geschäft nach, alles Widerstrebende strenger Disziplin zu unterwerfen.

Daß Raffinement und scheinbar einfache Erscheinung zwei Seiten ein und derselben Sache bilden kön-

Oswald Mathias Ungers. Haus Ungers 3. Köln-Müngersdorf, 1994–96.

Einfach oder schwierig

Heinz Bienefeld. Haus Babanek. Brühl, Rheinland, 1990–91.

Giorgio Bottega, Henning Ehrhardt. Haus S. Ludwigsburg, 2001–02.

nen, erwies sich bei Heinz Bienefeld, einem genauen Altersgenossen von Ungers. Seine Häuser entwickelte er mit einem enormen, ganz und gar unrationellen Entwurfsaufwand. Bienefeld stellte unzeitgemäß hohe Anforderungen an die Qualität von Mörtel, Putz oder Anstrich. Materialien, die er verwendete, waren kostbar oder, wenn sie es nicht waren wie der allgegenwärtige Ziegelstein oder das Stahlprofil, wurden sie es in ihrer Verarbeitung durch handwerkliche Arbeit. Er entwarf alles selbst, vom Fensterbeschlag bis zur Haustürklingel. Ein einziges Einfamilienhaus konnte über tausend Zeichnungen erfordern.

Bienefeld kam aus dem Umkreis von Böhm Vater und Sohn und hatte bei Emil Steffann gearbeitet. Mit ihnen teilte er das Interesse an den römischen Traditionen seiner rheinischen Heimat. Atrium, Peristyl, die Entlastungsbögen und die sinnliche Qualität antiken Mauerwerks gaben Vorbilder ab. Auf Bienefelds mentalem Atlas schien der Rhein im Mittelmeer zu münden, das Rheinland immer noch *Germania Inferior* zu sein. Einfachheit entsprach in seinem Werk nicht der Vereinfachung, die durch den Zwang massenweiser und kostengünstiger Herstellung erzwungen wäre; sie schloß labile Zuordnungen und Konflikte ein. Seine Häuser waren kostbare Einzelstücke. Von der verschworenen Gemeinde seiner Bauherren werden sie als unantastbare kleine Gesamtkunstwerke gepflegt und gehegt. Neben Privathäusern waren Kirchbauten die Spezialität Bienefelds.

Eine Nuance an der Schraube weitergedreht, und das scheinbar Einfache scheint nicht mehr von dieser Welt zu sein. Die Idealität der späten Ungers-Häuser, die Ambivalenz von Mauerschwere und Flächenleichtigkeit bei Bienefeld läßt solche Schöpfungen eine oder mehrere Handbreit über dem Boden schweben. Max Dudlers schmalbrüstiges Hotel in Mainz (1997–2001) ist mit Fensterschlitzen versehen, deren Proportionen an die spukhaften Möbel des Art-Nouveau-Künstlers Charles Rennie Mackintosh erinnern. Das Haus S. in Ludwigsburg von Giorgio Bottega und Henning Ehrhardt (2001–02) starrt seine kleinbürgerlichen Nachbarn mit seinem einzigen mittigen Breitfenster wie mit einem Zyklopenauge an. Seine Basis scheint weggeschnitten. Das vom Bauamt vorgeschriebene Schrägdach geht profillos in die Wände über und wurde mit demselben Grobputz gestrichen, eine ironische Übererfüllung der Behördenauflage. Dach und Wand in eins zu ziehen ist eine oft benutzte Formel geworden, mit der sich das Klischee vom Bilderbuchhaus erfüllen und zugleich dementieren läßt.

Auf der Grenze zwischen Architektur und freier Kunst bewegen sich die stereometrischen Spiele, die der Bildhauer Erwin Heerich seit 1983 auf Insel und Raketenstation Hombroich bei Neuß trieb. Heerich ging den geometrischen Möglichkeiten einfacher Raumkörper und ihrer Teilungen nach. Was geschieht, wenn einem Würfel zwei kleinere Würfel abgenommen werden oder wenn ein kleiner Zylinder in einen größeren eindringt? Diese und zahlreiche andere Versuche konnte er in gebaute Architekturen umsetzen, fünfzehn an der Zahl. Sie dienen vor-

Max Dudler. Hotel Quartier 65. Mainz-Weisenau, 1997–2001.

wiegend als Ausstellungspavillons in einer wiederhergestellten niederrheinischen Auenlandschaft, die der Immobilienhändler und Kunstsammler Karl-Heinrich Müller zu einem Kulturpark ausbaute.

Nach den konservatorischen Bedingungen für die hier gezeigten Kunstwerke darf man nicht fragen.

Das Überkunstwerk Hombroich mit seiner restaurierten Natur und seinen backsteinernen, innen weiß gestrichenen *walk-in sculptures* muß alles rechtfertigen. Auf dem Gelände einer benachbarten ehemaligen Raketenstation setzt sich das Spiel fort, an dem neben anderen Künstlern und Architekten auch der

Einfach oder schwierig

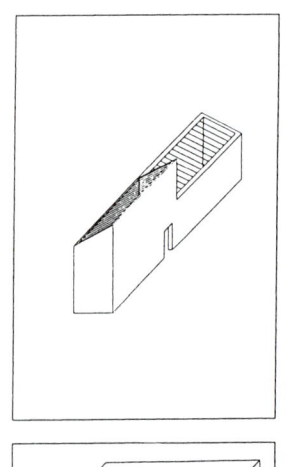 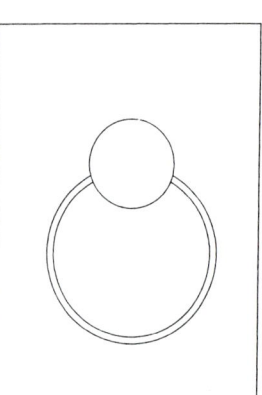 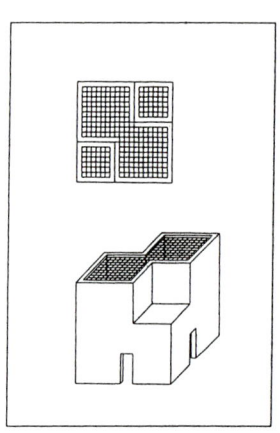
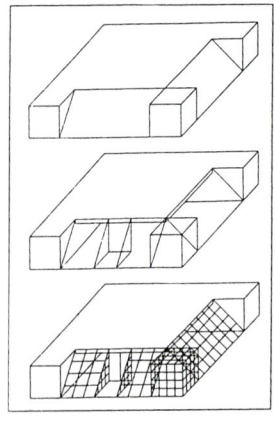 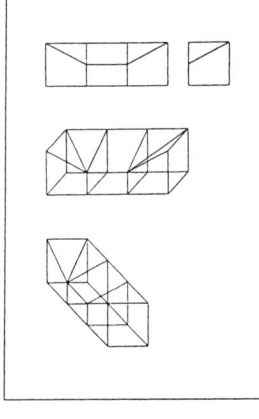 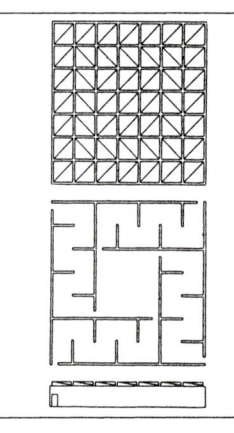

Erwin Heerich. Pavillons im Park Hombroich bei Neuss, seit 1983 im Bau, 1. Bauabschnitt 1987 eröffnet. Grundrisse und Isometrien. Turm (1985).

[62] Vittorio Magnago Lampugnani. Die Neue Einfachheit. In: Deutsches Architekturmuseum (Hg.). DAM Architektur Jahrbuch 1993. München, 1993. S. 9 ff. – Ähnlich 1993 auf dem 2. Internationalen Architektur-Forum in Magdeburg und in der Zeitschrift Der Spiegel. – Vgl.: Gert Kähler (Hg.). Einfach schwierig. Eine deutsche Architekturdebatte. Bauwelt Fundamente 104. Braunschweig, Wiesbaden, 1955.

[63] Dieter Hoffmann-Axthelm. Die Provokation des Gestrigen. In: Die Zeit (1. 4. 1994) 14.

japanische Meisterpurist Tadao Ando teilnimmt. Sein Museumsbau für die Kunstsammlung Langen (2001–04) ist eine Raumskulptur aus Glas, Wasser und jenem Beton, dem Ando durch Bürsten, Waschen, Glätten und Wachsen seidige Oberflächenqualitäten zu geben versteht.

Nicht dem hart erarbeiteten Minimalismus der Einzelgänger galt die Architekturdebatte, die zu Beginn der neunziger Jahre die Federn beschäftigte, sondern einer »Neuen Einfachheit« als Devise für den gestalterischen Alltag. Der damalige Direktor des Frankfurter Architekturmuseums Vittorio Magnago Lampugnani hielt an verschiedenen Orten Plädoyers zugunsten des Einfachen und Gleichförmigen, Klaren und Eindeutigen.[62] Dahinter stand die Sehnsucht nach Auswegen aus Beliebigkeit, undurchschaubarer Vielfalt, Chaos in Formen und Gedanken. Normalität sollte nobilitiert, Ordnung und Konvention wiederhergestellt, das Komplizierte aufgeschnürt und geglättet werden.

Dieses Einfachheitsgebot nahm rigorose Züge an und verfestigte sich zu einer ideologischen Position. Die Erwartung, aus dem Reduktionismus so etwas wie einen Stil jenseits aller Stile gewinnen zu können, eine Haltung und nicht ein Formenrepertoire, erwies sich als Trugschluß. Denn auch die Verweigerung der Novitätensucht dient der Novitätensucht, die alle paar Jahre neue Formeln verlangt und die gebaute *arte povera* als solche auffaßte. In einer pluralistischen Gesellschaft muß jeder normative Anspruch als ästhetisches Diktat erscheinen. Da hilft nur die Frage, wo was eine jeweils angemessene Reaktion auf eine gegebene Situation ist.

Sehr bald verquickte sich die Debatte mit den besonderen Problemen der Berliner Bauszene (vgl. S. 447 ff.). Nun erschien die Parteinahme fürs Schlichte und Unauffällige als Teil eines Machtkomplotts, das einer Gruppe von Architekten die damals noch fetten Berliner Weidegründe erhalten sollte.[63]

S, M, L, XL

Den Architektenberuf praktizieren die meisten Angehörigen dieses Standes allein oder mit wenigen Kollegen gemeinsam. Von den registrierten Architekturbüros beschäftigen laut Statistischem Bundesamt nur sieben Prozent acht oder mehr Mitarbeiter.[64] Doch die einsame Tätigkeit üben viele aus. Im Jahr 2004 zählten die Architektenkammern 115 000 Mitglieder – Architekten, Stadtplaner, Landschafts- und Innenarchitekten. Von ihnen arbeitet etwa die Hälfte als Freiberufler. Ein Planer kommt auf 716 Menschen, die keine Planer sind – zumindest nicht in Architektur und Städtebau. Ein solcher dichter Besatz mit Architekten wird in Europa nur in Griechenland und Italien übertroffen.[65] Frankreich zählt lediglich 27 000 Architekten, Großbritannien 30 000, Spanien 35 000. An den deutschen Hochschulen lernen fast 50 000 Studenten für den künftigen Job – oder für die Arbeitslosigkeit. »Wenn ein deutscher Architekt heute in sein dreißigstes Jahr geht, hat er keine Visionen, sondern Depressionen.«[66] Um 2000 gab es fünfmal so viele arbeitslose Architekten und Planer wie um 1900.

Aller Anfang ist schwer

Architekten sind gereifte Jahrgänge, wenn sie produktiv werden oder richtiger: wenn ihre Produktivität sichtbar wird. Denn bis dahin arbeiten sie bei älteren Kollegen. Plötzliche Kreativitätssprünge in alteingesessenen Büros lassen sich nicht selten durch die Auffrischung mit jungen Kräften erklären, die sich irgendwo in der Liste der Mitarbeiter verbergen. Die Alternative für Berufsanfänger ist das Ein- oder Zwei-Mann- oder -Frau-Büro, das sich mit Klein- und Kleinstaufträgen durchschlägt, für die Hausverwaltung Wohnungen saniert, Balkons oder Wintergärten anbaut und zwischendurch auf Stundenbasis beim erfolgreicheren Kollegen jobben geht. Die Akquisition großer Projekte verlangt Mittel, die von den Kleinen nicht aufgebracht werden können, vom gesellschaftlichen Kontakt bis zur Präsentation mit Computeranimationen und illuminierten Modellen. Aller Anfang ist schwer. Aber danach wird es auch nicht leichter.

Sogar das große Los in der Glückslotterie der Bauwettbewerbe bleibt den Jungen zunehmend verwehrt. Öffentliche Auftraggeber können laut EU-Richtlinie von den Teilnehmern den Nachweis entsprechender Büroausstattung, Beschäftigtenzahl und einschlägiger Erfahrungen verlangen. Dafür hat man das schöne Wort Präqualifikation erfunden. Aber wie kann man über solche Erfahrungen verfügen, wenn es einem verwehrt wird, sie zu machen? Das legendäre Beispiel, wie die beiden Berufsanfänger Meinhard von Gerkan und Volkwin Marg, heute Chefs eines der großen deutschen Architekturbüros, 1965 den europaweit ausgeschriebenen Wettbewerb für den Flughafen Berlin-Tegel gewannen und den Fünfhundert-Millionen-Auftrag an Land zogen, war schon damals ungewöhnlich, sonst hätte es nicht zur Legende werden können. Zwar ist die schöne Geschichte von denen, die es wissen müssen, inzwischen dementiert worden, aber schön ist sie trotzdem: wie die dreißigjährigen Braunschweiger Diplomanden ein Potemkinsches Atelier aufgebaut, ein Dutzend Kommilitonen angeheuert und rege Betriebsamkeit simuliert haben sollen, um die Bauherren zu beeindrucken und den Auftrag zu sichern

Der Fall Tegel ist lange her. Er war die absolut ungewöhnliche »seltene Chance«. Die »normal seltene Chance«, aus kleinen Verhältnissen etwas Kreatives zu machen, ergibt sich dort, wo ein einsichtiger privater Bauherr auf die Erfindungskraft eines jungen Architekten setzt. Das kann das Einfamilienhaus sein; oder das Geschäftshaus in der schmalen Baulücke; oder die intelligente Lösung dort, wo Umgebung, Parzellenzuschnitt und sonstige Bedingungen ein Grundstück als unbebaubar erscheinen lassen. Das große Büro kann sich unter dem Zwang, die regulären Unkosten zu decken und die Ausbeutung seiner Mitarbeiter in erträglichen Grenzen zu halten, mit solchen unwirtschaftlichen Aufgaben nicht abgeben. Einzelgänger, die Selbstausbeutung mit dem Spaß an der eigenverantwortlichen Arbeit rechtfertigen, können da flexibler sein, sich auf lange Gespräche mit Bauherren oder Nutzern einlassen, die Sache hin- und herwenden.

[64] Zahlen von 1991. Gudrun Reinke. Nicht immer erfüllt sich der Traum vom großen Wurf. In: Frankfurter Allgemeine Zeitung, 12. 6. 1993.

[65] Thomas Welter. Schwächerer Zuwachs der Architekten in Deutschland. In: Deutsches Architektenblatt 36 (2004) 4. S. 27.

[66] Jutta Graber. Generation X oder doch eher Nix? In: VfA Profil (1998) 12. S. 52.

Andreas Hild, Hild & K. Wohnhaus. Aggstall bei Freising, 2001.

Carsten Roth. Umbau Automatenfabrik in Medienagentur. Hamburg-Eimsbüttel, 2001–02.

Bernd Kniess, b&k + kniess & Co. Galeriehaus An der Schanz, Umbau eines Umspannwerks. Köln-Riehl, 2002.

Schmutzige Realitäten

Ein Team, das Möglichkeiten aufspürt, wo sie normalerweise nicht wahrgenommen werden, war die Kölner Partnerschaft Arno Brandlhuber und Bernd Kniess. Von »angewandtem Pragmatismus« spricht Brandlhuber.[67] Grenzabstände und baupolizeiliche Bestimmungen werden als Inspirationen genutzt. Besteht der Bauherr auf dem Blick ins Grüne, bekommt er eine grüne Fensterscheibe. Brandlhuber und Kniess gehen inzwischen getrennte Wege, führen aber die Initialen ihrer Zusammenarbeit b & k auch nach der Trennung weiter.

Mit Vorliebe bewegen sich b & k in den unterprivilegierten Zonen der Stadt, machen aus Grundstücken von geringster Frontbreite – das schmalste war 2,56 Meter breit – und größter Tiefe intelligente Häuser oder erfinden für Vorhandenes, mit dem niemand etwas anzufangen wußte, eine neue Verwendung. Ein Umspannwerk der sechziger Jahre, das zwischen Hochhäusern, Autoschnellstraße und unwirtlichen Abstandsflächen steht, verwandelte Bernd Kniess in ein Haus für vier Kunstgalerien (2002). Durch den Betonbau legte er die notwendigsten Schnitte, beließ von der Außenhülle kostensparend Betonplatten und Blechaufsatz und schloß die Wandöffnungen mit Polycarbonat-Lichtkuppeln.

Die Verfremdung durch das banale Fertigprodukt, das gegen seinen ursprünglichen Oberlichtzweck eingesetzt wurde, gibt dem Umbau den Charme des Häßlichen, macht ihn zum *alien*.

Bei Hild & K in München (das K. steht für den früh verstorbenen Partner Tilmann Kaltwasser) ist das Spiel mit den Klischees der Umgebung zur Hausphilosophie geworden. Andreas Hild greift beherzt in den Giftschrank der Banalität. Populäre Wünsche sollen nicht verachtet werden, eingedenk der Lehren Robert Venturis. »Es gibt kein gesichertes Terrain. Von sich aus ist nichts gut oder schlecht. Wir müssen jedesmal neu auswählen. Grundsätzlich ist alles möglich.«[68] Hilds Regionalismus greift nicht die längst historisch gewordenen Haustypen aus bäuerlichen Kulturen auf, sondern das, was er tatsächlich vorfindet, den Regionalismus der falschen Sprossenfenster und rot gefärbten Betonschindeln, der Satteldachhäuschen, des Dekorations- und Verschönerungswahns. Seine Region heißt nicht Bayern oder

Schwaben, sondern McDonald's-Land. Das Problem ist, die Grenze einzuhalten, jenseits deren die Verarbeitung der Klischees selbst zum Klischee wird. Oder ist das nur ein Intellektuellenproblem?

Schmutzige Realität, nämlich die gigantische Baugrube des Potsdamer und Leipziger Platzes in Berlin, war der Ort, auf den die Frankfurter Beinahe-noch-Jungarchitekten Till Schneider und Michael Schumacher 1994–95 eine feuerwehrrote Blechkiste plazierten. Schräg zu den noch nicht wahrnehmbaren Platzkanten und quer über die Linie der Berliner Mauer gestellt, diente sie während der Bauarbeiten als Informations- und Beobachtungspavillon. Zur *dirty reality* gehörte auch der Termindruck: drei Monate Bauzeit. Das Baustellenchaos veranlaßte das Architektenduo nicht zu einer Collage aus Schrott und rauher Baumaschinenästhetik. Ihr Container schwebte strahlend in sieben Metern Höhe auf den tragenden Büscheln aus Stahlrohren, ein leuchtendes Versprechen für bessere Zeiten.

Die Chuzpe, mit der die Frankfurter den Berlinern die Zukunft vorgaben, machte die Infobox zum populärsten Gebäude am Platz. Wie vorgesehen, wurde sie nach wenigen Jahren demontiert. Ein Ableger zu ähnlichem Zweck erstand, jetzt als schmaler Turm hochkant gestellt, 2002 am Frankfurter Mainufer. Dort verwandelten die inzwischen mit großen Aufträgen bedachten Architekten den brachgefallenen Westhafen in ein properes Stück Neues Frankfurt, bestückt mit Architekturobjekten wie einem zylindrischen Büroturm, einem dreiseitigen Bürogebäude, einem aufgebockten Brückenhaus und von anderen Architekten entworfenen Stadtvillen. Nur der Immobilienmarkt spielte nicht mit. Als der Westhafen fertig war, standen in Frankfurt sechzehn Prozent aller Büroflächen leer.

Aus dem, was da ist, etwas machen zu müssen, ist ein Haupttätigkeitsfeld für Architekten geworden. Carsten Roth hatte in Hamburg den gelben Klinkerriegel einer ehemaligen Automatenfabrik für eine Medienagentur umzubauen (2001–02). Auch hier war ein kräftiges Signal gewünscht. Die Aufstockung sitzt verkantet auf dem Altbau, aber macht vor allem durch Material und Farbe, durch elektrolytisch gefärbte Edelstahlbleche und rosabräunlich verspiegeltes Glas auf sich aufmerksam. Vor allem innen, aber stellenweise auch an der Außenfassade überlagern sich durchsichtige, transluzide, verspiegelte und strukturierte Paneele. Sie bewirken ein changierendes und irritierendes Farbspiel und eine Räumlichkeit der Schichten, die keine eindeutigen Tiefenmaße erlaubt (vgl. S. 513).

Till Schneider, Michael Schumacher. Infobox. Berlin-Mitte, 1994–95. Demontiert 2001. Gesamtansicht. Detail.

[67] Arno Brandlhuber. Zit.: Edgar Haupt. RegelWerk. In: Baumeister 100 (2003) 9. S. 15.

[68] Andreas Hild. Regionen Traditionen Konstruktionen. In: Bayerische Akademie der Schönen Künste (Hg.). Jahrbuch 16. München, 2002. S. 391.

Faszination der Oberflächen

Die Bildwirkung der Fassade ist ein Thema, das in den neunziger Jahren an Aktualität gewann. In der klassischen Moderne diente die Haut der Gebäude, wo sie transparent, als Panoramafenster oder Glasvorhang ausgebildet war, dem Ein- und Ausblick, der optischen Verbindung von Innen- und Außenraum, der Sichtbarmachung von Konstruktion und Funktion. War sie als Putzfläche oder Verkleidung geschlossen, weiß gestrichen oder farbig gehalten, klärte sie die Volumen. Als Bildträger eigenen Ranges erhob sie keinen Anspruch, trug allenfalls Halterungen für Werbezeichen und Lichtreklame. In den dreißiger und fünfziger Jahren eroberten Strukturflächen, dann auch bildliche Darstellungen in Mosaik oder Wandgemälde Anteile der Außenflächen. Vor allem in Osteuropa setzte propagandistisch oder dekorativ verwendeter Wandschmuck viele tausend Künstler in Brot. In den sozialistischen Ländern waren die monumentalen Wandgemälde und Mosaiken des mexikanischen Muralismo aus der Zeit der nationalen Revolution ein Vorbild.

Aber daß die geschmückte Wand nicht nur ausgewählte Partien des Bauwerks auszeichnet, sondern als »kommunikative Membrane«[69] seine gesamte Erscheinung bestimmt, diese Entwicklung war dem Zeitalter der elektronischen Medien vorbehalten. Als ob die Welt der Bildschirme auch vom statischen Bauwerk eine größere Varianz seiner Epidermis verlangte, legte die Architektur sich Texturen in lange nicht gekanntem Ausmaß zu. Kleider machen nicht nur Leute, sondern auch Bauten. Das anspruchsvolle neue Wort des medialen Zeitalters lautet dafür: Interfaces. Was zählt, ist die Schnittstelle zwischen innen und außen.

Von der Aufwertung der Oberflächen profitierte die Farbe. Bei diszipliniert vereinfachten Bauten wie denen des Berliner Teams Hilde Léon, Konrad Wohlhage und Siegfried Wernik hielt sich der Oberflächenreiz, der von der Farbfläche ausgeht, in den Bahnen, die von der Tradition vorgegeben sind. Die Materialität der Putzstruktur, die sie gern verwenden – in mehreren Lagen unregelmäßig aufgetragener Feinputz –, und die warme, gesättigte Farbe verbreiten im windigen Berlin einen Hauch mediterranen Klimas.

Hilde Léon, Konrad Wohlhage, Siegfried Wernik. Erweiterung Oberstufenzentrum für Sozialversicherungen. Berlin-Köpenick, 1995–98.

[69] Zit.: Nikolaus Kuhnert, Susanne Schindler. Off-Architektur. In: arch+ 166 (Okt. 2003). S. 15.

Matthias Sauerbruch und Louisa Hutton fingen mit farbig gefaßten Stützen und Jalousien an, die in gläsernen Doppelfassaden stecken, so beim Photonikzentrum in Berlin-Adlershof, 1995–98. Bei der

Matthias Sauerbruch, Louisa Hutton. Photonikzentrum. Berlin-Adlershof, 1995–98. Weg zwischen beiden Baukörpern. Grundriß Obergeschoß.

William Alsop. Colorium. Düsseldorf Rheinhafen, 1998–2001.

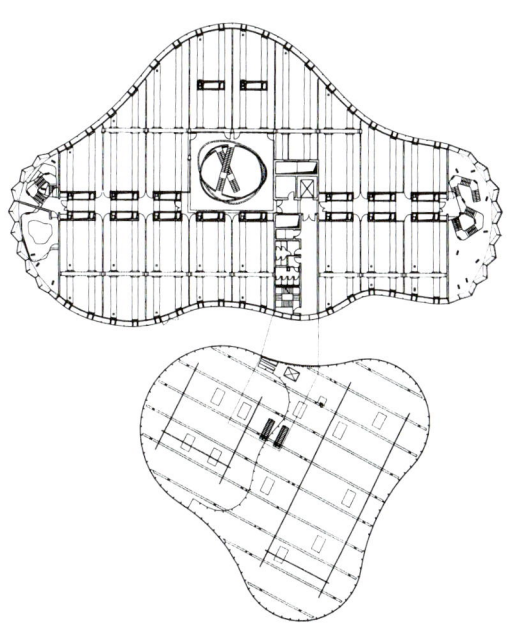

Experimentellen Fabrik in Magdeburg (2001–02) gingen sie zu einer wogenförmigen Gebäudehaut aus farbig beschichtetem Aluminiumblech über, in breiten Streifen gemustert. Bei einem Hochregallager für Sedus Stoll in Dogern am Oberrhein (2002) überziehen Pixelstrukturen den großen Kasten. Ähnlich wirkt auch der achtzehnstöckige Turm am Düsseldorfer Rheinhafen von William Alsop, der angemessenerweise Colorium heißt (1998–2001). Hier sind es die Isolierglasscheiben der Vorhangfassaden, die mit farbigen Rechtecken im Siebdruck bemustert wurden, im Fensterbereich weniger, in den Brüstungszonen mehr. Die Fläche wird zum dicht texturierten Farbfeld, über das die Augen hin und her irren. Neoimpressionismus und De Stijl bemächtigen sich der Architektur. Alsop nähert sich seinen Entwürfen wie ein Maler, in Farbskizzen oder Acrylgemälden. Fünftausend Quadratmeter Glas, in siebzehn Mustern bedruckt.

Markus Allmann, Amandus Sattler, Ludwig Wappner. Verwaltung Südwestmetall. Reutlingen, 1999, 2000–02.

Bei Sauerbruch und Hutton begleiten oder ergänzen die Farbereignisse meist besondere Formereignisse, vorzugsweise mäandernd geschwungene Baukörper. Bei banalen Formen wie beim Colorium muß die Außenhaut das Interesse allein erzeugen, abstrakt oder gegenständlich. Die Schweizer Jacques Herzog und Pierre de Meuron, die immer ein intensives Verhältnis zu Oberflächen kultivierten, bedruckten die Glas- und Werksteinplatten der Fachhochschulbibliothek in Eberswalde (1994–99) mit Fotos des Düsseldorfer Künstler-Fotografen Thomas Ruff im Rapport. Die Oberfläche soll die Unverwechselbarkeit bringen, die das Bauvolumen nicht leisten kann. Mit solchen Identitätserwartungen ist die Epidermis mehr als überfordert, wie tätowierte Haut, die den Körper, den sie überspannt, auch nicht vergessen läßt. Auch eine bedruckte Kiste ist eine Kiste. In Cottbus ist es eine weißliche Buchstabensuppe, mit der die Architekten den Korpus der Hochschulbibliothek (1999–2005) überzogen.

Zu einem eigenartigen Effekt führt der neue Fassadismus, im Verein mit rigoroser Formvereinfachung, bei dem Verwaltungsgebäude des Arbeitgeberverbandes Südwestmetall in Reutlingen (1999, 2000–02) von Allmann Sattler Wappner. Der Bauherr verzichtete darauf, sich als geschlossene Institution darzustellen, und ließ das Bauvolumen in eine Gruppe von drei Satteldachhäusern aufspalten. Neigt Purismus sowieso schon dazu, die Materialität des Bauwerks aufzuheben (vgl. S. 480), so unterstützten die Münchner Architekten diese Tendenz noch durch die Fassadenstruktur. Eine metallene Hülle aus perlgestrahltem Edelstahl überzieht Dach und Wände ohne Gesims, Fuge oder Dachüberstand. Die Hausschemen spiegeln ihre Umwelt nicht, sondern verändern je nach Lichteinfall ihren Glanz.

Nicht genug damit, treten zu den strukturellen Wirkungen auch noch gegenständlich-ornamentale, denn am Sockel der Geisterhäuser wurden dekorative Pflanzenornamente in Stahlblechtafeln gefräst. Weniger wäre wieder einmal mehr gewesen. An der Frostgrenze der Architektur ist Ökonomie der Mittel besonders gefordert. In der vielgerühmten und vielumstrittenen Herz-Jesu-Kirche derselben Architekten in München-Neuhausen (1997–2000) wählte das Team für die Altarwand einen Vorhang aus einer Metall-Legierung, auf dem bei wechselndem Tages- oder Kunstlicht ein monumentales Kreuz vor- oder zurückzutreten scheint. Wie Großwandkino.

Bei dem neuen Fußballstadion in München von Herzog und de Meuron gehen Licht- und Oberflächeneffekte noch weiter. Die prallen Außenwülste des Stadions, lichtdurchlässige Folienkissen auf rautenförmigen Stahlrahmen als Außenschicht vor der eigentlichen Fassade, können sogar in den Vereinsfarben der Fußballklubs erglühen, die gerade in ihnen spielen: Rotlicht bei den Bayern, Blaulicht bei den Löwen. Die Schweizer Architekten gewannen den Wettbewerb 2002. Ihr Super-Bagel ist das vorerst noch seltene Exemplar von Soft-Design im XL-For-

Jacques Herzog, Pierre de Meuron. Allianz Arena. München-Fröttmaning, 2002–05.

mat. Auf die Konstruktionsart oder die Größenverhältnisse läßt es keine Rückschlüsse zu. Auch als Bodenleuchte im heimischen Wohnzimmer wäre es denkbar.

Die Kompetenten

Den Cantus firmus im Architekturtheater übernehmen die Großbüros. Ein großes Büro zu führen heißt in Deutschland, fünfzig bis dreihundert Architekten zu beschäftigen. Von diesen vielköpfigen Firmen ist in der Regel nicht der Vorschlag zu erwarten, der einen ganz neuen Weg weist, eine ganz neue Ästhetik entwickelt. Es sei denn, ein Querkopf im Zeichensaal kann sich in der Bürohierarchie durchsetzen. Bei manchen Firmen wird interner Wettbewerb ausdrücklich ermutigt und organisiert. Wiedererkennbarkeit der Handschrift ist in solchen in Projektteams aufgegliederten Unternehmen schwer möglich oder auch nicht gewollt. Auf Theorie läßt man sich nicht gern ein, sie gilt als nicht zeitresistent. »Wir haben weder ein eignes oder adoptiertes Dogma noch ein ganzheitlich theoretisches Gebäude. Wir sind vielmehr davon überzeugt, ... daß Architektur viel zu komplex ist für formelhafte Thesen und Grundsätze.«[70] Der Geist der Zeiten wird nachvollzogen, sobald sicher scheint, daß er sich durchsetzen wird.

Was man von den Großbüros erwarten darf, sind Kontinuität, Routine, Pragmatismus, Durchhaltevermögen, Verfügung über akkumuliertes Wissen, Kontakte zu den wichtigen Adressen in anderen Disziplinen des Baugewerbes, zu den Ministerien und großen Bauherren, Zuverlässigkeit bei Terminen und Kosten. Steht ein Großauftrag vor der Tür, werden sie ihn sich auch dann nicht entgehen lassen, wenn das Konzept den eigenen Standards nicht entsprechen sollte. Ein Einkaufszentrum auf der grünen Wiese oder ein Themenpark sind eben auch Aufträge. So spielen Firmen wie die Düsseldorfer Hentrich, Petschnigg und Partner (HPP), Rhode Kellermann Wawrosky (RKW) oder die Offenbacher Novotny Mähner Ass. seit Jahrzehnten auf der deutschen Bauszene starke Rollen wie schwächere. Vieles ist ansehbar geblieben, einiges hat Maßstäbe gesetzt.

Manchmal schaffen Newcomer den Aufstieg in diese Größenordnung, ohne ihre Kreativität einzubüßen. Ingenhoven Overdiek und Partner, ein Düsseldorfer Büro, das anfangs jahrelang von Planungsaufträgen statt von gebauter Architektur lebte, sind bei entsprechenden Aufgaben für Überraschungen jenseits gediegener Routine gut. Eine Reihe von Ingenhovens interessantesten Entwürfen blieb vorerst oder endgültig in der Schublade: der mit Frei Otto entwickelte Umbau des Stuttgarter Hauptbahnhofs (1997), wo Gewölbeschalen in schuhlöffelartige Membranstützen übergeglitten wären und herausgestülpte Lichtkuppeln Tageslicht in die unterirdische Gleishalle gegossen hätten. Oder die Airbusproduktionshalle in Hamburg-Finkenwerder mit ihren eisschollenartig versetzten Dachformen, die aus asymmetrischen Kragarmen gebildet werden sollten (2000).

Ihr dortiger, zuletzt erfolgreich gebliebener Konkurrent gmp ist seit 1965 im Geschäft. Geleitet wird die Firma von zwei engagierten entwerfenden Architekten, Meinhard von Gerkan (= g) und Volkwin Marg (= m). Aus ihrem Hause kommen Bauten, die in der Regel zu den technisch und organisatorisch kompetent gelösten und ästhetisch geglückten Beispielen ihrer Gattung zählen: Stadthallen, Flughäfen wie der Stuttgarter mit baumartig verzweigten Stützen im Terminal (1980, 1986–91), Bahnhofshallen. Ihre Zusammenarbeit mit bedeutenden Tragwerksplanern führt zu unter- oder überspannten, filigranen Stahlgewölben, die in dieser Feingliedrigkeit früher undenkbar gewesen wären. Eine Halle

Christoph Ingenhoven, Jürgen Overdiek und Partner. Airbus-Produktionshalle. Hamburg-Finkenwerder, 2000. Nicht ausgeführter Wettbewerbsentwurf.

[70] Meinhard von Gerkan. Bestandsaufnahme zur eigenen Arbeit. In: Architektur 1966–78. Von Gerkan, Marg und Partner. Stuttgart, 1978. S. 10.

S, M, L, XL **489**

Meinhard von Gerkan, Volkwin Marg, gmp Architekten. Abfertigungshalle Flughafen. Stuttgart-Echterdingen, 1980, 1986–91.

Quader, Kubus, Keil, lineare, kreisförmige oder polygonale Strukturen. Bauen und Konstruieren werden als Tätigkeiten im Dienst ein und derselben Sache betrachtet: No-Nonsense-Architektur.

Die hanseatische Gediegenheit, die von Gerkan und Marg dank ihrer biografischen Herkunft aus dem Ostseeraum nicht fernlag, wird bei ihren Schülern Jens Bothe, Kai Richter und Hadi Teherani (BRT Architekten) nicht als Unternehmensziel betrachtet. Chefdesigner Teherani, der eine Zeitlang auch als Modeschöpfer Herrenkollektionen entworfen hat, bedient seine Klienten mit Formen, die sie noch nicht oder noch nicht sehr oft gesehen haben. Landmarken zu setzen, Aufsehen zu erregen, Imagewünsche zu bedienen gilt in diesem Großbüro, das im dreisetigen Deichtorcenter residiert, nicht als unfein.

BRT entwickeln nicht Bautypen, sondern Unikate. Wo kein städtischer Kontext mehr da ist, lebt es sich

Volkwin Marg, gmp Architekten. Tragwerksplaner: Stefan Polónyi und Partner. Haupthalle auf dem Neuen Messegelände. Leipzig, 1992–95.

wie Volkwin Margs gewaltige Stahlgittertonne auf dem neuen Leipziger Messegelände (1992–95), an der fünf Messecontainer angedockt haben, hätte mit ihrer Spannweite von achtzig Metern sonst ungeschlachte Profile erfordert. In Grundriß und Aufriß herrschen bei gmp Überschaubarkeit und Verständlichkeit dank vorhersehbarer, regelhafter Bildungen wie Halbtonne, ungenierter. Stromlinienförmige Architekturkarosserien wie das Firmengebäude für einen Hamburger Leuchtenhersteller in Rellingen (1997–98) fügen sich nicht ein – in was auch? –, sondern setzen Zeichen. Unter den metallenen, schimmernden Gebäudehäuten, in diesem Fall aluminiumbeschichteter Kunststoff, mag dann getrost ein Gerippe aus Holz-

Jens Bothe, Kai Richter, Hadi Teherani, BRT Architekten. Firmengebäude Tobias Grau. Rellingen bei Hamburg, 1997–98.

leimbindern stecken. In Deutschland vertreten die Hamburger die technologische Eleganz eines Nicholas Grimshaw oder Dominique Perrault.

Mit dem Computer rechnen

Kein Architekturbüro kommt heute mehr ohne die Hilfe des Genossen Computer aus. Er hilft nicht nur bei Ausschreibungen, Rechnungen und der Visualisierung von Entwürfen, so daß die Kunden sich virtuell durch ihre künftigen Gebäude bewegen können, bevor sie gebaut worden sind. Er ist darüber hinaus zu einem entwurfsbestimmendem Faktor geworden. Seit den siebziger Jahren kam kein anspruchsvolles Bauwerk mehr ohne digitale Hilfe zustande. Schon die Architekten des Münchner Olympiaparks hätten verzweifeln müssen, wenn ihnen nicht Rechneranlagen zur Verfügung gestanden hätten. Auch Dekonstruktivismus ist eine Folge digitaler Technik. Wer sonst hätte all die komplizierten Lastabtragungen berechnen sollen?

In den neunziger Jahren wurden Entwurf und Produktion direkt geschaltet. Die Daten für die Herstellung der verwundenen Betonschalungen, die Frank O. Gehry für einen seiner drei Türme am Düsseldorfer Neuen Zollhof brauchte (1994–98, vgl. S. 458), jedes Stück eine andere freie Form, gingen direkt von den Bildschirmen seines deutschen Partnerbüros Beucker Maschlanka + Partner an einen Modellbauer in Bocholt. Dort wurden nach den Anweisungen aus dem Computer Gußschalen, also Negativformen aus Polystorol, gefräst, danach im Fertigteilwerk die Stahlarmierungen eingesetzt und die Betonstücke gegossen. Aus Computer Aided Design ist Computer Aided Manufacturing geworden.

Der Prozeß geht weiter. Er dient nicht nur der Verwirklichung vorhandener Formideen, sondern der Findung zuvor unbekannter Vorstellungen. Versuchsanordnungen werden in den Rechner übertragen, Randbedingungen variiert, Annahmen neu formuliert. Der Frankfurter Architekt Bernhard Franken, der sich auf solche Formfindungsprozesse spezialisiert hat, schildert die Methode als weder exakt noch zufällig: »Die Form ist irgendwo da draußen und wartet darauf zu erscheinen.«[71] Ähnlich haben frühere Generationen schöpferische Vorgänge auch beschrieben. Doch spielten sie in ihrem Kopf, nicht im Prozeßrechner.

Computererzeugte biomorphe Formen schossen anderswo, bei Greg Lynn in Los Angeles oder bei Kas Oosterhuis in Rotterdam, ins Kraut, zumindest auf den Rechnerausdrucken. In Deutschland blieben sie eine Seltenheit. Realisierte Beispiele beschränken sich auf Ausstellung und Messe, wo temporäre räumliche Inszenierungen willkommen sind. Mit ABB Architekten erzeugte der Computerfreak Franken 1999 für BMW einen inzwischen mehrmals gezeigten Pavillon auf der Internationalen Automobilausstellung in

[71] Bernhard Franken. Aus Freude am Fahren. In: Peter Cachola Schmal (Hg.). digital-real. Blobmeister. Kat. Deutsches Architekturmuseum. Basel, 2001. S. 186.

Bernhard Franken; W. Harig, Heinz Scheid, Johannes Schmidt, ABB Architekten. BMW Pavillon u.a. Internationale Automobilausstellung. Frankfurt am Main, 1999.

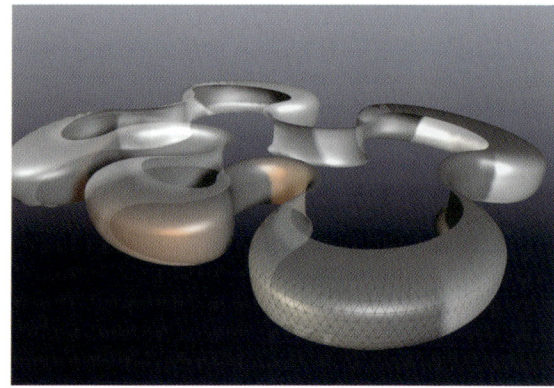

Christoph Ingenhoven, Jürgen Overdiek und Partner. Tragwerksplaner: Werner Sobek Ingenieure. Audi Pavillon. u. a. Internationale Automobilausstellung. Frankfurt am Main, 1998, 1999–2001.

Frankfurt am Main. Die Figur scheint wie aus der Verschmelzung zweier Tropfenformen hervorgegangen – hoffnungsvolle Anspielung auf eine Zeit, in der nicht mehr mit Benzin, sondern mit Wasserstoff gefahren wird. Eine Traglufthalle wäre konstruktiv logisch gewesen. Schließlich wurde die Doppelblase aber mit einem Spantengerüst aus Aluminium und aus Acrylglas hergestellt.

Automobilfirmen präsentieren sich anscheinend gern in fließendem Ambiente, das technische Kompetenz und flüssige Beweglichkeit suggeriert; so werden die permanenten Staus auf den Autobahnen aus dem Blickfeld verdrängt. Im selben Jahr und am selben Ort montierten Ingenhoven, Overdiek und Partner mit Werner Sobek für Audi ein räumlich gekrümmtes Geflecht aus Edelstahlrohren. Von dieser Konstruktion war ein Stahlnetz abgehängt, das mit satinierten oder transparenten Gläsern ausgefacht war. Auf den verschiedenen Stationen, auf denen Audi dieses Environment zeigte, wurde das amöbenförmige Band auch in andere Form gebracht.

Die arbeitsparenden Zubringerdienste der Rechner hatten Rückwirkungen auf das Selbstverständnis eines ganzen Berufsstandes, der Bauingenieure. Befreit von langwierigen Berechnungen, verstehen sich die Tragwerksplaner mehr und mehr als kreative Schöpfer und nicht nur als assistierende Analytiker von Architektenvorschlägen. Entweder entwerfen sie allein oder in gleichberechtigtem Dialog mit den Architekten. Brücken, wie sie aus dem Büro von Schlaich und Bergermann oder Polónyi kamen, sind Kunstwerke für sich und nicht nur Spitzenprodukte der Bautechnik. In der Demonstration ihrer Leistungsfähigkeit und in ihrer Fähigkeit zur Verwandlung stellen sich Eigenschaften ein, die weit über den Zweckcharakter von Ingenieurkonstruktionen hinausgehen. Sie stehen im eklatanten Gegensatz zum Brückenbau der großen Auftraggeber, der Deutschen Bahn bei ihren Neubaustrecken oder der Autobahnbehörden, die sich in den letzten Jahrzehnten mit grobschlächtigen Standardausfertigungen begnügten.

Sogar Witz und Humor, in der Architektur seltene und meist auch zweifelhafte Gaben, finden sich in den Entwürfen von Schlaich Bergermann und Partner. In Kiel haben sie in Zusammenarbeit mit gmp eine Brücke erfunden (1997), die sich im Ruhezustand wie eine harmlose Schrägseilbrücke darstellt. Auf Anforderung kann sie sich zusammenfalten wie ein Klappbett. Die Katzbuckelbrücke in Duisburg (1999), eine Fußgängerbrücke über einen gelegentlich von Yachten befahrenen Kanal, kann sich emporwölben, um Schiffe unter sich durchzulassen. Den Hubmechanismus löst eine Verkürzung der Abspannseile aus, und der Steg beginnt sich zu krümmen.

Beim Aussichtsturm auf dem Stuttgarter Killesberg (1986, 2001) machte Schlaich Gebrauch vom Prinzip Adventskranz, das er schon 1974 bei einem Kühlturm in der Nähe von Hamm verwendet hatte (vgl. S. 386). Von einem Kranz, den eine mittlere Stütze hält, ist ein Seilnetz abgehängt. Im Stuttgarter Park schrauben sich zwei gegenläufige Treppenspindeln um vier Plattformen empor, das Vergnügen des luftigen Aufstiegs ausdruckskräftig übertreibend. Der Turm ist ein modernes Exemplar jener Follies, mit denen englische Parkbesitzer des 18. Jahrhunderts ihre Landschaftsgärten schmückten. Zugleich löst er jene Reaktion aus, die bedeutende Ingenieurleistungen stets hervorriefen: das Staunen der Laien über die technische Bravourleistung.

deutschem Boden, griff auf vorhandene oder neu errichtete Messehallen zurück. Ein großes Aufwindkraftwerk, das Jörg Schlaich als modernen Eiffelturm vorgeschlagen hatte, wurde nicht realisiert. Statt dessen übernahm das atemberaubende Holztragwerk, das Thomas Herzog über den zentralen Treffpunkt des Areals legte, die Rolle des Highlights. Im Holzbau bedeutet die wogende Dachlandschaft der doppelt

Jörg Schlaich, Rudolf Bergermann und Partner. Aussichtsturm. Stuttgart-Killesberg, 1986, 2001.

Jörg Schlaich, Rudolf Bergermann und Partner; Meinhard von Gerkan, Volkwin Marg, gmp Architekten. Klappbrücke Kieler Horn. Kiel, 1997.

Thomas Herzog, Hanns Jörg Schrade und Partner. Tragwerksplaner: Julius Natterer, IEZ Natterer. Expo-Dach. Hannover, 2000.

Weltausstellungen sind längst nicht mehr die vielbestaunten Menschheitsforen, auf denen die jüngsten Errungenschaften der weltweiten Industriegesellschaft gefeiert werden. Moderne Informationsmedien sind schneller. Aber einzelne exzeptionelle Architekturleistungen bringen die Expos auch heute noch hervor. Die Weltausstellung 2000 in Hannover, die erste auf

gekrümmten Gitterschalen eine besondere *tour de force*. Die zehn Schirme ruhen auf Weißtannenstämmen, deren stahlverstärkte Konfigurationen an überdimensionale Wäscheklammern erinnern. Zu recyceln ist alles, einschließlich der Dachhaut, einer Kunststoffmembran. Regenwasser wird in den Stützen abgeleitet, als Wasserspiel eigener Art.

Ökologisch bauen

Jeder Bau ist ein Eingriff in das Kräftespiel der vorhandenen Welt, in den Haushalt der Natur. Die ökologische Bewegung liebte es, an die Versöhnungsrituale zu erinnern, mit denen Naturvölker, Chinesen oder Japaner die Kränkung der Erde durch den bauenden Menschen wiedergutzumachen suchten. In China lautete eine alte Warnung, nicht die Adern des Drachen zu verletzen. In Japan hieß das Fest der Grundsteinlegung »Erdberuhigungsfest«. Es wurde nicht ein Stein in die Erde versenkt, der den Boden beschädigen konnte, sondern ein Hügel aufgeschüttet.[72] Auch im dicht besiedelten und rohstoffarmen Mitteleuropa hatte der schonende Umgang mit Land, Baustoff – Holz, Stein, Lehm – und Wärme eine lange Tradition im dörflichen wie im urbanen Bauen. In den alten Städten wohnte man vor der Industrialisierung nicht nur aus Gründen der besseren Verteidigung im Mauerring eng zusammen, sondern auch, um Grundfläche, Energie und Material zu sparen.

Vom Grassodendach zu grüner High-Tech

Die Aktualität solcher Einsichten wurde durch die erste Rohölkrise von 1973–74 befördert. Die Erinnerung an die autofreien Sonntage, an denen die Bevölkerung in einer Mischung von Angst und Lust über die leeren Autobahnen spazierte, ging ins kollektive Gedächtnis ein. Daß die fossilen Ressourcen endlich sind, daß in allen Verbrennungsvorgängen die freigesetzten Gase und Schadstoffe Klima und Umwelt beeinträchtigen, diese Einsicht setzte sich an die Stelle der bisherigen unbekümmerten Annahme, jeder Mangel werde schon zur rechten Zeit die Technik hervorrufen, die ihm abhilft. Wenn es noch eines Argumentes bedurft hätte, das diese Illusion widerlegte, lieferte es 1986 die Atommeilerkatastrophe von Tschernobyl.

Die Bereitschaft, auch im persönlichen Verhalten Konsequenzen zu ziehen, hielt nicht lange vor. Immerhin begann eine Ursachenforschung, die auch das Bauen auf die Agenda veränderungsbedürftiger Techniken setzte. Daß in Bundesrepublik wie DDR rund ein Drittel des gesamten Energiebedarfs auf den Betrieb von Gebäuden entfiel, auf das Heizen, Kühlen, Lüften und Beleuchten, forderte Revision heraus. Im Bauen lagen die größtmöglichen Spareffekte. In der DDR ermahnte das Zentralkomitee der SED 1979 zur sparsamen Verwendung von Energie. Das erste sonnenbeheizte Schwimmbad des Landes wurde 1978 in Freyburg an der Unstrut seiner Bestimmung übergeben.[73]

Die Bundesrepublik reagierte 1976 und 1977 mit ersten gesetzlichen Maßnahmen, dem Energieeinspargesetz und der Wärmeschutzverordnung, die seitdem mehrmals novelliert wurden. Die Bezeichnungen der Gesetze deuten ihren anfangs defensorischen Charakter an. In der Architektenschaft lösten die Aktivitäten des Gesetzgebers mit ihrem Akzent auf »Transmissionswärmeverlusten« und »Lüftungswärmeverlusten« einen Aufschrei aus.[74] Sie sah alle Hoffnungen auf ein transparentes, leichtes Bauen schwinden, fürchtete Dämmorgien (die dann auch tatsächlich gefeiert wurden) und stellte sich die Zukunftsarchitektur als ein luftdicht versiegeltes Paket mit wenigen Gucklöchern und möglichst minimalen Außenflächen vor – im schlimmsten Fall eine Kugel als dasjenige geometrische Gebilde, bei dem das Verhältnis von Volumen und Außenfläche am günstigsten ist. Würde die Bevölkerung abermals in ungelüftete, feuchte Bunker geschickt, in Wärmeschutzbunker diesmal?

Die Siedlungen aus der Pionierzeit des ökologischen Bauens[75] räumten solche Befürchtungen nicht aus. Über die Dächer der dicht gescharten Reihen- und Gartenhofhäuser, wie sie Hermann Boockhoff und Helmut Rentrop von 1982 bis 1984 in die Laher Wiesen in Hannover setzten, hat sich ein grüner Pelz von Gräsern und Kräutern gezogen. Wo heute Solarkollektoren und -zellen montiert und die Südfronten weit geöffnet wären, übernahm wuchernde Natur das Schutzpatronat. Die schmalen Gassen zwischen den siebzig anfangs holzverschalten Häusern heißen dementsprechend: Im Zittergras, Ewige Weide, In den Binsen. Mithilfe der Bewohner unter der Leitung von »Selbsthilfelehrern« sollte Kosten sparen. Die Interessengemeinschaft der Bauherren entstand aus der In-

---

[72] Manfred Speidel. Das japanische Wohnhaus und die Natur. In: Manfred Speidel (Hg.). Japanische Architektur. Geschichte und Gegenwart. Stuttgart, 1983. S. 14.

[73] Jürgen Stephan. Zur Nutzung der Solartechnik in der DDR. In: Architektur der DDR 28 (1979) 10. S. 713 ff.

[74] Der Protest artikulierte sich u. a. auf dem 4. Deutschen Architektentag 1977 in Hamburg.

[75] Nach einer Schätzung aus dem Jahr 2004 entstanden seit den siebziger Jahren etwa 150 Ökosiedlungen, die den Namen verdienten. Robert Uhde. Wohnsiedlung »Laher Wiesen« in Hannover. In: Deutsche Bauzeitung 137 (2004) 4. S. 62.

Hermann Boockhoff, Helmut Rentrop. Siedlung Laher Wiesen. Hannover-Bothfeld, 1982–84.

itiative einiger Familien, die sich für eine Waldorfschule engagiert hatten, einem der Milieus, von denen die Anfänge des naturnahen Bauens getragen waren. Gesundheitsverträgliche Baustoffe zu verwenden, vor allem solche, die ohne Belastung der beteiligten Menschen gewonnen werden, galt hier früh als Maxime. Geobiologische Komponenten wurden berücksichtigt, die nicht ins Repertoire allgemeinen Fachwissens eingegangen sind, wie strahlungsaktive Bereiche, elektromagnetische Störfelder, »geopathogene« Zonen.

Man lernte bald, daß Wärmeverlustflächen auch Wärmegewinnflächen sein können, wenn sie durch ausreichende Speichervolumen ergänzt würden. Der Gesetzgeber zeigte Einsicht, zuletzt mit der Energieeinsparverordnung von 2002 und ihren Novellierungen. Passiver Schutz konnte mit aktivem Gewinn von Energie zusammengehen, der wünschenswert niedrige U-Wert (Wärmedurchgangskoeffizient, früher: k-Wert) mit einem kollidierenden, gleichfalls wünschenswert hohen g-Wert (Gesamtenergiedurchlaßwert) abgeglichen werden. Wenn es gut ging, kam so etwas wie eine Optimierung der Hüllfläche heraus. Es genügte also nicht, das Bauwerk mit Dämm-Material dick zu verpacken und Photovoltaik auf dem Dach zu montieren. Der Bau mußte als Ganzes in ein System gebracht werden, das die unterschiedlichen Subsysteme einschließlich seiner Lage zu den Himmelsrichtungen integrierte. »Man darf Bauten nicht als geschlossene Figuren verstehen, sondern als etwas, das sich aus vielen Teilen zusammensetzt, die, für sich gesehen, funktional etwas Bestimmtes leisten.«[76]

Energiemanagement ist ein Thema, das sich heute bei jedem Neubau stellt (und bei der Sanierung von Altbauten erst recht). Dafür sorgt schon der Gesetzgeber, der den jährlichen Durchschnittsverbrauch in Neubauten festlegt und komplizierte Nachweise verlangt. Als Niedrigenergiehäuser gelten Bauten, deren jährlicher Verbrauch an Heizenergie unter siebzig Kilowattstunden pro Quadratmeter Wohnfläche beträgt. Sie lassen sich noch mit konventionellen Methoden erreichen. Passivhäuser unterliegen strengeren Vorgaben und sollten ohne ein separates aktives Heizsystem auskommen. Nullenergiehäuser benötigen auch an kältesten Tagen weder Heizung noch zugelieferten elektrischen Strom. Die passive Nutzung von Sonnenenergie, die Abwärme von Licht und Geräten, der Energiegewinn aus Photovoltaik oder Solarkollektoren, die Wärmerückgewinnung aus den Entlüftungssystemen müssen genügen. Plusenergiehäuser erzeugen mehr Energie, als in ihnen benötigt wird, und speisen sie ins öffentliche Netz ein. Das Haus wird zu einem kleinen Kraftwerk. Solarsiedlungen, was immer darunter zu verstehen ist, sind keine Raritäten mehr. Von der öffentlichen Hand werden sie in unterschiedlichem Maße gefördert. Allein das Bundesland Nordrhein-Westfalen, von Sonnenschein nicht übermäßig verwöhnt, schrieb 1997 fünfzig Solarsiedlungen aus.

Es liegt nahe, ökologisch avancierte Bauten dort zu suchen, wo einschlägige Institute die Bauherren sind. Die Deutsche Bundesstiftung Umwelt in Osnabrück erwartete von ihrem Neubau (1991–95), daß er regenerative Energien nutzt, auf Kunstlicht und Klimaanlage verzichtet, selbstverständlich den Baumbestand im Park respektiert und daß sein Energiever-

[76] Thomas Herzog. Zit.: Ingeborg Flagge, Verena Herzog-Leibl, Anna Meseure (Hg.). Thomas Herzog. Architektur + Technologie. Kat. Deutsches Architekturmuseum, Frankfurt am Main. München, 2001. S. 39.

Erich Schneider-Wessling. Deutsche Bundesstiftung Umwelt. Osnabrück, 1991–95.

Ökologisch bauen

Thomas Herzog. Haus Burghardt. Regensburg, 1977–79.

brauch Niedrigenergiestandards erfüllt. Erich Schneider-Wessling kam den Forderungen mit kreisförmigen, im Dreiviertelrund zusammengeschlossenen Baukörpern nach, die ein günstiges Verhältnis von Außenfläche zu Kubatur haben. Auf den Dächern sitzen »Sonnenfänger«, nach Süden gerichtete Zylinder, die das Tageslicht ins Innere leiten. Passive Nutzung der Solarenergie trägt ein Drittel der Energieversorgung. Es gibt Solarkollektoren und Photovoltaik. Die aussteifenden Wände sind, erstmals in Deutschland, aus recyceltem Beton.

Das Umweltbundesamt hatte bei seinem Neubau in Dessau (1996, 2002–05) gleichfalls den Ehrgeiz, ein Muster ökologischen Bauens zu liefern. Der Heizenergieverbrauch soll bei 35 Kilowattstunden pro Quadratmeter liegen. Erreicht wird das Ziel, das andere Bauten durchaus übertreffen, dank wirksamem Wärmeschutz, Erdwärmetauscher, Sonnenkollektoren, Photovoltaik, dem Rückgewinn von Abwärme aus der Innenraumluft und anderen innovativen Technologien. Auf individuell zu öffnende Fenster wollten auch die Umweltbeamten nicht verzichten. An Außenfläche ist nicht gespart. Der Bau im Dessauer »Gasviertel«, auf ehemaligem Bahn- und Industriegelände, windet sich wie eine lange, in sich gekrümmte und, da Sauerbruch und Hutton die

Architekten sind, bunte Schlange. Die Flügel, durchgängig mit einer Holzfassade ausgestattet, umfassen ein Atrium, das als thermische Pufferzone wirkt.

Zu den Architekten, die ihre Arbeit nicht als Anleitung für Selbsterfahrungsgruppen betrachten, sondern seit Jahrzehnten Forschung auf hohem technologischen Niveau treiben und ganzheitliche Lösungen suchen, gehört Thomas Herzog. Schon bei

Matthias Sauerbruch, Louisa Hutton. Umweltbundesamt. Dessau, 1996, 2002—05.

Thomas Herzog und Partner. Produktionshallen der Möbelfabrik Wilkhahn. Eimbeckhausen bei Bad Münder, 1989–92. Links Energiezentrale, rechts Pavillons von Frei Otto.

seinem frühen Solarhaus in Regensburg (1977–79) sind Lage und Gestalt des keilförmigen Bauwerks durch die passive Nutzung der Sonnenenergie bestimmt. Der Bau ist als »thermische Zwiebel« angelegt, mit Hüllräumen um einen Kernbau. Nicht nur der Energiegewinn durch die gewächshausartigen Vorbauten und die Speichermasse des Hauses zählt, sondern auch die enge Verzahnung von Außen- und Innenraum. Die vorgestreckten Teile des Hauses nehmen eine Buche in die Arme. Der Hausbaum revanchiert sich bis heute als Schattenspender an sommerlichen Tagen. Das Traggerüst des Hauses ist aus Holz. Holz als nachwachsender Rohstoff rückte allenthalben bei ökologisch engagierten Architekten in den Vordergrund des Interesses. Herzog schrieb gemeinsam mit anderen Autoren einen Klassiker zum Thema, den *Holzbau Atlas*.[77]

Erfahrungen des ökologischen Bauens, die Herzog bei kleinen Häusern gewonnen hatte, übertrug er auf Großbauten wie das Design-Center in Linz (1988–93) und seine Bauten für Messe und Weltausstellung in Hannover (vgl. S. 493) und kontrollierte sie in wissenschaftlichen Experimenten: Häuser als Suchvorgänge. Eine Art neuer Regionalismus zeichnet sich ab. Er speist sich nicht aus Formbildern einer vorgefundenen lokalen Tradition, sondern aus den klimatischen und topografischen Bedingungen der jeweiligen Umwelt. »Es kann nicht funktionieren, Strategien zu formulieren, die überall gleich große Gültigkeit hätten.«[78]

Die Produktionshallen für die Möbelfabrik Wilkhahn im Weserbergland (1989–92) waren als Arbeitsstätte für einen Unternehmer konzipiert, der den schonenden Umgang mit Ressourcen zum Firmenprogramm erhoben hatte. Auch Frei Otto hatte hier schon gewirkt. Den erneuerbaren Rohstoff Holz verarbeitete Herzog zu zwei Stock hohen hölzernen Böcken, von denen drei stützenfreie Arbeitsfelder abgehängt sind. Die Überhöhung der Riegelbauten dient der natürlichen Durchlüftung. In der Abluft enthaltene Wärme wird zurückgewonnen. An der Südseite ist Photovoltaik installiert. Aufgestaute Teiche, die durch Regenwasser von den Hallendächern gespeist werden, garantieren Löschwasser und machten eine Sprinkleranlage überflüssig. Präzision und Anschaulichkeit sind Tugenden, die Herzog bei aller ökologischen Prinzipientreue nicht vergißt. »Gestalterisch überzeugende Leistungsform« ist das Ziel.[79]

Kontrollierte Umgebungen

Zu den freistehenden Einzelhäusern, die in den neunziger Jahren den Status einer Ikone erwarben, gehört ein drehbares Haus namens Heliotrop. Der Freiburger Architekt Rolf Disch errichtete es Anfang der neunziger Jahre in zwei Exemplaren mit der Hilfe von Bund, Land und Stadt. Das achtzehnseitige Solarhaus dreht sich mit der Tageszeit, damit es optimal belichtet, erwärmt und gekühlt werden kann. Auch der

[77] Thomas Herzog, Julius Natterer, Michael Volz u. a. Holzbau Atlas. Köln, 1991. Basel, 2003².

[78] Thomas Herzog. Ich fordere nicht das Extrem, das Nullenergiehaus. In: Deutsches Architektenblatt 34 (2002) 4. S. 17.

[79] Thomas Herzog im Gespräch mit Nikolaus Kuhnert und Angelika Schnell. Energien gestalten. In: arch+ (1995) 126. S. 35.

Wie ein Vorgriff auf eine noch fernere Zukunft mutet das Wohnexperiment an, dem der Stuttgarter Tragwerksplaner Werner Sobek sich und seine Familie in Stuttgart aussetzte (1999–2000). In der lokalen Vorortidylle wirkt das transparente Belvedere, das am steilen Hang schwebt, wie der Einbruch einer anderen Welt. Das tragende Stahlgerüst steht hinter der Glashülle und bildet auf jeder der vier Etagen einen Rost aus sechs Feldern. In die meisten sind Holztafeln als Fußböden eingelegt, in einigen nicht, so daß ein Teil der Wohnbereiche über zwei Stockwerke geht. Es gibt keine Wände mehr und eigentlich auch keine Räume. Erst der Hang und die Baumkronen jenseits der transparenten Hülle bilden Raumgrenzen. Die materielle Substanz tendiert gegen Null, der Rest wird weggespiegelt. Nur ein freistehender, geschlossener, aluminiumverkleideter Quader durchzieht innen

Rolf Disch. Solarhaus Heliotrop. Realisiert in Freiburg und Offenburg-Elgersweier, 1993–94.

Max Taut. Das drehbare Haus. 1920. Nicht ausgeführter Entwurf.

Schirm aus Solarzellen wird dem Sonnenstand nachgeführt. Siebzig Jahre zuvor, in den Blütezeiten des deutschen Expressionismus, hatte Max Taut ein ähnlich drehbares Haus ersonnen, das sich zum Tagesgestirn orientierte. Was damals ungebautes kosmologisches Symbol blieb, stellt sich nun dem Realitätstest. Bei anderen energiesparenden Projekten kam Disch ohne die aufwendige Steuerungstechnik des Besucherhauses aus. Seine Solarsiedlung am Schlierberg in Freiburg (1999–2004) kann sich sogar brüsten, mehr Energie zu erzeugen, als ihre Bewohner verbrauchen.

zweistöckig Wohn- und Schlafgeschoß. Er enthält die Sanitärräume, aber schon nicht mehr die größeren Waschbecken.

Die neuere Architekturgeschichte kennt eine Reihe gläserner Schaustücke, die das asketische Befreiungsideal der Avantgarde exemplarisch vorführten. Solche Wohnmaschinen waren als Maschinen weitgehend Fiktion. Die Casa Sobek ist tatsächlich eine. Sie minimiert den Energieverbrauch dank intelligenter Steuerung und einem ganzen Paket von Speichertechniken, Erdwärmetauschern und der Photovoltaik auf dem Dach. So wie das Haus nur mit wenigen Stützen

Werner Sobek Ingenieure. Haus R 128. Stuttgart, 1997, 1999–2000.

Werner Sobek Ingenieure. Haus R 129. 2001 ff. Noch nicht ausgeführter Entwurf.

das Erdreich berührt, so sucht es auch seine Umwelt nicht mit Emissionen zu behelligen. Nur das Schmutzwasser muß abgeführt werden. Alles, was das Gebäude von außen braucht, Elektrizität, Kommunikation, Frischwasser, wird über ein freiliegendes Außenrohr eingeführt und verteilt sich in einem System überwiegend sichtbarer Röhren.

War das Haus bisher ein Ort vielfältiger sinnlicher Erfahrungen, ein Ort der Berührungen, so nehmen die Erfahrungen, die man hier machen kann, eine abstraktere Natur an. Man greift nicht mehr mit der Hand zu, sondern tippt allenfalls mit dem Finger an, streicht über den Touchscreen oder löst Öffnungsmechanismen per Sensor aus: keimfreie Kontakte. Man äußert seine Wünsche aus der Distanz oder im vorhinein, durch Vorprogrammierung der Haussteuerung. Sogar mit dem Internet können die Besitzer, wenn sie unterwegs sind, den Zustand ihres *smart home* kontrollieren.

Ökologisch bauen

Was anderen als Opfer erscheinen mag, werten die Bewohner als Gewinn. Askese schärft die Sinne. In dieser scheinbar den Elementen ausgesetzten Großvitrine erlebt man Regen, Schnee, Gewitter, den Zug der Wolken und das Schattenspiel intensiver, doch als Bild hinter den Bildschirmen der Fassade. Die purifizierten Gegenstände nehmen fast liturgischen Charakter an. Der schwarze Korpus der Badewanne, die mitsamt Zulauf und Abfluß im Schlafgeschoß auf Rollen beweglich ist, wirkt wie ein Ritualbad. Im Sanitärgehäuse fällt das Wasser aus dem Hahn über dem Handspülbecken auf eine Glastafel, die bündig mit der Abdeckung des Waschstandes liegt, und läuft über die Fläche in eine umlaufende Rinne. Unwillkürlich muß man an Waschstein und Schöpfkelle im japanischen Zen-Kloster denken.

Was in der Zwischenzeit an neuen Regelungstechniken in den Bereich des Möglichen rückt, will Sobek in einem weiteren Haus erproben. Während die aufgeständerte Glasbox am Stuttgarter Talhang ihre Nachbarn nicht auch noch durch aufregende Form irritiert, wird der neue Bau den entsprechenden futurologischen Aspekt beisteuern. Das blasenförmige Gebilde aus durchsichtigem Kunststoff, nunmehr ganz frei von lästigen Raumunterteilungen, könnte ohne weiteres in einem galaktischen Thriller ein interplanetarisches Gästehaus abgeben.

Hülle als Haut

Bei allen Bauten, die ein gewandeltes Verhältnis zu den Energieressourcen anstreben, hat die Beschaffenheit der Oberflächen zunehmende Bedeutung. Während Architekten, die auf Bildwirkungen ausgehen, sie als Projektionsfläche semantischer Botschaften betrachten (vgl. S. 488), wird sie für ökologisch bewußte Baumeister zu einem hochkomplexen Organ. Wer hohe Ansprüche an Gebäudehüllen stellt, vergleicht sie mit der Haut des Menschen. Sie übernimmt den Schutz der inneren Organe, regelt Temperatur, Luftfeuchtigkeit, Luftwechsel, Blendwirkung, Helligkeitsverteilung, Außenkontakte und reagiert elastisch auf wechselnde Verhältnisse. Das eine muß das andere, die ikonische Darstellung, nicht ausschließen. So müssen auch die Vorrichtungen, die das Umweltmanagement des Hauses steuern, nicht im Keller, im Schacht oder auf dem Dachboden versteckt werden. Es läßt sich daraus auch eine Ästhetik entwickeln.

Volkwin Marg, gmp Architekten. Tragwerksplaner: Stefan Polónyi und Partner. Haupthalle auf dem Neuen Messegelände. Leipzig, 1992–95. Punkthalterung am Foyer des Kongreßzentrums.

Voraussetzung dieser Entwicklung sind die erstaunlichen Fortschritte in der Glastechnologie. Wenn die beginnende Moderne von den Verbesserungen in Stahlproduktion und Betonbau abhängig war, so wird die Gegenwart des Bauens von Entwicklungen beim Werkstoff Glas beeinflußt. Die einen kamen dem Tragwerksverhalten der Gebäude zugute, die anderen ihrem Umweltverhalten. Gläser lassen sich färben, reflektierend beschichten, mit lamellenförmigen Strukturen versehen oder entsprechend der äußeren Bestrahlungsintensität eintrüben, so daß sie zwar Licht einlassen, aber Blendung vereiteln. Bei mehrschichtigem Aufbau können den Verbundgläsern Folien eingearbeitet werden, die dem Schallschutz, der Photovoltaik, der Sicherheit dienen, störende Reflexion verhindern oder das Licht in gewünschte Richtungen streuen. Isoliergläser aus zwei oder mehr Scheiben, deren Zwischenräume fugendicht geschlossen sind, lassen sich mit Aerogel, wie erstmals bei Thomas Herzog, mit Edelgas, wie in Sobeks Stuttgarter Hausvitrine, oder anderen wärmedämmenden Stoffen füllen, kombinierbar mit Folien und Beschichtungen, Lamellen und Rollos.

Solche Prozesse werden selbstregulierend oder extern gesteuert, verlaufen licht- und temperaturab-

hängig oder aufgrund elektrischer Impulse. Glas, diese erstarrte Flüssigkeit, erfüllt in begrenztem Umfang sogar statische Aufgaben (*structural glazing*) und nimmt vertikale oder horizontale Kräfte auf. Wird es, wie der Stahlbeton, vorgespannt, so erhöht sich die Bruchfestigkeit. Dem entmaterialisierten Erscheinungsbild glasverkleideter Bauten, der perfekten Glätte ihrer bündigen Oberflächen, kamen die punktförmigen Halterungen zugute, die in den achtziger Jahren in Großbritannien und Frankreich entwickelt und auch in Deutschland eingesetzt wurden.[80] Selbstreinigende Oberflächen erleichtern den großflächigen Einsatz des Glases und werden die umständlichen Befahranlagen für die Reinigung überflüssig machen. Denn vorerst schlagen die höheren Reinigungs- und Wartungskosten von Glasfassaden noch negativ zu Buche.

Ohne die Entwicklung in der Glastechnologie wären die filigranen gläsernen Kuppeln und Gewölbe nicht denkbar, die Bahnhöfe, Messen und Museumshöfe überspannen. Bei dem Umbau des Düsseldorfer Ständehauses für die zeitgenössische Galerie der Kunstsammlung Nordrhein-Westfalen (1996, 1998–2002) erhielt der Altbau ein Klostergewölbe aus Stahlgeflecht. Gleichbleibende Temperaturen in Sommer und Winter waren vorgeschrieben. Ohne ein Glas mit extrem hoher Wärmedämmung wäre dieses Ziel nicht erreichbar. Im Sommer tritt zusätzlich ein innen liegender Sonnenschutz aus Tuchbahnen in Aktion. Der entstehende Wärmestau wird energiesparend unter der Glaskuppel abgebaut. Den italisienrenden

[80] Andrea Compagno. Intelligente Glasfassaden. Zürich, 1995. S. 18 ff.

Uwe Kiessler und Partner. Tragwerksplanung: Sailer, Stepan und Partner. Kunstsammlung Nordrhein-Westfalen im Ständehaus. Düsseldorf, 1996, 1998–2002. Außenansicht. Innenansicht.

Ökologisch bauen 501

Palazzo des 19. Jahrhunderts macht die Dachhaube zu einem modernen Kunstbazar, der nicht nur seinen Architekten Uwe Kiessler an die Marktbasiliken in Padua oder Vicenza erinnert.

Was nicht in die Rechnung einging

Architektur, die Ökotechnologie bearbeitet, ist nicht mehr von einem einzigen zu betreiben. Sie geht aus der Teamarbeit einer großen Zahl von Sonderfachleuten hervor. Zusammenarbeit mit Physikern, Ingenieuren, Fassadenbauern, Medizinern, Biologen, Klimatologen, Materialwissenschaftlern ist gefragt. Die Wirksamkeit eines Konzepts entscheidet sich erst, wenn nicht nur die laufenden Betriebsdaten in die Rechnung eingehen, sondern auch der Energiebedarf, der bei Herstellung und Unterhaltung anfällt; der Aufwand an Zeit und Energie für den Transport der Materialien und Produkte; das Verhalten des Bauwerks in der gesamten Zeit seiner Existenz, seine Wartungsanfälligkeit und schließlich sein sortenrein zerlegbares Ende, wenn es seinen Dienst getan hat; die Lage der Gebäude, wieviel Aufwand sie ihren Bewohnern und Benutzern für Wege und Kommunikation abverlangen und mit welchen Verkehrsmitteln sie erschlossen sind. Die Rechnung muß alle Faktoren einbeziehen, auch die unvorhersehbaren, von den wechselnden Energiepreisen der Zukunft über den Beitrag zum globalen Klimaschutz bis zur Aufmerksamkeit, die eine gelungene Systemlösung dem produzierenden Unternehmen verschafft. Eine Ökobilanz, die alle, wirklich alle Komponenten einbezöge, muß man freilich dem lieben Gott überlassen.

Als umweltgerechtes Bauen wieder zu einem Thema wurde, in den späten sechziger und frühen siebziger Jahren, lagen die technischen Fortschritte, die in den folgenden Jahrzehnten gemacht wurden, noch außerhalb der Reichweite des Denkens. Doch wenn nicht alles täuscht, war der Begriff, den die Lehmbauer und Grasdachdecker, die Sonnenduscher und Biokomposter der siebziger Jahre von ökologischer Architektur hatten, umfassender als der ihrer Nachkommen. Sie wußten, daß energiesparendes Bauen noch nicht ökologisches Bauen ist. Was heute einzelne hochspezialisierte Experten beschäftigt, der Umgang mit Energie, Wasser, Luft, Abfallbeseitigung und -verwertung, erschien den Aussteigern und Alternativen damals als Teil eines umfassenden Verhaltensethos, das sie von jedermann erwarteten. »Stichwort dazu: Menschliche Dimensionen, Bezug zur Umgebung, zur Region, zum Klima, zum Lebensstil, Förderung ökologischer Lebensweise, geistige und körperliche Gesundheit, Respekt vor historischen Werten und Erfahrungen.«[81]

Diese Moral war eng verbunden mit einer sozialen Vision, dem Gedanken einer Gesellschaft wechselseitiger Kommunikation und gegenseitiger Hilfe. Vorstellungen von einer zumindest teilweisen Selbstversorgung schlossen sich an, vom Leben in kleinen dezentralisierten Gesellschaften und lebendigen Kreisläufen, in Partnerschaften zwischen Pflanzen, Tieren und Menschen. »Damals war mehr Zukunftsglauben und Hoffnung vorhanden als heute«, meinte Merete Mattern, die seit den sechziger Jahren an solchen Modellen gearbeitet hatte.[82]

Die enge Bindung, die emanzipatorisches Bauen und nachhaltiges Wirtschaften, Selbsthilfe und Nachbarhilfe in der Gartenstadtbewegung, in den zwanziger Jahren und in der 1968er-Bewegung eingegangen waren, hat sich aufgelöst. »Wir können nicht mehr damit rechnen, daß neue, große und dauerhafte Öko-Bekenntnisgemeinden entstehen, in denen Konsumbeschränkung zur freiwilligen Konvention (oder zur lästigen Pflicht) wird.«[83] Jetzt werden Verbraucher gesucht, die den Wirtschaftskreislauf durch gesteigerten Konsum ankurbeln, und nicht mehr Mittäter, die sich durch eigene Tätigkeit in ihn einschalten. Allenfalls müssen sie, »die Voll-Verkabelten, Voll-Verplanten, Voll-Perfekten«[84], sich der neuesten Servicetechniken bedienen können und lernen, an ihren Steuergeräten und Blockheizkraftwerken die richtigen Knöpfe zu drücken.

Für Wartung und Reparatur dagegen sind Spezialisten zuständig. Wo kompetente Steuerungsexperten ihr ganzes Know-how an ihre energieeffizienten Wohnsysteme gewendet haben, darf sich kein Bauherr erdreisten, eine Panne mit dem eigenen Schraubenzieher beheben zu wollen. Die Spezialisten haben sich ein weiteres Revier erobert, in dem sie, für den Laien nicht durchschaubar, ihren eigenen Regeln folgen und mutmaßlich Spezialistenfehler begehen, deren Folgen dem unsachverständigen Publikum erst später aufgehen.

---

[81] Wolfram Hadlich. Einfach öko-logisch. In: Deutsche Bauzeitung 130 (1997) 2. S. 92.

[82] Merete Mattern. Neue Hoffnung für die Erde. Zur Geschichte der Ökologiebewegung. www.holis.de.

[83] Manfred Hegger, Wolfgang Pohl. Vom ökologischen Bauen und der Architektur. In: Bund Deutscher Architekten u. a. (Hg.). Architektur + Natur. Bonn, Hamburg, 1988. S. 16.

[84] Rudolf Doernach. Handbuch für bessere Zeiten. Stuttgart, 1983. S. 21.

Was bleibt und was sich ändert

Kluge Planer kennen ihre Grenzen. Sie wissen, daß der Blick nur eine Strecke weit reicht. Dahinter läßt die Sehschärfe nach, und ebenso die Kraft der Bewältigung und die Möglichkeit der Einflußnahme. »Darüber kommt man nur hinaus, wenn man schwindelt«, meinte der Kölner Stadtplaner Rudolf Schwarz.[85] Das meiste passiert sowieso. Schwindel ist es zu behaupten, es sei passiert, weil es so gewollt war. Daß die Städte sich in ihre Funktionen auflösten, in Orte, wo gearbeitet und verwaltet wird, in andere Orte, wo gewohnt oder eingekauft wird, und wieder andere, wo Freizeit stattfindet, geschah lange bevor Planer es zu einem Leitbild erklärten und eine Charta daraus machten, die von Athen.[86] Oft genug wurde Theorie nur der Wirklichkeit nachbuchstabiert.

Und oft genug arbeiteten sich Architekten und Planer an Entwicklungen ab, die von Faktoren jenseits ihrer Zuständigkeit gefördert, verstärkt oder eingeleitet wurden. Technologische, ökonomische, fiskalische, legislative oder politische Fakten beeinflussen die Entwicklung weit mehr als planerische Entscheidungen im engeren Sinn. Stadtentwicklungsplaner können noch so sehr versuchen, Betriebe innerhalb ihrer Gemeindegrenzen zu halten, wenn die Nachbargemeinde sie mit dem Hebesatz ihrer Gewerbesteuer unterbietet, ist das Monopoly-Spiel verloren. Seiteneffekte von Benzinpreis, Kilometerpauschale und Eigenheimzulagen bestimmen das Siedlungsverhalten in einer Region weit mehr als alle kommunalpolitischen Anstrengungen, im Flächennutzungsplan Wohngebiete auszuweisen. Inzwischen sind die Einflußfaktoren global geworden. Die Geschäftspolitik einer Konzernspitze in den USA oder das Lohnniveau in Fernost entscheiden über das Wohl und Wehe der Automobilstadt in Rhein-Main oder den Produktionsort in Sachsen, der auf Chips und Mikroelektronik gesetzt hat.

Abschied möglichst ohne Wehmut

Vieles hat sich unwiderruflich geändert. Was nicht rückgängig zu machen ist, sollte man ohne Wehmut verabschieden und statt dessen Chancen dort erkennen, wo welche sind. 1900, als die Großmächte noch auf ihren Kolonialbesitz pochten oder ihn wie Deutschland im weltpolitisch letzten Augenblick zu mehren suchten, lebten rund 1,7 Milliarden Menschen auf der Welt. Hundert Jahre später waren es dreieinhalbmal so viel. In der Bundesrepublik dagegen würden es kontinuierlich weniger, wenn die Geburtenrückgänge nicht durch Zuwanderungen von Ausländern ausgeglichen würden. Die verschiedenen Szenarien beschreiben für die Entwicklung bis 2050 Varianten von drastischer Abnahme der Gesamtbevölkerung bis zur annähernden Wahrung oder sogar Überbietung des jetzigen Niveaus von 82,5 Millionen Personen. Nur darin stimmen sie überein, daß das Durchschnittsalter dank der steigenden Lebenserwartung zunimmt. Immer weniger Deutsche werden immer älter.

Wo die demografische Entwicklung auf desolate wirtschaftliche Verhältnisse trifft wie in brachgefallenen ostdeutschen Industrieregionen, aber auch im westdeutschen ehemaligen Montanrevier, entleeren sich die Städte. Nur wer sich einen Umzug nicht leisten kann oder resigniert hat, bleibt. Das Umland profitiert von den Wanderungen, wenn es hinlänglich Arbeitsplätze und Siedlungsflächen bietet. Wenn nicht, dörren Stadt und Umland gemeinsam aus – das Schicksal vieler ostdeutscher und mancher westdeutscher Landstriche. Im Osten werden nur dem Berliner Umland, Dresden, Leipzig, Jena und dem mecklenburgischen Küstenstreifen zwischen Wismar und Rostock Wachstumschancen vom dezimierten Niveau aus prophezeit.

Die Schrumpfung zahlreicher Städte in alten Industrieländern zeichnet sich gleichzeitig mit dem explosiven Wachstum der Megapolen in der Dritten Welt ab. Auch in sich verläuft der Prozeß weder widerspruchsfrei noch unumkehrbar.[87] Im übrigen ist er alles andere als ein historisch neues Phänomen. Die antike Millionenstadt Rom zählte im 14. Jahrhundert, als die Päpste nach Avignon umgezogen waren, 15 000 Einwohner. Dreiviertel des Stadtgebiets waren unbewohnt. Zwischen Palatin, Capitol und Aventin weidete das Vieh, und die großartigen Infrastruktu-

[85] Rudolf Schwarz. Von der Bebauung der Erde. Heidelberg, 1949. S. 233.

[86] Von den CIAM (Congrès Internationaux d'Architecture Moderne) 1933 verabschiedete »Feststellungen«. Le Corbusier veröffentlichte eine redigierte Fassung unter dem Titel La Charte d'Athènes (Paris, 1943).

[87] Philipp Oswalt (Einltg.). In: Philipp Oswalt (Hg.). Schrumpfende Städte. Bd. 1: Internationale Untersuchung. Ostfildern, 2004. S. 12 ff.

[88] Grundgesetz für die Bundesrepublik Deutschland in der Formulierung von 1949. Artikel 72, 106.

[89] 1989 betrug die Wohnfläche in der DDR pro Kopf 27,4 Quadratmeter. Zahlen nach Berechnungen des Instituts für Städtebau ifs Berlin. – Zit.: Thomas Welter. Höchststand bei Pro-Kopf-Wohnfläche. In: Deutsches Architektenblatt 36 (2004) 5. S. 22.

[90] Francesca Ferguson (Hg.). Deutschlandscape. Deutschlandschaft. Kat. German Pavilion. Deutscher Pavillon. Venice Biennale, 9th International Architectural Exhibition. Ostfildern, 2004. S. 39.

[91] Standort-Ranking durch Prognos, 2004.

ren des römischen Imperiums, Straßenmanagement, Kloakenanlagen, Trinkwasserversorgung über Aquädukte, waren zusammengebrochen.

Schrumpfende Städte verlangen neue Strategien, wenn die wichtigsten Strukturen weiter funktionieren und Geisterstädte vermieden werden sollen. Schon einmal innerhalb des vergangenen Jahrhunderts, 1945, hatten Planer die Reduktion von Städten ins Auge gefaßt, wie Hubert Hoffmann in Magdeburg und Dessau. Jetzt müssen sie es wieder lernen. Flächendeckende Subventionierung hat nicht geholfen, sondern im Gegenteil den Exitus chancenloser Branchen verlängert. Umbau und Rückbau lauten die freundlichen Vokabeln für das, was ansteht. Seit dem Jahr 2002 werden die fälligen Maßnahmen durch das Förderungsprogramm Stadtumbau Ost – ein weiterer Euphemismus – unterstützt. Die Vorschläge reichen von großflächigem Abriß und Reduktion auf die Kernstadt bis zu behutsamer Ausdünnung und

Restaurierung und Demontage von Plattenbauten. Rostock-Groß Klein, 2004.

»selektiver Perforierung« bei punktueller Stärkung dort, wo erfolgversprechende Ansätze vorhanden sind. Umwidmung und Neuprogrammierung vorhandener Räume werden wichtiger als Neubau. Schwierige soziale Prozesse verlangen flexible Hilfestellungen. Mit pauschalen Lösungen ist nichts geholfen.

Das Verfassungsgebot von der »Einheitlichkeit der Lebensverhältnisse«[88] wird neu interpretiert werden müssen. Die Grundgesetzänderung von 1994, die »Einheitlichkeit« durch »Gleichwertigkeit« ersetzte, war schon ein Schritt dazu. Gleichheit der Lebensverhältnisse kann nicht heißen, daß überall dasselbe stattfindet, überall die gleichen Einkommen erzielt werden, überall gleich dicht gewohnt wird und eine dem gemäße Infrastruktur vorgehalten werden muß. Die entstehende Leere und Weite mancher Lebensräume kann auch als eine Qualität verstanden werden, die Nachteile kompensiert. Nicht für jeden ist der nahe Autobahnanschluß ein unerläßlicher Bestandteil seiner Lebensplanung. Vielleicht sehen manche in reduzierter Hektik und in der Wiederkehr der Natur einen Ausgleich für Versorgungsmängel. Das nächste Postamt ist geschlossen, und der Bus verkehrt nur noch alle halbe Stunde. Kommen statt dessen Luchse und Kraniche zurück? Wo der Lebensstil sich in zahlreiche Stile differenziert, sollte auch das Verhältnis zum Raum variieren dürfen, ohne daß sogleich die Verletzung des Gleichheitsgrundsatzes reklamiert würde.

In den relativ prosperierenden Gegenden sorgen die noch immer steigenden Wohnwünsche der Bevölkerung dafür, daß der Rückgang der Bautätigkeit abgefedert wird. Von Zeiten der äußersten Not abgesehen, nahmen die Ansprüche an Größe und Ausstattung der Wohnung kontinuierlich zu. Im Jahr 1950 mußte sich der Bundesbürger mit vierzehn Quadratmetern Wohnfläche begnügen, 2003 verfügte er im Schnitt über 40,5 Quadratmeter. Der Armut der öffentlichen Etats entspricht keineswegs eine private Ärmlichkeit der durchschnittlichen Wohnverhältnisse. Unterschiede zwischen westdeutschen und ostdeutschen Bundesländern, die 1989 noch signifikant waren, glichen sich an: in Westdeutschland 41,1, in Ostdeutschland 37,7 Quadratmeter.[89] Deshalb, aber auch wegen des Bedarfs für den zunehmenden Verkehr und für flächenfressende Gewerbegebiete wächst die Siedlungsfläche weiter. Noch immer fallen 105

Hektar Freifläche Siedlungen und Verkehr zum Opfer – pro Tag![90] Der große Naturpark statt der versiegelten Bodenflächen ist weiter weg denn je.

Gleichheit der Lebensverhältnisse ist auch auf dem Wohnungsmarkt nicht gegeben. Die Nachfrage ist örtlich ganz unterschiedlich. Unter den Städten gibt es nicht nur Verlierer, sondern auch Gewinner. In Ostdeutschland sind seit der Wende die Preise für Einfamilienhäuser und Eigentumswohnungen gefallen, zum Teil dramatisch, in Westdeutschland und vor allem in Süddeutschland im Schnitt gestiegen. Nirgendwo wohnt man teurer als in München und seinen benachbarten Landkreisen, denen die größten Wachstumschancen attestiert werden.[91] Neue Haushaltsgründungen sorgen nach wie vor für Bedarf, obwohl der Wohnungsmarkt übers ganze Land gerechnet statistisch ausgeglichen ist. Mehr als die Hälfte aller Haushaltungen sind in Deutschland bereits Einpersonenhaushalte.

In dieser Zahl verbergen sich die verschiedenartigsten Ansprüche. Sie reichen von Lofts für die *happy few* und Residenzen für betreute Senioren bis zu billigsten Wohnungen für Arbeitslose und Arme. Wohlverdienende Singles wählen andere Wohnsituationen, als alleinstehende Rentner sie wollen und bezahlen können. Eigentümer leisten sich großzügigere Wohnverhältnisse als Mieter. Familien möchten dort wohnen, wo Kinder ungefährdet spielen können. Aber sie wollen dort nicht für immer bleiben, sondern kehren unter Umständen in die Stadt zurück, wenn die Kinder außer Haus sind. Das, was die Soziologen Patchworkfamilien nennen, verlangt wiederum andere Strukturen. Jeder will anderes, und alle wollen es zu verschiedenen Zeitpunkten ihres Lebens anders. Strategien für flexible Grundrisse waren in den sechziger und frühen siebziger Jahren gefragt. Heute könnten sie durchaus wieder auf ihre Brauchbarkeit überprüft werden.

Die Städte taten, was sie seit Aufklärung und Industrialisierung tun, sie dehnten sich weiter aus, oft parallel zu Schrumpfungsprozessen. Dann zieht sich das Stadtgewebe nicht zusammen, sondern wird zwar größer, aber dünner: Schrumpfung und Suburbanisierung laufen gleichzeitig. Der Begriff, der in der Zeit nach 1945 Konjunktur hatte, die aufgelockerte Stadtlandschaft (vgl. S. 270 ff.), trifft den Vorgang nicht mehr. Das Organisch Geordnete, die geglückte Verschmelzung von natürlich Gewachsenem und künstlich Gebautem, die das Wort meinte, fehlt diesem Gemenge von Autobahnzufahrten und Ödland, von Gewerbe und Gartencentern, Einfamilienhausplantagen und Shopping-Centern, Tankstellen und Disko-Schuppen, Firmenoutlets und Mülldeponien, Hochspannungsleitungen und Windrädern, Rotlicht-Etablissements und Baggerseen.

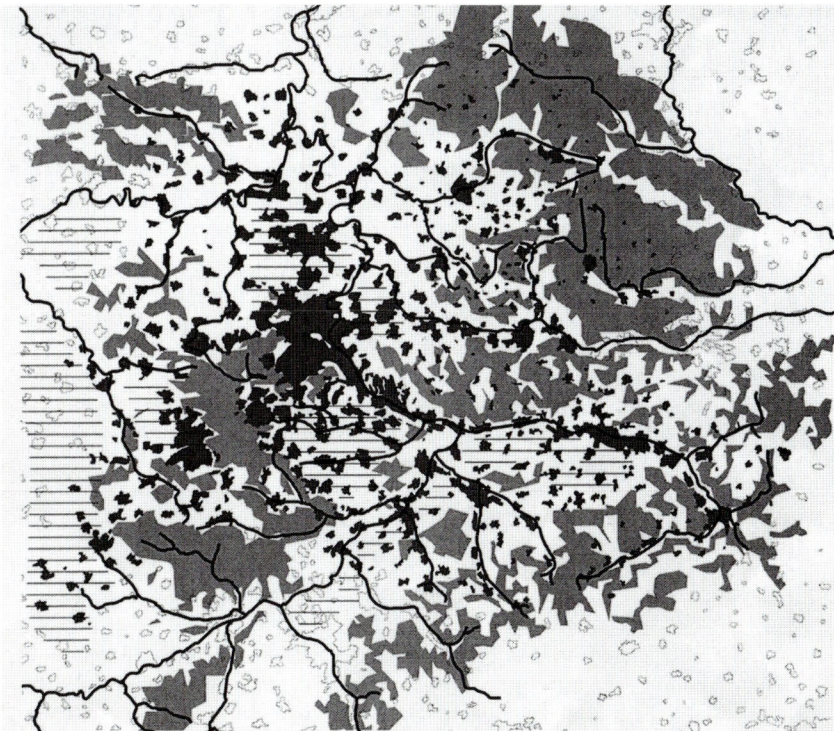

Stuttgart-Feuerbach, um 2000.

Region Stuttgart. Kleinteilige Durchdringung von Nutzungsflächen. In: Thomas Sieverts. Zwischenstadt. Braunschweig, Wiesbaden, 1997.

[92] Thomas Sieverts. Zwischenstadt. Bauwelt Fundamente 118. Braunschweig, Wiesbaden, 1997. S. 14, 106.

[93] Francesca Ferguson (Hg.). Deutschlandscape. Deutschlandschaft. Kat. German Pavilion. Deutscher Pavillon. Venice Biennale, 9th International Architectural Exhibition. Ostfildern, 2004. S. 12. – Gerd de Bruyn. Seelandschaft mit starken Häusern. In: Francesca Ferguson (Hg.), ebd. S. 18.

[94] Thomas Sieverts, ebd. S. 74 ff.

Hausordnung eines Einkaufscenters.

Der Stadtsoziologe Thomas Sieverts hat für diese Randzonen der Ballungsräume ein anderes Wort gefunden: Zwischenstadt. Zwischenstädte »breiten sich in großen Feldern aus, sie haben sowohl städtische wie landschaftliche Eigenschaften«, sind aber weder Stadt noch Land noch eine Synthese davon, sondern ein lockeres Geflecht »von Aktivitäten, Eigenschaften, Appellen, Zeichen, Botschaften und Erinnerungen, aus stabilen und flüchtigen Elementen«.[92] Sieverts empfiehlt desillusionierte Trauerarbeit im Abschied von der kompakten Stadt. Er sucht Chancen, die im Umgang mit Suburbia liegen könnten. Dessen Unübersichtlichkeit will er auch als Offenheit, Vitalität und Verfügbarkeit verstanden wissen. Nicht anders die Protokollanten der *Schrumpfenden Städte* und der *Deutschlandschaften*, die in den Orten der Ortlosigkeit »Zentren des Wandels« (Francesca Ferguson) und »die neuen Epizentren der Entwicklung« (Gerd de Bruyn) erkennen.[93]

Wenn Sieverts freilich in seinem *Zwischenstadt*-Buch von solchen Regionen mit ihrem »ganzen möglichen Reichtum an verborgenen Reizen und Schönheiten« spricht, von Zusammengehörigkeitsgefühl im Disparaten, gar von »ganzheitlicher« Stadtregion, bleibt er hinter seiner eigenen Analyse zurück und überträgt die Ganzheitsvorstellung der alten Stadt auf die neuen Niemandsländer.[94] Selbst das Wort von der Zwischenstadt ist euphemistisch gewählt: Als würden diese diffusen Produkte der Desurbanisierung noch durch die benachbarten Städte, überhaupt durch Grenzen definiert, als seien sie noch bestimmbare Räume zwischen alten aktiven Zentren und nicht Bereiche mehr oder weniger großer Ausdünnung zwischen Zonen mehr oder weniger starker Verdichtung.

Suburbia kommt die Gesellschaft teuer zu stehen. Trotz oder wegen ihres fragmentarischen Charakters hat die Zwischenstadt hohe Betriebskosten. Ihr Landschaftsverbrauch läßt sich nicht wegdisputieren. Wenn die Infrastruktur mit Elektrizität, Wasser, Kanalisation und Straßenbau nachgehalten werden soll, kostet sie bei den weiten Wegen und der geringeren Zahl von Nutzern den Steuerzahler viel, ganz abgesehen von den Emissionen, die der zusätzliche Individualverkehr über Land produziert. Denn öffentliche Verkehrsmittel, vor allem schienengebundene, lassen sich bei den niedrigen Bebauungsdichten immer seltener wirtschaftlich betreiben.

Stadtfiktionen

Die »eigentliche« Stadt, die Kernstadt mit ihren einprägsamen historischen Merkzeichen, ist darüber nicht verlorengegangen. Aber sie hat sich ein anderes Medium gesucht, die urbane Fiktion. Daß die individuelle Stadt mit dem Vorstellungsbild identisch war, das Fremde und Touristen jeweils von ihr hegen, ist lange her. Es galt schon nicht mehr für die Stadt des 18. Jahrhunderts. Als die barocken Festungsgürtel sich auflösten, dockten ungeplante Vororte und Vorstädte an. In ihnen wohnten Leute, die auf beleuchtete und gepflasterte Straßen keinen Wert legten (und sie nicht mit ihren Abgaben bezahlen konnten). Hier ließen sich die unerwünschten, lärmenden und stinkenden, flächenextensiven Gewerbebetriebe nieder, die in der Stadt nicht mehr geduldet wurden, Gießereien, Schmieden, Ziegeleien, Färbereien, Gerbereien, Fuhrhöfe, Stapelplätze. Das, was das Vorstellungsbild Stadt auslöste, und die tatsächliche Ausbreitung der Stadt deckten sich schon damals nicht mehr. Historische Kerne machen nur noch einen verschwindend kleinen Prozentsatz der städtischen Siedlungsflächen aus.

Als Identität stiftendes Moment bleibt die flächenmäßig kleine Mitte der Stadt unentbehrlich. Zumin-

dest unter den Bedingungen der westlichen Industrieländer funktioniert die zeitgenössische Stadt nur, wenn sie Ikonen, Symbole, Logos aus ihrem historischen Kern beziehen kann. Stadtinszenierungen vom Nachguß alter Straßenlaternen über die effektvolle Beleuchtung von Baudenkmälern bis zu sommerlichen Straßenevents sind als Medienspektakel und Festivalisierung getadelt worden. Vieles läuft nur noch über Fiktionen: dem Als-ob der dichten, urbanen, farbig gemischten europäischen Stadt, dem Als-ob bürgerlicher Standards von zivilem Verhalten und selbstverständlicher Wohlanständigkeit, dem Als-ob der freien, mit sich selbst im Gespräch befindlichen Stadtöffentlichkeit. Währenddessen sind die öffentlichen Handlungen in den Straßen der Stadt längst zu Einkaufsvorgängen zusammengeschmolzen. In den

Weidleplan Consulting, Siegel und Partner. Tragwerksplaner: Jörg Schlaich, Rudolf Bergermann und Partner. Gottlieb-Daimler-Stadion. Stuttgart-Bad Cannstatt, 1993, 2003–05.

Hentrich, Petschnigg und Partner. Arena Auf Schalke. Gelsenkirchen, 1998–2001.

Volkwin Marg, gmp Architekten. Tragwerksplaner: Krebs und Kiefer; Jörg Schlaich, Rudolf Bergermann und Partner. Umbau Olympiastadion. Berlin, 1998, 2000–04.

Was bleibt und was sich ändert

[95] Thomas Herzog im Gespräch mit Nikolaus Kuhnert und Angelika Schnell. Energien gestalten. In: arch+ (1995) 126. S. 39.

[96] Walter Gropius. Erziehungsplan für Architekten, 1939. In: Walter Gropius. Architektur. Wege zu einer optischen Kultur. Frankfurt am Main, 1956. S. 51.

von Sicherheitskameras überwachten Passagen stehen sie unter dem Vorbehalt aller jener Bedingungen, die am Eingang der privaten Ladenstädte aufgeführt sind: kein ungebührliches Verhalten, kein Betteln, keine Agitation, keine Straßenmusik. Privates Hausrecht ist streng.

Stadtinszenierungen nützen nicht nur dem Verkehrsamt bei der Aktivierung des Tourismus und dem Wirtschaftsreferat bei der Akquisition steuerträchtiger Unternehmen, sondern – und das ist ihre andere Seite – sie helfen auch unsereinem, sich den Ort, an dem wir leben, *denken* zu können, eine anschauliche Vorstellung von der unanschaulich gewordenen Siedlungsagglomeration zu bewahren. Daß Halle andere Assoziationen auslöst als Wiesbaden, Schwerin andere als Augsburg, ist nicht den Peripherien zu verdanken, sondern einzig und allein der nachpolierten Prägekraft der alten Zentren, in die sich manchmal, wie im Falle Frankfurts am Main, auch neue Hochhäuser eingemischt haben. Sich erinnern zu können, gehört genauso zur menschlichen Konstitution wie die Möglichkeit, Pläne zu fassen und sich auf Zukunft zu beziehen.

An ihre Grenzen gelangen die kommunalen Regiekünste, wo sie gegen volkswirtschaftliche Vernunft verstoßen. Nach wie vor tragen die Gemeinden trotz der leeren Kassen aberwitzige Konkurrenzen untereinander aus. Sie leisten sich Kongreßzentren, Musical-Paläste, Vielzweckhallen und Messebauten, obwohl die Nachbarstadt fünfzehn Kilometer weiter desgleichen tut. Wenn Dortmund eine neue Konzerthalle erhält, müssen auch Bochum und Essen und womöglich auch Duisburg welche erhalten. U-Bahn-Linien werden durch den Untergrund getrieben, nur damit der einschlägige Landeszuschuß nicht verwirkt wird.

Fußballarenen entstehen für hundert bis zweihundert Millionen Euro, selbst wenn der lokale Verein seine Tore irgendwo in der Regionalliga kassiert oder nicht einmal dort. Allein in die Aufrüstung der zwölf deutschen Stadien, in denen die Fußballweltmeisterschaft 2006 ausgetragen wird, wurden 1,4 Milliarden Euro investiert. Es sind klassisch schöne Lösungen darunter wie die taktvolle Modernisierung des Berliner Olympiastadions und absurde wie die Schalke-Arena in Gelsenkirchen, wo der grüne Fußballrasen zwecks Beregnung und Ventilation nach draußen geschoben werden muß, wie auf einem großen Kuchenblech.

Kapitäne oder Navigatoren

Auf Bauschildern an großen Baustellen stehen heute viele Firmen. Den Namen des entwerfenden Architekten entdeckt man meist erst nach langem Suchen. Erst kommen die Bauherrenkonsortien, Developer, Generalbauüber- oder -unternehmer, Projektsteuerer, Kostenmanager, Vermarktungsgesellschaften, Facility Manager. Es folgt eine schier unübersehbare Zahl von Sonderfachleuten, Tragwerksplanern, Fachleuten für Gründung, Energie, Heizung, Lüftung, Sanitär- und Elektroanlagen, Bauphysikern, Fassadeningenieuren, Strömungstechnikern, Akustikern, Lichtplanern, womöglich noch geschieden nach Tages- und Kunstlicht. Der Beruf des Baumeisters hat sich in ein undurchschaubares Geflecht von Spezialisten aufgesplittert. »Das ganze Wissen ist zentrifugal auseinandergeflogen, verselbständigt sich partiell und entwickelt Eigengesetzlichkeiten« (Thomas Herzog).[95]

Mit diesem Szenenwechsel verträgt sich schlecht das überkommene Berufsbild des Baumeisters, der alles lenkt, alles entscheidet, der wie der mittelalterliche Bauhüttenchef *magister operis* ist. Er muß auch nicht der große Kommunikator sein, der allen zeigt, wo es lang geht. Vor Überforderungen, die nur Depressionen erzeugen, sollte er sich bewahren. Er muß sich nicht mit der jeweils aktuellen Philosophie ausrüsten, vorgestern mit Virilio Dromologie betreiben, gestern mit Deleuze Rhizome züchten, heute mit Ulrich Beck immanente Transzendenz einüben. Ein wenig mehr zu lesen könnte freilich nicht schaden, nicht nur Produktkataloge der Bau- und Zuliefererindustrie. Bei großen Bauaufgaben wird es allerdings auf Information ankommen, auf das Definieren, Auswählen und Zusammenführen von Partnern und Komponenten; wenn es hochkommt, auch auf die Zusammenarbeit mit Herstellern bei der Entwicklung von Produkten, die noch nicht verfügbar sind.

Oft wird, auch im Berufsstand selbst, dem Architekten die Rolle des Generalisten zugeschrieben, des Orchesterdirigenten, des Fachmannes fürs Ganze, der aus allem Einzelnen die Gestalt bildet: »ein Mann von Weitsicht und Kompetenz«, wie Walter Gropius seinesgleichen beschrieb.[96] Aber unter den Spezialisten, mit denen der Architekt heute zusammenarbeiten muß, sind auch solche, die durchaus ein Wort zu Konzept und Gestaltung des Bauwerks zu sagen haben, wie die Konstrukteure, Tragwerksplaner und

Klimafachleute. Plausibler als die Rolle des Kapitäns ist die des Navigators, der den Entwurfsprozeß zwischen den unterschiedlichen, oft widersprüchlichen Anforderungen hindurchsteuert und auf ein einleuchtendes Gestaltbild hinlenkt. Anders stellt sich die Aufgabe bei Erhaltung oder Umbau existierender Bausubstanz. Hier haben kleine Büros, die sich auf Planungstiefe und Intensität der Auseinandersetzung besser einlassen können als die großen, ihre Chance. Schon entfällt mehr als die Hälfte des Bauvolumens auf den Umgang mit bereits Vorhandenem.

Wie die Rolle des Architekten hat sich auch die des Bauherrn verändert. Die Architekten in den ersten Jahrzehnten des 20. Jahrhunderts hatten es sowohl bei den Gemeinden wie bei den privaten Firmen und oft auch bei den Wohnungsbaugesellschaften mit kompetenten Auftraggebern zu tun, die wußten, was sie wollten. Die kommunale Selbständigkeit, die Gemeinden im wilhelminischen Deutschland und auch noch in der Weimarer Republik besaßen, erlaubte ihnen Initiativen, die heute undenkbar sind. Die großen Oberbürgermeister-Figuren der ersten Jahrzehnte des 20. Jahrhunderts wie Franz Adickes und Ludwig Landmann in Frankfurt am Main, Konrad Adenauer in Köln, Wilhelm Marx und Robert Lehr in Düsseldorf, Hermann Beims in Magdeburg, Fritz Hesse in Dessau besaßen (oder nahmen sich) Kompetenzen, von denen ihre Nachfahren in der Epoche der leeren Kassen nur träumen können.

Für die privaten Bauherren galt ähnliches. Der industriegeschichtliche Übergang von den Eigentümer-Unternehmen zu den Kapitalgesellschaften hinderte noch nicht, daß sich aus der Generation der Majordomi Führungspersönlichkeiten herausbildeten, die alle Bauherrenfunktionen übernahmen. Man muß den Briefwechsel lesen, den der Generaldirektor der Farbwerke Hoechst Geheimrat Dr. Adolf Haeuser und sein Büro zwischen 1920 und 1924 mit ihrem Architekten Peter Behrens führten, um sich eine Vorstellung vom Auftritt eines starken Bauherrn zu machen. Zuckerbrot und Peitsche wechselten ständig. Behrens, ein Stararchitekt seiner Zeit, wurde vom »verehrten Geheimrat« bald mit Schmeicheleinheiten versorgt, bald mit herben Vorwürfen und immer mit detaillierten Vorstellungen. Unter den Konferenztischen waren, bitte sehr, Teppiche vorzusehen. Dem Bildhauer Richard Scheibe wurde der Gesichtsausdruck seiner Statue in der Gedenkhalle des Foyers korrigiert: »Nicht eine Anstrengung ist zum Ausdruck zu bringen, sondern der feste energische Wille.«[97] Das Ergebnis dieses »energischen Willens« auch des Bauherrn war ein epochales Gesamtkunstwerk (vgl. S. 105).

Bauherren wie Haeuser betrachteten Architektur als Imagepflege. Kostenbewußtsein und Termingenauigkeit waren nicht ihre einzigen Maßstäbe. Es fügte sich ins Bild, daß Behrens' Architektur der Firma sogar als Logo, Tor und Turm, für alle ihre Produkte diente. Bauten waren Investitionen für viele Jahrzehnte. Angesichts der heutigen globalen Fluktuation von Eigentümerverhältnissen nimmt sich Architektur als Ausdruck von Unternehmerstolz anachronistisch aus. Wo vorgestern noch der Eigentümer die Farbwerke Hoechst waren, hieß er gestern Aventis und heute Sanofi, um nur von der Pharmasparte und nicht den anderen, an Dutzende weiterer Erwerber gegangenen Betriebszweigen zu sprechen. Architektur, die praktisch als zeitüberdauernd gedacht war, wird zum Investitionsobjekt, das nach seiner Amortisierung abrißreif ist. In manchen Branchen wie der Unterhaltungsindustrie beträgt diese Zeitspanne nicht mehr als zehn Jahre. Verantwortliches, auf Dauer angelegtes Planen scheint dann gar nicht erst zu lohnen. Es gilt als Investitionshemmnis.

Anscheinend genügt es also, zweckmäßige, mit allen zeitgemäßen Einrichtungen ausgestattete Bürobauten aufzuführen. Sie sollten ein paar gefällige Fortschrittssignale ausstrahlen, den neuesten technischen Standards entsprechen, flexible Grundrisse für alle unvorhergesehenen Bedürfnisse bieten und in günstiger Geschäftslage stehen; das erhöht die Mieten. Aber Anspruch und Ehrgeiz ihres Eigentümers müssen sie nicht mehr ausdrücken. Der wechselt sowieso bei der nächsten feindlichen oder freundlichen Übernahme.

Öffentliche Bauherren, vor allem die Kommunen, verhalten sich ähnlich. Der chronische Notstand in den Gemeindefinanzen führt dazu, daß die Städte sich bei großen Projekten wie Rathäusern oder Kongreßzentren ihrer Bauherrenfunktion entledigen und sie außenstehenden Generalbauübernehmern übertragen. Von ihnen werden die Bauten zurückgemietet (»geleast«) und gehen dann erst nach langer Frist in das Eigentum der verborgenen Auftraggeber über. Diese schon lange nicht mehr elegante Form kaschierten Schuldenmachens erscheint in den Haus-

[97] Adolf Haeuser an Peter Behrens, 29. 6. 1922. Zit.: Wolfgang Metternich. Historische Gesichtspunkte. In: Bernhard Buderath (Hg.). Peter Behrens. Umbautes Licht. Kat. Hoechst AG. München, 1990. S. 153.

Firmenzeichen der Farbwerke Hoechst. Überarbeitet von Robert Smago. In dieser Fassung in Gebrauch ca. 1951–60.

Theodor Fischer. Hauptgebäude der Universität. Jena, 1905–08. Innenhof.

halten nicht als hohes Anfangsinvest, dafür aber kontinuierlich als Leasingkosten. Sie erlaubt es außerdem der öffentlichen Hand, sich um die Verpflichtung zu drücken, größere Projekte europaweit auszuschreiben.

Gewinne und Verluste

Der Blick zurück auf mehr als ein Jahrhundert zeigt Gewinne und Verluste. Ein Gang durch die Zentren der großen, unzerstörten Städte und auch die Wanderung durch noch unverbautes Land wäre am Beginn des 20. Jahrhunderts zweifellos ein größeres Vergnügen gewesen als heute. Aber der Blick in die Sozialstatistiken proletarischen Wohnungselends, auch die Erinnerung an das Landleben noch vor wenigen Generationen, wo vierzigjährige Bauersfrauen bereits von Gicht und Rheuma gebeugt waren wie heute keine Achtzigjährige, müßte vor jeder Verherrlichung der Verhältnisse warnen. Die Wohnverhältnisse haben sich in der Mehrheit der Bevölkerung egalisiert, so groß die Unterschiede zwischen der Bankiersvilla am Taunusrand und der Sozialwohnung in der Zuwanderersiedlung am Stadtrand nach wie vor sind.

Otto Steidle. Universität West (Fachbereich Ingenieurwissenschaften), Eselsberg. Ulm, 1988, 1990–94.

Form und Gestaltung der Bauten verschiedener Epochen, historisch geworden und bedingt, wie sie sind, entziehen sich der vergleichenden Wertung des Architekturhistorikers, sobald sie jeweils eine gewisse Ranghöhe erreicht haben. Ist Theodor Fischers Jenaer Universität (1905–08) »besser« als Otto Steidles Ulmer Hochschulbauten (1988, 1990–94)? Auf malerische Wirkungen zielten sie beide, Fischer im innenstadtnahen Karree auf dem Grundstück des abgerissenen Alten Schlosses, Steidle hoch oben auf dem Berg mit einem Netz aus Bauten für die Forschung und einem langen Riegel für die Lehre, die Kreuzungspunkte jeweils durch Türme für Sondernutzungen markiert. Fischer hatte die romantische Konzentration der *civitas universitatis* im Sinn. Steidle kam es auf die Kommunikation der Wege, Räume und Kreuzungen in vernetzten Studiengängen an.

Oder ist die Leipziger Bahnhofshalle von 1915 eindrucksvoller als die des neuen Berliner Hauptbahnhofs neunzig Jahre später? Technische Werke profitieren von den Konstruktions- und Werkstoffinnovationen der letzten Jahrzehnte. Zugkräfte und Vorspannung erlauben ungleich schlankere Dimensionen. Damals dagegen waren Massivität und Stabilität erstrebenswerte Eigenschaften. Wo die Konstruktionen sie nicht hergaben, fügten die Architekten sie hinzu. An das Stahltragwerk der Leipziger Querhalle wurden Betonkassetten gehängt, damit sie an eine römische Thermenhalle erinnerte. Heute sind die Tragwerke ungleich leichter, lichter, eleganter geworden, verbrauchen weniger Grundstoffe und weniger

William Lossow, Max Hans Kühne. Hauptbahnhof. Leipzig, 1906–15. Querbahnsteighalle und Gleishallen. Gemälde von Rudolf Lipus, 1935.

Meinhard von Gerkan, Jürgen Hillmer, gmp Architekten. Hauptbahnhof (ehem. Lehrter Bahnhof). Berlin-Mitte, 1993, 1996–2005. Tragwerksplaner: Jörg Schlaich, Rudolf Bergermann und Partner. Foto von der Baustelle.

Was bleibt und was sich ändert

Ludwig Bernouilly, Adolf H. Aßmann. Verlagsgebäude Generalanzeiger. Frankfurt am Main, 1911–12.

Gerard Bechtloff, Markus Derfler, Michael Steffen, Hansjörg Schröder/Partner H. P. Stichs, Planungsgruppe Heidelberg. Print Media Academy. Heidelberg, 2000.

Energie bei ihrer Errichtung und ihrem Betrieb. Wenn ein Quadratmeter Stadiondach früher 270 Kilogramm wog, kommt man nun mit weniger als einem Zehntel aus.[98] Zu sehen, wie etwas ökonomisch gemacht ist und reibungslos funktioniert, ist auch ein ästhetisches Vergnügen, wie Hochleistungssport.

So sehr wir die schweren Geschäftshausfronten des wilhelminischen Zeitalters oder die vom Maurermeister mit historischem Ornament verzierten Stockwerkshäuser und ihre hohen, gleich großen und daher vielseitig nutzbaren Wohnräume schätzen gelernt haben – diese Wertschätzung hat auch etwas damit zu tun, daß solche Bauten nicht mehr unseren Alltag beherrschen. Sie sind zur Minorität geworden und genießen Minderheitenschutz, auch in unserem ästhetischen Urteil. Die vergangene Zeit hat uns Gelegenheit gegeben, sie in einer Art ironischer Distanz zu benutzen und zu bewohnen. Den Passanten boten sie eindrucksvolle und beeindrucken sollende Fassaden, die über die Tätigkeiten hinter ihnen nichts verraten. Aber verraten die gläsernen Solitäre unserer Tage mehr? Oft läuft es im Spiel der Transparenzen und Reflexe auf neue Verrätselungen hinaus. Qualitätsurteile lassen sich aus der einen oder der anderen Alternative nicht herleiten. Es kommt auf die Intelligenz, Originalität und Konsequenz an, mit der die jeweilige Haltung in Architektur umgesetzt worden ist.

Vergessene Posten

Manche Erfahrungen und Konzepte scheinen unterwegs verlorengegangen zu sein. Die Geschichte der Architektur ist auch eine Geschichte versäumter Anschlüsse. Irgendwann werden die Salden nicht mehr vorgetragen, weil Traditionsbrüche stattgefunden haben und das kollektive Gedächtnis versagt. Dichtes, ressourcensparendes Wohnen war einmal ein großes Thema. Heute, nach der Neubewertung der »Zwischenstadt«, scheint zersiedeltes Land kein beunruhigendes Problem mehr zu sein. Daß Bewohner sich mit ihren Häusern identifizieren, weil sie an ihnen aktiv mitgewirkt haben, hat in den siebziger Jahren viele Köpfe bewegt. Heute reicht der Blick in die Prospekte der Baugesellschaften und die Kataloge der Fertighausproduzenten, und was noch an populärem Appeal fehlt, liefert der »Pop-Artist«, »der souverän und vorurteilslos (Architektur-)Design mit

[98] Knut Göppert. In: Faszination Stahl. Heft 6. Düsseldorf, 2004. S. 9.

Carsten Roth. Umbau Automatenfabrik in Medienagentur. Hamburg-Eimsbüttel, 2001–02. Fassadendetail (vgl. S. 484).

Mode, Automobilbau mit Musik verknüpft«, ein Fachmann »in der Akkumulation von Aufmerksamkeit«.[99] Die Bodenfrage, auch so ein Thema ohne Mainstream-Reize, war für Reformer und progressive Wohnungspolitiker seit der Mitte des 19. Jahrhunderts ein Zentralpunkt ihres Denkens. Heute regen Spekulationsmargen und unabgeschöpfte Planungsgewinne niemanden mehr auf. Erledigen sich Probleme, nur weil niemand mehr nach ihnen fragt?

Die Geschichte, auch die der Architektur, war immer vielseitiger, als ihre Historiker sie dargestellt haben. Trotzdem will es scheinen, als sei heute das Angebot an Formen und Konzepten größer denn je (vgl. S. 470 ff.). Es wäre auch verwunderlich, wenn es anders wäre. Wo kulturelle Normen nicht mehr die meisten Gruppen einer Gesellschaft binden und die Lebensstile bunt und vielfältig geworden sind, werden es auch die Ausdrucksformen. Unterschiedliche Lebensszenarios bedingen unterschiedliche Formenrepertoires. Die Marktmechanismen, die sich auch in der Architekturszene nicht nur der Produkte, sondern auch der Bilder angenommen haben, tun das ihre zu Pluralismus und Verfallstempo von Formen dazu.

Doch die Überlegung, wo das Feuerwerk bislang nie gesehener Einfälle angebracht ist und wo es nur das Leben stört, sollte man sich nicht versagen. Die Verhältnismäßigkeit des Aufwands, der Mittel zu den Anlässen ist immer ein nützliches Kriterium bei der Beurteilung von Architektur gewesen. Im Alltag kommt man mit der anständigen Lösung, die Freiheitsräume in der Benutzung läßt, leichter zurecht als mit dem selbstsüchtigen Starprodukt, ist das »beiläufige Bemerken«, wie Walter Benjamin es genannt hat,[100] besser angebracht als der touristische Blick aufs Eventdesign.

Das Ungewöhnliche selbst ist auf Normalität angewiesen. Ohne sie wäre es in seiner Besonderheit nicht wahrzunehmen, weil es im Chaos lärmender Sonderbarkeiten unterginge. Das gut gemachte Gewöhnliche ist die Wahrnehmungsbedingung des Ungewöhnlichen und umgekehrt. Woran die Bauwelt leidet, sind weder die Stararchitektur noch der angemessene Gebrauchsbau. Es sind die Grauzonen der Gedankenlosigkeit, die blindwütige Geschäftemacherei, die vielen Quadratkilometer bebauten Landes, auf die nie ein Architekt oder zumindest nie ein Architekt mit Widerstandsvermögen seinen Fuß gesetzt hat – und die Propheten, die raten, uns mit diesem Elend abzufinden, weil es unvermeidlich sei. Oder die es schockierend attraktiv finden und Strategien ausarbeiten, wie der gebaute Müll durch nur winzige Eingriffe akzeptabel gemacht werden kann.

Soviel sich geändert hat und weiter ändern wird, auch in der mobilsten Gesellschaft gibt es Bedürfnisse, die in der Natur des Menschen liegen und seine Wünsche ans Bauen bestimmen: Eine Wohnung, die Schutz und Offenheit zugleich bietet und Möglichkeiten der Selbstverwirklichung. Ein stimulierender Arbeitsplatz, an dem man seine Arbeit so nutzbringend wie möglich für sich und andere verrichten kann, der so viel Kommunikation und Gemeinsamkeit erlaubt, wie bekömmlich und erträglich ist. Orte, die vielfältig, anregend und überraschungsreich sind, die einen aber auch, wenn nötig, in Ruhe und Frieden lassen. Territorien, in denen nicht alles vorentschieden, durchdesignt und funktionalisiert ist, ein Stück Wildnis im Alltag. Natur, und sei es die zweite, menschengemachte, der gegenüber wir nicht das schlechte Gewissen haben müssen, ersatzlos von ihren Vorräten zu leben. Gebaute Gehäuse, die noch die magische Verbindung zum Gehäuse des menschlichen Körpers halten. Die Sinnlichkeit und Körperlichkeit gestalteter Materie, die immer abstraktere Lebenstechniken kompensieren können.

Der Sehsinn ist dabei nur einer von (mindestens) fünfen. Imagineering, »die Produktion von Bildern, die erfolgreich zirkulieren können«[101], reicht nicht. Im Wechsel von vertrauten Erinnerungen und ungewohnten Erfahrungen vermittelt die gebaute Umwelt, was nur oder vor allem sie vermitteln kann: erlebbaren Raum, dosiertes Licht, Klänge und Gerüche, das Gefühl von Nähe und Ferne, Wärme und Kühle, Stabilität und Leichtigkeit, von Bleiben und Gehen. Zur Architektur als der Kunst, das Leben der Menschen sinnvoll zu organisieren, gehört auch, was der unverbesserliche Optimist Le Corbusier den »Zustand des Glücks« genannt hat: »Was übrig bleibt von den menschlichen Unternehmungen, ist nicht das, was einem Zweck dient, sondern das, was die Menschen bewegt.«[102]

---

[99] Gerd de Bruyn, Henrik Mauler, Stephan Trüby. Pop, Ökonomie, Aufmerksamkeit. In: archplus 171 (Juni 2004). S. 18.

[100] Walter Benjamin. Das Kunstwerk im Zeitalter seiner technischen Reproduzierbarkeit. 1936. In: Walter Benjamin. Illuminationen. Ausgewählte Schriften. Frankfurt am Main, 1969. S. 174.

[101] Iassen Markov. In: archplus 171 (Juni 2004). S. 22.

[102] Le Corbusier. An die Studenten. Reinbek bei Hamburg, 1962, S. 24. – Le Corbusier. Le lyrisme des temps nouveaux et l'urbanisme. Paris, 1937. Zit.: Elisabeth Blum. Le Corbusiers Wege. Bauwelt Fundamente 73. Braunschweig, Wiesbaden, 1988. S. 25.

Anhang

Zeittafel

1900

12. 6. *Der Reichstag beschließt mit dem Zweiten Flottengesetz die Verdoppelung der Kriegsflotte bis zum Jahr 1917 und verschärft die Konkurrenz zu Großbritannien.*
14. 8. *Europäische Mächte, darunter das Deutsche Reich, schlagen den sogenannten Boxer-Aufstand in China nieder und besetzen Beijing. Kaiser Wilhelm II.: »Gefangene werden nicht gemacht.«*
Die Regierung des Königreichs Sachsen erläßt ein Baugesetz, das den Bebauungsplan als Werkzeug von Bodennutzung und Stadtgestaltung benutzt.
25. 8. Der Philosoph Friedrich Nietzsche stirbt in Weimar in geistiger Umnachtung. Sein Einfluß auch auf Architekten hält in den nächsten beiden Jahrzehnten an.

1901

15. 5.–Oktober In Darmstadt wird die Künstlerkolonie Mathildenhöhe mit der Bau- und Kunstausstellung *Ein Dokument Deutscher Kunst* eröffnet. Weitere Ausstellungen folgen in den Jahren 1904, 1908, 1914.

1902

September Gründung der Deutschen Gartenstadt-Gesellschaft.
Im Großherzogtum Hessen als erstem Reichsland wird ein Denkmalschutzgesetz erlassen.

1903

16. 1. *Im Osmanischen Reich beginnt der Bau der Bagdad-Bahn unter starker Beteiligung deutscher Banken und eines deutschen Firmenkonsortiums.*
1. 4. Peter Behrens tritt seine Direktorenstelle an der Düsseldorfer Kunstgewerbeschule an.
Mai–2. 10. An der ersten Deutschen Städteausstellung in Dresden sind 82 deutsche und weitere ausländische Städte mit Material beteiligt.
21. 6. Gründung des Bundes Deutscher Architekten (BDA) in Frankfurt am Main. Der Bund setzt sich für die Belange der Privatarchitekten, für die »Pflege der Baukunst« und das Wettbewerbswesen ein und nimmt gegen das »rücksichtslose Unternehmertum, den »kalten Geschäftssinn« und die »stumpfe Geistesarmut des Baupfuschertums« Stellung.

1904

Die erste Zeitschrift für Städtebau erscheint unter dem Titel *Der Städtebau*. Herausgeber sind der Wiener Städteplaner Camillo Sitte und sein Berliner Kollege Theodor Goecke.
30. 3. In Dresden wird der Deutsche Bund für Heimatschutz gegründet. Das Wort Heimatschutz prägte der Komponist Ernst Rudorff. Erster Vorsitzender wird der Architekt Paul Schultze-Naumburg.

1905

27. 1. In einer Festrede an der Universität Straßburg wendet sich der Kunsthistoriker Georg Dehio gegen das Rekonstruktionswesen des 19. Jahrhunderts: »Konservieren, nicht restaurieren«.

1906

12. 5.–Ende Oktober. Die Dritte Deutsche Kunstgewerbe-Ausstellung in Dresden gibt einen Überblick über aktuelle Kunstströmungen des Kunstgewerbes. Gezeigt werden fast hundert eingerichtete Räume.

1907

15. 7. In Preußen wird ein Gesetz gegen die Verunstaltung von Ortschaften und landschaftlichen Gegenden verabschiedet. Es regelt erstmals den Orts- und Ensembleschutz.
Juli. Peter Behrens wird künstlerischer Beirat der Allgemeinen Elektricitäts Gesellschaft (AEG) in Berlin. Beginn einer langen produktiven Zusammenarbeit in Design und Architektur.
5.–6. 10. Gründung des Deutschen Werkbunds in München. Erster Vorsitzender wird Theodor Fischer. Der Werkbund setzt sich für die »Veredelung der gewerblichen Arbeit im Zusammenwirken von Kunst, Industrie und Handwerk« ein.
7. 10. Eröffnung der von Henry van de Velde geleiteten und erbauten Kunstgewerbeschule in Weimar. Sie ging aus seinem Kunstgewerblichen Seminar hervor.

1910

Frühjahr. Den ersten Preis im städtebaulichen Wettbewerb Groß-Berlin erhält Hermann Jansen. Die Planungen gehen von einer Größe von 10 Millionen Einwohnern im Jahre 2000 aus.
In Berlin findet die Allgemeine Städtebau-Ausstellung statt und ermöglicht einen internationalen Vergleich. Werner Hegemann organisiert sie und veröffentlicht ihre Ergebnisse.

1912

14. 4. *Auf seiner Jungfernfahrt kollidiert der Luxusdampfer Titanic, das größte Passagierschiff seiner Zeit, mit einem Eisberg und sinkt innerhalb weniger Stunden.*

1913

Mai–Ende Oktober. Internationale Baufachausstellung auf dem Messegelände Leipzig. In diesem Zusammenhang entsteht die benachbarte Gartenstadt Marienbrunn. Zum 100. Jahrestag der Völkerschlacht wird das von Bruno Schmitz entworfene Denkmal eingeweiht.

1914

16. 5.–6. 8. Der Deutsche Werkbund legt mit einer großen Bau- und Produktausstellung am Kölner Rheinufer Rechenschaft über die ersten sieben Jahre Werkbund-Arbeit ab. Auf der Jahresversammlung des Werkbunds am 2.–4. 7. kommt es zum Streit zwischen Hermann Muthesius und Henry van de Velde um Typus und Individualität.
1. 8. *Nach der Ermordung des österreichischen Thronfolgers Franz Ferdinand in Sarajevo am 28. Juni spitzt sich die internationale Krise zu. Deutschland erklärt Rußland den Krieg. In den nächsten Tagen folgen Kriegserklärungen zwischen Deutschland und Österreich-Ungarn einerseits, Frankreich, Belgien, Großbritannien, Japan andererseits.*

1916

August. *Italien und Rumänien erklären Deutschland den Krieg.*

1917

Unter der Notwendigkeit, die Rüstungsproduktion zu normieren, entsteht der Normenausschuß der Deutschen Industrie (DIN). Er führt zur Normierung auch im Bauwesen.

6. 4. *Kriegserklärung der USA an Deutschland.*
15. 12. *Waffenstillstand mit Sowjetrußland nach der russischen Oktoberrevolution.*

1918

9. 11. *Nach militärischen Niederlagen, Streiks und Revolutionen erklärt der amtierende Reichskanzler Max von Baden die Abdankung Kaiser Wilhelms II. Philipp Scheidemann (SPD) ruft vom Berliner Reichstagsgebäude die Republik aus, Karl Liebknecht (USPD/Spartakus) wenige Stunden später vom Berliner Schloß. Als neuer Reichskanzler bildet Friedrich Ebert (SPD) eine provisorische Regierung.*
November. In Berlin bilden sich die Künstlergruppen Arbeitsrat für Kunst, der bis 1921 besteht, und Novembergruppe (bis 1933) unter starker Beteiligung von Architekten.

1919

6. 2. *Die Nationalversammlung tritt nicht in der von Unruhen erschütterten Reichshauptstadt zusammen, sondern in Weimar (»Weimarer Republik«). Die Reichsregierung wird von den Parteien der Weimarer Koalition (SPD, Zentrum, DDP) gebildet.*
1. 4. Das Staatliche Bauhaus, entstanden aus der Vereinigung von Kunsthochschule und Kunstgewerbeschule, nimmt unter Leitung von Walter Gropius seine Arbeit in Weimar auf.
22. 6. *Die Nationalversammlung billigt die Unterzeichnung des Versailler Vertrags. Er legt Landabtretungen, den Verlust der Kolonien, Entmilitarisierung (bis auf ein Berufsheer von 100 000 Mann) und Reparationszahlungen fest.*
11. 8. Die Weimarer Verfassung tritt in Kraft. Dem Staat wird die Überwachung der Bodennutzung und die Verhinderung von Mißbrauch als Aufgaben zugewiesen. »Jedem Deutschen eine gesunde Wohnung« zu sichern, wird als erstrebenswertes Ziel bezeichnet.
18. 9. In der *Bauwelt* erscheint ein *Aufruf zum farbigen Bauen*, den zahlreiche Architekten unterzeichnet haben.
24. 11. Bruno Taut beginnt einen Briefwechsel unter Freunden, der später den Namen *Gläserne Kette* erhält.
Die erste Bauhütte, ein genossenschaftliches Bauunternehmen, wird in Berlin gegründet. Im Reich entstehen fast 200 solcher sozialistischen Betriebe.

1920

2. 1. Der erste »Reichskunstwart«, Edwin Redslob, tritt sein Amt an. Er ist zuständig für die staatliche Gestaltungspolitik und für die Koordination gesetzgeberischer Initiativen in künstlerischen Fragen.
27. 4. Die Nationalversammlung beschließt ein Gesetz über das Enteignungsrecht von Gemeinden, deren Festungsrayons aufgehoben werden. Es kommt vor allem der Stadt Köln zugute, von der die Gesetzesinitiative ausgegangen war.
5. 5. Gründung des Ruhrsiedlungsverbandes als Planungsverband des Kohlereviers mit 3 500 000 Einwohnern. Der erste Verbandsdirektor Robert Schmidt kann auf den Entwurf eines Generalsiedlungsverbandes zurückgreifen, den er bereits 1912 vorgelegt hatte.
10. 5. Das Reichsheimstättengesetz wird verabschiedet. Es soll die Errichtung von Eigenheimen mit Nutzgärten und »Kleinsiedlerstätten« fördern.
1. 10. Die preußische Landesversammlung stimmt der Gründung der Gemeinde Groß-Berlin zu. In ihr gehen neun Städte, 59 Landgemeinden und 27 Gutsbezirke auf. Die Gebietsfläche Berlins wächst um das 23fache, die Einwohnerzahl steigt von 1,9 auf 3,8 Millionen.

1921

3. 1. Das Preußische Ministerium für Volkswohlfahrt verfügt mit einem Erlaß, daß »vielgeschossige Häuser (Hochhäuser)« auf dem Wege des Dispenses zugelassen werden können. Die anderen Reichsländer erlassen ähnliche Bestimmungen.
19. 9. Zwischen Berlin-Grunewald und Wannsee wird die Avus (Automobil-Verkehrs- und Übungsstraße), die erste deutsche Autobahnstrecke, eröffnet.

1923

11. 1. *Vorübergehende Besetzung des Ruhrgebiets durch französische Truppen, die Kohlelieferungen als Reparationsleistungen sichern sollen.*
15. 8.–30. 9. Internationale Architekturausstellung im Weimarer Bauhaus.
15. 11. *Die Papiermark wird in einem festgelegten Verhältnis gegen die Renten- bzw. Reichsmark umgetauscht: 1 Billion zu 1. Ende der Inflation.*

1924

Die drei großen freien Gewerkschaften gründen die Deutsche Wohnungsfürsorge (Dewog).
14. 4. Eine Berliner Tochtergesellschaft der Dewog, die Gehag, übernimmt auf eigene Rechnung wie auch im Auftrag von Baugenossenschaften die Planung und Durchführung großer Siedlungen.
29. 8. *Der Reichstag nimmt den Dawes-Plan an, der die Reparationen neu regelt und zu einer Sanierung der deutschen Wirtschaft führen soll.*

1925

28. 2. *Der erste Reichspräsident Friedrich Ebert stirbt. Am 12. Mai wird Generalfeldmarschall Paul von Hindenburg sein Nachfolger.*
1. 4. Das Staatliche Bauhaus löst sich in Weimar auf und wird von der Stadt Dessau übernommen.

1926

29.–30. 5. Die progressive Architektenvereinigung *Der Ring* wird gegründet. Sie geht aus dem 1923–24 entstandenen Berliner *Zehnerring* hervor, dem Otto Bartning, Walter Curt Behrendt, Walter Gropius, Hugo Häring, Ludwig Hilberseimer, Erich Mendelsohn, Ludwig Mies van der Rohe, Hans Poelzig, Bruno und Max Taut angehörten.
9. 9. *Das Deutsche Reich wird als ständiges Mitglied in den Völkerbund aufgenommen.*
18. 11. Martin Wagner löst den von der jüngeren Generation als Traditionalist kritisierten Ludwig Hoffmann als Stadtbaurat von Groß-Berlin ab.
Dezember. Die Reichsforschungsgesellschaft für Wirtschaftlichkeit im Bau- und Wohnungswesen (RfG) wird gegründet. Die RfG fördert Maßnahmen, die zur Verbesserung, Verbilligung und Rationalisierung des Wohnungsbaus führen. Sie besteht nur bis 1931.

1927

23. 7.–31. 10. Auf dem Stuttgarter Weißenhof findet die Ausstellung des Deutschen Werkbunds *Die Wohnung* statt, gleichzeitig eine Plan- und Modellausstellung *Internationale Neue Baukunst*. Unter der Leitung Mies van der Rohes haben deutsche und ausländische Architekten 21 Ein- und Mehrfamilienhäuser errichtet.

1928

4. 1. *Alfred Rosenberg, Chefideologe der NSDAP, gründet in München den Kampfbund für deutsche Kultur.*
Mai. Die Berliner Architekten Friedrich Blunck, Albert Gessner und Franz Seeck gründen mit German Bestelmeyer, Paul Schultze-Naumburg und den Stuttgartern Paul Schmitthenner und Paul Bonatz die Architektenvereinigung *Der Block* als konservatives Gegenstück zum *Ring*.
25.–29. 6. Auf Schloß La Sarraz im Schweizer Kanton Waadt trifft sich eine Gruppe von Architekten zur Vorbereitung der CIAM (Congrès Internationaux d'Architecture Moderne). Die Erklärung von La Sarraz trägt die Unterschrift von 23 Architekten, darunter der deutschen Teilnehmer Hugo Häring und Ernst May. Sie definiert die Aufgabe der Architektur »in Übereinstimmung ...

mit den großen Tatsachen der Zeit und den großen Zielen der Gesellschaft«. Spätere deutsche Delegierte sind Walter Gropius und Marcel Breuer.

1929

19. 5.–31. 1. 1930. Auf der Internationalen Ausstellung in Barcelona ist das Deutsche Reich u. a. mit einem Pavillon vertreten, den Mies van der Rohe zu einer Manifestation der neuen Architektur macht.
15. 6.–15. 9. Der Schlesische Werkbund zeigt in Breslau unter dem Titel *Wohnen und Werkraum* (WUWA) die Mustersiedlung Grüneiche, unter anderem mit einem Ledigenheim von Hans Scharoun und einem Appartementhaus von Adolf Rading.
27. 9.–27. 10. Die Karlsruher Siedlung Dammerstock wird als Ausstellung unter dem Titel *Die Gebrauchswohnung* eröffnet. Die künstlerische Oberleitung hat Walter Gropius.
24.–26. 10. Der zweite Internationale Kongreß für Neues Bauen (CIAM) findet auf Einladung von Ernst May in Frankfurt am Main statt. Er ist der *Wohnung für das Existenzminimum* gewidmet.
25. 10. *Dramatische Kurseinbrüche an der New Yorker Börse (»Schwarzer Freitag«) wirken sich sofort auf Deutschland aus und leiten eine langjährige Wirtschaftskrise ein.*

1930

14. 5. Eröffnung des 20. Salons der Société des Artistes Décorateurs im Pariser Grand Palais. Walter Gropius hat für den Deutschen Werkbund die »Section allemande« gestaltet.
2. 9. Ernst May übernimmt mit einer Gruppe Frankfurter Mitarbeiter Planungsaufgaben in der UdSSR und zieht von Frankfurt am Main nach Moskau um. Auch die Brigaden Hannes Meyer und Kurt Meyer arbeiten zeitgleich in der Sowjetunion, u. a. an der Neuplanung Moskaus (1931–32).
27.–29. 11. In Brüssel findet der 3. CIAM-Kongreß über das Thema *Rationelle Bebauungsweisen* statt. Deutsche Delegierte sind Walter Gropius und Marcel Breuer.
1. 12. Im Rahmen einer Notverordnung wird ein Reichswohnungsbauprogramm verabschiedet, das Wohnungsgrößen noch weiter drastisch beschneidet.

1931

9. 5.–2. 8. Die Deutsche Bauausstellung gibt auf dem Berliner Ausstellungsgelände am Funkturm eine Produkt- und Leistungsschau der Bauindustrie. Sie will »erzieherisch, belehrend und anregend« im Sinn des »neuen Bauwillens« wirken.
6. 10. Die Dritte Notverordnung des Kabinetts Brüning unterbindet eine Vergabe von Wohnungsbaudarlehen aus den Erträgen der Hauszinssteuer.

1932

9. 2.–23. 3. Eine Ausstellung moderner Architektur im New Yorker Museum of Modern Art wird fast zur Hälfte von deutschen Architekten bestritten, darunter Walter Gropius, Otto Haesler, Mies van der Rohe, Hans Scharoun. In englischsprachigen Ländern bürgert sich der Begriff *International Style* ein.
1. 4. Aufgrund der Zweiten Notverordnung des Kabinetts Brüning werden die Kunstakademien in Breslau, Kassel und Königsberg geschlossen.
9. 5.–2. 8. Auf dem Berliner Messegelände findet die Ausstellung *Sonne, Luft und Haus für alle* statt.
22. 8. Der Dessauer Gemeinderat beschließt die Auflösung des Bauhauses. Mies van der Rohe führt es als privates Institut in Berlin-Steglitz weiter.

1933

30. 1. *Reichspräsident Paul von Hindenburg ernennt Adolf Hitler zum Reichskanzler (»Machtergreifung«). Beginn der nationalsozialistischen Gewaltherrschaft.*
27.–28. 2. *Der Reichstag brennt. Der Brand gibt dem Regime den Vorwand zu einer »Verordnung zum Schutz von Volk und Staat«, die den Terror gegen politische Gegner legalisiert. Zahlreiche, vor allem jüdische Architekten gehen in die Emigration.*
5. 3. *Die letzten Reichstagswahlen finden statt und führen zur Mehrheit der Koalition aus NSDAP und DNVP. Nach der Verhaftung der KPD- und eines Teiles der SPD-Mitglieder findet die Regierung Hitler eine Zweidrittelmehrheit im Reichstag (»Ermächtigungsgesetz«).*
13. 3. Der Berliner Stadtbaurat Martin Wagner wird beurlaubt.
7. 4. Das Gesetz zur Wiederherstellung des Berufsbeamtentums führt zur Entlassung zahlreicher, vor allem »nichtarischer« Hochschullehrer und Beamter in Hochschulen und Bauverwaltungen.
11. 4. Das Bauhaus in Berlin wird »provisorisch« geschlossen, sein Gebäude besetzt. Am 20. Juli gibt Direktor Mies van der Rohe die Auflösung der Schule bekannt.
27. 6. Ein Gesetz legt die rechtliche Grundlage für die »Errichtung eines Unternehmens Reichsautobahnen«.
29. 7.–13. 8. Der 4. CIAM-Kongreß findet während einer Mittelmeer-Kreuzfahrt statt und gilt dem Thema *Die funktionelle Stadt*. Er verabschiedet *Feststellungen*, die später unter dem Titel *Charta von Athen* bekannt wurden.
21.–23. 9. Der Bund Deutscher Architekten beschließt auf seiner 30. Jahreshauptversammlung in München den Ausschluß »nichtarischer« Mitglieder.
29. 9.–1. 10. Gleichschaltung des Deutschen Werkbunds auf der Jahreshauptversammlung in Würzburg. Der Werkbund wird dem Kampfbund für Deutsche Kultur eingegliedert.
23. 9.–Oktober. Die Bauausstellung *Deutsches Holz* in Stuttgart wird unter der Regie von Paul Schmitthenner zu einer Gegenveranstaltung zur benachbarten Weißenhof-Siedlung.
15. 11. Die Reichskulturkammer wird gegründet. Die Reichskammer der Bildenden Künste ist eine ihrer Untergliederungen.

1934

29. 3. Gottfried Feder wird für wenige Monate Reichssiedlungskommissar.
2. 8. *Paul von Hindenburg stirbt. Hitler wird als Nachfolger auch Staatsoberhaupt und Oberbefehlshaber der Reichswehr.*
1. 10. Die Anordnung über den Schutz des Berufs und die Berufsausübung der Architekten tritt in Kraft. Planvorlageberechtigt sind nur Architekten, die dem Fachverband für Baukunst in der Reichskammer der Bildenden Künste angehören. Der Präsident der Reichskammer will »nach den Sünden liberalistischer Freiheit auf dem Gebiet des Bauwesens« aufräumen.

1935

16. 3. *Einführung der allgemeinen Wehrpflicht.*
19. 5. Hitler eröffnet das erste Stück der Reichsautobahn zwischen Frankfurt am Main und Darmstadt, eine Teilstrecke der lange vor dem Dritten Reich geplanten Autobahn HAFRABA (Hamburg – Frankfurt – Basel).
15. 9. *Die Nürnberger Gesetze leiten die Judenverfolgung ein.*

1936

14. 6. Hans Poelzig stirbt in Berlin.
1. 7. Hugo Häring übernimmt die Reimann-Schule und benennt sie in *Kunst und Werk* um.
1.–16. 8. Die elften Olympischen Spiele finden auf dem neu geschaffenen Reichssportfeld in Berlin statt.
10. 11. Eine Verordnung über Baugestaltung fordert »anständige Baugesinnung und werkgerechte Durchbildung« sowie die Einordnung in

städtebauliche Zusammenhänge und das landschaftliche Gesamtbild.

1937

30. 1. Albert Speer wird zum Generalbauinspektor für die Neugestaltung der Reichshauptstadt ernannt. Der Erlaß verpflichtet den Generalbauinspektor, einen Gesamtbauplan für die Reichshauptstadt aufzustellen und dafür zu sorgen, daß »alle das Stadtbild beeinflussenden Platzanlagen, Straßenzüge und Bauten nach einheitlichen Gesichtspunkten würdig durchgeführt werden«.
25. 5.–25.11. Bei der Pariser Weltausstellung ist der von Albert Speer entworfene Deutsche Pavillon dem sowjetischen Pavillon von Boris Iofan konfrontiert.
4. 10. Das Gesetz über die Neugestaltung deutscher Städte bildet die Grundlage für den repräsentativen Ausbau der vier (nach dem Anschluß Österreichs: fünf) »Führerstädte« und zahlreicher Gauhauptstädte. Zur Durchführung der Maßnahmen können Enteignungen verfügt werden.

1938

22. 1. Die Erste Deutsche Architektur-Ausstellung wird in München eröffnet.
25. 2. Offizieller Beginn der Bauarbeiten am Westwall.
12. 3. *Die Wehrmacht marschiert umjubelt in Österreich ein, das als Ostmark dem nun »Großdeutschen Reich« angeschlossen wird.*
9.–10. 11. Organisierter Mob zerstört jüdische Läden, Wohnungen und Synagogen (»Reichskristallnacht«).
9. 12. Fritz Todt wird Generalbevollmächtigter für die deutsche Bauwirtschaft.
24. 12. Bruno Taut stirbt in Istanbul.

1939

Generalbauinspektor Albert Speer legt Pläne für die Umgestaltung Berlins zur Reichshauptstadt Germania vor.
1. 9. *Mit einem Überfall Deutschlands auf Polen beginnt der Zweite Weltkrieg. Am 3. 9. folgen die Kriegserklärungen Großbritanniens und Frankreichs.*
15. 11. Ein Erlaß des »Generalbevollmächtigten für die Regelung der Bauwirtschaft« Fritz Todt bestimmt, daß künftig nur kriegswichtige Bauvorhaben begonnen werden dürfen. Ein allgemeines Neubauverbot folgt. Repräsentationsbauten von Staat und Partei sind vom Bauverbot ausgenommen.

1940

27. 2. Peter Behrens stirbt in Berlin.
16. 3. Wilhelm Kreis wird zum Generalbaurat für die Gestaltung deutscher Kriegerfriedhöfe ernannt.
14. 5. *Die Bombardierung Rotterdams durch die deutsche Luftwaffe löst einen viertägigen Flächenbrand aus. Luftkrieg gegen zivile Ziele wird auf beiden Seiten zu einem Mittel der Kriegführung.*
15. 11. Ein Erlaß Hitlers zur Vorbereitung des deutschen Wohnungsbaues nach dem Krieg soll die bevölkerungspolitischen Voraussetzungen für kinderreiche Familien schaffen. Robert Ley, Leiter der Deutschen Arbeitsfront, wird als Wohnungsbaukommissar benannt und Hitler unmittelbar unterstellt.

1941

22. 6. *Deutschland beginnt den Krieg gegen die Sowjetunion.*
26. 8. Die Deutsche Akademie für Wohnungswesen wird als Forschungsstelle des Reichskommissars für den sozialen Wohnungsbau gegründet.
11. 12. *Deutschland und Italien erklären den USA den Krieg.*

1942

8. 2. Rüstungsminister Fritz Todt verunglückt tödlich bei einem Flugzeugabsturz. Albert Speer wird sein Nachfolger. Er behält seine Funktionen als Generalbauinspektor bei.

1943

31. 1.–2. 2. *Die sechste deutsche Armee kapituliert in Stalingrad.*
18. 2. Propagandaminister Joseph Goebbels hält in Berlin eine Rede, die den »totalen Krieg« fordert.
23. 2. Hitler unterzeichnet einen Erlaß, der die Einstellung aller nicht kriegswichtigen Bauvorhaben anordnet.
11. 10. Erlaß Hitlers über die Vorbereitung des Wiederaufbaus bombengeschädigter Städte. Aufgrund dieses Erlasses setzen die Planungen ein, denen nach einem gewonnenen Krieg die Kapazitäten der Rüstungsindustrie zugute kommen sollen. Unter der Verantwortung von Speer bildet sich ein Arbeitsstab für den Wiederaufbau bombengeschädigter Städte. Aus ihm rekrutiert sich das leitende Personal des Wiederaufbaus nach 1945.
28. 11.–1. 12. *Churchill, Roosevelt und Stalin einigen sich auf einer Konferenz in Teheran über die künftige Teilung Deutschlands.*

1944

6. 6. *Alliierte Truppen landen an der Küste der Normandie.*
20. 7. *Das Attentat auf Hitler durch Graf Stauffenberg mißlingt, die Erhebung gegen das NS-Regime wird niedergeschlagen.*

1945

13.–15. 2. *Amerikanische und britische Bomberverbände fliegen einen der schwersten Luftangriffe auf eine deutsche Stadt. Er zerstört das von Flüchtlingen überfüllte Dresden. Die Zahl der Todesopfer beträgt mindestens 35 000.*
30. 4. *Hitler begeht im Bunker der Berliner Reichskanzlei Selbstmord.*
7. 5. *Die deutschen Streitkräfte kapitulieren in Reims bedingungslos. In der Nacht zum 9.5. wird der Akt im sowjetischen Hauptquartier Berlin-Karlshorst wiederholt.*
17. 5. Hans Scharoun wird vom sowjetischen Stadtkommandanten zum Stadtbaurat des Gesamtberliner Magistrats ernannt und übt das Amt bis zum 5. 12. 1946 aus.
26. 6. *Gründung der United Nations Organization in San Francisco.*
17. 7.–2. 8. *Im Potsdamer Abkommen werden die Besatzungszonen als politische und wirtschaftliche Einheit behandelt. Alle Deutschen aus den Gebieten östlich von Oder und Neiße werden zwangsumgesiedelt. Die Siegermächte befriedigen ihre Reparationsforderungen im wesentlichen aus ihren jeweiligen Besatzungszonen.*
2. 9. *Nach dem Abwurf von Atombomben auf Hiroshima (6. 8.) und Nagasaki (9. 8.) kapituliert Japan. Der Zweite Weltkrieg endet.*

1946

23. 3. Erster Spatenstich in Großfurra, Thüringen, heute ein Ortsteil von Sondershausen. Zum ersten Mal wird in der Sowjetischen Besatzungszone »junkerlicher« Bodenbesitz enteignet. Unter der Mitwirkung der Weimarer Hochschule für Baukunst (Hermann Henselmann) entstehen 18 Neubauernhöfe in Fachwerk- und Lehmbauweise.
5. 6. Der amerikanische Außenminister George Marshall kündigt ein Hilfsprogramm für den Wiederaufbau Europas an (European Recovery Program), von dem auch die westlichen Besatzungszonen unter anderem im Wohnungsbau profitieren.
22. 8.–15. 10. Im erhaltenen Weißen Saal des Berliner Schlosses findet die Ausstellung *Berlin plant. Erster Bericht* statt.

1947

März. 38 Künstler und Architekten veröffentlichen einen Aufruf *Grundsätzliche Forderungen*: »Uns aber, den Schaffenden, ist es auf das Gewissen gelegt, die neue sichtbare Welt unseres Lebens und unserer Arbeit zu bauen.«
16. 10. Das Institut für Bauwesen wird mit elf Abteilungen an der Akademie der Wissenschaften in Berlin gegründet.

1948

20. 3. *Die sowjetische Delegation verläßt den Alliierten Kontrollrat in Berlin. Ihr Auszug bedeutet das Ende der Viermächteverwaltung in Deutschland.*
20. 6. *In den westlichen Besatzungszonen, der Trizone, wird die DM als eigene Währung eingeführt (»Tag X«). Vier Tage später folgt eine Währungsreform für die Sowjetische Besatzungszone.*
Juni–Mai 1949. *Die Sowjetunion verhängt eine Blockade über Westberlin. Mit einer Luftbrücke erhalten die Alliierten die Verbindung mit dem Westen aufrecht.*
28. 10. Der Stralsunder Bauarbeiter Sack vermauert 2 500 Ziegel innerhalb von acht Stunden und erhält für seine Rekordleistung den Nationalpreis.
12. 11. In Frankfurt am Main wird der Bund Deutscher Architekten neu gegründet.
1. 12. Mit dem VEB Architekten- und Ingenieurbüro Mecklenburg nimmt das erste staatliche Planungskollektiv der DDR seine Arbeit auf.

1949

8. 5. *Der Parlamentarische Rat verabschiedet das Grundgesetz der Bundesrepublik Deutschland als vorläufige Verfassung.*
10. 5. Bonn und nicht Frankfurt am Main wird provisorischer Regierungssitz der Bundesrepublik. Am 3. 11. bestätigt der inzwischen konstituierte Deutsche Bundestag die Entscheidung.
7. 10. *Gründung der Deutschen Demokratischen Republik. (Ost-)Berlin wird zur Hauptstadt der DDR erklärt.*
27. 10. Josef Lehmbrock und Bernhard Pfau sind die Sprecher des Düsseldorfer Architektenrings. Die Gruppe protestiert gegen die Besetzung führender Positionen mit Planern und Architekten, die sich im Dritten Reich kompromittiert hatten.

1950

28. 3. Das Erste Wohnungsbaugesetz der Bundesrepublik begründet den Sozialen Wohnungsbau und regelt die Vergabe öffentlicher Mittel und die Beteiligung von Geldinstituten.
12. 4.–25. 5. Baufunktionäre und Architekten der DDR reisen als Delegation des Aufbauministeriums nach Moskau und in weitere Städte der UdSSR, um Orientierungslinien für den Wiederaufbau der DDR-Städte zu erarbeiten.
27. 7. Der Ministerrat der DDR beschließt *Sechzehn Grundsätze des Städtebaus*, die dem Aufbaugesetz beigegeben werden.
6. 9. Das Gesetz über den Aufbau der Städte in der Deutschen Demokratischen Republik gibt dem Staat in ausgewiesenen Aufbaustädten und -gebieten das Verfügungsrecht über Grund und Boden. Insgesamt werden 53 solcher Gebiete ausgewiesen.
7. 9. Beginn der Abrißarbeiten am kriegsbeschädigten, aber wiederaufbaufähigen Berliner Schloß.

1951

3. 7.–12. 8. Die Constructa, eine internationale Bauausstellung der Hannoveraner Ausstellungsgesellschaft, will ein »Ordnungsbild der Zukunft in räumlicher und struktureller Hinsicht« entwerfen. Die Stadt Hannover zeigt drei Demonstrationsgebiete.
4.–6. 8. Als zweites Darmstädter Gespräch findet die Tagung *Mensch und Raum* statt. Martin Heidegger spricht über *Bauen Wohnen Denken*. Die Stadt Darmstadt präsentiert bis zum 16. September Entwürfe für elf Meisterbauten. Fünf davon werden realisiert, die meisten in veränderter Form.
8. 12. In Ostberlin wird die am 25. 1. gegründete Deutsche Bauakademie (ab 1972 Bauakademie der DDR) eingeweiht. Mit ihren Instituten und Meisterateliers stellt sie eine ideologische und wissenschaftliche Leitinstitution der DDR-Architektur dar. Erster Präsident ist Kurt Liebknecht.

1952

3. 2. DDR-Ministerpräsident Otto Grotewohl legt in der Stalinallee den Grundstein für das Nationale Aufbauprogramm.
Juli. *Im Zuge einer großen Verwaltungsreform werden in der DDR die Länder beseitigt und statt ihrer vierzehn Bezirke geschaffen.*
31. 10. In der DDR wird der Bund Deutscher Architekten wieder gegründet.

1953

7. 5. Die »erste sozialistische Stadt« Fürstenberg-Ost an der Oder, mit deren Projektierung 1950 im Zusammenhang mit einem neuen Hüttenkombinat begonnen wurde, erhält den Namen Stalinstadt (später: Eisenhüttenstadt). Die Planung von Kurt W. Leucht sieht eine fächerförmige, auf das Werkstor orientierte Anlage vor.
17. 6. *Aus Arbeiterstreiks in der Berliner Stalinallee entwickelt sich ein Volksaufstand, der auf andere Städte der DDR übergreift. Er wird durch das Eingreifen der sowjetischen Besatzungsmacht niedergeschlagen.*
15. 9. Erich Mendelsohn stirbt in San Francisco.

1954

2. 12. Gründung der Akademie der Künste in Westberlin. Eine der zunächst fünf Abteilungen ist der Baukunst gewidmet.

1955

3.–6. 4. Auf der Ersten Baukonferenz der DDR ermahnt Walter Ulbricht die Bauschaffenden, »besser, schneller und billiger« zu bauen.
9. 5. *Die Bundesrepublik tritt der Nato (North Atlantic Treaty Organisation) bei.*
23. 7. Der Ministerrat der DDR bestätigt den Standort der »zweiten sozialistischen Stadt« Hoyerswerda im Bezirk Cottbus. Die Planung geht von einem Entwurf aus, den das Entwurfsbüro für Stadt- und Dorfplanung Halle vorgelegt hatte. Aufgelockerter Zeilenbau wird eingeführt.
2. 10. Auf dem Ulmer Kuhberg werden die von Gründungsrektor Max Bill entworfenen Gebäude der Hochschule für Gestaltung (HfG) eingeweiht. Die Schule versteht sich als Nachfolger des Bauhauses »mit dem ziel, eine mit unserem technischen zeitalter übereinstimmende lebensform zu schaffen«. Schwerpunkte sind Industrialisiertes Bauen, Visuelle Kommunikation und Produktgestaltung.

1956

27. 6. Das Zweite Wohnungsbaugesetz der Bundesrepublik soll u. a. der Bildung von »Einzeleigentum« dienen. Wohnungsbau wird auf drei Wegen gefördert: im öffentlich geförderten, steuerbegünstigten und freifinanzierten Wohnungsbau.

1957

30. 3. Bundesregierung und Senat schreiben den internationalen Wettbewerb Hauptstadt Berlin aus. Das Planungsgebiet erstreckt sich auch auf die zentralen Teile Ostberlins.
6. 7.–29. 9. Die Internationale Bauausstellung (Interbau) in Berlin zählt fast eine Million Besucher. Hauptschauplatz ist das Hansaviertel,

das neu geplant und überbaut wird. Eine Ausstellung *die stadt von morgen*, organisiert von Karl Otto, wird der von Kompromissen belasteten Stadt von heute gegenübergestellt.
4. 10. *Die UdSSR schickt den ersten Satelliten Sputnik in den Weltraum.*

1958

17. 4.–19. 10. Auf der Weltausstellung in Brüssel ist die Bundesrepublik in den Pavillonbauten von Egon Eiermann und Sep Ruf vertreten.
7. 10. Für das Zentrum der *Hauptstadt der Deutschen Demokratischen Republik* wird ein internationaler Wettbewerb ausgeschrieben und ein Jahr später entschieden. Ein Generalbebauungsplan kommt erst 1968 zustande.

1959

29.–30. 10. In Marl, Nordrhein-Westfalen, findet ein Werkbundtag zum Thema *Die große Landzerstörung* statt. »Das Land braucht einen Anwalt.«

1960

23. 6. Das Bundesbaugesetz (später Bundesbaubuch) löst die in den Ländern der Bundesrepublik gültigen Wiederaufbaugesetze ab und schafft bundeseinheitliches Baurecht. Bauleitplanung wird als »Auffangplanung« verstanden, die Privatinitiative aufnimmt und ihr Grenzen setzt.

1961

12. 4. *Als erster Mensch umkreist der sowjetische Kosmonaut Jurij Aleksejewitsch Gagarin die Erde.*
1.–3. 6. Der Wirtschaftswissenschaftler Edgar Salin hält auf dem Deutschen Städtetag in Augsburg einen Vortrag über das Thema Urbanität, der als Aufforderung mißverstanden wird, Urbanität durch höhere Bebauungsdichte zu erzeugen.
13. 8. *Die Teilung Deutschlands wird durch den Bau der Berliner Mauer und der Grenzbefestigungen zwischen Bundesrepublik und DDR für fast drei Jahrzehnte zementiert.*

1962

26. 5.–8. 7. Der Experimentalbau P2 des Instituts für Hochbau an der Deutschen Bauakademie, Vorgänger der Plattenbauserie WBS 70, wird in der Ostberliner Siedlung Fennpfuhl zur Besichtigung freigegeben.
26. 6. In der Bundesrepublik tritt die Baunutzungsverordnung in Kraft, die einer Verdichtung der Städte zuarbeitet. In Kerngebieten wird eine 2,4fache Überbauung der Grundfläche erlaubt. Ausnahmen unter anderem aus »besonderen städtebaulichen Gründen« können gestattet werden.
14. 12. Im Verband Großraum Hannover, Vorbild für zahlreiche spätere Regionalverbände mit überörtlichen Planungsaufgaben, werden die Stadt Hannover und 200 Einzelgemeinden des Umlandes zusammengeschlossen. Inzwischen durch andere Verbandsformen abgelöst.

1963

August. Die Wanderausstellung *Heimat Deine Häuser* wird in Stuttgart eröffnet. Sie wendet sich gegen die »uferlose Ausbreitung der Städte und Dörfer«.
3. 10. Das Staatsratsgebäude in Berlin-Mitte wird seiner Bestimmung übergeben.
15. 10. Eröffnung der von Hans Scharoun entworfenen Berliner Philharmonie, des ersten Bauwerks im Berliner Kulturforum.

1965

8. 4. Das seitdem mehrmals novellierte Raumordnungsgesetz der Bundesrepublik soll der »freien Entfaltung der Persönlichkeit in der Gemeinschaft« dienen. Verdichtung von Wohn- und Arbeitsstätten wird angestrebt.
Alexander Mitscherlich veröffentlicht seine Polemik *Die Unwirtlichkeit unserer Städte. Eine Anstiftung zum Unfrieden.*

1967

21. 4.–27. 10. Unter dem Motto *Terre des Hommes* findet in Montreal eine neue Weltausstellung statt. Für die Bundesrepublik errichten Frei Otto und Rolf Gutbrod eine Terrassenlandschaft, die ein Großzelt in Seilnetz-Konstruktion überwölbt.
2. 6. *Der Berliner Student Benno Ohnesorge wird auf einer Demonstration beim Staatsbesuch des Schahs von Persien von der Kugel eines Polizisten tödlich getroffen. Die Zeit der Studentenproteste beginnt.*

1968

30. 5. Die Paulinerkirche der Leipziger Universität wird gesprengt.
15. 9. Mies van der Rohes Neue Nationalgalerie im Westberliner Kulturforum wird eingeweiht.
31. 12. Die Hochschule für Gestaltung in Ulm stellt ihre Tätigkeit ein, nachdem das Land Baden-Württemberg ihr seine Unterstützung entzogen hatte.

1969

2. 6. In Hamburg konstituiert sich die Bundesarchitektenkammer als Vertretung aller freischaffenden und angestellten Architekten in der Bundesrepublik.
5. 7. Walter Gropius stirbt in Boston.
21. 7. *Der Amerikaner Neil Armstrong betritt als erster Mensch den Mond.*
17. 8. Ludwig Mies van der Rohe stirbt in Chicago.

1970

Die für die ganze DDR verbindliche Wohnungsbauserie 70 wird eingeführt, eine Schottenbauweise mit geschoßhohen vorgefertigten Wandtafeln. Sie wird 1972 zum ersten Mal in Neubrandenburg-Ost eingesetzt. Bis zum Ende der DDR wurden rund 645 000 Wohneinheiten in dieser Serie ausgeführt.
12. 8. *In Moskau schließen Bundesrepublik und Sowjetunion den Moskauer Vertrag. Die Bundesrepublik leitet die Öffnung ihrer Ostpolitik ein.*

1971

In der Neuen Sammlung, München, veranstalten Josef Lehmbrock und Wend Fischer die Ausstellung *Profitopoli$ oder Der Mensch braucht eine andere Stadt*. Sie soll »kritische Einsicht provozieren, damit Vernunft eine Chance gewinnt«.
25.–27. 5. Die Hauptversammlung des Deutschen Städtetags in München steht unter dem Titel »Rettet unsere Städte jetzt!«
27. 7. Das Städtebauförderungsgesetz der Bundesrepublik dient städtebaulichen Sanierungs- und Entwicklungsmaßnahmen. Es ermöglicht Gemeinden in Sanierungsgebieten den Erwerb von Grundstücken und verpflichtet sie zur anschließenden Privatisierung. Abermals scheitert der Planungswertausgleich.

1972

26. 8.–10. 9. Die XX. Olympischen Sommerspiele in München finden in der Zeltlandschaft statt, die Günter Behnisch und Partner in Zusammenarbeit mit Frei Otto und anderen Ingenieurbüros geschaffen haben.

1973

2. 10. Das Zentralkomitee der SED beschließt, wie bereits 1971 auf dem VIII. Parteitag der SED angekündigt, die Wohnungsfrage in der DDR bis zum Jahr 1990 zu lösen. Das bedingt Neubau oder Modernisierung von 2,8 bis 3 Millionen Wohnungen.

6. 10. *Ausbruch des Nahostkrieges (Jom-Kippur-Krieg). Die erdölproduzierenden Länder verdreifachen den Ölpreis. Energiekrise in den westlichen Industriestaaten.*

1975

1. 1. Das von der UNESCO ausgerufene Europäische Denkmalschutzjahr wird in Deutschland zu einem publizistischen Erfolg (»Eine Zukunft für die Vergangenheit«). Das zur Vorbereitung des Jahres gegründete Deutsche Nationalkomitee für Denkmalschutz etabliert sich als bleibende Institution.
Juni. Ein *Gesetz zur Erhaltung der Denkmale in der DDR* wird erlassen. Eine größere Zahl städtebaulicher Ensembles wird zu Denkmälern erklärt. Wirkungsvolle Schutzmaßnahmen scheitern an den wirtschaftlichen Verhältnissen.
1. 8. *Die Staats- und Regierungschefs von 33 europäischen Staaten, der USA und Kanadas, darunter auch der BRD und DDR, unterzeichnen die KSZE-Schlußakte von Helsinki (Konferenz für Sicherheit und Zusammenarbeit in Europa). Die Akte enthalten Regelungen und Absichtserklärungen über Zusammenarbeit und Informationsaustausch und tragen zum Ende des Kalten Krieges bei.*

1976

23. 4. Mit einem Fest der Bauarbeiter wird der Palast der Republik, zentraler Bau der DDR-Hauptstadt, eröffnet. Chefarchitekt war Heinz Graffunder.
23. 7. Als Reaktion auf die Ölkrise tritt in der Bundesrepublik ein Energieeinsparungsgesetz in Kraft, ein Jahr später gefolgt von einer Wärmeschutzverordnung. In den folgenden Jahren schließen sich mehrfache Novellierung und Verschärfung der Vorschriften an.
5. 12. Das restaurierte Bauhausgebäude in Dessau wird in Anwesenheit zahlreicher Bauhäusler der Öffentlichkeit übergeben. Es soll ein wissenschaftlich-kulturelles Zentrum aufnehmen. Die Tradition des Bauhauses gilt in der DDR nun als »progressives Erbe«.

1977

5. 9. *Arbeitgeberpräsident Hanns-Martin Schleyer wird in Köln von der Roten Armee Fraktion (RAF) entführt und vierzig Tage später ermordet.*

1979

18. 9. Eine Verordnung der DDR zum Abriß von Gebäuden und baulichen Anlagen hält die »staatlichen und wirtschaftsleitenden Organe« an, den Baubestand zu »erhalten und volkswirtschaftlich effektiv« zu nutzen.

1980

21. 5. Der südliche Randbogen der von Hugh Stubbins entworfenen Berliner Kongreßhalle stürzt ein.

1982

14. 8.–28. 9. Während der internationalen Kunstausstellung documenta 7 in Kassel wird eine Wohnsiedlung am westlichen Stadtrand als *documenta urbana* eröffnet.

1984

1. 6. Direktor Heinrich Klotz eröffnet das Deutsche Architekturmuseum in Frankfurt am Main mit der Ausstellung *Die Revision der Moderne*, einem Plädoyer für die Postmoderne. Sitz des Museums ist eine von Oswald Mathias Ungers umgebaute Doppelvilla.
15. 9. Eröffnung der Internationalen Bauausstellung (West-)Berlin (IBA). Hauptthema sind innerstädtisches Wohnen und Stadtreparatur zwischen Tegel und Kreuzberg. Die IBA ist als Prozeß organisiert und hat 1987 einen zweiten Höhepunkt. Für den Bereich Behutsame Stadterneuerung ist Hardt-Waltherr Hämer, für die Neubaubereiche Josef Paul Kleihues verantwortlich.

1985

13. 2. Die rekonstruierte Semper-Oper in Dresden wird eröffnet. Verantwortlicher Architekt ist Wolfgang Hänsch.
17. 4. Die Deutsche Stiftung Denkmalschutz wird ins Leben gerufen, ein Zusammenschluß privater Stifter aus Handel und Industrie.

1986

26. 4. *Im Kernkraftwerk der ukrainischen Stadt Tschernobyl ereignet sich eine Reaktorkatastrophe, die große Mengen radioaktiver Stoffe freisetzt. Die Schadstoffwolke erreicht auch Deutschland.*
7. 5. In London erhält der Kölner Architekt Gottfried Böhm als erster und bisher einziger Deutscher den Pritzker-Preis (»Nobel-Preis für Architektur«).
18. 9. Die Gewerkschaften verkaufen die Reste der unter ihrer Schuldenlast zusammengebrochenen Unternehmensgruppe Neue Heimat für den symbolischen Preis von einer Mark an einen Berliner Bäcker. In ihrer Blütezeit galt die Firmengruppe als weltweit größter Baukonzern.

1987

21. 3. Eröffnung der Feierlichkeiten zur 750. Wiederkehr der ersten urkundlichen Erwähnung Berlins im Jahr 1237. Im Westteil finden die Abschlußveranstaltungen der IBA statt, im Ostteil wird das rekonstruierte Nikolaiviertel eingeweiht.

1989

5. 5. Die Internationale Bauausstellung Emscher Park nimmt ihre Arbeit auf und legt vom 13. 4.–15. 12. 1994 und vom 23. 4.–1. 10. 1999 Rechenschaft über die Aufwertung einer siebzig Kilometer langen Zone des nördlichen Ruhrgebiets ab. Ihr Leiter ist Karl Ganser.
4. 9. *Nach dem Montagsgebet formiert sich in Leipzig erstmals ein Protestzug, der Bürgerrechte einfordert. Beginn der großen Demonstrationen in der DDR.*
25.–26. 10. Architekten und Künstler verfassen eine *Rostocker Erklärung zur Rettung der historischen Städte*.
9. 11. *Nach der friedlichen Revolution in der DDR fällt die Berliner Mauer, die 28 Jahre lang Ost- und Westberlin trennte. Die Grenzen zwischen Ost- und Westdeutschland werden geöffnet.*

1990

6.–7. 1. Fast tausend Bürger nehmen an der Leipziger Volksbaukonferenz teil, die eine Bilanz der Schäden und Probleme in der Stadt zieht und als Aufbausignal empfunden wird.
14. 2. In das Modellstadt-Programm der Bauminister von Bundesrepublik und DDR werden als erste Städte Brandenburg, Meißen, Stralsund und Weimar aufgenommen. Es folgen Cottbus, Görlitz, Güstrow, Halberstadt, Jena, Mühlhausen (Thüringen) und Naumburg.
24. Juni. Die Unterzeichner der *1. Dessauer Erklärung (Auf dem Wege zu einer demokratischen Baukultur)* weisen auf die Gefahr hin, die DDR könne »zum Spielball frühkapitalistischer Ellenbogenmentalität« werden.
3. 10. *Die Deutsche Demokratische Republik tritt dem Geltungsbereich des Grundgesetzes der Bundesrepublik Deutschland bei.*

1991

20. 6. Der Deutsche Bundestag entscheidet sich mit knapper Mehrheit für die Verlegung von Par-

Zeittafel 523

lament und Regierung von Bonn nach Berlin. Bonn behält den Titel »Bundesstadt«.

1992

12. 5. Für das neue Berliner Regierungsviertel im Spreebogen wird ein städtebaulicher internationaler Wettbewerb ausgeschrieben. Sieger werden Axel Schultes und Charlotte Frank mit einem »Band des Bundes«. Im Bauwettbewerb für das Bundeskanzleramt tragen dieselben Architekten am 13. 12. 1994 einen ersten Preis davon, der ihnen den Auftrag einbringt.
18. 6. Der Europäische Rat verabschiedet die Dienstleistungsrichtlinie. Sie regelt die Vergabe auch von Architektenleistungen. Öffentliche Auftraggeber müssen in Realisierungswettbewerben bei Honorarsummen über 200 000 Euro europaweit ausschreiben.
25. 8. Bundesregierung und Berliner Senat schließen einen Vertrag für den Ausbau Berlins zur Hauptstadt der Bundesrepublik.
30. 10. Das Bonner Plenarsaalgebäude von Günter Behnisch und Partnern wird eröffnet. Für sieben Jahre nimmt es den Deutschen Bundestag auf.

1993

Juni. Der britische Architekt Norman Foster, der einen von drei ersten Preisen für den Umbau des Berliner Reichstagsgebäudes gewonnen hatte, erhält den Bauauftrag. Foster muß sein Projekt völlig überarbeiten.

1994

14. 4. Die Deutsche Bank stellt Strafanzeige gegen den Immobilienhändler Jürgen Schneider, die seinen Firmenzusammenbruch auslöst. Der Investor hatte sich besonders stark in den neuen Bundesländern engagiert.
25. 8. Die *2. Dessauer Erklärung* zieht eine skeptische Zwischenbilanz des Baugeschehens in Ostdeutschland.

1995

7. 6.–7. 7. Die Künstler Christo und Jeanne-Claude verhüllen das Reichstagsgebäude. Fünf Millionen Besucher besichtigen das Spektakel.

1996

5. 5. In einem Volksentscheid wird die beabsichtigte Vereinigung der Bundesländer Berlin und Brandenburg zu Fall gebracht.

1999

19. 4. Der Deutsche Bundestag nimmt seine Tätigkeit im durch Norman Foster umgebauten Reichstagsgebäude auf.

2000

1. 6.–31. 10. In Hannover findet auf dem umgestalteten Messegelände die Expo 2000 statt, die erste Weltausstellung in Deutschland. Resonanz und Besucherzahl bleiben unter den Erwartungen.

2001

15. 8. Das Bundeskabinett befaßt sich mit einer Beschlußvorlage zum *Stadtumbau Ost*. Von 2002 bis 2009 sollen das Überangebot an leerstehenden Wohnungen reduziert und erhaltenswerte Stadtkerne gestärkt werden.
2. 5. Das von Axel Schultes und Charlotte Frank entworfene Bundeskanzleramt im Berliner Spreebogen wird eingeweiht.
11. 9. *Moslemische Terroristen verüben ein Attentat auf New York und Washington. Die beiden Türme des World Trade Center stürzen ein.*
Oktober. Das Bundesministerium für Verkehr-, Bau- und Wohnungswesen ruft eine *Initiative Architektur und Baukultur* ins Leben und legt im Dezember einen von Gert Kähler redigierten Bericht über den Zustand der *Baukultur in Deutschland* vor.

2002

1. 1. *Der Euro löst die DM als gesetzliches Zahlungsmittel ab.*
1. 2. Die Energieeinsparverordnung legt den gesamten Energiebedarf des Hauses für Neubauten fest und löst die Wärmeschutzverordnung ab.
22.–26. 7. Der Weltkongreß der internationalen Architektenvereinigung UIA tagt zum ersten Mal in Deutschland und diskutiert in Berlin die *Ressource Architektur*. Mit 5 500 Teilnehmern ist die Beteiligung geringer als erwartet und bringt den gastgebenden Bund Deutscher Architekten in existenzgefährdende Schwierigkeiten.
Mitte August. Die ostdeutschen Bundesländer Sachsen, Sachsen-Anhalt und Brandenburg werden von einem schweren Hochwasser an der Elbe und ihren Nebenflüssen heimgesucht. Städte und Baudenkmäler werden verwüstet.

2003

4.–5. 4. Der erste Konvent der Baukultur findet in Bonn statt.
16. 10. Das Plenum des Deutschen Bundestages nimmt einstimmig einen Antrag von SPD und Bündnis 90/Die Grünen über *Die Qualitätsoffensive für gutes Planen und Bauen* an.

2004

21. 11. In einem Bürgerentscheid stimmen 101 000 Münchner gegen weitere Hochhäuser von über 100 Metern Höhe. Der Entscheid bindet den Stadtrat ein Jahr lang.
15. 12. Das Bundeskabinett verabschiedet ein Gesetz zur Errichtung der Bundesstiftung Baukultur.

2005

April. Zwischenbilanz der Internationalen Bauausstellung Fürst-Pückler-Land, die sich der Restrukturierung des Lausitzer Industrie- und Braunkohlereviers widmet.
30. 10. Die wiederaufgebaute barocke Frauenkirche, das bürgerliche Wahrzeichen Dresdens, wird geweiht.

Kurzbiografien deutscher Architekten und Planer

Abel, Adolf, geb. 27. 11. 1882 in Paris, gest. 3. 11. 1968 in Bruckberg bei Ansbach. 1902–04 Studium TH Stuttgart bei Theodor Fischer, 1904–08 Akademie der Bildenden Künste Dresden u. a. bei Paul Wallot. 1919–21 Assistent bei Paul Bonatz TH Stuttgart, 1921–25 Lehrbeauftragter und Leiter der Hochbauabteilung der Neckar-AG. 1925–30 Stadtbaudirektor Köln. 1930–52 Professur für Baukunst und Städtebau TH München. 1946 im Wiederaufbaudirektorium Baden-Württemberg.

Ackermann, Kurt, geb. 2. 3. 1928 in Insingen, Bayern. Ausbildung als Maurer und Zimmermann. 1949–54 Studium Oskar von Miller-Polytechnikum und TH München. Seit 1953 eigenes Büro in München (Ackermann und Partner). 1974–93 Professur Universität Stuttgart. Lebt in München.

Albinmüller (Müller, Albin), geb. 13. 12. 1871 in Dittersbach, Erzgebirge, gest. 2. 10. 1941 in Darmstadt. Ausbildung als Tischler. 1899–1900 Studium Kunstgewerbeschule Dresden. 1900–06 Lehrer für Raumkunst und Formenlehre Kunstgewerbeschule Magdeburg. 1906 Berufung an die Künstlerkolonie Mathildenhöhe, Darmstadt, nach Olbrichs Tod 1908 leitender Architekt der Kolonie.

Auer, Fritz, geb. 24. 6. 1933 in Tübingen. 1953–62 Studium TH Stuttgart, 1958–59 Cranbrook Academy of Arts, Bloomfield Hills, Mich. 1960–65 Mitarbeit bei Behnisch und Lambart, 1966–79 Partner in Behnisch & Partner, Stuttgart und München. Seit 1980 Bürogemeinschaft mit Carlo Weber in München und Stuttgart (Auer + Weber + Partner). 1985–92 Professur FH München, 1993–2001 Akademie der Bildenden Künste Stuttgart.

Bangert, Dietrich, geb. 12. 11. 1942 in Berlin. 1962–69 Studium TH Darmstadt und TU Berlin, u. a. bei Oswald Mathias Ungers. Seit 1970 eigenes Büro in Berlin, 1974–91 Partnerschaft mit Bernd Jansen, Stefan Scholz, Axel Schultes (BJSS). 1984, 1986 Gastprofessur School of Architecture, Syracuse University, New York.

Bartning, Otto, geb. 12. 4. 1883 in Karlsruhe, gest. 20. 2. 1959 in Darmstadt. 1902–07 Studium TH Charlottenburg und Karlsruhe. 1904 Weltreise als Segeljunge. Ab 1908 selbständig. 1918 Arbeitsrat für Kunst, leitete dessen Unterrichtsausschuß. 1918 Novembergruppe, 1924 Zehnerring, 1926 Der Ring. 1926–30 Direktor der Hochschule für Baukunst Weimar. 1950–59 Präsident des Bundes Deutscher Architekten. 1955–57 Vorsitzender des Leitungsausschusses der Interbau-Ausstellung, Berlin.

Baumewerd, Dieter G., geb. 13. 7. 1932 in Braunsberg, Ostpreußen. 1955–62 Studium Kunstakademie Düsseldorf bei Rudolf Schwarz und Hans Schwippert. Seit 1962 freier Architekt in Münster. 1969 Gastdozentur RWTH Aachen, 1971–96 Lehrtätigkeit FH Dortmund.

Baumgarten, Paul G. R., geb. 9. 5. 1900 in Tilsit, Ostpreußen, gest. 8. 10. 1984 in Berlin. 1919–24 Studium TH Danzig und TH Berlin. 1924–29 Mitarbeit bei Mebes & Emmerich. 1934–37 Leiter der Bauabteilung der Berliner Müllabfuhr AG, 1937–45 der Philipp Holzmann AG. Ab 1943 selbständiger Architekt. Industrie- und Militäranlagen. Ab 1946 freier Architekt. 1952–68 Professur Hochschule für Bildende Künste Berlin.

Behne, Adolf, geb. 13. 7. 1885 in Magdeburg, gest. 22. 8. 1948 in Berlin. 1905–11 Studium der Architektur TH Charlottenburg, der Kunstgeschichte an der Universität Berlin bei Heinrich Wölfflin. 1918–21 Geschäftsführer des Arbeitsrats für Kunst. Zahlreiche architekturkritische und kunstgeschichtliche Publikationen, u. a. *Die Wiederkehr der Kunst*. Leipzig, 1919. – *Der moderne Zweckbau*. München, 1926 (1923). Volkshochschuldozent. Lehrverbot im Dritten Reich. 1945–48 Professur für Kunstgeschichte Hochschule für Bildende Künste Berlin.

Behnisch, Günter, geb. 12. 6. 1922 in Lockwitz bei Dresden, ab 1936 in Chemnitz. Ab 1939 Militärdienst, englische Kriegsgefangenschaft. 1947–51 Studium TH Stuttgart. 1951–52 Mitarbeit bei Rolf Gutbrod. Ab 1952 eigenes Büro mit Bruno Lambart, ab 1966 Behnisch & Partner mit Fritz Auer, Winfried Büxel, Erhard Tränkner, Carlo Weber, ab 1971 auch mit Manfred Sabatke. 1980 Trennung der Partner in Auer + Weber; Behnisch, Büxel, Sabatke, Tränkner (Behnisch & Partner). 1967–87 Professur TH Darmstadt. Seit 1997 neben Behnisch & Partner auch Behnisch, (Stefan) Behnisch & Partner. Lebt in Stuttgart.

Behrendt, Walter Curt, geb. 16. 12. 1884 in Metz, gest. 26. 4. 1945 in Hanover, New Hampshire. Architekturstudium TH Charlottenburg, München, Dresden. 1912–33 Regierungsbaumeister und Ministerialrat in preußischen Ministerien. 1934 Emigration in die USA, 1934–45 Lehrtätigkeiten in Buffalo und Hanover. Publikationen u. a.: *Der Kampf um den Stil*. Stuttgart, Berlin, 1920. – *Der Sieg des neuen Baustils*. Stuttgart, 1927. – *Modern Building, Its Nature, Problems and Forms*. New York, 1937.

Behrens, Peter, geb. 14. 4. 1868 in Hamburg, gest. 27. 2. 1940 in Berlin. 1886–89 Studium Kunstgewerbeschule Hamburg, Kunstakademie Karlsruhe und in Privatateliers in Düsseldorf und München. 1892–93 Mitbegründer der Münchener Sezession und der Freien Vereinigung Münchener Künstler, 1897 der Vereinigten Werkstätten für Kunst im Handwerk in München. 1899 Berufung an die Künstlerkolonie Darmstadt. 1901–02 Meisterkurse am Bayerischen Gewerbemuseum in Nürnberg. 1903–07 Direktor der Kunstgewerbeschule Düsseldorf. Ab 1907 künstlerischer Beirat der Allgemeinen Elektricitäts-Gesellschaft (AEG) in Berlin. 1907 Gründungsmitglied des Deutschen Werkbunds. Mitglied der Novembergruppe. 1924 Zehnerring, 1926 Der Ring. 1922–36 Professor und Leiter der Meisterschule für Architektur an der Akademie der Bildenden Künste in Wien. 1936 Rückkehr nach Berlin, Meisteratelier für Baukunst an der Preußischen Akademie der Künste.

Berg, Max, geb. 17. 4. 1870 in Stettin, gest. 24. 1. 1947 in Baden-Baden. 1889–93 Studium TH Charlottenburg bei Karl Schäfer. Ab 1899 Stadtbauinspektor in Frankfurt am Main. 1908 Deutscher Werkbund. 1909–25 Stadtbaurat in Breslau. 1918–19 Arbeitsrat für Kunst. Berg legte sein Breslauer Amt nach Zwistigkeiten mit Stadtrat und Stadtverwaltung nieder. Ab 1926 in Berlin.

Bestelmeyer, German, geb. 18.6.1874 in Nürnberg, gest. 30. 6. 1942 Bad Wiessee, Tegernsee. 1893–97 Studium TH München u. a. bei Friedrich von Thiersch, Akademie der Bildenden Künste Wien. 1897–1902 in Hochbauverwaltung Regensburg und Universitätsbauamt München. 1910–15 Professur TH und Akademie der Bildenden Künste Dresden. 1915–22 Meisteratelier an der Preußischen Akademie der Künste Berlin, 1919–22 Professur TH Berlin, 1922–42 TH München. 1924–42 Präsident der Akademie der Bildenden Künste München. 1928 Gründungsmitglied der konservativen Architektenvereinigung Der Block. Ab 1935 Mitglied des Reichskultursenats.

Bienefeld, Heinz, geb. 8. 7. 1926 in Krefeld, gest. 28. 4. 1995 in Swisttal-Ollheim, Voreifel. 1948–52 Studium Kölner Werkschulen, 1952–54 Meisterschüler und Assistent von Dominikus Böhm. 1954 Aufenthalt in den USA. 1955–58 Mitarbeit bei Gottfried Böhm, 1959–63 bei Emil Steffann. 1963–95 eigenes Büro. 1962 erste Italienreise. 1984–87 Lehraufträge Gesamthochschule Wuppertal, FH Trier.

Billing, Hermann, geb. 7. 2. 1867 in Karlsruhe, gest. 2. 3. 1946 in Karlsruhe. 1883 Studium Kunstgewerbeschule, 1886–88 TH Karlsruhe. Mitarbeiter in Berliner Architektenbüros, u. a. bei Kayser & von Großheim. 1892 wieder in Karlsruhe. Ab 1901 Lehrtätigkeit, später Professur Akademie der Bildenden Künste, 1906–37 auch an der TH Karlsruhe.

Bofinger, Helge, geb. 30. 3. 1940 in Stettin. 1960–68 Studium TH Braunschweig. 1969–81 eigenes Büro mit Margret Bofinger in Braunschweig, dann in Berlin und Wiesbaden. Lehrtätigkeiten in Dortmund, Venedig, Buenos Aires, Rotterdam. Lebt in Wiesbaden.

Böhm, Dominikus, geb. 23. 10. 1880 in Jettingen, Schwaben, gest. 6. 8. 1955 in Köln. 1896–1900 Studium Baufachschule Augsburg, 1903–07 TH Stuttgart u. a. bei Theodor Fischer. 1907 Lehrer Baugewerbeschule Bingen, 1908–26 Technische Lehranstalten Offenbach, Main. 1926–34 und 1946–53 Professur Werkschulen Köln. Zahlreiche Kirchenbauten.

Böhm, Gottfried, geb. 23. 1. 1920 in Offenbach. Sohn von Dominikus Böhm. 1942–47 Studium der Architektur TH München u. a. bei Adolf Abel, Hans Döllgast, Robert Vorhoelzer, der Bildhauerei Akademie der Bildenden Künste München. 1947–50, 1952–55 Mitarbeit bei Dominikus Böhm, 1950 in der Wiederaufbauplanung der Stadt Köln. 1950–51 Partnerschaft mit Paul Pott. 1955 Übernahme des väterlichen Büros. 1963–85 Professur für Stadtbereichsplanung und Werklehre RWTH Aachen. 1986 Pritzker-Preis. Lebt in Köln.

Bolles-Wilson, Julia B., geb. 27. 9. 1948 in Münster. 1968–76 Studium TU Karlsruhe u. a. bei Egon Eiermann und Ottokar Uhl, 1978–79 Architectural Association, London. 1981–86 Dozentin Chelsea School of Art, London. Seit 1980 gemeinsames Büro mit Peter Wilson in London und Münster. Seit 1996 Professur FH Münster.

Bonatz, Karl, geb. 1882, gest. 24. 9. 1951 in Berlin. Bruder von Paul Bonatz. Nach dem Studium in der Bauverwaltung Berlin-Neukölln, dann im Hauptplanungsamt des Magistrats. Ab 1940 Abteilungsleiter beim Generalbauinspektor für die Reichshauptstadt. 1945–46 Stadtbaurat von Berlin-Steglitz, 1947–48 Gesamtberlins. 1949–50 Stadtbaudirektor von Westberlin.

Bonatz, Paul, geb. 6. 12. 1877 in Solgne bei Metz, gest. 20. 12. 1956 in Stuttgart. Bruder von Karl Bonatz. 1896–1900 Studium TH München. 1900–01 im Stadtbauamt München bei Theodor Fischer. 1901–06 Assistent Fischers an der TH Stuttgart, 1908–43 Professur TH Stuttgart. 1910–44 freier Architekt in Stuttgart, Partnerschaft mit Friedrich Eugen Scholer. 1928–31 Mitglied der konservativen Architektengruppe Der Block. 1935–41 Berater für Hochbauten der Reichsautobahnen. 1939–43 große Planungsaufträge für Berlin und München (neuer Hauptbahnhof). 1943–53 Berater der Bauabteilung des türkischen Unterrichtsministeriums und Professur TH Istanbul. 1954 Rückkehr nach Stuttgart.

Branca, Alexander von, geb. 11. 1. 1919 in München. 1946–50 Studium Universität München, ETH Zürich. Eigenes Büro seit 1950. Ab 1972 Kreisheimatpfleger. Lebt in München.

Braunfels, Stephan, geb. 1. 8. 1950 in Überlingen, Bodensee. Sohn des Kunsthistorikers Wolfgang Braunfels, Einfluß des Aachener Architekten Bruno Schindler. 1970–75 Studium TU München. Seit 1978 selbständig in München, seit 1996 auch in Berlin. 1991–93 städtebaulicher Berater der Stadt Dresden. Lebt in München.

Breuer, Marcel, geb. 22. 5. 1902 in Pécs, Ungarn, gest. 1. 7. 1981 in New York. 1920–28 am Bauhaus Weimar und Dessau, ab 1926 Meister für Innenarchitektur. 1928–33 Architekt und Ausstellungsgestalter in Berlin. 1933 Übersiedlung in seine Heimat Ungarn, 1935 Emigration nach London. 1937–46 Professur an der Harvard University, Cambridge, Mass. Bis 1941 enge Zusammenarbeit mit Walter Gropius. Zahlreiche Wohnhäuser, internationale Großprojekte unter dem Namen Marcel Breuer & Associates. 1976 Rückzug aus gesundheitlichen Gründen.

Collein, Edmund, geb. 10. 1. 1906 in Bad Kreuznach, gest. 21. 1. 1992 in Berlin. 1925–30 Studium TH Darmstadt und Bauhaus Dessau bei Walter Gropius und Hannes Meyer. Architekt in Wien, München, Berlin. 1940–45 Baubataillon. Nach 1945 in Berliner Baubehörden tätig. 1951 Präsident des BDA/DDR. 1951 Vizepräsident der Deutschen Bauakademie, ab 1958 Leiter des Instituts für Gebiets-, Stadt- und Dorfplanung.

Deilmann, Harald, geb. 30. 8. 1920 in Gladbeck, Westfalen. 1946–48 Studium TH Stuttgart u. a. bei Richard Döcker, Rolf Gutbrod, Günter Wilhelm, Hans Volkart. Seit 1951 in Partnerschaften, 1953–55 mit Max von Hausen, Ortwin Rave, Werner Ruhnau in Münster, danach eigenes Büro. 1963–69 Professur TH Stuttgart, danach Universität Dortmund. Lebt in Münster.

Dietrich, Richard J., geb. 29. 12. 1938 in München. 1960–66 Studium TH München u. a. bei Gerd Albers, Bauingenieurwesen University of South California. 1963 Praktikum bei Werner Ruhnau. 1965 Zusammenarbeit mit Rudolf Doernach am Metastadt-Projekt. 1966–67 Teamarbeit bei Konrad Wachsmann in Los Angeles. Seit 1969 in München selbständig. 1975 Mitbegründer des Instituts für Baubiologie in Rosenheim. Bausysteme, alternatives ökologisches Bauen, städtebauliche Projekte, Brückenbau. Lebt in München und Traunstein.

Disch, Rolf, geb. 24. 1. 1944 in Freiburg i. Br. Schreiner- und Maurerlehre. 1964–67 Studium Bautechnikschule Freiburg, FH Konstanz. Seit 1989 freier Architekt in Freiburg. 1998–99 Gastprofessur Hochschule für Gestaltung Karlsruhe. Solararchitektur.

Dischinger, Franz, geb. 8. 10. 1887 in Heidelberg, gest. 9. 1. 1953 in Berlin. Studium des Bauingenieurwesens TH Karlsruhe. 1913 Eintritt in die Firma Dyckerhoff & Widmann in Wiesbaden. Entwicklung des Stahlbeton-Schalenbaus (»Eisenbetonschalen«) in Zusammenarbeit mit Walter Bauersfeld von der Firma Zeiss und Ulrich Finsterwalder. 1932 Professur für Stahlbetonbau TH Berlin. Brücken, Flugzeughallen, Kühltürme, Kuppeln, Schutzgewölbe.

Distel, Hermann, geb. 5. 9. 1875 in Weinsberg, Württemberg, gest. August 1945 in Hamburg.

Studium TH Karlsruhe u. a. bei Carl Schäfer. Mitarbeit bei Architektenbüros in Zürich, Freiburg i. Br., Berlin und Breslau. 1905 eigenes Büro gemeinsam mit August Grubitz.

Döcker, Richard, geb. 13. 6. 1894 in Weilheim/Teck, gest. 9. 11. 1968 in Stuttgart. 1912–14, 1917–18 Studium TH Stuttgart. 1921–25 Mitarbeiter und Assistent von Paul Bonatz. 1926–27 Bauleiter der Weißenhofsiedlung Stuttgart. 1941–44 Planer im Wiederaufbauamt des Gaus Westmark in Saarbrücken. 1946 Generalbaudirektor der Stadt Stuttgart. 1947–58 Professur für Städtebau und Entwerfen TH Stuttgart.

Doernach, Rudolf, geb. 17. 8. 1929 in Stuttgart. 1952–56 Studium der Architektur und Biologie in Deutschland und den USA (Raleigh, Seattle). 1956–57 Mitarbeiter bei Buckminster Fuller. 1960–63 Lehrtätigkeit an der Hochschule für Gestaltung, Ulm. Gastdozenturen für Biotektur (»Lebendbau«) in vielen Ländern. Lebt als Bauer und Biotekt im Schwarzwald.

Döllgast, Hans, geb. 1. 4. 1891 in Bergheim, gest. 18. 3. 1974 in München. 1910–14 Studium TH München. 1919–26 Mitarbeiter u. a. bei Richard Riemerschmid in München und Peter Behrens in Wien, Berlin und Frankfurt am Main. 1927–29 freier Architekt in München, Wien, Augsburg. 1929–38 Lehraufträge, 1938–56 Professur für Architekturzeichnen und Raumkunst TH München.

Döring, Wolfgang, geb. 31. 3. 1934 in Berlin. Bis 1959 Studium TH München und Karlsruhe. Mitarbeiter bei Egon Eiermann, Konrad Wachsmann, Max Bill, Paul Schneider-Esleben. Seit 1964 eigenes Architekturbüro in Düsseldorf, seit 1996 als Döring Dahmen Joeressen Architekten. Ab 1973 Professur RWTH Aachen, 1996 Gastprofessur Universität Tokio. Lebt in Düsseldorf.

Dudler, Max, geb. 18. 11. 1949 in Altenrhein, Schweiz. 1975–80 Studium Städelschule Frankfurt am Main bei Günter Bock und Hochschule der Künste Berlin bei Ludwig Leo. 1981–86 Frankfurter Büroleiter bei Oswald Mathias Ungers. 1986–95 Bürogemeinschaft mit seinem Bruder Karl Dudler und Pete Welbergen. Seit 1992 eigene Büros in Berlin, Frankfurt am Main und Zürich. 1996–99 Professur Universität Dortmund. Lebt in Berlin.

Düttmann, Werner, geb. 6. 3. 1921 in Berlin, gest. 26. 1. 1983 in Berlin. 1939–42, 1947–48 Studium TH Berlin, 1950–51 University of Durham, Großbritannien. 1951–56 Entwurfsarchitekt in der Westberliner Bauverwaltung. 1956–60 freier Architekt. 1960–66 Senatsbaudirektor Berlin. 1963–70 Professur TU Berlin. 1971–83 Präsident der Akademie der Künste, Berlin.

Ebert, Wils (Willy Karl), geb. 17. 4. 1909 in Dresden, gest. 24. 6. 1979 in Berlin. 1929–33 Studium Bauhaus Dessau. Mitarbeiter bei Walter Gropius. Ab 1934 eigenes Architekturbüro. 1945–49 Hauptabteilungsleiter beim Berliner Magistrat. 1947–74 Professur Hochschule für Bildende Künste, Berlin.

Eggeling, Fritz, geb. 19. 6. 1913 in Braunschweig, gest. 2. 3. 1966 in Hannover. Studium TH Braunschweig. 1936–39 im Hochbauamt Stettin bei Hans Bernhard Reichow. 1939–45 Baubeamter bei der Luftwaffe. Nach dem Krieg stadtplanerische Tätigkeit in Braunschweig, Hannover (unter Rudolf Hillebrecht), Sennestadt (unter Hans Bernhard Reichow). Ab 1960 Professur TH/TU Berlin. Ab 1961 Planung der Neuen Stadt Wulfen.

Eggert, Hermann, geb. 3. 1. 1844 in Burg bei Magdeburg, gest. 12. 3. 1920 in Weimar. Studium Bauakademie Berlin. 1875–89 Universitätsbaumeister in Straßburg. Repräsentative Bauten in Straßburg (Kaiserpalast, 1983–89), Frankfurt am Main (Empfangsgebäude Hauptbahnhof, 1881–88), Hannover (Rathaus, 1895–1909). Ab 1889 Oberbaurat im preußischen Ministerium für öffentliche Arbeiten.

Eiermann, Egon, geb. 29. 9. 1904 in Neuendorf bei Berlin, gest. 19. 7. 1970 in Baden-Baden. 1923–27 Studium TH Berlin, 1925–28 Meisterschüler bei Hans Poelzig. 1931–45 freier Architekt in Berlin, 1946–65 zusammen mit Robert Hilgers in Mosbach (Odenwald), dann Karlsruhe. 1936, 1950, 1956 Studienreisen in die USA. Ab 1947 Professur TH Karlsruhe. Ab 1962 Mitglied des Planungsrates für die Neubauten des Deutschen Bundestages in Bonn.

Elsaesser, Martin, geb. 18. 5. 1884 in Tübingen, gest. 5. 8. 1957 in Stuttgart. 1902–06 Studium TH Stuttgart und München. 1906–08 Assistent von Theodor Fischer. 1912–20 Professur TH Stuttgart. 1919–20 Präsident des Bundes Deutscher Architekten. 1920–25 Direktor der Kölner Werkschulen. 1925–32 Leiter des Hochbauamts Frankfurt am Main. 1933–45 Architekt in München und Berlin (u. a. beim Generalbauinspektor der Reichshauptstadt), zeitweise Tätigkeit in Ankara. 1948–56 Professur TH München.

Endell, August, geb. 12. 4. 1871 in Berlin, gest. 13. 4. 1925 in Berlin. Studium Philosophie und Ästhetik an den Universitäten Tübingen und München. Kunstgewerbe; Architektur als Autodidakt. 1901 von München nach Berlin. 1904–09 Lehrtätigkeit an seiner Schule für Formkunst, Berlin. 1918–25 Direktor der Staatlichen Akademie Breslau.

Fahrenkamp, Emil, geb. 8. 11. 1885 in Aachen, gest. 24. 5. 1966 in Breitscheid. 1901 Studium Kunstgewerbeschule Aachen, 1905–06 RWTH Aachen. 1909–12 Mitarbeiter bei Wilhelm Kreis. Assistent und Lehrer an der Kunstgewerbeschule Düsseldorf. Ab 1919 Lehrtätigkeit und Professur an der Kunstakademie Düsseldorf, 1938–45 deren Direktor. In der NS-Zeit Planungsbeauftragter für die Filmstadt Babelsberg.

Fehling, Hermann, geb. 10. 9. 1909 in Hyères, Südfrankreich, gest. 11. 1. 1996 in Berlin. Aufgewachsen in Lübeck und Hamburg. Schreinerlehre. Studium Baugewerbeschule Hamburg. 1929–30 Mitarbeiter bei Erich Mendelsohn, Berlin. 1931–37 Zusammenarbeit mit Werner Issel, Berlin. 1943–53 eigenes Büro, danach Partnerschaft mit Daniel Gogel.

Fick, Roderich, geb. 16. 11. 1886 in Würzburg, gest. 13. 7. 1955 in Herrsching. 1907–10 Studium TH Zürich, Dresden, München. 1910–14 Mitarbeiter bei Alexander von Senger in Zürich und Georg Steinmetz in Berlin. 1920–36 Architekt in Herrsching am Ammersee, eigene Werft für Boote und Segelflugzeuge. 1936–45 Professur TH München. Bautätigkeit für Hitler auf dem Obersalzberg. 1939–45 Reichsbaurat der Stadt Linz.

Fidus, eigentl. Hugo Höppener, geb. 8. 10. 1868 in Lübeck, gest. 23. 2. 1948 in Woltersdorf bei Berlin. 1887–92 Studien an der Münchner Akademie. Schüler und Jünger von Karl Wilhelm Diefenbach (»naturgemäße Lebensweise«). Maler, Illustrator, Architekturentwürfe. Seit 1892 in Berlin. Nähe zur Theosophie. 1919 *Ausstellung für unbekannte Architekten*.

Fink, Dietrich, geb. 25. 1. 1958 in Burgau. 1978–84 Studium TU München. Seit 1987 eigenes Büro, seit 1991 in Partnerschaft mit Thomas Jocher. 1988–91, 1998 Gastprofessur TU München, 1999–2004 Professur TU Berlin, seit 2004 TU München. Lebt in München und Berlin.

Finsterlin, Hermann, geb. 18. 8. 1887 in München, gest. 16. 9. 1973 in Stuttgart. Ab 1905 privates Studium der Malerei, Kontakte zu Wilhelm von Debschitz' Lehr- und Versuchswerkstätten. 1914–15 Studium der Naturwissenschaften Universität München. 1916–26 Kunstmaler und Schriftsteller in Schönau bei Berchtesgaden, danach Umzug nach Stuttgart, aber häufige Aufenthalte in Schönau. 1919 Arbeitsrat für Kunst. *Ausstellung für unbekannte Architekten* 1919 und Ausstellung *Neues Bauen* 1920. Korrespondent der *Gläsernen Kette*.

Finsterwalder, Ulrich, geb. 25. 12. 1897 in München, gest. 5. 12. 1988 in München. 1920–23 Studium des Bauingenieurwesens TH München. 1923 Eintritt in die Firma Dyckerhoff & Widmann, ab 1948 persönlich haftender Gesellschafter. Forschungen zur Membrantheorie. 1926 Zusammenarbeit mit Franz Dischinger. Zylindrische Schalengewölbe, Kuppeln, Krag- und Hängedächer, Brücken, Industriebauten. Entwicklungsarbeit im Spannbetonbau.

Fischer, Alfred, geb. 29. 8. 1881 in Stuttgart, gest. 10. 4. 1950 in Murnau. 1900–04 Studium TH bei Theodor Fischer und Akademie der Bildenden Künste in Stuttgart. 1904–07 bei Ludwig Hoffmann, Berlin, 1907–08 bei Paul Schultze-Naumburg in Saaleck. 1909–11 Lehrtätigkeit an der Kunstgewerbeschule Düsseldorf, 1911–33 Direktor der Handwerker- und Kunstgewerbeschule Essen, ab 1928 Folkwangschule für Gestaltung. 1919 Arbeitsrat für Kunst.

Fischer, Theodor, geb. 28. 5. 1862 in Schweinfurt, gest. 25. 12. 1938 in München. 1880–85 Studium Polytechnikum München. 1886–89 Mitarbeiter von Paul Wallot. 1889–92 Architekt in Dresden. 1892–93 Mitarbeiter bei Gabriel von Seidl. 1893–1901 Leiter des Stadterweiterungsbüros München. 1901–08 Professor TH Stuttgart, 1908–28 TH München, Lehrstuhl für Städtebau. 1907 Gründungsmitglied des Deutschen Werkbundes und erster Vorsitzender. 1935 Mitglied des Reichskultursenats.

Frentzen, Georg, geb. 7. 10. 1854 in Aachen, gest. 26. 12. 1923 in Aachen. Studium und Professur RWTH Aachen. Architekt des Empfangsgebäudes Hauptbahnhof Köln (1888–94). 1913–19 Präsident des Bundes Deutscher Architekten.

Fries, Heinrich de, geb. 30. 11. 1887 in Berlin, gest. 15. 8. 1938 in Werder bei Potsdam. Studium TH Hannover und Charlottenburg, an der Kunstakademie Düsseldorf und der Universität Bonn. 1916–19 Mitarbeiter von Peter Behrens. 1919–21 Redakteur von *Wasmuths Monatshefte für Baukunst*, ab 1924 der *Baugilde*. 1919 Arbeitsrat für Kunst. 1927–32 Professur für Städtebau an der Kunstakademie Düsseldorf. Publikationen: *Vom sparsamen Bauen* (mit Peter Behrens). Berlin, 1918. – *Wohnstädte der Zukunft*. Berlin, 1919. – *Junge Baukunst in Deutschland*. Berlin, 1926.

Fritsch, Theodor, geb. 28. 12. 1852 in Wiesenena, Landkreis Delitzsch, Sachsen, gest. 8. 9. 1933 in Gautsch bei Leipzig. Ab 1875 Ausbildung an Berliner Maschinenfabrik. Ab 1879 Inhaber eines technischen Büros und einer Verlagsanstalt. Propagierte die Gartenstadt in Deutschland vor Ebenezer Howard: *Die Stadt der Zukunft*. Leipzig, 1896 (1895). Antisemitische Schriften.

Ganser, Karl, geb. 15. 9. 1937 in Mindelheim, Unterallgäu. Studium der Chemie, Biologie, Geographie Universität und TH München. 1967–71 Aufbau des Stadtentwicklungsreferats München. 1971–80 Leiter der Bundesforschungsanstalt für Landeskunde und Raumordnung Bonn. 1980–89 Abteilungsleiter im Städtebauministerium Nordrhein-Westfalen. 1989–2000 Geschäftsführer der Internationalen Bauausstellung Emscherpark. Lebt in Breitenthal bei Krumbach, Schwaben.

Gerkan, Meinhard von, geb. 3. 1. 1935 in Riga, Litauen. 1939 Umsiedlung nach Posen, 1945 Flucht nach Westdeutschland. 1954–64 Studium Universität Hamburg (Physik, Rechtswissenschaften), TH Berlin und Braunschweig. Seit 1965 Partnerschaft mit Volkwin Marg (von Gerkan, Marg und Partner, gmp). Ab 1974 Professur an der TU Braunschweig. 1988, 1993 Gastdozenturen in Tokio und Pretoria. Lebt in Hamburg.

Gerson, Hans, geb. 19. 3. 1881 in Magdeburg, gest. 14. 10. 1931 in Groß Flottbek. 1899–1901, 1903–04 Studium TH München. 1904–07 Mitarbeit bei Hart & Lesser, Berlin. 1909–31 Partnerschaft mit seinem Bruder Oskar in Altona, später Hamburg. 1920 wurde auch der jüngere Bruder Ernst in die Partnerschaft aufgenommen.

Gerson, Oskar, geb. 11. 7. 1886 in Magdeburg, gest. 25. 12. 1966 in Berkeley, CA. Studium TH München. 1909–31 Partnerschaft mit seinem Bruder Hans in Altona, später Hamburg. 1939 Emigration in die USA.

Gessner, Albert, geb. 19. 3. 1868 in Aue, Erzgebirge, gest. 2. 6. 1953 in Berlin. Studium TH Dresden und Charlottenburg. Mitarbeiter bei Kayser & von Großheim und Alfred Messel in Berlin. Ab 1897 selbständig. 1924–37 Professur TH Berlin. 1928 Mitbegründer der konservativen Architektengruppe Der Block. 1929 Förderer des nationalsozialistischen Kampfbundes für deutsche Kultur. Publikation u. a.: *Das deutsche Miethaus*. München, 1909.

Giedion, Sigfried, geb. 14. 4. 1888 in Prag, gest. 9. 4. 1968 in Zürich. Bis 1913 Studium Maschinenbau TH Wien, anschließend Kunstgeschichte an den Universitäten Zürich und München u. a. bei Heinrich Wölfflin. Ab 1928 Generalsekretär der Internationalen Kongresse für moderne Architektur (CIAM). Ab 1938 Professor Harvard University, Cambridge, Mass., ab 1946 auch ETH Zürich. Publikationen u. a.: *Bauen in Frankreich*. Leipzig, Berlin, 1928. – *Space, Time and Architecture*. Cambridge, Mass., 1941. – *Mechanization takes Command*. Oxford, 1948.

Giesler, Hermann, geb. 2. 8. 1898 in Siegen, gest. 20. 1. 1987 in Düsseldorf. 1919–23 Studium Kunstgewerbeschule und TH München u. a. bei Richard Riemerschmid. Ab 1930 freier Architekt im Allgäu, 1933–35 Bezirksbaumeister in Sonthofen. Ab 1935 Planung für die Gauforen in Weimar und Augsburg. 1938 von Hitler als Generalbaurat mit der Neugestaltung von München, 1940 von Linz beauftragt. 1947–52 als Kriegsverbrecher inhaftiert. Danach als privater Architekt tätig.

Göderitz, Johannes, geb. 24. 5. 1888 in Ramsin bei Bitterfeld, gest. 27. 3. 1978 in Braunlage, Harz. 1908–12 Studium TH Charlottenburg. 1921–27 Architekt im Hochbauamt Magdeburg, 1927–33 Stadtbaurat in Magdeburg. 1936–45 Geschäftsführer der Deutschen Akademie für Städtebau in Berlin. 1945–53 Stadtbaurat in Braunschweig. Bis 1970 Lehrtätigkeiten an der TH Braunschweig. Publikation u. a.: *Die gegliederte und aufgelockerte Stadt* (mit Hubert Hoffmann und Roland Rainer). Tübingen, 1957.

Gogel, Daniel, geb. 20. 3. 1927 in Berlin, gest. 28. 2. 1997 in Berlin. 1945–48 Maurer und Werftarbeiter. Studium Hochschule für Bildende Künste Berlin. 1950–53 Mitarbeit bei Ludwig Leo und Hans Christian Müller, danach Partnerschaft mit Hermann Fehling. 1975–76 Lehrtätigkeit TU Berlin.

Graffunder, Heinz, geb. 23. 12. 1926 in Berlin, gest. 9. 12. 1994 in Berlin. 1949–52 Studium Vereinigte Ingenieurschulen Berlin-Neukölln. 1952–72 Abteilungsleiter in volkseigenen Baubetrieben. 1972 Chefarchitekt Institut für Wohn- und Gesellschaftsbauten der Bauakademie der DDR. 1976–88 Chefarchitekt Berlin-Marzahn. 1984–90

Professur Hochschule für Bauwesen Cottbus, danach freier Architekt.

Gropius, Walter, geb. 18. 5. 1883 in Berlin, gest. 5. 7. 1969 in Boston, Mass. 1903–07 Studium TH München und Charlottenburg, unterbrochen von Militärdienst. 1908–10 Mitarbeiter von Peter Behrens, seitdem selbständig, bis 1925 in Zusammenarbeit mit Adolf Meyer. 1918–21 Arbeitsrat für Kunst, 1919–21 erster Vorsitzender des Geschäftsausschusses. 1919–28 Gründungsdirektor des Bauhauses in Weimar und Dessau. 1926 Der Ring. 1928–34 Architekturbüro in Berlin, 1934–37 in London mit Maxwell Fry. 1937 Berufung an die Harvard University, Cambridge, Mass., 1938–52 Leiter der Architekturabteilung an der Graduate School of Design. 1945 Gründung des Architekturbüros The Architects' Collaborative (TAC).

Gruber, Karl, geb. 5. 5. 1895 in Konstanz, gest. 12. 2. 1966 in Darmstadt. 1903–09 Studium TH Karlsruhe u. a. bei Hermann Billing und Friedrich Ostendorf. 1914–25 im Neubau- und Hochbauamt der Universität Freiburg. 1925–33 Professor TH Danzig, 1933–53 TH Darmstadt. 1938–45 Denkmalpfleger der Provinz Oberhessen.

Gurlitt, Cornelius, geb. 1. 1. 1850 in Nischwitz, Sachsen, gest. 25. 3. 1938 in Dresden. 1872–75 Architekt in Kassel. 1893–1920 Professur für Baugeschichte TH Dresden. Mitbegründer der Barockforschung und Theoretiker der Denkmalpflege. 1920–26 Präsident des Bundes Deutscher Architekten. Publikationen u. a.: *Die deutsche Kunst des Neunzehnten Jahrhunderts*. Berlin, 1899. – *Handbuch des Städtebaues*. Berlin, 1920.

Gutbrod, Rolf, geb. 13. 9. 1910 in Stuttgart, gest. 5. 1. 1999 in Arlesheim bei Basel. Anthroposophische Erziehung. 1929–30 Studium TH Berlin, 1930–35 TH Stuttgart u. a. bei Paul Bonatz und Paul Schmitthenner. 1935–37 Mitarbeiter bei Günter Wilhelm. 1937–45 Architekt bei Luftwaffe und Organisation Todt. Lehrt ab 1947 an der TH Stuttgart, ordentliche Professur 1961– 72. Zusammenarbeit mit Frei Otto beim Deutschen Pavillon in Montreal (1967) und bei Bauten in Saudi-Arabien. 1968–78 zweites Büro in Berlin.

Gutschow, Konstanty, geb. 10. 12. 1902 in Hamburg, gest. 8. 6. 1978 in Hamburg. 1921–24 Studium TH Danzig und Stuttgart. 1926–28 in der Hochbaudirektion Hamburg bei Fritz Schumacher, Mitarbeiter bei Fritz Höger. Ab 1930 eigenes Büro. 1939 Ernennung zum Architekten des Hamburger Elbufers, 1941 Beauftragter für die Neugestaltung Hamburgs. 1943–45 im Arbeitsstab Wiederaufbauplanung. Nach 1945 Wettbewerbe, städtebaulicher Berater, freier Architekt.

Haesler, Otto, geb. 13. 6. 1880 in München, gest. 2. 4. 1962 in Wilhelmshorst bei Potsdam. 1898–1903 Studium Baugewerkschulen Augsburg und Würzburg. 1903–06 Mitarbeiter bei Ludwig Bernouilly in Frankfurt am Main. 1906–34 Architekt in Celle, danach in Eutin. 1941 stellvertretender Leiter des Stadtbauamtes in Lodz (Litzmannstadt). 1946–53 in Rathenow bei Potsdam tätig. 1951 Mitglied der Deutschen Bauakademie Berlin (Ost), Leiter der Abteilung Industrialisierung im Wohnungsbau.

Hämer, Hardt-Waltherr, geb. 13. 4. 1922 in Hagen bei Lüneburg. Bis 1952 Studium Hochschule für Bildende Künste, Berlin. 1948–59 Mitarbeit bei Gerhard Weber, den Brüdern Luckhardt und bei seinem Vater Walter Hämer. Seit 1959 Büro gemeinsam mit seiner Frau Marie-Brigitte Hämer-Buro. 1967–86 Professur Hochschule für Bildende Künste/Hochschule der Künste, Berlin. 1980–87 Planungsdirektor der Internationalen Bauausstellung IBA Berlin 1984/87 (»IBA-Alt«), danach Geschäftsführer der Nachfolgeorganisation S.T.E.R.N. Lebt in Berlin.

Hänsch, Wolfgang, geb. 11. 1. 1929 in Königsbrück bei Dresden. 1946–48 Maurerlehre. 1948–51 Studium Ingenieurschule für Bauwesen, Dresden. Architekt in Dresden. 1961–68 Chefarchitekt VEB Hochbauprojektierung Dresden und VEB Dresdenprojekt. 1970–85 Wiederaufbau der Semperoper. 1986–91 Chefarchitekt für die Bauplanung Sachsens. Seit 1992 freier Architekt in Dresden.

Häring, Hugo, geb. 22. 5. 1882 in Biberach an der Riß, gest. 17. 5. 1958 in Göppingen. 1899–1903 Studium TH Stuttgart, Dresden bei Paul Wallot und Fritz Schumacher und wieder Stuttgart bei Theodor Fischer. Anschließend in Ulm, Hamburg, 1915–21 in Allenstein, Ostpreußen. 1921–43 in Berlin. 1918 Novembergruppe. 1923–24 Zehnerring, 1926–33 Sekretär des Ring. 1935 kaufte Häring die Kunst- und Kunstgewerbeschule Albert Reimanns und führte sie unter dem Titel »Kunst und Werk« bis 1943 weiter. Danach Rückkehr nach Biberach.

Hartmann, Egon, geb. 24. 8. 1919 in Reichenberg, Sudetenland. 1938 Abschluß des Bauingenieurstudiums Gewerbeschule Reichenberg. 1942–43, 1945–48 Studium Hochschule für Baukunst Weimar u. a. bei Gustav Hassenpflug und Hermann Henselmann. 1950–53 Chefarchitekt VEB Projektierungsbüro Weimar. Gewinnt 1951 den 1. Preis im Wettbewerb Berliner Stalinallee, 1958 – nach seinem Wechsel in die Bundesrepublik – den 2. Preis im Wettbewerb Hauptstadt Berlin. Nach 1954 im Hochbauamt Mainz, nach 1964 Baudirektor bei der Stadt München. Lebt in München.

Hassenpflug, Gustav, geb. 12. 4. 1907 in Düsseldorf, gest. 22. 7. 1977 in München. Ausbildung als Tischler. 1927–28 Studium Bauhaus Dessau. 1931–34 Stadtplanung in der Sowjetunion bei Ernst May. 1934–45 Mitarbeiter bei Ernst Neufert und Egon Eiermann. 1946–50 Professor Hochschule für Baukunst Weimar. 1950–56 Direktor der Landeskunstschule Hamburg. 1956–72 Professur TH München.

Hebebrand, Werner, geb. 27. 3. 1899 in Elberfeld, gest. 18. 10. 1966 in Hamburg. 1919–22 Studium TH Darmstadt. 1925–29 Mitarbeiter bei Ernst May in Frankfurt am Main, 1930–38 mit Gruppe May in Moskau. 1938–45 Tätigkeiten für die Reichswerke Hermann Göring im Planungsbüro Herbert Rimpl und bei der Organisation Todt. 1946–48 Stadtbaudirektor in Frankfurt am Main. 1950–52 Professur für Städtebau TH Hannover. 1952–64 Oberbaudirektor in Hamburg und Professur für Städtebau Hochschule für Bildende Künste.

Heerich, Erwin, geb. 29. 11. 1922 in Kassel, gest. 6. 11. 2004 in Meerbusch bei Düsseldorf. 1945–50 Studium der Bildhauerei Kunstakademie Düsseldorf bei Ewald Mataré als dessen Meisterschüler. Ab 1961 Lehrtätigkeit am Seminar für werktätige Erziehung, Düsseldorf. Ab 1969 Professor Kunstakademie Düsseldorf. 1983–2004 Planung und Ausführung von Bauten auf Insel und Raketenstation Hombroich bei Neuss.

Hegemann, Werner, geb. 15. 6. 1881 in Mannheim, gest. 12. 4. 1936 in New York. Studium der Architektur, Kunstgeschichte und Nationalökonomie TH Charlottenburg, München, Paris. Leiter der Städtebau-Ausstellungen in Berlin 1910, Düsseldorf 1911. 1924–33 Herausgeber der Zeitschrift *Wasmuths Monatshefte für Baukunst*. Publikationen u. a.: *Amerikanische Architektur & Stadtbaukunst*. Berlin, 1925. – *Das steinerne Berlin*. Berlin, 1930.

Heinrichs, Georg, geb. 10. 6. 1926 in Berlin. 1947–54 Studium Hochschule für Bildende Künste Berlin u. a. bei Wils Ebert und Eduard Ludwig. 1958–67 Mitarbeiter, dann Partner bei Hans C. Müller (Müller und Heinrichs), danach alleinige

Weiterführung des Büros. 1982, 1985 Gastdozenturen Cornell University, Ithaca, NY. Lebt in Berlin.

Henn, Walter, geb. 20. 12. 1912 in Reichenberg, Sachsen. 1931–37 Studium TH und Akademie der Bildenden Künste Dresden. 1946–53 Professur für Industriebau TH Dresden, 1955–77 TH Braunschweig, Direktor des Instituts für Industriebau. 1979–88 mit Sohn Gunter Partnerschaft (Henn + Henn) in München. Lebt in Murnau, Oberbayern.

Henselmann, Hermann, geb. 3. 2. 1905 in Rossla am Harz, gest. 19. 1. 1995 in Berlin. Nach Tischlerlehre Studium 1923–26 Kunstgewerbeschule Berlin. 1930–35 selbständiger Architekt in Berlin. Anschließend in der Industrie und beim Wiederaufbau zerstörter Gehöfte im Warthegau. 1945–49 kommissarische Leitung der Hochschule für Baukunst Weimar. 1951–53 Direktor des Instituts für Theorie und Geschichte der Architektur und Leiter der Meisterwerkstatt I an der Deutschen Bauakademie. 1953–59 Chefarchitekt Ost-Berlin. 1959–64 Leiter des Instituts für Sonderbauten an der Deutschen Bauakademie. 1964–66 Chefarchitekt VEB Typenprojektierung. 1966–72 Chefarchitekt Institut für Städtebau und Architektur der Deutschen Bauakademie.

Hentrich, Helmut, geb. 17. 6. 1905 in Krefeld, gest. 7. 2. 2001 in Düsseldorf. 1924–28 Studium Universität Freiburg, TH Wien und Berlin, u. a. bei Hans Poelzig. Promoviert 1929 an der TH Wien. 1930–32 Tätigkeit in Paris und New York, u. a. bei Norman Bel Geddes. 1933 eigenes Büro in Düsseldorf, ab 1935 in Partnerschaft mit Hans Heuser. Ab 1938 Mitarbeit an der Neugestaltung von Berlin und Hamburg. Ab 1953 Partnerschaft mit Hubert Petschnigg und seit 1969 Hentrich, Petschnigg & Partner (HPP).

Hermkes, Bernhard, geb. 30. 3. 1903 in Simmern, Hunsrück, gest. 17. 4. 1995 in Hamburg. 1921–25 Studium TH München, Berlin (bei Hans Poelzig) und Stuttgart (bei Paul Bonatz). Mitarbeiter bei Ernst May in Frankfurt am Main, ab 1927 freier Architekt an verschiedenen Orten. Ab 1936 Industriebau bei Herbert Rimpl. Ab 1945 Büro in Hamburg. 1955–69 Professur TH/TU Berlin.

Hertlein, Hans, geb. 2. 7. 1881 in Regensburg, gest. 13. 6. 1963 in Mammern am Bodensee. 1905–09 Studium TH München, Charlottenburg und Dresden. 1906–12 Regierungsbaumeister in München. 1912–51 Architekt bei Siemens AG, ab 1915 Leiter der Bauabteilung. 1946–56 Professur TH Berlin.

Herzog, Thomas, geb. 3. 8. 1941 in München. 1960–65 Studium TH München. 1965–69 Mitarbeiter bei Peter C. von Seidlein, München. 1969–72 Assistent Universität Stuttgart. Promoviert 1972 an der Universität Rom über pneumatische Strukturen. Seit 1971 eigenes Büro. Zusammenarbeit mit seiner Frau Verena Herzog-Loibl. 1971–75 Partnerschaft mit Vladimir Nikolic, 1983–89 mit Michael Volz. Professuren ab 1973 Gesamthochschule Kassel, ab 1986 TH Darmstadt, ab 1993 TU München, Gastprofessuren in Lausanne, Pennsylvania, Peking. Angewandte Forschungen und Produktentwicklungen, neue Fassadensysteme. Lebt in München.

Hilberseimer, Ludwig, geb. 14. 9. 1885 in Karlsruhe, gest. 6. 5. 1967 in Chicago. 1906–11 Studium TH Karlsruhe. 1911–38 selbständig in Berlin. Arbeitsrat für Kunst, Novembergruppe, Der Ring. 1928–33 Lehrtätigkeit am Bauhaus Dessau und Berlin. 1938 Emigration nach Großbritannien und in die USA. 1938–55 Professor für Stadt- und Regionalplanung Illinois Institute of Technology, Chicago, 1955–57 Direktor Chicago Department of City and Regional Planning. Publikationen u. a.: *Großstadtarchitektur*. Stuttgart, 1927. – *Internationale Neue Baukunst*. Stuttgart, 1927.

Hillebrecht, Rudolf, geb. 26. 2. 1910 in Hannover, gest. 6. 3. 1999 in Hannover. 1928–31 Studium TH Hannover und Berlin, u. a. bei Heinrich Tessenow und Hermann Jansen. Diplom 1933 TH Hannover. 1929–30, 1933–34 Mitarbeiter bei Walter Gropius. 1934–35 beim Reichsverband der Deutschen Luftfahrtindustrie Travemünde, 1935–36 Flakabteilung in Hamburg. Ab 1937 Bürochef bei Konstanty Gutschow in Hamburg. 1943–44 im Arbeitsstab Wiederaufbau. 1948–75 Stadtbaurat von Hannover. Danach freier Architekt und Planer.

Hilmer, Heinz, geb. 13. 3. 1936 in Münster. 1957–62 Studium TU München. 1965–68 in der Bayerischen Staatsbauverwaltung, anschließend bei der Neuen Heimat Bayern. Seit 1974 Partnerschaft mit Christoph Sattler. Lebt in München.

Hoffmann, Hubert, geb. 23. 3. 1904 in Berlin, gest. 25. 9. 1999 in Graz. 1926–29 Studium Bauhaus Dessau. 1937–40 Stadtplanung in Potsdam. 1942–43 Sonderstab des Reichsministeriums für die besetzten Ostgebiete. 1944 an der Akademie für Städtebau, Reichs- und Landesplanung. 1945–48 Stadtplaner in Magdeburg und Dessau, danach freier Architekt in Berlin. 1959–75 Professur TH Graz, danach freier Architekt und Planer in Graz. Publikationen u. a.: *Die gegliederte und aufgelockerte Stadt* (mit Johannes Göderitz und Roland Rainer). Tübingen, 1957.

Hoffmann, Ludwig, geb. 30. 7. 1852 in Darmstadt, gest. 11. 11. 1932 in Berlin. 1873–74 Studium Kunstakademie Kassel, 1874–79 Bauakademie Berlin u. a. bei Johann Heinrich Strack. 1879–83 Mitarbeiter bei Franz Schwechten. 1887–96 Architekt in Leipzig, Bau des Reichsgerichtsgebäudes. 1896–1924 Stadtbaurat in Berlin, für über 300 öffentliche Hochbauten verantwortlich.

Höger, Johannes Friedrich (Fritz), geb. 12. 6. 1877 in Bekenreihe (Kreis Steinburg, Holstein), gest. 21. 6. 1949 in Bad Segeberg. Maurer- und Zimmermannslehre. 1897–99 Baugewerbeschule Hamburg. 1901–05 bei Lundt & Kallmorgen, 1905–07 Juniorpartner im Baugeschäft seines Schwiegervaters Fritz Oldenburg, Hamburg, danach selbständig. 1933 Präsident (»Führer«) der Wirtschaftlichen Vereinigung deutscher Architekten WVDA. 1934–35 Professur Nordische Kunsthochschule Bremen.

Hölzinger, Johannes Peter, geb. 23. 4. 1936 in Bad Nauheim. Studium Städelschule Frankfurt am Main bei Johannes Krahn. Seit 1957 Achitekturbüro in Bad Nauheim. Langjährige Zusammenarbeit mit dem Bildhauer Hermann Goepfert. 1963–64 Rom-Stipendium in der Villa Massimo. Gastdozenturen Hochschule für Bildende Künste Kassel und Städelschule Frankfurt am Main. Lebt in Bad Nauheim.

Hopp, Hanns, geb. 9. 2. 1890 in Lübeck, gest. 21. 2. 1971 in Berlin. 1910–13 Studium TH Karlsruhe bei Friedrich Ostendorf und TH München bei Theodor Fischer. 1913–26 in Bauämtern Memel und Königsberg. 1926–39 freier Architekt in Königsberg. 1946–49 Direktor Hochschule für Angewandte Kunst Halle (Burg Giebichenstein). Ab 1951 Direktor des Instituts für Hoch- und Industriebau an der Deutschen Bauakademie und Leiter einer Meisterwerkstatt. 1952 Gründungspräsident des Bundes Deutscher Architekten (DDR).

Hoetger, Bernhard, geb. 4. 5. 1874 in Dortmund-Hörde, gest. 18. 7. 1949 in Beatenberg bei Bern. 1885–92 Steinmetzlehre in Detmold, 1894–97 Kunsttischler. 1898–99 Studium der Bildhauerei und Architektur Kunstakademie Düsseldorf. 1900–10 als Bildhauer in Paris. 1911–14 Mitglied der Darmstädter Künstlerkolonie, 1914–30 in Worpswede. 1919 Arbeitsrat für Kunst. 1931 Aufenthalte in Frankreich, Portugal, der Schweiz und Italien, dazwischen 1934–36 in Berlin. 1934 Eintritt in die Auslandsorganisation der NSDAP,

1938 Ausschluß durch ein Parteigericht. 1938–43 in Berlin, danach in Niederbayern und der Schweiz.

Hübner, Peter, geb. 12. 8. 1939 in Kappeln, Schlei. 1956–59 orthopädische Schuhmacherlehre, danach Abendgymnasium. 1963–68 Studium TH Stuttgart. 1971–78 Entwicklungsbüro für industrielle Bausysteme. Lehraufträge an der Universität Stuttgart. Seit 1979 Architekturbüro plus + in Neckartenzlingen, seit 1999 mit Christoph Forster und Olaf Hübner. 1980–2007 Professur Universität Stuttgart.

Hutton, Louisa, geb. 21. 11. 1957 in Norwich, England. 1977–80 Studium Bristol University, 1981–85 Architectural Association, London. 1987–90 Lehrtätigkeit Croydon College of Art und Architectural Association, London. Seit 1989 Partnerschaft mit ihrem Mann Matthias Sauerbruch in London und Berlin (sauerbruch hutton architekten).

Ihne, Ernst Eberhard von, geb. 23. 5. 1848 in Elberfeld, gest. 21. 4. 1917 in Berlin. Bis 1872 Studium Polytechnikum Karlsruhe, Bauakademie Berlin und École des Beaux-Arts, Paris. 1878–88 private Praxis mit P. Stegmüller. Ab 1888 Hofarchitekt Kaiser Wilhelms II., staatliche Monumentalbauten.

Ingenhoven, Christoph, geb. 8. 3. 1960 in Düsseldorf. 1978–84 Studium RWTH Aachen bei Wolfgang Döring und Kunstakademie Düsseldorf bei Hans Hollein. Seit 1985 Architekturbüro in Partnerschaften u. a. mit Jürgen Overdiek und Karl-Heinz Petzinka. Seit 1999 Ingenhoven Overdiek und Partner. Lebt in Düsseldorf.

Jahn, Helmut, geb. 4. 1. 1940. 1960–65 Studium TH München, 1965–66 Mitarbeit bei Peter C. von Seidlein. 1966–67 Studium Illinois Institute of Technology, Chicago, u. a. bei Myron Goldsmith. Seit 1967 bei C.F. Murphy Associates, Chicago, ab 1973 Partner. Seit 1983 Murphy/Jahn Associates. Lehrtätigkeiten Harvard und Yale Universities, Illinois Institute of Technology. Lebt in Chicago.

Jansen, Hermann, geb. 28. 5. 1869 in Aachen, gest. 20. 2. 1945 in Berlin. 1888–93 Studium Architektur und Städtebau RWTH Aachen u. a. bei Karl Henrici. Ab 1898 eigenes Büro in Berlin, zunächst mit William Müller. 1903–29 Herausgeber der Zeitschrift *Der Baumeister*. 1910 ein 1. Preis im Wettbewerb Groß-Berlin. Ab 1920 Professur für Städtebau TH Berlin. Zahlreiche städtebauliche Planungen im In- und Ausland, u. a. für Ankara und Madrid.

Jocher, Thomas, geb. 2. 10. 1952 in Benediktbeuern. 1976–80 Studium TU München. Ab 1984 Lehrtätigkeiten FH und TU München. Seit 1991 Partnerschaft mit Dietrich Fink. Seit 1997 Professur Universität Stuttgart, 2004 Gastprofessur Tongji Universität, Shanghai. Lebt in München und Stuttgart.

Jourdan, Jochem, geb. 23. 9. 1937 in Gießen, Lahn. 1957–65 Studium TH Darmstadt. Seit 1970 eigenes Büro zusammen mit Bernhard Müller (PAS), ab 1980 auch mit Sven M. Albrecht. Seit 1971 Lehrtätigkeit, seit 1978 Professur Gesamthochschule Kassel. Lebt in Frankfurt am Main.

Kaiser, Josef, geb. 1. 5. 1910 in Cilli (Cellje), Slowenien, gest. 5. 10. 1991 in Altenberg, Erzgebirge. 1929–35 Studium Deutsche TH Prag. 1935–41 Mitarbeiter bei Otto Kohtz und Deutsche Arbeitsfront, Berlin. 1941–45 Leiter der Grundrißtypenplanung Deutsche Akademie für Wohnungswesen Berlin. 1946–50 Gesangsausbildung und Opernsänger in Berlin. 1952–53 Chefarchitekt Stalinstadt (Eisenhüttenstadt). 1955–62 Mitarbeiter beim Chefarchitekten Großberlin. Leitet 1962 das Entwurfskollektiv für den Weiterbau der Karl-Marx-Allee in Berlin. 1969–72 Professur Hochschule für Architektur und Bauwesen Weimar. Ab 1973 Chefarchitekt beim Direktor Sonderbauvorhaben Berlin.

Kallmorgen, Werner, geb. 15. 8. 1902 in Altona, gest. 26. 1. 1979 in Heimhart, Niederbayern. 1920–24 Studium TH Berlin, München, Dresden. 1926–27 Mitarbeiter von Gustav Oelsner in der Bauverwaltung Altona, danach selbständig. Während des Zweiten Weltkriegs in der Hamburger Planungsabteilung von Konstanty Gutschow. Bauten und städtebauliche Planungen vor allem in Hamburg.

Kampffmeyer, Hans, geb. 30. 1. 1876 in Naumburg, Niederschlesien, gest. 30. 5. 1932 in Frankfurt am Main. 1896–98 Architekturstudium TH München, Charlottenburg, Hannover. Gärtnerische und künstlerische Arbeit. Studium der Volkswirtschaft Universität Heidelberg. 1906–10 Generalsekretär der Deutschen Gartenstadtgesellschaft. 1919–28 Referent im Siedlungsamt Wien. 1928–32 Generalsekretär des Internationalen Verbandes für Wohnungswesen in Frankfurt am Main.

Kauffmann, Richard, geb. 20. 6. 1887 in Frankfurt am Main, gest. 3. 2. 1958 in Jerusalem. 1907–12 Studium TH Darmstadt und München u. a. bei Theodor Fischer. Mitarbeit bei Georg Metzendorf. 1920 Übersiedlung nach Palästina. Zahlreiche Planungen für ländliche und städtische Siedlungen im Auftrag von Zionist Establishment und Palestine Land Development Company.

Kaufmann, Oskar, geb. 2. 2. 1873 in Neu St. Anna, Ungarn, gest. 6. 9. 1956 in Budapest. Studium der Musik in Budapest, der Architektur TH Karlsruhe (bis 1899). 1900–33 Architekt in Berlin, ab 1911 zusammen mit Eugen Stolzer, danach in Palästina (Habima-Theater in Tel Aviv, 1935–45) und Budapest. Fachmann für Theaterbau.

Kiessler, Uwe, geb. 17. 2. 1937 in Krefeld. 1959–61 Studium TH München. Seit 1961 eigenes Büro, zunächst mit Hermann Schultz (heute: Kiessler & Partner). Ab 1981 Professur FH München, seit 1990 TU München. Lebt in München.

Kister, Johannes, geb. 14. 10. 1956 in Stuttgart. 1976–83 Studium RWTH Aachen, Diplom bei Gottfried Böhm. 1982–88 Mitarbeiter bei Joachim und Margot Schürmann in Köln. 1988 Büro »Kölner Bucht«, seit 1992 mit Reinhard Scheithauer, seit 1997 auch mit Susanne Gross (Kister Scheithauer Gross). Seit 1994 Professur FH Anhalt, Dessau. Lebt in Köln.

Kleihues, Josef Paul, geb. 11. 6. 1933 in Rheine, Westfalen, gest. 13. 8. 2004 in Berlin. 1955–59 Studium TH Stuttgart und Berlin, 1959–60 École Nationale Supérieure des Beaux-Arts Paris. Ab 1962 selbständig in Berlin, bis 1967 in Partnerschaft mit Heinrich Moldenschardt. 1979–87 Planungsdirektor der Internationalen Bauausstellung IBA Berlin 1984/87 (»IBA-Neu«). 1973–94 Professur Universität Dortmund, 1986–90 Cooper Union, New York, 1994–98 Kunstakademie Düsseldorf.

Klein, Alexander, geb. 17. 6. 1879 in Odessa, gest. 15. 11. 1961 in New York. Bis 1904 Studium Hochschule für Zivilingenieure St. Petersburg. 1913 Stadtbaurat in St. Petersburg, ab 1915 Leitung der Architekturabteilung am Technikum St. Petersburg. 1920 Emigration nach Berlin. Methodische Untersuchungen zu Gebäudegrundriß und -klima, vor allem im Kleinwohnungsbau (»flurlose Wohnungsgrundrisse«). Nach 1933 Emigration nach Paris, dann Palästina. Professur am Technion Haifa. Ab 1960 in New York..

Klotz, Clemens, geb. 31. 5. 1886 in Köln, gest. 18. 8. 1969 in Köln. 1900–07 praktische Ausbildung in Köln und Dresden u. a. bei Lossow & Kühne. 1908–10 Mitarbeiter bei Schilling & Gräbner, Dresden. 1910 eigenes Büro in Köln, zunächst mit Josef Reuß. Im Dritten Reich monumentale Planungen (Ordensburg Vogelsang, Eifel, Kraft-durch-Freude-Bad Prora auf Rügen, projektiertes Parteiforum in Köln-Deutz).

Koerfer, Jacob, geb. 14. 9. 1875 in Aachen, gest. 26. 11. 1930 in Köln. Ausbildung im Büro des Aachener Architekten Hermann Joseph Hürth. 1900–06 im Hochbauamt der Stadt Köln, anschließend freier Architekt und Projektentwickler. 1930 Professor TH Braunschweig.

Kohtz, Otto, geb. 23. 2. 1880 in Magdeburg, gest. 22. 12. 1956 in Berlin. Studium Kunstgewerbe- und Baugewerbeschule Berlin und TH Charlottenburg. Freier Architekt in Berlin, zeitweise Partnerschaft Schütze & Kohtz.

Koller, Peter, geb. 7. 5. 1907 in Wien, gest. 2. 3. 1996 in Wolfsburg. 1925–29 Studium TH Wien und Berlin. 1929–31 Mitarbeiter bei Hermann Jansen. 1934–35 Tätigkeit im Amt Schönheit der Arbeit und im Reichsheimstättenamt. 1936–37 Bezirksplaner im Regierungsbezirk Augsburg. 1937–42 städtebauliche Planung für die Stadt des Kraft-durch-Freude-Wagens (Wolfsburg). 1948–50 Büro in Wolfsburg, 1950–59 Stadtbaurat in Wolfsburg. 1960–72 Professur für Stadtplanung TH Berlin.

Kollhoff, Hans, geb. 18. 9. 1946 in Lobenstein, Thüringen. 1968–75 Studium TH Karlsruhe und TH Wien. 1975–78 Studium und Lehrauftrag Cornell University, Ithaca, NY. 1978–83 Assistent TU Berlin und eigenes Büro, seit 1984 mit Helga Timmermann. 1983–89 Lehraufträge Hochschule der Künste Berlin, Universität Dortmund, ETH Zürich. Seit 1990 Professur ETH Zürich. Lebt in Berlin und Zürich.

Korn, Arthur, geb. 4. 6. 1891 in Breslau, gest. 14. 11. 1978 in Wien. 1909–11 Kunst- und Gewerbeschule Berlin. 1919 Mitarbeiter Erich Mendelsohns. 1922–34 Partnerschaft mit Siegfried Weitzmann. Mitglied Novembergruppe und Der Ring. 1935 Emigration in Jugoslawien, ab 1937 in London. Mitglied der Planergemeinschaft MARS. 1941–45 Professor in Oxford, anschließend Lehrtätigkeit an der Architectural Association, London. 1969 Übersiedlung nach Österreich.

Korn, Roland, geb. 11. 5. 1930 in Saalfeld. 1948–51 Studium Fachschule für Bauwesen Gotha. Ab 1951 Architekt bei der VEB Hochbau-Projektierung Berlin. Staatsratsgebäude Berlin, mit Hans Erich Bogatzky (1962–64). Ab 1974 Chefarchitekt von Berlin (DDR). Lebt bei Berlin.

Körner, Edmund, geb. 2. 12. 1875 in Leschwitz bei Görlitz, gest. 14. 2. 1940 in Essen. Studium Bauschule in Sulza, TH Dresden und Charlottenburg. 1909–11 im Hochbauamt Essen. 1911 Berufung an die Künstlerkolonie Darmstadt. Ab 1916 wieder in Essen. 1933 vorübergehend Berufsverbot.

Kosel, Gerhard, geb. 18. 2. 1909 in Schreiberhau, Riesengebirge. 1927–32 Studium TH München und Berlin bei Hans Poelzig und Bruno Taut. 1932 mit Taut in der Sowjetunion, blieb in Sibirien und Moskau bis zu seiner Rückkehr in die DDR 1954. Hoher Baufunktionär, ab 1955 Staatssekretär im Aufbauministerium. 1961–65 Präsident der Deutschen Bauakademie. Lebt in Berlin.

Kraemer, Friedrich Wilhelm, geb. 10. 5. 1907 in Halberstadt, gest. 18. 4. 1990 in Köln. 1925–29 Studium TH Braunschweig und Wien, 1929–35 Assistent TH Braunschweig. 1935–85 in Braunschweig, später auch in Köln selbständig, seit 1962 als Kraemer, Sieverts & Partner (KSP). 1945 Leiter des Hochbau- und Planungsamtes in Braunschweig. 1946–74 Professur für Gebäudelehre TH Braunschweig.

Krahn, Johannes, geb. 17. 5. 1908 in Mainz, gest. 17. 10. 1974 in Orselina, Schweiz. Studium Technische Lehranstalten Offenbach und Kölner Werkschulen. 1926–28 Mitarbeiter bei Dominikus Böhm in Köln und Hindenburg, 1928–40 bei Rudolf Schwarz in Aachen und Frankfurt am Main. 1945–74 freier Architekt in Frankfurt am Main. 1954–74 Professor und ab 1965 Direktor Städelschule Frankfurt am Main.

Kramer, Ferdinand, geb. 22. 1. 1898, gest. 4. 11. 1985 in Frankfurt am Main. 1919 Studium am Bauhaus Weimar, 1919–22 TH München, u. a. bei Theodor Fischer. 1925–30 im Hochbauamt Frankfurt am Main unter Ernst May, Dozent an der Kunstschule. 1930–37 freier Architekt in Frankfurt am Main. 1938–52 in den USA als Architekt und Designer. 1952–65 Leiter des Universitätsbauamtes Frankfurt am Main.

Krämer, Jean, geb. 11. 3. 1886 in Mainz-Kastell, gest. 17. 1. 1943 in Berlin. In den zehner Jahren Atelierchef bei Peter Behrens. Zusammenarbeit mit der Berliner Verkehrs-Gesellschaft.

Kreis, Wilhelm, geb. 17. 3. 1873 in Eltville am Rhein, gest. 13. 8. 1955 in Bad Honnef. 1892–97 Studium TH München bei August und Friedrich von Thiersch, TH Karlsruhe, Charlottenburg und Braunschweig. Anschließend im Büro von Hugo Licht, Leipzig. 1899–1902 Assistent bei Paul Wallot an der Kunstakademie Dresden. 1902–08 Professur an der Kunstgewerbeschule Dresden. 1907 Gründungsmitglied des Deutschen Werkbunds. 1908 Direktor der Kunstgewerbeschule Düsseldorf, die 1919 in die Kunstakademie überführt wurde, dort Leiter der Architekturabteilung. 1926–41 in derselben Funktion an der Kunstakademie Dresden. 1926–33 Präsident des Bundes Deutscher Architekten. 1941 Generalbaurat für die Gestaltung der deutschen Kriegerfriedhöfe. 1943 Präsident der Reichskammer der Bildenden Künste in Berlin.

Kremmer, Martin, geb. 7. 8. 1895 in Posen, gest. Mai 1945 in Berlin. 1915–16, 1918–21 Studium TH Karlsruhe, Stuttgart, Berlin. 1921 Mitarbeit bei Fritz Schupp, 1922–45 Partnerschaft. 1926–27 Lehrtätigkeit Baugewerbeschule Essen.

Krier, Léon, geb. 7. 4. 1946 in Luxemburg. Bruder von Rob Krier. 1967–68 Studium Universität Stuttgart. 1968 Mitarbeiter bei James Stirling, 1971–72 bei Josef Paul Kleihues. Seit 1974 eigenes Büro in London. Lehrtätigkeiten in London, Princeton, Charlottesville, Bologna, New Haven. Berater des Prinzen von Wales und Planer von Poundbury, Dorset, GB.

Krier, Rob, geb. 10. 6. 1938 in Luxemburg. Bruder von Léon Krier. 1956–64 Studium TH München. 1965–66 Mitarbeiter bei Oswald Mathias Ungers, 1967–70 bei Frei Otto. Lehrtätigkeiten in Stuttgart, Lausanne, Wien, New Haven. Seit 1976 Professur TU Wien. 1976–94 Architekturbüro in Wien, seit 1994 in Berlin zusammen mit Christoph Kohl.

Krüger, Johannes, geb. 23. 11. 1890 in Charlottenburg, gest. 7. 5. 1975 in Berlin. Ab 1924 Partnerschaft mit seinem Bruder Walter.

Krüger, Walter, geb. 30. 12. 1888 in Charlottenburg, gest. 15. 11. 1971 in Berlin. Ab 1924 Partnerschaft mit seinem Bruder Johannes.

Kulka, Peter, geb. 20. 7. 1937 in Dresden. 1952–54 Maurerlehre. 1954–58 Ingenieurstudium Fachrichtung Architektur in Görlitz und Gotha,

1959–64 Architekturstudium Hochschule für angewandte Kunst Berlin-Weißensee bei Selman Selmanagic. 1964–65 Mitarbeiter bei Hermann Henselmann, 1965–68 bei Hans Scharoun. Seit 1969 freier Architekt, seit 1979 in Köln. 1986–92 Professur RWTH Aachen. Büros in Dresden (seit 1991) und Köln.

Lauterbach, Heinrich, geb. 2. 3. 1893 in Breslau, gest. 16. 3. 1973 in Biberach an der Riß. 1907–08 baute Hans Poelzig das Haus der Familie in Breslau: ein bleibender Eindruck für den jungen Lauterbach. 1911–12 Studium Kunstakademie Breslau, 1913–14 TH Darmstadt, 1919–20 TH Dresden. 1925–39 freier Architekt in Breslau. 1926–29 Vorsitzender des Schlesischen Werkbunds. 1930–32 Lehrauftrag Breslauer Akademie, 1947–50 TH Stuttgart. 1950–58 Professur Hochschule für Bildende Künste (Werkakademie) Kassel. Danach in Biberach an der Riß.

Lauweriks, Johannes Ludovicus Mathieu, geb. 30. 8. 1864 in Roermond, gest. 20. 4. 1932 in Amsterdam. 1883–87 Studium Rijksnormaalschool vor Teekenonderwijzers, Amsterdam, 1889–93 Abendkurse an Rijksacademie voor Beeldende Kunsten, Amsterdam. 1887–95 Mitarbeiter bei P. J. H. Cuypers. 1900–04 Lehrtätigkeit in Harlem, 1904–09 Kunstgewerbeschule Düsseldorf. 1909–16 Direktor des Seminars für Handfertigkeitsunterricht Hagen. 1916–24 Direktor der Quellinusschool Amsterdam.

Lehmbrock, Josef, geb. 5. 6. 1918 in Düsseldorf, gest. 19. 7. 1999. Ausbildung als Schreiner. Einsemestriges Studium Kunstakademie Düsseldorf. 1950 mit Bernhard Pfau Gründung des Düsseldorfer Architektenrings. Kirchenbauten, Siedlungsbau. Zusammenarbeit mit dem Bauingenieur Stefan Polónyi. 1971 gemeinsam mit Wend Fischer kritische Ausstellung *Profitopoli$* in München.

Lehmbruck, Manfred, geb. 13. 6. 1913 in Paris, gest. 26. 11. 1992 in Stuttgart. Sohn des Bildhauers Wilhelm Lehmbruck. Bis 1938 Studium TH Berlin und Stuttgart. Ab 1950 freier Architekt in Stuttgart. Ab 1968 Professur TU Braunschweig. Bedeutende Museumsbauten.

Leo, Ludwig, geb. 2. 9. 1924 in Rostock. 1951–54 Studium Hochschule für Bildende Künste Berlin. 1953–55 Mitarbeit bei den Brüdern Luckhardt. Ab 1975 Lehrtätigkeit, 1976–82 Professur Hochschule der Künste, Berlin. Lebt in Berlin.

Léon, Hilde, geb. 19. 2. 1953 in Düsseldorf. 1972–78 Studium TU Berlin, 1979–81 Universität Venedig. Seit 1983 gemeinsames Büro in Berlin mit Konrad Wohlhage, seit 1994 auch mit Siegfried Wernik (Léon Wohlhage Wernik Architekten). Lehrtätigkeiten Hochschule der Künste Berlin und Hochschule für Bildende Künste Hamburg. Seit 2000 Professur Universität Hannover.

Leonhardt, Fritz, geb. 11. 7. 1909 in Stuttgart, gest. 30. 12. 1999 in Stuttgart. 1927–33 Studium TH Stuttgart und Purdue University Lafayette, Indiana. 1934–39 Ingenieur in der Obersten Bauleitung der Reichsautobahnen. Ab 1939 eigenes Büro. 1958–74 Professor für Massivbau Universität Stuttgart, Rektor 1967–69. Tragwerksplanung für mehrere hundert Brücken. Standardwerke zu Bauingenieurwesen und Brückenbau.

Leucht, Kurt W., geb. 8. 6. 1913 in Ellefeld, Vogtland. 1927–31 Studium Kunst- und Bauschule Plauen, 1939–41 TH Berlin. Gleichzeitig Mitarbeit bei Ernst Sagebiel. 1942–45 Architekt bei der Luftwaffe. 1946–50 im Stadtplanungsamt und Dezernat Bauwesen der Stadt Dresden. 1950 Abteilungsleiter Städtebau im Ministerium für Aufbau. Ab 1952 Direktor des Instituts für Städtebau und Siedlungswesen der Deutschen Bauakademie. 1958–64 Lehraufträge in Berlin. Ab 1963 Leiter der städtebaulichen Planung für Dresden, Suhl, Leipzig, Magdeburg. 1966–69 Stadtarchitekt von Dresden. Lebt in Dresden.

Licht, Hugo, geb. 21. 2. 1841 in Niederzedlitz, Posen, gest. 28. 2. 1923 in Leipzig. Ab 1864 Studium Bauakademie Berlin bei Richard Lucae. Ab 1871 freier Architekt in Berlin. 1879–1906 Leiter des Hochbauamtes und Stadtbaurat in Leipzig.

Liebknecht, Kurt, geb. 26. 3. 1905 in Frankfurt am Main, gest. 9. 1. 1994 in Berlin. Neffe von Karl Liebknecht. 1924–29 Studium TH Berlin bei Hans Poelzig. 1927 Mitarbeit bei Mies van der Rohe, 1929–31 bei Poelzig. 1931 mit der Gruppe May in der Sowjetunion. 1938 Internierung. 1943–48 an der Architekturakademie Moskau. 1948 Rückkehr in die SBZ. 1949–51 Direktor des Instituts für Städtebau und Hochbau im Ministerium für Aufbau. Mitglied des Zentralkomitees der SED. 1951–61 Präsident der Deutschen Bauakademie. 1961–62 Direktor des Instituts für Theorie und Geschichte der Architektur, 1963–70 des Instituts für Gesundheitsbauten an der Deutschen Bauakademie Berlin.

Lodders, Rudolf, geb. 19. 9. 1901 in Altona, gest. 3. 6. 1978 in Hamburg. 1921–24 Studium Hamburger Bauschule. 1924–25 Mitarbeiter bei Karl Schneider, 1925–27 im Hochbauamt Altona unter Gustav Oelsner, 1927–29 im Hochbauamt Frankfurt am Main unter Ernst May, 1929–30 im Hochbauamt Berlin unter Martin Wagner. Ab 1931 freier Architekt, 1934–62 Werksarchitekt bei Borgward in Bremen und in Hamburg tätig.

Lom, Walter von, geb. 16. 7. 1938 in Krefeld. 1960–66 Studium RWTH Aachen, Mitarbeit an den Lehrstühlen Rudolf Steinbach und Fritz Eller. 1966–72 Mitarbeit bei Joachim Schürmann in Köln. Seit 1972 eigenes Büro. Lebt in Köln.

Luckhardt, Hans, geb. 16. 6. 1890 in Berlin, gest. 8. 10. 1954 in Bad Wiessee, Oberbayern. 1909–11 Studium TH Karlsruhe u. a. bei Hermann Billing. 1919 Novembergruppe und Arbeitsrat für Kunst. Ausstellungen *für unbekannte Architekten* 1919 und *Neues Bauen* 1920. Korrespondent der *Gläsernen Kette*. Gemeinsames Büro mit seinem Bruder Wassili, anfangs Zusammenarbeit mit Franz Hoffmann, 1924–33 mit Alfons Anker. 1924 Zehnerring, 1926 Der Ring. Entwicklung von Möbelprototypen, vor allem Stahlrohr- und verstellbare Sitzmöbel. 1952–54 Professur Hochschule für Bildende Künste, Berlin.

Luckhardt, Wassili, geb. 22. 7. 1889 in Berlin, gest. 2. 12. 1972 in Berlin. 1908–10 Studium TH Charlottenburg, 1912–14 TH Dresden. Abendkurse bei August Endell. Partnerschaft mit seinem Bruder Hans (vgl. Hans Luckhardt), ab 1954 eigenes Büro.

Mächler, Martin, geb. 22. 2. 1881 in Loham, Bayern, gest. 13. 12. 1958 in Berlin. Studium der Wirtschaftswissenschaften. Planer und Publizist. Studienreisen nach Indonesien, China, Indien, Kleinasien, USA. Publikationen u. a.: *Denkschrift zum Gesetz Groß-Berlin*. Berlin, 1920.

Mäckler, Christoph, geb. 17. 4. 1951 in Frankfurt am Main. 1972–80 Studium TU Darmstadt und RWTH Aachen. 1976–80 Mitarbeit bei Oswald Mathias Ungers und Gottfried Böhm. Seit 1981 eigenes Büro in Frankfurt am Main. Seit 1990 Gastprofessur an diversen Universitäten, seit 1998 Professur Universität Dortmund.

March, Otto, geb. 17. 10. 1845 in Charlottenburg, gest. 1. 4. 1913 in Charlottenburg. Mitschüler und Freund des Malers Max Liebermann. Ab 1860 Studium Bauakademie Berlin bei Johann Heinrich Strack, Richard Lucae und Martin Gropius. 1872 Mitarbeiter von Heinrich von Ferstel in Wien. 1880–1913 freier Architekt in Berlin. 1888 Reisen in England. Mitinitiator des städtebaulichen Wettbewerbs Groß-Berlin (1909–10) und der Allgemeinen Städtebau-Ausstellung in Berlin (1910).

March, Werner, geb. 17. 1. 1894 in Berlin-Charlottenburg, gest. 11. 1. 1976 in Berlin. Sohn von Otto March. 1912–14, 1919–21 Studium TH Dresden und Berlin. Meisterschüler von German Bestelmeyer. Ab 1925 freier Architekt in Berlin. 1936 im Zusammenhang mit dem Berliner Olympia-Stadion Professorentitel. Spezialist für Sportbauten. 1946–53 Architekt in Minden, Westfalen. 1953–60 Professur für Städtebau und Siedlungswesen TU Berlin.

Marg, Volkwin, geb. 15. 10. 1936 in Königsberg, Ostpreußen, aufgewachsen in Danzig. 1945 Flucht nach Thüringen, dann in Berlin. 1956–64 Studium TH Berlin, Braunschweig, Delft. Seit 1965 Partnerschaft mit Meinhard von Gerkan (von Gerkan, Marg und Partner, gmp). 1979–83 Präsident des BDA. Ab 1986 Professur RWTH Aachen. Lebt in Hamburg.

Mattern, Hermann, geb. 27. 11. 1902 in Hofgeismar, Nordhessen, gest. 17. 11. 1971 in Greimharting, Chiemsee. Garten- und Landschaftsarchitekt. Ab 1927 Mitarbeiter von Karl Foerster, Potsdam-Bornim. 1935 Gründung eines Planungsbüros mit Foerster. 1935–45 »Landschaftsanwalt« beim Bau der Reichsautobahnen. Ab 1948 Lehrtätigkeit an der Werkakademie Kassel, 1961–70 Professur für Gartenkunst und Landschaftsbau TU Berlin.

May, Ernst, geb. 27. 7. 1886 in Frankfurt am Main, gest. 11. 9. 1970 in Hamburg. 1908–12 Studium University College London, TH Darmstadt und München bei Friedrich von Thiersch und Theodor Fischer, dazwischen Mitarbeiter bei Raymond Unwin in London. 1919–25 Siedlungsbau in Schlesien, ab 1921 Direktor der Siedlungsgesellschaft Schlesisches Heim. 1925–30 Stadtrat für das Bauwesen in Frankfurt am Main. 1926 Der Ring. 1930–34 als Stadtplaner in den UdSSR. 1934–53 Farmer, Architekt und Planer in Ostafrika, 1940–42 interniert. 1953 Rückkehr nach Deutschland. 1954–56 Leiter der Planungsabteilung der Neuen Heimat Hamburg, ab 1957 freier Architekt und Stadtplaner. 1957 Professur TH Darmstadt.

Mayenburg, Georg Heinsius von, geb. 27. 11. 1870 in Colditz, Sachsen, gest. 1930 in Dresden. Studium Baugewerbeschule Dresden. Kunsthandwerker, Architekt und Stadtplaner. 1904–14 Werksarchitekt für Ilse-Bergbau AG, Niederlausitz. Tätig in Dresden.

Mebes, Paul, geb. 23. 1. 1872 in Magdeburg, gest. 9. 4. 1938 in Berlin. Studium TH Braunschweig und Charlottenburg. 1902–05 Architekt im preußischen Staatsdienst. 1906–22 Vorstandsmitglied und Architekt des Beamten-Wohnungsvereins Berlin. 1911–38 Partnerschaft mit seinem Schwager Paul Emmerich. Lehrtätigkeit TH Berlin-Charlottenburg. Publikation u. a.: *Um 1800*. München, 1908.

Meitinger, Karl, geb. 11. 2. 1882 in München, gest. 1. 3. 1970. 1902–07 Studium TH München und Charlottenburg. 1910–46 in der Stadtverwaltung München, ab 1924 Leitung Hochbauamt II, 1939–46 Stadtbaurat.

Mendelsohn, Erich, geb. 21. 3. 1887 in Allenstein, Ostpreußen, gest. 15. 9. 1953 in San Francisco. 1907 Studium der Volkswirtschaft Universität München, 1908–12 Architekturstudium TH Charlottenburg und München (bei Theodor Fischer). 1912–14 in München, anschließend in Berlin, unterbrochen vom Militärdienst. 1918 Novembergruppe, 1919 Arbeitsrat für Kunst. 1919 Ausstellung bei Paul Cassirer. 1924 Zehnerring, 1926 Der Ring. Reisen nach Holland, Palästina, USA, England, Frankreich, UdSSR. 1933 Emigration, arbeitete zugleich in England und Palästina. 1939–41 ausschließlich in Jerusalem, danach USA, ab 1945 in San Francisco.

Mengeringhausen, Max, geb. 3. 10. 1903 in Braunschweig, gest. 13. 4. 1988. 1922–26 Studium Maschinenbau TH Berlin-Charlottenburg und München. Ab 1928 Ingenieurbüro für Haustechnik, 1931–43 Lehrtätigkeit und Gründung der Abteilung Haustechnik an der Staatsbauschule Berlin-Neukölln. Entwicklung von Tragwerken aus Knotenverbindungen und Rohrstäben. 1942 Gründung der Firma MERO für die Entwicklung und Produktion räumlicher Tragwerke.

Messel, Alfred, geb. 22. 7. 1853 in Darmstadt, gest. 24. 3. 1909 in Berlin. 1873–74 Studium Kunstakademie Kassel, danach Bauakademie Berlin gemeinsam mit seinem Freund Ludwig Hoffmann. 1878–87 in preußischem Staatsdienst, dann Privatpraxis. 1893–96 Lehrtätigkeit Unterrichtsanstalt des Kunstgewerbemuseums Berlin und an der TH Charlottenburg.

Metzendorf, Georg, geb. 25. 9. 1874 in Heppenheim, Bergstraße, gest. 3. 8. 1934 in Essen. 1894–99 Studium Baugewerkschule Karlsruhe und TH Darmstadt. 1905–08 freier Architekt in Bensheim, Bergstraße. 1909–34 Architekt der Gartenstadt Mathildenhöhe bei Essen, gleichzeitig privates Büro in Essen.

Meyer, Adolf, geb. 17. 6. 1881 in Mechernich, Eifel, ertrunken 24. 7. 1929 bei Insel Baltrum. Ausbildung als Kunsttischler. 1903–07 Studium Kunstgewerbeschulen Köln und Düsseldorf u. a. bei J. L. M. Lauweriks und Peter Behrens. 1907–08 Mitarbeiter bei Peter Behrens, 1909–10 bei Bruno Paul. 1910–14, 1919–25 Mitarbeiter und Partner von Walter Gropius. 1919 Arbeitsrat für Kunst. 1919–25 nebenamtlicher Lehrer Bauhaus Weimar. 1926–29 Leiter der Bauberatung im Hochbauamt und Lehrer Kunstschule Frankfurt am Main.

Meyer, Hannes, geb. 18. 11. 1889 in Basel, gest. 19. 7. 1954 in Crocifisso di Savosa, Tessin. 1905–09 Ausbildung Gewerbeschule Basel, 1909–12 Abendkurse Kunstgewerbeschule Berlin. 1912–13 Studienaufenthalt in England. 1917–18 Architekt im Wohlfahrtsamt der Firma Krupp in Essen. 1919–25 Architekt in Basel, ab 1926 Arbeitsgemeinschaft mit Hans Wittwer. 1927 Leiter der Architekturabteilung Bauhaus Dessau, 1928–30 Direktor des Bauhauses. 1930–36 Planer und Lehrer in der UdSSR. 1936–39 in Genf, 1939–49 in Mexiko, dort zeitweise Direktor des Instituts für Städtebau.

Mies van der Rohe, Ludwig, geb. 27. 3. 1886 als Ludwig Mies in Aachen, gest. 17. 8. 1969 in Chicago. 1900–02 Studium Gewerbeschule Aachen. 1901–05 Mitarbeit bei Aachener Architekten. 1905/06–07 Mitarbeiter bei Bruno Paul, 1908–12 bei Peter Behrens in Berlin. 1923–25 Vorsitzender der Novembergruppe. 1924 Zehnerring, 1926 Der Ring. 1926–32 Zweiter Vorsitzender des Deutschen Werkbundes. Künstlerischer Leiter der Weißenhof-Ausstellung, Stuttgart 1927. 1930–33 Direktor des Bauhauses in Dessau und Berlin. 1938 Emigration in die USA. 1938–58 Leiter der Architekturabteilung des Illinois Institute of Technology (früher: Armour Institute), Chicago.

Mitscherlich, Alexander, geb. 20. 9. 1908 in München, gest. 26. 6. 1982 in Frankfurt am Main. Arzt und Psychologe. Ab 1952 Professor Universität Heidelberg, ab 1967 Universität Frankfurt am Main, 1969–76 Direktor des Sigmund-Freud-Instituts Frankfurt am Main. Publikation u. a.: *Die Unwirtlichkeit unserer Städte*. Frankfurt am Main, 1965.

Moeller van den Bruck, Arthur, geb. 23. 4. 1876 in Solingen, gest. 30. 5. 1925 in Berlin. Nationalkonservativer Schriftsteller in Berlin. Publikationen u. a.: *Der preußische Stil*. München, 1916. – *Das Dritte Reich*. Berlin, 1923.

Mohl, Heinz, geb. 18. 3. 1931 in Hechingen, Hohenzollern. Bis 1957 Studium TH Karlsruhe

u. a. bei Otto Haupt und Egon Eiermann. 1972–74 Lehrtätigkeit TH Karlsruhe, ab 1974 Professor Akademie der Bildenden Künste Stuttgart. Lebt in Karlsruhe.

Möhring, Bruno, geb. 11. 12. 1863 in Königsberg, gest. 26. 3. 1929 in Berlin. Studium TH Charlottenburg. Architekt und Stadtplaner in Berlin, zusammen mit Hans Spitzner. Ab 1899 Mitherausgeber der Zeitschrift *Berliner Architekturwelt*.

Müller, Albin, vg. Albinmüller

Müller, Hans C. (Christian), geb. 26. 11. 1921 in Berlin. 1946–50 Studium Hochschule für Bildende Künste Berlin. Danach Tätigkeit bei Max Taut und Wassili Luckhardt. 1957–67 freier Architekt in Arbeitsgemeinschaft mit Georg Heinrichs. Ab 1967 Senatsbaudirektor in Berlin. Lebt in Berlin.

Müller, Hans Heinrich, geb. 20. 4. 1879 in Grätz bei Posen, gest. 7. 12. 1951 in Berlin. Studium TH Charlottenburg. 1924–30 Chefarchitekt der BEWAG, Berlin, danach Privatarchitekt.

Müther, Ulrich, geb. 21. 7. 1934 in Binz auf Rügen. Zimmermannslehre. 1951–54 Studium Ingenieurschule Neustrelitz, 1956–63 Fernstudium TU Dresden. Bauingenieur. Ab 1958 technischer Leiter und Direktor des enteigneten väterlichen Betriebs. Konstrukteur von über fünfzig Stahlbetonschalen in der DDR und im Ausland. Lebt in Binz.

Muthesius, Hermann, geb. 20. 4. 1861 in Groß-Neuhausen, Thüringen, gest. 26. 10. 1927 in Berlin. 1881–87 Philosophiestudium Universität Berlin, Architekturstudium TH Charlottenburg. 1983–87 Mitarbeit bei Paul Wallot in Berlin, 1887–91 bei Ende & Böckmann in Tokio. 1896–1903 Attaché der Deutschen Botschaft in London. 1904–26 Geheimrat im Preußischen Handelsministerium. 1904–27 zugleich freier Architekt in Berlin. 1907 Mitbegründer und Vorstandsmitglied des Deutschen Werkbunds. Publikationen u. a.: *Das englische Haus*. 3 Bände. Berlin, 1904–05.

Mutschler, Carlfried, geb. 18. 2. 1926 in Mannheim, gest. 22. 2. 1999 in Mannheim. 1947–51 Studium TH Karlsruhe u. a. bei Egon Eiermann. 1952–53 Mitarbeiter bei Albert Lange und Hans Mitzlaff. Ab 1953 freier Architekt in Mannheim, ab 1971 in Partnerschaft mit Joachim Langner und Dieter Wessa (Carlfried Mutschler & Partner). 1994–99 Partnerschaft Ludwig Schwöbel, Christine Mäurer und Prof. Mutschler.

Näther, Joachim, geb. 11. 3. 1925 in Waldau, Zeitz. 1946–49 Studium Ingenieurschule Magdeburg. 1951–52 Mitarbeiter im Entwurfsbüro Halle und VEB Projektierung Schwerin. Nach dem 2. Preis im Wettbewerb für die »Erste Sozialistische Straße« in Rostock 1953 Gründung der Architekturwerkstatt Rostock. 1963–64 Chefarchitekt im VEB Typenprojektierung Berlin. 1964–74 Chefarchitekt von Berlin (DDR). 1974–89 Direktor des Instituts für Kulturbauten an der Deutschen Bauakademie. Lebt in Berlin.

Neufert, Ernst, geb. 15. 3. 1900 in Freyburg an der Unstrut, gest. 23. 2. 1986 in Bugneaux-sur-Rolle, Schweiz. 1919–20 Studium Baugewerkschule und Bauhaus Weimar. 1920 Mitarbeiter, 1922–26 Bauleiter und Bürochef bei Walter Gropius. Lehrtätigkeit am Bauhaus Dessau. 1926–30 Professur Hochschule für Baukunst Weimar, 1930–34 Lehrer an der Itten-Schule, Berlin. 1938 von Albert Speer zum Beauftragten für Normungsfragen ernannt. 1936–44 selbständiger Architekt. 1944–45 im Arbeitsstab Wiederaufbauplanung. 1945–65 Professur TH Darmstadt und Direktor des Instituts für Baunormung. Publikationen u. a.: *Bauentwurfslehre*. Berlin, 1936 (das erfolgreichste Architekturbuch überhaupt). – *Bauordnungslehre*. Berlin, 1943.

Neutra, Richard, geb. 8. 4. 1892 in Wien, gest. 16. 4. 1970 in Wuppertal. 1911–18 Studium TH Wien, 1919 ETH Zürich bei Karl Moser. 1921–23 Mitarbeit u. a. bei Erich Mendelsohn. 1923 Emigration in die USA. 1924 Mitarbeit bei Frank Lloyd Wright. Ab 1925 eigenes Büro in Los Angeles, anfangs Zusammenarbeit mit Rudolph M. Schindler. 1966–70 Partnerschaft mit seinem Sohn Dion.

Oelsner, Gustav, geb. 23. 2. 1879 in Posen, gest. 26. 4. 1956 in Hamburg. 1896–1900 Studium TH Charlottenburg. 1907–11 Stadtbauinspektor in Breslau. 1911–22 Stadtbaurat in Kattowitz, 1924–33 Bausenator und Stadtbaurat der Stadt (Hamburg-)Altona. 1937 Exil in den USA, 1939–49 städtebaulicher Berater in der Türkei. Zeitweise Zusammenarbeit mit Paul Bonatz. Kehrte 1949 als Referent für Wiederaufbau (bis 1952) nach Hamburg zurück.

Oesterlen, Dieter, geb. 5. 4. 1911 in Heidenheim, Württemberg, gest. 6. 4. 1994 in Hannover. 1930–36 Studium TH Stuttgart bei Paul Schmitthenner und TH Berlin bei Heinrich Tessenow und Hans Poelzig. 1939 Mitarbeiter bei Frank Beyer, Berlin. Ab 1945 eigenes Büro in Hannover. 1952–76 Professur TH Braunschweig.

Olbrich, Joseph Maria, geb. 22. 12. 1867 in Troppau, gest. 8. 8. 1908 in Düsseldorf. 1882–86 Studium Staatsgewerbeschule Wien. 1893–98 an der Akademie der Bildenden Künste Wien bei Carl von Hasenauer. 1894–99 Mitarbeiter bei Otto Wagner. 1899–1908 leitender Architekt der Künstlerkolonie Darmstadt. 1907 Gründungsmitglied des Deutschen Werkbunds.

Osswald, Ernst Otto, geb. 27. 2. 1880 in Stuttgart, gest. 1. 5. 1960 in Stuttgart. Studium Staatsbauschule, Akademie der Bildenden Künste und TH Stuttgart. Mitarbeiter bei Theodor Fischer in Stuttgart 1908. 1908–56 eigenes Büro.

Ostendorf, Friedrich, geb. 17. 10. 1871 in Lippstadt, gefallen 16./17. 3. 1915 in Arras, Frankreich. Studium TH Stuttgart, Hannover und Charlottenburg. Architekt in Düsseldorf, Danzig und Karlsruhe. 1904–07 Lehrtätigkeit TH Danzig, 1907–15 Professur TH Karlsruhe. Publikationen u. a.: *Sechs Bücher vom Bauen*, davon erschienen 3 Bände. Berlin, 1913–20.

Osthaus, Karl Ernst, geb. 15. 4. 1874 in Hagen, gest. 27. 3. 1921 in Hagen. Sohn eines Bankiers, Kulturpolitiker. 1893–97 Studium der Philosophie, Literatur- und Kunstwissenschaft Universitäten München, Berlin, Straßburg, Wien. 1902 Eröffnung des Folkwang-Museums in Hagen. 1906 Baubeginn des eigenen Hauses Hohenhof und der Villenkolonie Hohenhagen. 1907 Gründungsmitglied des Deutschen Werkbunds. 1909 Gründung des Deutschen Museums für Kunst in Handel und Gewerbe, Hagen. Ab 1910 Verlagstätigkeit, aus der der Folkwang-Verlag hervorging. 1918 Arbeitsrat für Kunst.

Otto, Frei, geb. 31. 5. 1925 in Siegmar bei Chemnitz. 1943–45 Kriegsdienst als Flugzeugführer in einem Jagdgeschwader. 1948–52 Studium TH Berlin. 1952–68 freier Architekt in Berlin. 1954 Dissertation *Das hängende Dach*. Lehrtätigkeiten in den USA, 1959 Hochschule für Gestaltung, Ulm, 1960–62 TH Berlin. 1964 Gründung des Instituts für leichte Flächentragwerke an der TH/Universität Stuttgart und bis 1991 dessen Leiter. 1965–90 Professur Universität Stuttgart. Seit 1968 Studio Warmbronn bei Leonberg. Zusammenarbeit mit Rolf Gutbrod beim Deutschen Pavillon in Montreal (1967) und bei Bauten in Saudi-Arabien.

Paul, Bruno, geb. 19. 1. 1874 in Seifhennersdorf, Oberlausitz, gest. 17. 8. 1968 in Berlin. 1892–94 Studium Akademie der Bildenden Künste Dresden, anschließend Akademie der Schönen Künste und TH München. Maler, Gebrauchsgrafiker, Möbelentwerfer und Karikaturist in München. 1898 Mitglied der Vereinigten Werkstätten für Kunst im Handwerk, München. 1907 Gründungsmitglied des Deutschen Werkbunds. Ab 1907 selbständiger Architekt in Berlin. 1907–32 Leiter der Unterrichtsanstalt am Kunstgewerbemuseum bzw. der Vereinigten Staatsschulen für freie und angewandte Kunst, Berlin. 1933 vom Lehramt entlassen. Danach in Düsseldorf, ab 1957 wieder in Berlin.

Paulick, Richard, geb. 7. 11. 1903 in Roßlau, Anhalt, gest. 4. 3. 1979 in Berlin. 1923–27 Studium TH Dresden und Berlin u. a. bei Martin Dülfer und Hans Poelzig. 1927–30 Mitarbeiter bei Walter Gropius. 1930–33 freier Architekt in Berlin, zeitweise Zusammenarbeit mit Hermann Zweigenthal. 1933–49 in Schanghai als Architekt, Dozent und Stadtplaner. 1950 Rückkehr in die DDR. 1951 Leiter einer Meisterwerkstatt der Deutschen Bauakademie, 1955–65 deren Vizepräsident. Ab 1951 Wiederaufbauplanungen in der historischen Innenstadt Berlins. 1956–64 Leiter des Aufbaustabs, dann Chefarchitekt von Hoyerswerda, 1962–66 von Schwedt, 1964–68 von Halle-Neustadt. 1968–70 Chefarchitekt für Städtebau und Architektur im Bezirk Halle.

Petzinka, Karl-Heinz, geb. 7. 1. 1956 in Bocholt. 1976–82 Studium RWTH Aachen. 1982–83 Mitarbeit bei Oswald Mathias Ungers. 1893–94 Lehrtätigkeiten an der RWTH Aachen und der Gesamthochschule Wuppertal, seit 1994 Professur TU Darmstadt. Ab 1982 Büropartnerschaft mit Jürgen Overdiek, 1993–94 Bürogemeinschaft Ingenhoven, Overdiek, Petzinka und Partner. Seit 1994 Partnerschaft mit Thomas Pink (Petzinka, Pink und Partner) in Düsseldorf.

Pfau, Bernhard, geb. 1. 6. 1902 in Mainz, gest. 30. 7. 1989 in Düsseldorf. Ab 1916 Ausbildung Hessische Kunstgewerbeschule Mainz. Mitarbeiter bei Bruno Paul, Emil Fahrenkamp u. a. 1930 eigenes Büro in Düsseldorf. 1936 Werksarchitekt für die Fieseler Flugzeugwerke in Kassel, dann für die Luftwaffe in Frankreich. Nach Internierung und Aufenthalt in Frankreich zurück nach Düsseldorf. 1949 Mitgründer des Düsseldorfer Architektenrings.

Poelzig, Hans, geb. 30. 4. 1869 in Berlin, gest. 14. 6. 1936 in Berlin. 1889–94 Studium TH Charlottenburg u. a. bei Karl Schäfer. 1899 Regierungsbaumeister im Ministerium für öffentliche Arbeiten. 1900–16 Lehrer, ab 1903 Direktor der Kunst- und Kunstgewerbeschule und späteren Akademie Breslau. 1916–20 Stadtbaurat in Dresden. 1919 Arbeitsrat für Kunst. 1919–21 Erster Vorsitzender des Deutschen Werkbunds. Ab 1920 Meisteratelier für Architektur der Preußischen Akademie der Künste. 1923–36 Professur TH Berlin-Charlottenburg. 1924 Zehnerring, 1926 Der Ring. 1932–35 Vizepräsident der Preußischen Akademie der Wissenschaften. 1933 kommissarischer Leiter der Vereinigten Staatsschulen für Architektur, Malerei und Kunstgewerbe.

Posener, Julius, geb. 4. 11. 1904 in Berlin, gest. 29. 1. 1996 in Berlin. 1923–29 Studium TH Berlin u. a. bei Hans Poelzig. 1929–30 in Paris. 1931–33 Mitarbeit bei Erich Mendelsohn. 1933 Emigration nach Paris, dann Palästina, Mitarbeit bei Mendelsohn in Jerusalem. 1941–46 Mitglied der British Army. 1948–56 Lehrtätigkeit Brixton School of Building, 1956–61 Technical College in Kuala Lumpur, 1961–71 Professur für Baugeschichte Hochschule für Bildende Künste Berlin. Lehrtätigkeit TU Berlin-Charlottenburg. 1972–76 Vorsitzender des Deutschen Werkbunds. Publikationen u. a.: *Berlin auf dem Wege zu einer neuen Baukunst. Das Zeitalter Wilhelms II.* München, 1979. – *Vorlesungen zur Geschichte der Neuen Architektur (1753–1933)* (arch+ 48, 53, 59, 63–64, 69–70, 1979–83). – *Fast so alt wie das Jahrhundert.* Berlin, 1990. – *Heimliche Erinnerungen.* Berlin, 2004.

Rading, Adolf, geb. 2. 3. 1888 in Berlin, gest. 4. 4. 1957 in London. Maurer-Gesellenprüfung, kaufmännische Ausbildung. 1905–08 Studium Baugewerkeschule Berlin. 1911–13 oder 14 Mitarbeit bei August Endell, sowie bei Peter Behrens und Albert Gessner. 1919–32 Lehrer und Professor Akademie für Kunst Breslau. 1933–36 Exil in Frankreich. 1936–43 in Haifa, 1943–50 Stadtarchitekt von Haifa. 1950 Übersiedlung nach London, Bürogemeinschaft mit Frederick Herrmann.

Rainer, Roland, geb. 1. 5. 1910 in Klagenfurt, gest. 10. 4. 2004 in Wien. 1928–35 Studium TH Wien. 1952–54 Professur TH Hannover, 1955 TH Graz, 1956–80 Leiter der Meisterschule für Architektur an der Akademie der Bildenden Künste, Wien. 1958–63 Stadtplaner von Wien. Publikation u. a.: *Die gegliederte und aufgelockerte Stadt* (mit Johannes Göderitz und Hubert Hoffmann). Tübingen, 1957.

Rasch, Bodo, geb. 17. 2. 1903 in Elberfeld, gest. 1995 in Oberaichen bei Stuttgart, 1922–26 Studium der Landwirtschaft in Stuttgart-Hohenheim. 1926–30 Bürogemeinschaft mit seinem Bruder Heinz, danach freier Architekt und Designer. Publikation u. a.: *Wie bauen?* Stuttgart, 1927.

Rasch, Heinz, geb. 15. 2. 1902 in Charlottenburg, gest. 27. 11. 1996 in Wuppertal. 1916 Studium Kunstgewerbeschule Bromberg, 1920–23 TH Hannover und Stuttgart. 1926–30 Bürogemeinschaft mit seinem Bruder Bodo. Ab 1930 freier Architekt und Designer in Berlin, ab 1933 in Wuppertal.

Raschdorff, Julius Carl, geb. 2. 7. 1823 in Pleß, Oberschlesien, gest. 13. 8. 1914 in Waldsieversdorf, Brandenburg. Studium Bauakademie Berlin. 1854–72 Stadtbaumeister in Köln. 1878–1911 Professur TH Charlottenburg. 1892 Ernennung zum Dombaumeister in Berlin.

Reichow, Hans Bernhard, geb. 25. 11. 1899 in Roggow bei Belgard/Pommern, gest. 7. 5. 1974 in Bad Mergentheim. 1919–23 Studium TH Danzig und München. 1925–28 Mitarbeiter bei Erich Mendelsohn und im Staatsdienst. 1928–34 Stadtplaner bei der Stadt Dresden. 1934–36 Stadtbaurat in Braunschweig. 1936–45 Baudirektor in Stettin. Mitarbeit an der Neugestaltung Hamburgs bei Konstanty Gutschow. Ab 1945 freier Architekt und Planer in Hamburg, u. a. Planung der Sennestadt bei Bielefeld. Publikationen u. a.: *Organische Stadtbaukunst.* Braunschweig, 1948. – *Organische Baukunst.* Braunschweig, 1949. – *Die autogerechte Stadt.* Ravensburg, 1959.

Riemerschmid, Richard, geb. 20. 6. 1868 in München, gest. 13. 4. 1957 in München. 1888–90 Studium Akademie der Bildenden Künste, München. Begann als Maler und Kunsthandwerker. 1897 Mitbegründer der Vereinigten Werkstätten für Kunst im Handwerk, München. 1902–05 Lehrtätigkeit Kunstschule Nürnberg. 1907 Gründungsmitglied des Deutschen Werkbunds, 1921–26 dessen Vorsitzender. 1913–24 Leitung der Kunstgewerbeschule München, 1926–31 der Kölner Werkschulen.

Rimpl, Herbert, geb. 25. 1. 1902 in Mallmitz, Schlesien, gest. 2. 6. 1978 in Wiesbaden. Studium TH München, Promotion TH Berlin-Charlottenburg. 1925–26 Mitarbeiter bei Theodor Fischer, 1929–31 Leiter des Baubüros Stadt Hindenburg und Dominikus Böhm. Ab 1931 selbständig. 1934–36 Leiter der Bauabteilung der Heinkel-Flugzeugwerke, 1937–45 Chefarchitekt der Reichswerke Hermann Göring für Wohn- und Verwaltungsbauten. Prüfstelle »für Großbauvorhaben des Generalbevollmächtigten für die Regelung der Bauwirtschaft«. 1944–45 Mitarbeit im Arbeitsstab

Wiederaufbauplanung. Ab 1946 als freier Architekt in Mainz, dann Wiesbaden.

Riphahn, Wilhelm, geb. 25. 7. 1889 in Köln, gest. 27. 12. 1963 in Köln. Studium Baugewerkschule Köln, TH München, Charlottenburg, Dresden u. a. bei Theodor Fischer, Martin Dülfer, Cornelius Gurlitt. Mitarbeiter im Baubüro von Siemens & Halske, Berlin, bis 1912 im Büro der Brüder Taut. Ab 1913 selbständig in Köln. 1919–31 Partnerschaft mit Caspar Maria Grod.

Ritter, Hubert, geb. 17. 3. 1886 in Nürnberg, gest. 25. 5. 1967 in München. Bis 1909 Studium TH München u. a. bei Theodor Fischer und Friedrich von Thiersch. 1910 eigenes Büro in München. 1912 Regierungsbaumeister in der Bayerischen Bauverwaltung. 1913–24 Stadtbaumeister in Köln. 1924–30 Stadtbaurat in Leipzig. Während des Zweiten Weltkriegs Stadtplanung für Krakau und Stadtbaurat in Luxemburg, danach Tätigkeit in Leipzig und Rückkehr nach München. Bis 1963 Architekturbüro gemeinsam mit seinem Sohn.

Ruf, Sep, geb. 9. 3. 1908 in München, gest. 29. 7. 1982 in München. 1927–31 Studium TH München u. a. bei German Bestelmeyer und Adolf Abel. Ab 1931 freier Architekt in München, zunächst gemeinsam mit seinem Bruder Franz. 1947–53 Professor Akademie der Bildenden Künste Nürnberg, 1953–72 Akademie der Bildenden Künste München. Ab 1971 Partnerschaft mit vier Kollegen.

Ruhnau, Werner, geb. 11. 4. 1922 in Königsberg. 1941–43 Studium TH Danzig, 1945–50 TH Braunschweig und Karlsruhe. 1953–55 Partnerschaft mit Harald Deilmann, Max von Hausen und Ortwin Rave in Münster. 1961 Mitglied der Groupe d'études d'architecture mobile. 1965–67 Professor in Montreal, 1971–72 an der Universität Köln, Institut für Theaterwissenschaft. Theaterbauten, Festgestaltungen, Olympische Spielstraße (München, 1972). Lebt in Essen.

Sagebiel, Ernst, geb. 2. 10. 1892 in Braunschweig, gest. 5. 3. 1970 in Starnberg. 1912 Beginn des Architekturstudiums in Braunschweig, 1922 Abschluß des Studiums. 1924–28 Mitarbeiter bei Jacob Koerfer in Köln, bis 1933 bei Erich Mendelsohn in Berlin. Repräsentative Bauten für die Luftfahrt (Reichsluftfahrtministerium Berlin, 1935–36; Flughafen Berlin-Tempelhof, 1935–39).

San Micheli Wolkenstein, geb. 1873, gest. 3. 3. 1910 in Berlin. Studium in Bukarest. 1904–06 in Mannheim und Heidelberg, anschließend in Berlin. Vorübergehende Zusammenarbeit mit Oskar Kaufmann.

Salvisberg, Otto Rudolf, geb. 19. 10. 1882 in Könitz bei Bern, gest. 23. 12. 1940 in Arosa, Graubünden, Schweiz. Studium in Biel und TH Karlsruhe. 1908–30 freier Architekt in Berlin, vor allem Wohnungsbau. Professur ETH Zürich.

Sattler, Christoph, geb. 24. 12. 1938 in München. Sohn des Architekten Carl Sattler. 1957–63 Studium TU München, 1963–65 Illinois Institute of Technology, Chicago. Praktika bei Ludwig Mies van der Rohe, Rudolf Schwarz und Peter C. von Seidlein. 1966–72 bei der Neuen Heimat Bayern. Seit 1974 Partnerschaft mit Heinz Hilmer. Lebt in München.

Sauerbruch, Matthias, geb. 4. 2. 1955 in Konstanz. 1977–84 Studium Hochschule für Bildende Künste Berlin und Architectural Association, London. 1984–90 Zusammenarbeit mit Elia Zenghelis und Rem Koolhaas. Seit 1989 Partnerschaft mit seiner Frau Louisa Hutton in London und Berlin (sauerbruch hutton architekten). 1995–2001 Professur TU Berlin, seit 2001 Akademie der Bildenden Künste Stuttgart.

Sawade, Jürgen, geb. 19. 12. 1937 in Kassel, aufgewachsen in Berlin. 1958–68 Studium TH Berlin u. a. bei Oswald Mathias Ungers. Seit 1970 eigenes Büro in Berlin. Gastprofessuren in Los Angeles, New York, Wien. 1991 Professor Universität Dortmund. 2004 Honorarprofessor FH Potsdam.

Scharoun, Hans, geb. 20. 9. 1893 in Bremerhaven, gest. 25. 11. 1972 in Berlin. 1912–15 Studium TH Charlottenburg. 1915–18 Militärdienst in Baubüros für den Wiederaufbau Ostpreußens. 1920 Ausstellung *Neues Bauen*. Briefwechsel *Gläserne Kette*. 1919–25 Architekt in Insterburg, Ostpreußen. 1925–32 Professor Kunstakademie Breslau. 1926 Der Ring. 1932 freier Architekt in Berlin, wo Scharoun mit Adolf Rading und zeitweise mit Paul Kruchen seit 1926 ein Büro unterhielt. 1945–46 Stadtbaurat von Groß-Berlin. 1947–50 Leiter des Instituts für Bauwesen an der Akademie der Wissenschaften. 1946–58 Lehrauftrag, dann Professor TU Berlin. 1955–68 Präsident der Akademie der Künste, Berlin.

Schattner, Karljosef, geb. 24. 8. 1924 in Gommern bei Magdeburg. 1949–53 Studium TH München u. a. bei Hans Döllgast und Franz Hart. 1956–57 eigenes Büro in Eichstätt, Bayern. 1957–91 Eichstätter Diözesanbaumeister. 1985–91 Gast- und Honorarprofessuren TH Darmstadt, München, Zürich. Lebt in Eichstätt.

Scheerbart, Paul, geb. 8. 1. 1863 in Danzig, gest. 15. 10. 1915 in Berlin. 1884–86 Lern- und Studienjahre (Philosophie, Kunstgeschichte) in Leipzig, Halle, München und Wien. Ab 1887 in Berlin. Phantastische Romane, Novellen, Lyrik. Mit Bruno Taut befreundet. Publikation u. a.: *Glasarchitektur*. Berlin, 1914.

Scheffler, Karl, geb. 27. 2. 1869 in Hamburg, gest. 25. 10. 1951 in Überlingen. Kunstschriftsteller und Architekt. 1906–33 Herausgeber der Zeitschrift *Kunst und Künstler*. Zahlreiche architekturkritische und kunstgeschichtliche Publikationen, u. a.: *Berlin. Ein Stadtschicksal*. Berlin, 1910. – *Die Architektur der Großstadt*. Berlin, 1913. – *Der Geist der Gotik*. Leipzig, 1913.

Schlaich, Jörg, geb. 17. 10. 1934 in Stetten im Remstal. 1953–59 Studium Architektur und Bauingenieurwesen TH Stuttgart, TU Berlin. 1963 Promotion bei Fritz Leonhardt, TH Stuttgart. 1963–79 Mitarbeiter und Partner bei Leonhardt & Andrä. 1967–74 Lehrtätigkeit, 1974–2000 Professur Universität Stuttgart, Direktor des Instituts für Tragwerksentwurf. Seit 1980 Partnerschaft Schlaich, Bergermann & Partner. Schalen, Seilnetze, Brücken, Membrane, Türme, Solarkraftwerke. Lebt in Stuttgart.

Schmidt, Hans, geb. 10. 12. 1893 in Basel, gest. 18. 6. 1972 im Bergell, Schweiz. 1913–17 Studium TH München, ETH Zürich, Aufenthalte in den Niederlanden und in der Sowjetunion. 1924–25 mit Mart Stam und Emil Roth Herausgeber der Zeitschrift *ABC – Beiträge zum Bauen*. 1928 Gründungsmitglied der CIAM. 1930–37 mit der Gruppe May in der UdSSR, danach Rückkehr nach Basel. 1955–69 Tätigkeit in der DDR, Direktor des Instituts für Theorie und Geschichte an der Deutschen Bauakademie. 1969 Rückkehr nach Basel.

Schmitthenner, Paul, geb. 15. 12. 1884 in Lauterburg, Elsaß, gest. 15. 12. 1972 in München. 1902–07 Studium TH Karlsruhe und München. 1907–09 Leiter des Hochbauamtes Kolmar, Elsaß. 1909–11 Mitarbeiter bei Richard Riemerschmid in München. 1913–18 im Reichsamt des Inneren für die Planung von Gartenstädten zuständig. 1918–45 Professor TH Stuttgart. 1928 Gründungsmitglied der konservativen Architektenvereinigung Der Block. 1932–34 Propagandatätigkeit für den NS-Kampfbund für Deutsche Kultur. 1947 umstrittene, schließlich gescheiterte

Wiederberufung an die TH Stuttgart. Ab 1950 pensioniert, als freier Architekt weiter tätig.

Schmitz, Bruno, geb. 21. 11. 1858 in Düsseldorf, gest. 27. 4. 1916 in Berlin. 1875–78 Studium Kunstakademie Düsseldorf, zunächst Malerei, dann Architektur. Mitarbeit bei Hermann Riffart in Düsseldorf. 1885 Übersiedlung nach Berlin. 1896 Professur Akademie der Bildenden Künste Dresden. Zahlreiche pathetische Denkmalsbauten.

Schmohl, Eugen, geb. 2. 8. 1880 in Ludwigsburg, gest. 18. 6. 1926 in Berlin. Studium TH Stuttgart. Ab 1901 Mitarbeiter bei Alfred Messel, ab 1908 Partnerschaft mit Alfred Salinger.

Schneider, Karl, geb. 15. 5. 1892 in Mainz, gest. 11. 12. 1945 in Chicago. Bis 1911 Studium Kunstgewerbeschule Mainz. 1912–21 Mitarbeiter bei Lossow & Kühne, Walter Gropius, Peter Behrens, Fritz Höger. Ab 1921 freier Architekt in Hamburg. Mitglied Der Ring. 1930–33 Professur Landeskunstschule Hamburg. Arbeitet 1933–38 hauptsächlich als Graphiker. 1938 Emigration in die USA, Chicago. Industriedesigner und Architekt für Warenhäuser.

Schneider, Till, geb. 29. 11. 1959 in Koblenz. 1979–86 Studium Universität Kaiserslautern und TH Darmstadt. 1986 Aufbaustudium Städelschule Frankfurt am Main bei Peter Cook. 1986–88 Mitarbeit bei Eisele & Fritz, Darmstadt. Seit 1989 Bürogemeinschaft mit Michael Schumacher. Lebt in Frankfurt am Main.

Schneider (von)-Esleben, Paul, geb. 23. 8. 1915 in Düsseldorf, gest. 19. 5. 2005 in Fischbachau, Auerberg, Bayern. 1937–39 Studium TH Darmstadt, 1946–47 TH Stuttgart. Mitarbeit im Büro seines Vaters und bei Rudolf Schwarz. Ab 1948 eigenes Büro in Düsseldorf.

Schneider-Wessling, Erich, geb. 22. 6. 1931 in Wessling, Oberbayern. 1952–56 Studium TH München, 1956 an der University of South California und in Taliesin-West bei Frank Lloyd Wright. Mitarbeit bei Richard J. Neutra in Los Angeles. Seit 1960 freier Architekt in Köln. 1968 Gründung der Architektengemeinschaft Bauturm, 1969 der Arbeitsgruppe Urbanes Wohnen in Köln. Ab 1973 Professur Akademie der Bildenden Künste München. 1988 Gastprofessur Massachusetts Institute of Technology, Cambridge, USA. Lebt in Köln.

Schoder, Thilo, geb. 12. 2. 1888 in Weimar, gest. 8. 7. 1979 in Kristiansand, Norwegen. Schüler Henry van de Veldes. Studium 1907–11 Kunstgewerbeschule Weimar, anschließend TH Wien. Mitarbeiter der Wiener Werkstätte. 1912 Rückkehr nach Weimar, später eigenes Büro in Gera. 1932 Übersiedlung nach Norwegen in die Heimat seiner zweiten Frau. Architekturpraxis in Südnorwegen.

Schroeder, Rudolf, geb. 19. 5. 1897 in Wilhelmshaven, gest. 27. 12. 1965 in Kiel. 1916–25 Studium TH Hannover und Stuttgart u. a. bei Paul Bonatz, Paul Schmitthenner und Heinz Wetzel. 1921–24 Mitarbeit bei Schmitthenner. 1927–1962 leitender Beamter im Hochbau- und Siedlungsamt Kiel, ab 1959 als städtischer Baudirektor.

Schulte-Frohlinde, Julius, geb. 26. 5. 1894 in Bremen, gest. 20. 11. 1968 in Bremen. Studium TH Stuttgart und München. Assistent und Mitarbeiter bei Paul Bonatz in Stuttgart, danach in München. 1929–34 Städtischer Baurat in Nürnberg, Zusammenarbeit mit Albert Speer bei der Planung für das Reichsparteitagsgelände. Ab 1934 Leiter der Zentralen Bauabteilung der Deutschen Arbeitsfront. Professur TH München. Ab 1945 freier Architekt in Bremen. 1952–59 Leiter des Hochbauamts Düsseldorf.

Schultes, Axel, geb. 17. 11. 1943 in Dresden. 1963–69 Studium TU Berlin u. a. bei Werner Düttmann. 1972–91 Partnerschaft mit Dietrich Bangert, Bernd Jansen, Stefan Scholz (BJSS). Seit 1992 Partnerschaft mit Charlotte Frank und Christoph Witt (Axel Schultes Architekten). 2003 Professur Kunstakademie Düsseldorf. Lebt in Berlin.

Schultze-Naumburg, Paul, geb. 10. 6. 1869 in Almrich, Saale, gest. 19. 5. 1949 in Jena. Studium der Malerei an der Kunstakademie Karlsruhe. 1903 Gründer der Saalecker Werkstätten. 1904 Mitbegründer des Bundes für Heimatschutz. 1907 Gründungsmitglied des Deutschen Werkbunds. 1928 Mitbegründer der konservativen Architektenvereinigung Der Block und des nationalsozialistischen Kampfbundes für Deutsche Kultur. 1930–40 Leitung der Vereinigten Kunstlehranstalten (früher Hochschule für Baukunst) Weimar. Publikationen u. a.: *Kulturarbeiten*. 9 Bde. München, 1901–17. – *Kunst und Rasse*. München, 1927. – *Kunst aus Blut und Boden*. Leipzig, 1934.

Schulze-Fielitz, Eckhard, geb. 24. 12. 1929 in Stettin. 1949–54 Studium RWTH Aachen und TH Karlsruhe. 1955 Bürogründung mit Ulrich von Altenstadt und Ernst von Rudloff. Raumsysteme, 1961 Mitglied der Groupe d'études d'architecture mobile (GEAM). 1972 Promotion an der TH Graz bei Hubert Hoffmann. Ab 1974 Bürogemeinschaft mit wechselnden Partnern in Bregenz, Graz und Köln. Lebt in Essen.

Schumacher, Fritz (Friedrich Wilhelm), geb. 4. 11. 1869 in Bremen, gest. 5. 11. 1947 in Hamburg. 1889–93 Studium Universität und TH München u. a. bei Friedrich von Thiersch, 1892 ein Semester TH Charlottenburg u. a. bei Karl Schäfer. 1893–95 bei Gabriel von Seidl in München. 1896–1901 im Stadtbauamt Leipzig bei Hugo Licht. 1901–09 Professur TH Dresden. 1907 Gründungsmitglied des Deutschen Werkbunds. 1909–33 Leiter des Hochbauwesens und Oberbaudirektor in Hamburg. 1920–23 für die Aufstellung des Kölner Generalsiedlungsplans beurlaubt.

Schumacher, Michael, geb. 30. 11. 1957 in Krefeld. 1978–85 Studium Universität Kaiserslautern. 1986 Aufbaustudium Städelschule Frankfurt am Main bei Peter Cook. 1987 Mitarbeit bei Foster Ass. 1999 Gastprofessur Städelschule. Seit 1989 Bürogemeinschaft mit Till Schneider.

Schupp, Fritz, geb. 22. 12. 1896 in Uerdingen, gest. 1. 8. 1974 in Essen. 1914–19 Studium TH Karlsruhe, München, Stuttgart. Ab 1919 freier Architekt in Essen. 1922–45 Partnerschaft mit Martin Kremmer. Zahlreiche Industriebauten. 1949–61 Lehrtätigkeit und Professur TH Hannover.

Schürmann, Joachim, geb. 24. 9. 1926 in Viersen, Rheinland. 1946–49 Studium TH Darmstadt. Ab 1956 eigenes Büro mit seiner Frau Margot (1924–97) in Köln, ab 1991 auch in Salzburg. 1966–69 Professur TH Darmstadt. Lebt in Köln.

Schuster, Franz, geb. 26. 12. 1892 in Wien, gest. 24. 7. 1972 in Wien. 1912–16 Studium Kunstgewerbeschule Wien u. a. bei Heinrich Tessenow. 1916–22 Mitarbeiter Tessenows in Dresden. 1926–33 Lehrtätigkeit Kunstgewerbeschule Wien und Kunstschule Frankfurt am Main, 1937–61 Akademie für Angewandte Kunst, Wien.

Schütte-Lihotzky, Grete (Margarete), geb. 23. 1. 1897 in Wien, gest. 18. 1. 2000 in Wien. 1916–19 Studium Akademie für Angewandte Kunst Wien u. a. bei Oskar Strnad und Heinrich Tessenow. 1921–25 Mitarbeit im Siedlungsamt der Stadt Wien unter Adolf Loos, 1926–30 im Hochbauamt der Stadt Frankfurt am Main unter Ernst May. Entwicklung der Frankfurter Küche. 1930–37 mit der Gruppe May in der UdSSR. Aufenthalte in den USA, China, Frankreich, Türkei, Bulgarien. 1941–45 wegen Widerstand gegen das NS-Regime inhaftiert. Ab 1947 Architektin in Wien.

Schwagenscheidt, Walter, geb. 23. 1. 1886 in Elberfeld, gest. 16. 1. 1968 in Kronberg, Taunus. 1910 Studium Kunstgewerbeschule Düsseldorf bei Wilhelm Kreis, 1915 TH Stuttgart bei Paul Bonatz, 1916 TH München bei Theodor Fischer. 1921–27 Assistent an der RWTH Aachen. 1927–28 Lehrtätigkeit Technische Lehranstalten Offenbach. 1928–29 Leiter der Gartenstadt-Gesellschaft Frankfurt am Main. 1930–33 mit der Gruppe May in der Sowjetunion. 1933–68 freier Architekt in Kronberg, Taunus, 1952–68 in Partnerschaft mit Tassilo Sittmann. Lebenslange Beschäftigung mit dem Gedanken einer *Raumstadt*.

Schwarz, Rudolf, geb. 15. 5. 1897 in Straßburg, gest. 3. 4. 1961 in Köln. 1914–18 Studium TH Charlottenburg. 1923–24 Meisterschüler bei Hans Poelzig an der Akademie der Künste Berlin (Potsdam). 1925–27 Lehrtätigkeit Technische Lehranstalten Offenbach. 1927–34 Direktor der Kunstgewerbeschule Aachen. 1941–44 Wiederaufbauplanung Lothringen. 1946–52 Generalplaner der Stadt Köln. Architekt in Köln und Frankfurt am Main, zahlreiche katholische Kirchenbauten. 1953–61 Professur Kunstakademie Düsseldorf.

Schwechten, Franz, geb. 12. 8. 1841 in Köln, gest. 11. 8. 1924 in Berlin. 1861–68 mit Unterbrechungen Studium Bauakademie Berlin. Mitarbeiter bei Julius Raschdorff, August Stüler und Martin Gropius. Ab 1869 Architekt in Berlin, 1871–82 leitender Architekt der Berlin-Anhaltischen Eisenbahngesellschaft. Ab 1902 Meisteratelier für Architektur an der Preußischen Akademie der Künste, Berlin. 1915 Präsident der Akademie.

Schweizer, Otto Ernst, geb. 27. 4. 1890 in Schramberg, Schwarzwald, gest. 14. 11. 1965 in Baden-Baden. 1906–13 Ausbildung und Tätigkeit als Geometer. 1914–17 Studium TH Stuttgart und München u. a. bei Theodor Fischer. 1921–25 Stadtbaurat in Schwäbisch Gmünd. 1925–29 Oberbaurat und Leiter der Hochbauabteilung I in Nürnberg. 1930–60 Professur TH Karlsruhe.

Schwippert, Hans, geb. 25. 6. 1899 in Remscheid, gest. 18. 10. 1973 in Düsseldorf. 1919–23 Studium TH Hannover, Darmstadt, Stuttgart. 1924–26 Mitarbeit bei Erich Mendelsohn. 1927–34 Lehrtätigkeit an der Kunstgewerbeschule Aachen und Zusammenarbeit mit Rudolf Schwarz. 1935–46 Lehrtätigkeit RWTH Aachen. 1944–45 Technischer Bürgermeister in Aachen. 1945–46 Leiter des Bauwesens der Provinz Nordrhein. 1946–66 Professur RWTH Aachen und Kunstakademie Düsseldorf. 1950–63 Vorsitzender des Deutschen Werkbunds.

Sehring, Bernhard, geb. 1. 6. 1855 in Edderitz, Anhalt, gest. 27. 12. 1941 in Berlin. Sohn eines Baumeisters. 1873–75 Studium Polytechnikum Braunschweig, 1875–77 Bauakademie Berlin bei Johann Heinrich Strack und Richard Lucae. Längere Auslandsaufenthalte in Rom, Paris, Wien. Ab 1889 Architekt in Berlin und Immobilienbesitzer, sechs Theater- und Saalbauten.

Seidl, Emanuel von, geb. 22. 8. 1856 in München, gest. 25. 12. 1919 in München. 1875 Studium Technische Hochschule München. Bis 1888 im Büro seines Bruder Gabriel von Seidl, auch später Zusammenarbeit. Eigene Bauten, vor allem Villen, ab 1887. 1891 Reise nach England, 1895 erste Italienreise.

Seidl, Gabriel von, geb. 9. 12. 1848 in München, gest. 27. 4. 1913 in Bad Tölz. 1871–74 Studium Technische Hochschule München. Ab 1876 selbständig. 1878–98 Partnerschaft mit Rudolf Seitz (Seitz & Seidl). Freundschaft zu Münchner Künstlern wie Franz Lenbach und Adolf von Hildebrand. Architektonische Vorbilder vor allem deutsche und italienische Renaissance, nach der Jahrhundertwende Klassizismus.

Selmanagic, Selman, geb. 25. 4. 1905 in Srebrenica, Bosnien, gest. 5. 7. 1986 in Berlin. 1929–33 Studium Bauhaus Dessau und Berlin bei Ludwig Hilberseimer und Ludwig Mies van der Rohe. Nach 1933 als Architekt in Istanbul, Jaffa und Jerusalem u. a. bei Erich Mendelsohn. 1939–45 Filmarchitekt bei der Ufa. 1945–50 im Planungskollektiv des Gesamtberliner Magistrats. 1950–70 Professur Hochschule für angewandte Kunst Berlin-Weißensee.

Sobek, Werner, geb. 16. 5. 1953 in Aalen, Württemberg. 1974–80 Studium Ingenieurbau und Architektur Universität Stuttgart. 1984 Mitarbeiter bei Skidmore, Owings and Merrill, Chicago, 1987–91 bei Schlaich, Bergermann & Partner. Seit 1992 eigenes Ingenieurbüro. 1991–95 Professur Universität Hannover, seit 1995 Universität Stuttgart. Als Nachfolger von Frei Otto Direktor des Instituts für leichte Flächentragwerke und von Jörg Schlaich Direktor des Instituts für Konstruktion und Entwurf, heute verschmolzen zu Institut für Leichtbau Entwerfen und Konstruieren. Lebt in Stuttgart.

Soeder, Hans, geb. 1891 in Berlin, gest. 4. 8. 1962 in Basel. Studium TH Darmstadt bei Friedrich Pützer und München bei Theodor Fischer. 1923–33 Professur Kunstakademien Kassel und Düsseldorf, 1944 an der TH Breslau. 1948–52 Direktor der Werkkunstschule Wiesbaden. Lebte ab 1958 in Darmstadt.

Speer, Albert, geb. 19. 3. 1905 in Mannheim, gest. 1. 9. 1981 in London während eines Kurzaufenthalts. 1923–28 Studium TH Karlsruhe, München, Berlin. 1929–32 Assistent bei Heinrich Tessenow. 1933 Amtsleiter für Künstlerische Gestaltung der Großkundgebungen in der Reichspropagandaleitung. 1934 Leiter des Amtes Schönheit der Arbeit in der Deutschen Arbeitsfront. 1937 von Hitler zum Generalbauinspektor für die Reichshauptstadt ernannt. 1942–45 Reichsminister für Bewaffnung und Munition. 1946 vom Internationalen Militärtribunal in Nürnberg zu zwanzig Jahren Haft verurteilt. Bis 1966 Gefängnishaft in Spandau. Publikationen u. a.: *Erinnerungen*. Frankfurt am Main, Berlin, 1969. – *Spandauer Tagebücher*. Berlin, 1975.

Speer, Albert [jun.], geb. 29. 7. 1934 in Berlin. Sohn von Albert Speer. Studium TH München u. a. bei Hans Döllgast. Mitarbeit im Büro Apel, Beckert und Becker, Frankfurt am Main. 1964 eigenes Büro, ab 1984 als Albert Speer & Partner (AS&P) für Städtebau und Architektur in Frankfurt am Main. Berater und Planer der Regierungen in Algerien, Saudi-Arabien, Nigeria. Seit Ende 70er Jahre Professur, zeitweise Dekan des Fachbereichs Raum- und Umweltplanung Universität Kaiserslautern. Logistik und Raumplanung für Großveranstaltungen wie Expo Hannover 2000 und Olympia-Bewerbung in Leipzig. Seit 2001 Zweigbüro in Schanghai mit Planungen für Peking, Schanghai, Anting.

Spengelin, Friedrich, geb. 29. 3. 1925 in Kempten, Allgäu. Bis 1948 Studium TH München. 1948 Mitarbeit bei Konstanty Gutschow in Hannover. Seit 1951 Lebens- und Arbeitspartnerschaft mit Ingeborg Spengelin, geb. Petzet (geb. 1923 in Pernambuco, Brasilien). Ab 1961 Professur TH/TU Hannover. Lebt in Hannover.

Stahn, Günter, geb. 2. 5. 1939 in Magdeburg. 1953–55 Maurerlehre in Magdeburg. 1956–59 Studium Ingenieurschule Gotha, 1961–66 TU Dresden, 1967–71 Bauakademie der DDR. 1972–75 Aufbauleitung Sondervorhaben Berlin. 1978 ein Erster Preis im Wettbewerb für das Nikolaiviertel Berlin. Lebt in Berlin.

Stam, Mart, geb. 5. 8. 1899 in Purmerend, Niederlande, gest. 23. 2. 1986 in der Schweiz. 1917–19 Studium Rijksnormaalschool voor Tekenonderwijs, Amsterdam. Mitarbeit bei Max Taut, Hans Poelzig, Brinkman & Van der Vlugt. 1926–27 Reihenhäuser in der Stuttgarter Weißenhofsiedlung. 1928 Gründungsmitglied der CIAM. 1928–30 Bautätigkeit für die Stadt Frankfurt am Main. 1930–34 mit der Gruppe May in der Sowjetunion. 1935–48 Architekt in Amsterdam. 1948 Direktor der Akademie der Bildenden Künste Dresden, 1950–53 Rektor der Hochschule für Angewandte Künste Berlin-Weißensee. Danach Rückkehr in die Niederlande. 1966 Übersiedlung in die Schweiz.

Steffann, Emil, geb. 31. 1. 1899 in Bethel bei Bielefeld, gest. 23. 7. 1968 in Mehlem bei Bonn. 1918–21 Ausbildung als Bildhauer in Bielefeld und Berlin, autodidaktische Studien. 1927–28 Privatkurs Baugewerkschule Lübeck. Freier Architekt in Lübeck. 1939–44 Kriegsdienst und Wiederaufbauplanung im deutsch besetzten Lothringen. Nach Internierung ab 1946 in Lübeck, 1947–49 Leiter des Siedlungswerks der Erzdiözese Köln. 1949–68 Büro in Bad Godesberg-Mehlem. Kirchen und Sozialbauten.

Steidle, Otto, geb. 16. 3. 1943 in München, gest. 28. 2. 2004 in Harpfing, Niederbayern. 1962–69 Studium Staatsbauschule, dann Akademie der Bildenden Künste München. 1966 eigenes Büro, zunächst mit Fritz Muhr, ab 1969 Steidle und Partner. 1979–81 Professur Gesamthochschule Kassel, anschließend TU Berlin, ab 1991 Akademie der Bildenden Künste München. Gastprofessuren in Cambridge, Mass., und Amsterdam. Bewirtschaftete zugleich einen Bauernhof in Harpfing.

Steinbach, Rudolf, geb. 14. 4. 1903 in Wuppertal-Barmen, gest. 1966 in Aachen. Studium Kunstgewerbeschule Wuppertal und Polytechnikum Friedberg, 1929–30 Gasthörer TH Stuttgart. Bis 1943 Leiter des Wiederaufbauamts Thionville (Diedenhofen), Lothringen, bei Gauleiter Westmark. Nach 1945 freier Architekt in Heidelberg. Bauleitung für mehrere Bauten von Rudolf Schwarz. 1951–66 Professur RWTH Aachen.

Stephan, Hans, geb. 2. 1. 1902 in Dramburg, Pommern, gest. 28. 11. 1973 in Berlin. Bis 1924 Studium Dresden und TH Berlin. 1924–28 Assistent bei Hermann Jansen. 1928–37 in der Berliner Stadtverwaltung. 1937–45 Abteilungsleiter beim Generalbauinspektor für die Reichshauptstadt. 1943–45 Arbeitsstab Wiederaufbauplanung. Ab 1948 leitender Beamter beim Westberliner Senator für Bau- und Wohnungswesen, 1956–59 Senatsbaudirektor.

Stimmann, Hans, geb. 9. 3. 1941 in Lübeck. Bis 1969 Studium Ingenieurschule Lübeck und TH Berlin. Referent des Bausenators Harry Ristock und wissenschaftlicher Mitarbeiter TU Berlin. 1986–91 Stadtbaurat in Lübeck. 1991–96 Senatsbaudirektor Berlin, 1996–99 Staatssekretär in der Berliner Senatsverwaltung für Stadtentwicklung, danach wieder Senatsbaudirektor. Lebt in Berlin.

Stoffregen, Heinz, geb. 11. 11. 1879 in Hannover, gest. 9. 2. 1929 in Bad Tölz. Studium TH Hannover. Ab 1905 Architekt in Bremen, ab 1926 auch in Berlin.

Striffler, Helmut, geb. 1. 2. 1927 in Ludwigshafen. 1950–55 Studium TH Karlsruhe. 1952–54, 1955–56 Mitarbeiter bei Egon Eiermann. Seit 1956 freier Architekt in Mannheim. 1969–74 Professur Universität Hannover, 1974–92 TU Darmstadt. Lebt in Mannheim.

Stübben, Hermann Joseph, geb. 10. 2. 1845 in Hülchrath, gest. 8. 12. 1936 in Frankfurt am Main. 1864–70 Studium Bauakademie Berlin. 1871–76 Regierungsbaumeister beim Eisenbahnbau in Elberfeld und Holzminden. 1876–81 Stadtbaumeister in Aachen, 1881–98 Stadtbaumeister, dann Stadtbaurat und Beigeordneter in Köln. 1904–20 Geheimer Oberbaurat des Bauwesens in Berlin. Lebte ab 1920 in Münster. Städtebauliche Planungen für zahlreiche Städte des In- und Auslandes. Publikation u. a.: *Der Städtebau*. Darmstadt, 1890, Leipzig, 1924[3].

Tamms, Friedrich, geb. 4. 11. 1904 in Schwerin, Mecklenburg, gest. 4. 7. 1980. Bis 1929 Studium TH München und Berlin, u. a. bei German Bestelmeyer, Theodor Fischer, Hermann Jansen, Hans Poelzig, Heinrich Tessenow. 1929 Brückenbauamt der Stadt Berlin. 1934 Mitarbeit bei Albert Speer. Ab 1935 Berater für Hochbauten an den Reichsautobahnen. Ab 1938 Planungen für die Neugestaltung Berlins. Tätigkeit für die Organisation Todt und den Generalbauinspektor für die Reichshauptstadt. 1942 Professur TH Berlin. 1943–45 im Arbeitsstab Wiederaufbauplanung. Ab 1948 Leiter des Stadtplanungsamtes Düsseldorf, 1954–69 Beigeordneter bzw. Dezernent der Stadt Düsseldorf für Bauwesen, Stadt- und Landesplanung.

Taut, Bruno, geb. 4. 5. 1880 in Königsberg, gest. 24. 12. 1938 in Istanbul. 1897–1901 Maurerlehre und Baugewerkschule in Königsberg. 1903 Tätigkeit bei Bruno Möhring in Berlin, 1904–08 bei Theodor Fischer in Stuttgart. Ab 1909 Architekturbüro mit Franz Hoffmann, ab 1914 auch Bürogemeinschaft mit seinem Bruder Max Taut. 1918 Novembergruppe, Arbeitsrat für Kunst, im Arbeitsrat bis 1919 Vorsitzender des Architektenausschusses. 1919–20 Briefwechsel *Die Gläserne Kette*, 1920–22 Herausgeber der Zeitschrift *Frühlicht*. 1921–24 Stadtbaurat in Magdeburg. Planer und Berater der Gehag. 1924 Zehnerring, 1926 Der Ring. 1930 Professur TH Berlin. 1931–33 Tätigkeit in der Sowjetunion. 1933–36 Exil in Japan, 1936–38 in der Türkei. Professur an der Architekturabteilung der Akademie der Künste, Istanbul, und Leiter des Architekturbüros im Unterrichtsministerium.

Taut, Max, geb. 15. 5. 1884 in Königsberg, gest. 26. 2. 1967 in Berlin. 1899–1902 Lehre als Zimmermann. 1903–05 Baugewerkschule Königsberg. 1907–11 Mitarbeiter bei Hermann Billing, Karlsruhe. Ab 1911 Architekt in Berlin, in Partnerschaft mit Franz Hoffmann (bis 1950) und Bürogemeinschaft mit dem Bruder Bruno Taut. 1918 Novembergruppe, Arbeitsrat für Kunst. Ausstellungen *für unbekannte Architekten* und *Neues Bauen*. Korrespondent der *Gläsernen Kette*. 1924 Zehnerring, 1926 Der Ring. 1945–54 Leiter der Abteilung Architektur an der Hochschule für Bildende Künste, Berlin.

Teherani, Hadi, geb. 2. 2. 1954 in Teheran. Übersiedelte 1960 mit seinen Eltern nach Hamburg. 1977–84 Studium TU Braunschweig. 1984–87 Mitarbeiter bei Joachim Schürmann in Köln. 1989–91 Lehrtätigkeit RWTH Aachen bei Volkwin Marg. 1991 Gründung des Büros BRT Architekten in Hamburg mit Jens Bothe und Kai Richter. 1996 Lehraufträge FH Hamburg und Muthesius-Hochschule Kiel.

Tessenow, Heinrich, geb. 7. 4. 1876 in Rostock, gest. 1. 11. 1950 in Berlin. Ausbildung als Zimmerer, Studium an Bauschulen in Neustadt und Leipzig, 1899–1901 TH München. 1904 Mitarbeit bei Paul Schultze-Naumburg in Saaleck. Ab 1902 Lehrtätigkeit an Baugewerkschulen, 1913–19 Kunstgewerbeschule Wien. 1920–25 Akademie der Bildenden Künste Dresden. 1924 Zehnerring, 1926 Der Ring. 1926–41 und 1945–50 Professur TH Berlin, 1926–34 Meisteratelier Vereinigte Staatsschulen für freie und angewandte Kunst Berlin. Nach 1945 Wiederaufbauplanungen für mehrere Städte. Publikationen u. a.: *Hausbau und dergleichen*. Berlin, 1916[1]. –

Handwerk und Kleinstadt. Berlin, 1919. – *Das Land in der Mitte.* Hellerau, 1921.

Thiersch, August von, geb. 28. 11. 1843 in Marburg, gest. 1. 1. 1917 in Zürich. Bruder von Friedrich von Thiersch. 1863–65 Schüler u. a. von Gottfried von Neureuther in München. 1868–74 dessen Assistent am Polytechnikum München. 1875–1909 Professur für Bauformenlehre, dann für Antike Baukunst TH München. Bauhistorische und architekturtheoretische Forschungen, vor allem über Proportionsgesetze.

Thiersch, Friedrich von, geb. 18. 4. 1852 in Marburg, gest. 23. 12. 1921 in München. Bruder von August von Thiersch. 1868–73 Studium Polytechnikum Stuttgart. Ausgedehnte Studienreisen in Europa und im Orient. 1878–79 Architekt in Frankfurt am Main. 1879–1921 Professur TH und Akademie für Bildende Künste München.

Thiersch, Paul, geb. 2. 5. 1879 in München, gest. 15. 11. 1928 in Hannover. Sohn von August von Thiersch. 1897–99 Studium Technikum Winterthur und Gewerbeschule Basel, 1900–05 Studium TH München und Tätigkeit im Stadtbauamt München. 1906–07 Mitarbeiter bei Peter Behrens, 1907–09 bei Bruno Paul. 1910–15 selbständig in Berlin. 1915–28 Direktor der Handwerker-und späteren Kunstgewerbeschule Burg Giebichenstein in Halle. 1928 Ruf an die TH Hannover. Gehörte dem Kreis um den Dichter Stefan George an.

Todt, Fritz, geb. 4. 9. 1891 in Pforzheim, gest. 8. 2. 1942 bei einem Flugzeugabsturz in der Nähe von Rastenburg. 1911–14 Studium Bauingenieurwesen TH Karlsruhe und München. 1919 Diplom in Karlsruhe, anschließend Promotion in München. 1922 Mitglied der NSDAP. 1933 Generalinspektor für das deutsche Straßenwesen. 1938 Organisation Todt, zuständig für Rüstungs- und Verteidigungsbauten. 1940–42 Reichsminister für Bewaffnung und Munition.

Trauzettel, Helmut, geb. 30. 3. 1927 in Leipzig, gest. 3. 6. 2003 in Dresden. Architekt, Künstler und Winzer. 1946–50 Studium Hochschule für Baukunst und Bildende Künste Weimar u. a. bei Gustav Hassenpflug und Hermann Henselmann. Assistent und Lehrtätigkeit an der TH Dresden, 1961–92 Professur für Elementares Gestalten, dann Wohn- und Gesellschaftsbau. Typenprojekte für Kindergärten und Schulen (»Trauzettel Schulen«). Gastprofessuren in Bagdad, Damaskus, Aleppo. 1990–2003 Architekturbüro Architraf in Dresden. 1993–97 Präsident der Sächsischen Architektenkammer.

Troost, Paul Ludwig, geb. 17. 8. 1878 in Elberfeld, gest. 21. 1. 1934 in München. Studium TH Darmstadt. Mitarbeiter von Martin Dülfer in München. 1903–34 Architekt in München. 1912–30 Innenausstattungen für Luxusdampfer des Norddeutschen Lloyd. Erster »Baumeister des Führers«. Nach Troosts Tod führten seine Frau Gerdy und sein Büroleiter Leonhard Gall das Büro weiter.

Ungers, Oswald Mathias, geb. 12. 7. 1926 in Kaisersesch, Eifel. 1947–50 Studium TH Karlsruhe bei Egon Eiermann. Ab 1950 Architekturbüro in Köln (bis 1955 gemeinsam mit Helmut Goldschmidt). 1963–68 Professur TH Berlin. 1968 Übersiedlung in die USA. Professur Cornell University, Ithaca, NY, Harvard University, Boston, University of California, Los Angeles, 1986–90 an der Kunstakademie, Düsseldorf. Lebt in Köln.

Valentyn, Thomas van den, geb. 7. 5. 1945 in Münchehof, Harz. Tischlerlehre. 1968–72 Studium Kunstakademie Düsseldorf bei Karl Wimmenauer und Hans Hollein. 1970–82 Mitarbeiter bei Hans Hollein. Seit 1974 eigenes Büro in Köln. 2000–01 Gastprofessur Universität für Angewandte Kunst Wien. Lebt in Köln.

Velde, Henry van de, geb. 3. 4. 1863 in Antwerpen, gest. 25. 10. 1957 in Zürich. 1880–83 Studium Akademie der Schönen Künste in Antwerpen. 1887 Mitglied der Brüsseler Künstlervereinigung Les XX, 1894 La Libre Esthétique. 1895 Neubau und Einrichtung des eigenen Hauses Bloemenwerf in Uccle bei Brüssel. 1900 Umzug nach Berlin, 1902 nach Weimar als Berater für Industrie und Kunsthandwerk des Großherzogs von Sachsen-Weimar. Gründung eines Kunstgewerblichen Seminars, ab 1907 Kunstgewerbeschule. 1917 Umzug in die Schweiz. 1920–26 Architekt des Ehepaares Kröller-Müller in Den Haag. 1926 Rückkehr nach Belgien, Direktor des neu gegründeten Institut Supérieur des Arts Décoratifs in Brüssel. Zog sich 1947 in die Schweiz zurück.

Vorhoelzer, Robert, geb. 13. 6. 1884 in Memmingen, gest. 28. 10. 1954 in München. 1904–08 Studium TH München. 1911–20 Tätigkeit in der Eisenbahndirektion München. 1920–30 Oberpostbaurat bei der Oberpostdirektion München. 1930–33 Professur TH München. 1939–41 Leiter der Architekturabteilung an der Akademie der Schönen Künste in Istanbul. 1942–45 Architekt in einem Baustab der deutschen Luftwaffe. 1945–52 Lehrtätigkeit und Professur, zeitweise Rektor TH München.

Wachsmann, Konrad, geb. 16. 5. 1901 in Frankfurt an der Oder, gest. 26. 11. 1980 in Los Angeles. 1923–24 Meisterschüler von Hans Poelzig an der Preußischen Akademie der Künste, Berlin (Potsdam). 1926–29 Chefarchitekt bei der Holzbaufabrik Christoph und Unmack. 1929–30 freier Architekt, Berlin. 1932 Stipendiat der Preußischen Akademie in Rom, blieb 1933–38 in Rom. 1938 Emigration nach Paris, 1941 in die USA. 1941 entwickelte er mit Walter Gropius das General-Panel-System. 1949–64 Professur Illinois Institute of Technology, Chicago, 1964–74 University of Southern California. Publikation u. a.: *Wendepunkt im Bauen.* Wiesbaden, 1959.

Wagner, Martin, geb. 5. 11. 1885 in Königsberg, gest. 28. 5. 1957 in Cambridge, Mass. 1905–10 Studium TH Charlottenburg und Dresden, dort auch Volkswirtschaft. 1911–14 Stadtbaumeister in Rüstringen bei Wilhelmshaven. 1915 Dissertation *Das sanitäre Grün der Städte.* 1918–20 Stadtbaurat von Berlin-Schöneberg. 1919 Mitbegründer der Deutschen Bauhütte. 1924–26 Geschäftsführer der Deutschen Wohnungsfürsorge (Dewog) und Aufsichtsratsmitglied der Gehag. 1926–33 Stadtbaurat von Groß-Berlin. 1935 Emigration in die Türkei als Berater der Regierung, 1938 in die USA. 1938–50 Professur für Städtebau an der Harvard University, Cambridge, Mass.

Wallot, Paul, geb. 26. 6. 1841 in Oppenheim am Rhein, gest. 10. 8. 1912 in Langenschwalbach, Taunus. Studium TH Darmstadt, Hannover und Bauakademie Berlin. Arbeitete bei Strack, Lucae, Hitzig, Gropius & Schmieden. Ab 1869 Architekt in Frankfurt am Main, ab 1883 in Berlin. Architekt des 1894 eröffneten Reichstagsgebäudes. 1894–1911 Professur Kunstakademie und TH Dresden.

Weber, Carlo (Karl-Heinz), geb. 6. 4. 1934 in Saarbrücken. 1953–61 Studium TH Stuttgart und École des Beaux-Arts Paris. 1955–65 Mitarbeiter bei Behnisch und Lambart in Stuttgart, 1966–79 Partner in Behnisch & Partner. Seit 1980 Partnerschaft mit Fritz Auer in München und Stuttgart. 1980–90 Lehraufträge Universität Stuttgart, 1992–99 Professur TU Dresden.

Weber, Gerhard, geb. 11. 6. 1909 in Mylau, Vogtland, gest. 17. 3. 1986 in Berg, Starnberger See. 1926–31 Studium der Bildhauerei Akademie für Kunstgewerbe Dresden, 1931–33 am Bauhaus Dessau, 1933–35 privater Unterricht bei Ludwig Hilberseimer und Ludwig Mies van der Rohe in Berlin. 1935–45 Industriebauarchitekt, u. a. bei Reichswerke Hermann Göring und Architekturbüro Herbert Rimpl. 1949–55 Architekt in Frankfurt am Main. 1955–74 Professur TH München.

Wiedemann, Josef, geb. 15. 10. 1910 in München, gest. 18. 4. 2001 in München. 1930–35 Studium TH München u. a. bei Hans Döllgast und Theodor Fischer. 1933–44 Mitarbeiter von Roderich Fick. 1946–96 freier Architekt in München. 1955–76 Professur TU München.

Wilson, Peter L., geb. 27. 9. 1950 in Melbourne. 1969–74 Studium University of Melbourne, Architectural Association, London. 1975–88 Dozent Architectural Association. Seit 1980 gemeinsames Büro mit Julia Bolles-Wilson in London und Münster. 1994–96 Gastprofessur Hochschule für Angewandte Kunst Berlin-Weißensee.

Wimmenauer, Karl, geb. 24. 3. 1914 in Mannheim, gest. 16. 5. 1997 in Köln. 1947–57 Mitarbeiter von Rudolf Schwarz, Frankfurt am Main, 1957–63 Assistent bei Hans Schwippert, Düsseldorf. 1963–79 Professur Kunstakademie Düsseldorf. Lebte zuletzt in Wiesbaden.

Wittwer, Hans, geb. 4. 2. 1894 in Basel, gest. 19. 3. 1952 in Bern. 1912–16 Studium ETH Zürich. 1916–19 Mitarbeiter bei Karl Moser, Zürich. 1926–28 Arbeitsgemeinschaft mit Hannes Meyer. 1927–29 Assistent und Lehrer am Bauhaus in Dessau, 1929–33 Leiter der Architekturabteilung an der Kunstgewerbeschule Burg Giebichenstein, Halle. 1934 Rückkehr nach Basel und Verzicht auf den Architektenberuf.

Wohlhage, Konrad, geb. 3. 12. 1953 in Münster. 1975–78 Studium TU München, 1978–83 TU Delft. Seit 1983 gemeinsames Büro in Berlin mit Hilde Léon, seit 1994 auch mit Siegfried Wernik (Léon Wohlhage Wernik Architekten). Lehrtätigkeit TU Berlin 1987–90.

Wolf, Paul, geb. 21. 11. 1879 in Schrozberg, Württemberg, gest. 30. 4. 1957 in Leonberg. 1897–1901 Studium TH Stuttgart. 1906–10 Architekt in den Stadtverwaltungen Kattowitz und Wilhelmshaven. 1910–14 Stadtbaurat von (Berlin-)Schöneberg, 1914–22 von Hannover, 1922–45 von Dresden.

Wolters, Rudolf, geb. 3. 8. 1903 in Coesfeld, Westfalen, gest. 9. 1. 1983 in Coesfeld. 1923–27 Studium TH München und Berlin u. a. bei Heinrich Tessenow, Hermann Jansen und Hans Poelzig. 1932–33 in der Sowjetunion. Ab 1937 Hauptabteilungsleiter beim Generalbauinspektor für die Reichshauptstadt. 1938–45 verantwortlich für den Architekturteil der Zeitschrift *Die Kunst im Dritten Reich* (ab 1939 *Die Kunst im Deutschen Reich*). 1943–45 Leiter des Arbeitsstabs Wiederaufbauplanung. Nach 1945 freier Architekt, Planer und Publizist.

Wortmann, Wilhelm, geb. 15. 3. 1897 in Bremen, gest. 26. 10. 1995 in Hannover. 1914–16 Studium TH München, 1920–24 TH Dresden. 1924–27 Mitarbeiter bei Emil Högg und Fritz Schumacher. 1928–32, 1934–35 im Stadtplanungsamt Bremen, dazwischen freier Architekt. 1944 Mitarbeit an der Wiederaufbauplanung Hamburg und Emden. 1949–58 privates Büro mit Erik Schott. 1956–65 Professur für Städtebau und Landesplanung TH Hannover.

Literatur in Auswahl

Allgemeine Literatur

Banham, Reyner. Theory and Design in the First Machine Age. London, 1960. – Dt.: Die Revolution der Architektur. Theorie und Design im Ersten Maschinenzeitalter. Reinbek, 1964. – Bauwelt Fundamente 89. Braunschweig, 1990.

Banham, Reyner. The Architecture of the Well-Tempered Environment. London, 1969, 1973[2]. – Dt.: Die Architektur der wohltemperierten Umwelt. In: arch+ 93, S. 20 ff.

Baumunk, Bodo-Michael; Gerhard Brunn. Hauptstadt. Zentren, Residenzen, Metropolen in der deutschen Geschichte. Kat. Kunsthalle Bonn. Köln, 1989.

Benevolo, Leonardo. Storia dell'architettura moderna. Bari, 1960. – Dt.: Geschichte der Architektur des 19. und 20. Jahrhunderts. München, 1964, 1978[2]. 2 Bde.

Berndt, Heide; Alfred Lorenzer, Klaus Horn. Architektur als Ideologie. edition suhrkamp 243. Frankfurt am Main, 1968.

Brinckmann, Albert Erich. Deutsche Stadtbaukunst in der Vergangenheit. Frankfurt am Main, 1911.

Brinckmann, Albert Erich. Stadtbaukunst. Geschichtliche Querschnitte und neuzeitliche Ziele. Handbuch der Kunstwissenschaft. Ergänzungsband. Berlin-Neubabelsberg, 1920.

Ciré, Annette; Haila Ochs (Hg.). Die Zeitschrift als Manifest. Aufsätze zu architektonischen Strömungen im 20. Jahrhundert. Basel, Berlin, Boston, 1991.

Collins, Peter. Changing Ideals in Modern Architecture. 1750–1950. London, 1965.

Conrads, Ulrich; Hans G. Sperlich. Phantastische Architektur. Stuttgart, 1960[1], 1988[2].

Conrads, Ulrich (Hg.). Programme und Manifeste zur Architektur des 20. Jahrhunderts. Bauwelt Fundamente 1. Frankfurt, Berlin, 1964. Braunschweig, 1981[2].

Curtis, William J. R. Modern Architecture since 1900. London, 1982, 1996[3]. – Dt.: Architektur im 20. Jahrhundert. Stuttgart, 1989. Moderne Architektur seit 1900. Berlin, 2002[3].

De Fusco, Renato. Storia dell'architettura contemporanea. Bari, 1974, 1982[6].

Dechau, Wilfried (Hg.). … in die Jahre gekommen. Teil 1. Wohnungsbauten von gestern heute gesehen. Stuttgart, 1996. Teil 2. Wiederbesuche von Bürobauten der Nachkriegszeit. Stuttgart, 1997. Teil 3. Wiederbesuche von Kulturbauten der Nachkriegszeit. Stuttgart, 1997.

Dolff-Bonekämper, Gabi; Hiltrud Kier (Hg.). Städtebau und Staatsbau des 20. Jahrhunderts. München, 1995.

Durth, Werner. Deutsche Architekten. Biographische Verflechtungen 1900–1970. Braunschweig, Wiesbaden, 1986, 1987[2], 2001[3].

Eicken, Hermann. Der Baustil. Grundlegung zur Erkenntnis der Baukunst. Berlin, 1918.

Emanuel, Muriel. Contemporary Architects. New York, London, 1994[3].

Evers, Bernd; Christof Thoenes (Hg.). Architektur-Theorie. Von der Renaissance bis zur Gegenwart. Köln, 2003.

Evers, Hans Gerhard. Tod, Macht und Raum als Bereiche der Architektur. München, 1939.

Ferguson, Russell (Hg.). At the End of the Century. Kat. Museum of Contemporary Arts. Los Angeles, 1998. – Dt.: At the End of the Century. Hundert Jahre gebaute Vision. Kat. Josef-Haubrich-Kunsthalle. Köln, 1999.

Frampton, Kenneth. Modern Architecture. A critical History. London, 1980[1], 1992[3]. – Dt.: Die Architektur der Moderne. Stuttgart, 1983.

Frampton, Kenneth. Studies in Tectonic Culture. Cambridge, Mass., 1995. – Dt.: Studien zur Kultur des Tektonischen. München, 1993.

Frank, Hartmut; Simone Hain (Hg.). Zwei deutsche Architekturen 1949–1989. Kat. Institut für Auslandsbeziehungen. Stuttgart, 2004.

Giedion, Sigfried. Mechanization Takes Command. 1948. – Dt.: Die Herrschaft der Mechanisierung. Ein Beitrag zur anonymen Geschichte. Frankfurt, 1982, 1987.

Giedion, Sigfried. Space, Time and Architecture. Cambridge, Mass., 1941[1], 1962[3]. – Dt.: Raum, Zeit, Architektur. Ravensburg, 1965. Zürich, München, 1989[4].

Gössel, Peter; Gabriele Leuthäuser. Architektur des 20. Jahrhunderts. Köln, 1990, 2001.

Handbuch moderner Architektur. Eine Kunstgeschichte der Architektur unserer Zeit vom Einfamilienhaus zum Städtebau. Berlin, 1957.

Hartmann, Kristiana; Franziska Bollerey. 200 Jahre Architektur 1740–1940. Bilder und Dokumente zur neueren Architekturgeschichte. Delft, 1987.

Hatje, Gerd (Hg.). Knaurs Lexikon der modernen Architektur. München, 1963. – Engl.: Encyclopedia of Modern Architecture. New York, 1964.

Helms, Hans G; Jörg Janssen (Hg.). Kapitalistischer Städtebau. Neuwied, Berlin, 1970.

Herrmann, Wolfgang. Deutsche Baukunst des 19. und 20. Jahrhunderts. Bd. 1. Von 1770 bis 1840. (Breslau, 1932[1]). Bd.2. Von 1840 bis zur Gegenwart. Geschichte und Theorie der Architektur 17. Basel, Stuttgart, 1977.

Hitchcock, Henry-Russell. Architecture Nineteenth and Twentieth Centuries. Harmondsworth, 1958[1], 1963[2]. – Dt.: Die Architektur des 19. und 20. Jahrhunderts. München, 1994.

Jacobus, John. Twentieth-Century Architecture. The Middle Years 1940–65. New York, Washington, 1966. – Dt.: Die Architektur unserer Zeit. Zwischen Revolution und Tradition. Stuttgart, 1966.

Jaeger, Falk. Bauen in Deutschland. Ein Führer durch die Architektur des 20. Jahrhunderts in der Bundesrepublik und in West-Berlin. Stuttgart, 1985.

Jaspert, Reinhard (Hg.). Handbuch moderner Architektur. Eine Kunstgeschichte der Architektur unserer Zeit vom Einfamilienhaus bis zum Städtebau. Berlin, 1957.

Joedicke, Jürgen. Geschichte der modernen Architektur. Stuttgart, 1958.

Joedicke, Jürgen. Moderne Architektur. Stuttgart, 1969. 2. Auflage: Architektur im Umbruch. Stuttgart, 1980.

Kähler, Gert. Architektur als Symbolverfall. Das Dampfermotiv in der Baukunst. Bauwelt Fundamente 59. Braunschweig, Wiesbaden, 1981.

Kähler, Gert. Ein Jahrhundert Bauten in Deutschland. Stuttgart, 2000.

Kähler, Gert (Bearbeiter). Statusbericht. Baukultur in Deutschland. Bundesministerium für Verkehr, Bau- und Wohnungswesen. Berlin, 2001.

Kessler, Harry Graf. Gesichter und Zeiten. Erinnerungen. Berlin, 1962.

Khan, Hasan-Uddin. International Style. Architektur der Moderne von 1925 bis 1965. Köln, 1998.

Kleihues. Josef Paul (Hg.). Das Abenteuer der Ideen. Architektur und Philosophie seit der industriellen Revolution. Kat. Internationale Bauausstellung Berlin, 1987.

Klemmer, Klemens. Jüdische Baumeister in Deutschland. Architektur vor der Shoah. Stuttgart, 1998.

Klopfer, Paul. Das Wesen der Baukunst. Einführung in das Verstehen der Baukunst, Grundsätze und Anwendungen. Leipzig, 1919.
Klotz, Heinrich. Architektur des 20. Jahrhunderts. Zeichnungen – Modelle – Möbel. Kat. Deutsches Architekturmuseum, Frankfurt am Main. Stuttgart, 1989.
Kruft, Hanno-Walter. Geschichte der Architekturtheorie. Von der Antike bis zur Gegenwart. München, 1985.
Kultermann, Udo. Die Architektur im 20. Jahrhundert. Köln, 1977. Wien, 2003[6].
Leitl, Alfons. Von der Architektur zum Bauen. Bauprobleme der letzten vier Jahrzehnte. Eine kritische Würdigung. Berlin, 1936.
Lichtwark, Alfred. Palastfenster und Flügeltür. Nachwort Manfred F. Fischer. Berlin, 2000.
Lynch, Kevin. The Image of the City. Cambridge, Mass., 1960. – Dt.: Das Bild der Stadt. Bauwelt Fundamente 16. Frankfurt am Main, Berlin, 1965.
Magnago-Lampugnani, Vittorio. Architektur und Städtebau des 20. Jahrhunderts. Stuttgart, 1980.
Magnago-Lampugnani, Vittorio (Hg.). Hatje Lexikon der modernen Architektur. Stuttgart, 1983. Neu: Ostfildern, 1998.
Magnago Lampugnani, Vittorio (1.,2); Romana Schneider (1.–3.), Wilfried Wang (3.) (Hg.). Moderne Architektur in Deutschland. 1900 bis 1950. Bd. 1. Reform und Tradition. Bd. 2. Expressionismus und Neue Sachlichkeit. Bd. 3. Macht und Monument. Kat. Deutsches Architekturmuseum, Frankfurt am Main. Stuttgart, 1992, 1994, Ostfildern 1998.
Magnago Lampugnani, Vittorio; Wolfgang Nagel (Hg.). Deutsche Architektur im 20. Jahrhundert. Berlin, 2000.
Magnago-Lampugnani, Vittorio (Hg.). Die Architektur, die Tradition und der Ort. Konstruktion von Identität in der europäischen Stadt. Stuttgart, 2000.
Magnago-Lampugnani, Vittorio. Die Modernität des Dauerhaften. Essays zu Stadt, Architektur und Design. Berlin, 1995.
Magnago-Lampugnani, Vittorio; Ruth Hanisch, Ulrich Maximilian Schumann, Wolfgang Sonne (Hg.). Architekturtheorie im 20. Jahrhundert. Positionen, Programme, Manifeste. Ostfildern, 2004.
Matthaei, Adelbert. Deutsche Baukunst. IV. Im 19. Jahrhundert und in der Gegenwart. Leipzig, 1914, 1920[2].
Mebes, Paul (Hg.). Um 1800. Architektur und Handwerk im letzten Jahrhundert ihrer traditionellen Entwicklung. 2 Bde. München, 1908[1], 1920[3]. Neu: Berlin, 2001.
Mitscherlich, Alexander. Die Unwirtlichkeit unserer Städte. Anstiftung zum Unfrieden. edition suhrkamp 123. Frankfurt am Main, 1965.
Mitscherlich, Alexander. Thesen zur Stadt der Zukunft. suhrkamp taschenbuch 10. Frankfurt am Main, 1971.
Moravánszky, Akos (Hg.). Architekturtheorie im 20. Jahrhundert. Eine kritische Anthologie. Wien, 2003.
Müller, Michael. Die Verdrängung des Ornaments. Zum Verhältnis von Architektur und Lebenspraxis. edition suhrkamp 829. Frankfurt am Main, 1977.
Müller, Sebastian. Kunst und Industrie. Ideologie und Organisation des Funktionalismus in der Architektur. München, 1974.
Müller-Lyer, Ferdinand. Die Familie. München, 1912.
Naredi-Rainer, Paul v. Architektur und Harmonie. Zahl, Maß und Proportion in der abendländischen Baukunst. Köln, 1982.
Nerdinger, Winfried; Cornelius Tafel. Guida all'architettura del Novecento Germania. Mailand, 1996. – Dt.: Architekturführer Deutschland. 20. Jahrhundert. Basel, 1996.
Neufert, Ernst. Bauentwurfslehre. Grundlagen, Normen, Vorschriften. Handbuch für den Baufachmann. Berlin, 1936[1]. Wiesbaden, 2002[37].
Neufert, Ernst. Bauordnungslehre. Berlin, 1943. Wiesbaden, 1965.
Neumeyer, Fritz. Quellentexte zur Architekturtheorie. München, 2002.
Oechslin, Werner. Moderne entwerfen. Architektur und Kulturgeschichte. Köln, 1999.
Ostendorf, Friedrich. Sechs Bücher vom Bauen. Berlin, 1913–20. Nur drei erschienen.
Pahl, Jürgen. Architekturtheorie des 20. Jahrhunderts. Zeit – Räume. München, 1999.
Pawley, Martin. Theorie und Gestaltung im Zweiten Maschinenzeitalter. Bauwelt Fundamente 106. Braunschweig, Wiesbaden, 1998.
Pehnt, Wolfgang. Architektur. In: Giulio Claudio Argan. Die Kunst des 20. Jahrhunderts 1880–1940. Propyläen-Kunstgeschichte 12. Berlin, 1977, 1984[2]. S. 331 ff.
Pehnt, Wolfgang. Das Ende der Zuversicht. Architektur in diesem Jahrhundert. Berlin, 1983.
Petsch, Joachim. Architektur und Gesellschaft. Zur Geschichte der deutschen Architektur im 19. und 20. Jahrhundert. Diss. Bonn, 1969 (1971). Köln, 1973.
Pevsner, Nikolaus. A History of Building Types. London, 1976.
Pevsner, Nikolaus. Pioneers of Modern Design (Ursprünglich: Pioneers of the Modern Movement from William Morris to Walter Gropius). London, 1936[1]. New York, 1949[2]. Harmondsworth, 1960[3]. – Dt.: Wegbereiter moderner Formgebung von Morris bis Gropius. Reinbek, 1957. Köln, 1983.
Pevsner, Nikolaus. Studies in Art, Architecture and Design. London, 1968. – Dt.: Architektur und Design. Von der Romantik zur Sachlichkeit. München, 1971.
Pevsner, Nikolaus. The Sources of Modern Architecture and Design. London, 1968. – Dt.: Der Beginn der modernen Architektur und des Design. Köln, 1971.
Pevsner, Nikolaus; J. M. Richards (Hg.). The Anti-Rationalists. London, 1973.
Piper, Ernst; Julius H. Schoeps (Hg.). Bauten und Zeitgeist. Ein Längsschnitt durch das 19. und 20. Jahrhundert. Basel, Berlin, Boston, 1998.
Platz, Gustav Adolf. Die Baukunst der neuesten Zeit. Berlin, 1927[1], 1930[2]. Neu hg. v. Ulrich Conrads, Helmut Geisert. Berlin, 2000.
Ponten, Josef. Architektur die nicht gebaut wurde. Stuttgart, 1925. 2 Bde. Neu: Stuttgart, 1987.
Portoghesi, Paolo (Hg.). Dizionario enciclopedico di architettura e urbanistica. Rom, 1968–69. 6 Bde.
Posener, Julius (Hg.). Anfänge des Funktionalismus. Bauwelt Fundamente 11. Berlin, Frankfurt, 1964.
Posener, Julius. Vorlesungen zur Geschichte der neuen Architektur (1750–1933). 5 Hefte. arch+ (1979)48, (1980)53, (1981)59, (1982)63–64, (1983)69–70.
Reinborn, Dietmar. Städtebau im 19. und 20. Jahrhundert. Stuttgart, 1996.
Reulecke, Jürgen. Geschichte der Urbanisierung in Deutschland. Frankfurt am Main, 1985.
Ricken, Hermann. Der Architekt. Ein historisches Berufsbild. Leipzig, 1990.
Scheffler, Karl. Der Geist der Gotik. Leipzig, 1917, 1925[2].
Scheffler, Karl. Der Architekt und andere Essays über Baukunst, Kultur und Stil. Basel, 1993.
Schneider, Romana; Winfried Nerdinger, Wilfried Wang (Hg.). Architektur im 20. Jahrhundert. Deutschland. Kat. Deutsches Architekturmuseum, Frankfurt am Main. München, 2000.
Schumacher, Fritz. Strömungen in deutscher Baukunst seit 1800. Leipzig, 1935. Köln, o. J. (1955)[2].
Schwab, Alexander (Pseud. Albert Sigrist). Das Buch vom Bauen. Berlin, 1930. Neu: Bauwelt Fundamente 42. Düsseldorf, 1973.
Seifert, Alwin. Im Zeitalter des Lebendigen. Natur Heimat Technik. Dresden, Planegg, 1941.
Sharp, Dennis. Sources of Modern Architecture. A Bibliography. London, 1967.
Simmel, Georg. Die Großstädte und das Geistesleben. In: Aufsätze und Abhandlungen 1901–1908. Gesamtausgabe. Bd.7. Frankfurt

am Main, 1995. S. 116 ff.
Sörgel, Herman. Architektur-Ästhetik. München, 1918.
Spengler, Oswald. Der Untergang des Abendlandes. 1. Bd.: Gestalt und Wirklichkeit. München, 1920. 2. Bd.: Welthistorische Perspektiven. München, 1922.
Steinmetz, Georg. Grundlagen der Architektur in Stadt und Land. München, 1928.
Tafuri, Manfredo. Teoria e storia dell'architettura. Bari, 1968, 1976[4].
Tafuri, Manfredo; Francesco Dal Co. Architettura contemporanea. Mailand, 1976. – Dt.: Architektur der Gegenwart. München, 1973. Stuttgart, 1977.
The Open University (Hg.). History of architecture and design 1890–1930. 13 Bde (24 Units). Milton Keynes, 1975.
Thiel-Siling, Sabine (Hg.). Architektur! Das 20. Jahrhundert. München, 1998.
Thiersch, August. Proportionen in der Architektur. In: Handbuch der Architektur. 4.Teil, 1.Halbbd. Leipzig, 1926[4].
Vriend, J(acobus) J(ohannes). Nieuwe architectuur. Bussum, 1957.
Wagner, Martin. Wirtschaftlicher Städtebau. Stuttgart, 1951.
Wasmuth, Günter (Hg.). Wasmuths Lexikon der Baukunst. Berlin, 1929–37. 5 Bde.
Wattjes, J(ohannes) G(erhardus). Moderne architectuur. Amsterdam, 1927.
Whittick, Arnold. European Architecture in the Twentieth Century. London, 1950–53. Aylesbury, 1974. 2 Bde.
Wiesand, Andreas Johannes; Karla Fohrbeck, Dorothea Fohrbeck. Beruf Architekt. Stuttgart, 1984.
Wolfensberger, Hanno. Architektendämmerung. 10 Abgesänge auf einen Berufsstand. Frankfurt am Main, 1995.
Worringer, Wilhelm. Abstraktion und Einfühlung. München, 1908, 1921[11].
Worringer, Wilhelm. Formprobleme der Gotik. München, 1912.
Zevi, Bruno. Storia dell'architettura moderna. Turin, 1953[1], 1955[3].

Epochen

1900–1918
Ahlers-Hestermann, Friedrich. Stilwende. Aufbruch der Jugend um 1900. Berlin, 1941.
Art Nouveau 1890–1914. Kat. Victoria & Albert Museum. London, 2000.
Bott, Gerhard (Hg.). Von Morris zum Bauhaus. Eine Kunst gegründet auf Einfachheit. Hanau, 1977.
Bringmann, Michael. Studien zur neuromanischen Architektur in Deutschland. Diss. Heidelberg, 1968.
Cürlis, Hans; H(ermann) Stephany. Die künstlerischen und wirtschaftlichen Irrwege unserer Baukunst. München, 1916.
Dal Co, Francesco. Figures of Architecture and Thought. German Architectural Culture 1890–1920. New York, 1985.
Ehmann, Eugen. Der moderne Baustil. Ein Beitrag zur Klarstellung des Wesens der neuen Architektur im Anfang des 20. Jahrhunderts in Deutschland. Stuttgart, 1919.
Fahr-Becker, Gabriele. Jugendstil. Köln, 1996.
Hartmann, Kristiana. Deutsche Gartenstadtbewegung. Kulturpolitik und Gesellschaftsreform. München, 1976.
Jeanneret, Charles-Edouard (Le Corbusier). Etude sur le mouvement d'art décoratif en Allemagne. La Chaux-de-Fonds, 1912.
Ladd, Brian. Urban Planning and Civic Order in Germany 1860–1914. Cambridge, Mass., 1990.
Madsen, Stephan Tschudi. Sources of Art Nouveau. Oslo, New York, 1956.
Masini, L.-Vinca. Art Nouveau. Florenz, 1976.
Matthaei, Adelbert. Deutsche Baukunst. IV. Im 19. Jahrhundert und in der Gegenwart. Leipzig, Berlin, 1920[2].
Mebes, Paul. Um 1800. Architektur und Handwerk im letzten Jahrhundert ihrer traditionellen Entwicklung. 2 Bde. München, 1908[1], 1920[3].
Michalski, Ernst. Die entwicklungsgeschichtliche Bedeutung des Jugendstils. In: Repertorium der Kunstwissenschaft 46. Berlin, 1925.
Miller Lane, Barbara. National Romanticism and Modern Architecture in Germany and the Scandinavian Countries. Cambridge, GB, 2000.
Moeller van den Bruck, Arthur. Der Preußische Stil. München, 1916. Breslau, 1931[3].
Muthesius, Hermann. Stilarchitektur und Baukunst. Wandlungen der Architektur im XIX. Jahrhundert und ihr heutiger Standpunkt. Mülheim a. d. Ruhr, 1901[1], 1903[2].
Naumann, Friedrich. Der deutsche Stil. Deutsche Werkstätten Hellerau, Dresden, München, Hannover. Leipzig, o. J. (1912).

Nohlen, Klaus. Baupolitik im Reichsland Elsaß-Lothringen 1871–1918. Berlin, 1982.
Rheims, Maurice. Kunst um 1900. Wien, München, 1965.
Röder, Sabine. Moderne Baukunst 1900–1914. Die Photosammlung des Deutschen Museums für Kunst in Handel und Gewerbe. Kat. Kaiser Wilhelm Museum, Karl Ernst Osthaus Museum. Krefeld, Hagen, 1993.
Russell, Frank (Hg.). Art Nouveau Architecture. London, 1979. – Dt.: Architektur des Jugendstils. Die Überwindung des Historismus in Europa und Nordamerika. Stuttgart, 1981.
Scheffler, Karl. Die Architektur der Großstadt. Berlin, 1913. Neu: Berlin, 1998.
Scheffler, Karl. Moderne Baukunst. Leipzig, 1908.
Schmalenbach, Fritz. Jugendstil. Ein Beitrag zur Theorie und Geschichte der Flächenkunst. Würzburg, 1935.
Schmutzler, Robert. Art Nouveau – Jugendstil. Stuttgart, 1962.
Schollmeier, Axel. Gartenstädte in Deutschland. Ihre Geschichte, städtebauliche Entwicklung und Architektur zu Beginn des 20. Jahrhunderts. Münster, 1990.
Seidel, Paul. Der Kaiser und die Kunst. Berlin, 1907.
Seling, Helmut (Hg.). Jugendstil. Der Weg ins 20. Jahrhundert. Heidelberg, München, 1959.
Selz, Peter; Mildred Constantine (Hg.). Art Nouveau. Art and Design at the Turn of the Century. Kat. Museum of Modern Art. New York, 1959.
Sembach, Klaus u. a. 1910. Halbzeit der Moderne. Van de Velde, Behrens, Hoffmann und die anderen. Kat. Westfälisches Landesmuseum für Kunst und Kulturgeschichte. Münster, 1992.
Wingler, Hans M. (Hg.). Kunstschulreform 1900–1933. Kat. Bauhaus-Archiv. Berlin, 1977.

1918–1933
Behne, Adolf. Wiedergeburt der Baukunst. In: Bruno Taut. Die Stadtkrone. Jena, 1919. S. 113 ff.
Behne, Adolf. Die Wiederkehr der Kunst. Leipzig, 1919.
Behne, Adolf. Der moderne Zweckbau. München, 1926. Neu: Bauwelt Fundamente 10. Frankfurt, Berlin, 1964. Neu: Berlin, 1998.
Behne, Adolf. Neues Wohnen – neues Bauen. Leipzig, 1927.
Behne, Adolf. Architekturkritik in der Zeit und über die Zeit hinaus. Texte 1913–1946. Hg. v. Haila Ochs. Basel, 1994.
Behrendt, Walter Curt. Der Kampf um den Stil im Kunstgewerbe und in der Architektur. Stuttgart, Berlin, 1920.

Behrendt, Walter Curt. Der Sieg des neuen Baustils. Stuttgart, 1927.

Benson, Timothy O. (Hg.). Expressionist Utopias. Paradise, Metropolis, Architectural Fantasy. Kat. Los Angeles County Museum of Art. Los Angeles, Seattle, 1993.

Billeter, Erika (Hg.). Die zwanziger Jahre. Kontraste eines Jahrzehnts. Kat. Kunstgewerbemuseum Zürich, 1973.

Block, Fritz (Hg.). Probleme des Bauens. Potsdam, 1928.

Borsi, Franco; Giovanni Klaus König. Architettura dell'espressionismo. Genua, o. J. (1967).

Bosch, Katharina; Andrea Gleiniger, Susanne Schumacher. Weiße Vernunft. Siedlungsbau der 20er Jahre. Architektur und Lebensentwurf im Neuen Bauen. CD-Rom Architekturgeschichte. München, 1999.

Bushart, Magdalena. Der Geist der Gotik und die expressionistische Kunst. München, 1990.

Casteels, Maurice. Die Sachlichkeit in der modernen Kunst. Leipzig, 1930.

Cheney, Sheldon. The New World Architecture. London, 1930.

Clair, Jean (Hg.). The 1920s: Age of the Metropolis. Kat. Montreal Museum of Fine Arts, 1991.

Columbia University, Department of Art History and Archaeology; Avery Architectural Library (Hg.). Architecture 1918–1928. From the Novembergruppe to the CIAM. Functionalism and expressionism. New York, 1963.

Fagiolo, Marcello. La cattedrale di cristallo. L'architettura dell'espressionismo e la »tradizione esoterico«. In: Giulio Carlo Argan (Hg.). Il revival. Mailand, 1974. S. 225 ff.

Fehl, Gerhard. Kleinstadt, Steildach, Volksgemeinschaft. Zum »reaktionären Modernismus« in Bau- und Stadtbaukunst. Bauwelt Fundamente 102. Braunschweig, Wiesbaden, 1995.

Ford, Henry. Mein Leben und Werk. Leipzig, 1925.

Fries, Heinrich de (Hg.). Junge Baukunst in Deutschland. Berlin, 1927. Neu: Berlin, 2001.

Haag Bletter, Rosemarie. Expressionism and the New Objectivity. In: Art Journal 43 (Sommer 1983). S. 108 ff.

Hartmann, Kristiana (Hg.). trotzdem modern. Die wichtigsten Texte zur Architektur in Deutschland. 1919–1933. Bauwelt Fundamente 99. Braunschweig, Wiesbaden, 1994.

Hilberseimer, Ludwig. Internationale Neue Baukunst. Stuttgart, 1927. Neu: Berlin, 1998.

Hitchcock, Henry-Russell. Modern Architecture. Romanticism and Reintegration. New York, 1929. Neu: New York 1993.

Hitchcock, Henry-Russell; Philip Johnson. The International Style. Architecture since 1922. New York, 1932. Neu: New York, 1966. – Dt.: Der Internationale Stil. Bauwelt Fundamente 70. Braunschweig, Wiesbaden, 1985.

Huse, Norbert. »Neues Bauen«. 1918 bis 1933. Moderne Architektur in der Weimarer Republik. München, 1975. Berlin, 1985[2].

Jaeger, Roland. Neue Werkkunst. Architektenmonographien der Zwanziger Jahre. Mit einer Basis-Bibliographie deutschsprachiger Architekturpublikationen 1918–1933. Berlin, 1998.

Khan, Hasan-Uddin. International Style. Architektur der Moderne von 1925 bis 1965. Köln, 1998.

Lindahl, Göran. Von der Zukunftskathedrale bis zur Wohnmaschine. Deutsche Architektur und Architekturdebatte nach dem ersten Weltkriege. In: Figura. Acta Universitatis Upsaliensis. Nova Series 1. 1959. S. 226 ff.

Meyer, Peter. Moderne Architektur und Tradition. Zürich, 1928.

Miller Lane, Barbara. Architecture and Politics in Germany 1918–1945. Cambridge, Mass., 1968[1], 1985[2]. – Dt.: Architektur und Politik in Deutschland 1918–1945. Braunschweig, Wiesbaden, 1986.

Müller-Wulckow, Walter. Aufbau – Architektur! Berlin, 1919.

Müller-Wulckow, Walter. Deutsche Baukunst der Gegenwart. Leipzig, 1925–28. 4 Bde. Neu: Architektur der zwanziger Jahre in Deutschland. Königstein im Taunus, 1975. Neu: Hans-Curt Köster (Hg.). Walter Müller-Wulkow. Architektur 1900–1929 in Deutschland. Reprint der vier Blauen Bücher. Königstein, 1999. – Gerd Kuhn (Hg.). KonTEXTe. Walter Müller-Wulckow und die deutsche Architektur von 1900–1930. Königstein, 1999.

Neue Gesellschaft für Bildende Kunst (Hg.). Wem gehört die Welt – Kunst und Gesellschaft in der Weimarer Republik. Berlin, 1977.

Oechslin, Werner. Moderne entwerfen. Architektur und Kulturgeschichte. Köln, 1999.

Pehnt, Wolfgang. Architektur. In: Erich Steingräber (Hg.). Deutsche Kunst der 20er und 30er Jahre. München, 1979. S. 13 ff.

Pehnt, Wolfgang. Die Architektur des Expressionismus. Stuttgart, 1973[1], 1998[3].

Pevsner, Nikolaus; J. M. Richards (Hg.). The Anti-Rationalists. London, 1973.

Poelzig, Hans. Vom Bauen unserer Zeit. In: Die Form 1 (1922) 1. S. 16 ff.

Poelzig, Hans. Architekturfragen. In: Das Kunstblatt 6 (1922) 5. S. 153 ff., 191 ff.

Prange, Regine. Das Kristalline als Kunstsymbol. Bruno Taut und Paul Klee. Studien zur Kunstgeschichte 63. Hildesheim, 1991.

Raith, Frank-Bertolt. Der Heroische Stil. Studien zur Architektur am Ende der Weimarer Republik. Berlin, 1996.

Rasch, Heinz und Bodo. Wie bauen? Stuttgart, o. J. (1927).

Santomasso, Eugene Anthony. Origins and Aims of German Expressionist Architecture. An Essay into the Expressionist Frame of Mind in Germany, especially as typified in the Work of Rudolf Steiner. Diss. New York, 1973. Ann Arbor, London, 1980.

Sartoris, Alberto. Gli elementi dell'architettura funzionale. Mailand, 1932.

Scheffler, Karl. Der Neue Mensch. Leipzig, 1932.

Schwab, Alexander (Pseud. Albert Sigrist). Das Buch vom Bauen. Berlin, 1930. Neu: Bauwelt Fundamente 42. Düsseldorf, 1973.

Senger, Alexander von. Krisis der Architektur. Leipzig, Stuttgart, 1928.

Sharp, Dennis. Modern Architecture and Expressionism. London, 1966.

Stamm, Rainer; Daniel Schreiber (Hg.). Bau einer neuen Welt. Architektonische Visionen des Expressionismus. Kat. Kunstsammlungen Böttcherstraße Bremen. Köln, 2003.

Stiftung Bauhaus Dessau, RWTH Aachen (Hg.). Zukunft aus Amerika. Fordismus in der Zwischenkriegszeit. Siedlung Stadt Raum. Dessau, 1995.

Sting, Hellmuth. Der Kubismus und seine Einwirkung auf die Wegbereiter der modernen Architektur. Diss. Aachen, 1965.

Taut, Bruno. Die neue Baukunst in Europa und Amerika. Stuttgart, 1929.

Ungers, Oswald Mathias; Udo Kultermann (Hg.). Die gläserne Kette. Visionäre Architekturen aus dem Kreis um Bruno Taut 1919–1920. Kat. Museum Schloß Morsbroich u. a. Leverkusen, Berlin, 1963.

Waetzoldt, Stephan; Verena Haas (Red.). Tendenzen der Zwanziger Jahre. Kat. 15. Europäische Kunstausstellung. Berlin, 1977.

Wattjes, J(ohannes) G(erhardus). Moderne architectuur. Amsterdam, 1927.

Whyte, Iain Boyd (Hg.). The Crystal Chain Letters. Architectural Fantasies by Bruno Taut and his circle. Cambridge, Mass., London, 1985. – Dt.: Iain Boyd Whyte, Romana Schneider (Hg.). Die Briefe der Gläsernen Kette. Berlin, 1986.

Wichmann, Hans (Hg.). Drehpunkt 1930. Kat. BMW-Museum. 2 Bde. München, 1930.

Zevi, Bruno. Le tre stagioni dell'espressionismo architettonico. In: Stephanie Barron, Wolf-Dieter Dube (Hg.). Espressionismo tedesco: Arte e società. Kat. Palazzo Grassi, Venedig. Mailand, 1997. S. 99 ff.

Zukowsky, John (Hg.). Architektur in Deutschland. 1919–1939. Die Vielfalt der Moderne. München, 1994. – The many Faces of Modern Architecture. Building in Germany between the World Wars. München, New York, 1994.

1933–1945

Bartetzko, Dieter. Illusionen in Stein. Stimmungsarchitektur im deutschen Faschismus. Ihre Vorgeschichte in Theater- und Filmbauten. Reinbek bei Hamburg, 1985.

Bartetzko, Dieter. Zwischen Zucht und Ekstase. Zur Theatralik von NS-Architektur. Berlin, 1985.

Beseler, Hartwig; Niels Gutschow. Kriegsschicksale deutscher Architektur. Verluste, Schäden, Wiederaufbau. Eine Dokumentation für das Gebiet der Bundesrepublik Deutschland. 2 Bde. Neumünster, 1988.

Borsi, Franco. L'ordine monumentale in Europa. Mailand, 1986. – Dt.: Die monumentale Ordnung. Architektur in Europa 1929–1939. Stuttgart, 1987.

Brenner, Hildegard. Die Kunstpolitik des Nationalsozialismus. Reinbek bei Hamburg, 1963.

Dülffer, Jost; Jochen Thies, Josef Henke. Hitlers Städte. Baupolitik im Dritten Reich. Köln, Wien, 1978.

Eckardt, Götz (Hg.). Schicksale deutscher Baudenkmale im Zweiten Weltkrieg. Eine Dokumentation der Schäden und Totalverluste auf dem Gebiet der DDR. 2 Bde. Berlin, 1978.

Frank, Hartmut (Hg.). Faschistische Architekturen. Planen und Bauen in Europa 1930 bis 1945. Hamburg, 1985.

Friedrich, Jörg. Der Brand. Deutschland im Bombenkrieg 1940–1945. München, 2002.

Gauverlag Bayerische Ostmark mit Gerdy Troost (Hg.). Das Bauen im Neuen Reich. 2 Bde. Bayreuth, 1938 (1939), 1943.

Harlander, Tilman; Gerhard Fehl (Hg.). Hitlers Sozialer Wohnungsbau 1940–1945. Hamburg, 1986.

Harlander, Tilman. Zwischen Heimstätte und Wohnmaschine. Wohnungsbau und Wohnungspolitik in der Zeit des Nationalsozialismus. Stadt – Planung – Geschichte 18. Basel, 1995.

Harten, Jürgen; Hans-Werner Schmidt, Marie Luise Syring. »Die Axt hat geblüht ...« Europäische Konflikte der 30er Jahre in Erinnerung an die frühe Avantgarde. Kat. Städtische Kunsthalle. Düsseldorf, 1987.

Hinz, Berthold; Hans-Ernst Mittig, Wolfgang Schäche, Angela Schönberger. Die Dekoration der Gewalt. Kunst und Medien im Faschismus. Gießen, 1979.

Hoffmann, Herbert (Einltg.). Deutschland baut. Bauten und Bauvorhaben. Achtzig Bilder aus der Ersten Deutschen Architektur- und Kunsthandwerk-Ausstellung München 1938. Stuttgart, 1938.

Hohn, Uta. Die Zerstörung deutscher Städte im Zweiten Weltkrieg. Dortmund, 1991.

Kier, Hiltrud u. a.(Hg.). Architektur der 30er/40er Jahre in Köln. Materialien zur Baugeschichte im Nationalsozialismus. Köln, 1999.

Klemmer, Klemens. Jüdische Baumeister in Deutschland. Architektur vor der Shoah. Stuttgart, 1998.

Kuder, Ulrich (Hg.). Architektur und Ingenieurwesen zur Zeit der nationalsozialistischen Gewaltherrschaft 1933–1945. Berlin, 1997.

Lehmann-Haupt, Hellmut. Art under a Dictatorship. New York, 1954.

Leitl, Alfons. Von der Architektur zum Bauen. Bauprobleme der letzten vier Jahrzehnte. Eine kritische Würdigung. Berlin, 1936.

Miller Lane, Barbara. Architecture and Politics in Germany 1918–1945. Cambridge, Mass., 1968[1], 1985[2]. – Dt.: Architektur und Politik in Deutschland 1918–1945. Braunschweig, Wiesbaden, 1986.

Nerdinger, Winfried (Hg.). Bauhaus-Moderne im Nationalsozialismus. Zwischen Anbiederung und Verfolgung. München, 1993.

Nicolai, Bernd. Moderne und Exil. Deutschsprachige Architekten in der Türkei 1925–1955. Berlin, 1998.

Noever, Peter (Hg.). Tyrannei des Schönen. Architektur der Stalin-Zeit. Österreichisches Museum für Angewandte Kunst Wien. München, 1994.

Partridge, Colin. Hitler's Atlantic Wall. Guernsey, 1976.

Pehnt, Wolfgang. Architektur. In: Erich Steingräber (Hg.). Deutsche Kunst der 20er und 30er Jahre. München, 1979. S. 13 ff.

Petsch, Joachim. Baukunst und Stadtplanung im Dritten Reich. München, 1976.

Petsch, Joachim. Kunst im Dritten Reich. Architektur, Plastik, Malerei, Alltagsästhetik. Köln, 1983 u. ö.

Reichel, Peter. Der schöne Schein des Dritten Reiches. München, 1991.

Rittich, Werner. Architektur und Bauplastik der Gegenwart. Berlin, 1938.

Schmitthenner, Paul. Baukunst im Neuen Reich. München, 1934.

Schmitthenner, Paul. Das sanfte Gesetz in der Kunst. Straßburg, 1943.

Schneider, Christian. Stadtgründung im Dritten Reich. Wolfsburg und Salzgitter. München, 1979.

Schrade, Hubert. Bauten des Dritten Reiches. Leipzig, 1937.

Scobie, Alexander. Hitler's State Architecture. The Impact of Classical Antiquity. Pennsylvania State University Park, Penn., London, 1990.

South Bank Center (Hg.). Art and Power. Europe under the Dictators 1930–45. Kat. Hayward Gallery. London, 1995.

Speer, Albert (Hg.). Neue deutsche Baukunst. Berlin, 1941.

Speer, Albert. Erinnerungen. Frankfurt am Main, Berlin, 1969.

Stephan, Hans. Die Baukunst im Dritten Reich. Berlin, 1939.

Straub, Karl Willy. Die Architektur im Dritten Reich. Stuttgart, 1932.

Taylor, Robert R. The Word in Stone. Berkeley, Los Angeles, London, 1974.

Teut, Anna. Architektur im Dritten Reich 1933–1945. Bauwelt Fundamente 19. Frankfurt am Main, Berlin, 1967.

Thies, Jochen. Architekt der Weltherrschaft. Die ›Endziele‹ Hitlers. Düsseldorf, 1976.

Virilio, Paul. Bunker Archéologie. Kat. Centre Georges Pompidou. Paris, 1975.

Warhaftig, Myra. Sie legten den Grundstein. Leben und Wirken deutschsprachiger jüdischer Architekten in Palästina 1918–1948. Tübingen, 1996.

Weihsmann, Helmut. Bauen unterm Hakenkreuz. Architektur des Untergangs. Reiseführer in die Bauwelt des Nationalsozialismus. Wien, 1998.

Wolf, Christiane. Gauforen. Zentren der Macht. Zur nationalsozialistischen Architektur und Stadtplanung. Berlin, 1999.

Zimmermann, Gerd (Einltg.). Architektur und Stadtplanung im Faschismus. Wissenschaftliche Zeitschrift. Hochschule für Architektur und Bauwesen Weimar. 1992/1–2.

Zweite (2.) Deutsche Architektur- und Kunsthandwerksausstellung im Haus der Deutschen Kunst zu München. Kat. München, 1938.

1945–1970

Architektur und Städtebau in der Deutschen Demokratischen Republik. Berlin, 1955. = Sonderausgabe von: Deutsche Architektur 8 (1959).

Barth, Holger (Hg.). Projekt Sozialistische Stadt. Beiträge zur Bau- und Planungsgeschichte der DDR. Berlin, 1998.

Barth, Holger; Thomas Topfstedt u. a. Vom Baukünstler zum Komplexprojektanten. Architekten in der DDR. Erkner bei Berlin, 2000.

Bartning, Otto (Hg.). Mensch und Raum. Darmstädter Gespräch. Darmstadt, 1952. S. 60 ff. Neu: Bauwelt Fundamente 94. Braunschweig, 1991.

Bauakademie der DDR (Hg.). Städtebau und

Literatur in Auswahl   547

Architektur in der DDR. In: Bauforschung – Baupraxis 254, 255. Berlin, 1989.

Bauakademie der DDR, Ministerium für Bauwesen (Hg.). Chronik Bauwesen. Deutsche Demokratische Republik 1945–1971. Berlin, 1974.

Beyme, Klaus von. Der Wiederaufbau. Architektur und Städtebaupolitik in beiden deutschen Staaten. München, 1987.

Beyme, Klaus von; Werner Durth, Niels Gutschow, Winfried Nerdinger, Thomas Topfstedt. Neue Städte aus Ruinen. Deutscher Städtebau der Nachkriegszeit. München, 1992.

Bolz, Lothar. Von deutschem Bauen. Berlin, 1951.

Bund Deutscher Architekten, DAI, BDGA mit Alois Giefer, Franz Sales Meyer, Joachim Beinlich (Hg.). Planen und Bauen im neuen Deutschland. Köln, Opladen, 1960.

Bundesministerium für Raumordnung, Bauwesen und Städtebau u. a. (Hg.). Ideen, Orte, Entwürfe. Architektur und Städtebau in der Bundesrepublik Deutschland. Berlin, 1990.

Burchard, John. The Voice of the Phoenix. Postwar Architecture in Germany. Cambridge, Mass., London, 1966.

Burckhardt, Lucius; Walter Förderer. Bauen ein Prozess. Teufen, 1968.

Conrads, Ulrich; Werner Marschall. Neue deutsche Architektur 2. Stuttgart, 1962.

Conrads, Ulrich u. a. (Hg.). Die Bauhaus-Debatte 1953. Bauwelt Fundamente 100. Braunschweig, Wiesbaden, 1994.

Conrads, Ulrich; Peter Neitzke (Hg.). Die Städte himmeloffen. Reden und Reflexionen über den Wiederaufbau des Untergegangenen und die Wiederkehr des Neuen Bauens 1948/49. Bauwelt Fundamente 125. Basel, 2003.

Diefendorf, Jeffry M. In the Wake of War. The Reconstruction of German Cities after World War II. New York, Oxford, 1993.

Drew, Philip. Die dritte Generation. Architektur zwischen Produkt und Prozeß. Stuttgart, 1972.

Durth, Werner; Niels Gutschow. Nicht wegwerfen! Architektur und Städtebau der fünfziger Jahre. Schriftenreihe des Deutschen Nationalkomitees für Denkmalschutz 33. Bonn, 1987.

Durth, Werner; Niels Gutschow (Red.). Architektur und Städtebau der fünfziger Jahre. Ergebnisse der Fachtagung in Hannover 1990. Schriftenreihe des Deutschen Nationalkomitees für Denkmalschutz 41. Bonn, 1990.

Durth, Werner; Niels Gutschow. Träume in Trümmern. Planungen zum Wiederaufbau zerstörter Städte im Westen Deutschlands 1940–1950. 2 Bde. Braunschweig, Wiesbaden, 1988. Taschenbuch (gekürzt): München, 1993.

Durth, Werner; Winfried Nerdinger (Red.). Architektur und Städtebau der 30er/40er Jahre. Ergebnisse der Fachtagung in München 1993. Schriftenreihe des Deutschen Nationalkomitees für Denkmalschutz 48. Bonn, 1994.

Durth, Werner; Jörn Düwel, Niels Gutschow. Architektur und Städtebau der DDR. Bd. 1. Ostkreuz. Bd. 2. Aufbau. Frankfurt am Main, 1998.

Düwel, Jörn. Baukunst voran! Architektur und Städtebau in der SBZ/DDR. Berlin, 1995.

Düwel, Jörn; Werner Durth, Niels Gutschow, Jochem Schneider. 1945. Krieg – Zerstörung – Aufbau. Architektur und Stadtplanung 1940–1960. Schriftenreihe der Akademie der Künste 23. Berlin, 1995.

Flierl, Bruno. Zur sozialistischen Architekturentwicklung in der DDR. Theoretische Probleme und Analysen der Praxis. Diss. B. Berlin, 1979.

Flierl, Bruno. Gebaute DDR. Über Stadtplaner, Architekten und die Macht. Berlin, 1998.

Frank, Hartmut; Simone Hain (Red.). Zwei deutsche Architekturen 1949–1989. Kat. Institut für Auslandsbeziehungen. Ostfildern, 2004.

Glaser, Hermann (Hg.). So viel Anfang war nie. Deutsche Städte 1945–1949. Berlin, 1989.

Greene, Thomas. Politics and Geography in Postwar German City Planning. Princeton, 1958.

Hackelsberger, Christoph. Die aufgeschobene Moderne. Ein Versuch zur Einordnung der Architektur der Fünfziger Jahre. München, 1985.

Hatje, Gerd; Hubert Hoffmann, Karl Kaspar. Neue deutsche Architektur. Stuttgart, 1956.

Heym, Stefan. Die Architekten (Roman zur DDR-Architektur, geschrieben 1963–66). München, 2000.

Hoffmann, Hilmar; Heinrich Klotz (Hg.). Die Sechziger. Düsseldorf, 1987.

Hoscislawski, Thomas. Bauen zwischen Macht und Ohnmacht. Architektur und Städtebau in der DDR. Berlin, 1991.

IRS Institut für Stadtforschung und Strukturpolitik (Hg.). Reise nach Moskau. Dokumente zur Erklärung von Motiven, Entscheidungsstrukturen und Umsetzungskonflikten für den ersten städtebaulichen Paradigmenwechsel in der DDR. Berlin, 1995.

Kier, Hiltrud. Architektur der 50er Jahre. Bauen des Gerling-Konzerns in Köln. Frankfurt am Main, 1994.

Kirschbaum, Juliane; Jan Viebrock (Red.). Architektur und Städtebau der Fünfziger Jahre. Schriftenreihe des Deutschen Nationalkomitees für Denkmalschutz 36. Bonn, 1988.

Klotz, Heinrich. Architektur in der Bundesrepublik. Gespräche mit sechs Architekten. Frankfurt, Berlin, Wien, 1977.

Klotz, Heinrich. Moderne und Postmoderne. Architektur der Gegenwart 1960–1980. Braunschweig, Wiesbaden, 1984.

Krenz, Gerhard. Architektur zwischen gestern und morgen. Ein Vierteljahrhundert Architekturentwicklung in der DDR. Berlin, 1974. Stuttgart, 1975[2].

Kuhirt, Ullrich (Hg.). 2 Bde. Leipzig, 1982, 1983. Bd. 1. Kunst der DDR 1945–1959. Bd. 2. Kunst der DDR 1960–80.

Lange, Ralf. Architektur und Städtebau der Sechziger Jahre. Planen und Bauen in der Bundesrepublik Deutschland von 1960 bis 1975. Schriftenreihe des Deutschen Nationalkomitees für Denkmalschutz 65. Bonn, 2003.

Lehmbrock, Josef; Wend Fischer. Profitopoli$ oder Der Mensch braucht eine andere Stadt. Kat. Die Neue Sammlung. München, 1971.

Ministerium für Bauwesen (Hg.). Chronik Bauwesen. Deutsche Demokratische Republik. 3 Bde. Berlin, 1974, 1979, 1985. Bd. 1. 1945–1971. Bd. 2. 1971–76. Bd. 3. 1976–81.

Nestler, Paolo; Peter M. Bode. Deutsche Kunst seit 1960. Architektur. München, 1976.

Palutzki, Joachim. Architektur in der DDR. Berlin, 2000.

Pehnt, Wolfgang. Neue deutsche Architektur 3. Stuttgart, 1970.

Rabeler, Gerhard. Wiederaufbau und Expansion deutscher Städte 1945–1960 im Spannungsfeld zwischen Reformideen und Wirklichkeit. Bonn, 1990.

Reimann, Brigitte. Franziska Linkerhand (Roman zur DDR-Architektur). Berlin, 1974. München, 1977.

Rimpl, Herbert. Die geistigen Grundlagen der Baukunst unserer Zeit. München, 1953.

Schätzke, Andreas. Zwischen Bauhaus und Stalinallee. Architekturdiskussion im östlichen Deutschland 1945–55. Bauwelt Fundamente 95. Braunschweig, Wiesbaden, 1991.

Schreiber, Mathias (Hg.). 40 Jahre Moderne in der Bundesrepublik. Deutsche Architektur nach 1945. Stuttgart, 1986.

Siedler, Wolf Jobst; Elisabeth Niggemeyer (Foto), Gina Angreß. Die gemordete Stadt. Berlin, 1967[3].

Simon, Alfred (Hg.). bauen in deutschland 1945–1962. Hamburg, 1963.

Topfstedt, Thomas. Städtebau in der DDR 1955–1971. Leipzig, 1988.

Vogt, Adolf Max; Ulrike Jehle-Schulte Strathaus, Bruno Reichlin. Architektur 1940–1980. Berlin, 1980.

Wachsmann, Konrad. Wendepunkt im Bauen. Wiesbaden, 1959. Neu: Stuttgart, 1988.

Werner, Frank. Stadt, Städtebau, Architektur in der DDR. Erlangen, 1981.

Westecker, Wilhelm. Die Wiedergeburt der deutschen Städte. Düsseldorf, 1962.

Zinsmeister, Annett (Hg.). Plattenbau oder Die Kunst, Utopie im Baukasten zu warten. Hagen, 2002.

1970–1989

vgl. auch Titel unter 1945–1970

Bofinger, Helge und Margret (Hg.). Architektur in Deutschland. Bundesrepublik und West-Berlin. Das Kunstwerk 23 (1979)2–3.

Bruyn, Gerd de u. a. Zeitgenössische Architektur in Deutschland 1970–1995. 50 Bauwerke. Bonn, 1996.

Feldmeyer, Gerhard G. The new German Architecture. New York, 1993. – Dt.: Die neue deutsche Architektur. Stuttgart, 1993.

Gleiniger-Neumann, Andrea; Hans-Peter Schwarz (Red.). Bauen heute. Architektur der Gegenwart in der Bundesrepublik Deutschland. Kat. Deutsches Architekturmuseum Frankfurt am Main. Stuttgart, 1985.

Hegger, Manfred; Wolfgang Pohl, Stephan Reiss-Schmidt. Vitale Architektur. Braunschweig, Wiesbaden, 1988.

Jencks, Charles. The Language of Post-Modern Architecture. London, 1977, 1978[2]. – Dt.: Die Sprache der postmodernen Architektur. Stuttgart, 1978 u. ö.

Johnson, Philip; Mark Wigley. Deconstructivist Architecture. New York, 1988. – Dt.: Dekonstruktivistische Architektur. Stuttgart, 1988.

Jonak, Ulf. Sturz und Riss. Über den Anlaß zu architektonischer Subversion. Braunschweig, Wiesbaden, 1989.

Kähler, Gert (Hg.). Dekonstruktion? Dekonstruktivismus? Aufbruch ins Chaos oder neues Bild der Welt? Bauwelt Fundamente 90. Braunschweig, Wiesbaden, 1990.

Kähler, Gert (Hg.). Schräge Architektur und aufrechter Gang. Dekonstruktion: Bauen in einer Welt ohne Sinn? Bauwelt Fundamente 97. Braunschweig, Wiesbaden, 1993.

Kirschbaum, Juliane; Annegret Klein (Red.). Verfallen und vergessen oder aufgehoben und geschützt? Architektur und Städtebau der DDR – Geschichte, Bedeutung, Umgang, Erhaltung. Dokumentation der Tagung am 15./16. Mai 1995 in Berlin. Schriftenreihe des Deutschen Nationalkomitees für Denkmalschutz 36. Bonn, 1996.

Klotz, Heinrich (Hg.). Revision der Moderne. Postmoderne Architektur 1960–1980. Kat. Deutsches Architekturmuseum. München, 1984.

Klotz, Heinrich. Moderne und Postmoderne. Architektur der Gegenwart 1960–1980. Braunschweig, Wiesbaden, 1984.

Vogt, Adolf Max; Ulrike Jehle-Schulte Strathaus, Bruno Reichlin. Architektur 1940–1980. Berlin, 1980.

Welsch, Wolfgang. Unsere postmoderne Moderne. Weinheim, 1987.

1989 bis heute

Bund Deutscher Architekten (Hg.). AKJAA. Positionen junger Architekten in Deutschland. Basel, 2002.

Constantinopoulos, Vivian (Hg.). 10 x 10. 10 Kritiker, 100 Architekten. Berlin, 2001.

Deutsches Architekturmuseum (Hg.). DAM Jahrbuch. Architektur in Deutschland. Braunschweig, Wiesbaden, 1980 ff. München, 1992 ff.

Ferguson, Francesca (Hg.). Deutschlandscape. Deutschlandschaft. Kat. German Pavilion. Deutscher Pavillon. 9th Venice Biennale, International Architectural Exhibition. Ostfildern, 2004.

Häußermann, Hartmut; Rainer Neef (Hg.). Stadtentwicklung in Ostdeutschland. Soziale und räumliche Tendenzen. Opladen, 1996.

Kabisch, Sigrun; Matthias Bernt, Andreas Peter. Stadtumbau unter Schrumpfungsbedingungen. Eine sozialwissenschaftliche Fallstudie. Wiesbaden, 2004.

Kähler, Gert (Hg.). Einfach schwierig. Eine deutsche Architekturdebatte. Ausgewählte Beiträge 1993–1995. Bauwelt Fundamente 104. Braunschweig, Wiesbaden, 1995.

Kil, Wolfgang. Luxus der Leere. Wuppertal, 2004.

Magnago-Lampugnani, Vittorio. Die Modernität des Dauerhaften. Essays zu Stadt, Architektur und Design. Berlin, 1995.

Neitzke, Peter; Carl Steckeweh u. a. (Hg.). Centrum. Jahrbuch Architektur und Stadt. Braunschweig, Wiesbaden, 1992 ff.

Oswalt, Philipp (Hg.). Schrumpfende Städte. Bd. 1. Internationale Untersuchung. Ostfildern, 2004.

Richter, Peter. Blühende Landschaften. Eine Heimatkunde. München, 2004.

Schnell, Angelika. Junge Deutsche Architektur 2. Young German Architects. Basel, 2000.

Schwarz, Ullrich (Hg.). Neue Deutsche Architektur. Eine reflexive Moderne. Kat. Martin-Gropius-Bau Berlin u. a.. Ostfildern, 2002.

Sewing, Werner. Bildregie, Architektur zwischen Retrodesign und Eventkultur. Bauwelt Fundamente 126. Basel, 2003.

The Phaidon Atlas of Contemporary World Architecture. London, 2004.

Topfstedt, Thomas. Stadtdenkmale im Osten Deutschlands. Leipzig, 1994.

Zapf, Katrin. Die Transformation der Sozialistischen Stadt in Ostdeutschland. In: Wolfgang Glatzer u. a. (Hg.). Sozialer Wandel und gesellschaftliche Dauerbeobachtung. Opladen, 2002. S. 85 ff.

Baumaterialien

Backstein

Campbell, James W. P.; William Price. Brick. London, 2003. – Dt.: Backstein. Eine Architekturgeschichte von den Anfängen bis zur Gegenwart. München, 2003.

Schulze, Konrad Werner. Der Ziegelbau. Architektur der Gegenwart IV, Stuttgart, 1927.

Schumacher, Fritz. Das Wesen des neuzeitlichen Backsteinbaues. München, o. J. (1917).

Beton

Giedion, Sigfried. Bauen in Frankreich. Bauen in Eisen – Bauen in Eisenbeton. 1928. Neu: Berlin, 2000.

Hackelsberger, Christoph, Beton: Stein der Weisen? Nachdenken über einen Baustoff. Bauwelt Fundamente 79. Braunschweig, Wiesbaden, 1988.

Kind-Barkauskas, Friedbert u. a. Beton Atlas. Basel, 2002.

Vischer, Julius; Ludwig Hilberseimer. Beton als Gestalter. Bauten in Eisenbeton und ihre architektonische Gestaltung. Ausgeführte Eisenbetonbauten. Baubücher 5. Stuttgart, 1928.

Glas

Behling, Sophia und Stefan (Hg.). Glas. Konstruktion und Technologie in der Architektur. Structure and Technology in Architecture. München, 2000.

Compagno, Andrea. Intelligente Glasfassaden. Basel, 2002[5].

Korn, Arthur. Glas. Im Bau und als Gebrauchsgegenstand. Berlin, 1929. Neu: Berlin, 1999.

Krewinkel, Heinz W. Glasarchitektur. Material, Konstruktion und Detail. Basel, 1998.

Schittich, Christian u. a. Glasbau Atlas. Basel, 1999.

Schulze, Konrad Werner. Glas in der Architektur der Gegenwart. Stuttgart, 1929.

Holz

Thomas Herzog, Julius Natterer, Michael Volz u. a. Holzbau Atlas. Köln, 1991. Basel, 2003[2].

Pfeifer, Günter; Antje Liebers, Holger Reiners. Der neue Holzbau. Atlas der Holzbausysteme. München, 1998.

Stungo, Naomi. Neue Holzarchitektur. Stuttgart, 1999.

Wachsmann, Konrad. Holzhausbau. Technik und Gestaltung. Basel, 1995.

Licht

Köhler, Walter; Wassili Luckhardt. Lichtarchitektur. Licht und Farbe als raumgestaltende Elemente. Berlin, 1956.

Literatur in Auswahl 549

Lotz, Wilhelm; E. R. Haberfeld (Hg.). Licht und Beleuchtung. Lichttechnische Fragen unter Berücksichtigung der Bedürfnisse der Architektur. Berlin, 1928.
Neumann, Dietrich. Architektur der Nacht. München, 2002.
Schivelbusch, Wolfgang. Licht Schein und Wahn. Auftritt der elektrischen Beleuchtung im 20. Jahrhundert. Lüdenscheid, Berlin, 1992.

Metall
vgl. Baumaterialien – Beton
Fröhlich, Burkhard; Sonja Schulenburg. Metal Architecture. Basel, 2003.
Jordan, H.; E. Michel (Hg.). Die künstlerische Gestaltung von Eisenkonstruktionen. Berlin, 1913.
LeGuyer, Annette. Stahl & Co. Neue Strategien für Metalle in der Architektur. Basel, 2003.
Meyer, Alfred Gotthold. Eisenbauten. Ihre Geschichte und Ästhetik. Esslingen, 1907.
Schulitz, Helmut; Werner Sobek, Karl Habermann. Stahlbau Atlas. Basel, 2000.
Spiegel, Hans. Der Stahlhausbau. 1. Wohnbauten aus Stahl. Berlin, 1929.
Wilquin, Hugues. Bauen mit Aluminium. Basel, 2001.

Textile Stoffe
Habermann, Karl. J. Bauen mit Membranen. München, 2004.

Bauaufgaben

Architekturwettbewerbe
Haagsma, Ids; Hilde de Haan. Architekten-Wettbewerbe. Internationale Konkurrenzen der letzten 200 Jahre. Stuttgart, 1988.
Jong, Cees de; Erik Mattie. Architektur Wettbewerbe 1792–Heute. Köln, 1994. 2 Bde.

Ausstellungen
Cramer, Johannes; Niels Gutschow. Bauausstellungen. Eine Architekturgeschichte des 20. Jahrhunderts. Stuttgart, 1984.
Sigel, Paul. Exponiert. Deutsche Pavillons auf Weltausstellungen. Berlin, 2000.

Bahnhöfe
Berger, Manfred. Historische Bahnhofsbauten. Bd.1–3. Berlin, 1986^2, 1988.
Binney, Marcus; David Pearce (Hg.). Railway Architecture. London, 1979.
Dethier, Jean (Hg.). Le temps des gares. Kat. Centre Georges Pompidou. Paris, 1978.
Kähler, Gert; Carl Steckeweh, Klaus-Dieter Weiß (Red.). Renaissance der Bahnhöfe. Die Stadt im 21. Jahrhundert. Kat. VI. Architekturbiennale Venedig u. a., 1996.
Krings, Ulrich. Deutsche Großstadt-Bahnhöfe des Historismus. Diss. München, 1978. 2 Bde. Köln, 1981.
Meeks, Carroll L. V. The Railroad Station. New Haven, 1956.

Denkmäler
Alings, Reinhard. Monument und Nation. Zum Verhältnis von Nation und Staat im deutschen Kaiserreich 1871–1918. Berlin, New York, 1996.
Hofmann, Albert. Geschichte des Denkmales. In: Handbuch der Architektur. Teil 4, Halbbd.8. Stuttgart, 1906.
Klose, Günter; Sieglinde Seele. Bismarcktürme. Petersberg, 1997.
Krauskopf, Kai. Bismarckdenkmäler, ein bizarrer Aufbruch in die Moderne. Hamburg, 2002.
Lichtwark, Alfred; Walter Rathenau. Der rheinische Bismarck. Berlin, 1912.
Mai, Gunther (Hg.). Das Kyffhäuser-Denkmal 1896–1996. Ein nationales Monument im europäischen Kontext. Berlin, 1997.
Mittig, Hans-Ernst; Volker Plagemann (Hg.). Denkmäler im 19.Jahrhundert. München, 1972.
Nipperdey, Thomas. Nationalidee und Nationaldenkmal im 19. Jahrhundert. In: Gesellschaft, Kultur, Theorie. Gesammelte Aufsätze zur neueren Geschichte. Göttingen, 1976. S. 133 ff.
Plagemann, Volker. Bismarck-Denkmäler. In: Hans-Ernst Mittig, Volker Plagemann (Hg.). Denkmäler im 19. Jahrhundert. Deutung und Kritik. München, 1972.
Scharf, Helmut. Kleine Kunstgeschichte des deutschen Denkmals. Darmstadt, 1984.
Schmid, Max. Hundert Entwürfe aus dem Wettbewerb für das Bismarck-National-Denkmal. Düsseldorf, 1911.
Schrade, Hubert. Das Deutsche Nationaldenkmal. Idee, Geschichte, Aufgabe. München, 1934.

Denkmalpflege, historischer Kontext
Bayerische Architektenkammer, Die Neue Sammlung (Hg.). Neues Bauen in alter Umgebung. München, 1978.
Dengler, Frank. Bauen in historischer Umgebung. Die Architekten Dieter Oesterlen, Gottfried Böhm und Karljosef Schattner. Hildesheim 2003.
Mörsch, Georg; Marion Wohlleben (Hg.). Georg Dehio, Alois Riegl. Konservieren, nicht restaurieren. Streitschriften zur Denkmalpflege um 1900. Bauwelt Fundamente 80. Braunschweig, Wiesbaden, 1988.
Mörsch, Georg. Aufgeklärter Widerstand. Das Denkmal als Frage und Aufgabe. Basel, 1989.
Gebessler, August; Wolfgang Eberl. Denkmalpflege in der Bundesrepublik Deutschland. Ein Handbuch. Köln, 1980.
Hassler, Uta, u. a. (Hg.). Umbau. Über die Zukunft des Baubestandes. Tübingen, Berlin, 1999.
Huse, Norbert (Hg.). Denkmalpflege. Deutsche Texte aus drei Jahrhunderten. München, 1996^2.
Huse, Norbert. Unbequeme Denkmale. Entsorgen? Schützen? Pflegen? München, 1997.
Scheurmann, Ingrid (Hg.). ZeitSchichten. Erkennen und Erhalten. Denkmalpflege in Deutschland. Kat. Residenzschloss Dresden. München, 2005.

Hochhäuser
Berlins dritte Dimension [Hochhäuser]. Berlin, o. J. (1912).
Campi, Mario. Skyscraper. The Urban Type of Modernity. Basel, Berlin, Boston, 2000.
Flierl, Bruno. Hundert Jahre Hochhäuser. Hochhaus und Stadt im 20. Jahrhundert. Berlin, 2000.
Lippert, Werner u. a. (Hg.). Der Traum vom Turm. Hochhäuser. Mythos – Ingenieurkunst – Baukultur. Kat. NRW-Forum Kultur und Wirtschaft. Ostfildern, 2004.
Neumann, Dietrich. Deutsche Hochhäuser der zwanziger Jahre. Diss. TU München, 1989. – Die Wolkenkratzer kommen! Deutsche Hoch-

häuser der zwanziger Jahre. Debatten, Projekte, Bauten. Braunschweig, Wiesbaden, 1995.

Rappold, Otto. Der Bau der Wolkenkratzer. Kurze Darstellung auf Grund einer Studienreise für Ingenieure und Architekten. München, Berlin, 1913.

Rodenstein, Marianne (Hg.). Hochhäuser in Deutschland. Zukunft oder Ruin der Städte? Stuttgart, 2000.

Schmidt, Johann N. Wolken-Kratzer. Ästhetik und Konstruktion. Köln, 1991.

Stöhr, Karl Fritz. Die amerikanischen Turmbauten. Die Gründe ihrer Entstehung, ihre Finanzierung, Konstruktion und Rentabilität. München, Berlin, 1921.

Stommer, Rainer. Germanisierung des Wolkenkratzers. Die Hochhausdebatte in Deutschland bis 1921. In: Kritische Berichte. 10 (1982) 3. S. 36 ff.

Stommer, Rainer; Dieter Mayer-Gürr. Hochhaus. Der Beginn in Deutschland. Marburg, 1990. S. 23.

Zimmermann, Florian (Hg.). Der Schrei nach dem Turmhaus. Der Ideenwettbewerb Hochhaus am Bahnhof Friedrichstraße Berlin 1921/22. Kat. Bauhaus-Archiv. Berlin, 1989.

Industriebau, Technische Bauwerke

Ackermann, Kurt. Industriebau. Stuttgart, 1984.

Die Kunst in Industrie und Handel. Jahrbuch des Deutschen Werkbundes 1913. Jena, 1913.

Ebert, Wolfgang. Kathedralen der Arbeit. Historische Industriearchitektur in Deutschland. Berlin, 1996.

Föhl, Axel. Bauten der Industrie und Technik. Schriftenreihe des Deutschen Nationalkomitees für Denkmalschutz 47. Bonn, o. J. (1994).

Gropius, Walter. Sind beim Bau von Industriegebäuden künstlerische Gesichtspunkte mit praktischen und wirtschaftlichen vereinbar? Leipzig, 1911. Auch in: Der Industriebau 3 (1912) 1. S. 5 f.

Gropius, Walter. Die Entwicklung moderner Industrie-Baukunst. In: Jahrbuch des Deutschen Werkbundes 1913. Jena, 1913. S. 17 ff.

Gropius, Walter. Der stilbildende Wert industrieller Bauformen. In: Jahrbuch des Deutschen Werkbundes 1914. Jena, 1914. S. 29 ff.

Günschel, Günter. Große Konstrukteure. Freyssinet Maillart Dischinger Finsterwalder. Bauwelt Fundamente 17. Frankfurt am Main, 1966.

Kierdorf, Alexander; Uta Hassler. Denkmale des Industriezeitalters. Von der Geschichte des Umgangs mit Industriekultur. Tübingen, 2000.

Kovarik, Emil. Industriebau. 2 Bde. Berlin, 1967–68.

Leonhardt, Fritz. Brücken. Bridges. Stuttgart, 1982.

Lindner, Werner. Bauten der Technik. Ihre Form und Wirkung. Werkanlagen. Berlin, 1927.

Lindner, Werner; Georg Steinmetz. Die Ingenieurbauten in ihrer guten Gestaltung. Berlin, 1923.

Mislin, Miron. Industriebauten im 19. und 20. Jahrhundert. Düsseldorf, 1989.

Müller-Wulckow, Walter. Bauten der Arbeit und des Verkehrs. Königstein im Taunus, 1929². Neu in: Architektur der zwanziger Jahre in Deutschland. Königstein im Taunus, 1999.

Rödel, Volker. Reclams Führer zu den Denkmalen der Industrie und Technik in Deutschland. Bd. 1. Alte Länder. Stuttgart, 1992.

Slotta, Rainer. Technische Denkmäler in der Bundesrepublik Deutschland. Bochum, 1975.

Stiglat, Klaus. Bauingenieure und ihr Werk. Berlin, 2004.

Stommer, Rainer (Hg.). Reichsautobahn. Pyramiden des Dritten Reichs. Marburg, 1982.

Sturm, Hermann. Fabrikarchitektur, Villa, Arbeitersiedlung. München, 1977.

Kaufhäuser, Warenhäuser

Strohmeyer, Klaus. Warenhäuser. Geschichte, Blüte und Untergang im Warenmeer. Berlin, 1980.

Stürzebecher, Peter. Das Berliner Warenhaus. Bautypus, Element der Stadtorganisation, Raumsphäre der Warenwelt. Berlin, 1979.

Wiener, Alfred. Das Warenhaus. Kauf-, Geschäfts-, Büro-Haus. Berlin, 1912.

Kino- und Filmbauten

Baacke, Rolf-Peter. Lichtspielhausarchitektur in Deutschland. Von der Schaubude bis zum Kinopalast. Berlin, 1982.

Bode, Paul. Kinos, Filmtheater und Filmvorführräume. München, 1957.

Boeger, Peter. Architektur der Lichtspieltheater in Berlin. Bauten und Projekte 1919–1930. Berlin, 1993.

Fries, H.(einrich) de. Raumgestaltung im Film. In: Wasmuths Monatshefte für Baukunst 5 (1920–21) 3–4. S. 63 ff.

Hänsel, Sylvaine; Angelika Schmitt (Hg.). Kinoarchitektur in Berlin 1895–1995. Berlin, 1995.

Neumann, Dietrich (Hg.). Filmarchitektur von Metropolis bis Blade Runner. Kat. Deutsches Architekturmuseum, Deutsches Filmmuseum Frankfurt am Main. München, 1995–96.

Papst, Rudolf. Das deutsche Lichtspieltheater. Berlin, 1926.

Sharp, Dennis. The Picture Palace and other Buildings for the Movies. London, 1969.

Zucker, Paul. Theater und Lichtspielhäuser. Berlin, 1926.

Zucker, Paul; Georg Otto Stindt. Lichtspielhäuser. Tonfilmtheater. Berlin, 1931.

Weihsmann, Helmut. Gebaute Illusionen. Architektur im Film. Wien, 1988.

Kirchen, Synagogen

Acken, J(ohannes) van. Christozentrische Kirchenkunst. Ein Entwurf zum liturgischen Gesamtkunstwerk. Gladbeck, 1922¹, 1923².

Bartning, Otto. Vom neuen Kirchbau. Berlin, 1919.

Bartning, Otto; Willy Weyres (Hg.). Handbuch für den Kirchenbau. München, 1959.

Biedrzynski, Richard. Kirchen unserer Zeit. München, 1958.

Brülls, Holger. Neue Dome. Wiederaufnahme romanischer Bauformen und antimoderne Kulturkritik im Kirchenbau der Weimarer Republik und der NS-Zeit. Berlin, München, 1994.

Bürkner, Richard. Vom protestantischen Kirchenbau. Siebzehnte Flugschrift des Dürer-Bundes. München, 1906.

Distel, Walter. Protestantischer Kirchenbau seit 1900 in Deutschland. Zürich, 1933.

Giebeler, Britta. Sakrale Gesamtkunstwerke zwischen Expressionismus und Neuer Sachlichkeit im Rheinland. Diss. Bonn, 1996. Weimar, 1996.

Gurlitt, Cornelius. Kirchen. Handbuch der Architektur. 4. Teil, 8. Halbband. Stuttgart, 1906.

Hammer-Schenk, Harold. Synagogen in Deutschland. Geschichte einer Baugattung im 19. und 20. Jahrhundert. 2 Bde. Hamburg, 1981.

Herkommer, Hans. Kirchliche Kunst der Gegenwart. Stuttgart, 1930.

Freckmann, Karl. Kirchenbau. Ratschläge und Beispiele. Freiburg, 1931.

Kahle, Barbara. Rheinische Kirchen des 20. Jahrhunderts. Landeskonservator Rheinland. Arbeitsheft 39. Pulheim, 1985.

Kahle, Barbara. Deutsche Kirchenbaukunst des 20. Jahrhunderts. Darmstadt, 1990.

Krinsky, Carol Herselle. Synagogues of Europe. New York, 1985. – Dt.: Europas Synagogen. Architektur, Geschichte und Bedeutung. Stuttgart, 1988.

Langmaack, Gerhard. Kirchenbau heute. Grundlagen zum Wiederaufbau und Neuschaffen. Hamburg, 1949.

Langmaack, Gerhard. Evangelischer Kirchenbau im 19. und 20. Jahrhundert. Geschichte – Dokumentation – Synopse. Kassel, 1971.

Schnell, Hugo. Der Kirchenbau des 20. Jahrhunderts in Deutschland. München, Zürich, 1973.

Schönhagen, Otto (Einleitung). Stätten der Weihe. Neuzeitliche protestantische Kirchen. Berlin, 1919.

Schwarz, Hans-Peter (Hg.). Die Architektur der Synagoge. Kat. Deutsches Architekturmuseum. Frankfurt, Stuttgart, 1988.

Schwarz, Rudolf. Vom Bau der Kirche. Würzburg, 1938. Heidelberg, 1947². Neu: Salzburg, München, 1998³.

Stock, Wolfgang Jean (Hg.). Europäischer Kirchenbau 1950–2000. European Church Architecture. München, 2002.

Technische Universität Darmstadt, Fachgebiet CAD in der Architektur (Hg.). Synagogen in Deutschland. Basel, 2004.

Wendland, Winfried. Die Kunst der Kirche. Berlin, 1940¹, 1953².

Witte, Robert B. (Hg.). Das katholische Gotteshaus. Sein Bau, seine Ausstattung, seine Pflege. Mainz, 1939, 1951².

Museen

Browne, Michael. Neue Museen. Planung und Einrichtung. Stuttgart, 1960.

Mack, Gerhard. Kunstmuseen. Auf dem Weg ins 21. Jahrhundert. Basel, 1999.

Magnago Lampugnani, Vittorio; Angeli Sachs (Hg.). Museen für ein neues Jahrtausend. Ideen, Projekte, Bauten. München, 1999.

Newhouse, Victoria. Towards a New Museum. New York, 1998. – Dt.: Wege zu einem neuen Museum. Museumsarchitektur im 20. Jahrhundert. Ostfildern, 1998.

Preiss, Achim. Das Museum und seine Architektur. Wilhelm Kreis und der Museumsbau in der ersten Hälfte des 20. Jahrhunderts. Weimar, 1993.

Schubert, Hannelore. Moderner Museumsbau. Deutschland, Österreich, Schweiz. Stuttgart, 1986.

Öffentliche Bauten

Bundesministerium für Verkehr, Bau- und Wohnungswesen (Hg.). Demokratie als Bauherr. Die Bauten des Bundes in Berlin 1991–2000. Hamburg, 2000.

Damus, Martin. Das Rathaus. Architektur und Sozialgeschichte von der Gründerzeit zur Postmoderne. Berlin, 1988.

Flagge, Ingeborg; Wolfgang Jean Stock (Hg.). Architektur und Demokratie. Bauten für die Politik von der amerikanischen Revolution bis zur Gegenwart. Stuttgart, 1992.

Geist, Johann Friedrich. Passagen. Ein Bautyp des 19. Jahrhunderts. München, 1969, 1978².

Klemmer, Klemens. Deutsche Gerichtsgebäude. Von der Dorflinde über den Justizpalast zum Haus des Rechts. München, 1993.

Kranz-Michaelis, Charlotte. Rathäuser im deutschen Kaiserreich. 1871–1918. München, 1976.

Mai, Ekkehard; Jürgen Paul, Stephan Waetzoldt. Das Rathaus im Kaiserreich. Kunstpolitische Aspekte einer Bauaufgabe des 19. Jahrhunderts. Berlin, 1992.

Muthesius, Stefan. The Postwar University. Utopianist Campus and College. New Haven, London, 2000.

Roth, Alfred. Das Neue Schulhaus. The New School. La Nouvelle École. Zürich, 1957.

Wüstenrot Stiftung (Hg.). Schulen in Deutschland. Neubau und Revitalisierung. Stuttgart, Ludwigsburg, 2004.

Städtebau

Albers, Gerd. Entwicklungslinien im Städtebau. Ideen, Thesen, Aussagen 1875–1945. Bauwelt Fundamente 46. Düsseldorf, 1975.

Albers, Gerd. Zur Entwicklung der Stadtplanung in Europa. Begegnungen, Einflüsse, Verflechtungen. Bauwelt Fundamente 117. Braunschweig, Wiesbaden, 1997.

Bahrdt, Hans Paul. Die moderne Großstadt. Soziologische Überlegungen zum Städtebau. Hamburg, 1961, 1969.

Bahrdt, Hans Paul. Humaner Städtebau. Überlegungen zur Wohnungspolitik und Stadtplanung für eine nahe Zukunft. Hamburg, 1968.

Baumeister, Reinhard. Stadterweiterungen in technischer, baupolizeilicher und wirtschaftlicher Beziehung. Berlin, 1876.

Behrendt, Walter Curt. Die einheitliche Blockfront als Raumelement im Stadtbau. Ein Beitrag zur Stadtbaukunst der Gegenwart. Berlin, 1911.

Brinckmann, Albert Erich. Platz und Monument. Untersuchungen zur Geschichte und Ästhetik der Stadtbaukunst in neuerer Zeit. Berlin, 1908. Neu: Berlin, 2000.

Brinckmann, Albert Erich. Deutsche Stadtbaukunst in der Vergangenheit. Frankfurt am Main, 1911.

Brinckmann, Albert Erich. Stadtbaukunst. Geschichtliche Querschnitte und neuzeitliche Ziele. Handbuch der Kunstwissenschaft. Ergänzungsband. Berlin-Neubabelsberg, 1920.

Feder, Gottfried. Die neue Stadt. Berlin, 1939.

Fehl, Gerhard; Juan Rodriguez-Lores (Hg.). Städtebau um die Jahrhundertwende. Köln u. a., 1980.

Fehl, Gerhard; Juan Rodriguez-Lores (Hg.). Die Stadt wird in der Landschaft sein und die Landschaft in der Stadt. Bandstadt und Bandstruktur als Leitbilder des modernen Städtebaus. Basel, Berlin, Boston, 1997.

Fischer, Theodor. Sechs Vorträge über Stadtbaukunst. München, 1920, 1941³.

Fritsch, Theodor. Die Stadt der Zukunft. Leipzig, 1896.

Göderitz, Johannes; Roland Rainer, Hubert Hoffmann. Die gegliederte und aufgelockerte Stadt. (1944) Tübingen, 1957.

Gruber, Karl. Die Gestalt der deutschen Stadt. Ihr Wandel aus der geistigen Ordnung der Zeiten. München, 1952.

Heiligenthal, Roman. Deutscher Städtebau. Heidelberg, 1921.

Hollatz, J. W. Deutscher Städtebau 1968. Die städtebauliche Entwicklung in 70 deutschen Städten. Essen, 1970.

Howard, Ebenezer. A Peaceful Path to Real Reform. 1898. – Garden Cities of Tomorrow. 1902. – Dt.: Gartenstädte in Sicht. Jena, 1907. Neu: Gartenstädte von morgen. Bauwelt Fundamente 21. Frankfurt am Main, Berlin, 1968.

Jacobs, Jane. The Death and Life of Great American Cities. New York, 1961. – Dt.: Tod und Leben großer amerikanischer Städte. Bauwelt Fundamente 4. Frankfurt am Main, Berlin, 1963.

Kampffmeyer, Hans. Die Gartenstadtbewegung. Leipzig, 1909.

Kieß, Walter. Urbanismus im Industriezeitalter. Von der klassizistischen Stadt zur Garden City. Berlin, 1992.

Ladd, Brian. Urban Planning and Civic Order in Germany 1860–1914. Cambridge, Mass., 1990.

Lammert, Ule (Hg.). Städtebau. Grundsätze, Methoden, Beispiele, Richtwerte. Berlin, 1979.

Lynch, Kevin. The Image of the City. Cambridge, Mass., 1960. – Dt.: Das Bild der Stadt. Bauwelt Fundamente 16. Frankfurt, Berlin, 1965.

Mitscherlich, Alexander. Die Unwirtlichkeit unserer Städte. Anstiftung zum Unfrieden. edition suhrkamp 123. Frankfurt am Main, 1965.

Oswalt, Philipp (Hg.). Schrumpfende Städte. Bd. 1. Internationale Untersuchung. Ostfildern, 2004.

Otto, Karl (Hg.). die Stadt von morgen. Gegenwartsprobleme für alle. Berlin, 1959.

Pehnt, Wolfgang (Hg.). Die Stadt in der Bundesrepublik Deutschland. Lebensbedingungen – Aufgaben – Planung. Stuttgart, 1974.

Prigge, Walter (Hg.). Peripherie ist überall. Frankfurt am Main, 1998.

Rabeler, Gerhard. Wiederaufbau und Expansion westdeutscher Städte 1945–1960 im Spannungsfeld von Reformideen und Wirklichkeit. Ein Überblick aus städtebaulicher Sicht. Diss. TU München, 1987. Schriftenreihe des Deutschen Nationalkomitees für Denkmalschutz 39. Bonn, 1990.

Rainer, Roland. Städtebauliche Prosa. Praktische Grundlagen für den Aufbau der Städte. Tübingen, 1948.

Reichow, Hans Bernhard. Organische Stadtbaukunst. Von der Großstadt zur Stadtlandschaft. Braunschweig, 1948.
Reichow, Hans Bernhard. Die autogerechte Stadt. Ravensburg, 1959.
Reinborn, Dietmar. Städtebau im 19. und 20. Jahrhundert. Stuttgart, 1996.
Reulecke, Jürgen. Geschichte der Urbanisierung in Deutschland. Frankfurt am Main, 1985.
Schneider, Christian. Stadtgründung im Dritten Reich. Wolfsburg und Salzgitter. München, 1979.
Schollmeier, Axel. Gartenstädte in Deutschland. Ihre Geschichte, städtebauliche Entwicklung und Architektur zu Beginn des 20. Jahrhunderts. Münster, 1990.
Schwagenscheidt, Walter. Die Raumstadt. Heidelberg, 1949.
Sieverts, Thomas. Zwischenstadt zwischen Ort und Welt, Raum und Zeit, Stadt und Land. Bauwelt Fundamente 118. Braunschweig, Wiesbaden, 1997.
Simmel, Georg. Die Großstädte und das Geistesleben. In: Aufsätze und Abhandlungen 1901–1908. Gesamtausgabe Bd. 7. Frankfurt am Main, 1995. S. 116 ff.
Sitte, Camillo. Der Städte-Bau nach seinen künstlerischen Grundsätzen. Wien, 1889. Neu: Braunschweig, Wiesbaden, 1998.
Stübben, Hermann Joseph. Der Städtebau. Handbuch der Architektur. Theil 4, 9. Halbbd. Darmstadt, 1890. Leipzig, 1924³.
Trieb, Michael. Stadtgestaltung. Theorie und Praxis. Bauwelt Fundamente 43. Düsseldorf, 1974.
Unwin, Raymond. Grundlagen des Städtebaues. Berlin, 1910¹, 1922².
Wagner, Martin. Wirtschaftlicher Städtebau. Stuttgart, 1951.
Wetzel, Heinz. Stadt Bau Kunst. Gedanken und Bilder aus dem Nachlaß. Stuttgart, 1962.
Wolf, Paul. Städtebau. Das Formproblem der Stadt in Vergangenheit und Zukunft. Leipzig, 1919.

Theater
Balme, Christopher (Hg.). Das Theater von Morgen. Texte zur deutschen Theaterreform. Würzburg, 1988.
Behrens, Peter. Feste des Lebens und der Kunst. Eine Betrachtung des Theaters als höchsten Kultursymbols. Leipzig, 1900.
Brauneck, Manfred. Theater im 20. Jahrhundert. Programmschriften, Stilperioden, Reformmodelle. Reinbek, 1982.
Fuchs, Georg. Die Revolution des Theaters. München, Leipzig, 1909.
Fuchs, Georg. Die Schaubühne der Zukunft. Berlin, 1905.
Koneffke, Silke. Theater Raum. Visionen und Projekte von Theaterleuten und Architekten. 1900–1980. Berlin, 1999.
Mitteldeutsche Ausstellungsgesellschaft (Hg.). Die Deutsche Theater-Ausstellung Magdeburg 1927. Magdeburg, 1928.
Preußisches Finanzministerium (Hg.). Theaterbauten und Feierstätten. Buchreihe des Zentralblattes der Bauverwaltung. Berlin, 1939.
Schael, Helmut. Idee und Form im Theaterbau des 19. und 20. Jahrhunderts. Diss. Köln, 1956.
Schlösser, Rainer. Das Volk und seine Bühne. Bemerkungen zum Aufbau des deutschen Theaters. Berlin, 1935.
Springer, Willy (Hg.). Das Gesicht des deutschen Theaters. Oldenburg, 1926.
Stommer, Rainer. Die inszenierte Volksgemeinschaft. Die Thing-Bewegung im Dritten Reich. Marburg, 1985.
Storck, Gerhard. Probleme des modernen Bauens und die Theaterarchitektur des 20. Jahrhunderts in Deutschland. Diss. Bonn, 1971.

Utopien
Banham, Reyner. Megastructure. Urban Futures of the Recent Past. London, 1976.
Dahinden, Justus. Stadtstrukturen für morgen. Analysen Thesen Modelle. Stuttgart, 1971.
Ponten, Josef. Architektur, die nicht gebaut wurde. 2 Bde. Stuttgart, 1925.
Schumpp, Mechthild. Stadtbau-Utopien und Gesellschaft. Der Bedeutungswandel utopischer Stadtmodelle unter sozialem Aspekt. Bauwelt Fundamente 32. Gütersloh, 1972.
Schuyt, Michael; Joost Elffers. Phantastische Architektur. Ungewöhnliche Entwürfe und verwirklichte Träume. Köln, 1980.

Verwaltungsbauten, Bürobauten
Hohl, Reinhold. Bürogebäude – international. Stuttgart, 1968.
Joedicke, Jürgen. Bürobauten. Stuttgart, 1962².
Seeger, Hermann. Bürohäuser der privaten Wirtschaft. Leipzig, 1933³.

Volkshäuser
Bühring, Carl-James. Volkshausideen. In: Stadtbaukunst alter und neuer Zeit 2 (1921–22) 6. S. 81 ff.
Junghanns, Kurt; Joachim Schulz. Das Volkshaus als Stadtkrone. 1918–1920. In: Deutsche Architektur (1964) 8. S. 492 ff.
Schneider, Romana. Volkshausgedanke und Volkshausarchitektur. In: Vittorio Magnago Lampugnani, Romana Schneider (Hg.). Reform und Tradition. Moderne Architektur in Deutschland. 1900 bis 1950. Kat. Deutsches Architekturmuseum, Frankfurt am Main. Stuttgart, 1992. S. 185 ff.

Wohnungsbau, Wohnhäuser
Behne, Adolf. Neues Wohnen – neues Bauen. Leipzig, 1927.
Behrens, Peter; H(einrich) de Fries. Vom sparsamen Bauen. Ein Beitrag zur Siedlungsfrage. Berlin, 1918.
Bosch, Katharina; Andrea Gleiniger, Susanne Schumacher. Weiße Vernunft. Siedlungsbau der 20er Jahre. Architektur und Lebensentwurf im Neuen Bauen. CD-Rom Architekturgeschichte. München, 1999.
Bürkle, J. Christoph. Wohnhäuser der klassischen Moderne. Stuttgart, 1994.
Eberstadt, Rudolf. Handbuch des Wohnungswesens und der Wohnungsfrage. Jena, 1910, 1920⁴.
Ehmig, Paul. Das deutsche Haus. Berlin, 1914.
Fries, H(einrich) de. Moderne Villen und Landhäuser. Berlin, 1924.
Fries, H(einrich) de. Wohnstädte der Zukunft. Neugestaltung der Kleinwohnungen im Hochbau der Großstadt. Berlin, 1919.
Fuchs, Carl Johannes. Die Wohnungs- und Siedlungsfrage nach dem Kriege. Stuttgart, 1918.
Geist, Johann Friedrich; Klaus Kürvers. Das Berliner Mietshaus. 3 Bde. Bd. 1. 1740–1862. München, 1980. Bd. 2. 1862–1945. München, 1984. Bd. 3. 1945–1989. München, 1989.
Geschichte des Wohnens. 5 Bde. Ludwigsburg, Stuttgart, 1996–99. Bd. 3. Jürgen Reulecke (Hg.). 1800–1918. Das bürgerliche Zeitalter. Bd. 4. Gert Kähler (Hg.). 1918–1945. Reform-Reaktion-Zerstörung. Bd. 5. Ingeborg Flagge (Hg.). 1945 bis heute. Aufbau-Neubau-Umbau.
Gessner, Albert. Das deutsche Miethaus. Ein Beitrag zur Städtekultur der Gegenwart. München, 1909. Neu: Berlin, 2001.
Giedion, Sigfried. Befreites Wohnen. Zürich, Leipzig, 1929. Neu: Berlin, 1985.
Gropius, Walter. Die soziologischen Grundlagen der Minimalwohnung für die städtische Bevölkerung. In: Internationale Kongresse für Neues Bauen, Städtisches Hochbauamt in Frankfurt am Main (Hg.). Die Wohnung für das Existenzminimum. Frankfurt am Main, 1930.
Gropius, Walter. Wohnhäuser im Grünen. Eine großstädtische Wohnform der Zukunft. In: Zentralblatt der Bauverwaltung, Jg. 51, 1931. S. 743–747.
Gut, Albert. Der Wohnungsbau in Deutschland nach dem Weltkriege. München, 1928.
Huse, Norbert (Hg.). Siedlungen der zwanziger

Jahre – heute. Vier Berliner Großsiedlungen. 1924–1984. Kat. Bauhaus-Archiv. Berlin, 1985.

Hackelsberger, Christoph. Hundert Jahre deutsche Wohnmisere – und kein Ende? Bauwelt Fundamente 91. Braunschweig, Wiesbaden, 1990.

Harlander, Tilmann. Zwischen Heimstätte und Wohnmaschine. Wohnungsbau und Wohnungspolitik in der Zeit des Nationalsozialismus. Basel, 1995.

Harlander, Tilmann (Hg.). Villa und Eigenheim. Suburbaner Städtebau in Deutschland. Ludwigsburg, Stuttgart, 2001.

Kähler, Gert. Wohnung und Stadt. Massenwohnungsbau der zwanziger Jahre. Hamburg, Frankfurt, Wien. Wiesbaden, 1985.

Kirschbaum, Juliane (Red.). Siedlungen der 20er Jahre. Schriftenreihe des Deutschen Nationalkomitees für Denkmalschutz 28. Bonn, 1985.

Klapheck, Richard (Einltg.). Moderne Villen und Landhäuser. Berlin, o. J. (1913).

Meyer, Erna. Der neue Haushalt. Ein Wegweiser zur wirtschaftlichen Betriebsführung. Stuttgart, 1926.

Migge, Leberecht. Deutsche Binnenkolonisation. Berlin, 1926.

Müller-Lyer, Ferdinand. Die Familie. München, 1912.

Muthesius, Hermann. Das englische Haus. 3 Bde. Berlin, 1904–05, 1908². Neu: Berlin, 1999.

Muthesius, Hermann (Hg.). Landhaus und Garten. München, 1907, 1925⁴.

Muthesius, Hermann. Landhäuser. München, 1912, 1922². Neu: Berlin, 2001.

Muthesius, Hermann. Kleinhaus und Kleinsiedlung. München, 1920².

Petsch, Joachim. Eigenheim und gute Stube. Zur Geschichte des bürgerlichen Wohnens. Köln, 1989.

Schmitthenner, Paul. Das deutsche Wohnhaus. Stuttgart, 1932, 1940², 1988⁴.

Schulz, Günther. Wiederaufbau in Deutschland. Die Wohnungsbaupolitik in den Westzonen und der Bundesrepublik von 1945 bis 1957. Düsseldorf, 1994.

Seeßelberg, Friedrich (Hg.). Das flache Dach im Heimatbilde. Berlin, o. J. (1912).

Selle, Gert. Die eigenen vier Wände. Zur verborgenen Geschichte des Wohnens. Frankfurt am Main, 1993, 1996².

Serini, Heinrich. Wohnungsbau und Stadterweiterung. Beispiele, Ziele, Grundsätze. München, 1925.

Spemanns goldenes Buch vom Eignen Heim. Eine Hauskunde für Jedermann. Berlin, Stuttgart, 1905.

Taut, Bruno. Die neue Wohnung. Die Frau als Schöpferin. Leipzig, 1924, 1928⁵. Neu: Berlin, 2001.

Taut, Bruno. Bauen. Der neue Wohnbau. Leipzig, 1927.

Taut, Bruno. Ein Wohnhaus. Stuttgart, 1927. Neu: Berlin, 1995.

Tessenow, Heinrich. Der Wohnhausbau. München, 1914.

Tessenow, Heinrich. Hausbau und dergleichen. Berlin, 1916, 1920², 1928³, 1953⁴. Neu: Braunschweig, Wiesbaden, 1986.

Ungers, Liselotte. Die Suche nach einer neuen Wohnform. Siedlungen der zwanziger Jahre damals und heute. Stuttgart, 1983.

Vetter, Andreas K. Die Befreiung des Wohnens. Ein Architekturphänomen der 20er und 30er Jahre. Tübingen, Berlin, 2000.

Wagner, Martin. Das wachsende Haus. Ein Beitrag zur Lösung der städtischen Wohnungsfrage. Berlin, Leipzig, 1932.

Wolf, Paul. Wohnung und Siedlung. Berlin, 1926.

Wüstenrot Stiftung (Hg.). Wohnbauen in Deutschland. Ludwigsburg, Stuttgart, 2002.

Orte, Regionen

Bauakademie der DDR (Hg.). Architekturführer der DDR. Berlin, 1974 ff. – Berlin, Hauptstadt der Deutschen Demokratischen Republik 1974. – Bezirk Dresden 1979. – Bezirk Erfurt 1979. – Bezirk Gera 1981. – Bezirk Halle 1977. Bezirk Karl-Marx-Stadt 1979. – Bezirk Leipzig 1976. – Bezirk Potsdam 1981. – Bezirk Rostock 1978. – Bezirk Schwerin 1984. – Bezirk Frankfurt/Oder 1984.

Architekturführer Dietrich Reimer Verlag. Berlin, 1989 ff. – Berlin, 1989, 2001⁶. – Bonn 1997. – Dresden 1997. – Düsseldorf 2001. – Frankfurt am Main 1992, 2002³. – Halle an der Saale 2002. – Hannover 2000. – Kassel 2002. – Kiel 1997. – Köln 1999. – Mannheim 1999. – München 1994, 2001². – Stuttgart 1997².

Flagge, Ingeborg (Hg.), mit BDA. Gothaer Architekturführer/FSB Architekturführer. Darmstadt, 1999 ff. – Aachen 1999. – Bonn 2001. – Chemnitz 2002. – Darmstadt 2004. – Dresden 2004. – Frankfurt am Main 2002. – Köln Innenstadt 2002. – Leipzig 2000. – Linker Niederrhein 2000. – Rhein-Sieg 2003. – Ulm 2003.

Augsburg
Heiß, Ulrich (Hg.). Architektur in Augsburg. 1900 bis 2000. Friedberg, 2000.

Baden-Württemberg
Schmitt, Karl Wilhelm (Hg.). Architektur in Baden-Württemberg nach 1945. Stuttgart, 1990.

Bayern
Aicher, Florian u. a. Im Gespräch - Bauen in Bayern. Zum 25jährigen Bestehen der Bayerischen Architektenkammer. München, 1996.

Bayerisches Staatsministerium des Inneren (Hg.). Siedlungsmodelle – Neue Wege zum Bauen. München, 1998.

Hackelsberger, Christoph u. a. Zeit im Aufriß. Architektur in Bayern nach 1945. Kat. Bayerische Architektenkammer. München, 1983.

Nerdinger, Winfried (Hg.). Süddeutsche Bautradition im 20. Jahrhundert. Architekten der Bayerischen Akademie der Schönen Künste. Kat. Bayerische Akademie der Schönen Künste, Architektursammlung der TU München. München, 1985.

Nerdinger, Winfried (Hg.). Bauen im Nationalsozialismus. Bayern 1933–1945. Kat. Architekturmuseum der TU München, Münchner Stadtmuseum. München, 1993.

Nerdinger, Winfried mit Inez Florschütz (Hg.). Architektur der Wunderkinder. Aufbruch und

Verdrängung in Bayern 1945–1960. Salzburg, 2005.

Berlin

Architekten- und Ingenieurverein zu Berlin (Hg.). Berlin und seine Bauten. Berlin, 1877. 3 Bde. Berlin, 1896.

Architekten- und Ingenieurverein zu Berlin (Hg.). Berlin und seine Bauten. Berlin, 1964 ff. Bisher 22 Bde.

Architektenkammer Berlin (Hg.). Architektur in Berlin. Jahrbuch 1992 ff. Hamburg, 2002–2003, Berlin 2004.

Berliner Festspiele (Hg.). Berlin: offene Stadt. 2 Bde. Berlin, 1999. Bd. 1. Die Stadt als Ausstellung (Architekturführer Berlin-Mitte). Bd. 2. Die Erneuerung seit 1989.

Bernhardt, Christoph. Bauplatz Groß-Berlin. Wohnungswachstum, Terraingewerbe und Kommunalpolitik im Städtewachstum der Hochindustrialisierung (1871–1918). Berlin, New York, 1998.

Berning, Maria u. a. Berliner Wohnquartiere. Ein Führer durch 70 Siedlungen. Berlin, 2003³.

Boberg, Jochen; Tilman Fichter, Eckhart Gillen (Hg.). Die Metropole. 1. Exerzierfeld der Moderne. Industriekultur in Berlin im 19. Jahrhundert. 2. Industriekultur in Berlin im 20. Jahrhundert. 2 Bde. München, 1984, 1986.

Bonath, Matthias. Architektur in Berlin 1933–1945. Berlin, 2004.

Buddensieg, Tilmann (Hg.). Berliner Labyrinth. Preußische Raster vom Lustgarten zum Alexanderplatz. Berlin, 1993, 1999.

Bundesministerium für Verkehr, Bau- und Wohnungswesen (Hg.). Demokratie als Bauherr. Die Bauten des Bundes in Berlin 1991–2000. Hamburg, 2000.

Butter, Andreas; Ulrich Hartung. Ostmoderne. Architektur in Berlin 1945–1965. Berlin, 2004.

Cuadra, Manuel; Rolf Toyka (Hg.). Berlin Karl-Marx-Allee. Hintergründe ihrer Entstehung, Probleme, Visionen. Hamburg, 1997.

Deutsche Bauakademie (Hg.). Die Stalinallee – die erste sozialistische Strasse der Hauptstadt Deutschlands. Berlin, 1952.

Dolff-Bonekämper, Gabi; Franziska Schmidt (Foto). Das Hansaviertel. Internationale Nachkriegsmoderne in Berlin. Berlin, 1999.

Donath, Matthias. Architektur in Berlin 1933–1945. Berlin, 2004.

Eberstadt, Rudolf; Bruno Möhring, Richard Petersen. Ein Programm für die Planung der neuzeitlichen Großstadt. Berlin, 1910.

Engel, Helmut. Baugeschichte Berlin. 3 Bde. Bd. 1. Aufstieg, Behauptung, Aufbruch 1640–1861. Bd. 2. Umbruch, Suche, Reformen 1861–1918. Bd. 3. Avantgarde, Reaktion, Wiederaufbau. 1918–2000. Berlin, 2004.

Engel, Helmut. Schauplatz Stadtmitte. Schloß und Schloßbezirk in Berlin. Berlin, 1998.

Englert, Kerstin; Jürgen Tietz (Hg.). Botschaften in Berlin. Berlin, 2003.

Flemming, Thomas; Hagen Koch. Die Berliner Mauer. Geschichte eines politischen Bauwerks. Berlin, 1999.

Gaehtgens, Thomas W. Die Berliner Museumsinsel im Deutschen Kaiserreich. München, 1992.

Geist, Johannes Friedrich; Klaus Kürvers. Das Berliner Mietshaus. 3 Bde. 1. 1740–1862. München, 1980. Bd. 2. 1862–1945. München, 1984. Bd. 3. 1945–1989. München, 1989.

Haberlik, Christina; Gerwin Zohlen. Die Baumeister des neuen Berlin. Berlin, 1997.

Hajos, Elisabeth Maria; Leopold Zahn. Berliner Architektur der Nachkriegszeit. Berlin, 1928. Neu: Berlin, 1996.

Hämer, Hardt-Waltherr; Josef Paul Kleihues u. a. Idee Prozess Ergebnis. Die Reparatur und Rekonstruktion der Stadt. Kat. Internationale Bauausstellung Berlin 1987. Berlin, 1984.

Haubrich, Rainer; Frank Schere (Hg.). Unzeitgemäß. Traditionelle Architektur in Berlin. Berlin, 1999.

Hauptstadt Berlin. Internationaler Städtebaulicher Ideenwettbewerb 1957/58. Kat. Berlinische Galerie. Berlin, 1990.

Hegemann, Werner. Das steinerne Berlin. Geschichte der größten Mietskasernenstadt. Berlin, 1930. Neu: Berlin, Frankfurt am Main, 1963.

Hilberseimer, Ludwig. Berliner Architektur der 20er Jahre. Mainz, 1967. Berlin, 1992².

Hoffmann, H.W.; Ulf Meyer, Philipp Meuser u. a. Architektur in Berlin und Brandenburg. Berlin, 1997.

Huse, Norbert (Hg.). Siedlungen der zwanziger Jahre – heute. Vier Berliner Großsiedlungen 1924–1984. Kat. Bauhaus-Archiv. Berlin, 1985.

Hüter, Karl Heinz. Architektur in Berlin 1900–1933. Dresden, Stuttgart, 1988.

Institut für Städtebau und Architektur der Bauakademie (Hg.). Berlin Brandenburg. Ein Architekturführer. Berlin, 1990.

Internationale Bauausstellung 1957 (Hg.). Interbau Berlin 1975. Kat. Berlin, 1957.

Jaeger, Falk. Zurück zu den Stilen. Baukunst der achtziger Jahre in Berlin. Berlin, 1991.

Jaeger, Falk. Architektur für das neue Jahrtausend. Baukunst der neunziger Jahre in Berlin. München, 2001.

Johannes, Heinz. Neues Bauen in Berlin. Berlin, 1931. Neu: Berlin, 1998.

Kil, Wolfgang. Vom Bauen in Zeiten des Übergangs. Berlin, 2000.

Kleihues, Josef Paul (Hg.). 750 Jahre Architektur und Städtebau in Berlin. Die Internationale Bauausstellung im Kontext der Baugeschichte Berlins. Kat. Internationale Bauausstellung Berlin 1987. Stuttgart, 1987.

Kleihues, Josef Paul; J. G. Becker-Schwering, Paul Kahlfeldt (Hg.). Bauen in Berlin 1900–2000. Berlin, 2000.

Knödler-Bunte, Eberhard (Hg.). Mythos Berlin. Zur Wahrnehmungsgeschichte einer industriellen Metropole. Kat. Berlin, 1987.

Laubner, Dirk (Foto); Richard Schneider. Berlin. Luftaufnahmen damals und heute. Berlin, 2003.

Lepik, Andres; Anne Schmedding (Hg.). Das XX. Jahrhundert. Architektur in Berlin. Köln, 1999.

Magnago-Lampugnani, Vittorio; Romana Schneider (Hg.). Ein Stück Großstadt als Experiment. Planungen am Potsdamer Platz in Berlin. Kat. Deutsches Architekturmuseum, Frankfurt am Main. Stuttgart, 1994.

Meyer, Ulf; Hans Wolfgang Hoffmann. Bundeshauptstadt Berlin – Capital City. Berlin, 1999.

Muhs, Andreas; Heinrich Wefing. Der neue Potsdamer Platz. Ein Kunststück Stadt. Berlin, 1998.

Müller, Peter. Symbolsuche. Die Ost-Berliner Zentrumsplanung zwischen Repräsentation und Agitation. Berlin, 2005.

Nikolaus, Herbert; Alexander Obeth. Die Stalinallee. Geschichte einer deutschen Straße. Berlin, 1997.

Osborn, Max. Berlins Aufstieg zur Weltstadt. Berlin, 1929. Neu: Berlin 1870–1929. Der Aufstieg zur Weltstadt. Berlin, 1994.

Oswalt, Philipp. Berlin – Stadt ohne Form. Strategien einer anderen Architektur. München, 2000.

Peters, Günter. Kleine Berliner Baugeschichte. Von der Gründung bis zur Bundeshauptstadt. Berlin, 1995.

Petras, Renate. Das Schloß in Berlin. Von der Revolution 1918 bis zur Vernichtung 1950. Berlin, 1993, 1999.

Petras, Renate. Die Bauten der Berliner Museumsinsel. Berlin, 1987.

Posener, Julius. Berlin auf dem Wege zu einer neuen Architektur. Das Zeitalter Wilhelms II. München, 1979.

Reichhardt, Hans J.; Wolfgang Schäche. Von Berlin nach Germania. Über die Zerstörung der »Reichshauptstadt« durch Albert Speers Neugestaltungsplanungen. Berlin, 1998².

Ribbe, Wolfgang (Hg.). Geschichte Berlins. 2 Bde. München, 1987.

Ribbe, Wolfgang; Wolfgang Schäche (Hg.). Baumeister, Architekten, Stadtplaner. Biographien zur baulichen Entwicklung Berlins. Berlin, 1987.

Schäche, Wolfgang. Architektur und Städtebau in Berlin zwischen 1933 und 1945. Die Bauwerke und Kunstdenkmäler von Berlin. Beiheft 17. Berlin, 1991.

Scheer, Thorsten; Josef Paul Kleihues, Paul Kahlfeldt (Hg.). Stadt der Architektur der Stadt. Berlin 1900-2000. Kat. Neues Museum. Berlin, 2000.

Scheffler, Karl. Berlin. Ein Stadtschicksal. Berlin, 1910.

Scheffler, Karl. Berlin. Wandlungen einer Stadt. Berlin, 1931.

Schinz, Alfred. Berlin. Stadtschicksal und Städtebau. Braunschweig, 1964.

Schuster, Peter-Klaus (Hg.). Die Museumsinsel in Berlin. Köln, 2001.

Stahn, Günter. Das Nikolaiviertel am Marx-Engels-Forum. Ursprung, Gründungsort und Stadtkern Berlins. Berlin, 1985.

Taut, Max. Berlin im Aufbau. Berlin, o. J.(1946).

Wise, Michael Z. Capital Dilemma. Germany's Search for a New Architecture of Democracy. New York, 1998.

Wolters, Rudolf. Stadtmitte Berlin. Städtebauliche Entwicklungsphasen von den Anfängen bis zur Gegenwart. Tübingen, 1978.

Zwoch, Felix u. a. (Red.). Hauptstadt Berlin. Parlamentsviertel im Spreebogen. Internationaler Städtebaulicher Ideenwettbewerb 1993. Berlin, Basel, 1993.

Zwoch, Felix u. a. (Red.). Hauptstadt Berlin. Stadtmitte Spreeinsel. Internationaler Städtebaulicher Ideenwettbewerb 1994. Berlin, Basel, 1994.

Bonn

Flagge. Ingeborg (Hg.). Architektur in Bonn nach 1945. Bonn, 1984.

Zänker, Ursel und Jürgen u. a. Bauen im Bonner Raum 49–69. Düsseldorf, 1969.

Brandenburg

Brandenburgisches Landesamt für Denkmalpflege. Modernes Bauen zwischen 1918–1933. Bauten im Land Brandenburg und ihre Erhaltung. Arbeitshefte 10. Potsdam, 1999.

Landesregierung Brandenburg (Hg.). Baukunst in Brandenburg. Köln, 1992.

Braunschweig

BDA-Bezirksgruppe Braunschweig (Hg.). Architekturführer Braunschweig. Braunschweig, 2002.

Bremen

Focke-Museum (Hg.). Architektur in Bremen 1950–2000. Bremen, 2003.

Breslau

Ilkosz, Jerzy; Beate Störtkuhl (Hg.). Hochhäuser für Breslau 1919–1932. Delmenhorst, o. J.

Poelzig Endell Moll und die Breslauer Kunstakademie 1911–1932. Kat. Akademie der Künste, Berlin u. a. 1965.

Darmstadt

Bender, Michael; Roland Mey. Architektur der fünfziger Jahre. Die Darmstädter Meisterbauten. Kat. Kunsthalle Darmstadt. Stuttgart, 1998.

Ein Dokument Deutscher Kunst 1901–1976. 5 Bde. Kat. Mathildenhöhe. Darmstadt, 1976.

Koch, Alexander; Victor Zobel. Darmstadt. Eine Stätte moderner Kunstbestrebungen. Darmstadt, 1905.

Geelhaar, Christiane; Jochen Rahe. Mathildenhöhe Darmstadt. 100 Jahre Planen und Bauen für die Stadtkrone. 3 Bde. Darmstadt, 1999–2004.

Dortmund

Museum für Kunst und Kulturgeschichte. Das neue Dortmund. Dortmund, 2002.

Stadt Dortmund (Hg.). Architekturführer Dortmund 1983–2000. Hagen, 1999.

Dresden

Lerm, Matthias. Abschied vom alten Dresden. Verluste historischer Bausubstanz nach 1945. Leipzig, 1993.

Leuthäuser, Gabriele; Peter Gössel. Villen in Dresden. Köln, 1991.

Lupfer, Gilbert. Skizze einer Geschichte der modernen Architektur in Dresden von der Jahrhundertwende bis in die dreißiger Jahre. In: Gilbert Lupfer, Konstanze Rudert, Paul Sigel (Hg.). Bau Kunst Kunst Bau. Festschrift zum 65. Geburtstag von Professor Jürgen Paul. Dresden, 2000. S. 170 ff.

Richter, Tilo; Hans-Christian Schink. Industriearchitektur in Dresden. Leipzig, 1997.

Sächsische Akademie der Künste (Hg.). Architektur und Städtebau der Nachkriegsmoderne in Dresden. Dresden, 2003.

Tasshauer. Michael. Das Phänomen Hellerau. Die Geschichte der Gartenstadt. Dresden 1997.

Düsseldorf

Bund Deutscher Architekten, Kreisgruppe Düsseldorf (Hg.). Architekturführer Düsseldorf. Düsseldorf, 1988.

Johnsen, Katrin (Hg.). Medienmeile Hafen Düsseldorf. Bauten, Projekte und Visionen für eine neue Stadt. Wuppertal, 1997.

Schlossmann, Arthur (Hg.). Ge-So-Lei. Große Ausstellung Düsseldorf 1926 für Gesundheitspflege, soziale Fürsorge und Leibesübungen. 2 Bde. Düsseldorf, 1927.

Spohr, Edmund; Hatto Küffner (Hg.). Düsseldorf – Bauten der Landeshauptstadt. Düsseldorf, 2002.

Stadtmuseum Düsseldorf, BDA Düsseldorf (Hg.). Architektur der 50er Jahre in Düsseldorf. Düsseldorf, 1982.

Wentz, Paul Ernst. Architekturführer Düsseldorf. Düsseldorf, 1975.

Wiener, Jürgen (Hg.). Die Gesolei und die Düsseldorfer Architektur der 20er Jahre. Köln, 2001.

Eisenhüttenstadt (Stalinstadt)

Arbeitsgruppe Stadtgeschichte (Hg.). Eisenhüttenstadt. »Erste sozialistische Stadt Deutschlands«. Berlin, 1999.

Beier, Rosemarie (Hg.). Aufbau West Aufbau Ost. Die Planstädte Wolfsburg und Eisenhüttenstadt. Ostfildern, 1997.

Knauer-Romani, Elisabeth. Eisenhüttenstadt und die Idealstadt des 20. Jahrhunderts. Diss. Bonn. Weimar, 2000.

Erfurt

Architektur in Erfurt. Von den 20ern bis zur Gegenwart. Erfurt, 1999.

Essen

Bode, Ernst (Hg.). Neue Bauten der Stadt Essen. Berlin, 1929.

Brinckmann, Albert Erich. Margarethen-Höhe bei Essen. Erbaut von Georg Metzendorf. Darmstadt, 1913.

Helfrich, Andreas. Die Margarethenhöhe Essen. Architekt und Auftraggeber vor dem Hintergrund der Kommunalpolitik Essen und der Firmenpolitik Krupp zwischen 1886 und 1914. Diss. Darmstadt, 1999. Weimar, 2000.

Watzlawik, Sigrid. Visionen in Stein. Modernes Bauen in Essen. 1910–1930. Essen, 1998.

Frankfurt am Main

Bartetzko, Dieter (Hg.). Sprung in die Moderne. Frankfurt am Main, die Stadt der 50er Jahre. Frankfurt am Main, 1994.

Braun, Helmut; Hans-Georg Heimel, Heinz Ulrich Krauß, Hans-Reiner Müller Raemisch. Bauen in Frankfurt am Main seit 1900. Frankfurt am Main, 1977.

Gall, Lothar (Hg.). Ffm 1200. Traditionen und Perspektiven einer Stadt. Kat. Stadt Frankfurt am Main. Sigmaringen, 1994.

Jonak, Ulf. Die Frankfurter Skyline. Frankfurt am Main, 1995.

Kuhn, Gerd. Wohnkultur und kommunale Wohnungspolitik in Frankfurt am Main 1880 bis 1930. Bonn, 1998.

Müller-Vogg, Hugo (Hg.). Hochhäuser in Frankfurt. Wettlauf zu den Wolken. Frankfurt am Main, 1999.

Neithammer, Christian; Wilfried Wang. Maßstabssprung. Die Zukunft von Frankfurt am Main. Tübingen, 1998.

Hamburg

Architekten- und Ingenieur-Verein zu Hamburg (Hg.). Hamburg und seine Bauten. – 2 Bde. Hamburg, 1914. – 1918–1929. Hamburg, 1929. – 1929–1953. Hamburg, 1953. – 1985–2000. Hamburg, 2001.

Bose, Michael u. a. (Hg.). Ein neues Hamburg entsteht. Planen und Bauen von 1933–1945. Hamburg, 1986.

Brandenburger, Dietmar; Gert Kähler. Architektour. Bauen in Hamburg seit 1900. Braunschweig, Wiesbaden, 1988.

Hamburgische Architektenkammer (Hg.). Architektur in Hamburg (Jahrbücher). Hamburg, 1991 ff.

Hipp, Hermann. Freie und Hansestadt Hamburg. Geschichte, Kultur und Stadtbaukunst an Elbe und Alster. Köln, 1989.

Hipp, Hermann; Hans Meyer-Veden. Hamburger Kontorhäuser. Berlin, 1988.

Höhns, Ulrich (Hg.). Das ungebaute Hamburg. Visionen einer anderen Stadt in architektonischen Entwürfen der letzten einhundertfünfzig Jahre. Hamburg, 1991.

Hülst, Iris von. Architektur neues Hamburg. Berlin, 2004.

Lange, Ralf. Architekturführer Hamburg. Stuttgart, 1995.

Lange, Ralf. Hamburg. Wiederaufbau und Neuplanung 1943–1963. Königstein im Taunus, 1994.

Lange, Ralf. Vom Kontorhaus zum Großraumbüro. Geschäftsviertel und Bürohäuser in Hamburg 1945–1970. Königstein, 1999.

Meyhöfer, Dirk; Klaus Frahm. Hamburgs Backstein. Zur Geschichte des Ziegelbaus in der Hansestadt. Hamburg, 1986.

Meyhöfer, Dirk. Neue Architektur in Hamburg. Ein Führer zu den Bauten der neunziger Jahre. Hamburg, 1999.

Nicolaisen, Dörte. Studien zur Architektur in Hamburg 1910–1930. Diss. Bonn, 1974. Erweiterte Fassung: Nijmegen, 1985.

Plagemann, Volker. Kunstgeschichte der Stadt Hamburg. Hamburg, 1995.

Schubert, Dirk. Hamburger Wohnquartiere. Ein Stadtführer. Berlin, 2005.

Hannover

Architektur der Expo-Stadt. Epochen, Bauwerke, Rundgänge. Hannover, 2000.

Boockhoff, Hermann; Jürgen Knotz. Architektur in Hannover seit 1900. München, 1981.

Braum, Michael; Hartmut Millarg (Hg.). Städtebau in Hannover. Ein Führer durch 50 Siedlungen. Berlin, 2000.

Die zwanziger Jahre in Hannover. 1916–1933. Kat. Kunstverein Hannover. Hannover, 1962.

Flamme-Jasper, Martina (Red.). Architektur Architecture. Expo 2000 Hannover. Ostfildern, 2000.

Lindau, Friedrich. Planen und Bauen der fünfziger Jahre in Hannover. Hannover, 1998.

Lindau, Friedrich. Wiederaufbau und Zerstörung. Die Stadt im Umgang mit ihrer bauhistorischen Identität. Hannover, 2001.

Heidelberg

Müller, Bernd. Architekturführer Heidelberg. Bauten um 1000–2000. Mannheim, 1998.

Karlsruhe

Neues Bauen der 20er Jahre. Gropius, Haesler, Schwitters und die Dammerstock-Siedlung in Karlsruhe. Karlsruhe, 1998.

Köln

Architekten- und Ingenieur-Verein für den Niederrhein und Westfalen (Hg.). Köln. Bauliche Entwicklung 1888–1927. Köln, 1927. – Köln. Seine Bauten 1928–1988. Köln, 1991. – Köln – seine Bauten 2000. Köln, 2000.

Binding, Günther; Barbara Kahle. 2000 Jahre Baukunst in Köln. Köln, 1983.

Fußbroich, Helmut. Architekturführer Köln. Profane Architektur nach 1900. Köln, 1997.

Hagspiel, Wolfram; Hiltrud Kier, Ulrich Krings. Köln. Architektur der 50er Jahre. Köln, 1986.

Herzogenrath, Wulf (Red.). Von Dadamax zum Grüngürtel. Köln in den 20er Jahren. Kat. Kölnischer Kunstverein. Köln, 1975.

Kier, Hiltrud u. a.(Hg.). Architektur der 30er und 40er Jahre in Köln. Materialien zur Baugeschichte im Nationalsozialismus. Köln, 1999.

Meuser, Philipp. Pläne, Projekte, Bauten. Architektur und Städtebau. 2000 bis 2010. Köln, 2003.

Mölich, Georg; Stefan Wunsch (Hg.). Köln nach dem Untergang. Kölner Schriften zu Geschichte und Kultur 24. Köln, 1995.

Schäfke, Werner (Hg.). Das Neue Köln. 1945–1995. Kat. Kölnisches Stadtmuseum. Köln, 1995.

Schmitt, Hans. Der Neuaufbau der Stadt Köln. Köln, 1946.

Schumacher, Fritz. Köln. Entwicklungsfragen einer Großstadt. Köln, 1923.

Schwarz, Rudolf u. a. Das Neue Köln. Ein Vorentwurf. Köln, 1950.

Krefeld

Schwanke, Hans Peter. Architekturführer Krefeld. Krefeld, 1996.

Lausitz

Joswig, Wolfgang. Marga. Die erste deutsche Gartenstadt. Cottbus, 1994.

Peters, Paulhans. Marga. Bergarbeiter-Kolonie in der Lausitz. Entstehung – Niedergang – Sanierung. Hamburg, 2002.

Leipzig

Initiativgruppe der 1. Leipziger Volksbaukonferenz (Hg.). Tagungsergebnisse der 1. Volksbaukonferenz. Leipzig, 1990.

Offizieller Führer durch die Internationale Baufachausstellung Leipzig 1913. Leipzig, 1913.

Berger, Manfred. Hauptbahnhof Leipzig. Geschichte, Architektur, Technik. Berlin, 1995^2.

Lütke-Daldrup, Engelbert u. a. (Hg.). Leipzig. Bauten 1989–1999. Basel, 1999.

Ritter, Hubert (Einltg.). Leipzig. Berlin, 1927.

Magdeburg

Gisbertz, Olaf. Bruno Taut und Johannes Göderitz in Magdeburg. Architektur und Städtebau in der Weimarer Republik. Berlin, 2000.

Landeshauptstadt Magdeburg (Hg.). Magdeburg – Architektur und Städtebau. Halle, 2001.

Die Deutsche Theater-Ausstellung Magdeburg 1927. Eine Schilderung ihrer Entstehung und ihres Verlaufes. Magdeburg, 1928.

Maasberg, Ute, u. a. (Hg.). Neues Bauen – Neues Leben. Die zwanziger Jahre in Magdeburg. Kat. Vierung Kunstverein. München, 2000.

Prinz, Regina. Neues Bauen in Magdeburg. Das Stadtbauamt unter Bruno Taut und Johannes Göderitz (1921–1933). Diss. München, 1997.

München

Bayerische Architekten- und Ingenieur-Verband (Hg.). München und seine Bauten nach 1912. München, 1984.

Billeter, Felix; Antje Günther, Steffen Krämer (Hg.). Münchner Moderne. Kunst und Architektur der zwanziger Jahre. München, Berlin, 2002.

Fischer, Wend u. a. Die andere Tradition. Architektur in München von 1800 bis heute. Kat.

Bayerische Rückversicherung AG. München, 1981¹, 1986³.

Haberlik, Christina. Neue Architektur in München. Berlin, 2004.

Lauterbach, Iris (Hg.). Bürokratie und Kult. Das Parteizentrum der NSDAP am Königsplatz in München. München, Berlin, 1995.

Nerdinger, Winfried (Hg.). Aufbauzeit. Planen und Bauen. München 1945–1950. Kat. Münchner Stadtmuseum, Architektursammlung der TU München. München, 1984.

Nerdinger, Winfried (Hg.). Architekturschule München. 1868–1993. 125 Jahre Technische Universität München. München, 1993.

Rasp, Hans-Peter. Eine Stadt für tausend Jahre. München – Bauten und Projekte für die Hauptstadt der Bewegung. München, 1981.

Rosenfeld, Gavriel D. Architektur und Gedächtnis. München und Nationalsozialismus. Strategien des Vergessens. München, Hamburg, 2004.

Schleich, Erwin. Die zweite Zerstörung Münchens. Stuttgart, 1978.

Stölzl, Christoph. Die zwanziger Jahre in München. Kat. Münchner Stadtmuseum. München, 1979.

Niedersachsen

Stiftung Niedersachsen. Von Laves bis heute. Über staatliche Baukultur. Braunschweig, Wiesbaden, 1988.

Kähler, Gert; Paulhans Peters. Architektur in Niedersachsen 1970–1995. Hamburg, 1997.

Nordrhein-Westfalen

Block, M. P. (Hg.). Der Gigant an der Ruhr. Das Gesicht der Städte. Städte an der Ruhr. Berlin, 1928.

Bourrée, Manfred; Christian Richters. Das Ruhrgebiet. Architektur nach 1945. Essen, 1996.

Breuer, Dieter (Hg.). Die Moderne im Rheinland. Köln, 1994.

Busch, Wilhelm. Bauten der 20er Jahre an Rhein und Ruhr. Köln, 1993.

Deimel, Ulrich; Petra Wittmar (Foto). Jene zwanziger Jahre. Those Twenties. Fotografien zur Architektur im Rheinland und in Westfalen. Texte Wolfgang Pehnt, Ulrich Bücholdt u. a. Ostfildern, 2003.

Der westdeutsche Impuls 1900–1914. Kunst und Umweltgestaltung im Industriegebiet. 6 Bde. Düsseldorf, Essen, Hagen, Köln, Krefeld, Wuppertal, 1984. – Wolfgang Schepers, Stephan von Wiese. Düsseldorf. Eine Großstadt auf dem Wege in die Moderne. Kat. Kunstmuseum Düsseldorf. – Zdenek Felix. Die Margarethenhöhe. Das Schöne und die Ware. Kat. Museum Folkwang Essen. – Anna-Christa Funk-Jones, Johann Heinrich Müller. Die Folkwang-Idee des Karl Ernst Osthaus. Kat. Karl Ernst Osthaus Museum Hagen. – Wulf Herzogenrath, Dirk Teuber, Angelika Thiekötter. Die Deutsche Werkbund-Ausstellung Cöln 1914. Kat. Kölnischer Kunstverein. – Gerda Breuer. Von der Künstlerseide zur Industriefotografie. Das Museum zwischen Jugendstil und Werkbund. Kat. Kaiser Wilhelm Museum Krefeld. – Günter Aust. Stadtentwicklung Sammlungen Ausstellungen. Kat. Von der Heydt-Museum Wuppertal.

Internationale Bauausstellung Emscher Park (Hg.). Feuer & Flamme. Essen, 1994.

Klapheck, Richard. Neue Baukunst in den Rheinlanden. Düsseldorf, 1928.

Landschaftsverband Rheinland u. a. (Hg.). War die Zukunft früher besser? Visionen für das Ruhrgebiet. Bottrop, Essen, 2000.

Minister für Landes- und Stadtentwicklung des Landes Nordrhein-Westfalen. Architektur des Staates. Eine kritische Bilanz staatlichen Bauens in Nordrhein-Westfalen von 1946 bis heute. Kleve, 1984.

NRW-Forum Kultur und Wirtschaft (Hg.). RheinRuhrCity. Eine Untersuchung des Ruhrgebietes der holländischen Architekten MVRDV. Ostfildern, 2002.

Petsch, Wiltrud und Joachim. Neuaufbau statt Wiederaufbau. Architektur und Städtebau in Nordrhein-Westfalen 1945–1952. In: Klaus Honnef, Hans Schmidt (Hg.). In: Aus den Trümmern. Kunst und Kultur in Rheinland und Westfalen 1945–1952. Neubeginn und Kontinuität. Köln, 1985. S. 71 ff.

Ruhrlandmuseum Essen (Hg.). Die Erfindung des Ruhrgebiets. Arbeit und Alltag um 1900. Kat. Dauerausstellung. Essen, 2000.

Sack, Manfred. Siebzig Kilometer Hoffnung. IBA Emscher Park. Stuttgart, 1999.

Wachten, Kunibert (Hg.). Wandel ohne Wachstum? Change without Growth? Stadt – Bau – Kultur im 21. Jahrhundert. Kat. VI. Architektur Biennale Venedig, Deutscher Pavillon. Braunschweig, Wiesbaden, 1996.

Willamowski, Gerd; Dieter Nellen, Manfred Bourrée (Hg.). Ruhrstadt. Die andere Metropole. Essen, 2000.

Nürnberg

Centrum Industriekultur Nürnberg (Hg.). Architektur in Nürnberg 1904–1994. Nürnberg, 1994.

Doosry, Yasmin. »Wohlauf, laßt uns eine Stadt und einen Turm bauen ...« Studien zum Reichsparteitagsgelände in Nürnberg. Tübingen, 2001.

Glaser, Hermann; Wolfgang Ruppert, Norbert Neudecker. Industriekultur in Nürnberg. Eine deutsche Stadt im Maschinenzeitalter. München, 1980.

Sembach, Klaus-Jürgen (Hg.). Architektur in Nürnberg 1900–1980. Stuttgart, 1981.

Oberhausen

Reif, Heinz. Die verspätete Stadt. Industrialisierung, städtischer Raum und politische Verfassung in Oberhausen. 1846–1929. 2 Bde. Köln, 1993.

Recklinghausen

Bresser, Klaus; Christoph Thüer. Recklinghausen im Industriezeitalter. Recklinghausen, 2000.

Schleswig-Holstein

Alberts, Klas; Ulrich Höhns. Architektur in Schleswig-Holstein seit 1945. 1990–1996. Hamburg (Junius), 1996. 1996–2000. Hamburg (Dölling u. Galitz), 1999.

Andresen, Hans-Günther. Bauen in Backstein. Schleswig-holsteinische Heimatschutz-Architektur zwischen Tradition und Reform. Heide in Holstein, 1989.

Beseler, Hartwig; Klaus Detlefsen, Kurt Gelhaar. Architektur in Schleswig-Holstein 1900–1980. Neumünster, 1980.

Höhns, Ulrich. Moderne Architektur in Schleswig-Holstein. Eine Spurensuche. Schleswig, 2001.

Stuttgart

Bau und Wohnung. Die Bauten der Weißenhofsiedlung in Stuttgart, errichtet 1927 nach Vorschlägen des Deutschen Werkbundes im Auftrag der Stadt Stuttgart und im Rahmen der Werkbundausstellung »Die Wohnung«. Stuttgart, 1927.

Brunold, Andreas; Bernhard Sterra (Hg.). Stuttgart. Von der Residenz zur modernen Großstadt. Stuttgart, 1994.

Heißenbüttel, Helmut (Hg.). Stuttgarter Kunst im 20. Jahrhundert. Malerei, Plastik, Architektur. Stuttgart, 1979.

Kähler, Gert. Architektour. Bauen in Stuttgart seit 1900. Braunschweig, Wiesbaden, 1991.

Kirsch, Karin. Die Weissenhofsiedlung. Stuttgart, 1987.

Kirsch, Karin (Hg.). Briefe zur Weißenhofsiedlung. Stuttgart, 1997.

Plarre, Stefanie. Die Kochenhofsiedlung. Das Gegenmodell zur Weißenhofsiedlung. Paul Schmitthenners Siedlungsprojekt in Stuttgart von 1927 bis 1933. Stuttgart, 2001.

Thüringen

Architekturführer Thüringen. Vom Bauhaus bis zum Jahr 2000. Weimar, 2001.

Escherich, Mark; Ulrich Wieher. Planen und Bauen in Thüringen von 1945 bis 1990. Landeszentrale für Politische Bildung. Erfurt, 2002.

Weimar

Winkler, Klaus-Jürgen. Moderne in Weimar 1919–1933. Bauhaus, Bauhochschule, Neues Bauen. Weimar, 1995.

Zimmermann, Gerd; Jörg Brauns. KulturStadtBauen. Eine architektonische Wanderung durch Weimar. Kulturstadt Europas 1999. Weimar, 1997.

Wolfsburg

vgl. Epochen – 1933–1945

Beier, Rosemarie (Hg.). Aufbau West Aufbau Ost. Die Planstädte Wolfsburg und Eisenhüttenstadt. Ostfildern, 1997.

Thömmes, Cornelia. Architektur in Wolfsburg. Wolfsburg, 1996.

Wuppertal

Bund Deutscher Architekten Kreisgruppe Wuppertal (Hg.). Architektur in Wuppertal. Wuppertal, 1993.

Personen, Gruppen, Institutionen

Abel, Adolf

Abel, Adolf. Regeneration der Städte – des Villes – of Towns. Erlenbach-Zürich, 1950.

Ackermann, Kurt

Flagge, Ingeborg (Hg.), Wolfgang Jean Stock (Einltg.). Ackermann und Partner. Bauten und Projekte. Buildings and Projects. 1978–1998. München, 1998.

Schirren, Matthias (Hg.). Kurt Ackermann. Das Gesamtwerk des Architekten. Ostfildern, 2005.

Arbeitsrat für Kunst

Taut, Bruno. Ein Architekturprogramm. Flugschriften des Arbeitsrates für Kunst I. Berlin, 1918[1], 1919[2].

Arbeitsrat für Kunst. Ja! Stimmen des Arbeitsrates für Kunst in Berlin. Berlin, 1919.

Arbeitsrat für Kunst. Ruf zum Bauen. Zweite Buchpublikation des Arbeiterrates (sic) für Kunst. Berlin, 1920.

Arbeitsrat für Kunst. Berlin 1918–1921. Kat. Akademie der Künste. Berlin, 1980.

Steneberg, Eberhard. Arbeitsrat für Kunst. Berlin 1918–1921. Düsseldorf, 1987.

Auer, Fritz; Carlo Weber

Kiock, Andrea (Hg.). Auer + Weber + Architekten. Arbeiten 1980–2003. Basel, 2003.

Barkow, Frank; Regine Leibinger

Wagner, Georg. Barkow Leibinger. Werk Bericht 1993–2001. Basel, 2001.

Bartning, Otto

vgl. Bauaufgaben – Kirchen

Bartning, Otto. Erde Geliebte. Spätes Tagebuch einer frühen Reise. Hamburg, 1955.

Bartning, Otto. Spannweite. Aus Schriften und Reden ausgewählt und eingeleitet von Alfred Simon. Bramsche, 1958.

Frings, Markus (Hg.). Die Sternkirche von Otto Bartning. Analyse – Visualisierung – Simulation. Weimar, 2002.

Mayer, Hans K(arl) F(riedrich). Der Baumeister Otto Bartning und die Wiederentdeckung des Raumes. Heidelberg, 1951; Darmstadt, 1958.

Nicolaisen, Dörte (Hg.). Das andere Bauhaus. Otto Bartning und die Staatliche Bauhochschule Weimar 1926–1930. Kat. Bauhaus-Archiv. Berlin, 1996.

Pollak, Ernst. Der Baumeister Otto Bartning. Unser Lebensgefühl gestaltet in seinem Werk. Bonn, 1926.

Bauhaus

Gropius, Walter. Programm des Staatlichen Bauhauses in Weimar. Weimar, 1919.

Gropius, Walter. Idee und Aufbau des Staatlichen Bauhauses Weimar. München, Weimar, 1923.

Staatliches Bauhaus. Weimar 1919–1923. München, Weimar, 1923. Neu: München, 1980.

Bauhaus-Archiv (Hg.). bauhaus in Berlin. Bauten und Projekte. Berlin, 1995.

Bauhaus Dessau (Hg.). Bauhausstil. Kat. Berlin, 2003.

Bayer, Herbert; Walter Gropius, Ise Gropius. Bauhaus 1919–1928. New York, 1938[1]. Boston, 1952[2]. – Dt.: Stuttgart, 1955.

Engels, Hans; Ulf Meyer. Bauhaus-Architektur. Bauhaus-Architecture. München, 2001.

Franciscono, Marcel. Walter Gropius and the Creation of the Bauhaus in Weimar. Urbana, Chicago, London, 1971.

Hüter, Karl-Heinz. Das Bauhaus in Weimar. Studie zur gesellschaftspolitischen Geschichte einer deutschen Kunstschule. Berlin, 1976, 1982[3].

Wick, Rainer. Bauhaus – Kunstschule der Moderne. Ostfildern, 2000.

Wingler, Hans M. Das Bauhaus 1919–1933. Weimar Dessau Berlin. Bramsche (und Köln), 1962[1], 1968[2], 1975[3].

Wolfe, Tom. From Bauhaus to our House. New York, 1981. – Dt.: Mit dem Bauhaus leben. Die Diktatur des Rechtecks. Königstein, 1982.

Baumgarten, Paul

Menting, Annette. Paul Baumgarten. Schaffen aus dem Charakter der Zeit. Die Bauwerke und Kunstdenkmäler von Berlin Beiheft 27. Berlin, 1998.

Behne, Adolf

vgl. Epochen – 1918–1933, Personen – Max Taut

Bushart, Magdalena (Hg.). Adolf Behne. Essays zu seiner Kunst- und Architekturkritik. Berlin, 2000.

Behnisch, Günter

Architekten Behnisch & Partner. Arbeiten aus den Jahren 1952–1987. Stuttgart, 1992.

Behnisch & Partner. Bauten und Projekte 1987–1997. Kat. Galerie der Stadt Stuttgart. Ostfildern, 1997.

Behnisch, Behnisch & Partner. Texte Günter Behnisch, Stefan Behnisch, Günther Schaller. Basel, 2003.

Blundell Jones, Peter. Günter Behnisch. Basel, 2000.

Literatur in Auswahl 559

Behrens, Peter
Behrens, Peter. Feste des Lebens und der Kunst. Eine Betrachtung des Theaters als höchsten Kultursymbols. Leipzig, 1900.
Anderson, Stanford Owen. Peter Behrens and the New Architecture of Germany 1900–1917. Diss. New York, 1968. – Peter Behrens and a New Architecture for the Twentieth Century. London, 2000.
Buddensieg, Tilmann; Henning Rogge u. a. Industriekultur. Peter Behrens und die AEG. 1907–1914. Berlin, 1978, 1993[4].
Buderath, Bernhard (Hg.). Peter Behrens. Umbautes Licht. Das Verwaltungsgebäude der Hoechst AG. Kat. Hoechst AG. München, 1990.
Cremers, Paul Joseph. Peter Behrens. Sein Werk von 1909 bis zur Gegenwart. Essen, 1928.
Hoeber, Fritz. Peter Behrens. München, 1913.
Hoepfner, Wolfram; Fritz Neumeyer. Das Haus Wiegand von Peter Behrens in Berlin-Dahlem. Mainz, 1979.
Pfeifer, Hans-Georg (Hg.). Peter Behrens. »Wer aber will sagen, was Schönheit sei?« Kat. Fachbereich Architektur und Design der Fachhochschule Düsseldorf. Düsseldorf, 1990.
Windsor, Alan. Peter Behrens. Architect and Designer 1868–1940. London, 1981. – Dt.: Peter Behrens. Architekt und Designer. Stuttgart, 1985.

Bestelmeyer, German
Hegemann, Werner (Einltg). German Bestelmeyer. Neue Werkkunst. Berlin, 1929.
Koch, Florian. German Bestelmeyer. Diss. Universität München. 1999.
Stahl, Fritz (Einltg). German Bestelmeyer. Neue Werkkunst. Berlin, 1928.
Thiersch, Heinz. German Bestelmeyer. Sein Leben und Wirken für die Baukunst. München, 1961.

Betz, Walter und Bea
Knapp, Gottfried. Betz Architekten. Tübingen, 1996.

Bienefeld, Heinz
Speidel, Manfred; Sebastian Legge. Heinz Bienefeld. Bauten und Projekte. Köln, 1991.
Voigt, Wolfgang (Hg.). Heinz Bienefeld 1926–1995. Kat. Deutsches Architekturmuseum Frankfurt am Main. Tübingen, 1999.

Bill, Max
Frei, Hans; Karin Gimmi, Stanislaus von Moos (Hg.). minimal tradition. Max Bill und die »einfache« Architektur. 1942–1996. Baden, 1996.

Billing, Hermann
Billing, Hermann. Architekturskizzen. Stuttgart, 1904.
Kabierske, Gerhard. Der Architekt Hermann Billing (1867–1946). Leben und Werk. Karlsruhe, 1996.

Böhm, Dominikus
Flagge, Ingeborg, Wolfgang Voigt (Hg.). Dominikus Böhm 1880–1955. Kat. Deutsches Architekturmuseum, Frankfurt am Main. Tübingen, Berlin 2005.
Habbel, Josef (Hg.). Dominikus Böhm. Ein deutscher Baumeister. Regensburg, 1943.
Hoff, August u. a. Dominikus Böhm. München, Zürich, 1962.
Stalling, Gesine. Studien zu Dominikus Böhm mit besonderer Berücksichtigung seiner ›Gotik‹-Auffassung. Diss. Tübingen, 1974. Frankfurt, Bern, 1974.
Weisner, Ulrich (Hg.). Böhm: Väter und Söhne. Architekturzeichnungen von Dominikus Böhm, Gottfried Böhm, Stephan, Peter und Paul Böhm. Kat. Kunsthalle Bielefeld, 1994.

Böhm, Gottfried
Böhm, Gottfried. Bauten und Projekte. Auszug aus den Jahren 1985–2000. Tübingen, 2001.
Darius, Veronika. Der Architekt Gottfried Böhm. Bauten der sechziger Jahre. Düsseldorf, 1988.
Pehnt, Wolfgang. Gottfried Böhm. Basel, 1999.
Raèv, Svetlozar (Hg.). Gottfried Böhm. Bauten und Projekte 1950–1980. Köln, 1982.
Raèv, Svetlozar (Hg.). Gottfried Böhm. Vorträge, Bauten und Projekte 1950–1980. Stuttgart, 1988.

Bolles-Wilson, Julia; Peter Wilson
Architekturbüro Bolles und Wilson. Projekte 1988/1992. Kat. Westfälischer Kunstverein. Münster, 1993.
Bolles + Wilson. Neue Bauten und Projekte. Basel, 1997.

Bonatz, Paul
Bonatz, Paul. Leben und Bauen. Stuttgart, 1950, 1958[4].
Graubner, Gerhard (Hg.). Paul Bonatz und seine Schüler. Stuttgart, o. J. (1931).
Tamms, Friedrich (Hg.). Paul Bonatz. Arbeiten aus den Jahren 1907 bis 1937. Stuttgart, 1937.

Bothe Richter Teherani
Meyhöfer, Dirk (Hg.). Konstruktion und Poesie. Glasarchitektur von Bothe Richter Teherani 1992–2001. Hamburg, 2002.
Weiss, Klaus-Dieter (Hg.). Bothe Richter Teherani – Zoom. Detail und große Form. Basel, 2004.

Branca, Alexander von
Branca, Alexander von. Facetten eines Lebens. Bad Tölz. 2002.

Brandlhuber, Arno; Bernd Kniess
Lootsma, Bart; Marc Raeder. B&K+. Brandlhuber & Kniess+. Index Architecture. Köln, 2003.

Brandt, Andreas; Rudolf Böttcher
Michelis, Marco de. Andreas Brandt & Rudolf Böttcher. Bauten und Projekte. Berlin, 1995.

Braunfels, Stephan
Mönninger, Michael (Einltg). Stephan Braunfels. Pinakothek der Moderne. Basel, 2002.

Breuer, Marcel
Marcel Breuer 1921–1962. Stuttgart, 1962.
Driller, Joachim. Marcel Breuer. Die Wohnhäuser 1923–1973. Stuttgart, 1998.
Papachristou, Tician. Marcel Breuer. Neue Bauten und Projekte. Stuttgart, 1970.

Deutscher Werkbund
Deutscher Werkbund (Hg.). Jahrbuch des Deutschen Werkbundes. 6 Bde. Bd. 1. Die Durchgeistigung der deutschen Arbeit. Jena, 1912, neu: Berlin, 1999. – Bd. 2. Die Kunst in Industrie und Handel. Jena, 1913. – Bd. 3. Der Verkehr. Jena, 1914. – Bd. 4. Deutsche Form im Kriegsjahr. Die Ausstellung Köln 1914. München, 1915. – Bd. 5. Kriegergräber im Felde und daheim. München, 1917. – Bd. 6. Handwerkliche Kunst in alter und neuer Zeit. Berlin, 1920.
Deutscher Werkbund (Hg.), Theodor Heuss (Text). Das Haus der Freundschaft in Konstantinopel. Ein Wettbewerb deutscher Architekten. München, 1918.
Deutscher Werkbund (Hg.). Bau und Wohnung. Die Bauten der Weißenhofsiedlung in Stuttgart. Stuttgart, 1927.
Campbell, Joan. The German Werkbund. The Politics of Reform in the Applied Arts. Princeton, 1978. – Dt.: Der Deutsche Werkbund 1907–1934. Stuttgart, 1981. München, 1989.
Fischer, Wend (Hg.). Zwischen Kunst und Industrie. Der Deutsche Werkbund. Kat. Die Neue Sammlung. München, 1975.
Schwartz, Frederic J. The Werkbund. Design Theory and Mass Culture before the First World War. London, New Haven, 1996. – Dt.: Der Werkbund. Ware und Zeichen. 1900–1914. Dresden, 1999.

Döcker, Richard
Mehlau-Wiebking, Friederike. Richard Döcker. Ein Architekt im Aufbruch zur Moderne. Braunschweig, Wiesbaden. 1989.

Döllgast, Hans
Doellgast, Hans. Journal retour. Hg. von Franz Kießling. 3 Bde. Salzburg, 2003.
Technische Universität München, Bund Deutscher Architekten, München (Hg.). Hans Döllgast 1891–1974. München, 1987, 1988².

Döring, Wolfgang
Döring, Wolfgang. Perspektiven einer Architektur. Frankfurt am Main, 1970, 1973².
Döring, Wolfgang. Zwanzig Projekte. Düsseldorf, 1986.

Doernach, Rudolf
Doernach, Rudolf. Pflanzenhäuser. Biotektur. Leben im Naturklima. Altstätten, München, 1987.

Dudler, Max
Kieren, Martin. Max Dudler. Architekt. Berlin, 1998².
Loderer, Benedikt (Einltg). Max Dudler. Der Reichtum der Askese. Ein Film von Beat Kuert. Buch und Videokassette. Zürich, 1997.

Düttmann, Werner
Ochs, Haila (Hg.). Werner Düttmann. Verliebt ins Bauen. Architekt für Berlin. 1921–1983. Basel, 1990.

Effenberger, Theo
Hahm, Konrad (Einleitung). Theo Effenberger. Neue Werkkunst. Berlin, 1929. Neu: Berlin, 2000.
Nielsen, Christine. Theo Effenberger 1882–1968. Architekt in Breslau und Berlin. Frankfurt am Main, München, New York, 1999.

Eiermann, Egon
Hildebrand, Sonja. Egon Eiermann. Die Berliner Zeit. Das architektonische Gesamtwerk bis 1945. Wiesbaden, 1999.
Institut für Baugeschichte der Universität Karlsruhe (Hg.). Egon Eiermann. Briefe des Architekten 1946–1970. Stuttgart, 1997.
Jaeggi, Annemarie (Hg.). Egon Eiermann 1904–1970. Die Kontinuität der Moderne. Kat. Städtische Galerie Karlsruhe u. a. Ostfildern, 2004.
Schirmer, Wulf (Hg.). Egon Eiermann 1904–1970. Bauten und Projekte. Stuttgart, 1984. München, 2003.

Elsaesser, Martin
Wachsberger, A. (Einltg.). Martin Elsaesser. Bauten und Entwürfe aus den Jahren 1924–1932. Berlin, 1933.

Endell, August
Endell, August. Die Schönheit der großen Stadt. Stuttgart, 1908.
Endell, August. Vom Sehen. Texte 1896–1925 über Architektur, Formkunst und »Die Schönheit der großen Stadt«. Basel, 1995.

Fahrenkamp, Emil
Heuter, Christoph. Emil Fahrenkamp 1885–1966. Architekt im rheinisch-westfälischen Industriegebiet. Arbeitsheft der rheinischen Denkmalpflege 59. Diss. Universität Bonn 2000. Petersberg, 2002.
Hoff, August (Einltg). Emil Fahrenkamp. Ein Ausschnitt seines Schaffens aus den Jahren 1924–1927. Stuttgart, 1928.

Feder, Gottfried
Feder, Gottfried. Die neue Stadt. Versuch der Begründung einer neuen Stadtplanungskunst aus der sozialen Struktur der Bevölkerung. Berlin, 1939.

Fidus (Hugo Höppener)
Frecot, Janos; Johann Friedrich Geist, Diethart Kerbs. Fidus 1868–1948. Zur ästhetischen Praxis bürgerlicher Fluchtbewegungen. München, 1972. Neu: Hamburg, 1997.

Finsterlin, Hermann
Borsi, Franco (Hg.). Hermann Finsterlin. Idea dell'architettura. Architektur in seiner Idee. Florenz, 1969.
Döhl, Reinhard. Hermann Finsterlin. Eine Annäherung. Kat. Graphische Sammlung Staatsgalerie. Stuttgart, 1988.
Schneider, Ulrich. Hermann Finsterlin und die Architektur des Expressionismus. Diss. TU Karlsruhe 1997. Tübingen, Berlin, 1999.

Fischer, Alfred
Rappaport, Ph. A. (Einltg.). Alfred Fischer-Essen. Verwaltungsgebäude Siedlungsverband Ruhrkohlenbezirk. Neue Werkkunst. Berlin, 1930. Neu: Berlin, 1998.

Fischer, Theodor
vgl. Bauaufgaben – Städtebau
Fischer, Theodor. Für die deutsche Baukunst. Flugschrift des Münchener Bundes. München, 1917.
Fischer, Theodor. Die Erziehung des Architekten. München, 1919.
Fischer, Theodor. Öffentliche Bauten. Leipzig, 1922.
Fischer, Theodor. Gegenwartsfragen künstlerischer Kultur. Augsburg, 1931.
Fischer, Theodor. Zwei Vorträge über Proportionen. München, 1934, 1956².
Karlinger, Hans. Theodor Fischer, ein deutscher Baumeister. München, 1932.
Nerdinger, Winfried. Theodor Fischer. Architekt und Städtebauer 1862–1938. Kat. Architektursammlung der Technischen Universität München, Münchner Stadtmuseum. Berlin, 1988.
Pfister, Rudolf. Theodor Fischer. Leben und Wirken eines deutschen Baumeisters. München, 1968.

Foster, Norman
Jenkins, David (Hg.). Norman Foster. Works. 6 Bde. Bd. 1: München, 2003. Bd. 2: 2004. Bd. 4: 2003.
Davies, Colin; Ian Lambot. Norman Foster. Commerzbank Frankfurt am Main. Basel, 2001.
Lambot, Ian (Hg.). Norman Foster. Buildings and Projects of Foster Associates. 4 Bde. Berlin, Basel, 1991 ff. Bd. 1: 1964–71. Bd. 2: 1971–78. Bd. 3: 1978–82. Bd. 4: 1982–89.
Schulz, Bernhard. Der Reichstag. Die Architektur von Norman Foster. München, 2000.

Franke, Josef
Cremers, Josef Paul (Einltg.). Joseph Franke. Berlin, 1930.
Architektur-Kolloquium Bochum (Hg.). Josef Franke. 163 Entwürfe für das 20. Jahrhundert. Kat. Galerie Architektur und Arbeit Gelsenkirchen. Essen, 1999.

Fries, Heinrich de
vgl. Epochen – 1918–1933; Bauaufgaben – Wohnungsbau
Jaeger, Roland. Heinrich de Fries und sein Beitrag zur Architekturpublizistik der Zwanziger Jahre. Berlin, 2001.

Gatermann, Döris; Elmar Schossig
Döris Gatermann, Elmar Schossig. Bauten und Projekte. Berlin, 1996.

Gehag
Schäche, Wolfgang (Hg.). 75 Jahre Gehag 1924–1999. Berlin, 1999.

Gerkan, Meinhard von; Volkwin Marg
Von Gerkan, Marg und Partner. Architektur. Bisher 9 Bde. Stuttgart, dann Basel, 1978–2004. Bd. 1: 1966–78. Bd. 2: 1978–1983. Bd. 3: 1983–1988. Bd. 4: 1988–1991. Bd. 5: 1991–1995. Bd. 6:

Literatur in Auswahl **561**

1995–1997. Bd. 7: 1997–1999. Bd. 8: 1999–2000. Bd. 9: 2000–2001.
Von Gerkan, Marg und Partner. Unter großen Dächern. Braunschweig, Wiesbaden, 1995.
Patuschka, Bernd (Hg.). Meinhard von Gerkan und Volkwin Marg erzählen: Geschichten aus 40 Jahren einer gemeinsamen Profession. Hamburg, 2002.

Gerson, Hans und Oskar
Hegemann, Werner (Einltg.). Neue Werkkunst. Die Architekten Brüder Gerson. Berlin, 1928.
Voigt, Wolfgang u. a. Hans und Oskar Gerson. Hanseatische Moderne. Hamburg, 2000.

Giebichenstein, Burg (Kunstgewerbeschule Halle)
Luckner-Bien, Renate (Hg.). 75 Jahre Burg Giebichenstein. 1915–1990. Beiträge zur Geschichte. Halle, 1990.
Nauhaus, Wilhelm. Die Burg Giebichenstein. Geschichte einer deutschen Kunstschule. 1915–1933. Leipzig, 1981.
Schneider, Katja. Burg Giebichenstein. Die Kunstgewerbeschule unter Leitung von Paul Thiersch und Gerhard Marcks 1915 bis 1933. Weinheim, 1992.

Giedion, Sigfried
vgl. Allgemeine Literatur; Baumaterialien – Eisen; Bauaufgaben – Wohnungsbau; Personen – Gropius
Georgiadis, Sokratis. Sigfried Giedion. Eine intellektuelle Biographie. Zürich, 1989.
Huber, Dorothee; Werner Oechslin (Hg.). Sigfried Giedion: Wege in die Öffentlichkeit. Aufsätze und unveröffentlichte Schriften aus den Jahren 1926–1956. Zürich, 1987.
Sigfried Giedion (1888–1968). Der Entwurf einer modernen Tradition. Kat. Museum für Gestaltung. Zürich, 1989.

Gieselmann, Reinhard
Reinhard Gieselmann. Architektur ist ein Elemente für die Sinne. Bauten und Schriften. Stuttgart, Zürich, 1987.

Giesler, Hermann
Giesler, Hermann. Ein anderer Hitler. Bericht seines Architekten. Leoni, Starnberger See, 1977.

Göderitz, Johannes
vgl. Bauaufgaben – Städtebau
Gisbertz, Olaf. Bruno Taut und Johannes Göderitz in Magdeburg. Berlin, 2000.

Graffunder, Heinz
Graffunder Heinz; Martin Beerbaum. Der Palast der Republik. Leipzig, 1977.

Gropius, Walter
vgl. Bauhaus; Bauaufgaben - Industriebau, Wohnungsbau
Gropius, Walter; Adolf Meyer. Weimar Bauten. Berlin, 1924. Zuvor in: Wasmuths Monatshefte für Baukunst 7 (1922-23) 11–12. S. 323 ff. Neu: Nachwort Peter Hahn. Berlin, 1981.
Gropius, Walter. Internationale Architektur. Bauhausbücher 1. München, 1925, 1927^2.
Gropius, Walter. Bauhausbauten Dessau. Bauhausbücher 12. München, 1930. Neu: Berlin, 1997.
Gropius, Walter. The New Architecture and the Bauhaus. London, 1935. New York, 1936. – Dt.: Die neue Architektur und das Bauhaus. Mainz, 1965. Berlin, 2003^3.
Bayer, Herbert; Walter Gropius, Ise Gropius. Bauhaus. 1919-1928. New York, 1938. Boston, 1952^2. – Dt.: Stuttgart, 1955.
Gropius, Walter. Scope of total Architecture. New York, 1943. – Dt.: Architektur. Wege zu einer optischen Kultur. Frankfurt, 1956, 1982^2.
Gropius, Walter. Apollo in der Demokratie. Mainz, 1967.
Argan, Giulio Carlo. Walter Gropius e la Bauhaus. Turin, 1951. – Dt.: Gropius und das Bauhaus. Reinbek, 1962.
Franciscono, Marcel. Walter Gropius and the creation of the bauhaus in Weimar. Urbana, Chicago, London, 1971.
Giedion, Sigfried. Walter Gropius. Mensch und Werk. Stuttgart, 1954.
Herdeg, Klaus. The Decorated Diagram. Harvard-Architecture and the Failure of the Bauhaus Legacy. Cambridge, London, 1983. – Dt.: Die geschmückte Formel. Harvard. Das Bauhauserbe und sein amerikanischer Verfall. Wiesbaden, 1985.
Isaacs, Reginald R. Walter Gropius. Der Mensch und sein Werk. 2 Bde. Berlin, 1983–84. – Engl.: Walter Gropius. An illustrated Biography of the Creator of the Bauhaus. New York, 1991.
Jaeggi, Annemarie. Fagus. Industriekultur zwischen Werkbund und Bauhaus. Berlin, 1998. – Engl.: Fagus. Industrial Culture from Werkbund to Bauhaus. New York, 2000.
Nerdinger, Winfried. Der Architekt Walter Gropius. Kat. Bauhaus-Archiv, Berlin; Busch-Reisinger Museum, Cambridge, Mass. Berlin, 1985, 1996^2.
Probst, Hartmut; Christian Schädlich (Hg.). Walter Gropius. Werkverzeichnis und Ausgewählte Schriften. 3 Bde. Berlin, 1986–88. – Bd. 1: Der Architekt und Theoretiker. – Bd. 2: Der Architekt und Pädagoge. – Bd. 3: Ausgewählte Schriften.
Rehm, Robin. Das Bauhausgebäude in Dessau. Die ästhetischen Kategorien Zweck Form Inhalt. Berlin, 2005.
Weber, Helmut. Walter Gropius und das Faguswerk. München, 1961.
Wilhelm, Karin. Walter Gropius. Industriearchitekt. Einsichten und Aussichten für eine neue Architektur der Arbeit. Braunschweig, Wiesbaden, 1983.

Gruber, Karl
Romero, Andreas. Karl Gruber. Architekt, Lehrer, Zeichner. Eine Biographie. Schriften des Deutschen Architekturmuseums zur Architekturgeschichte und Architekturtheorie. Wiesbaden, 1990.

Günschel, Günter
vgl. Bauaufgaben - Industriebau
Fuchs-Belhamri, Elisabeth. Günter Günschel. Architektonische Denkspiele. Kat. Wenzel-Hablik-Museum Itzehoe. Itzehoe, 1999.

Gurlitt, Cornelius
vgl. Kurzbiografien
Paul, Jürgen. Cornelius Gurlitt. Dresdner Miniaturen 8. Dresden, 2003.
Schrön, Barbara. Cornelius Gurlitt. Versuch einer biographischen und fachgeschichtlichen Darstellung seiner Persönlichkeit. Diss. Leipzig, 1987.

Gutbrod, Rolf
Dongus, Margot. Rolf Gutbrod. Studien über das Leben und Werk des Architekten. Tübingen, 2002.

Hablik, Wenzel
Hablik, Wenzel. Schaffende Kräfte. o. O. (Berlin), 1909.
Hablik, Wenzel. Cyklus Architektur. o. O. (Berlin), 1925.
Fanelli, Giovanni; Enrico Godoli, Franco Bevilacqua (Hg.). Wenzel Hablik attraverso l'espressionismo. Wenzel Hablik, Expressionismus und Utopie. Kat. Museo Mediceo u. a. Florenz, 1989 f.
Reschke, Wolfgang (Hg.). Wenzel Hablik (1881–1934), in Selbstzeugnissen und Beispielen seines Schaffens. Münsterdorf, 1981.
Spielmann, Heinz; Susanne Timm. Wenzel Hablik. Bestandskat. Schleswig-Holsteinisches Landesmuseum Schloß Gottorf. Schleswig, 1990.

Hämer, Hardt-Waltherr
Sack, Manfred (Hg.). Stadt im Kopf. Hardt-Waltherr Hämer. Berlin, 2002.

Hänsch, Wolfgang
Hänsch, Wolfgang. Die Semperoper. Geschichte und Wiederaufbau der Dresdner Staatsoper. Berlin, Stuttgart, 1986.

Häring, Hugo
Häring, Hugo. Wege zur Form. In: Die Form 1 (1925) 1. S. 3 ff.
Häring, Hugo. Neues Bauen. In: Moderne Bauformen 27 (1928) 9. S. 329 f.
Aschenbrenner, Margot (Hg.). Hugo Häring. Fragmente. Schriftenreihe der Akademie der Künste 1. Berlin, 1968.
Blundell-Jones, Peter. Hugo Häring. The Organic versus the Geometric. Stuttgart-Fellbach, 1999.
Lauterbach, Heinrich; Jürgen Joedicke (Hg.). Hugo Häring. Schriften, Entwürfe, Bauten. Dokumente der Modernen Architektur 3. Stuttgart, 1964. Neu: Stuttgart, 2001.
Schirren, Matthias. Hugo Häring. Architekt des Neuen Bauens. Kat. Akademie der Künste Berlin. Ostfildern, 2001.

Haesler, Otto
Haesler, Otto. Mein Lebenswerk als Architekt. Berlin, 1957.
Oelker, Simone. Otto Haesler. Eine Architektenkarriere in der Weimarer Republik. Hamburg, 2002.

Heerich, Erwin
Heerich, Erwin. Skulptur und der architektonische Raum. Köln, 1998.

Henselmann, Hermann
Henselmann, Hermann. Gedanken, Ideen, Bauten, Projekte. Berlin, 1978.
Henselmann, Hermann. Drei Reisen nach Berlin. Der Lebenslauf und Lebenswandel eines deutschen Architekten. Berlin, 1981.
Henselmann, Hermann. Vom Himmel an das Reißbrett ziehen. Ausgewählte Aufsätze 1936–1981. Berlin, 1983.
Henselmann, Hermann. Bauten, Städtebau, Stadtplanung. Berlin, 1985.
Schäche, Wolfgang (Hg.). Hermann Henselmann. »Ich habe Vorschläge gemacht«. Berlin, 1995.

Hentrich, Helmut; Hubert Petschnigg
Hentrich, Helmut. Bauzeit. Aufzeichnungen aus dem Leben eines Architekten. Düsseldorf, 1995.
HPP. Hentrich - Petschnigg & Partner KG. Bauten. Mehrere Hefte. Düsseldorf, 1969 ff. 1953–1969. 1970–71. 1972–1975. 1976–1979. 1980–1984. 1985–87.
HPP. Hentrich – Petschnigg & Partner KG, Leipzig. 10 Jahre, 10 Projekte. 2002
Feldmeyer, Gerhard (Hg.). HPP. Hentrich – Petschnigg & Partner. Buildings and Projects 1988–98. New York, 1997.
Hitchcock, Henry-Russell. HPP Hentrich, Petschnigg & Partner. Bauten und Entwürfe. Buildings and Projects. Düsseldorf, Wien, 1973.

Herkommer, Hans
vgl. Bauaufgaben – Kirchen
Hegemann, Werner (Einltg). Hans Herkommer. Berlin, 1929.

Hermkes, Bernhard
Bernhard Hermkes. Facetten eines Lebens. 1903–85. Kat. Freie Akademie der Künste. Hamburg, 2003.

Hertlein, Hans
Ribbe, Wolfgang; Wolfgang Schäche. Die Siemensstadt. Geschichte und Architektur eines Industriestandorts. Berlin, 1988.
Schmitz, Hermann (Einltg). Siemensbauten von Hans Hertlein. Berlin, o. J. (1927).
Schmitz, Hermann (Einltg). Neue Industriebauten des Siemenskonzerns von Hans Hertlein. Berlin, o. J. (1928).

Herzog, Thomas
vgl. Baumaterialien – Holz
Herzog, Thomas. Bauten 1978–1992. Bd. 1. Ostfildern, 1993.
Herzog, Thomas. Design Center Linz. Bd. 2. Ostfildern, 1999.
Herzog, Thomas (Hg.). Expodach. Symbolbauwerk aus Holz auf der Weltausstellung Hannover 2000. München, 2000.
Herzog, Thomas (Hg.). Solar Energy in Architecture and Urban Planning. München, 2001.
Flagge, Ingeborg; Verena Herzog-Loibl, Anna Meseure (Hg.). Thomas Herzog. Architektur + Technologie. Architecture + Technology. Kat. Deutsches Architekturmuseum Frankfurt am Main. München, 2001.

Hilberseimer, Ludwig
vgl. Kurzbiografien; Epochen – 1918–1933
Pommer, Richard; David Spaeth, K. Harrington. In the Shadow of Mies. Ludwig Hilberseimer – Architect, Educator and Urban Planner. New York, 1988.

Hilmer, Heinz; Christoph Sattler
Moos, Stanislaus (Einltg.). Hilmer & Sattler. Bauten und Projekte. Buildings and Projects. Stuttgart-Fellbach, 2000.

Hochschule für Gestaltung
Krampen, Martin; Günther Hörmann. Die Hochschule für Gestaltung Ulm. Anfänge eines Projekts der unnachgiebigen Moderne. Berlin, 2003.
Lindinger, Herbert (Hg.). Hochschule für Gestaltung Ulm. Die Moral der Gegenstände. Kat. Bauhaus-Archiv. Berlin, 1987.
Spitz, René. Die Hochschule für Gestaltung Ulm. Ein Blick hinter den Vordergrund. The Ulm School of Design. A View behind the Foreground. Stuttgart-Fellbach, 2002.

Hoffmann, Ludwig
Hoffmann, Ludwig. Stadtbaurat von Berlin 1926-1924. Lebenserinnerungen eines Architekten. Hg. von Wolfgang Schäche. Die Bauwerke und Kunstdenkmäler von Berlin Beiheft 10. Berlin, 1996[2].
Ludwig Hoffmann und Alfred Messel. Briefwechsel zwischen zwei befreundetem Architekten.
Döhl, Dörte. Ludwig Hoffmann. Bauen für Berlin 1896–1924. Berlin, 2004.

Höger, Fritz
Bucciarelli, Piergiacomo. Fritz Höger, maestro anseatico 1877–1949. Venedig, 1991. – Dt.: Fritz Höger. Hanseatischer Baumeister 1877– 1949. Berlin, 1992.
Kamphausen, Alfred. Der Baumeister Fritz Höger. Neumünster, 1972.
Turtenwald, Claudia (Hg.). Fritz Höger (1877–1949). Moderne Monumente. Hamburg, 2003.
Westphal, Carl J. H. (Hg.). Fritz Höger. Der niederdeutsche Backstein-Baumeister. Wolfshagen-Scharbeutz, 1938.

Hopp, Hanns
Fischer, E. Kurt (Einltg). Hanns Hopp. Ein Architekt in Ostpreußen. Neue Werkkunst. Berlin, 1929. Neu: Berlin, 1998.
Wiesemann, Gabriele. Hans Hopp 1890–1971. Königsberg. Dresden. Halle. Ost-Berlin. Schwerin, 2000.

Hoetger, Bernhard
Golücke, Dieter u. a. Bernhard Hoetger. Bildhauer, Maler, Baukünstler, Designer. Worpswede, 1984.
Roselius, Ludwig. Reden und Schriften zur Böttcherstraße in Bremen. Bremen, 1932.
Roselius, Ludwig d. J. (Hg.). Bernhard Hoetger 1874–1949. Bremen, 1974.
Saal, Walter Edmund Wolfgang. Bernhard Hoet-

Literatur in Auswahl 563

ger. Ein Architekt des norddeutschen Expressionismus. Diss. Bonn, 1989.
Tallasch, Hans (Hg.). Projekt Böttcherstraße. Delmenhorst, 2002.

Hübner, Peter
Blundell Jones, Peter. Peter Hübner. Building as a Social Process. Stuttgart, 2004.

Ingenhoven, Christoph; Jürgen Overdiek und Partner
Feireiss, Kristin (Hg.). Ingenhoven Overdiek und Partner. Energies. Basel, 2002.

Jahn, Helmut
Anna, Susanne (Hg.). Archi-Neering. Helmuth Jahn, Werner Sobek. Stuttgart, 1999.
Blaser, Werner (Hg.). Helmut Jahn, Werner Sobek, Matthias Schuler. Architecture Engineering. Basel, 2002.

Kallmorgen, Werner
Werner Kallmorgen. Hamburgs Architekt der Nachkriegszeit. Kat. Ernst Barlach Haus. Hamburg, 2003.
Cornehl, Ulrich. Raummassagen. Der Architekt Werner Kallmorgen (1902–1979). Schriftenreihe des Hamburgischen Architekturarchivs 18. Hamburg, 2003.

Kampffmeyer, Hans
vgl. Bauaufgaben – Städtebau
Kampffmeyer, Hans. Friedenstadt. Ein Vorschlag für ein deutsches Kriegsdenkmal. Jena, 1918[2].
Kampffmeyer, Hans. Wohnungsnot und Heimstättengesetz. Schriften zur Wohnungsfrage 6. Karlsruhe, 1919.

Kaufmann, Oskar
Osborn, Max (Einltg.). Der Architekt Oskar Kaufmann. Neue Werkkunst. Berlin, 1928. Neu: Berlin, 1996.
Hansen, Antje. Oskar Kaufmann. Ein Theaterarchitekt zwischen Tradition und Moderne. Die Bauwerke und Kunstdenkmäler von Berlin Beiheft 28. Berlin, 2001.

Kiessler, Uwe
Zweite, Armin (Hg.). Das Ständehaus in Düsseldorf. Düsseldorf, 2002.

Kister, Johannes; Reinhard Scheithauer, Susanne Gross
Feireiss, Kristin (Hg.). Kister Scheithauer Gross. 7 Bauten + Projekte 1989–1997. Köln, 1998.
Kister, Johannes. Körper- und Raumkomposition. Köln, 2001.

Kleihues, Josef Paul
vgl. Allgemeine Literatur; Orte – Berlin
Kahlfeldt, Paul (Hg.) u. a. Josef Paul Kleihues. Stadt Bau Kunst. Berlin, 2003.
Mesecke, Andrea; Thorsten Scheer (Hg.), Winfried Nerdinger (Vorwort). Josef Paul Kleihues. Themen und Projekte. Basel, 1996.

Kohtz, Otto
Kohtz, Otto. Gedanken über Architektur. Berlin, 1909.
Hegemann, Werner (Einltg). Otto Kohtz. Neue Werkkunst. Berlin, 1930. Neu: Berlin, 1996.

Kollhoff, Hans
Kollhoff, Hans (Hg.). Über Tektonik in der Baukunst. Braunschweig, Wiesbaden, 1993.
Kollhoff, Hans. Architekturlehre. Sulgen, Zürich, 2004.
Burg, Annegret (Hg.). Architekten Kollhoff und Timmermann. Examples – Esempi – Beispiele. Basel, 1998.
Jasper Cepl (Hg.). Kollhoff & Timmermann Architekten: Hans Kollhoff. Bauten und Projekte. Sulgen (Schweiz), 2005
Neumeyer, Fritz (Text). Hans Kollhoff. Architektur. Architecture. München, 2002.

Koerfer, Jacob
Klemmer, Klemens. Jacob Koerfer (1875–1930). Ein Architekt zwischen Tradition und Moderne. Beiträge zur Kunstwissenschaft 13. München, 1987.

Körner, Edmund
Pankoke, Barbara. Der Essener Architekt Edmund Körner (1874–1940). Leben und Werk. Diss. Bonn, 1995. Weimar, 1996.

Kramer, Ferdinand
Hansen, Astrid. Die Frankfurter Universitätsbauten Ferdinand Kramers. Überlegungen zum Hochschulbau der 50er Jahre. Diss. Marburg, 1997. Weimar, 2001.
Lichtenstein, Claude (Hg.). Ferdinand Kramer. Der Charme des Systematischen. Architektur Einrichtung Design. Kat. Museum für Gestaltung Zürich. Gießen, 1991.

Krämer, Jean
Osborn, Max (Einltg.). Jean Krämer. Neue Werkkunst. Berlin, 1927. Neu: Berlin, 1996.

Kramm, Rüdiger
Durth, Werner; Klaus Honold. Kramm + Strigl. Buildings and Projects. Bauten und Projekte. Stuttgart, 1999.

Kreis, Wilhelm
Wilhelm Kreis. Neue Werkkunst. Berlin, 1927. Neu: Berlin, 1997.
Wilhelm Kreis. Soldatengräber und Gedenkstätten. München, 1944.
Mayer, Hans K. F.; Gerhard Rehder. Wilhelm Kreis. Architekt in dieser Zeit. Leben und Werk. Essen, 1953.
Nerdinger, Winfried; Ekkehard Mai (Hg.). Wilhelm Kreis. Architekt zwischen Kaiserreich und Demokratie 1873–1955. München, Berlin, 1994.
Osborn, Max. Neuere Bauten von Architekt Professor Dr. Wilhelm Kreis. Essen, 1953.
Preiß, Achim. Das Museum und seine Architektur. Wilhelm Kreis und der Museumsbau in der ersten Hälfte des 20. Jahrhunderts. Alfter, 1993.
Stephan, Hans. Wilhelm Kreis. Oldenburg, 1944.

Krier, Léon
Léon Krier. Architektur. Freiheit oder Fatalismus. München, 1998.

Krier, Rob
Krier, Rob. Stadtraum in Theorie und Praxis an Beispielen der Innenstadt Stuttgart. Stuttgart, 1975.
Krier, Rob. Über architektonische Komposition. Stuttgart, 1989.
Kleefisch-Jobst, Ursula; Ingeborg Flagge (Hg.). Rob Krier. Architekt und Städteplaner. Kat. Deutsches Architekturmuseum Frankfurt am Main. Wien, 2005.

Krüger, Walter und Johannes
Tietz, Jürgen. Das Tannenberg-Nationaldenkmal. Architektur, Geschichte, Kontext. Berlin, 1999.

Kulka, Peter
Peter Kulka. Bauten und Projekte 1990–1995. Köln, 1996.

Lauweriks, J. L. Mathieu
Tummers, Nic.H. M. J. L. Mathieu Lauweriks. Zijn werk en zijn invloed op architectuur en vormgeving rond 1910. De Hagener Impuls. Hilversum, 1968. – Dt.: Der Hagener Impuls. J. L. M. Lauweriks. Werk und Einfluß auf Architektur und Formgebung um 1910. Hagen, 1972.
J. L. M. Lauweriks. Maßsystem und Raumkunst. Das Werk des Architekten, Pädagogen und Raumgestalters. Kat. Kaiser Wilhelm Museum Krefeld u. a.. Krefeld, 1987.

Léon, Hilde; Konrad Wohlhage
Schneider, Friederike. léonwohlhage. Basel, 1997.

Leonhardt, Fritz
vgl. Bauaufgaben – Industriebau
Leonhardt, Fritz. Der Bauingenieur und seine Aufgaben. Stuttgart, 1981².

Libeskind, Daniel
Libeskind, Daniel. radix – matrix. Architekturen und Schriften. Hg. v. Alois Müller. München, 1994.
Libeskind, Daniel. Jüdisches Museum Berlin. Vorwort Michael Blumenthal. Dresden, 1999.
Libeskind, Daniel mit Sarah Crighton. Breaking Ground. Entwürfe meines Lebens. Köln, 2004.
Dorner, Elke. Daniel Libeskind. Jüdisches Museum Berlin. Berlin, 1999, 2000².
Rodiek, Thorsten. Daniel Libeskind. Museum ohne Ausgang. Das Felix-Nussbaum-Haus des Kulturgeschichtlichen Museums Osnabrück. Tübingen, 1998.

Liebknecht, Kurt
Liebknecht, Kurt. Mein bewegtes Leben. Berlin, 1986¹.

Lodders, Rudolf
Bartels, Olaf. Rudolf Lodders. Hamburg, 1989.

Lossow, William; Max Hans Kühne
Breuer, R. (Einlg). Lossow & Kühne. Arbeiten aus den Jahren 1906–1913. o. O., o. J.
Hegemann, Werner (Einltg.). Architekten Lossow & Kühne, Dresden. Neue Werkkunst. Berlin, 1930. Neu: Berlin, 1998.

Luckhardt, Wassili und Hans
Kliemann, Helga. Wassili Luckhardt. Tübingen, 1973.
Kultermann, Udo. Wassili und Hans Luckhardt. Bauten und Entwürfe. Tübingen, 1958.
Wendschuh, Achim u. a. Brüder Luckhardt und Alfons Anker. Berliner Architekten der Moderne. Schriftenreihe der Akademie der Künste 21. Berlin, 1990.

March, Werner
Hegemann, Werner (Einltg.). Werner March. Neue Werkkunst. Berlin, 1930. Neu: Berlin, 2002.
Schmidt, Thomas. Werner March. Architekt des Olympia-Stadions 1894–1976. Basel, 1992.

May, Ernst
Buekschmitt, Justus. Ernst May. Stuttgart, 1963.
Herrel, Eckhard. Ernst May. Architekt und Stadtplaner in Afrika 1934–1953. Tübingen, 2001.
Klotz, Heinrich (Hg.). Ernst May und das Neue Frankfurt 1925–1930. Kat. Deutsches Architekturmuseum Frankfurt am Main. Berlin, 1986.

Mendelsohn, Erich
Mendelsohn, Erich. Amerika. Bilderbuch eines Architekten. Berlin, 1926. Neu: Braunschweig, Wiesbaden, 1991.
Mendelsohn, Erich. Rußland, Europa, Amerika. Berlin, 1929.
Erich Mendelsohn. Das Gesamtschaffen des Architekten. Berlin, 1930. Neu: Braunschweig, Wiesbaden, 1988.
Achenbach, Sigrid. Erich Mendelsohn 1887–1953. Ideen, Bauten, Projekte. Kat. Kunstbibliothek. Berlin, 1987.
Astrophysikalisches Institut (Hg.). Der Einsteinturm in Potsdam. Architektur und Astrophysik. Berlin, 1995 (1994).
Beyer, Oskar (Hg.). Erich Mendelsohn. Briefe eines Architekten. München, 1961. Basel, 1991.
Heinze-Greenberg, Ita; Regina Stephan (Hg.). Erich Mendelsohn (1887–1953). Gedankenwelten. Ostfildern, 2000.
Heinze-Greenberg, Ita; Regina Stephan (Hg.). Luise und Erich Mendelsohn. Eine Partnerschaft für die Kunst (1887–1953). Ostfildern, 2004.
Ralle, Petra. Konsequenz Abriss. Das (un)vermeidbare Ende des Kaufhauses Schocken von Erich Mendelsohn in Stuttgart. Stuttgart, Leipzig, 2002.
Schaubühne am Lehniner Platz (Hg.). Der Mendelsohn-Bau am Lehniner Platz. Erich Mendelsohn und Berlin. Berlin, 1981.
Stephan, Regina (Hg.). Erich Mendelsohn. Gebaute Welten. Ostfildern, 1998.
Whittick, Arnold. Eric Mendelsohn. London, 1940, 1965³.
Zevi, Bruno. Erich Mendelsohn. Opera completa. Architetture e immagini architettoniche. Mailand, 1970. – Erich Mendelsohn. The Complete Works. Basel, 1999.

Messel, Alfred
Behrendt, Walter Curt. Alfred Messel. Berlin, 1911. Neu: Berlin, 1998.

Metzendorf, Georg
Kleinwohnungsbauten und Siedlungen. Die Gartenstadt Margarethen-Höhe bei Essen, die Gartenstadt Hüttenau sowie weitere Siedlungsprojekte und Einzelhäuser, erbaut von G. Metzendorf. Darmstadt, 1920.
Brinckmann, Albert Erich. Margarethen-Höhe bei Essen. Erbaut von Georg Metzendorf. Darmstadt, 1913.

Meyer, Adolf
Jaeggi, Annemarie. Adolf Meyer. Der zweite Mann. Ein Architekt im Schatten von Walter Gropius. Kat. Bauhaus-Archiv. Berlin, 1994.

Meyer, Hannes
Droste, Magdalena; Werner Kleinrüschkamp. hannes meyer 1889–1954. architekt urbanist lehrer. Kat. Bauhaus-Archiv u. a. Berlin, 1989.
Schnaidt, Claude. Hannes Meyer. Bauten, Projekte und Schriften. Buildings, projects and writings. Teufen, 1965.
Winkler, Klaus-Jürgen. Der Architekt hannes meyer. Anschauungen und Werk. Berlin, 1989.

Mies van der Rohe, Ludwig
Bergdoll, Barry; Terence Riley (Hg.). Mies in Berlin. Kat. Museum of Modern Art, New York München, 2001. – Die Berliner Jahre 1907–1938. Berlin, 2001. Kat. Neue Nationalgalerie Berlin. München, 2001.
Blaser, Werner. Mies van der Rohe. The Art of Structure. Die Kunst der Struktur. Zürich, 1965. Neu: Basel, 1993, 1997.
Blaser, Werner. Ludwig Mies van der Rohe. Basel, 1997.
Cramer, Johannes; Dorothée Sack (Hg.). Mies van der Rohe. Frühe Bauten. Probleme der Erhaltung. Petersberg, 2004.
Drexler, Arthur (Hg.). The Mies van der Rohe Archive. An illustrated catalogue of the Mies van der Rohe drawings in the Museum of Modern Art. 4 Bde. New York, 1985.
Drexler, Arthur. Ludwig Mies van der Rohe. New York, 1960. – Dt.: Ravensburg, 1960.
Glaeser, Ludwig (Einltg.). Ludwig Mies van der Rohe. Drawings in the Collection of the Museum of Modern Art. New York, 1969.
Hilberseimer, Ludwig. Mies van der Rohe. Chicago, 1956.
Hilpert, Theo (Hg.). Mies van der Rohe im Nachkriegsdeutschland. Kat. Meisterhäuser Dessau. Dessau, 2002.
Hochman, Elaine S. Architects of Fortune. Mies van der Rohe and the Third Reich. New York, 1989.
Johnson, Philip C. Mies van der Rohe. New York, 1947, 1953². – Dt.: Stuttgart, o. J. (1956).
Lambert, Phyllis (Hg.). Peter Eisenman, Rem Koolhaas u. a. Mies in America. Kat. Museum of Modern Art, New York. Ostfildern, 2001.
Neumeyer, Fritz. Mies van der Rohe. Das kunstlose Wort. Berlin, 1986.
Schulze, Franz. Mies van der Rohe. A critical biography. Chicago, London, 1985. – Dt.: Mies van der Rohe. Leben und Werk. Berlin, 1986.
Spaeth, David. Mies van der Rohe. New York, London, 1985. – Dt.: Mies van der Rohe. Der Architekt der technischen Perfektion. Stuttgart, 1986.
Tegethoff, Wolf. Die Villen und Landhausprojekte von Mies van der Rohe. Wohnen in einer

neuen Zeit. Kat. Kaiser Wilhelm Museum Krefeld. Essen, 1981.
Wachter, Gabriela (Hg.). Mies van der Rohes Neue Nationalgalerie in Berlin. Berlin, 1995.
Zukowsky, John (Hg.). The unknown Mies van der Rohe and his disciples of modernism. Kat. The Art Institute of Chicago. Chicago, 1986. – Dt.: Mies van der Rohe. Vorbild und Vermächtnis. Kat. Deutsches Architekturmuseum Frankfurt am Main. Stuttgart, 1986.

Mohl, Heinz
Werner, Frank R. (Einltg.). Heinz Mohl. Buildings and Projects. Bauten und Projekte. Stuttgart, 1997.

Müller, Hans Heinrich
Kahlfeldt, Paul (Hg.). Die Logik der Form. Berliner Backsteinbauten von Hans Heinrich Müller. Berlin, 2004.

Müther, Ulrich
Dechau, Wilfried (Hg.). Kühne Solitäre. Ulrich Müther. Schalenbaumeister der DDR. Stuttgart, München, 2000.

Muthesius, Hermann
vgl. Epochen 1900–1918; Bauaufgaben – Wohnungsbau
Muthesius, Hermann. 1861–1927. Kat. Akademie der Künste. Berlin, 1977.
Hubrich, Hans-Joachim. Hermann Muthesius. 1861–1927. Die Schriften zu Architektur, Kunstgewerbe, Industrie in der »Neuen Bewegung«. Berlin, 1981.
Roth, Fedor. Hermann Muthesius und die Idee der harmonischen Kultur. Kultur als Einheit des künstlerischen Stils in allen Lebensäußerungen eines Volkes. Berlin, 2001.

Mutschler, Carlfried
Langner, Joachim und Winfried (Red.). Carlfried Mutschler + Partner. Bauten und Entwürfe. Bd. 1 (1954–75). Wiesbaden, 1976.
Langner, Joachim (Red.). Carlfried Mutschler + Partner. Bd.2 (1976–94). Stuttgart, 1995.

Neufert, Ernst
vgl. Allgemeine Literatur
Prigge, Walter (Hg.). Ernst Neufert. Normierte Baukultur im 20. Jahrhundert. Edition Bauhaus 5. Frankfurt, 1999.

Neutra, Richard
Neutra, Richard J. Amerika. Die Stilbildung des neuen Bauens in den Vereinigten Staaten. Neues Bauen in der Welt 2. Wien, 1930.
Neutra, Richard J. Wenn wir weiterleben wollen. Erfahrungen und Forderungen eines Architekten. Hamburg, 1956.
Neutra, Richard J. Mensch und Wohnen. Life and Human Habitat. Stuttgart, 1957.
Neutra, Dione (Hg.). Richard Neutra. Promise and Fulfillment 1919–1932. Selections from the Letters and Diaries of Richard and Dione Neutra. Carbondale, Edwardsville, 1986.
Boesiger, Willy (Hg.). Richard Neutra. Bauten und Projekte. Buildings and Projects. Réalisation et Projets. Zürich, 1955.
Gössel, Peter; Barbara Lamprecht (Hg.). Richard Neutra. Complete Works. Köln, 2000.
Sack, Manfred. Richard Neutra. Zürich, 1992.

Nietzsche, Friedrich
Breitschmid, Markus. Der bauende Geist. Friedrich Nietzsche und die Architektur. Diss. Berlin, 1990. Luzern, 2001.
Buddensieg, Tilmann. Nietzsches Italien. Städte, Gärten und Paläste. Berlin, 2002.
Neumeyer, Fritz. Der Klang der Steine. Nietzsches Architekturen. Berlin, 2001, 2004².

Novembergruppe
Kliemann, Helga. Die Novembergruppe. Berlin, 1969.

Obrist, Hermann
Obrist, Hermann. Neue Möglichkeiten in der bildenden Kunst. Leipzig, 1903.
Wichmann, Siegfried. Hermann Obrist. Wegbereiter der Moderne. Kat. Villa Stuck. München, 1968.

Olbrich, Joseph Maria
Olbrich, Joseph M. Ideen von Olbrich. Wien, 1899. Leipzig, 1904².
Olbrich, Joseph M. Architektur von Olbrich. Berlin, 1901–14. 3 Bde. Neu: Tübingen, 1988.
Latham, Ian. Joseph Maria Olbrich. London, New York, 1980. – Dt.: Stuttgart, 1981, 1997.
Lux, Joseph August. Joseph M. Olbrich. Berlin, 1919.
Schreyl, Karl Heinz (Hg.). Joseph Maria Olbrich. Die Zeichnungen in der Kunstbibliothek Berlin. Kritischer Katalog. Berlin, 1972.

Oelsner, Gustav
Lüth, Erich (Hg.). Gustav Oelsner. Porträt eines Baumeisters. Hamburg, 1960.

Oesterlen, Dieter
Osterlen, Dieter. Bauten und Texte. Tübingen, 1992.

Osthaus, Karl Ernst
Hesse-Frielinghaus, Herta (Hg.). Karl Ernst Osthaus. Leben und Werk. Recklinghausen, 1971.
Stamm, Rainer (Hg.). Karl Ernst Osthaus. Reden und Schriften. Köln, 2002.

Otto, Frei
Otto, Frei. Das hängende Dach. Gestalt und Struktur. Diss. TU Berlin. Berlin, 1954.
Otto, Frei. Zugbeanspruchte Konstruktionen. Berlin, 1962.
Otto, Frei u. a. Natürliche Konstruktionen. Stuttgart, 1982.
Otto, Frei. Schriften und Reden 1951–1983. Hg. von Berthold Burkhardt. Braunschweig, Wiesbaden, 1984.
Nerdinger, Winfried (Hg.). Frei Otto. Das Gesamtwerk. Leicht bauen – Natürlich gestalten. Kat. Architekturmuseum der TU München. Basel, 2005.
Roland, Conrad. Frei Otto. Spannweiten. Ideen und Versuche zum Leichtbau. Berlin, 1965.
Wilhelm, Karin. Architekten heute. Portrait Frei Otto. Berlin, 1985.

Paul, Bruno
Günther, Sonja. Bruno Paul 1874–1968. Berlin, 1992.
Ziffer, Alfred (Hg.). Bruno Paul. Deutsche Raumkunst und Architektur zwischen Jugendstil und Moderne. München, 1992.

Paulick, Richard
Müller, Manfred. Das Leben eines Architekten. Portrait Richard Paulick. Halle, 1975.

Petzinka, Karl-Heinz; Thomas Pink
Busmann, Johannes; Karl-Heinz Petzinka (Hg.). Technologische Architektur. Petzinka Pink Architekten. Basel, 2004.

Pfau, Bernhard
Niederwöhrmeier, Julius. Das Lebenswerk des Düsseldorfer Architekten Bernhard Pfau 1902–1989. Stuttgart, 1997.

Platz, Gustav Adolf
vgl. Allgemeine Literatur
Jaeger, Roland. Gustav Adolf Platz und sein Beitrag zur Architekturhistoriographie der Moderne. Berlin, 2000.

Poelzig, Hans
vgl. Epochen 1918–1933; Bauaufgaben – Industriebau
Biraghi, Marco. Hans Poelzig. Architettura ars

magna. 1869–1936. Venedig, 1991. – Dt.: Hans Poelzig. Architektur 1869–1936. Berlin, 1993.

Deutsches Filmmuseum (Hg.). Hans Poelzig. Bauten für den Film. Frankfurt am Main, 1997.

Ilkosz, Jerzy; Beate Störtkuhl (Hg.). Hans Poelzig in Breslau. Architektur und Kunst 1900–1916. Kat. Architekturmuseum Breslau u. a. Delmenhorst, 2000.

Heuss, Theodor. Hans Poelzig. Bauten und Entwürfe. Das Lebensbild eines deutschen Baumeisters. Berlin, 1939. Neu: Tübingen, 1948. Stuttgart, 1985.

Posener, Julius (Hg.). Hans Poelzig. Gesammelte Schriften und Werke. Schriftenreihe der Akademie der Künste 6. Berlin, 1970.

Posener, Julius. Hans Poelzig. Reflections on his life and work. Cambridge, Mass., 1992. – Dt.: Hans Poelzig. Sein Leben, sein Werk. Braunschweig, Wiesbaden, 1994.

Schirren, Matthias (Hg.). Hans Poelzig. Die Pläne und Zeichnungen aus dem ehemaligen Verkehrs- und Baumuseum in Berlin. Diss. Marburg. Kat. Museum für Verkehr und Technik. Berlin, 1989.

Posener, Julius
vgl. Kurzbiografien; Allgemeine Literatur; Orte – Berlin; Personen – Poelzig

Posener, Julius. Aufsätze und Vortäge 1931–1980. Bauwelt Fundamente 54-55. Braunschweig, Wiesbaden, 1981.

Schirren, Matthias; Sylvia Claus (Hg.). Julius Posener – Ein Leben in Briefen. Basel, Berlin, Boston, 1999.

Rading, Adolf
Göckede, Regina. Transversale Architektur. Adolf Rading (1888–1957). Archäologie eines Architekten-Exils. Diss. Ruhr-Universität Bochum, 2002. Berlin, 2005.

Pfankuch, Peter (Hg.). Adolf Rading. Bauten, Entwürfe und Erläuterungen. Schriftenreihe der Akademie der Künste 3. Berlin, 1970.

Rainer, Roland
vgl. Bauaufgaben – Städtebau

Rainer, Roland. An den Rand geschrieben. Wien, 2000.

Rainer, Roland. Das Werk des Architekten 1927–2003. Wien, 2003.

Reichow, Hans Bernhard
vgl. Bauaufgaben – Städtebau

Reichow, Hans Bernhard. Organische Baukunst. Braunschweig, 1949.

Rhode Kellermann Wawrowsky
Johannes Busmann, Hans-Günter Wawrowsky (Hg.). RKW. Rhode Kellermann Wawrowsky. Architektur 1950–2000. Ostfildern, 1998.

Riemerschmid, Richard
Nerdinger, Winfried (Hg.). Richard Riemerschmid 1868–1957. Vom Jugendstil zum Werkbund. Kat. Architektursammlung der TU Münche, Münchner Stadtmuseum u. a. München, 1982.

Riphahn, Wilhelm
Fries, H(einrich) de (Einltg). Wilhelm Riphahn. Neue Werkkunst. Berlin, 1927. Berlin, 1996.

Hagspiel, Wolfram. Der Kölner Architekt Wilhelm Riphahn. Sein Lebenswerk von 1913 bis 1945. Diss. Köln, 1982.

Funck, Britta. Wilhelm Riphahn. Architekt in Köln. Katalog Museum für Angewandte Kunst Köln. Köln, 2004.

Rotterdam, Bernhard
Schumacher, Johannes. Bernhard Rotterdam. Neue Werkkunst. Berlin, 1931.

Ruf, Sep
Technische Universität München, Lehrstuhl für Entwerfen (Hg.). Sep Ruf. Bauten, Wettbewerbsprojekte, Umfeld. Kat. München, 1994.

Wichmann, Hans. Sep Ruf. Bauten und Projekte. Stuttgart, 1986.

Ruegenberg, Sergius
Amberger, Eva-Maria. Sergius Ruegenberg. Architekt zwischen Mies van der Rohe und Hans Scharoun. Kat. Berlinische Galerie. Berlin, 2000.

Salvisberg, Otto Rudolf
Lichtenstein, Claude (Hg.). Otto Rudolf Salvisberg 1882–1940. Die andere Moderne. Zürich, 1995.

Westheim, Paul (Einltg). Otto Rudolf Salvisberg. Neue Werkkunst. Berlin, 1927. Neu: Berlin, 2000.

Sauerbruch, Matthias; Louisa Hutton
Sauerbruch/Hutton, Projekte 1990–1996. Basel, 1996.

Sawade, Jürgen
Schäche, Wolfgang (Hg.). Jürgen Sawade. Bauten und Projekte 1970–1995. Berlin, 1997.

Schaller, Fritz
Gebauer, Emanuel. Fritz Schaller. Der Architekt und sein Beitrag zum Sakralbau im 20. Jahrhundert. Stadtspuren – Denkmäler in Köln 28. Köln, 2000.

Scharoun, Hans
Blundell Jones, Peter. Hans Scharoun. London, 1978, 1995[2]. – Dt.: Hans Scharoun. Eine Monographie. Stuttgart, 1981.

Bürkle, J. Christoph. Hans Scharoun. Zürich, München, 1993.

Geist, Johann Friedrich; Klaus Kürvers, Dieter Rausch. Hans Scharoun. Chronik zu Leben und Werk. Berlin, 1993.

Hoh-Slodczyk, Christine; Norbert Huse, Günther Kühne, Andreas Tönnesmann. Hans Scharoun. Architekt in Deutschland 1893–1972. München, 1992.

Janofske, Eckehard. Architektur-Räume. Idee und Gestalt bei Hans Scharoun. Braunschweig, Wiesbaden, 1984.

Kirschenmann, Jörg C.; Eberhard Syring. Hans Scharoun. Die Forderung des Unvollendeten. Stuttgart, 1993.

Pfankuch, Peter (Hg.). Hans Scharoun. Bauten, Entwürfe, Texte. Schriftenreihe der Akademie der Künste 10. Berlin, 1974, 1993[2].

Wendschuh, Achim (Hg.). Hans Scharoun. Zeichnungen, Aquarelle, Texte. Schriftenreihe der Akademie der Künste 22. Berlin, 1993.

Schattner, Karljosef
Schattner, Karljosef; Klaus Kinold. Architektur und Fotografie. Architecture and Photography. Basel, 2003.

Pehnt, Wolfgang. Karljosef Schattner. Ein Architekt aus Eichstätt. Stuttgart, 1988[1], Ostfildern, 1999[2].

Schlaich, Jörg
Bögle, Annette u. a. (Hg.). Jörg Schlaich, Rudolf Bergermann. leicht weit. Light Structures. Kat. Deutsches Architekturmuseum Frankfurt am Main. München, 2003.

Holgate, Alan. The Art of Structural Engineering. The Work of Jörg Schlaich and his Team. Stuttgart-Fellbach, 1998.

Schmidt, Hans
Flierl, Bruno; Simone Hain u. a. Hans Schmidt. 1893–1972. Architekt in Basel, Moskau, Berlin-Ost. Zürich, 1993.

Flierl, Bruno (Hg.). Hans Schmidt. Beiträge zur Architektur 1924–1964. Zürich, 1993.

Schmitthenner, Paul
vgl. Epochen 1933–1945; Bauaufgaben – Wohnungsbau

Voigt, Wolfgang; Hartmut Frank (Hg.). Paul Schmitthenner 1884–1972. Kat. Deutsches Architekturmuseum Frankfurt am Main. Tübingen, 2003.

Schmitz, Bruno
Schliepmann, Hans. Bruno Schmitz. Berlin, 1913.

Schneider, Karl
Fries, Heinrich de (Einltg). Karl Schneider. Bauten. Neue Werkkunst. Berlin, 1929. Neu: Berlin, 2001.
Koch, Robert; Eberhard Pook (Hg.). Karl Schneider. Leben und Werk (1892–1945). Hamburg, 1992.

Schneider, Till; Michael Schumacher
Cook, Peter u. a. Schneider + Schumacher, Architekten. 7 Projekte. Tübingen, 1997.

Schneider(von)-Esleben, Paul
Schneider von Esleben, Paul. Entwürfe und Bauten. Ostfildern, 1996.
Klotz, Heinrich (Hg.). Paul Schneider-Esleben. Entwürfe und Bauten 1949–1987. Braunschweig, Wiesbaden, 1987.

Schneider-Wessling, Erich
Schneider-Wessling, Erich. ... und das nenne ich Reale Architektur. Kat. Architekturgalerie München. Wuppertal, 1996.

Schoder, Thilo
Fries, de H.(einrich) (Einltg). Thilo Schoder. Neue Werkkunst. Berlin, 1929.
Lorenz, Ulrike. Thilo Schoder. Ein Architekt im Spannungsfeld der Moderne. Leben und Werk in Deutschland (1888–1936). Jena, 2001.

Schroeder, Rudolf
Höhns, Ulrich (Hg.). Rudolf Schroeder. Neues Bauen für Kiel 1930–1960. Hamburg, 1998.

Schultes, Axel
Frank, Charlotte (Hg.); Wolfgang Pehnt (Einltg.). Axel Schultes in Bangert Jansen Scholz Schultes. Projekte/ Projects 1985–1991. Berlin, 1992.
Mönninger, Michael (Einltg.). Axel Schultes, Charlotte Frank. Kanzleramt, Berlin. Chancellery, Berlin. Stuttgart, 2002.
Wefing, Heinrich. Kulisse der Macht. Das Berliner Kanzleramt. Stuttgart, München, 2001.

Schultze-Naumburg, Paul
vgl. Kurzbiografien
Schultze-Naumburg, Paul. Kunst und Kunstpflege. Leipzig, 1901.
Schultze-Naumburg, Paul. Das ABC des Bauens. Stuttgart, 1927.
Borrmann, Norbert. Paul Schultze-Naumburg. Maler – Publizist – Architekt 1869–1949. Essen, 1989.
Pfister, Rudolf. Bauten Schultze-Naumburgs. Weimar, 1940.

Schumacher, Fritz
vgl. Allgemeine Literatur; Baumaterialien – Backstein; Orte – Köln
Schumacher, Fritz. Streifzüge eines Architekten. Gesammelte Aufsätze. Jena, 1907.
Schumacher, Fritz. Grundlagen der Baukunst. Studien zum Beruf des Architekten. München, o. J. (1919).
Schumacher, Fritz. Kulturpolitik. Neue Streifzüge eines Architekten. Jena, 1920.
Schumacher, Fritz. Stufen des Lebens. Erinnerungen eines Baumeisters. Berlin, 1935. Stuttgart, 1949.
Schumacher, Fritz. Der Geist der Baukunst. Stuttgart, 1938. Neu: Stuttgart, 1983.
Frank, Hartmut (Hg.). Fritz Schumacher. Reformkultur und Moderne. Kat. Deichtorhallen Hamburg. Stuttgart, 1994.
Fritz Schumachers Dresdner Jahre (1899–1909). Hamburg, 2002.
Hipp, Hermann. Fritz Schumachers Hamburg. Die reformierte Großstadt. In: Vittorio Magnago Lampugnani, Romana Schneider (Hg.). Moderne Architektur in Deutschland 1900–1950. Kat. Deutsches Architekturmuseum. Stuttgart, 1992. S. 151 ff.

Schupp, Fritz; Martin Kremmer
Wilhelm-Kästner, Kurt (Einltg.). Fritz Schupp. Martin Kremmer. Neue Werkkunst. Berlin, 1930. Neu: Berlin, 1997.
Busch, Wilhelm; Thorsten Scheer (Hg.). Symmetrie und Symbol. Die Industriearchitektur von Fritz Schupp und Martin Kremmer. Kat. Stiftung Zollverein Essen. Köln, 2002.

Schürmann, Joachim und Margot
Flagge, Ingeborg (Hg.). Joachim & Margot Schürmann. Bauten und Entwürfe. Tübingen, 1997.

Schütte-Lihotzky, Grete
Schütte-Lihotzky, Margarete. Warum ich Architektin wurde. Salzburg, 2004.

Schwagenscheidt, Walter
vgl. Bauaufgaben – Städtebau
Schwagenscheidt, Walter. Ein Mensch wandert durch die Stadt. Godesberg, 1957.
Preusler, Burghard. Walter Schwagenscheidt 1886–1968. Architektenideale im Wandel sozialer Figurationen. Stuttgart, 1985.

Schwarz, Rudolf
vgl. Bauaufgaben – Kirchen; Orte – Köln
Schwarz, Rudolf. Wegweisung der Technik. Potsdam, 1928.
Schwarz, Rudolf. Von der Bebauung der Erde. Heidelberg, 1949.
Schwarz, Rudolf. Kirchenbau. Welt vor der Schwelle. Heidelberg, 1960.
Hasler, Thomas. Architektur als Ausdruck. Rudolf Schwarz. Diss. Zürich, 1997. Berlin, 2000.
Pehnt, Wolfgang. Rudolf Schwarz. Architekt einer anderen Moderne. Werkverzeichnis von Hilde Strohl. Ostfildern, 1997.
Schwarz, Maria; Ulrich Conrads (Hg.). Rudolf Schwarz. Wegweisung der Technik und andere Schriften zum Neuen Bauen 1926–1961. Braunschweig, Wiesbaden, 1979.

Schwechten, Franz Heinrich
Pazder, Janucz; Evelyn Zimmermann (Hg.). Das Kaiserschloß in Posen. Kat. Stiftung Preußische Schlösser und Gärten Berlin-Brandenburg, Kulturzentrum Zamek. Potsdam, Posen, 2003.
Zietz, Peer. Franz Heinrich Schwechten. Ein Architekt zwischen Historismus und Moderne. Stuttgart, 1999.

Schweger, Peter P.
Kähler, Gert (Hg.). Architekten Schweger + Partner. Bauten und Projekte. Stuttgart, 1991.
Flagge, Ingeborg (Hg.). Architekten Schweger + Partner. Bauten und Projekte. Buildings and Projects 1990–98. Berlin, 1998.
Jaeger, Falk (Hg.). Schweger Assoziierte Architekten. Bauten und Projekte 1999–2005. Berlin, 2005.

Schweizer, Otto Ernst
Schweizer, Otto Ernst. Die architektonische Großform. Gebautes und Gedachtes. Karlsruhe, 1957.
Boyken, Immo. Otto Ernst Schweizer 1890–1965. Bauten und Projekte. Stuttgart, 1996.

Schwippert, Hans
Schwippert, Hans. Denken Lehren Bauen. Düsseldorf, 1982.
Gerdamaria Schwippert, Charlotte Werhahn (Hg.). Hans Schwippert. Architektur und Denkmalpflege 23. Düsseldorf, Bonn, 1984.

Seidl, Emanuel von
Seidl, Emanuel. Mein Landhaus. Darmstadt, 1910.
Seidl, Emanuel. Mein Stadt- und Landhaus. Darmstadt, 1919.

Kunstmann, Joanna Waltraud. Emanuel von Seidl (1856–1919). Die Villen und Landhäuser. München, 1993.

Seidlein, Peter C. von
Seidlein, Peter C. von; Christina Schulz. Skelettbau. Konzepte für eine strukturelle Architektur. Projekte 1981–1996. München, 2001.

Sitte, Camillo
vgl. Bauaufgaben – Städtebau
Reiterer, Gabriele. AugenSinn. Zu Raum und Wahrnehmung in Camillo Sittes Städtebau. Salzburg, 2003.
Semsroth, Klaus; Michael Mönninger, Christiane Crasemann-Collins (Hg.). Camillo Sitte. Gesamtausgabe. Schriften und Projekte. 4 Bde. Bd. 3. Der Städtebau nach seinen künstlerischen Grundsätzen. Wien, 2003.

Sobek, Werner
Sobek, Werner. Show me the future. Engineering and design. Ludwigsburg, 2004.
Blaser, Werner. Helmut Jahn, Werner Sobek, Matthias Schuler. Architecture Engineering. Ingenieurkunst. Basel, 1999.
Blaser, Werner; Frank Heinlein. R 128 by Werner Sobek. Basel, 2002.

Sörgel, Herman
Sörgel, Herman. Architektur-Ästhetik. Theorie der Baukunst. München, 1921[3]. Neu: Berlin, 1998.
Sörgel, Herman. Atlantropa. Zürich, München, 1932.
Gall, Alexander. Das Atlantropa-Projekt. Die Geschichte einer gescheiterten Vision. Herman Sörgel und die Absenkung des Mittelmeers. Frankfurt am Main, 1998.
Voigt, Wolfgang. Atlantropa. Weltenbau am Mittelmeer. Ein Architekturtraum der Moderne. Hamburg, 1998.

Speer, Albert
vgl. Epochen – 1933–45
Speer, Albert. Architektur. Arbeiten 1933–1942. Frankfurt am Main, Berlin, 1978.
Speer, Albert. Spandauer Tagebücher. Frankfurt am Main, Berlin, 1975.
Fest, Joachim. Speer. Eine Biographie. Berlin, 1999.
Krier, Leon. Albert Speer. Architecture 1932–1942. Brüssel, 1985.
Larsson, Lars Olof. Die Neugestaltung der Reichshauptstadt. Albert Speers Generalbebauungsplan für Berlin. Uppsala, Stuttgart, 1978.
Sereny, Gitta. Albert Speer: His Battle with Truth. New York, 1995. – Dt.: Das Ringen mit der Wahrheit und das deutsche Trauma. München, 1997.

Speer, Albert, jr.
Peters, Paulhans. AS & P. Albert Speer & Partner. Basel, 1997.

Steffann, Emil
Hülsmann, Gisberth u. a. (Hg.). Emil Steffann. Architektur und Denkmalpflege 18. Düsseldorf, Bonn, 1981[2].
Lienhardt, Conrad (Hg.). Emil Steffann (1899–1968). Werk – Theorie – Wirkung. Regensburg, 1999.

Steidle, Otto
Steidle, Otto u. a. Land Stadt Haus. Salzburg, 2004[2].
Kossak, Florian (Hg.). Otto Steidle. Bewohnbare Bauten. Zürich, München, 1994.

Steiner, Rudolf
Steiner, Rudolf. Mein Lebensgang. Gesamtausgabe 28. Dornach, 1925, 1962[7].
Steiner, Rudolf. Wege zu einem neuen Baustil. Dornach, 1926. Stuttgart, 1957[2].
Steiner, Rudolf. Der Baugedanke des Goetheanum. Dornach, 1932. Stuttgart, 1958[2].
Biesantz, Hagen; Arne Klingborg. Das Goetheanum. Der Bau-Impuls Rudolf Steiners. Dornach, 1978.
Blaser, Werner. Natur im Gebauten. Nature in Buildings. Rudolf Steiner in Dornach. 1913–1925. Basel, 2001.
Kugler, Walter. Rudolf Steiner und die Anthroposophie. Köln, 1978.
Ohlenschläger, Sonja Marion Brigitta. Die Architekturen Rudolf Steiners. Diss. Bonn, 1992.
Pehnt, Wolfgang; Thomas Dix (Fotos). Rudolf Steiner. Goetheanum, Dornach. Opus 1. Berlin, 1991.
Raab, Rex; Arne Klingborg, Akne Fant. Sprechender Beton. Wie Rudolf Steiner den Stahlbeton verwendete. Dornach, 1972.
Raske, Hilde (Hg.). Der Bau. Studien zur Architektur und Plastik des ersten Goetheanum von Carl Kemper. Stuttgart, 1966, 1984[3].
Zimmer, Erich. Rudolf Steiner als Architekt von Wohn- und Zweckbauten. Stuttgart, o. J. (1971).

Stoffregen, Heinz
Aschenbeck, Nils. Heinz Stoffregen 1879–1929. Architektur zwischen Tradition und Avantgarde. Braunschweig, Wiesbaden, 1990.

Striffler, Helmut
Helmut Striffler Architekt. Kat. Reiss-Engelhorn-Museum. Mannheim, 2003.

Taut, Bruno
vgl. Epochen – 1918–1933; Bauaufgaben – Wohnungsbau; Personen, Gruppen, Institutionen – Arbeitsrat für Kunst; Orte – Magdeburg
Taut, Bruno. Alpine Architektur. Hagen, 1919. – Neu: München, 2004. Dazu: Matthias Schirren (Hg.). Bruno Taut. Alpine Architektur. An Utopia. Eine Utopie. München, 2004.
Taut, Bruno; mit Beiträgen von Erich Baron, Adolf Behne, Paul Scheerbart. Die Stadtkrone. Jena, 1919. Neu: Berlin, 2002.
Taut, Bruno. Die Auflösung der Städte oder Die Erde eine gute Wohnung oder auch Der Weg zur Alpinen Architektur. Hagen, 1920.
Taut, Bruno. Der Weltbaumeister. Architekturschauspiel für symphonische Musik. Hagen, 1920. Neu: Berlin, 1999.
Taut, Bruno (Hg.). Frühlicht. Beilage der Stadtbaukunst alter und neuer Zeit. Jg. 1/1–14, 1920. Als selbständige Veröffentlichung: Magdeburg, 1921–22. 4 Hefte. Neu (Auswahl): Bauwelt Fundamente 8. Frankfurt am Main, Berlin, 1963. Neu: Berlin, 2000. – Speidel, Manfred; Karl Kegler, Peter Ritterbach. Wege zu einer neuen Baukunst. Bruno Taut, Frühlicht. Konzeptkritik Heft 1–4/1921–22 und Rekonstruktion Heft 5/1922. Berlin, 2000.
Taut, Bruno. Architekturlehre. Grundlagen, Theorie und Kritik. 1936–37. Hg. Tilmann Heinisch, Goerd Peschken: Hamburg, 1977.
Taut, Bruno. Das japanische Haus und sein Leben. Houses and People of Japan. Hg. von Manfred Speidel. Berlin, 1997, 2005[4].
Junghanns, Kurt. Bruno Taut 1880–1928. Berlin, 1970, 1983[2], 1998[3].
Nerdinger, Winfried; Kristiana Hartmann, Matthias Schirren, Manfred Speidel (Hg.). Bruno Taut 1880–1938. Stuttgart, München, 2001. – Ital.: Mailand, 2001.
Prange, Regine. Das Kristalline als Kunstsymbol. Bruno Taut und Paul Klee. Studien zur Kunstgeschichte 63. Diss. Berlin, 1990. Hildesheim, 1991.
Speidel, Manfred (Hg.). Bruno Taut. Nature and Fantasy. 1880–1938. Kat. Sezon Museum of Art. Tokio, 1994. – Dt.: Bruno Taut. Natur und Fantasie. Kat. Magdeburger Museen. Berlin, 1995.
Thiekötter, Angelika u. a. Kristallisationen, Splitterungen. Bruno Tauts Glashaus. Kat. Werkbund-Archiv, Berlin. Basel, 1993.
Volkmann, Barbara (Red.). Bruno Taut 1880–1938. Kat. Akademie der Künste. Berlin, 1980.
Whyte, Iain Boyd (Hg.). The Crystal Chain letters. Architectural fantasies by Bruno Taut and his

circle. Cambridge, Mass., London, 1985. – Dt.: Iain Boyd Whyte, Romana Schneider (Hg.). Die Briefe der Gläsernen Kette. Berlin, 1986.

Whyte, Ian Boyd. Bruno Taut. Baumeister einer neuen Welt. Architektur und Aktivismus. 1914–1920. Stuttgart, 1981. – Engl.: Bruno Taut and the architecture of Activism. Cambridge u. a., 1982.

Taut, Max
vgl. Orte – Berlin
Behne, Adolf (Einltg.). Max Taut. Bauten und Pläne. Berlin, 1927. Neu: Berlin, 1996.
Fehling, Hermann; Julius Posener. Max Taut. Kat. Akademie der Künste. Berlin, 1964.
Kuhn, Alfred (Einltg.). Max Taut. Bauten. Berlin, 1932. Neu: Berlin, 2002.
Max Taut 1884–1967. Zeichnungen – Bauten. Kat. Akademie der Künste. Berlin, 1984.
Menting, Annette. Max Taut. Das Gesamtwerk. München, 2003.

Tessenow, Heinrich
vgl. Bauaufgaben – Wohnungsbau
Tessenow, Heinrich. Handwerk und Kleinstadt. Berlin, 1919.
Tessenow, Heinrich. Das Land in der Mitte. Hellerau, 1921.
Tessenow, Heinrich. Geschriebenes. Gedanken eines Baumeisters. Hg. von Otto Kindt. Bauwelt Fundamente 61. Braunschweig, 1982.
Michelis, Marco De. Heinrich Tessenow 1876–1950. Das architektonische Gesamtwerk. Stuttgart, 1991.
Wangerin, Gerda; Gerhard Weiss. Heinrich Tessenow. Ein Baumeister. 1876–1950. Essen, 1976.

Thiersch, Paul
Fahrner, Rudolf (Hg.). Paul Thiersch. Leben und Werk. Berlin, 1970.

Todt, Fritz
Seidler, Franz W. Fritz Todt. Baumeister des Dritten Reiches. Beltheim, 2000.

Ungers, Oswald Mathias
Oswald Mathias Ungers. Bauten und Projekte 1951–1990. Stuttgart, 1991. Einltg. Fritz Neumeyer.
Oswald Mathias Ungers. Bauten und Projekte 1991–1998. Stuttgart, 1998. Einltg. Francesco Dal Co.
Ungers, Oswald Mathias. Architettura come tema. Mailand, 1982. – Dt.: Die Thematisierung der Architektur. Stuttgart, 1983.
Ungers, Oswald Mathias. Was ich immer schon sagen wollte über die Stadt, wie man sich seine eigenen Häuser baut, und was andere über mich denken. 3 Bde. Braunschweig, Wiesbaden, 1997.
Ungers, Oswald Mathias. 10 Kapitel über Architektur. Ein visueller Traktat. Köln, 1999.
Kieren, Martin. Oswald Mathias Ungers. Basel, 1994.

Valentyn, Thomas van den
Wefing, Heinrich (Hg.). Van den Valentyn. Architektur. Köln, 2003.

Velde, Henry van de
Velde, Henry van de. Kunstgewerbliche Laienpredigten. Leipzig, o. J. (1902). Neu: Nachwort Sonja Günther. Berlin, 1999.
Velde, Henry van de. Essays. Leipzig, 1910.
Velde, Henry van de. Amo. Leipzig, 1915.
Velde, Henry van de. Geschichte meines Lebens. München, 1962, 1986. Hg. von Hans Curjel.
Casteels, Maurice. Henry van de Velde. Brüssel, 1932.
Curjel, Hans (Hg.). Henry van de Velde. Zum neuen Stil. Ausgewählte Schriften. München, 1955.
Hammacher, A. M. De wereld van Henry van de Velde. Antwerpen, 1967. – Dt.: Die Welt Henry van de Veldes. Köln, 1967.
Hüter, Karl-Heinz. Henry van de Velde. Sein Werk bis zum Ende seiner Tätigkeit in Deutschland. Berlin, 1967.
Osthaus, Karl Ernst. Van de Velde. Leben und Schaffen des Künstlers. Hagen, 1920. Neu: Berlin, 1984.
Scheffler, Karl. Henry van de Velde. Vier Essays. Leipzig, 1913.
Sembach, Klaus-Jürgen. Henry van de Velde. Stuttgart, 1989.
Sembach, Klaus-Jürgen; Birgit Schulte (Hg.). Henry van de Velde. Ein europäischer Künstler seiner Zeit. Kat. Karl Ernst Osthaus Museum Hagen u. a. Köln, 1992.

Wachsmann, Konrad
vgl. Kurzbiografien
Wachsmann, Konrad. Auf dem Wege zur Industrialisierung des Bauens. Washington, 1972.
Grüning, Michael. Der Architekt Konrad Wachsmann. Wien, 1986. Basel, 2001.

Wagner, Martin
vgl. Bauaufgaben – Städtebau, Wohnungsbau
Homann, Klaus; Martin Kieren, Ludovica Scarpa. Martin Wagner 1885–1957. Wohnungsbau und Weltstadtplanung. Kat. Akademie der Künste. Berlin, 1985.
Wagner, Bernard. Martin Wagner 1885–1957. Leben und Werk. Eine biographische Erzählung. Hamburg, 1985.
Scarpa, Ludovica. Martin Wagner e Berlino. Casa e città nella Repubblica di Weimar 1918–1933. Rom, 1983. – Dt.: Martin Wagner und Berlin. Architektur und Städtebau in der Weimarer Republik. Braunschweig, Wiesbaden, 1986.

Wolf, Gustav
Neitzke, Martin. Gustav Wolf. Bauen für das Leben. Neues Bauen zwischen Tradition und Moderne. Tübingen, 1993.

Zinsser, Ernst
Haas, Ralph. Ernst Zinsser. Leben und Werk eines Architekten der Fünfziger Jahre in Hannover. Schriften des Instituts für Bau- und Kunstgeschichte der Universität Hannover Bd.15. Hannover, 2001.

Register

Die Ziffern verweisen auf Seitenzahlen; sind sie hervorgehoben, verweisen sie auf Abbildungen auf den Seiten. Erfaßt sind die Seiten 1 bis 524 mit Hinweisen auf die Seiten 525 bis 542.

Namen

Aalto, Alvar 284, 312, 328 f., **328**, **329**, 339, 458
Aalto, Elissa 329
ABB Architekten **420**, 491, **492**
Abel, Adolf 172, 181, 183, 196, **275**, 308, **308**, vgl. 525
Abercrombie, Patrick 282
Abrossimow, Pawel W. **290**
Acken, Johannes van 109
Ackermann, Kurt 385, **385**, vgl. 525
Adenauer, Konrad 247, 259, 331, 371, 509
Adenauer, Max 269
Adickes, Franz 509
Adorno, Theodor W. 331
Ahlers-Hestermann, Friedrich 25
Ahrendt, Werner **314**
Akademie der Künste, Berlin (ehemals Preußische Akademie der Künste 311, 328, 521
Akademie der Künste, Istanbul 238
Akademie der Künste, München 183
Akademie der Wissenschaften, Berlin 288, 292, 322, 521
Akademie des Bauwesens, Berlin 181
Albers, Bernd **446**, 449
Albers, Gerd 10
Albers, Josef 133
Albinmüller siehe Müller, Albin
Albrecht, Sven **411**
Albrecht, Thomas **471**
Alexander, Christopher 407
Allgemeine Electricitäts-Gesellschaft (AEG) 71, 78, 81, **81**, 107, 517
Allmann, Markus 488, **488**
Alsop, William 487, **487**
Althoff, Theodor 72
American Institute of Architects, New York 282
Ammanati, Bartolomeo di Antonio 58, 61

Amt Schönheit der Arbeit 222
Ando, Tadao 482
Andrä, Wolfhart (Leonhardt und Andrä) 384, 385, **386**, 466
Angerer, Fred **374**
Angreß, Gina **375**
Anker, Alfons **163**
Apel, Otto 281, **281**, 283, **283**, 318
Arbeitsrat für Kunst, Berlin 99 f., 102, 121, 125, 518
Arbeitsstab für den Wiederaufbau bombenzerstörter Städte 219, 232, 251, 273, 278, 334
Archigram 353
Archipenko, Alexander 100
Architectural Association, London 463, 467
Architekten- und Ingenieurverein, Danzig 113
Architektenring, Düsseldorf 254, **254**, 521
Architektenverein Berlin 13 f., 69
Armour Institute (später Illinois Institute of Technology), Chicago 241 f., **241**
Armstrong, Neil 371, 522
Arnim, Bettina von 54
Arntz, Gerd **139**
Arpke, Otto **157**
Arts-and-Crafts-Bewegung 24, 31, 33, 54, 120, 282
Ashbee, Charles Robert 110
Aßmann, Adolf H. **512**
Atatürk, Kemal 237 ff.
Atelier 5 342
Atelier Warmbronn, siehe Otto, Frei **386**
Atlas Aircraft Corporation **347**
Auer, Fritz (Behnisch und Partner, Auer und Weber) 384, **384**, 466, **467**, vgl. 525
Aufbaustab Sonderbauten 418
Auguste Viktoria, deutsche Kaiserin 16
Augustinus, Aurelius 242
Augustus, römischer Kaiser 63
Avenarius, Ferdinand 54, 91
Aventis, Konzern 509
Aymonino, Carlo 399

Bächer, Max 299, **299**, 331
Backström, Sven **280**
Bacon, Francis 40
Baecker, Alfons **116**

Baedeker, Walther 41
Baethe, Hermann **126**
Bähr, George 261,418, **418**
Bahr, Hermann 24
Bahrdt, Hans Paul 393
Bakema, Jacob Berend 284, 312, 357, **357**, 458
Baller, Hinrich 399, **399**
Baller, Inken 399, **399**
Ballin, Albert 115, 131
Band, Karl 261
Bangert, Dietrich (Bangert und Scholz, BJSS) **398**, 412, **456**, 457, **457**, vgl. 525
Banham, Reyner 356, 363, 366
Bankert, Dieter 418, 436
Barkow, Frank 467
Bärsch, Heinrich 221, **221**
Bartels, Adolf 187
Bartels, Hermann **202**
Barthold & Thiede **184**
Bartning, Otto 9, 107 f., **109**, 121, 123, 154, **154**, 219, 249 f. 258, 262, **262**, 285, 311, 518, vgl. 525
Bassenge, Jan C. 344, **345**
Bauakademie der DDR siehe Deutsche Bauakademie
Bauersfeld, Walter 173, **174**
Baufrösche 380
Bauhaus, Weimar, Dessau, Berlin 33, 95 f., 99, 120–127, 169, 177 f., 195, **195**, 217, 284 ff., 518 f.
Bauhochschule, Weimar 123, 219
Bauhütte 518
Baukonferenz der DDR 334
Baumbach, Peter **390**
Baumeister, Reinhard 66
Baumeister, Willi 124, **128**
Baumewerd, Dieter G. 466, **477**, 478, vgl. 525
Baumgarten, Paul G. R. **306**, 453, vgl. 525
Bayer, Adolf **269**
Bayer, Herbert **124**
Bayerisches Gewerbemuseum, Nürnberg 120
Beamten-Wohnungs-Verein 56 f., 190
Bebel, August 15
Bechtloff, Gerard **512**
Bechtold, Erwin **472**
Beck, Ulrich 508
Becker, Gerhart **307**
Becker, Gilbert **318**, 420

Beck-Erlang, Wilfried **331**
Beckers, Ingenieurbüro **469**
Beckert, Hansgeorg **318**, 420
Beckmann, Max 124
Behne, Adolf 9, 94 f., 99 f., 127, 140, 174, 179 f., 327, vgl. 525
Behnisch, Günter (Behnisch und Partner; Behnisch, Behnisch und Partner) 9, 384, **411**, 412, 436, 438 ff., **438**, **439**, 466, 470, 472 ff., **473**, 522, 524, vgl. 525
Behnisch, Stefan (Behnisch, Behnisch und Partner) 466, **473**, 474
Behrendt, Walter Curt 9, 14, 41, 138, 518, vgl. 525
Behrens, Peter 22 f., 25 ff., **26**, 29 f., **30**, 31 f., 34, 41, 43, **44**, 45 f., **45**, **59**, 61, 78 f., **80**, 81 f., **81**, 84 f., 96, 104, **105**, 106, 111, 119 f., 129, **137**, 146, 164, 202 ff., 301, 398, 472, 509, 517, 520, vgl. 525
Beims, Hermann 509
Belz, Walter 331, 343, 393
Benes, Josef Konvalina, Agroprojekt Praha **360**
Benjamin, Walter 394, 514
Benscheidt, Karl 82
Bense, Max 376
Berg, Max 17, 76 f., **76**, 94, **110**, 112 f., **113**, 116, 126, vgl. 525
Berg, Werner **334**
Berger, Alfred **460**
Bergermann, Rudolf (Schlaich Bergermann und Partner) 348, **384**, 385 f., **385**, 492, **493**, **507**, 511
Berghof, Norbert **411**
Berlage, Hendrik Petrus 32, 58, 129
Berliner Gemeinnützige Baugesellschaft 55
Berliner Spar- und Bauverein 57
Berliner Verkehrsgesellschaft 119
Bernard, Josef **221**
Bernhard, Karl 81
Bernini, Gianlorenzo 470
Bernouilly, Ludwig **512**
Berringer, Gustav W. 119
Bestelmeyer, German 64, **84**, 85, 92, **92**, 96, 115, 181 ff., **182**, 202, 203, 518, vgl. 525 f.
Betz, Bea 423, **423**
Betz, Walther 423, **423**
Beucker, Thomas (Beucker Maschlanka + Partner) 491

Beuys, Joseph 352
Biele, Hervé **435**
Bienefeld, Heinz 408, 480, **480**, vgl. 526
Bill, Max 279, **279**, 521
Billing, Hermann **62**, 63, **74**, 75, vgl. 526
Binding, Rudolf G. 114
Bing, Siegfried 32
Bismarck, Otto Fürst von 63 f., 204
Blanck, Eugen **156**, **260**
Bloch, Ernst 100, 136
Blum, Otto 69, 71
Blunck, Friedrich 518
Boccaccio, Giovanni 406
Böcklin, Arnold 14, 63
Bode, Paul 309, **309**
Boehm, Herbert **153**
Bofill, Ricardo 418
Bofinger, Helge 408, **408**, **411**, 412, vgl. 526
Bogatzky, Hans-Erich **300**, 315, **315**, 316
Böhm, Dominikus 107 f., **108**, 120, 480, vgl. 526
Böhm, Gottfried 10, 306, 327, 343, **343**, **357**, 358 ff., **361**, 394, **394**, 399, 415, 454, **454**, 462, 480, 523, vgl. 526
Böhm, Paul 360
Böhm, Peter 360, **454**
Böhm, Stephan 360
Böhme, M. **320**
Bolles-Wilson, Julia B. (Bolles und Wilson) 466, 467, **467**, vgl. 526
Bolz, Lothar 287, 290, 295
Bonatz, Karl 252, vgl. 526
Bonatz, Paul 43, 60, 75 f., **75**, 85, 94, 115, 120, 147 f., 169, 172, **172**, 183, 189, 202 f., 206, 226, **227**, 238, 252, 284, 518, vgl. 526
Bonitz, Johannes **339**
Boockhoff, Hermann 494, **495**
Borsig, Lokomotiv- und Maschinenfabrik A., Berlin 72, 118
Bosch GmbH, Stuttgart 130
Bothe, Jens (BRT Architekten) 490, **491**
Böttcher, Rudolph 457
Bottega, Giorgio 480, **480**
Boy, Günter **417**
Brahm, Julius 116
Bramante, Donato 457
Branca, Alexander von 362, **374**, 466, vgl. 526
Brand, Peter 366, **366**
Brandlhuber, Arno (Brandlhuber und Kniess, b & k) **461**, 484
Brandt und Heiß 398
Brandt, Andreas 457

Brandt, Willy 373, 397
Brantzky, Franz **64**
Braunfels, Stephan **452**, 455 f., **455**, 456, vgl. 526
Brauns, Konrad **297**
Brecht, Bertolt 293
Brenner, Hermann **222**
Breuer, Marcel 239 f., **240**, 243, 519, vgl. 526
Brinckmann, Albert Erich 68
Brix, Joseph 69
Brockhouse-System 336
Broek, Johannes Hendrik van den 284, 312, 357, **357**
Bruckmann, Hugo 199
Bruckmann, Peter 84
Brülls, Holger 10
Brunelleschi, Filippo 58 f.
Brüning, Heinrich 187, 201, 519
Brunne, Karl **321**
Bruyn, Gerd de 506
Buchner, Ewald **386**
Bund der Architekten der DDR 388, 390, 397
Bund Deutscher Architekten (BDA) 91, 135, 195 f., 373, **373**, 397, 517, 519, 521, 524
Bund Deutscher Architekten (DDR) 521
Bund Deutscher Bodenreformer 54
Bundesarchitektenkammer 460, 522
Bundesvermögensamt 432
Bundesbauministerium 267, 336
Bunshaft, Gordon 302
Burchard, John 254 f.
Burckhardt, Jacob 58 f.
Burmester, Hans-Peter **341**
Burnham, Daniel H. 241
Büro Conclus **435**
Buschhüter, Karl 115
Büxel, Winfried (Behnisch und Partner) 384, **384**

Caecilia Metella 63
Caesar, Gaius Julius 448
Camus-System 336
Candela, Felix 387
Candilis, George **341**, 458
Carlo, Giancarlo de 400
Cassirer, Paul 100 f.
Castro, Fidel 372
Chamberlain, Houston 97
Charta von Athen 132, 519
Chen Kuen Lee 327
Chicago Tribune 112, **112**
Chriakow, Alexander F. **290**
Christ, Rudolf 183
Christiansen, Hans 23 f., 26
Christo (Christo Javatcheff) **431**, 453, 524

Chruschtschow, Nikita 315, 334
Churchill, Winston 520
City-Beautiful-Bewegung 110
Claudel, Paul 52
Club of Rome 331, 354
Cobb, Henry **447**
Cobra, Künstlergruppe 353
Colden, Hartmut **297**
Collein, Edmund 287 ff., 293, 315, **316**, vgl. 526
Commerzbank, Frankfurt am Main 419
Conert, Herbert 257
Congrès Internationaux d'Architecture Moderne (CIAM) 132, 138 f., **139**, 169, 235, 275, 282, 518 f.
Constant (C. Anton Nieuwenhuys) 353
Continental Gummiwerke, Hannover 78
Cook, Peter 464
Coop Himmelb(l)au siehe Prix, Wolf D.; Swiczinski, Helmut
Cremer, Wilhelm (Cremer und Wolffenstein) **73**
Culemann, Carl 218, 270
Cvijanovic, Alexander **286**

Daimler-Benz AG 450
Dalchau, G. **434**
Damaschke, Adolf 54
Darré, Richard Walther 218
De Stijl, Künstlergruppe 122
Debis (Daimler Chrysler Interservices AG) 450, **450**
Dehio, Georg 258, 415, 517
Deilmann, Harald 265, **329**, 358, **358**, vgl. 526
Deleuze, Gilles 508
Deng Xiaoping 467
Der Block 148, 170, 189, 518
Der Ring 148, 169, 197, 518
Derfler, Markus **512**
Derrida, Jacques 473
Dessauer, Friedrich 172
Deutsche Akademie für Städtebau 273
Deutsche Arbeitsfront 198, 202, 215, **215**, 219, 222, 232, 251, 520
Deutsche Bahn 428
Deutsche Bank, Frankfurt am Main 419, 524
Deutsche Bauakademie (Bauakademie der DDR), Berlin 289, 292, 295 f., 318, 322, 334, **335**, 364, 390, **390**, 397, 521 f.
Deutsche Bundesbank, Frankfurt am Main 419
Deutsche Bundesstiftung Umwelt,

Osnabrück 495
Deutsche Gartenstadt-Gesellschaft 24, 49, 52, 102, 517
Deutsche Lebensrettungs-Gesellschaft (DLRG) 353, **353**
Deutsche Stiftung Denkmalschutz 395, 523
Deutsche Studentenschaft 63
Deutsche Welle 439
Deutsche Wohnungsfürsorge (Dewog) 518
Deutscher Bund für Heimatschutz, Dresden 54, 517
Deutscher Ritterorden 186
Deutscher Städtetag 333, 373, 522
Deutscher Werkbund 84–88, 91, 95 f., 101 f., 138, 145, 147, 181, 196, 249 f., 255, 331, 517, 519, 522
Deutsches Nationalkomitee für Denkmalschutz 395, 523
Deutschmann, Werner **222**
Diaghilew, Sergej 52
Dibbert, Fritz **106**
Dick, Peter **320**
Dieter, Fritz 314
Dietrich, Richard J. 354 f., **354**, **355**, vgl. 526
Dirks, Walter 250, 260, 262
Disch, Rolf 497, **498**, vgl. 526
Dischinger, Franz 173, **174**, vgl. 526
Dissing, Hans 357
Distel, Hermann 115, **115**, vgl. 526 f.
Döblin, Alfred 164
Döcker, Richard 198, 253, vgl. 527
Doernach, Rudolf 351, **351**, 355, vgl. 527
Doesburg, Theo van 122
Döllgast, Hans 263 ff., **264**, 305, 418, vgl. 527
Domenig, Günther 378
Dönitz, Karl 247
Döring, Wolfgang 350, **350**, vgl. 527
Dresdener Werkstätten für Handwerkskunst 50
Dresdner Bank, Frankfurt am Main 419
Dubuffet, Jean 356
Dudler, Max 448, 479 f., **481**, vgl. 527
Dudok, Willem Marinus 161, 285
Dülfer, Martin 36, 55
Dürerbund 54
Durth, Werner 10, 219
Dustmann, Hanns **200**, 201, 253
Dutschke, Rudi 371
Dutschke, Werner 315, **316**
Düttmann, Werner 328, **328**, **361**, **362**, 375, vgl. 527
Dyckerhoff & Widmann (Dywidag) 173, 336

Eberhardt, Hugo 85
Eberstadt, Rudolf 69, **70**
Ebert, Friedrich 185, 518
Ebert, Heinrich 265, **265**
Ebert, Walter **343**
Ebert, Wils 273, vgl. 527
Ebhardt, Bodo 20 f., **20**
Economic Cooperation Administration (ECA) 249
Eggeling, Fritz 312, **313**, 375, vgl. 527
Eggert, Hermann 18, 19, **19**, vgl. 527
Ehmcke, Fritz H. 31
Ehrhardt, Henning 480, **480**
Eichmann, Adolf 371
Eiermann, Egon 198, **216**, 217, 221, **261**, 262, 282 f., 303 ff., **303**, **305**, 320, 411, 420, 439, 466, 472, 522, vgl. 527
Einstein, Albert 104
Eisenman, Peter 463
Eisner, Kurt 94
Elingius, Erich 41
Elingius, Jürgen **307**
Elsaesser, Martin 85, 127, **127**, vgl. 527
Emmerich, Paul 118, 164, **164**, 190, 215
Endell, August 31, 36, **36**, 65, 85, vgl. 527
Engel, Jürgen (Engel und Zimmermann, KPS) 468
Engelhardt, Ludwig **314**
Engelmann, Ernst 190
Engels, Friedrich 57, 71, 271, 314, **314**
Entwurfsbüro für Stadt- und Dorfplanung, Halle **339**, 521
Erhard, Ludwig 304
Erlwein, Hans Jacob 17
Ermisch, Hubert 256, **256**
Ermisch, Richard **91**, **134**
Ernst-Ludwig, Großherzog von Hessen-Darmstadt 23 f., 27 f., 32
Erskine, Ralph 378
Eulert, Arthur 106
Europäische Sicherheitskonferenz (KSZE) 397
Europäische Zentralbank, Frankfurt am Main 419, 475
Eyck, Aldo van 458

Fahrenkamp, Emil **163**, 164, 171, 190, vgl. 527
Faller, Peter 342, **342**
Fautrier, Jean 356
Feddersen, Eckhard **398**
Feder, Gottfried 187, 218, 224, 270, 519

Feff, Cathérine **449**
Fehl, Gerhard 222
Fehling, Hermann 327 f., **327**, vgl. 527
Feininger, Lyonel 124
Fellner & Hellmer 36
Felz, Achim 334, **335**
Ferguson, Francesca 506
Fick, Roderich vgl. 527
Fidus siehe Höppener, Hugo
Fieger, Carl 126, **126**
Fink, Dietrich (Fink und Jocher) 469, 476, **476**, vgl. 527
Finsterlin, Hermann **101**, 102 f., vgl. 527 f.
Finsterwalder, Ulrich 173, 307, **307**, 381, vgl. 528
Firle, Otto 215
Fischer, Alfred 107, 120, 123, 171, **171**, vgl. 528
Fischer, Antonius 107
Fischer, Otto **53**
Fischer, Theodor 9, 30, 41, **41**, 51, 69, **69**, 84 f., **87**, 102, 120 f., 149, 155, 181 f., **183**, 197, **510**, 511, 517, vgl. 528
Fischer, Walter **112**
Fischer, Wend 372, **372**, 522
Fleischer, Ernst 39
Fleischer, Michael 252
Fleischhauer, Hans **387**
Flierl, Bruno 315, 330, 365
Folkwangschule, Essen 123, 171
Ford, Henry 130
Förderer, Walter M. 306, 362
Förster-Nietzsche, Elisabeth 60 f.
Foster, Norman (Norman Foster and Partners) 424, **424**, **425**, 426, **421**, 442, **452**, 453, **453**, 459 f., 468, 524
Fourastié, Jean 332
Fourier, Charles 394
Frank, Charlotte **452**, 454, 455, **456**, 524
Frank, Hartmut 10
Franke, Günter **314**
Franke, Josef 107, **107**
Franken, Bernhard 491, **492**
Franz Ferdinand, Erzherzog von Österreich-Este 517
Franz, Leopold III. Friedrich, Fürst von Anhalt-Dessau 198
Freed, James Ingo **447**
Freitagsgruppe 273
Frentzen, Georg 34, **34**, 35, vgl. 528
Frenzel, Arthur **256**
Frey, Roland 342, **342**
Friedman, Yona 347 ff., 353 ff.
Friedrich I. (Barbarossa), Kaiser 20, 61

Friedrich II., König von Preußen 397
Friedrich Wilhelm IV., König von Preußen 54
Friedrich, Peter 273
Fries, Heinrich de 100, 151, 175, vgl. 528
Fritsch, Theodor **47**, 48, vgl. 528
Fry, Maxwell **239**
Fuchs, Georg 25
Fuchs, Hartmut 476, **476**
Fuksas, Massimiliano 348
Fuller, Richard Buckminster 351, 354, 378

Gagarin, Jurij Aleksejewitsch 522
Gall, Leonhard 183, 202
Ganser, Karl 441, 443, 523, vgl. 528
Ganz, Joachim (Ganz und Rolfes) **398**, 421, **421**
Gaudí, Antoni 101
Gebser, Jean 327
Gehry, Frank O. 32, 326, 458, **458**, 474, 491
Geist, Johann Friedrich 10, 393
Gellhorn, Alfred 132 f.
Gelsenkirchener Bergwerks-Aktiengesellschaft 34
Gemeinnützige Aktiengesellschaft für Angestellten-Heimstätten (Gagfah) 190
Gemeinnützige Heimstätten-Aktiengesellschaft (Gehag) 153, 190
Generalbauinspektor für die Neugestaltung der Reichshauptstadt (siehe Speer, Albert) 520
Genzmer, Felix 69
George, Stefan 123
Gerkan, Meinhard von (Gerkan, Marg und Partner, gmp) 393, **393**, 464, 468 f., 483, 489 f., **490**, **493**, **500**, **511**, vgl. 528
Gerson, Hans 41, **41**, 115, **115**, vgl. 528
Gerson, Oskar 41, **41**, 115, **115**, vgl. 528
Gesellschaft Historisches Berlin 449
Gessner, Albert 54 ff., **55**, 57, 518, vgl. 528
Gestapo (Geheime Staatspolizei) 250
Geyer, Bernhard **319**
Geyer, Heinz **415**
Giedion, Sigfried 100, 110, **139**, 240, 327, vgl. 528
Gieselmann, Reinhard 363, 411
Giesler, Hermann **201**, 202, **207**, 208, 214, **214**, 247, vgl. 528

Gilbert, Cass 118
Gilly, David 296
Gilly, Friedrich 296
Giraudoux, Jean 156
Gißke, Ehrhardt **368**, 418
Glabisch, Rainer **334**
Gläserne Kette 103, 347
Göderitz, Johannes **169**, 170, 271, vgl. 528
Goebbels, Joseph 197, 230 ff.
Goecke, Theodor 517
Goepfert, Hermann 408
Goerner, Stephan 373, **373**
Goethe, Johann Caspar 260
Goethe, Johann Wolfgang 42, 105, 188, 259, 438
Gogel, Daniel 327, **327**, 328, vgl. 528
Goldapp, Wolfram **407**
Gontard, Karl von 296, **396**
Görl, Horst **334**
Göring, Hermann 230
Göthe, Eosander von 315
Götz, Johannes 479
Gracher, Peter **116**
Graf, L. **320**
Graffunder, Heinz 335, **368**, 452, 523, vgl. 528 f.
Grassi, Giorgio 447
Grenander, Alfred 118
Grimm, Jacob 9, 29, 95
Grimm, Wilhelm 9, 29, 95
Grimshaw, Nicholas **465**, 491
Grod, Caspar Maria 133, **150**
Gropius, Walter 33 f., 63, 79, 82 f., **82**, 85 f., **86**, 91, 93 ff., **95**, 96, 98, 101, 111 f., 120 ff., **122**, 123 f., **123**, 125 ff., **125**, **126**, 128 f., **131**, 133, **133**, 138, 148 f., 155, 161, 169, 177, **177**, 180 f., **180**, 188, 191, **192**, 196 ff., 219, 222, 239 ff., **239**, **240**, 243, 283 ff., 286, **286**, 288, 312, 345, 472, 508, 518 f., 522, vgl. 529
Groß, Ambros G. 365
Gross, Susanne (Kister, Scheithauer und Gross) 437, **437**
Grotewohl, Kurt 521
Groupe d'Études d'Architecture Mobile (GEAM) 349
Gruber, Karl 170, **170**, vgl. 529
Grubitz, August 115, **115**
Gruen, Victor 318
Grundmann, Friedhelm 362, **362**
Gruner & Jahr 402, **403**
Gruppo 7 129
Grzimek, Günter 384
Guardini, Romano 107, 172 f.
Guimard, Hector 29, 33
Gulbransson, Olaf Andreas 306

Register 573

Günschel, Günter 347, 348 f.
Günster, Armin 476, **476**
Günther, Hans Friedrich Karl 188
Gurlitt, Cornelius 9, 43, **43**, 129, vgl. 529
Gutbier, Rolf 305,
Gutbrod, Rolf 305, 308, **308**, 325, 379, 383 f., **383**, 466, 522, vgl. 529
Gutkind, Erwin 111
Gutschow, Konstanty 212, 251, 253, 278, **298**, vgl. 529

Habich, Ludwig 25
Hablik, Wenzel August 91, **100**, 101 ff., 109
Habraken, Nicholas J. 380
Hadid, Zaha 32, 284, 329, 463, **463**, 474
Hadrian, römischer Kaiser 63
Haeckel, Ernst 29
Haesler, Otto **130**, 149, **151**, 152 f., **153**, 197, 519, vgl. 529
Haeuser, Adolf 509
Hafemann, Günter 307, **307**, 340
HAFRABA (Autobahn Hansestädte–Frankfurt–Basel) 225
Hahn, Hermann 64
Hahn, Willy **169**
Hain, Simone 10
Haller, Martin 18
Hämer, Hardt-Waltherr 359, **359**, 389, **389**, 399, 523, vgl. 529
Hammerbacher, Herta 352
Handwerker- und Kunstgewerbeschule, Aachen 123, 197, 249
Hanig, Walter **420**
Hänsch, Wolfgang 396, **396**, 523, vgl. 529
Hansen, Max von **308**
Harbers, Guido **201**
Harig, W. **492**
Häring, Hugo 120, 128, 138, **139**, 149, 156, **167**, 168, 175 ff., **177**, 188, 197, 216, **216**, 321 f., **321**, 327 f., 472, 518 f., vgl. 529
Hart, Franz 305
Hartmann, Egon 293, 294, vgl. 529
Hartmann, Kristiana 10
Harvard Graduate School of Design 240
Harvard University 467
Harzer Bergakademie 109
Hasper, Werner **275**
Hassenpflug, Gustav 269, **269**, vgl. 529
Hauptmann, Gerhart 14, 76
Hausen, Max von 265
Haus-Rucker-Co. siehe Ortner, Laurids; Ortner, Manfred; Zamp

Kelp, Günter
Haussmann, Baron Georges-Eugène 68
Havestadt & Contag 69, **71**
Hebebrand, Werner **224**, 284, 332, vgl. 529
Hecker, Zvi 462, **462**
Heeresbauverwaltung 230
Heerich, Erwin 480, **482**, vgl. 529
Hegemann, Werner 9, 69, 110 f., 448, 517, vgl. 529
Hegger, Manfred **443**
Heidegger, Martin 286, 323, 521
Heil, Richard **421**, **424**
Heilmann & Littmann 35, 36
Heinemann, H. **434**
Heinicke, Erich 252
Heinle, Erwin **381**
Heinrich, Prinz von Preußen 13
Heinrichs, Georg 358, **358**, vgl. 529 f.
Helbig, Conrad 55, **56**
Henn, Gunter 468
Henn, Walter 305, vgl. 530
Henrici, Karl 68 f.
Henselmann, Hermann 270, 287 f., 292 ff., **292**, **294**, 295 ff., **295**, 313 f., **314**, **316**, **319**, 330, **336**, 338, 364, 365, 520, vgl. 530
Hentrich, Helmut (Hentrich und Heuser; Hentrich, Petschnigg und Partner, HPP) 251, 301 f., **301**, **302**, **319**, 320, 345, **345**, 427, 489, **507**, vgl. 530
Herder, Wolfgang **398**
Herkommer, Hans 107
Hermann (Arminius), Fürst der Cherusker 61, 202
Hermkes, Bernhard 221, **270**, 307, **307**, **317**, vgl. 530
Herrnstadt, Rudolf 293
Hertie GmbH 320
Hertlein, Hans 43, vgl. 530
Hertzberger, Herman 458, **398**
Herzenstein, Ludmilla 273, **291**
Herzl, Theodor 236
Herzog, Jacques (Herzog und de Meuron) 446, 488, **488**
Herzog, Thomas 466, 493, **493**, **496**, **497**, 500, 508, vgl. 530
Hess, Christian Georg 260
Hess, Johann Friedrich 260
Hesse, Fritz 125, 288, 509
Hessel, Franz 119
Hettler, Herbert 230
Heuser, Hans 251
Heym, Stefan 330
Hieber, Siegfried 331
Hilberseimer, Ludwig **166**, 167, 217, 241, 518, vgl. 530

Hild, Andreas (Hild & K.) 484, **484**
Hilfswerk der Evangelischen Kirche 263
Hillebrecht, Rudolf 252, **277**, **278**, 282, 284, 331, 374, vgl. 530
Hiller, Kurt 94
Hillmer, Jürgen **511**
Hilmer, Heinz (Hilmer und Sattler) 325, **325**, **398**, 450, **450**, 471, **471**, vgl. 530
Himmler, Heinrich 202
Hindenburg, Paul von 185 f., 518 f.
Hirche, Herbert 289
Hirsch, Nikolaus 478, **478**
Hitchcock, Henry-Russell 240
Hitler, Adolf 21, 70, 106, 168, 183, 186, 195 f., 198 ff., 201 ff., **203**, 204 ff., 208, 210 f., 214, 219, 222, 225 f., 229, 238, 247, 253, 289, 463, 519, 520
Hobrecht, James 69
Hochbahngesellschaft 69
Hochschule für angewandte Kunst Weißensee, Berlin-Weißensee 289, 437
Hochschule für Baukunst und Bildende Künste, Weimar 268, 437
Hochschule für Baukunst, Weimar 520
Hochschule für Bildende Kunst, Weimar 32 f., 121, 518
Hochschule für Gestaltung (HfG), Ulm 521 f.
Hochtief, Baukonzern 466
Hoeber, Fritz 81
Hoechst, Farbwerke 105, **105**, 509, **509**
Hoefer, Andreas 478, **478**
Hoetger, Bernhard 31, **106**, 106, 196, vgl. 530 f.
Hoffmann, Franz **162**
Hoffmann, Hilmar 411
Hoffmann, Hubert 266, 271 ff., 289, 504, vgl. 530
Hoffmann, Ludwig 16 f., **17**, 73, **74**, 518, vgl. 530
Hoffmann-Axhelm, Dieter 449
Höger, Fritz 106 f., **106**, 114 f., 181, **182**, 183, 196, vgl. 530
Höger, Hermann 115, **115**
Högg, Emil 196, 201
Höhns, Ulrich 10
Holabird, John A. 241
Hölderlin, Friedrich 259
Hollein, Hans 284, 409, **410**, 411, 437, 461
Hölzinger, Johannes Peter 408 f., **409**, vgl. 530
Holzmann, Philip H. AG, Baukonzern 220, 466

Holzmeister, Clemens 185, 238
Homberg, Hellmut **382**
Honecker, Erich 368, 371, 390, 418
Hönig & Söldner 55
Hönig, Eugen 196
Hopf, Siegfried **337**
Hopp, Hanns 268, **268**, 269, 293, 313, vgl. 530
Höppener, Hugo (Fidus) 49, 101
Horta, Victor 29, 33
Horten, Kaufhauskonzern 320, **320**
Howard, Ebenezer 48 f., **48**, 51 f., 102, 153, 271
Howe, George 239
Huber, Victor Aimé 55
Hübner, Peter 379 f., **379**, vgl. 531
Hübsch, Heinrich 402
Huse, Norbert 10
Huth, Elfriede 378
Hutton, Louisa (Sauerbruch Hutton Architekten) 467, 487 f., **487**, **496**, **496**, vgl. 531

Ihne, Ernst von 16, **16**, 73, vgl. 531
Ilse Bergbau-Actiengesellschaft 50
Illinois Institute of Technology, Chicago siehe Armour Institute
Ingenhoven, Christoph (Ingenhoven Overdiek und Partner) 423, 426, **426**, 468, 489, **489**, 492, **492**, vgl. 531
Ingenhoven, Overdiek, Kahlen und Partner 426
Institut für Bauwesen, Akademie der Wissenschaften, Berlin 288, 292
Institut für leichte Flächentragwerke, Stuttgart 383, 385
Institut für Sonderbauten, Deutsche Bauakademie 364
Institut für Typenprojektierung, Deutsche Bauakademie 364
Institut für Wohnungs- und Gesellschaftsbau, Bauakademie der DDR **390**
International Council on Monuments and Sites (Icomos) 396
Iofan, Boris Michailowitsch 206, **206**, 235, 236, 520
Isler, Heinz 384
Itten, Johannes 122, 124, 128
Iwanow, K. 287
Izenour, Steven **406**
Jäckh, Ernst 85, 91, 196
Jacob & Ameis 41
Jacobi, Carl 159, **159**
Jacobs, Jane 374, 375
Jacobsen, Arne 284, 302, 345, 357, **357**, 458

Jaeger, Albrecht **297**
Jäger, Otto 342
Jäger, Rudolf **270**
Jahn, Helmut (Murphy Jahn Architects) **420**, 421, 423, 451, **451**, 467, vgl. 531
Jakobs, Friedrich **434**
Jansen, Bernd **398**, 412
Jansen, Hermann 69, 238, 517, vgl. 531
Jaques-Dalcroze, Émile 52
Jeanne-Claude (Jeanne-Claude Denat de Guillebon) **431**, 453, 524
Jeanneret, Charles-Edouard siehe Le Corbusier
Jencks, Charles 404 f.
Jessen, Peter 85 f., 91
Jobst, Gerhard 310
Jocher, Thomas (Fink und Jocher) 469, 476, **476**, vgl. 531
Joedicke, Jürgen 384, **384**
Johnson, Philip 240, 459
Josic, Alexis **341**, 458
Jourda, Françoise **443**, **443**
Jourdan, Jochem 411, **411**, vgl. 531
Junker, Wolfgang 390

Kähler, Gert 10, 524
Kahlfeldt, Paul 414, **414**
Kahlfeldt, Petra 414, **414**
Kahn, Louis 176, 447
Kaiser, Josef 309, **309**, 315, **316**, 452, vgl. 531
Kallmorgen, Werner vgl. 531
Kaltwasser, Tilmann 484
Kammerer, Hans 331, 343, 393
Kampfbund Deutscher Architekten und Ingenieure 183, 226
Kampfbund für Deutsche Kultur 183, 196 f., 518 f.
Kampffmeyer, Bernhard 49
Kampffmeyer, Hans 49, 268, vgl. 531
Kampffmeyer, Paul 49
Kandel, Hermann 379
Kandinsky, Wassily 124 f.
Kanoldt, Alexander 124
Kappe, Maschinenfabrik Gebr. Kappe & Co., Alfeld **122**, 123
Karl der Große, Kaiser 21
Karweik, Erich **166**
Kasper, Ernst 352, **404**
Kassbaum, Franz Erich **178**
Kastelleiner, Rudolf **116**
Kauffmann, Richard 138, **138**, vgl. 531
Kaufmann, Erich 340, 387, 390
Kaufmann, Oskar 36, 59 f., **60**, 159, 236, vgl. 531

Keller, Rolf 442
Kellner, Theodor 259
Kennedy, John F. 371
Kennedy, Robert 371
Keßler, Harry Graf 128
Kiesinger, Kurt Georg 467
Kiessler, Uwe (Kiessler und Partner) 402, **403**, 442, **442**, 501, vgl. 531
Kießling, Martin 181
King, Martin Luther 371
Kirchner, Willy **224**
Kister, Johannes (Kister, Scheithauer und Gross) 437, **437**, vgl. 531
Klee, Paul 124
Kleihues, Josef Paul 393, **393**, 397 f., **398**, 405, 411, 437, 466, **466**, 523, vgl. 531
Klein, Alexander 132, **132**, 236, vgl. 531
Klein, Yves 308
Klenze, Leo von 264 f., **264**
Klever, Klaus **404**
Klinger, Max 63
Klinger, Philipp **78**
Klingeren, Frank 378
Klose, Dietrich **415**
Klotz, Clemens 215, **215** vgl. 532
Klotz, Heinrich 10, 371, 405, 415, 449, 523,
Klumpp, Thomas **407**
Kniess, Bernd (Brandlhuber und Kniess, b & k) 484, **484**
Knoll International 198
Koch, Alexander 24, 28
Koep, Rudolf **300**
Koep, Wilhelm **300**
Koerfer, Jacob 113 f., **114**, vgl. 532
Kohl, Helmut 459, 461
Kohlbecker, Christoph **450**, **451**
Kohlbecker, Karl **223**
Kohn, Pedersen & Fox 421
Kohtz, Otto **117**, vgl. 532
Kolb, Walter 274
Kolbe, Georg 145
Koller, Peter **223**, 224, vgl. 532
Kollhoff, Hans 364, 414, 448, **448**, 450 f., **450**, **451**, vgl. 532
Kollwitz, Käthe 195
Königs, Ulrich 440
Konrad, Hans 317
Konwiarz, Hans 343, **343**
Konz, Otto 172
Koolhaas, Rem 9, 364, 460, **460**, 463, 468
Köppel, Stephan 478, **477**
Korff, Gottfried 415
Korn, Arthur vgl. 532
Korn, Roland **300**, 315, **315**, **316**,

335, vgl. 532
Körner, Edmund 27, 107, **171**, vgl. 532
Kosel, Gerhard 251, 288, 313, 315, vgl. 532
Kostelac, Ante Josip von 412
Kowalski, Karla 442, **442**
Kracauer, Siegfried 112
Kraemer, Friedrich Wilhelm (später Kraemer, Sieverts und Partner, KSP) 298, 305, 344, **344**, vgl. 532
Krahn, Johannes 260, **421**, vgl. 532
Kramer, Ferdinand 120, 127, **156**, 346, vgl. 532
Krämer, Jean 119, **119**, vgl. 532
Krauss, Julius **461**
Krebs und Kiefer **507**
Kreis, Wilhelm 61, **62**, 63, 73, 113, **114**, 115, 135, **136**, 184, 188, 202 ff., **204**, 212, **212**, 520, vgl. 532
Kremmer, Martin 171, **171**, 221, vgl. 532
Kremser, Engelbert 350 f., **350**
Kreuer, Willy 310
Krier, Léon 364, 393, vgl. 532
Krier, Rob 392 f., **392**, **398**, 399, vgl. 532
Kröger, Jürgen 20 f., **20**
Krohn, Reinhold 34
Kroll, Lucien 378
Kröller-Müller, Helene 32
Krüger, Franz 79
Krüger, Johannes **185**, 186, vgl. 532
Krüger, Walter **185**, 186, vgl. 532
Krupp, Alfred 50, 131
Krupp, Friedrich Alfred 50
Krupp, Friedrich AG 50, 66
Krupp, Margarethe 54
Krysta, Gerald 441
Kühne, Max Hans (Lossow und Kühne) 75, **75**, 511
Kulka, Peter 436 f., 439 f., **440**, 478, **477**, vgl. 532 f.
Kunert, Günter 309
Kunstakademie, Breslau 120 f., 123
Kunstakademie, Düsseldorf 171, 352, 464
Kunstgewerbeschule Burg Giebichenstein, Halle 31, 123
Kunstgewerbeschule, Berlin 120
Kunstgewerbeschule, Düsseldorf 120 f., 517
Kunstgewerbeschule, Magdeburg 123
Kunstgewerbeschule, Straßburg 120
Kunstgewerbeschule, Stuttgart 120 f.
Kunstgewerbeschule, Weimar 32 f., **32**, 121, **121**, 517

Kunstgewerbeschule, Wien 120
Kunstschule, Frankfurt 123, 127, **127**
Kunstschule, La Chaux-de Fonds 121
Kunst- und Gewerbeschule (später Kunstakademie), Breslau 83, 120
Kurth, S. **320**
Kuschky, Herbert 334
Küster, Heinrich 77, **77**

Laage, Gerhard 299
Lachmann & Zauber 37
Laeuger, Max **132**
Lampugnani, Vittorio Magnago 10, 482
Landes, Michael **411**
Landmann, Ludwig 153, 509
Lang, Fritz 111
Langbehn, Julius 19, 97
Langner, Joachim 472, **472**
Lasch, Rolf 340
Lauterbach, Heinrich 141, 175, vgl. 533
Lauweriks, Johannes Ludovicus Mathieu 30, 31, **31**, 34, vgl. 533
Laves, Georg Ludwig Friedrich 278
Le Corbusier 70, 121, 129 f., 138, **139**, 141 f., 146 f., **147**, 157, 268 ff., 275, 280 ff., **281**, **282**, 283 f., 288, 312, **312**, 349, 356, **356**, 457, 503, 514
Lehmann, Gerhard 387
Lehmbrock, Josef 253, **254**, 306, 372, **372**, 521 f. , vgl. 533
Lehmbruck, Manfred 359, **359**, vgl. 533
Lehmbruck, Wilhelm 100, 358 f.
Lehr- und Versuchsateliers Wilhelm von Debschitz, München 120
Lehr- und Versuchswerkstätten, Stuttgart 121
Lehr, Robert 509
Leibinger, Regine 467
Leistikow, Grete **233**
Leistikow, Hans 127, **127**, **233**
Leitl, Alfons 183, 217, 223, 250
Lenz, Hans-Joachim 351, **351**
Leo, Ludwig 352, **353**, vgl. 533
Léon, Hilde (Léon, Wohlhage und Wernik) 468, 486, **486**, vgl. 533
Leonhardt, Fritz 381, **381**, 384, 385, **386**, 466, vgl. 533
Lescaze, William 239
Leucht, Kurt W. 287, 521, vgl. 533
Leufgen, Hans Hubert 111
Ley, Robert 215, 232, 520
Libeskind, Daniel 284, 462 f., **463**, 474
Licht, Hugo 17 f., **18**, vgl. 533

Register 575

Lichtwark, Alfred 22, 54, 64
Liebknecht, Karl 91, 289, 315, 518
Liebknecht, Kurt 251, 287 ff., **293**, 521, vgl. 533
Liepe, Axel **398**
Liepe, Hans 79
Lindner, Werner 218
Lingner, August 135
Lingner, Reinhold 273
Lipp, Friedrich **198**
Lipps, Theodor 35
Lipus, Rudolf **511**
Lissitzky, El 472
Liturgische Bewegung 305
Löbe, Paul 186
Lodders, Rudolf 221, 270, **270**, vgl. 533
Lods, Marcel 269, **269**, 280
Loebermann, Harald 320
Löffler, Fritz 375
Lohrer, Hanns **331**
Lom, Walter von 402, **402**, vgl. 533
Loos, Adolf 9, 30, 41, 58, 129, 447
Lorch, Wolfgang 478, **478**
Lörcher, Carl Christoph 195 f.
Lösler, Heinz **297**
Lossow, William (Lossow und Kühne) 75, **75**, **511**
Lotz, Heinrich 54
Lucae, Richard 404
Luckhardt, Hans 102, 117, **117**, 141 f., **142**, 149, 163, **163**, 327, vgl. 533
Luckhardt, Wassili 91, 102, 111, 117, **117**, 141 f., **142**, 149, 163, **163**, 327, vgl. 533
Ludwig XIV., französischer König 470
Luz, Hans **331**
Luz, Werner 331, 343, **343**
Lynch, Kevin 375
Lynn, Greg 491
Lyotard, Jean-François 472

Mächler, Martin 111, **167**, 168, 211, vgl. 533
Mackintosh, Charles Rennie 30, 480
Mäckler, Christoph 448, vgl. 533
Mädler, Kofferfabrikation 142
Mahler, Klaus J. 476, **476**
Mandrot, Hélène de **139**
Mann, Heinrich 195
Mannesmann AG 78
Mansfeld, Alfred (Al) 237
Mao Tse-tung 372
March, Otto 39, **39**, vgl. 533 f.
March, Werner 211, **212**, vgl. 534
Marg, Volkwin (Gerkan, Marg und Partner, gmp) 393, **393**, 468 f.,
483, 489, 490, **490**, **493**, **500**, **507**, **511**, vgl. 534
Margarete Steiff GmbH 78, **78**
MARS-Gruppe 282
Marshall, George Catlett 249, 520
Marx, Albert **79**
Marx, Karl 24, 271, 314, **314**
Marx, Wilhelm 509
Maschlanka, Rolf (Beucker Maschlanka + Partner) 491
Mattern, Hermann **322**, 352, 383, vgl. 534
Mattern, Merete 352, 355, 502
Matthes, Hubert **335**
Max, Prinz von Baden 518
May, Ernst 17, 111, 120, **131**, 138, **139**, 152 ff., **153**, 180, 191, 233 f., **234**, 235 f., **235**, 243, 258, 288, 316, 339, **340**, 518 f., vgl. 534
Mayenburg, Georg Heinsius von **49**, 51, vgl. 534
Mayer, Fritz **186**
Mayer, Peter **379**
McKim, Charles Follen **290**
Mead, William Rutherford **290**
Mebes, Paul 41 f., 44, 46, 56, **57**, 118, 164, **164**, 190, 215, vgl. 534
Meck, Andreas **477**, 478,
Meffert, Ministerialrat **109**
Mehlan, Heinz **336**
Meid, Max **421**
Meier, Richard 32, 412, **458**, 459
Meier-Graefe, Julius 33
Meitinger, Karl 275, vgl. 534
Mendelsohn, Erich 9, 58 f., 86, 95, 100, **100**, 102, 104, **104**, 110 f., 118, 120, 126, 132, 138, 148, 159 ff., **159**, **160**, 163, **163**, 169, 219, 228, 236 f., **236**, **237**, 239, 243 f., **244**, 327, 363, 448, 518, 521, vgl. 534
Mengeringhausen, Max **347**, 348, vgl. 534
Merck-Gruppe 26
Mero-System **347**, 348
Messel, Alfred 17, 40, **40**, 55, 57, 72 f., **72**, 74, vgl. 534
Metabolisten 353
Metzendorf, Georg 51, **51**, **52**, 145, vgl. 534
Meuron, Pierre de (Herzog und de Meuron) 446, 488, **488**
Mewes, Emil Rudolf 223
Meyer, Adolf 31, 82 f., **82**, **95**, 112, **122**, 123 f., **125**, 127, 222, vgl. 534
Meyer, Erna 152
Meyer, Hannes 120, 124, 126 f., **127**, 129, 133, 138, 191, 233 f., **234**, 236, 244, 289, 519, vgl. 534
Meyer, Kurt 191, 234, 519

Mies van der Rohe, Ludwig 32, 46, **46**, 58, 63, 117 f., **117**, 120, 124, 127, 143 ff., **145**, 146 f., **146**, 148 f., 164, **165**, 171, 177, 181, **188**, 195, 197 f., 217, 219, 222, 241 f., **241**, **242**, 283 ff., **285**, 286, 304, 312, 324 f., **325**, 344 f., 359, 448, 472, 518 f., 522, vgl. 534
Migge, Leberecht 188
Miller, Hermann 298
Miller-Lane, Barbara 10
Ministerium für Aufbau, DDR 334
Ministerium für Volksbildung, DDR 257
Ministerrat der DDR 257, 290
Mirbach, Ernst Freiherr von 20
Mitscherlich, Alexander 374 f., 522, vgl. 534
Moeller van den Bruck, Arthur 41 f., 204, vgl. 534
Mohammed Resa Pahlewi, Schah von Persien 522
Mohl, Heinz 402, **403**, vgl. 534 f.
Moholy-Nagy, László 124, 134
Möhring, Bruno 14 f., **15**, 29, 34, **34**, 69, **70**, 91, 111, 116, **116**, vgl. 535
Molière (Jean-Baptiste Poquelin) 273
Moll, Oskar 124
Molnár, Farkas **123**, **124**
Molzahn, Johannes 128, 149
Momper, Walter 431
Moneo, José Rafael **450**
Moore, Charles 407, **408**
Morgenthau, Henry 248, 268
Moritz, Carl 64
Morris, William 33, 120
Moshamer, Ludwig **113**
Muche, Georg 111, **125**, 126, **126**, 149
Mueller, Otto 124
Müller, Albin (Albinmüller) 27 f., **28**, 31, vgl. 525
Müller, Bernhard **411**
Müller, Hans C. 358, **358**, vgl. 535
Müller, Hans Heinrich 171, **172**, vgl. 535
Müller, Karl-Heinrich 481
Müller, Urs **398**
Müller, Werner 342
Munch, Edvard 32
Münchner Sezession 36
Munzer, Gustav August **185**, 186
Museum of Modern Art (MOMA), New York 124, 197, 240, 282, 470, 519
Musil, Robert 184, 478
Mussolini, Benito 197, 221, 239
Müther, Ulrich 387, **387**, vgl. 535
Muthesius, Hermann 14, 38 f., 40,
40, 43 f., **43**, 46, 51, 79 f., 84, 86, 91, 120, 189, 517, vgl. 535
Mutschler, Carlfried 386, **386**, 472, **472**, vgl. 535

Nachtlicht, Leo **43**
Napoleon I., französischer Kaiser 41
Nathan, Fritz **162**, 163
Näther, Joachim 297, **297**, 316, 416, vgl. 535
National Aeronautics and Space Administration (NASA) 371
National Trust, Großbritannien 395
Nationale Automobil Gesellschaft 72
Natterer, Julius (IEZ Natterer) **493**
Naumann, Friedrich 84, 131
Nerdinger, Winfried 10
Nervi, Pier Luigi 221
Neue Heimat, Baukonzern **218**, 367, 374 f., 406, 466, 523
Neues Ökonomisches System 337
Neufert, Ernst 123, 219 f., **219**, vgl. 535
Neumann, Dietrich 10
Neumeyer, Fritz 10, 449
Neupert, Karl 218
Neurath, Otto **139**
Neutra, Richard 111, 239, 243, 283, 299, vgl. 535
Nickerl, Walter 339
Niemeyer, Oscar 364
Nietzsche, Friedrich 15, 60 f., 102, 128, 517
Niggemeyer, Elisabeth 375
Nissen, Peter 267
Norddeutscher Lloyd 199
Normenausschuß der Deutschen Industrie (DIN) 517
North Atlantic Treaty Organization (Nato) 521
Nouvel, Jean 447
Novembergruppe 102, 518
Novotny Mähner Ass., Offenbach 489
Nowicki, Matthew 307

Oberpostdirektion, Frankfurt am Main 265
Oberste Baubehörde, Bayern 475
Oberste Bauleitungen der Reichsautobahnen 226, **227**
Obrist, Hermann 35, 86, 100 f.
Oelsner, Gustav 17, 155, 238, vgl. 535
Oesterlen, Dieter 305, 360, 415, vgl. 535
Office for Metropolitan Architecture (OMA) siehe Koolhaas, Rem 463

Ohnesorg, Benno 371, 522
Okal, Fertigbauunternehmen 355
Olbrich, Joseph Maria 22 ff., **23**, 25 ff., **25**, **26**, **27**, 28, **28**, 30, **30**, 35, 72, 73, 101, vgl. 535
Oosterhuis, Kas 491
Opel AG, Adam 28
Organisation Todt 202, 207, 219, 224, **228**, **229**
Ortner, Laurids (ehemals Haus-Rucker-Co.) **436**, 437, 461
Ortner, Manfred (ehemals Haus-Rucker-Co.) **436**, 437, 449, 461
Osborn, Max 17, 72, 159
Osswald, Ernst Otto **162**, 163, vgl. 535
Ostendorf, Friedrich 43 f., **43**, 68, 402, 475, vgl. 535
Ostermann, Gerhard **341**
Osthaus, Karl Ernst 33 f., 53, 72, 86, 94, vgl. 535
Otis, Elisha Graves 111
Otto, Fred 135, **135**
Otto, Frei 354, 379, 383, **383**, **384**, 385 f., 411 f., 424, 466, 489, 497, **497**, 522, vgl. 535
Otto, Karl 273, 521
Otzen, Johannes 21
Oud, Jacobus Johannes Pieter 120, 129, 146 f., **147**
Overdiek, Jürgen (Ingenhoven Overdiek und Partner) 423, 426, **426**, 468, 489, **489**, 492, **492**
Overdiek, Petzinka und Partner 426

Palladio, Andrea 408, 414
Pankok, Bernhard 121
Parade, Christoph 475, **475**
Parker, Barry 271
Parkkinen, Tiina **460**
Pastor, Carl-Heinz **297**, **387**
Paul, Bruno 31, 35, 41, 85, 111, 123, 163, **163**, vgl. 535 f.
Paulick, Richard 158, **158**, 251, 257, **257**, 288 f., **291**, 293, **293**, 313, 330, **339**, **376**, vgl. 536
Pei, Ieoh Ming 447, 459, **459**
Peichl, Gustav 412, 457, 461
Pempelfort, Gerd 312, **313**
Perraudin, Gilles 443, **443**
Perrault, Dominique 491
Persch, Hans Siegfried **251**
Peterhans, Walter 241
Petersen, Richard 69, **70**
Petrow, N. **287**
Petsch, Joachim 10
Petschnigg, Hubert (Hentrich, Petschnigg und Partner, HPP) 251, 302, **302**, **319**, 320, 345, **345**, 427, 489, **507**

Petzinka, Karl-Heinz (Petzinka, Pink und Partner) 427, **427**, vgl. 536
Pfanuch, Peter 327
Pfau, Bernhard 217, 221, 253, 254, 521, vgl. 536
Pfennig, Günter **344**
Piano, Renzo 325, 450 f., **450**, **451**
Picht, Georg 344
Pinand, Jakob Hubert 107
Pinder, Wilhelm 197
Pingusson, Georges-Henri 269
Pissarro, Camille 32
Pitti, Luca 58
Plaethe, Rüdiger **387**
Planquadrat Dortmund **441**
Planungs-GmbH, Köln 252
Planungsgruppe Heidelberg **512**
Planungskollektiv, Berlin 273 f., **273**
Platz, Gustav Adolf 152, 188
Poelzig, Hans 63, 77, **77**, 83 ff., **83**, 95 ff., **96**, 98, 101 f., 104, 106, 109, 117, **117**, 120 f., 124, 143, 148, 159 f., **167**, 168 ff., **170**, 188, 190 f., **192**, 197, 199 f., 220, 237, 238, 288, 358, 364, 472, 518 f., vgl. 536
Politischer Rat geistiger Arbeiter 102
Polónyi, Stefan 352, 381, **490**, 492, **500**
Popp, Alexander **137**
Portoghesi, Paolo 405
Portzamparc, Christian de 461
Poser, Julius 9 f., 39, vgl. 536
Prasser, Manfred **417**, 418
Pressa-Ausstellung, Köln 145
Preußische Akademie der Künste (später Akademie der Künste, Berlin) 195
Preußisches Staatshochbauamt **178**
Pritchard, Jack 239
Prix, Wolf D. (Coop Himmelb(l)au) 461, 474, **474**
Puhan-Schulz, Kay 344, **345**
Pützer, Friedrich 111

Rading, Adolf 111, 141, 148 f., **148**, 236, 244, 519, vgl. 536
Radke, W. **314**, **416**
Rainer, Roland 267, 271, 307, **307**, vgl. 536
Rang, Wolfgang **411**
Rappold, Otto 111
Rasch, Bodo 174, **175**, vgl. 536
Rasch, Heinz 174, **175**, vgl. 536
Raschdorff, Julius Carl 16, **16**, vgl. 536
Rascher, Johannes **296**
Rathenau, Walther 16, 64, 107
Rauch, Christian Daniel 397
Rave, Ortwin 265

Rechenberg, Fritz 218
Redslob, Edwin, 518
Reichel, Alexander 476, **476**
Reichow, Hans Bernhard 270 ff., **272**, 340, **340**, vgl. 536
Reichsanstalt für Arbeitsvermittlung 225
Reichsausschuß für Arbeitszeitermittlung (REFA) 130
Reichsbank 225
Reichsforschungsgesellschaft für Wirtschaftlichkeit im Bau- und Wohnungswesen (RfG) 151, 180, 190, 518
Reichskammer der Bildenden Kunst 196, 519
Reichskulturkammer 519
Reichskultursenat 183
Reichsverband der Deutschen Dachdecker 180
Reichsversicherungsanstalt 190
Reichswohnungskommissariat **232**
Reimann, Brigitte 330 f.
Reimann-Schule (Kunst und Werk) 123, 519
Reinhardt, Heinrich 17, **17**
Reinhardt, Max 76, 96, 104
Reinius, Leif **280**
Reitermann, Rudolf 478, **478**
Renger-Patzsch, Albert **173**
Rentrop, Helmut 494, **495**
Republik Wendland 378
Reuter, Ernst 311
Rheinisch-Westfälische Technische Hochschule Aachen (RWTH) 13, 249
Rhode Kellermann Wawrosky (RKW) 489
Rhode, Helmut 320
Rhode, Thomas **398**
Richardson, Henry Hobson 19, 63
Richter, Kai (BRT Architekten) 490, **491**
Riechmann, Kammersänger 27
Riefenstahl, Leni **194**, 195, 208
Riegel, Ernst 24
Riehl 376
Riemerschmid, Richard 31, 35, 51, 63, 85, 123, vgl. 536
Rieth, Otto 181
Rieve, Theodor **182**
Riley, Bridget 320
Rilke, Rainer Maria 32, 52
Rimpl, Herbert 221, **221**, 224, **224**, **226**, 250, vgl. 536 f.
Riphahn, Wilhelm 120, **133**, **150**, vgl. 537
Ritter, Hubert 17, 154, **155**, 174, vgl. 537
Rogers, Richard 460

Rolfes, Walter (Ganz und Rolfes) **398**, 421, **421**
Romano, Giulio 472
Romeick, Helmut **421**
Roosevelt, Franklin D. 520
Root, John Wellborn 241
Roselius, Ludwig 106
Rosenberg, Alfred 518
Rosenberg, Franz 197, **224**
Rosenthal, Harry 141, **142**, 237
Röser, Martin **339**
Rosselini, Roberto 250
Rossi, Aldo 391 f., **391**, 397, 452, 459, **459**
Rossow, Walter 331
Rote Armee Fraktion (RAF) 523
Roth, Carsten 484 f., **484**, **513**
Röthig, Kurt **317**
Royal Airforce 231
Rubin, Carl 243, **244**
Ruble, John **408**
Rudnew, Lew W. **290**
Rudorff, Ernst 54, 517
Ruegenberg, Sergius 327
Ruf, Sep **217**, 217, 277, 299, 303 f., **303**, 522, vgl. 537
Ruff, Franz 198, 210, **211**
Ruff, Ludwig 198, 210, **211**
Ruff, Thomas 488
Ruhnau, Werner 265, 308, **308**, 349, vgl. 537
Ruhrsiedlungsverband 518
Runge & Scotland 40
Rüsch, Hubert **174**
Ruscheweyh, Heinz-Jürgen **270**

Sack, Stralsunder Bauarbeiter 521
Sagebiel, Ernst 202, 211, 215, **215**, vgl. 537
Sailer, Stepan und Partner **501**
Salin, Edgar 333, 522
Salvisberg, Otto Rudolf 156, **191**, vgl. 537
Salzburger Festspiele 96
Sander, Albrecht 270
San Micheli Wolkenstein 46 f., **47**, vgl. 537
Sanofi, Konzern 509
Sassenroth, Peter 478, **478**
Sattler, Amandus 488, **488**
Sattler, Christoph (Hilmer und Sattler) 325, **325**, 398, 450, **450**, 471, **471**, vgl. 537
Sauerbruch, Matthias (Sauerbruch Hutton Architekten) 467, 487 f., **487**, 496, **496**, vgl. 537
Säume, Max 307, **307**, 340
Sawade, Jürgen 448, vgl. 537
Scarpa, Carlo 400
Schäche, Wolfgang 10

Register 577

Schächterle, Karl 227
Schäfer, Gustav 286
Schäfer, Philipp 161
Schaller, Christian 373, **373**
Scharf, Edmund 276
Scharlipp, Heinz 316
Scharoun, Hans 99, 102, 117, 137, **137**, 140 f., **141**, 147 f., **148**, 175 f., **176**, **189**, 216, 218 f., 252, 273, **273**, 288, 292, **292**, 304 f., 309, 312, 322 ff., **322**, **323**, **324**, **325**, **326**, 327 ff., 352, 363 f., 399, 466, 519 f., 522, vgl. 537
Schattner, Karljosef 10, 400 f., **400**, vgl. 537
Schaupp, Gottlob 260
Schauroth, Udo von **419**, 420
Scheerbart, Paul 86, vgl. 537
Scheffler, Ernst Ulrich 412
Scheffler, Karl 9, 17, 65, 71 f., 84, 105, 120, 128, 132, 139, 150 f., 159, vgl. 537
Scheibe, Richard 509
Scheid, Heinz **420**, **492**
Scheidemann, Philipp 91, 122, 518
Scheithauer, Reinhard (Kister, Scheithauer und Gross) 437, **437**
Schelling, Erich 306, **307**
Schenk, Claus Graf von Stauffenberg 520
Schiller, Friedrich 188
Schindler, Rudolph 239
Schinkel, Karl Friedrich 13, 46, 186, 199, 204, **205**, 257, **257**, 295 f., 325, 395, **396**, 398 f., 404, 411, 449, 459
Schirach, Baldur von 200
Schirmacher, Ernst **414**
Schirren, Matthias 10
Schlageter, Albert Leo 185
Schlaich, Jörg (Schlaich Bergermann und Partner) 348, 381, **384**, 385 ff., **385**, **386**, 466, 492, **493**, **507**, **511**, vgl. 537
Schleich, Erwin 374, 375
Schlemmer, Oskar 122, 124, 130, 139, 149
Schlesier, Karlheinz 339
Schlesischer Werkbund, Breslau 148 f., 175, 519
Schleyer, Hanns-Martin 523
Schloenbach, Carlo 159, **159**
Schlüter, Andreas 418, 449
Schmidt, Claus 342, **342**
Schmidt, Freiherr von **87**
Schmidt, Hans 236, 295, vgl. 537
Schmidt, Helmut 397
Schmidt, Johannes **420**, **492**
Schmidt, Karl 50
Schmidt, Robert 518

Schmidt, Walther 155
Schmiedel, Hans-Peter **314**
Schmitthenner, Paul 50, **50**, 120, 147, 183 f., **183**, 188 ff., **189**, 196, 252 f., **253**, 475, 518 f., vgl. 537 f.
Schmitz, Bruno 61, **62**, 63, 69 f., **71**, 111, 116, 145, 517, vgl. 538
Schmoedel, Hans-Peter **416**
Schmohl, Eugen 118, **118**, vgl. 538
Schneider, Herbert **296**
Schneider, Jürgen 433 f., 524
Schneider, Karl 141, 155, **156**, vgl. 538
Schneider, Kurt **346**
Schneider, Romana 10
Schneider, Till 485, **485**, vgl. 538
Schneider-Esleben, Paul 301, **301**, vgl. 538
Schneider-Wessling, Erich 299, 380, 402, **402**, **495**, 496, vgl. 538
Schnetzer, Robert **156**
Schnitzler, Georg von 145
Schocken, Kaufhauskonzern 160 f.
Schocken, Salman 73, 237
Schocken, Simon 73
Schoder, Thilo vgl. 538
Schöffler, Ernst 159, **159**
Scholer, Friedrich Eugen 60, 75, **75**
Scholz, Stefan (Bangert und Scholz, BJSS) 398, 412, **456**, 457
Schönfeld, Kurt 215, **215**
Schoszberger, Hans (Schwebes und Schoszberger) 317
Schrade, Hanns Jörg **493**
Schrade, Hubert 185 f., 200
Schramm, Gottfried **307**
Schreck, Hasso F. 344, **345**
Schröder, Hansjörg **512**
Schröder, Hermann 342, **342**
Schroeder, Rudolf 169, vgl. 538
Schröder, Uwe 479
Schudnagies, Heinz 327
Schüler, Ralf 367, **367**
Schüler-Witte, Ursulina 367, **367**
Schulte-Frohlinde, Julius 253, vgl. 538
Schultes, Axel 9, 168, **398**, 412, 436, 452 f., **452**, **454**, 455 f., **456**, 471, 524, vgl. 538
Schultze-Naumburg, Paul 31, 41 f., **44**, 54, 188 f., 196 f., 289, 411, 517 f., vgl. 538
Schulze-Fielitz, Eckhard 347, **348**, 349, 351, **351**, vgl. 538
Schumacher, E. F. (Ernst Friedrich) 377
Schumacher, Fritz 17, 59 ff., **60**, **61**, 63, 84, 114, 155, 169, 247, 266, 422, vgl. 538
Schumacher, Hans 142, **142**

Schumacher, Michael 485, **485**, vgl. 538
Schupp, Fritz 171, **171**, 221, vgl. 538
Schürmann, Joachim (Schürmann und Partner) 282, 401, **401**, **439**, vgl. 538
Schürmann, Margot 282, 401, **401**
Schuster, Franz 127, vgl. 538
Schütte-Lihotzky, Grete 152, 152, vgl. 538 f.
Schwab, Alexander (Ps.: Albert Sigrist) 180
Schwab, Gerhard 331
Schwaetzer, Irmgard 452
Schwagenscheidt, Walter 318, 333, **333**, vgl. 539
Schwanzer, Karl **422**, 423
Schwarz, Rudolf 2, 9 f., 173, 177 ff., **178**, **179**, 197, **216**, 217, 260, **261**, 263, **263**, 270, **271**, 279, 281 f., 286, 322, 352, 478, 503, vgl. 539
Schwarz, Ullrich 472
Schwarz, Will 300, **300**
Schwebes, Paul (Schwebes und Schoszberger) 317
Schwechten, Franz 19 ff., **21**, 261, vgl. 539
Schweger, Peter (Schweger und Partner) 329, **421**, **471**, 471
Schweizer, Ludwig 276
Schweizer, Otto Ernst 135, **135**, 305, vgl. 539
Schweizer, Peter 316
Schwippert, Hans 249, 302, **302**, 304, **304**, 352, 438, 542, vgl. 539
Scott Brown, Denise 406, **406**, 446, **447**
Seeck, Franz 518
Seewald, Georg **298**
Sehring, Bernhard 36 f., **37**, vgl. 539
Seidl, Emanuel von 14, **14**, 40, 75, vgl. 539
Seidl, Gabriel von 41, **74**, 75, vgl. 539
Seifert, Alwin 226
Seitz, Luise 273
Selmanagic, Selman 273, 288 f., **288**, vgl. 539
Semper, Gottfried 79, 478
Senger, Alexander von 191 f.
Serrurier-Bovy, Gustave 22
Shakespeare, William 471
Shaw, George Bernard 52
Siebrecht, Jürgen **201**
Siedler, Wolf Jobst 374, **375**
Sieg, Volker **326**
Siegel und Partner **507**

Siegel, Horst **365**
Siemens & Halske 25
Siemens, Werner von 131
Siemens-Konzern 72, 78, 220, 468
Sieverts, Ernst 344, **344**
Sieverts, Thomas 375, 506
Sigrist, Albert, (PS. von Alexander Schwab)
Simmel, Georg 65
Simon, Hans **299**
Sinan 243
Sinclair, Upton 52
Sitte, Camillo 51, 67 f., **67**, 272, 517
Sittmann, Tassilo **333**
Siza, Álvaro 399
Skidmore, Owings and Merrill (SOM) 283, **283**, 301 f.
Skoda, Rudolf 326, **326**
Smago, Robert **509**
Smithson, Alison 312, 356
Smithson, Peter 312, 356
Sniegon, Peter **317**
Sobek, Werner (Werner Sobek Ingenieure) 381, 451, **451**, **492**, 466, 498, **499**, 500, vgl. 539
Soeder, Hans 143, **143**, vgl. 539
Soleri, Paolo 350
Sony Corporation 451, **451**
Soria y Mata 273
Sowjetische Militärmission 256
Speer, Albert 19 f., 120, 168, 202, **203**, 205 ff., **205**, **206**, 208, **209**, 210 ff., **211**, **213**, 214, 219, 222, 224, 228, 232, 238, 247, 251 f., 254, 273, 278, 281, 334, 371, 520, vgl. 539
Speer, Albert (Speer und Partner) 421, 466, 468 f., **469**, vgl. 539
Speidel, Manfred 10
Spengelin, Friedrich 312, **313**, 343, **343**, vgl. 539
Spengelin, Ingeborg 343, **343**
Spengler, Oswald 65, 96, 113, 188
Spiegel, Hans 232
Spieker, Helmut **346**
Springer, Axel 371
Staatliches Hochschulbauamt, Hessen 346
Staatshochbauamt, Nordrhein-Westfalen 337, 345, **345**
Städelschule, Frankfurt am Main 464
Stadtbauamt, Berlin 273
Stadtbauamt, Freudenstadt 276
Stadtbauamt, Städtisches Hochbauamt, Hannover 265, **277**, **278**
Stadtplanungsamt, Düsseldorf 254
Stadtplanungsamt, Frankfurt am Main 274

Stadtplanungsamt, Kassel 275
Stadtplanungsamt, Stockholm 280
Stahl, Fritz 104
Stahn, Günter 415, **416**, 417, 418, vgl. 539
Stalin, Jossif Wissarionowitsch 236, 287 ff., **287**, 290, 296 f., 313, 520
Stallknecht, Wilfried 334, **335**, 336
Stam, Mart 133, 146, 175, 289, vgl. 540
Stamm, Willi **296**
Statistisches Reichsamt 92
Stead, William T. 69
Steffann, Emil 262, 263, **263**, 480, vgl. 540
Steffen, Michael **512**
Steidle, Otto 378, 379 f., 402, **403**, 468, **510**, 511, vgl. 540
Steiff, Richard **78**
Steigelmann, Hartmut **398**
Steigerwald, Bernd 354, **354**, **355**
Steinbach, Rudolf **259**, 260, 263, 418, vgl. 540
Steiner, Rudolf 102, **102**, 228, 327
Steinigeweg, Friedrich **454**
Stephan, Hans 252, vgl. 540
Stephan, Manfred **337**
Stichs, H. P. **512**
Stifter, Adalbert 196
Stimmann, Hans 447, 449, 460, vgl. 540
Stingl, Helmut **387**, **416**
Stinnes-Konzern 34
Stirling, James 409 f., **410**, 411 f., 458, 461
Stoffregen, Heinz 40, **47**, vgl. 540
Stommer, Rainer 10
Stone, Edward D. 320
Strabag, Baukonzern 466
Straub, Karl Willy 201
Straumer, Heinrich 40
Strauß, Johann 25
Streb, Ferdinand **270**
Streitparth, Jörg **319**
Striffler, Helmut 362, **362**, vgl. 540
Stromeyer, Peter 383, **383**
Stübben, Hermann Joseph 66 ff., **66**, 111, vgl. 540
Stubbins, Hugh **452**, 523
Stücheli, Werner **419**, 420
Sullivan, Louis 163, 292
Süßenguth, Georg 17, **17**,
Swiczinski, Helmut (Coop Himmelb(l)au) 461, 474, **474**
Swora, Karl-Ernst **368**
Sypereck, Helge **446**
Szabo, Lynbo-Mir **352**
Szyszkowitz, Michael 442, **442**

Tamms, Friedrich 120, 226 f., **227**, 229, **229**, 252 ff., **254**, 278, 383, 427, vgl. 540
Tange, Kenzo 354
Tattermusch, Eckehard **360**
Tauscher, Kurt **297**
Taut, Bruno 9, 28, 30, 34, 85 f., **88**, 94 f., 99, 102 ff., **103**, 106, 109, 111 f., 120, 129, 148, 150, 153 f., **154**, **155**, 156, 168, 180, 190, **190**, **191**, 233 f., 236, 238, **238**, 243 f., **243**, 310, 350, 352, 364, 378, 399, 518, 520, vgl. 540
Taut, Max 102, **101**, 109, 112, **112**, 126, 148, 162, **162**, 266, 267 327, 498, **498**, 518, vgl. 540
Taylor, Frederick Winslow 52, 130, 132
Technische Hochschule (Universität) Berlin (-Charlottenburg) 13, 375
Technische Hochschule (Universität), Dresden 437
Technische Hochschule (Universität), Hannover 13
Technische Hochschule (Universität), Karlsruhe 305, 375 f.
Technische Hochschule (Universität), München 120, 181, 305
Technische Hochschule (Universität), Stuttgart 120, 147, 183, 253, 305
Technische Hochschule (Universität), Braunschweig 305
Teherani, Hadi (BRT Architekten) 490, **491**, vgl. 540
Tessenow, Heinrich 9, 43, 51 f., **53**, 95, 97 f., **98**, 120, 169, 186 f., 188, 190, **191**, 200, 232, 475, vgl. 540 f.
Teut, Anna 10
Thäder, Wolf-Rüdiger **390**
The Architects' Collaborative (TAC), Cambridge, Mass. 240, **240**, 283, **286**
Theoderich, König der Ostgoten 21, 62 f.
Thiersch, August von 31, vgl. 541
Thiersch, Friedrich von 63, 76, **76**, vgl. 541
Thiersch, Paul 31, 123, vgl. 541
Thomas von Aquin 242
Thut, Doris **378**, 379
Thut, Ralph **378**, 379
Thyssen-Krupp, Unternehmensgruppe 34, 442, 468
Tietz, Kaufhauskonzern 72 f.
Tilke, Hermann (Tilke GmbH) 469, **469**
Timmermann, Helga **448**
Tinguely, Jean 308
Todt, Fritz 214, 226, 228, 520, vgl. 541
Tönnies, Ferdinand 95
Töpfer, Klaus **452**
Topfstedt, Thomas 10
Toulouse-Lautrec, Henry de 32
Tramm, Heinrich 13, **13**, 18
Tränkner, Erhard (Behnisch und Partner) 384, **384**
Trauer, M. 76, **76**
Trautwein, Fritz **270**
Trauzettel, Helmut vgl. 541
Treuhandanstalt 432
Troost, Gerdy 222
Troost, Paul Ludwig 183, 198 f., **199**, 201 f., 204 f., **207**, 238, vgl. 541
Tscharmann, Heinrich 18
Tschernyschew, Sergej J. **290**
Tschumi, Bernard 473
Tugendhat, Grete 144

U. S. State Department 283
Ulbricht, Lotte **293**
Ulbricht, Walter 257, 274, 288, **293**, 297, 315, 334, 371, 418, 444, 521
Ullmann, Helmut **365**
Ullstein-Verlag 118
Umweltbundesamt **496**, **496**
Ungers, Oswald Mathias 9 f., 363 f., **363**, **364**, 375, 392, 405, **411**, 412 f., **412**, 421, 447, 448, 466, **470**, 471, 478 f., 523, vgl. 541
Union Internationale des Architectes (UIA) 524
United Nations Educational, Scientific and Cultural Organization (Unesco) 396, 423, 523
United Nations Organization (UNO) 520
Unwin, Raymond 153, 271
Urbanski, Wolfgang 388

Vaeth, Hans 221
Valentyn, Thomas van den 437, **437**, 449, vgl. 541
Vasarely, Victor 320
Vasari, Giorgio 58
VEB Architekten- und Ingenieurbüro Mecklenburg 521
VEB BMK Ingenieurhochbau **416**, **417**
Veblen, Thorstein 239
VEB Typenprojektierung 334
Velde, Henry van de 29, 31 ff., **32**, **33**, 35, **35**, 61, 86 f., **87**, 101, **121**, 124, 359, 517, vgl. 541
Venturi, Robert 406, **406**, 446, **447**, 484
Vereinigte Kunstschulen, Berlin 123
vgl. 541
Vereinigte Werkstätten für Kunst und Handwerk, München 36
Vereinigung Berliner Architekten 69
Verlaine, Paul 32
Vessar, Carl **200**
Victoria, Königin von Großbritannien und Irland 24
Vincents, Curt R. 180
Virilio, Paul 508
Vitruv, Vitruvius Pollio 472
Voigt, Wolfgang 10
Völker, Karl 153 **153**
Volksbund Deutsche Kriegsgräberfürsorge 202
Volkswagenwerk 223 f., **223**, 468
Vorhoelzer, Robert 149, 155, **156**, 181, vgl. 541

Wachsmann, Konrad 347 f., **347**, 354, 475, vgl. 541
Wagenfeld, Wilhelm 196, 249
Wagner, Martin 79, **91**, 111, **134**, 135, 149, **149**, 153, 164 f., 187, 190, **191**, 195 f., 238, 267, 518 f., vgl. 541
Wagner, Otto 29, 138, 412
Wagner, Richard 14, 63
Wahl, Peter **469**, **469**
Waldow, Edmund 18
Wallmann, Walter 411
Wallot, Paul 16, 18, 91, 168, 181, 453, **453**, vgl. 541
Walter, Günther 320
Wandel, Andrea **478**, **478**
Wappner, Ludwig 488, **488**
Warschauer, Thomas 412
Wasmuth, Verlag, Ernst 110, 165
Wasser- und Schiffahrtsdirektion Stuttgart **172**
Weber, Franz **163**
Weber, Gerhard 284, **285**, **286**, 308, vgl. 541 f.
Weber, Karlheinz (Carlo) 384, **384**, 466, **467**, vgl. 541
Weber, Martin 107
Weber, Peter **407**
Weber, Wolfgang 366, **366**
Weeck, Peter **390**
Wegener, Paul 104
Weideplan Consulting **507**
Weihsmann, Helmut 10
Weinberger, Herbert 273
Weinbrenner, Friedrich 402, 413
Weiß, Peter **334**
Weitling, Otto 357
Weizmann, Chaim 237, **237**
Welsch, Wolfgang 405
Wendel, Ernst 215, **215**
Werdandi-Bund 46

Register 579

Werkbund siehe Deutscher Werkbund
Werkschulen, Köln 123
Werner, Eduard 82
Wernik, Siegfried (Léon, Wohlhage und Wernik) 468, 486, **486**
Wertheim, Kaufhauskonzern 40, 72 f., 131
Westheim, Paul 9, 160
Wetzel, Heinz 183
White, Stanford **290**
Wichert, Fritz 127
Wichtendahl, Wilhelm 221
Widukind, Fürst der Sachsen 202
Wiedemann, Josef 261, vgl. 542
Wiederaufbau GmbH, Köln 252
Wiener Secession 30
Wilford, Michael **410**, 458, 461
Wilhelm Ernst, Großherzog von Sachsen-Weimar 32
Wilhelm I., deutscher Kaiser 20, 61
Wilhelm II., deutscher Kaiser 13, **13**, 15 ff., 18 f., 21, 59, 63, 69, 84 f., 91, 203, 470, 517 f.
Wilhelm, Günter 305
Wilkhahn, Möbelfabrik 497
Wilson, Peter (Bolles und Wilson) 466 f., **467**, vgl. 542
Wimmenauer, Karl **302**, 352, **352**, vgl. 542
Winzer, Ernst **320**
Wisniewski, Edgar 325, **326**
Witte, Martin 304
Wittwer, Hans **127**, **157**, 158, vgl. 542
Wlassow, Alexander **293**
Wohlhage, Konrad (Léon, Wohlhage und Wernik) 468, 486, **486**, vgl. 542
Wolf, Achim 418
Wolf, Paul 252, vgl. 542
Wolff, Heinrich 198, **198**
Wolffenstein, Richard (Cremer und Wolffenstein) **73**
Wolters, Rudolf 120, 253, vgl. 542
Womacka, Walter 300
Woods, Shadrach **341**, 458
World's Columbian Exposition, Chicago 110
Wortmann, Wilhelm 251, 270, vgl. 542
Wright, Frank Lloyd 86, 105, 110, 138, 143, 239, 283, **283**, 284

Yamawaki, Iwao **195**
Yudell, Buzz 408

Zache, Manfred 388
Zamp Kelp, Günter (ehemals Haus-Rucker-Co.) 461, **461**

Zehnerring 518
Zeiss-Dywidag 174
Zero, Künstlergruppe 408
Zess, Hermann **270**
Ziebland, Georg Friedrich **264**
Ziegler, Leopold 58 f.
Ziegler, Paul **182**
Zille, Heinrich 416
Zimmer, Robert **226**
Zimmermann, Gerd 394
Zimmermann, Michael (Engel und Zimmermann, KPS) 468
Zumpe, Manfred **314**
Zumthor, Peter 461 f., **461**
Zweigenthal, Hermann 158, **158**

Orte und Bauten

Aachen 21, 67, 114, 247, 249, **249**, 260
  Dom, Münster, Pfalzkapelle 21
  Großklinikum 366 f., **366**
  Quartier am Büchel **404**
  Soziale Frauenschule 178, **178**
  St. Fronleichnam 2, 178, **179**
  Turm am Hauptbahnhof, Haus Grenzwacht 114
Aggstall bei Freising
  Wohnhaus **484**
Akko 236
Alfeld an der Leine
  Fagus-Werke 82, **82**, 85, 222
  Maschinenfabrik Gebr. Kappe & Co. **122**
Algier
  Fort l'Empereur, Projet A 349
Alsfeld, Hessen 395
Altona (Hamburg-Altona) 17, 155, 238
Amberg, Bayern
  Glas- und Porzellanwerke Thomas 285
Amiens 280
Amsterdam 99, 467
  Börse 129
Andernach 20
Ankara 238
  Staatsoper 238
Anting bei Schanghai 468
Antofagasta, Chile
  Hotel des European Southern Observatory, Cerro Paranal 466, **467**
Ascona
  Monte Verità 378
Athen
  Stadion 210
Atlantikwall 227 ff., **228**, **229**
Augsburg 214, 333, 508, 522
  Bärenkellersiedlung **218**
Auschwitz, Auschwitz-Birkenau
  Konzentrationslager 230, 231, 260, 371
Avignon 503

Bad Doberan, Mecklenburg
  Schulbau **337**
Bad Hersfeld, Hessen
  Freilichttheater Stiftsruine 383
Bad Nauheim, Hessen
  Maschinenzentrale und Fernheizwerk **79**
  Wohnbebauung **409**
Bad Oeynhausen, Westfalen 459
Baden-Baden 459
  Haus Schatz **327**

Bamberg 395
Barcelona 22, 101, 181, 304, 519
  Deutscher Pavillon für die Weltausstellung, 1929 144, **145**, **208**
Basel
  Kunstmuseum 183
Batz bei La Baule, Bretagne
  Gefechtsleitstand **228**
Bear Run, Penn.
  Haus Kaufmann, Fallingwater 283
Bensberg siehe Bergisch-Gladbach
Berchtesgaden 102
Bergen-Belsen
  Konzentrationslager 231
Bergisch-Gladbach
  Neues Schloß, Bensberg 359
  Rathaus Bensberg 357, **358** f.
Bergkamen 440
Berlin 13, 15, 17, 22, 32, 40, 55, 65, 70 ff., **71**, 73, 92 f., 99, 116, 120, 135, 150, 153 f., 157–168, 187, 206, 211, 219, 239, 266 f., 273 f., 295, 297, 305, 311, 312–315, 320, 338, 372, 383, 396, 414, 428, 438, 444–457, 462, 517, 520–524
  AEG, Turbinenfabrik, Moabit 80, **81**, 83
  AEG-Werk, u. a. Kleinmotorenfabrik, Wedding 81 f., **81**
  Akademie der Künste, Tiergarten 328, **328**
  Alexanderplatz, Mitte 158, 164, **164**, 165, 187, 291, 312, 316, **316**, 415, 422, 444 f., 450, **450**
  Allgemeine Städtebau-Ausstellung 1910 69, 517
  Alte Potsdamer Straße, Mitte **450**, 451
  Altes Museum, Mitte 204, **205**, 411, 459
  Arkonaplatz, Mitte 389
  Arnim-Platz, Prenzlauer Berg **388**, 389
  Atelierhaus Arnold Zweig, Eichkamp **142**
  Außenministerium der DDR, Mitte 257, 314, **445**, 452
  Ausstellung *die stadt von morgen* 1957 521
  Ausstellung *Sonne, Luft und Haus* 1932 519
  Ausstellungsstand Mero-Bau, Industriemesse **347**, 348
  Automobil-Verkehrs und Übungsstraße (AVUS), Grunewald 158, **158**, 225, 518
  Band des Bundes 168, **452**, 453
  Bauakademie, Mitte 257, **257**, 418, 449

Bauhaus, Lankwitz 195
Bauhaus-Archiv, Tiergarten **286**
Bebauung Karl-Liebknecht-Straße, Mitte **314**
Bebauungsplan Groß-Berlin **167**
Berlin-Museum, Kreuzberg **463**
Betriebshof der Berliner Verkehrsgesellschaft, Wedding 119, **119**
Bildungszentren 337
Block 118, Klausener Platz, Charlottenburg 389, **389**
Block 270, Vinetaplatz, Wedding 393, **393**
Borsig-Turm, Tegel 118 f., **118**
Botanischer Garten, Dahlem 351
Botschaft der Niederlande, Mitte 460 f., **460**
Botschaft der Sowjetunion, Mitte 291
Brandenburger Tor, Mitte 291, 446
Britische Botschaft, Mitte **461**
Bundesgartenschau, Britz 351
Bundeskanzleramt, Mitte **524**
Buntes Theater, Kreuzberg 36, **36**
Bürgerforum, Tiergarten 453
Chapman-Projekt 187
Charlottenburg 19
Charlottenburg-Nord 72
Columbus-Haus, Mitte **163**
Debis-Hochhaus, Mitte **450**
Deutsche Bauausstellung 1931 **133**, 149, 310, 519
Deutsche Lebensrettungs-Gesellschaft (DLRG), Spandau 353, **353**
Deutsche Oper, Charlottenburg 319
Deutsche Versuchsanstalt für Luftfahrt, Adlershof 222, **222**
Deutscher Bundestag, Erweiterung, Tiergarten/Mitte 452 f., **455**
Deutscher Dom, Mitte 16, **16**, 291, 395, **396**
Deutsches Historisches Museum, Mitte 459, **459**
Deutsches Historisches Museum, Tiergarten 459, **459**
Deutsches Schauspielhaus, Mitte 395, **396**
Dorotheenstadt, Mitte 453
Ephraimpalais, Mitte **416**
Ernst-Reuter-Platz, Charlottenburg 316 f., **317**, 319, 422
Erste Deutsche Schiffbauausstellung 30
Europa-Center, Charlottenburg **319**, 320, **350**
Evangelische Kirche am Lietzensee, Charlottenburg **306**

Fernsehturm, Mitte 314, **314**
Fischerinsel, Fischerkietz, Mitte 415 f., **416**, 422
Flughafen, Tegel 483
Flughafen, Tempelhof 158, 206, 211
Forum Fridericianum, Mitte 257
Frankfurter Tor, Friedrichshain **293**, 294, **294**
Französische Botschaft, Mitte 461
Freibad Wannsee **91**, 134
Freie Universität, Geisteswissenschaftliche Institute, Dahlem 458
Friedrichstadt 397 f.
Friedrichstadtpalast, Mitte 417
Friedrichstraße, Mitte 417 f., **447**, 449
Funkturm, Charlottenburg 149, 319
Gemäldegalerie, Tiergarten 325, **471**
Gendarmenmarkt (Platz der Akademie), Mitte **166**, 257, 417 f., **417**
Gerichtslaube, Mitte 416
Geschäftshaus, Checkpoint Charlie 459
Grenzschutzbefestigung der DDR (Mauer) 337 f., 445, 522 f.
Groß-Berlin 69, **70**, **71**
Große Halle (Volkshalle), Tiergarten 207 f., 212, **213**
Große Straße 168, 211, **213**
Großes Schauspielhaus, Mitte 96, **96**, 104
Großsiedlung Britz-Buckow-Rudow (Gropiusstadt) 285, 339
Großsiedlung Hellersdorf 339, 389
Großsiedlung Hohenschönhausen 389
Großsiedlung Märkisches Viertel 339, **341**, 374 f.
Großsiedlung Marzahn **335**, 339, 389, 469
Grunewald 38
Grunewaldstadion **134**
Hackesche Höfe, Mitte 36
Hamburger Bahnhof, Tiergarten 397
Hansaviertel, Tiergarten 310, **310**, **311**, 328, 441
Hauptbahnhof (ehemals Lehrter Bahnhof), Tiergarten 511, **511**
Hauptvorstand der (Ost-)CDU, Mitte **417**, 418
Haus B., Dahlem **414**
Haus Baensch, Steglitz 216
Haus Berlin, Potsdamer Platz, Mitte 163, **163**
Haus Bolle, Dahlem **216**

Haus der Geschichte, Mitte 452
Haus der Metallarbeitergewerkschaft, Kreuzberg **160**, 161
Haus der Ministerien, DDR (ehemals Reichsluftfahrtministerium, heute Finanzministerium), Mitte 452
Haus des Lehrers, Mitte 316, 319, **319**
Haus Kluge, Am Rupenhorn, Charlottenburg 142
Haus Mertens, Nikolassee 40
Haus Schneider, Lankwitz 47, **47**
Haus Sommerfeld, Lichterfelde **95**, 95
Haus Springer, Wannsee 38, 40, **40**
Haus Sternefeld, Charlottenburg 363
Haus Wiegand, Dahlem **44** f., 44
Haus Ziegler, Steglitz 216, **216**
Hebbeltheater, Kreuzberg 59, **60**
Heinz-Galinski-Schule, Grunewald 462
Hochhaus an der Weberwiese, Friedrichshain **292**, 294 f., 311
Hochhaus Bahnhof Friedrichstraße, Mitte 116 f., **116**
Hochhäuser, Leipziger Straße, Mitte 415
Hochschulstadt, Charlottenburg 211
Hotel Adlon, Mitte 461
Hotel Grand Hyatt, Mitte **450**
Infobox, Mitte 485, **485**
Interhotel Stadt Berlin (Hotel Forum), Mitte **316**
Internationale Bauausstellung (IBA) 1984–1987 379, 391, **391**, 398 f., **398**, **399**, 407, 447, 460, 523
Internationale Bauausstellung (Interbau) 1957 273, 281, 284 f., 310 ff., **311**, 328, 441, 521
Internationales Congress Centrum, Charlottenburg 319, 367, **367**
Internationales Handelszentrum, Mitte 367
Joachimsthaler Gymnasium, Wilmersdorf 323
Jüdisches Museum, Kreuzberg 463, **463**, 474
Kaiser-Friedrich-Museum (heute Bode-Museum), Mitte 16, **16**, 73
Kaiser-Wilhelm-Gedächtniskirche, Charlottenburg 20, **261**, 262, 312, 319, 422
Kant-Garage, Charlottenburg 158, **158**
Kanzleramt, Tiergarten 452 f., **452**, **454**

Kanzlerbungalow, Tiergarten 453
Karl-Marx-Allee siehe Stalinallee
Kathreiner-Hochhaus, Schöneberg **163**
Kaufhaus der Konsumgenossenschaft, Oranienplatz, Kreuzberg **162**
Kaufhaus Hermann Tietz, Alexanderplatz, Mitte **73**
Kaufhaus Karstadt, Hermannsplatz, Kreuzberg **161**, 162
Kaufhaus Tietz, Leipziger Straße, Mitte 37, **37**
Kaufhaus Wertheim, Mitte **72**
Kinderspielhaus, Märkisches Viertel 351
Kino Babylon, Mitte 159
Kino Capitol, Charlottenburg 159
Kino Kosmos 309, **309**
Kino Nollendorfplatz, Schöneberg 159
Kino Titania-Palast, Steglitz 159, **159**
Kino Universum (Schaubühne), Wilmersdorf 159 f., **159**, 448
Kleine Philharmonie, Tiergarten 325
Kommandantur, Mitte 449
Kongreßhalle, Tiergarten **452**, 523
Krankenhaus, Buch 17
Krankenhaus, Wedding 17
Kronprinzenpalais, Mitte 257
Kulturforum, Tiergarten 212, 325 f., **325**, 522
Kunstbibliothek, Tiergarten 325
Kunstgewerbemuseum, Tiergarten 325
Kurfürstendamm, Charlottenburg 312
Landhaus Kamecke, Mitte 418
Landwehrkanal, Mitte **450**
Laubenganghäuser, Stalinallee (Karl-Marx-Allee), Friedrichshain 291, **291**
Leibniz-Kolonnaden, Charlottenburg 448, **448**
Leipziger Straße, Mitte 422
Leninplatz (Platz der Vereinten Nationen), Friedrichshain 336, **336**
Lichterfelde 38 f.
Ludwig-Erhard-Haus, Charlottenburg **465**
Luisenstadt 397, 399
Lustgarten, Mitte 291
Mahnmal für die ermordeten Juden Europas, Mitte 463
Marie-Elisabeth-Lüders-Haus, Mitte **452**, **455**, 456
Markgrafenstraße, Mitte 449

Register 581

Märkisches Museum, Mitte 17, **17**
Märkisches Ufer, Mitte 415, **416**
Marlene-Dietrich-Platz, Mitte 450, **450**, **451**
Marx-Engels-Platz (Schloßplatz), Mitte 314, **445**
Messegelände am Funkturm, Charlottenburg 310
Mietshaus, Kottbusser Damm, Tempelhof 399
Mietshaus (Zaha Hadid), Mitte 463
Mohrenstraße, Mitte 449
Museumsinsel, Mitte 73
Musical-Theater, Mitte 325, **450**
Nationalgalerie, Mitte 319
Neue Nationalgalerie, Tiergarten 285, 319, **325**
Neue Reichskanzlei, Mitte 205, **205**, 212, 247, 463
Neue Wache, Mitte 186, 459
Neuer Marstall, Mitte 16
Nikolaiviertel, Mitte 415, **416**, 417 f., 523
Nordische Botschaften, Tiergarten **460**, 461
Oberkommando des Heeres, Tiergarten 212, **212**
Oberschöneweide 72
Oberstufenzentrum, Köpenick **486**
Olympiastadion, Charlottenburg 211, **212**, 384, 438, **507**, 508
Palast der Republik, Mitte 315, 319, 367 f., **368**, 445, 452, 523
Pariser Platz, Mitte 291, 448
Parochialkirche, Mitte 449
Paul Löbe-Haus, Tiergarten **452**, **455**, 456
Pergamon-Museum, Mitte 73, **74**
Philharmonie, Tiergarten 323, **324**, 325 f., 522
Philharmonie, Wilmersdorf 323
Photonikzentrum, Adlershof 487, **487**
Platz der Akademie siehe Gendarmenmarkt
Platz der Republik, Tiergarten 167 f., **167**
Potsdamer Platz, Mitte 164, 273, 325, 444, 450, **450**, 460
Potsdamer Straße, Mitte 325
Prager Platz, Wilmersdorf 399
Quartiere 205, 206, 207, Friedrichstraße, Mitte **447**
Regenbogenfabrik, SO 36, Kreuzberg 399, **399**
Reichsbank, Erweiterungsbau siehe Zentralkomitee der SED (heute Außenministerium), Mitte 197, **198**

Reichsluftfahrtministerium siehe Haus der Ministerien (heute Finanzministerium), Mitte 215, **215**
Reichsschuldenverwaltung, Kreuzberg 92, **92**
Reichssportfeld 519
Reichstagsgebäude, Tiergarten 16, 168, 319, 431, 452, **453**, **454**, 518, 524
Restaurant Ahornblatt, Mitte 387, **387**
Romanisches Viertel, Charlottenburg 20
Rotes Rathaus, Mitte 291
Rummelsburger Bucht, Ostkreuz 446
Runder Platz, Tiergarten 212
Schloßinsel, Mitte 415
Schloß Charlottenburg 168
Schloß Tegel 399
Schloß, Mitte 168, **256**, 257, 291, 418, 449, **449**, 518, 520
Schuhhaus Stiller, Charlottenburg **299**
Shell-Haus, Tiergarten **163**, 164
Siedlung Afrikanische Straße, Wedding 145
Siedlung Am Fischtal, Zehlendorf 190, **191**
Siedlung Biesdorf-Süd 446
Siedlung DeGeWo, Britz **190**
Siedlung Falkenberg, Grünau 154
Siedlung Falkenhöh-Falkensee, Spandau 446
Siedlung Gehag (Hufeisensiedlung), Britz 154, 156, **190**
Siedlung Gehag (Onkel Toms Hütte), Zehlendorf 150, **154**, 156, 190, **190**, **191**
Siedlung Haselhorst 155
Siedlung Karow-Nord 446
Siedlung Siemensstadt, u. a. »Langer Jammer« 154, **154**, 176, **176**, 177
Sony Center, Mitte 451, **451**
Spandau 72, 281
Spielkasino, Mitte 325, **450**
Spreebogen 212
St. Agnes, Kreuzberg **361**, 362
St. Marien, Mitte 291
St. Nikolai, Mitte 415, 416
Staatsbibliothek, Mitte 16, 319
Staatsbibliothek, Tiergarten 16, 319, **326**, 325, 329
Staatsoper Unter den Linden, Verwaltungs- und Magazingebäude, Mitte 257, **257**, 319
Staatsratsgebäude, Mitte 300, **300**, 315, **315**, **445**, 452, 522

Stadtbad, Mitte **98**
Stadtreinigung, Tempelhof 398, **398**
Stadtvilla Kurfürstenstraße, IBA 1984–1987, Tiergarten 398
Stalinallee (Karl-Marx-Allee), Friedrichshain 280, 291, **292**, 293, 295, 297, 311, 315 f., **316**, 330, 521
Strausberger Platz, Friedrichshain **293**, 294 f., **294**, 316
Südbahnhof 212
Tageblatt-Haus, Mitte 161
Tauentzien, Charlottenburg 312
Technische Universität, Charlottenburg 317
Tegel 72, 399
Telefunken-Haus, Charlottenburg 317
Tempelhof 212
Tempelhofer Feld 104, 208
 Tiergarten 212, 312, 446
Topographie des Terrors, Mitte 462
»Tränenpalast« Friedrichstraße, Mitte 118
Triumphbogen 212
Ullstein-Hochhaus, Tempelhof 118
Umspannwerk für die Berliner Elektrizitätswerke (BEWAG), Pankow 171, **172**
Unité d'Habitation, Charlottenburg 281, **281**
Unter den Linden, Mitte 165, **166**, 168
Verkehrsturm Potsdamer Platz, Mitte **157**, 158
Versöhnungskirche, Mitte 478, **478**
Versuchsbau, Fennpfuhl 334
Wachsendes Haus, Ausstellung *Sonne Luft und Haus für alle* 149, **149**
Wasserstadt Oberhavel, Spandau 446
Wasserversuchsanstalt, Tiergarten 352, **353**
Wirtshaus zum Nußbaum, Mitte 416
Wohn- und Atelierhaus, Luisenplatz, Charlottenburg 448, **448**
Wohn- und Geschäftshäuser, Kochstraße, Südliche Friedrichstadt, IBA 1984–87 **391**
Wohn- und Geschäftsquartier Pulvermühle, Spandau 446
Wohnbebauung am Tegeler Hafen, IBA 1984–1987 **408**
Wohnbebauung Fraenkelufer, IBA 1984–1987, Luisenstadt 399, **399**

Wohnbebauung Ritterstraße-Nord, IBA 1984–1987, Kreuzberg **398**
Wohnbebauung Weberwiese, Friedrichshain **293**
Wohnbebauung, Lewishamstraße, Charlottenburg 448
Wohngebiet Fennpfuhl, Lichtenberg 316
Wohnheim der Akademie für Gesellschaftswissenschaften, Mitte **417**
Wohnhochhäuser, Reinickendorf 323
Wohnhof Lindenstraße, IBA 1984–1987, Kreuzberg **398**
Wohnungsbauten, Charlottenburg **55**
Wohnungsbauten, Schöneberg 56
Wohnungsbauten, Steglitz 56, **57**
Wohnzelle, Friedrichshain 292
Zentralkomitee der SED, siehe auch Reichsbank (heute Außenministerium), Mitte 452
 Zeughaus, Mitte 459
Bern
 Siedlung Halen 342
Bernau bei Berlin 389
 Bundesschule des Allgemeinen Deutschen Gewerkschaftsbundes 126, **127**
Bexhill-on-Sea, East Sussex
 De la Warr-Pavillon 161, 236, **236**
Biberach
 Häuser Schmitz 321, **321**
Bielefeld
 Kunsthalle 459
 Universität 346
Bingen
 Bismarck-Nationaldenkmal auf der Elisenhöhe 63, **64**, 204
Bocholt 491
Bochum 251, 508
 Kapelle der Christengemeinschaft 327
 Ruhr-Universität, Querenburg 337, 345, **345**, 346
Bonn 21, 225, 304, 521, 523 f.
 Ausstellung *Partizipation* 373, **373**
 Bundeshaus (Pädagogische Akademie) 304
 Bungalow des Bundeskanzlers 304
 Friedrich-Ebert-Brücke, Bonn-Nord 382, 383
 Funkhaus Deutsche Welle 439, **439**
 Hochhaus der Abgeordneten (»Langer Eugen«) 305, **305**, 439
 Kunst- und Ausstellungshalle 457
 Kunstmuseum **456**, 457

Plenarsaal des Deutschen Bundestags 304, **438 f., 439,** 524
Südstadt 372
Bornim bei Potsdam
    Haus Mattern 216
Boston 19, 241, 522
    North End 374
Bottrop 440
Brandenburg 338, 432, 523
    Haus Tiede **43**
    Opelwerk **221**
Brasilia 313, 364
    Deutsche Botschaft 466
Braunschweig
    Alte Waage 415
    Burg Dankwarderode 19
    Mascherode 201
    Schloß 258, 415
Bremen 40, 106, 251, 283
    Böttcherstraße 196
    Haus Atlantis, Böttcherstraße 106, **106**
    Haus Paula Modersohn-Becker, Böttcherstraße 106
    Siedlung Neue Vahr 328 f., **328, 340**
    Stadthalle 307, **307,** 461
    Wohnquartier Marterburg 407, **407**
Bremerhaven 137, 223
    Stadthäuser, Deichstraße **407**
Breslau 17, 55, 65, 112 f., **113,** 120, 247, 519
    Appartementhaus, Ausstellung *Wohnen und Werkraum* (*WUWA*) 148, **148**
    Ausstellung *Wohnen und Werkraum* (*WUWA*) 1929 137, 148, **148,** 519
    Elisabethkirche **110**
    Flughafen 158
    Geschäftshaus, Junkernstraße 160
    Hochhaus am Ring **113**
    Jahrhunderthalle 76 f., **76, 77,** 110, 173
    Kaufhaus Petersdorff 160, **160**
    Kino Deli 159
    Ledigenwohnheim, Ausstellung *Wohnen und Werkraum* (*WUWA*) 137, 140, 148, **148**
    Markthalle 77, **77**
    Wasserturm **110**
    Werdermühle **83**
    Wohnungsbauten **56**
Brieske bei Senftenberg, Niederlausitz
    Gartenstadt Marga 49 f., **49,** 51, 53
Brühl bei Bonn
    Haus Babanek **480**
Brünn

Haus Tugendhat 144 f., **144**
Brüssel 22, 29, 519
    Atomium, Weltausstellung 354
    Deutscher Pavillon, Weltausstellung 198, 303, **303**
    Haus Bloemenwerf, Uccle 32, 33
    Weltausstellung 1958 320, 522
Buchenwald bei Weimar
    Konzentrationslager 230
Buchschlag (Dreieich-) bei Frankfurt am Main 38
Buenos Aires
    Getreidesilo Bunge & Born **79**
Büren bei Paderborn
    Wewelsburg, Umgestaltung 202, **202**

Cadiz, Andalusien 273
Cambridge, Mass. 283
    Harvard Graduate Center **240**
Castel del Monte, Apulien 186
Castrop-Rauxel 357
    Forum 357, **357**
Celle 150, 197
    Siedlung Georgsgarten **130**
    Siedlung Italienischer Garten 152 f., **153**
Chambord, Loire-et-Cher
    Schloß 454
Chandigarh, Punjab, Indien
    Kapitol 356
Charkow, Ukraine
    Ukrainisches Staatstheater 190
Chemnitz (ehemals Karl-Marx-Stadt) 55, 160
    Gießerei Hermann und Alfred Escher AG **78**
    Großsiedlung »Fritz Hecker« 339
    Haus Esche 32, **32**
    Sportpark 440
    Stadtbad 135, **135**
    Stadthalle 320
    Straße der Nationen 317
Chicago 19, 68 f., 73, 110, 116, 132, 241, 282 f., 290, 522
    Chicago Tribune Tower, Wettbewerb 112, **112, 122**
    Illinois Institute of Technology (früher Armour Institute) 222, 242, **242**
    Museum of Contemporary Art 466, **466**
    World's Columbian Exposition 110
Chongqing, China 469
Clausthal-Zellerfeld
    Harzer Bergakademie, Aula 109, **109**
Cottbus 523
    Eiscafé Kosmos 387

Hochschulbibliothek 488
Stadttheater 36 f., **37**
Coventry 231

Dachau
    Konzentrationslager 230
    Versöhnungskirche, Konzentrationslager 362, **362**
Danzig 113
Darmstadt 22–30, 32, 35, 101, 145, 232, 285 f., 310, 320, 323, 519, 521
    Arbeiterhaus für die Firma Opel (Künstlerkolonie Mathildenhöhe) 28
    Ausstellung *Ein Dokument Deutscher Kunst* und Ausstellungen 1904, 1908, 1914 (Künstlerkolonie Mathildenhöhe) 22–28, **22, 23, 25, 26, 27, 28,** 35, 285, 310, 517
    Ausstellung *Ein Dokument Deutscher Kunst*, Meisterbauten 285 f., 521
    Ausstellungsgebäude, Künstlerkolonie Mathildenhöhe 25, 27 f., **27**
    Ausstellungsgebäude für angewandte Kunst, Künstlerkolonie Mathildenhöhe 28, **28**
    Ausstellungspavillons, Künstlerkolonie Mathildenhöhe 27
    Dreihäusergruppe, Künstlerkolonie Mathildenhöhe 27 f., **28,** 30
    Ernst-Ludwig-Haus, Künstlerkolonie Mathildenhöhe 23, 25, **25,** 27
    Georg-Büchner-Gymnasium 302, **302**
    Haus Behrens, Künstlerkolonie Mathildenhöhe 25 f., **26,** 27 ff.
    Haus Deiters, Künstlerkolonie Mathildenhöhe 26, **26**
    Hochzeitsturm, Künstlerkolonie Mathildenhöhe 25 ff., **27,** 28
    Holzhaus, Künstlerkolonie Mathildenhöhe 28
    Kleinwohnungskolonie, Künstlerkolonie Mathildenhöhe 28
    Mietshausgruppe, Künstlerkolonie Mathildenhöhe 28
    Schwanentempel, Künstlerkolonie Mathildenhöhe 28, **28**
    Spielhaus, Wolfsgarten 26
Delft 284
Delstern bei Hagen
    Krematorium 44
Denver 422
Dessau 120, 123 f., 133, 150, 232, 247, 266, 504, 509, 523 f.
    Arbeitsamt 126

Bauhaus-Gebäude 125, **125,** 136, 180, 198, 219, 523
Fachhochschule **437**
Gaststätte Kornhaus **126**
Laubenganghäuser, Törten 126
Meisterhäuser, u. a. Doppelhaus Muche-Schlemmer 125, **126**
Rathaus, Erweiterung 436
Siedlung Törten 131, **131**
Theater 198, **198**
Umweltbundesamt 496, **496**
Wohn- und Geschäftshäuser, Antoinettenstraße 296, **296**
Detroit 130, 240
    Ford-Fabrik **130**
    Northland Center 318
Dogern, Oberrhein
    Hochregallager Sedus Stoll 487
Dornach bei Basel 228
    Zweites Goetheanum **102,** 327
Dortmund 114, 508
    Adlerturm 414
    Gesundheitshaus 300, **300**
    Musterzeche Zollern II/IV, Böninghausen 34, **34**
    Siedlung Ergänzung Gartenstadt Fürst Hardenberg, Eving 441
    Stadttheater 36
Dresden 13, 17, 55, 65, 97, 99, **231,** 232, 252, 266, 268 f., **268,** 295, 318, 320, 434, 460, 503, 517, 520
    Altmarkt 296, **296**
    Centrum-Warenhaus 317
    Deutsche Städteausstellung 517
    Deutsches Hygienemuseum 135 f., **136,** 437
    Dritte Deutsche Kunstausstellung (Binnenhof, Musiksaal) 30, **30,** 517
    Frauenkirche 257, 261, **261,** 418, **418,** 524
    Haus Tiergartenstraße **39**
    Hofkirche 257, 439
    Hotel Newa (heute Mercure) 317
    Internationale Kunstausstellung 1897 32
    Kino UfA-Palast 474, **474**
    Krematorium, Tolkewitz 59 f., **60**
    Landesfinanzamt und Zollverwaltung **183,** 439
    Ministerialgebäude 18
    Neustadt 396
    Prager Straße 274, 317, **317**
    Rathaus 257, **258**
    Sächsische Landesbibliothek **436, 437**
    Sächsischer Landtag 439, **440**
    Schloß 257, 437, 439
    Semperoper 257, 395, **396,** 439, 523

Register 583

Ständehaus 18
Synagoge 478, **478**
Zwinger 256 f., **256**
Duisburg 150, 440, 460, 508
 Euro-Gate, Innenhafen 442
 Haus Enkling 216, 217
 Jüdisches Gemeindezentrum 462, **462**
 Katzbuckelbrücke 492
 Kaufhaus Merkur 320
 Schwanentorbrücke **251**
 Wilhelm Lehmbruck Museum 358, **359**
Dünkirchen 227
Düren 247
 St. Anna 263, **263**
Düsseldorf 27, 120 f., 227, 251 ff., 254 f., 274, 278, 283, 426, 428, 459, 509
 Ausstellung GESOLEI (Gesundheitspflege, Soziale Fürsorge, Leibesübungen), Düsseldorf 1926 135, **136**
 Berliner Allee **255**
 Colorium, Rheinhafen 487 f., **487**
 Ehrenhof 135, **136**
 Galerie Schmela 458
 Großgarage Haniel 301, **301**
 Hauptbahnhof 278
 Hochhaus Stadttor 427, **427**
 Hochstraße Jan-Wellem-Platz 255
 Kaufhaus Tietz (heute Kaufhof) **72**, 73
 Kunstsammlung Nordrhein-Westfalen im Ständehaus 501 f., **501**
 Mannesmann-Hochhaus (später Vodafone) 301, **301**
 Mannesmann-Verwaltungsgebäude 59, **59**, 301
 Neuer Zollhof, Rheinhafen 458, 491
 Phoenix-Rheinrohr-(Thyssen-)Hochhaus 301 f., **302**, 427
 Planetarium (heute Tonhalle) 135
 Siedlung Schlageterstadt (heute Golzheim) 201
 Staatliche Kunstakademie 352, **352**
 Victoria Versicherung, Verwaltungsgebäude 301, **301**, 427
 Wilhelm-Marx-Haus 113, **114**

Eberswalde 445
 Fachhochschulbibliothek 488
 Schiffshebewerk des Oder-Havel-Kanals, Niederfinow 172, **173**
Eichstätt 400
 Jugendherberge **200**
 Lehrstuhl für Journalistik **400**
 Mensa der Universität **400**
 Ulmer Hof **400**
 Universitätsbibliothek 438, 472

Eifel
 Haus Ungers 2 478, **479**
Eimbeckhausen bei Bad Münder
 Möbelfabrik Wilkhahn **497**
Eisenach 434, **391**
 Wartburg 19
Eisenhüttenstadt (ehemals Stalinstadt) 290, 338 f., 521
Emden 247, 251
Emmerich
 Heilig-Geist-Kirche 477
Emscher-Region
 Internationale Bauausstellung Emscher Park, 1990–99 440–443, **440**, 460, 523
Enschede, Niederlande
 Studentenheim der Technischen Hochschule Twente 364
Erfurt
 Anger 397
Erkner bei Berlin 49
Erlenbach, Mainfranken
 Siedlung des Gauheimstättenamts der DAF **201**
Essen 27, 114, 508
 Auferstehungskirche 108
 Deutschlandhaus 114
 Margarethenhöhe 49 ff., **51**, 52 f., **52**
 Opernhaus 329, **329**
 RWE-Hochhaus 426, **426**
 Zeche Zollverein, u. a. Kesselhaus, Katernberg 171, **171**, 442
Ettlingen
 Kaufhaus 402
Eveux-sur-Abresle bei Lyon
 Kloster La Tourette 356

Firminy 356
Flensburg
 Deutsches Haus **182**
Florenz 59
 Baptisterium 30
 Palazzo Pitti 58 ff., **58**, 61
 S. Miniato al Monte 30
Flossenbürg, Bayern
 Konzentrationslager 207, 230
Forst, Lausitz 113
Fort Worth, Texas 422
Frankfurt am Main 17, **38**, 65 ff., 68, 76, 127, 133, 150, 153 f., 180, 268, 274, 283, 289, 377, 393, 419, 422, 427 f., 459, 485, 508 f., 519, 521
 Alte Oper 420
 Audi-Pavillon, Internationale Automobilausstellung 492, **492**
 Bank für Gemeinwirtschaft **421**
 Berliner Straße 277, 317
 BMW-Pavillon, Internationale Automobilausstellung 491, **492**

Bundesrechnungshof **274**
Bürostadt Niederrad 333
Commerzbank **421**, 424, **424**, **425**
Deutsche Bank 420, **420**
Deutsches Architekturmuseum 405, **411**, **412**, 523
Deutsches Filmmuseum **411**
Deutsches Postmuseum **411**, 412
DG-Hochhaus **421**
Dom St. Bartholomäus 277, 412, 419
Dresdner Bank 420
Europäische Zentralbank 419, 475
Farbwerke Hoechst, Verwaltungsgebäude 105, **105**, 170, **170**
Fernmeldehochhaus 265, **265**
Festhalle, Messegelände 76, **76**
Gaswerke, Osthafen 79, 84
Geschäfts- und Wohnhaus, Berliner Straße 281
Goethehaus 259, 260 f.
Hauptbahnhof 18
Haus Schwarzer Stern 414
Heizkraftwerk 411
Hoch-Tief-Verwaltungsgebäude 420
Japan-Center **421**, **421**
Jüdisches Museum 412
Karmeliterkloster 411
Kunsthalle Schirn 412, 414 f.
Kunstschule **127**
Landeszentralbank Hessen 411, **411**
Liebighaus 412
Main-Taunus-Zentrum, Sulzbach 318
Maintower **421**
Messe Frankfurt 412
Messetorhaus **421**
Messeturm 420, **421**, 428
Museum für Kunsthandwerk (für Angewandte Kunst) 412
Museum für Moderne Kunst 411
Museum für Vor- und Frühgeschichte 411
Nationalhaus **421**
Nordweststadt, Zentrum 318, **318**
Palais Rothschild 412
Palais Thurn und Taxis 265, **265**
Paulskirche 260 f., **260**, 274, 285
Plenarsaal (Studiogebäude Hessischer Rundfunk) 284 f., **286**
Römer **274**
Römerberg 278, 414
Saalgasse **406**, 407
Schauspielhaus 420
Selmi-Hochhaus, Platz der Republik 419
Siedlung Bruchfeldstraße, Niederrad 153, **154**

Siedlung Praunheim, Nidda-Tal **131**
Siedlung Westhausen, Nidda-Tal 155, **156**, 311
St. Leonhard 277
St. Nikolai **274**
Städelsches Kunstinstitut, Anbau 412
Verlagsgebäude Generalanzeiger **512**
Westend 371, 372, 38
Westhafen 485
Zürichhaus 419, 420
Frankfurt an der Oder 247, 266, **330**
Freiberg, Sachsen
 Kirchgasse **431**
Freiburg im Breisgau 68, 232, 275
 Kaufhaus Schneider 402, **403**
 Konzerthaus **457**
 Solarhaus Heliotrop 497, **498**
Freudenstadt 275
 Marktplatz **276**
Freyburg an der Unstrut
 Schwimmbad 494
Friedrichshagen bei Berlin 25
Frielingsdorf, Bergisches Land
 St. Apollinaris **108**
Fuchan, China
 Stadion 469
Fürstenberg an der Oder 521

Garching bei München
 Institutsgebäude 328
Gelnhausen
 Pfalz 19
 Marienkirche 20
Gelsenkirchen 34, 435, 440
 Arena Auf Schalke **507**, 508
 Hans-Sachs-Haus 171
 Heilig Kreuz, Ückendorf **107**
 Siedlung Küppersbusch, Feldmark 442, **442**
 Stadttheater 308, **308**
 Wissenschaftspark Rheinelbe, Ückendorf 442, **442**
Genf
 Völkerbundpalais 190
Gentofte, Dänemark
 Munkegårdschule 302
Gera 32, 73
Giengen an der Brenz
 Steiff-Werke 37, 78 f., **78**, 82
Gießen
 Behelfssiedlung des Stadtbauamts 93
Gizeh, Ägypten
 Pyramiden 207
Glasgow 22
Gmund, Tegernsee
 Haus Ruf **217**

Görlitz 523
Goslar
  Pfalz 19
Göteborg, Schweden 464
Gotha 396
Greifswald 389
Großfurra, bei Sondershausen, Thüringen 520
Guangzhou, China
  Fernsehturm 468
Guben, Niederlausitz
  Haus Wolf 143
Günthersdorf, bei Merseburg
  Saalepark, Einkaufszentrum 433
Güstrow, Mecklenburg-Vorpommern 464, 523
  Kolonie Dettmannsdorf 54

Hagen 32, 435
  Am Stirnband, Hohenhagen 34
  Haus Cuno, Hohenhagen 34
  Hohenhof, Hohenhagen 33 f.
  Museum Folkwang 35, **35**
Haifa 236 f.
  Regierungsklinik 237
Halberstadt 232, 247, 432, 523
  Altstadt **431**
Haldenstein, Graubünden 461
Halle an der Saale 31, 113, 396, 435, 508
  Ernst-Thälmann-Platz (heute Riebeck-Platz) 376
  Flughafen Halle-Leipzig, Schkeuditz 158
  Juridicum 437
  Kunstgewerbeschule Burg Giebichenstein **123**
  Wohnanlage Domplatz **390**
Halle-Neustadt 290, 338, 339, 341
Hamburg 17, 38, 41, 55, 65, 114, 121, 155, 206, 212, 231, 247, 252, 267 f., 377, 422, 428, 460, 522
  Airbus-Produktionshalle, Finkenwerder 489, **489**
  Alsterzentrum St. Georg 342, **343**
  Ballinhaus (heute Meßberghof) 115, **115**
  Chilehaus **106**, 114, 181, 451
  City Nord **332**, 333
  Deichtorcenter 490
  Deichtorhallen 397
  Elbchaussee 414
  Flughafen, Fuhlsbüttel 158
  Gängeviertel 114
  Grindelhochhäuser, Harvestehude 270, **270**
  Großmarkthalle, Hammerbrook 307, **307**
  Großsiedlung Steilshoop 341, **341**
  Hängebrücke über die Elbe 226

Hanseviertel **393**
Hauptbahnhof 17 f., **17**
Haus Zadik, Othmarschen **41**
Kontorhausviertel 114
Kunsthalle **470**
Medienagentur, Eimsbüttel **484**, 485, **513**
Medienkonzern Gruner & Jahr 402, **403**
Meßberghof siehe Ballinhaus
Messehaus 168
Mönckebergstraße 114
Montanhof **115**
Nissenhütten **267**
Rathaus 18
Siedlung Barmbek-Nord 155
Siedlung Dulsberg 155
Siedlung Jarrestadt 155, **156**
St. Nikolai 261
Unilever-Haus 300, 422
Hanau 247
Hannover 13, 251 f., 266, 274, **277**, 278, 374, 393, 459
  Ausstellung *Constructa* 284, 331, 521
  Burgstraße 277, **277**
  Expo-Dach, Weltausstellung 2000 **493**
  Historisches Museum 360, **360**
  Ihme-Zentrum 422
  Kestner-Museum 265
  Kröpcke 278
  Landtag 278
  Lavesallee 278, **278**
  Leibniz-Haus 414
  Leineschloß 278
  Marktkirche 277
  Norddeutsche Landesbank **473**, 473
  Pädagogische Akademie, Südstadt 178, **178**
  Rathaus 13, 18, **19**
  Regierungsviertel 278, **278**
  Schweizer Pavillon, Weltausstellung 2000 461, **461**
  Siedlung Constructa **298**
  Siedlung Laher Wiesen, Bothfeld 494, **495**
  St. Aegidien 261
  Stadthalle 76
  Waterlooplatz 278, **278**
  Weltausstellung Expo 2000 493, 524
  Wohnanlage, Groß-Buchholz **343**
  Wohnquartier an der Kreuzkirche 278
Harrisburg, Penn.
  Three Mile Island 406
Harvard, Cambridge, Mass. 241
Heidelberg 172, 374

Alte Brücke 259 f., **259**
Großsiedlung Emmertsgrund 374, **374**
Hauptgebäude der Universität 170, **170**
Print Media Academy **512**
Heilbronn 232
  Stadttheater 69, **69**
Heimbach, Nordeifel
  Wasserkraftwerk 34 f., **34**
Hellerau bei Dresden 49 ff., **53**, **53**, 98
  Festspielhaus 52, **53**
Helsinki 19, 67, 397, 523
Herford 459
Herne
  Fortbildungsakademie, Sodingen 443, **443**
Hildesheim 232
  Hotel Rose 415
  Knochenhaueramtshaus 415, **415**
  Stadtsparkasse 415
Hilversum 285
Hindenburg-Linie 228
Hiroshima, Japan 231, 520
Hirschberg, Saale
  Saalebrücke **226**
Hohenstein, Ostpreußen
  Tannenberg-Denkmal 185 f., **185**, 210
Hohkönigsburg, Elsaß 20 f., **20**
Holtriem, Ostfriesland 460
Hombroich bei Neuß 480 ff.
  Museum Sammlung Langen 482
Hoyerswerda 290, 330, 338, **339**, 340, 435

Impington bei Cambridge, Großbritannien
  Village College 239, **239**
Ingolstadt
  Herzogkasten 359
  Schloß 359
  Stadttheater 359, **359**
Iserlohn 460
Istanbul (Konstantinopel) 520
  Haus der Freundschaft **84**, 85
  Haus Taut, Ortaköy **238**
Ithaca, N. Y.
  Cornell University 467

Jaffa, Israel 236
Jeddah, Saudi-Arabien 466
Jena 366, 434, 503, 523
  Hauptgebäude der Universität **510**, 511
  Hochhaus **365**
  Universität 69
  Zeiss-Planetarium 173, **174**
  Zeiss-Werke, Hochhaus 111

Jerusalem 243
  Anglo-Palästina Bank 244, **244**
  Medizinisches Zentrum der Hebräischen Universität 237
Jüterbog, Brandenburg 445

Kaiserslautern
  Autobahnbrücke, Waschmühltal **227**
Kansas City, Mo. 467
Karlsruhe 150, 395
  Ausstellung *Die Gebrauchswohnung* (Siedlung Dammerstock) 1929 149, 179, **180**, 311, 519
  Badische Landesbibliothek 412 ff., **413**
  Heinrich-Hübsch-Schule 402
  Notkirche 263
  Schwarzwaldhalle 307, **307**
  Siedlung Gartenstadt Rüppur 49
  St. Stephan 413
Kassel 150, 231, 247, 251 f., 274, 519
  Ausstellung *documenta urbana*, Siedlung Schöne Aussicht, Dönche 379, **380**, 523
  Bundesgartenschau 383
  Gauforum 252
  Herkules, Wilhelmshöhe 252
  Hessisches Landesmuseum 69
  Kino Kaskade 309, **309**
  Lutherkirche 261
  Marstall 277
  Siedlung Rothenberg **151**
  St. Martin 277
  Staatstheater 309, 322, **322**
  Stadtvilla, Unterneustadt 476, **476**
  Treppenstraße 274, **275**
  Wehrkreisdienstgebäude 215, **215**
Kiel 274
  Arbeitsamt 169, **169**
  Holstenstraße 274
  Holtenauer Straße 317
  Klappbrücke, Kieler Horn **493**
  Notkirche 263
Kiew 287
Kioto
  Villa Katsura 243
Kleve 227
Kobern, Mosel
  Schloß Gondorf **395**
Koblenz 21, 247
  Deutsches Eck 61
Köln 13, 20 f., 65, 67 f., 150, 157, 168, 225, 247, 258, 270, **271**, 377, 402, 412, 422, 439, 460, 503, 509, 518, 523
  Ausstellung des Deutschen Werkbunds 1914 85–88, **87**, 96, 145, 517
  Brückenkopf am Heumarkt 168, **168**

Register   585

Christi Auferstehung, Melaten **361**
Deutsche Kranken-Versicherung, Braunsfeld 344, **344**
Deutzer Brücke 250
Diözesanmuseum 462
Disch-Haus 163, **163**
Dom **110**, 111, 185, 259, 394, 422 f.
Flughafen, Butzweiler Hof 158
Franziskanerkirche St. Marien 263, **263**
Galerienhaus An der Schanz **484**
Glashaus, Ausstellung des Deutschen Werkbunds 86, **88**, 238
Großsiedlung Chorweiler 339, 343, **343**
Hahnenstraße 317
Hängebrücke über den Rhein, Rodenkirchen 226
Hansa-Hochhaus 113, **114**
Hauptbahnhof 35
Haus Ungers 3, Müngersdorf 478, **479**
Haus Ungers, Müngersdorf 363, **363**
Haus Vorster, Marienburg 38 f., **39**
ICE-Bahnhof, Deutz 423
Lindenthal 38
Museum Ludwig 394
Musterfabrik, Ausstellung des Deutschen Werkbunds 85, **86**, 161
Neustadt **66**, 67
Niederrheinisches Dorf, Ausstellung des Deutschen Werkbunds 145
Parfumfabrik 4711, Ehrenfeld **300**
Siedlung Kalkerfeld **133**
Siedlung Weiße Stadt, Buchforst **150**
St. Alban 261
St. Gereon **258**, 259
St. Kolumba 462
St. Maria im Kapitol 259
St. Petrus Canisius, Buchforst **150**
Staatenhaus, Kölner Messe 183
Tanzbrunnen, Deutz **383**
Theater, Ausstellung des Deutschen Werkbunds 360
Tonhaus, Flora 44
Universität, Auditorium Maximum 259
Villenkolonie, Rodenkirchen 142, **142**
Wallraf-Richartz-Museum 394
Werkbundtheater, Ausstellung des Deutschen Werkbunds 35, 86, **87**
Wohnbebauung Groß St. Martin 401, **401**
Königsberg 55, 65, 248, 519
Flughafen, Devau 158

Konstanz
Universität 346
Kopenhagen 284
Freistaat Christiania 378
Kornwestheim bei Ludwigsburg
Wasserturm und Rathaus 172
Krefeld
Hängebrücke über den Rhein 226
Haus Esters 144
Haus Lange 144, **144**
Kaufhaus Horten **320**
Kronberg im Taunus
Haus S. **408**
Kusnezk, Westsibirien 235
Kyffhäuser 61

L'Angle, Guernsey
Beobachtungsstand 229
La Sarraz, Westschweiz 138 f., **138**, 518
Laboe, Kieler Bucht
Marine-Ehrenmal **185**, 186
Las Vegas, Nevada 406
Lausitz
Internationale Bauausstellung Fürst-Pückler-Land 443, 524
Le Havre 280
Leinefelde-Worbis, Thüringen
Sanierung Plattenbau **435**
Leipzig 17, 55, 65, 113, 150, 295, 297, 320, 394, 432 ff., 435, 440, 503, 523
Alte Universität 297
Augustusplatz siehe Karl-Marx-Platz
Flughafen Halle-Leipzig, Schkeuditz 158
Galerie für Zeitgenössische Kunst 437
Großmarkthalle 174, **174**
Großsiedlung Grünau 339
Hauptbahnhof 75 f., **75**, 511, **511**
Hochhaus der Universität 365
Internationale Baufachausstellung 1913 145, 517
Karl-Marx-(Augustus-)Platz 296, 326
Kaufhaus Konsument **320**
Leutzsch 389
Mädler-Passage 434
Neue Messe 490, **490**, 500
Neues Gewandhaus 326, **326**
Neues Rathaus 17 f., **18**
Ostvorstadt 389
Pavillon des Deutschen Stahlwerksverbands, Internationale Baufachausstellung 238
Restaurant des Flughafens Halle-Leipzig, Schkeuditz **157**
Roßplatz 296, **297**

Siedlung Marienbrunn 145
Siedlung Rundling, Lößnig 154, **155**
Sportpark 440
Universitätskirche 297, 365, 418, 522
Völkerschlachtdenkmal 16, 61, **62**, 63, 145, 517
Lemgo, Westfalen 395
Wohnhäuser am Markt 402, **402**
Leningrad (heute St. Petersburg) 138, 234, 287
Leverkusen
St. Albertus, Schlebusch **306**
Levittown, Long Island, N. Y. 283
Levittown, N. J., N. Y., Pa. 406
Lichtenburg, Sachsen
Konzentrationslager 230
Lincoln, Mass.
Haus Gropius **240**
Linz 204, 214, 222, 247
Austria Tabakwerke **137**
Design Center 466, 497
Löbau, Oberlausitz
Haus Schminke 140, **141**
London 39, 282, 312, 409, 523
Arbeiterhaus, Hyde Park 23
Einfamilienhaus, Chelsea 239
Lloyd's Building 426
Westminster Palace 460
Lorch, Württemberg 438
Los Angeles 491
Disney Concert Hall 326
Löwenberg, Schlesien
Rathaus 120
Luban bei Posen
Industriewerk 83, **83**
Lübeck 251, 395
Haus Stave **43**
Stadttheater 36
Ludwigsburg
Haus S. 480, **480**
Ludwigshafen 223
Stadthalle 461
Lünen
Geschwister-Scholl-Gymnasium 322

Madrid 273
Magdeburg 27, 68, 104, 150, 153 f., 232, 247, 251, 266, 268, 295, 297, 320, 504, 509
Experimentelle Fabrik 487
Haus des Schwermaschinenbaus 366
Karl-Marx-Straße (Breiter Weg) 274, 317, **434**
Siedlung Reform 154
Stadthalle **169**, 170
Maginot-Linie 228

Magnitogorsk, Südural 235, **235**
Mailand
Messe, Rho-Pero 348
Mainz 232, 247, 269 f., **269**
Kaiserdom 19
Hotel Quartier 65 **481**
Marktplatz 414
Neustadt 280
Majdanek, Polen
Konzentrationslager 231
Makeevka, Ukraine 235
Mannheim
Collini-Zentrum 422
Haus Samt und Seide 162, 163
Kunsthalle **74**, 75, 169
Multihalle 386
Nationaltheater 284 f., **285**, 308, 322
Reiss-Museum 472, **472**
Marburg
Naturwissenschaftliche Institute der Universität, Lahnberge 346, **346**
Maria Laach 20
Marienberg bei Mährisch-Ostrau
Bebauungsplan **67**
Marienbrunn 517
Marl 85, 331, 338, 522
Haupt- und Grundschule 322
Rathaus 357
Wohnhügel 342, **342**
Marseille
Unité d'Habitation 268 f., 280 f., **356**
Mauthausen
Konzentrationslager 207, 230
Meißen 432, 523
Melle, Niedersachsen
Hitlerjugend-Heim Hermann Göring **200**
Meschede, Sauerland
Haus der Stille, Benediktinerabtei Königsmünster **477**
Mettmann bei Düsseldorf
Neanderthal-Museum 461, **461**
Metz
Hauptbahnhof 20 f., **20**
Hauptpost 21
Minneapolis 422
Mönchengladbach
Museum am Abteiberg 409 f., **410**
Montreal
Deutscher Pavillon, Weltausstellung 1967 354, 383 ff., **383**
Pavillon der USA, Weltausstellung 1967 354
Weltausstellung 1967 522
Montreux, Schweiz
Haus Kenwin 288
Moskau 233 ff., 251, 287–297, 334,

519, 521
Lomonossow-Universität **290**
Roter Platz 291
Sowjetpalast 190, **192**, **235**, 313
Mühlhausen, Thüringen 523
München 14, 22, 35, 41, 55, 65, 69, 84, 92, 99, 113, 120, 155, 168, 183, 205 f., 214, 251, 266, 275, 283, 377, 385, 423, 428, 455, 459, 505, 522, 524
Allerheiligen-Hofkirche 264
Allianz Arena, Fröttmaning 385, 488 f., **488**
Alte Pinakothek 264, **264**
Altstadtring 276 f.
Atelier Elvira 36, **36**
Aussegnungshalle, Riem 478, **477**
Ausstellung *Profitopoli$ oder Der Mensch braucht eine andere Stadt* 1971 372 f., **372**, 522
Bayerisches Nationalmuseum 74, 75
BMW-Hochhaus, Oberwiesenfeld 422 f., **422**
Bogenhausen 38
Dombauhütte, Münchner Gewerbeschau 105
Ehrentempel, Königsplatz 211
Eislaufzelt, Olympiapark **385**
Erste Deutsche Architektur-Ausstellung 1938 520
Erweiterungsbauten Technische Hochschule 182, **182**
Flughafen, Oberwiesenfeld 158
Flughafen, Riem 158
Frauenkirche 422
Friedhofsbauten 263
Großsiedlung Neuperlach 339, 374, **378**, 469
Hauptbahnhof 206 f.
Haus der Kunst 183, 199, **199**, 204, 207, **207**
Haus Emanuel von Seidl **14**
Haus Ernst Müller **41**
Herz-Jesu-Kirche, Neuhausen 488
Hochhaus Uptown Munich 423
Hofbräuhaus 260
Hypo-Haus, Arabellapark 423, **423**
Kammerspiele 35 f.
Königsplatz, Umgestaltung 199, **199**
Ledigenheim 183, **183**
Lehel 372
Luitpoldpark 256
Mittlerer Ring 377
Neue Sammlung 373
Neuperlach 38
Nymphenburg 38
Olympiapark, Olympiastadion, Oberwiesenfeld 174, 384 f., **384**, 438
Olympisches Dorf, Olympiapark 385
Palais Barlow, »Braunes Haus« 199
Parteiforum, Halle der Partei 207, **208**, 211
Pinakothek der Moderne **456**
Postamt und Wohnungsbauten am Harras 156
Siedlung Alte Heide 149, 155
Siedlung Ramersdorf 201, **201**
Siegestor 261
Sport- und Schwimmhalle 385
St. Bonifaz 263, **264**
Wohnanlage Genter Straße, Schwabing **378**, 379
Wohnanlage Stiftung Volkswagenwerk, Bogenhausen 343
Münster 251, 275, 277
Prinzipalmarkt 275, **276**, 297
Stadtbücherei 467
Theater 265

Nagasaki, Japan 231, 520
Nairobi, Kenia 236
Nancy 464
Narvik, Norwegen 204
Naumburg 396, 523
Neapel 67
Neubrandenburg 366
Neuenbürg an der Enz
Seniorenwohnanlage 476, **476**
Neuengamme bei Hamburg
Konzentrationslager 207
New York 68, 110, 120, 132, 187, 240, 282, 463, 519
George-Washington-Brücke 226
Guggenheim-Museum 284
Lever House 283, 301, 319
Manhattan **110**
Municipal Building 110, **290**
Rockefeller Center 320
Seagram Building 344
Singer Building **110**
Woolworth Building 110, 111, 118, **118**
World Trade Center 524
Nürnberg 106, 150, 160, 210–213, 232, 251, 268, 269, 275, 277, 467
Akademie der Künste 303, **303**
Altstadt **269**
Brücke über die Pegnitz 276
Deutsches Stadion, Reichsparteitagsgelände 210, **211**
Germanisches Nationalmuseum 75, 182, 277
Großsiedlung Langwasser 210
Kaiserburg 210
Kongreßhalle, Reichsparteitagsgelände 210, **211**
Kriegerehrenhalle im Luitpoldhain, Reichsparteitagsgelände 186, **186**, 210, **211**
Märzfeld, Reichsparteitagsgelände 210, **211**
Opernhaus 196
Reichsparteitagsgelände 187, 205 ff., 210, **211**
Siedlung Rangierbahnhof 51
Sportstadion 135, **135**
Trabantenstadt Langwasser 379
Zeppelinfeld, Reichsparteitagsgelände 208, **209**, 210, **211**

Obereßlingen
Staustufe am Neckar 172, **172**
Oberhausen
CentrO 475
Haltestelle Neue Mitte 475, **475**
Institut zur Erlangung der Hochschulreife 363
Verwaltungsgebäude Gutehoffnungshütte 105, **105**
Oberhof, Thüringen 366
Oelsnitz, Vogtland 73, 432
Offenburg
Solarhaus Heliotrop, Elgersweier 497, **498**
Oldenburg
Nordwestdeutsche Kunstausstellung 1905 30, 44
Oranienburg, Brandenburg
Heinkel-Flugzeugwerke 221, **221**
Konzentrationslager Sachsenhausen 207, 230, **230**
Orsk, Ural 235
Osaka
Weltausstellung 1970 354
Osnabrück
Felix-Nußbaum-Museum 462, 474
Nikolai-Centrum 402, **402**
Osterburken, Nordbaden
Ganztagsschule 344, **345**

Paderborn 232
Padua 502
Palermo
Palastkapelle 21
Paris 22, 32, 312, 353
20. Salon der Société des Artistes Décorateurs, Grand Palais 1930 181, 519
Centre Pompidou 411
Deutscher Pavillon, Weltausstellung 1937 206, **206**, 520
Gewächshaus, Exposition des Arts Décoratifs 105
Louvre 73
Métro-Eingänge 29
Miethäuser, Weltausstellung 1889 23
Oper 203
Pavillon Suisse, Cité Universitaire 281
Rue de Sèvres 282
Sowjetischer Pavillon, Weltausstellung 206, **206**, 520
Weltausstellung 1937 205, **206**
Parma 67
Peking 273, 469, 517
Deutsche Schule 468
Nationalbibliothek 468
Nationalmuseum 468
Siedlung Peking Image 468
Verbotene Stadt 80
Pforzheim 247
Auferstehungskirche **262**
Pfullingen, Schwäbische Alb
Pfullinger Hallen 30
Philadelphia
Richards Medical Research Building 358
Pirna 335
Plauen, Vogtland 113, 247, 366
Pönitzer See
Gut Garkau, 177, **177**
Porta Westfalica 61
Posen
Kaiserliches Schloß 21, **21**, 214 f.
Wasserturm 84
Potsdam 232, 396
Dampfmaschinenhaus **334**
Einsteinturm 104, **104**, 228
Garnisonkirche 257, 418
Grenzschutzbefestigung der DDR (Mauer) 323, 338
Haus Riehl, Babelsberg 46, **46**
Schloß Babelsberg, Park 416
Schloß Glienicke 404
Stadtschloß 257, 418
Wohngebiet Neustädter Havelbucht **334**
Prenzlau 232

Racine, Wisc.
Fabrik Johnson & Son 283
Raleigh, North Carolina
Viehhalle 307
Ratingen bei Düsseldorf 352
Ravenna
Grabmal des Theoderich **62** 63, 204
Ravensbrück
Konzentrationslager 230
Regensburg 395
Haus Burghardt **496**, 497
Dom 111
Wohnanlage Steinweg 476
Reims 520

Rehovoth, Israel
  Haus Weizmann 237, **237**, 244
  Institutsgebäude 237
Reinbek bei Hamburg
  Nathan-Söderblom-Kirche **362**
Rellingen
  Firmengebäude Tobias Grau 490, **491**
Reutlingen
  Südwestmetall, Verwaltungsgebäude 488, **488**
Rheda-Wiedenbrück
  Rathaus 358, **358**
Riad, Saudi-Arabien 468
Rom 205
  Aventin 503
  Capitol 503
  Deutsche Botschaft 466
  Kapitol 239
  Kolosseum 58
  Mausoleum des Augustus 63
  Mausoleum des Hadrian 63
  Palatin 503
  Pantheon 63
  Petersdom 206
Ronchamp, Vogesen 281
  Notre-Dame-du-Haut 281, **282**
Rostock 73, 251, 295, 297, 365 f., 396, 503, 523
  Einkaufscenter Ostseepark **433**
  Großsiedlung Nordwest 339
  Haus der Wissenschaften, Kultur und Bildung 365 f.
  Kröpeliner Straße 390, **390**
  Kurhaus, Warnemünde 119, **119**
  Lange Straße 297, **297**
  Neptun-Hotel, Warnemünde 338
  Restaurant Teepott, Warnemünde 387, **387**
  Siedlung Groß Klein (Nordwest) 340, **340**, 504
  Siedlung Lütten Klein (Nordwest) 340
Rothenburg ob der Tauber 417, 468
Rotterdam 231, 318, 467, 491, 520
  Kaufhaus Bienenkorb 161
  Lijnbaan 274, 317
  Neues Luxor-Theater, Kop van Zuid 466 f., **467**
  Witte Huis 111
Rottweil 464
Rüdesheim
  Niederwalddenkmal 64
Rügen 387
  Ferienanlage der Deutschen Arbeitsfront, Prora 215, **215**
  Saalbau, Binz 387
  Saßnitz 432

Saarbrücken 269

Schloß 414
Sachsen-Anhalt
  Internationale Bauausstellung Stadtumbau 443
Salzgitter 218, 223 f., 338
  Reichswerke Hermann Göring 223 f., **224**
San Francisco 520 f.
San Giminiano, Toskana 366
Santiago de Chile
  Deutsche Botschaft 466
Santiago, Kuba
  Verwaltungsgebäude Bacardi 325
Sarajevo 517
Schanghai 468
  Formel-1-Rennstrecke **469**, 469
  Luchao Harbour City 468 f., **468**
Schmehausen bei Hamm-Uentrop
  Kühlturm 386, **386**, 492
Schorndorf, Remstal 113
Schwedt an der Oder 290, 338
  Kulturhaus 359, **360**
  Schloß 359
Schwerin 508
Selb, Bayern
  Porzellanfabrik Rosenthal 285
Sennestadt bei Bielefeld 272
Shenzhen, China 469
Shorewood Hills, Wisc.
  Unitarian Church 283
Shorinsan Darumaji, Provinz Gunma, Japan
  Senshintei 243
Sonneberg, Thüringer Wald 113
Sonthofen, Allgäu 214
  Ordensburg **201**
Spandau
  Gartenstadt Staaken 50 f., **50**
Speyer
  Kaiserdom 19
Split
  Diocletianspalast 391 f.
Spring Green, Wisconsin
  Haus und Atelier Taliesin 110
St. Dié, Lothringen 280
St. Louis, Missouri 15, **15**
  Siedlung Pruitt-Igoe 371
St. Petersburg siehe Leningrad
Stahnsdorf bei Potsdam
  Erbbegräbnis Wissinger **101**
Stalingrad (Wolgograd) 287, 520
Stalinsk (Nowokusnezk), Westsibirien 235
Stalinstadt siehe Eisenhüttenstadt
Stettin
  Bismarckdenkmal an der Odermündung **62**
Stockholm 19
  Norra Kungstornet 111
  Vällingby 280, **280**

Stralsund 73, 335, 432, 521, 523
Straßburg 68, 120, 517
Stuttgart 113, 120 f.,133, 147, 160, 251, 274, 283, 377, **392**, 411, 422, 428, 467, **505**
  Aussichtsturm, Killesberg 492, **493**
  Ausstellung *Deutsches Holz* 1933 519
  Ausstellung des Deutschen Werkbunds *Die Wohnung* (Weißenhof-Siedlung) 1927 **128**, 145–148, **146**, **147**, 169, 174, **188**, **189**, 460, 518
  Ausstellung *Heimat Deine Häuser* 1963 331, **331** 522
  Bauhäusle, Vaihingen 379
  Calwer Passage 393
  Charlottenplatz **376**
  Doppelhaus, Weißenhof **147**
  Fabrikerweiterung Leitz, Feuerbach 358, **358**
  Fernsehturm 381, **381**
  Feuerbach **505**
  Flughafen, Böblingen 158
  Flughafen, Echterdingen 489, **490**
  Generalkonsulat der USA **283**
  Gottlieb-Daimler-Stadion, Bad Cannstatt **507**
  Hauptbahnhof 60, 75 f., **75**, 489
  Haus R **128**, 498, **499**, 500
  Haus Windstosser **299**
  Hohensteinschule, Zuffenhausen 184
  Hysolar-Institut, Vaihingen **438**, 472
  Kaufhaus Schocken 161
  Kindergarten, Luginsland **438**
  Kindertagesstätte Mörikestraße 379
  Königin-Olga-Bau (Dresdner Bank) **253**
  Königsbau 260
  Kronprinzenpalais 258
  Landesgirokasse (Landesbank Baden-Württemberg) 473
  Liederhalle 308 f., **308**
  Neue Staatsgalerie 410 ff., **410**
  Neues Schloß 258
  Reihenhäuser, Weißenhof 146, **147**
  Schulstraße 274
  Siedlung Am Kochenhof 189, **189**
  Stuttgart 21 428
  Tagblatt-Turm **162**, 163
  Weststadt 372
  Wohnanlage Hannibal, Asemwald 342
  Wohnblöcke für Mietwohnungen, Weißenhof 146, **146**
  Wohnhochhäuser Romeo und Julia, Rot 323, **323**
  Württembergischer

Versicherungsverein 300
Züblin-Haus, Vaihingen 394, **394**
Suhl, Thüringen 320
Swakopmund, Namibia 13
Synia, China 469

Taufkirchen, Bayern
  Johanneskirche **306**
Tecklenburg bei Osnabrück
  Kreisheimathaus 321, **322**
Tel Aviv 120, 237, 243, 462
  Citrus Haus **244**
  Habima-Theater 236
  Haus Kruskal **138**
Teltow, Brandenburg
  Kreisständehaus 15
Tokio 120
Travemünde 338
Treblinka, Polen
  Konzentrationslager 231
Trier 21
Tschernobyl, Ukraine 406, 494, 523
Turin
  Esposizione Internazionale d'Arte Decorativa Moderna 35

Uelzen, Lüneburg
  Postamt 15
Ulm 68, 459, 522
  Hochschule für Gestaltung (HfG) 279, **279**, 521
  Münster 111, 185
  Stadthaus **458**
  Universität West, Eselsberg **510**, 511

Venedig
  Arsenal 80
  Biennale, Mostra Internazionale d'Architettura 1980 405, **405**
  Corderia, Arsenale 405
Vicenza 502

Wandlitz bei Bernau 338
Warschau 231, 297
  Kulturpalast 313
Washington 524
  Deutsche Botschaft 305, 466
  National Gallery, East Wing 459
Weil am Rhein 459
  Feuerwache, Vitra-Firmengelände 463, **463**
  Vitra-Museum 474
Weimar 33, 73, 99, 120, 122 ff., 214, 396, 432, 523
  Bauhaus 518
  Denkmal für die Märzgefallenen **123**
  Gartenhaus an der Ilm **42**
  Gauforum 214

Haus Hohe Pappeln 33, **33**
Haus Ithaka **44**
Konzentrationslager Buchenwald 230
Kunstgewerbeschule 32 f., **32**, 517
Kunstschule 32 f.
Musikgymnasium Schloß Belvedere 437, **437**
Nietzsche-Archiv 32, 61
Nietzsche-Gedenkstätten **60**, 61, **61**
Tempelherren- und Reithaus 124
Versuchshaus Am Horn 124, **125**, 143
Wesel
  Notkirche 263
Westerland auf Sylt
  St. Christophorus 477, **477**
Westwall (»Siegfried-Linie«) 227 f.
Wetzlar
  St. Bonifatius 282
Wien 31, 67, 99, 120, 409, 437
  Arbeiterwohnhäuser, Weltausstellung 23
  Bunker, Flaktürme 229, **229**
  Mustersiedlung des Österreichischen Werkbunds 138
  Postsparkasse 412
  Ringstraße 67, 205
Wiesbaden 395, 508
Wilhelmshaven 223
  Rathaus, Rüstringen 181, **182**
Wismar 396, 503
  Feuerwache **106**
  Notkirche St. Marien **262**, 263
Wolfsburg 218, 223 f., 224, 251, 338
  Kulturhaus 329
  Kunstmuseum 329, **471**
  Science Center Phaeno 329, 464
  Stadttheater 322, 329
  Volkswagenwerk 223, **223**
  VW-Autostadt 468
Wulfen 338, 393
  Metastadt 355, **355**
Worms
  Kaiserdom 19
Worpswede 25, 106
Wriezen, Oderbruch 219
Wunsiedel
  Freilichttheater 383
Wuppertal 435
  St. Ludger, Vohwinkel 282
Würzburg 232, 247, 266, 519

Xanten
  Römerstadt 414

Zweibrücken 247
Zwickau, Sachsen 73, 434

Bildnachweis

Adolf Abel. Regeneration der Städte. Erlenbach, 1950 275 u.
A. V. ??usev-Museum, Moskau 235 u., 287
Carl Andreas Abt 38
Allianz Arena/Architekten Herzog & de Meuron 488 u. (Foto: Bernd Ducke)
Architektur der 50er Jahre in Düsseldorf. Kat. Stadtmuseum, BDA Düsseldorf. Düsseldorf, 1982 254 l. und r., 255
Architektur der DDR 28 (1979) 10 360 o.
Architektur der DDR 28 (1979) 9 335 u. (Foto: Monika Uelze, Berlin), 388
Architektur der DDR 31 (1982) 5 390 o., 417 u.
Architektur der DDR 31 (1982) 8 334
Architekturmuseum Breslau 110 o., 113 o.
Architekturmuseum der TU München 41 u., 62 o. r., 69, 264 o., 302 u., 304 l. und r.
Archiv Burkhard-Verlag Ernst Heyer, Essen 177 o.
Archiv Institut Mathildenhöhe, Darmstadt 22, 28 M.
Archiv TUI AG, Hannover 224
Peter Arnell u.a. James Stirling. Stuttgart, 1984 410 u.
artur/Klaus Frahm 484 M., 491
artur/Roland Halbe 467 r., 473 l., 499 o.
artur/Werner Huthmacher 453 u., 459 u.
artur/Heiner Leiska 513
artur/Dieter Leistner 363 o., 497
Avantgarde II. 1924-1937. Sowjetische Architektur. Kat. Kunsthalle Tübingen. Stuttgart, 1993 192 u. (Foto: Arthur Köster), 235 o.
Max Bächer, Darmstadt 299 o. (Foto: Ludwig Windstosser, Stuttgart)
Bauen + Wohnen (1967) 5 351 o.
Bauen mit Beton-Fertigteilen. Bonn, 1967 336 o. und Rückseite des Schutzumschlags
Bauhaus Dessau 127 o.
Bauhaus-Archiv, Museum für Gestaltung, Berlin 121, 122 o., 124 o. und u., 133 o., 180, 192 o., 195,
Baumeister 99 (2002) 2 452
Bauwelt 57 (1966) 32 343 o. l.
Bauwelt 63 (1972) 44 345 o. l. und o. r.
Bauwelt 69 (1978) 7 368 u.
Bauwelt 81 (1990) 19 431 u. (Foto: Institut für Denkmalpflege der DDR, Jörg Degrau)
Bauwelt 88 (1997) 47 427 l.
Bauwelt 95 (2004) 8 435 l.
Günter Beck, Pforzheim 262 u.
Achim Bednorz, Köln 34 r., 80 u., 81 u., 82, 329 o.
Behnisch, Behnisch und Partner, Stuttgart 384 o. und u., 439 o. r.
Peter Behrens (1868–1940). Kat. Pfalzgalerie Kaiserslautern u.a. Hohenecken, 1966 26 o. l.
Manfred Berger, Kössern 511 o.
Berliner Architekturwelt 14 (1912) 47 u.
Berlinische Galerie, Landesmuseum für Moderne Kunst, Fotografie und Architektur, Berlin 109 o. r., 111, 313 o.
Klaus von Beyme u. a. Neue Städte aus Ruinen. München, 1992 313 u.
Richard Biedrzynski. Kirchen unserer Zeit. München, 1986 306 o. (Foto: Helga Schmidt-Glaßner)
Biennale. Mostra Internazionale d'Architettura. Kat. Venedig, 1980 405
Oto Bihalji-Merin. Brücken der Welt. Luzern, Frankfurt am Main, 1971 382 (Foto: Studio Hoppe, Düsseldorf)
Bildarchiv Foto Marburg 35 (Foto: Franz Stoedtner), 36 o., 37 o., 53 o. l., 59, 72 r. (Foto: Franz Stoedtner), 74 u. r., 79 u., 83 u., 86 u., 172 u.
Bildarchiv Hamburg 267 o.
Bildarchiv Preußischer Kulturbesitz, Berlin 159 M. (Foto: Arthur Köster), 231 (Foto: Walter Hahn, Dresden), 257 r.
Fritz Block (Hg.). Probleme des Bauens. Potsdam, 1928 131 u. r., 131 o., 132 o.
Paul Bode. Kinos. Filmtheater und Filmvorführräume. München, 1957 309 u.
Helge Bofinger, Wiesbaden 408 u.
Peter Bonfig, München 476 o.
Heiner Borchard, Hannover 109 u.
Koos Bosma, Helma Hellinga (Hg.). Mastering the City II. Den Haag, 1997 70 o.
Manfred Bourrée. Das Ruhrgebiet. Essen, 1996 342 u.
Andreas Brunold, Bernhard Sterra (Hg.). Stuttgart. Von der Residenz zur modernen Großstadt. Tübingen, 1994 376 o.
Bernhard Buderath. Peter Behrens. Umbautes Licht. München, 1990 509
Bürgerbauten der Gründerzeit in der Kölner Neustadt. Köln, o. J. (1973) 66
Christoph Bürkle, Zürich 144 u. l.
Fritz Busam, Berlin 492 o.
Chemnitzer Bäder im Wandel der Zeiten 135 u.
Chicago Tribune Tower Competition. Bd. 1. New York, London, 1980 112 l. und r.
Keith Collie, Kent 477 o. l.
Ulrich Conrads, Werner Marschall. Neue deutsche Architektur 2. Stuttgart, 1962 302 M., 363 u.
Ulrich Conrads, Manfred Sack. Reissbrett 1. Fehling + Gogel. Braunschweig, Wiesbaden, 1981 327 (Foto: Wolf Lücking, Berlin)
Context 3 design. Seoul, o. J. 462 r.
Johannes Cramer, Niels Gutschow. Bauausstellungen. Stuttgart, 1984 311 o.
Das neue Köln. Köln, 1950 271
Das Reichstagsgebäude in Berlin, Bonn, o. J. 454 o.
Harald Deilmann, Münster 358 o.
Deimel & Wittmar, Essen Frontispiz (2), 107 und Rückseite des Schutzumschlags, 108, 114 o. und u., 171 o. und u., 179
Dekorative Kunst 7 (1904) 15
Denkmalschutzamt Hamburg, Bildarchiv 115 u., 156 o. r., 307 u., 341 o. und u., 246 (Foto: Willi Beutler)
Der Architekt (1993) 8 331 o.
Deutsche Arbeitsfront 13 (1934) 217 u.
Deutsche Forschungs- und Versuchsanstalt für Luftfahrt und Raumfahrt, Köln 222
Deutsche Lebens-Rettungs-Gesellschaft LV Berlin 353 r.
Deutscher Werkbund (Hg.). Die Kunst in Industrie und Handel. Jahrbuch des Deutschen Werkbundes 1913. Jena, 1913 79 u.
Deutscher Werkbund (Hg.). Jahrbuch des Deutschen Werkbundes 1915. München, 1915 87 o. und u., 88 u.
Deutscher Werkbund u. a. (Hg.). Das Haus der Freundschaft in Konstantinopel. München, 1918 84
Deutsches Architekturmuseum (Hg.). Jahrbuch für Architektur

1984. Braunschweig, Wiesbaden 1984 406 u.
Deutsches Architekturmuseum, Frankfurt am Main 62 o. r., 123 o., 183 r., 189 o., 447 o.
Deutsches Bauen in der UdSSR. Das Neue Frankfurt 4 (1930) 9 233
Deutsches Jugendherbergswerk, Landesverband Bayern e. V. 200 u.
Deutsches Technikmuseum Berlin 81 o.
Die Baugilde 7 (1925) 16 143
Die Bücher vom Deutschen Theater. Das Große Schauspielhaus. Berlin, 1920 96 o. und u.
Die Kunst im Dritten Reich 3 (1939) 4 223 o.
Die Metropole, Industriekultur in Berlin im 20. Jahrhundert. München, 1986 134 r.
Rudolf Doernach, Gerhard Heid. Das Naturhaus. Frankfurt am Main, 1982 351 u.
Wolfgang Döring, Düsseldorf 350 o.
Joachim Driller, Wuppertal 240 o.
Jörn Düwel u. a. 1945. Krieg – Zerstörung – Aufbau. Kat. Akademie der Künste. Berlin, 1995 232, 269 o., 272 l., 288, 293 o. l.
Werner Durth, Niels Gutschow (Red.). Architektur und Städtebau der fünfziger Jahre. Ergebnisse der Fachtagung 1990. Bonn, 1990 317 o.
Werner Durth u. a. Architektur und Städtebau der DDR. Bd. 1.: Ostkreuz. Frankfurt am Main, 1998 335 o.
Werner Durth u.a. Architektur und Städtebau der DDR. Bd. 2.: Aufbau. Frankfurt am Main, 1998 291 u.
Werner Durth, Niels Gutschow. Träume in Trümmern. Bd. 1: Konzepte. Braunschweig, Wiesbaden, 1988 248 r.
Werner Durth, Niels Gutschow. Träume in Trümmern. Bd. 2: Städte. Braunschweig, Wiesbaden, 1988 269 u.
Ute und Bernd Eickemeyer, Berlin 444
Engel Canessa Projektentwicklung, Düsseldorf 427 r.
H. G. Esch, Blankenberg 490 u., 500
Kristin Feireiss (Hg.). Daniel Libeskind. Erweiterung des Berlin Museums mit Abteilung Jüdisches Museum. Berlin, 1992 463 o. l.
Zdenek Felix. Der westdeutsche Impuls. Die Margarethenhöhe. Das Schöne und die Ware. Essen, 1984 51, 52 o.
Ingeborg Flagge (Hg.). Geschichte des Wohnens. Bd. 5. 1945 bis heute. Stuttgart, 1999 339 u.
Fonds van de Velde, ENSAV – La Cambre, Bibliothèque, Brüssel 60 u.
David Franck, Ostfildern 480 u.
Theodor Fritsch. Die Stadt der Zukunft. 1896. Leipzig, 1906² 48 u.
Frühlicht. Stadtbaukunst alter und neuer Zeit 1 (1920) 2 498 r.
Hendrik Gackstätter, Berlin 414 o.
GAG Immobilien AG, Köln 150
Christian Gahl, Berlin 50, 74 o., 142 o. r., 281 o.
Gauverlag Bayerische Ostmark, Gerdy Troost (Hg.). Das Bauen im Neuen Reich. Bd. 2. Bayreuth, 1943 201 u. (Foto: Bernhard Holtmann), 204 o. und u., 221 o., 227 u., 230 o.
Gauverlag Bayerische Ostmark, Gerdy Troost (Hg.). Das Bauen im Neuen Reich. Bayreuth, 1939 221 u. (Foto: Max Krajewsky)
Johann Friedrich Geist, Klaus Kürvers. Das Berliner Mietshaus. Bd. 2. 1862–1945. München, 1984 71 u.
Erhard Gentzsch, München 355
Architekten von Gerkan, Marg und Partner, Hamburg 332 (Foto: Hanseatische Luftfoto GmbH, Hamburg), 468 und 507 u. und Rückseite des Schutzumschlags (Fotos: Heiner Leiska, Hamburg), 490 o. (Foto: Richard Bryant, London)
Albert Gessner. Das deutsche Miethaus. München, 1909 55, 56, 57 o. und u.
Gewandhaus zu Leipzig 326 u. (Foto: Barbara Stroff, Leipzig)
GEWOBA AG, Bremen 328 u.
Sigfried Giedion. Befreites Wohnen. Zürich, Leipzig, 1929 140
Sigfried Giedion. Walter Gropius. Stuttgart, 1954 240 u.
Hermann Giesler. Ein anderer Hitler. Leoni, 1977 207 u.
Geheimes Staatsarchiv – Preußischer Kulturbesitz, IX. HA Bilder, Architekturatelier Schwechten, Nr. 478/4 21
Stephan Goerner, Christian Schaller. Partizipation. Kat. Bonn, 1973 373
Günter Günschel. Architektonische Denkspiele. Kat. Wenzel-Hablik-Museum. Itzehoe, 1999 347 u. r.
Albert Gut. Der Wohnungsbau in Deutschland nach dem Weltkriege. München, 1928 93
Erich Haenel, Heinrich Tscharmann (Hg.). Das Einzelwohnhaus der Neuzeit. Bd. 1. Leipzig, 1907 53 u.
Erich Haenel, Heinrich Tscharmann (Hg.). Das Kleinwohnhaus der Neuzeit. Leipzig, 1913 54 o.
Otto Haesler. Mein Lebenswerk als Architekt. Berlin, 1957 151
Roland Halbe, Stuttgart 420 r.
Robert Häusser, Mannheim 362 u., 409
Jörg Hempel, Aachen 469 u., 485 o.
Karl Henrici (Hg.). Beiträge zur praktischen Ästhetik im Städtebau. Eine Sammlung von Vorträgen und Aufsätzen. München, 1904 67 l.
Hentrich, Petschnigg und Partner, Düsseldorf 319 o. (Foto: Rolf Koehler, Berlin), 507 o. r. (Foto: Manfred Hanisch, Mettmann)
Hessischer Rundfunk 286 o. (Foto: Kurt Bethke)
Hessisches Wirtschaftsarchiv, Darmstadt 307 o.
HfG-Archiv Ulm 279 (Foto: Ernst Hahn, 1955)
Hild und K Architekten, München 484 o.
Historisches Museum Hannover 360 u. (Foto: Hans Wagner)
Fritz Hoeber. Peter Behrens. München, 1913 26 M. und u., 30 o., 44 u. l. und r.
Uta Hohn. Die Zerstörung deutscher Städte im 2. Weltkrieg. Dortmund, 1991 248 l.
Dierk Holthausen, Köln 142 u., 344
Florian Holzherr, München Vorderseite des Schutzumschlags
Ebenezer Howard. Garden Cities of To-Morrow, A Peaceful Path to Social Reform. London, 1898 48 o.
Hundert Entwürfe aus dem Wettbewerb für das Bismarck-Nationaldenkmal auf der Elisenhöhe, hg. im Auftrag des Denkmal-Ausschusses. Düsseldorf, 1911 64 o. und u.
Werner Huthmacher, Berlin 408 o., 495 o.
IBA Berlin 1984 (Hg.). Block 109 und Regenbogenfabrik 399 l.
IBA Emscher Park (Hg.). Investitionsstandort Emscherraum. Gelsenkirchen, o. J. 440 u.
Ideen, Orte, Entwürfe. Architektur und Städtebau in der Bundesrepublik Deutschland. Kat. Ausst. Leipzig 1990, Berlin, 1990 267 u.
Ingenhoven Overdiek und Partner, Düsseldorf 489 (Foto: Holger Knauf, Düsseldorf), 492 u.
Institut für Stadtgeschichte Frankfurt am Main 153 u., 156 o. l., 259 u. l. (Foto: Göllner), 259 u. M., 260, 265, 274, 281 u., 318, 411 u.
IRS Institut für Regionalentwicklung und Strukturplanung, Erkner bei Berlin 113 u., 293 o. r., 316 o., 339 o., 387 u.
Roland Jaeger, Hamburg 106 o. l.
Reinhart Jaspert (Hg.). Handbuch moderner Architektur. Berlin, 1957 280
Gert Kähler (Hg.). Geschichte des Wohnens. Bd. 4. Stuttgart, 1996 152
Gert Kähler, Hamburg 75 o., 78 o.
Karstadt AG, Berlin 161
Katholische Pfarrgemeinde St. Albertus Magnus, Leverkusen 306 u. r.
Peter Kettner, Marburg 346 u.
Klaus Kinold, München 183 l., 378 o., 480 o.
Kirchengemeinde Reinbek-West 362 o. r.
Annette Kisling, Berlin 496 u.
Barbara Klemm, Frankfurt am Main 370
Stanislaw Klimek, Heppenheim 297 o.
Heinrich Klotz (Hg.). Vision der Moderne. Das Prinzip Konstruktion. Kat. Deutsches Architekturmuseum Frankfurt am Main. München, 1986 347 o., 347 u. l.
Holger Knauf, Düsseldorf 426
Kohlbecker Architekten & Ingenieure, Gaggenau 450 u. l.
Architekten Kollhoff und Timmermann, Berlin 448 o., 450 o. (Fotos: Uwe Rau, Berlin)
Kreismedienzentrum Osnabrück 200 u.
Kreismuseum Wewelsburg, Fotoarchiv 202 (Foto: Gisbert Gramberg)
Engelbert Kremser. Baukunst 1967-1987. Berlin, 1986 350 u.
Gerhard Krenz. Architektur zwischen gestern und morgen. Ein Vierteljahrhundert Architekturentwicklung in der DDR. Berlin, Stuttgart, 1974/75 314 u. l., 434 l.
Rob Krier. Stadtraum in Theorie und Praxis an Beispielen der Innenstadt Stuttgarts, Stuttgart, 1975 392
Matthias Kupfernagel, Berlin 338
Kunsthandel Burkhard Suelzen, Berlin 226 u.

Ule Lammert (Hg.). Städtebau. Grundsätze, Methoden, Beispiele, Richtwerte. Berlin, 1979 340 u. l.
Ralf Lange. Hamburg. Wiederaufbau und Neuplanung. Königstein, 1994 270 u.
Landesamt für Denkmalpflege Sachsen, Dresden 268, 296 u.
Landesamt für Denkmalpflege Schleswig-Holstein 182 o. und 185 u. (Fotos: Friedhelm Schneider)
Landesarchiv Berlin 16 u. (Foto: Waldemar Titzenthaler), 17 o., 40 o. (Foto: Karl Heinz Schubert),159 o., 212 o., 213, 310
Landesdenkmalamt Berlin 72 l., 172 o. (Foto: Wolfgang Bittner), 158 o. und 299 u. (Fotos: Wolfgang Reuss)
Landeshauptstadt Hannover, Geoinformation 178 u., 278 u., 298
Landesmedienzentrum Baden-Württemberg, Stuttgart 381 und 386 o. (Fotos: Albrecht Brugger)
Landesvermessung und Geobasisinformation Brandenburg, Nummer GB 62/04 230 u.
Siegfried Layda, Berlin 105 o. l. und r.
Le Corbusier. Oeuvre Complète. Bd. 7: 1957-1965. Zürich, 1965 312
Christian Legay 20 u.
Josef Lehmbrock, Wend Fischer. Profitopolis. Kat. Die Neue Sammlung. München, 1971 372 u.
Dieter Leistner, Würzburg 412 o.
Rainer Mader, Köln 437 u.
Pedro Malinowski, Gelsenkirchen 308 u.
Merete Mattern, Rimsting/Obb. 352 o.
Erich Mendelsohn. Das Gesamtschaffen des Architekten. Berlin, 1930 100 o.
Motorschau (1938) 1 225
Andreas Muhs, Berlin 317 u.
Christian Philipp Müller, New York 170 o.
Stefan Müller, Berlin 446 o., 477 u., 479 u.
Walter Müller-Wulckow. Bauten der Arbeit und des Verkehrs. Königstein im Taunus, 1925 512 l.
Münchener bürgerliche Baukunst der Gegenwart. Bd. 2. München, 1906 14
Hermann Muthesius. Landhaus und Garten. München, 1910² 46
Hermann Muthesius. Landhäuser. München, 1922² 40 u.
Georg Nemec, Freiburg 498 l.

Ivan Nemec, Frankfurt am Main 481
Winfried Nerdinger u.a. Bruno Taut. Stuttgart, München, 2001 234 l. und r.
Winfried Nerdinger. Konstruktion und Raum in der Architektur des 20. Jahrhunderts, Kat. Architekturmuseum der TU München. München, 2002 76 o.
Paolo Nestler, Peter M. Bode. Deutsche Kunst seit 1960. Architektur. München, 1976 343 o. r.
Sigrid Neubert, München 378 u., 385
Ernst Neufert. Bauentwurfslehre. Berlin, 1936 219
Ernst Neufert. Bauordnungslehre. Berlin, 1943 220 o. und u.
Oberpostdirektion München 156 u.
Simone Oelker. Otto Haesler. Hamburg, 2002 153 o.
Joseph Maria Olbrich. Architektur. Berlin, 1904 28 o.
Organische Stadtbaukunst. Braunschweig, 1948 272 r.
Ortskrankenkasse Berlin (Hg.), bearbeitet von Albert Kohn. Unsere Wohnungs-Enquête im Jahre 1908. Berlin, 1909 54 u.
Friedrich Ostendorf. Sechs Bücher vom Bauen. Bd. 1. Berlin, 1922³ 43 M. und u.
Karl Otto (Hg.). Die Stadt von morgen. Berlin, 1959 333
Jens Passoth, Berlin 488 o.
Colin Partridge. Hitler's Atlantic Wall. Guernsey, 1976 228 o. und u., 229 l.
Wolfgang Pehnt, Köln 16 o., 19, 20 o., 25 o., 26 o. r., 27, 28 u., 32 l. und r., 33, 34 o. l., 34 u. l., 39 o. und u., 42, 43 o., 44 o., 45, 52 u. l., 58, 60 o. l., 62 u. l., 75 u., 77 l. und r., 78 o., 80 o., 101 o., 102, 104, 105 u., 106 o. r. und u., 115 o., 118 o., 119 o. l., 120 o. und u., 123 u., 125 o., 125 u. r., 126 o. und u., 136 o. und u., 137 u. r., 138, 145 o., 146 u., 147 o. und u., 154 o. und u., 159 u., 160 l. und r., 163 u. l. und r., 169 r., 170 o., 173 r., 186, 189 u., 198 o. und u., 199 u., 205 o., 210, 215 M., 236, 237, 242, 243, 244 o. und u., 251, 253, 257 l., 259 o., 259 u. r., 261 o. und u., 262 o., 263 o., u. l., u. r., 264 u., 275 o., 276 o., u. l. und u. r., 277 o., 278 o., 282 o., 283, 285 u., 286 l., 291 o., 292 o., 293 u., 294 o. und u., 295, 296 o., 300 o. und u. r., 301 o. l.,
302 o., 307 M., 308 o. l., 309 o., 311 u., 314 u. r., 315, 316 u., 319 u., 324 u. l., 325 o., 326 o., 337, 343 u. r., 345 u. r., 353 l., 356, 357 alle Abb., 359 o., 361, 365 r., 366, 367, 368 o., 372 o., 374, 380, 383 o. und Rückseite des Schutzumschlags, 386 u. l., 387 o. und Rückseite des Schutzumschlags, 390 u. l. und r., 391 o. und u., 393 l., 395, 396 o., 397, 398 alle Abb., 399 r., 400 alle Abb., 401 o., 402 o., 403 o. und u. l., 404, 407 l. und r., 410 o., 411 o., 413 o. l. und r., 414 u., 415, 416 l., o. r. und u. l., 417 o., 418, 419, 420 l., 421 l. und r., 422, 423, 424 l., 425, 430, 431 o., 433, 434 r., 436 l. und r., 437 o., 438, 439 o. l., 439 u., 441, 442 o. und u., 443, 446 u., 447, 448, 449, 450 u. r., 451 alle Abb., 453 o., 454 u., 455 l. und r., 456 o., 457, 458 l., 460 l. und r., 461 o. und u., 462 l., 463 o. r. und u., 465, 466, 467 l., 470, 471 l. und r., 472, 473 r., 474 u., 475, 477 o. r., 478 o. und u., 479 o., 482 r., 485 o., 487 o. l., 493 u., 501 o. und u., 504 o. und u., 504 o. und u., 510 o., 511 u., 512 r.
Wolfgang Pehnt. Architektur. In: Erich Steingräber (Hg.). Deutsche Kunst der 20er und 30er Jahre. München, 1979 207 o.
Wolfgang Pehnt. Neue deutsche Architektur 3. Stuttgart, 1970 345 u. l., 346 o. l., 358 u. (Foto: Deyhle, Rottenburg)
Peter Pfankuch (Hg.). Adolf Rading. Berlin, 1970 148 u.
Peter Pfankuch (Hg.). Hans Scharoun. Berlin, 1993² 323 o. r.
Artur Pfau, Mannheim 216 u.
Photosammlung Museum Ludwig, Köln 133 u. (Foto: Werner Mantz)
Plansammlung der UBTU Berlin 71 o., 83 o., 117 u. r., 166 o., 167 o. l. und r.
Gustav Adolf Platz. Wohnräume unserer Zeit. Berlin, 1933 132 u.
Florian Profitlich, Berlin 505 o.
Privatsammlung, Köln 97 (Foto: Heike Hambroch-Abicht, Frankfurt am Main)
Heinz und Bodo Rasch. Wie bauen? Stuttgart, 1927 188
Michael Reisch, Düsseldorf 484 u.
Reichsforschungsbericht, Praunheim. Frankfurt am Main, 1928 131 u. l.
Albert Renger-Patzsch Archiv, Ann und Jürgen Wilde, Zülpich 173 l., 78 o.

Helmut Rentrop, Hannover 495 o.
Wolfgang Reuss, Berlin 141
RIBA Library Photographs Collection, London 239 (Foto: Dell and Wainwright)
Chris Richter, Kassel 74 u. l., 92, 176 l. und r., 177 u., 182 u., 190 u., 215 o., 223 u., 306 M. l. und r.
Christian Richters, Münster 300 u. l., 342 o., 476 u. l. und r., 486, 487 o. r.
Leni Riefenstahl-Produktion 194
Herbert Rimpl. Die geistigen Grundlagen unserer Zeit. München, 1953 226 o.
Paul Rocheleau, Richmond, Mass., USA 283 o.
Helke Rodemeier, Köln 402 u.
Walter Rossow. Stadt und Natur. In: Karl Otto (Hg.). Die Stadt von morgen. Berlin, 1959 331 u.
Lukas Roth, Köln 440 o. l.
Rügen Archiv GmbH, Prora 215 u.
Sächsische Landesbibliothek – Staats- und Universitätsbibliothek Dresden, Abt. Deutsche Fotothek 18 (Foto: Trinks), 36 u. (Foto: Franz Stoedtner), 184 (Foto: Walter Möbius), 256 l. (Foto: Martin Würker), 258 o. (Foto: Richard Petersen.), 258 u. l. (Foto: Walter Hahn), 320 u. (Foto: Manfred Thorig), 396 u. (Foto: Dieter Krull),
Ludovica Scarpa. Martin Wagner und Berlin. Braunschweig, Wiesbaden, 1986 149
Richard Schenkirz, Leonberg 496 o.
Erhard Schlieter, Köln 86 o.
Schlaich Bergermann und Partner, Stuttgart 386 u.
Schleswig-Holsteinisches Archiv für Architektur und Ingenieurbaukunst, Schleswig 169 l.
Jürgen Schmidt, Köln 393 r., 493 l.
Karl-Hugo Schmölz, Köln 250, 394
Paul Schneider von Esleben, Düsseldorf 301 o. r. (Foto: Rudolf Eimke, Düsseldorf)
Jörg Schöner, Dresden 440 o. r.
Schriftenreihe des Deutschen Nationalkomitees für Denkmalschutz. Siedlungen der 20er Jahre. Bonn, 1985 190 o. und 191 o. l. (Fotos: Arthur Köster)
Joachim Schürmann Architekten, Köln 282 u., 401 u.
Friedrich Seeßelberg. Das flache Dach im Heimatbilde. Berlin, o. J. (1912) 47 o.

Paul Seidel. Der Kaiser und die Kunst. Berlin, 1907 17 M. und u.
Senator für das Bauwesen (Hg.). Die Neugestaltung Bremens. Heft 7. Bremen, 1959 340 o. und M.
Wolf Jobst Siedler, Elisabeth Niggemeyer, Gina Angreß. Die gemordete Stadt. Berlin, 1964 375 l. und r. (Fotos: Elisabeth Niggemeyer)
Siedlungsverband Ruhrkohlenbezirk. Stadtsysteme. Diskussionsbeitrag 1. Folder. Essen, o. J. 348
Thomas Sieverts. Zwischenstadt. Bauwelt Fundamente 118. Braunschweig, Wiesbaden, 1997 505 u.
Alfred Simon. Bauen in Deutschland 1945-1962. Hamburg, 1963 321 M. und u.
Camillo Sitte. Plätze in Parma. In: Der Städte-Bau nach seinen künstlerischen Grundsätzen. Wien, 1889. Die Geschlossenheit der Plätze 67 r.
Werner Sobek Ingenieure, Stuttgart 499 u.
Albert Speer. Architektur. Berlin, 1978 205 u.
Albert Speer (Hg.). Neue deutsche Baukunst. Berlin, 1941 201 o. l. (Foto: Hugo Schmölz, Köln), 211 o., 212 u., 214
Albert Speer und Partner, Frankfurt am Main 469 o.
Manfred Speidel. Das kurze Leben der Konkurrenzen. In: Dieter Breuer (Hg.). Die Moderne im Rheinland. Köln, 1994 168
Friedrich Spengelin, Hannover 343 u. l.
Margherita Spiluttini, Wien 229 r.
Staatliche Museen zu Berlin – Preußischer Kulturbesitz, Kunstbibliothek 23, 25 u., 30 o.
Staats- und Universitätsbibliothek Hamburg, Carl von Ossietzky, Signatur NSch, XVI.1.28 61
Staatsgalerie Stuttgart 53 o. r., 101 o., 128
Staatstheater Cottbus 37 o. und Rückseite des Schutzumschlags Stadt (1983) 1 340 u. r.
Stadtarchiv Aachen 249 (Foto: Sartorius)
Stadtarchiv Augsburg, Fotolabor 218
Stadtarchiv Bremerhaven 182 M. (Foto: Gebr. Dransfeld, Hamburg)
Stadtarchiv Celle 130 o. (Foto: Arthur Köster)
Stadtarchiv Hannover, Fotosammlung Nr. 3182 13

Stadtarchiv Ingolstadt 359 u.
Stadtarchiv Krefeld 320 o.
Stadtarchiv Leipzig 155 u., 297 u.
Stadtarchiv München 199 o., 201 o. r.
Stadtarchiv Nürnberg 135 o., 211 u., 303 o.
Stadtarchiv Stuttgart 162 u. l., 308 o. r. und 323 u. (Fotos: Ludwig Windstosser, Stuttgart)
Stadtarchiv Ulm 458 r.
Städtische Kunsthalle Mannheim 144 o., 285 o. (Foto: Robert Häusser, Mannheim)
Stadtmuseum Kassel 252
Hans Stanislawski, Leverkusen 306 u. l.
Steidle und Partner, München 510 u. (Foto: Verena von Gagern)
Otto Steidle. Reissbrett 3. Gütersloh, 1985 403 u. r.
Hans Peter Stiebing, Berlin 49, 445
Stiftung Archiv der Akademie der Künste Berlin, Archivabteilung Baukunst 90 (Foto: Arthur Köster), 99, 103 o. und u., 134 l. (Foto: Arthur Köster), 142 o. l., 148 o. l. (Foto: Klettephoto, Breslau), 148 o. r., 148 M., 155 o. (Foto: Arthur Köster), 162 o. l. (Foto: Otto Hagemann), 163 o. und 164 (Fotos: Arthur Köster), 167 u., 191 u. (Foto: Arthur Köster), 216 o., 270 o. (Foto: Bernhard Hermkes, Hamburg), 273, 292 u., 301 u., 314 o., 321 o., 322 (Foto: Arthur Köster), 324 o., 324 u. r. und 325 u. (Fotos: Reinhard Friedrich, Berlin), 328 o. (Foto: Foto-Kessler), 336 o., 362 o. l. (Foto: Wolf Lücking, Berlin), 365 l.
Stiftung Moritzburg, Halle, Sammlung Photographie, Hans-Finsler-Nachlaß 157 o.
Manfred Storck, Stuttgart 507 o. l.
Peter Stürzebecher. Das Berliner Warenhaus. Berlin, 1979 73
Erika Sulzer-Kleinemeier, Gleisweiler 379
Südwestdeutsches Archiv für Architektur und Ingenieurbaukunst der Universität Karlsruhe 62 o. l., 216 M. (Foto: Arthur Köster), 303 u. (Foto: Eberhard Troeger), 305 (Foto: Georg Pollich, Königswinter)
Bruno Taut. Die neue Baukunst in Europa und Amerika. Stuttgart, 1929 88 u.
Bruno Taut. Kat. Akademie der Künste. Berlin, 1980 238 (Foto: Heinrich H. Waechter)
Max Taut. Berlin im Aufbau. Berlin,

o. J. (1946) 266 l. und r.
Libor Tepl?, Brno 144 u. r.
Heinrich Tessenow. Hausbau und dergleichen. Berlin, 1920^2 98 o. l. und r.
The Art Institute of Chicago 165 (Foto: Ludwig Hilberseimer), 166 u.
The Museum of Modern Art, New York/Scala, Florenz 117 u. l., 146 o., 241
Theater und Philharmonie Essen GmbH 329 u.
Thomas Topfstedt. Städtebau in der DDR. Leipzig, 1988 330
N.H.M. Tummers. J. L. Mathieu Lauweriks. Hilversum, 1968 31
UdK-Archiv Berlin, Archiv Hardt-Waltherr Hämer 389 (Foto: Dirk Reinartz)
Dirk Uhlenbrock, Hamburg 493 o. r.
ullstein bild 110 u., 117 o. l., 130 u., 158 u., 185 o., 203, 209, 256 r.
ullstein bild – Konzept u. Bild 290 u.
Liselotte Ungers. Die Suche nach einer neuen Wohnform. Stuttgart, 1983 191 o. r.
Oswald Mathias Ungers. Architektur 1951–1990. Stuttgart, 1991 364 o. und u., 412 u.
Universität Stuttgart 227 o.
Jean-Luc Valentin, Frankfurt am Main 435 r. o. und u.
Robert Venturi, Denise Scott Brown, Steven Izenour. Lernen von Las Vegas. Bauwwelt Fundamente 53. Braunschweig, Wiesbaden 1979 406 u.
Wolfgang Voigt, Frankfurt am Main 41 o.
Volkswagen-Stiftung, Hannover 40 M. (Foto: Klaus Siebahn, Groß Upahl)
Peter Walser, Stuttgart 410 M.
Walter Bau-AG, Augsburg 76 u., 174 o., M. und u.
Jens Weber, München 456 u.
Wenzel-Hablik-Museum, Itzehoe 100 u.
Werbeschrift Berlin. Berlin, 1929 157 u.
Hans Wichmann. Sep Ruf. Stuttgart, 1986 217 o.
Lothar Willmann, Schorfheide 376 u.
Karl Wimmenauer. Eugène Viollet-le-Duc. Hektografierte Privatschrift. Archiv Rudolf Schwarz, Köln 352 u.
Florian Zimmermann (Hg.). Der

Schrei nach dem Turmhaus. Kat. Bauhaus-Archiv. Berlin, 1988 116 alle Abb., 117 o. r.
Paul Zucker, G. Otto Stindt. Lichtspielhäuser, Tonfilmtheater. Berlin, 1931 162 r.
Gerald Zugmann, Wien 474 o.

©FLC/VG Bild-Kunst, Bonn 2005
Le Corbusier (312)

©VG Bild-Kunst, Bonn 2005
Peter Behrens (26 o. l., 30 u., 45, 105 o. r.), Ludwig Mies van der Rohe (117 u. l., 165, 241, 285 o.), Herbert Bayer (122 u.), Gerd Arntz (139 r.), Herbert Schneider (296 u.)

©Köster Foto Fonds
90, 98 u., 130 o., 134 l., 155 o., 159 o., 163 o., 164, 190 o., 191 o. l., 191 u., 192 u., 216 M., 322

Der Verlag hat sich bemüht, alle Bildrechte zu klären. In den Fällen, in denen die Rechteinhaber oder ihre Anschriften bis zur Drucklegung nicht ermittelt werden konnten, bleiben die Honoraransprüche der Fotografen oder ihrer Erben selbstverständlich gewahrt.